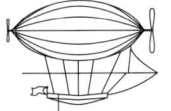

Der Landesstreik
Die Schweiz im November 1918

Roman Rossfeld,
Christian Koller,
Brigitte Studer (Hg.)

Hier und Jetzt

Roman Rossfeld, Christian Koller, Brigitte Studer: Neue Perspektiven auf den schweizerischen Landesstreik vom November 1918     7

Juri Auderset, Peter Moser: Eine «sperrige» Klasse. Die bäuerliche Bevölkerung im Landesstreik     241

# Teil 1 Soziale Not, Kriegsgewinne und Verteilungsfragen     29

Maria Meier: Die Lebensmittelversorgung im Krieg und ihre Bedeutung für den Landesstreik. Das Beispiel Basel     34

Reto Zitelmann: «Nackte, feuchte Mauerwände» und das Dach «stellenweise undicht». Wohnverhältnisse der Arbeiterschaft, Wohnungsnot und Wohnpolitik     61

Matthias Ruoss: Der Landesstreik als Schwungrad. Die Erfindung der Sozialversicherungspolitik um 1920     79

# Teil 2 Politische Inklusion und Exklusion, Partizipation und Repression     105

Oliver Schneider: Partizipation statt Revolution. Der Landesstreik, die Arbeiterbewegung und das Vollmachtenregime des Bundesrats     110

Dorothe Zimmermann: Den Staat schützen. Mit Bürgerwehren und Spitzeln gegen die Arbeiterschaft     127

Sebastian Steiner: «Geist der Rache» oder «Geist der Verständigung»? Die Militärjustiz und der Landesstreik     152

# Teil 3 Gruppen-, klassen- und geschlechtsspezifische Differenzierungen     179

Roman Rossfeld: Das Bürgertum im Landesstreik. Arbeitgeber(verbände), Revolutionsängste und Antikommunismus in der Schweiz im November 1918     184

Katharina Hermann: Weiber auf den Geleisen. Frauen im Landesstreik     217

# Teil 4 Streikräume: Regionale Differenzierungen     259

Peter Heim: «Hoch die Solidarität!» Die Eisenbahnstadt Olten und der Generalstreik 1918     264

Thomas Buomberger: Der Landesstreik im Industriezentrum Winterthur. Mobilisierung der «brävsten» Arbeiter     286

Max Lemmenmeier: «Es ist nicht so leicht, einen Streik zu leiten.» Arbeiterbewegung und Landesgeneralstreik im Kanton St. Gallen 1916–1920     310

Andreas Thürer: Das Tessin zwischen Siegesfeiern und Generalstreik im November 1918     336

# Teil 5 Narrative, Geschichtspolitik und Erinnerungskultur     363

Christian Koller: Aufruhr ist unschweizerisch. Fremdenangst und ihre Instrumentalisierung während der Landesstreikzeit     368

Patrick Kury: Das Virus der Unsicherheit. Die Jahrhundertgrippe von 1918/19 und der Landesstreik     390

Daniel Artho: Der Landesstreik als gescheiterter Revolutionsversuch? Zur Geschichte eines verhängnisvollen Narrativs     412

# Anhang     433

Bibliografie     434
Bildnachweis     451
Autorinnen und Autoren     453
Dank     455

# Neue Perspektiven auf den schweizerischen Landesstreik vom November 1918

Roman Rossfeld, Christian Koller, Brigitte Studer

Der schweizerische Landesstreik vom 12. bis 14. November 1918 gilt bis heute als schwerste soziale und innenpolitische Krise seit der Gründung des Bundesstaats von 1848.[1] Er war aber nicht der Ausgangs- oder Endpunkt, sondern der Mittelpunkt einer ganzen Reihe von Demonstrationen, Streiks und teilweise gewaltsamen Ausschreitungen, welche die Schweiz am Ende des Ersten Weltkriegs erschütterten. Der Landesstreik hat nicht nur die politische Kultur des Landes und die Beziehungen zwischen Arbeitgebern und Arbeitnehmern, sondern auch den Aufbau des Sozialstaats und die damit verbundenen Debatten bis weit in den Kalten Krieg hinein geprägt. In einer transnationalen Perspektive erscheint der Streik, der schon nach wenigen Tagen unter massivem militärischem Druck durch die Streikleitung beendet wurde, als helvetischer Ausläufer einer umfassenderen Ordnungskrise am Ende des Ersten Weltkriegs. Neben den Revolutionen in Russland und den Nachbarländern Deutschland und Österreich reichten die Umbrüche in den Jahren von 1917 bis 1923 vom Unabhängigkeitskampf Irlands über den finnischen Bürgerkrieg, das Ende des Osmanischen Reichs und antikoloniale Aufstände in weiten Teilen Afrikas bis zu den «Reisunruhen» in Japan. Der deutsche Historiker Jörn Leonhard hat in diesem Zusammenhang jüngst von einer «Global Revolution of Rising Expectations» gesprochen.[2] Diese weltweite Erwartungshaltung, dass es bei Kriegsende zu grossen Veränderungen kommen werde, machte sich am Kollaps mehrerer kriegführender Grossmächte ebenso fest wie an der 14-Punkte-Rede des amerikanischen Präsidenten Woodrow Wilson vom Januar 1918, an Völkerbundplänen und dem «Selbstbestimmungsrecht der Völker»³ und nicht zuletzt an der Vorstellung, dass es nach der Katastrophe des Weltkriegs keine Rückkehr zum «courant normal» der Vorkriegszeit geben könne.

Auch in der Schweiz wurde der «Burgfrieden» von 1914 im Verlauf des Kriegs zunehmend von politischen Spannungen und sozialem Protest erschüttert. Zum seit Kriegsausbruch bestehenden «Graben» zwischen der deutsch- und französischsprachigen Schweiz kam im Verlauf des Kriegs eine zunehmende Entfremdung der verschiedenen Gesellschaftsgruppen hinzu. Die Mobilisation der Armee stellte zudem eine einschneidende Erfahrung dar. Bei Kriegsausbruch traten 220 000 Mann ihren Aktivdienst weitgehend ohne Entschädigung an. Waren Drill und Langeweile die zentralen Erfahrungen der Soldaten, wurde der Alltag der Zivilbevölkerung geprägt von zunehmendem Mangel und steigenden Preisen.⁴ Die Einfuhr von Lebensmitteln und Energieträgern kollabierte insbesondere in der zweiten Kriegshälfte. Die Getreideimporte gingen von 1916 bis 1918 um 68 Prozent zurück, die Kohleimporte von 1915 bis 1918 um mehr als ein Drittel.⁵ Dazu kamen Schwierigkeiten bei der Kleider- und Schuhversorgung sowie eine im Verlauf des Kriegs insbesondere in den Städten zunehmende Wohnungsnot. Die Folge war eine massive Teuerung. Zwischen März 1914 und Dezember 1918 verdoppelte sich der Brotpreis und verdreifachte sich der Zuckerpreis. Insgesamt stiegen die Lebensmittelpreise von 1914 bis 1918 um 123 Prozent, die Energiepreise um 187 und die Gesamtheit der Konsumentenpreise um 104 Prozent.⁶ Die Löhne hielten damit nicht Schritt. Wo Teuerungszulagen ausgerichtet wurden, geschah dies selektiv, auf Basis einer wackligen Datenlage und häufig erst nach Streik- und Protestaktionen. Im Schnitt sanken die Reallöhne der Industriearbeiter um einen Viertel, allerdings mit regionalen und branchenspezifischen Unterschieden. Verschärft wurde die Situation durch den Militärdienst, gab es doch noch keinen Lohnersatz. Wehrmännerunterstützung wurde nur auf Antrag ausgerichtet und war mit dem Stigma der Bedürftigkeit versehen. Viele Arbeiterfamilien wurden in den Kriegsjahren von weiblichen Einkommen abhängig, die im Schnitt nur 55 bis 60 Prozent derjenigen der Männer betrugen.

In der zweiten Jahreshälfte 1918 waren knapp 700 000 Personen von Notstandsunterstützung abhängig. Dies entsprach rund einem Sechstel der Bevölkerung, wobei in den Städten zum Teil über ein Viertel der Bewohner notstandsversorgt werden musste. Der Medizin- und Sozialhistoriker Kaspar Staub hat nachgewiesen, dass anthropometrische Daten aus verschiedenen Schweizer Städten «spätestens 1918 einen deutlichen Einbruch des unmittelbaren Ernährungszustandes» anzeigen.⁷ Wie die neueste Forschung gezeigt hat, wurde der massive Abwärtstrend in der Lebensmittelversorgung im Spätsommer 1918 zwar gestoppt, die Ernährungskrise hielt aber noch Monate danach an.

Der Kriegskonjunktur und dem «Burgfrieden» entsprechend war die Streikrate 1915 auf den tiefsten Stand seit drei Jahrzehnten gesunken, nahm dann aber rasch wieder zu: 1916 gab es in der Schweiz 35 Streiks mit 3330 Beteiligten, 1917 140 Streiks mit 13 459 Beteiligten und 1918 wurde (ohne den Landesstreik) mit 269 Ausständen und 24 382 Beteiligten wieder das Rekordniveau der Streikwelle von 1905 bis 1907 erreicht. Auch in der Nachkriegszeit blieb die Streiktätigkeit zunächst hoch: 1919 gab es immer noch 237 Streiks mit 22 137 Beteiligten, 1920 184 Streiks mit 20 803 Beteiligten.⁸ Die Streikentwicklung folgte damit der internationalen Tendenz in den kriegführenden Staaten. Neu erschlossene gewerkschaftliche Regionalquellen, welche die Arbeitskämpfe 1917/18 dokumentieren, stellen das aussergewöhnliche Ereignis des Landesstreiks vom November 1918 dann auch in den Kontext der «normalen» Gewerkschaftsarbeit. Aus den Protokollen wird deutlich, dass der Landesstreik vielerorts zum Durchbruch bei laufenden Verhandlungen führte.⁹

Das «Streik-Gewitter» – wie es die sozialdemokratische *Vorkämpferin* Anfang September 1918 bezeichnete¹⁰ – erfasste nicht nur die für Arbeitskämpfe klassischen Branchen. In Zürich streikten im August 1918 beispielsweise die Kellner und das Theaterpersonal, und am 30. September trat das Zürcher Bankpersonal in den Ausstand. Erst im Vorjahr war der Bankpersonalverband Zürich entstanden, der innert kurzer Zeit zwei Drittel aller Bankangestellten der Stadt organisierte.¹¹ Aber auch oberhalb und unterhalb der Ebene «normaler», an die Arbeitgeber gerichteter Streiks waren von 1917 bis 1919 Höchststände zu verzeichnen: Am 30. August 1917

1 Für eine kurze Übersicht zu den Ereignissen vgl. den Beitrag von Bernard Degen im Historischen Lexikon der Schweiz: Degen, Bernard: Landesstreik, URL: http://www.hls-dhs-dss.ch/textes/d/D16533.php [19.7.2017].
2 Leonhard, Jörn: 1917–1920 and the Global Revolution of Rising Expectations, in: Rinke, Stefan; Wildt, Michael (Hg.), Revolutions and Counter-Revolutions. 1917 and its Aftermath from a Global Perspective, Frankfurt 2017, 31–51.
3 Vgl. dazu Fisch, Jörg: Das Selbstbestimmungsrecht der Völker. Die Domestizierung einer Illusion, München 2010, 144–182.
4 Vgl. Pfister, Christian: Auf der Kippe. Regen, Kälte und schwindende Importe stürzten die Schweiz 1916–1918 in einen Nahrungsengpass, in: Krämer, Daniel et al. (Hg.), «Woche für Woche neue Preisaufschläge». Nahrungsmittel-, Energie- und Ressourcenkonflikte in der Schweiz des Ersten Weltkriegs, Basel 2016, 57–81.
5 Käppeli, Joseph; Riesen, Max: Die Lebensmittelversorgung der Schweiz unter dem Einfluss des Weltkrieges 1914–1922, Bern 1925, 24f.
6 Ritzmann-Blickenstorfer, Heiner (Hg.): Historische Statistik der Schweiz, Zürich 1996, 503.
7 Staub, Kaspar: Der vermessene menschliche Körper als Spiegel der Ernährungs- und Gesundheitsverhältnisse am Ende des Ersten Weltkrieges, in: Krämer, «Woche für Woche», 285–305, hier 304.
8 Koller, Christian: Streikkultur, Performanzen und Diskurse des Arbeitskampfes im schweizerisch-österreichischen Vergleich (1860–1950), Münster 2009, 49f. und 326.
9 Vgl. Koller, Christian et al.: Quellen zum Landesstreik, in: Traverse 25/2 (2018) [im Druck].
10 Die Vorkämpferin, 1.9.1918.
11 Frey, Daniel: Der Zürcher Bankangestelltenstreik im Herbst 1918, in: Fuhrer, Hans Rudolf (Hg.), Innere Sicherheit – Ordnungsdienst, Teil 1, Zürich 2017, 99–117; Perrenoud, Marc: Les banquiers contre la grève générale, in: 100 Jahre Generalstreik, Hg. Schweizerischer Gewerkschaftsbund, Bern 2018, 33–38.

organisierten die Arbeiterorganisationen in den grösseren Städten halbtägige, teilweise als «Generalstreik» bezeichnete Teuerungsdemonstrationen während der Arbeitszeit, an denen sich rund 60 000 Personen beteiligten. Lokale Generalstreiks gab es im folgenden Jahr in Lugano (8./9. Juli) und Zürich (1. Oktober 1918). Am 9. November folgte in 19 Städten ein 24-stündiger Proteststreik gegen das Truppenaufgebot des Bundes, an den sich ein lokaler Generalstreik in Zürich und dann der Landesstreik anschlossen. Auch im folgenden Jahr kam es im Juni in Genf und am 7. Juli 1919 in Bern zu weiteren, lokalen Generalstreiks. Anfang August entwickelten sich lokale Branchenstreiks in Basel und Zürich zu Generalstreiks, bei denen es zu fünf respektive einem Todesopfer und zahlreichen Verletzten kam und die Möglichkeit eines zweiten Landesstreiks im Raum stand. Zugleich gab es während der Kriegsjahre eine massive Zunahme von Lohnbewegungen ohne Arbeitseinstellungen, von denen 1918 nicht weniger als 1533 gezählt wurden – fünfmal so viele wie 1913. Die Gesamtzahlen der von 1917 bis 1919 an Lohnbewegungen Beteiligten bewegten sich in derselben Grössenordnung wie die Zahl der Ausständigen im Landesstreik, die der Schweizerische Gewerkschaftsbund basierend auf einer Umfrage nach dem Streik auf rund 250 000 schätzte: 1917 waren es 207 536 Personen, 1918 325 240 und 1919 sogar 440 460 Personen.[12]

Auch ausserhalb des Kontexts von Streiks gab es Proteste, die verschiedentlich in Zusammenstösse zwischen Demonstrierenden und Ordnungskräften mündeten. Nach der Publikation des Zimmerwalder Manifests war es bereits im Oktober 1915 in 60 Ortschaften zu sozialistischen Antikriegsmanifestationen gekommen. Als der Bundesrat von einem Aufruf zu antimilitaristischen Demonstrationen in allen grösseren Städten am 3. September 1916 erfuhr, liess er in der Nähe der Städte Truppen in Stellung bringen. Der sogenannte «rote Sonntag» verlief jedoch weitgehend ruhig. Unruhen gab es aber beim Haftantritt von SP-Nationalrat Ernest-Paul Graber am 18. Mai 1917 in La Chaux-de-Fonds, der wegen der Publikation antimilitaristischer Artikel zu acht Tagen Gefängnis verurteilt worden war. Blutig gingen schliesslich die Zürcher «Novemberunruhen» von 1917 aus, bei denen es zu Strassenschlachten kam, die sich über zwei Tage hinzogen und vier Todesopfer sowie rund 30 Verletzte forderten.[13]

Neben diesen antimilitaristischen und pazifistischen Manifestationen intensivierten sich auch die Protestaktionen gegen Teuerung und Versorgungskrise. Bereits ab Mai 1915 gab es spontane Teuerungsdemonstrationen, bei denen die Arbeiterorganisationen bald die Führung übernahmen.[14] Im Juli 1916 kam es in Bern,

Biel, Grenchen, Thun und Zürich zu Marktprotesten, bei denen Sozialdemokratinnen auf den Märkten Preissenkungen forderten und teilweise den Verkauf übernahmen, was zuweilen in handgreiflichen Auseinandersetzungen endete. Zugleich gab es Protestversammlungen und Demonstrationsmärsche, an denen sich zum Teil auch bürgerliche Frauen beteiligten.[15] Im letzten Kriegsjahr häuften sich diese Aktionen und nahmen unter dem Einfluss linksradikaler Splittergruppen teilweise gewaltsamen Charakter an.[16] Im März 1918 wurde in Bellinzona die Milchzentrale geplündert, und am 10. Juni marschierten in Zürich 1000 bis 2000 Arbeiterinnen zum Rathaus.[17] Als sich das Kantonsparlament weigerte, eine Frauendelegation zu empfangen, verliess die sozialdemokratische Fraktion unter Protest den Saal. In den folgenden Tagen gab es in Zürich, Winterthur, Wetzikon, Uster, Wädenswil und weiteren Orten Kundgebungen zur Unterstützung der Arbeiterinnen. Am 14. Juni stürmten Jungsozialisten am Rande einer Demonstration der Arbeiterunion an der Bahnhofstrasse in Zürich die Restaurants. Wenige Tage später, am 20. Juni, beteiligten sich auf dem Marktplatz in Basel etwa 15 000 Menschen an einer Kundgebung des lokalen Arbeiterbunds für eine gerechtere Lebensmittelrationierung. Anschliessend zogen mehrere Hundert Demonstranten zum Barfüsserplatz, wo eine kleine Gruppe das Restaurant im Stadtcasino stürmte.[18] Am 8. Juli führte eine Hungerdemonstration in Biel schliesslich zu Zusammenstössen mit militärischen Ordnungstruppen, die ein Todesopfer forderten.[19]

Parallel zu diesen Protestversammlungen und Teuerungsdemonstrationen entwickelte sich die Generalstreikdiskussion: Bereits am Kongress des Schweizerischen Gewerkschaftsbundes (SGB) vom September 1917 war der Generalstreik als mögliches Mittel gegen die militärische Einberufung streikender Arbeiter sowie andere Angriffe auf Rechte und Freiheiten der Arbeiterschaft bezeichnet worden.[20] Anfang Februar 1918 gründeten SP und SGB zur Bekämpfung eines bundesrätlichen Plans für einen allgemei-

---

12 Stucki, Walter: Der Schweizerische Gewerkschaftsbund in der Kriegszeit (1914–1920), Bern 1928, 52f, sowie Gautschi, Willi: Der Landesstreik 1918, Zürich 1968, 296.
13 Thurnherr, Bruno: Der Ordnungseinsatz der Armee anlässlich der Zürcher Unruhen im November 1917, Bern 1978.
14 Wuchergeschäfte und Teuerungsdemonstrationen, in: Gewerkschaftliche Rundschau 7 (1915), 74f.; Die Vorkämpferin, 1.7.1915 und 1.9.1915.
15 Pfeifer, Regula: Frauen und Protest. Marktdemonstrationen in der deutschen Schweiz im Kriegsjahr 1916, in: Head-König, Anne-Lise und Albert Tanner (Hg.), Frauen in der Stadt, Zürich 1993, 93–109.
16 Jost, Hans Ulrich: Linksradikalismus in der Deutschen Schweiz, 1914–1918, Bern 1973, 157–172.
17 Die Vorkämpferin, 1.7.1918; Rohner, Martha: «Was wir wollen!». Rosa Bloch und die Zürcher Frauenmonstrationen 1916–1919, unveröffentlichte Masterarbeit, Universität Zürich, 2007.
18 Bolliger, Markus: Die Basler Arbeiterbewegung im Zeitalter des Ersten Weltkrieges und der Spaltung der Sozialdemokratischen Partei, Basel 1970, 102–109.
19 Berlincourt, Alain: Julikrawall und Generalstreik in Biel, in: Neues Bieler Jahrbuch 7 (1968), 89–101.
20 Der Gewerkschaftskongress, in: Gewerkschaftliche Rundschau 9 (1917), 90–92, hier 91.

nen landwirtschaftlichen Arbeitsdienst das Oltener Aktionskomitee (OAK), das unter dem Präsidium von Robert Grimm führende Persönlichkeiten der Arbeiterbewegung vereinigte. Kurz nach den Januar-Massenstreiks in der deutschen und österreichischen Industrie, bei denen sowohl Verbesserungen der Arbeits- und Ernährungssituation als auch eine Demokratisierung und die Beendigung des Kriegs gefordert worden waren, setzte das OAK an seiner ersten Sitzung vom 7. Februar 1918 eine Kommission zur Evaluation der Möglichkeiten eines Generalstreiks ein. Das Konzept, das Anfang März in einer abgeschwächten Version als Diskussionsgrundlage angenommen wurde, gab zunächst eine Übersicht über alle ausserparlamentarischen Kampfmittel, um dann zu erläutern, welche für die Schweiz infrage kämen. Dabei schloss man «die Anwendung des allgemeinen Streiks als unbefristete Massnahme, die zum offenen revolutionären Kampf und in die Periode des offenen Bürgerkriegs überleitet», ausdrücklich aus.[21] Dennoch wurde dieser Text von der politischen Rechten als sogenanntes «Bürgerkriegsmemorial» jahrzehntelang als Beleg für einen angeblichen Umsturzversuch nach bolschewistischem Muster angeführt.

Anfang April 1918 drohte das OAK nach der Erhöhung des Milchpreises zum ersten Mal mit einem Generalstreik.[22] Die zweite Landesstreikdrohung wurde am 28. Juli vom Ersten Allgemeinen Schweizerischen Arbeiterkongress in Basel ausgesprochen und war mit einem Forderungskatalog verbunden, der sowohl die volle Wiederherstellung der Demonstrations- und Pressefreiheit als auch Massnahmen gegen die Versorgungskrise und Teuerung enthielt. Wie bei der ersten Generalstreikdrohung machte der Bundesrat auch dieses Mal Konzessionen. Im September berichtete ein ausführlicher Artikel in der *Gewerkschaftlichen Rundschau* unter dem Titel «Die schweizerische Arbeiterschaft vor dem Generalstreik» über diese Vorgänge. Der Beitrag beklagte, die Arbeiterschaft werde von den Behörden fortlaufend gezwungen, «mit dem schärfsten Geschütz aufzufahren», um ihren Anliegen Gehör zu verschaffen, und drohte: «Wenn unsere Behörden [...] bei diesem System bleiben, garantieren wir ihnen keine lange Ruhepause.»[23]

Auch die bürgerliche Presse diskutierte seit Jahresbeginn die Möglichkeit eines Landesgeneralstreiks intensiv. Die in der Romandie gebräuchliche Bezeichnung des OAK als «Soviet d'Olten»[24] nahm dabei bereits die später popularisierte Verschwörungstheorie vom Landesstreik als ein aus Russland gesteuerter Putschversuch vorweg. Schon am 29. Januar 1918 hatte der Bundesrat einen geheimen Beschluss zur Vorbereitung von Massnahmen bei einem eventuellen Generalstreik gefasst.[25] Am 12. April äusserte General Ulrich

Wille in einem Brief die unzutreffende Befürchtung, an den Konferenzen von Zimmerwald und Kiental sei der gewaltsame Umsturz in der Schweiz beschlossen worden[26] – eine Behauptung, mit der er Anfang November auch die Behörden zu alarmieren versuchte.[27] Die Sowjetmission, die sich im Mai 1918 in Bern als offiziöse Vertretung der neuen Sowjetregierung etabliert hatte, galt in bürgerlichen Kreisen zunehmend als Revolutionszentrale.[28] In der unmittelbaren Vorgeschichte des Landesstreiks spielten Revolutions-Phantasmagorien und Bolschewistenfurcht bei den militärischen und politischen Entscheidungsträgern eine wesentliche Rolle. Als die SP am 29. Oktober anlässlich der Jahresfeier der russischen Oktoberrevolution zu Kundgebungen aufrief, beantragte Ulrich Wille beim Bundesrat unter Verweis auf angebliche Putschpläne ein Truppenaufgebot für Zürich, blitzte damit jedoch noch ab. Am 5. November ersuchte dann auch die Zürcher Kantonsregierung um Truppenschutz; und am folgenden Tag beschloss der Bundesrat nicht nur die Ausweisung der Sowjetmission, sondern ordnete auch die militärische Besetzung Zürichs an.[29] Das OAK rief daraufhin für den Samstag, 9. November in 19 Industriezentren einen 24-stündigen Proteststreik gegen das Truppenaufgebot aus. Am selben Tag erreichte im Deutschen Reich die seit Tagen rollende Revolutionswelle die Hauptstadt Berlin, wo die Republik ausgerufen wurde. Zwei Tage später, am 11. November, erliess der Bundesrat ein neues Truppenaufgebot und unterstellte das Bundespersonal der Militärgesetzgebung, während in Compiègne der Waffenstillstand unterzeichnet wurde und in Wien der österreichische Kaiser Karl I. auf jeden Anteil an den Staatsgeschäften verzichtete. Auf den 12. November – einen Dienstag – proklamierte das OAK schliesslich den unbefristeten Generalstreik. Zugleich wurden vom Bundesrat insgesamt

21 Archiv SGB, G 23/B, Protokolle des Oltener Aktionskomitees: Protokoll der 1. Sitzung; Schweizerischer Gewerkschaftsbund: Protokoll der Sitzung des Gewerkschafts-Ausschusses in Verbindung mit der Geschäftsleitung der Sozialdemokratischen Partei der Schweiz und dem Bureau der Nationalratsfraktion, Freitag den 1. bis Sonntag den 3. März 1918 im Volkshaus in Bern, o. O. u. J. [Bern 1918]; Schweizerisches Sozialarchiv, Ar 201.16.2, Marie Hüni: Notizbuch, Nr. 6; Gautschi, Der Landesstreik 1918, 96–102 sowie Gautschi, Willi (Hg.): Dokumente zum Landesstreik 1918, Zürich 1971, 68–74.
22 Archiv SGB, G 23/B, Protokolle des Oltener Aktionskomitees: Protokoll der 6. Sitzung; Gautschi, Der Landesstreik 1918, 104–124.
23 Die schweizerische Arbeiterschaft vor dem Generalstreik, in: Gewerkschaftliche Rundschau 10 (1918), 65–68, hier 68.
24 Vgl. z. B. Le Nouvelliste, 9.4.1918; Gazette de Lausanne, 13.4.1918 und 5.8.1918, oder Journal de Genève, 14.4.1918 und 3.8.1918.
25 Zeller, René: Ruhe und Ordnung in der Schweiz: Die Organisation des militärischen Ordnungsdienstes von 1848 bis 1939, Bern 1990, 38f.
26 Dokumente zum Landesgeneralstreik 1918, in: Schweizer Monatshefte 48 (1968/69), 833–860, hier 835f.
27 Gautschi, Dokumente, 170.
28 Die von der Bundesanwaltschaft nach dem Landesstreik durchgeführte «Bolschewikiuntersuchung» konnte allerdings keine Zusammenarbeit zwischen dem OAK und der Sowjetmission nachweisen. Peter Collmer hat nach der Öffnung der russischen Archive in den 1990er-Jahren ausserdem darauf hingewiesen, dass sich auch dort keine Belege für eine russische Drahtzieherschaft hinter dem Landesstreik finden lassen. Collmer, Peter: Zwischen Selbstdefinition und internationaler Behauptung. Frühe bolschewistische Diplomatie am Beispiel der Sowjetmission in Bern (Mai bis November 1918), in: Thomas, Ludmila; Knoll, Viktor (Hg.), Zwischen Tradition und Revolution. Determinanten und Strukturen sowjetischer Aussenpolitik 1917–1941, Stuttgart 2000, 225–283; Collmer, Peter: Die Schweiz und das Russische Reich 1848–1919. Geschichte einer europäischen Verflechtung, Zürich 2004, 461–470 sowie Gautschi, Der Landesstreik 1918, 211–224.
29 Gautschi, Dokumente, 196.

rund 95 000 Mann Ordnungstruppen aufgeboten, 20 000 davon für Zürich und 12 000 für Bern. Die Einheiten kamen ausnahmslos aus politisch «zuverlässigen» ländlichen Gebieten, zeigten grosse Präsenz auf den Strassen, bewachten strategisch wichtige Gebäude und unterstützten die Post sowie den Notbetrieb der bürgerlichen Zeitungen. An den meisten Orten verlief der Streik relativ ruhig. An der ausserordentlichen Parlamentssitzung vom 12. November 1918 stellte der freisinnige Bundespräsident Felix Calonder sozialpolitische Reformen und eine Regierungsbeteiligung der SP in Aussicht, lehnte Verhandlungen mit dem OAK aber strikte ab. Am folgenden Tag erliess der Bundesrat ein Ultimatum. Das OAK befürchtete eine militärische Niederschlagung des Streiks und beschloss daraufhin den Streikabbruch auf den Abend des 14. November.[30]

### Wege und Perspektiven der Forschung

Überblickt man die Forschung zur Geschichte des schweizerischen Landesstreiks, war insbesondere die 50 Jahre nach dem Streik und der Öffnung zahlreicher Archive 1968 erstmals erschienene Untersuchung des Aargauer Historikers Willi Gautschi einflussreich, der 1955 bereits seine Dissertation zum Oltener Aktionskomitee vorgelegt hatte.[31] Die Arbeit von Gautschi beruhte als erste auf einer umfassenden Quellenanalyse, arbeitete die vielfältigen Ursachen des Landesstreiks sowie die ereignisgeschichtliche Zuspitzung im Herbst 1918 auf und widerlegte nicht zuletzt die seit 1918 kursierende Vorstellung, der Landesstreik sei ein von (ausländischen) Bolschewisten gesteuerter Revolutionsversuch gewesen.[32] Gautschis Befunde wurden in den folgenden Jahren durch verschiedene Regionalstudien vertieft und im Wesentlichen bestätigt.[33] Zugleich offenbarten diese Studien grosse regionale Unterschiede zwischen der Deutschschweiz und der Romandie oder städtischen und ländlichen Gebieten. Inzwischen sind sie durch Untersuchungen zur Geschichte der Angestellten oder der Rolle von Kirchen, Parteien und Gewerkschaften ergänzt worden[34] und sind neben dem Einsatz von Ordnungstruppen (insbesondere in Basel und Zürich)[35] auch die Entstehung von (bewaffneten) Bürgerwehren und der im April 1919 vom Aargauer Arzt und Generalstabsoffizier Eugen Bircher gegründete Schweizerische Vaterländische Verband (SVV) untersucht worden.[36] Insgesamt zeichnen sich die bisherigen Studien durch eine Konzentration auf städtische Zentren (und die dort streikende Arbeiterschaft) aus und beschränken sich im Wesentlichen auf eine Rekonstruktion der politischen Ereignisgeschichte.

Obwohl inzwischen zahlreiche neue Archivbestände zugänglich gemacht worden sind, bestehen auch 50 Jahre nach der wichtigen Arbeit von Gautschi noch erhebliche Defizite in der historischen Forschung. Der weitgehende Mangel an einer transnationalen, auf Austauschprozesse bezogenen Perspektive und die Bedeutung einer stärker an Ängsten und anderen Emotionen interessierten kultur- und diskurshistorisch ausgerichteten Streikforschung sollen im Folgenden besonders hervorgehoben werden.

Die Geschichtsforschung hat erst in jüngerer Zeit begonnen, den Ersten Weltkrieg systematisch als globales Ereignis zu analysieren und vermehrt auf transnationale Aspekte zu achten.[37] Mit Blick auf den Landesstreik kann seit den 1970er-Jahren von einer eigentlichen Regionalisierung der Forschung gesprochen werden, während transnationale Aspekte nur wenig beachtet wurden. Eine Einbettung des Streiks in den globalen Umbruchprozess von 1917 bis 1923 ist noch zu leisten.[38] Für ein besseres Verständnis der Ereignisse vom November 1918 ist zu fragen, wie die Ereignisse in der Schweiz mit ähnlichen oder unterschiedlichen Entwicklungen in

30 Zum Streikverlauf vgl. ausführlich Gautschi, Der Landesstreik 1918, 276–340.
31 Gautschi, Willi: Der Landesstreik 1918, Zürich 1968 sowie Gautschi, Willi: Das Oltener Aktionskomitee und der Landes-Generalstreik von 1918, Affoltern 1955. Ergänzend dazu in den 1990er-Jahren: ders.: Der schweizerische Krisenwinter 1918/1919, in: ders.: Helvetische Streiflichter. Aufsätze und Vorträge zur Zeitgeschichte, Zürich 1994, 77–89, sowie ders.: Zur Apperzeption des Landes-Generalstreiks von 1918, in: ebd., 90–99.
32 Vgl. dazu Yersin, Séveric: Willi Gautschi (1920–2004) et la Grève générale. Une œuvre historiographique dans son contexte, in: Traverse 25/2 (2018) [im Druck]. Detailliert zum Forschungsstand Rossfeld, Roman: Streik! Wege und Desiderate der Forschung zur Geschichte des Schweizerischen Landesstreiks vom November 1918, in: Archiv für Sozialgeschichte 57 (2017), 413–437, hier 413–417, sowie Degen, Bernard: Vom schwierigen Umgang der schweizerischen Geschichtsschreibung mit dem Landesstreik vom November 1918, in: Traverse 25/2 (2018) [im Druck].
33 Vgl. dazu exemplarisch Vuilleumier, Marc et al.: La Grève générale de 1918 en Suisse, Genf 1977; Cerutti, Mauro: Un tournant dans l'histoire du mouvement ouvrier genevois. La grève générale de novembre 1918. Les mouvements «de gauche» à Genève, de 1914 à 1918, Genf 1974; Rey, Jacques: La grève générale de 1918 à la Chaux-de-Fonds, Lausanne 1981; Rohr, Thomas: Schaffhausen und der Landesstreik von 1918, Schaffhausen 1972; Schelbert, Joe: Der Landesstreik vom November 1918 in der Region Luzern. Seine Vorgeschichte, sein Verlauf und seine Wirkung, Luzern 1985; Frey, Daniel: Vor der Revolution? Ordnungsdienst-Einsatz der Armee während des Landesstreiks in Zürich, Zürich 1998 sowie Hiltbrunner, Edith: Generalstreik 1918 in der Region Grenchen-Solothurn, Fribourg 2012.
34 Als Überblick dazu Koller, Christian: Labour, Labour Movements, Trade Unions and Strikes (Switzerland), in: Ute Daniel et al. (Hg.), 1914–1918-online. International Encyclopedia of the First World War, Berlin 2015, URL: http://dx.doi.org/10.15463/ie1418.10754 [19.7.2018].
35 Vgl. dazu exemplarisch Wild, Ueli: Zürich 1918: Ordnungsdiensteinsätze der Schweizer Armee im Frühjahr und Sommer 1918 in Zürich, Frauenfeld 1987; Greminger, Thomas: Ordnungstruppen in Zürich. Der Einsatz von Armee, Polizei und Stadtwehr Ende November 1918 bis August 1919, Basel 1990 sowie Frey, Daniel: Vor der Revolution? Ordnungsdienst-Einsatz der Armee während des Landesstreiks in Zürich, Zürich 1998.
36 Vgl. dazu Schneider, Oliver: Von Knüppelgardisten, Revolutionshelden und Radaubrüdern. Die Luzerner Bürgerwehren nach dem Landesstreik 1918, in: Jahrbuch der Historischen Gesellschaft Luzern 31 (2013), 63–84; Zimmermann, Dorothe: Den Landesstreik erinnern. Antikommunistische Aktivitäten des Schweizerischen Vaterländischen Verbandes 1919–1948, in: Schweizerische Zeitschrift für Geschichte 63 (2013), 479–504; Thürer, Andreas: Der Schweizerische Vaterländische Verband (SVV): ein «antisozialistischer Schutzwall» (1919–1930/31), in: Caillat, Michel et al. (Hg.), Histoire(s) de l'anticommunisme en Suisse, Zürich 2009, 133–146 sowie Thürer, Andreas: Der Schweizerische Vaterländische Verband 1919–1930/31, 3 Bde., Diss. Basel 2010. Zum internationalen Kontext des gegenrevolutionären Paramilitarismus vgl. Gerwarth, Robert; Horne, John (Hg.): Krieg im Frieden. Paramilitärische Gewalt in Europa nach dem Ersten Weltkrieg, Göttingen 2013.
37 Vgl. dazu Segesser, Daniel Marc: Der Erste Weltkrieg in globaler Perspektive, Wiesbaden 2010 und Neiberg, Michael: Fighting the Great War, A Global History. Cambridge 2006. Zur Schweiz vgl. Tanner, Jakob: Die Schweiz im Grossen Krieg. Plädoyer für eine transnationale Geschichte, in: Rossfeld, Roman; Buomberger, Thomas; Kury, Patrick (Hg.): 14/18, Die Schweiz und der Grosse Krieg. Baden 2014, 8–17, sowie Koller, Christian: Local Strikes as Transnational Events. Migration, Donations, and Organizational Cooperation in the Context of Strikes in Switzerland (1860–1914), in: Labour History Review 74 (2009), 305–318.
38 Vgl. dazu Rinke, Stefan; Wildt, Michael (Hg.): Revolutions and Counter-Revolutions, 1917 and its Aftermath from a Global Perspective, Frankfurt 2017 sowie Haimson, Leopold; Sapelli, Giulio (Hg.): Strikes, Social Conflict and the First World War, An International Perspective, Mailand 1992.

Neue Perspektiven auf den Landesstreik

anderen Ländern verbunden waren und welche Kenntnisse die Akteure in der Schweiz davon hatten.[39] Damit geraten Austausch-, Transfer- und Amalgamierungsprozesse politischer Praktiken und Semantiken sowie die Frage nach Netzwerken und der spezifisch nationalen oder regionalen Rezeption (globaler) Revolutionstheorien und -diskurse in den Blick. Dies geht weit über die Frage des Einflusses bolschewistischer Revolutionäre in der Schweiz oder der antikommunistischen Agitation von in die Schweiz zurückgekehrten Russlandschweizern hinaus. Prägten die Erwartung einer «neuen Zeit» beziehungsweise das «Charisma der Weltrevolution»[40] die schweizerische Arbeiterbewegung und den Landesstreik ebenso stark wie regionale oder lokale Verhältnisse? Wie wurde der Streik in der ausländischen Presse bewertet, und welche Rolle spielten länderübergreifende Netzwerke für den Gang der Ereignisse – sowohl für die Arbeiterschaft und die Gewerkschaften als auch für die Arbeitgeberverbände und das Bürgertum?[41]

Der Berner Stadtpräsident und SP-Nationalrat Gustav Müller warnte bereits am 13. November 1918 im Nationalrat davor, die «Ereignisse im Ausland» würden «wie ein elektrischer Funke mit Blitzesschnelle von Land zu Land» springen, sodass nur noch «weitgreifende und tiefe Reformen den Sturm beschwören»[42] könnten. Der Verweis auf die Revolutionen im Ausland hatte hier instrumentellen Charakter und sollte die Umsetzung der angestrebten Reformen in der Schweiz beschleunigen. Wie sich die internationale Streikwelle in der zweiten Kriegshälfte oder revolutionäre Vorgänge nahe der Schweizer Grenze auf den Landesstreik auswirkten, ist bisher aber kaum erforscht worden. In Friedrichshafen am Bodensee ging die Macht nach einem Generalstreik am 5.–6. November 1918 an einen Arbeiter- und Soldatenrat über, worauf die königlich-württembergische Regierung zurücktrat. In Vorarlberg formierte sich beim Zusammenbruch der Habsburgermonarchie eine Anschlussbewegung an die Schweiz;[43] und in Liechtenstein wählte der Landtag am 7. November 1918 verfassungswidrig ein provisorisches Regierungskomitee, das an die Stelle des fürstlichen Landesverwesers trat.[44] Zur Wahrnehmung und Interpretation dieser Vorgänge durch die Akteure in der Schweiz ist bisher aber kaum etwas bekannt.

Dasselbe gilt für die Bedeutung der Spionage, den Wissensstand ausländischer Nachrichtendienste und die Verstärkung der Revolutionsängste durch geheimdienstliche und propagandistische Operationen beider kriegführender Blöcke in der Schweiz.[45] Während des Kriegs konnte eine Reihe von Bombenfunden und Sprengstoffattentaten auf industrielle Einrichtungen auf das Wirken deutscher oder französischer Agenten zurückgeführt werden.[46] Als am 9. Oktober 1918 in Zürich erneut ein Sprengstofflager entdeckt wurde, zeigte die Untersuchung zwar, dass es sich um Material handelte, das bei einem früheren Bombenfund auf das deutsche Konsulat hatte zurückgeführt werden können. Der Untersuchungsbericht sprach aber von einem angeblichen anarchistischen Attentatsplan gegen die Polizei in Zürich und fügte gleich noch Gerüchte über einen Revolutionsversuch der Jungsozialisten zwischen dem 7. und 10. November hinzu.[47] Auch die Rolle der französischen Diplomatie und Propaganda bei der Anheizung von Revolutionsängsten und der Etablierung der Umsturzlegende ist erst in jüngster Zeit vermehrt beachtet, aber längst noch nicht in allen Aspekten ausgeleuchtet worden.[48] Zu denken ist hier etwa an die fragwürdige (auf gefälschten Unterlagen basierende) publizistische Tätigkeit des im Stab des französischen Ministerpräsidenten arbeitenden Exilrussen Serge Persky. Bereits in den 1960er-Jahren wies Gautschi ausserdem auf die «Frage ausländischer Interventionsabsichten»[49] hin, und Schmid-Ammann hielt fest, dass man Anfang November in diplomatischen Kreisen schon «die Möglichkeit einer militärischen Besetzung der Schweiz durch die Entente» besprochen hatte, um der «bolschewistischen Gefahr entgegenzutreten».[50] Konkrete

39 Erste Hinweise zur Verflechtung der Ereignisse in der Schweiz mit Entwicklungen in anderen Ländern ermöglichen die Arbeit von Hans Beat Kunz sowie die Beiträge von Adrian Zimmermann, Christian Koller und Marcel van der Linden. Kunz, Hans Beat: Weltrevolution und Völkerbund. Die schweizerische Aussenpolitik unter dem Eindruck der bolschewistischen Bedrohung 1918–1923, Bern 1981; Zimmermann, Adrian: Die Niederlande und die Schweiz im November 1918, in: Schweizerische Zeitschrift für Geschichte 63 (2013), 453–478, sowie Koller, Christian: «Eine der sonderbarsten Revolutionen, die die Geschichte kennt». Die Schweiz und die ungarische Räterepublik, in: Koller, Christian; Marschik, Matthias (Hg.), Die ungarische Räterepublik 1919: Innenansichten, Aussenperspektiven, Folgewirkungen, Wien 2018, 229–248 sowie Van der Linden, Marcel: «Das cha nümme so wyter gah. Jetzt muess öppis lauffe!». Vorläufiges zum Schweizer Landesstreik in vergleichender Perspektive, in: Traverse 25/2 (2018) [im Druck].

40 Zur Idee der Weltrevolution und zum revolutionären Internationalismus vgl. Albert, Gleb: Das Charisma der Weltrevolution. Revolutionärer Internationalismus in der frühen Sowjetgesellschaft, 1917–1927, Köln 2017.

41 Die internationale Vernetzung der nach Kriegsende entstandenen Bürgerwehren ist inzwischen zumindest in Grundzügen bekannt. Vgl. dazu Heller, Daniel: Eugen Bircher: Arzt, Militär und Politiker. Ein Beitrag zur Zeitgeschichte. Zürich 1988, 73–80 und Kunz, Weltrevolution, 279–290.

42 Der Landesstreik vor dem Nationalrat. Stenographische Wiedergabe der von den sozialdemokratischen Vertretern am 12. und 13. November im Nationalrat gehaltenen Reden, Bern 1918, 24.

43 Koller, Christian: «… der Wiener Judenstaat, von dem wir uns unter allen Umständen trennen wollen». Die Vorarlberger Anschlussbewegung an die Schweiz, in: Konrad, Helmut; Maderthaner, Wolfgang (Hg.), Das Werden der Ersten Republik: … der Rest ist Österreich, Bd. 1, Wien 2008, 83–102.

44 Quaderer, Rupert: Der 7. November 1918, Staatsstreich – Putsch, Revolution oder politisches Spektakel im Kleinstaat Liechtenstein?, in: Jahrbuch des Historischen Vereins für das Fürstentum Liechtenstein 93 (1995), 187–216.

45 Zur ausländischen Propaganda während des Ersten Weltkriegs in der Schweiz vgl. Elsig, Alexandre: Les shrapnels du mensonge. La Suisse face à la propagande allemande de la Grande Guerre, Lausanne 2017.

46 Vgl. dazu Lüthi, Werner: Die Schweizerische Bundesanwaltschaft, Bern 1923, 120f.; Weber, Florian: Die amerikanische Verheissung. Schweizer Aussenpolitik im Wirtschaftskrieg 1917/18, Zürich 2016, 163–168 sowie Wild, Ueli: Zürich 1918: Ordnungsdiensteinsätze der Schweizer Armee im Frühjahr und im Sommer 1918 in Zürich, Frauenfeld 1987, 46–50.

47 Gautschi, Dokumente, 182f.; Verhandlungen des Zürcherischen Kantonsrates über das Truppenaufgebot und den Generalstreik: vom 11. bis 13. November 1918. o. O. u. J., 7.

48 Fayet, Jean-François: Les Révolutionnaires Russes et Polonais installés en Suisse pendant la Première Guerre Mondiale, in: Vuilleumier, Christophe (Hg.), La Suisse et la Guerre de 1914–1918, Genf 2015, 387–403; Fayet, Jean-François; Caillat, Michel: La cristallisation du mythe du complot communiste, in: Heimberg, Charles et al. (Hg.), Mourir en manifestant, Répressions en démocratie le 9 novembre 1932 en perspective. Lausanne 2008, 61–85, sowie dies.: Le mythe de l'ingérence bolchevique dans la Grève générale de novembre 1918. Histoire d'une construction franco-suisse, in: Traverse. Revue d'histoire 25/2 (2018) [im Druck].

49 Gautschi, Der Landesstreik 1918, 331–340, hier 331.

50 Schmid-Ammann, Die Wahrheit über den Generalstreik von 1918, 204. Vgl. dazu auch Meier, Heinz K.: Friendship under Stress. U.S.-Swiss Relations 1900–1950, Bern 1970.

Pläne für eine militärische Intervention konnten bisher allerdings nicht nachgewiesen werden; der Revolutionsdrohung von links wurde vermutlich eine ebenso überzogene Interventionsdrohung von rechts entgegengestellt. Die einschlägigen Bestände in den Archiven der Entente und der Mittelmächte harren aber noch einer systematischen Analyse.

Zweitens sollte neben der Betonung transnationaler Aspekte eine stärker kultur- und diskurshistorisch ausgerichtete Streikforschung angestrebt werden, die sich für die Untersuchung rhetorischer Figuren und narrativer Strukturen interessiert und die Nutzung von Emotionen als politische Strategie ernst nimmt. Damit verbunden ist die Frage «nach der Rolle von Emotionen im Prozess der Mobilisierung und Kontrolle von Gruppen oder Bewegungen» sowie die Suche nach Strategien und Mechanismen der «Emotionalisierung» beziehungsweise «Entemotionalisierung».[51] Für ein besseres Verständnis von Landesstreik und Ordnungsdienst lohnt es sich, genauer auf die Verwendung rhetorischer Mittel zu achten und die bewusst betriebene Bewirtschaftung vorhandener Ängste und anderer Emotionen (wie Wut, Hass oder Enttäuschung) in die Analyse miteinzubeziehen. Der Streik ereignete sich zu einem Zeitpunkt, in dem die Zukunftserwartungen für viele Menschen ebenso offen wie unsicher und beide politischen Lager von akuten Abstiegsängsten getrieben waren. Rhetorisch begabte Akteure wie Robert Grimm oder Ulrich Wille spielten bewusst mit Emotionen und heizten die Stimmung an; aber auch in der von Parteiblättern geprägten Presselandschaft war es damals üblich, pointiert Stellung zu nehmen. Wissend, dass die realen Machtmittel ungleich verteilt waren, wurde der (real nicht ausgefochtene) Klassenkampf rasch zu einem über parlamentarische Debatten, öffentliche Reden oder Flugblätter scharf ausgetragenen Deutungskampf. Für die Linke waren verbale Drohungen – beziehungsweise eine Strategie der «kalkulierten Ambivalenz»[52] – im November 1918 fast die einzige Möglichkeit, Druck auf den politischen Reformprozess auszuüben. Bereits am 10. November hatte sich die NZZ beklagt, das «eigentlich Kennzeichnende» der «roten Proklamationen» liege in der «Handhabung der Sprache», die alle Deutungen zulasse und es fertigbringe, «im Gewande der Mäßigung erst recht aufzureizen».[53] Dass die Anspielungen und (versteckten) Drohungen nicht umgesetzt werden sollten, zeigt sich an verschiedenen, nach innen gerichteten Aufrufen, Ruhe und Disziplin zu bewahren, keinen Alkohol zu trinken und den Ordnungstruppen keinen Anlass zum Einschreiten zu geben. Enttäuscht vom raschen Abbruch des Streiks hielt der Chefredakteur des Zürcher *Volksrechts*, Ernst Nobs, schon am 15. November 1918 fest: «Das Aktionskomitee war immer stark in grossen tönenden Worten, in bombastischen Drohungen. Es war ein Meister der theatralischen Regie. Aber es war nichts dahinter.»[54] Martin Fenner und Erich Wigger wiesen bereits in den 1980er- und 1990er-Jahren in zwei wichtigen Studien auf die Bedeutung der politischen Kommunikation sowie die «Struktur und Funktion politischer Gruppensprachen zur Zeit des schweizerischen Landesstreiks»[55] hin. Weiterführende Arbeiten zum Verhältnis von Information, Kommunikation und Revolution (sowie der Eskalation von Revolutions- und Gegenrevolutionssemantiken) sind bis heute jedoch ausgeblieben.

Die Nutzung von Emotionen als politische Strategie für die Durchsetzung der eigenen Interessen lässt sich während der Kriegsjahre bei allen politischen Parteien mit verschiedenen Beispielen belegen. Ute Frevert hat in einem Beitrag über «Gefühle und Kapitalismus» mit Blick auf die Arbeiterschaft von der «Ausformung eines emotionalen Habitus» gesprochen, der «von Ressentiment und Empörung einerseits und von Solidarität andererseits» gekennzeichnet gewesen sei.[56] Bezeichnete die Linke das Militär als «Hofhund des Kapitals»[57] oder «Kosaken»[58] und schürte mit der Figur des Kriegsgewinnlers und kaltherzigen Kapitalisten Emotionen gegen die bestehende Wirtschaftsordnung, deutete die Rechte den Streik als gescheiterten Revolutions- oder Umsturzversuch nach «russischem Muster». Schon kurz nach dem Ende des Landesstreiks hatte Friedrich Schneider, SP-Nationalrat und Mitglied des OAK, unmissverständlich festgehalten: «Die Hetze gegen die Bolschewiki ist ein Kampfmittel des Bürgertums gegen die klassenbewusste schweizerische Arbeiterschaft.»[59] Praktisch zeitgleich hatte der katholisch-konservative Freiburger Nationalrat und spä-

51 Hitzer, Bettina: Emotionsgeschichte – ein Anfang mit Folgen, in: H-Soz-Kult, 23.11.2011, 31. www.hsozkult.de/literaturereview/id/forschungsberichte-1221. Vgl. auch Koller, Christian: «Es ist zum Heulen». Emotionshistorische Zugänge zur Kulturgeschichte des Streikens, in: Geschichte und Gesellschaft 36 (2010), 66–92.
52 Zur Strategie der «kalkulierten Ambivalenz», gleichzeitig mit widersprüchlichen Aussagen unterschiedliche Zielgruppen anzusprechen, vgl. am Beispiel von rechtspopulistischen Parteien Wodak, Ruth: Politik mit der Angst. Zur Wirkung rechtspopulistischer Diskurse, Wien 2016, 38.
53 NZZ, Nr. 1502, 10. November 1918.
54 Nobs, Ernst: Der schweizerische Generalstreik, in: Volksrecht, Nr. 267, 15.11.1918, zit. nach: Gautschi, Dokumente, 322.
55 Vgl. dazu Fenner, Martin: Partei und Parteisprache im politischen Konflikt. Studien zur Struktur und Funktion politischer Gruppensprachen zur Zeit des schweizerischen Landesstreiks 1917–1919, Bern 1981 und Wigger, Erich: Krieg und Krise in der politischen Kommunikation. Vom Burgfrieden zum Bürgerblock in der Schweiz 1910–1922, Zürich 1997.
56 Frevert, Ute: Gefühle und Kapitalismus, in: Budde, Gunilla (Hg.): Kapitalismus. Historische Annäherungen, Göttingen 2011, 50–72, hier 63.
57 Vgl. dazu die Broschüre der 1905 gegründeten Antimilitaristischen Liga Zürich: Der Hofhund des Kapitals, Zürich 1906. Gemäss Franz Josef Bühler, Präsident der Offiziersgesellschaft Luzern und während des Landesstreiks Kommandant des Füsilier-Bataillons 42 in Zürich, war das Militär auch im November 1918 «in allen Farben als Hofhund des Kapitals bezeichnet» worden. Staatsarchiv Luzern, PA 495/77, Bühler, Franz Josef: Erfahrungen im Zürcher Ordnungsdienst. Vortrag gehalten in der Offiziersgesellschaft Luzern am 4. April 1919, 9.
58 Vgl. dazu Koller, Christian: Die Rückkehr der Kosaken. Ordnungsdiensteinsätze bei Streiks vor und im Ersten Weltkrieg und die Schweizer Arbeiterbewegung, in: Olsansky, Michael (Hg.), Am Rande des Sturms. Das Schweizer Militär im Ersten Weltkrieg, Baden 2018, 240–254.
59 Schneider, Friedrich: Der Landesstreik in der Schweiz (11. bis 14. November 1918). Seine Vorbedingungen, der Verlauf und seine Lehren, Basel 1918, 15.

tere Bundesrat Jean-Marie Musy nicht nur den Einsatz der Ordnungstruppen gelobt, sondern auch den – aus seiner Sicht – klaren Zusammenhang mit der Russischen Revolution und der bolschewistischen Agitation betont.[60] Diese Sichtweise war bereits von zahlreichen bürgerlichen Rednern in der Nationalratsdebatte vom 12. und 13. November 1918 geteilt worden. Am «Volkstag» der aargauischen vaterländischen Vereinigung, einer bürgerlichen Gegendemonstration gegen den Landesstreik am 24. November 1918 in Windisch, fasste «Bürgerwehrgeneral» Eugen Bircher die Ereignisse mit folgenden Worten zusammen: «Das was man tat, war der Terror, das was man erstrebte, die Tyrannei, das was gefolgt wäre, die Revolution nach russischem Muster.» Für Bircher war es «ein erhebender Moment», dass «im roten Banner das weisse Kreuz erhalten blieb».[61]

Die Angst vor «russischen Verhältnissen» wurde in den bürgerlichen Medien gezielt geschürt und liess kaum mehr Raum für eine weniger Angst einflössende Interpretation der Ereignisse. Die Deutung des Streiks als Revolutionsversuch «nach russischem Muster» war dabei eingebettet in eine seit 1917 wachsende internationale «Red Scare», die über den europäischen Kontinent hinaus bis in die USA reichte. Vergleicht man die Revolutionsängste in der Schweiz mit der «Red Scare» in den USA, zeigen sich nicht nur Parallelen bei der politischen Instrumentalisierung von Revolutionsängsten und -gerüchten, sondern auch bei der Verschärfung der Ausländerpolitik oder der Rolle paramilitärischer Organisationen.[62] Schon am 8. November 1918 hatte ein nicht aus rechtsbürgerlichen, sondern gemässigten Kreisen stammender «Appell der christlichen Arbeiterschaft an das Schweizervolk» mit martialischen Worten festgehalten: «Drohend steigen am Horizont die düstern Wolken des Welt-Bolschewismus empor. Im Dunkeln schleichende Mächte arbeiten unter dem täuschenden Deckmantel der Arbeiter- und Volksfreundlichkeit auf einen revolutionären Umsturz der bestehenden Verhältnisse hin und möchten so dem blutigen Krieg auf den Schlachtfeldern einen noch blutigeren im Inneren der Völker folgen lassen. [...] wir erklären aufs Neue, daß wir uns mit allen uns zu Gebote stehenden Mitteln gegen jede Art von generalstreiklerischen oder sonstwie revolutionären Bestrebungen zur Wehr setzen werden.»[63] Den Hintergrund für die zunehmenden Revolutionsängste bildeten die (reale) Erfahrung der Russischen Revolution und die – im November 1918 noch offenen – Entwicklungen in den Nachbarländern Deutschland und Österreich, die zu einer starken Verunsicherung in breiten Kreisen der Bevölkerung führten. Die Erfahrung der Russischen Revolution und eines blutigen, bis 1920 anhaltenden Bürgerkriegs prägten die Erwartungen gegenüber dem weiteren Verlauf der Ereignisse in der Schweiz deutlich. Auch die wachsende öffentliche Präsenz und Militanz von Frauen wurde als Zeichen einer vermeintlich gestörten bürgerlichen Ordnung interpretiert. Viele Betrachter, aber auch die Behörden reagierten auf die dadurch hervorgerufenen Bedrohungsgefühle mit antifeministischer Stigmatisierung und frauenfeindlicher Pathologisierung oder gar mit Repression.[64]

Verstärkt wurde die wachsende Verunsicherung schliesslich durch Gerüchte und Verschwörungstheorien, die angesichts der Unplanbarkeit und Unübersichtlichkeit der Ereignisse Konjunktur hatten und von beiden Seiten auch gezielt als Brandbeschleuniger in der politischen Debatte eingesetzt wurden. Fehlende Verkehrsverbindungen, unterbrochene Telefonleitungen und bestreikte Druckereien kamen während des Landesstreiks dazu und erschwerten es weiter, sich einen Überblick über die Ereignisse zu verschaffen. Volker Stalmann hat mit Blick auf die massenmedialen Kommunikationsbedingungen in der deutschen Revolution von 1918/19 darauf hingewiesen, dass die «Informationsbeschaffung aller sozialen Gruppen weit hinter den sich überschlagenden Ereignissen»[65] hinterherhinkte. Zugleich waren Gerüchte und Verschwörungstheorien Ausdruck des fehlenden (oder zumindest unvollständigen) Wissens über die zum Teil geheimen Planungen des politischen Gegners, welche die Rekonstruktion der Ereignisse auch aus historischer Sicht immer wieder schwierig macht.

Revolutionsängste bildeten im November 1918 einen wichtigen Handlungsanreiz für die Gründung bewaffneter Bürgerwehren und waren eine treibende Kraft für die Ausübung massiver konterrevolutionärer Gewalt, die in verschiedenen Ländern auf den Krieg folgte.[66] Mark Jones hat mit Blick auf die deutsche Revolution von 1918/19 betont, dass der exzessive Einsatz von Gewalt – über ihre unmittelbare Funktion hinaus – auch ein «wichtiger kommu-

60 Vgl. dazu Musy, Jean-Marie: La grève générale et le bolchévisme en Suisse. Discours prononcé par M. Musy au Conseil national le 10 décembre 1918, o. O. 1919. In dieselbe Richtung deutete bereits der Aufruf des Bundesrats an das Schweizervolk vom 7. November 1918. Vgl. dazu Gautschi, Dokumente, 196–198.
61 Archiv SGB, G 23/A, Ansprachen gehalten am Volkstag der aargauischen vaterländischen Vereinigung in Vindonissa den 24. November 1918. Aarau 1918, 1 und 6.
62 Vgl. dazu Koller, Christian: «Red Scare» in zwei Schwesterrepubliken. Revolutionsfurcht und Antisozialismus im schweizerisch-amerikanischen Vergleich, 1917–1920, in: Fuhrer, Hans Rudolf (Hg.): Innere Sicherheit – Ordnungsdienst, Teil II, Zürich 2018, 87–119.
63 NZZ, Nr. 1497, 8.11.1918.
64 Vgl. dazu Perrenoud, Marc: Militante ouvrière, puis missionnaire outre-mer. Le parcours de Lucie Ablitzer (1900–1945), de La Chaux-de-Fonds à Madagascar, in: Cahiers d'histoire du mouvement ouvrier 33 (2017), 171–189; Studer, Brigitte: Rosa Grimm (1875–1955). Als Frau in der Politik und Arbeiterbewegung – Die Grenzen des weiblichen Geschlechts, in: Auf den Spuren weiblicher Vergangenheit (2). Beiträge der 4. Schweizerischen Historikerinnentagung, Zürich 1998, 163–182, sowie Joris, Elisabeth: Kampf um Frauenrechte – Allianzen und Bruchlinien, in: Traverse 25/2 (2018) [im Druck].
65 Stalmann, Volker: Die Wiederentdeckung der Revolution von 1918/19. Forschungsstand und Forschungsperspektiven, in: Zeitschrift für Geschichtswissenschaft 64 (2016), 521–541, hier 537.
66 Vgl. dazu Gerwarth, Robert; Horne, John: Bolschewismus als Fantasie, Revolutionsangst und konterrevolutionäre Gewalt 1917 bis 1923, in: Gerwarth, Robert; Horne, John (Hg.): Krieg im Frieden. Paramilitärische Gewalt in Europa nach dem Ersten Weltkrieg, Göttingen 2013, 94–107.

Neue Perspektiven auf den Landesstreik

nikativer Akt» gegenüber der verängstigten Bevölkerung war. Die massive Gewalt machte den Zeitgenossen deutlich, dass die neue Regierung «russische Zustände» mit allen Mitteln verhindern wollte.[67] Auch in der Schweiz diente die Angst vor «russischen Verhältnissen» der Rechtfertigung eines umfangreichen Truppenaufgebots, das aus bürgerlicher Perspektive lediglich eine legitime Massnahme zur verfassungsmässigen Wiederherstellung von Ruhe und Ordnung «gegen revolutionäre Anmassung und Gewalttat»[68] war.

### Politische Partizipation, soziale Sicherheit und Verteilungsgerechtigkeit

Dass der schweizerische Landesstreik kein gescheiterter Revolutionsversuch nach «russischem Muster» war, hat Willi Gautschi bereits in den 1960er-Jahren nachgewiesen. Geht man von den neun Forderungen des Oltener Aktionskomitees aus, wird rasch deutlich, dass das Ziel der Streikleitung institutionelle, wirtschaftliche und soziale Reformen waren. Neben der sofortigen «Neuwahl des Nationalrates auf Grundlage des Proporz», dem aktiven und passiven «Frauenwahlrecht» sowie der «Reorganisation der Armee im Sinne eines Volksheeres» forderte das OAK auch die Einführung einer «allgemeinen Arbeitspflicht», die «Tilgung der Staatsschulden durch die Besitzenden» sowie die Einführung der «48-Stundenwoche». Dazu kamen die Einrichtung einer «Alters- und Invalidenversicherung», «Staatsmonopole für Import und Export» sowie die «Sicherung der Lebensmittelversorgung im Einvernehmen mit den landwirtschaftlichen Produzenten».[69] Mehrere Forderungen wie die Einführung einer Alters- und Invalidenversicherung, das Proporzwahlrecht oder die Einführung der 48-Stunden-Woche waren bereits älter – und wurden auch von der Demokratischen Partei oder den christlich-sozialen Gewerkschaften mitgetragen –, erhielten durch den Landesstreik aber neuen Schwung. Überblickt man diese Forderungen, lassen sie sich zu drei für die Gewerkschaften und die Sozialdemokratie auch langfristig zentralen Themen – mehr politische Partizipation, grössere soziale Sicherheit und mehr Verteilungsgerechtigkeit – zusammenfassen.

Der Kampf um mehr politische Partizipation und eine bessere Integration in politische Entscheidungsprozesse reichte weit hinter den Landesstreik zurück. Nachdem 1900 und 1910 bereits zwei Volksinitiativen zur Proporzwahl des Nationalrates abgelehnt worden waren, wurde 1913 eine dritte Initiative eingereicht, die aber erst Mitte Oktober 1918 zur Abstimmung gelangte und mit 66,8 Prozent Ja-Stimmen deutlich angenommen wurde. Zur raschen Umsetzung des wenige Wochen vor dem Landesstreik – gegen den Willen von Bundesrat und Parlament – beschlossenen Proporzwahlrechts, für das sich neben den Sozialdemokraten auch die Katholisch-Konservativen starkgemacht hatten, wurden die Nationalratswahlen in der Folge um ein Jahr auf den Oktober 1919 vorverlegt. Auch die «Reorganisation der Armee im Sinne eines Volksheeres» beziehungsweise die «Demokratisierung des schweizerischen Wehrwesens» und der Kampf gegen «Drillklopferei», «Kastengeist, Militärgiglertum, unsinnige Disziplinarstrafen für Bagatellsachen» oder «Günstlingswesen bei Beförderungen» waren schon vor dem Landesstreik wichtige Anliegen linker Politik gewesen.[70] Die Demokratisierung der Armee kam in der Folge aber kaum voran; und auch das Frauenwahlrecht, eine weitere Landesstreikforderung, blieb für Jahrzehnte in der Pipeline. Von 1919 bis 1921 lehnten die Stimmberechtigten in sechs Kantonen – auch in den Arbeiterquartieren – das kantonale Frauenstimmrecht ab, und zwei 1919 an den Bundesrat überwiesene Postulate wurden jahrzehntelang nicht behandelt. Daneben entfaltete sich ab 1918 eine Debatte um die Beteiligung der Arbeiter an den Gewinnen und der Leitung von Unternehmen.[71] Diese unter dem Label «Wirtschaftsdemokratie» (bis heute) geführte Diskussion ging zunächst allerdings nicht von der Arbeiterbewegung, sondern hauptsächlich von reformbürgerlichen Kräften aus. Der Zürcher Regierungsrat sah darin 1920 «eine mittlere Richtlinie [...] zwischen den auf gänzliche Sozialisierung der industriellen Unternehmungen ausgehenden Postulaten der extremen Sozialdemokratie und der heute weniger als je bestreitbaren Vorzugsstellung und Übermacht des Kapitalismus».[72] Wie andere Forderungen und Reformvorhaben versandete mit dem Abflauen des internationalen revolutionären Momentums aber auch diese Diskussion Anfang der 1920er-Jahre.[73]

67 Jones, Mark: Am Anfang war Gewalt. Die deutsche Revolution 1918/19 und der Beginn der Weimarer Republik, Berlin 2017, 210.
68 Bundespräsident Felix Calonder an der Sitzung vom 12. November 1918 im Nationalrat, in: Amtliches Stenographisches Bulletin der schweizerischen Bundesversammlung, Sitzung vom 12. November 1918, 416.
69 Schweizerisches Sozialarchiv, 331/260, Flugblatt «An das arbeitende Volk der Schweiz!» vom November 1918.
70 Walter, Emil: Demokratisierung des schweizerischen Wehrwesens. Ein Beitrag zur Volkspetition an die Bundesversammlung, Zürich 1918, 27 und 30f. Wie die Unzufriedenheit mit der Militärjustiz reichte auch die Forderung nach einer Demokratisierung der Armee vor den Ersten Weltkrieg zurück und sollte die Armee – aus linker Perspektive – enger mit den demokratischen Strukturen des Landes verbinden. Vgl. dazu auch BAR, E21#1000/131#9824*, Schweizerischer Grütliverein, Sozialdemokratische Volkspartei der Schweiz, Volkspetition betreffend Demokratisierung des schweizerischen Wehrwesens, Zürich 28. Oktober 1918.
71 Vgl. Koller, Christian: «Auf einem Schiffe regiert der Kapitän und kein Matrosenrat», Die Mitbestimmungsdebatte nach dem Schweizer Landesstreik [Manuskript].
72 Staatsarchiv Zürich, M 14 g.31.2, Bericht des Regierungsrates zum kantonsrätlichen Postulat vom 13. November 1918 über Beteiligung der Arbeiter an der Geschäftsleitung und am Geschäftsgewinn, 2.9.1920.
73 Ein weiteres Beispiel für den nach dem Landesstreik nur kurz anhaltenden Reformwillen im Bürgertum ist der Arbeitsschutz. Das «Bundesgesetz betr. die Ordnung des Arbeitsverhältnisses» von 1919, das die Schaffung eines eidgenössischen Arbeitsamtes sowie einer Lohnkommission als Rekursinstanz vorsah, das Prinzip der Lohn-

Mit der «Sicherung der Lebensmittelversorgung», einem symbolisch stark aufgeladenen und von der Linken politisch bewusst bewirtschafteten Thema, hatte sich das OAK seit seiner Gründung im Februar 1918 immer wieder beschäftigt.[74] Noch deutlich weiter zurück reichten aber die Bemühungen zur Einführung einer «Alters- und Invalidenversicherung», waren Forderungen nach der Einrichtung einer staatlichen Versicherung zur Überwindung der weitverbreiteten Altersarmut doch bereits in den 1880er-Jahren erhoben worden. 1890 begründete der neue Artikel 34 der Bundesverfassung die erste Bundeskompetenz für Sozialversicherungen, beschränkte sich aber auf die Kranken- und Unfallversicherung. Die ersten Sozialversicherungen auf Bundesebene wurden nach der Jahrhundertwende realisiert: 1902 die Militärversicherung, 1914 die Krankenversicherung und 1918 die Unfallversicherung. Schwierigkeiten mit dem Kranken- und Unfallversicherungsgesetz drängten die Debatte über die Altersversicherung aber für mehr als zwei Jahrzehnte in den Hintergrund. Erst 1912 wurde diese mit einer Motion des St. Galler Demokraten und Grütlianers Otto Weber im Nationalrat wieder aufgenommen, durch den Kriegsausbruch aber erneut unterbrochen. Gegen Kriegsende stand das Thema nicht nur auf der Agenda der Arbeiterbewegung, sondern auch verschiedener bürgerlicher Organisationen. Bereits zwei Monate nach dem Landesstreik setzte der Bundesrat dann eine Expertenkommission zur Beratung einer AHV ein und legte schon im Juni 1919 eine entsprechende Botschaft vor. 1925 lehnte das Stimmvolk eine vom freisinnigen Basler Nationalrat Christian Rothenberger lancierte AHV-Initiative ab, hiess wenige Monate später aber den von Bundesrat und Parlament vorgeschlagenen neuen Artikel 34 der Bundesverfassung gut, der die Verpflichtung zur Schaffung einer AHV und die Kompetenz zur Einrichtung einer Invalidenversicherung beinhaltete. Ein entsprechendes Gesetz wurde von der Stimmbevölkerung aber erst 1947 angenommen.[75] Die Arbeiten daran waren mitten im Zweiten Weltkrieg aufgenommen worden, nicht zuletzt aus Furcht vor einem «zweiten 1918».[76]

Drei weitere Forderungen zielten schliesslich auf eine gerechtere Verteilung der Kriegslasten zwischen Kriegsgewinnern und -verlierern ab. Der wachsende Unmut in der Arbeiterschaft basierte nicht nur auf der zunehmenden Teuerung, sondern auch der wachsenden Kluft zwischen Arm und Reich, teilweise hohen Kriegsgewinnen und der steigenden sozialen Not. Die Forderungen einer «allgemeinen Arbeitspflicht», der Einführung der 48-Stunden-Woche und einer «Tilgung der Staatsschulden durch die Besitzenden»[77] sind auch vor dem Hintergrund wachsender Dividenden in verschiedenen Branchen zu verstehen.[78] Bereits im März 1918 hatte das OAK unter anderem die «Enteignung aller über 10% hinausgehenden Geschäftsgewinne» beziehungsweise die Enteignung aller «Kriegsgewinne» gefordert.[79] Für den Basler SP-Nationalrat und OAK-Mitglied Friedrich Schneider hatte im Verlauf des Kriegs «eine beispiellose Jagd nach Reichtum» eingesetzt und das Bürgertum seine politische Macht während mehr als vier Jahren «rücksichtslos in den Dienst seiner Profitinteressen gestellt».[80] «Dauernde Not und Elend auf der einen, Luxus und Wohlleben auf der anderen Seite» führten laut Schneider zu einer «beispiellosen Erbitterung»[81] bei den Arbeitermassen. Bereits Ende April 1918 hatte der Schriftsteller Karl Frey unter dem Pseudonym Konrad Falke einen viel beachteten Artikel in der NZZ publiziert und die hohen Kriegsgewinne zahlreicher Unternehmen scharf kritisiert. Unter dem Titel «Vom sozialen Schamgefühl» forderte der Sohn von Julius Frey, dem Verwaltungsratspräsidenten der Schweizerischen Kreditanstalt von 1911 bis 1925, die Unternehmer dazu auf, mehr Solidarität mit der Arbeiterschaft zu üben, und hielt mit eindringlichen Worten fest: «Alles wird beständig teurer. [...] Aber schlimmer als alle tatsächliche Teuerung wirkt jene rücksichtslose industrielle Gewinnsucht, die weiss, dass im Trüben gut fischen ist und dass man heute den Krieg für alles verantwortlich machen kann

gleichheit zwischen den Geschlechtern verankert und den Bundesrat ermächtigt hätte, Gesamtarbeitsverträge für die ganze Schweiz verbindlich zu erklären, wurde ein Jahr später durch ein Referendum der Waadtländer Handelskammer zu Fall gebracht. Vgl. dazu Studer, Brigitte: Internationalismus als politische Ressource. Das Schweizer Arbeitsrecht in der Zwischenkriegszeit, in: Christensen, Birgit (Hg.), Demokratie und Geschlecht. Interdisziplinäres Symposium zum 150jährigen Jubiläum des Schweizerischen Bundesstaates, Zürich 1999, 75–100, hier 81f.

74 Zur Frage der Lebensmittelversorgung vgl. den Beitrag von Maria Meier in diesem Band sowie Moser, Peter: Kein umstrittenes Thema mehr? Die Ernährungsfrage im Landesstreik 1918, in: Krämer, Daniel; Pfister, Christian; Segesser, Daniel Marc (Hg.), «Woche für Woche neue Preisaufschläge». Nahrungsmittel-, Energie- und Ressourcenkonflikte in der Schweiz des Ersten Weltkrieges, Basel 2016, 83–110; Albertin, Ismael: Die Massnahmen des Zürcher Stadtrats zur Verbesserung der Lebensmittelversorgung 1914–1921, in: ebd., 211–233; Burkhard, Daniel: Die Kontroverse um die Milchpreisteuerung in der Schweiz während des Ersten Weltkrigs, in: ebd., 235–255 sowie Moser, Peter: Mehr als eine Übergangszeit. Die Neuordnung der Ernährungsfrage während des Ersten Weltkrieges, in: Rossfeld, Roman; Buomberger, Thomas; Kury, Patrick (Hg.), 14/18. Die Schweiz und der Grosse Krieg, Baden 2014, 172–199.

75 Vgl. dazu Leimgruber, Matthieu; Lengwiler, Martin (Hg.): Umbruch an der «inneren Front». Krieg und Sozialpolitik in der Schweiz, 1938–1948, Zürich 2009 sowie Binswanger, Peter: Geschichte der AHV. Schweizerische Alters- und Hinterlassenenversicherung, Zürich 1986.

76 Vgl. dazu Lasserre, André: Schweiz. Die dunklen Jahre. Öffentliche Meinung, 1939–1945, Zürich 1992, 428.

77 Schweizerisches Sozialarchiv, 331/260, Flugblatt «An das arbeitende Volk der Schweiz!» vom November 1918.

78 Zu den Kriegsmaterialgeschäften und Kriegsgewinnen verschiedener Branchen sowie dem Geschäftsgang von Schweizer Unternehmen im Ersten Weltkrieg vgl. Rossfeld, Roman: «Abgedrehte Kupferwaren». Kriegsmaterialexporte der schweizerischen Uhren-, Metall- und Maschinenindustrie im Ersten Weltkrieg, in: Jahrbuch für Wirtschaftsgeschichte 56 (2015), 515–551 sowie Rossfeld, Roman; Straumann, Tobias (Hg.): Der vergessene Wirtschaftskrieg. Schweizer Unternehmen im Ersten Weltkrieg, Zürich 2008.

79 Eingabe des OAK an die eidgenössische Notstandskommission zuhanden des Bundesrats vom 8. März 1918, zit. nach Gautschi, Dokumente, 78f.

80 Schneider, Der Landesstreik in der Schweiz, 7 und 10.

81 Ebd., 11.

[…]. Es ist nicht mehr zu früh, dass in den Herren Aktionären das *soziale Schamgefühl* erwache und ihnen verbiete, immer einzig und allein an ihre persönliche Bereicherung zu denken […]. Auch ohne dass man den einseitigen und kurzsichtigen Standpunkt der Antimilitaristen teilt, muss man es angesichts der herrschenden Zustände einigermassen begreifen, wenn ganze Volksschichten sich zu fragen anfangen: Wozu den Körper des Staates nach aussen verteidigen, wenn gleichzeitig in seinen Eingeweiden ein Fieber wütet, das uns von innen her dem Untergang zutreibt? […] Kommt die Erneuerung nicht durch Einsicht von innen […], so kommt sie durch Gewalt von unten. […] ein fortwährend steigender Kriegsgewinn einzelner bei fortwährend steigender Not der Allgemeinheit ist einfach abscheulich!»[82]

Nach dem Landesstreik wurden die meisten Forderungen des OAK von der SP und den Gewerkschaften weiterverfolgt und sollten die in den Kriegsjahren – aus linker Perspektive – arg strapazierte «Opfersymmetrie und Verteilungsgerechtigkeit»[83] wieder herstellen. Die Volksinitiativen zur Einführung einer direkten Bundessteuer (1918), der Proporzwahl des Nationalrats (1918), der Aufhebung der Militärjustiz (1921) sowie einer einmaligen Vermögensabgabe (1922) sprechen hier eine deutliche Sprache. Ein Teil dieser Initiativen wurde von der SP schon vor dem Landesstreik lanciert, ein Teil führte in den 1920er-Jahren zu ausgesprochen emotional geführten Abstimmungskämpfen. Das Einfordern von mehr politischer Partizipation, grösserer sozialer Sicherheit und mehr Verteilungsgerechtigkeit – beziehungsweise der Durchsetzung von Massendemokratie und Wohlfahrtsstaat – war dabei kein schweizerischer Sonderfall, sondern lässt sich nach dem Krieg in vielen europäischen Ländern nachweisen. Als Teil einer Geschichte der sozialen Sicherheit kann der schweizerische Landesstreik als wichtige Wegmarke von einer «Ökonomie individualisierter Risiken» zu einer «Ökonomie kollektivierter Sicherung»[84] verstanden werden.

---

[82] NZZ, Nr. 558, 28.4.1918.
[83] Tanner, Jakob: Geschichte der Schweiz im 20. Jahrhundert, München 2015, 145.
[84] Studer, Brigitte: Ökonomien der sozialen Sicherheit, in: Halbeisen, Patrick; Müller, Margrit; Veyrassat, Béatrice (Hg.), Wirtschaftsgeschichte der Schweiz im 20. Jahrhundert, Basel 2012, 923–976, hier 927.

# Soziale Not, Kriegsgewinne und Verteilungsfragen

1919 hielt der Zentralverband schweizerischer Arbeitgeber-Organisationen zur Entwicklung der Schweizer Wirtschaft im Ersten Weltkrieg rückblickend fest: «Man darf der Schweizer Industrie das Zeugnis ausstellen, dass sie sich der Kriegswirtschaft sehr bald und vorzüglich anzupassen vermochte. [...] In den Jahren 1915–1917 erfreute sich der Grossteil unserer Industrie eines geradezu glänzenden Geschäftsganges.»[1] Auch für Ernst Laur hatte die Schweiz im Ersten Weltkrieg «eine wirtschaftliche Hochkonjunktur» erlebt. In seinen Erinnerungen hielt er fest: «Namentlich in Industrie und Handel war sehr viel Geld verdient worden [...]. Aber auch die Landwirte hatten gute Zeiten. Das Jahr 1918 war ein Rekordjahr, in welchem sich reichliche Ernten mit hohen Preisen verbanden.»[2] Die teilweise hohen Kriegsgewinne und steigenden Dividenden standen in einem starken Kontrast zur wachsenden sozialen Not in der Arbeiterschaft. Die Kosten für Nahrung, Kleidung und Wohnen machten in diesen Jahren zwischen 80 und 90 Prozent der Ausgaben eines Arbeiterhaushalts aus. Die Bekämpfung des Wuchers erwies sich als schwierig, und weil die private Bautätigkeit fast zum Erliegen kam, herrschte am Ende des Kriegs eine drückende Wohnungsnot. Grundlegende soziale Risiken wie Arbeitslosigkeit, Alter, Krankheit oder Invalidität waren am Ende des Kriegs noch nicht oder nur sehr ungenügend versichert. Der Berner Stadtpräsident und SP-Nationalrat Gustav Müller empörte sich angesichts dieser Verhältnisse am 12. November 1918 im Nationalrat, «in welch schreiendem Gegensatz» die «Leiden der Bevölkerung» zum «luxuriösen Leben» in den Hotels stehe.[3]

Die wachsende Teuerung und die zunehmende soziale Not in der Arbeiterschaft gelten bis heute als eine der Ursachen für den schweizerischen Landesstreik. Die ungenügende Nahrungsmittelversorgung war dabei aber nur eines von mehreren Problemen. Die wachsende Kluft zwischen Arm und Reich, schlechte Ernährung, ungenügende Kleidung und steigende Mieten spielten zusammen und verschlechterten die Stimmung in der Bevölkerung. Das Oltener Aktionskomitee hatte schon im März 1918 nicht nur verschiedene Massnahmen zur Verbesserung der Lebensmittelversorgung, sondern auch die Abgabe eines «Volksschuhs an Minderbemittelte zu reduzierten Preisen» vorgeschlagen. Zugleich sollten auch Massnahmen gegen die zunehmende «Wohnungsnot» – wie die «Förderung des Kleinwohnungsbaus» oder ein zeitlich beschränktes «Bauverbot für Luxuswohnbauten» – ergriffen werden.[4] Einzelne dieser Forderungen wurden im Verlauf des Jahres 1918 umgesetzt. Die Deckung elementarer Grundbedürfnisse blieb aber auch nach dem Landesstreik ein Problem. Beim Generalstreik Ende Juli

1919 in Basel hielt das Aktionskomitee der Arbeiterschaft in einem Flugblatt an das «werktätige Volk Basels» fest: «Wir wollen nicht nur schwarzes Brot für teuren Preis [...]. Uns fehlen Schuhe und Kleider, sie sind unerschwinglich für uns. [...] Den grössten Teil des Lohnes, der uns übrig bleibt, nach der Beschaffung von Nahrung und Kleidung, müssen wir als Zins ausgeben für enge, schlechte Wohnungen und dabei steigen von Tag zu Tag der Mietpreis und die Wohnungsnot. Wir fordern Massnahmen gegen den Mietpreiswucher, Beschlagnahme der leerstehenden Wohnungen und der Brennmaterialien.»[5] Ein Teil der Forderungen im Landesstreik wie die «Sicherung der Lebensmittelversorgung» oder die «Tilgung der Staatsschulden durch die Besitzenden» – beziehungsweise eine gerechtere Verteilung der Kriegslasten – werden nur vor diesem Hintergrund verständlich. Die folgenden Beiträge zeichnen ein differenziertes Bild der Nahrungsmittelversorgung am Ende des Ersten Weltkriegs (am Beispiel von Basel), beschreiben die wachsende Wohnungsnot und verdeutlichen die Rolle des Landesstreiks als «Schwungrad» für die Erfindung der Sozialversicherungspolitik um 1920.

1   Schweizerisches Wirtschaftsarchiv, Berufsverbände D60, Zentralverband schweizerischer Arbeitgeber-Organisationen: Bericht des Zentralvorstandes an die Mitglieder über das Jahr 1919, Zürich 1920, 37.
2   Howald, Oskar, Hedwig Abegg (Hg.): Ernst Laur 1871–1964: Ein Leben für den Bauernstand. Ein Beitrag zur schweizerischen Wirtschaftsgeschichte von 1890–1960, Aarau 1971, 165.
3   Gustav Müller an der Sitzung vom 12. November 1918 im Nationalrat, in: Amtliches Stenographisches Bulletin der schweizerischen Bundesversammlung, Sitzung vom 12. November 1918, 446.
4   Eingabe des OAK an die eidgenössische Notstandskommission zuhanden des Bundesrats vom 8. März 1918, zit. nach Gautschi, Dokumente, S. 78f. Zum «Volksschuh» und der mangelhaften Schuhversorgung im Ersten Weltkrieg vgl. Wild, Roman: Volksschuhe und Volkstücher zu Volkspreisen. Zur Bewirtschaftung lederner und textiler Bedarfsartikel im Ersten Weltkrieg in der Schweiz, in: SZG 63 (2013), 428–452, sowie Zahner, Paul: Die Leder- und Schuhversorgung der Schweiz von 1914–1920. Darstellung und Kritik, Zürich 1922.
5   Flugblatt «An das werktätige Volk Basels» vom 31. Juli 1919, zit. nach Schmid, Hanspeter: Krieg der Bürger. Das Bürgertum im Kampf gegen den Generalstreik 1919 in Basel, Zürich 1980, 35. Zum Auguststreik von 1919 in Zürich vgl. Greminger, Thomas: Ordnungstruppen in Zürich. Der Einsatz von Armee, Polizei und Stadtwehr Ende November 1918 bis August 1919, Basel 1990, 204–306.

1  Der Sozialdemokrat, Kriegsdienstverweigerer und spätere Mitbegründer der Kommunistischen Partei, Jules Humbert-Droz, spricht am 14. November 1918 zu Streikenden in La Chaux-de-Fonds.

# Die Lebensmittelversorgung im Krieg und ihre Bedeutung für den Landesstreik

## Das Beispiel Basel

Maria Meier

Isolation, Ungleichheit, Lebensmittelnot: Im Sommer 1918 appellierte der Regierungsrat von Basel-Stadt eindringlich an das kantonale Parlament, «Massnahmen zur Verbesserung der Ernährungsverhältnisse» zu ergreifen.[1] In seinem Ratschlag anerkannte der Regierungsrat die «gegenwärtige Lebensmittelnot [...] als Tatsache» und wies auf die «starke Erregung» in der Bevölkerung hin. Der kleine Halbkanton sei aufgrund seiner städtischen Prägung und geografischen Lage in der nordwestlichen Ecke des Landes und nahe der elsässischen Front stark vom Krieg betroffen. Die Bevölkerung leide «schwer unter der gegenwärtigen Not» und sei wegen des auf ihr lastenden Drucks «für Ungleichheiten und wirkliche oder scheinbare Zurücksetzung besonders empfindlich. [...] Die Opfer, die unser Gemeinwesen zu bringen hat, um einer Ausbreitung der Not zu steuern, wachsen stetig und in einem beängstigenden Masse an.»[2]

Der Ratschlag an das Parlament ist auf den 4. Juli 1918 datiert – rund vier Monate bevor der Landesstreik die Schweiz erschüttern sollte. Wie aber kam es zu dieser Lebensmittelnot im Sommer 1918? Wie entwickelte sich die Nahrungsmittelversorgung in den folgenden Monaten, und welche Rolle spielte sie im Landesstreik? Diesen Fragen geht der vorliegende Beitrag am Beispiel der Stadt Basel nach. Er untersucht die Bedeutung der Lebensmittelnot im Spannungsfeld der alten Debatte über die Einordnung, Deutung und Begründung des schweizerischen Landesstreiks.³ War der Streik die Folge einer Verelendung der Arbeiterschaft, ein Aufschrei gegen Hunger, Not und Elend? Oder spielte die Lebensmittelfrage zum Zeitpunkt des Streiks gar keine Rolle mehr, und handelte es sich bei den Ereignissen im November 1918 nicht doch eher um eine plötzliche Eskalation politischer Machtkämpfe, eine Folge linker Revolutionsrhetorik und bürgerlich-konservativer Revolutionsangst?

### 1916: Erste Versorgungsprobleme

Schon in den ersten beiden Kriegsjahren hatten Teuerung, Handelshemmnisse und Verteilkonflikte den lokalen Lebensmittelmarkt geprägt und an der wirtschaftlichen Substanz der Bevölkerung gezehrt. Als besonders verletzlich erwiesen sich einkommensschwache Bevölkerungskreise, die bereits vor dem Krieg in ärmlichen Verhältnissen gelebt hatten. Die Teuerung erfasste darüber hinaus aber die gesamte lohnabhängige Bevölkerung – von der Fabrikarbeiterin bis zum höheren Angestellten – und schmälerte ihr Budget schon früh empfindlich. Während die Lebenskosten im Gleichschritt mit dem internationalen Wirtschaftskrieg zuerst langsam und dann immer schneller anstiegen, verharrten die Löhne trotz Kriegskonjunktur und vollen Auftragsbüchern weitgehend auf dem Vorkriegsniveau.

Immer mehr Menschen gerieten deshalb bereits im Verlauf der Jahre 1915 und 1916 in ökonomische und soziale Schwierigkeiten. In Basel existierte zwar seit Kriegsbeginn eine staatliche Hilfskommission, die Menschen mit kleinen Geldbeträgen, Lebensmittelgutscheinen und Mietzins- oder Krankenkassenbeiträgen unterstützte.⁴ Von dieser bescheidenen Nothilfe profitierten aber nur Menschen, die von Verdienstausfällen wegen Arbeitslosigkeit oder des Militär- beziehungsweise Kriegsdienstes von Familienangehörigen betroffen waren. Ende 1915 verzeichnete der Präsident der staatlichen Hilfskommission, Pfarrer Gustav Benz, erstmals seit Kriegsbeginn wieder eine Häufung von Anmeldungen. Viele Familien hatten sich, um dem Stigma der Armengenössigkeit zu entgehen, lange dagegen verwahrt, staatliche Unterstützung zu beantragen. Seit 1914 hatten sie ihre Arbeitspensen erhöht und «die letzten Ersparnisse aufgebraucht; es wurden entbehrliche Gegenstände verkauft oder versetzt; es wurde die ganze Lebenshaltung auf ein nicht mehr zu verringerndes Niveau herabgedrückt», schilderte Benz die Situation dieser Familien.⁵

Im Frühjahr und Sommer 1916 kamen ausserdem immer mehr Anmeldungen von «Normalverdienenden» dazu, die sich den alltäglichen Lebensmittelbedarf trotz voller Erwerbsarbeit und Einsparungen nicht mehr ausreichend zu sichern vermochten. Gut eineinhalb Jahre nach Kriegsausbruch hatten sie alle Reserven und Ressourcen ausgeschöpft und mussten sich beispielsweise den Mietzins «buchstäblich vom Munde absparen».⁶ Im Juli schrieb der Präsident der Hilfskommission alarmiert an das Departement des Innern, die «allgemeine Notlage» habe sich im letzten Halbjahr ausserordentlich verschlimmert: «Es mehren sich die Fälle, wo wir sogar Petenten, deren schlechtes Aussehen Not und Entbehrung nur zu deutlich

1 Staatsarchiv des Kantons Basel-Stadt (StABS), Sanität, O 3.1, 1918, Ratschlag des Regierungsrates an den Grossen Rat (Nr. 2163) betreffend Massnahmen zur Verbesserung der Ernährungsverhältnisse, 4.7.1918.
2 Ratschlag Nr. 2163 des Regierungsrates, 4.7.918.
3 Vgl. dazu z. B. Pfister, Christian: Auf der Kippe. Regen, Kälte und schwindende Importe stürzten die Schweiz 1916–1918 in einen Nahrungsengpass, in: Krämer, Daniel/Pfister, Christian/Segesser, Daniel Marc (Hg.), «Woche für Woche neue Preisaufschläge». Nahrungsmittel-, Energie- und Ressourcenkonflikte in der Schweiz des Ersten Weltkriegs, Basel 2016, 57–81; Albertin, Ismael: Die Massnahmen des Zürcher Stadtrats zur Verbesserung der Lebensmittelversorgung 1914–1921, in: ebd., 211–233; Staub, Kaspar: Der vermessene menschliche Körper als Spiegel der Ernährungs- und Gesundheitsverhältnisse am Ende des Ersten Weltkrieges, in: ebd., 285–305; Moser, Peter: Kein umstrittenes Thema mehr? Die Ernährungsfrage im Landesstreik 1918, in: ebd., 83–110; Floris, Joël/Kuster, Marius/Woitek, Ulrich: Armutsgrenzen in der Stadt Zürich während des Ersten Weltkrieges, in: Traverse. Zeitschrift für Geschichte 24 (2017), 97–112; Jaun, Rudolf/Straumann, Tobias: Durch fortschreitende Verelendung zum Generalstreik? Widersprüche eines populären Narrativs, in: Der Geschichtsfreund. Mitteilungen des Historischen Vereins Zentralschweiz, Band 169 (2016), 19–53.
4 Ausführlicher in Labhardt, Robert: Krieg und Krise. Basel 1914–1918, Basel 2014, hier 67–98.
5 StABS, Armenwesen W1, Staatliche Hilfskommission, Allgemeines und Einzelnes, 1914–1920, staatliche Hilfskommission (Gustav Benz) an das Departement des Innern, 28.12.1915.
6 StABS, Armenwesen W1, Staatliche Hilfskommission, Allgemeines und Einzelnes, 1914–1920, staatliche Hilfskommission (Gustav Benz) an die Arbeitgeber von Basel-Stadt, 6.4.1916.

bekundet, auffordern müssen, lieber kleinere Beträge an die Miete zu leisten und dafür etwas mehr für Lebensmittel zu verwenden.»[7] Benz forderte eine Ausweitung der staatlichen Unterstützung auf Personen, die einen «normalen, jedoch bei den jetzigen Lebensverhältnissen nicht mehr auskömmlichen Verdienst» hatten.[8] Bisher musste die Hilfskommission solche Anträge abweisen und die Gesuchsteller mit «ungenügendem Erwerb» an die Armenpflege verweisen.

Mit den steigenden Lebensmittelpreisen und den verschärften Aussenhandelsbedingungen veränderten sich auch die Produktions-, Verarbeitungs- und Konsumgewohnheiten. In Basel kam es vermehrt zu Verteilproblemen und zur Verknappung von Landesprodukten. Das zeigt beispielhaft die Entwicklung in der Milch- und Kartoffelversorgung. So hatten sich bereits im Juli 1916 aufgrund der schlechten Witterung hohe Ausfälle bei der Kartoffelernte abgezeichnet, und der Bundesrat hatte Höchstpreise und Handelsvorschriften für Kartoffeln erlassen.[9] Die Massnahmen blieben jedoch wirkungslos, und viele Produzenten hielten ihre Kartoffeln zurück in der Hoffnung, die Höchstpreise würden noch einmal angehoben. Die Knolle wurde gehortet und eingelagert, gebrannt, selber verzehrt oder an das Vieh verfüttert.

Ähnliche Probleme zeigten sich auf dem Milchmarkt. Seit September 1916 waren die Milchzufuhren in die Stadt ständig gesunken. «Viele Gesellschaften liefern nur noch 50–60% ihres früher Quantums, da die Landwirte den Rest der Milch zur Aufzucht von Jungvieh und zur Schweinemast verwenden. Die Ställe stehen voller Jungvieh, das die Produzenten zu hohen Preisen zu exportieren hoffen [...]», begründete der Basler Regierungsrat Fritz Mangold die sinkenden Zufuhren.[10] Im lokalen Detailhandel kam es in der Folge zu einem Milchmangel und zu Verteilkonflikten. Der Allgemeine Consumverein (ACV) – der als grösster Detailhändler der Stadt fast zwei Drittel der Bevölkerung mit Milch versorgte – bekam die sinkenden Milchzufuhren stärker zu spüren als die kleineren, privaten Milchhändler. Um weiterhin alle Mitglieder bedienen zu können, musste der ACV den Milchverkauf rationieren und die tägliche Milchmenge seiner mehrheitlich einkommensschwachen Kundschaft um 25–30 Prozent reduzieren, während die privaten Geschäfte ihr meist begütertes Klientel fast ohne Ausfälle beliefern konnten. Vor den Milchgeschäften des Konsumvereins kam es im Herbst und Winter 1916 täglich zu stürmischen Szenen, in welchen die «Polizei die Leute zur Ordnung weisen» musste und von denen die Kinder «zitternd und weinend» nach Hause kamen, wie es in einer Kundenreklamation hiess.[11] Auch Regierungsrat Fritz Mangold warnte vor dem Milchmangel, der die Arbeiterbevölkerung der Stadt besonders empfindlich treffe. Bei ihr sei «gerade jetzt, da andre Artikel so teuer geworden» seien, die Milch nötiger denn je, «nicht nur zum Frühstück und Abendessen, sondern auch in der Küche zur Herstellung des Mittagsmahles».[12]

Aufgrund der Teuerung, der Verteilkonflikte bei Landesprodukten und der Knappheit wichtiger Grundnahrungsmittel hatte sich die Ernährungssituation in Basel im Winter 1916/17 so weit zugespitzt, dass ein grosser Teil der städtischen Bevölkerung bis in die Mittelschicht verarmte und Unterernährung weitverbreitet war. Die Politik war darauf nicht vorbereitet gewesen. Erst mitten in der Versorgungskrise reagierte sie mit konkreten Hilfsmassnahmen, um die Teuerung zu lindern, die Produktion zu fördern und die gleichmässigere Verteilung der knappen Lebensmittel zu gewährleisten.

## 1917: Wende in der Lebensmittelpolitik

Im Dezember 1916 eröffnete in Basel die Volksküche, die allen Besucherinnen und Besuchern, unabhängig von ihrem Wohnort und ihren finanziellen Möglichkeiten, gleichermassen zugänglich war. Sie bot Suppe für 10 Rappen, ein Essen mit Teigwaren oder Reis und Gemüse für 25 Rappen und Brot für 5 Rappen an. Die Menüs wechselten täglich, und pro Mahlzeit wurde einmal unentgeltlich nachgeschöpft. Die Besucher der Volksküche stammten fast ausschliesslich aus der Arbeiterschaft. Sie erschienen in den kurzen Mittagspausen und erhielten ein vergleichsweise reichhaltiges und günstiges

---

7   StABS, Armenwesen W1, Staatliche Hilfskommission, Allgemeines und Einzelnes, 1914–1920, staatliche Hilfskommission (Gustav Benz) an das Departement des Innern, 18.7.1916.
8   Staatliche Hilfskommission (Gustav Benz), 18.7.1916.
9   Zu den witterungsbedingten Ernteausfällen 1916 vgl. Pfister, Auf der Kippe, 57–81.
10  StABS, Sanität, O 3.1, Fritz Mangold an den Regierungsrat betr. Milch- und Eierversorgung, 22.10.1916.
11  StABS, Sanität, O 3.1, 1915–1916, Express-Schreiben des Konsumvereins an das schweizerische Volkswirtschaftsdepartement, 23.10.1916.
12  StABS, Sanität O 3.1, 1915–1916, Lebensmittelfürsorgekommission (Fritz Mangold) an den Regierungsrat, 28.11.1916.

Der Konsumentenpreisindex der Schweiz, 1913–1919
(1913=100).

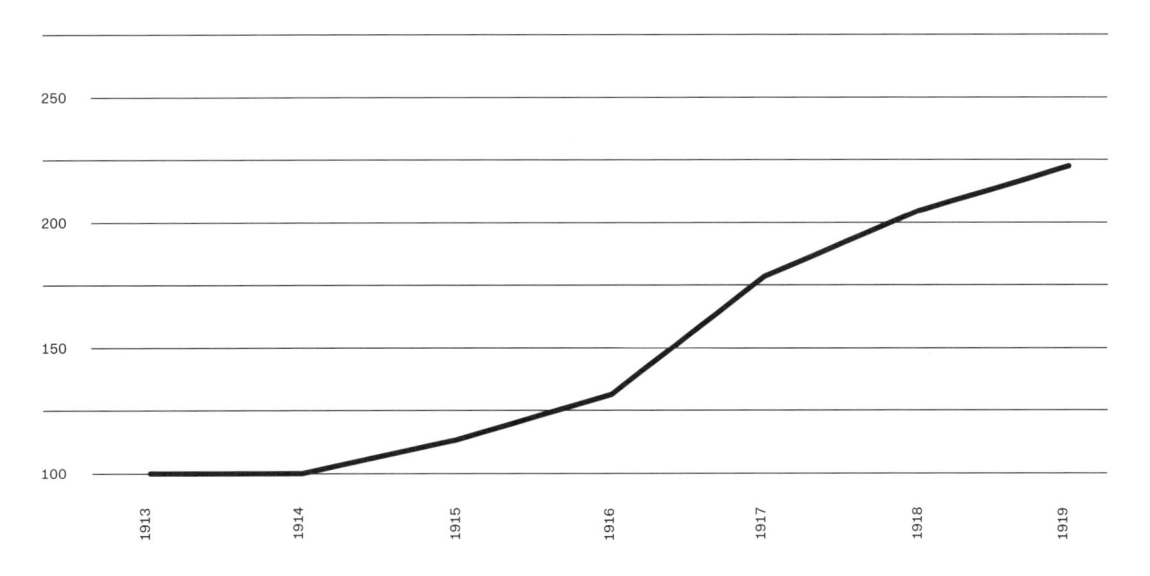

250

200

150

100

1913   1914   1915   1916   1917   1918   1919

Quelle: Historische Statistik der Schweiz HSSO, 2012. Tab. H.39. hsso.ch/2012/h/39.

# Lebensmittelversorgung

2 «Ein Trost in schwerer Zeit.» Wer sich die teuren Kartoffeln nicht leisten könne, möge sie doch später in Form von Schinken oder Schnaps konsumieren, witzelte der *Nebelspalter* Ende Juli 1916.

Essen. Das Angebot wurde von Anfang an rege genutzt, und schon bald nach Eröffnung des ersten Esslokals in der Burgvogtei erwies sich die staatliche Volksküche als zu klein. Am ersten Tag wurden bereits 150 Essen ausgegeben, und in den folgenden drei Wochen des Betriebs steigerte sich die Frequenz um das Vierfache. Angesichts der grossen Nachfrage baute die Stadt die Volksküche unter Hochdruck aus. In den Monaten danach eröffneten vier weitere Esslokale und drei Abgabestellen in verschiedenen Quartieren der Stadt.

Aufgrund der ersten eidgenössischen Kartoffelerhebung im Januar 1917, die einen erheblichen Fehlbetrag von Saat- und Speisekartoffeln ergab, beschloss der Bundesrat, die Produktion von Landesprodukten – insbesondere Kartoffeln, Getreide und Gemüse – zu erhöhen. Die Landesregierung verpflichtete die Kantone zu einem Mehranbau und übertrug ihnen das Recht zur Anwendung von Zwangsmassnahmen. Es gelte nun «alle verfügbaren Kräfte und Mittel in den Dienst der Lebensmittelversorgung des Schweizervolkes zu stellen», schrieb der Bundesrat in seinem Beschluss. Er begründete den Zwangsanbau damit, dass «die freiwillige Mitarbeit eines grossen Teiles der Bevölkerung […] nicht durch die Untätigkeit Einzelner gelähmt werden» dürfe.[13] In Basel schuf der Regierungsrat das kantonale «Anbauamt», das die verordnete «Hebung der Produktion» in den Kleingärten und der kantonalen Landwirtschaft vorantrieb. In der Folge setzte sich auch im städtischen Basel eine Rhetorik der Anbauschlacht *avant la lettre* durch. Überall wichen Sportplätze, Parkwiesen und private Ziergärten dem Lebensmittelanbau. Die Zahl der Kleingärten stieg dadurch rasant an, und die Kartoffelanbaufläche im Kanton Basel-Stadt konnte mehr als verdoppelt werden. Der Kanton versuchte sich sogar selbst als Landwirt, indem er auf grösseren Flächen in der Stadt Getreide und Kartoffeln anbauen liess.

Die entscheidende Wende in der Lebensmittelpolitik erfolgte allerdings mit der Einführung der «Notstandsaktion» und der Kontingentierung und Rationierung von Lebensmitteln durch die eidgenössischen Behörden im Frühjahr 1917. Die Notstandsaktion war als Unterstützung für den wachsenden Teil der lohnarbeitenden Bevölkerung gedacht, der es angesichts der steigenden Lebensmittelpreise nicht mehr vermochte, «die Bedürfnisse des einfachsten Lebens[unter]haltes zu bestreiten».[14] Familien unterhalb einer bestimmten Einkommensgrenze konnten ab dem 1. März 1917 eine gewisse Menge von verschiedenen «Lebensmitteln zu reduzierten Preisen» beziehen. Je zur Hälfte von Bund und Kanton subventioniert, wurden Reis, Zucker, Haferflocken, Maisgriess, Brot und Petrol nun verbilligt verkauft. Im Mai und Juli wurde die Aktion anstelle der vorgenannten Lebensmittel dann mit Milch, Brot und Petrol fortgeführt, im November kamen Kartoffeln, Heizmaterial und Gas dazu. Für den Bezug der verbilligten Lebensmittel waren zu Beginn der Aktion bereits über 15 000 Personen zugelassen, und die Zahl der Berechtigten nahm in den folgenden Monaten weiter zu. Wegen der steigenden Lebensmittelpreise mussten die Einkommensobergrenzen wiederholt angepasst und der Kreis der Bezugsberechtigten ausgeweitet werden. Nach und nach unterstützten die Behörden mit der Notstandsaktion eine wachsende Anzahl von Menschen mit immer höheren Hilfsbeiträgen.

Gleichzeitig mit der Notstandsaktion führten die Bundesbehörden zudem die Kontingentierung der sogenannten Monopolwaren «zur Erzielung einer gleichmässigen Verteilung auf die Verbraucher und zur […] Einschränkung des Verbrauches» ein.[15] Als Monopolwaren bezeichnete der Bundesrat Importprodukte, die eine wichtige Rolle in der Landesversorgung spielten und deren Einfuhr und Handel deshalb von der Landesregierung reguliert und kontrolliert wurden. Sie unterstanden damit faktisch dem Monopol des Bunds. Die Kontingentierung der Monopolwaren im Frühjahr 1917 sah nun vor, die monatlich eingeführten Importe nach Grösse der jeweiligen Bevölkerung gleichmässig auf die Kantone zu verteilen. Die Abgabe an die Bevölkerung blieb allerdings Sache der einzelnen Kantone und Gemeinden, die hierfür ein Markensystem einführten. Die kontingentierten Lebensmittel konnten nur noch in beschränkter Menge (Rationen) und gegen die Abgabe von Marken gekauft werden, die den Einwohnerinnen und Einwohnern monatlich zugestellt wurden. Ab März 1917

---

13   StABS, Land und Wald, C 15, 1912–1918, Schweiz. Volkswirtschaftsdepartement (Schulthess) an die Kantonsregierungen, Kreisschreiben, 16.2.1917.

14   StABS, Sanität, O 3.7, III a, 1917, 1–12 (Schachtel 70), Schweiz. Militärdepartement (Decoppet) an die Regierungen der Kantone, Kreisschreiben betr. Lebensmittelversorgung, Notstandsaktion, 21.11.1916.

15   Bundesratsbeschluss über die Abgabe von Monopolwaren durch Vermittlung der Kantone vom 2. Februar 1917, in: Sammlung der eidgenössischen Erlasse 17 (1917), 39f.

waren in Basel Zucker und Reis rationiert, ab Juli die Milch, ab September die Teigwaren und ab Oktober Mehl und Brot. Sowohl die Notstandsaktion als auch die Rationierung verwaltete in Basel das Markenbüro der staatlichen Lebensmittelkommission. Es überprüfte die Berechtigung für den Bezug verbilligter Lebensmittel, stellte die Ausweiskarten für alle Haushaltungen und die darin lebenden Personen aus und gab die Notstands- und Lebensmittelmarken heraus.

Doch der Mehranbau, die Regulierung des Lebensmittelhandels und die Rationierung des Verbrauchs brachten nicht die erhofften Erleichterungen in der Lebensmittelversorgung. Die Verteuerung und Verknappung der Lebensmittel verschärfte sich weiter. Wegen der sinkenden Importe von Getreide rationierte der Bundesrat im Oktober 1917 den Bezug von Mehl und Brot und setzte die tägliche Brotration im Dezember von 250 auf 225 Gramm pro Person herab. Ab November 1917 vermochten die Milchlieferungen den Bedarf der Stadt nicht mehr zu decken, und die durchschnittliche Tagesration sank vom früheren Normalverbrauch von 0,7 auf 0,4 dl pro Person. Kartoffeln gab es trotz einer guten Ernte und der Verdopplung der Anbaufläche ab Dezember 1917 keine mehr. Die Erhebung der Kartoffelvorräte im Januar 1918 verdeutlichte, wie gross der Mangel war und wie ungleich die knappen Mengen verteilt waren. Das Statistische Amt errechnete für Basel einen «Fehlbedarf von 550 Waggons (5395 Tonnen) Speisekartoffeln». Zudem verfügten nur gerade 2000 Haushalte – vorwiegend in den Landgemeinden und den vornehmeren Quartieren Grossbasels – über ausreichende Kartoffelvorräte. 31 000 Haushaltungen mussten hingegen mit sehr wenigen oder ganz ohne Kartoffeln auskommen.[16]

Zahlreiche weitere Lebensmittel, darunter wichtige Gemüse wie Kohl, Rüben und Sauerkraut, waren ebenfalls nicht mehr erhältlich. Im ersten Quartal des Jahres 1918 waren von rund 88 Artikeln, welche die baselstädtische Preisstatistik wöchentlich erfasste, über 30 «entweder vorübergehend oder überhaupt nicht zu haben».[17] Die Mehrheit der verfügbaren Lebensmittel hatte sich im Vergleich zum Vorjahr zudem massiv verteuert: «Der Brotpreis ist gegenüber Januar–Februar 1917 um 25 %, der Milchpreis um 28 % [...], Fette und Öle um 50–80 %, Eier um 50 %, Schweinefleisch um über 50 % und Hülsenfrüchte um 50–100 % gestiegen».[18] Im Winter 1917/18 hatte die Lebensmittelknappheit Basel fest im Griff, und spätestens seit der Ratio-nierung von Fett und Käse im März 1918, die den Zugang zu den wichtigsten Eiweiss- und Fettlieferanten einschränkte, erfasste die Lebensmittelnot auch Bevölkerungskreise des Kleinbürgertums und der oberen Mittelschicht.

### 1918: Ernährungskrise und Mangelwirtschaft

Im Frühjahr und Sommer 1918 standen die Versorgung der Stadt Basel und die Ernährung ihrer Bevölkerung auf der Kippe. Das Markenbüro wurde «an einzelnen Tagen von Petenten, die seit Wochen keine Kartoffeln mehr hatten und um Ersatz durch Reismarken baten, fast gestürmt».[19] Wenn es die vom Bund zugeteilten Kontingente zuliessen, ergänzte das Kriegsfürsorgeamt die Rationen in manchen Monaten mit kleineren Zusatzrationen: 100 Gramm Reis, Linsen, Kartoffel- oder Erbsenmehl. Zu einer generellen Erhöhung der Rationen sah sich die Leitung aufgrund der Knappheit aber nicht in der Lage; und mit den vom Oberkriegskommissariat zugewiesenen Kontingenten musste die Kriegsfürsorge nicht nur den privaten Konsum, sondern auch die «Spitäler, Anstalten, Wirtschaften etc.» versorgen. Der freisinnige Regierungsrat Friedrich Aemmer beschrieb die Mangelwirtschaft denn auch als «circulus vitiosus», als Teufelskreis ohne Ausweg für die kantonale Behörde: «Die ordentliche Monatsration war zu gering, daher der Andrang in die Volksküchen. Das konnte nur wieder auf Kosten der Haushaltungsration geschehen».[20]

Die Folgen für die Bevölkerung waren dramatisch. Die Rationen hatten sich angesichts der allgemeinen Lebensmittelknappheit und -teuerung sowie des Kartoffel-, Milch- und Buttermangels als zu knapp erwiesen. In den meisten Familien reichten die Rationen «nur für einen Bruchteil des Monats», und wegen der Knappheit und der Teuerung

---

16  StABS, O 3.1, 1916–1918, Statistisches Amt an das Kriegsfürsorgeamt betr. Intensität des Kartoffelmangels, 9.2.1918.

17  StABS, DS BS 17, Quartalsberichte, Statistisches Amt, Statistischer Vierteljahrs-Bericht 8/1, Januar–März 1918, 31.

18  Statistischer Vierteljahrs-Bericht 8/1, 31.

19  Schweizerisches Wirtschaftsarchiv (SWA), Aemter 150, Jahresbericht des Kriegsfürsorgeamtes pro 1918, 5.

20  StABS, Sanität, O 3.1, 1918, Konferenz-Protokoll betr. Abgabe der Monopolartikel II., 19.8.1918.

3   Schlange stehen vor dem Büro der Markenausgabe des staatlichen Lebensmittelfürsorgeamtes: seit März 1917 ein monatliches Ritual.

Lebensmittelversorgung

4   «Der Einheitsgürtel»: Alle werden gleich gemessen – ohne Rücksicht auf ihre unterschiedlichen Bedürfnisse und finanziellen Möglichkeiten. Die Rationierung sei zwar gut gemeint, ändere faktisch aber nur wenig am ungleichen Zugang zu Nahrungsmitteln, spottete der *Nebelspalter* im August 1917.

war es ihnen nicht möglich, «genügend andere Nahrungsmittel zu beschaffen, um die Familienmitglieder zu ernähren», berichtete der Genossenschaftsrat des ACV dem Grossen Rat.[21] In der Folge gingen zahlreiche Unterstützungsgesuche, verzweifelte Bittschriften und Rekurse sowie Arztzeugnisse beim Kriegsfürsorgeamt ein. Die Gesuche um Zusatzrationen erfolgten immer öfter wegen Unterernährung, Mangelerscheinung, Erschöpfung und anderer Symptome körperlicher Not. Das zuständige Fürsorgeamt erteilte Zusatzrationen jedoch nur, wenn «ein organisches Leiden» vorlag – allgemeine körperliche Erschöpfung und Mangelerscheinungen infolge von Unterernährung reichten nicht aus, um Mehrzuteilungen zu erhalten.[22] Das Kriegsfürsorgeamt musste seine knappen Reserven möglichst sparsam verwenden und bewilligte die Erteilung von Zusatzrationen nur an Schwangere und Kranke.

Eine Konsequenz dieser Ernährungskrise war, dass immer mehr Menschen auf die Volksküche angewiesen waren. Auf die mittlerweile acht Esslokale und Abgabestellen gab es in der ersten Hälfte des Jahres 1918 einen grossen Andrang. Neben den regelmässigen Besucherinnen und Besuchern aus tiefen Einkommensschichten verkehrten nun zunehmend auch Personen in der «Staatskantine», die sich bisher eine eigenständige Versorgung hatten bewahren können. Die Volksküchengäste aus sozial bessergestellten Kreisen kamen meist gegen Ende des Monats, wenn die Rationen aufgebraucht waren, und an Tagen, an denen begehrte Lebensmittel wie Teigwaren auf dem Speiseplan standen. Sie liessen das «Essen über die Gasse» bei den Abgabestellen von Kindern oder Dienstbotinnen abholen. Bald erreichte die Volksküche ihre Kapazitätsgrenze: Es kam vereinzelt zu Engpässen, die Qualität der Speisen liess nach, und es häuften sich Klagen wegen des Essens oder des ungleichen Zugangs zu den Lokalen.

Trotz dieser Schwierigkeiten hielt der Ansturm an, und im Juli 1918 erreichte die baselstädtische Volksküche ihren höchsten Besucherschnitt: Gut ein Viertel der Bevölkerung bezog ihr Mittagessen schätzungsweise mehr oder weniger regelmässig in einem der staatlichen Speiselokale oder von einer Abgabestelle. Am 4. Juli 1918, am selben Tag, als der Regierungsrat dem Parlament seinen eingangs zitierten Ratschlag zur Verbesserung der Ernährungsverhältnisse vorlegte, gab die Basler Volksküche insgesamt 15 389 Portionen Suppe und 25 547 Portionen Gemüse aus.

Und auch bei der Notstandsaktion hatte die Zahl der Bedürftigen seit 1917 stetig zugenommen. Die Einkommensobergrenzen und die Lebensmittelbeiträge wurden wegen der anhaltenden Teuerung mehrfach angehoben, wodurch die Verbilligung von Lebensmitteln für eine wachsende Anzahl von Menschen zu einer existenziellen Hilfsmassnahme wurde. Im Juni 1918 erreichte die Notstandsaktion in Basel die höchste Zahl von Unterstützungsberechtigten. Auf dem Höhepunkt waren insgesamt 34 079 Personen – rund 24,4 Prozent der ständigen Wohnbevölkerung Basels – aufgrund ihres tiefen Monatseinkommens notstandsberechtigt, also zum staatlich verbilligten Bezug von Milch, Brot, Kartoffeln und Brennmaterial berechtigt.

Eine weitere Folgeerscheinung der Lebensmittelnot war die Ausbreitung des Schwarzmarkts. Beinahe die gesamte Basler Bevölkerung umging die Regulierungen und machte sich dadurch strafbar. Mit den Lebensmittelmarken wurde verbotenerweise genauso gehandelt wie mit den rationierten Waren selbst. Familien täuschten zusätzliche Mitglieder oder Kostgänger vor, um mehr Rationen zu ergattern; andere gaben Einkünfte nicht an, um Notstandsunterstützung beantragen zu können, und wieder andere gaben vor, ihre Marken seien verloren gegangen oder gestohlen worden. Höchstpreise wurden überschritten, Lebensmittel verfälscht, geschmuggelt, gehamstert oder versteckt. Auf dem Schwarzmarkt bestimmten weiterhin Angebot und Nachfrage den Preis. Wer das nötige Geld besass, konnte sich auch während des grössten Fett- und Milchmangels und trotz des rationierten Verbrauchs Butter auf dem Schwarzmarkt besorgen, die ein Milchhändler aus zuvor illegal abgerahmter Milch hergestellt hatte.

Die Basler Polizei und die Strafbehörden weiteten die Kontrolle und Strafverfolgung wegen «Zuwiderhandlungen gegen die Kriegsvorschriften» zwar stetig aus, doch sie blieben weitgehend machtlos. Die Ausdehnung der Polizeikontrollen führte allerdings zu einer enormen Zunahme von Ver-

[21] StABS, Sanität, O 3.1, 1918, Genossenschaftsrat des A.C.V. (Arnold) an den Grossen Rat betr. Mehrzuteilung von Monopolwaren, 24.5.1918.

[22] StABS, Sanität, O 3.1, 1918, Arztzeugnis ausgestellt für Adolf Richli wegen «angestrengter, anhaltender Arbeit und mangelhafter Ernährung» sowie Antrag um eine Mehrzuteilung von Brot; Entscheid des Kriegsfürsorgeamtes, 14.6.1918.

Lebensmittelversorgung

Monatliche Frequenzen (ausgegebene Portionen) in der staatlichen Volksküche in Basel, Januar bis Dezember 1918.

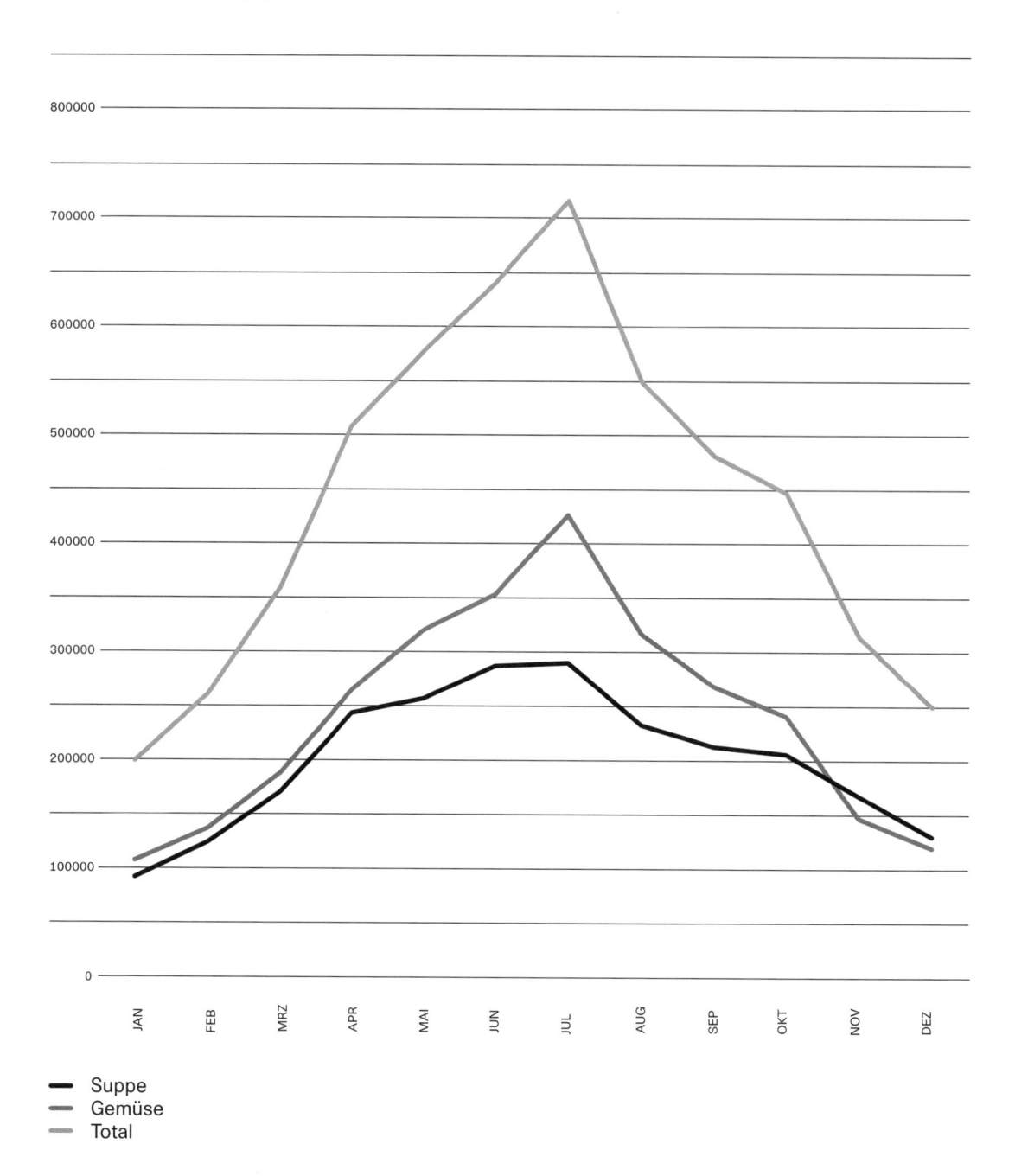

— Suppe
— Gemüse
— Total

Quelle: SWA, Aemter 150, Jahresberichte des Kriegsfürsorgeamtes 1918 sowie StABS, Sanität O 3.7, IV, 125, Statistisches 1919–1920, Aufstellung der Portionenabgabe und Personalbeschäftigung pro 1918.

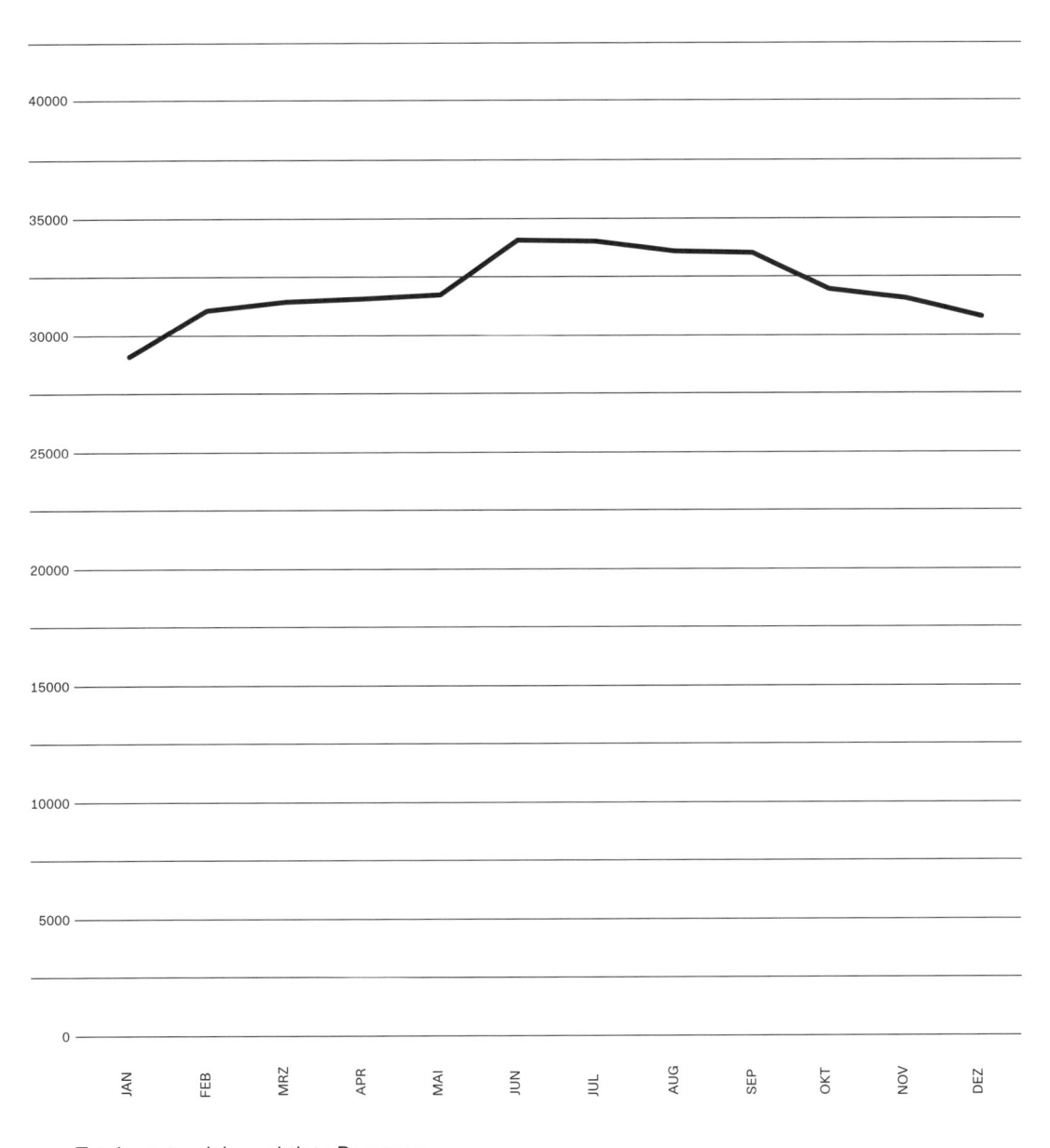

Die Zahl der notstandsberechtigten Personen
in Basel, Januar bis Dezember 1918.

― Total notstandsberechtigte Personen

Quelle: StABS, Sanität O 3.7, III a, Schachteln 70-74,
Monatsberichte an den Regierungsrat betr. Notstandsaktion.

# Lebensmittelversorgung

zeigungen und Gerichtsurteilen gegen private Kleinverbraucher und zu einer Kriminalisierung der Gesellschaft. Die Folge war ein wachsendes Gefühl von Ungerechtigkeit, Angst, Misstrauen und Frustration. Dies äusserte sich etwa in Form von Verdächtigungen, anonymen Anzeigen und Denunziationen hauptsächlich wegen möglicher unerlaubter Lebensmittelvorräte und unrechtmässigen Bezugs von Lebensmitteln. In vielen Fällen richteten sich diese Vorwürfe gegen ausländische oder jüdische Personen, die von manchen Kreisen pauschal für die Lebensmittelteuerung und die Knappheit verantwortlich gemacht wurden.[23] Der wachsende Unmut äusserte sich aber auch in einer verschärften politischen Rhetorik, die einen zunehmend klassenkämpferischen und fordernden Ton annahm. So hielt der Basler *Vorwärts* im August 1917 fest: «Es ist eine Lüge, wenn die Teuerung als die natürliche Folge des Krieges dargestellt wird. Der Feind steht im eigenen Lande. Es ist die besitzende Klasse, die schuld oder doch mitschuldig ist an den gegenwärtigen Verhältnissen. [...] Deshalb gilt es die heutigen Kämpfe um Tagesbedürfnisse überzuleiten in den Kampf um Sein oder Nichtsein des Kapitalismus. Es gilt den Kampf aufzunehmen ums Ganze, die kapitalistische Wirtschaftsordnung zu beseitigen.»[24]

Angesichts der Ernährungskrise, der sozialen Ungleichheiten und des wachsenden Unmuts in der Bevölkerung mag der «Casino-Sturm» vom 20. Juni 1918 rückblickend wenig überraschend gekommen sein. Die Stimmung in der Bevölkerung hatte sich seit Kriegsausbruch stetig verschlechtert. Ein Anzeichen dafür waren die drei von der sozialdemokratischen Partei und dem Arbeiterbund organisierten Teuerungsdemonstrationen, die jedes Jahr mehr Zulauf erhielten und sich zu einer Massenbewegung entwickelten. Hatten sich 1915 erst schätzungsweise 6000 Personen versammelt, kamen ein Jahr später bereits rund 10 000 Menschen auf den Marktplatz, und 1917 protestierten in Basel schliesslich bis zu 20 000 Personen gegen die «herrschende Not». Die im Rahmen überregionaler Protestaktionen organisierte Demonstration am 30. August 1917 wurde erstmals mit einer halbtägigen Arbeitsniederlegung verbunden.

Die Missstimmung war auch der Regierung nicht entgangen. Noch vor dem Casino-Sturm im Juni 1918 hatte sie selbst von einer «gefährlichen Stimmung» in der Bevölkerung gesprochen und war von verschiedenen Seiten vor «bösen Tagen» und «ernsten Konflikten» gewarnt worden.[25] Dennoch war man von der Heftigkeit der Proteste überrascht, welche die Stadt während dreier Tage in Atem hielt und bei denen es zu Sachbeschädigungen gegen Hotels und Restaurants kam. Die Ereignisse rund um die vierte Demonstrationsversammlung erschütterten die bürgerliche Öffentlichkeit, wo man die Erbitterung in der Bevölkerung nun mit wachsender Beunruhigung betrachtete. Am 22. Juni 1918 schrieb der *Basler Anzeiger*: «Wenn der Aufruf der sozialdemokratischen Parteileitung an die Arbeiter davon spricht, dass infolge der bundesrätlichen Wirtschaftspolitik und des Verhaltens der besitzenden Klasse gegenüber der Arbeiterschaft eine grosse Missstimmung und Erbitterung in der arbeitenden Bevölkerung herrscht, so ist dies sicherlich kein Schreckschuss und kein blosser Einschüchterungsversuch. Man muss auf unnahbarer kapitalistischer Höhe tronen [sic] und jede Fühlung mit den notleidenden Ständen verloren haben, wenn man nicht die Wahrheit dieser Tatsachen erkennen will.»[26]

Als Folge der Unruhen erhöhten viele Unternehmer erstmals seit Kriegsausbruch die Löhne ihrer Arbeiter oder hiessen weitere Teuerungszulagen gut. Aber auch politisch schien sich nun etwas zu bewegen: Nach den Unruhen versuchte der Regierungsrat, alle Kräfte zu mobilisieren, und legte dem Grossen Rat unter anderem den eingangs erwähnten Ratschlag zur Verbesserung der Ernährungsverhältnisse vom 4. Juli 1918 vor. Dieser basierte auf einem Antrag Friedrich Schneiders, des sozialdemokratischen Grossrats und Mitglieds des Oltener Aktionskomitees (OAK), und hatte in erster Linie das Ziel, «die bestehende Beunruhigung zu beschwichtigen und bei der Bevölkerung das Vertrauen zu erwecken, dass von Seiten der kantonalen Behörden nichts versäumt» wurde, «was die

---

23 Vgl. dazu Kamis-Müller, Aaron: Antisemitismus in der Schweiz 1900–1930, Zürich 1990, 76–81. Kury, Patrick: Über Fremde reden. Überfremdungsdiskurs und Ausgrenzung in der Schweiz 1900–1945, Zürich o. J. [2003], 139f.

24 Die Demonstration der schweizerischen Arbeiterschaft, in: Basler Vorwärts 20/203, 31.8.1917.

25 StABS, Sanität, O 3.1, 1918, Regierungsrat an den Bundesrat betr. die geplante Milchpreisteuerung, 16.3.1918 sowie Genossenschaftsrat des Allgemeinen Konsumvereins (ACV) an den Grossen Rat betr. Mehrzuteilung von Monopolwaren, 24.5.1918.

26 Noch ein Wort zu den Demonstrationen, in: Basler Anzeiger 35/166, 22.6.1918, 1.

Lage der vielen Notleidenden mildern» konnte.[27] Doch auch inhaltlich zeigte sich der Regierungsrat diskussionsbereit. So befürwortete er die Forderung nach einer besseren Berücksichtigung der Kantone mit vorwiegend industrieller Bevölkerung bei der Zuteilung von Monopolwaren. Ausserdem unterstützte er die Entsendung einer kantonalen Delegation nach Bern, wo diese die Notlage Basels darlegen sollte. Schliesslich befürwortete der Regierungsrat auch die Schaffung eines eidgenössischen Ernährungsamts, das von der Linken schon lange gefordert wurde.

### Sommer bis Herbst 1918: Entspannung oder anhaltende Not?

Im Juni und Juli 1918 erreichte die Ernährungskrise in Basel ihren Höhepunkt – die Rekordzahlen in der Volksküche und bei der Notstandsaktion waren nur die deutlichsten Merkmale dafür. In den Sommermonaten nach dem Casino-Sturm gab es aber auch erste Anzeichen einer Entspannung: Mit dem Ratschlag zur Verbesserung der Ernährungsverhältnisse und den Lohnerhöhungen waren Massnahmen getroffen worden, um die politischen Konflikte und sozialen Probleme zu entschärfen. Zudem verzeichneten die Volksküche und die Notstandsaktion seit August 1918 erstmals einen leichten Rückgang. Aber bedeuteten diese Entwicklungen auch eine Verbesserung der Ernährungssituation, ein Ende der Knappheit und der Not, und hatten sich die politischen und sozialen Auseinandersetzungen um die Versorgungsfrage dadurch entschärft? Trotz mancher positiver Tendenzen zeigt ein Blick in die Akten der verschiedenen Versorgungsinstitutionen deutlich, dass in der zweiten Hälfte des Jahres 1918 von einer Entwarnung in Sachen Lebensmittelversorgung nicht die Rede sein kann.

Die Lohnerhöhungen kompensierten die Teuerung nicht einmal annähernd, wie der Kantonsstatistiker Oskar Hugo Jenny feststellte. In seinen Statistiken schlugen sich bis Ende 1916 keine nennenswerten Lohnerhöhungen nieder, und auch 1917 stiegen die Löhne nur ganz schwach an. Erst in der zweiten Hälfte des Jahres 1918 und vor allem 1919 stellte Jenny ein «augenfälliges» Ansteigen fest, welches aber «das alte Verhältnis der Vorkriegszeit» nicht einzuholen vermochte.[28] Die Lohnerhöhungen führten zudem in vielen Fällen zu einem Ausschluss aus der Notstandsaktion und zu einem Verlust des Bezugsrechts auf verbilligte Lebensmittel. Trotz des Einkommenszuwachses blieb eine Verbesserung der Lebenshaltung aus. Im Gegenteil wog der Verlust der Notstandsunterstützung in vielen Fällen schwerer als die Wirkung der Lohnerhöhung. Mit der Beschäftigung von drei «Informatoren», die mit der «Nachprüfung der Einkommensverhältnisse und des Haushaltungsbestandes» beauftragt wurden, verschärfte das kantonale Kriegsfürsorgeamt ab Oktober 1918 die Kontrolle der Unterstützungsberechtigten und beschleunigte damit den Ausschluss aus der Notstandsaktion.[29] In den folgenden vier Monaten wurden insgesamt 1849 vor allem grössere Familien und Haushalte mit einem mittleren Einkommen von der Unterstützung ausgeschlossen, was zu zahlreichen Reklamationsschreiben und Bittschriften führte, in denen die Betroffenen ihre prekäre Situation und die Notwendigkeit der staatlichen Unterstützung schilderten. Im Oktober 1918 erhöhte das eidgenössische Fürsorgeamt die Einkommensgrenze deshalb erneut.[30]

Auch die sinkenden Frequenzen in den Volksküchen seit August 1918 gehen bei genauerem Hinsehen nicht auf eine allgemeine Entspannung der Versorgungssituation zurück. Zwar entschärften in den Sommermonaten eine gute Ernte und die mittlerweile knapp 9000 städtischen Pflanzgärten die akute Lebensmittelknappheit. Die Erleichterungen waren allerdings nur kurzfristiger und punktueller Natur: Hauptsächlich bessergestellte Kreise, die genug Zeit und Geld hatten, um einen Garten zu unterhalten, konnten nun wieder auf den Besuch der Volksküche verzichten. Sie stellten sich nur noch dann in die Schlange, wenn rationierte Produkte – vor allem Monopolwaren, an denen weiterhin Mangel herrschte – auf dem Speiseplan standen. Der Andrang an einzelnen Tagen führte zu einer ungleichen Verteilung bei der Essensausgabe und zu wachsendem Unmut bei den regelmässigen Volksküchenbesuchern. In zahlreichen Beschwer-

---

27　StABS, Sanität, O 3.1, 1918, Ratschlag des Regierungsrates an den Grossen Rat (Nr. 2163) betreffend Massnahmen zur Verbesserung der Ernährungsverhältnisse, 4.7.1918, 5.

28　StABS, DS BS 17, Jenny, Oskar Hugo: Die Verteuerung der Lebenshaltung 1912–1919, in: Statistisches Amt des Kantons Basel-Stadt (Hg.): Vierteljahrs-Berichte 9/4, Oktober–Dezember 1919, 16.

29　SWA, Aemter 150, Jahresbericht des Kriegsfürsorgeamtes pro 1918, 67.

30　StABS, Sanität, O 3.7, III a, 1917–1918, Eidgenössisches Fürsorgeamt an die Kantonsregierungen, Kreisschreiben betr. Erhöhung der Einkommensgrenze für Notstandsberechtigte, 12.10.1918, 13–28.

5/6  Besucherinnen und Besucher im Esslokal und beim Schlangestehen vor der Ausgabestelle der Volksküche in der Turnhalle Drei Rosen in Kleinbasel 1918.

Lebensmittelversorgung

7   Im Mai 1918, wenige Wochen vor dem Casino-Sturm in Basel, beklagte sich der *Nebelspalter* über die Hortung von Lebensmitteln und die «Hamsterfreuden» einiger Kriegsgewinnler.

# «Stühle krachten und Scherben klirrten»: Der Casino-Sturm in Basel

Maria Meier

Am 20. Juni 1918 riefen die Sozialdemokratische Partei und der Arbeiterbund Basel zu einer grossen Demonstrationsversammlung auf. Zum vierten Mal seit Kriegsbeginn protestierten auf dem Marktplatz Tausende gegen «Not und Elend» und gegen die «unzulänglichen Abwehrmassnahmen» der Behörden.[1] Überschattet von den Ereignissen nach der Demonstration, welche die Stadt mehrere Tage in Aufruhr versetzten und als «Casino-Sturm» nachhaltig in Erinnerung blieben, rückten die Reden der Arbeiterführer und ihre ernährungspolitischen Postulate allerdings in den Hintergrund.

Im Anschluss an die Versammlung auf dem Marktplatz bildete sich eine Gruppe von zirka 50 jungen Burschen und Mädchen. Nach der Rede eines «Jungburschen» zog die Gruppe in Richtung Barfüsserplatz vor das Stadtcasino, wo die Gäste aufgefordert wurden, die Terrasse innerhalb von fünf Minuten zu verlassen. Danach stürmte die aufgebrachte Menge das Gebäude: «Lampen wurden zerschlagen, Stühle krachten und Scherben klirrten. In wenigen Minuten war das Innere der Terrasse ein wirrer Trümmerhaufen.»[2] Anschliessend zog die Gruppe durch das noble St.-Alban-Quartier zurück Richtung Innenstadt. Auf ihrem Weg warfen die Demonstrierenden bei einigen privaten Häusern, beim Hotel Löwen und den Restaurants Bären und zur Rebleutenzunft Fensterscheiben ein. Die Polizei musste immer wieder «blank ziehen» und die Ansammlungen mit gezogenem Säbel zerstreuen, konnte die Ruhe aber erst nach Mitternacht wiederherstellen.

Am Freitagabend wiederholten sich die Szenen im Stadtzentrum, und es kam erneut zu Ausschreitungen gegen das Hotel Balance und das Café Metropol sowie zu kleineren Tumulten mit der Polizei und der Feuerwehr. Auch ein am Samstag, 22. Juni, vom Regierungsrat erlassenes Versammlungsverbot zeigte nicht die gewünschte Wirkung – im Gegenteil: Nach Feierabend kam aus den Aussenquartieren «immer neuer Zuzug [...] und um 9 Uhr stauten sich in der Gerbergasse, der Falknerstrasse und in der Eisengasse die Massen».[3] Immer wieder löste die Polizei mithilfe der Feuerwehr und einem vom Platzkommando zur Verfügung gestellten Detachement der Grenzpolizei die Ansammlungen auf dem Barfüsser- und dem Marktplatz auf. Aber erst der einsetzende Regen vermochte das Katz-und-Maus-Spiel gegen Mitternacht zu beenden. Am Sonntag blieb es in der ganzen Stadt ruhig.

Zerbrochene Fensterscheiben und Geschirr, demolierte Tische und Stühle sowie beschädigte Musikinstrumente: Die Schadensbilanz nach den Tumulten in Basel vom 20. bis 22. Juni 1918 erscheint auf den ersten Blick vergleichsweise gering. Bei den Novemberunruhen von 1917 in Zürich waren bei ähnlichen Demonstrationen von Pazifisten und Jungsozialisten, die sich zunächst gegen lokale Munitionsfabriken gerichtet hatten, vier Personen ums Leben gekommen und 30 weitere waren teilweise schwer verletzt worden.[4] Für den *Basler Anzeiger* waren die Unruhen rund um den Casino-Sturm deshalb «nur eine traurige Nachahmung» der blutigen Zürcher Krawalle.[5]

Gleichwohl bedeuteten die drei Abende eine Zäsur für die weitere Entwicklung. Zum ersten Mal kam es nach Demonstrationen in Basel zu gewalttätigen Ausschreitungen, zu direkten Zusammenstössen zwischen Demonstrierenden und der Polizei sowie zum Einsatz militärischer Einheiten gegen die Bevölkerung. Zum ersten Mal sah sich der Basler Regierungsrat gezwungen, ein Versammlungsverbot auf öffentlichen Plätzen zu erlassen. Und nicht zuletzt erschütterten die Ereignisse die baselstädtische Öffentlichkeit und die Politik nachhaltig, wodurch die Konfliktlinien in der städtischen «Kriegsgesellschaft» erstmals offen hervortraten. Der kurze, aber heftige Ausbruch in Basel ereignete sich auf dem Höhepunkt der städtischen Lebensmittelknappheit und war Ausdruck einer wachsenden Erbitterung in der Bevölkerung über

---

1 StABS, Sanität, O 3.1, 1918, Flugblatt der Sozialdemokratischen Partei Basel, Ankündigung zur Demonstrationsversammlung am 20.6.1918.
2 StABS, Politisches, JJ 8.1 / Weltkrieg 1914–1918, Generalstreik/Landesstreik, 26.10.1918.
3 Die Ereignisse am Samstag, in: Basler Anzeiger 35/167, 24.6.1918, 3.
4 Zu den Novemberunruhen in Zürich vgl. Rossfeld, Roman: Schweigen ist Gold. Kriegsmaterialexporte der schweizerischen Uhren-, Metall- und Maschinenindustrie im Ersten Weltkrieg, in: Jaun, Rudolf et. al. (Hg.): An der Front und hinter der Front. Der Erste Weltkrieg und seine Gefechtsfelder, Baden 2015, 307f.
5 Noch ein Wort zu den Demonstrationen, in: Basler Anzeiger 35/166, 22.6.1918, 1.

die Ernährungsverhältnisse. Im Juni 1918 waren über 24 Prozent der ständigen Wohnbevölkerung «notstandsberechtigt», weil ihr Lohn nicht für die tägliche Ernährung ausreichte. Gleichzeitig gelangten das Rationierungssystem und die Volksküchen zunehmend an ihre Grenzen, sodass Unter- und Mangelernährung in der städtischen Bevölkerung weitverbreitet waren. Politisch waren im Juni 1918 ausserdem keine Zeichen der Besserung in Sicht – im Gegenteil: Der Bundesrat hatte Wochen zuvor eine substanzielle Milchpreiserhöhung beschlossen, die weit über die Arbeiterschaft hinaus grosse Empörung hervorrief. Das Oltener Aktionskomitee (OAK) erreichte zwar die Übernahme eines Grossteils dieser Milchpreiserhöhung durch Bund und Kantone, und Mitte Juni beschloss der Basler Grosse Rat die Übernahme der restlichen Preiserhöhung von 3 Rappen pro Liter Milch. Die Subventionierung der Milchbauern wurde dennoch als ungerechte Lastenverteilung zwischen Stadt und Land, Arbeiterschaft und Bauern wahrgenommen.

Die Ausschreitungen gegen Hotels, Cafés und Restaurants waren ein symbolischer Protest und drückten die wachsende Unzufriedenheit über die schlechte Versorgungslage aus. Die Basler Cafés waren in der ganzen Stadt als täglicher «Treffpunkt hiesiger und ausländischer Schieber» bekannt, wo «Wucherer», «schmutziges Spekulantentum» und andere «unlautere Elemente» ihre «unsaubern Geschäfte» tätigten.[6] Sie standen – ähnlich wie die Munitionsfabriken bei den Unruhen in Zürich – symbolisch für die Ungerechtigkeit der schweizerischen Kriegswirtschaft, die wenige zulasten von vielen bevorteilte.

Die Vorkommnisse nach der Demonstration wurden dennoch von allen Seiten verurteilt. Die SP und die Zeitung *Vorwärts* lehnten die Ausschreitungen entschieden ab, bezeichneten das Vorgehen der Demonstrierenden als sinnlos und vermuteten hinter den Krawallen einzelne Scharfmacher mit dem Ziel, die SP zu diskreditieren. Aus diesem Grund wurde von der Arbeiterschaft auch die Polizei kritisiert, welche die Ausschreitungen nicht verhindert hatte, und den Behörden wurde vorgeworfen, die Demonstrierenden mit dem Versammlungsverbot und dem Einsatz der Feuerwehr und der Grenzpolizei zusätzlich provoziert zu haben.

Deutlichere Ablehnung, wachsendes Misstrauen und Angst waren dagegen in den bürgerlichen Reihen zu spüren. Die SP wurde kritisiert, sich nicht genügend von der «anarcho-sozialistischen Jugend» distanziert zu haben, und der Polizei und den Behörden wurde vorgeworfen, sie hätten beim Schutz des Eigentums und der Aufrechterhaltung der öffentlichen Ordnung versagt. Man warnte vor russischen Zuständen, und in der Folge griffen bürgerliche und konservative Kräfte in Basel zunehmend zur Selbsthilfe, «indem sie unabhängig von den staatlichen Organen vorsorglich den Eigentumsschutz selbst organisier[t]en».[7]

Die Basler Regierung erkannte die wachsende Missstimmung insbesondere aufseiten der Arbeiterschaft und versuchte, die Ernährungsverhältnisse in der Stadt zu verbessern. Mit dem Casino-Sturm hatte der Konflikt allerdings eine neue Dimension erreicht, die über die ernährungspolitischen Probleme hinausging. Trotz der politischen Bemühungen und eines gewissen Verständnisses gegenüber den notleidenden Massen wird der tiefe gesellschaftliche Graben auch im Fazit eines Artikels im *Basler Anzeiger* vom 22. Juni 1918 deutlich: «Es ist selbstverständlich, dass die Unruhestifter nach Gesetz und Recht ihre Strafe finden; die staatliche Ordnung muss gewahrt bleiben, aber mit der geziemenden Ruhe und mit einem Mindestmass von gewaltsamen Mitteln. Das Recht ist auf unserer Seite, aber die Not ist bei den andern.»[8]

6 StABS, Justiz, D1, 1916–1919 (1025564), Untersuchungsrichter Carl Ludwig an den Vorsteher des Polizeidepartements vom 4.7.1918.
7 StABS, Politisches, JJ 8.1, Beschwerdebrief und Schadenersatzforderungen im Zusammenhang mit dem Casino-Sturm vom 26.10.1918.
8 Noch ein Wort zu den Demonstrationen, in: Basler Anzeiger 35/166, 22.6.1918, 1.

debriefen wurde die ungleiche Behandlung kritisiert: «Diejenigen nun, die den ganzen Vormittag Zeit haben parat zu stehen, sind entschieden im Vorteil. Alle diejenigen aber, die bis 12 Uhr dem Verdienst nachgehen müssen, haben gar oft das Nachsehen, wenn vor 12 Uhr schon alles verteilt ist.»[31]

Wie angespannt die Versorgungslage weiterhin war, verdeutlicht zudem der Versuch des eben erst gegründeten eidgenössischen Ernährungsamts, das im Oktober 1918 als eine der ersten Amtshandlungen eine Mahlzeitenkarte einführen wollte, um Doppelversorgungen zu verhindern, die durch die Rationierung und die Massenspeisungen entstanden waren. Das zuständige Kriegsfürsorgeamt in Basel lehnte diesen Vorschlag allerdings ab mit der Begründung, dass die Doppelversorgung «infolge der Verhältnisse für gewisse Kreise bis zu einem gewissen Grade notwendig geworden» sei.[32] Das eidgenössische Ernährungsamt verzichtete Ende November mit Rücksicht auf die vergangenen «an Ereignissen um so reichere[n] Wochen» schliesslich auf die Einführung der Mahlzeitenkarte.[33]

Die Frage nach einer angemessenen Lebensmittelpolitik blieb auch in den Monaten nach dem Casino-Sturm umstritten. Ende Juli war die Basler Delegation im Bundeshaus zwar von drei Bundesräten empfangen und angehört worden. Felix Calonder, Camille Decoppet und Edmund Schulthess versicherten dem angereisten Regierungsratspräsidenten Adolf Im Hof und Grossrat Friedrich Schneider, dass alles Mögliche getan werde, «was irgendwie zur Milderung der bestehenden schweren Notlage beitragen könnte».[34] Dennoch war das Ergebnis der Anhörung mager, konnte der Bundesrat der Delegation die «Aufrechterhaltung einer ausreichenden Ernährung» doch nicht garantieren.[35] Im Gegenteil gab er zu bedenken, dass sich die Schweiz in einer «Zwangslage befinde [...], die eine befriedigende Regelung auf manchen Gebieten erschwere», und er der wirtschaftlichen Zukunft des Landes «mit Sorge» entgegenblicke.[36]

Auch bei der Revision der Monopolwarenverteilung, von der sich Basel eine differenziertere Verteilung der Importe und eine bessere Berücksichtigung der städtischen und industriereichen Kantone erhoffte, zeichneten sich in diesen Sommermonaten noch keine Fortschritte ab. «Eine neue Formel zur Verteilung der Monopolwaren» zu finden, scheiterte einerseits an der prekären Vorrats- und Importsituation von Teigwaren, Brot, Hafer, Mais und Zucker. Andererseits wehrten sich die landwirtschaftlich geprägten Kantone gegen eine zu starke Herabstufung ihrer Kontingente, und die Bundesbehörden befürchteten, die landwirtschaftlichen Kantone könnten die Neuverteilung nicht akzeptieren. Sie vermuteten, dass beispielsweise «der Kanton Freiburg seine Grenzen sperren» würde, wenn er in den Monopolartikeln in der vorgesehenen Weise reduziert würde.[37] Zwei Vorschläge zu einem neuen Verteilschlüssel wurden von den städtischen Kantonen, darunter Basel, verworfen, die bei den Verhandlungen nun Druck machten: In «den Städten lebt man fast ausschliesslich von den Monopolwaren, Gemüse- & Fleischversorgung sind sehr schlecht bestellt», argumentierte der baselstädtische Regierungsrat Friedrich Aemmer, der einen besseren Ausgleich als dringend nötig erachtete.[38] Die Verhandlungen zogen sich dennoch über den ganzen Sommer hin, und obwohl sich die Städte schliesslich erfolgreich durchsetzten und im neuen Verteilsystem deutlich bessergestellt waren, mussten sie noch bis zum Dezember 1918 auf eine Erleichterung warten.[39]

In dieser Zeit dauerte die Lebensmittelnot in Basel weiter an. Seit August 1918 verzichtete das Kriegsfürsorgeamt komplett auf Zusatzrationen, obwohl beim Markenbüro noch immer täglich Arztzeugnisse wegen Unter- und Mangelernährung eingingen. Die Situation verschärfte sich noch durch die Spanische Grippe, an der im Sommer und Herbst 1918 auch in Basel zahlreiche Menschen erkrankten und viele starben. Vor allem im September und Oktober häuften sich die Arztzeugnisse für Grippekranke und Rekonvaleszente, sodass sich das Sanitätsdepartement gezwungen sah, einheitliche Regeln für die Verschreibung von Zusatz-

---

31 StABS, Sanität, O 3.7, IV. Volksküchen, Schachtel 87, Anonymer Beschwerdebrief an das Kriegsfürsorgeamt, 11.9.1918.

32 StABS, Sanität, O 3.7, IV. Volksküchen, Schachtel 88, Kriegsfürsorgeamt (Buser) an das Sanitätsdepartement, 1.11.1918.

33 StABS, Sanität, O 3.7, IV. Volksküchen, Schachtel 88, Kreisschreiben des eidg. Ernährungsamtes an die Regierungen der Kantone betr. Massenspeisungen, Doppelversorgung, 26.11.1918.

34 StABS, Sanität, O 3.1, 1918, Protokoll des Besuchs einer baselstädtischen Delegation beim Bundesrat am 17. Juli 1918, 20.7.1918.

35 Protokoll des Besuchs einer baselstädtischen Delegation, 20.7.1918.

36 Protokoll des Besuchs einer baselstädtischen Delegation, 20.7.1918.

37 StABS, Sanität, O 3.1, 1918, Konferenzprotokoll betreffend Abgabe der Monopolartikel, 4.7.1918.

38 StABS, Sanität, O 3.6, 1918, Konferenzprotokoll betreffend Abgabe der Monopolartikel, 19.7.1918.

39 Verfügung des eidgenössischen Ernährungsamtes, Ausführungsbestimmungen zum BRB vom 11. Oktober 1918 über die Abgabe von Monopolwaren durch Vermittlung der Kantone vom 12. November 1918, in: Sammlung der eidgenössischen Erlasse 18 (1918), 997f.

8  Begehrte Marken: Ohne sie ging im Sommer 1918 nichts mehr. Rationiert waren Brot und Mehl, Milch, Fett, Käse, Teigwaren, Reis, Hafer- und Gerstenprodukte.

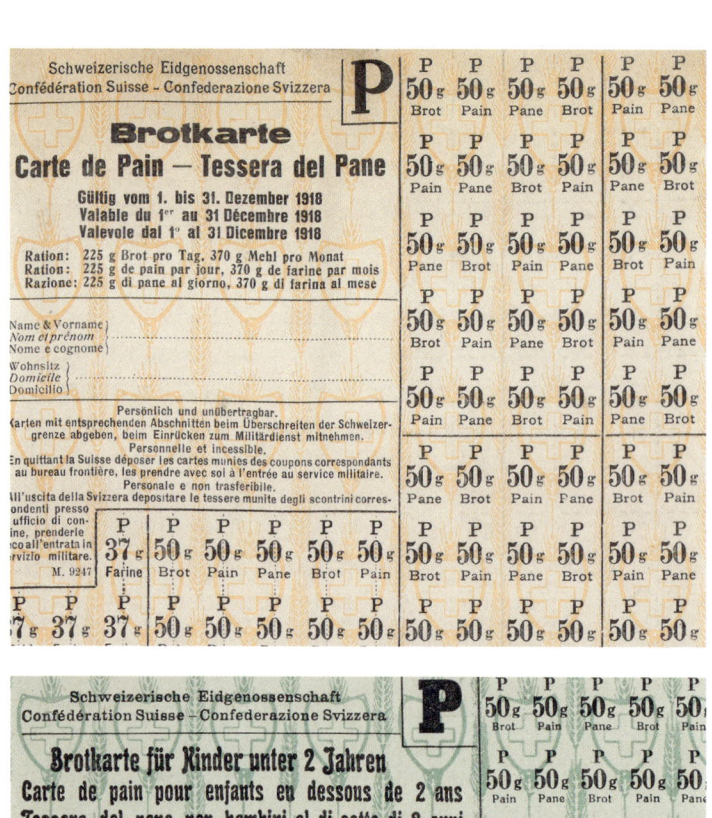

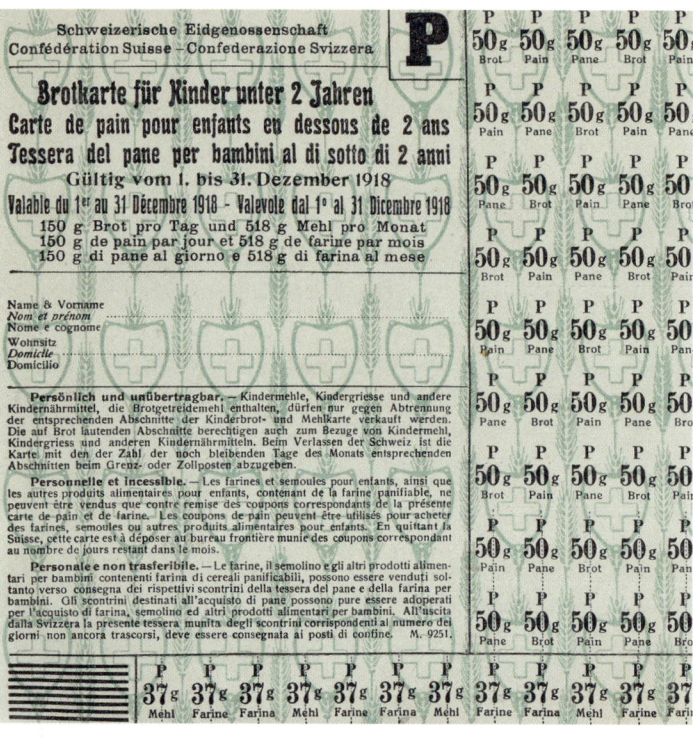

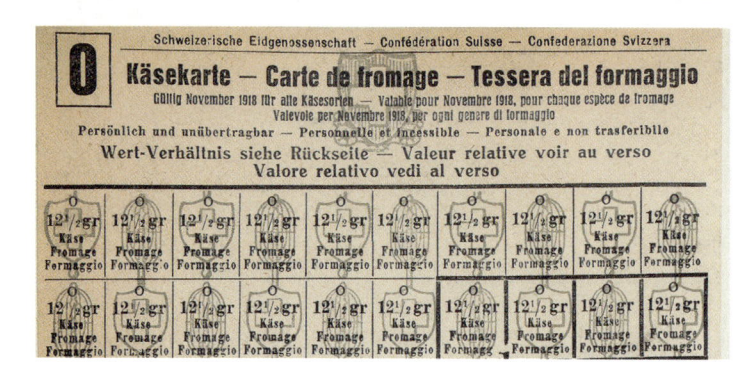

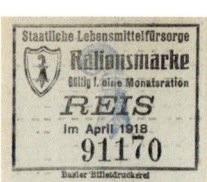

# Preissteigerungen, Kettenhandel und Hamstergeschäfte: Probleme der «Wucherbekämpfung»

Maria Meier

Gestützt auf seine ausserordentlichen Vollmachten erliess der Bundesrat schon am 10. August 1914 eine Verordnung gegen die Verteuerung von Lebensmitteln und Bedarfsgegenständen. Er reagierte damit auf einen Ansturm auf die Lebensmittelgeschäfte, der zu Engpässen in der Versorgung und sprunghaften Preiserhöhungen geführt hatte. Mit dem «Wucher-Artikel» verbot der Bundesrat «übermässige» Preissteigerungen, die den «üblichen Geschäftsgewinn» überstiegen. Zudem stellte er (Preis-)Verabredungen mit spekulativen Absichten unter Strafe und regulierte den Einkauf von Mengen, die über das «gewöhnliche Geschäfts- oder Haushaltungsbedürfnis» hinausgingen. Es genüge jetzt nicht mehr, «den Einzelnen, der sich in einer besondern Lage und Verfassung» befinde, «gegen Ausbeutung zu schützen», begründete das schweizerische Justiz- und Polizeidepartement in einem Kreisschreiben an die Kantonsregierungen die Verordnung und betonte weiter: «Heute gilt es, einen allgemeinen Notstand zu bekämpfen, in welchem eine ganze Bevölkerung einzelnen Ausbeutern gegenüber sich befindet.»[1]

Die Wucherverordnung erwies sich in der juristischen und strafrechtlichen Praxis jedoch als wenig brauchbar und letztlich wirkungslos. Das Kernproblem lag in der Definition eines «gewöhnlichen», «angemessenen» und «üblichen» Preises oder Bedarfs.[2] Zugleich gelang es den kantonalen Strafbehörden, denen die Wucherstrafverfolgung oblag, nur selten, Wucher- und Hamstergeschäfte aufzudecken. Die Vorräte wechselten in kürzester Zeit die Besitzer und verschwanden in andere Kantone oder über Einkaufsgesellschaften ins Ausland. Schliesslich erlaubte die Verordnung den Behörden nicht, einmal festgestellte Hamstervorräte zu beschlagnahmen. Dieser «Kettenhandel» wurde hauptsächlich mit grossen Warenbeständen an Fett, Schokolade, Kaffee, Zucker oder Seife betrieben. Es handelte sich dabei um Artikel, die eine lange Haltbarkeit aufwiesen, im kriegführenden Ausland sehr gefragt waren und daher hohe Preise erzielten. Auf dem Höhepunkt der Spekulationsgeschäfte – im «Wucherwinter» 1915/16 – hatten Einkaufsgesellschaften, Agenturen und Händler in allen Landesteilen grosse Mengen Lebensmittel aufgekauft und eingelagert, um sie nach Deutschland oder Österreich-Ungarn auszuführen.

Erst unter dem Eindruck zunehmender Knappheit, anhaltender Preissteigerungen und dem wachsenden Druck insbesondere seitens der Entente verschärften die Bundesbehörden im Frühjahr 1916 die Wuchergesetzgebung. Das Volkswirtschaftsdepartement begann, systematisch Erhebungen durchzuführen und für Spekulation verwendete Lebensmittelvorräte zu beschlagnahmen. Ausserdem schuf der Bundesrat eine eidgenössische Zentralstelle für Wucherstrafverfolgung, wo ab Mitte Juni 1916 alle Strafanzeigen aus den Kantonen und eidgenössischen Behörden zusammenliefen. Bis Ende Oktober 1919 gingen beim ausserordentlichen eidgenössischen Untersuchungsrichter Carl Ludwig 551 Strafanzeigen wegen «Zuwiderhandlungen gegen die Verteuerungsverordnung» ein, und es kam auch zu Anklagen und Gerichtsprozessen.[3] Die verschärfte Praxis scheint eine abschreckende Wirkung gehabt zu haben, denn bereits im Herbst 1916 gingen kaum mehr neue Wucheranzeigen ein. In Basel, einem der Wucher- und Spekulationszentren, standen zwischen 1916 und 1919 142 Personen wegen Lebensmittel- und Sachwuchers vor Gericht. 103 von ihnen wurden wegen «Zuwiderhandlung gegen die Verteuerungsverordnung» schuldig gesprochen und zu einer Busse oder Gefängnis verurteilt. In einigen Fällen sprach das Gericht zusätzlich einen Landesverweis aus.[4]

Die Rechtsprechung erwies sich jedoch als äusserst schwierig und komplex. Die Aufarbeitung der Wucherfälle dauerte lange und zog sich teilweise über mehrere Jahre hin. Die aufsehenerregenden Prozesse vermittelten dadurch den Eindruck, der

---

1  Kreisschreiben des schweizerischen Justiz- und Polizeidepartements an die Kantonsregierungen betr. die Verteuerung von Nahrungsmitteln, 10.8.1914, in: Sammlung der eidgenössischen Erlasse, Gesetze, Dekrete und Verordnungen des Kantons Bern 14 (1914), 142f.
2  Vgl. Michel, Kurt: Das schweizerische Kriegswucherstrafrecht, Bern 1920. Mehr zur Kriegspreispolitik der Schweiz in Senglet, Jean-Jacquet: Die Preispolitik der Schweiz während des Ersten Weltkrieges, Bern 1950.
3  StABS, Justiz, D1, 16. Jh.–1916 (1025562), Chronologisches Verzeichnis der an den Untersuchungsrichter zu Handen der Bundesanwaltschaft gesandten Acten betr. Lebensmittelwucher 1916–1919.
4  Für Fälle von Nahrungs- und Sachwucher vgl. StABS, Justiz, D1, 1916–1917 (1025563); StABS, Drucksachensammlung, DS BS 8, Berichte des Appellations-Gerichts über die Justizverwaltung der Jahre 1914–1919.

Aufkauf und die Spekulation von Lebensmitteln würden trotz der verschärften Wuchergesetzgebung weitergehen. Dies rief eine Verbitterung in der Bevölkerung hervor, die sich vielfach gegen Ausländerinnen, deren Männer im Krieg waren, sowie jüdische Bürger richtete. Diese waren verhältnismässig oft in der Handelsbranche tätig und gerieten im Rahmen der Wucherstrafverfolgung besonders häufig ins Visier der Justiz. Die Prozesse erzeugten deshalb den Eindruck, für die Lebensmittelknappheit und Teuerung seien hauptsächlich ausländische Verkäuferinnen und jüdische Händler verantwortlich.[5] Gleichzeitig liessen die Wucherurteile, die hauptsächlich Betreiberinnen und Betreiber von kleinen Einzelhandelsgeschäften in den Städten trafen, in der Arbeiterschaft das Gefühl aufkommen, der Staat und die Justiz hänge «die kleinen Sünder» und lasse «die grossen laufen»,[6] wie es der Basler Arbeiterführer Friedrich Schneider 1917 formulierte.

Eine ähnliche Dynamik zeigte sich bei der Bekämpfung des Ausfuhrschmuggels, der im Verlauf des Kriegs immer grössere Ausmasse annahm und zunehmend als Gefahr für die Landesversorgung wahrgenommen wurde. Doch auch eine verschärfte Grenzkontrolle, die seit 1917 mit Unterstützung der Armee durchgeführt wurde, konnte den Schmuggel nicht unterbinden. Zwar mussten viele Schmuggler und Schieber, darunter auch zahlreiche Zivilpersonen, nun vor die Militärgerichte. Diese urteilten aber nur über Delikte, die im nahen Grenzgebiet – dem sogenannten «Armeeraum» – begangen wurden. Die darüber hinaus am Schmuggelnetzwerk beteiligten Personen entkamen der Strafverfolgung hingegen in vielen Fällen. Um gegen die steigende Teuerung und die Verteilungsknappheit anzukämpfen, versuchten die Bundesbehörden seit 1916 ausserdem, den Lebensmittelmarkt mit einer wachsenden Anzahl von Handelsregulierungen – Höchstpreisen, Verkaufsverboten und -beschränkungen – zu kontrollieren. Gegen diese Bestimmungen wurde jedoch von Beginn weg oft verstossen, und eine Kontrolle erwies sich als praktisch unmöglich. Daran änderten auch umfassendere Handelsregulierungen wie die 1917 eingeführte Kontingentierung von importierten Nahrungsmitteln (Reis, Zucker, Mais, Teigwaren, Hafer- und Gerstenprodukte) sowie die Rationierung von Mehl, Brot und Milch nichts. 1918 wurden zusätzlich Butter, Fette, Öle, Käse und Kartoffeln rationiert, der Schwarzmarkt blühte aber trotz des Kontrollsystems mit Karten und Marken immer weiter. Auf dem staatlich regulierten Lebensmittelmarkt wurde über Klassen- und Standesgrenzen hinweg mit Marken gehandelt, und kontingentierte und rationierte Waren wurden gefälscht, getauscht und gehamstert.

Wucherprozesse, Ausfuhrschmuggel und Schleichhandel schufen eine Atmosphäre des Misstrauens und der Verdächtigungen und verstärkten in der Bevölkerung den Eindruck, dass die Behörden ihrer Aufgabe, eine gleichmässige Verteilung der Nahrungsmittel zu organisieren und die Fehlbaren zu bestrafen, nur ungenügend nachkamen. Dadurch verstärkte sich das Gefühl einer Ungleichbehandlung durch den Staat – nicht nur beim Zugang zu Lebensmitteln, sondern auch bei der strafrechtlichen Verfolgung. Dieses Gefühl war 1918 in der gesamten Bevölkerung weitverbreitet und wurde von beiden Seiten des politischen Spektrums intensiv bewirtschaftet. Die Frage nach den Ursachen von Lebensmittelknappheit und Teuerung war nicht nur von klassenkämpferischen und antikapitalistischen Narrativen geprägt, sondern wurde zunehmend auch von fremdenfeindlichen, antisemitischen und antisozialistischen Feindbildern beherrscht. Die Atmosphäre des Misstrauens und das Gefühl der Ungleichbehandlung, wie sie sich im Zusammenhang mit der Lebensmittelregulierung zeigten, sind für die Vorgeschichte des Landesstreiks elementar, weil sie eine Erbitterung schufen, «die teilweise gefährlicher [war], als der Mangel an Lebensmitteln».[7]

---

5 Zu den Basler Wucherprozessen vgl. auch: Kamis-Müller, Aaron: Antisemitismus in der Schweiz 1900–1930, Zürich 2000.
6 Schneider, Friedrich: Auf die Anklagebank mit den Schuldigen!, in: Basler Vorwärts 20/201, 29.8.1917, 1.
7 Schweizerisches Bundesarchiv, E6351B#1000/1040#15049*, Eidg. Ernährungsamt (Edouard v. Goumoëns) betreffend Postulat Graber, 20.9.1918.

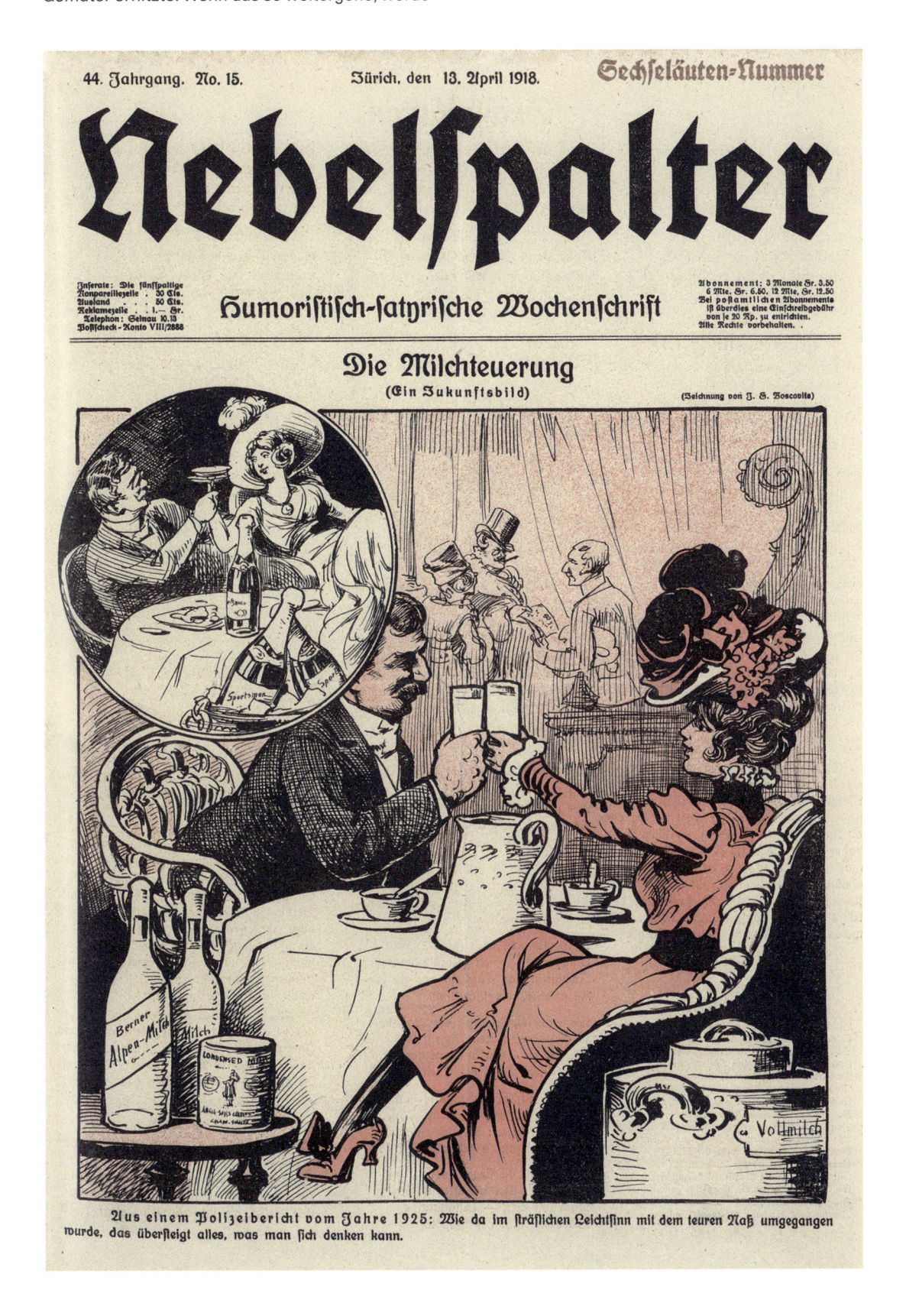

9 «Die Milchteuerung»: Im April 1918 beschloss der Bundesrat eine Milchpreiserhöhung, welche die Gemüter erhitzte. Wenn das so weitergehe, werde in den Casinos bald Milch statt Champagner getrunken, mutmasste der *Nebelspalter*.

Lebensmittelversorgung

# Streiken und bestreikt werden: Zur Frage des Boykotts von Milchlieferungen während des Landesstreiks

Juri Auderset, Peter Moser

Ob in den städtischen Haushalten Milch getrunken werden konnte oder nicht, hing einerseits davon ab, ob sie überhaupt produziert worden war, und andererseits davon, ob sie vom Stall in die Küche gelangte. Auf die während des Kriegs symbolisch immer wichtiger, wegen der Knappheit an Futtermitteln und des Ausbaus des Ackerbaus aber immer schwieriger werdende Milchproduktion hatte der Landesstreik zwar keinen Einfluss – auf den Milchtransport hingegen schon, erfolgte dessen allergrösster Teil doch per Eisenbahn, die während des Streiks nur teilweise funktionierte. Sogar Mitglieder des Verbands schweizerischer Eisenbahnangestellter scheiterten am 11. November 1918 aufgrund der «mangelnden Eisenbahnverbindung» daran, rechtzeitig an der Sitzung ihres Verbandsvorstands in Bern anwesend zu sein.[1] Zugleich hielten Milchproduzenten, Käser, Molkereien und städtische Milchhändler, die wegen der ausfallenden Transporte vom Streik negativ betroffen waren, auch Milchlieferungen zurück. In welchem Ausmass dies geschah, ist ebenso wenig quantifizierbar wie die Schäden, welche die ausfallenden Transporte der schnell verderblichen Milch den Produzenten und dem Handel verursachten. Die Konsumvereine versorgten trotz ihrer ernährungspolitischen Differenzen mit der Streikleitung die Arbeiter nach Möglichkeit, während die privaten Milchhändler ihre Auslieferungen noch stärker als bisher auf ihre bürgerliche Kundschaft ausrichteten.[2]

Wer in der Frage der Milchtransporte aus welchen Überlegungen wann welche Haltung einnahm, ist alles andere als klar. Die Rollen von Streikenden und Bestreikten überschnitten sich. Nicht nur die Arbeiter sahen im Streik ein Mittel zur Durchsetzung ihrer Anliegen. Auch einzelne Produzenten erblickten im herrschenden Chaos eine Gelegenheit, um die seit dem Frühling 1916 geltenden Ablieferungsverpflichtungen politisch zur Debatte zu stellen. Im Visier hatten sie dabei weniger die Streikleitung oder gar die Streikenden, als vielmehr ihre eigenen (Milch-)Verbände, die in den Kriegsjahren von Kampforganisationen zu Quasibehörden geworden waren, die nun für die Milchversorgung der Bevölkerung zuständig waren. Zur Erfüllung dieser Funktion verwehrten sie den einzelnen Produzenten – das heisst in der Regel ihren eigenen Mitgliedern – die Möglichkeit, ihre Milch nach eigenem Ermessen zu verwerten. Dagegen wehrten sich nicht nur Milchproduzenten in der Innerschweiz und in der Romandie, sondern auch jene im Deutschschweizer Mittelland, wo der Organisationsgrad grösser und die Deutungsmacht der Verbände hegemonialer waren.[3]

Für die Aufrechterhaltung der Milchversorgung während des Landesstreiks war das Verhalten der Milchverbände deshalb ähnlich wichtig wie dasjenige der Eisenbahner. Beide gerieten mit dem Streik in eine heikle Situation, die von Spannungen zwischen versorgungspolitischer Verantwortung und Parteinahme geprägt war. Dementsprechend verfolgten die Milchverbände eine Doppelstrategie: Streikenden Arbeitern, welche mit ihren Aktionen die Transporte erschwerten oder ganz verunmöglichten, drohten sie mit Boykotten der Milchlieferungen. Den Behörden gegenüber betonten sie zugleich ihre Fähigkeit, mit der Sicherstellung der Milchlieferungen in der aufgeheizten Stimmung einen entscheidenden Beitrag zur Schaffung von Ruhe und Ordnung zu leisten.

Diese Haltung zeichnete sich schon im Spätsommer 1918 ab, als sich die Diskussionen über einen möglichen Generalstreik zu verdichten begannen. Am 10. August 1918 trafen sich die Vorstände der 1917 gegründeten Zürcher Bauernpartei und des Schweizerischen Bauernverbands (SBV) mit Delegierten des Zentralverbands schweizerischer Milchproduzenten (ZVSM) in Olten zu einer Lagebesprechung und Absprache über das Vorgehen im Falle eines Generalstreiks. Dass Robert Grimm darin einen «Bauernsowjet» und die Androhung einer bäuerlichen Streikaktion erblickte, verdeut-

---

1 Schweizerische Eisenbahn-Zeitung, 21.11.1918.
2 Schweizerische Bauernzeitung, Januar 1919, 4.
3 Vgl. Moser, Peter/Brodbeck, Beat: Milch alle. Bilder, Dokumente und Analysen zur Milchwirtschaft und Milchpolitik in der Schweiz im 20. Jahrhundert, Baden 2007, 11–123. Zur Verurteilung von Milchproduzenten, die ihrer Ablieferungspflicht nicht nachkamen vgl. Schweizerisches Bundesblatt, 2.6.1919, 444f; 7.11.1919, 356f.; 19.5.1920, 15f; 26.4.1920, 331f.

licht, wie porös die Grenzen zwischen Streikenden und Bestreikten zuweilen waren.[4] Die vom SBV nach der Aussprache in Olten veröffentlichte Proklamation machte die im November 1918 eingenommene Doppelstrategie bereits sichtbar: «Städte und Ortschaften», hiess es im Aufruf, «in denen ein wesentlicher Teil der Arbeiterschaft, insbesondere des Personals der öffentlichen Anstalten», streike, könnten «nicht erwarten, dass die von den Streikkomitees zugelassene Zufuhr von Lebensmitteln von der Bauernsame geliefert» werde. Der Arbeiterschaft und den Beamten gab man gleichzeitig zu bedenken, «dass die grossen Aufgaben der Zukunft auf dem Wege gegenseitiger Verständigung gelöst werden» müssten.[5]

In der nach Ausbruch des Landesstreiks herrschenden Unübersichtlichkeit schien es einen Moment lang, als ob dem Zentralverband der Milchproduzenten und dem Bauernverband die Kontrolle entgleiten würde. So beschloss der Vorstand des Thurgauer Milchproduzentenverbands am 11. November, die Milchlieferungen an die Zentrale in Winterthur einzustellen und eigene Käsereien für die Verkäsung und Verbutterung der bisherigen Konsummilch in Betrieb zu nehmen. Aus Sicht des Thurgauer Verbands waren die Streikenden für die Behinderung des Eisenbahnverkehrs verantwortlich und sollten deshalb auch die Konsequenzen tragen.[6]

In Basel, wo die Versorgungslage mit Nahrungsmitteln aufgrund des fehlenden agrarischen Umlands und des kriegsbedingten Zusammenbruchs der Lieferungen aus dem Elsass und Baden ohnehin prekär war, führten Verkehrsstörungen wie der streikbedingte Ausfall vieler Eisenbahntransporte zu erheblichen Versorgungsproblemen.[7] Einzelne Kantone hatten zudem schon vorher Ausfuhrstopps für Nahrungsmittel erlassen. Mit den von den Milchverbänden und Molkereien während des Landesstreiks behelfsmässig organisierten Automobiltransporten konnten lediglich Milchmengen herbeigeschafft werden, die kaum ausreichten, «um den Kindern bis zu fünf Jahren 5 Deziliter per Tag zu verabfolgen».[8]

Derweil versuchte der SBV mit einer Mischung aus versorgungspolitischer Verantwortung, machtpolitischem Kalkül und Bestrebungen zur Disziplinierung der Milchproduzenten, die Deutungshoheit über die Milchlieferungen zu erlangen. Am 11. November 1918 erklärte er gegenüber den Bauern, «dass bis zur Stunde überall die gesetzesmässigen Regierungen und Verwaltungen die behördliche Gewalt» ausübten und eine «Lebensmittelsperre keinen Sinn» machen würde. Die Milchgenossenschaften und Milchproduzenten wurden «dringend ersucht, nicht auf eigene Faust zu handeln, sondern sich streng an die Anordnungen der zuständigen Verbände zu halten».[9] Darin wird nicht zuletzt eine Tendenz sichtbar, die auch für die zukünftige Ernährungspolitik zentral war: Waren die landwirtschaftlichen Organisationen und Verbände bereits während des Kriegs quasi zu parastaatlichen Exekutivorganen der Ernährungs- und Agrarpolitik des Bundes mutiert, wurde diese Funktion durch den Landesstreik noch gefestigt. Die Position der nun primär behördliche Funktionen ausübenden Milchverbände gegenüber ihren Mitgliedern wurde bestärkt und die Vergesellschaftung der Nahrungsmittelproduktion vorangetrieben.[10] So wurde ein Prozess beschleunigt, den auch die Streikleitung guthiess. Grimm hatte für den Bereich der Milchversorgung auf der kommunalen Ebene schon 1916 konkrete Handlungsanleitungen zuhanden städtischer SP-Vertreter formuliert und dabei die Bestrebungen des Volkswirtschaftsdepartements zur «Kommunalisierung der Milchversorgung» ausdrücklich gelobt.[11]

---

4  Zit. nach Baumann, Werner: Bauernstand und Bürgerblock. Ernst Laur und der Schweizerische Bauernverband 1897–1918, Zürich 1993, 347.
5  Mitteilungen des schweizerischen Bauernsekretariats, Nr. 58, Brugg 1919, 60.
6  Vgl. dazu Komposch, Jonas: «Landtrottel» gegen «Grossstadtpöbel». Stadt-Land-Diskurs und Bauernstandsideologie während des Generalstreiks 1918 im Kanton Thurgau, Masterarbeit Universität Zürich 2018, 26.
7  Vgl. dazu Bolliger, Markus: Die Basler Arbeiterbewegung im Zeitalter des Ersten Weltkrieges und der Spaltung der Sozialdemokratischen Partei. Ein Beitrag zur Geschichte der schweizerischen Arbeiterbewegung, Basel 1970, 75.
8  Bauernblatt der Nordwestschweiz, 30.11.1918. Vgl. auch Bauernfreund, 30.11.1918.
9  Mitteilungen des schweizerischen Bauernsekretariats, Nr. 58, Brugg 1919, 61.
10  Zur Vergesellschaftung der Nahrungsmittelproduktion vgl. Moser, Peter: Die Agrarproduktion. Ernährungssicherung als Service public, in: Halbeisen, Patrick u. a. (Hg.), Wirtschaftsgeschichte der Schweiz im 20. Jahrhundert, Basel 2012, 568–628.
11  Grimm, Robert: Kommunale Milchversorgung, in: Neues Leben. Monatsschrift für Sozialistische Bildung, 1916, 108–121, hier 121.

rationen bei Krankheit zu erlassen. Die Nahrungsmittel würden immer knapper, begründete das Departement das Vorgehen und ersuchte die Ärzteschaft Mitte September darum, «bei der Ausstellung von Zeugnissen für Zusatzrationen sich auf das Allernotwendigste zu beschränken».[40] «Infolge der vielen Verschreibungen» durch die Grippe reduzierten die Behörden die Mehl- und Griessrationen. Hafer- und Gerstenprodukte sowie Teigwaren sollten «wegen Mangel an Vorräten» für die Ernährung der Kinder reserviert werden. Zulagen an Erwachsene sollten dagegen nur noch «in Ausnahmefällen» gewährt werden. Ganz allgemein galt die Weisung, dass für Mehrzulagen ein organisches Leiden vorliegen müsse, denn: «Gewichtsabnahme allein berechtigt nicht zum Mehrbezug».[41]

### Fazit: Die Rolle der Lebensmittelfrage im Landesstreik

Auch wenn die staatlichen Hilfsmassnahmen wirkten und eine weitere Verschlechterung der Lage in den unterstützungsberechtigten Kreisen verhinderten, dauerte die Ernährungs- und Versorgungskrise in Basel über den Sommer und Herbst 1918 hinaus an. Was heisst das nun für die Rolle der Ernährungsfrage im Landesstreik? Sie war neben der Teuerung und anderen wirtschaftlichen, sozialen und politischen Fragen ein zentrales Motiv für die Mobilisierung der Arbeiterschaft. Sie war Teil des umfassenden politischen Forderungskatalogs einer grossen politischen Bewegung – Symbol und Ausdruck eines allgemeineren Kampfs um gleiche ökonomische, politische und soziale Zugangsrechte innerhalb eines Systems. Wichtiger noch als die drückende Not infolge von Lebensmittelknappheit und Teuerung waren die damit verbundenen politischen Fragen nach einem gleichen Zugang zu Ressourcen, Vorräten und Unterstützungsmassnahmen sowie einer gerechteren Verteilung von Not und Mangel einerseits, Wohlstand und Profit andererseits. Entscheidend war das wachsende Gefühl einer ökonomischen, sozialen und politischen Zurücksetzung – ein Gefühl, das besonders die Debatte um eine angemessene Lebensmittelversorgung prägte und im politischen Mobilisierungsdiskurs eine wichtige Rolle spielte.

Die daraus erwachsenen und am Beispiel der Lebensmittelpolitik verhandelten «sozialpolitischen und wirtschaftlichen Fragen» blieben noch weit über den Landesstreik hinaus, der in Basel vergleichsweise ruhig verlief, virulent.[42] Das verdeutlicht auch die Aussage des Sozialdemokraten Franz Meister über den Basler Generalstreik von Ende Juli 1919, bei dem fünf Personen von militärischen Ordnungstruppen erschossen wurden: «Wir haben nie etwas anderes gewollt, als rein wirtschaftliche Fragen zu lösen. Wir haben die Lösung von Fragen verlangt, unter denen wir seit 5 Jahren [zu] leiden haben, von denen wir sehen mussten, dass sie nicht gelöst wurden. Der gegenwärtige Kampf ist die Summe der Erbitterung und der Enttäuschung, die wir in der ganzen Kriegszeit erleiden mussten.»[43]

Auch im Untersuchungsbericht zur militärischen Intervention während des Generalstreiks 1919 wurden die Ereignisse in einen grösseren Kontext gestellt. Darin hiess es, «dass es sich bei den Vorfällen in Basel nicht um eine lokale Bewegung gehandelt habe, sondern um eine Teilerscheinung einer grossen Bewegung, die nicht baslerischen, ja nicht einmal schweizerischen, sondern internationalen Charakter hatte» und zurückzuführen sei «auf den Krieg und die durch ihn herbeigeführten wirtschaftlichen und politischen Verhältnisse».[44] Tatsächlich stellt Basel, das die Versorgungsprobleme und die damit zusammenhängenden gesellschaftspolitischen Auseinandersetzungen als Grenz-, Handels- und Industriestadt besonders zu spüren bekam, keinen Sonderfall dar. Obwohl sich Teuerung, Verteilungsprobleme und Lebensmittelknappheit in manch anderen Landesteilen in abgeschwächter Form bemerkbar machten, zeigen sich die Versorgungs- und Verteilungsschwierigkeiten der Schweiz im Weltkrieg am Beispiel Basels exemplarisch.

---

40 StABS, Sanität, O 3.1, 1918, Sanitätsdepartement, Zirkular an die Herren Ärzte des Kantons Basel-Stadt, 18.9.1918.
41 Sanitätsdepartement, Zirkular an die Herren Ärzte, 18.9.1918.
42 StABS, Politisches, JJ 8.1, Weltkrieg 1914–1918, Generalstreik Landesstreik, Konferenz des Regierungsrates mit einer Delegation der hiesigen Streikleitung, 13.11.1918, 13.
43 StaBS, Politisches, JJ 8.2, Protokoll der ausserordentlichen Sitzung des Regierungsrates mit der Streikleitung, 2.8.1919.
44 StABS, Politisches, JJ 8.4, Weltkrieg 1914-1918, Generalstreik, Landesstreik 1919, Untersuchungsbericht über die Kosten der militärischen Intervention während dem Generalstreik 1919, 2.10.1922.

# «Nackte, feuchte Mauerwände» und das Dach «stellenweise undicht»

## Wohnverhältnisse der Arbeiterschaft, Wohnungsnot und Wohnpolitik

Reto Zitelmann

Der Erste Weltkrieg war begleitet von einer massiven Teuerung, sinkenden Reallöhnen, Verdienstausfällen während des Militärdienstes und wachsenden Problemen bei der Versorgung mit Gütern des täglichen Bedarfs. Nicht nur die Nahrungsmittelversorgung wurde dadurch für viele Arbeiterfamilien zu einer Herausforderung, auch eine angemessene Befriedigung ihrer Wohnbedürfnisse wurde gegen Kriegsende immer schwieriger. Ein Zürcher Verwaltungsbericht schildert die teils prekären Wohnverhältnisse am Vorabend des Landesstreiks eindrücklich: «Im fünften Stock eine kleine Mansardenwohnung, bestehend aus vier kleinen, abgeschrägten Dachkammern. Nackte, feuchte Mauerwände, kein Ofen, keine Vorfenster, keine Küche, das Dach stellenweise undicht. Dieses elende Gelass wird von drei Familien mit elf Personen bewohnt!»[1]

Bereits in den Monaten vor dem Landesstreik herrschte in den meisten Städten der Schweiz eine drückende Wohnungsnot. Steigende Mietpreise, ein Mangel an Brennmaterial und drohende Obdachlosigkeit trugen zu den wachsenden sozialen Spannungen gegen Kriegsende bei. Das im Februar 1918 gegründete Oltener

Aktionskomitee (OAK) forderte in seinen beiden Eingaben im März und Juli 1918 vom Bundesrat unter anderem eine bessere und günstigere Versorgung der Bevölkerung mit Brennmaterial und Massnahmen zur Bekämpfung der Wohnungsnot, insbesondere durch Unterstützung des kommunalen und genossenschaftlichen Wohnungsbaus.[2]

Hauptursache für die sich gegen Kriegsende ausbildende und noch bis weit in die 1920er-Jahre anhaltende Wohnungsnot in den grösseren Städten und Agglomerationen war der fast vollständige Zusammenbruch der Bautätigkeit seit Kriegsbeginn. Zeitweise sank die Leerwohnungsziffer in Städten wie Basel oder Zürich auf unter 0,1 Prozent,[3] und ganze Familien wurden teilweise jahrelang in Notbaracken oder Schulhäusern untergebracht.[4]

Bund und Kantone reagierten auf diese Lage zunächst mit der Verabschiedung immer strengerer Mieterschutzbestimmungen, später auch mit einer Einschränkung der Niederlassungsfreiheit und Regelungen zur Inanspruchnahme von ungenutztem Wohnraum. Als sich nach Kriegsende keine Verbesserung der Situation abzeichnete, sprach der Bund ab Sommer 1919 mehrere Millionenkredite zur finanziellen Förderung von Bauvorhaben, woran sich auch die Kantone und Gemeinden zu beteiligen hatten. Politisch war diese Form der Unterstützung durchaus umstritten, und die Kredite wurden insbesondere auch als Mittel zur Bekämpfung der zunehmenden Arbeitslosigkeit verstanden. Allerdings beschränkten sich die Subventionen nicht auf den gemeinnützigen Wohnungsbau und den Bau von Kleinwohnungen für die Arbeiterschaft, sondern schlossen auch Private und den Bau von Einfamilienhäusern mit ein. Die vom Bund verfolgte Subventionspraxis zielte zunächst – auch in direktem Zusammenhang mit der Rolle der Städte im Landesstreik – auf die Förderung von Ein- und kleinen Mehrfamilienhäusern in ländlicher Umgebung und trug damit nicht in erster Linie zur Linderung der Wohnungsnot der städtischen Arbeiterschaft bei. Der in Arbeiterkreisen oftmals geforderte kommunale Wohnungsbau blieb vielerorts eine Notmassnahme und konnte sich nur in Zürich längerfristig durchsetzen. Die Unterstützung von Wohnbaugenossenschaften hingegen, der sich auch bürgerlich-konservative Kreise anschlossen, wurde in Kantonen wie Basel-Stadt und Zürich auch nach dem Auslaufen der Bundessubventionen noch jahrelang aufrechterhalten und als Instrument der öffentlichen Wohnbaupolitik auch in späteren Krisenzeiten wiederaufgenommen.

Im folgenden Beitrag soll am Beispiel der Städte Basel und Zürich danach gefragt werden, wie sich der städtische Wohnungsmarkt in den Kriegsjahren verändert hatte und inwiefern die wachsende Wohnungsnot die zunehmenden sozialen Spannungen gegen Kriegsende mitverursachte. Welche Bedeutung hatte zudem die Bekämpfung der Wohnungsnot für das OAK, und welche Forderungen stellte die Arbeiterschaft? Inwieweit nahm die Politik diese auf, und wie entwickelte und veränderte sich schliesslich die Wohnbaupolitik in den 1920er-Jahren?

### Wohnungsnot und politische Gegenmassnahmen vor dem Ersten Weltkrieg

Die sich in der zweiten Kriegshälfte immer stärker ausbildende Wohnungsnot war für die Arbeiterschaft keine gänzlich neue Erfahrung. Seit Mitte des 19. Jahrhunderts hatte es immer wieder Phasen gegeben, in denen unbefriedigende oder gar ungesunde Wohnverhältnisse sowie Mangel auf den städtischen Wohnungsmärkten geherrscht hatten, die in Wissenschaft und Politik stets kontrovers diskutiert wurden. Insbesondere in den drei Jahrzehnten vor dem Ersten Weltkrieg waren die Städte von grosser

1  Zit. nach Horber, Emil: Wohnungsbauförderung in Zürich, Affoltern am Albis 1937, 83.
2  Eingabe des Oltener Aktionskomitees an die Bundesbehörden, 8.3.1918 und 22.7.1918, in: Gautschi, Willi: Dokumente zum Landesstreik 1918, Zürich 1988, Nr. 25 und 37.
3  Saitzew, Manuel: Die Bekämpfung der Wohnungsnot. Gutachten erstattet dem Schweiz. Verband zur Förderung des gemeinnützigen Wohnungsbaus, Zürich 1920, 5.
4  Staatsarchiv des Kantons Basel-Stadt (StABS), Bauakten, A 8.1, Amtlicher Wohnungsnachweis des Kantons Basel-Stadt, In den Schulhäusern untergebrachte Familien, 7.1919; Departement des Innern an die Finanzkontrolle Basel, 18.11.1919.

Zuwanderung und einem hohen natürlichen Bevölkerungswachstum geprägt; Phasen mit Wohnungsmangel wechselten sich ab mit Phasen eines Überangebots an Wohnungen. Im Zuge dieses weitestgehend unkontrollierten Städtewachstums verschärfte sich die sozialräumliche Segregation, und es bildeten sich spezifische Arbeiterquartiere aus. In Basel war dies zunächst die Innenstadt, die durch Stockwerkergänzungen und Hinterhäuser immer weiter verdichtet wurde und wo auch feuchte Kellerräume oder unbeheizte Estriche bewohnt wurden. Die Wohnungen wurden von immer mehr Personen belegt und für verschiedene Parteien weiter unterteilt, bei gleichzeitig steigenden Mieten. Für die stark wachsende Zahl der Arbeiterinnen und Arbeiter brachten diese Zustände grosse finanzielle und gesundheitliche Belastungen mit sich und waren auch eine Ursache für Lohnforderungen und Streiks.[5] Charakteristisch für die Wohnsituation der Arbeiterschaft waren häufige Wohnungswechsel sowie das Leben in einer erweiterten Familie mit Zimmermietern, Schlaf- und Kostgängern oder Pflegekindern. Die private Bautätigkeit konzentrierte sich gleichwohl zunächst fast ausschliesslich auf die Befriedigung der Wohnbedürfnisse der zahlungskräftigeren Schichten, welche die Innenstadt verliessen und in die Neubauquartiere am Stadtrand zogen.[6]

In den 1890er-Jahren reagierte die Politik in mehreren Schweizer Städten mit der Durchführung von Wohnungsenquêten, flächendeckenden und systematischen Wohnungsstatistiken, welche die als zunehmend unhaltbar empfundenen Wohnverhältnisse dokumentierten. Resultate dieser Erhebungen wirkten sich aber nicht im von Vertretern der Arbeiterschaft geforderten öffentlichen Wohnungsbau aus; die Städte beschränkten sich weitestgehend auf die Verabschiedung ordnungspolitisch motivierter Bau- und Wohnungsgesetze.[7] Mit der Festlegung von Mindeststandards für Wohnungen in Bezug auf Luft und Licht, Heizbarkeit, Reinlichkeit, Grösse etc. und der Institutionalisierung einer Wohnungsaufsicht versuchte die Politik, ungesunde und als unmoralisch beurteilte Wohnverhältnisse zu bekämpfen und heruntergekommene Wohnungen vom Markt zu nehmen beziehungsweise eine Renovation zu veranlassen.[8] Verdeutlicht wird dieser erzieherische Ansatz auch durch Verordnungen, mit denen die Unterbringung von Zimmermieterinnen und Zimmermietern sowie Schlafgängerinnen und Schlafgängern reglementiert wurde. Vermieter wurden unter anderem dazu verpflichtet, «jedem Mieter ein besonderes Bett zu geben», und es wurden nach Geschlecht getrennte Zimmer verlangt.[9]

Die Bekämpfung der Wohnungsnot durch den Bau kommunaler Wohnungen und die Förderung von Bau- und Wohngenossenschaften wurden seit Beginn des 20. Jahrhunderts zwar in mehreren Städten ernsthaft diskutiert, aber noch nicht verbreitet und in grossem Stil umgesetzt. Beispiele für vergleichsweise frühen kommunalen Wohnungsbau finden sich in Bern und Zürich, wo bereits Ende des 19. Jahrhunderts beziehungsweise ab 1907 mehrere Hundert städtische Wohnungen für die Arbeiterschaft und den Mittelstand gebaut wurden.[10] Die beiden in Zürich verwirklichten Projekte mit insgesamt rund 500 Wohnungen waren dabei von der städtischen Einwohnerschaft in zwei Volksabstimmungen gegen erheblichen Widerstand aus Kreisen der Hausbesitzer deutlich unterstützt worden.[11] In Basel wurde der öffentliche Wohnungsbau zwar ebenfalls unmittelbar vor dem Ersten Weltkrieg zu einer ernsthaften Option, ein konkretes Projekt mit 62 Wohnungen wurde aufgrund des Kriegsausbruchs jedoch vorerst ausgesetzt.[12] Dagegen profitierte hier 1912 eine aus Arbeiterkreisen lancierte, aber auch von bürgerlichen Politikern getragene Wohngenossenschaft erstmals von einer Unterstützung des Kantons durch den Abschluss eines Baurechtsvertrags und die Übernahme einer Hypothek.[13] Aus Hausbesitzerkreisen wurde dies als «weitgehender Präzedenzfall» massiv bekämpft;[14] nur dank der hohen Zustimmung in den Arbeiterquartieren wurde die Vorlage von den Stimmbür-

---

5 Fritzsche, Bruno: Städtisches Wachstum und soziale Konflikte, in: Schweizerische Zeitschrift für Volkswirtschaft und Statistik 4 (1977), 446–473.
6 Trevisan, Luca: Das Wohnungselend der Basler Arbeiterbevölkerung in der zweiten Hälfte des 19. Jahrhunderts, Basel 1989, 25–32.
7 Koller, Barbara: «Gesundes Wohnen». Ein Konstrukt zur Vermittlung bürgerlicher Werte und Verhaltensnormen und seine praktische Umsetzung in der Deutschschweiz 1880–1940, Zürich 1995, 53–55.
8 Koller, «Gesundes Wohnen», 117–130. Für Basel vgl. Wohnungsgesetz vom 18.4.1907.
9 Verordnung betreffend das Halten von Schlaf- und Kostgängern, Zimmermietern und Pflegekindern vom 25.8.1906. Zit. nach Koller, «Gesundes Wohnen», 121f.
10 Vgl. Wenger, Rudolf: Wohnungsnot und kommunaler Wohnungsbau in der deutschen Schweiz unter besonderer Berücksichtigung der Kriegs- und Nachkriegszeit, Lachen 1931, 65.
11 Horber, Wohnungsbauförderung in Zürich, 47–57.
12 Schweizerisches Wirtschaftsarchiv (SWA), H XII 10b, Wohnungsbau BS, Beschluss des Regierungsrats Basel-Stadt, 6.3.1915.
13 Ratschlag betreffend einen Baurechtsvertrag mit der Basler Wohngenossenschaft, Nr. 1838, 28.3.1912.
14 Der Hausbesitzer 7, April 1912.

gern knapp bestätigt.¹⁵ Gleichzeitig etablierte sich auch in der Stadt Zürich eine öffentliche Bau- und Wohngenossenschaftsförderung. Im August 1910 verabschiedete der Grosse Stadtrat Grundsätze zur «Unterstützung gemeinnütziger Baugenossenschaften». In diesen wurden eine Förderung durch günstigen Verkauf von Baugrund, die Gewährung vergünstigter Darlehen, die Übernahme von 10 Prozent der Genossenschaftsanteile sowie die Unverkäuflichkeit subventionierter Mehrfamilienhäuser festgeschrieben. Bereits vor dem Krieg profitierten erste gemeinnützige Baugenossenschaften in unterschiedlichem Umfang von diesen Hilfen. Gebaut wurden je nach Genossenschaft sowohl Einfamilienhäuser für den Verkauf an die Mitglieder als auch Kleinwohnungen zur Vermietung.¹⁶

Die Wohnsituation der Arbeiterschaft dürfte sich vor dem Ersten Weltkrieg durch die verabschiedeten Wohnungsgesetze und das nur zögerliche öffentliche Engagement im Bereich des Wohnungsbaus allerdings kaum oder nur langsam verbessert haben. Darauf lässt auch die zwischen 1910 und 1930 konstant bleibende Anzahl von 300 bis 400 Klagen pro Jahr schliessen, welche in Basel aufgrund der Bestimmungen des Wohnungsgesetzes beim Sanitätsdepartement eingereicht wurden. Meistens brachte eine solche Klage den Mietern aber keine bessere Wohnung, sondern die Gefahr eines Wohnungsverlusts.¹⁷ Hinweise auf eine extrem hohe Belegung wie beispielsweise sieben Personen in einem Zimmer finden sich über die gesamte Zeitspanne; und auch in den 1920er-Jahren gingen viele Beschwerden über feuchte Wohnungen, die Belästigung durch Kleintierhaltung oder fehlende beziehungsweise überfüllte Abtrittgruben ein.¹⁸ Die um die Jahrhundertwende innert kürzester Zeit in neuen Arbeiterquartieren gebauten Mehrfamilienhäuser wurden von bürgerlichen Politikern zwar als «Mietskasernen» abgelehnt, dürften angesichts ihres höheren Standards gegenüber den engen Altstadthäusern aber eine deutliche Verbesserung der Wohnverhältnisse der Arbeiterschaft mit sich gebracht haben.¹⁹

## Der Krieg erschüttert den städtischen Wohnungsmarkt

Mit dem Kriegsausbruch im August 1914 entspannte sich die Situation auf dem Wohnungsmarkt zunächst schlagartig. Vor allem die Abwanderung der Wehrpflichtigen der kriegführenden Staaten sowie deren Angehöriger führte bis Ende 1914 zu einem deutlichen Bevölkerungsrückgang in den Städten. Allein zwischen Juli und Dezember 1914 sank die Zahl der Ausländerinnen und Ausländer in Basel von rund 55 000 auf 51 500,²⁰ und in Zürich nahm der ausländische Bevölkerungsanteil um beinahe 10 000 Personen ab.²¹ Gleichzeitig ging auch die Zahl der Eheschliessungen stark zurück, und aufgrund der angespannten wirtschaftlichen Lage mussten viele Familien ihre eigene Wohnung aufgeben. Durch die abnehmende Nachfrage und die noch fertiggestellten Bauvorhaben stieg die Leerwohnungsziffer in Basel und Zürich auf deutlich über 3 Prozent. Während dies in Zürich auch markant sinkende Mieten zur Folge hatte, blieben die durchschnittlichen Mietpreise für Arbeiterwohnungen in Basel zunächst ungefähr auf dem Vorkriegsstand.²²

Die Entspannung auf dem Wohnungsmarkt hielt allerdings nicht lange an. Bereits gegen Kriegsende herrschte in den meisten Schweizer Städten eine massive Wohnungsnot, die von deutlichen Mietpreiserhöhungen begleitet war. 1917 betrug die Leerwohnungsziffer in Zürich nur noch 0,1 Prozent. In den folgenden beiden Jahren nahm dieser Wert weiter ab, sodass es vor und nach Kriegsende lediglich einige Dutzend leer stehende Wohnungen in der Stadt Zürich gab. Hauptursache für diese während der zweiten Kriegshälfte in den meisten Schweizer Städten aufkommende Wohnungsnot war die weitgehende Einstellung der Bautätigkeit seit Kriegsbeginn. Dies war in erster Linie eine Folge der höheren Materialpreise und Löhne, die den Wohnungsbau erheblich verteuerten. Neu erstellte Wohnungen konnten preislich nicht mit den bestehenden konkurrenzieren, weshalb kaum ein Anreiz für private Investitionen in den Häuserbau bestand. In den Jahren 1917 und 1918 wurden schweizweit jeweils weniger als 1000 Wohnungen gebaut, was

15 StABS, Bauakten, A 8.1, Volksabstimmung vom 28./29.9.1912 über den Grossratsbeschluss betreffend einen Baurechtsvertrag mit der Basler Wohngenossenschaft.
16 Brüschweiler, Carl: Boden-, Bau- und Wohnungspolitik der Stadt Zürich 1908–1912. Bericht an den 10. Wohnungskongress im Haag 1913, 14–16.
17 Koller, «Gesundes Wohnen», 161.
18 Koller, «Gesundes Wohnen», 283.
19 Trevisan, Wohnungselend, 32–37.
20 Bolliger, Markus: Die Basler Arbeiterbewegung im Zeitalter des Ersten Weltkrieges und der Spaltung der Sozialdemokratischen Partei, Basel 1970, 3.
21 Wenger, Wohnungsnot, 14f.
22 Saitzew, Bekämpfung der Wohnungsnot, 5–12.

ungefähr einem Fünftel der durchschnittlichen Vorkriegsbautätigkeit entsprach. Hinzu kamen die steigende Nachfrage nach Wohnraum durch die wieder zunehmende Zahl von Eheschliessungen sowie die Tendenz, in den Innenstädten vermehrt Wohnungen in Büros umzuwandeln. Besonders augenfällig war der Rückgang der Bautätigkeit in Basel: Wurden vor dem Krieg durchschnittlich 800 Wohnungen pro Jahr gebaut, waren es 1918 und 1919 noch jeweils rund 60.[23] Auch hier setzte daher im Verlauf des Jahres 1918 eine Wohnungsknappheit ein,[24] begleitet von deutlich steigenden Mieten. 1919 waren Mieten für Wohnungen mit zwei oder drei Zimmern in Zürich durchschnittlich rund ein Drittel, in Basel rund ein Viertel höher als noch 1917.[25] Dieser Anstieg lag allerdings noch deutlich unter der Verteuerung von Lebensmitteln oder anderen Bedarfsgütern[26] und auch der Lohnentwicklung. In den Nachkriegsjahren konnten sich dadurch viele Stadtbewohner sogar tendenziell grössere Wohnungen leisten, was die Wohnungsknappheit zusätzlich verschärfte.[27]

## Mietnotrecht, Beschränkung der Niederlassungsfreiheit und Unterbringung von Obdachlosen

Der Kriegsausbruch bedeutete für Schweizer Arbeiter, die in den Militärdienst einrücken mussten, oft den Verlust der Arbeitsstelle oder eine erhebliche Lohnreduktion. Viele waren nicht mehr in der Lage, für ihre Mieten aufzukommen, und daher von der Kündigung ihrer Wohnung bedroht. Bereits in der ersten Kriegswoche klagten Frauen eingerückter deutscher Wehrmänner auf dem Konsulat, von ihnen sei unter Androhung der Kündigung eine Vorauszahlung der Mieten verlangt worden.[28] Verschärfend kam die zunehmende Teuerung hinzu. Der Bundesrat reagierte bereits Ende August 1914 auf diese «infolge der Kriegsereignisse eingetretene Notlage»[29] vieler Mieter mit einem Beschluss, der die Kantone ermächtigte, die Ausweisfrist aus einer Wohnung bei Zahlungsrückstand zu erstrecken.[30]

In einigen Kantonen wie Basel-Stadt und Zürich erhielten Bedürftige Mietzinsbeiträge, wobei der Kreis der Unterstützungsberechtigten und der Unterstützungsumfang gegen Kriegsende immer weiter ausgedehnt wurden. 1917 profitierten in Basel beispielsweise rund 7500 Personen von Mietunterstützungszahlungen, und auch Umzugskosten wurden teilweise vom Kanton übernommen.[31]

Die nach Kriegsbeginn in Basel gegründete staatliche Hilfskommission war neben den Mietzinsbeiträgen an Familien auch für die Ausgabe von Lebensmittelgutscheinen und im Winter für die Unterstützung mit Heizmaterial, insbesondere Kohle zuständig.[32]

Lange zielten die in Bezug auf den Wohnungsmarkt getroffenen politischen Massnahmen also auf die kriegsbedingte ökonomische Bedrängnis eines Teils der Mieterschaft. Angesichts der sich ab 1917 verschärfenden Situation auf dem Wohnungsmarkt der meisten Schweizer Städte wurden in der zweiten Kriegshälfte zusätzlich verschiedene Mietnotgesetze verabschiedet. Im Juni 1917 ermächtigte der Bundesrat die Kantone, Regelungen zum Schutz vor ungerechtfertigten Mietzinserhöhungen und Kündigungen zu erlassen.[33] Zahlreiche Kantone, unter ihnen auch Basel-Stadt und Zürich, erliessen diesbezügliche Ausführungsverordnungen, andere Kantone ermächtigten die Gemeinden, solche zu erlassen.[34] Damit sollten zu hohe Renditebestrebungen der Vermieter gebremst und Kündigungen mit dem Ziel einer Mietpreiserhöhung verhindert werden. Einem Antrag des Zürcher Stadtrats, die Höhe der Mieten auch bei Neuabschluss eines Mietverhältnisses überprüfen zu dürfen, erteilte der Bundesrat im Juni 1918 hingegen eine Absage.[35]

23  Saitzew, Bekämpfung der Wohnungsnot, 4–17.
24  Wenger, Wohnungsnot, 18.
25  Saitzew, Bekämpfung der Wohnungsnot, 12.
26  Wohnungsbaupolitik der Stadt Zürich 1907–1937, Zürich 1938 (Statistik der Stadt Zürich 46), 51.
27  Würtz, Fabian: Die Konstruktion des Entbehrlichen. Die verschärfte Niederlassungspolitik der Stadt Zürich gegen «ungewollte Elemente» im Zuge der Wohnungsnot von 1918 bis 1923, unveröffentlichte Lizentiatsarbeit, Universität Zürich 2013, 12f.
28  Labhardt, Robert: Krieg und Krise. Basel 1914–1918, Basel 2014, 71.
29  Bericht des Bundesrates an die Bundesversammlung über die von ihm auf Grund des Bundesbeschlusses vom 3. August getroffenen Massnahmen vom 1. Dezember 1914, in: Schweizerisches Bundesblatt 66 (1914), IV, 740.
30  Bundesratsbeschluss betreffend die Ausweisung von Mietern, 26.8.1914, in: Amtliche Sammlung der Bundesgesetze und Verordnungen der schweizerischen Eidgenossenschaft (AS) 30 (1914), 413f.
31  StABS, Bauakten, A 8.1, Auszug aus dem Protokoll der Sitzung des Bundesrates, 8.10.1918; Das Justizdepartement des Kantons Basel-Stadt an Regierungsrat, 28.8.1918.
32  Labhardt, Krieg und Krise, 77–88.
33  Bundesratsbeschluss betreffend den Schutz der Mieter gegen Mietzinserhöhungen und Kündigungen, 18. Juni 1917, in: AS 33 (1917), 397f.
34  Bericht des Bundesrates an die Bundesversammlung über die auf Grund des Bundesbeschlusses vom 3. August 1914 getroffenen Massnahmen vom 2. Dezember 1918, in: Bundesblatt 70 (1918), V, 171f.
35  Schweizerisches Bundesarchiv (BAR), E1004.1, Beschlussprotokoll des Bundesrates, 72. Sitzung, 15.6.1918.

## Wohnungsnot und Wohnpolitik

Rund zwei Wochen vor dem Landesstreik beschloss der Bundesrat zudem, die in den meisten Städten immer stärker auftretende Wohnungsnot durch eine Einschränkung der Niederlassungsfreiheit zu bekämpfen. Die Kantone durften Personen, welche die «Notwendigkeit ihrer Anwesenheit» durch ihre Arbeit oder persönliche Gründe nicht nachweisen konnten, die Niederlassung und den Aufenthalt «in den unter Wohnungsnot leidenden Gebieten» verweigern oder in Einzelfällen sogar entziehen.[36] Basel-Stadt untersagte auf dieser Grundlage immer wieder arbeitssuchenden Personen den Aufenthalt im Kanton, insbesondere wenn sie Bedarf nach einer der besonders raren Kleinwohnungen hatten. Grundsätzlich wurde ein Zuzug nur noch mit einem bestehenden Mietvertrag und einem Arbeitsnachweis gestattet.[37] Entgegen der Absicht des Bundesrats konnte die herrschende Wohnungsnot damit aber auch als Argument vorgeschoben werden, um Arbeitslose aus anderen Kantonen fernzuhalten. Zudem verband sich die Diskussion um die Wohnungsnot mit der seit 1917 verstärkt aufkommenden Diskussion über die Ausländerpolitik. Unter den rund 3500 Personen, denen von der Stadt Zürich mit Verweis auf diese Regelung die Niederlassungs- oder Aufenthaltsbewilligung verweigert wurde, waren Ausländerinnen und Ausländer überproportional vertreten, und die knapp 100 entzogenen Niederlassungsbewilligungen betrafen eine auffällig hohe Zahl von Juden aus Osteuropa.[38]

Nur wenige Tage vor dem Landesstreik kam eine weitere Massnahme mit dem Ziel einer besseren Ausnutzung des vorhandenen Wohnraums hinzu. Der Bundesrat ermächtigte die Kantone, unbenutzte Wohnungen gegen eine angemessene Entschädigung vorübergehend zu kassieren, um sie an obdachlose Personen oder Familien weiterzuvermieten.[39] Der Kanton Basel-Stadt schoss in Einzelfällen zudem die Kosten für Renovationen vor, um heruntergekommene, leer stehende Wohnungen bewohnbar zu machen.[40]

Während die Nachfrage nach Wohnraum nach Kriegsende weiter zunahm, wurden gleichzeitig immer weniger Wohnungen gebaut. Hauptursache für diese weiter anhaltende Zurückhaltung der privaten Bauwirtschaft war die fortwährende Verteuerung der Baukosten, welche sich im Vergleich zur Vorkriegszeit mehr als verdoppelt hatten. Die spärliche Bautätigkeit konzentrierte sich zudem nicht auf die Erstellung möglichst vieler Wohnungen, sondern es wurden in erheblichem Umfang Einfamilienhäuser erstellt. In Basel beispielsweise betrug Ende 1920 der Anteil sich im Bau befindender Wohnungen in Mehrfamilienhäusern lediglich 22 Prozent.[41]

Angesichts der sich 1919 immer weiter verschärfenden Wohnungsnot sahen sich Städte wie Basel und Zürich schliesslich gezwungen, obdachlose Personen und Familien in öffentlichen Gebäuden wie Schulhäusern oder in Hotels unterzubringen und Notbaracken zu erstellen.[42] So baute der Kanton Basel-Stadt in den folgenden Jahren mehrere Dutzend Wohnungen in Notbaracken, die er zu einem deutlich verbilligten Preis an Familien vermietete,[43] und auch die Fremdbelegung von Schulhäusern mit Familien hielt jahrelang an. Erst nachdem im Sommer 1921 eine von knapp 900 Personen unterzeichnete Petition eingereicht worden war, bemühte sich die Regierung intensiver um alternative Lösungen.[44]

### Zusätzliche Verschärfung der Situation durch Mangel an Brennmaterial

Die Wohnverhältnisse der Arbeiterschaft verschlechterten sich gegen Kriegsende nicht nur aufgrund des sich weiter verschärfenden Wohnraummangels und der steigenden Mieten, sondern auch durch den Mangel an Brennmaterial. Menge und Qualität

36 Bundesratsbeschluss betreffend Bekämpfung der Wohnungsnot durch Beschränkung der Freizügigkeit, 29.10.1918, in: AS 34, 1090f; Kreisschreiben des schweizerischen Justiz- und Polizeidepartements an sämtliche Kantonsregierungen betreffend die Anwendung des Bundesratsbeschlusses vom 29.10.1918 betreffend Bekämpfung der Wohnungsnot durch Beschränkung der Freizügigkeit, 8.11.1918, in: Bundesblatt 70 (1918), V, 54–57.

37 Vgl. StABS, Bauakten, A 8.1, Departement des Innern an das Eidg. Arbeitsamt Bern, 27.4.1922; Amtl. Wohnungsnachweis Basel-Stadt. An das Präsidium des Hausbesitzervereins Basel, 7.7.1919.

38 Kurz, Daniel: Die Disziplinierung der Stadt. Moderner Städtebau in Zürich 1900 bis 1940, Zürich 2008, 229; Würtz, Niederlassungspolitik der Stadt Zürich, 85–87.

39 Bundesratsbeschluss betreffend Inanspruchnahme unbenutzter Wohnungen, 8.11.1918, in: AS 34 (1918), 1144f.

40 Vgl. StABS, Bauakten, A 8.1, Wohnungsnachweis Basel-Stadt an das Departement des Innern Basel, 26.3.1919.

41 Vgl. Ergebnisse der eidgenössischen Wohnungs-Enquête vom 1.12.1920, Bern 1923.

42 StABS, Bauakten, A 8.1, Amtlicher Wohnungsnachweis des Kantons Basel-Stadt, In den Schulhäusern untergebrachte Familien, Juli 1919; Departement des Innern an die Finanzkontrolle Basel, 18.11.1919.

43 StABS, Bauakten, A 8.1, Amtlicher Wohnungsnachweis an das Statistische Amt, 18.7.1925; Das Departement des Innern des Kantons Basel-Stadt an den Regierungsrat, 1.9.1919; Wohnungsnachweis Basel-Stadt an das Departement des Innern Basel, 8.4.1919.

44 StABS, Bauakten, A 8.1, Beschluss des Regierungsrates des Kantons Basel-Stadt, 28.6.1921.

der aus Deutschland gelieferten Kohle nahmen in der zweiten Kriegshälfte stark ab, sodass der Brennstoffbedarf der Schweiz für das Heizen und Kochen ab dem Sommer 1917 nur noch ungefähr zur Hälfte gedeckt werden konnte.[45] Verschärfend kam hinzu, dass die Winter der Jahre 1917 und 1918 ausgesprochen kalt waren und der Heizbedarf sich dadurch erheblich erhöhte.[46] Im März 1917 setzte der Bundesrat erstmals Höchstpreise für Kohle fest,[47] die er angesichts der deutschen Lieferschwierigkeiten bis Kriegsende mehrmals deutlich erhöhen musste. Die Menge der für Heiz- und Kochzwecke bereitgestellten Kohle wurde von der Abteilung für industrielle Kriegswirtschaft des schweizerischen Volkswirtschaftsdepartements monatlich festgelegt und bis Kriegsende auf ungefähr 50–60 Prozent des Normalbedarfs eingeschränkt.[48] Zur Senkung des Verbrauchs wurden zudem verschiedene einschneidende Massnahmen erlassen, wie die Reglementierung der Arbeitszeit, die Einschränkung der Öffnungszeiten von Läden und Vergnügungsstätten oder die Beschränkung des Warmwasserangebots in Geschäftshäusern, Hotels und Restaurants.[49] In Basel wurden ausserdem der Warmwasserverbrauch der Privathaushalte eingeschränkt und die Raumtemperatur auf höchstens 17 Grad festgelegt.[50]

Für den ärmeren Teil der Bevölkerung waren die immer höheren Preise für Brennmaterial zudem eine grosse finanzielle Belastung, weshalb notstandsberechtigte Personen das Brennmaterial vergünstigt erhielten. Von Januar bis März 1918 hatte sich auch der Bund mit Zuschüssen an den Auslagen der Kantone und Gemeinden beteiligt,[51] und ab Ende Oktober stellte er weitere, deutlich höhere Beiträge für die Vergünstigung von Hausbrandkohle und Kochgas zur Verfügung.[52] Trotz dieser Massnahmen war zur Zeit des Landesstreiks im November 1918 für die städtische Bevölkerung aber bereits absehbar, dass aufgrund der hohen Preise und der Rationierung wiederum ein Winter mit mangelhafter Brennmaterialversorgung, ungenügend geheizten Wohnungen und anderen stark spürbaren Einschränkungen auf sie zukam.

### Das OAK und die Wohnungsnot

Zwar thematisierte keine der neun Forderungen des Landesstreiks das Wohnen, jedoch war die Wohnungsnot im Vorfeld des Streiks vom OAK mehrfach aufgegriffen worden. Bereits das im März 1918 an den Bundesrat und die eidgenössische Notstandskommission gerichtete Wirtschaftsprogramm forderte unter anderem die «Förderung des Kleinwohnungsbaues unter finanzieller Mithilfe des Bundes». Wo die private Bautätigkeit nicht ausreiche, sollten öffentliche Mittel bereitgestellt oder direkt Wohnungen in öffentlicher Regie gebaut werden. Leer stehende Wohnungen sollten beschlagnahmt werden; ausserdem sollte mit Blick auf die nur beschränkt vorhandenen Baustoffe und Arbeitskräfte ein Bauverbot für Villen und Häuser «mit Wohnungen von mehr als vier Zimmern» sowie Kirchen und Bauten, die dem «Vergnügen» dienten, erlassen werden. Gefordert wurde ausserdem die «Abgabe von Brennstoffen an Minderbemittelte zu billigeren Preisen».[53] Der Bundesrat verzichtete auf eine offizielle Reaktion und vorerst auch auf weitere Eingriffe in den Wohnungsmarkt. Im Bereich der Brennmaterialversorgung verabschiedete er hingegen Mitte Juli 1918 neue Bestimmungen, die einige der vom OAK gestellten Forderungen aufgriffen.[54]

In seiner Eingabe an den Bundesrat Ende Juli 1918 thematisierte das OAK die herrschende Wohnungsnot erneut: Gefordert wurde nun explizit eine «Förderung des kommunalen oder genossenschaftlichen Wohnungsbaues durch Gewährung von Kapitalvorschüssen zu ermässigtem Zinsfuss durch den Bund».[55] In seiner Antwort verwies der Bundesrat auf die angespannte finanzielle Lage und bezeichnete die Förderung des Wohnungsbaus

45 Labhardt, Krieg und Krise, 228–231.
46 Pfister, Christian: Frieren, kalt essen und zu Fuss gehen. Die Energiekrise 1917–1919 in der Schweiz, in: Krämer, Daniel/Pfister, Christian/Segesser, Daniel Marc (Hg.), «Woche für Woche neue Preisaufschläge». Nahrungsmittel-, Energie- und Ressourcenkonflikte in der Schweiz des Ersten Weltkriegs, Basel 2016, 125f.
47 Höchstpreise für den Verkauf von Kohlen und Bestimmungen über den Verkehr mit fossilen Brennstoffen, Verfügung des Schweizerischen Politischen Departements, 7.3.1917, in: AS 33 (1917), 135–138.
48 Labhardt, Krieg und Krise, 228–234.
49 Vgl. z. B. Bundesratsbeschluss betreffend Massnahmen zur Einschränkung des Verbrauches an Brennmaterial und elektrischer Energie, 12.10.1918, in: AS 34 (1918), 1028–1031.
50 Labhardt, Krieg und Krise, 243–245.
51 Vgl. Bundesratsbeschluss über die Leistung von Bundesbeiträgen an die Kosten der Abgabe von Brennmaterialien zu ermässigten Preisen, 1.2.1918, in: AS 34 (1918), 1028–1031.
52 Bundesratsbeschluss betreffend die Leistung von Bundesbeiträgen zur Verbilligung von Hausbrandkohlen und Kochgas an Notstandsberechtigte, 29.10.1918, in: AS 34 (1918), 1085f.
53 Eingabe des Oltener Aktionskomitees an die Bundesbehörden, 8.3.1918, in: Gautschi, Dokumente zum Landesstreik, Nr. 25.
54 Bundesratsbeschluss betreffend die Brennmaterialversorgung des Landes, 17.7.1918, in AS 34 (1918), 777–781.
55 Eingabe des Oltener Komitees an den Bundesrat, 22.7.1918, in: Gautschi, Dokumente zum Landesstreik, Nr. 37.

10  Brennstoff-Verbilligungsmarke für Notstandsberechtigte des Kantons Schaffhausen von 1919. In den Wintern 1917/18 und 1918/19 definierte der Bundesrat Beiträge zur Verbilligung von Brennmaterial, die er aufgrund der schlechten Versorgungslage mehrmals anpassen musste. Notstandsberechtigte Personen erhielten dadurch neben Brot, Kartoffeln und Milch auch verbilligte Hausbrandkohle und Kochgas.

11 Karikatur zur «Kohlen-Rationierung» im *Nebelspalter* vom 1. Dezember 1917. Der Bezug von Brennmaterial wurde für Notstandsberechtigte zwar verbilligt, eine ausreichende Versorgung mit Brennmaterial war dadurch aber nicht gewährleistet. So litt Basel beispielsweise darunter, dass es die vom Bundesrat zugewiesenen Brennholzmengen aus anderen Kantonen nur teilweise und verspätet erhielt.

Wohnungsnot und Wohnpolitik

# Mieter in Not: Wohnungsmangel und Wohnungsnot in Winterthur im Ersten Weltkrieg

Adrian Knoepfli

In Winterthur gerieten Mieterinnen und Mieter nach Kriegsausbruch aus unterschiedlichen Gründen in Not. Die einen verloren beim vorübergehenden Konjunktureinbruch im August 1914 ihre Arbeit und damit auch ihren Lohn, die anderen verloren eine wichtige Einnahmequelle, weil ihre Untermieter auszogen. Oft waren dies Ausländer, die dem militärischen Aufgebot ihrer Heimatländer Folge leisteten. Eine schon zu Kriegsbeginn eingerichtete Mietnotstelle vermittelte bei Mietzinsstreitigkeiten und gewährte Zuschüsse an Mietzinsen. Standen in der ersten Kriegszeit gemäss einem Bericht von Stadtpräsident Hans Sträuli vorübergehend viele Wohnungen leer – auch weil Familien zusammenzogen –, verkehrte sich die Situation 1916 in ihr Gegenteil: Nun herrschten Wohnungsmangel und Wohnungsteuerung. Wie in anderen Industriestädten hatte die Kriegskonjunktur auch in Winterthur eine steigende Einwohnerzahl zur Folge. Im Geschäftsjahr 1915/16 nahm die Beschäftigtenzahl bei Sulzer in Winterthur um beinahe 25 Prozent auf 4600 Personen zu. Die Behörden reagierten mit verschiedenen Massnahmen auf die grössere Nachfrage. Unter anderem wählte der Stadtrat, gestützt auf Bundes- und kantonale Vorschriften, eine Mietschutzkommission mit der Kompetenz, ungerechtfertigte Mietzinssteigerungen und Kündigungen aufzuheben. Bei einer Bevölkerungszahl von rund 27 000 Personen (ohne Vororte) hatte diese Instanz von September 1917 bis Juni 1920 insgesamt 857 Fälle zu beurteilen. Genehmigte die Kommission eine Mietzinserhöhung, übernahm die Stadt für die Bedürftigen den Mehrzins. Wie in anderen Bereichen griffen aber auch beim Wohnen viele Massnahmen, insbesondere der Wohnungsbau, erst gegen Kriegsende oder sogar noch später. Von 1918 bis 1920 baute die Stadt, teilweise in Verbindung mit dem Kanton, 130 Wohnungen, was sich im landesweiten Vergleich durchaus sehen lässt.[1]

Dass es gegen Kriegsende in Winterthur Arbeiterfamilien gab, die ohne massive Unterstützung nicht über die Runden kamen, zeigt eine Zuschrift an die *Winterthurer Arbeiterzeitung* vom Herbst 1918: Eine Frau mit zwei Knaben, deren Mann sich seit bald zwei Monaten im Militärdienst befand, gab im Oktober 1918 36,6 Prozent ihres Einkommens für Miete, Kochgas und Petrol (für die Beleuchtung) aus. Auf die Versorgung mit Milch entfielen 15,2 Prozent, auf Brot 8,7 Prozent, auf Fett und Butter 7,6 Prozent und auf andere Lebensmittel 6,4 Prozent. Die Frau gab damit drei Viertel ihres Einkommens für die Deckung elementarer Grundbedürfnisse aus. Der Rest musste reichen, um Waschmaterial, Kleider für die Kinder und andere Dinge für den Winter zu kaufen. Die Lebensmittel bezog die Frau verbilligt, für Kartoffeln und Holz (zum Heizen der Wohnung) hatte sie auf Gesuch hin vom Verein für Soldatenwohl Gutscheine erhalten.[2]

Wie verbreitet die geschilderte Not war, lässt sich nicht präzise abschätzen. Die Frau, deren Angaben die *Winterthurer Arbeiterzeitung* nicht kommentierte, war aber kein Einzelfall. Zu Ende des Sommers 1918 «standen die Behörden unter dem beängstigenden Eindruck, dass infolge von Lebensmittel- und Brennstoffmangel der schlimmste Winter seit Kriegsbeginn bevorstehe», schrieb Stadtpräsident Sträuli in seinem Rechenschaftsbericht. Aus der Fürsorgekommission war zu hören, «dass die Klagen von Leuten, die nicht mehr genügend zu essen haben, sich täglich mehren» würden. In dieser Situation unternahmen die Behörden grosse Anstrengungen, «um die verderblichen Wirkungen einer drohenden Katastrophe wenigstens zu lindern und namentlich für das Frühjahr 1919 vorzusorgen». Dass «das Verderben eines Teiles der aufgekauften Lebensmittel nicht vermieden werden» konnte, weil sich die Lage bei Kriegsende schnell entspannte, trug der Abteilung für Lebensmittelfürsorge dann die Kritik einer Kommission ein, die das Stadtparlament wegen der erlittenen Verluste eingesetzt hatte, um die Fürsorgerechnung zu prüfen.[3]

---

1 Sträuli, Hans: Kriegsfürsorge in Winterthur 1914–1920, in: Neujahrs-Blatt der Hülfsgesellschaft von Winterthur 56 (1921), 32–35.

2 Winterthurer Arbeiterzeitung, 28.10.1918.

3 Sträuli, Kriegsfürsorge, 39f.

als eine Aufgabe der Industrie, der Kantone und Gemeinden.[56] In drei Konferenzen am 31. Juli und 1. August 1918 wurden die Forderungen vom OAK und vom Bundesrat einzeln diskutiert. Angesichts des drohenden Landesstreiks zeigte sich der Bundesrat in diesen Verhandlungen zu Konzessionen bereit und stellte in seiner zusammenfassenden schriftlichen Antwort vom 3. August einen Bundesbeschluss zur Förderung des kommunalen oder genossenschaftlichen Wohnungsbaus im Verlauf des Winters in Aussicht. Auch weitere Massnahmen zur besseren Versorgung der Bevölkerung mit Hausbrandkohle wurden angekündigt.[57]

Obwohl das OAK-Mitglied Emil Düby bei einem abermaligen Treffen mit dem Bundesrat im Oktober 1918 beklagte, dass die Vorlage zur Förderung des sozialen Wohnungsbaus noch immer nicht vorgelegt worden sei,[58] wurde das Ziel einer Verbesserung der Wohnsituation der Arbeiterschaft schliesslich nicht in den Forderungskatalog des Landesstreiks aufgenommen. Über die Gründe kann an dieser Stelle nur spekuliert werden. Offensichtlich ist jedoch, dass der Bundesrat mit den unmittelbar vor dem Landesstreik verabschiedeten Bestimmungen zur Beschränkung der Niederlassungsfreiheit und dem auch vom OAK geforderten Mittel einer Beschlagnahmung unbenutzten Wohnraums deutlich gemacht hatte, dass er die Wohnungsnot als schwerwiegendes Problem erkannt hatte und gewillt war, dieses anzugehen. Ähnliches kann auch über den Bereich der Brennstoffversorgung gesagt werden. Hier hatte der Bundesrat durch abermalige Beschlüsse zur Rationierung des Verbrauchs und zur Verbilligung für Bedürftige im Oktober 1918 ebenfalls seine Handlungsbereitschaft gezeigt.[59]

### Subventionierung des Wohnungsbaus nach dem Ersten Weltkrieg

Der Forderung nach einer Förderung des Wohnungsbaus kam der Bund jedoch erst nach dem Landesstreik nach. Nicht nur das OAK, sondern auch der Regierungsrat des Kantons Bern und der Stadtrat von Zürich hatten bereits im Sommer und Herbst 1918 unter anderem eine eidgenössische Unterstützung des kommunalen Wohnungsbaus gefordert. Zürich wies darauf hin, dass Genossenschaften selbst bei erheblicher Unterstützung durch die Stadt zurzeit finanziell nicht in der Lage seien, Wohnungen zu bauen. Man habe daher für insgesamt 14 Millionen Franken kommunale Bauprojekte begonnen; nun sei die Stadt aber «am Ende ihrer finanziellen Leistungsfähigkeit» angelangt und benötige für eine Aufrechterhaltung des kommunalen Wohnungsbaus erhebliche Unterstützung. Am 9. Dezember 1918 beantragte der Bundesrat schliesslich einen Kredit über zehn Millionen Franken für Massnahmen der Kantone und Gemeinden gegen die Wohnungsnot. Während er die Vergabe von langfristigen vergünstigten Darlehen befürwortete, lehnte er Forderungen in Bezug auf eine eigene Bautätigkeit allerdings ab.[60]

Die Resonanz auf die bundesrätlichen Vorschläge im Nationalrat war jedoch alles andere als positiv. Es wurden finanzielle und verfassungsrechtliche Bedenken geäussert und eine fehlende Verteilungsgerechtigkeit zwischen den Kantonen beklagt, verbunden mit einer grundsätzlichen Kritik am Städtewachstum. Die bürgerliche Mehrheit wollte keine «Häuserkasernen» subventionieren, sondern die Bautätigkeit ausserhalb der Städte fördern, idealerweise durch Unterstützung von Eigenheim-Baugenossenschaften und Gartenstädten. Erst nach der Verknüpfung der Wohnbauförderung mit der Bekämpfung der nach Kriegsende stark zunehmenden Arbeitslosigkeit stimmte die Bundesversammlung schliesslich einer überarbeiteten Vorlage mit Darlehen im Umfang von zwölf Millionen Franken zu.[61]

Die vielfach geäusserte Kritik an «Mietkasernen» und der städtischen Lebensweise war sicherlich auch eine direkte Reaktion auf die Ereignisse in Zürich und Basel während des Landesstreiks. So war es beispielsweise für den katholisch-konser-

---

56 Antwort des Bundesrates an das Oltener Aktionskomitee, 26.7.1918, in: Gautschi, Dokumente zum Landesstreik, Nr. 38.
57 Aus den Verhandlungen des Bundesrates, 3.8.1918, in: Bundesblatt 70 (1918), IV, 235–237.
58 Gautschi, Willi: Der Landesstreik 1918, Zürich 1988, 152.
59 Vgl. Bundesratsbeschluss betreffend Massnahmen zur Einschränkung des Verbrauches an Brennmaterial und elektrischer Energie, 12.10.1918, in: AS 34 (1919), 1028–1031; Bundesratsbeschluss betreffend die Leistung von Bundesbeiträgen zur Verbilligung von Hausbrandkohlen und Kochgas an Notstandsberechtigte, 29.10.1918, in: AS 34 (1919), 1085f.
60 Botschaft des Bundesrates an die Bundesversammlung betreffend die Beteiligung des Bundes an die Vorkehren der Kantone und Gemeinden zur Beseitigung des Mangels an Wohnungen, 9.12.1918, in: Bundesblatt 70 (1918), V, 632–640.
61 Amtliches stenographisches Bulletin der schweizerischen Bundesversammlung (Sten. Bull.), Nationalrat 2./3.4.1919, Nr. 959, 373–385, 406–437; Ergänzung zur Botschaft des Bundesrates vom 9.12.1918 an die Bundesversammlung betreffend Beteiligung des Bundes an den Vorkehren der Kantone und Gemeinden zur Beseitigung des Mangels an Wohnungen, 18.3.1919, in: Bundesblatt 71 (1919), I, 469–473.

vativen St. Galler Nationalrat Johann Baptist Eisenring auch in «politischer Hinsicht» zu begrüssen, wenn der Arbeiter «wieder in die gesunde Luft des Landes […] und in die Umgebung des landbauenden Volkes» gebracht werde.[62]

Nur wenige Wochen nach Annahme der ersten Vorlage wurden die Massnahmen gegen Arbeitslosigkeit und Wohnungsnot aber erheblich ausgebaut. Für die «Förderung der Hochbautätigkeit» wurde zusätzlich ein Subventionsbeitrag im Umfang von zehn Millionen Franken zur Verfügung gestellt. Mit diesen Geldern und den vergünstigten Darlehen sollten Bauprojekte unterstützt werden, sofern die Kantone, Gemeinden oder Drittpersonen einen mindestens ebenso grossen Betrag übernahmen. Der Beitrag des Bunds schwankte je nach Zweckbestimmung des Baus, wobei die Gesamtunterstützung der öffentlichen Hand 50 Prozent der Baukosten nicht übersteigen durfte.[63] Vor allem Gebäude mit maximal vier Wohnungen, «Ansiedlungen in der Umgebung der Städte und auf dem Lande» sowie «die Errichtung von Eigenheimen mit Pflanzland» sollten von der Maximalunterstützung profitieren. Aber auch Geschäftsliegenschaften oder Fabriken konnten unterstützt werden, wenn damit «das Bauhandwerk in hohem Masse beschäftigt» wurde.[64]

Weil sich die Situation auf Wohn- und Arbeitsmarkt trotz dieser Massnahmen nicht verbesserte, genehmigte die Bundesversammlung im April 1920 erneut einen Kredit über zehn Millionen Franken aus dem Fonds für Arbeitslosenfürsorge. Nun sollten vorzugsweise der Wohnungsbau und insbesondere der Bau von Mehrfamilienhäusern für zwei bis sechs Familien mit einem Subventionsbeitrag von maximal 30 Prozent unterstützt werden.[65] Auch in den beiden folgenden Jahren wurden aus dem Fonds für Arbeitslosenfürsorge erhebliche Gelder für die Bekämpfung der Arbeitslosigkeit gesprochen, die zwar nicht mehr den Titel «Förderung der Hochbautätigkeit» trugen, teilweise aber in den Wohnungsbau flossen. Allerdings wurde der maximale Unterstützungsanteil für Wohnbauten nun schrittweise reduziert.[66] Insgesamt konnte in den 1920er-Jahren der Bau von rund 18 000 Wohnungen mit Subventionsbeiträgen des Bunds finanziell unterstützt werden.[67]

Die kantonale Praxis zur Verwendung der Bundessubventionen war allerdings sehr unterschiedlich und teilweise widersprüchlich.[68] Da in Basel die eingehenden Gesuche die zur Verfügung stehenden Mittel bei Weitem übertrafen, konkurrenzierten verschiedene Interessen miteinander. Einerseits wollte man eine «flache Bebauung» und «das private Kapital zur Erstellung von neuen Wohnungen flüssig […] machen»,[69] zum anderen wurde darauf hingewiesen, dass mit dem gesprochenen Geld der Wohnungsmangel möglichst effizient bekämpft werden sollte.[70] Von einem Teil der Gelder profitierten zwar gemeinnützige Wohnbaugenossenschaften und der kommunale Wohnungsbau, aber auch Kolonien mit relativ teuren Einfamilienhäusern wurden in grossem Stil unterstützt.[71] Damit wurden die ursprünglichen Forderungen des OAK nach einer Förderung des Kleinwohnungsbaus beziehungsweise des kommunalen und genossenschaftlichen Wohnungsbaus nur teilweise umgesetzt. Die Subventionspolitik des Bundes wirkte sich also zumindest in Basel vor allem zugunsten des Mittelstands aus. Der Wohnungsbedarf der ärmeren, besonders unter der Wohnungsnot leidenden Bevölkerung wurde nur ungenügend berücksichtigt. Die Umsetzung zielte weder auf eine möglichst schnelle Unterbringung obdachloser Familien noch auf eine bedeutende Senkung der Mietzinse, sondern diente hauptsächlich der Durchsetzung einer von der bürgerlichen Politik erwünschten Lebensweise im Einfamilienhaus mit Garten.

62 Sten. Bull., Nationalrat 23.6.1919, Nr. 1059, 673–675.
63 Bundesratsbeschluss betreffend Förderung der Hochbautätigkeit, 23.5.1919, in AS 35 (1919), 335–337; Botschaft des Bundesrates an die Bundesversammlung betreffend Massnahmen zur Behebung der Arbeitslosigkeit, 30.5.1919, in: Bundesblatt 71 (1919), 383–395; Bundesratsbeschluss betreffend Förderung der Hochbautätigkeit, 15.7.1919, in AS 35 (1919), 605–607.
64 Kreisschreiben des schweizerischen Volkswirtschaftsdepartementes an die Kantonsregierungen zum Bundesbeschluss vom 23.5.1919 betreffend Förderung der Hochbautätigkeit, 31.5.1919, in: Bundesblatt 71 (1919), III, 538–541.
65 Bundesratsbeschluss betreffend Milderung der Wohnungsnot durch Förderung der Hochbautätigkeit, 11.5.1920, in: AS 36 (1920), 280f; Kreisschreiben des eidgenössischen Volkswirtschaftsdepartementes an die Kantonsregierungen zum Bundesratsbeschlusse vom 11. Mai 1920 betreffend die Milderung der Wohnungsnot durch Förderung der Hochbautätigkeit, 8.6.1920, in: Bundesblatt 72 (1920), III, 570–574.
66 Bundesratsbeschlüsse betreffend Massnahmen zur Bekämpfung der Arbeitslosigkeit, 19.2.1921, in AS 37 (1921), 133–136; 20.9.1921, in AS 37 (1921), 681–684; 14.11.1922, in AS 38 (1922), 566–568.
67 Wenger, Wohnungsnot, 23.
68 StABS, Bauakten, A 8.1, Übersicht Subventionen bis November 1919 mit Beiträgen und Gesamtkosten.
69 Ratschlag betreffend Förderung des Wohnungsbaus, 3.7.1919, Nr. 2242.
70 StABS, Bauakten, A 8.1, Grossratsbeschluss betreffend die Förderung des Wohnungsbaus, 10.7.1919.
71 Vgl. StABS, Bauakten, A 8.1, Das Bau-Departement des Kantons Basel-Stadt an den Regierungsrat, 16.8.1920; Dossier 31, Förderung der Hochbautätigkeit, 2. Periode, Geschäft No. 80–126, Eigenheimkolonie kaufmännischer Angestellter.

Die während des Kriegs beschlossenen und den Anstieg der Mieten leicht bremsenden Mietnotgesetze blieben noch jahrelang in Kraft und wurden mehrmals überarbeitet und ergänzt.[72] So durften beispielsweise in Basel Mieter trotz Kündigung in ihren Wohnungen verbleiben, wenn sie keine neue Unterkunft gefunden hatten,[73] oder der Abbruch von Wohnungen beziehungsweise deren Umnutzung in Geschäftsliegenschaften konnte verboten werden.[74] Erst in den Jahren 1922 bis 1926 setzte der Bundesrat diese Bestimmungen schrittweise ausser Kraft.[75] Die Wohnbauförderung wurde im März 1924 gemeinsam mit den Massnahmen zur Bekämpfung der Arbeitslosigkeit eingestellt. Zu diesem Zeitpunkt war die Wohnungsnot aber noch keineswegs überwunden. Die Leerwohnungsziffer in Basel und in Zürich lag weiterhin bei lediglich 0,2 Prozent,[76] und in Basel wurden obdachlose Familien immer noch vom Amtlichen Wohnungsnachweis auf Gasthöfe verteilt. Andererseits verbesserten sich Mitte der 1920er-Jahre die Renditeaussichten auf dem Wohnungsmarkt, sodass die Bautätigkeit für private Investoren wieder interessant wurde. Erst zu Beginn der 1930er-Jahre kann aber von einer Überwindung der Wohnungsnot gesprochen werden.[77]

### Die Bedeutung von Wohn- und Baugenossenschaften in den Nachkriegsjahren

Wie das OAK mehrfach gefordert hatte, profitierten von den Bundessubventionen vielfach auch gemeinnützige Bau- und Wohngenossenschaften, die gegen Kriegsende und insbesondere in der unmittelbaren Nachkriegszeit gegründet wurden. Gleichzeitig wurde ihre Unterstützung auf kommunaler und kantonaler Ebene teilweise stark ausgeweitet und auch nach Ausklingen der Bundessubventionen beibehalten. Dank dieser Hilfe wurden die Bau- und Wohngenossenschaften im Verlauf der 1920er-Jahre vor allem in Zürich, in geringerem Masse aber auch in Basel zu einem bedeutenden Faktor auf dem Wohnungsmarkt. Insbesondere die im Juni 1924 mit grossem Volksmehr angenommenen, nun auch Subventionen umfassenden, städtischen Förderbestimmungen führten in Zürich zu einem beispiellosen Boom des genossenschaftlichen Wohnungsbaus. Mit einem Anteil von rund 20 Prozent am Gesamtwohnungsbestand wurden die Genossenschaften prägend für ganze Wohnquartiere.[78] Während die Stadt Zürich also bereits früh klare Fördervorschriften definierte und nach dem Krieg beinahe jährlich grössere Beträge für die Wohnbauförderung zur Verfügung stellte, war in Basel keine entsprechende Verbindlichkeit vorhanden. Hier entschied der Regierungsrat einzeln über die Gewährung von Darlehen, während Subventionen an Genossenschaften vom Grossen Rat genehmigt werden mussten.[79]

Die Sympathie für Wohn- und Baugenossenschaften beschränkte sich keineswegs auf linke Kreise. Neben den aus der Arbeiterbewegung lancierten Wohngenossenschaften gab es beispielsweise in Basel auch den aus bürgerlich-konservativen Kreisen initiierten Verein Gemeinnütziger Wohnungsbau, der über Jahre verschiedene Wohnbaugenossenschaften gründete.[80] Die Bauprojekte wurden dabei nicht von den Wohnungssuchenden selbst angestossen, sondern von Architekten, Baufirmen und Handwerkern geleitet. Diesen boten die Genossenschaften die Möglichkeit, Aufträge an Land zu ziehen. Nach dem Auslaufen der Bundessubventionen fokussierte sich der Verein ab Mitte der 1920er-Jahre auf die Förderung von Wohnungen für kinderreiche Familien, und die verwirklichten Projekte umfassten oft Einfamilienhäuser oder kleine Mehrfamilienhäuser mit einem Stück Pflanzland. Sie standen damit in der Tradition der gemeinnützigen Wohnbauprojekte des 19. Jahrhunderts und idealisierten das Leben in einem kleinen

72 Vgl. Bundesratsbeschluss betreffend Bekämpfung der Miet- und Wohnungsnot, 9.4.1920, in AS 34 (1920), 280f.
73 StABS, Bauakten, A 8.1, Verordnung betreffend die Bekämpfung der Obdachlosigkeit im Kanton Basel-Stadt, 29.6.1920.
74 StABS, Bauakten, A 8.1, Verordnung betreffend Erhaltung und Ausnützung von Wohnräumen, 20.11.1920.
75 Bundesratsbeschluss betreffend teilweise Aufhebung des Bundesratsbeschlusses vom 9.4.1920 betreffend Bekämpfung der Miet- und Wohnungsnot, 28.7.1922, in AS 38 (1922), 475f; Bundesratsbeschluss betreffend Aufhebung der Vorschriften zur Bekämpfung der Miet- und Wohnungsnot, 20.5.1925, in AS 38 (1922), 475f.
76 Statistisches Jahrbuch des Kantons Basel-Stadt 4 (1924), 143; Wenger, Wohnungsnot, 27.
77 StABS, Bauakten, A 8.1, Das Statistische Amt des Kantons Basel-Stadt an das Departement des Innern, 3.11.193; Wohnungsbaupolitik der Stadt Zürich 1907–1937, Zürich 1938 (Statistik der Stadt Zürich 46), 7.
78 Kurz, Disziplinierung der Stadt, 236.
79 Ruf, W.: Das gemeinnützige Baugenossenschaftswesen der Schweiz, in: Wohnen 5/9 (1930), 78–82.
80 Christ, Heinrich: Aus der Tätigkeit des Vereins «Gemeinnütziger Wohnungsbau Basel», Basel 1924, 4–11.

Haus mit einer bürgerlichen Kernfamilie. Für die Bewohner von Genossenschaftswohnungen standen in der Regel aber keine ideologischen Überlegungen, sondern ökonomische Vorteile im Vordergrund. Den Mitgliedern wurde ermöglicht, etwas günstiger als üblich zu Wohngelegenheiten mit relativ hohem Standard zu kommen. Da aber häufig Mittelstandswohnungen gebaut wurden, waren die Mieten meist nicht tiefer als diejenigen privat erbauter Wohnungen. Für ungelernte Arbeiter war der Erwerb von Anteilscheinen zudem kaum finanzierbar. Vom Instrument der öffentlichen Unterstützung von Wohnbaugenossenschaften profitierte daher nicht der besonders von der Wohnungsnot betroffene ärmere Teil der Arbeiterschaft, sondern hauptsächlich Angehörige des Mittelstands wie gut ausgebildete Arbeiter, städtische Angestellte, Architekten oder Kaufleute.[81] Die ärmere Arbeiterschaft profitierte lediglich indirekt von den Genossenschaften, weil deren Bautätigkeit den Nachfragedruck auf die bereits bestehenden Wohnungen in den Arbeiterquartieren verringerte. Auf die Erstellung von Kleinwohnungen in Mehrfamilienhäusern konzentrierten sich hingegen insbesondere die aus der Arbeiterbewegung lancierten Wohngenossenschaften, an denen linke Politiker und Gewerkschafter in leitender Funktion beteiligt waren. Diese Genossenschaften konnten sich bei ihrer Finanzierung auch auf den Allgemeinen Consumverein (ACV) stützen, der Hypotheken zur Verfügung stellte und in Genossenschaftshäusern Verkaufsläden einrichtete.[82]

Angesichts der in der zweiten Hälfte der 1920er-Jahre wieder anziehenden privaten Bautätigkeit nahmen die Widerstände aus Kreisen der Hausbesitzer gegen die zuvor politisch noch weitestgehend unumstrittene Förderung von Wohnbaugenossenschaften aber zu. Zwar wurden Subventionsentscheide für Genossenschaften von den Basler Stimmbürgern in zwei Referendumsabstimmungen 1927 und 1928 relativ klar gestützt, ein sozialdemokratischer Vorstoss, die Genossenschaftsförderung längerfristig beizubehalten, wurde von der Regierung aber mit Hinweis auf den gedeckten Wohnungsbedarf abgelehnt.[83] Die in den frühen 1930er-Jahren erstellten Genossenschaftsprojekte erhielten anders als in Zürich in der Regel keine staatliche Unterstützung mehr. Dennoch konnte sich dieses Instrument der Wohnbaupolitik längerfristig etablieren. Als im Zweiten Weltkrieg erneut eine starke Wohnungsnot herrschte, wurde wiederum und sogar noch umfassender darauf zurückgegriffen.[84]

## Politischer Gegenwind und finanzielle Probleme im öffentlichen Wohnungsbau

Über Jahrzehnte forderten Vertreter der Arbeiterschaft immer wieder ein stärkeres öffentliches Engagement zur Verbesserung der Verhältnisse auf dem Wohnungsmarkt und dachten dabei insbesondere an den kommunalen Wohnungsbau. Dieser wurde aber von den Bürgerlichen insbesondere mit dem Hinweis auf hohe Kosten und eine negative Beeinträchtigung des privaten Wohnungsmarkts grundsätzlich abgelehnt. Nur in absoluten Krisenzeiten wurde auf dieses Instrument zurückgegriffen. Während des Kriegs nahm die Stadt Zürich die bereits 1907 aufgrund von Wohnungsmangel begonnene Bautätigkeit wieder auf und baute in fünf – jeweils durch Volksabstimmungen legitimierten – Etappen für rund 13 Millionen Franken ungefähr 600 Wohnungen in Mehrfamilienhäusern. Um sie trotz hoher Baukosten auch für Arbeiter erschwinglich zu halten, wurden die Mietzinse unter den Selbstkosten festgesetzt. Zwischen 1918 und 1920 wurden gut die Hälfte der in Zürich gebauten Wohnungen durch die Stadt errichtet und die Projekte angesichts der äusserst angespannten Lage auf dem Wohnungsmarkt von allen politischen Parteien getragen.[85] Die für den Wohnungsbau getätigten Ausgaben stellten für die städtischen Finanzen aber eine erhebliche Belastung dar, und als Folge ihrer finanziellen Probleme musste die Stadt die eigene Bautätigkeit zu Beginn der 1920er-Jahre einstellen und stattdessen vermehrt die private und genossenschaftliche Wohnbautätigkeit fördern. 1925 nahm die Stadt den kommunalen Wohnungsbau allerdings wieder auf und baute bis zur Überwindung der Wohnungsnot Anfang der 1930er-Jahre über 600 weitere Wohnungen.[86]

Auch in Basel wurde angesichts der Wohnungsnot das bereits vor dem Krieg geplante Wohnbauprojekt wieder aufgenommen. Nun drehten sich die Diskussionen aber nicht mehr um die Grund-

---

81 Kress, Daniel: Aspekte des frühen genossenschaftlichen Wohnungsbaus in Basel, in: Jahresbericht des Staatsarchivs Basel-Stadt 1990, 38–60.
82 Ruf, Baugenossenschaftswesen, 45–47.
83 StABS, Bauakten, A 8.1, Bericht des Regierungsrats an den Grossen Rat des Kantons Basel-Stadt über das Postulat Dr. W. Roth betreffend Förderung des gemeinnützigen Wohnungsbaus, 24.4.1930; Beschluss des Regierungsrates des Kantons Basel-Stadt, 5.10.1929.
84 Kress, Genossenschaftlicher Wohnungsbau, 66.
85 Horber, Wohnungsbauförderung in Zürich, 75–107.
86 Wohnungsbaupolitik der Stadt Zürich 1907–1937, Zürich 1938 (Statistik der Stadt Zürich 46: 1938), 79f.

12   In der zweiten Hälfte der 1920er-Jahre nahm in Basel der Widerstand aus Hausbesitzerkreisen gegen die Unterstützung von Wohngenossenschaften zu. Die grosszügige Subventionierung der vom Verein Gemeinnütziger Wohnungsbau geplanten Flachdachsiedlung «Lange Erlen» mit 63 Einfamilienhäusern für kinderreiche Familien wurde von den Stimmbürgern in zwei Referendumsabstimmungen aber deutlich befürwortet.

Wohnungsnot und Wohnpolitik

# Wohnungsnot und Wohngenossenschaften in Olten im Ersten Weltkrieg

Peter Heim

Obschon man annehmen könnte, dass in der Eisenbahnstadt Olten die sozialen Voraussetzungen für die Verwirklichung der zu Beginn des 20. Jahrhunderts verbreiteten Gartenstadtidee vorhanden gewesen wären, erwies sich die Stadt für den sozialreformerisch motivierten Wohnungsbau bis nach dem Zweiten Weltkrieg als wenig fruchtbarer Boden.[1] Dies liegt vor allem daran, dass die Wohnverhältnisse im Vergleich mit anderen Städten (wie Solothurn, Grenchen oder Zürich) dank der weitläufigen Bauweise und den grossen Grünflächen als im Allgemeinen gesund beurteilt wurden.[2] Ansätze zum sozialen Wohnungsbau gab es im letzten Drittel des 19. und zu Beginn des 20. Jahrhunderts aber durchaus. In den 1860er-Jahren waren kleine Eisenbahnersiedlungen in der Hardegg und im Bifangquartier entstanden, und 1909 errichtete die Baugenossenschaft «Flügelrad» im Fustligfeld 37 Einfamilienhäuser.[3] Eine sozialdemokratische Motion, welche die Stadt 1911 veranlassen wollte, im sozialen Wohnungsbau aktiv zu werden, scheiterte aber am Widerstand des Baugewerbes und der Liegenschaftsbesitzer, die an einer Reduktion der Mietzinse nicht interessiert waren.[4]

Erst während des Ersten Weltkriegs, als auch Olten in den Sog der allgemeinen Baukrise und Wohnungsnot geriet, wurde diese Frage wieder aufgegriffen. Bereits im Juli 1914 hatte selbst das freisinnige *Oltner Tagblatt* die hohen Mietzinse als ungesund bezeichnet, da Arbeiter in zahlreichen Fällen ein Viertel ihres Einkommens für die Miete ausgeben müssten.[5] Dennoch blieben die Anträge der SP betreffend kommunalen Wohnungsbau weiterhin chancenlos. Die Stadt könne sich ein derartiges Engagement nicht leisten, meinte der Stadtammann. Andere Freisinnige stellten den Bedarf an billigen Wohnungen überhaupt in Zweifel, gelegentlich wurde auch offen zugegeben, dass ein Sinken der Mietpreise den Interessen der Hausbesitzer zuwiderlaufen würde. In einer durch die SP angestossenen amtlichen Erhebung wurde im Sommer 1918 dann aber festgestellt, dass sich der Wohnungsbau seit 1912 rückläufig entwickelt hatte: Waren 1910 noch 124 neue Wohnungen fertiggestellt worden, hatte sich deren Zahl bis 1918 auf ganze 13 reduziert, während die Bevölkerungszahl im gleichen Zeitraum von 9286 auf 11221 gestiegen war. Dementsprechend war der Leerwohnungsbestand minimal.[6] An einer Sitzung der SP im September 1918 – auf dem Höhepunkt der Grippeepidemie – wurde ein besonders krasser Fall von Wohnungselend geschildert: Eine vierköpfige Arbeiterfamilie lebte zusammengepfercht in einem einzigen kleinen Raum, und im verstopften Abort fehlte die Spülung.[7]

Dennoch beharrte die freisinnige Mehrheit des Gemeinderats auf ihren Argumenten gegen ein Engagement im kommunalen Wohnungsbau, und auch die Volkspartei rief die Hausbesitzer zum Widerstand gegen statistische Erhebungen auf, die bloss zu höheren Steuern führen würden.[8] Als die Einwohnergemeinde 1919 dennoch ein Projekt für ein Gebäude ausschrieb, das neben einem Feuerwehrmagazin auch zwei Wohnungen enthielt, nutzte der Baumeisterverband die Gelegenheit, um durch überhöhte Offerten zu «beweisen», dass kommunaler Wohnungsbau teurer zu stehen komme als privater und damit kaum zur Senkung der Mietzinse beitragen könne.[9]

Erst nach der Schaffung einer gesetzlichen Grundlage seitens des Bunds bot die freisinnige Mehrheit des Gemeinderats ab 1944 Hand zur Subventionierung von Wohnbaugenossenschaften, von denen in den folgenden Jahrzehnten eine ganze Reihe gegründet wurde.[10]

---

1. Hauser, A.: Architektur und Städtebau 1850–1920, in: Inventar der neueren Schweizer Architektur (INSA), Solothurn 2000, 48–50.
2. Nützi, R.: Ein Drittel der Macht. Sozialdemokratische Politik in einer Kleinstadt (Olten 1930–1940), Zürich 1991, 65–67.
3. Blindenbacher, F./Prina, P.: Eisenbahnersiedlungen in Olten, in: Oltner Neujahrsblätter (1981), 44–47.
4. Stadtarchiv Olten, Gemeinderatsprotokoll, 25.4.1911.
5. Oltner Tagblatt, 7.7.1914.
6. Neue Freie Zeitung, 9.7.1918.
7. Stadtarchiv Olten, Protokoll der SP Olten, 24.9.1918.
8. Oltner Nachrichten, 11.9.1918.
9. Stadtarchiv Olten, Akten Hochbauamt, Gemeindeeigene Bauten, F 1:1.
10. Hauser, Architektur, 49f.

satzfrage des öffentlichen Bauens, sondern um die konkrete Ausgestaltung der Projekte oder die Frage, ob die Wohnungen in Eigenregie erbaut werden sollten. Schliesslich wurden 1919 und 1921 vom Grossen Rat Gelder für zwei Projekte mit insgesamt gut 100 Wohnungen bewilligt. Beide Projekte profitierten von den Subventionskrediten des Bundes, und die erstellten Kleinwohnungen standen grundsätzlich allen Interessierten offen.[87] Zu Beginn der 1920er-Jahre wurde in Basel von den linken Parteien immer wieder ein stärkeres staatliches Engagement und ein Ausbau des öffentlichen Wohnungsbaus gefordert. Insbesondere Friedrich Schneider – ehemaliges Mitglied des OAK und Redaktor des Basler *Vorwärts* sowie 1920 bis 1923 Vorsteher des Departements des Innern – machte sich für diesen stark. Er begründete dies damit, dass der Staat mit eigenen Wohnungen regulierend auf die hohen Mietpreise einwirken könne.[88] Weil aber weder die Vorstösse im Grossen Rat noch Schneiders Bemühungen als Regierungsrat erfolgreich waren, reichten die Kommunistische Partei und die SP Mitte der 1920er-Jahre je eine kantonale Volksinitiative für die Wiederaufnahme des öffentlichen Wohnungsbaus ein. Beide Initiativen wurden von den Stimmbürgern abgelehnt, wobei die Arbeiterquartiere aber jeweils deutlich zustimmten.[89] Damit blieb es in Basel – anders als in Zürich – bei den beiden unmittelbar nach dem Krieg ausgeführten Bauprojekten. Öffentlicher Wohnungsbau war zwar auch später eine immer wieder vorgebrachte Forderung der Linken, die kantonale Wohnbaupolitik konzentrierte sich aber auf das weniger umstrittene Instrument der Genossenschaftsförderung.

Der von der Arbeiterschaft besonders häufig geforderte öffentliche Wohnungsbau beschränkte sich abgesehen von Zürich in den meisten Schweizer Städten auf die Jahre unmittelbar nach Kriegsende. Von 1918 bis 1922 bauten mehr als ein Dutzend Gemeinden – vorwiegend aber in relativ geringem Umfang – kommunale Wohnungen, die meist vorzugsweise an wirtschaftlich schwache und kinderreiche Familien vermietet wurden. 1919 waren mehr als die Hälfte aller in der Schweiz gebauten Wohnungen solche Gemeindewohnungen.[90] Mit Aufnahme der Subventionstätigkeit von Bund und Kantonen wurde der kommunale Wohnungsbau dann aber fast vollständig durch die Unterstützung der privaten und genossenschaftlichen Bautätigkeit ersetzt. So blieb der von der Linken favorisierte öffentliche Wohnungsbau gesamthaft gesehen eine Notstandsmassnahme in einer Zeit mit ausserordentlichen Rahmenbedingungen und drückender Wohnungsnot. Den Wohnungsmarkt konnte er angesichts seines geringen Anteils von wenigen Prozent aller bestehenden städtischen Mietwohnungen kaum entlasten.[91]

### Fazit

Nach einer kurzzeitigen Entspannung auf dem Wohnungsmarkt bei Kriegsausbruch führte die fast vollständige Einstellung der Bautätigkeit in den meisten Schweizer Städten gegen Kriegsende zu einer massiven Wohnungsnot. Zusätzlich zum Einbruch der Neubautätigkeit wurde der Druck auf den bestehenden Wohnraum vor allem durch eine wieder deutlich zunehmende Anzahl von Eheschliessungen erheblich erhöht. Zur schwierigen Versorgungssituation in Bezug auf Nahrungsmittel und Bedarfsgüter wie beispielsweise Brennmaterial kam nun also hinzu, dass viele Arbeiterfamilien von Obdachlosigkeit bedroht waren und die steigenden Mieten deren angespannte finanzielle Situation weiter verschärften.

Angesichts dieser Notsituation richtete das OAK bereits im März 1918 die Forderung nach öffentlichen Mitteln für den Kleinwohnungsbau und für die vergünstigte Abgabe von Brennstoffen an den Bundesrat. Die Forderung wurde im Juli 1918 nochmals konkretisiert und zugespitzt auf die «Förderung des kommunalen oder genossenschaftlichen Wohnungsbaues durch die Gewährung von Kapitalvorschüssen zu ermässigtem Zinsfuss durch den Bund». Der Bundesrat berücksichtigte jedoch nur einige Forderungen im Bereich der Brennmaterialversorgung und beschränkte sich weiterhin auf die Verabschiedung von Mietnotgesetzen, was aber die weitere Verschärfung der Wohnungsnot nicht verhindern konnte. Ein Bundesbeschluss zur Förderung des kommunalen oder genossenschaftlichen Wohnungsbaus wurde jedoch für den Winter 1918 in Aussicht gestellt. Vermutlich wurden auch aufgrund dieser Zusage keine Postulate in Bezug auf den Wohnungsbau in die Forderungen des Landesstreiks aufgenommen.

---

87 Wenger, Wohnungsnot, 49.
88 StABS, Bauakten, A 8.1, Das Departement des Innern des Kantons Basel-Stadt an den Regierungsrat, 21.3.1921.
89 Vgl. Basler Nachrichten 81 (23.3.1925). StABS, Bauakten, A 8.1, Kantonale Volksabstimmung vom 26./27.6.1926.
90 Saitzew, Bekämpfung der Wohnungsnot, 22.
91 Wenger, Wohnungsnot, 58–70.

Die bürgerliche Mehrheit des Parlaments tat sich zunächst schwer mit dem Beschluss des vom Bundesrat beantragten Kredits für Massnahmen gegen die Wohnungsnot. Erst die Verknüpfung der Wohnbauförderung mit Massnahmen zur Bekämpfung der Arbeitslosigkeit führte zu Beschlüssen von weitreichenden Krediten für vergünstigte Darlehen und Subventionen zugunsten von Bauprojekten. Anstelle der finanziellen Unterstützung für den Bau kleiner Arbeiterwohnungen in den Städten bevorzugte man aber die Unterstützung der Bautätigkeit ausserhalb der Städte durch Eigenheim-Baugenossenschaften und von Gartenstädten, die vor allem dem Mittelstand dienten. Es folgte eine mehrere Jahre andauernde Phase mit ausgedehnter Wohnbauförderung. Von dieser profitierten sowohl private als auch gemeinnützige und kommunale Bauträger, die Ein- oder Mehrfamilienhäuser errichteten. Die Unterstützung von Wohngenossenschaften wurde vom Kanton Basel-Stadt und der Stadt Zürich auch nach Auslaufen der Bundessubventionen aufrechterhalten, aber nur in Zürich fest institutionalisiert. Der aus der Arbeiterschaft häufig geforderte öffentliche Wohnungsbau kam abgesehen von Zürich aber nur in den Jahren unmittelbar nach Kriegsende zur Anwendung. Obwohl die Forderung von linken Parteien und Gewerkschaften aufrechterhalten wurde, blieb der kommunale Wohnungsbau eine Notstandsmassnahme von geringem Umfang.

# Der Landesstreik als Schwungrad

# Die Erfindung der Sozialversicherungspolitik um 1920

Matthias Ruoss

«Es ist wahr, der Landesstreik war das grosse Schwungrad. [...] Es ist wahr, dass dieses Schwungrad den Bundesrat in Schwung gebracht hat, sodass wir ein halbes Jahr später bereits eine Botschaft hatten über die Alters- und Invalidenversicherung [...]. Aber es ist nur schade, dass das grosse Schwungrad nicht auf längere Frist hinaus zu wirken vermocht hat, und dass auch der grosse sozialpolitische Schwung unserer bürgerlichen Parteien so bald zu Ende gegangen ist.»[1] Mit diesen bildhaften Worten beschrieb der 1919 wegen Streikbeteiligung zu vier Wochen Gefängnis verurteilte sozialdemokratische Zürcher Nationalrat und spätere erste SP-Bundesrat Ernst Nobs 1922 die sozialpolitische Aufbruchsstimmung, welche die bürgerliche Schweiz im Anschluss an den Landesstreik für kurze Zeit erfasst hatte.[2] Die Sozialstaatsgeschichte hat die Zeit um 1920 inzwischen intensiv untersucht und – mit Rückgriff auf eine sarkastisch gemeinte zeitgenössische Wortschöpfung des sozialdemokratischen Parteipräsidenten Ernst Reinhard – als «galop social» bezeichnet.[3] Zusammen mit Nobs und Reinhard geht die historische Forschung davon aus, dass die sozialpolitischen Bekenntnisse des Bundesrats und der bürgerlichen Parteien in der wirtschaftlichen Nachkriegskrise zu Beginn der 1920er-Jahre schnell verpufften. Die Sozialstaatsentwicklung wurde fortan wieder durch föderalistische Widerstände und referendumsdemokratische Systemzwänge verzögert, wie die im internationalen

Vergleich sehr späten Einführungen der Alters- und Hinterlassenenversicherung (AHV) 1948 und Invalidenversicherung (IV) 1960 zeigen.[4] Vor allem die kontroverse Finanzierungsfrage verhinderte zusammen mit der immer mächtiger werdenden Pensionskassenlobby eine rasche Einführung der AHV.[5] Auch die jahrelang verzögerte Implementierung der IV ist primär auf restriktive Kostenüberlegungen und damit verbundene Verzögerungstaktiken der bürgerlichen Parlamentsmehrheit zurückzuführen.[6]

Im Folgenden wird eine andere Perspektive auf die Einführung der AHV eingenommen. Nicht die Sozialstaatsentwicklung, das heisst das langsame Tempo und die spezifisch schweizerische Rhythmik der Sozialgesetzgebung, stehen im Fokus, sondern die Geschichte der Sozialpolitik. Konkret untersucht der Beitrag einen von der historischen Sozialstaatsforschung bisher nur punktuell diskutierten Paradigmenwechsel, der sich in der Schweiz unmittelbar nach dem Landesstreik vollzog.[7] Der französische Soziologe François Ewald hat diesen Wandel, der sich bereits Ende des 19. Jahrhunderts ankündigte und in allen industrialisierenden Gesellschaften vollzog, in seiner berühmten rechts- und philosophiehistorischen Studie als «Geburt der Sozialversicherung und die Entstehung des Vorsorgestaates» beschrieben.[8] Ewald ging es dabei um eine fundamentale Transformation, die er als «Sozialisierung der Verantwortlichkeit» begreift:[9] Nicht mehr die zivilrechtliche Verwandtenunterstützung und die armenrechtliche Fürsorge sorgten im Rahmen eines Haftungssystems für einen gewissen sozialen Ausgleich unter den Mitgliedern einer Gesellschaft. Die Versicherungsgesellschaft selbst schützte ihre Mitglieder gegen soziale Risiken. Kernelemente dieser neuen, vorsorgenden Sozialversicherungspolitik, die in verschiedenen europäischen Ländern variantenreich umgesetzt wurde, waren für die Schweiz das allgemeine Versicherungsobligatorium und die Beitragsfinanzierung.[10] Zusammen bildeten sie – um das Bild von Ernst Nobs wieder aufzugreifen – das Schwungrad, welches sich in der Zwischenkriegszeit mal mehr, mal weniger drehte und mitten im Zweiten Weltkrieg die dabei gespeicherte Energie wieder freisetzte.

Im folgenden Beitrag wird zunächst dargelegt, wie die unterschiedlichen Wahrnehmungsweisen und Deutungsmuster des Landesstreiks und die mit ihm assoziierten Befürchtungen und Ängste dazu beitrugen, einen neuen Raum des sozialpolitisch Sagbaren zu öffnen. Als Quellen dienen die gedruckten Protokolle der Anfang 1919 vom Bund eingesetzten Expertenkommission für die Einführung einer Alters-, Invaliden- und Hinterbliebenenversicherung und die bereits im Juni 1919 vorgelegte Botschaft des Bundesrats.[11] Im anschliessenden

1 Amtliches stenographisches Bulletin der schweizerischen Bundesversammlung (Sten. Bull.), Nationalrat, 12.10.1922, 651f.
2 Bürgi, Markus: Ernst Nobs, in: Historisches Lexikon der Schweiz (HLS), http://www.hls-dhs-dss.ch/textes/d/D3669.php (Version: 3.6.2010).
3 «In diesen Tagen des sozialen Galopps war man voll guten Willens», zit. nach Reinhard, Ernst: Wie steht es mit der Alters- und Invalidenversicherung?, in: Berner Tagwacht, 7.3.1923; vgl. auch Ruffieux, Roland: La Suisse de l'entre-deux-guerres, Lausanne 1974, 85.
4 Studer, Brigitte: Soziale Sicherheit für alle? Das Projekt Sozialstaat, in: Studer, Brigitte (Hg.), Etappen des Bundesstaates. Staats- und Nationsbildung der Schweiz 1848–1998, Zürich 1998, 159–186; Degen, Bernard: Entstehung und Entwicklung des schweizerischen Sozialstaates, in: Schweizerisches Bundesarchiv (Hg.), Geschichte der Sozialversicherungen, Zürich 2006, 17–48 (Studien und Quellen, Bd. 31); Studer, Brigitte: Ökonomien der sozialen Sicherheit, in: Halbeisen, Patrick/Müller, Margrit/Veyrassat, Béatrice (Hg.), Wirtschaftsgeschichte der Schweiz im 20. Jahrhundert, Basel 2012, 923–974.
5 Pellegrini, Luca: Les enjeux du financement de l'assurance vieillesse, survivants et invalidité (1918–1920), in: Schweizerische Gesellschaft für Wirtschafts- und Sozialgeschichte 18 (2002), 297–306; Leimgruber, Matthieu: Solidarity Without the State? Business and the Shaping of the Swiss Welfare State 1890–2000, Cambridge 2008, 5–115.
6 Fracheboud, Virginie: L'introduction de l'assurance invalidité en Suisse, Lausanne 2015, 17–29.
7 Vgl. Studer, Ökonomien, 930f; Lengwiler, Martin: Risikopolitik im Sozialstaat. Die schweizerische Unfallversicherung 1870–1970, Köln 2006, 16f.
8 Ewald, François: Der Vorsorgestaat, Frankfurt a. M. 1993, 11.
9 Ewald, Vorsorgestaat, 16.
10 Kuhnle, Stein/Sander, Anne: The Emergence of the Western Welfare State, in: Castles, Francis et al. (Hg.), The Oxford Handbook of the Welfare State, Oxford 2010, 61–80.
11 Schweizerisches Bundesarchiv (BAR), E6300B#1970/100#5*, Expertenkommission für die Einführung der Alters-, Invaliden- und Hinterbliebenenversicherung, Protokoll der Session vom 4. bis 7. und 19. bis 22.3.1919 im Ständeratssaal in Bern, Bern 1919; Botschaft des Bundesrates an die Bundesversammlung betreffend Einführung des Gesetzgebungsrechtes über die Invaliditäts-, Alters- und Hinterlassenenversicherung und betreffend die Beschaffung der für die Sozialversicherung erforderlichen Bundesmittel, in: Schweizerisches Bundesblatt 4/27 (1919), 1–224.

Hauptteil wird gezeigt, warum gerade die Bauernlobby und die Vertreterinnen der Frauenverbände in den Kommissionsarbeiten eine zentrale Rolle spielten und an der programmatischen Ausgestaltung der neuen Sozialversicherungspolitik derart stark beteiligt waren. Ihre kriegsbedingt relevant und populär gewordenen sozialreformerischen Forderungen fanden gerade deshalb Gehör, weil bürgerliche Politiker zusammen mit Arbeitgebervertretern und Versicherungsexperten in den Sozialversicherungen ein machtpolitisches Instrument entdeckten, mit dem sie den sozialen Frieden zu sichern und die gesellschaftliche Ordnung zu stabilisieren hofften. Das unterschiedliche gesellschaftliche Gruppen verbindende, integrativ wirkende Reden über Solidarität fungierte dabei als mächtiger Koordinationsmechanismus im sozialpolitischen Raum.[12] Zum Schluss werden die Ergebnisse des Hauptteils noch einmal aufgegriffen und in einen breiteren sozialpolitisch-historischen Kontext gestellt.

## Die Öffnung eines neuen sozialpolitischen Sagbarkeitsraums

Nach dem Landesstreik herrschte in der Schweiz eine sozialpolitische Aufbruchsstimmung. Noch während die Arbeiterschaft auf den Strassen demonstrierte, hatten sich in den bürgerlichen Reihen die Spannungen akzentuiert:[13] Der rechte, militärnahe Flügel radikalisierte sich und wurde von einer «Welle patriotischer Begeisterung» erfasst; linksliberale und sozialreformerische bürgerliche Parteien und Vereinigungen sahen sich dazu veranlasst, verschiedene sozialpolitische Bekenntnisse abzugeben, die mehrheitlich Zugeständnisse an alte Forderungen der Linken waren.[14] Zu diesen Forderungen zählte allen voran die Schaffung einer Alters- und Invaliditätsversicherung, die der Grütliverein erstmals bereits in den 1880er-Jahren verlangt hatte und die auch vom Oltener Aktionskomitee (OAK) aufgegriffen wurde. Die Theoriezeitschrift *Rote Revue* der SP schilderte die politische Situation um 1920 rückblickend folgendermassen: «Damals, als bei uns der Generalstreik ausbrach und in den kritischen Novembertagen des Jahres 1918 das Oltener Komitee in seinen bekannten 9 Punkten ein Minimalprogramm aufstellte, das [...] bis tief hinein ins bürgerliche Lager seine aufrüttelnde Wirkung äusserte, beeilten sich auch solche Parteien, die in ‹normalen› Zeiten wenig Verständnis für die Bedürfnisse des Volkes an den Tag legen und ihre Politik mehr von der Sorge um den Geldbeutel der Besitzenden abhängig machen, sich ein soziales Mäntelchen umzuhängen.»[15] Zu den bürgerlichen Gruppierungen, die noch in den Novembertagen Reformbereitschaft signalisierten, zählten neben einer Reihe kantonaler Parteien und Komitees auch das neu gegründete, aus Zürcher Demokraten, Basler Radikalen und Mitgliedern des Schweizerischen Verbands Jungfreisinniger bestehende Kartell der nationalen Linksparteien, die Neue Helvetische Gesellschaft und sogar die Studentenverbindung Zofingia.[16]

Parallel zu den hastig formulierten Stellungnahmen, die aus den Reihen des ebenso gespaltenen wie geschockten Bürgertums abgegeben wurden, reichten Parlamentarier sowohl in den Kantonen als auch auf Bundesebene sozialreformerische Vorstösse ein.[17] Gerade die häufig angemahnte Dringlichkeit und die dazu abgegebenen Erklärungen deuten darauf hin, dass die Eingaben mehr waren als situativ-beschwichtigende Lippenbekenntnisse. Schon am 5. Dezember 1918 forderte der freisinnige Zürcher Ständerat Paul Emil Usteri den Bundesrat in einer Motion auf, dem Parlament «mit tunlichster Beförderung ein Programm über die anhand zu nehmenden sozialen Reformen, insbesondere die Alters- und Invaliditätsversicherung, [...] und über die Beschaffung der nötigen Mittel vorzulegen».[18] Kurz darauf, im Januar 1919, begründete Usteri seinen Vorstoss im Ständerat damit, «dass die Drohung der Revolution dem Staat manchmal bessere Kraft» gebe, «Hemmungen, Zögerungen, Widerstände zu überwinden und rascher und intensiver als sonst an seiner Entwicklung zu arbeiten». Diese Wirkung solle sich der Staat zunutze machen, «um der Gesellschaft die

---

12  Vgl. Prisching, Manfred: Solidarität in der Moderne. Zu den Varianten eines gesellschaftlichen Koordinationsmechanismus, in: Journal für Sozialforschung 32/3–4 (1992), 267–281.

13  Vgl. dazu Brassel, Ruedi: Der schweizerische Freisinn in den Auseinandersetzungen der ersten Nachkriegszeit 1918–1922, unveröffentlichte Lizentiatsarbeit, Universität Basel 1981, 44–48.

14  Gautschi, Willi: Der Landesstreik 1918, Zürich 1988, 364; vgl. auch Botschaft betreffend Gesetzgebungsrecht AHV, 100–105.

15  Bernet, Hans: Die Wandlung in der Stellungnahme zur Alters-, Invaliden- und Hinterlassenen-Versicherung, in: Rote Revue. Sozialistische Monatshefte 4/8–9 (1924/25), 268.

16  Bernet, Wandlung, 268–273; Brassel, Freisinn, 47.

17  Vgl. dazu Botschaft betreffend Gesetzgebungsrecht AHV, 74–106.

18  Sten. Bull., Ständerat, 28.1.1919, 1; Baertschi, Christian: Paul Emil Usteri, in: HLS, www.hls-dhs-dss.ch/textes/d/D3715.php?topdf=1 (Version: 25.2.2011).

13   Das Plakat der Freisinnigen Partei anlässlich der Nationalratswahlen vom 26. Oktober 1919 macht deutlich, dass die Freisinnigen der Arbeiterschaft mit der Einführung einer Kranken- und Unfallversicherung (1912) schon vor dem Ersten Weltkrieg soziale Sicherheit gewährten. Mit dem zusätzlichen «Geschenk» einer Alters- und Invaliditätsversicherung setzte sich der Freisinn hier als Partei des Fortschritts und der sozialen Verantwortung in Szene.

# Generationensolidarität statt Klassenkampf: Die Öffentlichkeitsarbeit der Stiftung Für das Alter um 1920

Matthias Ruoss

Im Ersten Weltkrieg stieg die Altersarmut sprunghaft an. Vor allem das hohe Preisniveau machte einkommensschwachen alten Menschen zu schaffen und die Inflation entwertete das Vermögen von arbeitsunfähigen Invaliden und Witwen. Kaum jemand lebte in einem materiell gesicherten Ruhestand. Die Mehrheit arbeitete bis zum Lebensende, viele waren auf Hilfe angewiesen. Zeitgenössische Schätzungen gehen davon aus, dass Ende der 1910er-Jahre jede zehnte Person über 60 Jahre bedürftig war.[1] Neben der kommunalen Armenpflege, die aufgrund ihrer bedarfsabhängigen Hilfen stark geächtet war, existierten bei Kriegsbeginn keine öffentlichen Einrichtungen, die in Not geratene alte Menschen unterstützten. Dieser Missstand war auch dem aus dem Waadtländer Nordjura stammenden Maurice Champod (1879–1967) bekannt, von dem 1917 die Initiative zur Gründung der privaten Stiftung Für das Alter (ab 1978 Pro Senectute) ausging. Die existierende Altersarmut und die fehlenden sozialen Sicherungssysteme waren allerdings nicht die einzigen Gründe, warum der verheiratete Vater von drei Kindern im Sommer 1917 seine Stelle als Propagandachef bei der Lebensmittelfirma Maggi in Winterthur aufgab, um sich gemeinnützig zu engagieren. Handlungsleitend waren neben sozialen Motiven auch ordnungspolitische Überlegungen.

Champod und seine Mitstreiter, die mehrheitlich aus dem bürgerlich-protestantischen Milieu rund um Zürich stammten, waren besorgt, dass sich die Arbeiterschaft, die von der Armut besonders stark betroffen war, radikalisieren und ihre Forderung nach einer klassenlosen Gesellschaft durchsetzen würde. Dass Champod diese Befürchtungen hegte, wurde bereits an der konstituierenden Sitzung vom 23. Oktober 1917 im Kirchgemeindehaus Winterthur deutlich, an der er über die Aufgaben des Hilfswerks orientierte. Bei seinen Ausführungen ging der stramme Patriot und strenggläubige Christ mit keinem Wort auf die materiellen Existenzlagen alter Menschen ein. Stattdessen strich er die soziale Integrationsfunktion und die nationale Bedeutung hervor, die dem zivilgesellschaftlichen Engagement zukämen. Um den sozialen Frieden zu sichern und die gesellschaftliche Ordnung zu stabilisieren, müsse der beschädigte soziale Kitt nicht nur zwischen den Klassen und den Landesregionen, sondern auch zwischen den Generationen wiederhergestellt werden. Während die Arbeitgeberverbände an die soziale Verantwortung der Unternehmer zu appellieren hätten und die Landesregierung den nationalen Zusammenhalt beschwören sollte, sei es Aufgabe der Stiftung, die Bevölkerung für die Altersfrage zu sensibilisieren und auf diese Weise die Solidarität zwischen den Generationen zu festigen.

Für Champod, der als Propagandachef mit Öffentlichkeitsarbeit vertraut war, spielten Spendenaufrufe dabei eine zentrale Rolle. Für die erste, Ende 1917 stattfindende Sammlung publizierte die Stiftung Spendenaufrufe in rund 600 Zeitungen und verschickte mehr als 9000 Zirkularbriefe an Unternehmen und gemeinnützige Organisationen; hinzu kamen 30 000 Broschüren und 112 000 Flugblätter.[2] Um das Bewusstsein der Jugend gegenüber alten Menschen zu schärfen und ihr solidarisches Gemeinschaftsdenken zu stärken, liess die Stiftung ihre im Herbst stattfindenden Sammlungen von Schulkindern durchführen. Zusätzlich – und als eine der ersten sozialpropagandistischen Massnahmen – schenkte sie allen Primarschulen im Land das 1893 von Albert Anker gemalte Bild *Die Andacht des Grossvaters* und versah es mit der Aufschrift «Kinder, liebt und achtet das Alter!».[3]

Champod ging allerdings davon aus, dass sich der nationale Zusammenhalt nicht nur über moralische Aufklärung und die Anrufung von Solidarität wiederherstellen liess. Demzufolge setzte er sich dafür ein, dass die Solidarität zwischen den Generationen auch sozialpolitisch institutionalisiert wurde. Die Spendenaufrufe der Stiftung warben denn auch von Anfang an für eine staatliche Alters- und Hinterlassenenversicherung. Während sich viele bürgerliche Politiker nach dem Generalstreik zur Beruhigung der Lage für eine Sozialversiche-

---

1  Ruoss, Matthias: Fürsprecherin des Alters. Geschichte der Stiftung Pro Senectute im entstehenden Schweizer Sozialstaat (1917–1967), Zürich 2015, 99.
2  Schweizerisches Sozialarchiv, Ar 504.15.10, Jahresbericht der Stiftung Für das Alter, 1917–1919, [1].
3  Schweizerisches Sozialarchiv, SGG A 62 A 1921 I, Stiftung Für das Alter.

rung aussprachen, wählte Champod den gemeinnützigen Weg, um ihr den demokratischen Boden zu bereiten. Seiner Meinung nach war die private Initiative eine notwendige zivilgesellschaftliche Voraussetzung für die Sozialstaatsentwicklung. Ihr käme die Aufgabe zu, eine Art Solidarvertrag zwischen den Generationen vorzubereiten, der dann als Grundlage einer im Umlageverfahren finanzierten dynamischen Rente dienen sollte: «C'est le peuple qui doit d'abord être éclairé sur la situation faite à nos veillards, c'est à lui tout d'abord de comprendre la nécessité et l'urgence des réformes.»[4] Dass Champod, und mit ihm viele bürgerliche Politiker, dem Umlageverfahren bereits früh Bedeutung zumassen, hatte handfeste Gründe: Gerade die Forderung nach einer von Erwerbstätigen finanzierten sozialen Sicherung des Ruhestands eignete sich in ihren Augen besonders gut, um Solidarität herzustellen und den gesellschaftlichen Zusammenhalt zu stärken.

Wie die Gründung der Stiftung Für das Alter im Ersten Weltkrieg zeigt, hatte die gemeinnützige Fürsorge einen doppelten Zweck: Zum einen ging es darum, Spendengelder zur Unterstützung bedürftiger alter Menschen zu sammeln, zum anderen um eine Sensibilisierung der Bevölkerung für die Not alter Menschen sowie um Werbung für eine solidarische Sozialversicherung. Mit beiden Anliegen wurden dabei dieselben gesellschaftspolitischen Ziele verfolgt: den Klassenkampf zu entschärfen, den nationalen Zusammenhalt zu stärken und damit letztlich die gesellschaftliche Ordnung zu stabilisieren.

[4] Champod-Benvegnen, M[aurice]: Et nos vieillards?, in: Schweizerische Zeitschrift für Gemeinnützigkeit 66 (1917), H. 10, 346f.

14   Ölbild «Die Andacht des Grossvaters» von Albert Anker aus dem Jahr 1893, versehen mit der Botschaft «Kinder, liebt und achtet das Alter!» Die Stiftung Für das Alter liess dieses Bild um 1920 an alle Primarschulen der Schweiz verteilen, um die Kinder für die Altersfrage zu sensibilisieren und Generationensolidarität herzustellen.

Altersvorsorge und Sozialversicherungspolitik

Reaktion auf die Revolution zu ersparen».[19] Usteri, einer der profiliertesten bürgerlichen Sozialpolitiker des frühen 20. Jahrhunderts, konnte für sein Anliegen mehr als die Hälfte der Ständeräte (27 von 44) gewinnen. Auch im Nationalrat wurden mehrere Vorstösse eingereicht, welche die Einführung einer Alters- und Invalidenversicherung verlangten. So zum Beispiel eine für verbindlich erklärte Motion des katholisch-konservativen Freiburger Nationalrats und erklärten Antikommunisten Jean-Marie Musy, die den Bundesrat beauftragte, die beiden Versicherungszweige «im Sinne der Solidarität und Klassenversöhnung so rasch als möglich ins Leben zu rufen».[20]

Während Bundesrat und Parlament die Lösung dieser sozialen Aufgabe bis in die 1910er-Jahre mit föderalistischen und finanzkonservativen Argumenten verzögert hatten, öffnete der Landesstreik einen politischen Raum, in dem Sozialreformen sagbarer wurden und – wie die beiden genannten Vorstösse andeuten – eine völlig neue Bedeutung erhielten. Bereits Anfang März 1919 setzte der Bundesrat eine Expertenkommission ein, die «das sozial eminent wichtige Problem der Einführung der Alters- und Invalidenversicherung zu begutachten» hatte, so der freisinnige Bundesrat und Vorsteher des Volkswirtschaftsdepartements, Edmund Schulthess, in der konstituierenden Sitzung.[21] In der von Schulthess geleiteten 47-köpfigen Kommission waren die politischen Parteien des eidgenössischen Parlaments, die Arbeitgeberverbände, der Bauernverband, die Gewerkschaften, die bürgerlichen Frauenverbände, die privaten und öffentlichen Versicherungseinrichtungen, die Krankenkassen sowie die Schweizerische Ärztekommission und der Schweizerische Lehrerverein vertreten. Beraten wurde die Kommission von den vier Versicherungsexperten Julius Landmann (Professor für Nationalökonomie an der Universität Basel), Christian Moser (Professor für Versicherungswesen an der Universität Bern), Hermann Renfer (Vizedirektor des Schweizerischen Versicherungsamts) und Gottfried Georg Schärtlin (Direktor der Schweizerischen Lebensversicherungs- und Rentenanstalt).[22]

Der Handlungsspielraum, in dem die Kommission in den folgenden knapp zwei Wochen (vom 4. bis 7. und 19. bis 22. März 1919) im Ständeratssaal in Bern ihre Beschlüsse fasste, war einmalig gross. Dieser Umstand ist vor allem darauf zurückzuführen, dass das zuständige Bundesamt für Sozialversicherung (BSV) keine Vorlage zur Beratung vorlegte und damit die sozialpolitischen Debatten nicht präjudizierte. Als der sozialdemokratische Nationalrat und «Weberpfarrer» Howard Eugster-Züst aus arbeitstechnischen Gründen eine solche Vorlage forderte, stellte der Glarner Landammann und demokratische Nationalrat Eduard Blumer einen erfolgreichen Gegenantrag mit der knappen Begründung: «Die Expertenkommission soll vollständig freie Hand behalten.»[23] Statt eines ausgearbeiteten Entwurfs stellte das BSV ein sogenanntes Beratungsprogramm auf, das punkto Inhalt, Umfang und System der zu schaffenden Einrichtungen sehr breit war und neben der Alters- und Invalidenversicherung auch die Hinterlassenenversicherung umfasste.[24] Dies anerkannte auch Eugster-Züst, der zu Protokoll gab, wenn «je eine Zeit dazu angetan ist, alle diese Fragen ernstlich zu prüfen, dann ist es sicher die heutige».[25] Zu diesen Fragen gehörten auch versicherungstechnische wie das Regelwerk, das Leistungsprofil und der Verwaltungsmodus, die allerdings alle dem Gesetzgeber übertragen und damit offengelassen wurden. «Unsere Aufgabe ist die Aufstellung sozialer Grundsätze», so der freisinnige Zürcher Nationalrat und Präsident des Zürcher Gewerbeverbands, Theodor Odinga, programmatisch.[26] Dazu zählte, den Kreis der Versicherten zu definieren und die Finanzierung der zu schaffenden Einrichtungen zu klären.

## Mischfinanzierte «Volksversicherungen» zur Förderung der gesellschaftlichen Kohäsion

In den seit dem ausgehenden 19. Jahrhundert geführten transnationalen Versicherungsdebatten war die Frage, wen es wie gegen welche sozialen Risiken zu versichern galt, stets umstritten.[27] Sollte der Kreis der Versicherten nur die lohnabhängige Industriearbeiterschaft integrieren oder auch selbstständig

---

19 Sten. Bull., Ständerat, 28.1.1919, 1.
20 Botschaft betreffend Gesetzgebungsrecht AHV, 104; Sebastiani, Daniel: Jean-Marie Musy, in: HLS, http://www.hls-dhs-dss.ch/textes/d/D3938.php (Version: 22.6.2009).
21 Expertenkommission für die Einführung der AHV, 5.
22 Expertenkommission für die Einführung der AHV, 3f.
23 Expertenkommission für die Einführung der AHV, 17.
24 Zum Programm vgl. Expertenkommission für die Einführung der AHV, 179–183.
25 Expertenkommission für die Einführung der AHV, 50.
26 Expertenkommission für die Einführung der AHV, 111; Peter-Kubli, Susanne: Theodor Odinga, in: HLS, http://www.hls-dhs-dss.ch/textes/d/D3670.php (Version: 20.8.2009).
27 Ehmer, Josef: Sozialgeschichte des Alters, Frankfurt a. M. 1990, 89–92.

Erwerbende und Bauern, Angestellte oder gar Nichterwerbstätige umfassen? Und sollten die einmal bestimmten Bevölkerungsgruppen zwangsversichert oder ihnen ein freiwilliger Zugang zu verschiedenen Versicherungen ermöglicht werden? Bis zum Ersten Weltkrieg wurden diese Fragen in den sich industrialisierenden Lohnarbeitsgesellschaften relativ einheitlich beantwortet: Ein obligatorischer Versicherungsschutz gegen Lohnausfall aufgrund von Krankheit, Invalidität oder Tod wurde – wenn überhaupt – nur der Industriearbeiterschaft auferlegt. Die weltweit erste, vom deutschen Reichskanzler Bismarck 1889 eingeführte Invaliditäts- und Altersversicherung galt umfassend nur für Arbeiter, Gehilfen, Gesellen, Lehrlinge und Dienstboten, die einen Stundenlohn oder ein monatlich bezahltes Gehalt bezogen.[28] Auch die bis zum Ersten Weltkrieg folgenden Vorsorgeeinrichtungen in Dänemark, Frankreich, Grossbritannien und den Niederlanden standen unter der «Hypnose des deutschen Gesetzes» – so der BSV-Direktor Carl Rüfenacht – und umfassten nur in der Industrie Beschäftigte und bestimmte lohnabhängige Berufsgruppen.[29]

Was in einzelnen westlichen Industriestaaten für die Alters- und Invaliditätsversicherung galt, zeigte sich in der Schweiz in der jahrelang umstrittenen Kranken- und Unfallversicherung. Nach einem Vierteljahrhundert kontroverser Debatten nahmen die Stimmberechtigten 1912 das Bundesgesetz über die Kranken- und Unfallversicherung (KUVG) an.[30] In der Unfallversicherung war der Kreis der obligatorisch Versicherten eng gezogen und auf Beschäftigte in der Industrie und bestimmten Berufssparten begrenzt. Bis 1981, als das allgemeine Obligatorium eingeführt wurde, war nur etwa die Hälfte der unselbstständig Erwerbstätigen gesetzlich gegen Unfall versichert. Hinzu kam eine wachsende Zahl freiwillig Versicherter. Die Krankenversicherung verzichtete bis 1996 ganz auf ein Obligatorium, den Kantonen allerdings war es erlaubt, ein solches zu erlassen.

Bis zum Ersten Weltkrieg waren Sozialversicherungen in allen westlichen Industriestaaten immer nur für einen Teil der lohnabhängigen Beschäftigten eingerichtet und für obligatorisch erklärt worden. Noch an der dritten Internationalen Konferenz für Sozialversicherung in Zürich 1912, an der auch über die Ausweitung des sogenannten Versicherungszwangs auf selbstständig Erwerbende diskutiert wurde, herrschte überwiegend Konsens über die beschränkte Reichweite von Sozialversicherungen.[31] So führte der deutsche Jurist und Versicherungsexperte Robert Piloty in seinem Schlussreferat aus, gegen die Ausdehnung des Versichertenkreises lasse sich «vom Standpunkt der sozialen Gerechtigkeit» aus kaum etwas einwenden; allein es sei doch klar, «dass dies nur die Bedeutung eines ersten Schrittes hätte, bald müssten auch die höheren Einkommensklassen folgen, [bis] schliesslich das ganze Heer der versicherungsbedürftigen Selbständigen diese ‹Brücke über den Rubicon› überschritten hätte». Piloty warnte deshalb «gerade vor diesem ersten verführerischen Schritt».[32]

Erst während des Kriegs kam es in den transnationalen versicherungspolitischen Debatten zu einer «Akzentverschiebung».[33] Immer häufiger waren auch in der Schweiz Stimmen zu hören, die umfassende Vorsorgeeinrichtungen für alle forderten, so auch in der Anfang 1919 eingesetzten Expertenkommission. «Wir müssen die Zeichen der Zeit verstehen und alles aufbieten, um unsere Sozialversicherung – ich möchte sagen – für die ganze Welt vorbildlich zu gestalten», so der Krankenkassenspezialist und demokratische St. Galler Stadtrat Benjamin Zweifel.[34] Am vehementesten wurde eine allgemeine Versicherung allerdings von den drei Bauernvertretern Jules Collaud, Johann Jenny und Richard König verlangt.[35] Die Angelegenheit war für den Schweizerischen Bauernverband derart zentral, dass noch vor der ersten Kommissions-

---

28 Conrad, Christoph: Vom Greis zum Rentner, Göttingen 1994, 249.
29 Expertenkommission für die Einführung der AHV, 58; Ehmer, Sozialgeschichte, 92–98. Eine Ausnahme, auf die im Folgenden noch eingegangen wird, war Schweden.
30 Lengwiler, Risikopolitik, 50f., 63–67; Degen, Bernard: Unfallversicherung, in: HLS, http://www.hls-dhs-dss.ch/textes/d/D16609.php (Version: 25.1.2013); Degen, Bernard: Krankenversicherung, in: HLS, http://www.hls-dhs-dss.ch/textes/d/D16608.php (Version: 30.1.2008).
31 Zeitschrift für die gesamte Versicherungs-Wissenschaft XII/4 (1912), 860; Gregarek, Rainer: Le mirage de l'Europe sociale. Associations internationales de Politique sociale au tournant du 20e siècle, in: Vingtième Siècle. Revue d'histoire 48 (1995), 103–118.
32 Botschaft betreffend Gesetzgebungsrecht AHV, 122; vgl. auch Piloty, Robert: Die soziale Versicherung der Selbstständigen in Deutschland, in: Zeitschrift für die gesamte Versicherungs-Wissenschaft XII/5 (1912), 907–921.
33 Ehmer, Sozialgeschichte, 82.
34 Göldi, Wolfgang: Benjamin Zweifel, in: HLS, http://www.hls-dhs-dss.ch/textes/d/D30330.php (Version: 3.3.2014).
35 Zu Jules Collaud vgl. http://www.histoirerurale.ch/pers/personnes/Collaud,_Jules_(1900_1941)_DB723.html; Stettler, Peter: Johann Jenny, in: HLS, http://www.hls-dhs-dss.ch/textes/d/D4549.php (Version: 12.2.2007); Stettler, Peter: Richard König, in: HLS, http://www.hls-dhs-dss.ch/textes/d/D4573.php (Version: 24.8.2007).

sitzung eine Eingabe ans Volkswirtschaftsdepartement gemacht wurde. In der vom «Bauernführer» Ernst Laur zusammen mit dem Ökonomen Julius Landmann ausgearbeiteten Eingabe hiess es:[36] «Die Sozialversicherung sollte keine Klassenversicherung der Lohnarbeiter, sondern möglichst eine allgemeine Volksversicherung werden.»[37] Bei der Beratung der Eingabe in der Kommission insistierte der Berner BGB-Nationalrat und Präsident des Schweizerischen Bauernverbands, Johann Jenny, mit Blick auf die bäuerliche Landbevölkerung: «Das treibende Moment ist die Angst vor dem Armenhaus und für die Arbeiter der Industrie, die mit dem Alter zunehmende Arbeitslosigkeit. Die Sozialversicherung soll nicht einseitig im Sinne der Privilegierung einer bestimmten Bevölkerungsklasse ausgebaut werden, weil dadurch die Flucht vom Lande begünstigt wird und die Klassengegensätze verschärft werden. Die heutige Zeit verlangt aber gebieterisch einen sozialen Ausgleich, eine sich auf neuen Wegen bewegende Sozialreform.»[38]

Während Jenny vor Urbanisierung und zunehmender sozialer Ungleichheit warnte, setzten sich Else Spiller und Bertha Trüssel als Vertreterinnen der bürgerlichen Frauenverbände mit anderen Argumenten für umfassende Vorsorgeeinrichtungen ein. Else Spiller, die 1914 den Schweizerischen Verband Soldatenwohl gegründet hatte, der einen wesentlichen Beitrag zur infrastrukturellen Bewältigung des militärischen Kriegsalltags leistete,[39] gab zu Protokoll: «Die Altersversicherung muss sich [...] auf das ganze Volk ausdehnen, inbegriffen die Hausfrauen, und nicht etwa nur auf Lohnarbeiter. Wovon sich die Frauen, welche in jahrelanger Sorge um die Familie sich abgerackert haben und die von ihren Kindern leider oft keine oder ungenügende Hilfe erhalten, am meisten fürchten, das ist die Armengenössigkeit, denn noch heute gewähren einzelne Gemeinden Beiträge von nicht mehr als 2–5 Fr. in der Woche. Durch die Altersversicherung treten sie in ein ganz anderes Verhältnis in der Familie, sie sind nicht nur geduldet, sondern werden um des Haushaltungszuschusses willen begehrt.»[40] Wie Spiller in ihrem emanzipatorischen Votum deutlich machte, ging es ihr primär darum, die Haus- und Sorgearbeit von Frauen versicherungspolitisch anzuerkennen und der Erwerbsarbeit gleichzustellen. Nur auf diese Weise könnten nichterwerbstätige Frauen der Gefahr entgehen, im Alter armengenössig zu werden. Gleichzeitig würde ihre Stellung und Unabhängigkeit in der Familie gestärkt. Bertha Trüssel, Präsidentin des Schweizerischen Gemeinnützigen Frauenvereins (SGF), richtete den Blick auf das soziale Risiko Altersarbeitslosigkeit, dem auch – und vor allem – erwerbstätige Frauen ausgesetzt waren, die in der Heimindustrie und als Mägde, Landarbeiterinnen oder Tagelöhnerinnen arbeiteten. Es handelte sich dabei nicht nur um stark konjunkturabhängige, sondern auch sozialpolitisch kaum regulierte und gerade deshalb prekarisierte Branchen:[41] «Auch für Frauen ist es oft schwierig, nach dem 40. Lebensjahr noch Arbeit zu finden. Der Altersversicherung bedürfen darum die Frauen ebenso sehr wie die Männer.»[42]

Schliesslich pflichteten auch die vier Versicherungsexperten der Bauernlobby und den Vertreterinnen der Frauenverbände bei, die sich mit sozialpolitischen und emanzipatorischen Argumenten dafür einsetzten, dass ihre jeweilige Klientel in den Kreis der Versicherten aufgenommen wurde. Für Julius Landmann etwa stand fest: «Nachdem bereits verschiedentlich geltend gemacht wurde, dass der Fürsorge neben den Lohnarbeitern auch die Bauern, dann die Frauen, ferner selbständig Erwerbende gleichermassen wie unselbständig Erwerbende teilhaftig werden sollen, halte ich es für das einzig Richtige, das Obligatorium auf die ganze Bevölkerung auszudehnen.»[43]

Andere Kommissionsmitglieder, allen voran die bürgerlichen Exponenten und die Vertreter der Arbeitgeberverbände, plädierten ebenfalls für eine allgemeine Versicherungspflicht, allerdings aus ganz anderen Gründen. Der wohl wichtigste ist bereits in der Wortschöpfung «Volksversicherung» angelegt. Wie bereits Johann Jenny betonte, könne es nicht darum gehen, die Klassengegensätze durch die Einführung von Vorsorgeeinrichtungen mit begrenzter sozialer Reichweite zu verstärken. Eine sozialpolitische Bevorzugung in Form einer «Klassenversicherung» gefährde den sozialen Frieden

---

36 Baumann, Werner: Ernst Laur, in: HLS, http://www.hls-dhs-dss.ch/textes/d/D29856.php (Version: 15.12.2006); Botschaft betreffend Gesetzgebungsrecht AHV, 111.
37 Expertenkommission für die Einführung der AHV, 13.
38 Expertenkommission für die Einführung der AHV, 40.
39 Ludi, Regula: Else Züblin (-Spiller), in: HLS, http://www.hls-dhs-dss.ch/textes/d/D9415.php (Version: 26.2.2014).
40 Expertenkommission für die Einführung der AHV, 28.
41 Ludi, Regula: Bertha Trüssel, in: HLS, http://www.hls-dhs-dss.ch/textes/d/D9399.php (Version: 7.1.2014).
42 Expertenkommission für die Einführung der AHV, 29.
43 Expertenkommission für die Einführung der AHV, 43, 61, 63.

und darüber hinaus den gesamten gesellschaftlichen Zusammenhalt, wie häufig gerade von föderalistischen Kreisen oder von der antietatistisch gesinnten Unternehmerseite angemahnt wurde. Besonders pointiert drückte sich der «unentwegte Verteidiger der Privatassekuranz», der Direktor der Schweizerischen Lebensversicherungs- und Rentenanstalt, Gottfried Georg Schaertlin, aus:[44] Werde der Versichertenkreis eingeschränkt, stemple man «die Versicherungsgesetzgebung zu einer die Klassengegensätze verschärfenden Klassengesetzgebung».[45] Nur eine «Volksversicherung», die alle Bevölkerungskreise umfasse und in einer gemeinsamen Einrichtung vereine, vermöge die gesellschaftliche Ordnung in den Augen der Kommission zu sichern und die «Einheit des Staates» zu festigen, so Bundesrat Edmund Schulthess.[46] Gegen diese mächtige ordnungspolitische Rahmung der Versicherungsdebatte hatten selbst Anträge auf eine einkommensabhängige Stufung der Versicherungsprämien keine Chance.[47] Alle Berufstätigen und Nichterwerbstätigen sollten unabhängig von ihrem Einkommen und Vermögen unter dem Versicherungsdach Platz finden und solidarisch füreinander einstehen – eine Perspektive, die gerade in Zeiten politischer Konflikte und sozialer Spannungen eine enorme Wirkmacht entfaltete.

Neben dem Beschluss, dem Bundesrat zur Sicherung der sozialen Risiken Alter, Invalidität und Hinterlassenschaft den «vorbehaltlosen Versicherungszwang für die ganze Bevölkerung» zu empfehlen, traf die Kommission auch in der Finanzierungsfrage einen Grundsatzentscheid, der wesentlich mit der Lage um 1920 zusammenhing. Auch in dieser diffizilen Angelegenheit, in der es nur beiläufig um Berechnungen von Versicherungsbilanzen ging, spielten die Vertreterinnen der Frauenverbände und die Bauernlobby eine entscheidende – diesmal allerdings entgegengesetzte – Rolle. Weil bevölkerungsstatistische Grundlagen weitgehend fehlten, standen soziale Gerechtigkeitsüberlegungen im Zentrum der Finanzierungsfrage. Für Bertha Trüssel zum Beispiel war unumstritten, dass Sozialversicherungen beitragsfinanziert sein müssten: «Aus ethischen Gründen muss der Versicherte unbedingt zur Mitzahlung verpflichtet werden.»[48] Trüssel begründete ihre Position mit den Erfahrungen in der Wehrmannsfürsorge. Als Präsidentin des SGF war sie federführend bei der Durchführung der nationalen Frauenspende gewesen, mit der bürgerliche Frauenstimmrechtlerinnen 1915 nicht nur Gelder für Soldaten und deren Familien gesammelt hatten, sondern explizit auch die rechtliche Gleichstellung zu erlangen hofften.[49] Wie Trüssel darlegte, war es bei der Verteilung der Spendengelder aber zu Schwierigkeiten gekommen: «Viele Frauen haben sich gewehrt und lange gekämpft, bevor sie eine Unterstützung annahmen, weil sie glaubten, sie erhielten bloss ein Almosen. Diesen Stolz der Frauen und des ganzen Volkes müssen wir achten und ehren. Man erkläre daher die Versicherten beitragspflichtig, damit ihnen nie der Gedanke aufkommt, sie bezögen eine Armenunterstützung.»[50]

Argumentative Unterstützung erhielt Trüssel von zahlreichen anderen, vor allem sozial progressiven Kommissionsmitgliedern, wie dem sozialdemokratischen Nationalrat und Parteipräsidenten Gustav Müller.[51] Auch er gab zu bedenken, dass «eine beitragslose Rente den ‹Stempel eines Almosens› trage und nicht den hohen ethischen Wert einer Versicherung mit einem durch Prämienzahlung erworbenen Rechtsanspruch auf die Rente» besitze.[52] Ergänzt wurden diese sozialreformerischen Stellungnahmen, die sich um eine Distanzierung von der anrüchigen gemeinnützigen Fürsorge und der mit diversen rechtlichen und gesellschaftlichen Stigmata verbundenen öffentlichen Armenpflege bemühten, von den finanzpädagogischen Leitmotiven der bürgerlichen Sozialethik. Der freisinnige Nationalrat Albert Mächler, einer der profiliertesten bürgerlichen Sozialpolitiker des frühen 20. Jahrhunderts, brachte diese wie folgt auf den Punkt: «Dann aber ist das ethische

---

44 Marchand, Emile: Gottfried Georg Schärtlin. 4 septembre 1857 – 21 août 1938, in: Mitteilungen Vereinigung Schweizerischer Versicherungsmathematiker 37 (1939), XXIV.
45 Expertenkommission für die Einführung der AHV, 25
46 Expertenkommission für die Einführung der AHV, 40.
47 Die Anträge kamen vom St. Galler FDP-Nationalrat Albert Mächler und vom Vorsteher des Bundesamts für Sozialversicherung, Carl Rüfenacht. Vgl. auch Expertenkommission für die Einführung der AHV, 80, 97f.
48 Expertenkommission für die Einführung der AHV, 49.
49 Joris, Elisabeth/Schumacher, Beatrice: Helfen macht stark. Dynamik im Wechselspiel von privater Fürsorge und staatlichem Sozialwesen, in: Rossfeld, Roman/Buomberger, Thomas/Kury, Patrick (Hg.), 14/18. Die Schweiz und der Grosse Krieg, Baden 2014, 330.
50 Expertenkommission für die Einführung der AHV, 49f.
51 Stettler, Peter: Gustav Müller, in: HLS, http://www.hls-dhs-dss.ch/textes/d/D4620.php (Version: 2.2.2009); vgl. auch das Votum von Howard Eugster-Züst in: Expertenkommission für die Einführung der AHV, 50.
52 Expertenkommission für die Einführung der AHV, 48.

15/16 «Für die Alten und Invaliden». Abstimmungsplakate der Schweizer Künstler Emil Cardinaux und Carl Scherer für die Annahme der eidgenössischen Volksinitiative für die Einführung einer «Invaliditäts-, Alters- und Hinterlassenenversicherung» von 1925. Finanziert werden sollte die Versicherung durch die Äufnung eines Fonds in der Höhe von 250 Millionen Franken aus Erträgen der seit 1916 erhobenen Kriegsgewinnsteuer. Die Initiative wurde vom linksfreisinnigen baselstädtischen Nationalrat Christian Rothenberger lanciert und am 24. Mai 1925 mit 58 Prozent Nein-Stimmen verworfen.

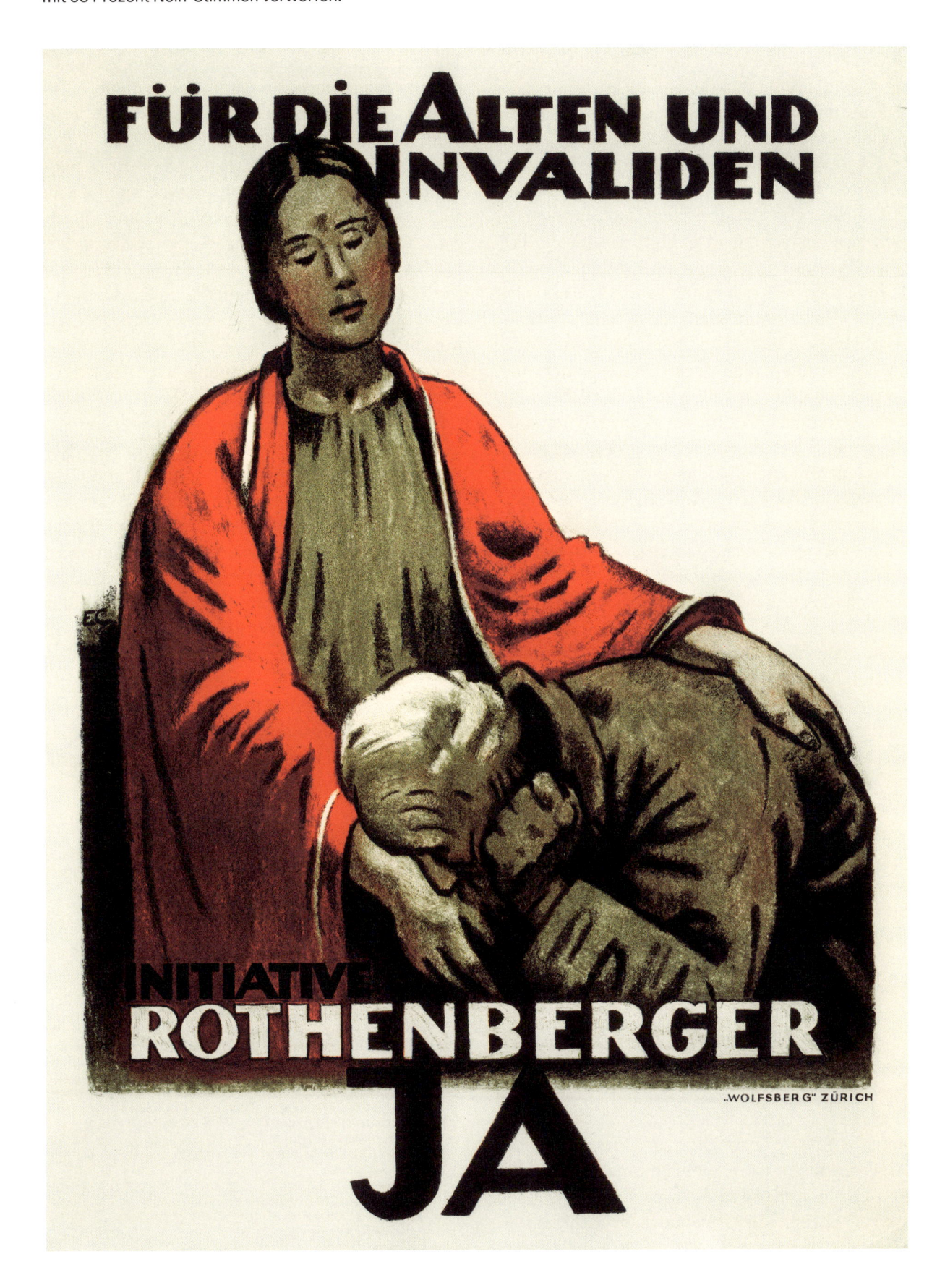

Altersvorsorge und Sozialversicherungspolitik

Moment der Altersversicherung nicht zu unterschätzen. Die Altersversicherung ist ein erzieherisches Mittel, sie soll ein Ansporn zum Sparen sein. Dieses Moment geht aber verloren, wenn man von einer Beitragsleistung des Rentenberechtigten absieht. Man nimmt ihm die Freude am Sparen und das Interesse an der Rente, welche selbst zu einem Almosen wird.»[53]

Anderer Meinung waren hingegen die Bauernvertreter. Ausschlaggebend waren hier Bedenken bezüglich der organisatorischen Durchführung der Beitragsfinanzierung: «Die Einforderung der Prämien ist sehr leicht, wenn sie auf dem Weg des Lohnabzuges vor sich gehen kann.» Dies sei aber «beim Obligatorium nicht für alle Berufsstände möglich», wie Julius Landmann anmerkte.[54] Weil sie befürchteten, die Integration der Bauern und selbstständig Erwerbenden in den Versicherungskreis werde an der Beitragserhebung scheitern, bei der sie auch ihre Einkommensverhältnisse hätten offenlegen müssen, plädierten sie vehement für rein steuerlich alimentierte Sozialversicherungen. Zu diesem Zweck forderten sie in ihrer bereits erwähnten Eingabe an das Volkswirtschaftsdepartement, die Leistungen zur Sicherung der sozialen Risiken Alter und Invalidität seien nach britischem Vorbild durch den Bund und die Kantone zu decken. Federführend bei der konkreten steuerpolitischen Ausgestaltung ihres Vorschlags war Julius Landmann, der den Bundesrat seit 1914 in der Finanzgesetzgebung beriet.[55] Um dem Bund die nötigen Mittel zur Verfügung zu stellen, machte er sich für die Besteuerung des Tabaks und der gebrannten Wasser, eine Importsteuer auf Kaffee sowie eine Stempelsteuer stark. Die Kantone wiederum sollten ihren Beitrag direkt über die Einkommenssteuer leisten. Ein zentraler Vorteil «des englischen Systems» sei es, dass es dafür «keines neuen Verwaltungsapparats» bedürfe.[56]

Obwohl der Vorschlag einer rein steuerfinanzierten Sozialversicherung eine einfache und unbürokratische Durchführung versprach, fand er in der Kommission keine Mehrheit. Selbst der linksbürgerliche baselstädtische FDP-Nationalrat Christian Rothenberger, der kurz vor der konstituierenden Kommissionssitzung mit der Unterschriftensammlung für eine Volksinitiative zur Finanzierung der AHV begonnen hatte, wobei einmalig ein Fonds von 250 Millionen Franken aus Geldern der seit 1916 erhobenen Kriegsgewinnsteuer geäufnet werden sollte, sprach sich dagegen aus.[57] Da «die Lasten der Sozialversicherung» aus seiner Sicht «nicht einseitig dem Staate zugemutet» werden konnten, sondern «auch den Versicherten eine Leistung auferlegt werde sollte», konnte er «den Vorschlägen des Bauernverbands nicht beipflichten».[58] Auch die Linke sprach sich dagegen aus, weil «der Versicherungsbedarf unmöglich allein aus den Steuern des Bundes, der Kantone und der Gemeinden gedeckt werden könne», so Gustav Müller.[59]

Statt einer steuerfinanzierten Einrichtung einigte sich die Kommission letztlich für alle drei Versicherungszweige auf eine gemischte Finanzierungsform, bestehend aus Beiträgen der Versicherten und Arbeitgeber sowie aus direkten und indirekten Steuern der Gemeinden, Kantone und des Bunds. Wie bereits beim Versicherungsobligatorium waren über den Solidaritätsdiskurs transportierte Kohäsionsüberlegungen ausschlaggebend. Besonders deutlich trat dies in den Debatten um die Beitragsleistung der Arbeitgeber hervor. Für den Direktor der kantonalen Volksversicherungskasse Neuenburg, Paul Benoît, stand etwa fest, «que le patron devrait contribuer en une certaine mesure au paiement des primes dues par les ouvriers; il s'agit là d'un acte de solidarité entre employeur et employé qui présente un grand avantage au point de vue moral».[60] Gegen dieses auf den gesellschaftlichen Zusammenhalt zielende Argument hatte selbst der Gegenantrag des Gewerbeverbands, der die Befreiung der Beitragspflicht für Arbeitgeber forderte, keine Chance.[61] Aus demselben Grund – und nicht etwa aus finanzpolitischen Kalkülen – wurde letztlich auch eine staatliche Beteiligung in Form von Steuerzuschüssen gutgeheissen.[62]

---

53 Expertenkommission für die Einführung der AHV, 46.
54 Expertenkommission für die Einführung der AHV, 43.
55 Vgl. Guéx, Sebastien: «Est-il encore possible de vivre heureux dans notre partie?» Splendeurs et misères d'un expert financier du Conseil fédéral. L'éviction de Julius Landmann (1914–1922), in: Schweizerische Zeitschrift für Geschichte 45 (1995), 398–414; Mazbouri, Malik: Le démon du pouvoir? Idéal scientifique et pratiques politiques. Réflexions sur le cas de Julius Landmann, 1877–1931, in: Metzger, Franziska/Vallotton, François (Hg.), L'historien, l'historienne dans la cité, Lausanne 2009, 53–73.
56 Expertenkommission für die Einführung der AHV, 14, 43.
57 Raith, Michael: Christian Rothenberger, in: HLS, http://www.hls-dhs-dss.ch/textes/d/D4670.php (Version: 2.7.2009). Die Initiative wurde im Frühjahr 1920 eingereicht und am 24.5.1925 mit 58 Prozent Nein-Stimmen verworfen.
58 Expertenkommission für die Einführung der AHV, 54f.
59 Expertenkommission für die Einführung der AHV, 47.
60 Expertenkommission für die Einführung der AHV, 149.
61 Expertenkommission für die Einführung der AHV, 148.

Die «Volksversicherungen», so der Tenor in der Kommission, seien nicht nur für alle obligatorisch zu erklären, sondern müssten auch durch eine Finanzierungsform gedeckt werden, in der sich Arbeitgeber und Arbeitnehmer, Reiche und Arme, Frauen und Männer, aber auch Junge und Alte gegenseitig und mithilfe des Staats unterstützen würden. Eine zusätzliche Bestätigung und vor allem auch Legitimation erhielt die neue Sozialversicherungspolitik durch die existierenden Vorsorgeeinrichtungen in Schweden und im Kanton Glarus. 1912 führte Schweden als erstes Land weltweit eine obligatorische Alters- und Invaliditätsversicherung für die gesamte Bevölkerung ein, die über Beiträge und Steuern finanziert wurde.[63] 1916 folgte Glarus mit einer ähnlichen Einrichtung, die sich stark am schwedischen Vorbild orientierte.[64] Beide Modelle ermöglichten der Kommission in den sozialpolitischen Debatten eine internationale Positionierung der «Kulturnation» Schweiz, die zugleich auf die föderalistische Tradition Rücksicht nahm. Die Kommission reagierte auf die kollektiven Verunsicherungen und Irritationen nach dem Landesstreik mit der Betonung einer nationalen gemeinschaftlichen Kontinuität in Form einer vorausschauenden Positionierung und rückblickenden Historisierung.

Anders als die Grossmacht Grossbritannien und das «Mutterland der Sozialversicherung», Deutschland, deren Einrichtungen in den Versicherungsdebatten als idealtypische Modelle galten, barg das nicht am Krieg beteiligte Schweden sowohl unverfängliches als auch politisch opportunes Vergleichs- und Identifikationspotenzial.[65] Auf genau dieses Potenzial spielte der Versicherungsexperte Christian Moser an: «Bisher wurde merkwürdigerweise nur vom deutschen und englischen System gesprochen, nicht aber vom schwedischen [...]. Der Lösung in Schweden messe ich einen umso grösseren Stellenwert bei, als sich dieses Land – wie wir ein kleiner demokratischer Staat – jahrzehntlang mit dem Studium eines gerade für die dortigen Verhältnisse passenden Systems befasst hat.»[66] Föderalistisch bekräftigt und in eine nationale Kontinuitätserzählung eingeschrieben wurde dieser aussenpolitische Vergleich durch den Glarner Landammann und demokratischen Nationalrat Eduard Blumer, einer der zentralen Figuren bei der Einführung der Alters- und Invalidenversicherung im Kanton Glarus 1916: «Ich bin unbedingt Freund einer allgemeinen Volksversicherung, die auch dem Wunsch des ganzen Landes entspricht. Und zwar empfehle ich ein System nach dem Muster des Kantons Glarus, dessen Versicherung zur allgemeinen Zufriedenheit arbeitet. Eine andere Lösung ist überhaupt gar nicht möglich. Die Lasten sind verteilt auf den Kanton, die Gemeinden und die Versicherten. Ähnlich liesse sich die Regelung für eine schweizerische Altersversicherung gestalten.»[67]

### «Solidarität unter Volksgenossen»[68] – Leitmotiv der neuen Sozialversicherungspolitik

Wie die Ausführungen gezeigt haben, spielten Jules Collaud, Johann Jenny und Richard König sowie Else Spiller und Bertha Trüssel eine zentrale Rolle bei der Ausarbeitung der versicherungspolitischen Grundsätze. Die fünf Kommissionsmitglieder vertraten zwei Bevölkerungsgruppen, die während des Ersten Weltkriegs aus unterschiedlichen Gründen für mehr Anerkennung kämpften, sozialpolitische Forderungen stellten und insgesamt massiv an gesellschaftlichem Einfluss gewannen.

Zum einen warfen der Krieg und die dadurch entstandenen Versorgungsengpässe und Knappheitserfahrungen die «Ernährungsfrage» mit einer besonderen Dringlichkeit neu auf. Weil der internationale Handel grösstenteils zusammengebrochen und die dringend benötigten Importe zunehmend ausgeblieben waren, rückte in der agrarpolitischen Debatte «die Produktion anstelle des Handels ins Zentrum».[69] Mit dieser Neuorientierung ging eine

---

62  Expertenkommission für die Einführung der AHV, 191.
63  Edebalk, Per Gunnar: Emergence of a Welfare State. Social Insurance in Sweden in the 1910s, in: Journal of Social Policy 29 (2000), 537–552.
64  Bundesamt für Sozialversicherung (Hg.): Berichte zur eidgenössischen Alters- und Hinterlassen-Versicherung, Heft 2: Die Alters- und Hinterlassenenversicherung und -fürsorge in der Schweiz bis Ende 1943, Bern 1944, 12–14.
65  Bernet, Hans: Der heutige Stand der Sozialversicherung im Ausland. Die Wandlung in der Stellungnahme zur Alters-, Invaliden- und Hinterlassen-Versicherung, in: Rote Revue 4/8–9 (1924/1925), 286; vgl. auch Hennock, Ernest P.: The Origin of the Welfare State in England and Germany 1850–1914, Cambridge 2007.
66  Expertenkommission für die Einführung der AHV, 61.
67  Expertenkommission für die Einführung der AHV, 44.
68  Botschaft betreffend Gesetzgebungsrecht AHV, 210.

17 «Wer die Alters- u. Invalidenversicherung will, stimmt für die Vermögensabgabe». Abstimmungsplakat des ungarischen Grafikers Josef Divéky für die Annahme der eidgenössischen Volksinitiative für eine «einmalige Vermögensabgabe». Die Initiative wurde nach dem Landesstreik von der SP lanciert und am 3. Dezember 1922 mit 87 Prozent Nein-Stimmen hoch verworfen.

Positionierung der Landwirtschaft als nationale Aufgabe einer, in deren Zentrum die staatlich organisierte Ernährungssicherheit stand. Gleichzeitig wurde den Bauern, die sich in den Kantonen parteipolitisch zu formieren begannen, in der neuen Ernährungsordnung eine geradezu existenzielle Bedeutung zugeschrieben. Dasselbe galt für Frauen, die mit Kriegsbeginn ihre – teils selbst auferlegte, teils ihnen zugeschriebene – patriotische Pflicht zu erfüllen versprachen und sich als staatsbürgerliche Akteurinnen in den sozialen Dienst der Heimat stellten.[70] Insbesondere bürgerliche Frauen beteiligten sich an lokalen Hilfsaktionen im Rahmen der Kriegsfürsorge. Zusammen mit den gemeinnützigen Frauenvereinen, die über die entsprechenden Erfahrungen und Netzwerke verfügten, sorgten sie für eine Verminderung der sozialen Spannungen und materiellen Härten der Kriegszeit. Auf diese Weise und mit Unterstützung von sozialistischen Aktivistinnen gelang es ihnen, die «Frauenfrage» ins öffentliche Gespräch zu bringen. Es ist symptomatisch für das kriegsbedingte Revival der «Ernährungsfrage» und der «Frauenfrage», dass beide im Landesstreik eine wichtige Rolle spielten. Das OAK integrierte sie in ihrem Forderungskatalog und wollte sie durch die «Sicherung der Lebensmittelversorgung im Einvernehmen mit den landwirtschaftlichen Produzenten» und die Einführung des «aktiven und passiven Frauenwahlrechts» gelöst haben.[71]

Neben den kriegsbedingten Umständen, welche die Bauernlobby und die Frauenverbände geschickt zu nutzen wussten, legitimierten beide Gruppierungen ihre Anerkennungsansprüche mit demselben Argument: Sowohl «Bauernführer» Ernst Laur als auch die Präsidentinnen des Bundes Schweizerischer Frauenvereine und des SGF, Klara Honegger und Bertha Trüssel, bekundeten gegen Kriegsende immer häufiger, dass sie einen wichtigen Beitrag zur gesellschaftlichen Konfliktbewältigung leisteten und mithalfen, den sozialen Frieden zu wahren und den Zusammenhalt des Landes zu sichern.[72] Genau diese Absichtserklärungen waren es, die ihnen in den sozialpolitischen Debatten Glaubwürdigkeit und Gehör verschafften und ihre Forderungen mehrheitsfähig machten. Die sozialen Spannungen und politischen Konflikte, die im Landesstreik kulminierten, öffneten einen sozialpolitischen Raum, in dem sich die partikularen Anerkennungsansprüche von Bauern und Frauen mit den sozialen Integrationsabsichten bürgerlicher Politiker und Arbeitgeberverbände verbanden.

Beide entdeckten in den Sozialversicherungen ein potentes Werkzeug, um die gesellschaftliche Ordnung und den Staat beziehungsweise ihre Macht und Privilegien zu sichern.

Äusserst pointiert brachte Albert Mächler diese Haltung am Parteitag der Freisinnig-Demokratischen Partei vom 24./25. Mai 1919 zum Ausdruck, der nicht zufällig in Olten abgehalten wurde. In seinem Referat, das einen Tag später in der NZZ abgedruckt wurde, warnte Mächler: «[W]ir dürfen nicht als *beati possidentes* an uns herankommen lassen, was kommt.» Um die Revolution abzuwenden, müsse «die eigene Initiative» durch «positive Arbeit und methodisches Vorgehen» gestärkt werden. Dazu gehöre auch die Alters-, Invaliditäts- und Hinterlassenenversicherung, die «das sicherste Mittel» sei, «den einzelnen seiner grössten Sorge zu entheben und ihn zugleich mit dem Staat zu verbinden». Beleg dafür, so Mächler, sei der deutsche Wehrwille: «Wenn Deutschland im Kampfe so lange ausharren konnte, hat an dieser Erscheinung die dort bestehende Volksversicherung einen ersten Anteil.»[73]

Ähnlich argumentierte auch der Basler FDP-Politiker Christian Rothenberger an einem Staatsbürgerkurs, der am 30. Oktober 1919 im Schulhaus Hirschengraben in Zürich durchgeführt wurde.[74] Auch er konstatierte, «ein grosser Teil der Bevölkerung» glaube «nicht mehr an die kapitalistische Wirtschaftsordnung» und misstraue der Reformbereitschaft der «herrschenden Parteien».[75] Auf Worte müssten daher Taten folgen, die Sozialver-

---

69  Moser, Peter: Mehr als eine Übergangszeit. Die Neuordnung der Ernährungsfrage während des Ersten Weltkriegs, in: Rossfeld/Buomberger/Kury (Hg.), 14/18 der Grosse Krieg, 178.

70  Mesmer, Beatrix: Pflichten erfüllen heisst Rechte begründen. Die frühe Frauenbewegung und der Staat, in: Zeitschrift für schweizerische Geschichte 46/3 (1996), 332–355.

71  Vgl. dazu Moser, Peter: Kein umstrittenes Thema mehr? Die Ernährungsfrage im Landesstreik 1918, in: Krämer, Daniel/Pfister, Christian/Segesser, Daniel Marc (Hg.), «Woche für Woche neue Preisaufschläge». Nahrungsmittel-, Energie- und Ressourcenkonflikte in der Schweiz des Ersten Weltkrieges, Basel 2017, 83–110; Mesmer, Frauenbewegung, 353f.

72  Joris/Schumacher, Helfen macht stark, 326.

73  Neue Zürcher Zeitung, 26.5.1919 (Hervorhebung im Original).

74  Der Staatsbürger. Organ der Freisinnig-demokratischen Jugend der Schweiz 3/20 (1.11.1919), 159.

# Das schweizerische Altersvorsorgesystem – ein Unikum in der «world of pension systems»

Matthias Ruoss

Alt sein ist in modernen Gesellschaften ein grosses soziales Risiko. Während bäuerliche Erwerbsmöglichkeiten und Verwandtschaftsstrukturen in der Frühen Neuzeit alten Menschen gewisse Sicherheiten boten, konfrontierten die im 19. Jahrhundert entstandenen kapitalistischen Lohnarbeitsgesellschaften die Industriearbeiterschaft mit neuen materiellen Unsicherheiten. Von diesen Unsicherheiten waren Frauen stets stärker betroffen als Männer. Dementsprechend ist Altersarmut bis heute vorwiegend ein weibliches Phänomen.

Um alten Menschen unabhängig von den familiären Netzen und der kommunalen Armenpflege im Fall von Arbeitsunfähigkeit Schutz zu bieten, sind seit dem ausgehenden 19. Jahrhundert in westlichen Industriestaaten neben beruflichen Vorsorgeeinrichtungen staatliche Sozialversicherungen eingeführt worden.[1] Den Anfang machte das Deutsche Reich 1891, dem bis zum Ersten Weltkrieg weitere Länder wie Grossbritannien und Frankreich folgten. In der Schweiz wurde die Alters- und Hinterlassenenversicherung (AHV) von der Stimmbevölkerung zwar bereits 1925 in der Bundesverfassung verankert, ein entsprechendes Ausführungsgesetz aber erst im zweiten Anlauf 1947 angenommen.

Die im internationalen Vergleich schleppende Sozialstaatsentwicklung, die auch für andere Sozialversicherungszweige gilt, ist nicht allein auf das politische System mit seinen referendumsdemokratischen Mitsprachemöglichkeiten zurückzuführen. Verantwortlich war vielmehr der rigide und kompromisslose Finanzkonservatismus des Bundesrats und der bürgerlichen Parlamentsmehrheit. Mit der darauf aufbauenden Sparpolitik schuf der Bund die Voraussetzungen für ein institutionell fragmentiertes Altersvorsorgesystem, in dem berufliche Einrichtungen und die gemeinnützige Fürsorge eine wichtige Rolle spielten. Bereits im ausgehenden 19. Jahrhundert gründeten private Unternehmen und öffentliche Institutionen sogenannte Pensionskassen und Wohlfahrtsfonds, um die nachberufliche Lebensphase ihrer Arbeitnehmenden zu sichern. Seit dem Ersten Weltkrieg ermunterte der Bund private Arbeitgeber und Gewerkschaften mittels Steuervergünstigungen, weitere solche Kassen und Fonds einzurichten.[2] In den 1920er-Jahren stieg die Anzahl beruflicher Vorsorgeeinrichtungen aufgrund dieser Anreize massiv an. 1929 entschied der Bund zudem, die bedarfsabhängigen Hilfen der 1917 gegründeten und in allen Kantonen aktiven Stiftung Für das Alter mit Subventionen zu unterstützen.[3] Die dem Finanzprimat verpflichtete Subsidiaritätspolitik der 1920er-Jahre privilegierte berufliche und gemeinnützige Akteure, die einer zentralstaatlichen Altersvorsorgeeinrichtung zunehmend skeptisch gegenüberstanden. Vor allem die Arbeitgeberverbände und die private Versicherungsindustrie gewannen politisch immer mehr an Gewicht. Zusammen mit katholisch-konservativen Antietatisten und Föderalisten aus der Westschweiz gelang es ihnen, die erste AHV-Vorlage 1931 in einer Referendumsabstimmung scheitern zu lassen. Das Abstimmungsresultat und die aufziehende Weltwirtschaftskrise bestärkten und legitimierten den Bund, den eingeschlagenen Weg eines delegierten Sozialstaatsausbaus weiterzuführen. Neben weiteren gesetzlich garantierten Steuerbegünstigungen und Subventionen für die Stiftung Für das Alter erhielten seit 1934 auch die Kantone finanzielle Mittel zur Unterstützung bedürftiger alter Menschen, die sie auch für ihre bestehenden kantonalen Versicherungen verwenden konnten.[4]

Bis Ende der 1930er-Jahre entstand so ein weitverzweigtes und schwer überschaubares Wohlfahrtsarrangement. Während das steuerbegünstigte privatwirtschaftliche Pensionskassensystem nur Erwerbstätigen oder Privatversicherten offenstand, waren bedürftige alte Menschen auf eine von der Stiftung Für das Alter, den Kantonen und Gemeinden getragene Alters- und Hinterlassenenfürsorge angewiesen. Zu Beginn des AHV-Gesetzgebungsprozesses, den der Bundesrat im Zweiten

---

1 Kuhnle, Stein/Sander, Anne: The Emergence of the Western Welfare State, in: Castels, Francis G. et al. (Hg.), The Oxford Handbook of the Welfare State, Oxford 2010, 61–80.
2 Leimgruber, Matthieu: Solidarity Without the State? Business and the Shaping of the Swiss Welfare State, 1890–2000, Cambridge 2008, 57–90.
3 Ruoss, Matthias: Fürsprecherin des Alters. Geschichte der Stiftung Pro Senectute im entstehenden Schweizer Sozialstaat (1917–1967), Zürich 2015, 104–113.
4 Freiwillige kantonale Versicherungen existierten im Kanton Genf (seit 1849), Neuenburg (1898) und Waadt (1907), obligatorische in Glarus (1916), Appenzell Ausserrhoden (1925) und Basel-Stadt (1931).

Weltkrieg wieder anstiess, hatte das existierende Arrangement derart viele Privilegien und politische Abhängigkeiten geschaffen, dass Behörden und Parlament die Sozialversicherung nicht mehr als Ersatz, sondern nur noch als Ergänzung zum bestehenden System konzipieren konnten. Dementsprechend entschied sich der Bund, das Rentenniveau äusserst tief anzusetzen und nichtexistenzsichernde Renten anzustreben. Um die so entstehenden Lücken zu schliessen, blieb die Alters- und Hinterlassenenfürsorge als zusätzliches Sicherungsnetz bestehen; sie wurde 1965 in das System der Ergänzungsleistungen überführt. Die Aufgabe dieses Systems bestand fortan darin, all jene Personen zu unterstützen, die keinen Anspruch auf ordentliche Renten hatten oder denen diese für den Lebensunterhalt nicht ausreichten.

Anders als in Ländern wie Deutschland, Frankreich oder Italien, in denen eine existenzsichernde staatliche Altersversicherung eingeführt wurde, entschied sich die Schweiz damit für ein duales staatliches Altersvorsorgesystem, bestehend aus einer Basisversicherung und ergänzenden Fürsorgeleistungen. Obwohl auch andere Länder wie Dänemark, Grossbritannien oder die Niederlande Basissicherungsmodelle kennen, existieren dort keine zusätzlichen, nachgelagerten staatlichen Sicherungssysteme, welche die Gliedstaaten und die private Fürsorge organisatorisch und finanziell integrieren.[5] In keinem anderen europäischen Land wird die staatliche Altersvorsorge wie in der Schweiz als Verbundaufgabe verstanden, an der sich Bund, Kantone und eine gemeinnützige Organisation beteiligen.[6] Diese politisch gewollte Ausgestaltung des Altersvorsorgesystems hat bis heute weitreichende soziale Folgen. Trotz massiver Rentenerhöhungen in den 1960er- und 1970er-Jahren ist die AHV auch heute noch zu schwach, um die Altersarmut wirkungsvoll zu bekämpfen: 2016 waren 201 100 Personen, also rund zwölf Prozent der Rentnerinnen und Rentner, auf bedarfsabhängige Ergänzungsleistungen angewiesen.[7] Daran hat auch die seit 1985 für alle Erwerbstätigen obligatorische berufliche Vorsorge, die aufgrund einer Eintrittsschwelle insbesondere Teilzeitarbeitenden und «working poor» nur ungenügend Schutz bietet, nichts geändert. In keinem europäischen Land leben heute mehr alte Menschen in Einkommensarmut als in der Schweiz.[8]

5 Kohl, Jürgen: Alterssicherung in Westeuropa. Strukturen und Wirkungen, in: Schmidt, Manfred G. (Hg.), Staatstätigkeit. International und historisch vergleichende Analysen, Opladen 1988 (Sonderheft 19 der politischen Vierteljahresschrift), 221–250.

6 Bonoli, Giuliano: The Institutionalization of the Swiss Multi-pillar Pension System, in: Rein, Martin/Schmähl, Winfried (Hg.), Rethinking the Welfare State. The Political Economy of Pension Reform, Cheltenham 2004, 102–121.

7 https://www.bsv.admin.ch/bsv/de/home/sozialversicherungen/el/statistik.html (Stand: 8.2.2018).

8 http://www.oecd.org/pensions/oecd-pensions-at-a-glance-19991363.htm (Stand: 8.2.2018).

sicherung dürfe «nicht nur ein Punkt im Parteiprogramm bleiben», sondern müsse «energisch an die Hand genommen werden». Nur so könne das «erschütterte Vertrauen» wiederhergestellt und die Revolution verhindert werden. Viele würden «den Klassenkampf verwerfen und vorziehen, durch eine ehrliche und ruhige Mitarbeit am Neuaufbau unseres Staatswesens teilzunehmen», so seine Hoffnung und Vorhersage.

Schliesslich wurde auch in der bereits im Juni 1919 publizierten Botschaft des Bundesrats über die Invaliditäts-, Alters- und Hinterlassenenversicherung dieselbe gesellschafts- und staatspolitische Zielsetzung deutlich. Zum einen bezwecke die obligatorische, über Prämien der Versicherten, Arbeitgeberbeiträge und Zuschüsse der öffentlichen Hand finanzierte Sozialversicherung den «Schutz des Einzelindividuums».[76] Zum anderen verfolge sie «daneben oder besser gesagt dadurch noch andere im Interesse des Staates liegende Aufgaben». Dazu zählte der Bundesrat neben der Entlastung der kommunalen Armenpflege auch die bereits genannten ordnungspolitischen Ziele. Zusammenfassend hiess es in der Einleitung der Botschaft: «So dient die Sozialversicherung, indem sie den Einzelindividuen grosser Volksschichten hilft, gleichzeitig der Erhaltung von Kraft und Gesundheit des Volkes, [...] der Förderung des Solidaritätsgefühles, der Milderung von Ungleichheiten und damit dem sozialen Frieden, mit einem Worte: dem Staate selbst».[77]

In den Kommissionsarbeiten stellte sich erstmals eine Gemengelage unterschiedlicher Interessen ein, in der sich sozialreformerische Motive und ordnungspolitische Absichten ergänzten und gegenseitig verstärkten. Zusammen mit der Bauernlobby und den Vertreterinnen der Frauenverbände prägten bürgerliche Politiker und Unternehmer eine neue Sozialversicherungspolitik aus. Das dem Versicherungsobligatorium und der Mischfinanzierung zugrunde liegende Prinzip der «Solidarität unter Volksgenossen» markierte einen deutlichen Bruch in der Geschichte der Sozialpolitik. Traditionelle Formen der sozialen Sicherung wie die öffentliche Armenpflege oder die gemeinnützige private Hilfe griffen korrigierend ein, wenn die physische oder sozial zerstörerische Wirkung der Armut sichtbar wurde. Obligatorische «Volksversicherungen», die eine viel grössere soziale Reichweite hatten, zielten umgekehrt darauf, altersbedingte Verarmung und materiell prekäre Lagen, die durch Invalidität oder Hinterlassenschaft verursacht wurden, von vornherein zu vermeiden. In den Worten des Bundesrats betrieben sie damit «systematische Verhütungspolitik».[78]

Angestossen wurde der Paradigmenwechsel durch eine neue Deutung des Sozialen, welche die Krise des wirtschaftlichen Liberalismus sowohl markierte als auch zu überwinden versuchte.[79] Demnach konnten Selbstverantwortung und -genügsamkeit in einer kapitalistisch organisierten Arbeitsgesellschaft mit ihrem wachsenden «Geldlohnarbeiterstand» nicht mehr als primäre Voraussetzung für ein (materiell) sorgenfreies Leben gelten.[80] Bereits im ersten Satz seiner Botschaft formulierte der Bundesrat diese Neudeutung klar: «Das Bedürfnis nach Schutz gegen die ökonomischen Folgen vorzeitiger Erwerbsunfähigkeit, das Sehnen nach einem sorgenfreien Alter, der Wunsch, den Unterhalt der Hinterbliebenen und die Erziehung der Waisen gesichert zu wissen: alle diese Begehren sind ebenso natürlich und innerlich berechtigt, als ihre Befriedigung aus eigener Kraft weiten Schichten der Bevölkerung versagt ist.»[81] Auch die familiären Bindungen und Verwandtschaftsbeziehungen, so der Bundesrat weiter, die christliche Barmherzigkeit und philanthropische Mildtätigkeit, ja selbst die Armenpflege würden die Menschen nicht umfassend vor den sozialen Risiken zu schützen vermögen. An deren Stelle müsse daher das ethnisch und sprachlich-kulturell begründete «Bewusstsein und die Notwendigkeit der Zusammengehörigkeit» treten.[82] «Alle für einen, einer für alle», hat François Ewald dieses neue Leitmotiv der Sozialversicherungspolitik genannt.[83] Individueller Fleiss und Arbeitsamkeit, zivilgesellschaftliche Nächstenliebe und zivil- und armenrechtliche Hilfestellungen wurden in den sozialpolitischen Debatten um 1920 durch die versicherungsgesellschaftliche Solidarität in Form einer gesetzlich geregelten Beitragspflicht und eines garantierten Rechtsanspruchs ersetzt. Damit, so der Bundesrat,

75 Der Staatsbürger 3/21 (16.11.1919), 167.
76 Botschaft betreffend Gesetzgebungsrecht AHV, 9.
77 Botschaft betreffend Gesetzgebungsrecht AHV, 10.
78 Botschaft betreffend Gesetzgebungsrecht AHV, 10.
79 Zur Krise des Liberalismus vgl. Ewald, Vorsorgestaat, 449–490.
80 Botschaft betreffend Gesetzgebungsrecht AHV, 1.
81 Botschaft betreffend Gesetzgebungsrecht AHV, 1.
82 Botschaft betreffend Gesetzgebungsrecht AHV, 1.
83 Ewald, Vorsorgestaat, 462.

# Die Erinnerung an den Landesstreik und die Angst vor einem «zweiten 1918» als sozialpolitisches Argument

Daniel Artho

Mit dem Ausbruch des Zweiten Weltkriegs ging auch das «Gespenst von 1918» wieder um.[1] Das Trauma der kriegsbedingten Not, die 1918 zum Landesstreik geführt hatte, ermöglichte nun die Durchsetzung gezielter sozialpolitischer Massnahmen zur Verhinderung eines «zweiten 1918». Die latente Drohkulisse erwies sich dabei als Handlungsstimulator und -katalysator zugleich: Einerseits war sie für die Reformbereitschaft der wirtschaftlichen und politischen Eliten von entscheidender Bedeutung.[2] Andererseits wurden die bürgerlichen Ängste durch die politische Linke aktiv geschürt, um wirtschaftliche und soziale Verbesserungen, namentlich die Einführung einer AHV, zu beschleunigen.

Um die Konfliktquellen, die 1918 zum Landesstreik geführt hatten, frühzeitig einzudämmen, trafen die Bundesbehörden nun vorsorgliche Massnahmen. Mit einem Gesetz zur Sicherstellung der Landesversorgung mit lebenswichtigen Gütern hatte der Bundesrat bereits im Frühjahr 1938 Vorkehrungen getroffen, um die Anlegung und Vermehrung von Vorräten in Krisenzeiten zu ermöglichen.[3] Als besonders wichtig erwies sich die im Dezember 1939 erlassene Verordnung über die Lohnausfallentschädigung, die 1940 zu einer allgemeinen Lohn- und Verdienstersatzordnung (LVEO) ausgeweitet wurde.[4] Diese auf Kassenausgleichfonds basierende Wehrmannsunterstützung stand in starkem Kontrast zur militärischen Notunterstützung im Ersten Weltkrieg, die als erniedrigendes Almosen gegolten hatte. Die materiellen Verbesserungen der neuen LVEO, die mit jeweils zwei Lohnprozenten von Arbeitnehmern und Arbeitgebern sowie mit Geldern der öffentlichen Hand finanziert wurde,[5] förderten besonders bei der Arbeiterschaft ein Gefühl des gerechteren Lastenausgleichs, das im Ersten Weltkrieg nicht vorhanden gewesen war.[6]

1941 wurde die Frage, ob auf das Kriegsende hin ein «zweites 1918» zu erwarten sei, in der schweizerischen Presse diskutiert. Auch in einer Zeitschrift für Auslandschweizer wurde die Angst vor einem «zweiten 1918» analysiert und das tatsächliche Gefahrenpotenzial als gering eingestuft. Der bürgerliche Autor hielt dabei fest, dass das «soziale Gewissen» in der Schweiz durch die Erinnerung an 1918 entscheidend geschärft worden war: «Die Aufgabe, einer Verschärfung oder gar Explosion vorhandener Spannungen vorzubeugen, ist von den massgebenden Behörden und politischen Parteien durchaus anerkannt.»[7] Die bessere Wehrmannsunterstützung, die vorsorgliche Vorratspolitik, die frühzeitige und umfassende Rationierung sowie der durch den Plan Wahlen geförderte Lebensmittelanbau wurden im Herbst 1943 auch in einer sozialdemokratischen Zeitschrift als Gründe für die im Vergleich zu 1914/18 geringeren sozialen Spannungen positiv gewürdigt.[8]

War die Erinnerung an 1918 in den Zwischenkriegsjahren vor allem von der Rechten in ihrer antisozialistischen Politik instrumentalisiert worden, wurde dieses Thema nach Kriegsbeginn zunehmend von Exponenten aus dem linken Parteienspektrum aktiv bewirtschaftet. So wurde die Erinnerung an den Landesstreik etwa als punktuelles Druckmittel zur Erreichung einer aktiveren Lohn- und Preisgestaltungspolitik durch die Bundesbehörden eingesetzt. Als nach zwei Kriegsjahren eine Teuerung von 30 Prozent und Reallohneinbussen festgestellt wurden, waren wieder vermehrt klassenkämpferische Töne zu vernehmen. Für Aufsehen in dieser Hinsicht sorgte im Frühjahr 1942 ein «Manifest an das Schweizervolk». In diesem Aufruf, der aus dem Spektrum der verbotenen kommunistischen Organisationen stammte, wurde offen zu einem «neuen

---

1 Lasserre, André: Schweiz. Die dunkeln Jahre. Öffentliche Meinung 1939–1945, Zürich 1992, 311.
2 Leimgruber, Matthieu: Schutz für Soldaten, nicht für Mütter. Lohnausfallentschädigung für Dienstleistende, in: Leimgruber, Matthieu/Lengwiler, Martin (Hg.), Umbruch an der «inneren Front». Krieg und Sozialpolitik in der Schweiz, 1938–1948, Zürich 2009, 81.
3 Bundesgesetz über die Sicherstellung der Landesversorgung mit lebenswichtigen Gütern vom 1.4.1938, in: Schweizerisches Bundesblatt 14, Bern, 6.4.1938.
4 Leimgruber, Lohnausfallentschädigung, 75–99.
5 Degen, Bernard: Erwerbsersatzordnung (EO), in: HLS, http://www.hls-dhs-dss.ch/textes/d/D16610.php (Version: 17.10.2006); Koller, Christian: Vor 70 Jahren. Grünes Licht für die AHV, in: Schweizerisches Sozialarchiv, https://www.sozialarchiv.ch/2017/07/15/vor-70-jahren-gruenes-licht-fuer-die-ahv/ (Version: 15.7.2017).
6 Grimm, Robert: 50 Jahre Landesgeschichte, Zürich 1955, 52.
7 Büchi, H: Ein «zweites 1918», in: The Swiss Observer. The Journal of the Federation of Swiss Societies in the UK 994, 21.11.1941, 2977.
8 Von einem kritischen Beobachter. Ein zweites 1918?, in: Rote Revue. Sozialistische Monatshefte 23/1–2 (1943), 47f.

1918» aufgerufen.[9] Der Basler SP-Ständerat Gustav Wenk hatte in einem Vorstoss zur Anpassung der Löhne bereits im Oktober 1941 argumentiert, es sei erneut eine Entwicklung zu befürchten, in der «die Spannung zwischen Preis und Lohn zu sozialen Erschütterungen führen muss, die wir doch alle im Interesse der Unabhängigkeit unseres Landes verhindern möchten.» Wenk zog Parallelen zur Situation im Ersten Weltkrieg und gab zu bedenken, dass das Auseinanderdriften von Preisen und Löhnen «letztendlich zum Generalstreik von 1918 geführt» habe.[10]

Mit der Kriegswende zugunsten der Alliierten kam es in der Schweiz ab 1943 zu einer «linken Morgenröte», die sich in einem verstärkten Zulauf zu den Gewerkschaften und einem beachtlichen Erfolg der SP in den Nationalratswahlen von 1943 äusserte.[11] Mit der Abnahme der äusseren Bedrohung entstanden Risse in der nationalen Einigkeit. Die ungünstige Lohn-Preis-Entwicklung und der durch die Kriegserfolge hervorgerufene Prestigegewinn der Sowjetunion nährten die bürgerlichen Ängste zusätzlich. Zur Sicherung des sozialen Friedens bei Kriegsende drängten sich nun sozialpolitische Zugeständnisse als ordnungspolitische Massnahme auf.[12] Symptomatisch erscheint in diesem Kontext neben der Wahl von Ernst Nobs zum ersten SP-Bundesrat im Dezember 1943 vor allem das forcierte Wiederaufleben der zuvor jahrelang schubladisierten AHV-Debatte.

Neben der Angst wurde nun auch die Hoffnung zum sozialpolitischen Katalysator: Mit dem britischen Beveridge-Plan von 1942 stand ein Sozialversicherungsmodell bereit, das auch für die Schweiz neue Perspektiven aufzeigte und Optimismus in die sozialpolitische Debatte brachte. Die positiven Erfahrungen mit der LVEO, die Überschüsse erzielte, liessen die Idee entstehen, das Beitrags- und Finanzierungssystem der LVEO in eine AHV zu überführen. Die Resonanz in der Bevölkerung und in den Kantonen war beachtlich, sodass von 1941 bis 1944 eine Reihe von Standesinitiativen und ein Volksbegehren auf dieser Grundlage entstanden.[13] Zahlreiche parlamentarische Vorstösse von links zielten in der Folge darauf ab, die Entwicklung zu beschleunigen und die AHV bei Kriegsende einzuführen. So erinnerte der Zürcher SP-Nationalrat Jakob Kägi an das nach dem Landesstreik abgegebene Versprechen zur Einführung einer Altersversicherung und drängte mit einem gezielten Verweis auf mögliche Unruhen auf eine rasche Umsetzung: «Wenn Sie also die sozialen Spannungen am Ende des Krieges vermeiden wollen, dann kann das in der Arbeiterschaft, in der Angestelltenschaft, überhaupt im Volke, auch im Mittelstand, nur dann geschehen, wenn die grosse soziale Tat einer Altersversicherung für den Moment, wo der Krieg zu Ende ist, geschaffen wird.»[14] Nach anfänglicher Skepsis gab die Landesregierung dem zunehmenden Druck schliesslich nach. Der freisinnige Bundespräsident Walther Stampfli stellte in seiner Neujahrsansprache von 1944 die baldige Einsetzung einer Expertenkommission und die Einführung einer AHV auf das Jahr 1948 in Aussicht.[15] Das Versprechen stiess bei einem Grossteil der Bevölkerung auf ein positives Echo und konnte schliesslich realisiert werden.[16] Ein «zweites 1918» blieb nach dem Ende des Zweiten Weltkriegs aus.

9 Verbotene Bewegungen, in: Freiburger Nachrichten, 8.5.1942, 2.
10 Schweizerisches Bundesarchiv (BAR), E1401#1960/58 #261, Protokoll der SR-Vormittagssitzung vom 1. Oktober 1941, Postulat Wenk, Anpassung der Löhne an die Lebenskosten, 104.
11 Tanner, Jakob: Geschichte der Schweiz im 20. Jahrhundert, München 2015, 297.
12 Lasserre, Schweiz, 329–340.
13 Ruoss, Matthias: Fürsprecherin des Alters. Geschichte der Stiftung Pro Senectute im entstehenden Schweizer Sozialstaat (1917–1967), Zürich 2015, 169–176.
14 BAR, Amtsdruckschriften, Protokoll der NR-Nachmittagssitzung vom 27. März 1944, Alters- und Hinterlassenenversicherung, 98.
15 Ruoss, Fürsprecherin des Alters, 176.
16 Protokoll der NR-Nachmittagssitzung vom 27. März 1944, 91.

hatte «der moderne Staat allmählich seine Entwicklung vom Polizeistaat über den Rechtsstaat zum Fürsorgestaat genommen»[84] – womit er den gesetzlichen Anspruch geschickt in eine modernisierungshistorische Entwicklung von den bürgerlichen Freiheitsrechten über die politischen Teilhaberechte zu den sozialen Wohlfahrtsrechten einbettete.

### Fazit und Ausblick

Obwohl die Linke zusammen mit sozialprogressiven bürgerlichen Kreisen bereits im ausgehenden 19. Jahrhundert einen umfassenden sozialen Schutz vor den Wechselfällen des Lebens gefordert hatte, öffnete erst der Landesstreik einen neuen diskursiven Raum, in dem Sozialreformen auch für andere Interessengruppen und politische Lager sagbar wurden. Wie die Protokolle der Expertenkommission zur Einführung einer Alters- und Invalidenversicherung von 1919 zeigen, waren es vor allem die mächtige Bauernlobby und die Exponentinnen der Frauenverbände, die sich zugunsten ihrer Klientel für Sozialreformen aussprachen. Unterstützt wurden sie von bürgerlichen Politikern und Arbeitgebervertretern, die in Sozialversicherungen ein machtpolitisches Instrument entdeckten, mit dem sie den sozialen Frieden zu sichern und die gesellschaftliche Ordnung zu stabilisieren hofften. Die mischfinanzierten, für alle obligatorischen «Volksversicherungen» waren neue sozialpolitische Vorsorgesysteme, die aus diesen unterschiedlichen Interessen heraus konzeptualisiert wurden. Allerdings sollte es noch bis nach dem Zweiten Weltkrieg dauern, bis die AHV und die IV tatsächlich als Sozialversicherungen eingeführt wurden. Zwar erhielt der Bund 1925 die verfassungsmässige Aufgabe zur Schaffung einer AHV und die Kompetenz zur Einrichtung einer IV, doch dauerte es – nach einer gescheiterten Referendumsabstimmung 1931 – noch über 20 Jahre, bis die Stimmbevölkerung 1947 der AHV zustimmte und das eidgenössische Parlament 1959 das Invalidenversicherungsgesetz verabschiedete. Trotz dieser im internationalen Vergleich massiven Verzögerung in der Sozialstaatsentwicklung markieren nicht die Jahre 1947/48 und 1959/60, sondern die Zeit um 1920 die wesentliche Zäsur in der Geschichte der schweizerischen Sozialpolitik.[85] Der eigentliche Bruch fand im Anschluss an den Landesstreik statt, mit dem Sozialversicherungen als stabilisierender und zugleich integraler Bestandteil der kapitalistischen Lohnarbeitsgesellschaft konzeptualisiert wurden. «Der Vorsorgestaat», so das Fazit François Ewalds, sorgte «nicht so sehr für die notwendigen Korrektive zu den negativen Auswirkungen der Industrialisierung», sondern eröffnete ihr vielmehr «einen für ihre Weiterentwicklung geeigneten Raum».[86]

So gesehen ist es auch wenig erstaunlich, dass die parlamentarischen Vorarbeiten und politischen Diskussionen um die Einführung der AHV gerade im Zweiten Weltkrieg wieder einsetzten. Es waren primär die destabilisierenden Kriegsumstände, die zusammen mit den von rechts und links wachgehaltenen Erinnerungen an den Landesstreik die sozialpolitischen Debatten neu entfachten.[87] Nicht neu waren dagegen die Stimmen und Argumente, die sowohl ein Obligatorium als auch eine Mischfinanzierung verlangten und zusammen mit einem in der Geistigen Landesverteidigung reaktivierten Solidaritätsdiskurs «gewaltige sozialpolitische Schubkraft» entfalteten.[88] Abgesehen von versicherungstechnischen Fragen, die das Regelwerk und Leistungsprofil betrafen, war die kurz nach Kriegsende vorgelegte Gesetzesbotschaft im Wesentlichen eine Kopie der bereits mehrfach zitierten Verfassungsbotschaft von 1919.[89] Noch immer war die Einführung eines allgemeinen Obligatoriums alternativlos; Einschränkungen würden «dem Grundsatz der Volkssolidarität» widersprechen, so der Bundesrat.[90] Auch die Mischfinanzierung war nach wie vor unumstritten, denn die AHV sollte «ein Werk der umfassenden Solidarität der gesamten Bevölkerung werden und

---

84  Botschaft betreffend Gesetzgebungsrecht AHV, 2.
85  Vgl. auch Ehmer, Sozialgeschichte, 90.
86  Ewald, Vorsorgestaat, 486.
87  Lengwiler, Martin/Leimgruber, Matthieu: Transformationen des Sozialstaats im Zweiten Weltkrieg. Die Schweiz im internationalen Vergleich, in: Lengwiler, Martin/Leimgruber, Matthieu (Hg.), Umbruch an der «inneren Front». Krieg und Sozialpolitik in der Schweiz, 1938–1948, Zürich 2009, 9–46; Lasserre, André: Schweiz. Die dunkeln Jahre. Öffentliche Meinung 1939–1945, Zürich 1989, 428.
88  Luchsinger, Christine: Solidarität, Selbständigkeit, Bedürftigkeit. Der schwierige Weg zu einer Gleichberechtigung der Geschlechter in der AHV 1939–1980, Zürich 1995, 70.
89  Neu war dagegen der Verwaltungsmodus der AHV. Zu den Ausgleichskassen vgl. Eichenberger, Pierre: Mainmise sur l'État social. Mobilisation patronale et caisses de compensation en Suisse (1908–1960), Neuchâtel 2016.

nicht nur die Solidarität innerhalb einzelner Wirtschaftsgruppen herstellen und damit zu einer neuen Form von Klassenbildung führen».[91]

Obwohl der Landesstreik also einen neuen diskursiven Raum geöffnet hatte, in dem Sozialreformen sagbar wurden, verengten der Bundesrat und die bürgerlichen Parteien diesen Raum in der Zwischenkriegszeit wieder. Insofern hatte Ernst Nobs mit seinem einleitend dargestellten Votum recht, dass der Landesstreik das grosse Schwungrad war, das seinen Schwung in den frühen 1920er-Jahren aber schnell wieder verlor. Allerdings – und das konnte Nobs 1922 nicht wissen – prägte der Landesstreik eine neue Sozialversicherungspolitik, die fortan unbestritten blieb.

90 Botschaft des Bundesrates an die Bundesversammlung zum Entwurf eines Bundesgesetzes über die Alters- und Hinterlassenenversicherung, vom 24.5.1946. In: Bundesblatt 2/13 (1946), 379.

91 Botschaft zum Entwurf eines Bundesgesetzes AHV 23.5.1946, 441.

# Politische Inklusion und Exklusion, Partizipation und Repression

Nur wenige Tage nach dem Landesstreik, am 3. Dezember 1918, begründete der Zentralpräsident des Schweizerischen Metall- und Uhrenarbeiter-Verbandes (SMUV) und Vizepräsident des Oltener Aktionskomitees (OAK), Konrad Ilg, den Abbruch des Streiks mit folgenden Worten: «Das Bürgertum lechzte völlig nach Blut. Das Aktionskomitee kam zum Schluss, dass unter solchen Umständen der Kampf abgebrochen werden müsse. Der Abbruch war unbedingt notwendig, denn das Mächteverhältnis hatte sich zu Ungunsten der Arbeiterschaft verschoben.»[1] Bereits zwei Wochen früher, am 19. November 1918, hatte Robert Grimm in einem «orientierenden Bericht» gegenüber dem Gewerkschaftsausschuss und der Geschäftsleitung der sozialdemokratischen Partei zum Verlauf des Landesstreiks selbstkritisch festgehalten: «Die Gegner waren zum Äussersten entschlossen. [...] Ausschlaggebend war für die Streiklage im Allgemeinen, dass niemand von uns diese Kraftentfaltung des Gegners vorausgesehen hat.»[2] Grimm und Ilg beschrieben den Abbruch des Landesstreiks hier als eine angemessene Reaktion der Streikleitung auf einen übermächtigen Gegner und betonten die hohe Gewaltbereitschaft im Bürgertum.

Inwieweit diese Argumentation auch als Rechtfertigung für den Streikabbruch gegenüber den eigenen Gewerkschafts- und Parteimitgliedern zu verstehen ist, lässt sich nicht mehr eindeutig feststellen. Klar ist hingegen, dass die Machtmittel für die Durchsetzung der eigenen Interessen im November 1918 einseitig verteilt waren. Hatte der Einsatz von Ordnungstruppen im Landesinneren bereits im Verlauf des Krieges deutlich zugenommen, wurden während des Landesstreiks noch einmal rund 95 000 Mann für den Ordnungsdienst mobilisiert – die höchste Zahl von Dienstleistenden seit Ende 1914. Die bewusst nach Zuverlässigkeit ausgewählten Truppen stammten hauptsächlich aus ländlichen Gebieten, wo der Landesstreik kaum befolgt wurde und die Gewerkschaften wenig verankert waren. Zugleich entstanden über die ganze Schweiz verteilt zahlreiche Bürgerwehren, die in der Folge eine staatspolitisch problematische Position zwischen staatlicher Hilfspolizei und paramilitärischer «Prügelwehr» einnahmen. Demgegenüber bestanden in der Schweizer Arbeiterschaft – im Gegensatz zu den Nachbarländern Deutschland und Österreich – keine gewaltbereiten Milizen (oder «Rote Garden»). Eine gezielte Bewaffnung der Linken vergleichbar mit der (umstrittenen) Bewaffnung verschiedener Bürger-, Stadt- und Gemeindewehren gab es in der Schweiz nicht. Gegenseitige Beschimpfungen und Verunglimpfungen lassen sich während dieser Tage zwar an zahlreichen Beispielen belegen. Nach innen rief die Streikleitung aber immer wieder dazu auf,

Ruhe und Ordnung zu bewahren, keinen Alkohol zu trinken und dem Gegner keinen Vorwand zur Eskalation der Ereignisse zu geben. «Ausschreitungen» oder Provokationen des Militärs und der Polizei hatte das OAK in seinen «Instruktionen zur Durchführung des allgemeinen Landesstreiks»[3] bereits im August 1918 ausdrücklich untersagt.

Die Forschung zur Geschichte des schweizerischen Landesstreiks hat sich erst in den letzten Jahren intensiver mit dem Einsatz von Machtmitteln und der Gewaltbereitschaft (beider Streikparteien) beschäftigt. Stand zunächst vor allem der Einsatz der Ordnungstruppen im Fokus der Forschung, ist das Themenspektrum inzwischen deutlich erweitert worden. An der Universität Zürich entstanden bereits in den 1980er- und 1990er-Jahren mehrere, von Walter Schaufelberger betreute Dissertationen, die sich hauptsächlich mit dem Ordnungsdiensteinsatz der Armee im «hot spot» Zürich beschäftigt haben.[4] Seit den 1990er-Jahren wurde dann auch die Entstehung bewaffneter Bürgerwehren und der im April 1919 vom Aargauer Arzt und Generalstabs-Offizier Eugen Bircher gegründete Schweizerische Vaterländische Verband (SVV) breiter untersucht.[5] In den letzten Jahren kamen zu diesen Arbeiten schliesslich mehrere Dissertationen zum Vollmachtenregime des Bundesrats, den antikommunistischen Aktivitäten des SVV und der schweizerischen Militärjustiz im Ersten Weltkrieg hinzu, auf denen auch die folgenden Beiträge von Oliver Schneider, Dorothe Zimmermann und Sebastian Steiner basieren.

---

1  Staatsarchiv Bern, SMUV Sektion Bern, V Unia 259, Protokollbuch 1905–1920, Referat von Konrad Ilg über den Verlauf des Landesstreiks an der Quartalsversammlung vom Montag, 3. Dezember 1918 im grossen Volkshaussaal in Bern.

2  Archiv des schweizerischen Gewerkschaftsbundes (SGB), Bern, G 23/C, Protokollnotizen zur Sitzung des Oltener Aktionskomitee mit dem Gewerkschaftsausschuss und der Geschäftsleitung der Partei, Dienstag, 19. November 1918, 4.

3  Gautschi, Willi: Der Landesstreik 1918, Zürich 1968, 140f.

4  Vgl. dazu Wild, Ueli: Zürich 1918, Ordnungsdiensteinsätze der Schweizer Armee im Frühjahr und Sommer 1918 in Zürich, Frauenfeld 1987; Greminger, Thomas, Ordnungstruppen in Zürich. Der Einsatz von Armee, Polizei und Stadtwehr Ende November 1918 bis August 1919, Basel 1990 sowie Frey, Daniel M.: Vor der Revolution? Ordnungsdienst-Einsatz der Armee während des Landesstreiks in Zürich, Zürich 1998.

5  Vgl. dazu Thürer, Andreas: Der Schweizerische Vaterländische Verband 1919–1930/31, unveröffentlichtes Typoskript der Dissertation, 3 Bde., Basel 2010 sowie Heller, Daniel: Eugen Bircher. Arzt, Militär und Politiker. Ein Beitrag zur Zeitgeschichte. Zweite Auflage, Zürich 1990.

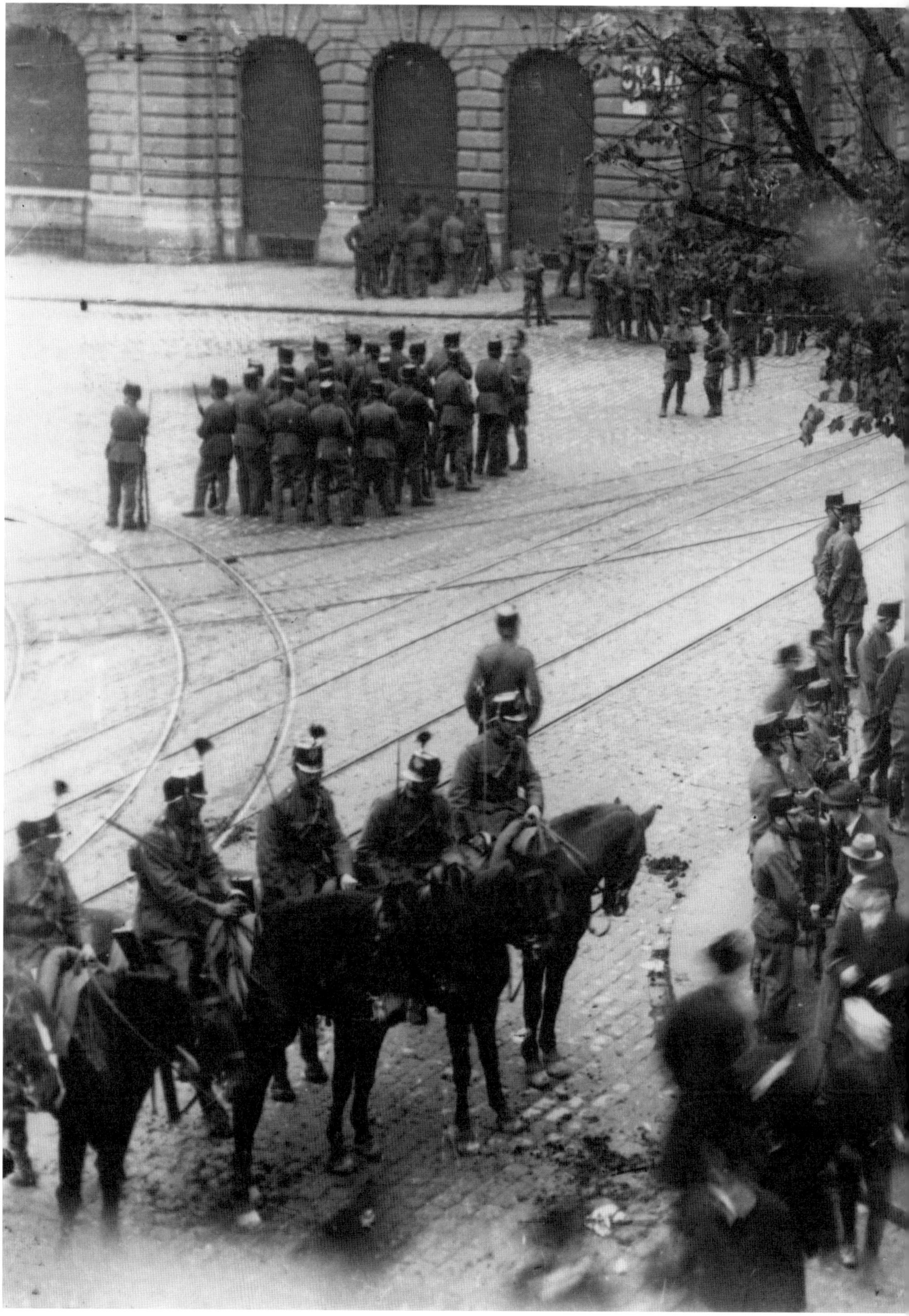

18  Der militärisch besetzte Paradeplatz während des Proteststreiks gegen das Truppenaufgebot am 9. November 1918 in Zürich.

# Partizipation statt Revolution

## Der Landesstreik, die Arbeiterbewegung und das Vollmachtenregime des Bundesrats

Oliver Schneider

Im September 1915 trafen sich im Berner Dorf Zimmerwald Vertreterinnen und Vertreter der europäischen Arbeiterorganisationen zu einer Konferenz, die in die Geschichte eingehen sollte. Seit mehr als einem Jahr wütete der Erste Weltkrieg. Zu Tausenden starben die Menschen täglich auf den Schlachtfeldern, in allen Ländern des Kontinents zeigten sich die ökonomischen, sozialen und politischen Folgen des Kriegs immer deutlicher. Die Gräben zwischen den Teilnehmerinnen und Teilnehmern der Konferenz reichten tief. Nicht nur wegen des alle Lebensbereiche und Erdteile erfassenden Konflikts, sondern auch, weil es beträchtliche Differenzen über Ziele und Vorgehen der Arbeiterbewegung gab. Den radikalsten Teilen, die bald als «Zimmerwalder Linke» bezeichnet werden sollten, ging der allgemeine Wunsch nach Frieden und Mitsprache nicht weit genug. Sie forderten eine revolutionäre Umgestaltung der politischen und ökonomischen Strukturen, blieben aber in der Minderheit. Nach vier Tagen kontroverser Debatte um Krieg und Klassenkampf einigten sich Wladimir Uljanow («Lenin»), Leo Trotzki, Robert Grimm und 35 weitere Gäste des Hotels Beau Séjour schliesslich auf eine gemeinsame Erklärung: das *Zimmerwalder Manifest*.[1] Dessen Forderungen waren eindringlich formuliert. Der kollektive Widerstand der Werktätigen gegen Militarismus, Ungleichheit und Unterdrückung sollte wieder aufgenommen werden. Denjenigen Akteuren, Institutionen und Strukturen, die aus Sicht der Arbeiterbewegung für den Krieg verantwortlich waren, sollte die Unterstützung entzogen werden. So sollte ein Weg in den Frieden und in eine bessere Zukunft eingeschlagen werden.[2]

Die Schweiz war für ein Treffen der europäischen Linken ein geeigneter Ort. Das Land war neutral, vom Weltkrieg zwar auf vielfältige Weise betroffen, militärisch jedoch nicht direkt involviert. Das bedeutete allerdings auch, dass die Schweiz zu den auf ein Kriegsende hinzielenden Forderungen der Konferenz nur als Vermittlerin beitragen konnte. Einer der Aufrufe im *Zimmerwalder Manifest* betraf aber auch die Schweiz. Neben einer Einstellung der Feindseligkeiten und einem Verzicht auf Eroberungen und Reparationen forderten die Teilnehmerinnen und Teilnehmer auch eine Abkehr vom sogenannten «Burgfrieden».[3] Zu Beginn des Ersten Weltkriegs war in zahlreichen Ländern ein informelles Stillhalteabkommen zwischen den politischen Parteien geschlossen worden. Vor allem von den oppositionellen Arbeiterorganisationen sollte dadurch Unterstützung für die Kriegspolitik der Regierungen eingeholt werden. Im Deutschen Reich gab Kaiser Wilhelm II. zu verstehen, dass er keine politischen oder ideologischen Gegner, «keine Parteien», sondern «nur noch Deutsche» kenne.[4] Auf der anderen Seite der aufbrechenden Schützengräben versuchte Frankreich, die Loyalität der Arbeiterschaft durch die Beteiligung der Section française de l'Internationale ouvrière an einem «gouvernement d'Union sacrée» zu sichern.[5] Dieser Burgfrieden war in sozialistischen Kreisen äusserst umstritten.[6] Zum einen, weil er den Bemühungen zur Schaffung einer pazifistischen und von nationalen Grenzen unabhängigen Arbeiterbewegung zuwiderlief. Zum anderen, weil er jene Sozialisten, die das politische Stillhalteabkommen unterstützt hatten, von jenen trennte, die sich damit nicht abfinden wollten. Letztere kritisierten im *Zimmerwalder Manifest,* dass sich die «sklavische Unterordnung unter den Burgfrieden» als fatal für die Arbeiterinnen und Arbeiter herausgestellt habe. Die Folgen seien nämlich nicht wie versprochen politische Partizipation oder bessere Lebensverhältnisse gewesen, sondern Repression, Armut und Tod. Damit setzten die aus elf Ländern angereisten Delegierten der Konferenz den Widerstand gegen die politischen Regimes der kriegführenden Staaten auf die Agenda der sozialistischen Parteien:

«Die Presse geknebelt, die politischen Rechte und Freiheiten mit Füssen getreten – so herrscht heute die Militärdiktatur mit eiserner Faust.»[7] In der Schweiz war dies aus Sicht der Schweizer Vertreter an der Zimmerwalder Konferenz nicht anders.

Auch im neutralen Kleinstaat war es Anfang August 1914 zu einschneidenden politischen Veränderungen gekommen. Während Europa in den Krieg und die Schweizer Armee an die Grenze zog, trafen sich die Mitglieder der Bundesversammlung in Bern zu einer ausserordentlichen Session.[8] Hastig hatte der Bundesrat wenige Tage zuvor ein Krisenprogramm in die Wege geleitet. Da der internationale Geld- und Warenverkehr durch die Mobilisierung stark beeinträchtigt war und sich Zeichen eines Bank-Runs mehrten, hatte er auf eigene Faust eine Reihe wirtschaftlicher Verordnungen beschlossen. So sollte während der Kriegszeit die Versorgung von Staat, Wirtschaft und Armee sichergestellt werden.[9] In einer Botschaft an das Parlament machte die Regierung aber deutlich,

1 Vgl. Degen, Bernard: Die Zimmerwalder Konferenz, in: Degen, Bernard/Richers, Julia (Hg.), Zimmerwald und Kiental. Weltgeschichte auf dem Dorfe, Zürich 2015, 91–99, Zitat: 98.
2 Vgl. Internationale Sozialistische Konferenz von Zimmerwald: Proletarier Europas! (Zimmerwalder Manifest), in: Degen, Zimmerwald, 212–216, hier 213.
3 Vgl. Verhey, Jeffrey: Burgfrieden, in: Hirschfeld, Gerhard/Krumeich, Gerd/Renz, Irina (Hg.), Enzyklopädie Erster Weltkrieg, München, Wien, Zürich 2009, 400–402.
4 Zit. nach Wehler, Hans-Ulrich: Deutsche Gesellschaftsgeschichte. Vom Beginn des Ersten Weltkriegs bis zur Gründung der beiden deutschen Staaten 1914–1949, München 2003, 44.
5 Anizan, Anne-Laure: 1914–1918. Le gouvernement de guerre, in: Histoire@Politique 22/1 (2014), https://www.cairn.info/revue-histoire-politique-2014-1-page-215.htm (Version: 16.9.2017).
6 Vgl. Horne, John: Arbeiterklasse und Arbeiterbewegung im Ersten Weltkrieg, in: Winter, Jay/Parker, Geoffrey/Habeck, Mary (Hg.), Der Erste Weltkrieg und das 20. Jahrhundert, Hamburg 2002, 187–227, hier 187.
7 Internationale Sozialistische Konferenz von Zimmerwald, Proletarier Europas!, 213.
8 Vgl. Schneider, Oliver: Diktatur der Bürokratie? Das Vollmachtenregime des Bundesrats im Ersten Weltkrieg, in: Rossfeld, Roman/Buomberger, Thomas/Kury, Patrick (Hg.), 14/18. Die Schweiz und der Grosse Krieg, Baden 2014, 48–71, hier 49.
9 Vgl. Rossfeld, Roman/Straumann, Tobias: Zwischen den Fronten oder an allen Fronten? Eine Einführung, in: Rossfeld, Roman/Straumann, Tobias (Hg.), Der vergessene Wirtschaftskrieg. Schweizer Unternehmen im Ersten Weltkrieg, Zürich 2008, 11–59, hier 23.

dass sie angesichts eines «Krieges von ungeheurer Ausdehnung» weitere Schritte zu unternehmen gedenke.[10] Schritte, zu denen sie gemäss Verfassung nicht berechtigt war und die deshalb eine Ausweitung ihrer Machtbefugnisse notwendig machten. Der Bundesrat verlangte vom Parlament, ihm per Bundesbeschluss eine «unbeschränkte Vollmacht zur Vornahme aller Massnahmen, die für die Behauptung der Sicherheit, Integrität und Neutralität der Schweiz und zur Wahrung des Kredites und der wirtschaftlichen Interessen des Landes erforderlich» waren, zu erteilen.[11] Diese Forderung war nicht grundsätzlich neu. Die Schweizer Legislative hatte der Landesregierung während des 19. Jahrhunderts mehrfach Sonderbefugnisse zur Bewältigung von Krisen erteilt.[12] Zudem war es in den Nachbarländern im Sommer 1914 zu ähnlichen Ermächtigungen gekommen. Der Erste Weltkrieg brachte in vielen Ländern eine schlagartige Verkürzung des politischen Entscheidungsprozesses auf die Exekutiven und Militärbehörden mit sich.[13] Was den Vorschlag des Bundesrats jedoch deutlich von den anderen Ermächtigungsbeschlüssen abhob, war seine Reichweite. Sollte die Bundesversammlung dem Entwurf zustimmen, würde das Zusammenspiel der Gewalten im politischen System der Schweiz grundlegend umgestaltet. Die bundesstaatliche Exekutive würde zu einer Instanz mit diktatorischen Befugnissen, dazu berechtigt, in Eigenregie Gesetze zu erlassen, die Grundrechte einzuschränken, Militär aufzubieten oder Ausgaben zu tätigen.

Das Parlament erfüllte den Wunsch des Bundesrats am 3. August 1914. Ohne grössere Debatte legte es die Grundlagen für das «Vollmachtenregime», einen politischen Ausnahmezustand, der die Schweiz während der Kriegsjahre und darüber hinaus prägen sollte.[14] Auch die sozialdemokratische Fraktion stimmte dem Beschluss zu.[15] Ihre einzige Bedingung bestand darin, dass der Bundesrat seine neuen Vollmachten nicht nur für die Neutralität und den Aussenhandel, sondern auch für «die Sicherung des Lebensunterhaltes und die Linderung der Not» einsetzen sollte. Ausserdem forderte SP-Urgestein Herman Greulich im Namen seiner Partei, dass die Militärbehörden die Vollmachten nicht zur Einschränkung der verfassungsmässigen Rechte missbrauchen sollten. Damit stellte sich auch die SP «der Not der Stunde gehorchend» hinter die Vollmachtenerteilung, in der Hoffnung, dass die vorgeschlagenen Massnahmen dazu beitragen würden, «den Kriegsbrand von unserem Lande fernzuhalten und den durch den Krieg der ausländischen Staaten heraufbeschworenen Notstand zu lindern».[16]

Im «Vollmachtenbeschluss» manifestierte sich der Burgfrieden in der Schweiz. Ebenso war er Ausdruck einer panikartigen Stimmung, die im Sommer 1914 herrschte. Ökonomisch kaum vorbereitet, unvermittelt aus der vermeintlichen Sicherheit einer langen Periode des Friedens gerissen und von der Situation überfordert, wusste sich die Schweizer Politik nur mit einem Blankocheck an den Bundesrat und Bekundungen des inneren Zusammenhalts zu helfen. In den ersten Kriegswochen stellten sich einige Vertreter der Arbeiterorganisationen demonstrativ hinter die Vollmachten, am prominentesten wohl Robert Grimm. Mit Anfang 30 bereits einer der einflussreichsten Exponenten der Schweizer Arbeiterbewegung, appellierte er in der *Berner Tagwacht* an seine Leser, «mit kluger Überlegung und ruhigen Sinnes [...] die Massnahmen der Behörden» zu unterstützen.[17] Nur zwei sozialdemokratische Politiker verweigerten sich der Ermächtigung des Bundesrats. Charles Naine und Ernest-Paul Graber, zwei antimilitaristisch eingestellte Wortführer der jurassischen Uhrenarbeiter, lehnten die Vollmachten kategorisch ab. Da sie der SP in dieser heiklen Lage aber eine Spaltung ersparen wollten, enthielten sie sich im Nationalrat ihrer Stimmen.[18]

---

10  Botschaft des Bundesrates an die Bundesversammlung betreffend Massnahmen zum Schutze des Landes und zur Aufrechthaltung der Neutralität vom 2.8.1914, in: Schweizerisches Bundesblatt 66/4 (1914), 5.
11  Botschaft Neutralität 2.8.1914, 9.
12  Vgl. Casanova, Arturo: Legale und/oder legitime Diktatur? Die Rezeption von Carl Schmitt und Hans Kelsen in der schweizerischen Staatsnotrechtslehre zur Zeit des Zweiten Weltkrieges, Basel, Genf, München 2006, 134f.
13  Vgl. Tingsten, Herbert: Les pleins pouvoirs, Paris 1934, 9.
14  Vgl. Kölz, Alfred: Neuere schweizerische Verfassungsgeschichte. Ihre Grundlinien in Bund und Kantonen seit 1848, Bern 2004, 678.
15  Vgl. Bundesbeschluss betreffend Massnahmen zum Schutze des Landes und zur Aufrechthaltung der Neutralität, 3.8.1914, in: Amtliche Sammlung (AS) der Bundesgesetze und Verordnungen der schweizerischen Eidgenossenschaft 30 (1914), 347.
16  Schweizerisches Bundesarchiv (BAR), E1301#1960/51 #173, Herman Greulich, Protokoll über die Verhandlungen des Schweizerischen Nationalrates, Fortsetzung der Sommer-Session 1914, 3.8.1914.
17  Zit. nach Erb, Hans: Zur Vorgeschichte des Landesgeneralstreiks 1918 in der Schweiz, in: Schweizerische Zeitschrift für Geschichte 11 (1961), 321–377, 433–522, hier 355.
18  Vgl. Högger, Rudolf Martin: Charles Naine 1874–1926. Eine politische Biographie, Zürich 1966, 141.

## Wachsende Widerstände

Naine und Graber sollten mit ihrer Haltung nicht lange alleine bleiben. In jenen Teilen der schweizerischen Arbeiterbewegung, die bereits vor dem Krieg die staatliche Wirtschafts-, Sozial- und Verteidigungspolitik mit Streiks und Pressekampagnen herausgefordert hatten, kippte die Stimmung.[19] Ein knappes Jahr nach Kriegsausbruch gab die SP des Kantons Bern eine Broschüre heraus, die dem Burgfrieden eine klare Absage erteilte. Die Schrift, als deren Verfasser später Robert Grimm identifiziert wurde, versuchte aufzuzeigen, wie Wirtschaft, Behörden und Militär die Kriegssituation zu ihrem Vorteil missbrauchten.[20] Der Verzicht der Sozialdemokraten auf Opposition und Wahlkampf habe zu einer einseitigen, für die Arbeiter ungünstigen Politik geführt. Nicht Integration, sondern Bedeutungsverlust sei die Folge gewesen. «Der Burgfrieden ist sicher ein schönes Ideal. Aber dieses Ideal nützt den breiten Volksmassen nichts, weil die Besitzenden den Burgfrieden nur dazu ausnützen, ihre Profitinteressen zu fördern», hiess es in der Schrift. Während die Berner Broschüre die Vollmachten und den Bundesrat noch nicht explizit erwähnte, kritisierte Grimm den Ausnahmezustand am Parteitag der SP vom November 1915 in Aarau direkt. Mittlerweile war die Zimmerwalder Konferenz über die Bühne gegangen und in weiten Teilen der Partei auf Zustimmung gestossen. Die schweizerische Demokratie sei «von den herrschenden Klassen auf Urlaub geschickt worden», hielt Grimm im Bericht der sozialdemokratischen Nationalratsfraktion fest.[21] Der Sozialdemokrat stiess sich vor allem daran, dass sich der Bundesrat bei der Vollmachtenpolitik nicht an den Interessen der Bevölkerung, sondern an jenen der grossen Verbände von Bauern, Industrie und Gewerbe orientiere. Besonders im Visier hatte er dabei Ernst Laur, den Sekretär des Schweizerischen Bauernverbands,[22] einen «Bundesrat im Nebenamt», wie Grimm es nannte. Obwohl sich die SP wiederholt um staatliche Massnahmen gegen die Teuerung, den Mangel an Mietwohnungen und die Arbeitslosigkeit bemüht habe, sei die Regierung darauf nicht eingetreten. Während sie mit den Verbänden «Konferenz über Konferenz» abhalte, zeige sie «gegenüber der Arbeiterschaft [...] eine unverständliche Knorzerei».[23] Neben dem Einfluss der Interessengruppen wies Grimm auf einen zweiten Aspekt des Vollmachtenregimes hin, gegen den sich Widerstand erhoben hatte. Er prangerte an, dass sich die Führungsebene der Schweizer Armee im Windschatten des Ausnahmezustands zunehmend der Zivilgesellschaft und der Politik bemächtige. Mit Verurteilungen von Zivilisten durch Militärgerichte und Zensur der Presse versuche eine «Soldateska [...] eine Atmosphäre des Polizeistaates zu schaffen». Für Grimm und die SP-Fraktion war deshalb klar, «dass es ganz andere, gewaltigere Anstrengungen der Arbeiterklasse» brauche, wenn künftig «ihre Interessen im Bunde mehr Berücksichtigung» finden sollten.

Grimm übte Kritik an Bundesrat, Privatwirtschaft und Armee; die Vollmachten als solche wollte er allerdings nicht aufgeben, wie es einige Fraktionsmitglieder gefordert hatten. Zur Bewältigung der Kriegssituation seien die Sonderbefugnisse der Exekutive «notwendig». Das Problem bestehe vielmehr darin, dass die Arbeiterbewegung am Entscheidungsprozess des Ausnahmezustands nicht teilnehmen könne. Die Fraktion habe im Verlauf der Session gezeigt, dass sie «mit aller Entschiedenheit gegen die Vollmacht» auftrete und sie nicht in dem Sinn verstanden wissen wolle, «dass eine Regierung auf absolutistischer Grundlage die sog. Volksinteressen wahrnehme, sondern dass auch in Kriegszeiten, und gerade in Kriegszeiten, das Mitspracherecht des Volkes in erster Linie gewahrt werden» müsse.[24] Robert Grimms Vorwürfe fielen in seiner Partei auf fruchtbaren Boden. Als einzige sozialdemokratische Landespartei Europas bekannte sich die SP auf ihrem Parteitag 1915 zu den Prinzipien des Zimmerwalder Manifests.[25] Des Weiteren wurde in Aarau die Lancierung zweier Initiativen beschlossen: zur Abschaffung der Militärjustiz und zur Einführung einer ständigen Bundessteuer auf Vermögen und Einkommen. «Der ‹Burgfriede› in der Schweiz war damit erledigt», wie der spätere NZZ-Chefredaktor Willy Bretscher von freisinniger Warte aus festhielt.[26]

---

19 Vgl. Koller, Christian: Demonstrating in Zurich between 1830 and 1940. From Bourgeois Protest to Proletarian Street Politics, in: Reiss, Matthias (Hg.): The Street as Stage. Protest Marches and Public Rallies since the Nineteenth Century, Oxford 2007, 193–211, hier 199f.

20 Vgl. Gautschi, Willi: Der Landesstreik 1918, Zürich 1988, 46.

21 Zit. nach Sozialdemokratische Partei der Schweiz: Jahrbuch der Sozialdemokratischen Partei der Schweiz 1915, Zürich 1916, 17.

22 Vgl. Baumann, Werner: Bauernstand und Bürgerblock. Ernst Laur und der Schweizerische Bauernverband 1897–1918, Zürich 1993, 335f.

23 Zit. nach Sozialdemokratische Partei der Schweiz, Jahrbuch 1915, 17.

24 Zit. nach Sozialdemokratische Partei der Schweiz, Jahrbuch 1915, 18.

25 Vgl. Gautschi, Landesstreik, 60.

26 Bretscher, Willy: Wandlungen der schweizerischen Sozialdemokratie 1914–1920, in: Bretscher, Willy/Steinmann, Ernst (Hg.), Die sozialistische Bewegung in der Schweiz 1848–1920, Bern 1923, 83–160, hier 92.

Die Unzufriedenheit der Sozialdemokraten mit der Vollmachtenpolitik war indes nicht unbegründet. Grimm kritisierte zwei zentrale Mechanismen des Vollmachtenregimes: Zum einen wies der Sozialdemokrat auf den Umstand hin, dass das schweizerische Parlament und die Stimmberechtigten aus dem Prozess der politischen Willensbildung auf Bundesebene verdrängt worden waren. Die staatliche Politik hatte sich zu einem grossen Teil auf den Bundesrat und die Bundesverwaltung verschoben. Zwar wurden die meisten der auf Vollmachten gestützten Beschlüsse, Verfügungen und Kreisschreiben – die sogenannten «Noterlasse» – in den Rechtssammlungen des Bundes publiziert. Da die Regierung aber kaum über das Zustandekommen dieser Noterlasse informierte, entzog sich das Vollmachtenregime einer öffentlichen Kontrolle. In den Zirkeln der Bundesexekutive wenig oder gar nicht vertretene Akteure wie die Arbeiterorganisationen, die Westschweiz oder das Tessin hatten es zunehmend schwer, ihre Anliegen und Lösungsvorschläge in den politischen Prozess einzubringen.

Zum anderen hatte sich der Bundesrat in den Monaten nach Kriegsausbruch vor allem an die von Grimm erwähnten Interessengruppen gewandt. Es entstand eine Art Symbiose zwischen Staat und Wirtschaft, in der vor allem der Schweizerische Bauernverband und der Schweizerische Handels- und Industrieverein mit der Bundesverwaltung eng kooperierten, ihr Informationen und nicht zuletzt auch Personal für kriegswirtschaftliche Behörden zur Verfügung stellten. Im Gegenzug liess der Bund Unternehmer und Bauern im notrechtlichen Entscheidungsprozess mitreden und gab ihnen hoheitliche Rückendeckung.[27] Die Arbeiterbewegung, die schon in den Jahren vor dem Ersten Weltkrieg mehr Mitsprache in der Politik gefordert hatte, sah sich als Verlierer dieser neuen Partnerschaft. Während der Verein Schweizerischer Maschinen-Industrieller für die Zusammenarbeit mit den Behörden in Handelsfragen im Bundeshaus ein eigenes «Büro» erhielt, hob der Bundesrat Teile des nach jahrelangen Verhandlungen eben erst revidierten Fabrikgesetzes per Kreisschreiben wieder auf.[28] Zwar waren schon wenige Wochen nach Kriegsausbruch verschiedene Beschlüsse gegen die Teuerung, die Knappheit von Waren und die wachsende Verschuldung in Kraft getreten. Diese Massnahmen blieben jedoch begrenzt und oftmals in einem Dickicht von Ämtern, Kantonsverwaltungen und Einzelinteressen stecken. Diese Ungleichbehandlung war vom Bundesrat kaum beabsichtigt. Sie ergab sich aus den politischen Strukturen und den wirtschaftlichen Problemen, mit denen die Schweiz im Ersten Weltkrieg konfrontiert war und die eine enge Zusammenarbeit zwischen Staat und Privatwirtschaft anregten.[29] Das Vollmachtenregime führte so zu einer latenten Blockade der Interessenvermittlung, die sich rasch in politischen Spannungen manifestierte.

### Der Bundesrat bewegt sich

Der von Robert Grimm, Charles Naine, Ernest-Paul Graber und noch stärker von der aus Zürich operierenden «Zimmerwalder Linken» um Lenin betriebenen Politik konnte sich der Rest der schweizerischen Arbeiterbewegung nicht entziehen. Der bislang tonangebende Kreis der sogenannten «Sozialpatrioten», die am «Burgfriedenzauber» festzuhalten versuchten, verlor langsam aber stetig an Boden.[30] Je mehr die ökonomischen Auswirkungen des Weltkriegs die Lage der Bevölkerungsteile mit niedrigen Einkommen erschwerten, desto stärker traten Stimmen in den Vordergrund, die den Bundesrat und seine Vollmachtenpolitik als Teil der zunehmenden Probleme betrachteten. Neben den zahlreichen, aber oftmals wirkungslosen Eingaben an die Bundesbehörden suchten die Arbeiterorganisationen deshalb nach anderen Wegen, um ihre politischen Anliegen im Vollmachtenregime durchzusetzen. «In der Schweiz liegen die Dinge so», bemerkte die *Gewerkschaftliche Rundschau* im Juli 1915, «dass die notleidenden Volksschichten ihre Stimme laut vernehmen lassen müssen, sonst glaubt niemand daran, dass es in diesem glücklichen Lande noch unglückliche Menschen gibt.»[31]

Seit dem Frühjahr 1915 fanden in der Deutschschweiz Protestversammlungen der sozialdemokratischen «Jungburschen» gegen Krieg und Imperialismus statt, die den verschiedenen Kritikern der

---

27 Vgl. Neidhart, Leonhard: Plebiszit und pluralitäre Demokratie. Eine Analyse der Funktion des schweizerischen Gesetzesreferendums, Bern 1970, 185.

28 Vgl. Lincke, Bruno: Zum 50-jährigen Bestehen des Vereins Schweizerischer Maschinen-Industrieller (V.S.M.) 1883–1933, Brugg 1933, 43; Kreisschreiben des Bundesrates an sämtliche Kantonsregierungen betr. die zeitweilige Zulassung von Ausnahmen zum Fabrikgesetz, in: Bundesblatt 66/4 (1914), 37f.

29 Vgl. Weber, Florian: Die amerikanische Verheissung. Schweizer Aussenpolitik im Wirtschaftskrieg 1917/18, Zürich 2016, 37f.

30 Vgl. Der Kampf der Holzarbeiter Zürichs um eine Teuerungszulage, in: Die Vorkämpferin 11/10 (1915), 3f; Grimm, Robert: Wir müssen wagen!, in: Neues Leben 1 (1915), 65–70.

31 Wuchergeschäfte und Teuerungsdemonstrationen, in: Gewerkschaftliche Rundschau für die Schweiz 7 (1915), 75f.

offiziellen Parteilinie ein reiches Betätigungsfeld boten. Im Gefolge der Konferenz von Zimmerwald erreichte diese Bewegung mit den Friedensdemonstrationen vom 3. Oktober 1915 einen ersten Höhepunkt, bei denen in mehreren Ortschaften bis zu 25 000 Teilnehmerinnen und Teilnehmer auf die Strassen gingen. Sie stellten dabei Forderungen, in denen sich die Ablehnung der Politik des Bundesrats stärker als zuvor artikulierte.[32] Begleitet wurden diese Kundgebungen von sogenannten «Teuerungsdemonstrationen», die in vielen Fällen ebenfalls von den Arbeiterorganisationen veranstaltet wurden. Mehr noch als bei den pazifistisch und internationalistisch ausgerichteten Protesten der sozialdemokratischen Jugend gelang es hier, die Menschen zum Protest gegen die Verschlechterung der Lebensumstände durch steigende Preise, «Spekulantentum» oder die Versorgungspolitik der Behörden zu mobilisieren.[33]

Trotz aller Kritik änderte sich an der Vollmachtenpolitik des Bundesrats bis Ende 1915 aber wenig. Es brauchte einen schwerwiegenden neutralitätspolitischen Skandal, damit Bewegung ins Vollmachtenregime kam. Als im Dezember 1915 bekannt wurde, dass zwei Mitglieder des Schweizer Generalstabs Geheimdienstinformationen an die Mittelmächte geliefert hatten, verlangten die Kantonsregierungen von Genf und Waadt vom Bundesrat, die Armeeleitung unverzüglich an die Kandare zu nehmen und die Vollmachten auf die «nécessités actuelles du pays» einzuschränken.[34] Mindestens so stark wie in der Arbeiterbewegung war die Ablehnung des Ausnahmezustands mittlerweile in der Westschweiz und im Tessin, wo die Anwendung der Vollmachten und die Befugnisse des Militärs als Gefahr für die eigene Autonomie und Kultur wahrgenommen wurden.

Der Bundesrat – damit konfrontiert, die Unterstützung für seine Vollmachten zu verlieren – unternahm einen Befreiungsschlag. Er stimmte einer ausserordentlichen Parlamentssession über das Vollmachtenregime zu, entzog der Armee eine Reihe von Kompetenzen und versprach, mit den «Neutralitätsberichten» in Zukunft regelmässiger und ausführlicher über seine Handhabung der Vollmachten zu informieren. Die bürgerlichen Kritiker des Vollmachtenregimes waren damit besänftigt und sprachen dem Bundesrat einmal mehr ihr Vertrauen aus, nicht zuletzt deshalb, weil die Regierung eindringlich vor den ökonomischen und militärischen Konsequenzen einer Einschränkung der Vollmachten gewarnt hatte.[35] Der Vorschlag von Robert Grimm, ein Vetorecht des Parlaments für die Noterlasse sowie eine Kommission zur ständigen Kontrolle des Bundesrats zu schaffen, fand hingegen keine Mehrheit. Der Idee eines solchen «Wohlfahrtsausschusses» erteilte Aussenminister Arthur Hoffmann eine Absage, weil der Bundesrat bereits alles in seiner Macht Stehende gegen Teuerung und Knappheit unternommen und dabei stets den Rat von «Sachverständigen beigezogen» habe.[36] Aus der Sicht Grimms hatte sich die Lage der Arbeitnehmer seit Kriegsausbruch aber gerade wegen einiger Noterlasse erheblich verschlechtert. Der Bundesrat habe mit seinen Vollmachten eine «auf allen Gebieten sich geltend machende Diktatur»[37] geschaffen, kritisierte er – und erhielt Unterstützung vom Neuenburger Ernest-Paul Graber. Dieser bestritt die Notwendigkeit der Vollmachten gänzlich, bekundete sein Misstrauen gegenüber den Versprechungen des Bundesrats und warnte vor einem Abgleiten der Schweiz ins politische System des Deutschen Reichs: «Nous avons perdu la notion réelle des droits démocratiques. Notre gouvernement peu démocratique s'est senti naturellement attiré du côté de l'État voisin le plus autoritaire.»[38]

Trotz dieser Einwände von der Arbeitnehmerseite gelang es dem Bundesrat im Frühjahr 1916, alle Forderungen nach einer Einschränkung seiner notrechtlichen Befugnisse abzuwehren. Das bedeutete allerdings nicht, dass sich die bestehenden Konflikte aufgelöst hätten oder die Politik der ersten beiden Kriegsjahre fortgesetzt worden wäre. Der Erste Weltkrieg hatte die Schweiz militärisch verschont, wirkte sich als Handels- und Propagandakrieg aber umso stärker ökonomisch und kulturell auf das neutrale Land aus. Für die Politik wurde er so von einer verteidigungs- zu einer wirtschafts-

---

32 Vgl. Erb, Vorgeschichte, 485.
33 Bolliger, Markus: Die Basler Arbeiterbewegung im Zeitalter des Ersten Weltkrieges und der Spaltung der Sozialdemokratischen Partei. Ein Beitrag zur Geschichte der schweizerischen Arbeiterbewegung, Basel, Stuttgart 1970, 33.
34 L'affaire de l'Etat-Major, in: Gazette de Lausanne, 7.2.1916.
35 Vgl. II. Bericht des Bundesrates vom 19.2.1916 an die Bundesversammlung über die von ihm auf Grund des Bundesbeschlusses vom 3.8.1914 getroffenen Massnahmen, in: Bundesblatt 68/1 (1916), 119–141, hier 123.
36 BAR, E1301#1960/51#176*, Arthur Hoffmann, Protokoll der 5. Sitzung des Schweizerischen Nationalrats, 9.3.1916.
37 BAR, E1301#1960/51#176*, Robert Grimm, Protokoll der 5. Sitzung des Schweizerischen Nationalrats, 9.3.1916.
38 Pleins pouvoirs et neutralité, in: Journal de Genève, 10.3.1916.

politischen Herausforderung. Stärker und häufiger als zuvor griff der Bundesrat mit seinen Noterlassen nun in Produktion, Handel und Konsum ein. Dabei kam er auch den Forderungen von Sozialdemokraten und Gewerkschaften entgegen. Ab Frühling 1917 verkaufte der Bund Milch, später auch Brot, Kartoffeln und Brennmaterialien zu herabgesetzten Preisen an Haushalte, deren Einkommen unter einer bestimmten Schwelle lag. Zur «Überwachung und Organisation» dieses als «Notstandsaktion» betitelten Vorhabens eröffnete das Eidgenössische Volkswirtschaftsdepartement (EVD) im April 1917 das Eidgenössische Fürsorgeamt, das direkt Bundesrat Edmund Schulthess unterstand.[39]

Schulthess inszenierte sich in der Folge immer stärker als Organisator der schweizerischen Kriegswirtschaft und Verfechter eines starken Staats – wozu ihm die Vollmachten das rechtliche Instrument boten. Auch wenn sie weiterhin eng in die Konzeption und Umsetzung der Wirtschaftspolitik eingebunden waren, wurden der Einfluss und die Autonomie der Wirtschaftsverbände dadurch relativiert. Auch für die Kantone und Gemeinden, die für die Umsetzung vieler Noterlasse verantwortlich waren, wurde der Spielraum kleiner. Die Verbilligung einiger Lebensmittel für die Konsumenten war nicht die einzige Forderung aus den Reihen der Arbeiterbewegung, der das EVD im Frühjahr 1917 entgegenkam. Mit der Gründung des «Fonds für Arbeitslosenfürsorge», der privaten und öffentlichen Institutionen zur Unterstützung von Arbeitslosen unter die Arme greifen sollte, nahm der Bund Teile einer bereits im März 1912 eingereichten Motion des SP-Nationalrats und «Weberpfarrers» Howard Eugster-Züst auf, die ein stärkeres staatliches Engagement «gegen die Folgen unverschuldeter Arbeitslosigkeit» gefordert hatte.[40] Flankiert wurden diese ersten Schritte des Bunds auf dem Weg zu einer staatlich regulierten Arbeitslosenversicherung von einer Hilfsaktion für die Stickereiindustrie. Diese Branche, die durch den Krieg in existenzielle Absatzschwierigkeiten geraten war, versuchte der Bundesrat mit einer ganzen Reihe von Noterlassen zu stabilisieren und vor dem «allgemeinen Zusammenbruch» zu bewahren.[41]

Je lauter die Kritik am Vollmachtenregime vonseiten der Arbeiterbewegung wurde, umso stärker versuchte der Bundesrat, die Kompetenzen des Ausnahmezustands für den sozialen Zusammenhalt einzusetzen. Das wohl wichtigste Projekt in diesem Zusammenhang war die «eidgenössische Kriegsgewinnsteuer», welche die Regierung im Herbst 1916 auf Grundlage ihrer Vollmachten beschloss. Unternehmen mussten dadurch einen Teil ihrer Erträge versteuern, die sie in den Kriegsjahren zusätzlich verdient hatten.[42] Die Kriegsgewinnsteuer entlastete so die im Ersten Weltkrieg stark angewachsenen Bundesausgaben. Gleichzeitig war sie aber auch ein Versuch zum Ausgleich zwischen den in der Kriegskonjunktur angewachsenen Erträgen der Exportindustrie und den von Knappheit, Teuerung und politischem Einflussverlust betroffenen Bevölkerungsteilen. Wenn Edmund Schulthess die Kriegsgewinnsteuer als «mesure la plus décisive qui ait été décrétée sur la base des pleins pouvoirs extraordinaires» bezeichnete, meinte er damit weniger ihren Anteil am Bundesbudget, als vielmehr ihren Beitrag zur gesellschaftlichen Kohäsion.[43]

### Zwischen Kompromiss und Konfrontation

Die SP begrüsste grundsätzlich den Kurswechsel des Bundesrats in der Wirtschafts- und Sozialpolitik ab 1917, der ihr allerdings nicht weit genug ging. Die neuen Steuern waren nach Meinung der Arbeitervertreter unzureichend, um die Gewinne und Lasten des Kriegs in der Schweizer Bevölkerung gerecht zu verteilen. Die von den Sozialdemokraten lancierte Volksinitiative für die Einführung einer zeitlich nicht befristeten, «direkten progressiven Steuer auf Vermögen und Einkommen» wurde von Bundesrat und Parlamentsmehrheit abgelehnt und scheiterte auch in der Volksabstimmung am 2. Juni 1918.[44] Zuvor hatte sich die innenpolitische Lage in der Schweiz beträchtlich zugespitzt. Der zwischen den Sprachregionen aufgebrochene kulturelle Graben, der die erste Hälfte des Weltkriegs geprägt hatte, wurde nun zunehmend von einer Kluft zwischen Arbeitnehmern und Arbeitgebern abge-

---

39 Protokolle des Bundesrates, Ueberwachung der Fürsorgetätigkeit der Kantone, 13.4.1917.

40 VII. Bericht des Bundesrates vom 24.5.1917 an die Bundesversammlung über die von ihm auf Grund des Bundesbeschlusses vom 3.8.1914 getroffenen Massnahmen, in: Bundesblatt 69/3 (1917), 225–265, v. a 265.

41 VI. Bericht des Bundesrates vom 9.3.1917 an die Bundesversammlung über die von ihm auf Grund des Bundesbeschlusses vom 3.8.1914 getroffenen Massnahmen, in: Bundesblatt 69/1 (1917), 298–356, hier 337.

42 Vgl. Guex, Sébastien: La politique monétaire et financière de la Confédération suisse. 1900–1920, Lausanne 1992, 362f.

43 Zit. nach Guex, Politique, 362.

44 Vgl. Tanner, Jakob: Geschichte der Schweiz im 20. Jahrhundert, München 2015, 145.

löst. Sie war Ausdruck der bereits vor 1914 ausgetragenen sozioökonomischen Konflikte und der durch den Krieg erzeugten Notlage und resultierte in «einer der grössten Krisen der modernen Schweiz».[45]

Unzufriedenheit über Teuerung, Güterknappheit und Kriegsgewinne, über Lohnausfall, Arbeitslosigkeit und Aktivdienst sowie über die fehlende Mitsprache in der Bundespolitik äusserte sich in Form von Strassenprotesten, steigenden Mitgliederzahlen der Gewerkschaften und immer häufiger auch in Streiks. Dabei verknüpfte sich innerhalb der Arbeiterbewegung der Widerstand gegen die Verschlechterung der Lebensumstände mit dem Wunsch nach politischen Reformen, Gleichberechtigung und Frieden. Das Regime der unbeschränkten Vollmachten spielte in dieser Konfliktdynamik eine ebenso zentrale wie ambivalente Rolle. Einerseits kritisierten die Arbeitervertreter die Tendenz dieses Regimes, den Interessen von Grossunternehmern und Bauern mit diktatorischer Macht den Vorzug zu geben. Sie sahen in den unbeschränkten Vollmachten eine der Demokratie und dem Rechtsstaat widersprechende Ausgeburt der herrschenden Gesellschaftsordnung. Andererseits standen mit den Vollmachten und dem im Aufbau begriffenen kriegswirtschaftlichen Apparat erstmals Instrumente zur Verfügung, die sich für eine rasche Verwirklichung versorgungs- und sozialpolitischer Vorhaben eigneten, vom Bundesrat aber «ungeschickt, einseitig und verständnislos» eingesetzt wurden, wie Robert Grimm es formulierte.[46]

Wie schwer es für die Organisationen der Arbeiterbewegung war, mit ihren Anliegen in die Politik der Vollmachten vorzudringen, zeigt die Tätigkeit der «zentralen Notstandskommission der schweizerischen Arbeiterschaft». Dieses wenige Wochen nach Kriegsausbruch gegründete Gremium richtete eine steigende Zahl von Eingaben an den Bundesrat. Seine immer zahlreicheren Forderungen (wie die Restitution des Fabrikgesetzes, die Beschäftigung von Arbeitslosen, die Einführung von Mindestlöhnen, Höchstpreisen und Staatsmonopolen für Lebensmittel) wurden jedoch nur mit Einschränkungen oder grosser Verzögerung erfüllt.[47] Während der ersten deutlichen Zuspitzung der wirtschaftlichen Situation im Februar 1917 legte die «Notstandskommission» einen umfangreichen Katalog sozial- und versorgungspolitischer Massnahmen vor, die explizit auf Grundlage der Vollmachten verwirklicht werden sollten.[48] Teilen dieses Appells kam die Regierung in den folgenden Monaten mit dem Erlass fleischloser Tage, dem Herstellungsverbot für bestimmte Käsesorten, dem verbilligten Verkauf von Brot an Bedürftige, der Ermächtigung der Kantone zum Verbot von Mietzinserhöhungen und Kündigungen, der Schaffung des Fonds für Arbeitslosenfürsorge und des Fürsorgeamts sowie einer Erhöhung der Notunterstützung für Soldaten entgegen. Tiefer in die privatwirtschaftlichen Strukturen und Rechte eingreifende Vorhaben im Bereich der Nahrungsmittelversorgung, des Mieterschutzes, der Arbeitslosenunterstützung und der Armenfürsorge wurden vom Bundesrat zwar zur Kenntnis genommen, aufgrund von Widerständen der anderen Interessenverbände aber nicht weiterverfolgt.[49]

Die begrenzte Wirksamkeit der «Politik des schüchternen Wünschens», mit der die Kommission ihre Ziele zu erreichen versuchte, hatte wesentlichen Anteil daran, dass sich Teile der schweizerischen Arbeiterorganisationen im Sommer 1917 zu einem Strategiewechsel entschlossen.[50] «Was die Notstandskommission erreichte», fasste Robert Grimm die Entwicklung unmittelbar nach Kriegsende zusammen, «waren einige Brosamen, die von der reich besetzten Tafel der kapitalistischen Herren fielen. Damit aber konnte und durfte die Arbeiterklasse auf die Dauer sich nicht zufrieden geben.» Mehr Erfolg versprachen seiner Ansicht nach Strassenproteste, Arbeitsniederlegungen und Pressekampagnen. Am 30. August 1917 kam es erstmals in mehreren Regionen zu Proteststreiks und Demonstrationen, zu denen SP und Gewerkschaften aufgerufen hatten. Als Reaktion darauf beschloss der Bundesrat die Bildung einer «Eidgenössischen Notstandskommission». Dieses Gremium brachte unter der Leitung des EVD erstmals Repräsentanten der Gewerkschaften, der Arbeiterparteien, des schweizerischen Kaufmännischen Verbands, des Verbands Schweizerischer Konsumvereine sowie von Stadt- und Kantonsverwaltungen zur Diskussion sozialpolitischer Massnahmen an einen Tisch.[51] Entgegen den Hoffnungen der Arbeitneh-

---

45 Jost, Hans-Ulrich: Der historische Stellenwert des Landesstreiks, in: Gautschi, Landesstreik, I–XV, hier I.

46 Grimm, Robert: 50 Jahre Landesgeschichte. Der VPOD im Spiegel des Zeitgeschehens 1, Zürich 1955, 32.

47 Vgl. Stucki, Walter: Der Schweizerische Gewerkschaftsbund in der Kriegszeit (1914–1920), Bern 1928, 71.

48 Vgl. Gautschi, Landesstreik, 92.

49 Vgl. Lezzi, Otto: Zur Geschichte der schweizerischen Arbeiterbewegung, Zürich 1990, 183f.

50 Oltener Aktionskomitee: Der Landesstreik-Prozess gegen die Mitglieder des Oltener Aktionskomitees vor dem Militärgericht 3 vom 12.3–9.4.1919, Bd. 1, Bern 1919, 480.

51 Vgl. Gautschi, Landesstreik, 41; Protokolle des Bundesrates, Fonds für Arbeitslosenfürsorge, 13.3.1917.

merseite, die sich eine Mitwirkung an der Ausarbeitung und Umsetzung neuer Noterlasse erhoffte, hielt sich der Handlungsspielraum der staatlichen Notstandskommission allerdings in engen Grenzen.[52] Es wurden in den Reihen der Linken deshalb jene Akteure gestärkt, die ein entschiedeneres Auftreten gegenüber dem Bundesrat verlangten. Die Gelegenheit dazu bot sich im Februar 1918 mit der Gründung des Oltener Aktionskomitees (OAK).[53]

Anfang März 1918 beschloss eine Konferenz der Arbeiterorganisationen auf Anregung des OAK ein erstes Wirtschaftsprogramm mit 15 versorgungspolitischen Postulaten, darunter ein seit Längerem gefordertes «eidgenössisches Versorgungsamt», Massnahmen gegen steigende Preise, Nahrungsmittel-, Brennstoff- und Wohnungsknappheit sowie zur Bekämpfung der Armut.[54] Bewegte sich dieses Programm weitgehend im bereits bekannten Rahmen, gingen die Ansichten über die zu dessen Umsetzung nötigen «Kampfmittel» an einer anschliessenden Konferenz deutlich auseinander. Es gelang Robert Grimm schliesslich, eine Mehrheit der Delegierten von den Vorteilen eines befristeten – und somit innen- wie aussenpolitisch kontrollierbar erscheinenden – Generalstreiks zu überzeugen. Die konfrontative Richtung innerhalb der Arbeiterbewegung erhielt damit starken Rückhalt und das OAK den Status der «zentralen Aktionsleitung».[55]

Im Sommer 1918 unternahm das OAK einen weiteren Vorstoss beim Bundesrat. Streiks, Teuerungsproteste und Ausschreitungen erreichten zu diesem Zeitpunkt eine neue Intensität.[56] Das OAK, das für diese Eskalation aufgrund seiner Strategie durchaus mitverantwortlich war, lehnte wie die gemässigte Mehrheit der Arbeiterorganisationen die Anwendung von Gewalt zwar ab, sah nun aber den Zeitpunkt für ein neues Forderungspaket an die Adresse des Bundesrats gekommen. Das hierzu beschlossene Programm umfasste elf «realisierbare» Punkte, die sich mehrheitlich mit den bereits bekannten Postulaten deckten, aber auch sicherheits-, presse- und migrationspolitische Aspekte einbrachten.[57] Der Bundesrat äusserte sich zur neuen Eingabe des OAK in einem Brief an Robert Grimm. Ohne die Vorschläge des Programms gänzlich abzulehnen, zeigte die Regierung mit Hinweis auf «grosse Schwierigkeiten», die Kompetenzen von Kantonen und Parlament sowie die belasteten Bundesfinanzen jedoch wenig Motivation für eine baldige Umsetzung.[58]

Aufgrund interner Streitigkeiten überantwortete das OAK den Entscheid über das weitere Vorgehen einer grossen Konferenz, die dem Programm die benötigte Rückendeckung verschaffen sollte. Am 27. Juli 1918 versammelten sich in Basel fast 330 Teilnehmer zum «Allgemeinen Schweizerischen Arbeiterkongress», stimmten dem «Elfpunkteprogramm» des OAK mit grosser Mehrheit zu und erteilten ihm den Auftrag, «sofort mit dem Bundesrat in nochmalige Verhandlungen einzutreten, um positive Zugeständnisse zu erlangen».[59] Nur wenn dieser Vorstoss ergebnislos blieb, sollte ein befristeter «Landesstreik mit aller Entschlossenheit, diszipliniert und unter Vermeidung aller Ausschreitungen» ausgerufen werden.[60] Hatte die Regierung die OAK-Forderungen bisher meist zurückgewiesen, stimmte sie nun direkten Verhandlungen mit Arbeitervertretern zu. Die Besprechungen, die vom 31. Juli bis 8. August 1918 im Bundeshaus abgehalten wurden, endeten mit einer Reihe von Zusicherungen und Absichtserklärungen, die zeigten, dass die Differenzen zwischen Bund und Arbeiterbewegung in der direkten Kontaktaufnahme kleiner waren, als es die im Vorfeld mit kriegerischem Vokabular geführte Pressedebatte hatte vermuten lassen.[61] Nach Verlautbarung des Aktionskomitees hatte die Arbeiterbewegung in den Verhandlungen ihre politischen Ziele erreicht und erstmals wesentlich auf das Vollmachtenregime Einfluss nehmen und somit zur «Entspannung» auf beiden Seiten beitragen können.[62]

Den Kurs von Konfrontation und Gesprächsbereitschaft, der von den Arbeiterorganisationen im letzten Kriegsjahr eingeschlagen wurde, reflektierte der Bundesrat in seiner Vollmachtenpolitik. Er band die Arbeitnehmerseite nun deutlich stär-

---

52 Vgl. Stucki, Gewerkschaftsbund, 78.
53 Grimm, Robert: Revolution und Massenaktion, Bern 1919, 9.
54 Vgl. BAR, E7800#1000/1961 #1885*, Oltener Aktionskomitee, An die eidgenössische Notstandskommission, 8.3.1918.
55 BAR, E21#1000/131#9886*, Josef Bellina, Protokoll der 3. Sitzung des Gewerkschafts-Ausschusses in Verbindung mit der Geschäftsleitung der sozialdemokratischen Partei der Schweiz und dem Bureau der Nationalratsfraktion, 3.3.1918.
56 Vgl. Buomberger, Thomas: Kampfrhetorik, Revolutionsangst und Bürgerwehren. Der Landesstreik vom November 1918, in: Rossfeld/Buomberger/Kury (Hg.), 14/18 der Grosse Krieg, 336–365.
57 Vgl. Gautschi, Landesstreik, 131.
58 Aus den Verhandlungen des Bundesrates, in: Bundesblatt 70/3 (1918), 732.
59 Uniondruckerei Bern (Hg.): Protokoll des Allgemeinen Schweizerischen Arbeiterkongresses, Samstag den 27. und Sonntag den 28. Juli 1918 in der Burgvogtei in Basel, Bern 1918, 95.
60 Uniondruckerei Bern, Protokoll, 95.
61 Vgl. BAR, E21#1000/131 #9989*, Heinrich David, Konferenz der Delegation des Bundesrates mit dem sozialistischen Oltener Aktionskomitee, 31.7.1918.
62 Oltener Aktionskomitee: An die Arbeiterschaft!, in: Berner Tagwacht, 10.8.1918.

# Das Oltener Aktionskomitee als Antwort auf das Vollmachtenregime

Oliver Schneider

Im Januar 1918 erliess der Bundesrat kraft seiner Vollmachten einen Beschluss zur «Vermehrung der Lebensmittelproduktion».[1] Es war nicht der erste Versuch der Regierung, mit notrechtlichen Vorschriften die Erträge der Schweizer Landwirtschaft zu steigern. Ähnliche Noterlasse waren angesichts der zunehmenden Probleme in der Landesversorgung schon im Frühjahr 1917 in Kraft gesetzt worden.[2] Was im letzten Kriegsjahr dazu kam, war der Versuch, die Bevölkerung für den Anbau zu mobilisieren. Der Bundesratsbeschluss sah für den Fall eines Mangels an Arbeitskräften die «Zuweisung von Arbeitslosen, fremden Deserteuren und Refraktären» sowie eine nicht näher beschriebene «Zivildienstpflicht» vor. Problematisch war hierbei weniger der potenzielle Einsatz von Zivilisten in der «Vermehrung der Lebensmittelproduktion» – Teile der Arbeiterbewegung hatten dies zur Bekämpfung von Arbeitslosigkeit unterstützt –, sondern die Vorschriften, welche der Bundesverwaltung dabei vorschwebten. Geplant war, dass das Militärdepartement einen obligatorischen «Zivildienst» für «alle Schweizer und Schweizerinnen vom vollendeten 14. bis zurückgelegten 60. Altersjahre» einführen konnte.[3] Dem Projekt schlug Empörung entgegen. Wiederum war es Robert Grimm, der die Ablehnung des geplanten Zivildienstes aufnehmen und als Auswuchs der Ungleichgewichte darstellen konnte, die durch das Vollmachtenregime in der Schweizer Politik entstanden waren. Am 4. Februar 1918 kam es in diesem Zusammenhang in Olten zur Gründung eines «Aktionsausschusses» von SP und Schweizerischem Gewerkschaftsbund (SGB).[4] Ursprünglich zur Mitsprache in der Zivildienstdiskussion geschaffen, rückte dieses Thema an den folgenden Sitzungen des Oltener Aktionskomitees (OAK) allerdings rasch in den Hintergrund. Vielmehr entwickelte das OAK ein beträchtliches Eigenleben und nahm für sich bald Themensetzung und Interessenvertretung der ganzen Arbeiterbewegung gegenüber den Bundesbehörden in Anspruch. Es sollte die glücklose Notstandskommission beerben, indem es, unterstützt von der Arbeiterpresse, auf das Vollmachtenregime mit Verhandlungsangeboten ebenso wie mit Generalstreikdrohungen einzuwirken versuchte – eine auf Klassenkampf ebenso wie auf Kooperation setzende Methode, die bald erste Erfolge vorweisen konnte.[5]

---

1 Bundesratsbeschluss vom 15.1.1918 betreffend die Vermehrung der Lebensmittelproduktion im Jan. 1918, in: Amtliche Sammlung (AS) der Bundesgesetze und Verordnungen der schweizerischen Eidgenossenschaft 34 (1918), 83.
2 Bundesratsbeschluss vom 16.2.1917 betreffend die Hebung der landwirtschaftlichen Produktion im Feb. 1917, in: AS 33 (1917), 67.
3 Schweizerisches Bundesarchiv (BAR), E27#1000/721 #12943*, Schweiz. Militärdepartement, Entwurf des Bundesratsbeschlusses betreffend die Arbeitsorganisation für die Urproduktion für die Ausführung von Bodenverbesserungen, Jan. 1918.
4 Vgl. Gautschi, Willi: Der Landesstreik 1918, Zürich 1988, 94.
5 BAR, E21#1000/131#9883*, Oltener Aktionsausschuss, Karl Dürr, Protokoll der 2. Sitzung, 16.2.1918.

ker in den notrechtlichen Entscheidungsprozess ein und zeigte gegenüber verschiedenen Organisationen, die sich die Vertretung der Arbeiter und Angestellten auf die Fahnen geschrieben hatten, Offenheit zum Dialog. Ein beträchtlicher Teil der Noterlasse kam den Forderungen der Arbeiterorganisationen in den Monaten vor dem Landesstreik stärker entgegen, als dies in den vorangegangenen Kriegsjahren der Fall gewesen war. Der Bundesrat wandte seine Vollmachten nun zur Umsetzung verschiedener sozial- und versorgungspolitischer Vorhaben an, die er im bisherigen Kriegsverlauf stets abgelehnt oder unerledigt gelassen hatte. So traf er etwa Massnahmen zur Rationierung und Einsparung von Gütern, zur staatlichen Kontrolle von Handel, Ein- und Ausfuhr sowie zur Förderung der landwirtschaftlichen und industriellen Produktion. Ausserdem hob die Regierung den Sold, das Krankengeld, die Pensionen und die Notunterstützung für Militärangehörige an, erweiterte die Anfang 1917 lancierte «Notstandsaktion» und ordnete die Schaffung von kantonalen «Einigungsstellen» zur Schlichtung von Konflikten zwischen Fabrikinhabern und ihren Angestellten an. Mit Blick auf die wachsende Wohnungsnot erschwerte der Bund Wohnungskündigungen und Mietzinserhöhungen und ermächtigte die Kantone kurz vor dem Landesstreik, «zureisenden Personen, die die Notwendigkeit ihrer Anwesenheit am Orte nicht hinreichend zu begründen vermögen», die Niederlassung und den Aufenthalt zu verweigern sowie leer stehende Wohnungen zwangsweise vermieten zu lassen.[63]

Die von der Arbeitnehmerseite am hartnäckigsten geforderte Massnahme der Schaffung eines «Eidgenössischen Ernährungsamts» wurde nun ebenfalls mittels Vollmachten umgesetzt. Während die kriegführenden Länder ihre ernährungspolitischen Programme vergleichsweise früh in speziellen Behörden oder Ministerien zentralisiert hatten und die Kantone Zürich, Bern, Genf oder Basel-Stadt seit 1917 über kantonale Ernährungs- respektive Lebensmittelämter verfügten, blieben die diesbezüglichen Aufgaben auf Bundesebene lange über verschiedene Abteilungen verteilt und entsprechend unkoordiniert.[64] Der Widerstand der Bauernverbände spielte hierbei ebenso eine Rolle wie der Umstand, dass sich die betroffenen Abteilungen und Bundesräte lange nicht auf eine Umverteilung der Kompetenzen und die Schaffung neuer Organisationsstrukturen einigen konnten.[65] Robert Grimm, der bereits 1916 eine Zusammenfassung der verschiedenen Bundesstellen, die sich mit der Nahrungsmittelversorgung befassten, vorgeschlagen hatte, setzte das Thema «Ernährungsamt» im Januar 1917 auf die Agenda der Arbeiter-Notstandskommission.[66] Ein knappes Jahr später reichte er im Nationalrat ein Postulat zur Schaffung eines «eidgenössischen Verpflegungsamts» ein.[67] In der Behandlung des Vorstosses signalisierte Edmund Schulthess grundsätzliche Zustimmung, hielt die von den Sozialdemokraten vorgeschlagene Unabhängigkeit des neuen Amts von den bestehenden Departementen aber für nicht umsetzbar. Obwohl sich Anfang Februar 1918 auch die in der sogenannten «Kommission für wirtschaftliche Fragen» versammelten Abteilungsleiter der Bundesverwaltung deutlich für die Schaffung eines zentralen Ernährungsdepartementes aussprachen, blieb das Vorhaben wenig später in den Mühlen der Bundespolitik stecken.[68] Erst im Sommer 1918, nachdem das OAK die Forderung im Rahmen des Arbeiterkongresses erneut erhoben und ihr diesmal mit einer Streikdrohung Nachdruck verliehen hatte, nahm der Bundesrat das Projekt wieder auf. Angesichts der «dringlichen Sachlage, vielseitig geäusserten Wünschen entsprechend und nach dem Vorbilde der kriegführenden Staaten» entschied er sich schliesslich für einen Mittelweg zwischen einem Amt in den vorhandenen Strukturen der Bundesverwaltung und der Schaffung eines eigenen Departementes.[69] Am 13. September 1918, also zwei Monate vor dem Landesstreik, fasste das Eidgenössische Ernährungsamt die zahlreichen, seit 1914 beschlossenen Programme im Bereich der Lebensmittel-, Dünger- und Futterversorgung in einer zentralen Behörde zusammen. Mit dieser Gründung war die Forderung der Arbeiterorganisationen nach einer zentralen Versorgungsbehörde aber nur teilweise erfüllt. Ebenso wichtig war ihre Mitsprache in der nun umgestalteten Ernährungspolitik, die mithilfe

63 Vgl. XI. Bericht des Bundesrates vom 2.12.1918 an die Bundesversammlung über die von ihm auf Grund des Bundesbeschlusses vom 3.8.1914 getroffenen Massnahmen, in: Bundesblatt 70/5 (1918), 151–320b, hier 173.
64 Vgl. Gautschi, Landesstreik, 39f.
65 Vgl. Lüthi, Katharina: Sorglos bis überfordert. Die Brotversorgungspolitik der Schweiz im Ersten Weltkrieg, unveröffentlichte Lizentiatsarbeit, Universität Bern 1997, 62.
66 Baumann, Bauernstand, 341.
67 Eidgenössische Drucksachen- und Materialzentrale (Hg.): Uebersicht der Verhandlungen, Ordentliche Winter-Session 1917, Bern 1917, 17.
68 Vgl. BAR, E7350#1000/1104 #307*, Kommission für wirtschaftliche Fragen, An die Herren Vorsteher des Volkswirtschaftsdepartements und des Militärdepartements, 9.2.1918.
69 XI. Bericht des Bundesrates vom 2.12.1918, in: Bundesblatt 69/5 (1917), 267.

der neuen «Ernährungskommission» realisiert werden sollte. Der Bundesrat wählte in diese Kommission zunächst 13 Personen, darunter Repräsentanten der kantonalen Bauernverbände, des OAK, der erst kürzlich gegründeten «Bauern- & Bürgerparteien», des schweizerischen Städteverbands, der Lebensmittelbranche sowie des Verbands schweizerischer Konsumvereine.[70] Im OAK herrschte aber Unzufriedenheit über die Zusammensetzung der Kommission, da die Arbeitnehmerseite schwächer vertreten war als erhofft. Auch bei anderen Themen warfen die Arbeitervertreter dem Bundesrat vor, seine Zusicherungen nicht konsequent umgesetzt zu haben. Trotzdem war das OAK mit dem kooperativen Ansatz und den erreichten Zugeständnissen im Grossen und Ganzen zufrieden. Es sei ihm mit der neuen Strategie gelungen, «über soziale und wirtschaftliche Fragen auf gleichberechtigter Ebene mit dem Bundesrate zu verkehren».[71]

### Mit den Vollmachten gegen die befürchtete Revolution

Seit Anfang 1918 trat die Arbeiterbewegung gegenüber den Bundesbehörden kämpferischer auf und konnte diese dazu bewegen, ihren sozial- und wirtschaftspolitischen Anliegen mehr Beachtung zu schenken. Die eine Hand war zur Faust geballt und drohte mit dem Generalstreik, die andere war ausgestreckt und lud zum Dialog. Dieses Vorgehen hatte allerdings seinen Preis. An der Armeespitze, in bürgerlichen Kreisen und im Bundesrat begann ein regelrechtes «Revolutionsphantasma» um sich zu greifen, sodass die Aktionen der Opposition nicht mehr als Ruf nach Partizipation, sondern als Vorbereitung einer Revolte nach bolschewistischem Muster interpretiert wurden.[72] Auch wenn die Regierung zu Verhandlungen mit den Arbeitervertretern und zur notrechtlichen Umsetzung ihrer Postulate bereit war, umfasste die Taktik des Bunds mit Blick auf die innen- wie aussenpolitische Lage stets auch die Anwendung verschiedener Zwangsmittel.

Zunächst richteten sich diese nicht direkt gegen die Protestformen der Arbeiterbewegung, sondern waren auf Gebiete beschränkt, die aus Sicht des Bunds ein grösseres Bedrohungspotenzial für die politische Ordnung und die innere Sicherheit der Schweiz enthielten. So leitete der Bundesrat am 21. November 1917 – kurz nach der russischen Oktoberrevolution – per Notverordnung eine «entscheidende Wende sowohl in der Handhabung des Fremdenpolizeirechts in der Schweiz als auch in der Ausländerpolitik überhaupt» ein.[73] Dem im Kriegsverlauf lauter gewordenen Ruf nach einer strengeren Migrationspolitik und den grassierenden Befürchtungen einer bolschewistischen Unterwanderung der Schweiz Rechnung tragend, beschloss der Bundesrat deutlich restriktivere Vorschriften zur Abwehr beziehungsweise Ausweisung «unerwünschter Elemente» und der hinter ihnen vermuteten politischen, kulturellen oder wirtschaftlichen Einflüsse.[74] Mit der Eidgenössischen Zentralstelle für Fremdenpolizei schuf das Justizdepartement in der Folge einen beispiellosen bürokratischen Apparat zur Registrierung, Überwachung und Beurteilung ausländischer Staatsangehöriger in der Schweiz.[75] In engem Zusammenhang mit dieser Abkehr von der föderalistisch-liberalen Einwanderungspolitik der Vorkriegszeit stand eine zeitgleiche Verschärfung der Pressezensur. Zum ersten Mal seit dem Sommer 1915 nahm der Bundesrat Ende Januar 1918 wieder eine Ausweitung der Bestimmungen zur sogenannten «Presskontrolle» vor. Im darauffolgenden März belegte der Bund per Noterlass drei als Gefahr für die innere Sicherheit erachtete Zeitschriften der sozialistischen Jugendbewegung – die *Forderung*, die *Freie Jugend* sowie die *Jugend-Internationale* – mit einem Erscheinungsverbot.[76]

Konfrontiert mit Problemen der inneren Sicherheit und wachsendem Druck vonseiten der Arbeiterbewegung sowie der bürgerlichen Exponenten wandte sich der Bundesrat schliesslich auch wieder an denjenigen Akteur, den er zuvor aus dem politischen Entscheidungsprozess verdrängt hatte: die Armee. Das Verbot der *Freien Jugend* war von General Ulrich Wille gefordert worden, und dieser war es auch, der ein präventives Vorgehen gegen die von ihm als Vorbereitung zur Revolution inter-

---

70 Protokolle des Bundesrates, Eidg. Ernährungskommission, 13.9.1918.
71 BAR, E21#1000/131#10000*, Karl Dürr, Protokoll der 15. Sitzung des Oltener Aktionskomitees, 22.8.1918.
72 Jaun, Rudolf/Straumann, Tobias: Durch fortschreitende Verelendung zum Generalstreik? Widersprüche eines populären Narrativs, in: Der Geschichtsfreund. Mitteilungen des Historischen Vereins Zentralschweiz, Band 169 (2016), 21–51, hier 23.
73 Gast, Uriel: Von der Kontrolle zur Abwehr. Die eidgenössische Fremdenpolizei im Spannungsfeld von Politik und Wirtschaft 1915–1933, Zürich 1997, 34.
74 Bericht des schweizerischen Bundesrates an die Bundesversammlung über seine Geschäftsführung, Bern 1917, 237.
75 Vgl. Gast, Kontrolle, 38.
76 Vgl. Protokolle des Bundesrates, Einstellung der «Forderung», der «Freien Jugend» und der «Jugend-Internationalen», 1.3.1918.

# Der Bundesrat plant die Revolution

Oliver Schneider

Auf die gestiegene Konfrontationsbereitschaft der Arbeitnehmerseite und die angespannte innenpolitische Lage in den Monaten vor Kriegsende reagierte der Bundesrat nicht nur mit Gesprächsangeboten und wirtschaftspolitischen Beschlüssen. Unter Ausschluss der Öffentlichkeit besprach er mit der Armeespitze auch mögliche Reaktionen auf den befürchteten Revolutionsversuch. Auf Anregung von Justizminister Eduard Müller und infolge «hartnäckiger» Forderungen der Armeeleitung ernannte die Regierung am 9. August 1918 eine Spezialkommission, die zivile und militärische Massnahmen für den Fall eines Generalstreiks ausarbeiten sollte.[1] Diese «Landesstreik-Kommission», gewissermassen ein Anti-OAK, bestand aus den Chefs des Justizdepartements, des Militärdepartements, des Post- und Eisenbahndepartements, dem Generalstabschef sowie dem Bundesanwalt Franz Stämpfli.[2] In ihren Sitzungen im Sommer und Herbst 1918 entstanden verschiedene Noterlassentwürfe, etwa die «Verordnung betreffend Massnahmen gegen die Gefährdung und Störung der innern Sicherheit der Eidgenossenschaft», die alle Bundesangestellten der Militärgerichtsbarkeit unterstellte und während des Landesstreiks auch tatsächlich in Kraft gesetzt wurde.[3] Die Planungen der Landesstreik-Kommission gingen allerdings noch weiter. Für den Fall nämlich, «dass der Gesamtbundesrat durch Gewalt ausser Stand gesetzt sein sollte, über die Inkraftsetzung oder Publikation dieser Erlasse zu beschliessen», wurden jedes einzelne Bundesratsmitglied, der Bundeskanzler und der erste Vizekanzler ermächtigt, die Inkraftsetzung der Generalstreikerlasse anzuordnen. Darüber hinaus wurde «den genannten Stellen [...] die Ermächtigung gegeben, Aufgebote von Truppen zu verfügen, die Bundesversammlung einzuberufen und überhaupt im Sinne der gegenwärtigen Vorlage alle Anordnungen zu treffen, die zur Wiederherstellung von Ruhe und Ordnung im Lande dienlich erscheinen».[4] Das Schweizer Parlament hatte dem Bundesrat bei Kriegsausbruch Vollmachten zur Bewältigung der Kriegslage gegeben – nun traf dieser unter dem Eindruck von Revolutionsängsten Vorkehrungen zur Übertragung ausserordentlicher Kompetenzen auf eine Einzelperson. Der ursprüngliche Antrag der Kommission sah als Ultima Ratio dieses Machttransfers sogar eine Übertragung der Befugnisse auf die Armeeleitung vor, was der Bundesrat allerdings ablehnte.[5] «In versiegeltem Couvert mit angemessener Aufschrift» vertraute das Justizdepartement diese Beschlüsse laut Protokoll den Bundesräten und -kanzlern, dem Bundesanwalt sowie dem Generalstabschef an, um sie «unter sicherem Verschluss zu halten und erst zu öffnen, wenn von dem Inhalte [...] Gebrauch gemacht werden muss».[6]

---

1 Gautschi, Willi: Der Landesstreik 1918, Zürich 1988, 188.
2 Protokolle des Bundesrates, Massnahmen gegen den Generalstreik, 9.8.1918.
3 Vgl. Schweizerisches Bundesarchiv (BAR), E21 #1000/131#10037*, Landesstreik-Kommission, Entwurf für eine Verordnung betreffend Massnahmen gegen die Gefährdung und Störung der innern Sicherheit der Eidgenossenschaft, Sept. 1918.
4 BAR, E1005#1000/16#5*, Geheime Bundesratsprotokolle, Massnahmen für den Fall eines Landesstreikes, 29.10.1918.
5 Vgl. BAR, E21#1000/131 #10043*, Justiz- und Polizei-Departement, Bericht vom 7.10.1918 über Massnahmen für den Fall eines Landesstreiks; E1005#1000/16#5*, Geheime Bundesratsprotokolle, Vorkehren im Falle eines Landesstreiks, 2.11.1918.
6 BAR, E1005#1000/16#5*, Geheime Bundesratsprotokolle, 29.10.1918.

pretierten Streikpläne der Linken propagierte.[77] Über die Möglichkeit eines grösseren Streiks und die zu ergreifenden Gegenmassnahmen hatten sich Regierung und Armeeleitung erstmals nach Unruhen in La Chaux-de-Fonds im Mai 1917 besprochen, als Demonstranten den wegen Offiziersverleumdung inhaftierten Ernest-Paul Graber gewaltsam aus dem Gefängnis der Stadt befreit hatten.[78] Doch erst Ende Januar 1918 begann der Bundesrat mit der Planung einer militärischen Antwort auf die Möglichkeit eines Generalstreiks und von Unruhen.[79] War der Verdacht «anarchistischer», «revolutionärer» oder «bolschewistischer Umtriebe» bislang in erster Linie auf Jungsozialisten und in der Schweiz wohnhafte Ausländer gefallen, traf er nun vermehrt Teile der politischen Opposition. Die neue Haltung war durch eine aufgeheizte innenpolitische Debatte, ausufernde Bedrohungsszenarien und Warnungen aus den Entente-Staaten genauso wie von den realen Umwälzungen der letzten Kriegsjahre genährt.[80] In diesem Sinne gab der Bundesrat den Kantonsregierungen im Sommer 1918 einen Befehl des Generalstabschefs für den Ordnungsdienst zur Kenntnis und ermächtigte diese am 12. Juli zu «ausserordentlichen Massnahmen», insbesondere «öffentliche Versammlungen» polizeilich überwachen, verbieten und «nötigenfalls auflösen zu lassen».[81]

Der Bundesrat beliess es aber nicht bei einer Ermächtigung der Kantone. Im August 1918 ernannte er eine Spezialkommission, die unter Ausschluss der Öffentlichkeit zivile und militärische Massnahmen sowie Noterlasse für den Fall eines Generalstreiks ausarbeiten sollte. Diese «Landesstreik-Kommission» legte ihre «streng geheim» gehaltenen Entwürfe dem Gesamtbundesrat im Oktober 1918, nur wenige Wochen vor dem Landesstreik, zur Beratung vor.[82] Inzwischen hatte eine Arbeitsniederlegung des Zürcher Bankpersonals die innenpolitischen Fronten weiter verhärtet. An einer erneuten Konferenz des OAK mit einer Delegation der Bundesverwaltung war zudem die Enttäuschung der Arbeitnehmerseite über die schleppende Umsetzung der im August vereinbarten Massnahmen deutlich geworden.[83] Der Bundesrat erklärte sich auf Empfehlung der Landesstreik-Kommission nun dazu bereit, bei Ausbruch eines Landesstreiks die ganze Armee aufzubieten. Zudem erteilte er vorab die Zustimmung für eine in diesem Fall zu erlassende Notverordnung, mit der alle «Beamten, Angestellten und Arbeiter der Militärverwaltung des Bundes und der Kantone [...] sowie diejenigen der öffentlichen Verkehrsanstalten» der Militärgerichtsbarkeit unterstellt werden konnten. Ihnen, wie auch den «übrigen Beamten, Angestellten und Arbeitern der Bundesverwaltung mit Einschluss der Nationalbank», wurde durch die Verordnung jede Teilnahme an einem Streik untersagt. Ebenso unter Strafe der Militärjustiz gestellt wurden Aufforderungen von Bundesangestellten oder Soldaten zur Verletzung ihrer «Dienstpflicht», die Sabotage öffentlicher Infrastruktur sowie der Widerstand gegen Anordnungen der lokalen Militärbehörden.[84] In ähnlicher Weise genehmigte der Bundesrat vorab einen Noterlass «gegen Ausschreitungen der Presse bei Störungen der öffentlichen Ruhe und Ordnung».[85] Schliesslich wurde noch die Schaffung eines politischen Inlandnachrichtendienstes verfügt, was ebenfalls auf eine Idee des Generalstabschefs zurückging. In Zusammenarbeit mit der Nachrichtensektion des Armeestabs und der im Juli 1918 stark vergrösserten Heerespolizei sollte die Bundesanwaltschaft nun «gewisse Listen» mit Personen erstellen, die im Fall eines Umsturzversuchs verhaftet werden sollten.[86]

### Mit Notrecht in eine unruhige Nachkriegszeit

Die Revolution, auf die sich der Bundesrat und die Armeespitze vorbereiteten, fand nicht statt, doch leistete die Regierung Anfang November 1918 dem Drängen des Generals nach einem Truppenaufgebot zur Jahresfeier der russischen Oktoberrevolution schliesslich Folge. Das zog zunächst einen Proteststreik «zum Zeichen der Auflehnung gegen die

---

77  Vgl. Jaun/Straumann, Generalstreik, 39f. BAR, E27#1000/721#13458-5*, Ulrich Wille, An den hohen Bundesrat, 21.1.1918.
78  Vgl. Protokolle des Bundesrates, Unruhen in La Chaux-de-Fonds, 22.5.1917.
79  Protokolle des Bundesrates, Bomben- & Revolverfund in Zürich, 29.1.1918.
80  Protokolle des Bundesrates, Gerichtliche Untersuchung wegen Verbrechen gegen die innere und äussere Sicherheit der Eidgenossenschaft, 12.11.1918.
81  Bundesratsbeschluss vom 12. Juli 1918 betr. Massnahmen der Kantonsregierungen zur Aufrechterhaltung von Ruhe und Ordnung, in: AS 34 (1918), 761.
82  Vgl. BAR, E21#1000/131 #10039*, Protokoll der 3. Sitzung der Generalstreikkomm, 3.10.1918.
83  Vgl. BAR, E21#1000/131 #10014*, Adolf Steiger, Konferenz mit dem Oltener Aktionskomitee, 10.10.1918.
84  BAR, E21#1000/131#10037*, Landesstreik-Kommission, Entwurf für eine Verordnung betreffend Massnahmen gegen die Gefährdung und Störung der innern Sicherheit der Eidgenossenschaft, Sept. 1918.
85  BAR, E1005#1000/16#5*, Geheime Bundesratsprotokolle, Massnahmen für den Fall eines Landesstreikes, 29.10.1918.
86  BAR, E21#1000/131#10043*, Justiz- und Polizei-Departement, Bericht über Massnahmen für den Fall eines Landesstreiks, 7.10.1918.

Unverantwortlichkeit der militärischen und bürgerlichen Diktatur» und dann am 11. November 1918 den landesweiten, unbefristeten Generalstreik nach sich.[87] Gestützt auf seine Vollmachten, versuchte der Bundesrat, den Ordnungsdiensteinsatz unter ziviler Kontrolle ablaufen zu lassen. Doch in der militärischen Dynamik der Situation bestimmten rasch General Wille und die ihm unterstellten Kommandanten die Vorgehensweise. Die am 29. Oktober beschlossene «Verordnung betreffend Massnahmen gegen die Gefährdung und Störung der innern Sicherheit der Eidgenossenschaft» wurde nun mit leichten Änderungen in Kraft gesetzt, ebenso wie eine Reihe militärischer Erlasse, beispielsweise die Einführung des «Kriegsbetriebs» der Eisenbahnen. Dem Personal von Bund, Nationalbank und Bundesbahnen war damit eine Teilnahme am Streik militärstrafrechtlich verboten.[88]

Gleichzeitig wandte sich der Bundesrat mit zwei Proklamationen an die Öffentlichkeit. Diese Bekanntmachungen rechtfertigten einerseits die Militärintervention des Staats gegen «revolutionäre und anarchistische Experimente», andererseits signalisierten sie mit Beschwörungen von Demokratie, Freiheit und «sozialer Gerechtigkeit» eine anhaltende Bereitschaft zu «weitherzigem Entgegenkommen».[89] Das OAK, das sich widerstrebend, mehr aus taktischen Gründen, zur Ausrufung des Generalstreiks entschlossen hatte, stellte diesen Aufrufen und der Weigerung des Bundesrats, die Truppen aus den Strassen zurückzuziehen, ein «Minimalprogramm» mit neun Forderungen für eine Beendigung des Ausstands entgegen. Zwar sprach das Aktionskomitee dem amtierenden Bundesrat nun mit deutlichen Worten die Fähigkeit ab, «der Zeit und ihren Bedürfnissen gerecht zu werden», doch richteten sich seine Forderungen nicht direkt gegen das Vollmachtenregime. Mit einer «ungesäumten Umbildung der bestehenden Landesregierung», der Einführung des Frauenwahlrechts und einer sofortigen Neuwahl des Nationalrats auf Grundlage des vor Kurzem angenommenen Proporzwahlrechts wurden aber durchaus tief greifende Massnahmen gefordert.[90]

Im Lichte der Auseinandersetzungen um das Vollmachtenregime war der Landesstreik weniger ein Versuch radikaler Umgestaltung, sondern Teil der Bemühungen der Arbeiterbewegung um mehr Mitsprache im politischen System der Schweiz. Die Entwicklung seit dem Januar 1918 hatte deutlich gemacht, dass der mit Vollmachten regierende Bundesrat umso stärkeres Entgegenkommen zeigte, desto glaubwürdiger die Streikdrohung war und desto bestimmter das OAK seine Begehren formulierte. Fast als Bestätigung dieser Strategie wirkte da, dass der Bundesrat den Sozialdemokraten in der auf den 12. November 1918 einberufenen Sondersession der Bundesversammlung zwei Sitze in einer allfällig auf neun Mitglieder vergrösserten Regierung in Aussicht stellte.[91] Was den einflussreichen Wirtschaftsverbänden ihre Expertenschaft und Durchsetzungskraft bei der Aushandlung und Umsetzung der Noterlasse waren, das waren der Arbeiterbewegung im letzten Kriegsjahr die Streikdrohung und die Mobilisierung ihrer Basis für Strassenproteste. Beide Formen der politischen Partizipation waren, so erklärte es Robert Grimm im sogenannten «Landesstreikprozess», weder demokratisch noch verfassungskonform, aber durch die Existenz einer «mit diktatorischer Gewalt ausgestatteten Landesregierung» notwendig geworden:

«Wir bedauern außerordentlich, daß wir erst durch das Mittel des Streiks den Herren im Bundeshaus begreiflich machen konnten, was wir eigentlich verlangen, und daß man uns anders zu behandeln hat als bisher. [...] Wie manchmal hat Herr Laur mit dem Generalstreik gedroht, dem Bauerngeneralstreik! Und die Metzger in St. Gallen, die haben einfach die Läden geschlossen. Die Arbeiterschaft ist nicht in dieser privilegierten Stellung, sie ist depossediert, besitzt keine Produktionsmittel, keine Fabriken, kein Eigentum, das sie als Produktionsfaktor in die Waagschale werfen kann. [...] Der Generalstreik ist so legitim als jede andere Maßnahme von irgendeiner andern Vertretung, sei es in der Industrie oder sei es in der Landwirtschaft.»[92]

Doch im bewegten November 1918 führte die zuvor wirksame Strategie, den Bundesrat mit klassenkämpferischem Auftreten zum stärkeren

---

87   BAR, E21#1000/131#10070*, Oltener Aktionskomitee. Heraus zum Protest-Streik, 7.11.1918.

88   Vgl. Verordnung vom 11.11.1918 betr. Massnahmen gegen die Gefährdung und Störung der innern Sicherheit der Eidgenossenschaft, in: AS 34 (1918), 1161.

89   Bekanntmachung des Bundesrates an das Schweizervolk, 7.11.1918, in: AS 34 (1918), 1135.

90   BAR, E21#1000/131#10077*, Oltener Aktionskomitee/ Geschäftsleitung der sozialdem. Partei der Schweiz/ Bundeskomitee des schweiz. Gewerkschaftsbundes/ Sozialdemokratische Nationalratsfraktion: An das arbeitende Volk der Schweiz, 11.11.1918.

91   Vgl. Bericht des Bundesrates an die eidgenössischen Räte betreffend das Truppenaufgebot und die Streikunruhen, 12.11.1918, in: Bundesblatt 70/5 (1918), 70.

92   Zit. nach Oltener Aktionskomitee, Landesstreik-Prozess 1, 483f.

Einbezug der Arbeiterorganisationen in die Entscheidungsstrukturen des Vollmachtenregimes zu bewegen, zum Abbruch des Dialogs. Während in einem Eisenbahnwagen 80 Kilometer nordöstlich von Paris ein Waffenstillstand zwischen Deutschland, Frankreich und dem Vereinigten Königreich geschlossen wurde und in Berlin und Wien Kaiserreiche zusammenbrachen, interpretierten Bundesrat, Armeeleitung und wachsende Teile der bürgerlichen Öffentlichkeit den Landesstreik als Kampf um die politische Herrschaft und Staatsform.[93] Die von liberalen Kreisen anfänglich gezeigte Bereitschaft zu sozialpolitischen und staatsrechtlichen Reformen wurde von einer Parlamentsmehrheit unter lautstarker Kritik am Bundesrat blockiert. Anträge der Linken zur Vorbereitung einer Neuwahl von National- und Bundesrat blieben chancenlos. Während sich in vielen Schweizer Städten Bürgerwehren zur Abwehr befürchteter Umstürze formierten, gelang es Konservativen und Westschweizer Parlamentariern, die den Streik besonders ablehnten, einen unnachgiebigen Kurs durchzusetzen.[94] Der Zwangslage, in die sich der Bundesrat gedrängt sah, gab Bundespräsident Felix Calonder, an die SP gerichtet, deutlichen Ausdruck: «Wir können, das sollten Sie selbst verstehen, unmöglich vor Ihnen kapitulieren. Die Verhältnisse haben sich so zugespitzt, daß entweder Sie oder wir unterliegen müssen.»[95]

Konfrontiert mit einem bundesrätlichen Ultimatum, weiteren Truppenaufgeboten, einer militärischen Besetzung der Arbeiterpresse, der harschen bürgerlichen Reaktion und der daraus entstehenden Gefahr, der Streik könnte in einen Bürgerkrieg abgleiten, entschloss sich das OAK am 14. November 1918 zum Abbruch des Generalstreiks.[96] Seine Mitglieder sowie mehr als 200 Arbeiter, Soldaten und sozialdemokratische Funktionäre mussten sich im April 1919 wegen Anstiftung zur Meuterei und Verstössen gegen die Verordnung vom 11. November vor Militärgericht verantworten.[97] Die im Frühjahr 1918 begonnene Politik der Verhandlungen und notrechtlichen Konzessionen wurde in der unmittelbaren Nachkriegszeit zwar fortgesetzt, doch waren die Jahre nach dem Ersten Weltkrieg mindestens so stark von Polarisierung und Blockaden geprägt wie vor dem Landesstreik. Es kam zu einem Aufschwung paramilitärischer Bürgerverbände, weiteren militärischen Planungen gegen zukünftige Aktionen der Arbeiterorganisationen und einem Ausbau von Staatsschutz und Nachrichtendienst. Die innenpolitischen Blockund Frontbildungen hielten an, verschärft durch «Überfremdungs»- und Revolutionsängste sowie weitere Entladungen sozialer Konflikte.[98] Das Vollmachtenregime, dessen Exklusionsmechanismen die innenpolitische Krise zu einem grossen Teil mitverursacht hatte, spielte hier weiterhin eine zentrale Rolle. Es wurde auch nach dem Ende des Ersten Weltkriegs nicht aufgehoben. Im März 1919 schränkte das Parlament die Befugnisse des Bundesrats zwar ein und gab sich selbst ein Vetorecht für neue Noterlasse, faktisch konnte die Exekutive an ihrer Kompetenz zum Erlass und zur Änderung von Gesetzen aber festhalten. Für Robert Grimm wurden die Vollmachten in der Nachkriegszeit «vollends zu einem Instrument der bürgerlichen Klassenherrschaft».[99] Interessanterweise waren es in der Nachkriegszeit aber gerade Arbeitervertreter, die am notrechtlichen Regieren festhalten wollten. Howard Eugster-Züst warnte im Nationalrat vor einer überstürzten Aufhebung der Vollmachten, solange sich das Parlament nicht auf eine Überführung der sozial- und wirtschaftspolitischen Noterlasse in reguläres Bundesrecht geeinigt habe. Und der Grütlianer Otto Weber lehnte die Schliessung der kriegswirtschaftlichen Behörden und Abschaffung der Staatsmonopole für Lebensmittel und Rohstoffe angesichts neuer ökonomischer Probleme ab: «Wir haben nun vier Jahre lang das Bundesbrot gegessen und haben es kennen und schätzen gelernt; ich glaube nicht, dass es klug wäre, zu den Verhältnissen vor dem Kriege zurückzukehren.»[100] Es war diese widersprüchliche Haltung der Arbeitervertreter gegenüber dem Ausnahmezustand, die der konservative Jurist Carl Horber zehn Jahre nach dem Landesstreik zur Bemerkung zuspitzte: «Unsere Sozialistenführer und unser Bundesrat treffen sich in der Wertschätzung der Diktatur.»[101] Viele Regierungserlasse aus der Zeit des Ersten Weltkriegs blieben noch jahrzehntelang in Kraft – der letzte wurde erst im Februar 1952 auf-

93 Vgl. Kübler, Markus: Die Integration des Schweizerischen Gewerkschaftsbundes in das politische System der Schweiz in den Jahren 1908 bis 1939, Bern 1998, 68.
94 Vgl. Gautschi, Landesstreik, 312. Buomberger, Landesstreik, 355.
95 Zit. nach: Gautschi, Landesstreik, 310.
96 Vgl. Buomberger, Landesstreik, 350.
97 Vgl. Oltener Aktionskomitee, Landesstreik-Prozess 1, 22.
98 Vgl. Tanner, Geschichte, 162f.
99 Grimm, Robert: Demokratie und Diktatur, Bern 1920, 10.
100 Amtliches stenographisches Bulletin der schweizerischen Bundesversammlung (Sten. Bull.), Nationalrat, Bern 1919, 149.
101 Horber, Carl: Die schweizerische Politik, Zürich 1928, 124.

gehoben.[102] Zwar wurde weiterhin versucht, den Forderungen der Sozialdemokraten entgegenzukommen, die Lasten der Kriegszeit besser zu verteilen und das politische System breiter abzustützen, das entscheidende Problem der Mitsprache in der Regierungspolitik blieb jedoch lange ungelöst. Der konfliktreiche Ausgang des Landesstreiks und die ideologischen Auseinandersetzungen nach dem Ende des Kriegs verhärteten die Fronten weiter und gaben jenen Kräften Aufwind, die auf Repression statt Verständigung setzten. Erst gegen Ende der Zwischenkriegszeit und unter dem Eindruck neuer Bedrohungslagen begann sich in der Bundespolitik schliesslich das Prinzip der «Verhandlungsdemokratie» einzuspielen, in der schon zu Beginn des politischen Prozesses möglichst viele Interessen einbezogen und Kompromisse ausgehandelt wurden.[103]

### Fazit: Die innenpolitische Sprengkraft des Vollmachtenregimes

Der Erste Weltkrieg war für die Schweiz eine Zäsur. Er konfrontierte Wirtschaft, Politik und Gesellschaft mit einer über Jahre andauernden Krisenlage, die in dieser Form nicht erwartet wurde und für die keine Planungen vorhanden waren – auch weil der globale Konflikt ständig neue Herausforderungen bereithielt. Die Revolution fand dabei zu Beginn des Kriegs statt. Mit den Vollmachten erhielt der Bundesrat erstmals in der Geschichte der Schweiz die Möglichkeit, mit seinen Entscheidungen in alle staatlichen Ebenen, alle wirtschaftlichen Sektoren und alle sozialen Probleme einzugreifen. Mit anfänglicher Zustimmung der Arbeitnehmerseite tat er dies in den ersten Kriegsjahren vor allem in den Bereichen Aussenpolitik, Handel und Militär. Was die Versorgung der Bevölkerung, die Linderung von Armut und die Verteilung der Gewinne und Lasten des Kriegs anbelangte, war die Regierung zwar keineswegs untätig, ihre notrechtlichen Massnahmen blieben aber weit hinter den Forderungen der Arbeiterorganisationen zurück. Gleichzeitig eigneten sich Bundesverwaltung und Armeeleitung im Ausnahmezustand eine Machtfülle an, welche nicht nur bei den Arbeitervertretern auf wachsenden Unmut stiess. Je länger der Weltkrieg dauerte und je stärker er sich auf das Leben der Schweizerinnen und Schweizer auswirkte, umso grösser wurde die Enttäuschung über die Diktatur des Bundesrats und umso lauter der Ruf nach mehr Mitsprache und Reformen. Die Art und Weise, wie Entscheidungen im Vollmachtenregime zustande kamen, war für all jene politischen Gruppierungen ein Nachteil, die keinen Zugang zu den Konferenzen und informellen Netzwerken im Bundeshaus hatten. Erschwerend kam hinzu, dass genau jene Akteure, die im Vergleich mit den Wirtschaftsverbänden und dem Militär weniger mitreden konnten, sich auch als Verlierer der Vollmachtenpolitik und Kriegssituation begriffen. Diese Ausgrenzung führte zu einer politischen Blockade, deren Anteil an der Zuspitzung der inneren Situation im Vorfeld des Landesstreiks kaum zu überschätzen ist. Das Vollmachtenregime vergrösserte die inneren Spannungen. Angesichts erfolgloser Eingaben, Initiativen und Parlamentsdebatten kam auf der Arbeitnehmerseite ein Lernprozess in Gang, der diejenigen Kreise stärkte, die auf das Vollmachtenregime mit Protest und Streik Einfluss nehmen wollten. Tatsächlich nutzte der Bundesrat seine ausserordentlichen Befugnisse in der zweiten Kriegshälfte, um den Forderungen von SP und Gewerkschaften entgegenzukommen. Doch die wirtschaftliche und soziale Lage verschlechterte sich schneller, als sich Noterlasse umsetzen liessen, und das entscheidende Problem der Partizipation in der Regierungspolitik blieb ungelöst. Zudem wurde die gestiegene Konfrontationsbereitschaft der Linken in Bundesrat und Armee als Revolutionsabsicht missverstanden. Der Dialog zwischen Regierung und Regierten, der seit der Gründung des Oltener Aktionskomitees entstanden war, kam schliesslich während des Landesstreiks zu einem abrupten Ende. Das Vollmachtenregime – das von vielen Arbeitervertretern zwar kritisiert, wegen seiner Gestaltungsmöglichkeiten aber nicht grundsätzlich abgelehnt wurde – existierte in der Folge weiter. Es wurde 1939 wiederbelebt, als der Bundesrat einmal mehr mit diktatorischen Kompetenzen ausgestattet wurde. Im Unterschied zum Ersten Weltkrieg stützte der Bundesrat seine Entscheidungen nun aber breiter ab, setzte ein umfassendes Programm zur staatlichen Kontrolle der Wirtschaft in Gang und nahm 1943 mit Ernst Nobs einen Vertreter der SP auf. So erreichten die Arbeitervertreter jene Partizipation auf Bundesebene, die ihnen 1918 verwehrt geblieben war.

---

102  Vgl. Schneider, Diktatur, 70.
103  Vgl. Neidhart, Plebiszit, 313.

# Den Staat schützen

# Mit Bürgerwehren und Spitzeln gegen die Arbeiterschaft

Dorothe Zimmermann

Verschwörungstheorien über die Arbeiterbewegung, Ängste vor einem Umsturz und die Erwartung einer Revolution waren in bürgerlichen Kreisen schon Jahrzehnte vor dem Landesstreik weitverbreitet.[1] Unmittelbar vor dem Landesstreik wurden vielerorts Bürgerwehren gegründet und vor einer bevorstehenden Revolution gewarnt. So gründete etwa der Genfer Anwalt Théodore Aubert bereits am 3. November 1918 eine Bürgerwehr in Genf.[2] Der Aargauer Arzt und Generalstabsoffizier Eugen Bircher traf am 5. November General Ulrich Wille und Bundesrat Eduard Müller und warnte diese vor einer unmittelbar bevorstehenden Revolution. Der Zürcher Bezirksanwalt Otto Heusser prognostizierte für die Zeit zwischen dem 7. und 10. November 1918 einen linksradikalen Putsch in Zürich.[3] Und am 7. November warnte der Schweizer Alpen Club (SAC) in einem Aufruf, dass sich «Soviets» in die «innern Angelegenheiten» des Landes einmischen würden, und rief zur Gründung einer «patriotischen Bewegung» auf.[4] Dieser Aufruf fand insbesondere in der Romandie und im Kanton Aargau eine starke Resonanz, wo sich mehrere Bürgerwehren bildeten, deren Mitglieder sich in erster Linie aus dem Eidgenössischen Turnverein oder dem Schweizerischen Schützenverein rekrutierten.

Alle diese Revolutionswarnungen und Gründungen von sogenannt konterrevolutionären Bewegungen stammen aus der Zeit vor dem Landesstreik und stehen symptomatisch für die Revolutionserwartung im Bürgertum. Aubert, Bircher, Heusser und der SAC spielten später eine wichtige Rolle im Schweizerischen Vaterländischen Verband (SVV), der sich als gesamtschweizerischer Zusammenschluss aller Bürgerwehren im April 1919 konstituierte. Der folgende Beitrag behandelt am Beispiel der Bürgerwehren und des SVV nichtstaatliche Reaktionen auf den Landesstreik. Dabei werden zwei Phasen beleuchtet: die Zeit unmittelbar um den Landesstreik herum, die von einer Rhetorik der drohenden Revolution und paramilitärischer Symbolik geprägt war, sowie die 1930er-Jahre, in denen sich die Aktivitäten der Bürgerwehren und des SVV von der Strasse weg in die Institutionen hinein verlagerten und dort um einiges wirkmächtiger wurden, als sie es in den frühen 1920er-Jahren waren.[5]

## Die Bürgerwehren im Landesstreik

Als das Oltener Aktionskomitee (OAK) den Landesstreik ausrief, war die Gründung von Bürgerwehren teils schon im Gange, teils immerhin gedanklich vorbereitet.[6] Der in bürgerlichen Kreisen bewirtschaftete Vorwurf, dass mit dem Landesstreik eine Revolution durchgeführt werde, bot die Legitimationsgrundlage für die Bürgerwehren, die sich selbst als «konterrevolutionär» bezeichneten, und fand im Bürgertum grossen Anklang. Die am 11. November gegründete Basler Bürgerwehr zählte schon nach wenigen Tagen rund 6000 Mitglieder.[7] In Zürich wurden am ersten Streiktag in 17 Zunfthäusern Einschreibelokale für die Zürcher Stadtwehr eingerichtet, in denen rund 10 000 Männer dem Aufruf folgten.[8] In Genf wurde am ersten Streiktag die Union Civique Suisse gegründet, deren Präsident SAC-Zentralpräsident Alexandre Bernoud und deren Vizepräsident Théodore Aubert wurde. Auch in Bern, Luzern und im Kanton Aargau – um einige weitere Beispiele zu nennen – wurden während und nach dem Streik Bürgerwehren gegründet. Mehrere SAC-Sektionen organisierten zudem Protestveranstaltungen gegen den Landesstreik.[9]

Bei allen diesen Bürgerwehren handelte es sich um paramilitärische Organisationen, die auf freiwilliger Basis und nach militärischem Vorbild organisiert waren. Die Einsatzgebiete der Bürgerwehren waren aber nicht in erster Linie ordnungspolitischer Art, sondern lagen vielmehr im Bereich des Schutzes von Gewerbebetrieben und Geschäften, die dem Streikaufruf nicht gefolgt waren, oder der Unterstützung bei Aufgaben der täglichen Versorgung, wie etwa der Verteilung der Post.[10]

Kam es in Zürich während des Landesstreiks zu keinem grösseren Einsatz der Stadtwehr,[11] haben sich die Bürgerwehrfreiwilligen in Genf für die Aufrechterhaltung des Trambetriebs und der Milchversorgung eingesetzt, im Aargau wurde ein Kurier- und Meldedienst eingerichtet, und in Basel verteidigte die mit Stöcken bewaffnete Bürgerwehr einzelne Geschäfte. Weitere Einsätze von Bürgerwehren haben während des Generalstreiks von 1918 nicht stattgefunden.[12] Die Forschung zu den Einwohnerwehren in Deutschland zeigt denn auch,

1 Gerwarth, Robert/Horne, John: Bolschewismus als Fantasie. Revolutionsangst und konterrevolutionäre Gewalt 1917 bis 1923, in: dies. (Hg.), Krieg im Frieden. Paramilitärische Gewalt nach dem Ersten Weltkrieg, Göttingen 2013, 94–107, hier 94f; Creuzberger, Stefan/Hoffmann, Dierk: Antikommunismus und politische Kultur in der Bundesrepublik Deutschland. Einleitende Vorbemerkungen, in: Dies. (Hg.), «Geistige Gefahr» und «Immunisierung der Gesellschaft». Antikommunismus und politische Kultur in der frühen Bundesrepublik, München 2014, 1–13, hier 3.
2 Zimmermann, Adrian: Klassenkampf und Klassenkompromiss. Arbeit, Kapital und Staat in den Niederlanden und der Schweiz 1914–1950, Online-Publikation der Dissertation, Lausanne 2012, 157, https://serval.unil.ch/resource/serval:BIB_6AE53609DCFD.P001/REF.
3 Zimmermann, Klassenkampf 158.
4 Zit. nach Aargauische Vaterländische Vereinigung (Hg.), 25 Jahre Aargauische Vaterländische Vereinigung 1918-1943. Eine Gedenkschrift, Aarau 1943, 11.
5 Der erste Teil zu den Bürgerwehren beruht grösstenteils auf Sekundärliteratur, insbesondere auf der Dissertation von Andreas Thürer: Thürer, Andreas: Der Schweizerische Vaterländische Verband 1919-1930/31, unveröffentlichte Dissertation, Universität Basel 2010. Der zweite Teil basiert, wo nicht anders ausgewiesen, auf den Ergebnissen meiner Dissertation: Zimmermann, Dorothe: Antikommunisten und Staatsschützer. Der Schweizerische Vaterländische Verband, 1930–1948, Zürich 2018 (in Vorbereitung).
6 Der Bürgerwehrgedanke war bereits vor dem Ersten Weltkrieg verbreitet. Vgl. dazu Koller, Christian: Streikkultur. Performanzen und Diskurse des Arbeitskampfes im schweizerisch-österreichischen Vergleich (1860–1950), Münster 2009, 141, 150, 189.
7 Thürer, Vaterländischer Verband, 36f, 55.
8 Greminger, Thomas: Ordnungstruppen in Zürich. Der Einsatz von Armee, Polizei und Stadtwehr Ende November 1918 bis August 1919, Basel 1990, 92–96; Frey, Daniel M.: Vor der Revolution? Der Ordnungsdienst-Einsatz der Armee während des Landesstreiks in Zürich, Zürich 1998 (Documenta militaria; Ars historica), 193f.
9 Zur Rolle des SAC vgl. Thürer, Andreas: Front der Männer, der Heimat, des Vaterlandes. Politische Positionen des SAC zwischen den beiden Weltkriegen, in: Die Alpen 6 (2013), 59–61; vgl. weiter die Einzelstudien zu den Bürgerwehren in Luzern, im Wallis, in Basel und Genf: Schneider, Oliver: «Mitbürger, wir wollen des Landes altbewährte Freiheit und Ordnung schützen!». Die Bürgerwehren Luzerns 1918 bis 1921, unveröffentlichte Lizentiatsarbeit, Universität Zürich 2011; ders.: Von Knüppelgardisten, Revolutionshelden und Radaubrüdern. Die Luzerner Bürgerwehr nach dem Landesstreik 1918, in: Jahrbuch der historischen Gesellschaft Luzern 31 (2013), 63–84; Vanay, Joanna: Les gardes civiques en Valais 1918-1919. Une réaction citoyenne contre l'ordre menacé ou un instrument au service d'une élite? L'exemple de Sierre, unveröffentlichte Lizentiatsarbeit, Université de Lausanne 2004; dies.: Les gardes civiques de Sierre (1918-1919), in: Annales valaisannes 2004, S. 93–129; Schmid, Hanspeter: Krieg der Bürger. Das Bürgertum im Kampf gegen den Generalstreik 1919 in Basel, Zürich 1980; Heimberg, Charles: La garde civique genevoise et la grève générale de 1918. Un sursaut disciplinaire et conservateur, in: Revue d'histoire moderne et contemporaine 44 (1997), 424–435. Eine Gesamtübersicht zu den Bürgerwehrbewegungen für die Schweiz um 1918 steht noch aus.
10 Thürer, Vaterländischer Verband, 37.
11 Greminger, Ordnungstruppen, 92–96; Frey, Revolution, 193f.
12 Thürer, Vaterländischer Verband, 37.

19  Aufruf zum Eintritt in die Zürcher Stadtwehr vom 14. November 1918. Hier wurden auch die Zunfthäuser und Restaurants bekannt gegeben, in denen man sich einschreiben konnte. Wenige Tage später wurde auch in der NZZ ein Aufruf zum Eintritt in die Stadtwehr publiziert.

## AUFRUF zum EINTRITT in die ZÜRCHER STADTWEHR

**Die Zürcher Stadtwehr** ist die bürgerliche, freiwillige Organisation zur Aufrechterhaltung der verfassungsmässigen Sicherheit, Ruhe und Ordnung. Sie tritt im Notfall an die Seite unserer zürcherischen Ordnungstruppen. Diesen stellt sie notwendige Hülfskräfte für Spezialdienste jetzt schon zur Verfügung.

**Schweizerbürger:** Von der Entschlossenheit und Geschlossenheit aller Nationalgesinnter hängt der Ausgang der gegenwärtigen Krisis ab. Tretet unserer Stadtwehr bei: Diensttuende und Nichtdiensttuende, deutscher und welscher Zunge, vom 18. Altersjahre an!

**Einschreibelokale:**
Zunft zur Zimmerleuten, Rathausquai
 "   "  Saffran, "
 "   "  Meise, Münsterhof
 "   "  Schmieden, Rindermarkt
Restaurant zum Weissen Wind, Oberdorfstrasse
Zunft zur Waag, Münsterhof
Hotel St. Gotthard, Bahnhofstrasse
 "  Habis-Royal, Bahnhofplatz
 "  Victoria, "
Restaurant Tonhalle, Gotthardstr.
Hotel Falken, Zurlindenstr. 85
 "  Mythen, Alfred Escherplatz
Restaurant Untere Weinegg, Untere Weinegg 46
 "  Zürichhorn,
 "  Plattengarten,
 "  Hirschen-Wollish., Wollishofen
Hotel Pfauen, Heimplatz

**Einschreibezeit:** 8 – 12 und 2 – 8 Uhr.

Das Organisationskomitee.

Zürich, 14. Nov. 1918.

Bürgerwehren

20  «Es liegen ernste Monate vor uns, die uns gerüstet finden müssen.» Ein weiterer Aufruf zum Eintritt in die Zürcher Stadtwehr (undatiert).

# Stadtwehr!

## Mitbürger!

Die gefahrvollen Zeiten haben einen Gedanken plötzlich zur Tat werden lassen, der schon lange in der Luft schwebte. Eine „zürcherische Stadtwehr" ist ins Leben getreten. Man wird nicht lange nach ihrer Berechtigung fragen müssen. Sie will angesichts der immer bedrohlicher werdenden Umtriebe von nach russischem Muster arbeitenden Umsturzorganisationen das Bürgertum sammeln und organisieren.

Unser Programm ist kurz und bündig:

1. Organisierung des Widerstandes bis aufs äußerste gegen jeden Versuch bolschewistischer Gruppen, die öffentliche Ordnung zu stören und die Sicherheit des Vaterlandes in Gefahr zu bringen.

2. Nachdrückliche Unterstützung der öffentlichen Gewalten in ihrem Bestreben, die Rechtsordnung aufrecht zu erhalten.

3. Organisierung von Hülfskräften und Hülfsdiensten, besonders für die Zeiten, da in Zürich keine erhebliche Truppenmacht vorhanden ist.

4. Materielle Unterstützung von Mitbürgern, die durch verbrecherische Handlungen von Bolschewisten an Leib oder Gut zu Schaden gekommen sind.

Schweizerbürger ohne Unterschied der Partei, deutscher oder welscher Zunge, auch Jünglinge von 18 Jahren an, die dieses Programm durch die Tat unterstützen wollen, mögen in Masse herbeieilen, um sich in aufgelegte Listen einzutragen und zur Verfügung zu halten. Listen werden in allen Zunfthäusern oder Versammlungslokalen der Zünfte aufgelegt.

Zögert keinen Augenblick. Schon haben sich viele Hunderte gemeldet. Es müssen viele Tausende werden. Es liegen ernste Monate vor uns, die uns gerüstet finden müssen

Es lebe die alte Schweizerfreiheit! Nieder mit den Tyrannen, auch wenn sie in der Arbeiterbluse einhergehen.

Das Exekutiv-Komitee.

21  Da die Verteilung der Post während des Landesstreiks nicht mehr gewährleistet war, halfen Studenten und die Stadtwehr beim Austragen von Briefen mit.

Bürgerwehren

dass der tatsächliche militärische Wert solcher Milizwehren gering war,[13] was auch für die Bürgerwehren in der Schweiz gilt. Es war ein überdimensioniertes Militäraufgebot und nicht die Gründung von Bürgerwehren, mit welchem die Streikenden im November 1918 in Schach gehalten und wichtige Dienste aufrechterhalten wurden.

Doch unabhängig von der Frage des militärischen Nutzens der Bürgerwehren stellte sich für Militär und Bundesrat nach dem Streik rasch die Frage nach der rechtlichen Stellung der neu entstandenen Organisationen. Während des Streiks äusserte sich der Bundesrat zunächst durchaus positiv: Die Bürgerwehren seien eine willkommene Massnahme zur Aufrechterhaltung von Ordnung und Sicherheit. Unmittelbar nach dem Streik gab er sich kritischer und lehnte, um einer befürchteten unnötigen Provokation der Arbeiterschaft vorzubeugen, eine finanzielle Unterstützung der Bürgerwehren ab.[14] Über deren rechtliche Stellung wurde erstmals eine Woche nach dem Streik an der militärischen Generalstreikkonferenz vom 18. November 1918 ausführlich diskutiert. Innerhalb der dort anwesenden militärischen Führung waren die Meinungen bezüglich der Bürgerwehren durchaus geteilt, wobei die positiven Stimmen überwogen. Wie der Bundesrat äusserte sich jedoch auch General Wille tendenziell skeptisch. Positiv bewertete er die ideologische Grundlage der Bürgerwehren, schenkte ihnen in militärischer Hinsicht jedoch kein Vertrauen. Generalstabschef Theophil Sprecher von Bernegg sah in den Bürgerwehren hingegen eine wichtige Ergänzung der militärischen Ordnungstruppen.

Auch Emil Sonderegger, Kommandant der Zürcher Ordnungstruppen, sah die Bürgerwehren positiv. Er war es auch, der als Erster Weisungen für mögliche Einsätze der Zürcher Bürgerwehren verfasste.[15] Darin nannte er die Bewachung von Gebäuden, den Schutz von Arbeitswilligen und die Übernahme von Hilfsdiensten als mögliche Aufgaben der Bürgerwehren. Obwohl somit nicht primär Ordnungsdienst vorgesehen war, schlug Sonderegger vor, die Bürgerwehren zu bewaffnen und mit Armbinden auszustatten. Generalstabschef Sprecher hielt wenig später, im Winter 1918/19, in einem Gutachten fest, dass an der Bildung von Bürgerwehren als Ergänzung zur kantonalen und kommunalen Polizei nichts zu beanstanden sei. Die Bürgerwehren sollten aber den Kantonen und Gemeinden und nicht dem Bund unterstellt sein, und diese sollten auch ihre rechtliche Anerkennung regeln.

Das Gutachten Sprechers bot die Grundlage für die rechtliche Anerkennung der Bürgerwehren in einzelnen Kantonen. In Luzern, Freiburg, dem Aargau, Zürich, dem Tessin und der Waadt wurden den Bürgerwehren nun halb offizielle, hilfspolizeiliche Funktionen zugewiesen.[16] Das Eidgenössische Militärdepartement (EMD) rüstete die kantonal anerkannten Bürgerwehren in der Folge mit Waffen und Munition aus. So wurden beispielsweise der Bürgerwehr des Kantons Aargau «laut schriftlicher Verfügung des Eidg. Militärdepartements vom 26. April 1919» 2000 Gewehre und 420 900 Patronen zur Verfügung gestellt.[17] Zugleich wurden an verschiedenen Orten im Land Munitionsdepots für die Bürgerwehren errichtet. Die Entdeckung solcher Lager führte in der Folge zu einigen linken Interpellationen. Die militärische Ausrüstung der Bürgerwehren wurde in der Beantwortung von EMD-Chef Karl Scheurer aber nicht etwa kleingeredet, sondern als legitim deklariert und die Bürgerwehren damit nachträglich auch vonseiten des Bunds anerkannt – womit der linken Kritik der Wind aus den Segeln genommen wurde.

In die Phase der rechtlichen Anerkennung der Bürgerwehren im Winter 1918/19 fällt auch die Gründung des SVV, der sich am 5. April 1919 als Zusammenschluss aller Schweizer Bürgerwehren konstituierte. Beschlossen wurde die Gründung dieser nationalen Vereinigung aber bereits unmittelbar nach dem Landesstreik, am 24. November 1918. An diesem Tag hatten Eugen Bircher und die Aargauische Vaterländische Vereinigung (AVV) sowie die Genfer Union Civique Suisse zu einer «Volksversammlung» ins Amphitheater in Windisch (AG) eingeladen. An der Versammlung, die bewusst als bürgerliche Gegendemonstration zum Generalstreik konzipiert war, nahmen rund 12 000 Personen teil.[18]

---

13   Barth, Boris: Freiwilligenverbände in der Novemberrevolution, in: Bergien, Rüdiger/Pröve, Ralf (Hg.), Spiesser, Patrioten, Revolutionäre. Militärische Mobilisierung und gesellschaftliche Ordnung in der Neuzeit, Göttingen 2010, 95–115, hier 96.
14   Greminger, Ordnungstruppen, 96f.
15   Sonderegger, Kdo. OT ZH: Weisungen an die Truppenkommandanten der J.I. 178, zit. nach Greminger 1990, 98.
16   Vgl. die Ausführungen zur Generalstreikkonferenz in: Greminger, Ordnungstruppen, 96–100; Thürer, Vaterländischer Verband, 271f, 280, 283. Zur rechtlichen Anerkennung vgl. Zeller, René: Ruhe und Ordnung in der Schweiz. Die Organisation des militärischen Ordnungsdienstes von 1848 bis 1939, Bern 1990, 124–132.
17   Schweizerisches Bundesarchiv (BAR), E21#1000/131 #12043*, Liste der eidgenössischen Kriegsmaterialverwaltung über die den Zeughausverwaltungen zu Handen von Bürgerwehren zur Verfügung gestellten Waffen und Munition.
18   Heller, Daniel: Eugen Bircher. Arzt, Militär und Politiker. Ein Beitrag zur Zeitgeschichte, Zürich 1990 (2. Auflage), 62f.

22   «Streng geheim». Handzettel zur Gründung einer Bürgerwehr in der Stadt Schaffhausen. Die Tätigkeit der Bürgerwehr sollte «nur in enger Fühlungsname mit den Behörden erfolgen».

23   Anmeldekarte des Kaufmanns Rudolf Bodmer zur Bürgerwehr Schaffhausen, vom 18. Januar 1919.

Streng geheim.

# Bürgerwehr.

Zum Schutze der bestehenden Rechtsordnung und zur Unterstützung unserer Behörden im Falle eines Generalstreikes oder einer revolutionären Bewegung bildet sich in der Stadt Schaffhausen eine

## Bürgerwehr.

Die Bürgerwehr ist eine Notwehr und wird nur im äussersten Notfalle aufgeboten, wenn die normalen Hülfsmittel der staatlichen Behörden nicht ausreichen oder noch nicht zur Verfügung stehen, um die öffentliche Ordnung aufrecht zu erhalten. Sie soll und darf nicht ein politischer Verein sein; sie darf auch nicht zur Gegenwehr gegen Arbeiterorganisationen Verwendung finden. Die Bürgerwehr ist ein rein gemeinnütziger Verein.

**Mitgliedschaft.** Jeder Schweizerbürger vom 18. Altersjahre an kann Mitglied der Bürgerwehr werden, sofern er die Anmeldekarte ausfüllt und unterschreibt und die Bürgerwehrordnung gutheisst und anerkennt. Die Mitglieder verpflichten sich damit, den Anordnungen der geschaffenen Organe Folge zu leisten.

**Organisation.** Die Bürgerwehr wird in Quartiere eingeteilt. Diese Einteilung hat nur den Zweck, die Mitgliederwerbung und Fühlungnahme unter sich zu erleichtern, während die Tätigkeit gemeinsam in der ganzen Stadt erfolgen soll.

Jedes Quartier wählt einen **Führer** und zwei Vertrauensleute. Diese drei bezeichnen einen oder zwei Führer-Stellvertreter, deren Namen nicht bekannt gegeben werden, welche jedoch von allen Vorbereitungen unterrichtet sind.

Die Quartier-Führer bilden den Arbeitsausschuss der städtischen Bürgerwehr. Der Arbeitsausschuss wählt den engern Vorstand, der die allgemeine Leitung übernimmt. Als Führer-Stellvertreter sollen keine militärpflichtigen Leute bezeichnet werden, oder Leute, welche anderweitig stark in Anspruch genommen sind, wie Grossstadträte u. s. w.

**Tätigkeit.** Für die eigentliche Tätigkeit bezeichnet der Arbeitsausschuss Arbeits-Chefs und zwar:

Allgemeine Polizei
Bewachung einzelner Objekte
Schutz der Arbeitswilligen
Meldedienst
Städtische Werke
Post und Telegraph
Eisenbahnbetrieb
Nahrungsmittelversorgung.

Die Tätigkeit der Bürgerwehr soll nur in enger Fühlungnahme mit den Behörden erfolgen.

**Behörden.** Die Fühlungnahme mit den Behörden erfolgt durch den engern Vorstand und durch die bezeichneten Arbeits-Chefs.

**Versicherung.** Vom Tage des Aufgebotes an sind die Mitglieder zu Fr. 10,000.— versichert.

**Finanzielles.** Die Organisations- und Verwaltungskosten werden durch freiwillige Beiträge bestritten.

**Aufgebot.** Das Aufgebot erfolgt durch Sirene und Hörner, sofern telephonische oder andere persönliche Mitteilung nicht mehr möglich ist. In jedem Quartier wird eine Quartiersammelstelle bezeichnet.

---

**Anmerkung:** Eine möglichst grosse Zahl von Anmeldungen soll erreicht werden. Speziell sollen sich auch Militärpflichtige melden, da sie voraussichtlich doch nicht von Anfang an aufgeboten werden.

---

**Anmeldung zur Bürgerwehr Schaffhausen.**

Geschlechtsname: Bodmer   Wohnort: Schaffhausen
Vorname: Rudolf   Strasse: Tunnelgässchen
Geboren: 5. Januar 1867   No. od. Haus: 2
Beruf: Kaufmann   Radfahrer: ja
in Firma Fabrik usw. tätig: Vereinigte Hanfgarnspinnereien
event. militärische Einteilung und Grad: Hülfsdienst
Datum: 18. Januar 1919   Unterschrift: R. Bodmer-Weilenmann

☞ Karte ausgefüllt gefl. an H. MEIER-KUMMER, Intelligenzblatt, zurück.

Bürgerwehren

# «Mit Prügel und mit Chlöpfgewehr zieht daher das Spiesserheer»: Die Vaterländische Vereinigung Olten formiert sich

Peter Heim

Am 21. November 1918 versammelten sich im Hotel Falken in Solothurn unter dem Vorsitz des freisinnigen Nationalrats und ehemaligen Regierungsrats Hermann Obrecht Delegierte der bürgerlichen Parteien und einer Anzahl von Vereinen und beschlossen die Schaffung einer Bürgerwehr und deren sofortige Organisation in sämtlichen Gemeinden des Kantons.[1] «Heute kennen wir keine Partei», rief der aufsteigende Stern der Konservativen, der Verleger Otto Walter, in den Saal: «Ultramontane und Freisinnige werden in Zukunft auf gemeinsamem Boden für das Wohl des Vaterlandes arbeiten!» Ähnlich wie in Solothurn und Grenchen schritt in den folgenden Tagen auch in Olten eine Gruppe von Exponenten des Gewerbevereins zur Gründung einer Bürgerwehr. Nachdem Stadtammann Hugo Dietschi einen entsprechenden Vorschlag der Volkspartei-Fraktion im Gemeinderat am 18. November als nicht verantwortbar zurückgewiesen hatte, nahmen die bürgerlichen Hardliner im Dezember einen neuen Anlauf. Die Initiative dazu ging vom Uhrmacher und Bürgerammann Karl Meier-Jutzeler aus.[2] Unter den Mitgliedern befanden sich – neben zahlreichen Gewerbetreibenden und Landwirten – auch viele Gemeindebeamte und bürgerliche Kantonsräte der Region, ausserdem die Redaktoren der bürgerlichen Zeitungen.[3] Uneingeschränkten Beifall erhielten die Bürgerwehren vonseiten der Volkspartei.[4]

Als Trägerschaft dieser paramilitärischen Organisationen, welche auch von der Kantonsregierung unterstützt und aus Beständen der Zeughäuser mit Waffen versorgt wurden,[5] gründete man am 12. Januar 1919 die «Vaterländische Vereinigung Olten». An der Gründungsversammlung brachte Rechtsanwalt Wilhelm Schlappner die bürgerliche Interpretation der Ereignisse vom November 1918 noch einmal auf den Punkt: «Der Landesstreik, inszeniert vom Oltner Aktionskomitee, bezweckte nicht, eine verzögerte Sozialreform zu beschleunigen, sondern er stellte eine Kraftprobe mit dem Staate dar. Unsere Staats- und Wirtschaftsordnung hätte zertrümmert werden sollen und auf dem ‹erlösenden Brand› hätte, wie das bolschewistische Russland, auch die Schweiz auf neuen, sozialistischen Grundlagen wieder aufgebaut werden sollen.» Der Proteststreik vom 9. November wurde von ihm als taktisches Manöver des «lichtscheuen» Oltner Aktionskomitees dargestellt: «Die Regisseure des Landesstreiks sagten eine Hauptprobe an und setzten den 24-stündigen Generalstreik in Szene, in der schlauen Berechnung, dass die Behörden zu Sicherungs- und Gegenmassnahmen greifen mussten. Diese aber mussten wiederum den Grund und Vorwand abgeben zum unbefristeten Landesstreik.»[6]

In einer schwülstigen Rede rief Otto Walter abschliessend zur Rettung des Vaterlands vor der Revolution auf: «Heute geht es, das haben uns die Novembertage gelehrt, ums Ganze, ums Höchste, um die Grundbedingungen unserer Existenz, um den Bestand der bürgerlichen Staats- und Rechtsordnung überhaupt. […] Heute heisst die Losung, die wir hören, Revolution, Anarchie! Da wollen wir, müssen wir alle, wir, die guten Willens sind und die sich und die Ihrigen und die Heimat nicht ins Chaos gräuelvollster bolschewistischer Verwüstung hineintreiben lassen wollen, uns zur Abwehr zusammentun. […] Heute müssen wir, da dunkler der Himmel braut als je, miteinander aufs neue Rütli treten und den Schwur tun, tauchend die Schweizerfahne in den heiligen See, die Heimat nicht zu lassen! Nimmermehr!»[7]

Trotz der Beteuerung der «Vaterländischen», die Vereinigung habe rein defensiven Charakter, kam es Ende Dezember zu gewaltsamen Ausschreitungen bis hin zu einem Anschlag auf das Haus des Solothurner Nationalrats und Streikführers Jacques Schmid, der von der SP-Presse sofort den Bürgerwehren angelastet wurde. An einer Versammlung im «Schweizerhof» nahmen die 600 Teilnehmenden mit Entrüstung von diesem kriminellen Akt Kenntnis und forderten den Gemeinderat auf, für die Sicherheit der Bevölkerung zu sorgen.[8] Eine Zeit lang zeichnete sich tatsächlich die Bildung eines

---

1 Oltner Tagblatt, 23.11.1918.
2 Meier hatte 1886 zu den Gründern des Gewerbevereins und 1906 des «Quartiervereins rechtes Aareufer» gehört.
3 Oltner Tagblatt, 27.12.1918.
4 Oltner Nachrichten, 15.11.1918.
5 Dies wurde von der Regierung in der Antwort auf eine diesbezügliche Interpellation im Kantonsrat ausdrücklich bestätigt. Vgl. dazu die Verhandlungen des Kantonsrats von Solothurn (KRV) 1919, 201–207.
6 Oltner Tagblatt, 14.1.1919.
7 Oltner Nachrichten, 20./21.1.1919.
8 Neue Freie Zeitung, 1. und 6.1.1919.

Bürgerkriegsklimas ab. «Wir haben heute Berichte in Händen», meldete die sozialdemokratische *Neue Freie Zeitung* am 30. Dezember 1918, «dass in drei Gemeinden des Kantons Solothurn Knüppelgardisten des Nachts wehrlose Arbeiter überfallen und verwundet haben. Die kantonale Polizei hat Kenntnis von diesem Banditentum, aber wir haben noch nichts davon gehört, dass sie eingegriffen hätte, das Leben der Arbeiter zu schützen.» Dann fragte das Blatt: «Gehen wir solchen Zuständen entgegen? [...] Wissen die Behörden nicht, dass wenn sie nicht mehr imstande oder nicht willens sind, das Leben des einzelnen Bürgers zu schützen, dass dann der Bürger zur Selbsthilfe greifen muss?»[9] Wegen einer Interpellation der SP-Fraktion hatte sich schliesslich auch der Kantonsrat mit den Bürgerwehren zu befassen. In seiner Antwort auf die «Interpellation Rüdt und Genossen» bestätigte Landammann Schöpfer, dass die Regierung von der Existenz von Bürgerwehren Kenntnis habe, und befürwortete ausdrücklich, dass dieselben mit Munition und Gewehren ausgerüstet würden. «Wenn der Regierungsrat» – so begründete Schöpfer diesen staatspolitisch nicht unbedenklichen Standpunkt – «mit den ihm zur Verfügung stehenden Hilfsmitteln der Polizei und des Militärs Unruhebestrebungen gegen die öffentliche Sicherheit und Ordnung nicht niederzukämpfen vermag, hat er das verfassungsmässige Recht, Organisationen, welche ihm in der Erfüllung der ihm überbundenen Pflicht zu Hülfe eilen, anzuerkennen, sich ihrer zu bedienen und sie so auszurüsten, dass ihre Hilfe eine wirksame ist.» In der Notwehr habe jeder Bürger das Recht, sich zu verteidigen. Wenn der Angriff auf die staatliche Ordnung ein vorbereiteter oder organisierter sei, dürfe auch die Abwehr organisiert und vorbereitet sein. Ausserdem wies der Landammann darauf hin, dass die Bildung von Bürgerwehren laut regierungsrätlicher Verordnung vom August 1914 ohnehin vorgesehen war. Dabei behauptete Schöpfer, dass die Gewaltandrohung von sozialdemokratischer Seite ausgegangen sei, und wies besonders auf die Rolle der Jungburschen hin, die der offiziellen Sozialdemokratie als «willkommene Sturmtruppe» gedient hätten. Die Sozialdemokraten und «kriegerischen Gewerkschaften», bei denen «der Hass der einzige Berater war», hätten damit über eine «fest gefügte Kampforganisation» verfügt. Demgegenüber bestehe der Zweck der Bürgerwehren gerade darin, den Bürgerkrieg zu verhindern. Die Anschläge auf Leben und Eigentum von Sozialdemokraten wurden als «Prügeleien» oder «Händel» einiger seit Langem bekannter Raufbolde verharmlost; die Sozis hätten indessen «weidlich Gegenrecht» gehalten. «Man kann die Zuspitzung der Gegensätze bedauern, auch wir tun das; aber man muss die Tatsache begrüssen, dass das Bürgertum endlich aus seinem Schlafe erwachte».[10]

9 Neue Freie Zeitung, 30.12.1918.
10 KRV, 1919, 201–207.

Die Vorbereitungen für die Verbandsgründung liefen den ganzen Winter über an. Im April 1919 wurde der SVV – wohl nicht zufällig in der Heimatstadt des Oltener Aktionskomitees – in Olten ins Leben gerufen. Seiner ursprünglichen Idee – der Zusammenfassung der Bürgerwehren auf nationaler Ebene – entsprechend, trat der SVV in der Gründungszeit auch unter dem Namen «Vereinigte Schweizer Bürgerwehren (Schweiz. vaterländischer Verband)» auf.[19]

Den Vorsitz der Gründungsversammlung hielt der SAC-Zentralpräsident und Präsident der Union Civique Suisse, Alexandre Bernoud;[20] AVV-Präsident Eugen Bircher wurde zum ersten Präsidenten des SVV gewählt.[21] Der Genfer Anwalt Théodore Aubert, Gründungsmitglied der westschweizerischen Bürgerwehrbewegung, übernahm den Posten als *secrétaire romand* in Genf und koordinierte die Aktivitäten des SVV in der Westschweiz. Als er 1924 die Entente Internationale Anticommuniste (1924–1950), auch «Ligue Aubert» genannt, gründete, kam es allerdings zu Konflikten mit dem SVV, und Aubert wurde 1925 zum Rücktritt aus dem SVV gezwungen.[22]

Finanziert wurde der SVV grösstenteils durch Banken, Unternehmen und Arbeitgeberverbände.[23] Die Geldgeber erhielten als Gegenleistung für die finanzielle Unterstützung des Verbands Informationen über mögliche Streiks oder politische Unruhen an ihrem Standort.[24] Weitere Einnahmen generierte der SVV über die Beiträge der Sektionen, die im Vergleich zu den Subventionen der Banken aber nur einen kleinen Anteil ausmachten.[25] In der Schlussphase war der SVV finanziell grösstenteils von der 1942 gegründeten Gesellschaft zur Förderung der schweizerischen Wirtschaft (1942–2000)[26] abhängig, die den SVV beispielsweise 1946 mit 30 000 Schweizer Franken subventionierte, was etwas mehr als der Hälfte der Jahresaufwendungen entsprach.[27]

1919/20 gründete der SVV drei Dienstzweige – einen Pressedienst, einen Streikbrecherdienst («Werkdienst» genannt) sowie einen Nachrichtendienst –, welche die Verbandsaktivitäten in den folgenden Jahren bestimmen sollten. Während der Pressedienst über die gesamte Verbandszeit von Bedeutung war, beschränkten sich die Aktivitäten des Werkdienstes auf die Zeit bis ungefähr 1931, jene des Nachrichtendienstes auf die Zeit nach 1932. Die Hauptaufgabe des Pressedienstes in der Gründungszeit des SVV war das Abfassen von Situationsberichten, die nicht nur den Leitern der Bürgerwehren, sondern auch Behörden, Politikern, Unternehmensführern, Polizeichefs und diplomatischen Vertretern der Schweiz zugestellt wurden.[28] Darin warnte der SVV wöchentlich vor den Gefahren des politischen Umsturzes. Die Auflagenzahl der Situationsberichte belief sich bis Mitte 1921 auf 500 und wurde dann auf 550 erhöht. Ab 1930 ersetzte die neu gegründete Verbandszeitschrift *Nationale Front*[29] die Situationsberichte.[30] Der Pressedienst

19 Vgl. den Briefkopf in BAR, E2001B#1000/1501#271*, Brief von SVV an div. europäische Bürgerwehren, 3.11.1920.
20 Nach der zentralen Rolle für die Gründung des SVV beendete der SAC sein politisches Engagement. Einzelne SAC-Sektionen blieben jedoch im Umfeld des SVV weiter politisch aktiv, vgl. Thürer, Front, 60.
21 Thürer, Vaterländischer Verband, 66.
22 Thürer, Vaterländischer Verband, 110, 998. Bei der Ligue Aubert handelte es sich um eine zunächst hauptsächlich international aktive, antikommunistische Organisation mit Zentralen in mehreren Ländern. Ab 1932 versuchte sie auch in der Schweiz vermehrt Fuss zu fassen und schrieb unter anderem Geldgeber des SVV an, was zu einem weiteren Konflikt zwischen der beiden Organisationen führte. 1950 löste sich die Ligue Aubert auf. Vgl. dazu Caillat, Michel: L'Entente internationale anticommuniste de Théodore Aubert – Organisation interne, réseaux et action d'une internationale antimarxiste, 1924–1950, Lausanne 2016; ders.: L'Entente internationale anticommuniste (EIA). L'impact sur la formation d'un anticommunisme helvétique de l'action internationale d'un groupe de bourgeois genevois, in: ders./Cerutti, Mauro/Fayet, Jean-François/Roulin, Stéphanie (Hg.), Histoire(s) de l'anticommunisme en Suisse – Geschichte(n) des Antikommunismus in der Schweiz, Zürich 2009, 147–163; ders.: L'Entente internationale anticommuniste de Théodore Aubert et ses archives, in: Traverse. Zeitschrift für Geschichte, Band 2 (2006), 12–19; Roulin, Stéphanie: Un credo anticommuniste. La commission Pro Deo de l'Entente internationale anticommuniste ou la dimension religieuse d'un combat politique (1924–1945), Lausanne 2010; dies.: Les réseaux religieux de l'Entente Internationale Anticommuniste (1924–1933), in: Caillat/Cerutti/Fayet/Roulin, Antikommunismus, 165–180.
23 Zu den Subventionszahlern gehörten in den 1930er-Jahren bspw. die Schweizerische Nationalbank, der Zentralverband schweizerischer Arbeitgeber-Organisationen, die Schweizerische Bankgesellschaft, der Arbeitgeberverband schweizerischer Maschinen- & Metall-Industrieller oder der Arbeitgeberverband der Schweiz. Textilveredlungs-Industrie, vgl. dazu die Briefe in BAR#J2.11#1000/1406#140*. Vgl. zur Finanzierung in der Gründungszeit: Gautschi, Willi, Geschichte des Kantons Aargau. Bd. 3: 1885–1935, Baden 1978, 240; Thürer, Vaterländischer Verband, 243–257; Koller, Christian: Kriegs- oder Friedensgewinnler? Die Schweizerische Industrie-Gesellschaft Neuhausen, 1910–1925, in: Rossfeld, Roman/Straumann, Tobias (Hg.), Der vergessene Wirtschaftskrieg. Schweizer Unternehmen im Ersten Weltkrieg, Zürich 2008, 225–257, hier 244.
24 BAR#J2.11#1000/1406#140*, Brief von Hürlimann, Hans an Huber, Arnold, 2.6.1937.
25 Thürer, Vaterländischer Verband, 243, 256.
26 2000 fusionierte die Wirtschaftsförderung mit dem Schweizerischen Handels- und Industrieverein (Vorort) zur heutigen economiesuisse.
27 BAR#J2.11#1000/1406#3*, Zentralvorstand des SVV: Protokoll der Sitzung vom 14. September 1946, 26.9.1946.
28 Thürer, Vaterländischer Verband, 98.
29 Um eine Verwechslung mit der Erneuerungsbewegung Nationale Front zu verhindern, wurde die Zeitschrift 1933 in Der Schweiz. Vaterländische Verband umbenannt, vgl. [Bekanntgabe], in: Der Schweiz. Vaterländische Verband. Organ des Schweizerischen Vaterländischen Verbands 3/5 (Juni 1933), 1.
30 Die Verbandszeitschrift wurde an mehrere Tausend Abonnenten verschickt, vgl. BAR#J2.11#1000/1406#877*, Kartei der Abonnenten.

24  Ende Dezember 1918 klärte das Kontrollbureau der Stadt Luzern in Schaffhausen ab, wie das Verhältnis zwischen der Bürgerwehr und den dortigen Behörden geregelt war. Auch die Frage nach der Bewaffnung der Bürgerwehr war von Interesse.

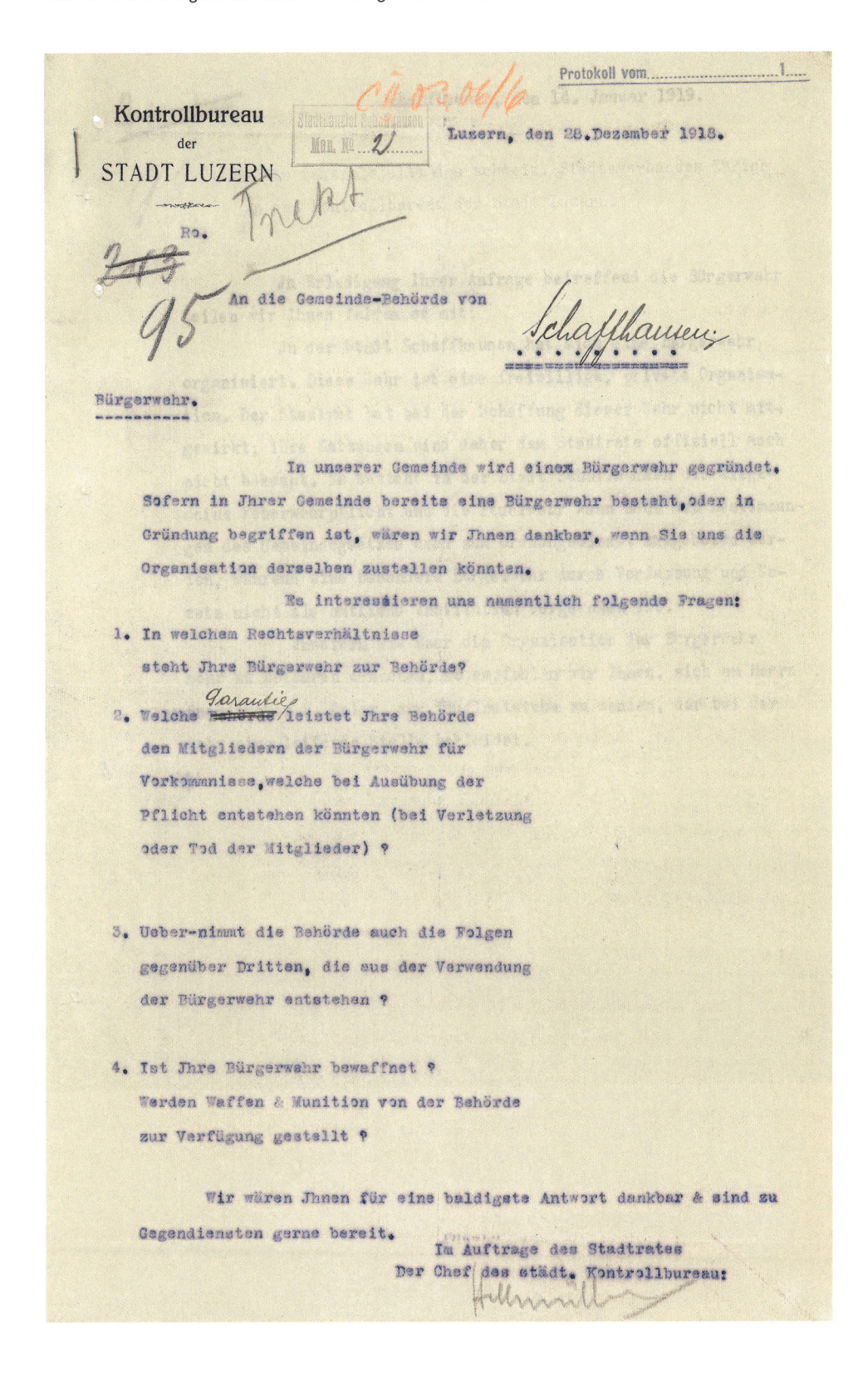

---

**Kontrollbureau der STADT LUZERN**

Protokoll vom ........................ 1.

Luzern, den 28. Dezember 1918.

An die Gemeinde-Behörde von

*Schaffhausen*

Bürgerwehr.

In unserer Gemeinde wird eine Bürgerwehr gegründet. Sofern in Ihrer Gemeinde bereits eine Bürgerwehr besteht, oder in Gründung begriffen ist, wären wir Ihnen dankbar, wenn Sie uns die Organisation derselben zustellen könnten.

Es interessieren uns namentlich folgende Fragen:

1. In welchem Rechtsverhältnisse steht Ihre Bürgerwehr zur Behörde?

2. Welche Garantie leistet Ihre Behörde den Mitgliedern der Bürgerwehr für Vorkommnisse, welche bei Ausübung der Pflicht entstehen könnten (bei Verletzung oder Tod der Mitglieder)?

3. Uebernimmt die Behörde auch die Folgen gegenüber Dritten, die aus der Verwendung der Bürgerwehr entstehen?

4. Ist Ihre Bürgerwehr bewaffnet? Werden Waffen & Munition von der Behörde zur Verfügung gestellt?

Wir wären Ihnen für eine baldigste Antwort dankbar & sind zu Gegendiensten gerne bereit.

Im Auftrage des Stadtrates
Der Chef des städt. Kontrollbureau:

Bürgerwehren

25 «Welche Aufgaben gedenken Sie der Bürgerwehr gegebenenfalls innerhalb Ihrer Verwaltung zuzuweisen»? Umfrage der Zentralstelle des Schweizerischen Städteverbands an die Mitglieder des Verbands betreffend «Bürgerwehr», Zürich, 16. Dezember 1918.

Zentralstelle des Schweiz. Städteverbandes.

Protokoll vom ............ 1.919

Zürich, den 16. Dezember 1918.

An die Mitglieder des schweiz. Städteverbandes!

betr. Bürgerwehr.
----------

Als Folge des Landesstreiks haben sich in vielen Schweizerstädten Bürgerwehren gebildet. Wir halten es für dringend erwünscht, in dieser heiklen Angelegenheit die Auffassung und den Umfang der Mitwirkung unserer Verbandsstädte kennen zu lernen und bitten Sie daher um die Beantwortung folgender Fragen:

1. Hat sich in Ihrer Gemeinde im Anschluss an den Generalstreik eine Organisation gebildet, die man als Bürgerwehr, Stadtwehr etc. bezeichnen kann? Ist eine solche ausserordentliche Massnahme in Ihrer Gemeindeverfassung vorgesehen? etwa in Verbindung mit der Feuerwehr? .......................................................

2. Welches ist der Zweck dieser Gründung? Wie ist sie organisiert? (Wir bitten um Uebersendung der Statuten, Werbeaufrufe, etc., welche darüber Aufschluss geben können.) ...................

3. Von welcher Seite ist die Jnitiative für die Schaffung der Bürgerwehr ausgegangen? Erfolgte sie auf Veranlassung Ihrer Behörde, wurde sie von ihr moralisch unterstützt oder handelt es sich um eine rein private Jnitiative? ....................

4. Haben Sie seit der Gründung zu dem geschaffenen Jnstitut irgendwie Stellung genommen, sodass dasselbe als offiziell aufgefasst werden kann? (Bezeichnung der Führer, Bereitstellung von Versammlungslokalen, von Waffen, ev. welchen, Unterstellung der Organisation unter die Polizei, Einhändigung von offiziellen Legitimationskarten, Uebernahme der Löhnung etc.) ...........................

5. Welche Aufgaben gedenken Sie der Bürgerwehr gegebenenfalls innerhalb Ihrer Verwaltung zuzuweisen, insbesondere werden Sie dieselbe mit öffentlich rechtlichen Funktionen betrauen, oder ist sie in erster Linie gewissermassen zur Leistung von "Streikbrecherdiensten" und dergleichen in der öffentlichen Verwaltung vorgesehen? ...........................

6. Sind die Anmeldungen zur Bürgerwehr in Ihrer Stadt zahlreich erfolgt? .............

7. Macht sich ernstliche Opposition gegen dieselbe geltend? Von welcher Seite und mit welchen Argumenten? ............

8. Wie gedenken Sie zu vermeiden, dass die Bürgerwehr im Falle der Notwendigkeit ihres Auftretens als Provokation aufgefasst wird und dadurch zu einem Grunde für die Vergrösserung der Gegensätze innerhalb der Bevölkerung wird? ........................

Mit vorzüglicher Hochachtung

Zentralstelle des Schweiz. Städteverbandes.

Dr. G.v. Schulthess.

# Nächtliche Patrouillen der Badener Bürgerwehr

Patrick Zehnder

Bis zum Ersten Weltkrieg hatte sich Baden zu einem bedeutenden Standort der Metall- und Elektroindustrie entwickelt und figurierte daher auch unter den 19 Städten, die das Oltener Aktionskomitee in seinem Aufruf zum Proteststreik vom 8. November 1918 erwähnte.[1] Die Kleinstadt an der Limmat wurde in der Folge zum Hauptschauplatz des Landesstreiks im Aargau.[2] Sowohl die Behörden als auch die örtlichen Industrieunternehmen befürchteten eine Eskalation – aber dazu kam es nicht, denn die lokal dominierende christlich-soziale Metallarbeitergewerkschaft unterstützte den Landesstreik nicht. Am 13. November 1918 brachte sie 2000 Flugblätter gegen den Streik in Umlauf, die absichtlich der Flugschrift des Gewerkschaftskartells und der Sozialdemokratischen Partei Badens glichen und selbst unter den Kolporteuren für Verwirrung sorgten.[3]

Ebenfalls am 13. November gründeten mehrere Hundert Männer im Gasthof Linde die Vaterländische Vereinigung Baden-Ennetbaden,[4] eine lokale Bürgerwehr, die später zu einer Sektion der Aargauischen Vaterländischen Vereinigung, der Dachorganisation der Aargauer Bürgerwehren, werden sollte. Dieselben Kreise hatten sich schon am Vorabend auf dem Bahnhofplatz zu einem Gelöbnis auf das Vaterland und gegen den Streik versammelt. Rund 2000 Personen wurden bei den Reden von Fürsprecher Dr. Senn und dem Ingenieur Schaffner gezählt. Die «vaterländische Kundgebung» wandte sich «feierlich gegen die Umsturzgelüste und bekannte den Willen, die Freiheit mit Gut und Blut zu beschützen.»[5] Die grösste Badener Fabrik, Brown, Boveri & Cie., förderte diese Versammlung, indem sie ihre Angestellten für die Teilnahme bezahlte. Federführend bei der Gründung der lokalen Vaterländischen Vereinigung war der Angestelltenverband von BBC. Unter der Führung eines Offiziers hatte der Verband schon zu Kriegsbeginn für kurze Zeit eine bürgerwehrähnliche Organisation gebildet. Die Gründung der Bürgerwehr geschah in Absprache mit dem vierköpfigen «ständigen Streikabwehrkabinett» der Stadt Baden, das von Freisinnigen und Konservativen dominiert wurde.[6] Die Rekrutierungsbasis der Bürgerwehr bildeten der bürgerliche Stadtturnverein, die Schützenvereine sowie die örtliche Sektion des Schweizerischen Alpenclubs, deren Mitgliederlisten sich zum Teil gedeckt haben dürften.

Mindestens zwei Aktionen der Badener Bürgerwehr sind nachgewiesen: Am zweiten Tag des Landesstreiks liess der Stadtrat einen mässigenden, beruhigenden Aufruf in einer Auflage von 5000 Exemplaren drucken und durch die Polizei öffentlich anschlagen.[7] Die Verteilung an sämtliche Haushalte übernahm die Bürgerwehr, weil die Post bestreikt wurde und Zeitungen weder gedruckt noch zugestellt wurden. Ausserdem gab es zumindest zeitweilig nächtliche Patrouillen.[8] Ausgerechnet der sozialdemokratische *Neue Freie Aargauer* hielt in seiner Landesstreikbilanz über die Vorkommnisse in Baden fest: «Abends zog die Bürgerwehr durch die Strassen und verhinderte Mord und Totschlag.»[9] Über diese beiden Beispiele hinweg musste sich die Vaterländische Vereinigung Baden-Ennetbaden aber mit punktuellen Einsätzen bescheiden. Schliesslich hatten auch in Baden die dem Platzkommando Zürich unterstellten Ordnungstruppen das Sagen.

1 Müller, Christian: Arbeiterbewegung und Unternehmerpolitik in der aufstrebenden Industriestadt. Baden nach der Gründung der Brown Boveri 1891–1914, Aarau 1974; Weisungen des Oltener Komitees zur Durchführung des Proteststreiks vom 7.11.1918, in: Gautschi, Willi, Dokumente zum Landesstreik, Zürich 1971, 206f.
2 Zehnder, Patrick: Flugblätter gegen blanke Säbel. Physische und symbolische Raumaneignung im Aargau während des Landesstreiks 1918, in: Argovia 129 (2017), 49–72.
3 Stadtarchiv Baden (StABa), Y.2.1.66, Bärlocher, August/Hilfiker, Hans: Die Putschtage in Baden vom 9. bis 16. November 1918. Baden am 20. November 1918, 53.
4 Bärlocher, Putschtage, 67f.
5 StABa, N.3.92, Raschle, Hans: Denkschrift über den Verlauf des Landes-Generalstreiks vom 11. bis 14. November 1918 in der Stadt Baden. Baden im Dezember 1918, 36.
6 Raschle, Denkschrift, 11.
7 Raschle, Denkschrift, 32–34.
8 Zehnder, Patrick: Hundert Jahre Ringen um die «richtige Deutung». Der Landesstreik von 1918 in der Region Baden, in: Badener Neujahrsblätter 93 (2018), 122–133.
9 Neuer Freier Aargauer, 20.11.1918, 1.

publizierte auch Communiqués, insbesondere Mitteilungen im Anschluss an die Leitungssitzungen und Delegiertenversammlungen des Verbands,[31] sowie kurze Berichte in bürgerlichen Zeitungen, in denen er zu aktuellen Ereignissen, Gesetzesvorlagen oder Beschlüssen Stellung nahm. Hierfür liess er unter anderem auch seine Beziehungen zur Schweizer Mittelpresse (SMP) unter Samuel Haas spielen, die als zweite nationale Nachrichtenagentur neben der Schweizerischen Depeschenagentur Nachrichten für kleinere und mittlere bürgerliche Zeitungen aufbereitete und mit über 200 Abonnenten eine grosse Verbreitung erfuhr.[32] Zugleich hatte der SVV-Pressedienstsekretär Karl Weber den Vorsitz in der Pressekommission der SMP inne.[33]

### Internationale Vernetzung der Bürgerwehren

Die Entstehung von Bürgerwehren und vaterländischen Organisationen während und nach dem Ersten Weltkrieg war kein spezifisch schweizerisches Phänomen. In verschiedenen europäischen Ländern und auch in den USA wurden Streiks und Arbeitskämpfe der Arbeiterschaft mit der russischen Revolution in Verbindung gebracht und bürgerwehrähnliche Organisationen gegründet: In den USA entstanden etwa die American Legion (1919–heute) mit rund 800 000 Mitgliedern oder die American Protective League (1917–1919), die einen Höchststand von 250 000 Mitgliedern erreichte und die Behörden bei der Überwachung von Kommunisten und der Abwehr von Streiks unterstützte.[34] Auch in Frankreich, Italien, Österreich, im Deutschen Reich und weiteren europäischen Ländern entstanden paramilitärische und teils frühfaschistische Bürgerwehren, die ein antikommunistisches und antisozialistisches Programm vertraten und sich dem Kampf gegen die angeblich bevorstehende Revolution verschrieben.

Von Anfang an waren die verschiedenen Bürgerwehren untereinander vernetzt, wobei die Schweizer Vertreter hier eine wichtige Rolle spielten. So reisten der spätere Nachrichtendienstsekretär des SVV, Viktor Sonderegger, und der damalige SVV-Präsident, Eugen Bircher, bereits im November 1919 nach Deutschland, wo sie mehrere Einwohnerwehren und die «Technische Nothilfe», eine 1919 gegründete Freiwilligenorganisation zur Bekämpfung von Streiks, besuchten.[35] Auch mit bürgerlichen, konterrevolutionären «Abwehrorganisationen» in Frankreich, Italien, Belgien, Holland und Grossbritannien pflegte der SVV ab 1920 einen regelmässigen Nachrichtenaustausch.[36] Ein früher Versuch, diese Vernetzung zu institutionalisieren, stellte die Initiative des SVV zur Gründung einer internationalen Nachrichtenzentrale dar, die mit einer internationalen Konferenz im November 1920 in Luzern lanciert wurde, aus verschiedenen Gründen aber bereits im April 1921 aufgegeben wurde. Die Tatsache, dass nicht alle beteiligten Bürgerwehren die Einschätzung des SVV und der Einwohnerwehr Bayerns teilten, es müsse von einer real existierenden bolschewistischen Gefahr ausgegangen werden, war der gewichtigste Grund für dieses Scheitern.[37]

Erfolgreicher war hingegen die sogenannte Werkdienst-Internationale, in der sich auf Initiative der deutschen Technischen Nothilfe Bürgerwehren und Streikbrecherdienste verschiedener europäischer Länder vernetzten und sich an einer jährlich stattfindenden Konferenz von 1921 bis 1931 auch regelmässig austauschten.[38] Auch der SVV war regelmässiger Teilnehmer dieser internationalen Konferenz und nutzte sein hier angeeignetes Wissen im Umgang mit den schweizerischen Behörden. So war es in den 1920er-Jahren ein Ziel des

---

31 BAR#J2.11#1000/1406#150*, Richtlinien für den Pressedienst (Entwurf, 1932).
32 1933: 250 Abonnenten, 1938: 200 Abonnenten. Vgl. dazu Zollinger, Konrad, Frischer Wind oder faschistische Reaktion? Die Haltung der Schweizer Presse zum Frontismus 1933, Zürich 1991, 137; Windlinger, Andreas, Wirtschaft geschlossen. Die ganze Geschichte der SPK, in: Blum, Roger/Hemmer, Katrin/Perrin, Daniel (Hg.), Die AktualiTäter. Nachrichtenagenturen in der Schweiz, Bern 1995, 47–63, hier 53.
33 Aargauische Vaterländische Vereinigung 1943, 129.
34 Ceplair, Larry: Anti-communism in twentieth-century America. A critical history, Santa Barbara, California 2011, 13, 38, 44; Schmidt-Bordemann, Dennis: Angst und Vertrauen als Parameter politischen Handelns. Das Beispiel des amerikanischen Antikommunismus der Jahre 1945 bis 1951, Diss. Universität Leipzig, 2010 [Elektronische Daten], 68. Zur American Legion vgl. Schrecker, Ellen: Many are the crimes. McCarthyism in America, Princeton 1998, 52, 61–64.
35 Thürer, Vaterländischer Verband, 25–27. Die Technische Nothilfe wurde 1933 in den NS-Staat integriert und unterstand einem Gruppenführer der Sturmabteilung (SA). Auch nach der nationalsozialistischen Machtergreifung pflegte der SVV Kontakt zur Technischen Nothilfe. Vgl. dazu BAR, #J2.11#1000/1406#113*, Brief von SVV an Technische Nothilfe, 3.1.1935; Brief von Technische Nothilfe an SVV, 5.1.1935. Nach 1935 lassen sich in den Akten des SVV keine Briefe und Sitzungen von und mit ausländischen Organisationen mehr nachweisen. Zur Technischen Nothilfe vgl. Kater, Michael H.: Die «Technische Nothilfe» im Spannungsfeld von Arbeiterunruhen, Unternehmerinteressen und Parteipolitik, in: Vierteljahreshefte für Zeitgeschichte 1 (1979), 30–78; Linhardt, Andreas: Die Technische Nothilfe in der Weimarer Republik, Braunschweig 2006.
36 Thürer, Vaterländischer Verband, 102.
37 BAR, E2001B#1000/1501 #271*, Protokoll der internationalen Konferenz in Luzern, 29. und 30. November 1920, 58. Zur Nachrichtendienst-Konferenz vgl. auch: Thürer, Vaterländischer Verband, 101f. Schneider, Bürgerwehren, 92–94; Caillat, 68–74.

SVV, seinen Streikbrecherdienst rechtlich und institutionell besser einzubinden. Um dies zu erreichen, berichtete er dem Bundesrat über den strafrechtlichen Schutz der Technischen Nothilfe durch die dortigen Behörden.[39] Umgekehrt referierte der SVV an den internationalen Werkdienstkonferenzen auch über sein Verhältnis zu den Bundesbehörden und stellte sein Wissen so auch den anderen Organisationen zur Verfügung.[40]

Trotz der internationalen Vernetzung und einer gewissen Gleichzeitigkeit in der Gründung von Bürgerwehren in verschiedenen Ländern sind aber grosse nationale Unterschiede in der Anwendung paramilitärischer Gewalt festzustellen. In der Weimarer Republik sowie in Ost- und Mitteleuropa kam es zwischen 1918 und 1923 zu massiver Gewaltanwendung paramilitärischer Bürgerwehren, die Tausende von Todesopfer forderten.[41] Dies ist klar von der Situation in der Schweiz zu unterscheiden, wo sich die Bürgerwehren durch das Tragen von Armbinden und den (teilweisen) Besitz von Waffen zwar an paramilitärischen und gewalttätigen Organisationen orientierten und auch explizit deren Rhetorik und Symbolik verwendeten. Während des Landesstreiks und auch in späteren Jahren kam es in der Schweiz im Unterschied zu anderen europäischen Ländern aber zu keinen gewalttätigen Auseinandersetzungen mit Bürgerwehren. Dies ist auch darauf zurückzuführen, dass die rechtliche Anerkennung der Bürgerwehren in einzelnen Kantonen eine Institutionalisierung mit sich brachte. Bei allfälligen Einsätzen waren die Bürgerwehren dem Militärkommando unterstellt, das auch über den Waffengebrauch zu entscheiden hatte. Trotz einer umfangreichen Bewaffnung und der Errichtung von Munitionsdepots ist für die Schweiz lediglich ein Vorfall während des Generalstreiks in Basel von 1919 bekannt, wo ein Mitglied der Bürgerwehr von seiner Waffe Gebrauch machte.[42]

## Letzte Einsätze und der Niedergang der Bürgerwehrbewegung, 1919–1923

Offensichtlich sahen die Kantone wenig Notwendigkeit, die Bürgerwehren einzusetzen. Sie wurden insgesamt nur zweimal, während der Generalstreiks in Basel und Zürich im Juli und August 1919, aufgeboten.[43] Die Basler Bürgerwehr, unterteilt in eine zivile und eine militärische Abteilung, kam dabei mit über 2000 Personen zum Einsatz. Die zivile Abteilung der Bürgerwehr wurde in der Strassenreinigung, der Kehrrichtabfuhr, im Beobachtungs- und Meldedienst sowie im Pressewesen eingesetzt. Die Mitglieder der militärischen Abteilung patrouillierten durch die Strassen und führten mindestens eine Hausdurchsuchung[44] sowie vereinzelt Verhaftungen durch.[45]

Auch in Zürich wurde im Sommer 1919 die Stadtwehr aufgeboten. 1340 Stadtwehrmitglieder bewachten die Zürcher Grossbanken, die Post und die Telefonzentrale Selnau. Zudem patrouillierten mit weissen Armbinden ausgestattete und teils berittene Mitglieder der Stadtwehr durch die Arbeiterviertel. Wie in Basel war auch die Zürcher Stadtwehr bewaffnet, es kam jedoch zu keinen militärischen Einsätzen.[46] Kleinere Bürgerwehreinsätze – wie die Beobachtung von Strassen- und Flussübergängen – fanden im Kontext des Generalstreiks 1919 auch in den Kantonen Aargau und Bern statt.

---

38 Bereits vor dem Ersten Weltkrieg gab es eine internationale Vernetzung verschiedener Streikbruchorganisationen, wobei aus Deutschland importierte Streikbrecher teilweise bewaffnet waren, so auch in Zürich 1912 und in Bern 1913. Vgl. dazu Koller, Christian: Vor 105 Jahren. Der erste Zürcher Generalstreik, in: Sozialarchiv Info 4 (2017). 6–19, https://www.sozialarchiv.ch/2017/08/28/vor-105-jahren-der-erste-zuercher-generalstreik/ (Stand: 25.11.2017); ders.: Local Strikes as Transnational Events: Migration, Donations, and Organizational Cooperation in the Context of Strikes in Switzerland (1860–1914), in: Labour History Review 74/3 (2009), 305–318.

39 Vgl. bspw. BAR, E4110A#1000/1840#367*, Brief von SVV an Häberlin, Heinrich, 22.9.1925; BAR, J2.11#1000/1406#112*, Brief von SVV an Häberlin, Heinrich, 28.5.1931.

40 Vgl. bspw. BAR, J2.11#1000/1406#123*, Brief von SVV an Samfundshjaelpen, Tekniks Noedhjaelp, 15.5.1931.

41 Gerwarth, Robert: Die Besiegten. Das blutige Erbe des Ersten Weltkriegs, München 2017; ders.: Im «Spinnennetz». Gegenrevolutionäre Gewalt in den besiegten Staaten Mitteleuropas, in: Gerwarth/Horne 2013, 108–133, hier 118.

42 Bei einer Hausdurchsuchung haben Bürgerwehr-Angehörige von ihren Waffen Gebrauch gemacht. Vgl. Schmid, Krieg, 119–122; Thürer, Vaterländischer Verband, 357–369.

43 Thürer, Vaterländischer Verband, 989f.

44 Schmid spricht von mehreren Hausdurchsuchungen (Schmid, Krieg, 119). Thürer dagegen fand in den Akten der Bürgerwehr lediglich einen Hinweis auf eine einzige Hausdurchsuchung (Thürer, Vaterländischer Verband, 366–369).

45 Ausführlich zum Einsatz in Basel vgl. Schmid, Krieg, 119–122; Thürer, Vaterländischer Verband, 357–369.

46 Jost, Hans Ulrich: Die Altkommunisten. Linksradikalismus und Sozialismus in der Schweiz 1919 bis 1921, Frauenfeld 1977, 41; Thürer, Vaterländischer Verband, 369–372.

Bereits Ende 1920 begann der Niedergang der Bürgerwehrbewegung,[47] und spätestens Ende 1922 – nach der deutlichen Ablehnung der sozialdemokratischen Vermögensabgabe-Initiative[48] – scheint auch den Bürgerwehren und dem SVV klar geworden zu sein, dass man die Gefahr des Kommunismus überschätzt hatte. Erste Wahlresultate zeigten, dass die Anziehungskraft der Kommunistischen Partei der Schweiz (KPS) gering war. Gleichzeitig liess auch die Unterstützung für einen radikalen Antikommunismus nach. Dafür sprechen nicht nur das Scheitern des internationalen Nachrichtendienstes, sondern auch Verbandsaustritte und die Auflösung von Bürgerwehren. Viele verloren ab den frühen 1920er-Jahren die Mehrzahl ihrer Mitglieder und spätestens seit 1930 bestanden die Bürgerwehren in den meisten Kantonen nur noch auf dem Papier, wobei einzelne Sektionen des SVV ihre Bürgerwehren zur Zeit der Mobilmachung wieder reaktivierten.[49]

Diese Entwicklung hat eine Entsprechung im internationalen Kontext, wo die westlichen europäischen Staaten und die USA nach 1921 gegenüber der Sowjetunion einen gemässigteren Kurs einzuschlagen begannen[50] und die meisten europäischen Bürgerwehren nach 1923 aufgelöst oder zumindest deaktiviert wurden.[51]

Die Beschwörung einer latenten Revolutionsgefahr blieb jedoch auch in den 1920er- und 1930er-Jahren ein wichtiger Referenzrahmen für die weiteren Aktivitäten reaktionärer und «konterrevolutionärer» Bewegungen.[52] Insbesondere die verschiedenen als «Fronten» bezeichneten Erneuerungsbewegungen der 1930er-Jahre proklamierten in ihren politischen Programmen eine akute Revolutionsgefahr, was wiederum Anknüpfungspunkte für den SVV bot. In den 1930er-Jahren bemühte sich der SVV aktiv um die Aufnahme in frontistische Initiativkomitees und betonte regelmässig die programmatische Einigkeit mit den Fronten, darunter etwa den Kampf gegen den Kommunismus, die erforderliche Einigung des bürgerlichen oder nationalen Blocks, die Kritik an den demokratischen Institutionen und am «lähmenden» Proporzwahlsystem sowie eine Anpassung an die «Neue Zeit». Erst im Oktober 1938 distanzierte sich der SVV vorsichtig von den Fronten; er wolle «eine klare Stellung gegen nationalsozialistische Tendenzen einnehmen, ohne sich dabei gegen das Ausland zu richten». Gleichzeitig betonten mehrere Vorstandsmitglieder, dass der Kommunismus auch nach der Annexion Österreichs den grösseren Feind darstelle als der Nationalsozialismus.[53]

## Streiks brechen statt auf der Strasse kämpfen: Der Werkdienst des SVV, 1922–1940

Nach dem Niedergang der Bürgerwehren in den späten 1920er-Jahren etablierte sich in der Schweiz eine andere Form des Antikommunismus, der für die Öffentlichkeit weniger sichtbar, aber deutlich effektiver war. Mit seinem 1920 gegründeten Werkdienst baute der SVV im Bereich der Streikbekämpfung eine Kooperation mit den Behörden und den Schweizerischen Bundesbahnen (SBB) auf. Dies kann als eine erste Veränderung in der Stossrichtung des SVV gesehen werden: In Zusammenarbeit mit den Behörden sollten jetzt die wirtschaftlichen Schäden von Streiks mit Streikbrechern eingedämmt werden, es sollte aber nicht mehr die Revolution auf der Strasse abgewehrt werden.

Der Werkdienst des SVV stellte für verschiedene, als lebensnotwendig eingestufte Betriebe wie Bahn, Elektrizitätswerke oder Telefonzentralen Streikbrecher zur Verfügung.[54] Gemäss eigenen Angaben wollte man damit jene Streiks verhindern, «welche dem ganzen Lande schädlich wären». Wo einzig privatwirtschaftliche Interessen auf dem Spiel standen, waren hingegen keine Einsätze des Werkdienstes vorgesehen.[55] Zur Gründungssitzung des Werkdienstes wurden auch Berufsverbände

47 Thürer, Vaterländischer Verband, 501, 509, 511. Ein letzter Einsatz einer Bürgerwehr fand bei einem Streik 1930 in Baden statt, vgl. Thürer, Vaterländischer Verband, 578–581.
48 Die sozialistische Vorlage wurde mit 736 952 Nein gegenüber 109 703 Ja-Stimmen am 3.12.1922 deutlich verworfen. Zum Abstimmungskampf vgl. Guex, Sébastien: L'initiative socialiste pour une imposition extraordinaire sur la fortune en Suisse (1920–1922), in: Regards sociologiques 8 (1994), 101–116; Thürer, Vaterländischer Verband, 800.
49 Ausführlich zum Niedergang der Bürgerwehren vgl. Thürer, Vaterländischer Verband, 512–521.
50 Schmidt-Bordemann, Angst, 68f; Bristol, James E.: Anatomie des Antikommunismus. Mit einem Vorwort und einer Analyse von Eugen Kogon über die Funktion des Antikommunismus in der Bundesrepublik Deutschland, Olten 1970, 28f.
51 Gerwarth, Robert/Horne, John: Paramilitarismus in Europa nach dem Ersten Weltkrieg. Eine Einleitung, in: Gerwarth/Horne, Bolschewismus, 7–27, hier 18.
52 Gerwarth/Horne, Bolschewismus, 24f.
53 BAR, #J2.11#1000/1406#3*, Arbeitsausschuss des SVV: Protokoll der Sitzung vom 22. Oktober 1938, 24.10.1938.
54 BAR, #J2.11#1000/1406#38*, Der Schweizerische Vaterländische Verband. Zweck, Ziel, statuarische Regelung, 1929.
55 BAR, #J2.11#1000/1406#110*, SVV: Der Schweizerische Werkdienst. Orientierungsblatt, undatiert (1939–1940).

und Gewerkschaften wie der Schweizerische Eisenbahn- und Verkehrspersonal-Verband oder die Gaswerke eingeladen, die sich alle positiv zu den Zielen des SVV-Werkdienstes äusserten.[56] Nach Ansicht der Behörden fehlten in der Schweiz «nicht-militärische Kräfte, um den Staat zu unterstützen», wie Bundesrat Heinrich Häberlin in einer Stellungnahme festhielt.[57] Entsprechend positiv beurteilte Häberlin den Werkdienst des SVV und stellte 1922 im Bundesrat zur Diskussion, «ob der Staat zu dieser privaten Organisation in organische Beziehung treten und sie dauernd dienstbar machen» sollte.[58] Ein erster Einsatz des Werkdienstes fand bereits während des gesamtschweizerischen Typographenstreiks 1922 statt, bevor das Verhältnis zu den Behörden klar geregelt war. Im selben Jahr konnte der SVV die bereits bestehende Streikbrecher-Organisation der SBB übernehmen, die zusammen mit dem EMD von 1927 bis 1931 auch Ausbildungskurse für Werkdienstfreiwillige finanzierte.[59]

Neben den SBB war auch die Schweizerische Post am Werkdienst des SVV beteiligt;[60] aber trotz dieser anfänglich positiven Einschätzung vonseiten der Behörden verlor der Werkdienst spätestens ab 1931 an Bedeutung, und es fanden kaum mehr Einsätze statt. Zwar versuchte der SVV den Werkdienst mehrmals zu reorganisieren, dennoch wurden sowohl vonseiten der Behörden als auch vonseiten der SVV-Mitglieder Zweifel bezüglich des Nutzens des Werkdienstes erhoben. Während die Vertreter von SBB und Generalstabsabteilung zunehmend Bedenken gegenüber einem Einsatz «nicht eingeschulter Leute» hatten und entsprechend eigene Massnahmen ergriffen,[61] stellte es sich für den SVV bald als schwierig heraus, Werkdienstfreiwillige zu akquirieren. Viele SVV-Mitglieder betrachteten den Werkdienst angesichts eines Rückgangs des Streikaufkommens bereits in den 1920er-Jahren als «überflüssig».[62] Mit dem Bekenntnis der Sozialdemokratie zur militärischen Landesverteidigung 1935 und der Annäherung von Arbeitgebern und Arbeitnehmern im sogenannten Friedensabkommen in der Maschinen- und Metallindustrie von 1937 sowie dem ersten Landesmantelvertrag im Bauhauptgewerbe von 1938 sahen immer weniger SVV-Mitglieder eine unmittelbare Revolutions- oder Streikgefahr und waren weniger bereit, sich aktiv zu engagieren. Die Leute seien für einen Werkdienst erst wieder zu haben, wenn «die Gefahr vor der Tür» stehe und es dann gewöhnlich «zu spät» sei,[63] folgerte 1940 einer der Organisatoren des Werkdienstes.

## Präventive Bekämpfung des Kommunismus mit Spitzeln und Lobbyisten, 1930–1948

Dass sich in der Schweiz längerfristig keine paramilitärischen Bürgerwehren durchsetzen konnten, zeigte sich rasch; und auch die Einrichtung eines funktionstüchtigen Werkdienstes scheiterte nach mehreren Anläufen in den 1930er-Jahren. Mit den Absprachen zwischen dem SVV und den Behörden wurden jedoch – und dies ist für die weitere Entwicklung des SVV entscheidend – die Grundlagen für ein Netzwerk zwischen dem SVV und den Behörden gelegt, das in den 1930er-Jahren im Bereich des Staatsschutzes und des Nachrichtendienstes nachhaltig wirken sollte.

Hauptziel des SVV in den 1930er-Jahren war der Ausbau des Staatsschutzes und damit eine präventive Abwehr des Kommunismus, die der Öffentlichkeit – anders als die Bürgerwehren – in aller Regel verborgen blieb. Der SVV fuhr dabei eine mehrgleisige Strategie. Zum einen baute er einen privaten Nachrichtendienst auf, der die Tätigkeiten der Bundesanwaltschaft und später der Bundespolizei sekundierte. Zum anderen setzte er sich durch den Einsitz in Expertenkommissionen, Stellungnahmen zuhanden der Behörden und gezielte lobbyistische Aktivitäten auf legislativer Ebene für einen Ausbau des Staatsschutzes ein.

Der schweizerische Staatsschutz war (und ist) halb föderalistisch, halb zentralistisch aufgebaut und stand unter der gemeinsamen Verantwortung von Bund und Kantonen. Von 1916 bis 1948 lag die Bundesanwaltschaft in den Händen von Franz

---

56 BAR, #J2.11#1000/1406#79*, SVV: Protokoll-Auszug von der Sitzung zur Gründung einer Schweiz. Werkdienst-Organisation in Aarau, den 24. April 1920, undatiert.
57 BAR, E21#1000/131#12043*, Häberlin, Heinrich: An Eidgenössisches Post- und Eisenbahndepartement. Werkdienst, 5.1.1922.
58 BAR, E21#1000/131#12043*, Justizabteilung des EJPD: Aufzeichnung zuhanden des Herrn Departementsvorstehers über die rechtliche Stellung des Werkdienstes und seine Beziehungen zum Staat, 3.1.1922, Beilage zu: Häberlin, Heinrich: An Eidgenössisches Post- und Eisenbahndepartement. Werkdienst, 5.1.1922.
59 Vgl. bspw. BAR, J2.11#1000/1406#97*, Zschokke, M., Kreisleiter Werkdienst III: Verzeichnis der Teilnehmer am Lokomotivführerkurs vom 14.–26. November 1927 in Bülach, undatiert.
60 BAR, J2.11#1000/1406#2*, Arbeitsausschuss des SVV: Protokoll der Sitzung vom 20. August 1935, 22.8.1935.
61 BAR#J2.11#1000/1406#103*, Huber, Arnold: Protokollnotizen über die Besprechung auf der Generalstabsabteilung vom 23. Oktober 1934, undatiert.
62 BAR, J2.11#1000/1406#98*, Brief von Abt, Friedrich an Huber, Arnold, 3.6.1940.
63 Brief Abt an Huber.

Stämpfli, der als Bundesanwalt die Hauptverantwortung für die Erfüllung der Staatsschutzaufgaben trug.[64] Ihm kam dabei eine Doppelfunktion als staatlicher Ankläger einerseits und Leiter der politischen Fremdenpolizei andererseits zu. Die Ermittlungen führten aber die politischen Polizeiabteilungen der einzelnen Kantone und Gemeinden durch, sodass die Bundesanwaltschaft auf die Zusammenarbeit mit den Kantonen angewiesen war.[65] Mit der Gründung der Bundespolizei 1935 wurde schliesslich ein eidgenössischer Polizeidienst geschaffen, der die kantonalen Polizeidienste aber nur ergänzen sollte und besonders in den Gründungsjahren Personalmangel beklagte.[66] Kennzeichnend für die Arbeit der politischen Polizei war ihre präventive Ausrichtung, die Informationsbeschaffung im Hinblick auf zukünftige Bedrohungen, was sich als problematisch erweisen sollte.[67]

Neben diesen offiziellen Nachrichtendienst- und Polizeiabteilungen gab es eine weitere Organisation, mit der die Bundesanwaltschaft in den 1930er- und 1940er-Jahren einen intensiven nachrichtendienstlichen Austausch pflegte: den privaten Nachrichtendienst des SVV. Dieser lieferte den Bundesbehörden, vor allem der Bundesanwaltschaft, über Jahre hinweg Meldungen zu Kommunisten, angeblichen Umsturzvorbereitungen und anderen potenziellen Gefahren. Der Nachrichtendienst wurde zwar bereits 1920 gegründet, funktionstüchtig war er allerdings erst ab 1930.[68] Ab 1931 galt er – vor dem Werkdienst und dem Pressedienst des Verbands – als wichtigster Verbandszweig.[69]

Die teilweise problematische Zusammenarbeit der Bundesanwaltschaft mit den Kantonen sowie – bis zur Gründung der Bundespolizei 1935 – das Fehlen eines nationalen Nachrichtendienstes bildeten aus Sicht der Bundesanwaltschaft die Grundlage für die Zusammenarbeit mit den privaten, antikommunistischen Ermittlern des SVV. So gab der Chef des Polizeidienstes der Bundesanwaltschaft, Werner Balsiger, anlässlich einer Befragung zur Zusammenarbeit mit dem SVV 1948 zu Protokoll, dass der SVV durch seine Meldungen die Funktion eines national tätigen Nachrichtendienstes übernommen habe: «Meine direkten Beziehungen zum [S]VV liegen hauptsächlich in der Zeit vor der Errichtung der Bundespolizei. Damals war die politisch-polizeiliche Information im Allgemeinen in der Schweiz wenig entwickelt. Die Bundesanwaltschaft hatte Mühe, sich eine gründliche politisch-polizeiliche Information zu beschaffen [...]. Gerade in dieser Zeitspanne waren die Informationen des [S]VV als Ergänzung oder vielmehr als Ausgangspunkt für amtliche Erhebungen besonders willkommen.»[70]

Weitere Gründe für die Zusammenarbeit der Bundesbehörden mit dem privaten Nachrichtendienst können im Milizsystem und einem schwachen Zentralstaat gesehen werden, was zu einer Überlappung staatlicher und verbandlicher Aufgabenerfüllung führte und den grossen Wirtschaftsverbänden interventionistische Funktionen zuschrieb und grossen Einfluss ermöglichte.[71] Aber auch anderen zivilgesellschaftlichen Organisationen war es dadurch immer wieder möglich, auf politische Entscheide Einfluss zu nehmen. Weiter kann auch das grosse nachrichtendienstliche Knowhow des Verbands die enge Zusammenarbeit der Behörden mit dem SVV erklären. Immer wieder gelang es dem privaten Nachrichtendienst, relevantes Material an die Behörden zu senden. Somit genoss der SVV eine «Vorzugsstellung», wie Bundesrat Eduard von Steiger noch 1946 betonte: «Wenn der SVV Mitteilungen zu machen hatte, so konnte er dies unumschränkt tun und man hat ihn auch immer informiert.»[72]

Der Nachrichtendienst des SVV war in einen Inland- und einen Auslanddienst unterteilt, wobei der Auslanddienst primär Nachrichten für den Pressedienst aufbereitete, während der Inlanddienst im Bereich des (privaten) Staatsschutzes tätig war. Hierfür arbeitete der Inlanddienst mit Vertrauensleuten aus dem Verbandsumfeld zusammen, also mit Verbandsmitgliedern, Sektionsvorstehern oder dem Verband nahestehenden Personen. Daneben

64 Kreis, Georg: Staatsschutz in der Schweiz. Die Entwicklung von 1935–1990. Eine multidisziplinäre Untersuchung im Auftrage des schweizerischen Bundesrates von Georg Kreis, Jean-Daniel Delley und Otto K. Kaufmann unter Mitwirkung von Otmar Wigger, Bern/Stuttgart/Wien 1993, 193f.
65 Kreis, Staatsschutz, 45.
66 Kreis, Staatsschutz, 177, 206.
67 Kreis, Staatsschutz, 105.
68 BAR, J2.11#1000/1406#38*, Tätigkeitsbericht des SVV, November 1929–Oktober 1930, 10.
69 BAR, J2.11#1000/1406#38*, Tätigkeitsbericht des SVV, Oktober 1930–Oktober 1931, 10.
70 BAR, E4001C#1000/783 #1506*, Brief von Balsiger, Werner, Chef des Polizeidienstes der Bundesanwaltschaft, an Stämpfli, Franz, Bundesanwalt, 12.1.1948.
71 Hettling, Manfred: Bürgerlichkeit. Eine ungesellige Geselligkeit, in: ders./König, Mario/Schaffner, Martin et al., Eine kleine Geschichte der Schweiz. Der Bundesstaat und seine Traditionen, Frankfurt/Main 1998, 227–264, hier 237; Gruner, Erich: Die Wirtschaftsverbände in der Demokratie. Vom Wachstum der Wirtschaftsorganisationen im schweizerischen Staat, Erlenbach-Zürich 1956, 100.
72 BAR, J2.11#1000/1406#503*, Zit. nach: Hoffmann, Josef (SVV): Protokoll über die Besprechung vom 26. Januar 1946 zwischen EJPD und SVV, 29.1.1946.

26 «Fort mit russischen Umsturzgelüsten! Stimmt bürgerlich!» Plakat des SVV zu den Nationalratswahlen vom Oktober 1919. Mit seinem Pressedienst mischte sich der Verband auch regelmässig in Wahlkämpfe ein.

**JEDER SCHWEIZERBÜRGER AN DIE URNE! ES GEHT UM ALLES!**

**Fort mit russischen Umsturzgelüsten! Stimmt bürgerlich!**

Bürgerwehren 145

unterhielt der SVV auch Kontakte zu Spitzeln, welche die KPS infiltrierten. Einige davon waren bereits vor ihrer Anheuerung als Spitzel Mitglied der KPS gewesen, andere traten mutmasslich eigens für den Spitzeldienst in die Partei ein. Die Spitzel wurden für ihre Dienste bezahlt, die verbandsinternen Vertrauensmänner arbeiteten unentgeltlich, konnten aber ihre Spesen für Bahnreisen und Telefongespräche geltend machen.

Sowohl die Vertrauensmänner als auch die Spitzel hatten die Aufgabe, Mitglieder der KPS und der SP wie auch deren Versammlungen zu beobachten und verdächtige Entwicklungen zu melden.[73] Den Spitzeln des SVV gelang es immer wieder, in wichtige Entscheide der KPS eingeweiht zu werden oder geheimes Material (etwa zu Abstimmungskämpfen) in die Hände zu bekommen. Für die Vertrauensmänner, die nicht Parteimitglieder waren, war die Überwachungstätigkeit schwieriger zu bewerkstelligen. Sie versuchten etwa, sich «als Arbeiter verkleidet»[74] in Versammlungen einzuschleichen, gaben sich als Kommunisten aus und suchten so das Gespräch mit Parteimitgliedern oder beobachteten Versammlungen von benachbarten Gebäuden aus.

Spitzel und Vertrauensmänner schickten ihre Beobachtungen an das Nachrichtendienstsekretariat des SVV, das ab 1930 von Arnold Huber, dem Zentralsekretär des Verbands, geleitet wurde. Huber leitete die aus seiner Sicht relevanten Meldungen an die betreffenden Bundesbehörden weiter. Aufgrund ihrer Aufgabe als Anklagebehörde sowie als Leitung der politischen Fremdenpolizei empfing die Bundesanwaltschaft die meisten Meldungen. Aber auch an die Bundesräte, insbesondere an den jeweiligen Vorsteher des Eidgenössischen Justiz- und Polizeidepartement (EJPD), an die Fremdenpolizei und weitere Ämter schickte Huber regelmässig Meldungen.

Dass diese Meldungen überhaupt wirkmächtig wurden, war der Tatsache geschuldet, dass die Bundesanwaltschaft die gemeldeten Informationen konsequent in bereits vorhandene Personenfichen übertrug oder neue Fichen eröffnete und die SVV-Meldungen zu weiteren Abklärungen an die betreffenden politischen Polizeistellen der Kantone weiterleitete. Für die kantonalen Polizeistellen war dabei nicht ersichtlich, dass die Meldung von einem privaten Zusteller stammte, da die Bundesanwaltschaft sie jeweils anonymisierte oder mit dem Wortlaut «von zuverlässiger Seite wird uns gemeldet [...]» einführte.[75] Durch diese Anonymisierungspraxis und die Feststellung, es handle sich um einen zuverlässigen Absender, wurde den kantonalen Polizeistellen der private, denunziatorische Hintergrund solcher Meldungen vorenthalten und eine Rechtsmässigkeit suggeriert. Dies war besonders dann problematisch, wenn in den Meldungen des SVV kein strafrechtlich relevantes Delikt angezeigt, sondern blosse Vermutungen und Verdächtigungen übermittelt wurden. Die Akten zeigen, dass die ermittelnden Polizeibeamten sich oft von solchen Verdächtigungen leiten liessen und diese im Rahmen der polizeilichen Ermittlungen bestätigten. So bezeichnete der SVV beispielsweise eine Person, die sich im Skiurlaub in Arosa befand, als Agentin der Komintern, ohne diese Verdächtigung weiter zu erläutern oder einen Beweis zu liefern.[76] Die polizeilichen Ermittlungen brachten keine weiteren Erkenntnisse zutage, der Vorwurf konnte nicht bestätigt werden. Dennoch wurde die vom SVV denunzierte Person im Polizeibericht und der Fiche in der Schlusseinschätzung als «dubiose Person»[77] bezeichnet, der man die Aufenthaltsberechtigung entziehen solle.[78]

Dass die Bundesanwaltschaft auch dann polizeiliche Untersuchungen anordnete, wenn der SVV lediglich Verdächtigungen meldete, zeugt von einer spezifisch antikommunistischen Logik des schweizerischen Staatsschutzes. Die empirisch nicht belegte Vorannahme, es müsse ein kommunistischer Umsturz abgewehrt werden, bestimmte den Aufbau des Staatsschutzes und die Art der Überwachung, Datensammlung und -auswertung. Entsprechend wurden präventiv alle, auch völlig belanglose Informationen, die über die Überwachten erhältlich waren, als wichtig erachtet und in Fichen eingetragen – im Hinblick darauf, dass diese Informationen möglicherweise zu einem späteren Zeitpunkt wichtig würden. Eingetragen in die Fichen fügten sich die Meldungen des SVV zu einem Gesamtbild, das sich die Bundesanwaltschaft

---

73 Vgl. bspw. die Aufgabenbeschreibung des Nachrichtendienstes in: Staatsarchiv des Kantons Aargau (StAAG), SVV 1.1.8, SVV-Zirkular an die Kantonal-Ausschüsse vom 28.2.1920, zit. nach Thürer 2010, 110.
74 BAR, J2.11#1000/1406#386*, Brief von Rutishauser, Jean an SVV, 6.11.1945.
75 BAR, E4320B#1990/270#21*, Brief von Bundesanwaltschaft an Polizeikommando des Kantons Zürich, 25.7.1933.
76 BAR, J2.11#1000/1406#475*, Meldung eines Vertrauensmanns an SVV, 11.1.1940.
77 BAR, E4320B#1987/187#844*, Eintrag durch Lauper, Bundesanwaltschaft, in: Fiche, Cori, Blanche, 21.11.1940.
78 BAR, E4320B#1987/187#844*, Brief von Bundesanwaltschaft an Eidgenössische Fremdenpolizei, 10.12.1940.

von der verdächtigten Person machte. Dies bedeutete auch, dass die Kontrolle darüber, was als «staatsfeindlich» (oder «zuverlässig») angesehen wurde, von einem Teil der Bevölkerung nicht nur mitgetragen, sondern auch mitdefiniert wurde. Von Privaten generierte Informationen über angeblich staatsgefährdende Personen gelangten dadurch völlig ungefiltert in die Akten des Staatsschutzes, wo sie ihre Wirkmächtigkeit entfalteten.

Die Meldungen des SVV hatten zur Folge, dass die Justiz auf eine Art und Weise handelte, die direkte Auswirkungen auf das Leben der Denunzierten haben konnte.[79] Primäre Folge der Meldungen des SVV war zunächst das Aktenkundig-Werden der denunzierten Personen. Viele Denunzierte erhielten erst aufgrund der SVV-Meldung eine Fiche – und alles, was in die Fiche eingetragen wurde, konnte zu einem späteren Zeitpunkt potenziell gegen sie verwendet werden. Über das Aktenkundig-Werden hinaus lassen sich in den Akten zahlreiche polizeiliche Massnahmen feststellen, die auf Meldungen des SVV zurückzuführen sind. Mehrere Personen wurden polizeilich überwacht, einige im Lauf der gegen sie geführten Ermittlungen verhört, ihre Häuser oder Wohnungen durchsucht und ihre Post zensiert.[80] Darüber hinaus kam es vereinzelt auch zu drastischeren Massnahmen wie einer Gefängnisstrafe,[81] der Nichterteilung der Einbürgerungsbewilligung[82] oder der erneuten Überprüfung von bereits erteilten Einbürgerungsbewilligungen.[83] Zudem gibt es mehrere Hinweise darauf, dass aufgrund einer Meldung des SVV die Ausweisung der Denunzierten angeordnet wurde.[84]

Der SVV beeinflusste den Auf- und Ausbau sowie die antikommunistische Ausrichtung des Staatsschutzes aber nicht nur mit seinem Nachrichtendienst. Er lobbyierte auch im Parlament und in der Öffentlichkeit für einen legislativen und institutionellen Ausbau des Staatsschutzes. Zudem galten einzelne Verbandsmitglieder als politische Experten, die mit Gutachten beauftragt wurden oder denen Einsitz in Kommissionen gewährt wurde. Der damalige Präsident der Zürcher Vaterländischen Vereinigung und spätere Verbandspräsident, Otto Heusser, wurde beispielsweise 1933 damit beauftragt, ein Gutachten für die Einrichtung der Bundespolizei zu erstellen.[85] Auch wenn später ein weiterer Experte zugezogen wurde, zeigte sich Heusser rückblickend überzeugt, dass die Bundespolizei «nach [s]einem Projekt organisiert» worden war.[86]

Mit einer Mischung aus lobbyistischen Aktivitäten und Beratungen des Bundesrats konnte der SVV 1932 auch den Bundesratsbeschluss bezüglich Ausweitung von Artikel 13 des Eidgenössischen Beamtengesetzes auf die KPS beeinflussen. Das Beamtengesetz aus dem Jahr 1927 legte mit Artikel 13 fest, dass es Bundesbeamten verboten sei, staatsfeindlichen Vereinen anzugehören. Mit dem Bundesratsbeschluss von 1932 wurde festgelegt, dass auch die KPS als staatsfeindlicher Verein anzusehen sei. Um selbst eine fundierte Meinung zu den juristischen Möglichkeiten im Kampf gegen die KPS zu haben, liess sich der SVV zunächst vom Zürcher Rechtsprofessor und langjährigen Rechtsberater des Bundesrats, Dietrich Schindler, beraten.[87] Anschliessend bereitete er eine Interpellation vor, die von einem dem Verband nahestehenden Parlamentarier vorgetragen werden sollte.[88] Als sich abzeichnete, dass der Bundesrat selbst einen Beschluss vorbereitete, zog der SVV seine Interpel-

---

79 In anderem Zusammenhang vgl. Landwehr, Achim: Policey im Alltag. Die Implementation frühneuzeitlicher Policeyordnungen in Leonberg, Frankfurt/Main 2000 (Studien zu Policey und Policeywissenschaft), 325; Studer, Brigitte: Biografische Erfassungslogiken. Personenakten im Verwaltungsstaat und in der Geschichtsschreibung, in: Kaufmann, Claudia/Leimgruber, Walter (Hg.), Was Akten bewirken können. Integrations- und Ausschlussprozesse eines Verwaltungsvorgangs, Zürich 2008, 139–149, hier 141.

80 Vgl. die folgende Auswahl von Fällen: Fall «Trippel»: BAR, E4320B#1990/270#21*, Polizeikommando des Kantons Zürich, Verhörprotokoll, 13.6.1939, Beilage zu: Brief von Polizeikommando des Kantons Zürich an Bundesanwaltschaft, 15.6.1939. Fall «Gerteis»: BAR, E4320B# 1975/40#303*, Meldung des SVV, 2.4.1940; Bundesanwaltschaft, Hausdurchsuchungsbefehl, 26.11.1940; BAR, E4320B#1975/40#303*, Polizeikommando des Kantons Zürich, Offiziers-Posten Winterthur, Verhörprotokoll Gerteis, 27.11.1940. Fall «Stöcker»: BAR, E4320B# 1990/270#21*, SVV, Meldung an Bundesanwaltschaft, 24.4.1933; BAR, E4320B#1991 /243#360*, Fiche Stöcker, Helene, Kopie des Verhörprotokolls, 19.5.1933.

81 BAR, E4320B#1975/40#271*, Bezirksgericht Zürich, Prozess NR. 1252/1938, undatiert.

82 BAR, J2.11#1000/1406#474*, Brief von Rothmund, Heinrich an SVV, 19.12.1938.

83 BAR, J2.11#1000/1406#480*, Brief von Rothmund, Heinrich an SVV, 5.1.1939; Brief von Polizeiabteilung EJPD an SVV, 2.9.1944.

84 Vgl. die Akten zum Fall «Ries» in BAR, E4320B#1974/47# 359*. Auch weitere Ausweisungen können auf den SVV zurückgeführt werden, vgl. BAR, J2.11#1000/1406#488*, Brief von Steiger, Eduard an SVV, 2.3.1942; BAR, E4320B #1990/270#22*, Stämpfli, Franz an Bezirksgericht Zürich, 17.6.1948.

85 BAR, E4320B#1992/104#1* (auch in: E6351F#1000/1044 #27446*), Heussr, Otto: Vorschlag zur Schaffung einer Bundespolizei, 1933.

86 BAR, E4320B#1990/270#22*, Heusser, Otto: Bericht über die Beziehungen des SVV zu Pol.Wm. Wintsch, Beilage zu: Brief von Heusser, Kurt an Stampfli, Walther, 3.11.1948.

87 BAR, J2.11#1000/1406#34*, Auszug aus dem Referat von Prof. Dr. Schindler, Zürich, gehalten am 19. Juli 1930 in der Leitung des SVV.

88 BAR, J2.11#1000/1406#34*, Leitung des SVV: Protokoll der Sitzung vom 19. Juli 1930, 25.7.1930; BAR, J2.11#1000/ 1406#2*, Arbeitsausschuss des SVV: Protokoll der Sitzung vom 13. Dezember 1930, 15.12.1930.

lationspläne zurück und meldete sich stattdessen mit einem dringlichen Schreiben direkt beim Bundesrat, in dem er die Anwendung des Artikels 13 auf Kommunisten forderte.[89] Kurz vor der Veröffentlichung des Bundesratsbeschlusses im Oktober 1932 trat der Bundesrat schliesslich mit der Bitte an den SVV heran, eine Resolution zum Beamtengesetz zu verfassen und publik zu machen.[90] In der Resolution sollte der Verband betonen, dass er eine KPS-Mitgliedschaft mit einer Anstellung als Bundesbeamter für unvereinbar betrachte. Der SVV folgte dem Begehren des Bundesrats, der sich von der Resolution eine grössere Akzeptanz und Legitimierung seines Beschlusses bezüglich des Beamtengesetzes erhoffte.[91] Die Resolutionsforderung kann als Zeichen gelesen werden, dass der Bundesrat den SVV als einflussreiche Pressure-Group wahrnahm, die ihn auf seinen expliziten Wunsch mit öffentlichen Erklärungen unterstützen konnte. Solche Aufträge erteilte der Bundesrat auch später immer wieder.[92]

Ähnliche Strategien wie beim Beamtengesetz wandte der SVV bei weiteren Staatsschutzgesetzen an – so auch beim Verbot der KPS 1940, das der SVV ab 1936 in Briefen und Eingaben an den Bundesrat, in mehrmaligen Anhörungen und mit der Unterstützung einer Motion des ehemaligen Bundesrats Jean-Marie Musy hartnäckig forderte. Wie die Bundespolizei und das Beamtenverbot für Kommunisten ist auch das Verbot der KPS zwar nicht ausschliesslich oder direkt auf den SVV zurückzuführen. Der Verband gehörte aber zu jenen Akteuren, die hier wesentlich Einfluss nehmen und ihren Anliegen Gehör verschaffen konnten.

### Ein Nachrichtendienstskandal und die Auflösung des Verbands 1948

Gerade durch diese extensive Zusammenarbeit der Behörden mit zivilgesellschaftlichen Akteuren war der Antikommunismus in dieser Zeit nicht nur ein zentrales Element des schweizerischen Staatsschutzes, sondern auch des schweizerischen Selbstverständnisses, das einer kritischen Hinterfragung antikommunistischer Praktiken im Weg stand. Der Aufbau eines präventiv tätigen, auf die innere Sicherheit fokussierten, tendenziell repressiven Staatsschutzes, der die Überwachung und Verfolgung politischer Gesinnung im Fokus hatte, war Teil eines antikommunistischen Sicherheitsdispositivs mit nachhaltigen Folgen für das Verhältnis von Staatsschutz und Grundrechten. Erst ab 1946 wurde die nachrichtendienstliche Zusammenarbeit des SVV mit dem Bundesrat und der Bundesanwaltschaft Gegenstand öffentlicher Debatten und eines veritablen Skandals.[93] Mehrere Interpellationen und Kleine Anfragen linker Politiker führten zu einer schrittweisen Aufdeckung des privaten Nachrichtendienstes, der notabene über Jahre hinweg einen Beamten der Stadtpolizei Zürich bestochen hatte und so zu zusätzlichem Nachrichtenmaterial gekommen war. Nachrichtendienstsekretär Huber und der Beamte der Stadtpolizei wurden in der Folge zu Gefängnisstrafen verurteilt, dennoch betonten Bundesrat von Steiger und die Bundesanwaltschaft noch 1948, der SVV habe der Bundesanwaltschaft «wertvolle Dienste geleistet». Die Zusammenarbeit der Bundesbehörden mit einem privaten Verband war aus Sicht des Bundesrats unproblematisch: «Unser Standpunkt war und ist: Wenn der Vaterländische Verband oder irgend ein Verband in korrekter Weise der Bundesanwaltschaft Mitteilungen von staatsgefährlichen Umtrieben durch Extremisten zukommen lässt, werden diese geprüft und ist die Sache in Ordnung.»[94] Nach dem Rücktritt Hubers 1948 und der Einstellung der Verbandszeitschrift war der SVV auf nationaler Ebene aber am Ende seiner seit 1919 andauernden Tätigkeit angelangt. Einzelne Sektionen blieben auf kantonaler Ebene noch weiter aktiv, darunter die Zürcher Vaterländische Vereinigung, deren Existenz bis mindestens 1955 belegt ist.[95] Der Vaterländische Hilfsdienst Basel-Stadt, ab 1966 unter dem Namen «Stiftung Vaterländischer Hilfsdienst» bekannt, wurde erst Ende 1990 aufgelöst;[96]

---

89 BAR, E4001A#1000/782# 173*, Abschrift: Brief von SVV an Pilet-Golaz, Marcel, 22.3.1932, Beilage zu: Brief von Pilet-Golaz, Marcel an Häberlin, Heinrich, 24.3.1932.

90 BAR, J2.11#1000/1406#2*, Arbeitsausschuss des SVV: Protokoll der Sitzung vom 16. Oktober 1932, 18.10.1932.

91 BAR, J2.11#1000/1406#36*, Eidgenössische Kommission des SVV: Protokoll der Sitzungen vom 15./16. Oktober 1932 in Luzern, 20.10.1932.

92 Vgl. bspw. BAR, J2.11#1000/ 1406#2*, Arbeitsausschuss des SVV: Protokoll der Sitzung vom 18. Februar 1936, 19.2.1936.

93 Vgl. die Sammlung von Zeitungsartikeln im Archiv für Zeitgeschichte: AfZ, wf-Dokumentation, Teil 1, 17.5.24.1, Laufnummer 03-267. Vgl. auch BAR, E4320B#1990/270#22*.

94 BAR, E4001C#1000/783# 1506*, von Steiger, Eduard: Beantwortung der Interpellation Kägi betreffend Vaterländischer Verband, 28.10.1949.

95 AfZ, IB wf-Archiv I, Teil 1, 17.5.24.1, Laufnummer 03-267, Brief von Zürcher Vaterländischer Verband an div., 20.5.1955.

96 http://query.staatsarchiv.bs.ch/query/detail.aspx?ID=120574.

27   Während des Generalstreiks 1919 wurde die
Bürgerwehr Basel-Stadt auch für die Strassenreinigung
und Kehrichtabfuhr eingesetzt.

Bürgerwehren

die Aargauische Vaterländische Vereinigung ist auch nach dem Zusammenbruch des «Ostblocks» weiterhin tätig und wirbt für sich mit dem Slogan «Wachsam seit 1918».[97]

## Schluss

Während knapp 30 Jahren war der SVV ein einflussreicher politischer «Player», der die politischen Prozesse mittels seiner Dienstzweige und eines guten Netzwerks zu Presse, Wirtschaft, Behörden und den politischen Parteien teils massiv prägte. Dies konnte er mehr oder weniger ungestört tun – vonseiten der Behörden stiess er auf positive Resonanz, und vonseiten linker Politiker kam bis 1944 nur wenig Widerstand gegen den rechtsbürgerlichen Verband. In der Bürgerwehrzeit gab es zwar einige linke Interpellationen zu den Munitionslagern und zur Bewaffnung der Bürgerwehren, und auch später wurde der SVV vereinzelt in linken Zeitschriften wie dem *Volksrecht*, der *Nation*, der *Arbeiter-Zeitung* oder der *Tat* kritisiert;[98] diese Kritik hatte in aller Regel aber wenig gesellschaftspolitische Resonanz. Erst ab 1944 wurden der SVV und seine restriktive Haltung zur Flüchtlingspolitik in linken Zeitschriften deutlich angeprangert,[99] und es kam zu einer Debatte im Nationalrat, in welcher der SVV nicht nur von linken Politikern, sondern auch von Bundesrat von Steiger deutlich kritisiert wurde. Wenig später folgte der Skandal um den Nachrichtendienst, der hauptsächlich von der linken Presse aufgearbeitet wurde.

Dass sich der SVV über lange Zeit mehr oder weniger unbeobachtet entfalten konnte, hing auch mit seiner Strategie zusammen, dass er mit den Behörden kooperierte und hier auf grosses Entgegenkommen zählen konnte. In der Gründungszeit waren es die Bürgerwehren, welche die Aktivitäten des SVV bestimmten. Mit ihnen war der Verband direkt auf der Strasse aktiv und wollte so die Arbeiterschaft – wenn nötig auch mit Waffengewalt – bekämpfen. Zu gewalttätigen Auseinandersetzungen kam es jedoch kaum. Im Unterschied zur Situation in anderen Staaten, die nach dem Krieg politisch äusserst labil waren, war das staatliche Gewaltmonopol in der Schweiz stets gesichert. Die rasche institutionelle Einbindung der Bürgerwehren, ihre teilweise rechtliche Anerkennung und ihre Unterstellung unter das Militärkommando führten zwar zu einer Festigung ihrer rechtlichen Position, nahmen ihnen aber auch ihr kämpferisches Potenzial. Der Generalstreik von 1918 zeigte deutlich, dass die Bürgerwehren primär im Bereich des Betriebsschutzes und für die Aufrechterhaltung der öffentlichen Dienste eingesetzt wurden.

Die Wirkung der Bürgerwehren war deshalb vor allem eine indirekte: Ihre anfänglich starke gesellschaftliche Resonanz erzeugte auf die Behörden einen gewissen Druck, strikt gegen Streiks der Arbeiterschaft vorzugehen, sogenannt revolutionäre Umtriebe bereits im Keim zu ersticken und mittels Gesetzen und des Staatsschutzes gegen Kommunisten vorzugehen. Weiter verstärkten die Bürgerwehren auch die konfrontative Stimmung zwischen der Arbeiterschaft und dem Bürgertum.[100] In militärischer Hinsicht blieben sie jedoch hinter ihren eigenen Erwartungen und ursprünglichen Ambitionen zurück, was zu einem starken Mitgliederrückgang ab den frühen 1920er-Jahren und zur Auflösung zahlreicher Bürgerwehren führte. Der SVV verlagerte nun seine Aktivitäten weg von der Strasse hinein in die staatlichen Institutionen. Es war vor allem der Zentralverband mit seinem Arbeitsausschuss und seinen Dienstzweigen, der sich nun für die Anliegen des Verbands engagierte, während in der Frühzeit des föderalistisch aufgebauten SVV die kantonalen Sektionen und Bürgerwehren die aktive Rolle eingenommen hatten.

Zunächst stand mit dem Werkdienst der Aufbau einer Streikbrecherorganisation im Zentrum der Verbandsaktivitäten. Dieser sollte in Zusammenarbeit mit staatlichen Organisationen und Arbeitgeberverbänden Streiks in sogenannt lebensnotwendigen Betrieben verhindern. Zunehmende Skepsis gegenüber dem Einsatz ungeschulten Personals führten ab den 1930er-Jahren jedoch dazu, dass die Behörden nicht weiter auf den privaten Werkdienst setzen wollten. Auch aus den eigenen Reihen erfuhr er nicht mehr die nötige Unterstützung. Dass die Streikrate in den 1920er-

---

97 Aargauische Vaterländische Vereinigung, http://www.vaterlaendische.ch.
98 Vor einer neuen antimarxistischen Hetze, in: Volksrecht 285, 4.12.1937; Das «Schweizer Generalstreikbuch», in: Volksrecht 286, 6.12.1937; BAR#J2.11#1000/1406#300*, SPS: Wer regiert in der Schweiz? (Inserat), in: Der Schweizerische Beobachter, Oktober 1943; Der Mann der Liga Aubert, in: Die Neue Welt 22, November 1944; Die Glosse ARA, in: Berner Tagwacht 36, 13.2.1943; Schandbare Zustände, in: Tagwacht 183, 9.8.1943.
99 (Auswahl) Von Muralt, A.: Der Patriotismus und das Flüchtlingsproblem, in: Die Tat, 24.1.1947; Schwarz, Hans: Der Schweizerische «Vaterländische» Verband und sein Generalsekretär, in: Die Nation 36, 6.9.1944, 5f.; ders.: Ein Lump vom VV, in: Arbeiter-Zeitung 168, 2.7.1944.
100 Greminger 1990, 117.

Jahren deutlich zurückging, trug wohl ebenfalls dazu bei, dass weder die Mitglieder des SVV noch die Behörden einen Werkdienst als notwendig erachteten. Ab den 1930er-Jahren wurden der Nachrichtendienst und der präventive und verdeckte Kampf gegen den Kommunismus dann zum wichtigsten politischen Mittel des Verbands, wobei dieser teils massiv in die Staatsschutzaufgaben der Bundesanwaltschaft eingriff. Sekundiert durch politische Vorstösse, Interpellationen und die lobbyistische Beeinflussung von Parlamentariern und Bundesräten, die Mitarbeit in Initiativkomitees (auch der Fronten) sowie die Erstellung von Gutachten und Expertisen zuhanden des Bundesrats wurde der SVV insbesondere in den 1930er-Jahren zu einer politischen Kraft, die – in verschiedener Hinsicht – locker ins politische System der Schweiz eingebunden war und bis zum Zweiten Weltkrieg wesentlich Einfluss nehmen konnte.

# «Geist der Rache» oder «Geist der Verständigung»?

# Die Militärjustiz und der Landesstreik

Sebastian Steiner

Am Nachmittag des 12. November 1918 kletterte der Mechaniker Hans Anderfuhren im Bahnhof von St. Blaise kurzerhand auf eine Lokomotive, um deren bevorstehende Abfahrt nach Bern zu verhindern. Gleichzeitig legte sein Gefährte, Albert-Antoine Artho, einen Eisenkeil unter eines der Räder, um die Maschine auch von aussen her zu blockieren. Eine Polizeitruppe bemerkte die Aktion jedoch und eilte sofort herbei, um die Abfahrt zu erzwingen und die beiden Streikenden zu verhaften. Nach einem kurzen Handgemenge wurden die Arbeiter auf den Polizeiposten gebracht und in Untersuchungshaft genommen. Bereits am 21. Dezember mussten sie sich wegen Verletzung der «Verordnung betreffend Massnahmen gegen die Gefährdung und Störung der inneren Sicherheit der Eidgenossenschaft» vor Militärgericht verantworten. Das zuständige Territorialgericht 3 verurteilte Artho dabei schliesslich zu einer fünfmonatigen, Anderfuhren zu einer sechsmonatigen Gefängnisstrafe.[1]

Wie Artho und Anderfuhren wurden im Rahmen der Landesstreikprozesse[2] Dutzende andere Zivilisten sowie Soldaten für militärstrafrechtliche Straftatbestände verurteilt, die es vor dem Landesstreik noch gar nicht gegeben hatte.[3] Die Armee und ihr Justizsystem – die Militärjustiz – waren damit vielfach in die Auseinandersetzungen einbezogen, die von der Geschichtswissenschaft zu Recht zu den schwersten Krisen der modernen Schweiz gezählt werden.[4] Im folgenden Beitrag soll die dabei zu beobachtende Wechselwirkung zwischen der juristischen und politischen Aufarbeitung des Streiks untersucht werden, die von Klassenkampfrhetorik und diffusen Revolutionsängsten geprägt war. Dazu müssen jedoch zunächst Entwicklungen in den Vordergrund gestellt werden, die zeitlich noch vor dem Ausbruch des Ersten Weltkriegs lagen, der in diesen Novembertagen – zumindest an der Westfront – zu Ende ging.

### Die Militärjustiz als rechtliches Krisen- und Herrschaftsinstrument des Ausnahmestaats

Die Instabilität des internationalen politischen Systems hatte sich schon lange vor Ausbruch des Ersten Weltkriegs angekündigt,[5] und die erhöhte Kriegsgefahr war auch den Schweizer Behörden nicht verborgen geblieben. Im Bereich der Militärstrafrechtspflege wurden deshalb weitreichende Massnahmen für den Kriegsfall vorbereitet. Federführend war dabei Max Huber, Hauptmann der Militärjustiz und seit 1902 Inhaber des Lehrstuhls für Verfassungsrecht, Kirchenrecht und internationales öffentliches Recht an der Universität Zürich.[6] Der einflussreiche Jurist verwies im Vorfeld des Kriegs in einem Bericht an den Bundesrat eindringlich auf den fehlenden rechtlichen Schutz der Schweiz vor «Handlungen gegen die Interessen des Heeres». Der neutrale Kleinstaat habe im Gegensatz zu den meisten anderen europäischen Ländern weder in der Bundesverfassung noch in den Kantonsverfassungen spezielle, für den Belagerungs- oder Kriegszustand vorgesehene rechtliche Instrumentarien festgelegt.[7]

Huber warnte den Bundesrat auch vor der Gefahr, die der Schweiz im Innern des Landes drohe. Die gestiegene Abhängigkeit der Bevölkerung von «leicht zu schädigende[n] Werke[n]» – wie etwa Gas- und Elektrizitätswerken – mache es für Saboteure einfach, das wirtschaftliche Leben zu schädigen, Panik hervorzurufen und eine Mobilisation entscheidend zu stören. Es müsse zudem mit der «Möglichkeit von antimilitaristischen Demonstrationen» – im schlimmsten Fall sogar mit einem Generalstreik – gerechnet werden. Die Schweiz müsse sich darauf aus rechtlicher Sicht vorbereiten; und die Rolle, welche Huber in den an den Bundesrat übermittelten Gesetzesentwürfen dabei der Militärjustiz zudachte, war essenziell: Nicht die kantonal organisierten Zivil-, sondern die auf eidgenössischer Ebene agierenden Militärgerichte sollten bei Krieg oder Kriegsgefahr die Verletzung von neu erlassenen Notgesetzen und Vorschriften bestrafen.[8] Anfang März 1913 übergab der Jurist Bundesrat Arthur Hoffmann, dem Chef des Militärdepartements, vier Gesetzesentwürfe, mit denen die aus Hubers Sicht eklatanten Lücken in der Gesetzgebung geschlossen werden konnten.[9] Hoffmann teilte Hubers Einschätzung der Lage, entschied sich jedoch aus politischen Erwägungen dazu, die Entwürfe dem Parlament nicht vorzulegen. Sie sollten erst unter dem Eindruck einer akuten Kriegsgefahr als Notverordnung am normalen Gesetzgebungsprozess vorbei implementiert werden.[10]

Die bei Kriegsausbruch an den Bundesrat erteilten unbeschränkten Vollmachten und die damit beschleunigten Rechtssetzungsprozesse erlaubten es der Landesregierung dann, die Massnahmen umzusetzen, die Huber vorgeschlagen hatte. Dessen Entwürfe wurden in einer Bundesratsverordnung leicht modifiziert zusammengefasst und am 6. August 1914 in Form der sogenannten «Kriegszustandsverordnung» rechtskräftig. Deren Bestimmungen ermöglichten es dem Bundesrat, Notverordnungen mit Strafcharakter der Militärjustiz zu unterstellen, sobald dies mit «den militärischen Interessen» oder «der Wahrung der Neutralität» begründet werden konnte.[11] Welche Verstösse die-

1   Schweizerisches Bundesarchiv (BAR), E5330-01#1000/894#8788*.
2   Unter dem Begriff der Landesstreikprozesse werden alle Verfahren vor Militärgericht verstanden, die auf Basis von strafbaren Handlungen während des Landesstreiks durchgeführt worden sind.
3   BAR, E21#1000/131#12082*, Verzeichnis der Militärjustizfälle, Landesstreik und Generalstreik, Basel 1919.
4   Jost, Hans Ulrich: Der historische Stellenwert des Landesstreiks, in: Gautschi, Willi, Der Landesstreik 1918, 3. durchgesehene Auflage, Zürich 1988, I–XV, hier I.
5   Vgl. dazu Mulligan, William: The origins of the First World War, Cambridge 2012 (New approaches to European history 43), 233.
6   Zu Huber vgl. auch Grossi, Verdiana: Huber, Max, in: Historisches Lexikon der Schweiz (HLS), www.hls-dhs-dss.ch/textes/d/D15770.php (Stand: 1.2.2018).
7   BAR, E27#1000/721#8828*, Max Huber an Leo Weber, undatiert. Dazu weiterführend, vgl. Schneider, Oliver: Diktatur der Bürokratie? Das Vollmachtenregime des Bundesrats im Ersten Weltkrieg, in: Rossfeld, Roman/Buomberger, Thomas/Kury, Patrick (Hg.), 14/18. Die Schweiz und der Grosse Krieg, Baden 2014, 48–72, hier 50.
8   BAR, E27#1000/721#8828*, Motive zu den Entwürfen von Bestimmungen über den Schutz der militärischen Interessen im Krieg oder Kriegsgefahr, 17.12.1912.
9   BAR, E27#1000/721#8828*, Entwürfe zu Bundesgesetzen, Bundesbeschlüssen und Bundesratsbeschlüssen betr. Schutz der militärischen Interessen in Zeiten von Krieg oder Kriegsgefahr, März 1913.
10  BAR, E27#1000/721#8828*, Bundesrat Arthur Hoffmann an die Generalstabsabteilung, 8.3.1913.
11  Verordnung betreffend Strafbestimmungen für den Kriegszustand, 6.8.1914, in: Stooss, Alfred, Kommentar zu der Militärstrafgerichtsordnung vom 28. Juni 1889, Bern 1915, 86–88.

sen Sachverhalt erfüllten und deshalb vor die Militärgerichte gebracht wurden, war eine Frage der Interpretation und musste für jede Verordnung neu geklärt werden. Der Wirkungsbereich der Militärgerichtsbarkeit veränderte sich in der Folge immer wieder, was das Verhältnis zwischen Militär- und Zivilgerichtsbarkeit ungewohnt volatil werden liess.[12] Die Militärgerichtsbarkeit gewann allerdings deutlich an Einfluss und drang zeitweise weit in zivilrechtliche Sphären vor. Der Bundesrat machte von seinen Vollmachten in grossem Umfang Gebrauch. Dabei schuf er in vielen Bereichen neue Straftatbestände und übertrug die Ahndung von Vergehen gegen die meisten seiner Beschlüsse der Militärjustiz. In etlichen Bereichen unterstellte er ihr damit auch die gesamte Zivilbevölkerung. Dabei wurden nicht nur Freiheitsrechte wie etwa die Pressefreiheit ausser Kraft gesetzt. Im neutralen Kleinstaat herrschte zwischen 1914 und 1920 Kriegsrecht,[13] und die generalklausulierte Kriegszustandsverordnung erlaubte es dem Bundesrat, beliebig auf der militärstrafrechtlichen Klaviatur zu spielen. Die Militärjustiz verwandelte sich von einer militärischen Sondergerichtsbarkeit zu einem rechtlichen Krisen- und Herrschaftsinstrument des Vollmachtenregimes.

Die Militärjustiz wurde von der Arbeiterschaft schon bald nach Kriegsausbruch zunehmend als Machtsymbol des bürgerlichen Staats wahrgenommen. Dies lag nicht zuletzt daran, dass etliche sozialdemokratische Journalisten und Funktionäre – wie etwa Paul Meinen und Ernest-Paul Graber – für armeekritische Äusserungen von Militärgerichten zu teils hohen Haftstrafen verurteilt wurden. Die SP war von den Rechtsaushandlungsprozessen komplett ausgeschlossen. Neue Gesetze waren der Referendumspflicht entzogen. Eine Volksinitiative war die einzige Möglichkeit, direkten oder indirekten Einfluss auszuüben, wahrgenommene Missstände auf Verfassungs- und Gesetzesebene zu bekämpfen und den politischen Druck auf die Behörden in einem Bereich zu erhöhen, der als besonders stossend wahrgenommen wurde. Diesem Ziel diente wohl auch die anhaltende Skandalisierung von Militärjustizfällen durch sozialdemokratische Presseorgane. 1916 wagte die SP einen direktdemokratischen Vorstoss mit der Lancierung einer Volksinitiative zur Abschaffung der Militärjustiz. Die Initiative war weniger Ausdruck eines zunehmenden Antimilitarismus innerhalb der Arbeiterbewegung denn eine Rückweisung der bisweilen erratischen Entwicklung und der politischen Funktion der Militärjustiz in den ersten zwei Kriegsjahren, die überdies auch von bürgerlicher Seite kritisiert wurde.

Wichtiger jedoch war, dass die Militärjustiz zunehmend an ihre Kapazitätsgrenzen stiess, wobei auch General Ulrich Wille im Kontext einer zunehmenden Dienstmüdigkeit der eingesetzten Truppen eine Konzentration der Militärgerichtsbarkeit auf ihre Kernaufgabe forderte. Eine Folge des stetig steigenden Drucks auf den Bundesrat war eine durch die Landesregierung vorgenommene Verkleinerung des Aufgabenkreises der Militärjustiz und damit eine vorübergehende Entpolitisierung bzw. Demilitarisierung des Rechtssystems im Frühjahr 1916. Als politisches Gegenprojekt wurde der drohenden sozialdemokratischen Initiative zudem eine Reform des Militärstrafgesetzbuchs entgegengestellt, das schon länger als antiquiert galt.[14]

### Neue Strafbestimmungen als Druckmittel vor und während des Streiks

Spätestens seit der Ablehnung der Landesverteidigung durch die Sozialdemokratie im Sommer 1917, den Erfolgen der Revolutionäre in Russland und den gewaltsamen Ausschreitungen in Zürich im November 1917 traten innenpolitische Spannungen wieder verstärkt in den Vordergrund des behördlichen Erwartungshorizonts. Weil Bundesanwaltschaft und Armeeauditorat feststellten, dass trotz der bereits geschaffenen Flexibilität des schweizerischen Rechtssystems in diesem Bereich noch immer konkrete Strafbestimmungen fehlten, ergab sich ein lang andauernder Rechtssetzungsprozess. Dabei waren starke Ängste im Spiel – erkennbar etwa daran, dass sich die Behörden auf einer strafrechtlichen Ebene nicht nur auf einen Generalstreik, sondern auch auf innere Unruhen und sogar einen Staatsstreich vorbereiteten. Der Bundesrat beschränkte sich schliesslich auf den

---

[12] Studer, Karl: Die Militärstrafgerichtsbarkeit im Bundesstaat, Aarau 1982, 99–122.

[13] Der Begriff «Kriegsrecht» verfügt über eine mehrfache, je nach Blickwinkel unterschiedliche Bedeutung. Unter «Kriegsrecht» werden hier die kriegsbedingten Änderungen des geltenden Rechts verstanden – ausserordentliches Recht also, das als eine Erscheinung des innerstaatlichen Notstandsrechts auftreten kann. Vgl. dazu Kriegsrecht (Staatsrecht), in: Brockhaus Enzyklopädie Online, https://ub-unibe.brockhaus.de/enzyklopaedie/kriegsrecht-staatsrecht (Stand: 16.11.2017).

[14] Vgl. dazu detailliert Steiner, Sebastian: Unter Kriegsrecht. Die schweizerische Militärjustiz 1914–1920 (Die Schweiz im Ersten Weltkrieg, Band 4). Zürich 2018.

28  Verhaftung von Jakob «Joggi» Herzog (rechts) und einem weiteren Jungburschen durch Luzerner Truppen am 7. November 1918 im Kasernenhof in Zürich. Der mitreissende Redner und Jungsozialist hatte sich nach dem Landesstreik wegen «Meuterei» vor Militärgericht zu verantworten, war aber bereits vor dem Streik wegen seiner politischen Tätigkeit wiederholt in Haft gesessen.

Militärjustiz

29  Der Bundesrat richtete sich am 11. November 1918 an die Beamten, Angestellten und Arbeiter des Bunds und der Kantone und rief sie zur Pflichterfüllung auf. Er verwies auf ihr besonderes Treueverhältnis zum Staat und warnte vor strafrechtlichen Folgen, sollten sie sich dennoch am Streik beteiligen.

# An die Beamten, Angestellten und Arbeiter des Bundes.

Der Landesstreik ist vom Oltener Aktionskomitee beschlossen und soll um Mitternacht beginnen. Einzelne Verbände der Angestellten des Bundes scheinen sich der allgemeinen Arbeitseinstellung anschliessen zu wollen.

Wir können nicht zugeben, dass Beamte, Angestellte oder Arbeiter des Bundes in diesem ernsten und gefahrvollen Augenblicke ihren Posten verlassen. Sie haben mit ihrem Eintritte in den Dienst des Staates diesem gegenüber Pflichten übernommen, die sie nicht leichthin von sich werfen können. Sie stehen zum Staate in einem Treueverhältnisse, das ihnen solches Handeln verbietet. Auf ihre Treue und Zuverlässigkeit ist die ganze im Staate vereinigte Gesellschaft angewiesen, von ihr hängt das wirtschaftliche Leben dieser Gesellschaft ab.

Es ist daher ein strafwürdiges Unterfangen, wenn Verbandsleitungen oder Einzelne die Angestellten und Arbeiter des Bundes zu allgemeiner Arbeitseinstellung auffordern. Strafwürdig ist auch, wer solcher Aufforderung Folge leistet. Wir mahnen alle an ihre Pflicht und machen sie verantwortlich für alle Folgen, welche ein Missachten dieser Pflicht nach sich ziehen kann.

An alle diejenigen, welche geglaubt haben, sich dem Landesstreik anschliessen zu sollen, ergeht die Aufforderung, die Arbeit binnen vierundzwanzig Stunden wieder aufzunehmen. Wer dieser Aufforderung nicht Folge leistet, hat Strafe zu gewärtigen.

Bern, den 11. November 1918.

Im Namen des schweiz. Bundesrates,

Der Bundespräsident:

Calonder.

Der Kanzler der Eidgenossenschaft:

Schatzmann.

NB. Geht an die Staatskanzleien für sich und zu Handen der Gemeindekanzleien behufs Anschlag in gleicher Weise wie die Plakate für die eidgenössischen Volksabstimmungen.

30 In Bern wurde seitens des Streikkomitees versucht, die städtischen Arbeiter und Beamten trotz der Drohungen des Bundesrats zum Streik zu bewegen – mit Verweis auf eine spätere Hilfestellung bei der Bewältigung der Folgen.

## An die Beamten und Arbeiter der städtischen Verwaltung.

Der Gemeinderat hat in einem Zirkular die Beamten und Arbeiter der städtischen Betriebe aufgefordert, trotz des Landesstreiks weiterzuarbeiten. Der Gemeinderat erfüllte damit eine noch gültige gesetzliche Bestimmung. Es liegt trotzdem für die Beamten und Arbeiter der Gemeinde kein Grund zur Beunruhigung vor. Alle diejenigen Beamten und Arbeiter der Gemeinde, die nicht ausdrücklich durch die Streikleitung von der Pflicht, die Arbeit niederzulegen, dispensiert worden sind, haben zu streiken. Für die daraus entstehenden und im Zirkular bereits angedrohten Folgen übernehmen die unterzeichneten Instanzen die Verantwortung.

Bern, den 11. November 1918.

Das Unionskomitee.

Das Parteikomitee.

Die sozialdem. Stadtratsfraktion.

Minimalkonsens, der sich zwischen Generalstab, Armeeauditorat, Bundesanwaltschaft und Justizdepartement ergeben hatte. Auf Drängen von Bundesanwalt Franz Stämpfli und Generalstabschef Theophil Sprecher von Bernegg wurde für den Fall eines Generalstreiks die sogenannte Landesstreikverordnung ausgearbeitet. Die «Verordnung betreffend Massnahmen gegen die Gefährdung und Störung der innern Sicherheit der Eidgenossenschaft» blieb anfänglich noch unter Verschluss, lag dann aber Ende Oktober 1918 bereit, um bei Bedarf umgesetzt werden zu können.[15]

Als der Generalstreik schliesslich ausgerufen wurde, unterstellte der Bundesrat die Angestellten öffentlicher Verkehrsanstalten am 11. November dem Militärstrafrecht und verbot ihnen, ebenso wie den Beamten, Angestellten und Arbeitern des Bundes und der Kantone, die Streikteilnahme. Zudem wurde jedem, der zu einer Arbeitsniederlegung in öffentlichen Verkehrsanstalten oder einem wichtigen Versorgungsbetrieb (für Lebensmittel, Wasser, Strom usw.) aufrief, mit Gefängnis gedroht. Die Verordnung stellte auch die Aufforderung oder Verleitung zur Verletzung der Dienstpflicht unter Strafe. Verboten wurden zudem die Widersetzlichkeit gegen Anordnungen der Platzkommandanten oder der ihnen unterstellten Organe sowie Angriffe, Drohungen oder Beleidigungen gegenüber Militärpersonen und schliesslich die Gefangenenbefreiung oder der Versuch hierzu. Für Vergehen gegen diese Bestimmungen waren Gefängnisstrafen bis zu einem Jahr und Bussen bis zu 1000 Franken vorgesehen, und für die Verfolgung und Aburteilung aller dieser Taten wurden die Militärgerichte für zuständig erklärt.[16] Um die neuen Strafbestimmungen bekannt zu machen, kündigte sie der Bundesrat unter anderem in seinem «Aufruf an das Schweizervolk» an, mit dem er sich noch am selben Tag an die Bevölkerung wandte.[17] Kurz darauf rief er alle Beamten, Angestellten und Arbeiter des Bunds und der Kantone zur Pflichterfüllung auf und verwies dabei drohend auf ihr besonderes Treueverhältnis zum Staat.[18] In einem Artikel im sozialdemokratischen *Volksrecht* schrieb Ernst Nobs am 12. November: «Glaubt der Bundesrat wirklich, das Personal der S.B.B wie der Nebenbahnen mit dem Böllimaa der Militärstrafartikel zum Dienst veranlassen zu können?»[19] In einer ersten Phase sollte die Verordnung aber tatsächlich präventiv wirken und möglichst viele Arbeiter und Angestellte von einer Beteiligung am Streik abhalten. Die Idee, dass der Ausbruch eines Generalstreiks unter Androhung harter Strafbestimmungen verhindert oder der Streikfront zumindest Risse zugefügt werden könnten, erwies sich jedoch bald als illusorisch: Unter den Streikenden befanden sich bald Tausende von Eisenbahnern, sodass nur noch vereinzelt Züge fuhren und der Bahnbetrieb auf den meisten Strecken in der Schweiz ganz eingestellt werden musste.[20]

Obschon die Verordnung nur eine geringe präventive Wirkung entfaltete, konnte sie während des Streiks dennoch als Druckmittel eingesetzt werden. Nachdem der Bundesrat dem Oltener Aktionskomitee (OAK) ein Ultimatum zur Beendigung des Streiks gestellt hatte, luden die Vorsteher des Eisenbahn- und Militärdepartements die Vertreter des Föderativverbands eidgenössischer Beamter, Angestellter und Arbeiter (FVBAA) am 13. November zu einer Unterredung ins schwer bewachte Bundeshaus. Die Bundesräte Haab und Decoppet erklärten den Personalvertretern, dass die Beurteilung des Personals, das nur die Arbeit niedergelegt habe, eine «selbstverständlich wesentlich andere» sein werde, wenn der Streik innerhalb der angesetzten Frist beendet werde, als wenn er weiter fortgeführt werde. Werde der Streik abgebrochen, könne sich das Personal «dem Wohlwollen des Bundesrats anvertrauen».[21] Diese Zusicherung enthielt eine nur wenig versteckte Drohung: Sollten sich die Beamten, Staatsangestellten und -arbeiter gegen einen Streikabbruch entscheiden, mussten sie mit der vollen Härte des Gesetzes rechnen. In der Nacht auf den 14. November entschloss sich das OAK jedoch dazu, den Streik abzubrechen.[22]

15 BAR, E21#1000/131#10035*; E21#1000/131#10036*. Vgl. auch Gautschi, Landesstreik, 192f.
16 Verordnung betreffend Massnahmen gegen die Gefährdung und Störung der innern Sicherheit der Eidgenossenschaft, Amtliche Sammlung (AS) der Bundesgesetze und Verordnungen der schweizerischen Eidgenossenschaft, Band 34 (1918), 1161.
17 Aufruf des Bundesrates vom 11. November 1918 an das Schweizervolk, in: Gautschi, Willi, Dokumente zum Landesstreik 1918, Zürich 1988, 244f.
18 Bekanntmachung des Bundesrates an die Beamten, Angestellten und Arbeiter des Bundes, in: Gautschi, Dokumente, 247f.
19 Volksrecht, 12.11.1918, in: Oltener Aktionskomitee (Hg.), Der Landesstreik-Prozess gegen die Mitglieder des Oltener Aktionskomitees vor dem Militärgericht 3 vom 12. März bis 19. April 1919, Bern 1919, 1219.
20 Gautschi, Landesstreik, 265–267, 284f.
21 BAR, E21#1000/131#10344*, Bunderatsbeschluss vom 19. November 1918 betreffend Eingabe E. Löpfe-Benz in Rohrschach, in: Protokoll der Sitzung des Bundesrats, 19.11.1918.
22 Buomberger, Thomas; Kampfrhetorik, Revolutionsangst und Bürgerwehren. Der Landesstreik vom November 1918, in: Rossfeld/Buomberger/Kury, 14/18, 349f.

### Erste Verhaftungen kurz nach dem Streik

Die Lage beruhigte sich aber auch nach dem Abbruch des Streiks nur langsam.[23] Dazu trug sicher auch die Verhaftungswelle bei, von der vor allem jene streikenden Eisenbahner getroffen wurden, die einen direkten militärischen Dienstbefehl missachtet hatten. Obwohl sie persönlich zur Aufrechterhaltung des Fahrbetriebs aufgefordert worden waren, hatten sie sich an der Arbeitsniederlegung beteiligt und die angedrohten juristischen Konsequenzen ignoriert. Weil ihre Namen auf entsprechenden Listen figurierten, waren sie die Ersten, die von der staatlichen Repression getroffen und in Untersuchungshaft genommen wurden.[24]

Schon am 15. November richtete sich Oberauditor Ernst Reichel im Auftrag des Militärdepartements in einem Kreisschreiben an die Offiziere der Militärjustiz und bereitete sie auf die bevorstehende Prozesswelle vor. Es werde voraussichtlich drei verschiedene Gruppen von «zu verfolgenden» Personen geben: Für Delikte, die vor Militärgericht bestraft werden könnten, sei für die «Urheber und Anführer der ganzen Bewegung», wobei er sich hier auf das OAK bezog, bereits ein ausserordentlicher militärischer Untersuchungsrichter eingesetzt worden. Weil der Bundesrat den Kriegsbetrieb der Eisenbahnen verfügt habe, bilde das streikende Eisenbahnpersonal eine zweite militärgerichtlich zu verfolgende Gruppe. Diese könnte rein juristisch gesehen nach Art. 2 der Landesstreikverordnung zur Verantwortung gezogen werden. Die Landesregierung liess vorerst aber noch offen, was mit dieser Gruppe zu geschehen habe. Deshalb sollten Eisenbahner, die sich bereits in Haft befanden, freigelassen und die Verhaftungen eingestellt werden. Waren die Befragungen abgeschlossen, sollten die Protokolle an das Militärdepartement überstellt werden, das dann entscheiden würde, was mit den bereits verhafteten Eisenbahnern zu geschehen habe.[25] Nur bei der vom Oberauditor beschriebenen dritten Gruppe wurde durchgegriffen: bei all jenen nämlich – egal ob Zivil- oder Militärpersonen –, die an «schweren Ausschreitungen, Bahnbeschädigungen, Vergehen gegen die Person oder das Eigentum» beteiligt gewesen waren. Gegen diese müsse das Verfahren sofort eingeleitet werden, so der Oberauditor.[26]

Damit wurde der Militärjustiz die Entscheidung über eine Strafverfolgung in der ersten und zweiten Gruppe entzogen und an ein politisches Gremium verlagert. Dies entsprach nicht dem üblichen Verfahren, gemäss dem der Auditor des zuständigen Militärgerichts nach einer Voruntersuchung entschied, ob eine Anklage erhoben werden sollte oder nicht. Da es sich hier um vorläufige Beweisaufnahmen und keine Voruntersuchungen im engeren Sinn handelte, war ein solches Vorgehen zwar rechtmässig, blieb aber zweifelhaft. Letztlich hatte die Militärjustiz damit die Aufgabenstellung einer politischen Behörde zu erfüllen und konnte nicht mehr unabhängig, auf der Basis festgesetzter Normen, über die Frage der Anklageerhebung entscheiden.[27] Die Regierung behielt damit ein Machtmittel in Händen, das sie bei einer erneuten Anspannung der Lage als Drohkulisse einsetzen konnte. Etliche Streikteilnehmer waren vom Entscheid, den Streik abzubrechen, überrascht worden, und viele empfanden den Abbruch als Kapitulation vor der bürgerlichen Gewalt. Obwohl der Entscheidung des OAK grundsätzlich Folge geleistet und die Arbeit am 15. November 1918 fast überall wieder aufgenommen wurde, widersetzten sich einzelne Verbände wie die Holz- und Metallarbeiter in Zürich und streikten weiter.[28] Die Landesregierung befürchtete deshalb, dass ein zweiter Generalstreik ausbrechen könnte.[29]

### Rechtsinteressen prallen aufeinander

Während auf der Seite der Streikenden – vor allem der Eisenbahner – die Hoffnung auf eine Amnestie wuchs, trat auf der Seite der Militärjustiz zunächst der juristische Umgang mit den Streikführern in den Vordergrund. General Wille forderte in einem Antrag an den Bundesrat die sofortige Aufhebung der parlamentarischen Immunität und Verhaftung von Nationalrat und OAK-Mitglied Robert

---

23 Gautschi, Landesstreik, 362.
24 BAR, E21#1000/131#10331*, Kreisschreiben des Eidgenössischen Militärdepartements an die Grossrichter betreffend die Strafverfolgung der Generalstreikfälle, 15.11.1918.
25 BAR, E21#1000/131#10331*, Kreisschreiben Militärdepartement, 15.11.1918.
26 Kreisschreiben 15.11.1918. Nähere Bestimmungen wurden am 22. November erlassen. Vgl. dazu BAR, E21#1000/131#10346*, Weisungen des Armeeauditors an die Territorialkommandanten und sämtliche Grossrichter und Untersuchungsrichter über die Behandlung desjenigen Eisenbahnpersonals, welches einem persönlichen Marschbefehl nicht Folge geleistet hat, sich aber weiter nichts hat zu Schulden kommen lassen, 22.11.1918.
27 Vgl. dazu Marti, Hans: Militärgerichtsbarkeit als politische Institution, in: Schweizerische Juristenzeitung (1941), 53ff, hier 54.
28 Gautschi, Landesstreik, 330.
29 Gautschi, Landesstreik, 364.

31  Am 22. November 1918 rief der Armeeauditor, Oberst Reichel, die Militärjustiz dazu auf, alle «sich auf den Landesstreik beziehenden Fälle mit großer Raschheit durchzuführen».

**Aufgebot November 1918**　　　　　　　　　　　　　　**Militärjustiz**

Kontr.-Nr. 5800

An die Territorialkommandanten und
an die sämtlichen Großrichter und Untersuchungsrichter.

# Weisungen

über die Behandlung desjenigen Eisenbahnpersonals, welches einem persönlichen Marschbefehl nicht Folge geleistet hat, sich aber weiter nichts hat zu Schulden kommen lassen.

1. Die Territorialkommandanten erteilen gegen alle diejenigen Leute, welche auf den ihnen überwiesenen oder noch zu überweisenden Verzeichnissen figurieren, **Befehle zur Voruntersuchung.** Dabei genügt es, daß gegen alle auf ein und derselben Liste figurierenden Leute nur **ein** Befehl gegeben wird. Diese Befehle mit den Verzeichnissen werden den zuständigen Gerichten überwiesen.

2. Die Untersuchungsrichter haben jeden auf einem Verzeichnis figurierenden Beschuldigten **persönlich** einzuvernehmen. Zu diesem Zwecke können die den Militärgerichten übermittelten Abhörungsprotokolle mit den vorgedruckten Fragen verwendet werden.

    Ergibt sich bei der Einvernahme des einzelnen Beschuldigten, daß er sich außer der Nichtbefolgung des Marschbefehls noch weiterer Delikte schuldig machte (Aufreizung zu Dienstverweigerung, Gewalttätigkeiten gegen Personen oder Sachen und dergl.), so ist er auch hierüber zu befragen.

    Wird von einzelnen Beschuldigten geltend gemacht, daß sie infolge Krankheit oder aus andern Gründen dem Marschbefehl nicht Folge leisten konnten, so sind über die Richtigkeit solcher Entschuldigungsgründe die erforderlichen Erhebungen zu machen.

3. Wenn ein Untersuchungsrichter eine größere Anzahl Beschuldigter des gleichen Bahnhofes oder des gleichen Depots einzuvernehmen hat, so wird es zweckmäßig sein, die Abhörungen im Bahnhof oder im Depot vorzunehmen. Um eine Störung des Betriebes möglichst zu vermeiden, wird es sich auch empfehlen, daß sich der Untersuchungsrichter mit dem Stationsvorstand oder Depotchef vorher über die Zeit der Abhörungen verständige.

4. Straf- und Leumundsberichte sind nicht einzuholen.

5. Die sämtlichen Abhörungsprotokolle der auf einem Verzeichnis figurierenden Beschuldigten können in einem einzigen Aktenheft vereinigt werden. Jedem Aktenheft sind Verzeichnisse aller in demselben enthaltenen Beschuldigten, mit Angabe der genauen Personalien beizugeben.

Grimm.³⁰ Die alliierten Siegermächte hatten den Bundesrat schon zuvor zu einem harten Vorgehen gegen die Streikbewegung ermuntert.³¹ Der Berner FDP-Nationalrat und Oberstkorpskommandant Fritz Ernst Bühlmann³² forderte seinen «lieben Freund» Bundesrat Müller in einem in höchster Eile verfassten Brief persönlich dazu auf, keinerlei Konzessionen zu machen. Er bat ihn, besonders gegenüber den Mitgliedern des OAK hart durchzugreifen. Diese seien dafür verantwortlich, dass «tausenden braver Soldaten die Gesundheit und wohl auch das Leben» gestohlen worden sei.³³ Bühlmann spielte damit auf den Tod von mehreren Hundert Soldaten an, die bei ihrem Ordnungsdiensteinsatz von der grassierenden Spanischen Grippe angesteckt worden waren. Die vermeintliche Schuld des OAK am Tod der Soldaten wurde in der Folge oft mit der Forderung nach einer harten strafrechtlichen Verfolgung des OAK verbunden – eine Argumentation, die mehr als fragwürdig war, hatte doch das Aufgebot von Ordnungstruppen den Landesstreik ausgelöst und nicht umgekehrt.³⁴

Am 3. Dezember wurde die Angelegenheit auch ins Bundesparlament getragen. Der freisinnige Nationalrat Henri Bersier und seine ausschliesslich aus der Westschweiz stammenden, ebenfalls bürgerlichen Mitunterzeichner interpellierten beim Bundesrat über die Frage, wie er die Verordnung vom 11. November umzusetzen gedenke.³⁵ Der einflussreiche Waadtländer Nationalrat³⁶ liess verlauten, er wolle zwar keinen Druck auf die Militärgerichte ausüben; trotzdem müsse die Bevölkerung beruhigt werden, «dass solche Vergehen nicht ungestraft bleiben» würden.³⁷ Eine weitere Interpellation des katholisch-konservativen Freiburger Nationalrats Jean-Marie Musy vom 4. Dezember ging in eine ähnliche Richtung.³⁸ Der überzeugte Antisozialist und spätere Bundesrat liess verlauten, gegen einen Streik könne in einzelnen Fällen zwar nichts eingewendet werden, «der allgemeine Streik» aber sei «die Revolution». Musy forderte den Bundesrat in einer emotionalen Rede dazu auf, hart durchzugreifen.³⁹ Bundesrat Müller antwortete ein paar Tage später auf die beiden Interpellationen und hielt zwar fest, dass die «Tätigkeit des Staates nicht durch einen Streik seiner Angestellten lahm gelegt werden» dürfe. Trotzdem könne nicht die Rede davon sein, dass gegen alle, die bloss von der Arbeit weggeblieben seien, strafrechtlich eingeschritten werde: «Es liegt viel Neigung vor, mit Rücksicht auf die Ereignisse des Streikes zu strenge vorzugehen. Wir wollen kaltes Blut behalten und gerecht bleiben», so Müller. In Bezug auf die Untersuchung gegen die Mitglieder des OAK verwahrte er sich zudem gegen jede Einmischung.⁴⁰

Am nächsten Tag äusserten sich – vor voller Besuchertribüne – auch die betroffenen Mitglieder des OAK. Höhepunkt war das Votum Robert Grimms, der vom Bundesrat forderte, er solle das Aktionskomitee nicht besser behandeln als die Arbeiter: «Eine Amnestie Ihrerseits verlangen wir nicht; Ihre Amnestie wäre eine Schmach. [...] Unsere Sache steht auf festem Boden.» Nach Grimms Ansprache brach auf den Rängen des Nationalratssaals lauter Jubel aus, sodass der Nationalratspräsident damit drohte, die Tribüne zu räumen. Am Ende der emotionalen Debatte gaben jedoch 129 Nationalräte – immerhin zwei Drittel des Rats – eine Erklärung ab, in der sie forderten, «dass die Anstifter und Organisatoren des Landesstreiks mit der ganzen Strenge des Gesetzes bestraft» würden.⁴¹

Die Lage blieb jedoch vorläufig ungewiss. Dass nicht schneller entschieden wurde, hing unter anderem damit zusammen, dass sich die Landesregierung noch immer kein Bild davon machen konnte, wie viele Personen sich potenziell strafbar gemacht hatten. Die Organe der Militärjustiz waren überlastet, die Verhöre und Untersuchungen zogen sich viel zu lange hin, und obwohl die Anklageerhebung bei den einfachen Streikteilnehmern noch ausblieb, wurden bald die ersten Urteile gesprochen, die sich auf andere Bestimmungen der Verordnung vom 11. November bezogen. So mussten

---

30  Antrag des Generals zur Aufhebung der parlamentarischen Immunität von Nationalrat Grimm, in: Gautschi, Dokumente, 276.

31  Weber, Florian: Die amerikanische Verheissung. Schweizer Aussenpolitik im Wirtschaftskrieg 1917/18, Zürich 2016 (Die Schweiz im Ersten Weltkrieg 1), 170.

32  Stettler, Peter: Bühlmann, Fritz Ernst, in: HLS, http://www.hls-dhs-dss.ch/textes/d/D4443.php (Stand: 9.8.2016).

33  BAR, E21#1000/131#10332*, Schreiben von Nationalrat Bühlmann an Bundesrat Müller betreffend die Bestrafung der Generalstreikführer, 18.11.1918.

34  Tanner, Jakob: Geschichte der Schweiz im 20. Jahrhundert, München 2015, 148f; Zala, Sacha: Krisen, Konfrontation, Konsens (1914–1949), in: Kreis, Georg (Hg.), Die Geschichte der Schweiz, Basel 2014, 490–539, hier 498f.

35  BAR, E21#1000/131#10316*, Interpellation Bersier, 3.12.1918.

36  Bersier war ehemaliger Präsident der Waadtländer Freisinnigen.

37  BAR, E21#1000/131#10316*, Auszug aus dem Protokoll des schweizerischen Nationalrats, 6.12.1918.

38  BAR, E21#1000/131#10316,* Interpellation Musy, 4.12.1918.

39  BAR, E21#1000/131#10316*, Auszug aus dem Protokoll des schweizerischen Nationalrats, 6.12.1918.

40  BAR, E21#1000/131#10316*, Auszug aus dem Protokoll des schweizerischen Nationalrats, 10.12.1918.

41  BAR, E21#1000/131#10316*, Auszug aus dem Protokoll des schweizerischen Nationalrats, 11.12.1918.

32  In Zürich markierte die Armee Präsenz und löste Demonstrationen wie am 10. November 1918 auf dem Münsterhofplatz gewaltsam auf. Sie übernahm aber auch Dienstleistungen, die durch den Streik ausgefallen waren, wie das Befördern von Postgütern.

33  Das militärische Drohpotenzial sollte auch nach dem Landesstreik noch abschreckend wirken: General Wille und Oberstdivisionär Emil Sonderegger am Defilee der Ordnungstruppen vom 16. November 1918 in Zürich.

Militärjustiz

sich knapp zwei Wochen nach dem Landesstreik ein Schmied der eidgenössischen Waffenfabrik und ein Bahnhofsvorsteher vor dem Divisionsgericht 3 in Bern verantworten. Ersterer hatte in der Nähe des Bahnhofs Ittigen die Weichen verstellt und andere Fabrikarbeiter zur Arbeitseinstellung aufgerufen, letzterer ein Glockensignal entfernt, das die Einfahrt der Züge hätte signalisieren sollen. Der Schmied wurde zu einer sechstägigen, der Bahnhofsvorsteher zu einer achttägigen Gefängnisstrafe verurteilt.[42] Dabei handelt es sich – gemessen an den Strafandrohungen von einem Jahr – um eher milde Urteile, die jedoch durchaus mit anderen Verdikten verglichen werden können. 75 Prozent aller gesprochenen Strafen fielen in der Folge unter der Höhe von einem Monat aus.[43]

### Der Hauptprozess als Wegweiser

Die Untersuchungen gegen die Streikführer wurden verhältnismässig rasch vorangetrieben. Bereits am 18. November hatte der Vorsteher des schweizerischen Militärdepartements, Bundesrat Decoppet, gegen die Mitglieder des OAK, die Geschäftsleitung der Sozialdemokratischen Partei der Schweiz, das Bundeskomitee des schweizerischen Gewerkschaftsbundes, die sozialdemokratische Nationalratsfraktion sowie gegen die Kartellleitung des Eisenbahnerstreiks eine militärische Strafuntersuchung angeordnet.[44] Bei Prozessbeginn am 20. Januar 1919 musste zunächst geklärt werden, ob die Militärjustiz überhaupt zuständig war, was die Verteidigung der 21 Angeklagten grundsätzlich bestritt. Unter dem Vorsitz von Grossrichter Oberstleutnant Heinrich Türler kam das als zuständig erklärte Divisionsgericht 3 in Bern nach zwei Sitzungen überraschend zum gleichen Schluss. Juristisch argumentierte der Gerichtsvorsteher mit der inzwischen bekannt gewordenen, verzögerten Veröffentlichung der Landesstreikverordnung. Weil die Verordnung wegen des Streiks nicht überall früh genug publiziert worden sei, habe sie für den fraglichen Zeitraum auch ihre Rechtskraft verloren. Das Gericht folgte damit ganz der Linie der Verteidigung. Der Auditor des Divisionsgerichts reichte unverzüglich eine Kassationsbeschwerde ein.[45]

Das Gericht stellte sich damit gegen die Regierung, die Armeeleitung, die Bundesanwaltschaft und das Armeeauditorat, die vor dem Landesstreik eine Verurteilung der Streikführer mit der Landesstreikverordnung vorbereitet hatten. Das Verdikt widersprach zudem diametral den Interessen einer grossen Mehrheit des Nationalrats, die vom Bundesrat gerade für das OAK hohe Strafen gefordert hatte. Dass sich das Gericht dagegen entschied, ist nachvollziehbar. Offenbar war die Landesstreikverordnung kurz nach ihrem Erlass zwar an die Presse übermittelt worden. Zudem war der Auftrag erteilt worden, sie in die Eidgenössische Gesetzessammlung aufzunehmen und die Verordnung noch am selben Tag zu veröffentlichen. Der Versand und das Austragen des grössten Teils der Auflage wurden dann aber durch den Landesstreik verzögert. Mit Recht konnte also angenommen werden, dass die neuen Bestimmungen während des Landesstreiks gar nicht überall bekannt waren. Die Zuständigkeit des Militärgerichts war jedoch von der Gültigkeit der Landesstreikverordnung abhängig. Das dem Divisionsgericht übergeordnete Militärkassationsgericht hatte nun zu entscheiden, wie es weitergehen sollte. Die oberste Instanz der Militärjustiz entschied dabei im Sinne der Anklage und wies die Angelegenheit zurück an das Divisionsgericht. Das Tribunal nahm jedoch keinen Bezug auf die juristische Frage, ob die Militärjustiz trotz der verzögerten Publikation der Landesstreikverordnung wirklich zuständig sei oder nicht, sondern entschied auf Basis eines administrativen Fehlers, der dem Divisionsgericht in seiner Verfügung unterlaufen war.[46]

Nach dieser Wendung nahm das Divisionsgericht die Verhandlungen am 12. März 1919 wieder auf. Der Auditor forderte das Gericht dazu auf, 19 der Angeklagten wegen «Meuterei» zu verurteilen. Artikel 59 des Militärstrafgesetzes sah vor: «Als Meuterer soll gleichfalls bestraft werden jeder, der andere vorsätzlich zum Verrat, Ausreissen, groben Insubordination oder Dienstverletzung anstiftet.»[47] Die aus der Voruntersuchung hervorgegangene Anklageschrift fokussierte auf mehrere inkriminierende Stellen in vier Streikproklama-

---

42 BAR, E21#1000/131#12082*, Verzeichnis der Militärjustizfälle, Landesstreik und Generalstreik Basel 1919.
43 Steiner, Sebastian: Unter Kriegsrecht. Die schweizerische Militärjustiz 1914–1920, Zürich 2018 (Die Schweiz im Ersten Weltkrieg 4).
44 Oltener Aktionskomitee, Landesstreik-Prozess, 12.
45 Ruchti, Jacob, Geschichte der Schweiz während des Weltkrieges 1914–1919. Politisch, wirtschaftlich und kulturell, Band 1, Bern 1928–1930, 456.
46 Oltener Aktionskomitee, Landesstreik-Prozess, 26–32.
47 Militärstrafgesetz, Bundesgesetz vom 21. August 1851, bereinigte Ausgabe 1917, 27.

tionen, die vor oder während des Landesstreiks publiziert worden waren.[48] Darin hatten die Angeklagten die Ordnungstruppen unter anderem dazu aufgefordert, nicht auf Streikende zu schiessen und Soldatenräte zu bilden. Zudem sollten die Eisenbahner ihre Militarisierung nicht beachten, sich dem Streik anschliessen und den Anweisungen des OAK folgen.[49] Für den Straftatbestand der «Meuterei» sah das Militärstrafgesetz eine minimale Gefängnisstrafe von sechs Monaten vor. Bei neun der Angeklagten forderte der Auditor diese Mindeststrafe, für die meisten anderen Gefängnisstrafen zwischen sieben und acht Monaten. Nur bei Ernst Nobs und Robert Grimm ging der Kläger darüber hinaus: Sie sollten mit neun respektive zehn Monaten Gefängnis bestraft werden. Bei ihnen handelte es sich aus Sicht des Auditors um die Haupttäter. Zu Grimm meinte er zudem: «Es ist uns von allen Angeschuldigten, mit Ausnahme von Grimm, erklärt worden, dass sie auf dem Boden der Evolution stehen und nicht der Revolution. Grimm hat uns erklärt: ‹Ich richte mich jeweilen nach der Taktik des Gegners. Was ich Evolution nenne, kann ebenso sehr Revolution werden.›»[50]

Die Verteidigung plädierte hingegen auf einen Freispruch sämtlicher Angeklagter, forderte Entschädigungszahlungen durch den Bund und betonte den politischen Charakter der Verhandlung: «Wir revolutionieren die Gehirne. Wir wollen, dass die Arbeiterschaft sich bewusst ist, in welcher Lage sie sich befindet», stellte Grimm gegenüber dem Vorwurf des Auditors noch einmal klar.[51] Auf rechtlicher Ebene argumentierten die Verteidiger, dass die Aufrufe an die Soldaten und Staatsangestellten nicht an Militärpersonen im aktiven Dienst gerichtet gewesen seien, sondern an Personen, die erst noch mobilisiert werden sollten. Dies sei nicht strafbar und das Gericht für die Verurteilung der angeklagten Zivilisten deshalb auch nicht zuständig.[52]

Damit auch die neun angeklagten sozialdemokratischen Nationalräte verurteilt werden konnten, entschieden sich ihre bürgerlichen Ratskollegen am 24. März 1919 dazu, deren parlamentarische Immunität aufzuheben.[53] Am Donnerstag, dem 10. April, um 3 Uhr nachmittags verlas Grossrichter Türler nach vierwöchiger Verhandlung das Urteil. Zunächst nahm er zur Frage Stellung, ob der Artikel der «Meuterei» überhaupt angewendet werden könne. Das Verfahren richte sich gegen Zivilpersonen; eine Anklage auf «Meuterei» könne deshalb vor Militärgericht nur dann zu einer Verurteilung führen, wenn sie mit Art. 1 Ziff. 10 der Militärstrafgerichtsordnung in Verbindung gebracht werden könne. Diese sah vor, dass auch «Zivilpersonen, welche Militärpersonen im aktiven Dienst zur Verletzung wichtiger militärischer Obliegenheiten verleiten oder zu verleiten suchen», der Militärgerichtsbarkeit unterstellt sind.[54] Dies sei aber nur bei der Bekanntmachung «An das arbeitende Volk der Schweiz» vom 11. November möglich, die durch Grimm, Platten und Schneider verfasst worden sei. Dort sei schon durch die Anrede «Wehrmänner» und die darin enthaltene Aufforderung zur Bildung von Soldatenräten erwiesen, dass es sich um einen vorsätzlichen Aufruf an Militärpersonen im aktiven Dienst gehandelt habe. Auf Basis dieser Feststellung erklärte das Gericht, alle Angeklagten – ausser Grimm, Platten und Schneider – seien vom Vorwurf der «Meuterei» freizusprechen, und die Landesstreikverordnung verfüge zudem über keinerlei rückwirkende Kraft. So liess das Gericht auch alle Klagen, die auf der Verordnung vom 11. November basierten, fallen. Nur bei einem Angeklagten könne dieses Argument nicht gelten, so der Richter: Ernst Nobs hatte am 12. November im sozialdemokratischen *Volksrecht* einen Artikel publiziert, in dem er die Eisenbahner zur Arbeitseinstellung aufgefordert hatte. Mit dieser Publikation habe er gegen den Art. 3 der Landesstreikverordnung verstossen, die er zu diesem Zeitpunkt bereits gekannt haben müsse. Das Gericht verurteilte Grimm, Schneider und Platten deshalb wegen «Meuterei» zu einer Mindeststrafe von sechs Monaten Gefängnis und je einem Achtel der Gerichtskosten im Umfang von 340 Franken. Nobs wurde für die Verletzung der Verordnung vom 11. November mit einer vierwöchigen Gefängnisstrafe und einem zu bezahlenden Kostenanteil von 50 Franken belegt.[55] Kläger und Verteidiger reichten zwar noch eine Kassationsbeschwerde ein; die Verteidigung zog ihre Beschwerde aber wieder zurück, und diejenige der Anklage wurde wenig später abgelehnt.[56]

---

48 Dazu gehörten der «Aufruf zum Proteststreik» vom 7. November, der «Aufruf an das arbeitende Volk der Schweiz», der «Aufruf an die Eisenbahner aller Kategorien» sowie der «Aufruf der Kartellleitung der Eisenbahner» vom 11. November.
49 Oltener Aktionskomitee, Landesstreik-Prozess, 9–22.
50 Oltener Aktionskomitee, Landesstreik-Prozess, 1037–1039.
51 Oltener Aktionskomitee, Landesstreik-Prozess, 1044, 1056.
52 Oltener Aktionskomitee, Landesstreik-Prozess, 1075.
53 Oltener Aktionskomitee, Landesstreik-Prozess, 814.
54 Stooss, Kommentar, 3.
55 Oltener Aktionskomitee, Landesstreik-Prozess, 1220f.
56 Gautschi, Landesstreik, 356.

34  Die Angeklagten und ihre Verteidiger während des
Hauptprozesses gegen die Mitglieder des Oltener
Aktionskomitees im April 1919 vor dem Amtshaus in Bern.

# Die Untersuchungen der Militärjustiz zum Waffeneinsatz in Grenchen

Edith Hiltbrunner

Nur Stunden nachdem das Oltener Aktionskomitee (OAK) am 14. November 1918 den Abbruch des Landesstreiks beschlossen hatte, wurde in Grenchen das schlimmstmögliche Szenario Realität: Soldaten des Waadtländer Füsilierbataillons 6 schossen auf Streikende, welche die Truppe provoziert hatten. Linus Kaufmann, Hermann Güggi und Arnold Vogt wurden verletzt, und die drei Uhrmacher Fritz Scholl, Marius Noirjean und Hermann Lanz wurden getötet.[1] Dem Waffeneinsatz war eine Änderung der militärischen Strategie vorausgegangen: Die beiden Kommandanten der in Grenchen stationierten Landsturmtruppen, Otto Hänggi und Theodor Schnider, hatten zunächst zurückhaltend agiert und auch nicht eingreifen lassen, als Streikende am Morgen des 14. November 1918 Bahnanlagen beschädigt und die Truppe mit Steinen beworfen hatten. Nach Bekanntwerden des Streikabbruchs verlangte ihr Vorgesetzter, Major Eugen Tatarinoff, Kommandant des Landsturmbataillons 27, dann aber ein entschiedenes Vorgehen gegen die Streikenden. Noch bevor die vom Solothurner Regierungsrat verlangte Truppenverstärkung in Grenchen eintraf, übergab Tatarinoff das Kommando über alle in Grenchen stationierten Truppen an Major Henri Pelet mit dem Befehl, «energisch»[2] durchzugreifen, was dieser sogleich umsetzte und damit die Situation wieder anheizte. Kurz nachdem Pelet den Bahnhof Nord hatte räumen lassen, traf die Truppenverstärkung aus Biel ein. Major Peter Bürki übernahm nun das Kommando in Grenchen und erteilte Befehle zur Durchsetzung von Ruhe und Ordnung. Bürki schätzte die Lage in Grenchen wahrscheinlich schlimmer ein, als sie tatsächlich war, da ihm vonseiten des Militärs die Falschmeldung überbracht worden war, es sei tags zuvor zu einer Meuterei innerhalb der in Grenchen stationierten Landsturmtruppen gekommen.[3]

Unter Bürkis Kommando besetzten Mitrailleure den Bahnhof Grenchen Nord, und der von Major Pelet befehligte Zug Waadtländer Füsiliere war in zwei kleinen Gruppen unterwegs und versuchte, die Streikenden zum Zirkulieren zu bewegen. Bei der Kreuzung Bahndamm/Kirchstrasse liess Leutnant Paul Bettex schliesslich auf sich widersetzende und die Truppe provozierende Streikende schiessen. Zwei Personen wurden verletzt. Aus denselben Gründen erteilte Major Pelet an der Hauptstrasse einer kleinen Zahl Füsiliere den Schiessbefehl auf Streikende, die sich in eine Gasse drängten. Ein Mann wurde verletzt, drei junge Männer waren sofort tot.[4] Noch am selben Tag wurde eine militärische Voruntersuchung zum Waffeneinsatz veranlasst. Neun Militärangehörige, ein Arzt, ein Polizist und einer der Verletzten wurden während der dreitägigen Beweisaufnahme befragt. Der daraus resultierende Untersuchungsbericht[5] war aber weder umfassend noch objektiv. Der Bericht warf keinen kritischen Blick auf das Vorgehen des Militärs, sondern fokussierte einzig auf das Verhalten der Streikenden und die von ihnen begangenen Verstösse gegen die vom Bundesrat am 11. November 1918 in Kraft gesetzte Landesstreik-Verordnung. Die geänderte militärische Strategie, das Eintreffen der militärischen Verstärkung und die gleichzeitige Schaffung eines Platzkommandos sowie zwei gravierende Fehler aufseiten des Militärs verschwieg der Bericht: Die fehlende Instruktion zum Waffengebrauch und das Aufteilen eines Zugs der Füsilierkompanie II/6 in zwei kleine, schwache Patrouillen, die sich von den Streikenden rasch bedroht fühlten.[6]

Der Untersuchungsrichter des Divisionsgerichts II kam nach der Beweisaufnahme[7] zum Schluss, die Streikenden hätten die Truppen massiv beleidigt und provoziert und den Anweisungen des Militärs keine Folge geleistet. Folglich habe die Truppe mit dem Einsatz der Waffe ihre Rechte nicht überschritten, sondern im Gegenteil ihre Pflicht getan.[8] Am 15. Februar 1919 entschied das Divisions-

---

1 Hiltbrunner, Edith: Generalstreik 1918 in der Region Grenchen-Solothurn, Fribourg 2012, 106–118.
2 Schweizerisches Bundesarchiv (BAR), E 5330-01, 1000/894, Az. 98/1919/142, Band 475, Einvernahme Adolf Michel, Kpl., Militärmotorfahrer des Platzkommandos Solothurn, 15.11.1918.
3 Hiltbrunner, Generalstreik, 99–106, hier 155f.
4 Hiltbrunner, Generalstreik, 112–115.
5 BAR, E 5330-01, 1000/894, Az. 98/1919/142, Band 475, Rapport d'enquête sur les circonstances dans lesquelles le Bataillon fus. 6 a fait usage de ses armes contre la population civile à Granges le 14. Novembre 1918, Oblt. Horneffer, adressé à l'auditeur en chef, 17.11.1918.
6 Hiltbrunner, Generalstreik, 127–129.
7 Es gab zwei unabhängige Untersuchungsberichte, von denen jedoch nur der vom 17.11.1918 überliefert ist. Ein Bericht von Major Toggenburger vom 20.11.1918 wird in zwei Quellen erwähnt, ist in den Akten aber nicht mehr vorhanden.
8 BAR, E 5330-01, 1000/894, Az. 98/1919/142, Band 475, Schreiben des Untersuchungsrichters des Divisionsgerichts II an Bundesrat Decoppet, 26.1.1919.

gericht I, die Untersuchung abzuschliessen. Leutnant Paul Bettex und Major Henri Pelet, welche die Schiessbefehle erteilt hatten, wurden nicht belangt.[9] Das Waadtländer Füsilierbataillon 6 hatte vom Solothurner Platzkommando bereits im November 1918 4000 Franken als besonderen Dank sowie weitere Dankesschreiben von den Behörden erhalten.[10] Die von den Verletzten und den Opferfamilien geforderten Schadenersatzzahlungen lehnten die Bundesbehörden, gestützt auf die Untersuchungsergebnisse, hingegen ab.[11]

Kritik an der als mangelhaft empfundenen Untersuchung des Waffeneinsatzes kam in weiten Teilen der Grenchner Bevölkerung bereits im Dezember 1918 auf. Insbesondere der Solothurner SP-Nationalrat und Redaktor der *Neuen Freien Zeitung*, Jacques Schmid, der die Diskussion über den Waffeneinsatz auf Bundesebene lancierte, übte scharfe Kritik am «Arbeitermord».[12] Allerdings gelang es der SP des Kantons Solothurn nicht, den Tod der drei Uhrmacher politisch zu nutzen.[13] Stattdessen legitimierten die bürgerlichen Parteien und der Solothurner Regierungsrat die Schaffung von Bürgerwehren noch vor dem offiziellen Abschluss der Untersuchungen mit dem gewaltsamen Verlauf des Generalstreiks.[14]

Während die Untersuchungen zum Waffeneinsatz in Grenchen rasch geschlossen wurden, kam es im Kanton Solothurn zu zahlreichen Strafprozessen gegen Streikführer, Streikende und Bundesangestellte, und es wurden zum Teil harte Strafen ausgesprochen. Max Rüdt, Präsident des Grenchner Streikkomitees und Hauptangeklagter im Strafprozess in Grenchen, wurde vom Militärgericht des Territorialkreises IV zu vier Monaten Haft und – wegen der «Gemeingefährlichkeit der verübten Handlungen» – zur Einstellung des Aktivbürgerrechts für zwei Jahre verurteilt. Obwohl das Gericht die in Solothurn begangenen Verstösse schlimmer einstufte als diejenigen von Grenchen, waren die Strafen für die Grenchner Streikführer schärfer.[15] Und auch im Vergleich mit den Strafen gegen die Mitglieder des OAK waren sie sehr hoch, wurde bei den OAK-Mitgliedern doch auf die Einstellung des Aktivbürgerrechts verzichtet.[16]

Obwohl von der Militärjustiz nicht für den Tod der drei Zivilisten verurteilt, war Rüdt in den Augen vieler Bürgerlicher – darunter des langjährigen FDP-Regierungsrats und späteren Bundesrats Hermann Obrecht – dennoch hauptverantwortlich für den gewaltsamen Streikverlauf in Grenchen. Der politische Druck auf Rüdt wurde so gross, dass er seine politische Karriere beendete und nach Zürich zog.[17]

Insgesamt entsteht mit Blick auf die Ereignisse der Eindruck, die Militärjustiz habe, gestützt auf die einseitigen Untersuchungsberichte, Armeeangehörige geschont, streikende Arbeiter hingegen zu hohen Strafen verurteilt. Dieser Eindruck der Ungleichbehandlung sorgt bis heute für Empörung und lässt den schon zeitgenössisch erhobenen Vorwurf der Klassenjustiz zumindest in diesem Fall verständlich werden.

9 BAR, E 5330-01, 1000/894, Az. 98/1919/142, Band 475, Schreiben des Untersuchungsrichters des Divisionsgerichts I an das EMD, 15.2.1919.
10 BAR, E 21, 14109, Band 55, Tagebuch des Füs. Bat. 6, 15.4.1918–21.11.1918.
11 BAR, E 5330-01, 1000/894, Az. 98/1919/142, Band 475, Fünf Zahlungsbefehle gegen die schweiz. Eidgenossenschaft, eingereicht am 11.11.1919 sowie Briefwechsel von Anna Vogt mit dem Bundesrat, 19.10.1920–20.8.1921.
12 Siehe dazu u. a.: J. S.: Arbeitermord, in: Neue Freie Zeitung, 23.11.1918; Die parlamentarische Woche, in: Berner Tagblatt, 16.12.1918; Nationalrat, in: Neue Zürcher Zeitung, 12.12.1918.
13 Hiltbrunner, Generalstreik, 156.
14 Verhandlungen des Kantonsrats von Solothurn, 15.–16.1.1919; Lätt, Jean-Maurice: 120 Jahre Arbeiterbewegung des Kantons Solothurn, Zürich 1990, 156.
15 BAR, E 5330-01, 1000/894, Az. 98/1919/2369, Band 559, Sitzung des Militärgerichts des Territorialkreises IV vom 3./4. und 5. November 1919 in Solothurn, gegen Rüdt Max und Konsorten, 26–32.
16 Gautschi, Willi: Der Landesstreik 1918, Zürich 1988, 355f.
17 Hiltbrunner, Generalstreik, 145f.

Das Gericht folgte also in wichtigen Punkten der Verteidigung, vor allem in der Frage der Gültigkeit der Verordnung vom 11. November, die es für drei der vier von der Anklage kriminalisierten Streikaufrufe verneinte. Gleichzeitig kam es zu Schuldsprüchen, wobei vor allem jene Personen bestraft wurden, für die der Auditor in der Anklageschrift jeweils das höchste Strafmass gefordert hatte. Das Gericht blieb aber deutlich unter den Forderungen der Anklage und hinter den Vorstellungen einer grossen Zahl rechtsbürgerlicher Nationalräte zurück. Eine wichtige Rolle spielte dabei die Verhandlungsführung des Gerichtspräsidenten Türler, dem sowohl bürgerliche als auch sozialdemokratische Kommentatoren eine unaufgeregte Haltung attestierten. Obwohl er im bürgerlichen Leben als Bundesarchivar dem Bundesrat unterstellt war – was mit Blick auf die Unabhängigkeit des Gerichts ein durchaus problematisches Abhängigkeitsverhältnis war –, liess er der Verteidigung etliche Freiheiten und war der Sozialdemokratie offensichtlich nicht besonders feindlich gesinnt. Die Verteidigung hatte zudem darauf abgezielt, den politischen Charakter des Prozesses zu betonen und die Rollen des Klägers und der Angeklagten zu vertauschen. Die Verhandlung wurde öffentlich geführt und entwickelte sich zu einem medialen Grossereignis, das die Angeklagten geschickt nutzten, um ihren Standpunkt ausführlich zu begründen. Dabei versuchten die Streikführer nicht nur, sich gegenüber ihrer eigenen, teilweise enttäuschten Klientel zu rehabilitieren, sondern auch die These eines von aussen gesteuerten Revolutionsversuchs nach russischem Muster zu entkräften. Für diese Theorie konnte der Prozess keinerlei Anhaltspunkte liefern. Der Ausgang kann demzufolge als Erfolg für die Anführer der Streikbewegung interpretiert werden, auch wenn ihre wichtigsten Exponenten monatelange Gefängnisstrafen zu gewärtigen hatten.[57] Dies umso mehr, als der Prozess auf die anderen Verhandlungen ausstrahlte, die noch ausstanden.

### Leichte, mittlere und schwere Fälle: Das Bild klärt sich

Kurz nach dem Urteil gelangte der Föderativverband eidgenössischer Beamter, Angestellter und Arbeiter an die Landesregierung und forderte sie auf, zu ihren Versprechen zu stehen.[58] Der Bundesrat sollte die Strafverfolgung gegenüber dem lediglich am Streik beteiligten Staatspersonal nun definitiv einstellen. Wenn die Präsidenten und Generalsekretäre der Personalverbände «mit Recht straffrei ausgehen», während aktive Eisenbahner Strafen zu erleiden hätten, würde dies zu einer Rechtsungleichheit führen. Es sei zu befürchten, dass andernfalls «eine neue Erregung der Geister» eintreten würde, die «zur Aufrichtung einer neuen Scheidewand» und zu «neuen, gefährlichen Spannungen in dieser aussergewöhnlichen Zeit» führen könnten.[59] Der Bundesrat reagierte auf die Eingabe, indem er die Vertreter der Oberpostdirektion, der Generaldirektion der schweizerischen Bundesbahnen und die Obertelegraphendirektion umgehend nach Bern zu einer Konferenz ins Bundeshaus lud.[60] Hier zeigten sich die Vertreter der Amtsstellen geneigt, dem Ansinnen des Föderativverbands aus «taktischen Gründen» zuzustimmen, wie es im Abschlussbericht heisst. Nachdem das Divisionsgericht 3 die meisten Führer der Streikbewegung habe straffrei ausgehen lassen, würden die anderen Militärgerichte in ähnlichen Fällen kaum anders urteilen.[61]

Mittlerweile hatte der Bundesrat zudem Gewissheit darüber, wie gross die Zahl der Personen war, die während des Landesstreiks potenziell gegen die Landesstreikverordnung verstossen hatten. Die Untersuchungsrichter der Militärjustiz hatten seit Ende des Streiks insgesamt 3507 Personen vernommen. Die Ermittlungen ergaben, dass es in Militäranstalten wie der Munitionsfabrik in Altdorf nur vereinzelte Fälle von Arbeitsniederlegungen gegeben hatte. Bei der grossen Mehrheit der Befrag-

---

57  Gautschi, Landesstreik, S. 353–356; Keller, Stefan: Die Herren das Tanzen lehren. Der Landesstreikprozess 1919, in: Boillat, Valérie/Degen, Bernard/Joris, Elisabeth/Keller, Stefan/Tanner, Albert (Hg.), Vom Wert der Arbeit. Schweizer Gewerkschaften – Geschichte und Geschichten, Zürich 2006, 146–149, hier 146.

58  Dass es diese Zusage gegeben hat, erschliesst sich aus: BAR, E21#1000/131#10347*, Auszug aus dem Protokoll des schweizerischen Bundesrates, 11.12.1918; E21#1000/131#10349*, Eingabe des Föderativverbandes eidgenössischer Beamten, Angestellter und Arbeiter, 1.5.1919.

59  BAR, E21#1000/131#10349*, Eingabe des Föderativverbandes eidgenössischer Beamter, Angestellter und Arbeiter an den Bundesrat, 1.5.1919.

60  BAR, E21#1000/131#10349*, Eidgenössisches Post- und Eisenbahndepartement an die Vertreter der Oberpostdirektion, die Generaldirektion der schweizerischen Bundesbahnen und die Obertelegraphendirektion, 5.5.1919.

61  BAR, E21#1000/131#10349*, Eidgenössisches Post- und Eisenbahndepartement an das Justizdepartement, 13.5.1919.

ten handelte es sich um Arbeiter und Angestellte der öffentlichen Verkehrsanstalten (besonders der SBB, aber auch der Post sowie der Telegraph- und Telefonstationen). Der Oberauditor teilte sämtliche Protokolle in drei Gruppen ein: Die erste Gruppe machten die leichten Fälle aus, zu denen er 940 Personen zählte, die nicht zur Arbeit erschienen waren. Zu der mit Abstand grössten Gruppe der mittelschweren Fälle zählte er rund 2383 Personen. Die Vernommenen dieser Kategorie hatten zwar einen Marschbefehl erhalten, demselben aber aus «Gründen der Solidarität» keine Folge geleistet. Zu den schweren Fällen – insgesamt 184 Personen – rechnete der Oberauditor schliesslich diejenigen, bei denen nicht nur eine blosse Beteiligung am Landesstreik vorlag. Hier fanden sich fast ausschliesslich Personen, die wie Artho und Anderfuhren als Streikposten, Streikführer oder Mitglieder der Streikleitung gewirkt hatten. In vereinzelten Fällen lagen aber auch Sachbeschädigungen, Drohungen oder gar Gewalttaten vor. Nur bei dieser Kategorie waren bereits erste Urteile gefällt worden – vor allem gegen Personen, die Beamte, Angestellte oder Arbeiter der Bundesverwaltung oder der öffentlichen Verkehrsanstalten zur Streikteilnahme aufgefordert hatten.[62]

Nachdem klar geworden war, dass es sich um Tausende von Fällen handelte, welche die Militärjustiz in ihrer grossen Zahl massiv überfordert und zudem zu etlichen Freisprüchen geführt hätten, entschied sich Bundesrat Decoppet im Mai 1919 zu einem drastischen Schritt. Er liess den Oberauditor einen Entwurf zu einer Verfügung ausarbeiten, die das Personal der öffentlichen Verkehrsanstalten, das zwar am Landesstreik teilgenommen, sich sonst aber keines Vergehens schuldig gemacht hatte, von einer Strafverfolgung befreien sollte.[63] Decoppet erklärte bei der Überweisung an den Gesamtbundesrat, dass sich die Verhältnisse nun deutlich «ruhiger» beurteilen liessen als im November 1918.[64] Der Gesamtbundesrat folgte der Argumentation mit einem entsprechenden Bundesratsbeschluss am 27. Mai 1919.[65] Wenig später wurde die Verfügung von den Angestellten der Verkehrsanstalten auf die restlichen, den Militärgesetzen unterstellten Personen ausgeweitet. Damit wurden 3323 als «leicht» und «mittelschwer» definierte Fälle und somit 95 Prozent der Verfahren eingestellt. Der Föderativverband war mit seiner Eingabe also erfolgreich gewesen.[66]

Obwohl die Verfahren gegen das streikende Staatspersonal damit eingestellt wurden, gingen die Prozesse gegen eine grössere Zahl von Beamten, Angestellten und Arbeitern, welche die Artikel 3, 4 oder 5 der Landesstreikverordnung verletzt hatten, weiter. So wurde der Gewerkschaftsfunktionär Rudolf Matter am 10. Juli 1919 wegen Verletzung von Artikel 3 zu einer viertägigen Gefängnisstrafe verurteilt, weil er seine Kollegen in Balsthal dazu aufgefordert hatte, die Arbeit niederzulegen.[67] Ähnlich ging es dem Uhrenschalenmacher und Streikleiter Marc Alber, der am 14. November in La Chaux-de-Fonds eine mehr als 1500-köpfige Menge dazu aufgefordert hatte, die Abfahrt der Züge aus dem Bahnhof zu verhindern, und damit gegen Artikel 4 der Verordnung vom 11. November verstossen hatte. Alber wurde zu einer Busse von 100 Franken und der Übernahme der Kosten im Umfang von 150 Franken verurteilt – was zusammen etwa dem Lohn von 161 Stunden Arbeit entsprach.[68]

Wiederum war es der FVBAA, der beim Bundesrat intervenierte. Die Verfahren gegen Leiter von Personalgruppen, die wie Matter und Alber die Weisungen der Streikleitung weitergegeben hatten, würden eine «neue, gefährliche Unruhe und Erbitterung gegen das Vorgehen der Militärjustiz und die ihr übergeordneten Behörden» provozieren. Als Gebot «der Staatsraison und Staatsklugheit» legte der Föderativverband dem Bundesrat nahe, sämtliche Landesstreikprozesse zu beenden, soweit nicht direkt verbrecherische Handlungen vorliegen würden.[69] Gleichentags richtete der Schweizerische Gewerkschaftsbund (SGB) eine ähnlich

---

62 BAR, E21#1000/131#10348*, Oberauditor an das Eidgenössische Militärdepartement, 8.5.1919.
63 BAR, E21#1000/131#10348*, Oberauditor an das Eidgenössische Militärdepartement, 17.5.1919.
64 BAR, E21#1000/131#10348*, Eidgenössisches Militärdepartement an den Bundesrat, 21.5.1919.
65 BAR, E21#1000/131#10348*, Verfügung betreffend die Verfolgung des Personals der öffentlichen Verkehrsanstalten, welches am Landesstreik teilgenommen hat, 27.5.1919. Am 5.6.1919 folgte das Kreisschreiben an die Justizoffiziere: BAR, E21#1000/131#10348*, Kreisschreiben an die Justizoffiziere, 5.6.1919.
66 BAR, E21#1000/131#10348*, Kreisschreiben des Oberauditors an die Justizoffiziere, 30.6.1919.
67 BAR, E5330-01#1000/894#9627*, Fall Matter.
68 BAR, E5330-01#1000/894#9424*, Fall Alber. Der Stundenlohn eines Arbeiters in der Uhrenindustrie betrug 1918 durchschnittlich 93 Rappen. Vgl. dazu: Nominale Stundenlöhne in den Branchen des Zweiten Sektors und des Verkehrswesens nach Geschlecht 1866–1921 und 1918–1983, in: Historische Statistik-Online, http://www.fsw.uzh.ch/hstat/nls_rev/ls_files.php?chapter_var=./g, (Stand: 22.8.2016).
69 BAR, E21#1000/131#10350*, Eingabe des Föderativverbands eidgenössischer Beamter, Angestellter und Arbeiter an den Bundesrat, 19.7.1919.

# Die angekündigte Befehlsverweigerung von Hauptmann Oskar Läuffer

Sebastian Steiner

Der Landesstreik hatte im Rahmen der Landesstreikprozesse für 135 Personen ein einschneidendes juristisches Nachspiel.[1] Dazu gehörten nicht nur Eisenbahner, Gewerkschafts- und Parteifunktionäre, sondern auch Soldaten und Offiziere wie der Berner Oskar Läuffer,[2] der bereits als junger Mann der Sozialdemokratischen Partei beigetreten war und sich bald einmal zu einem Vertrauensmann der Emmentaler Arbeiterschaft entwickelte. Der Sekundarlehrer engagierte sich zudem in der Genossenschaftsbewegung, fungierte als Verwaltungsrat der Konsumgenossenschaft Bern und übernahm eine Redaktionsstelle bei der Zeitschrift *Der Konsument*. Läuffer war gerade erst für die SP in den Berner Stadtrat gewählt worden, als er während des Landesstreiks als Hauptmann der Infanterie zum Ordnungsdienst nach Bellinzona einberufen wurde. Schon die Fahrt ins Tessin gestaltete sich schwierig. Die Züge fuhren wegen des Streiks nur unregelmässig, sodass Läuffer seine Reise erst am 12. November antreten konnte. Sein Zug wurde schon in Erstfeld aufgehalten, da streikende Eisenbahner den Bahnhofsausgang blockierten. Läuffer wandte sich an die Menge und versuchte, sie zu beruhigen, um die Weiterfahrt zu ermöglichen. Offenbar gelang ihm das mit dem Verweis, dass es in Bern bald zu einem Kompromiss kommen könnte. Nachdem Läuffer zusammen mit anderen Soldaten und Offizieren verspätet in Bellinzona eingetroffen war, eröffnete er seinem Vorgesetzten, dass ihn das Aufgebot in einen Gewissenskonflikt bringe, und bat darum, dispensiert oder anderweitig eingesetzt zu werden. Auf die Frage des Regimentskommandanten, ob er einem Befehl, auf Zivilisten das Feuer zu eröffnen, Folge leisten würde, antwortete er, dass ihm dieser Befehl schwerfallen würde. Da es sich bei den Streikenden um seine Gesinnungsgenossen handle, würde er den Gehorsam wohl verweigern. Läuffer wurde entwaffnet, in Arrest gesetzt und wegen Dienstverweigerung, Dienstverletzung und Insubordination angeklagt. Im folgenden Militärgerichtsprozess stellte sich aus juristischer Sicht die Frage, ob die vom Hauptmann gegenüber seinem Regimentskommandanten abgegebene Erklärung bereits eine Zuwiderhandlung gegen einen allgemeinen Dienstbefehl oder ein Reglement darstellte – auch wenn die Dienstverweigerung nur angekündigt worden war. Für das zuständige Divisionsgericht war die Truppe zur Aufrechterhaltung der Ruhe und Ordnung im Innern aufgeboten worden, was auch die Pflicht beinhalte, von der Feuerwaffe Gebrauch zu machen. Läuffer habe sich einer Zuwiderhandlung gegen die Dienstvorschriften schuldig gemacht, weil er als Kompaniekommandant für sämtliche im Rahmen dieser Aufgabe anfallenden Befehle verantwortlich sei. Seine Stellung als sozialdemokratischer Stadtrat in Bern könne ihn nicht von diesen Pflichten befreien. Mit seinem Verhalten habe er zudem anderen Interessen, die den militärischen diametral gegenüberstünden, den Vorzug gegeben. Sein Handeln stehe somit in direktem Kontrast zu der im Dienstreglement festgehaltenen Forderung nach Disziplin. Somit sei auch der Tatbestand der Dienstverletzung gegeben. Am 26. Februar 1919 wurde Hauptmann Läuffer wegen Dienstverletzung zu einer zweimonatigen Gefängnisstrafe und der Übernahme der Verfahrenskosten von 500 Franken verurteilt. Es handelt sich hier um den einzigen (bekannten) Fall eines Schweizer Offiziers, der dafür verurteilt wurde und sich auch dazu bekannte, sich nicht am Einsatz von Feuerwaffen gegen die eigene Zivilbevölkerung beteiligen zu wollen. Dieses Urteil gehört zu einer ganzen Palette von 71 Verfahren gegen Beteiligte am Landesstreik, die zwischen dem 5. Dezember 1918 und dem 4. Mai 1920 vor schweizerischen Militärgerichten verhandelt wurden und für die Betroffenen schwere persönliche, wirtschaftliche und soziale Folgen nach sich ziehen konnten.[3]

---

1   Unter dem Begriff «Landesstreikprozesse» werden in der Folge alle Verfahren vor Militärgericht verstanden, die für strafbare Handlungen während des Landesstreiks durchgeführt worden sind.

2   Die Angaben zum Fall ergeben sich aus: Schweizerisches Bundesarchiv (BAR), E21#1000/131#12082*, Verzeichnis der Militärjustizfälle, Landesstreik und Generalstreik, Basel 1919; E5330-01#1000/894#8646*, Fall Läuffer.

3   Quelle: Eigene Berechnung auf Basis von: BAR, E21#1000/131#12082*, Verzeichnis der Militärjustizfälle, Landesstreik und Generalstreik, Basel 1919. Davon kam es bei zwei Personen zu einer disziplinarischen Verurteilung.

35   Die Militärjustiz-Initiative, welche die SP bereits 1916 eingereicht hatte, wurde fünf Jahre hinausgezögert und kam erst 1921 zur Abstimmung. Dieses Wahlplakat der bürgerlichen Gegner der Initiative zeigt, dass die Auseinandersetzungen rund um die Militärjustiz unter dem Eindruck des Landesstreiks eine zusätzliche Politisierung erfuhren. 1921 wurde die Volksinitiative vor diesem Hintergrund dann klar abgelehnt.

36   Das Wahlplakat von 1921 zeigt, dass die Gegner der Volksinitiative zur Abschaffung der Militärjustiz ihre ablehnende Haltung auch mit dem Kampf gegen links begründeten. Die Sozialdemokraten werden hier symbolisch als (rote) Ratten dargestellt, die sich mit der Initiative an den Wurzeln des im Sturm stehenden Vaterlandsbaums zu schaffen machen.

Militärjustiz

lautende Eingabe an den Bundesrat. Durch die Vorladung und Verurteilung von Funktionären sowie Vertrauensmännern der Arbeiter würden diese in der Überzeugung gefestigt, dass nicht «der Geist der Verständigung, sondern der der Rache die Behörden und das Bürgertum» beseelen würde. Die Verfahren müssten sofort – auch im Interesse des Bürgertums – eingestellt werden, bevor es zu einer weiteren «Katastrophe» komme.[70]

Auf der Basis solch drastischer Bezeugungen liess sich der Bundesrat schliesslich dazu bewegen, noch einmal einen Schritt weiterzugehen und auch die restliche Umsetzung der noch hängigen Verfahren zu überdenken. Bundesrat Decoppet empfahl dem Gesamtbundesrat, auf das Anliegen der beiden Verbände einzugehen und die Verfahren gegen jene, bei welchen keine besonderen deliktischen Handlungen vorlagen, zu beenden. Damit werde nicht nur die Militärjustiz entlastet, sondern auch das Personal beruhigt und der Arbeiterschaft deutlich gezeigt, dass eben doch «der Geist der Verständigung und nicht der Geist der Rache die Behörden und das Bürgertum» beseele.[71]

Am 25. Juli 1919 folgte der entsprechende Beschluss des Bundesrats. Fortan wurden nur noch jene Personen verfolgt und bestraft, die sich Sabotageaktionen, Gewalttätigkeiten, Befehlsverweigerungen oder Aufrufe zur militärischen Dienstverletzung hatten zuschulden kommen lassen.[72] Bereits rechtskräftige Urteile waren zudem nicht vom Entscheid betroffen und wurden nach wie vor vollzogen.[73] Als am 4. Mai 1920 – 17 Monate nach dem Ende des Landesstreiks – die letzten Urteile gesprochen wurden, die sich auf die Landesstreikverordnung bezogen, waren die meisten Straftatbestände nach und nach ausser Kraft gesetzt worden. Entsprechend niedrig blieb der Anklagegrad: Abgesehen vom Hauptprozess gegen die Anführer der Streikbewegung waren gerade einmal 223 oder 6,4 Prozent der insgesamt 3507 in eine Voruntersuchung gezogenen Personen vor Gericht gebracht worden. Davon wurden 135 Personen – vor allem Eisenbahner sowie gewerkschaftliche und sozialdemokratische Funktionäre – mit teils hohen Freiheitsstrafen und Bussen belegt, weil sie in je unterschiedlicher Weise gegen eine oder gleich mehrere Bestimmungen der Landesstreikverordnung verstossen hatten.[74] Zudem waren etliche Soldaten nicht zum Ordnungsdienst eingerückt. Die diesbezüglichen Verfahren, bei denen es in allen 46 Fällen zu Verurteilungen kam, sind zwar im Kontext des Landesstreiks anzusiedeln, beziehen sich jedoch nicht auf Bestimmungen der Landesstreikverordnung, sondern auf Artikel 97 des Militärstrafgesetzbuchs (Dienstverweigerung).[75] Ob der Dienst aus politischen Gründen gemieden wurde, müsste im Einzelfall überprüft werden. Eine Rolle dürfte neben der schwierigen wirtschaftlichen und sozialen Lage aber auch die Grippeepidemie gespielt haben, die während des Landesstreiks bis zu 35 Tote pro Tag unter den Soldaten forderte und wohl abschreckend wirkte.[76]

## «Geist der Rache» oder «Geist der Verständigung»? – ein Fazit

Bereits vor dem Landesstreik war die schweizerische Militärjustiz höchst umstritten, da sie im Kontext des Ersten Weltkriegs zeitweise tief in die Zivilgesellschaft hineinreichte und dabei etliche Zivilisten – darunter auch sozialdemokratische Politiker und Journalisten – im Rahmen des Vollmachtensystems vor Militärgerichten für Delikte

---

70 BAR, E21#1000/131#10349*, Eingabe des Schweizerischen Gewerkschaftsbundes an den Bundesrat, 19.7.1919.

71 BAR, E21#1000/131#10350*, Eidgenössisches Militärdepartement an den Bundesrat, 24.7.1919.

72 BAR, E21#1000/131#10350*, Bundesratsbeschluss vom 25. Juli 1919 betreffend Genehmigung einer Verfügung des Militärdepartements, dass von einer weiteren Verfolgung des in Art. 1.1 der Verordnung vom 11. November 1918 genannten Personals, das am Landesgeneralstreik teilgenommen hat, sich jedoch keines Vergehens schuldig gemacht hat, abgesehen wird. Vgl. auch BAR, E21#1000/131#10350*, Auszug aus dem Protokoll der Sitzung des schweizerischen Bundesrates, 25.7.1919. Die Verordnung wurde schliesslich auf alle Personen ausgedehnt, auch wenn sie nicht Teil des Staatspersonals gewesen waren. Vgl. dazu BAR, E21#1000/131#10351, Bundesratsbeschluss vom 18. August 1919 betreffend Genehmigung einer Verfügung des Militärdepartements, dass von einer weitern Verfolgung der auf Grund der Verordnung vom 11. November 1918 Beschuldigten, die sich keines Vergehens gemäss Art. 3, Abs. 2, Art. 4 und 5 der genannten Verordnung schuldig gemacht haben, abgesehen wird. Dazu das Gutachten von Ernst Hafter: BAR, E21#1000/131#10350*, Oberauditor Ernst Hafter an das Militärdepartement, 14.8.1919.

73 BAR, E21#1000/131#10350*, Hafter an das Eidgenössische Militärdepartement, 30.8.1919.

74 BAR, E21#1000/131#12082*, Verzeichnis der Militärjustizfälle, Landesstreik und Generalstreik, Basel 1919. Vgl. auch Gautschi, Landesstreik, 357. Zur Rechtspraxis vgl. den umfangreichen quantitativen Teil bei Steiner, Unter Kriegsrecht.

75 BAR, E27#1000/721#8839*, Zusammenstellungen über die ausgefällten Urteile gegen die Nichteingerückten, 1.4.1920. Hier ist nicht klar, ob die Dienstverweigerer aus Gewissensgründen auch in die Aufstellung miteinbezogen wurden.

76 Zur Grippeepidemie vgl.: Sonderegger, Christian, Grippe, in: HLS, http://www.hls-dhs-dss.ch/textes/d/D22714.php (Stand: 4.4.2018).

verurteilt wurden, die es vor dem Krieg noch gar nicht gegeben hatte. Die Idee, mittels Notverordnungen militärstrafrechtliche Straftatbestände zu schaffen und diese insbesondere auch im Rahmen eines Generalstreiks einzusetzen, war lange vor dem Landesstreik angedacht und vorbereitet worden. Sie wurde aber erst bei Streikausbruch in die Tat umgesetzt. Nachdem die Verordnung vom 11. November 1918 rechtskräftig und die Militärjustiz eingeschaltet worden war, hob die Landesregierung die Schwelle der Strafverfolgung umso höher an, je weiter sich das Ende des Streiks zeitlich entfernte. Bei der Umsetzung der Strafnormen handelte es sich weniger um einen juristischen als um einen politischen Entscheid; und die Landesregierung entschied dabei keineswegs autonom über das juristische Nachspiel des Landesstreiks. Der Einfluss von Interessengruppen, die ausserhalb der Bundesverwaltung und den Bundesbehörden standen, war beachtlich. Auf der einen Seite standen die Rechtsinteressen der bürgerlichen Ratsmehrheit, die über verschiedene Kanäle für ein hartes Durchgreifen des Bundesrats und der Militärjustiz plädierte. Die bürgerliche Mehrheit bezog sich in ihrer Argumentation auf die vermeintliche Schuld der Angeklagten bei der Gefährdung der inneren und äusseren Sicherheit, ihre Verantwortung im Hinblick auf die Grippetoten, den vermeintlich abschreckenden Charakter hoher Strafen und deren positiven Einfluss auf die Stimmung der Truppen. Auf der anderen Seite standen die Vertreter der Personalverbände und Gewerkschaften, die sich mit Verweis auf die mündlichen Zusagen des Bundesrats und die Gefahr einer weiteren Radikalisierung der Arbeiterschaft für eine milde Rechtsprechung und Einschränkung der Strafverfolgung einsetzten.

Der Bundesrat reagierte lange Zeit mehrheitlich passiv auf die an ihn gerichteten Rechtsinteressen, gab das Druckmittel der Strafverfolgung aber nur schrittweise aus der Hand. Eine zentrale Rolle spielte der Prozess gegen die Anführer der Landesstreikbewegung und damit die Rechtspraxis der Militärjustiz selbst. Das Urteil des Divisionsgerichts 3 hatte eine wichtige Signalwirkung über den eigentlichen Prozess hinaus und war ein starkes Argument für die Arbeiterbewegung, beim Bundesrat auf eine generelle Einschränkung der Strafverfolgung zu drängen. Besonders der FVBAA und der SGB konnten sich hier Gehör verschaffen und übten einen grossen Einfluss auf die Strafpraxis aus. Bei der Frage, wie gross der Kreis der zu bestrafenden Personen sein sollte, liess sich der Bundesrat von der Befürchtung leiten, durch eine umfangreiche Strafverfolgung würde die Arbeiterschaft sich weiter radikalisieren. Abgesehen von der Unmöglichkeit, eine solche Zahl an Verfahren überhaupt durchführen zu können, war der Handlungsdruck, möglichst repressiv vorzugehen, auch durch das Kriegsende und den Wegfall des äusseren Drucks gesunken.

Der Landesstreik bildete also den Anlass zur Kreation neuer Straftatbestände. Weil sich diese gegen eine politische Bewegung richteten und ihre Umsetzung von politischen Überlegungen geleitet wurde, wurde auch die Militärjustiz politisch. Hier zeigt sich für die Schweiz, was die beiden Historiker Alf Lüdtke und Michael Wildt als «Kippfigur des Ausnahmezustandes» bezeichnet haben: eine juristische Entwicklung in ein Notrechtsystem, worin es nur vordergründig darum geht, die Verfassung zu schützen. Im Hintergrund kann, wie am Beispiel der Schweiz im Ersten Weltkrieg erkennbar ist, ebenso die Absicht stehen, im Rahmen intensiver politischer Auseinandersetzungen den politischen Status quo zu sichern.[77]

Als Instrument in Händen der bürgerlichen Entscheidungsträger wurde die Militärjustiz gegen Vertreter der Arbeiterbewegung eingesetzt, wobei politische Überlegungen und Entwicklungen dann aber dazu führten, dass die Möglichkeiten der Repression nicht in dem Umfang ausgeschöpft wurden, wie dies möglich gewesen wäre. Bezogen auf den Einzelfall bedeutete dies eine starke Rechtsunsicherheit: Wurden etwa gewerkschaftliche Funktionäre vor den entsprechenden Verfügungen des Bundesrats vor ein Militärgericht gestellt, konnten sie für dieselbe Handlung hart bestraft werden, für die sie ein paar Wochen später straffrei ausgegangen wären. Für die betroffenen Personen hatte eine Verurteilung zudem drastische Folgen sowohl sozialer als auch finanzieller Art.

Trotz des zweifelsfrei gegen die Arbeiterbewegung gerichteten Charakters der Verordnung vom 11. November 1918 und der aus rechtsstaatlicher

---

[77] Wildt, Michael/Lüdtke, Alf: Staats-Gewalt. Ausnahmezustand und Sicherheitsregimes, in: Algazi, Gadi/ Lüdtke, Alf/Wildt, Michael (Hg.), Staats-Gewalt. Ausnahmezustand und Sicherheitsregimes. Historische Perspektiven, Göttingen 2008, 7–38, hier 14.

Sicht heiklen Festsetzung neuer Straftatbestände mit teils rückwirkender Rechtskraft muss hier festgehalten werden, dass weder der Begriff der Rache noch derjenige der Versöhnung auf die Art der juristischen Verarbeitung des Landesstreiks voll zutrifft. Es lässt sich aber gerade am Beispiel des Landesstreiks feststellen, dass die Militärgerichtsbarkeit im Ersten Weltkrieg nicht nur als Zentralinstanz zur Festigung und Förderung der Disziplin in einer durch Drill und Schikanen strapazierten Truppe fungierte, sondern auch als wirkungsvolles Mittel zur Einschüchterung und Zurückdrängung der Arbeiterbewegung eingesetzt wurde. So ist schliesslich wenig überraschend, dass die Linkspresse nach den Landesstreikprozessen von der Militärjustiz als einer «Klassenjustiz» sprach, während die Rechte die Strafpraxis insgesamt als zu mild interpretierte.

# Gruppen-, klassen- und geschlechtsspezifische Differenzierungen

Teil 3

Demonstriert wurde während des schweizerischen Landesstreiks nicht nur auf der Seite der Arbeiterschaft, sondern auch des Bürgertums. Bereits am Dienstagabend, 12. November, hatte sich am Paradeplatz in Zürich unter der «Führung der patriotischen Studentenschaft» ein «mächtiger Zug von bürgerlichem Publikum» gebildet, der «unter Absingen von patriotischen Liedern» durch die Zürcher Innenstadt zog. Vor der Kaserne waren es gemäss der *Bürgerlichen Presse* Zürichs schliesslich mehr als tausend Personen, die nach Hochrufen auf die Armee «entblössten Hauptes feierlich in die Nacht hinaus» die Nationalhymne, das «Rufst du mein Vaterland», anstimmten.[1] Die Darstellung des schweizerischen Landesstreiks als tiefes Zerwürfnis zwischen der Arbeiterschaft und dem Bürgertum hat neben der zeitgenössischen Berichterstattung auch die historische Forschung geprägt und ist bis heute dominant geblieben. Betont wurden der starke Antagonismus und die zunehmende politische Polarisierung zwischen Arbeitnehmern und Arbeitgebern, Arbeiterschaft und Bürgertum in den Kriegs- und Nachkriegsjahren. Dass der Streik eine Vielzahl unterschiedlicher gesellschaftlicher Gruppen und sozialer Schichten betraf, wurde hingegen kaum thematisiert, und die Betonung einer starken Dichotomie hat auch die Forschung selbst geprägt. Bedingt durch den unterschiedlich guten Zugang zu den Archiven sowie die Etablierung der Arbeitergeschichte seit den 1970er-Jahren hat sich die historische Forschung zwar intensiv mit den Streikenden, der Geschichte der Arbeiterbewegung oder der Rolle der Gewerkschaften beschäftigt.[2] Die Bestreikten – und hier insbesondere das Bürgertum und die Arbeitgeberverbände – gerieten hingegen erst spät in den Fokus der Forschung. Ausnahmen wie die Arbeiten von Bernard Chevalley zu den Bauern (von 1974) oder Hanspeter Schmid zum Bürgertum (von 1981) bestätigen diese Regel.[3] Die grössten Defizite in der historischen Forschung bestehen zurzeit aber noch in der Geschlechtergeschichte, der Untersuchung der Rolle der Frauen, der Vielfalt ihrer Verbandsaktivitäten oder dem Verhältnis von Klassenkampf und Geschlechterkampf.

Wurden das Bürgertum, die Frauen(verbände) oder die Bauern und ihre Bedeutung für den Landesstreik überhaupt thematisiert, war ihre Wahrnehmung ausserdem lange durch Revolutionsvereitelungs- oder Klassenkampfnarrative geprägt, die von einer starken politischen (und sozialen) Homogenität sowohl der Streikenden als auch der Bestreikten ausgingen. Ideologische Einigkeit bestand im November 1918 aber weder innerhalb der Linken noch im Bürgertum, bei den verschiedenen Bauernorganisationen oder den (unterschiedliche Ziele verfolgenden) Frauenverbänden.

Unterschiedliche Sichtweisen auf den Landesstreik lassen sich nicht nur zwischen den verschiedenen am Streik beteiligten Gruppen oder sozialen Schichten, sondern auch innerhalb von ihnen ausmachen. Eine Ausdifferenzierung der Forschung mit Blick auf die Sichtbarmachung der Vielfalt und Heterogenität unterschiedlicher Perspektiven auf den schweizerischen Landesstreik wurde bisher aber kaum angestrebt.

Die folgenden Beiträge fragen nach der Rolle und Bedeutung des Bürgertums und der Arbeitgeber(verbände), der Frauen sowie der Bauern und ihrer Organisationen für den schweizerischen Landesstreik und ermöglichen damit einen Einblick in die Vielfalt gruppen-, klassen- und geschlechtsspezifischer Differenzierungen und Sichtweisen auf die Ereignisse im November 1918. Was für eine Rolle spielten die Arbeitgeberverbände und die schon während des Kriegs zunehmend antisozialistische Konfrontationspolitik des Bürgertums im Landestreik, und war der Streik für sie mehr als nur eine «politisch bewusst aufgebauschte Angstpsychose»?[4] Wie ist die Gründung verschiedener kantonaler Bauernparteien seit 1917 zu verstehen, und was für eine Rolle spielten die Bauern für die Sicherstellung der Lebensmittelversorgung in den vom Streik besonders betroffenen Städten? Wie verliefen die Trennlinien zwischen den verschiedenen (bürgerlichen und linken) Frauenorganisationen – beziehungsweise zwischen Klassenkampf und Geschlechterkampf –, und wurden die Frauen durch ihr Engagement für Milch- und Brotthemen auf eine traditionelle, geschlechtsspezifische Rolle festgelegt, oder eröffneten sich ihnen neue, über den Streik hinaus weisende Handlungsspielräume durch Krieg und Kriese?

[1] Bürgerliche Presse Zürichs, Nr. 3, 13.11.1918.
[2] Vgl. dazu exemplarisch Degen, Bernard: Richtungskämpfe im schweizerischen Gewerkschaftsbund, 1918–1924, Zürich 1980 sowie Degen, Bernard: Abschied vom Klassenkampf. Die partielle Integration der schweizerischen Gewerkschaftsbewegung zwischen Landesstreik und Weltwirtschaftskrise (1918–1929), Basel 1991.
[3] Vgl. dazu Chevalley, Bernard: Les organisations paysannes suisses et la grève générale en 1918, Genève 1974 sowie Schmid, Hanspeter: Krieg der Bürger. Das Bürgertum im Kampf gegen den Generalstreik 1919 in Basel, Zürich 1980.
[4] Jost, Hans Ulrich: Der historische Stellenwert des Landesstreiks, in: Gautschi, Willi: Der Landesstreik 1918, 3., durchgesehene Auflage, Zürich 1988, I–XV, hier I.

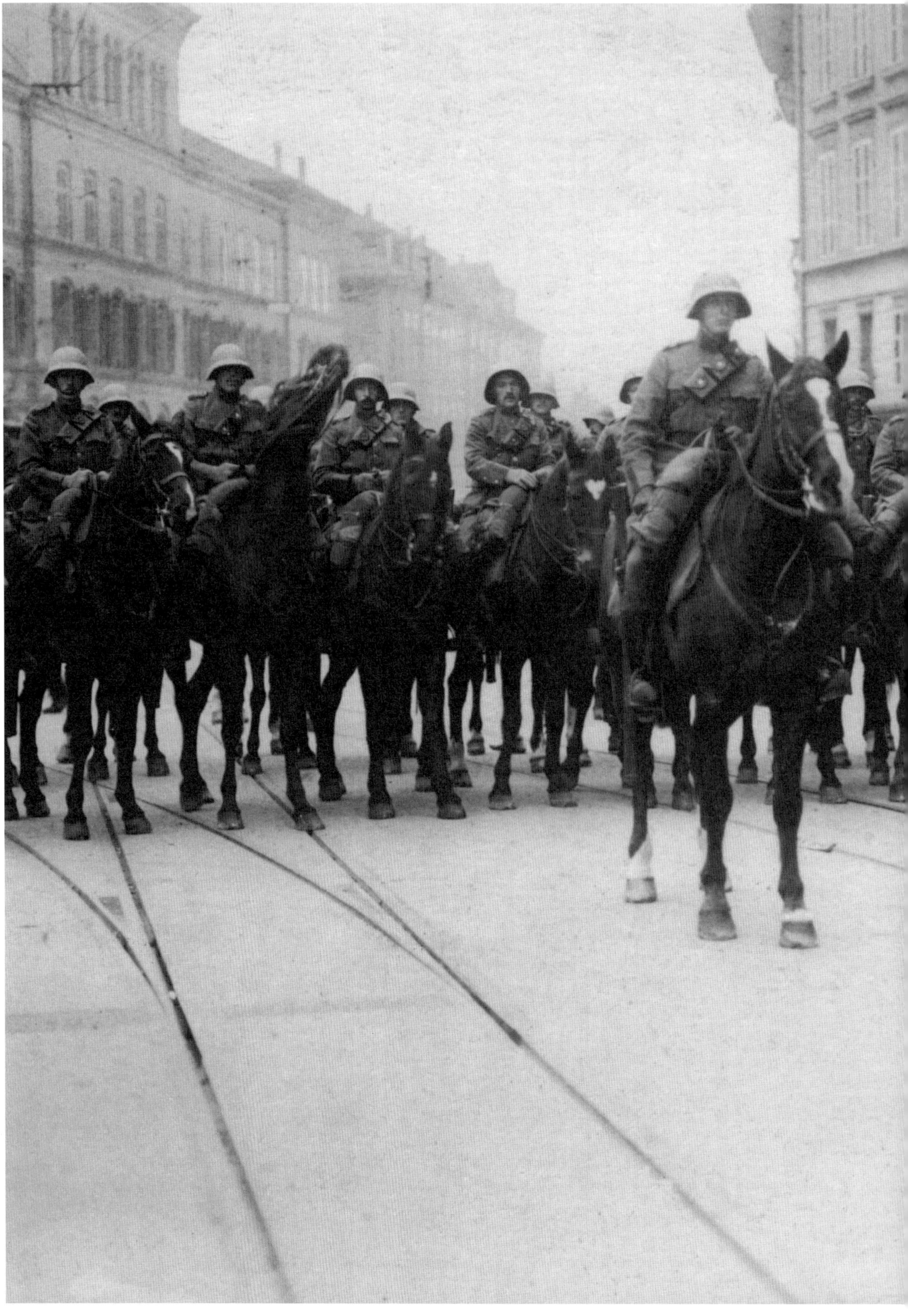

37  Militärische Machtdemonstration durch den Einsatz von
Kavallerie im November 1918 in Zürich.

# Das Bürgertum im Landesstreik

## Arbeitgeber(verbände), Revolutionsängste und Antikommunismus in der Schweiz im November 1918

Roman Rossfeld

Zum Abschluss der Landesstreikdebatte im Nationalrat betonte Bundespräsident Felix Calonder am 13. November 1918, die sozialdemokratische Tageszeitung *Volksrecht* habe in den letzten acht Tagen vor dem Truppenaufgebot «planvoll, mit verbrecherischem Geschick dahin gearbeitet [...], Stimmung für die Revolution zu machen». Der Generalstreik war für den freisinnigen Bündner Bundesrat ein «Meisterstück der revolutionären Aktion»; und an die sozialdemokratische Parteileitung gerichtet hielt er fest: «Sie verfügen kraft ihrer terroristischen Disziplin über die Massen der Arbeiter und des Personals über eine furchtbare Macht. [...] Wenn Sie uns mit dem Bürgerkrieg drohen, seien Sie sich dessen bewusst, dass wir den Kampf aufnehmen und ihn, im Namen der staatlichen Autorität, bis zuletzt durchführen werden.»[1] Die schweren Anschuldigungen und – aus heutiger Sicht – weitgehend haltlosen Unterstellungen Calonders dienten der nachträglichen Rechtfertigung der umfangreichen, auf Drängen von Ulrich Wille präventiv erlassenen Truppenaufgebote vom 6. und 8. November 1918, die vom Oltener Aktionskomitee (OAK) einen Tag später mit einem Proteststreik in 19 Schweizer Städten beantwortet worden waren. Glaubt man Calonders Ausführungen, hatte sich in den Tagen vor dem

Landesstreik «nach und nach eine derartige Erregung der ganzen Bevölkerung von Zürich bemächtigt, dass dort eine eigentliche Massenangst herrschte». Das Truppenaufgebot habe deshalb nicht nur dazu gedient, «drohenden Unruhen zuvorzukommen», sondern sollte auch zur «Beruhigung der Bevölkerung von Zürich» beitragen.[2] Calonders Anschuldigungen gegenüber dem *Volksrecht* und die Zuschreibungen «revolutionär», «terroristisch» und «verbrecherisch» trugen allerdings kaum zu einer Beruhigung der Lage bei.

Gegenstand des folgenden Beitrags ist das Bürgertum im Landesstreik.[3] Er betrachtet nicht – wie die bisherige Forschung – hauptsächlich die Arbeiterschaft, sondern das Wirtschaftsbürgertum und die Arbeitgeber(verbände) als zentrale Akteure im Landesstreik. Obwohl die Ereignisse im November 1918 immer wieder als tiefes Zerwürfnis zwischen der Arbeiterschaft und dem Bürgertum dargestellt worden sind, wurde das Verhalten des Wirtschaftsbürgertums als (vielleicht) machtvollster Akteur in den Kriegs- und Nachkriegsjahren bis heute kaum erforscht. Über die Politik der schweizerischen Arbeitgeberverbände, Gewerbevereine oder Handels- und Industrievereine in diesem Zeitraum ist nur wenig bekannt. Neben den neueren Arbeiten von Pierre Eichenberger,[4] einem 2012 erschienenen Forschungsüberblick[5] sowie den Arbeiten von Erich Gruner, Hanspeter Schmid, Andreas Ernst und Erich Wigger aus den 1980er- und 1990er-Jahren[6] wurden in den letzten Jahren lediglich die Entstehung von (bewaffneten) Bürgerwehren und der im April 1919 gegründete Schweizerische Vaterländische Verband (SVV) breiter untersucht.[7] Die Gründe dafür sind vielfältig und nicht nur in der jahrzehntelangen Unzugänglichkeit zentraler Wirtschaftsarchive (der Arbeitgeberverbände), sondern auch in spezifisch geschichtswissenschaftlichen Entwicklungen zu suchen. Die in den 1980er- und 1990er-Jahren boomende Bürgertumsforschung beschränkte sich in der Schweiz vor allem auf das 19. Jahrhundert, reichte aber kaum über die Belle Époque beziehungsweise den Kriegsbeginn 1914 hinaus. Damit wurde auf den Aufstieg und Bedeutungsgewinn des Bürgertums vor 1914, aber nicht auf seinen partiellen Abstieg und Bedeutungsverlust nach 1918 fokussiert. Zugleich hat die Einforderung einer «Geschichte von unten», die Etablierung der Arbeiter- und Alltagsgeschichte, auch die Forschung zum schweizerischen Landesstreik geprägt. Auch für die Schweiz gilt, was Jörn Leonhard kürzlich für die kriegführenden Länder festgestellt hat: «Wie sich Liberale [...] zur Erfahrung von Gewalt und Zwang während des Krieges und im Nachkrieg verhielten, ist in vergleichender Perspektive allenfalls in Ansätzen erforscht.»[8]

1 Felix Calonder an der Sitzung vom 13. November 1918 im Nationalrat, in: Amtliches stenographisches Bulletin der schweizerischen Bundesversammlung (Sten. Bull.), Sitzung 13.11.1918, 476.
2 Felix Calonder, 13. November 1918.
3 Zur Definition des Sammelbegriffs «Bürgertum», der «eine Reihe heterogener Berufsgruppen» umfasst vgl. Lepsius, Mario Rainer: Zur Soziologie des Bürgertums und der Bürgerlichkeit, in: Kocka, Jürgen (Hg.), Bürger und Bürgerlichkeit im 19. Jahrhundert, Göttingen 1987, 79–100, hier 79.
4 Vgl. dazu Eichenberger, Pierre: Les organisations patronales et la grève générale de 1918, in: Traverse. Zeitschrift für Geschichte, Band 25 (2018) [im Druck]; ders./Ginalski, Stéphanie: «Sie vis pacem, para bellum» – the construction of business cooperation in the Swiss machinery industry, in: Socio-Economic Review 15 (2017), 615–635; ders.: Mainmise sur l'Etat social. Mobilisation patronale et caisses de compensation en Suisse (1908–1960), Neuchâtel 2016, 85–147; ders.: L'Union centrale des associations patronales suisses. Genèse d'une association faîtière du patronat (1908–1922), in: Fraboulet, Danièle/Vernus, Pierre (Hg.), Genèse des organisations patronales en Europe (19e–20e siècles), Rennes 2012, 143–152.
5 Humair, Cédric et al.: Les organisations patronales suisses entre coordination économique et influence politique. Bilan historiographique et pistes de recherche, in: Vingtième Siècle. Revue d'histoire 115 (2012), 115–127.
6 Vgl. dazu Wigger, Erich: Geschichtsbilder und Zukunftserwartungen. Zur Konstruktion von freisinniger Orientierung im Krisenkontext nach dem Ersten Weltkrieg in der Schweiz, in: Ernst, Andreas/Wigger, Erich (Hg.), Die neue Schweiz? Eine Gesellschaft zwischen Integration und Polarisierung (1910–1930), Zürich 1996, 167–191; Ernst, Andreas/Wigger, Erich: Innovation und Repression. Die Restabilisierung der bürgerlichen Schweiz nach dem Ersten Weltkrieg, in: Imhof, Kurt/Kleger, Heinz/Gaetano, Romano (Hg.), Zwischen Konflikt und Konkordanz. Analyse von Medienereignissen in der Schweiz der Vor- und Zwischenkriegszeit, Zürich 1993, 109–171; Gruner, Erich: Die Arbeitgeberorganisationen – Spiegelbild oder Überbietung der Gewerkschaften?, in: Balthasar, Andreas/Gruner, Erich/Hirter, Hans (Hg.), Arbeiterschaft und Wirtschaft in der Schweiz 1880–1914. Soziale Lage, Organisation und Kämpfe von Arbeitern und Unternehmern, politische Organisation und Sozialpolitik, Band II/2, Zürich 1988, 813–836; Schmid, Hanspeter: Krieg der Bürger. Das Bürgertum im Kampf gegen den Generalstreik 1919 in Basel, Zürich 1980.

# Das Bürgertum im Landesstreik

Der folgende Beitrag plädiert für einen Perspektivwechsel und interessiert sich für das Verhalten des (Wirtschafts-)Bürgertums und der Arbeitgeber(verbände) im Landesstreik. Ist der Streik ausgebrochen, weil das destabilisierte Bürgertum im November 1918 «die Nerven verloren hat»[9] – wie Andreas Ernst und Erich Wigger es in den 1990er-Jahren formuliert haben – und diente das von der militärischen Führung beziehungsweise dem Bundesrat präventiv erlassene Truppenaufgebot vor allem der «Restabilisierung der bürgerlichen Schweiz nach dem Ersten Weltkrieg»? Hans Ulrich Jost hat bereits einige Jahre früher vom «Durchbruch des Neokonservatismus»[10] in den Nachkriegsjahren gesprochen; aber war der Landesstreik für das Bürgertum und die Arbeitgeberverbände nicht mehr als nur eine «politisch bewusst aufgebauschte Angstpsychose»,[11] welche die Hemmschwelle für den Einsatz von Ordnungstruppen senkte und Ulrich Willes Einschüchterungs- und Präventionsstrategie legitimierte? Für die Beantwortung dieser Fragen plädiere ich im Folgenden dafür, der von Felix Calonder angesprochenen «Massenangst» – aber auch anderen Emotionen wie Wut, Hass oder Empörung – einen grösseren Stellenwert in der historischen Forschung einzuräumen. Angst zu schüren oder «Klassenhass» zu erzeugen, waren im November 1918 wichtige Mittel für die Durchsetzung der eigenen Interessen und die Abgrenzung gegenüber dem politischen Gegner. Angelehnt an Ute Freverts Überlegungen zur «Produktion und Präsentation eines emotionalen Kapitals»[12] schlage ich vor, die gezielte Nutzung von Emotionen als politische Strategie ernst zu nehmen und damit erste Grundlagen für eine weitgehend noch zu schreibende Emotionsgeschichte des schweizerischen Landesstreiks zu schaffen.

### Revolutionsängste, Verschwörungstheorien und der «bürgerliche Wertehimmel»

Nach dem Streik der Bankangestellten Ende September 1918 in Zürich hatte die Schweizerische Bankiervereinigung den Bundesrat schon Ende Oktober 1918 darauf hingewiesen, «dass während der Zürcher Unruhen die Herrschaft vollkommen in den Händen des Strassenpublikums» gelegen habe – und warnte eindringlich: «Wird in Zukunft derartigen Vorkommnissen nicht mit aller Energie seitens der Behörden entgegengetreten, so ist zu gewärtigen, dass in unserem Land sowohl das Leben als auch das Eigentum des Bürgers, im Widerspruch zu unsern Gesetzen, der nackten Gewalt des entfesselten Pöbels ausgesetzt werden.»[13] Wenige Tage später, am 4. November 1918, hielt Ulrich Wille in einem Memorial an den Bundesrat fest, in der Bürgerschaft Zürichs herrsche «grosse Furcht vor dem Ausbrechen der Revolution», und viele Private hätten «ihr in den Tresors der Banken liegendes Vermögen dort weggenommen».[14] Auch wenn dieses Schreiben funktional war und Wille

[7] Zum SVV und der Gründung von Bürger-, Stadt- und Gemeindewehren vgl. Greminger, Thomas: Ordnungstruppen in Zürich. Der Einsatz von Armee, Polizei und Stadtwehr Ende November 1918 bis August 1919, Basel 1990, 92–117; Thürer, Andreas: Der Schweizerische Vaterländische Verband (SVV). Ein «antisozialistischer Schutzwall» (1919–1930/31), in: Caillat, Michel/Cerutti, Mauro/Fayet, Jean-François/Roulin, Stéphanie (Hg.), Histoire(s) de l'anticommunisme en Suisse, Zürich 2009, 133–146; ders.: Der Schweizerische Vaterländische Verband 1919–1930/31, unveröffentlichtes Typoskript der Dissertation, 3 Bände, Basel 2010; Schneider, Oliver: Von Knüppelgardisten, Revolutionshelden und Radaubrüdern. Die Luzerner Bürgerwehren nach dem Landesstreik 1918, in: Jahrbuch der Historischen Gesellschaft Luzern 31 (2013), 63–84; Zimmermann, Dorothe: Den Landesstreik erinnern. Antikommunistische Aktivitäten des Schweizerischen Vaterländischen Verbandes 1919–1948, in: SZG 63 (2013), 479–504; Vanay, Joanna: Les gardes civiques de Sierre (1918–1919), in: Annales valaisannes 79 (2004), 93–129; Heimberg, Charles: La garde civique genevoise et la grève générale de 1918. Un sursaut disciplinaire et conservateur, in: Revue d'histoire moderne et contemporaine 44 (1997), 424–435; Guex, Sébastien: A propos des gardes civiques et de leur financement à l'issue de la Première Guerre mondiale, in: Batou, Jean et al. (Hg.), Pour une histoire des gens sans histoire. Ouvriers, exclues et rebelles en Suisse. 19e–20e siècles, Lausanne 1995, 255–264.

[8] Leonhard, Jörn: Liberale und Liberalismus nach 1918 – Herausforderungen und Forschungsperspektiven, in: Jahrbuch zur Liberalismus-Forschung 28 (2016), 327–336, hier 331; Zur Krise des Liberalismus im Ersten Weltkrieg vgl. Leonhard, Jörn: Das Dilemma von Erwartungen und Erfahrungen. Liberale im Ersten Weltkrieg, in: Jahrbuch zur Liberalismus-Forschung 26 (2014), 193–215.

[9] Ernst/Wigger, Innovation und Repression, 168.

[10] Jost, Hans Ulrich: Der historische Stellenwert des Landesstreiks, in: Gautschi, Willi: Der Landesstreik 1918, 3. durchgesehene Auflage, Zürich 1988, I–XV, hier IX.

[11] Jost, Stellenwert, I.

[12] Frevert, Ute: Gefühle und Kapitalismus, in: Budde, Gunilla (Hg.), Kapitalismus. Historische Annäherungen, Göttingen 2011, 50–72, hier 66; Hitzer, Bettina: Emotionsgeschichte – ein Anfang mit Folgen, in: H-Soz-Kult, www.hsozkult.de/literature review/id/forschungsberichte-1221 (23.11.2011); Aschmann, Birgit (Hg.): Gefühl und Kalkül. Der Einfluss von Emotionen auf die Politik des 19. und 20. Jahrhunderts, München 2005.

[13] Schweizerisches Bundesarchiv (BAR), E21#1000/131#10010*, Schreiben der Vereinigung von Vertretern des Schweizerischen Bankgewerbes an den Bundesrat, 22.10.1918, 4; vgl. auch Perrenoud, Marc: Die Schweizer Bankiers und die Angst vor dem Bolschewismus, in: Boillat, Valérie/Degen, Bernard/Joris, Elisabeth u. a. (Hg.), Vom Wert der Arbeit. Schweizer Gewerkschaften – Geschichte und Geschichten, Zürich 2006, 136f; Zur Einflussnahme der Zürcher Banken auf den Bundesrat vgl. Gautschi, Landesstreik, 209f.

[14] Memorial des Generals vom 4. November 1918, zit. nach Gautschi, Willi (Hg.): Dokumente zum Landesstreik 1918, Zürich 1971, 167–175, hier: 169f.

mit seinen eindringlichen Worten beim Bundesrat ein präventives Truppenaufgebot zu erreichen versuchte: Das Bürgertum hatte im November 1918 gute Gründe, besorgt zu sein. Die Abhängigkeit des Landes von Energie-, Nahrungsmittel- und Rohstoffimporten war schon während der Kriegsjahre zu einem ernst zu nehmenden, nicht mehr mit wirtschaftsliberalen Grundsätzen zu lösenden Problem geworden und hatte zu einem deutlichen Ausbau der Bundesverwaltung und einer zunehmend interventionistischen Wirtschaftspolitik geführt. Zugleich führte das Kriegsende nicht zu einer Beruhigung der Lage, sondern hatte eine weitere Verunsicherung zur Folge. Ein Soldat des Luzerner Bataillons 42, der während des Landesstreiks Ordnungsdienst in Zürich leistete, beschrieb die Stimmung Anfang November 1918 rückblickend mit folgenden Worten: «Das Kriegsgespenst lag in den letzten Zügen, die Armeen lösten sich auf, alles geriet ausser Rand und Band.»[15] Michael Hampe hat betont, dass die «Geschwindigkeiten des Wandels die menschliche Wahrnehmungs-, Reflexions- und Entscheidungsfähigkeit» in Kriegszeiten überfordern und der Krieg «eine Intensivierung des Drucks der fliessenden Wirklichkeit gegen die menschliche Tendenz zur fixierenden Idealisierung und Abstraktion»[16] darstellt. Die Akteure sind «verloren in Ungewissheit»,[17] einer Offenheit der historischen Situation, die Chancen und Risiken zugleich birgt, rasche Entscheidungen erfordert und damit auch als ein Moment der Krise wahrgenommen wird. Jörn Leonhard hat vorgeschlagen, das Kriegsende als einen Moment der Verdichtung und Beschleunigung zu verstehen, der nicht nur die Möglichkeit beinhaltete, die Gesellschaft neu zu gestalten, sondern auch Angst vor einer offenen Zukunft erzeugte.[18]

Rhetorisch begabte Akteure wie Robert Grimm oder Ulrich Wille spielten bewusst mit Emotionen und heizten die Stimmung an; aber auch in der von Parteiblättern geprägten Presselandschaft war es damals üblich, pointiert Stellung zu nehmen und den politischen Gegner zu provozieren. Grimm verglich Revolutionen in seiner Rede zum Landesstreik im Nationalrat mit einem «reissenden Bergbach», einer Naturgewalt, die alle Hindernisse überwinde und auch von der herrschenden Klasse «nicht zu hemmen»[19] sei. Verstärkt wurde diese Verunsicherung durch Gerüchte und Falschmeldungen, die angesichts der Unplanbarkeit und Unübersichtlichkeit der Ereignisse Konjunktur hatten. Ruth Wodak hat kürzlich darauf hingewiesen, dass Verschwörungsfantasien ein «notwendiger Bestandteil der diskursiven Konstruktion von Angst»[20] seien und ihnen bei der Mobilisierung rechtspopulistischer Parteien eine Schlüsselrolle zukomme.

Die Angst vor erodierenden Machtstrukturen und die harte bürgerliche Reaktion auf den Landesstreik sind nur vor dem Hintergrund der Russischen Revolution und dem Sturz der Monarchien in Deutschland und Österreich-Ungarn im November 1918 zu verstehen. Robert Gerwarth und Mark Jones haben in zwei beeindruckenden Büchern kürzlich betont, dass das Ende des Ersten Weltkriegs in Europa nicht das Ende der Gewalt, sondern vielmehr den Einsatz exzessiver (paramilitärischer) Gewalt bedeutete.[21] Insbesondere der Zusammenbruch des deutschen Kaiserreichs, mit dem auch das Deutschschweizer Bürgertum in den Kriegsjahren mehrheitlich sympathisiert hatte, führte zu grossen Verunsicherungen. Wenn das *Volksrecht* am 9. November 1918 titelte: «Der Generalstreik in der Schweiz, Revolution in Deutschland»,[22] wurde – gewollt oder ungewollt – ein Zusammenhang zwischen diesen beiden Ereignissen hergestellt, der das Bürgertum beunruhigen musste. Bereits im Sommer 1918 war der russische Bürgerkrieg eskaliert und hatte die hohe Gewaltbereitschaft der Bolschewiki deutlich gemacht. Im März 1919 folgte die Gründung der Kommunistischen Internationalen (Komintern), die in den folgenden Jahren nichts weniger als die proletarische Weltrevolution anstrebte, während die (allerdings nur kurzlebigen)

---

15 Staatsarchiv Luzern, AKT 44/754, Beitrag «Vor 10 Jahren. Erinnerungen aus den Tagen des Generalstreiks 1918», in: Entlebucher Anzeiger, Samstag, 10.11.1928.
16 Hampe, Michael: Die Macht des Zufalls. Vom Umgang mit dem Risiko, 2. Auflage, Berlin 2007, 61.
17 Hampe, Macht des Zufalls, 58.
18 Vgl. dazu Leonhard, Das Dilemma von Erwartungen und Erfahrungen, 193–215. Zur Wahrnehmung einer «neuen Zeit» nach dem Ersten Weltkrieg vgl. auch Wigger, Geschichtsbilder, 167f. Über die Schweiz hinaus, vgl. Schönpflug, Daniel: Kometenjahre. 1918. Die Welt im Aufbruch, Frankfurt a. M. 2017.
19 Der Landesstreik vor dem Nationalrat. Stenographische Wiedergabe der von den sozialdemokratischen Vertretern am 12. und 13. November im Nationalrat gehaltenen Reden, Bern 1918, 15.
20 Wodak, Ruth: Politik mit der Angst. Zur Wirkung rechtspopulistischer Diskurse, Wien 2016, 83.
21 Vgl. dazu Gerwarth, Robert: Die Besiegten. Das blutige Erbe des Ersten Weltkrieges, München 2017; Jones, Mark: Am Anfang war Gewalt. Die deutsche Revolution 1918/19 und der Beginn der Weimarer Republik, Berlin 2017.
22 Volksrecht, Nr. 262, 9.11.1918.

Räterepubliken in Bayern und Ungarn ein Ausgreifen des Bolschewismus nach Zentraleuropa zumindest möglich erscheinen liessen.

Innerhalb der Schweiz wurde die Ablehnung der Landesverteidigung durch die SP im Juni 1917 – kurz nach der Abreise von Lenin nach Russland – vom Bürgertum als «eine Art Landesverrat» und «Symptom einer zerfallenden Volksgemeinschaft»[23] interpretiert. Provokativ hielt das Zürcher *Volksrecht* am 12. November 1918 fest: «Aus der russischen und deutschen wird die europäische Revolution erstehen. Darum vermag keine Macht der Welt mehr die große politische Umwälzung, in der wir auch in der Schweiz stehen, zu hemmen oder aufzuhalten. Es sind große Tage, die wir erleben.»[24] In den Stadtparlamenten der grossen Städte war der Anteil der sozialdemokratischen Sitze schon vor dem Krieg bis auf 30 und zum Teil über 40 Prozent gestiegen, eine Entwicklung, die sich mit dem Proporzwahlrecht nach dem Krieg auch auf nationaler Ebene fortsetzte. Hier konnte die SP ihren Wähleranteil in den 1920er-Jahren auf fast 30 Prozent steigern, und Städte mit sozialdemokratischen Mehrheiten wie das «rote Biel», das «rote Zürich» oder das «rote Arbon» signalisierten den Machtverlust der bürgerlichen Parteien in den Nachkriegsjahren.[25] Die dem «bürgerlichen Selbstverständnis des 19. Jahrhunderts immanente Zukunftshoffnung»[26] war im Verlauf des Kriegs brüchig geworden. Zugleich stellten der Machtgewinn der Arbeiterschaft und die von der Linken propagierten Werte des Internationalismus, Antikapitalismus und Antimilitarismus auch den bürgerlichen «Wertehimmel» und zentrale bürgerliche Grundwerte wie die Kategorie der «Selbständigkeit» oder «das Bewusstsein, wegen Besitz und Bildung als Elite berufen zu sein»,[27] infrage.

Traumatisierend wirkte auf das Bürgertum insbesondere der Streik der Bankangestellten vom 30. September bis 1. Oktober 1918 in Zürich, bei dem es erstmals zu einem noch lokalen Schulterschluss zwischen den Arbeitern und Angestellten gekommen war, der zumindest kurzfristig die Hoffnung auf einen «breiten Brückenschlag zwischen allen Lohnabhängigen»[28] genährt hatte. Schon Mitte Mai 1918 hatte der spätere freisinnige Ständerat und Industrielle Iwan Bally in einem Brief an Hans Sulzer in Washington besorgt festgehalten: «Die allgemeine Linksschwenkung [...] hat in gewissen Zentren: Zürich, Basel, Bern auch die Beamtenkreise ergriffen. Ich habe den Eindruck, daß dort besonders bei den Banken die Lage nicht rechtzeitig erfaßt wurde, man war zu sehr gewohnt, die Verhältnisse durch die patriarchalische Brille zu sehen.»[29] Während die Banken im Verlauf des Kriegs zum Teil hohe Gewinne erzielen und ihre Stellung auf den internationalen Finanzmärkten deutlich verbessern konnten, hatte sich die Situation der Bankangestellten zunehmend verschlechtert.[30] Nach der Gründung des Bankpersonalverbands 1917 hatten sich die Bankangestellten zunächst die Anerkennung ihres Verbands (beziehungsweise des Koalitionsrechts) erkämpfen müssen.[31] Zusammen mit der Forderung nach höheren Löhnen führte dies zu einem monatelangen, unversöhnlichen Konflikt mit dem Verband Zürcherischer Kreditinstitute. Am 29. September 1918 beschlossen die Bankangestellten schliesslich, in den Ausstand zu treten. Einen Tag später erklärte sich die Arbeiterunion mit dem Bankpersonalverband solidarisch und unterstützte

---

23 Gautschi, Willi: Die wehrpolitische Haltung der Arbeiterschaft im Ersten Weltkrieg, in: Gautschi, Willi, Helvetische Streiflichter. Aufsätze und Vorträge zur Zeitgeschichte, Zürich 1994, 49–65, hier 59.
24 Volksrecht, Nr. 264, 12.11.1918.
25 Zur Verteilung der Sitze in den Kantons- und Stadtparlamenten sowie der Parteienstärke und dem Stimmenanteil der verschiedenen Parteien in den 1920er-Jahren vgl. Gautschi, Landesstreik, 66f., 349; 125 Jahre Sozialdemokratische Partei der Schweiz. Einig – aber nicht einheitlich, Zürich 2013, 479; Balthasar, Andreas et al. (Hg.): Arbeiterschaft und Wirtschaft in der Schweiz 1880–1914, Zürich 1988, 811.
26 Hettling, Manfred/Hoffmann, Stefan-Ludwig: Der bürgerliche Wertehimmel. Zum Problem individueller Lebensführung im 19. Jahrhundert, in: Geschichte und Gesellschaft 23 (1997), 333–359, hier 354.
27 Mergel, Thomas: Die Bürgertumsforschung nach 15 Jahren, in: Archiv für Sozialgeschichte 41 (2001), 515–538, hier 524; vgl. auch Mommsen, Hans: Die Auflösung des Bürgertums seit dem späten 19. Jahrhundert, in: Kocka, Jürgen (Hg.): Bürger und Bürgerlichkeit im 19. Jahrhundert, Göttingen 1987, 288–315.
28 Tanner, Jakob: Geschichte der Schweiz im 20. Jahrhundert, München 2015, 148.
29 Brief von Iwan Bally an Hans Sulzer in Washington, 17.5.1918, zit. nach Gautschi, Dokumente, 85.
30 Vgl. dazu exemplarisch Mazbouri, Malik: Der Aufstieg des Finanzplatzes im Ersten Weltkrieg. Das Beispiel des Schweizerischen Bankvereins, in: Rossfeld, Roman/Straumann, Tobias (Hg.), Der vergessene Wirtschaftskrieg. Schweizer Unternehmen im Ersten Weltkrieg, Zürich 2008, 439–464.
31 Zum Streik der Zürcher Bankangestellten vgl. König, Mario: Die Angestellten zwischen Bürgertum und Arbeiterbewegung. Soziale Lage und Organisation der kaufmännischen Angestellten in der Schweiz 1914–1920, Zürich 1984, 124–146; Frey, Daniel: Vor der Revolution? Ordnungsdienst-Einsatz der Armee während des Landesstreiks in Zürich, Zürich 1998, 68–117; Schmid-Ammann, Paul: Die Wahrheit über den Generalstreik von 1918. Seine Ursachen, sein Verlauf, seine Folgen, Zürich 1968, 176–186; Thurnherr, Bruno: Der Ordnungsdiensteinsatz der Armee anlässlich der Zürcher Unruhen im November 1917, Bern 1978, 121–125; Jost, Linksradikalismus, 166–170; Guex, Sébastien/Mazbouri, Malik: L'Association suisse des banquiers, les relations entre patronat et salariat bancaires au début du xxe siècle et leur postérité, in: Fraboulet, Danièle/Humair, Cédric/Vernus, Pierre (Hg.), Coopérer, négocier, s'affronter. Les organisations patronales et leurs relations avec les autres organisations collectives, Rennes 2014, 83–100.

den Streik mit einem Teilausstand und einer Protestversammlung auf dem Paradeplatz. Gemeinsam erreichte man die Schliessung sämtlicher Banken (mit Ausnahme der Nationalbank) in der Stadt Zürich; die Verhandlungen unter der Leitung des Regierungsrats gestalteten sich allerdings schwierig. Der Sympathiestreik wurde von der Arbeiterunion nun zu einem Generalstreik erweitert, der aber schon am 1. Oktober 1918 beendet wurde, nachdem die Banken höheren Löhnen und einer Anerkennung des Verbands zugestimmt hatten.[32]

Dem Landesstreik schloss sich der Zürcher Bankpersonalverband dann nicht an; vom Bürgertum wurde der Streik der Bankangestellten aber als «Generalprobe» für den Landesstreik eingestuft. Mit der Schliessung der Banken und der zumindest kurzfristigen Solidarisierung zwischen der Arbeiterschaft und den Angestellten war für das Bürgertum eine rote Linie überschritten worden. «Zorn über das Vorgefallene und Angst vor dem Zukünftigen»[33] bemächtigten sich gemäss Paul Schmid-Ammann der Bankenwelt. Für den freisinnigen Zürcher Regierungsrat und Artillerieoberst Heinrich Mousson war der Generalstreik vom 1. Oktober eine «Probemobilisation» der revolutionären Arbeiterschaft. Für ihn war klar, dass man bei der nächsten Gelegenheit «wieder vor solchen Mobilisationen oder gar direkten Kriegserklärungen stehen»[34] würde. Generalstabschef Sprecher hatte bereits einige Tage zuvor – nicht weniger alarmistisch – an General Wille geschrieben: «Was am 1. Oktober in Zürich geschehen ist, ist nichts mehr und nichts minder als die Kapitulation der bürgerlichen Gewalt vor der revolutionären Masse.»[35] Der Druck von Zürcher Bankkreisen und des Zürcher Regierungsrats auf den Bundesrat stieg nun deutlich. Am 22. Oktober 1918 forderte die schweizerische Bankiervereinigung von Bundesrat und Armeeleitung zukünftig ein härteres Auftreten als beim Streik der Bankangestellten.[36] Unmut hatten vor allem der fehlende Schutz der Arbeitswilligen und das zurückhaltende Auftreten der Polizei unter der Leitung des Zürcher Polizeivorstehers und Sozialdemokraten Jakob Vogelsanger ausgelöst. Auch für Ulrich Wille hatte beim Streik der Bankangestellten «genau nach den Lehren und dem Vorbild der Bolschewyki der Terror» gesiegt. Wille fasste die Stimmung in der Stadt Zürich in einem Schreiben an den Vorsteher des eidgenössischen Militärdepartements, Bundesrat Decoppet, am 1. November 1918 wie folgt zusammen: «[...] seitdem der Streik der Zürcher Bankangestellten benutzt worden ist zu der so überaus gelungenen Generalprobe von Generalstreik und Revolution, leben nicht bloss grosse Kreise unserer bürgerlichen Bevölkerung in der Sorge und Angst vor plötzlichem baldigen Ausbrechen einer Revolution, sondern auch den Behörden ist diese Befürchtung nicht fremd, und allerlei vorsorgliche Massregeln werden beraten und zu Faden geschlagen.»[37]

### Reformstrategien: «Galop social», «Swiss Mission» und «Scientific Management»

Die bürgerlichen Parteien reagierten auf die – aus ihrer Sicht – zunehmende Bedrohung mit einer «Doppelstrategie» von Innovation und Repression, Reform und Abwehr.[38] Mitgetragen wurde diese Strategie auch vom einflussreichen FDP-Nationalrat Alfred Frey, Verwaltungsrat zahlreicher Unternehmen und 1917–1924 Präsident des Schweizerischen Handels- und Industrie-Vereins (SHIV), der nicht nur die Reformbewegung, sondern auch die Zürcher Stadtwehr unterstützte.[39] Gemäss Gautschi gehörte Frey «als Vertreter des Großkapitals» 1918

32 Staatsarchiv Zürich, P.193a, Protokoll der Konferenz zur Beilegung des Konflikts im Bankgewerbe, Zürich 30.9 und 1.10.1918. Schweizerisches Sozialarchiv, Ar 481.1, Akten des Zürcher Bankpersonalverbandes, 1917–1919.
33 Schmid-Ammann, Die Wahrheit, 185.
34 Staatsarchiv Zürich, P.193a, Protokoll der Konferenz zur Besprechung des Streikes im Bankgewerbe und der Begleiterscheinungen desselben (zwischen dem Zürcher Regierungs- und dem Zürcher Stadtrat), 16.10.1918.
35 Generalstabschef Sprecher an General Wille, 4.10.1918, zit. nach Jost, Hans Ulrich: Linksradikalismus in der deutschen Schweiz 1914–1918, Bern 1973, 169.
36 BAR, E21#1000/131#10010*, Schreiben der «Vereinigung von Vertretern des Schweizerischen Bankgewerbes» an den Bundesrat, 22.10.1918. Während des Landesstreiks wurde auf «Ansuchen sämtlicher Grossbanken» dann «in jedes der neun Institute eine kleine Innenwache» gelegt. Vgl. dazu den Bericht von Emil Sonderegger über die Tätigkeit der Ordnungstruppen in Zürich, zit. nach Gautschi, Dokumente, 393.
37 BAR, E27#1000/721#13458-5, Schreiben von Ulrich Wille an den Vorsteher des eidgenössischen Militärdepartements, Bundesrat Decoppet, 1.11.1918, zit. nach Schweizer Monatshefte 48/8 (1968), 839–843, hier 842.
38 Vgl. dazu Ernst/Wigger, Innovation und Repression, 109–171. Rudolf Jaun sprach bereits in den 1980er-Jahren von einer «Doppelstrategie der Systemverteidigung», die Reform- und Abwehrmassnahmen umfasste. Vgl. dazu Jaun, Rudolf: Management und Arbeiterschaft. Verwissenschaftlichung, Amerikanisierung und Rationalisierung der Arbeitsverhältnisse in der Schweiz 1873–1959, Zürich 1986, 355.
39 Auch die von Eugen Bircher gegründete Aargauische Vaterländische Vereinigung setzte sich in einer Resolution am 15. November 1918 nicht nur zum Ziel, für den «Schutz der Freiheit» und die «Aufrechterhaltung von Verfassung, Gesetz und öffentlicher Ordnung» einzutreten. Zugleich wünschte man sich auch, dass «unverzüglich alle Massnahmen auf eidgenössischem und kantonalem Boden an die Hand genommen werden, um die wirtschaftliche Not aller Stände zu beheben». Vgl. dazu NZZ, Nr. 1510, 18.11.1918. Güntert, Alfred: Die Aargauische Vaterländische Vereinigung und ihre Arbeit seit 1918, Lenzburg 1936.

38 «Wachsamkeit ist von Nöten. Die Freiheit und die staatliche Ordnung sind zu schützen.» Aufruf des Zürcher Regierungsrats an die Bevölkerung des Kantons Zürich zur Rechtfertigung des Truppenaufgebots vom 8. November 1918.

# An die Bevölkerung des Kantons Zürich!

In schwerer Stunde richtet der Regierungsrat ein ernstes Wort an die zürcherische Bevölkerung. Zwar geht der schreckliche Krieg, der jahrelang uns umtobte und unnennbares Leid schuf, seinem Ende entgegen. Aber in seinem Gefolge schreiten noch immer Verwirrung und Unglück. Große Reiche zerfallen, Völker lösen die Bande langjähriger, gegenseitiger Freundschaft, unsicher schwankt vor unsern Blicken das Bild der nächsten Zukunft. Mit seinen ärgsten Schrecken hat uns der Krieg verschont. Wenn er uns auch Not und Sorge nicht ersparte, konnten wir doch von sicherer Warte aus den brausenden Sturm des Hasses und der Zerstörung an uns vorüberziehen sehen. Die Freiheit war uns Schild und Wehr. In unserer Staatseinrichtung besitzen wir der Mittel genug, den Forderungen einer neuen Zeit auf friedlichem Wege gerecht zu werden. Die Mehrheit der Bürger schafft Verfassung und Gesetz, wählt Regierung und Gericht in kurzen Zwischenzeiten. Auflehnung gegen den Willen der Mehrheit ist Verbrechen gegen den Staat. Leider gibt es auch in unserm Lande Bevölkerungskreise, die der staatlichen Ordnung, die Ihr Euch gegeben habt, widerstreben. Die Unruhe, die Not der Zeit, das Eindringen ungebetener Gäste hat ihre Zahl vermehrt und viele zur Beute von Aufregung und Leidenschaft werden lassen. Ihr habt den Behörden in reichem Maße die Mittel gegeben, vorhandene Not zu lindern, drohende Not zu beschwören. Dennoch wird die Flamme der Unzufriedenheit geschürt, wird gewaltsamem Umsturz gerufen. Eine Minderheit will die Mehrheit beherrschen. Drohung sollen Behörden und Bürger schrecken, Zerstörung öffentlicher Gebäude das Zeichen zum Aufruhr geben. Wachsamkeit ist von Nöten. Die Freiheit und die staatliche Ordnung sind zu schützen. Die gegenwärtige Lage unserer Nachbarstaaten und unseres eigenen Landes, speziell unseres Kantons Zürich, hat den Regierungsrat veranlaßt, beim Bundesrat das Aufgebot bewaffneter Macht zu erwirken, um jeden Versuch gewaltsamer Störung des Friedens und der öffentlichen Sicherheit zu verhindern. Der Regierungsrat bedauert in hohem Maße, zu diesem außerordentlichen Schritte gezwungen worden zu sein. Die nachgesuchte Maßregel richtet sich nicht gegen die Arbeiterschaft und ihre Organisationen, sondern nur gegen die Kreise, die sich außer Verfassung und Gesetz stellen. Der Regierungsrat darf deshalb erwarten, daß die große Mehrheit der Bevölkerung sich um ihn schare, um mit ihm den Frieden, die von den Zeitverhältnissen geforderte Entwicklung und den Bestand unseres Staates zu sichern. Möge ein gütiges Geschick unser Land und Volk über Not und Gefahr hinweg einer glücklichen Zukunft entgegenführen.

Zürich, den 8. November 1918.

Im Namen des Regierungsrates,

Der Präsident:
**Dr. G. Keller.**

Der Staatsschreiber:
**Paul Keller**

Buchdruckerei Arnold Bopp & Cie., Zürich.

zu jenen Personen, die «hinsichtlich der revolutionären Entwicklung die stärksten Befürchtungen hegten».⁴⁰ Bereits in der Nationalratsdebatte vom 12. und 13. November war der Reformbedarf von der bürgerlichen Mehrheit nicht grundsätzlich infrage gestellt worden. Der Zürcher Rechtsanwalt, FDP-Nationalrat und Verwaltungsrat der Zürcher Ziegeleien, Robert Schmid, hielt unmissverständlich fest: «Zu Reformen sind wir bereit, aber auf dem gesetzmässigen Wege der Evolution, nicht auf dem gesetz- und verfassungswidrigen Wege der Revolution.»⁴¹ Auch für Bundespräsident Calonder waren «Sozialreform und Revolution […] unvereinbare Gegensätze».⁴² Reformen sollten nicht durch eine «Klassen- und Parteidiktatur»⁴³ erzwungen werden, «Demokratie und Sozialreform» bezeichnete er aber als zwei Seiten «des nämlichen Problems».⁴⁴ Die «sozialpolitische Gruppe», die linksbürgerliche Fraktion der Demokratischen Partei, zeigte sich mit mehreren Forderungen des OAK wie der Einführung des Proporzwahlrechts, einer Alters- und Invalidenversicherung oder einer Verkürzung der Arbeitszeit «einverstanden» und hielt es für «selbstverständlich, dass auch eine Versicherung gegen Arbeitslosigkeit platzzugreifen»⁴⁵ habe.

In den Monaten nach dem Landesstreik erfolgte dann ein «beinahe euphorischer sozialpolitischer Aufbruch».⁴⁶ Ausdruck dieser zunächst parteiübergreifenden Aufbruchstimmung war der 1918 gegründete Schweizerische Bund für Reformen der Übergangszeit, dem neben verschiedenen National- und Ständeräten, Universitätsprofessoren und einflussreichen Industriellen wie Léopold Dubois (Schweizerischer Bankverein), Auguste Roussy (Nestlé) oder Heinrich Wolfer (Sulzer) auch Gewerkschafter, Bauern, Pfarrer und ein Tramkondukteur sowie – als Mitglied des leitenden Ausschusses – Oberstdivisionär Emil Sonderegger angehörten. Ausgehend von Werten wie «Freiheit», «Ehrlichkeit», «Gerechtigkeit», «Solidarität» und «Liebe» wollte man «die innern Spannungen überbrücken» und einen Sozialstaat verwirklichen, der «den mit Gewaltmitteln arbeitenden Klassenkampf gegenstandslos» machen sollte.⁴⁷ Besonderes Aufsehen erregte der ehemalige Berner Platzkommandant, Oberstkorpskommandant Eduard Wildbolz, der im Mai 1919 von seinem Kommando des 2. Armeekorps zurücktrat, um sich dem «Bund für Reformen der Übergangszeit» als «ständiger Mitarbeiter» zur Verfügung zu stellen. Wildbolz war während des Landesstreiks vom Bundesrat – gegen den Willen von Ulrich Wille – zum Platzkommandanten der Berner Ordnungstruppen ernannt worden. Am 11. Juni 1919 begründete Wildbolz seinen Schritt in einem offenen Brief in der freisinnigen Berner Tageszeitung *Der Bund* mit deutlichen Worten über die sozialen Missstände und den Reformbedarf in der Armee: «Mich plagt schon lange die soziale Ungerechtigkeit: protziger Luxus einerseits, Mangel am nötigsten anderseits, rücksichtslose Gewinnsucht, die sogar vor dem Ausland den Konkurrenten des eigenen Landes verleumdet, das Schieber- und Schmugglerunwesen, die Steuerkorruption. Es sind das alles Äusserungen eines Geistes, der unser Volk in den Abgrund zu stürzen droht und der nicht durch die Verwirklichung phantastischer Wirtschaftstheorien aus der Welt geschaffen wird. […] Auch die schweren Mißstände in der Armee zeigen mit aller Deutlichkeit, dass in erster Linie erreicht werden muss, dass jeder Schweizer in seinem Lande wieder etwas sieht, das der Verteidigung wert ist.»⁴⁸

Im Nationalrat wurden in den Monaten nach dem Landesstreik aus verschiedenen politischen Lagern eine ganze Reihe von Motionen und Interpellationen zu sozialpolitischen Fragen (wie der Linderung der Wohnungsnot, hohen Schuhpreisen oder der Arbeitslosenfürsorge) eingebracht. Der Bundesrat befürwortete die Einführung der AHV nun ausdrücklich, setzte im Januar 1919 eine Expertenkommission ein und legte bereits im Juni 1919 eine entsprechende Botschaft vor. Ebenfalls im Juni 1919 wurde das Bundesgesetz für die Einführung der 48-Stunden-Woche erlassen, das die Wochenarbeitszeit im revidierten Fabrikgesetz gleich um elf Stunden, also fast 20 Prozent, senkte. An der ersten «Internationalen Arbeitskonferenz» in Washington wurde die 48-Stunden-Woche im Oktober 1919 auch international als Norm gefordert; und bereits im Januar 1920 wurde die Initiative von FDP-Nationalrat Christian Rothenberger zur Schaffung einer Invaliditäts-, Alters- und Hinter-

---

40 Gautschi, Landesstreik, 205.
41 Robert Schmid an der Sitzung vom 13. November 1918 im Nationalrat, in: Sten. Bull., Sitzung 13.11.1918, 450.
42 Felix Calonder an der Sitzung vom 12. November 1918 im Nationalrat, in: Sten. Bull., Sitzung 12.11.1918, 414.
43 Felix Calonder, 13.11.1918, 417.
44 Felix Calonder, 13.11.1918, 414.
45 Joseph Scherrer-Füllemann im Namen der «sozialpolitischen Gruppe» im Nationalrat, in: Sten. Bull., Sitzung 12.11.1918, 421.
46 Greminger, Ordnungstruppen in Zürich, 43.
47 Vgl. dazu Schweizerisches Sozialarchiv, 32/53-10, Schweizerischer Bund für Reformen der Übergangszeit, o. O. 1919, 2f. Weitere Unterlagen befinden sich im Schweizerischen Wirtschaftsarchiv in Basel (SWA), Institute 325.
48 Der Bund, Nr. 242, 11.6.1919, zit. nach Schmid-Ammann, Die Wahrheit, 338.

lassenenversicherung eingereicht. Wenige Monate zuvor, Ende September 1919, hatte der Zentralvorstand der FDP in einem Aufruf an das «Schweizervolk» festgehalten, die Partei strebe «den Ausbau des Staates zum Sozialstaat» unter «weitgehender Berücksichtigung der Interessen der Arbeiter und Angestellten» an.[49] Vor dem Landesstreik noch nicht mehrheitsfähig, warb der Freisinn nun mit einem neuen, linksbürgerlichen Konzept des «sozialen Liberalismus».[50] Die Zürcher FDP reagierte 1919 mit einer «Flut von sozialpolitischen Versprechen» und sprach sich vor den Wahlen nicht nur für die 48-Stunden-Woche, die Einführung des Frauenstimmrechts und eine sozialere Steuerpolitik, sondern auch für einen Ausbau der Sozialversicherungen und der Wohnungsfürsorge aus.[51]

Den sozialpolitischen Parteitag der FDP im Mai 1919 in Olten sah die NZZ als «Wendepunkt».[52] Schon im Januar 1919 hatte das Blatt aber auch «eine gewisse Kompasslosigkeit»[53] in der Überfülle der Reformvorschläge kritisiert; ein hektischer Aktivismus, der auch als Ausdruck der bürgerlichen Plan- und Orientierungslosigkeit nach dem Landesstreik interpretiert werden kann. Zugleich darf der Wille zu Reformen aber auch aus ideologischen Gründen nicht überschätzt werden. Während man sich über die Wiederherstellung von Ruhe und Ordnung (auch aus wirtschaftlichen Überlegungen) einig war, konnte man sich bei der – als notwendig erachteten – Sozialreform nicht auf einen gemeinsamen Kurs einigen. Der Bund für Reformen der Übergangszeit kam nicht über seine Gründungsphase hinaus, und der «Bürgerblock» war «alles andere als ein monolithisches Gebilde».[54] Die Differenzen zwischen liberalen und konservativen Positionen waren zu gross, und bei den Nationalratswahlen im Herbst 1919 verschoben sich die Kräfteverhältnisse. Die FDP blieb zwar die stärkste Fraktion, obwohl sie die absolute Mehrheit (beziehungsweise 45 von 105 Mandaten) verlor. Die bürgerliche Mehrheit musste sich der Freisinn nun aber mit Konzessionen gegenüber dem «Bürgerblock» und insbesondere der antimodernistischen katholisch-konservativen Fraktion sichern. Die neuen «Regierungspartner aus katholischem und ländlichem Milieu» waren aber mehr an der Schwächung des politischen Gegners als an der Umsetzung einer Sozialreform interessiert.[55] Ein Bürgerblock auf der Basis einer «neumodigen Sozialpolitik» wurde von den Zürcher Bauern klar abgelehnt.[56] Mit der Nachkriegskrise kam es schon in der zweiten Hälfte des Jahres 1920 zu einem «sozialpolitischen Roll-Back»[57] und in den folgenden Jahren zu einer fortschreitenden Marginalisierung linksliberaler Kräfte. Andreas Ernst und Erich Wigger sprechen vom Aufbruch einer machtvollen «im eigentlichen Wortsinn reaktionären Allianz aus Katholisch-Konservativen, Rechtsfreisinnigen und Bauernpolitikern»[58] nach 1920. Die Grenzen bürgerlicher Reformbereitschaft zeigten sich auch bei der von der SP lancierten Volksinitiative für eine einmalige Vermögensabgabe, die nach einem gehässigen, vom SVV mitgetragenen Abstimmungskampf im Dezember 1922 an der Urne deutlich verworfen wurde. Die Nachkriegskrise führte schliesslich zu einem Lohnabbau in Gewerbe und Industrie; der Versuch, die 48-Stunden-Woche mit der «Lex Schulthess» über eine Revision des Fabrikgesetzes wieder rückgängig zu machen, scheiterte im Februar 1924 allerdings an einem Referendum der Gewerkschaften.[59]

---

49 NZZ, Nr. 1485, 29.9.1919, zit. nach Ernst/Wigger, Innovation und Repression, 156.

50 Ernst/Wigger, Innovation und Repression, 146.

51 Zu den Reformvorschlägen der FDP vgl. Herren, Heinz: Die Freisinnige Partei des Kantons Zürich in den Jahren 1917–1924, Bern 1975, 88–94; Wigger, Geschichtsbilder, 180f.

52 NZZ, Nr. 782, 26.5.1919, zit. nach Wigger, Geschichtsbilder, 181.

53 NZZ, Nr. 49, 12.1.1919, zit. nach Ernst/Wigger, Innovation und Repression, 158.

54 Mattioli, Aram: Die intellektuelle Rechte und die Krise der demokratischen Schweiz. Überlegungen zu einem zeitgeschichtlichen Niemandsland, in: Mattioli, Aram (Hg.), Intellektuelle von rechts. Ideologie und Politik in der Schweiz 1918–1939, Zürich 1995, 1–28, hier 16.

55 Schmid, Krieg der Bürger, 53f. Vgl. auch Hodel, Markus: Die Schweizerische Konservative Volkspartei 1918–1929. Die goldenen Jahre des politischen Katholizismus, Freiburg 1994; Mattioli, Aram: Die Moderne und ihre Kritiker. Zur seismographischen Qualität antimodernistischer Einstellungen im Kanton Fribourg, in: Ernst, Andreas/ Wigger, Erich (Hg.), Die neue Schweiz? Eine Gesellschaft zwischen Integration und Polarisierung (1910–1930), Zürich 1996, 107–125. Zur Bedeutung von Ruhe und Ordnung vgl. auch die späteren Überlegungen von Sonderegger, Emil: Ordnung im Staat, Bern 1933.

56 Wigger, Erich: «Wir und die anderen.» Die Zürcher Bauern in der gesellschaftlichen Krise zur Zeit des Ersten Weltkrieges in der Schweiz, in: Ernst, Andreas et al. (Hg.), Kontinuität und Krise. Sozialer Wandel als Lernprozess, Zürich 1994, 277–301, hier 293.

57 Greminger, Ordnungstruppen in Zürich, 318.

58 Ernst/Wigger, Innovation und Repression, 166; vgl. auch Baumann, Werner: Wie rechts stehen die Bauern? Kontinuität und Diskontinuität in Ernst Laurs Bündnispolitik, in: Ernst, Andreas/ Wigger, Erich (Hg.), Die neue Schweiz? Eine Gesellschaft zwischen Integration und Polarisierung (1910–1930), Zürich 1996, 193–214, hier 200. Zur Entwicklung in den 1930er-Jahren vgl. Mattioli, Die intellektuelle Rechte, 1–28.

59 Zur Einführung der 48-Stunden-Woche sowie der Frage der Gewinnbeteiligung und des Mitspracherechts der Arbeiter in den Betrieben vgl. BAR, J1.6#1000/1355#288*, den Briefwechsel zwischen Edmund Schulthess und dem langjährigen Präsidenten des ZSAO, Gustave Naville, im Januar und Februar 1919; Schmid, Hanspeter: Wirtschaft, Staat und Macht. Die Politik der schweizerischen Exportindustrie im Zeichen von Staats- und Wirtschaftskrise (1918–1929), Zürich 1983, 159–183; Degen, Bernard: Abschied vom Klassenkampf. Die partielle Integration der schweizerischen Gewerkschaftsbewegung zwischen Landesstreik und Weltwirtschaftskrise (1918–1929), Basel 1991, 37–81, 214–255.

39 «Schweizervolk – Halt! Wohin?» Die Volksinitiative zu einer einmaligen Vermögensabgabe von 1922 wird hier als ein (ideologisch motivierter) Schritt in den Abgrund dargestellt. Symbolisch steht das Plakat von Hans Beat Wieland aber auch für die allgemeine Orientierungslosigkeit in den Nachkriegsjahren.

Das Bürgertum im Landesstreik

Die Umsetzung einer Arbeitslosenversicherung und die Einführung der AHV scheiterten in den folgenden Jahren an der Finanzierungsfrage. Aus Sicht der Linken war das Vertrauen in den bürgerlichen Reformwillen aber schon in den Kriegsjahren zerstört worden. Immer wieder waren Gesetze verschleppt und sozialpolitische Reformen verzögert worden. Die 48-Stunden-Woche oder die Einführung einer Invaliditäts-, Alters- und Hinterlassenenversicherung standen schon seit Jahren auf der politischen Agenda; und die Volksinitiative zur Proporzwahl des Nationalrats war bereits im August 1913 eingereicht worden, kam aber erst im Oktober 1918 zur Abstimmung. Von der Linken, etwa dem langjährigen SP-Parteipräsidenten Ernst Reinhard, wurden die bürgerlichen Reformvorschläge deshalb zynisch als «galop social» kritisiert. Der Solothurner SP-Nationalrat, Dienstverweigerer und Streikführer Jacques Schmid beschrieb das Verhalten des Bürgertums im Landesstreik als eisigen «Novembersturm der Reaktion» und sah im Nationalrat «mehr ein[en] Verwaltungsrat der kapitalistischen Eidgenossenschaft A. G. und nicht ein politisches Parlament».[60] Rhetorisch geschickt und mit bitterer Ironie warf Charles Naine der bürgerlichen Mehrheit im Nationalrat vor, sie streike «schon seit Jahren», und nur das Parlament habe «das Recht, nichts zu tun».[61] Die Einführung einer «allgemeinen Arbeitspflicht» als eine von insgesamt neun Forderungen des OAK im Landesstreik kann aus dieser Perspektive auch als eine ironische Brechung der jahrelangen Verzögerung von Reformen durch das bürgerlich dominierte Parlament verstanden werden.

Die Gründe für den beschränkten Reformeifer im Bürgertum dürften allerdings tiefer liegen. Willi Gautschi hat bereits darauf aufmerksam gemacht, dass der grösste Teil der bürgerlichen Politiker und die überwiegende Mehrheit der Offiziere «von der Bereitschaft, die Gleichberechtigung der Sozialpartner grundsätzlich anzuerkennen», noch weit entfernt waren. «Den materiellen und sozialen Begehren der Arbeiterschaft brachte man bestenfalls patriarchalisch-wohlwollendes Verständnis entgegen – und auch dies nur unter der Voraussetzung des Wohlverhaltens.»[62] Der viel zitierte «Herr-im-Haus»-Standpunkt erschwerte Reformen, schien aber selbst bürgerlichen Politikern zunehmend unangemessen zu sein. Joseph Räber, katholisch-konservativer Ständerat aus dem Kanton Schwyz und Verwaltungsrat der Schweizerischen Bundesbahnen (SBB), erschien «die Verblendung der Vertreter des Kapitals unbegreiflich». Mitte September 1918 schrieb er in sein Tagebuch: «Die Bürgerlichen sind sich nicht einig und begreifen vielfach nicht, daß das Kapital sich nur retten kann, wenn es Opfer bringt».[63] Welche Reformen die richtige Antwort auf die bestehenden Probleme sein würden, war allerdings umstritten. Neben einem Ausbau der betrieblichen Sozialpolitik – wie der Einrichtung von Kantinen oder dem Aufbau von Pensionskassen – orientierten sich viele Schweizer Unternehmen gegen Ende des Kriegs zunehmend am transatlantischen Wirtschaftsraum. Nach dem Kriegseintritt der USA war der Winterthurer Industrielle Hans Sulzer vom Bundesrat bereits im Sommer 1917 zum neuen Schweizer Gesandten in Washington ernannt worden. Zusammen mit weiteren einflussreichen Industriellen sollte er sich im Rahmen einer vom Bundesrat entsandten «Swiss Mission» nicht nur um eine Verbesserung des Images der Schweiz, sondern auch um eine bessere Versorgung des Landes mit Getreide bemühen. Zum Leiter der Delegation war der freisinnige Nationalrat und Textilunternehmer John Syz, Präsident der Zürcher Handelskammer und des seit 1906 bestehenden Verbands der Arbeitgeber der Textilindustrie (VATI), ernannt worden.[64] Ab 1919 organisierten sich die bürgerlichen Reformkräfte dann in den «Wirtschaftlichen Studienreisegesellschaften nach Nordamerika» und ab 1920 als Swiss Friends of the United States of America (SFUSA). Bereits am 26. August 1919 war eine Gruppe von rund 220 Teilnehmerinnen und Teilnehmern – darunter viel Wirtschaftsprominenz und insgesamt acht Frauen, die zur «Gruppe Wohlfahrt» gehörten – zu einer weiteren Swiss Mission in die USA gereist.[65] Neben verschiedenen Handelskammern und den Schlacht-

---

60 Jacques Schmid an der Sitzung vom 13. November 1918 im Nationalrat, in: Sten. Bull., Sitzung 13.11.1918, 447.
61 Der Landesstreik vor dem Nationalrat, 27.
62 Gautschi, Die wehrpolitische Haltung der Arbeiterschaft, 65.
63 Räber, zit. nach Gautschi, Die wehrpolitische Haltung der Arbeiterschaft, 53.
64 Zur Swiss Mission und der Neuausrichtung der Schweizer Wirtschaft im Ersten Weltkrieg vgl. Weber, Florian: Die amerikanische Verheissung. Schweizer Aussenpolitik im Wirtschaftskrieg 1917/18, Zürich 2016, 65–104, 181–185.
65 Pfyffer von Altishofen, Siegfried: Mit der «Swiss Mission» in Amerika. Tagebuch, Zürich 1920, 9; Spiller, Else: Bericht über meine Studienreise nach Nordamerika und England, 26.8.–8.12.1919, Horgen 1920.

höfen in Chicago wurden auf dieser mehrwöchigen Reise auch zahlreiche Grossunternehmen wie Kodak, Ford, Singer oder General Electric besucht. Der Luzerner Unternehmer Siegfried Pfyffer von Altishofen war tief beeindruckt von diesem «Traumland einer neuen Welt»,[66] in dem aus sicherem und «gesundem Instinkt»[67] jegliche Verstaatlichung verurteilt werde. Ziel der Swiss Mission war eine stärkere Orientierung an Rationalisierung und Scientific Management, aber auch eine «Modernisierung der Sprache»,[68] um die «soziale Frage» neu stellen zu können. Für die Implementierung tayloristischer Prinzipien auf dem europäischen Kontinent – und die Rationalisierung der gesamten Volkswirtschaft – wurde 1927 in Genf das International Management Institute (IMI) gegründet. Bereits im Gründungsjahr wurde eine Kommission zur Erarbeitung einer «Terminologie der Rationalisierung» ins Leben gerufen, mit der klassische Konflikte wie die «soziale Frage» oder der «Klassenkampf» in eine sachliche und von weltanschaulichen Konnotationen befreite Sprache gekleidet werden sollten.[69] Im Fokus der Arbeitgeber standen damit andere Reformen, als vom OAK gefordert worden waren.

### Repression und Abwehr: Streik als Revolution und Bolschewismus als Fantasie

Einfacher und schneller umzusetzen als soziale Reformen waren im November 1918 verschiedene Abwehrmassnahmen gegen den Landesstreik. Sie umfassten weit mehr als das vom Bundesrat auf Drängen Ulrich Willes präventiv erlassene Truppenaufgebot von insgesamt rund 95 000 Mann für den militärischen Ordnungsdienst.[70] Insgesamt kann von einer deutlichen organisatorischen Bündelung der bürgerlichen Kräfte gesprochen werden, die nicht nur in der Gründung von Bürgerwehren, der Durchführung von Protestversammlungen oder dem Ausbau des Staatsschutzes zum Ausdruck kam. Zu nennen ist hier auch die Koordinierung der Streikabwehr durch die nach der Streikwelle von 1905–1907 entstandenen Arbeitgeberverbände verschiedener Branchen sowie den seit 1908 bestehenden Zentralverband Schweizerischer Arbeitgeber-Organisationen (ZSAO). In den Strassen Zürichs hatten sich schon am Proteststreik vom 9. November nicht nur «Rotten sozialistischer Jungburschen», sondern auch «bürgerliche Abwehrkolonnen»[71] bemerkbar gemacht. Bürgerliche Gegendemonstrationen lassen sich während des Landesstreiks aber in der ganzen Schweiz belegen. In Winterthur organisierten der Gewerbeverband und weitere bürgerliche Organisationen am 12. November eine von rund 2000 Personen besuchte Veranstaltung; und selbst in der traditionell links dominierten Industriestadt Le Locle organisierte die Ligue Ordre et Liberté, ein Zusammenschluss der örtlichen Radikalen und Liberalen, am 13. November 1918 eine Gegendemonstration. Weitere Protestversammlungen und vaterländische Kundgebungen lassen sich – ohne Anspruch auf Vollständigkeit – am 13. November in Basel und Fribourg, am 14. in Kreuzlingen oder am 17. im bernischen Malleray nachweisen, wo sich rund 2000 Personen zu einer patriotischen Kundgebung unter der Devise «La Suisse aux Suisses» trafen.[72] Nur wenige Tage später, am 24. November 1918, kam es an der aargauischen «Volksgemeinde» in Vindonissa schliesslich zur «grössten bürgerlichen Demonstration gegen den Landesstreik»[73] mit rund 12 000 Teilnehmern. Neben Ernst Laur richtete sich hier auch Eugen Bir-

---

66 Pfyffer, Swiss Mission, 7.
67 Pfyffer, Swiss Mission, 66.
68 Tanner, Geschichte der Schweiz, 153; vgl. auch Kunz, Hans Beat: Weltrevolution und Völkerbund. Die schweizerische Aussenpolitik unter dem Eindruck der bolschewistischen Bedrohung 1918–1923, Bern 1981. Zum Taylorismus in der Schweiz vgl. Leimgruber, Matthieu: Taylorisme et management en Suisse romande (1917–1950), Lausanne 2001, 13–40; Jaun, Management und Arbeiterschaft, 108–124.
69 Internationales Rationalisierungs-Institut (Hg.): Das Internationale Rationalisierungs-Institut. Sein Werdegang, sein Aufgabenkreis, Genf 1927. Freundlicher Hinweis von Roman Wild, Zürich. Vgl. auch Cayet, Thomas: The ILO and the IMI. A Strategy of Influence on the Edges of the League of Nations, 1925–1934, in: Van Daele, Jasmien et al. (Hg.), ILO Histories, Bern 2010, 251–269; Bernet, Friedrich: Der Austausch betriebswirtschaftlicher Erfahrungen in der schweizerischen Industrie, Zürich 1931 (Schriften des Zentralverbandes schweizerischer Arbeitgeber-Organisationen 28).
70 Zu dem für Zürich inzwischen gut untersuchten Ordnungsdienst im Landesstreik vgl. insbesondere Frey, Daniel M.: Vor der Revolution? Ordnungsdienst-Einsatz der Armee während des Landesstreiks in Zürich, Zürich 1998; Greminger, Ordnungstruppen; Zeller, René: Ruhe und Ordnung in der Schweiz. Die Organisation des militärischen Ordnungsdienstes von 1848 bis 1939, Bern 1990.
71 Gautschi, Landesstreik, 253.
72 Zur Kundgebung in Winterthur vgl. Stadtarchiv Winterthur, B2 167, Protokoll des Stadtrats vom 12. November 1918; Neues Winterthurer Tagblatt, 15.11.1918. Freundliche Information von Thomas Buomberger, Winterthur. Zu den bürgerlichen Kundgebungen und Protestversammlungen vgl. auch das Typoskript der Dissertation von Thürer, Der Schweizerische Vaterländische Verband, 188f., 196, 204.
73 Zum «Volkstag in Vindonissa» und der Gründung der Aargauischen Vaterländischen Vereinigung durch Eugen Bircher am 24. November 1918 vgl. NZZ, Nr. 1558, 26.11.1918; Gautschi, Landesstreik, 366f; Thürer, Der Schweizerische Vaterländische Verband, 58–66.

40 «Confiscation de la propriété – non». Plakat von Charles Edouard Gogler gegen die Volksinitiative der SP für eine einmalige Vermögensabgabe, die im Dezember 1922 an der Urne klar verworfen wurde.

41 «Kampf der Reaktion». Plakat von Carl Scherer für die 1921 gegründete Kommunistische Partei der Schweiz. Bei den Nationalratswahlen von 1922 erzielte die KPS lediglich einen Wähleranteil von 1,8 Prozent.

cher gegen die Einführung einer «einseitigen Klassenherrschaft» – den «neuen Gesslerhut einer Minderheit unseres Volkes»[74] –, und der freisinnige Ständeratspräsident Beat Bolli zeigte sich in einem Schreiben an Bircher überzeugt, das Schweizervolk werde «den heimatlichen Boden [...] nicht zum Tummelplatz eines internationalen Völkerbrandes und bolschewistischer Tyrannei hergeben».[75]

Nicht nur der Landesstreik, sondern auch die bürgerlichen Kundgebungen mobilisierten Tausende von Personen; und wie der Streik waren auch die Gegendemonstrationen «an eine breite Öffentlichkeit gerichtete Performanzen und internes emotion work zugleich».[76] Bereits im April 1919 wurden die nun zahlreich entstehenden Bürgerwehren im SVV als «antisozialistischer Schutzwall»[77] zusammengefasst. Die Wirkung der von Banken und Industrie finanziell unterstützten und von der Armee mit Waffen und Munition ausgestatteten Bürger-, Stadt- und Gemeindewehren war vor allem eine indirekte: Der Druck auf die Behörden stieg, «bei der Bekämpfung sogenannt revolutionärer Umtriebe genügend Tatkraft zu entwickeln, um es nicht zu einer Intervention der Bürgerwehren kommen zu lassen». Gemäss Greminger hat der Bürgerwehrgeist «Ansätze des politischen Ausgleichs torpediert» und das «Klima der Konfrontation» angeheizt: «Als Sinnbild des Klassenkampfes trugen Stadtwehr[en] und ähnliche Organisationen stark dazu bei, dass Generalstreikpsychose und Klassengraben lange nicht überwunden werden konnten.»[78]

Neben dem bereits vor dem Krieg entstandenen Bürgerverband Zürich zeigte sich die organisatorische Bündelung rechtsbürgerlicher Kräfte nach dem Krieg auch in der Gründung des Basler Volkswirtschaftsbundes,[79] der Genfer Union de défense économique oder der 1924 entstehenden – und vor allem publizistisch ausgesprochen aktiven – Entente internationale anticommuniste (EIA), die sich als Kampforganisation gegen die III. Internationale verstand.[80] Alle diese Organisationen setzten sich in den 1920er-Jahren auch für eine Verschärfung des Staatsschutzes, den Ausbau der inneren Sicherheit und eine härtere Gangart gegenüber Streikenden ein. Nach aussen zeigte sich dies in einer verschärften Ausweisungspraxis gegenüber mutmasslichen Anarchisten oder Bolschewisten und einer im März 1920 eingereichten Volksinitiative zur Verschärfung des Einbürgerungsrechts, die im Juni 1922 mit 84 Prozent Nein-Stimmen aber deutlich abgelehnt wurde. Nach innen hatte der Bundesrat nach einer ersten «Verordnung betreffend Massnahmen gegen die Gefährdung und Störung der inneren Sicherheit»[81] vom 11. November 1918 bereits am 7. Januar 1919 eine zweite Verordnung erlassen, die schon die Vorbereitung eines Generalstreiks unter Strafe stellte. Die Verordnung bildete die Grundlage für die im Januar 1921 – gegen den Widerstand der Sozialdemokraten – vom Parlament verabschiedete «Lex Häberlin», welche die staatlichen Kompetenzen zur Wahrung der inneren Sicherheit deutlich erweiterte. Im September 1922 wurde das sogenannte «Umsturzgesetz» nach einem hart und emotional geführten Referendumskampf von der Bevölkerung aber mit 55 Prozent Nein-Stimmen abgelehnt. Nur wenige Monate später, im Februar 1923, wurde die von einem rechtsbürgerlichen «Komitee gegen den Bolschewismus» schon Ende Juli 1919 eingereichte «Schutzhaftinitiative» noch deutlich höher, mit 89 Prozent Nein-Stimmen, ver-

74 Archiv SGB, G 23/A, Rede von Eugen Bircher vom 24.11.1918, in: Ansprachen gehalten am Volkstag der aargauischen vaterländischen Vereinigung in Vindonissa den 24. November 1918, Aarau 1918, 2.
75 Archiv SGB, G 23/A, Schreiben von Beat Bolli an Eugen Bircher vom 19.11.1918, in: Ansprachen gehalten am Volkstag der aargauischen vaterländischen Vereinigung in Vindonissa den 24. November 1918, Aarau 1918, 24.
76 Koller, Christian: «Es ist zum Heulen». Emotionshistorische Zugänge zur Kulturgeschichte des Streikens, in: Geschichte und Gesellschaft 36 (2010), 66–92, hier 77.
77 Thürer, Der Schweizerische Vaterländische Verband, 133. Der Anhang (240–253) enthält eine Übersicht zu den zahlreichen Bürgerwehren in den verschiedenen Kantonen.
78 Greminger, Ordnungstruppen, 117. Zur ambivalenten Haltung der militärischen Führung gegenüber den Bürgerwehren vgl. Gautschi, Landesstreik, 365f. Zur Finanzierung der Bürgerwehren vgl. Thürer, Der Schweizerische Vaterländische Verband, 134; Guex, Sébastien: A propos des gardes civiques et de leur financement à l'issue de la Première Guerre mondiale, in: Batou, Jean et al. (Hg.), Pour une histoire des gens sans histoire. Ouvriers, exclues et rebelles en Suisse, 19e–20e siècles, Lausanne 1995, 255–264.
79 Zur Gründung des Volkswirtschaftsbundes und seinen Aktivitäten vgl. Schmid, Krieg der Bürger, 72, 122–125; Flury, Max: 25 Jahre Basler Volkswirtschaftsbund, 1918–1943, Basel 1943.
80 Zur EIA vgl. exemplarisch Bureau permanent de l'Entente Internationale contre la IIIe Internationale: Neuf ans de lutte contre le bolchévisme. L'activité de l'Entente Internationale contre la IIIe Internationale, Genève 1933. Ausführlicher in Caillat, Michel: L'Entente internationale anticommuniste de Théodore Aubert. Organisation interne, réseaux et action d'une internationale antimarxiste 1924–1950, Lausanne 2016; Caillat, Michel: L'entente internationale anticommuniste (EIA). L'impact sur la formation d'un anticommunisme helvétique de l'action internationale d'un groupe de bourgeois genevois, in: Caillat, Michel et al. (Hg.), Histoire(s) de l'anticommunisme en Suisse, Zürich 2009, 147–163.

42 Bürgerliche Gegendemonstration der Ligue ordre et liberté am 13. November 1918 in der rue Marie-Anne-Calame in Le Locle. Bürgerliche Protestversammlungen und vaterländische Kundgebungen lassen sich während des Landesstreiks an verschiedenen Orten belegen.

Das Bürgertum im Landesstreik

43 «Wir dürfen nicht zugeben, dass der demokratische Gedanke, der im Weltkrieg gesiegt hat, bei uns zu Schanden gemacht werde.» Aufruf der Zentralvorstände der Freisinnig-Demokratischen Partei der Stadt und des Kantons Bern an «alle vaterländisch gesinnten Bürger» zur Aufrechterhaltung von Ruhe und Ordnung.

# Mitbürger! Eidgenossen!

Der Generalstreik bedroht die Ruhe und Sicherheit unseres Landes in dem Moment, wo der Weltkrieg mit seinen Gefahren und Sorgen zu Ende geht. Wir wenden uns an alle vaterländisch gesinnten Bürger mit der Aufforderung, ihr Möglichstes zu tun, um **Ruhe und Ordnung aufrecht zu erhalten** und den verfassungsmässigen Zustand zu schützen.

*Es muss alles vermieden werden, damit der Landesstreik nicht in den Bürgerkrieg ausartet.*

Wir dürfen nicht zugeben, dass der demokratische Gedanke, der im Weltkrieg gesiegt hat, bei uns zu Schanden gemacht werde. Die Aufforderung zum Landesstreik, verbunden mit einem politischen Ultimatum, ist ein Hohn auf unsere Verfassung und verletzt die demokratische Gesinnung des Schweizervolkes aufs tiefste.

## Mitbürger!

Haltet an dieser Auffassung fest. **Tut eure Pflicht** und bewahret allfälligen Herausforderungen gegenüber eure **Ruhe und Würde!** Vor allem aber:

### Steht treu zu unserm lieben Vaterland!

**Die Zentralvorstände der freisinnig-demokratischen Partei der Stadt und des Kantons Bern.**

# Das Bürgertum formiert sich: Das liberal-freisinnige Antistreik-Komitee in Brugg

Patrick Zehnder

Die für den Aargau typische Kleinstadt Brugg zählte nicht zu den 19 Städten, die das Oltener Aktionskomitee (OAK) im Aufruf zum Proteststreik vom 8. November 1918 erwähnte.[1] Trotzdem war allen Beteiligten bewusst, dass der Eisenbahnknotenpunkt an den Linien von Zürich nach Bern und durch den nahen Bözbergtunnel nach Basel besonders verletzlich war.[2] In diesem Bewusstsein trafen sich am 10. November 1918 die politische Führung und die industriellen Spitzen der Stadt und taten sich in einem Antistreik-Komitee zusammen.[3] Der Stadtrat tagte im Beisein des Bezirksamtmanns sowie des militärischen Platz- und Kreiskommandos und trat seine Kompetenzen an den freisinnigen Stadtpräsidenten Jakob Riniker ab. Begründet wurde dieser ungewöhnliche Schritt damit, das Antistreik-Komitee müsse bei besonderen Vorkommnissen prompt reagieren können.

Bei der Brugger Unternehmerschaft agierte Rudolf Wartmann (1873–1930) als Schlüsselperson. Neben ihm als Besitzer der Bau- und Konstruktionsfirma Wartmann, Vallette & Ci zählte Hans Hunziker (1874–1942), Inhaber des gleichnamigen Hartsteinwerks, zu den bestimmenden Figuren des liberal-freisinnig dominierten Antistreik-Komitees. Dieses traf sich während des Landesstreiks täglich, um die aktuelle Lage zu besprechen, wurden ihre Fabriken und Betriebe doch teilweise bestreikt. Praktische Fragen bezogen sich auf die Mittagessen der Arbeitswilligen oder auf Propagandafahrten in die umliegenden Dörfer, wo Zaudernde zur Wiederaufnahme der Arbeit bewegt werden sollten.

Die deutlichste öffentliche Äusserung des Antistreik-Komitees war eine im *Brugger Tagblatt* veröffentlichte «Kundgebung an den Bundesrat» mit dem Wortlaut: «Eine in Brugg ausserordentlich einberufene Versammlung von Bürgern begrüsst die vom Bundesrat in der Sonntag-Vormittagssitzung gefassten Beschlüsse und spricht die Hoffnung aus, dass der Bundesrat in seiner festen Haltung gegenüber den Forderungen des Oltener Aktionskomitees entschieden beharre.»[4] Aus dem Brugger Antikstreik-Komitee ging bereits am Abend des Streikabbruchs der Verband der Industriellen von Brugg und Umgebung hervor. In den ersten Sitzungen wurde beratschlagt, wie die Belegschaften während der Streikzeit entlöhnt und die künftigen Arbeitsverhältnisse aussehen sollten.[5]

Die Sitzungen des Antistreik-Komitees fanden im Hotel Füchslin, mitten in der Brugger Altstadt, statt.[6] Es war das Lokal schlechthin der in Brugg dominierenden liberal-freisinnigen Partei. Am Tag nach dem Streikabbruch fanden sich dort «150 Mann spontan zu einer kurzen Tagung» ein.[7] Gastwirtschaften, in denen man unbehelligt tagen konnte, waren damals unerlässlich für die politische Tätigkeit. Nur einen Steinwurf vom Hotel Füchslin entfernt versammelten sich die streikenden Arbeiterinnen und Arbeiter im Hotel Rotes Haus, während das Brugger Streikkomitee im Restaurant Güterhalle[8] hinter dem Bahnhof tagte, das von Gottlieb Schaffner, dem Präsidenten der 1916 gegründeten sozialdemokratischen Ortspartei, geführt wurde.[9] Im Sinne des Antistreik-Komitees handelten auch jene Brugger Männer, die sich am 12. November 1918 zu einer Bürgerwehr formierten.[10] Die sozialdemokratische Tageszeitung *Neuer Freier Aargauer* warf der Brugger Bürgerwehr vor, während des Landesstreiks «Unerhörtes» in der «Verhetzung der ganzen Bevölkerung» geleistet zu haben,[11] ohne allerdings konkret zu werden.

---

1  Weisungen des Oltener Komitees zur Durchführung des Proteststreiks vom 7.11.1918, in: Gautschi, Willi: Dokumente zum Landesstreik, Zürich 1971, 206f.
2  Zehnder, Patrick: Flugblätter gegen blanke Säbel. Physische und symbolische Raumaneignung im Aargau während des Landesstreiks 1918, in: Argovia 129 (2017), 49–72.
3  Belart, Peter: November 1918 – Der Landesstreik in Brugg, in: Brugger Neujahrsblätter 99 (1989), 31–46.
4  Brugger Tagblatt, 11.11.1918, 3.
5  Brugger Tagblatt, 4.12.1918. Belart, November, 36.
6  Belart, November, 36.
7  Brugger Tagblatt, 16.11.1918, 5.
8  Schweizerisches Sozialarchiv, F 5070-Fx-002.
9  Baldinger Fuchs, Astrid u. a.: Brugg erleben. Politik, Wirtschaft und Gesellschaft, Band 2, Baden 2005, 350.
10  Stüssi-Lauterburg, Barbara und Jürg: November 1918, in: Brugger Neujahrsblätter 128 (2018), 50–61, hier 54; Brugger Tagblatt, 12.11.1918, 3.
11  Neuer Freier Aargauer, 19.11.1918, 2f.

44  In den Räumlichkeiten der NZZ wurde während des Landesstreiks unter militärischem Schutz die *Bürgerliche Presse Zürichs* publiziert. Der Ertrag aus dem Verkauf der Zeitung ging an «die grippekranken Soldaten»; ihr Vertrieb wurde durch die «patriotische Studentenschaft» der Universität und der ETH Zürich übernommen.

worfen. Vom *Volksrecht* hämisch – und zutreffend zugleich – «Initiative des Bolschewikikollers»[82] genannt, hatte die auch vom SVV mitgetragene Vorlage den Bund verpflichten wollen, «Schweizerbürger, welche die innere Sicherheit des Landes gefährden, unverzüglich in Schutzhaft zu nehmen».[83] Den gesetzgeberischen Massnahmen zur Stärkung der inneren Sicherheit wurden von der Bevölkerung 1922 und 1923 damit wieder Grenzen gesetzt. Wie bei den Sozialreformen erwies sich der Weg über parlamentarische Debatten und insbesondere Volksabstimmungen auch hier als langwierig und schwierig.

Eine organisatorische Bündelung der bürgerlichen Kräfte lässt sich schliesslich auch bei den Arbeitgeberverbänden zeigen, in ihrem Selbstverständnis «Kampforganisationen»[84] mit einem ausgesprochen kriegerischen Wortschatz. Der Aufbau einer koordinierten Streikabwehr ist dabei als langjährige Entwicklung zu verstehen, in der die Verbände schon vor dem Ersten Weltkrieg zunehmend professionelle Strukturen entwickelten. Nichts wäre unpassender als anzunehmen, die Arbeitgeber seien vom Landesstreik überrascht worden oder auf diese Auseinandersetzung schlecht vorbereitet gewesen. Vielmehr konnten sie auf eine jahrelange Erfahrung in der Streikabwehr und der Koordination streikbrechender Massnahmen zurückgreifen.[85] Nach dem Generalstreik von 1909 in Schweden, der deutlich länger dauerte und hinsichtlich der Zahl beteiligter Arbeiterinnen und Arbeiter grösser war als der schweizerische Landesstreik, hatte der ZSAO den Direktor der schwedischen Arbeitgebervereinigung, Hjalmar von Sydow, zu einem Erfahrungsaustausch in die Schweiz eingeladen. Otto Steinmann, der langjährige Sekretär des ZSAO, konnte aus diesem Treffen und den Ereignissen in Schweden «einige wertvolle Schlüsse»[86] ziehen. Gemäss Steinmann war der Generalstreik in Schweden «angesichts des entschlossenen Widerstandes der bürgerlichen Gesellschaft»[87] erfolglos abgebrochen worden, und «eine starke Organisation» war für ihn «das A und O jeder klugen Arbeitgeberpolitik».[88] Für die «Abwehr» eines Generalstreiks in der Schweiz empfahl er «starke Kampffonds»,[89] eine «straffere Organisation des Zentralverbands», eine «gruppenweise Aliierung oder Verschmelzung von Unterverbänden»[90] sowie «kräftige Massregeln zur Aufrechterhaltung der allgemeinen Ordnung und Sicherheit». Würden die Arbeitgeber geschlossen «Schulter an Schulter» stehen, war eine Niederlage der Arbeiterschaft in einem Generalstreik für Steinmann «unabwendbar».[91]

Hauptverantwortlich für den «Klassenkampf von oben» zeichneten neben dem bereits etwas älteren Schweizerischen Baumeisterverband (SBV) insbesondere der seit 1905 bestehende Arbeitgeberverband Schweizerischer Maschinenindustrieller (ASM) sowie der 1906 gegründete Verband der Arbeitgeber der Textilindustrie (VATI), die nach 1918 in allen grösseren Städten durch lokale Arbeitgeberverbände ergänzt wurden. Schon vor dem Krieg verfügten die Arbeitgeber über eine breite Palette streikbrechender Massnahmen, die von Massenentlassungen (zur Schwächung der Gewerkschaftskassen) über die internationale Rekrutierung und Vermittlung arbeitswilliger «Streikbrecher» bis zur Übernahme von sogenannter «Streikarbeit» durch Verbandsmitglieder reichten.[92] Auch die Kündigung von fabrikeigenen Wohnungen konnte die Arbeiterschaft in Zeiten steigender Mietzinsen und wachsender Wohnungsnot

---

81 Die zweite Verordnung vom 7. Januar 1919 ist vollständig abgedruckt in Schmid, Krieg der Bürger, 190–193. Zur ersten Verordnung vom 11. November 1918 vgl. Gautschi, Dokumente, 245–247. Zum Ausbau des Staatsschutzes vgl. Gast, Uriel: Von der Kontrolle zur Abwehr. Die eidgenössische Fremdenpolizei im Spannungsfeld von Politik und Wirtschaft 1915–1933, Zürich 1997; Dubach, René: Strizzis, Krakeeler und Panduren. Aktivitäten des Staatsschutzes vom Landesstreik bis zum roten Zürich, Zürich 1996. Zu den ersten «Ausländerinitiativen» vgl. Kury, Patrick: Über Fremde reden. Überfremdungsdiskurs und Ausgrenzung in der Schweiz 1900–1945, Zürich 2003, 113–117.
82 Volksrecht, Nr. 172, 29.7.1919.
83 Schmid, Krieg der Bürger, 58. Zur Schutzhaftinitiative vgl. auch Thürer, Der Schweizerische Vaterländische Verband, 757–770.
84 Degen, Bernard: Von «Ausbeutern» und «Scharfmachern» zu «Sozialpartnern». Beziehungen zwischen Gewerkschaften und Unternehmern im Wandel, in: Schweizerisches Sozialarchiv (Hg.), Bilder und Leitbilder im sozialen Wandel, Zürich 1991, 231–270, hier 237.
85 Zur Gründung von Arbeitgeberverbänden und zu ihrer Bedeutung während des Landesstreiks vgl. insbesondere Eichenberger, Les organisations patronales et la grève générale de 1918 [im Druck]; Eichenberger, Mainmise sur l'Etat social, 85–147.
86 Steinmann, Otto: Betrachtungen über den schwedischen Generalstreik des Jahres 1909, Zürich 1910 (Schriften des Zentralverbandes Schweizerischer Arbeitgeber-Organisationen 2), 14. Freundliche Information von Pierre Eichenberger, Zürich. Ausführlicher zu internationalen Konferenzen streikbrechender Organisationen: Thürer, Der Schweizerische Vaterländische Verband, 133–146.
87 Steinmann, Betrachtungen, 11.
88 Steinmann, Betrachtungen, 26.
89 Steinmann, Betrachtungen, 19.
90 Steinmann, Betrachtungen, 23.
91 Steinmann, Betrachtungen, 26f.
92 Zu den Kampfmitteln der Arbeitgeberverbände vgl. Gruner, Die Arbeitgeberorganisationen, 820–822; Koller, Christian: «Nur ein paar Lumpen die Ihren Judaslohn in Alkohol umsetzen.» Streikbrecher vom Balkan in der Schweiz im frühen 20. Jahrhundert und ihre Wahrnehmung, in: Ethnologia Balkanica 13 (2009), 91–105; Grimm, Robert: Der Kampf der Unternehmerverbände in der Schweiz und die Gewerkschaften, Zürich 1909, 26–36.

45 «Bewahret das Schweizerhaus vor der russischen Brandfackel!» Plakat von Hans Beat Wieland für die 1921 vom Parlament verabschiedete «Lex Häberlin». Gegen fremde Brandstifter gerichtet, machte das Plakat Stimmung für eine Stärkung der inneren Sicherheit; von der Bevölkerung wurde das «Umsturzgesetz» im September 1922 jedoch abgelehnt.

46   «Mitbürger! Das Vaterland ist in Gefahr!» Aufruf des rechtsbürgerlichen Initiativkomitees «gegen den Bolschewismus» zur Unterzeichnung der Schutzhaftinitiative vom Frühling 1919. Die Initiative wurde bereits im Juli 1919 eingereicht, im Februar 1923 von der Stimmbevölkerung aber wuchtig verworfen.

# Gegen den Bolschewismus!

Mitbürger!

## Das Vaterland ist in Gefahr!

**Die Freiheit,** die sich unsere Altvordern vor mehr als einem halben Jahrtausend erkämpft haben, **soll uns entrissen werden** durch eine Handvoll gewissenloser Volksverführer, Agenten eines Lenin und seiner verbrecherischen Bolschewiki-Banden.

Die **Streikgenerale Platten, Nobs, Grimm, Schneider und Konsorten,** die am Sovjet-Kongress in Olten das ruchlose Schlagwort geprägt haben: „Das Schweizerhaus muss in Scherben geschlagen werden", **arbeiten unermüdlich** daran, die **Fundamente des Staates zu untergraben,** das **Heer zu revolutionieren** und **das Land wehrlos** zu machen.

Mit der Gewalt der Waffen, wie die Bolschewiki und die Spartakisten, wollen sie mit ihren **bereits organisierten und einheitlich geleiteten Banden** die Demokratie stürzen und an ihrer Stelle **die Diktatur des Proletariates errichten.**

Dieser Gewaltstreich wird zum Zusammenstoss mit den regierungstreuen Truppen und den Bürgerwehren führen, und **dann lodert der Bürgerkrieg empor.**

„Ich aber bin für die Revolution . . . mit dem **Bürgerkrieg! . . . Was bedeuten denn hunderttausend Tote im Namen des Proletariates?**", sagte Platten wörtlich in einer Rede am Parteitag in Bern im Februar 1919.

Mitbürger! Wollen wir zusehen, wie solche wahnwitzigen Verbrecher, — die schon einmal beim Landesstreik **namenloses Unheil** über das Land brachten und zu **Mördern von Hunderten und aberhunderten von Wehrmännern** wurden, die der Grippe erlagen — ihre revolutionären Pläne beendet haben, um über „hunderttausende von Leichen" im Namen des Proletariates ihre Ziele zu erreichen?

Nein, und tausendfach nein! **Wir wollen sie nun endlich einmal unschädlich machen,** und dem Bundesrat die **gesetzliche Handhabe,** die leider immer noch fehlte, dazu **verschaffen.** Das können wir, indem wir auf dem Wege des Volksbegehrens (Initiative) den Erlass eines Artikels der Bundesverfassung verlangen, der folgenden Wortlaut hat:

**Der Bund hat die Pflicht, Schweizerbürger, die die innere Sicherheit des Landes gefährden, unverzüglich in Schutzhaft zu nehmen.**

Dieses Begehren soll dem Volk und den Ständen zur Abstimmung vorgelegt werden.

**Schweizerbürger!** Das Vaterland ist in Gefahr! Nur rasches Handeln kann uns vor einem furchtbaren Bürgerkriege retten!

Darum tretet alle, die ihr auf Boden von Recht und Gesetz steht, wie ein Mann für die Verfassungsinitiative ein, die es endlich einmal, in letzter Stunde, möglich macht, dem Bundesrat Rückgrat zu geben und den bolschewistischen Majestäten das Handwerk zu legen!

**Stimmfähige Schweizerbürger! Unterschreibt in Massen diesen Aufruf,** und benützt euren vollen und ganzen Einfluss bei Freunden, Bekannten und Militärkameraden, bei Untergebenen, Angestellten und Arbeitern, sie ebenfalls zu bewegen, die Initiative zu unterzeichnen!

Jeder Empfänger betrachte es als seine **patriotische Ehrensache, möglichst viel Unterschriften** auf seinen Bogen zu sammeln und seinerseits eine Organisation zum Verbreiten der Bogen an die Hand zu nehmen.

**Jede Unterschrift zählt! und ist von grösster Wichtigkeit!** 50 000 Unterschriften von stimmfähigen Schweizerbürgern sind notwendig, um die Verfassungsinitiative zu Stande zu bringen!

Wir wollen diese Unterschriftensammlung zu einer **gewaltigen Demonstration der ruhigen Bürger gegen das verbrecherische Treiben bezahlter Bolschewiki-Agenten** gestalten!

Die ganze flammende Empörung und Erbitterung des Schweizervolkes soll in dieser Demonstration gewaltig zum Ausdruck kommen!

**Mitbürger! Die Freiheit, die Ehre unserer Nation steht auf dem Spiele!**

„Nichtswürdig ist die Nation, die nicht ihr Alles freudig setzt an ihre Ehre!"

### Namens des Initiativ-Komitees

**Hans Koller,** Thalwil, Präsident.
**Oberst Reiser,** Platzkommandant, Zürich.
**Oberst Schmid,** Kommandant der Stadtwehr Zürich.
**Oberst Konrad Pestalozzi,** Zürich.
**Walter Schmid,** cand. jur., Zürich.

hart treffen. Wurden von den Gewerkschaften «Sperren» über einzelne Betriebe verhängt, antworteten die Arbeitgeber mit «Gegensperren», dem Ausschluss von Streikenden aus sämtlichen Mitgliedsfirmen des betroffenen Verbands. Ausgesperrte Streikende wurden systematisch auf sogenannten «Streiklisten» oder schwarzen Listen verzeichnet, was eine rigide – und für die Arbeiterschaft bedrohliche – Kontrolle des Arbeitsmarkts ermöglichte. Zentrale Karteien mit Zehntausenden von Personalkarten erlaubten es den Verbänden ausserdem, organisierte Arbeiterinnen und Arbeiter möglichst lückenlos zu verzeichnen und – früher oder später – aus ihren Mitgliedsfirmen auszugrenzen. Miteinander kombiniert waren diese Massnahmen wirksame «Kampfmittel» zur Disziplinierung der Arbeiterschaft.

Mit kriegerischer Metaphorik hatte Robert Grimm den Arbeitgeberverbänden schon vor dem Ersten Weltkrieg einen «bis zum Verbluten»[93] geführten Widerstand gegenüber Streikbewegungen attestiert und die von ihnen betriebenen Stellenvermittlungsbüros als eine «Pflanzstätte des brutalsten Unternehmerterrorismus»[94] bezeichnet. Laut Grimm war «jeder Angriff auf einen einzelnen Betrieb» von den Arbeitgeberverbänden schon damals «als Kriegserklärung an das gesamte Unternehmertum aufgefaßt» worden.[95] Nach dem Landesstreik konnte der ZSAO seine Mitgliederzahl verdoppeln; und nachdem 1911 bereits ein erster internationaler Kongress der Arbeitgeberorganisationen in Turin stattgefunden hatte, erfolgte 1920 mit der Gründung der International Organisation of Industrial Employers (IOIE) auch eine deutliche – antikommunistisch motivierte – Intensivierung der internationalen Zusammenarbeit.[96] Der hohe organisatorische Druck und die grösseren finanziellen Reserven der Arbeitgeberverbände dürften mit ein Grund dafür gewesen sein, dass sich mit rund 250 000 Teilnehmerinnen und Teilnehmern nur ein beschränkter Teil der Arbeiterschaft am Landesstreik beteiligte.

Die wichtigste Abwehrmassnahme neben dem organisatorischen Schulterschluss – nicht zuletzt auch für die emotionale Mobilisierung des Bürgertums – war jedoch die Darstellung des Streiks als Revolution beziehungsweise fehlgeschlagener bolschewistischer Putschversuch. Für das langjährige Vorstandsmitglied des ZSAO, den einflussreichen freisinnigen Nationalrat und Schuhfabrikanten Eduard Bally, wollten die «landesverräterischen» Sozialisten «den roten Terror an Stelle der demokratischen Verfassung und Landesregierung setzen».[97] Ein während des Streiks in Umlauf gebrachtes «bürgerliches Kampf- und Freiheitslied» begann mit den Zeilen: «Heraus zum Kampf, ihr bürgerlichen Brüder / Heraus und schließet alle unsre Reih'n! Den roten Terror kämpft ihn mutig nieder / Das Vaterland gilt's heute zu befrei'n.»[98] Robert Gerwarth und John Horne haben – über den Landesstreik hinaus – vom Motiv einer «allgegenwärtigen revolutionären Bedrohung» und einer damit verbundenen «Dämonologie der Bedrohung» als «Inspiration und Mobilisierungsquelle konservativer und gegenrevolutionärer Politik» gesprochen, die sich auch für die Schweiz zeigen lässt.[99] Das während des Landesstreiks gebildete «Aktionskomitee» der «nationalgesinnten» Studentenschaft von Zürich sah im Streik eine «Revolution», die «nur den krass egoistischen Machtinteressen einer Minorität despotisch angehauchter Proleten» diene, und verurteilte den «Generalstreik als staatsfeindlichen Akt aufs schärfste».[100] Das Komitee rief dazu auf, «im Kampfe des Staates gegen drohende Anarchie oder Klassendespotie» mitzuwirken, und hielt den Streik schlicht für eine Episode im «grossen Kampf des Bolschewismus um die Herrschaft in Europa».[101] Für die Freisinnige Partei der Stadt Zürich richteten sich die Massnahmen der Behörden nicht gegen die «schweizerische Arbeiterschaft», sondern «gegen jene fremden Sendlinge, die an

93 Grimm, Unternehmerverbände, 56.
94 Grimm, Unternehmerverbände, 15.
95 Grimm, Unternehmerverbände, 61.
96 Vgl. dazu Eichenberger, L'Union centrale des associations patronales suisses, 147.
97 Bally, Eduard: Geschichte der C. F. Bally AG, Schönenwerd 1921, 697f. Freundliche Information von Peter Heim, Olten.
98 Staatsarchiv Luzern, PA 495/75. Stadtarchiv Zürich, VL 82.1 (mit der Melodie von «Roulez, tambours!»).
99 Vgl. dazu Gerwarth, Robert/Horne, John: Bolschewismus als Fantasie. Revolutionsangst und konterrevolutionäre Gewalt 1917 bis 1923, in: Gerwarth, Robert/Horne, John (Hg.), Krieg im Frieden. Paramilitärische Gewalt in Europa nach dem Ersten Weltkrieg, Göttingen 2013, 94–107. Zum Gespenst einer «revolutionären Epidemie» und der Darstellung des Landesstreiks als (vom Ausland gesteuerter) Umsturzversuch vgl. auch Mattioli, Die Moderne und ihre Kritiker, 116f; Schmid, Krieg der Bürger, 90–92.
100 Aktion der Studentenschaft von Zürich zur Aufrechterhaltung der öffentlichen Ordnung, Sicherheit und Ruhe während des Generalstreiks im November 1918. Bericht des Aktionskomitees an die Studentenschaft beider Hochschulen, Zürich [1918], 2–5.
101 Aktion der Studentenschaft, 5. Der Zürcher Staatsrechtler und Verwaltungsrat der Schweizerischen Kreditanstalt, Fritz Fleiner, hatte Bundespräsident Calonder schon am 25. Oktober 1918 «einen ganzen Katalog von Verdächtigungen» vorgelegt, der «die Arbeiterunion revolutionärer Machenschaften» bezichtigte». Vgl. dazu Jost, Linksradikalismus, 170; Gautschi, Dokumente, 149f.

# Nationalrat Adrian von Arx und der Landesverband freier Schweizer Arbeiter

Peter Heim

In den Streikjahren zwischen 1906 und 1912 waren auch Schweizer Arbeitgeber dazu übergegangen, durch professionelle Vermittlungsbüros Arbeitswillige anzuwerben, was sich besonders deutlich im Zürcher Generalstreik von 1912 zeigte. Daraus entwickelten sich Ansätze zu sogenannten «gelben Gewerkschaften» mit deutlich antisozialistischer Ausrichtung.[1] Nachdem die freisinnige Parteileitung im Kanton Solothurn in den Vorkriegsjahren zunächst nur zugeschaut hatte, wie sich Sozialdemokraten und die konservative Volkspartei um die Gunst der Arbeiterschaft stritten, rüttelte sie der Verlust von 6 der 70 freisinnigen Mandate bei den Kantonsratswahlen von 1908 auf. Angeregt durch den Arzt und Parteiführer Adolf Christen, entstand im Juni 1910 in Olten eine freisinnige Alters- und Sterbekasse für den unteren Kantonsteil und das Schwarzbubenland, die auch ein Stellenvermittlungsbüro unterhielt.[2] Bald erfolgte eine analoge Gründung für den oberen Kantonsteil. Trotz der Unterstützung durch prominente Parteimitglieder wie Ständerat und SBB-Verwaltungsratspräsident Casimir von Arx und finanzieller Beiträge der Unternehmungen kam die Organisation nicht richtig vom Fleck. Von Parteimitgliedern wurde unter anderem kritisiert, dass die Kasse von den Unternehmungen abhängig war. Als eine Ortsgruppe die Gründung einer gelben Gewerkschaft vorschlug, um die «Abschwenkung eines grossen Teils der freisinnigen Arbeiterschaft ins sozialistische Lager zu verhindern», drohte die Firma Bally, welche die grössten Beiträge an die Sterbekasse leistete, mit dem Entzug ihrer Zuschüsse.[3]
Der eigentliche Promotor der entstehenden freisinnigen Arbeiterbewegung war der von den Ideen des deutschen Sozialtheoretikers Friedrich Naumann geprägte Amtsgerichtspräsident von Olten-Gösgen, Adrian von Arx. Ihm schwebte eine Erhebung des Arbeiters vom «Industrieuntertan zum Industriebürger» vor. Den unternehmer- und bauernpolitisch gebundenen Freisinn wollte er sozialpolitisch öffnen, ihm einen Arbeiterflügel angliedern und ihn damit wieder zu einer Volkspartei machen. 1911 gründete eine Gruppe dissidenter Eisenbahner in Olten den ersten Freien Arbeiterverband, der sich im Frühjahr 1914 mit ähnlichen Organisationen unter den Arbeitern der Giesserei von Roll und der Motorwagenfabrik Berna zum «Kartell neutraler Arbeitnehmerorganisationen» zusammenfand.[4]
Durch Vermittlung des ehemaligen Sozialdemokraten Franz Pechota, der ins bürgerliche Lager hinübergewechselt hatte, suchte von Arx Kontakt zum Freien Arbeiterbund in Zürich, um sich als Erbe des Industriellen Eduard Sulzer-Ziegler zum Anführer einer gesamtschweizerischen freisinnigen Arbeiterbewegung zu machen. Zusammen mit den Überresten der Zürcher «Gelben» gründete er 1913 die Freie Arbeiterbewegung der Schweiz, aus der sich im Mai 1919 der Landesverband freier Schweizer Arbeiter herauskristallisierte.[5] Eine Solothurner Sektion des Verbands war bereits am 22. Februar 1919 entstanden.
Anfang der Zwanzigerjahre spitzten sich die Auseinandersetzungen zwischen dem rechten und dem – durch von Arx verkörperten – linken Parteiflügel im Kanton Solothurn weiter zu. Eine Zeit lang schien die Trennung der seit 1919 unter dem Namen «Demokratische Vereinigung» marschierenden linksliberalen Jungfreisinnigen – der «Adrian-Truppen» – von der Gesamtpartei unvermeidbar. Im Abstimmungskampf über die Volksinitiative zur Verschärfung des Einbürgerungsrechts vom Juni 1922 erwogen die Demokraten sogar ein gemeinsames Auftreten mit den Sozialdemokraten. Nur mit grösster Mühe gelang es der freisinnigen Partei, den offenen Bruch zu vermeiden.[6] Bei den kantonalen Wahlen von 1937 ermöglichte die Rückgewinnung eines Teils der Arbeiterschaft den Freisinnigen, die absolute Mehrheit zurückzugewinnen.

---

1   Gruner, E.: Arbeiterschaft und Wirtschaft in der Schweiz 1880–1914, Band 2/2, Zürich 1988, 831f.
2   Stadtarchiv Olten, PA C 05.15, Protokoll der Alters- und Sterbekasse OGG vom 26.6.1910.
3   Stadtarchiv Olten, PA C 05.15, Protokoll der Alters- und Sterbekasse OGG vom 18.5.1916.
4   Oltner Tagblatt, 4.2.1914.
5   Gruner, Arbeiterschaft und Wirtschaft, 835f.
6   Stadtarchiv Olten, Prot. SPO, 31.5.1922, Flatt, Karl H.: 150 Jahre Solothurner Freisinn, Solothurn 1981, 216.

Stelle unserer demokratischen Einrichtungen die bluttriefende bolschewistische Schreckensherrschaft setzen wollen».[102]

Nur wenige Tage nach dem Landesstreik hielt auch der Vorstand der Zürcher Frauenzentrale in einem «Aufruf an die Schweizerfrauen» fest: «Wir wollen keine russischen Zustände, keine Gewaltherrschaft einer Minderheit, die Bürger- und Arbeiterschaft unter der Knute hält.»[103] Das katholisch-konservative *Vaterland* fragte nur wenige Tage nach dem Landesstreik, am 3. Dezember 1918: «Wer nimmt den grossen Besen zur Hand, um unser Haus, wir betonen unser Haus zu säubern? [...] Unsere Väter haben sich die Vögte vom Halse geschafft, wir werden uns der roten Zwangsjacke zu erwehren wissen. Fort mit dem russischen Terror!»[104] Es ist sicher nicht übertrieben, hier von einer (retrospektiven) Rechtfertigung des präventiv erlassenen Truppenaufgebots und einer gezielten «Politik mit der Angst» als ideologische Klammer für den in sich zerstrittenen Bürgerblock zu sprechen. Der Kampf gegen die «klassenkämpferische Zerstörung von Demokratie und Nation» bildete das «eigentlich zusammenhaltende Element der Bürgerblockpolitik».[105] Unterstützt wurden diese Abwehrmassnahmen durch eine «auf Hochtouren laufende Gerüchteproduktion»[106] – seien es Gerüchte über Interventionsabsichten der Entente in die Schweiz oder die Beiträge des in der Westschweiz lebenden russischen Journalisten Serge Persky, der mehrere Artikel über angebliche bolschewistische Pläne zur Revolutionierung der Schweiz in der *Gazette de Lausanne* publizierte. Der Arbeitgeberverband Schweizerischer Maschinen- und Metall-Industrieller beklagte noch 1920 nicht nur die «öden sozialistischen Nivellierungsbestrebungen» und die «Zermürbungstaktik» der Gewerkschaften, «ewige Unzufriedenheit zu stiften», sondern auch den «hartnäckigen Zerstörungswillen der sozialistischen Agitation gegenüber der bürgerlichen Wirtschaft und dem bürgerlichen Staat».[107] Ausgehend von «vertrauenswürdigen Informationen» ging der Verband davon aus, dass der «Wille zu einem Großstreik» und «wirtschaftlichen Großkampf» nicht nur in der Maschinen- und Metallindustrie immer noch vorhanden sei. Warnend und vorausschauend hielt man fest: «Konfliktstoff liegt in der Luft.»[108]

Die Verunglimpfung der Sozialdemokraten als verantwortungslose Umsturzpartei und die Darstellung von Streiks als unschweizerische, von ausländischen Brandstiftern gesteuerte Ereignisse waren in streikfeindlichen Diskursen allerdings schon lange vor dem Ersten Weltkrieg verbreitete Deutungsmuster.[109] Eduard Boos-Jegher, der Sekretär des Schweizerischen Gewerbevereins, hatte den Gewerkschaften schon 1905 «unnatürliche Gleichmacherei», die «Anwendung von Gewalt und Terrorismus» und die Erlangung eines «nebelhaften kommunistischen oder sozialistischen Zukunftsstaates» als politisches Ziel vorgeworfen.[110] Während man in den Arbeitgeberverbänden den internationalen Austausch pflegte, machte man der Arbeiterschaft den Einfluss ausländischer Agitation zum Vorwurf. Die Benennung ausländischer Sündenböcke und die Ausweisung der Mission Berzin (als mutmassliche Drahtzieherin des Landesstreiks) am 12. November 1918 folgten einem alten Muster und dienten auch der Überlagerung sozial- und wirtschaftspolitischer Forderungen durch ein aussenpolitisches Bedrohungsszenario. Revolutions- und Überfremdungsängste wurden hier gekoppelt und mit dem Schutz der eigenen Bevölkerung vor der Beeinflussung ausländischer Dunkelmänner verbunden – eine Debatte, an der sich auch Arthur Steinmann, Verbandssekretär des

---

102 Staatsarchiv Luzern, PA 495/75, «Fort mit der fremden Gewaltherrschaft!», Flugblatt der Freisinnigen Partei der Stadt Zürich. Vgl. auch den Beitrag Um was es geht, in: Bürgerliche Presse Zürichs, Nr. 4, 14.11.1918.

103 Staatsarchiv Zürich, M 1f2. Der «Aufruf an die Schweizerfrauen» wurde nicht nur als Flugblatt, sondern auch in der NZZ publiziert (NZZ, Nr. 1537, 22.11.1918).

104 Vaterland, zit. nach Ernst, Revolution und Repression, 161f.

105 Gruner, Arbeiterschaft und Wirtschaft 3, 522.

106 Greminger, Ordnungstruppen in Zürich, 46. Vgl. dazu auch Gazette de Lausanne, Nr. 77, 19.3.1919; Nr. 110, 23.4.1919.

107 Sekretariat des Arbeitgeberverbandes Schweizerischer Maschinen- und Metall-Industrieller (Hg.): Stehen neue Kämpfe bevor? Zur neuesten Entwicklung der schweizerischen Arbeiterbewegung, [Winterthur 1920], 18.

108 Sekretariat des Arbeitgeberverbandes, 24.

109 Vgl. dazu Koller, Christian: La grève comme phénomène «anti-suisse». Xénophobie et théories du complot dans les discours anti-grévistes (19e et 20e siècles), in: Cahiers d'histoire du mouvement ouvrier 28 (2012), 25–46; Heimberg, Charles: Grèves et usage de la peur des rouges au début du XXe siècle à Genève. La traque des «pêcheurs en eaux troubles», in: Caillat, Histoire(s), 85–93; Koller, Christian: Coulissenschieber, Spitzelhunde und Dunkelmänner – Verschwörungstheorien im schweizerischen Streikdiskurs vor dem Ersten Weltkrieg, in: Traverse 11 (2004), 73–84.

110 Boos-Jegher, Eduard: Unsere Stellung zu der Streikbewegung. Referat von Eduard Boos-Jegher, Sekretär des Schweizerischen Gewerbevereins an der Jahresversammlung des Vereins in Freiburg, 4./5.6.1905, Zürich 1905, 1f., 6. Zur Bedeutung der Gewerbevereine vgl. auch Gruner, Die Arbeitgeberorganisationen, 815f.

47/48 «Bürgerliches Kampf- und Freiheitslied» vom 13. November 1918, basierend auf dem patriotischen Kriegslied «Roulez tambour!» von Henri-Frédéric Amiel, das im Neuenburger-Handel zwischen Preussen und der Schweiz von 1856/57 den nationalen Zusammenhalt beschwor.

**Bürgerliches Kampf- und Freiheitslied**

Der bürgerlichen Presse gewidmet

(Melodie: roulez tambours)

1.

Heraus zum Kampf ihr bürgerlichen Brüder
Heraus und schließet alle unsre Reih'n!
Den roten Terror kämpft ihn mutig nieder,
Das Vaterland gilt's heute zu befrei'n.
Dir bringen wir in unsern Liedern
Helvetia, den Treuschwur dar.
Wir wollen sein ein einzig Volk von Brüdern,
In keiner Not uns trennen und Gefahr.

2.

Heraus zum Kampf für Freiheit, Recht und Ehre,
Zum Kampfe stellt euch all ihr Bürger ein,
Zerschlägt mit Macht die falsche fremde Lehre
Und laßt aufs Neu uns freie Schweizer sein.
Seid uns gegrüßt ihr wackern Kriegerscharen,
Die in der Not getreulich zu uns steh'n,
Wir wollen frei sein wie die Väter waren,
Eher den Tod als in die Knechtschaft geh'n!

3.

Heraus zum Kampf, dem neuen Tag entgegen,
Den uns der Freiheit goldnes Licht verheißt,
Wenn einer bessern künft'gen Zeit zum Segen,
Die Fessel der Partei-Thrannen reißt.
Hell strahlt dem Vaterland nur Ehre,
Das weiße Kreuz nach blutig roter Nacht,
Wir wollen bauen auf den Herrn der Heere
Und uns nicht fürchten vor der roten Macht!

Zürich, den 13. November 1918.

Studenten Zürichs, sorgt für tausendfache Verbreitung des Gesanges!

Füs. Bataillon N
Kommando

Das Bürgertum im Landesstreik

49 «Fort mit der fremden Gewaltherrschaft! Es lebe die Schweiz! Es lebe die Demokratie!» Flugblatt der Freisinnigen Partei der Stadt Zürich, das den Landesstreik als von aussen gesteuerten Angriff auf die demokratischen Einrichtungen des Landes interpretierte.

## Mitbürger!

In diesen Tagen sollte nach dem Willen einer kleinen Minderheit unsere Staats- und Wirtschaftsordnung zertrümmert werden. Die Regierung weiß bestimmt, daß eine kleine Minderheit beabsichtigte, die Militärstallung in Brand zu setzen, unter Benützung der entstehenden Verwirrung das Zeughaus zu stürmen, sich mit Maschinengewehren und Munition zu versehen und Telegraph- und Telephonzentralen in Besitz zu nehmen — das alles um die bolschewistische Gewaltherrschaft bei uns aufzurichten.

Die Regierung gab von diesem Plan dem Bundesrat Kenntnis und anvertraute ihm den Schutz unserer staatlichen Einrichtungen. Die unserer Demokratie drohende Gefahr klar erkennend, hat der Bundesrat Truppen aufgeboten.

In einem von bösen Verdrehungen strotzenden Flugblatt des Oltener Aktionskomitees wird dieser Akt der Notwehr heuchlerisch als Provokation der Arbeiterschaft hingestellt und dieser der Generalstreik diktiert.

Die schweizerische Arbeiterschaft weiß genau, daß sich die Maßnahmen der Behörden nicht gegen sie richten, sondern **gegen jene fremden Sendlinge, die an Stelle unserer demokratischen Einrichtungen die bluttriefende bolschewistische Schreckensherrschaft setzen wollen.**

Laßt Euch deshalb durch die Hetzereien und Drohungen des Oltener Komitees nicht irre führen! Sie verraten deutlich die Verärgerung über das allzufrühe Bekanntwerden des ruchlosen Planes. Steht entschlossen und treu zu unseren Behörden! **Schützt unsere demokratischen Einrichtungen, die andere Völker sich erst erkämpfen müssen.**

Behaltet ruhig Blut, aber setzt Euch gegen jede Vergewaltigung zur Wehr!

**Fort mit der fremden Gewaltherrschaft!**

**Es lebe die Schweiz! Es lebe die Demokratie!**

**Die freisinnige Partei der Stadt Zürich.**

50 Antisozialistisches Flugblatt gegen die Wahl von Friedrich Schneider in den Basler Regierungsrat vom Februar 1919. Schneider hatte als Mitglied des OAK gemeinsam mit Robert Grimm gegen den Abbruch des Landesstreiks gestimmt. Als Nachfolger von Eugen Wullschleger wurde er dennoch in den Basler Regierungsrat gewählt, und von 1920 bis 1923 erreichte die Linke im Grossen Rat von Basel-Stadt erstmals eine Mehrheit.

# An die Stimmberechtigten des Kantons Basel-Stadt!

### Mitbürger!

Der Volksentscheid, der am 8. und 9. Februar anlässlich der beiden **Ersatzwahlen in die Regierung** gefällt wird, ist für unser Staatswesen von folgenschwerer Bedeutung. Eine Minderheit, die sozialdemokratische Partei, will die Regierungsgewalt an sich reissen. Baselstadt soll als erster Schweizerkanton unter sozialistische Herrschaft geraten. Dabei handelt es sich nicht nur um einen Akt gelegentlicher Parteiwillkür; sondern um einen **programmäßigen Vorstoß** einer Partei, die nach **revolutionärem Umsturz**, nach der **Diktatur des Proletariates** ruft, um unsere heutige Staats- und Gesellschaftsordnung möglichst rasch in Stücke zu schlagen. Die **Revolution ist der Zweck**, die Errungung der Regierungsgewalt auf diesem oder jenem Wege, **Mittel zum Zweck**.

Vor dem schweizerischen Sozialistenkongreß, der am 21. und 22. Dezember 1918 in Bern tagte, hat der extreme Wortführer und heutige Regierungskandidat der Basler Sozialdemokraten, Redakteur **Schneider** ein **neues Aktionsprogramm** veröffentlicht, das die Richtlinien für die kommenden Kämpfe aufstellt. Schneider verlangt in erster Linie nach der **Eroberung der politischen Macht in Bund und Kantonen** und zwar durch das Mittel wiederholter, organisierter und diszipliniert durchgeführter **Massenstreiks** und durch die **Einsetzung mehrheitlich sozialistischer Regierungen**. Wenn das geschehen, so sei eine Reihe von Programmpunkten sofort durchzuführen, wie die Konfiskation des arbeitslosen Einkommens, die Verstaatlichung der Hypotheken, die Monopolisierung des Imports und Exports usw.; das alles sei aber nur ein Uebergangsprogramm, das ganze Schweizerhaus müsse umgebaut werden und zwar auf dem Wege des unerbittlichen Kampfes mit der Bourgeoisie. Und noch vor wenigen Wochen proklamierte der „Vorwärts" neuerdings: **Die ganze Macht in die Hände der Arbeiterklasse**, aber nicht erst in Jahren, sondern in Wochen, in Monaten."

Wie dieser Wille, unsere schweizerische Demokratie zu vergewaltigen, skrupellos in die Tat umgesetzt wird, das hat der **Landesstreik** vom letzten November bewiesen, der, in frivolster Weise vom Zaune gebrochen, die weitgehendsten politischen Forderungen durch Terror vom Schweizervolk erpressen wollte. Es steht außer Frage, daß Schneider und seine Genossen ebenso wenig davor zurückschrecken würden, ihrem Programm gemäß, mit Gewalt die Regierungsmehrheit zu erobern, wenn die Verhältnisse ihnen günstig erschienen. Wenn sie heute, wo sie nach eigenem Geständnis eine Kampfpause zum Atemholen notwendig haben, zum gleichen Zwecke an einen Volksentscheid appellieren, so wollen wir uns doch daran erinnern, was für Demokraten sie sind und zu was sie ihre Macht zu brauchen gedenken. Die Situation ist umso ernster, da **unleugbare Zusammenhänge** zwischen unserer radikalen Sozialdemokratie und **ausländischen Revolutionsparteien** bestehen. Laut dem Zeugnis von Nationalrat G r e u l i c h im „Zürcher Volksrecht" haben die extremen schweizerischen Sozialdemokraten im Widerspruch zum Parteiprogramm von 1905 sich Richtlinien gezogen, die sich berühren mit dem **Programm**, das im Frühjahr 1917 **Lenin seinen Gesinnungsgenossen für die Schweiz gab**. Dieses Programm, das der „Grütlianer" in seiner Nummer vom 30. November 1918 veröffentlichte, enthält als eine Hauptforderung die Beseitigung des Besitzes durch vernichtende Steuern. Nebenbei predigt es die Gewaltanwendung nach echt russischen Rezepten. Lenin ruft seinen Schweizer Freunden zu: „Unter den Mitteln des revolutionären Kampfes figurieren Demonstrationen und Massenstreiks, jedoch nicht die Verweigerung des Militärdienstes. Will man im Interesse des Proletariates und nach den Ideen seiner besten Vertreter handeln, so muß man sich nicht weigern, die Waffen zu ergreifen, **man muß sich gegenteils ihrer bemächtigen und sie gegen die Bourgeoisie des eigenen Lands richten**." „Das beste Mittel, der Bourgeoisie Konzessionen zu entreissen, ist die Organisation und Vorbereitung des revolutionären Massenkampfes, damit die Bourgeoisie vollständig expropriiert werden kann." „Nicht Reformen soll man vornehmen, sondern zur Revolution schreiten."

Das sind die Weisungen des russischen Diktators, der nebenbei gesagt, zum Danke für genossenes schweizerisches Gastrecht noch verlangt, daß jeder Ausländer, der drei Monate bei uns sich aufgehalten, als Schweizerbürger aufzunehmen sei.

Das Bürgertum im Landesstreik

51 «Nieder mit dem Bolschewismus!» Plakat von Julius Voegtli für die Demokratische Fortschrittspartei (ab 1927 FDP) für die Nationalratswahlen vom Oktober 1919. Das Plakat ist eine Anspielung auf die Figur des Heiligen Georg beziehungsweise die mythologische Figur des Drachentöters, der den Sieg der Ordnung über die Unordnung symbolisiert.

52 «Erinnert euch und wählt sozialistisch». Wahlplakat des Basler Lithographen Paul Wyss für die Sozialdemokratische Partei von 1919. Nach der Einführung des Proporzwahlrechts konnte die SP ihre Sitzzahl bei den Nationalratswahlen von 1919 nahezu verdoppeln, den Wähleranteil konnte sie im Vergleich zu den Kriegsjahren aber nicht steigern.

Das Bürgertum im Landesstreik

VATI, aktiv beteiligte.[111] In einem Aufruf an das Schweizer-Volk hatte der Bundesrat zur Begründung des Truppenaufgebots schon am 7. November 1918 festgehalten, dass zweifelhafte «meist landesfremde Elemente» in der Bevölkerung «Hass» säen und «die gefährlichsten Leidenschaften» schüren würden.[112] In genervtem Ton hielt Ernst Nobs nur wenige Tage später in einem Leitartikel im *Volksrecht* fest: «Die Ausländerei! Es gehört zu den Tollheiten dieser Tage, dass die ganze gegnerische Polemik auf den altbekannten Ton der Ausländerhetze gestimmt ist.»[113]

So hart der Vorwurf revolutionärer Umtriebe war, so wenig liess er sich allerdings nachweisen; ein Mangel in der Beweisführung, auf den bereits in der Nationalratsdebatte mehrere sozialdemokratische Redner hingewiesen hatten und den auch Gautschi in seinem einflussreichen Buch noch einmal deutlich betont hat.[114] Gautschi hat das verwendete Belastungsmaterial später als «erstaunlich substanzlos» und die bürgerliche Revolutionsthese als «zweifellos unzutreffend»[115] bezeichnet. Der Bundesrat hatte angesichts verschiedener Gerüchte noch am 4. November 1918 explizit festgehalten: «Bis jetzt sind keine Beweise erbracht über ein Zusammenarbeiten der Sowjetmission mit den Bolschewiki»;[116] und auch die nach der Ausweisung der Mission Berzin von der Bundesanwaltschaft durchgeführte «Bolschewikiuntersuchung»[117] erbrachte keine strafrechtlich relevanten Erkenntnisse.

Am deutlichsten auf den rhetorischen – und letztlich instrumentellen – Charakter des Bolschewismusvorwurfs vonseiten des Bürgertums hat vielleicht der SP-Nationalrat, Dienstverweigerer und Pazifist Charles Naine hingewiesen. Die Verlust- und Abstiegsängste des Bürgertums – «diese Angst aus Interesse» – beschrieb Naine als zentralen Antriebsfaktor bürgerlicher Politik. Bereits am 13. November 1918 unterstellte er der bürgerlichen Mehrheit im Parlament, sie habe sich bei ihrer Regierungsarbeit in den Kriegsjahren von «zwei Beweggründen» leiten lassen: «zuerst von der Angst und dann dem Wunsch, sich zu bereichern».[118] Zur Stimmungsmache im Bürgertum hielt Naine fest: «Auf alle Beschwerden des Volkes hat die kapitalistische Presse nur eine Antwort: Bolschewiki! Wir verlangen den Achtstundentag, ein sehr ernstes Problem; man sagt uns: Bolschewikimanier! Wir wollen eine bessere Verteilung der Lebensmittel; wir wollen mehr Brot, mehr Milch; wir verlangen, dass unser Vieh nicht mehr ausgeführt wird; ein ernstes Problem. Man ruft uns zu: Bolschewiki! Wir fordern, was das Volk verlangt, und statt an einer Regeneration der Gesellschaft mitzuarbeiten, stellen Sie sich der Demokratie in den Weg und haben nur ein Wort im Munde: Bolschewiki!»[119]

### Fazit: Angst als politische Idee im November 1918

Die Sorgen des Bürgertums im November 1918 waren nicht unbegründet. Der «bürgerliche Wertehimmel» hatte sich im Verlauf des Kriegs bedrohlich verdunkelt, und das Kriegsende führte nicht zu einer Beruhigung der Lage, sondern hatte zunächst eine weitere Verunsicherung zur Folge. Auch in der Schweiz war in den Kriegsjahren deutlich geworden, «wie der Handlungsdruck den Staat und das überkommene liberale Erbe des 19. Jahrhunderts veränderte»[120] und eine ganze Reihe liberaler Prinzipien infrage stellte. Die NZZ registrierte bereits seit Mitte 1918 eine mit «Gefühlen der Angst und der Machtlosigkeit» verbundene «Beschleunigung der Entwicklung», und es setzte eine «umfassende

---

111 Steinmann, Arthur: Zur wirtschaftlichen Überfremdung der Schweiz, 2. Auflage, Zürich 1919. Zur Ausweisung der russischen Gesandtschaft vgl. Gautschi, Landesstreik, 216–224. Zur Migration und dem bereits im Krieg einsetzenden – und vom «Vorort» vorangetriebenen – Überfremdungsdiskurs vgl. Huber, Anja: Fremdsein im Krieg. Die Schweiz als Ausgangs- und Zielort von Migration 1914–1918, Zürich 2017; Kury, Patrick: Der Erste Weltkrieg als Wendepunkt in der Ausländerpolitik. Von der Freizügigkeit zur Kontrolle und Abwehr, in: Rossfeld, Roman/Buomberger, Thomas/Kury, Patrick (Hg.), 14/18. Die Schweiz und der Grosse Krieg, Baden 2014, 290–313; Bürgisser, Thomas: Unerwünschte Gäste. Russische Soldaten in der Schweiz 1915–1920, Zürich 2010; Kury, Über Fremde reden, 96–115, 144–168; Gast, Von der Kontrolle zur Abwehr.

112 Aufruf des Bundesrates an das Schweizervolk vom 7. November 1918, zit. nach Gautschi, Dokumente, 196.

113 Volksrecht, Nr. 263, 11. November 1918, zit. nach Gautschi, Dokumente, 250.

114 Vgl. dazu die Voten von Robert Grimm, Herman Greulich oder des Appenzeller «Weberpfarrers» Howard Eugster-Züst vom 12. und 13. November 1918, zit. nach Der Landesstreik vor dem Nationalrat, 5, 8, 17; Gautschi, Landesstreik, 168–171, 229–234; Aufruf des Bundesrates zur Begründung des Truppenaufgebotes vom 7. November 1918 an das Schweizervolk, zit. nach Gautschi, Dokumente, 196–198.

115 Gautschi, Die wehrpolitische Haltung der Arbeiterschaft, 63.

116 BAR, E1005#1000/17#5*, Protokolle des Bundesrates, Geheimprotokolle des Jahres 1918, Sitzung vom 4. November 1918.

117 Vgl. dazu Bericht des schweizerischen Bundesrates an die Bundesversammlung über seine Geschäftsführung im Jahre 1920, 335–340.

118 Der Landesstreik vor dem Nationalrat, 26.

119 Der Landesstreik vor dem Nationalrat, 29f.

120 Leonhard, Das Dilemma von Erwartungen und Erfahrungen, 202.

Wendepunkt- und Erneuerungssemantik» ein. Erich Wigger spricht von einem «Strudel zunehmender Orientierungslosigkeit» und einer «diffusen Angst»,[121] von den Ereignissen mitgerissen zu werden. Angst und Verunsicherung blieben nach dem Krieg auch in der streikfeindlichen Phalanx aus Arbeitgeberverbänden, Bürgerwehren und Ordnungstruppen handlungsleitend. Die Verunsicherung zeigt sich nicht nur im grössten militärischen Truppenaufgebot seit Kriegsbeginn, mit dem eine Provokation der Arbeiterschaft bewusst in Kauf genommen wurde. Deutlich wird sie auch in den bürgerlichen Gegendemonstrationen, einem breit angelegten Aufbau (bewaffneter) Bürger-, Stadt- und Gemeindewehren, einer Verschärfung des Staatsschutzes sowie einer zwischen 1918 und 1920 hektisch und weitgehend unstrukturiert vorangetriebenen Sozialreform.

Zugleich wurde die von Felix Calonder beschriebene «Massenangst» und «Erregung der ganzen Bevölkerung» aber auch als effektives Mittel zur Durchsetzung der eigenen Interessen genutzt. Der «antisozialistische Minimalkonsens» und «eine tiefgehende Verunsicherung» als «Sammlungs-Motivation»,[122] die Joachim Tornau für bürgerliche Sammlungsbewegungen in Deutschland konstatiert hat, können auch für die Schweiz geltend gemacht werden. Die Mobilisierung und Restabilisierung des Bürgerblocks seit den Nationalratswahlen von 1919 waren mit einer gezielten Nutzung von Emotionen, dem Schüren von Angst, der Verunglimpfung des politischen Gegners und einer scharfen antibolschewistischen Rhetorik verbunden. Der Klassenkampf war auch ein mit rhetorischen Mitteln ausgetragener Deutungskampf. Die Darstellung des Landesstreiks als bolschewistischer Umsturzversuch und die Abwertung der Sozialdemokratie als verantwortungslose Umsturzpartei dienten nicht nur zur Rechtfertigung des präventiv erlassenen Truppenaufgebots, sondern auch als ideologische Klammer für den Schulterschluss des in sich zerstrittenen Bürgerblocks. Bedrohlich wurde der Revolutionsvorwurf insbesondere durch die Verbindung mit einem weiter zurückreichenden bürgerlich-paternalistischen Streikdiskurs, der die Triebhaftigkeit (und damit Unberechenbarkeit und Unbeherrschtheit) der Arbeiterschaft betonte und auf ihre diskursive «Infantilisierung» und «Psychiatrisierung»[123] abzielte. Der Arbeitgeberverband Schweizerischer Maschinen- und Metall-Industrieller war noch 1920 der Ansicht, die Arbeiterschaft sei während des Landesstreiks «unzufrieden und verhetzt [...] einfach einem dumpfen Drange folgend»[124] mitmarschiert. 1923 sprach der spätere langjährige Chefredakteur der NZZ, Willy Bretscher, mit Blick auf den Landesstreik von einem «abnormalen Seelenzustand des Proletariats» und einer «Art geistigen Rausches», den der «Erfolg der bolschewistischen Revolution in den Reihen der klassenkämpferischen Arbeiterschaft»[125] erzeugt habe. Das Verhalten der Arbeiterschaft wurde im bürgerlichen Streikdiskurs immer wieder als irrational oder «unreflektiert-triebhaft»[126] dargestellt und der Arbeiterschaft damit nicht nur ihre rationale Handlungsfähigkeit, sondern auch ihre Zuverlässigkeit als Verhandlungspartner abgesprochen.

Mit Revolutionären, welche die bürgerlichen Grundwerte infrage stellten, war keine Regierung zu bilden. Die von Bundespräsident Calonder während des Landesstreiks in Aussicht gestellte Umgestaltung der Landesregierung erfolgte zwar, aber anders als vorgesehen: Nach den Wahlen im Oktober 1919 wurde als Nachfolger des Genfer Liberalen Gustave Ador (1845–1928) im Dezember 1919 nicht ein Sozialdemokrat, sondern mit dem katholisch-konservativen Freiburger Nationalrat Jean-Marie Musy (1876–1952) ein langjähriger Verwaltungsrat der Schweizerischen Nationalbank und bekennender Antikommunist in den Bundesrat gewählt. Wie die Wahl des Entente-freundlichen Ador war auch diejenige von Musy eine Richtungswahl. Der katholisch-konservativen Fraktion wurde damit ein zweiter Bundesratssitz neben jenem des Tessiners Giuseppe Motta (1871–1940) zugestanden, während Robert Grimm die Wahl zum Nationalratspräsidenten – nicht zuletzt auf Betreiben des SVV – noch 1926 verweigert wurde.[127] Von den Arbeitgebern wurde der Akzent mit der Swiss Mission bereits im Herbst 1919 stärker auf Rationalisierungsmassnahmen in der Industrie als auf die umstrittene Um-

---

121 Wigger, Geschichtsbilder, 177f.
122 Tornau, Joachim F.: Gegenrevolution von unten. Bürgerliche Sammlungsbewegungen in Braunschweig, Hannover und Göttingen 1918–1920, Bielefeld 2001, 176f.
123 Koller, «Es ist zum Heulen», 85f.
124 Sekretariat des Arbeitgeberverbandes, 3.
125 Bretscher, Willy/Steinmann, Ernst (Hg.): Die sozialistische Bewegung in der Schweiz 1848–1920, Bern 1923, 112.
126 Ernst/Wigger, Innovation und Repression, 119.
127 Vgl. dazu Thürer, Andreas: Die Anti-Grimm-Kampagne von 1926, in: Degen, Bernard/Schäppi, Hans/Zimmermann, Adrian (Hg.), Robert Grimm. Marxist, Kämpfer, Politiker, Zürich 2012, 121–136.

setzung verschiedener Sozialreformen gelegt. Eine harte Linie beim Staatsschutz konnte zu Beginn der 1920er-Jahre allerdings nicht durchgesetzt werden. Die Verschärfung des Einbürgerungsrechts, das «Umsturzgesetz» und die «Schutzhaftinitiative» wurden 1922 und 1923 in Volksabstimmungen deutlich verworfen.

Insgesamt hat das Bürgertum im November 1918 nicht «die Nerven verloren»,[128] sondern die spürbare Verunsicherung für einen Schulterschluss genutzt, der zu einem bedingungslosen Abbruch des schweizerischen Landesstreiks und einer scharfen politischen Polarisierung in den 1920er-Jahren führte.

[128] Ernst/Wigger, Innovation und Repression, 168.

# Weiber auf den Geleisen

# Frauen im Landesstreik

Katharina Hermann

Am letzten Streiktag des Landesstreiks stand Hauptmann Theodor Schnider beim Nordbahnhof in Grenchen vor einer schwerwiegenden Entscheidung: Sollte er seinen Soldaten einen Schiessbefehl geben oder nicht? Schnider war beauftragt, mit seiner Kompanie den Bahnhof zu sichern, während sich Demonstrierende an den Gleisanlagen zu schaffen machten, um das Einfahren von Zügen zu verhindern. Ein Leutnant forderte vom Hauptmann den Schiessbefehl; Schnider entschied sich aber dagegen und begründete diese Entscheidung nach dem Streik. Er beteuerte, dass die Soldaten seinen Befehlen gehorcht hätten und es vielen «nicht recht» gewesen sei, «so knalllos zurückzugehen», und gab daraufhin folgendes zu Protokoll: «Andererseits glaube ich allerdings auch, dass einem Befehl zum Schiessen nicht ausnahmslos alle Folge geleistet haben würden. Das wäre erklärlich gewesen, wenn man bedenkt, dass sich unter den Demonstranten in vorderster Reihe eine Menge Frauen und Kinder befanden. Das war es denn auch, was mich davon abhielt, den Befehl zum Schiessen zu erteilen.»[1]

An diesem Beispiel lassen sich zwei Dinge erkennen: Erstens waren Frauen als Akteurinnen an den Demonstrationen während des Landesgeneralstreiks im November 1918 beteiligt, und zweitens spielte das Geschlecht eine relevante Rolle in Bezug auf die getroffenen Entscheidungen und somit auf den Ablauf der Ereignisse während der Streiktage.

Wenn man die bisherige Landesstreikforschung betrachtet, fällt auf, dass sie sich meist mit dem Oltener Aktionskomitee (OAK), den lokalen Streikleitungen, den Behörden oder dem Militär befasst.[2] Über die einzelnen Streikenden erfährt man in diesen Studien wenig, obwohl sich rund eine Viertelmillion Menschen am Landesstreik beteiligte. Was aber trieb die Menschen auf die Strasse? War es nur Protest gegen das Militäraufgebot oder der Aufruf des OAK? Wie Annette Hug treffend bemerkt hat, fällt einem bei der Konsultation der bisherigen Forschung Berthold Brechts Gedicht «Fragen eines lesenden Arbeiters» ein. Der lesende Arbeiter fragt darin, wer das siebentorige Theben gebaut habe: «In den Büchern stehen die Namen von Königen. Haben die Könige die Felsbrocken herbeigeschleppt?»³ In Bezug auf den Landesstreik lässt sich aus dieser Perspektive fragen: Wer hat gestreikt? Wer hat demonstriert? Wer blockierte die Geleise? Nicht das OAK, sondern Frauen, Männer, Jugendliche und auch Kinder stellten sich auf die Schienen. Die Streikenden gehen in der bisherigen Forschung aber meist im Begriff der Masse – und die Frauen speziell im generischen Maskulinum – unter. Insbesondere über die Aktivitäten von Frauen rund um den Landesstreik ist kaum etwas bekannt, obwohl sie aktiv an den Ereignissen im November 1918 beteiligt waren. Im folgenden Beitrag frage ich danach, welche Tätigkeiten Frauen als Akteurinnen während des Streiks ausübten und ob der Landesstreik aus frauenhistorischer Perspektive anders erzählt werden müsste als bisher.

Bei dieser Spurensuche trifft man zunächst auf eine mehrdimensionale Leerstelle: In der Landesstreikforschung ist diese Leerstelle die fehlende frauen- und geschlechterhistorische Perspektive.⁴ In der Frauen- und Geschlechtergeschichte der Schweiz im Ersten Weltkrieg wird der Landesstreik meist übersprungen oder nur gestreift.⁵ Zudem ist auch in den Quellen eine Leerstelle auszumachen, fehlen doch die Protokolle der Arbeiterinnenvereine und der SP-Frauengruppen aus den Novembertagen,⁶ und auch in den Nachlässen findet sich mit wenigen Ausnahmen kaum etwas zu den Streiktagen im November 1918.⁷ Eine weitere Leerstelle eröffnet sich schliesslich durch die Frage, was die Frauen, die keiner Partei oder Organisation angehörten, in diesen Tagen umtrieb.

Trotz dieser Leerstellen ist es aufgrund von Zeitungsberichten, militärjuristischen Akten, Polizeiberichten und vereinzelten Vereinsprotokollen möglich, ein vielseitiges Bild der Akteurinnen im Landesstreik zu zeichnen. Neben den Aktivitäten der Sozialdemokratinnen möchte ich auch zeigen, wo sich die bürgerlichen Frauen während des Landesstreiks engagierten, wie die Trennlinien zwischen bürgerlichen und sozialdemokratischen Frauen während des Landesstreiks verliefen und welche Rolle die Frauenstimmrechtsforderung dabei spielte. Bevor jedoch die Aktivitäten während der «heissen Tage im November 1918» beleuchtet werden, möchte ich einen Blick auf weiblichen Protest während der vorangegangenen Kriegsjahre werfen.

## Not macht widerständig – Frauenproteste während des Ersten Weltkriegs

In den ereignisreichen Novembertagen 1918 streikten rund 250 000 Arbeiterinnen und Arbeiter in verschiedenen Industrieorten vor allem in der Deutschschweiz.⁸ Dass so viele Menschen streikten, kann nur mit Blick auf die Vorgeschichte von Arbeitskämpfen für Lohnerhöhungen und Protesten gegen die Teuerung während der Kriegsjahre verstanden werden.⁹ In den Jahren 1917–1920 kam es (den Landesstreik und die Generalstreiks von 1919 nicht mitgerechnet) zur grössten Streikwelle in der schweizerischen Geschichte.¹⁰ Eine Zunah-

---

1 Schweizerisches Bundesarchiv (BAR), E 5330-01#1000/894#8642*, Angehörige der Kompanien und III/25, II/27 und III/27, Insubordination und Meuterei, 1918. Einvernahmeprotokoll betr. Hauptm. Schnider, 16.12.1918.
2 Einen guten Überblick über die bisherige Landesstreikforschung findet sich in: Rossfeld, Roman: Streik! Wege und Desiderate der Forschung zur Geschichte des schweizerischen Landesstreiks vom November 1918, in: Friedrich-Ebert-Stiftung (Hg.), Archiv für Sozialgeschichte 57, 2017, 413–440.
3 Anette Hug: Moderation SGB Tagung 15.11.2017. Brecht, Berthold: Fragen eines lesenden Arbeiters, in: Brecht, Bertolt, Ausgewählte Werke in sechs Bänden 3, Gedichte 1, Sammlungen, Frankfurt a. M. 2005, 293.
4 Verschiedene Arbeiten zu Streiks in der Schweiz beziehen frauen- und geschlechterhistorische Ansätze mit ein, so z. B. Koller, Christian: Streikkultur. Performanzen und Diskurse des Arbeitskampfes im schweizerisch-österreichischen Vergleich (1860–1950), Wien 2009. Aber in Bezug auf den Landesstreik fehlt diese Perspektive.
5 So fehlt die Auseinandersetzung mit dem Landesstreik u. a. bei: Frei, Annette: Rote Patriarchen. Arbeiterbewegung und Frauenemanzipation in der Schweiz um 1900, Zürich 1987; Ziegler, Béatrice: Die Frauengruppe der SP Biel 1910–1930, in: Ernst, Andreas/Wigger, Erich (Hg.), Die neue Schweiz? Eine Gesellschaft zwischen Integration und Polarisierung (1910–1930), Zürich 1996, 245–271. Studien zur frühen Frauenstimmrechtsbewegung behandeln den Landesstreik meist mit Fokus auf die Frauenstimmrechtsforderung und nicht auf die Streikakteurinnen. Vgl. dazu: Hardmeier, Sybille: Frühe Frauenstimmrechtsbewegung in der Schweiz (1890–1930). Argumente, Strategien, Netzwerk und Gegenbewegung, Zürich 1997; Mesmer, Beatrix: Staatsbürgerinnen ohne Stimmrecht. Die Politik der schweizerischen Frauenverbände 1914–1971; Zürich 2007.
6 Vgl. u. a.: Schweizerisches Sozialarchiv (Sozarch), Ar 201.37, Arbeiterinnenverein in Winterthur; KS 396/14-9, Frauenkonferenz der sozialdemokratischen Frauen- und Töchtervereine der Kantone St. Gallen, Appenzell und Thurgau; Ar 30.20, Sozialdemokratische Frauengruppe der soz.-dem. Partei Biel.
7 Eine Ausnahme stellen Minna Tobler-Christingers Tagebucheinträge zum Landesstreik dar: Zentralbibliothek Zürich, Studienbibliothek zur Geschichte der Arbeiterbewegung (SGA), Ar. 23, Teilnachlass Minna Tobler-Christinger.
8 Gautschi, Willi: Der Landesstreik 1918, Zürich 1968, 296.
9 Gerade Gautschis Standardwerk beschäftigte sich sozialhistorisch ausführlich mit den vorausgehenden Geschehnissen (Gautschi, Landesstreik).
10 Vgl. Zimmermann, Adrian: Quellen aus der Zeit des Landesstreiks in den Archiven der Vorgängergewerkschaften der Unia. Bericht im Hinblick auf den 100. Jahrestag des Landesstreiks 2018, Delémont 2016, 6. Streiks wurden auch vor dem Ersten Weltkrieg als «Kampfmittel» der Arbeiterschaft eingesetzt. Zur Streiktätigkeit vor 1914 vgl. u. a. Hirter, Hans: Die Streiks in der Schweiz in den Jahren 1880–1914, in: Gruner, Erich (Hg.), Arbeiterschaft und Wirtschaft in der Schweiz 1880–1914, Band 2, 837–1008.

me der Streiktätigkeit in der zweiten Kriegshälfte lässt sich auch für die kriegführenden Staaten feststellen.[11] Die schweizerischen Gewerkschaften waren gut organisiert, und ihre Mitgliederzahlen waren während des Kriegs – nach einem vorübergehenden Rückgang kurz nach Kriegsausbruch – sprunghaft angestiegen. Insbesondere der Frauenanteil stieg stark an: Während sich die Zahl der im Schweizerischen Gewerkschaftsbund (SGB) organisierten Männer von 1913 bis 1919 etwas mehr als verdoppelte, hatte sich die Zahl der weiblichen Mitglieder in diesem Zeitraum mehr als verfünffacht.[12] Im Jahr 1919 erreichte diese Entwicklung ihren Höhepunkt mit 43 906 im SGB organisierten Frauen, was einem Anteil von 19,6 Prozent entsprach.[13] Es lässt sich also eine zunehmende Organisation von Frauen während der Kriegsjahre erkennen. Diese muss, trotz der wichtigen und stetigen Agitation der Arbeiterinnenvereine, des Schweizerischen Arbeiterinnenverbands und der Arbeiterinnensekretärin Marie Hüni, primär als Resultat der in den Kriegsjahren gemachten Erfahrungen interpretiert werden. Im Folgenden soll deshalb ein kurzer Überblick über die aus den Kriegserfahrungen hervorgegangenen Engagements organisierter und unorganisierter proletarischer Frauen gegeben werden.

Aufgrund der stetig steigenden Teuerung und des zumindest teilweise fehlenden Einkommens durch den mehrmonatigen Militärdienst der Männer gerieten viele Familien während der Kriegsjahre in finanzielle Not, was insbesondere für die Frauen zu einer Mehrfachbelastung führte. Nicht nur in der Arbeiterschaft, wo die Frauen auch vor dem Krieg oft schon einer Erwerbstätigkeit nachgegangen waren – ob Heimarbeit oder in der Fabrik –,[14] sondern auch in der Landwirtschaft mussten Frauen während der Kriegsjahre ein Mehrfaches ihrer ohnehin schon hohen Arbeitslast tragen.[15] Eine namentlich nicht genannte Bäuerin erinnerte sich in den 1930er-Jahren daran, dass «es fast zu einer ernsthaften Missstimmung» in ihrem Eheleben geführt habe, als sie von ihrem Mann auf Diensturlaub erfuhr, dass die Soldaten an der Grenze «die Zeit totschlügen mit Böcklispringen, Bettensonnen, Jassen» und «rauchend und nichts tuend herumhockten», während die Frauen zuhause «in der Arbeit fast ertranken und kaum die nötige Nachtruhe» fanden.[16] Während die Männer an der Grenze jassten, mussten die Frauen zu Hause für die Ernährung der Familie sorgen. Erwerbstätige Frauen konnten, auch als Fabrikarbeiterinnen, den Lohnverlust des Mannes aber nicht ersetzen, da sie in fast allen Bereichen weit weniger Lohn als die Männer erhielten. 1914 wurde Frauen im Durchschnitt rund 59 Prozent des Lohns eines männlichen Arbeiters ausbezahlt, und in den meisten Betrieben war der höchste Frauenlohn sogar tiefer als der tiefste Männerlohn.[17]

Die Arbeiterinnen und Arbeiterfrauen beschäftigte vor allem die durch den Krieg entstandene finanzielle Not und die damit verbundene Schwierigkeit, die Familie zu ernähren. Diese Probleme – und nicht etwa die Forderung nach politischen Rechten – brachten die Frauen dazu, sich zu organisieren, was auch die Redakteurinnen der Arbeiterinnenzeitung *Die Vorkämpferin* im Frühling 1915 erkannten: «So war es denn auch weniger der Ruf nach dem Frauenstimmrecht, dem die Arbeiterinnen zu den öffentlichen Versammlungen an unserem Frauentag folgten. Ihr Protest galt dem Kriege, galt seinem gewissenlosen verbrecherischen Urheber, dem Kapitalismus, der das ungeheure Leid über die Menschheit gebracht hat.»[18] Vor allem Veranstaltungen gegen Krieg und Teuerung, wie beispielsweise der hier erwähnte, unter dem Motto des Friedens stehende Frauentag vom 7. März 1915,

11 So zum Beispiel im Zarenreich, vgl. dazu: Haumann, Heiko: Lebenswelten im Zarenreich. Ursachen der Revolution von 1917, in: ders. (Hg.), Die russische Revolution 1917, Köln 2007, 34. Für Österreich vgl. Koller, Streikkultur, 197f.
12 Ragaz, Christine: Die Frau in der schweizerischen Gewerkschaftsbewegung, Stuttgart 1933, 23, Tabelle 150.
13 Vgl. Ragaz, Die Frau, Tabelle 150; Studer, Brigitte: «... da doch die verheiratete Frau vor allem ins Haus gehört.» Die Stellung der Frauen im SGB und die gewerkschaftliche Frauenpolitik unter dem Aspekt des Rechts auf Arbeit, 1880–1945, in: Arbeitsfrieden – Realität eines Mythos. Gewerkschaftspolitik und Kampf um Arbeit – Geschichte, Krise, Perspektiven, Zürich 1987. 38.
14 Vgl. Tanner, Jakob: Industrialisierung, Familienökonomie und Hungererfahrung. Sozialkonflikte, Arbeitskämpfe und Konsumboykott in der Schweiz 1880–1914, in: Galius, Manfred/Volkmann, Heinrich (Hg.), Der Kampf um das tägliche Brot. Nahrungsmangel, Versorgungspolitik und Protest 1770–1990, Opladen 1994, 256. Zur Frauenerwerbstätigkeit vor 1914 vgl. Pesenti, Yvonne: Beruf Arbeiterin. Soziale Lage und gewerkschaftliche Organisation der erwerbstätigen Frauen aus der Unterschicht in der Schweiz, 1890–1914, Zürich 1988.
15 Vgl. Kreis, Georg: Insel der unsicheren Geborgenheit. Die Schweiz in den Kriegsjahren 1914–1918, Zürich 2014, 175.
16 E. T.: «Frauen arbeiten und Landwehrleute jassen», in: Schmid-Itten, M./Meili-Lüthi, R./Wyler, Eugen, Der Grenzdienst der Schweizerin 1914–1918. Von Frauen erzählt, Bern 1934, 41f.
17 Vgl. Gruner, Arbeiterschaft und Wirtschaft 1, 226f; Studer, Brigitte: Arbeiterinnen zwischen Familie, Erwerbsarbeit und Gewerkschaft 1880–1945, in: Berufs-, Fach- und Fortbildungsschule Bern, verflixt und zugenäht! Frauenberufsbildung – Frauenerwerbsarbeit 1888–1988, Zürich 1988, 55–64, 59f.
18 Unser schweizerischer Frauentag, in: Die Vorkämpferin 10/4, 1.4.1915, 2.

# Bäuerinnen im Aufbruch

Juri Auderset, Peter Moser

Die Bäuerin Augusta Gillabert-Randin sparte nicht mit untergründiger Ironie, als sie 1927 in der landwirtschaftlichen Zeitschrift *La Terre Vaudoise* einen Artikel zur Schweizerischen Ausstellung für Frauenarbeit (SAFFA) mit folgendem Dialog einleitete: «Comment, c'est la grève, une grève féminine qui se prépare? Celle des ménagères, des mères de famille, des employées de banque ou de magasins, des ouvrières de fabrique? Mais où donc allons-nous? On n'a jamais vu ça… les femmes en grève! – Non, non, rassurez-vous, les ménagères sont à leur poste; les ouvrières à leurs machines et les patronnes à leur caisse. L'effervescence dont nous parlons n'a rien de révolutionnaire, elle ne vise qu'à préparer ‹la Saffa›, en marge de tous les travaux féminins.»[1] Gillabert-Randin spielte damit nicht nur subtil auf die «Generalstreikpsychose»[2] der Zwischenkriegszeit an, sondern verwies zugleich auch auf die im politischen Diskurs marginalisierte Frauenarbeit, welche die Frauen mit der SAFFA ins gesellschaftliche Bewusstsein zu rücken versuchten.

Dass Bäuerinnen in den 1920er-Jahren so subtil für die Anerkennung der Bedeutung ihrer Arbeit zu intervenieren verstanden, hat auch mit den Erfahrungen zu tun, die sie im Kontext des Landesstreiks gemacht hatten. Schon im Juli 1918 hatten Produzentinnen aus dem Broyetal die Etablierung einer Association des productrices de Moudon in Angriff genommen. Damit wollten sie den Vormarsch der Zwischenhändler bekämpfen, einheitliche Preise auf dem Wochenmarkt von Moudon durchsetzen und mit den Konsumentinnen in direkte Beziehungen treten, um die Produktion von Nahrungsmitteln trotz der kriegsbedingt erschwerten Bedingungen ausdehnen zu können. Was im Rückblick als bemerkenswert überlegtes Verhalten erscheint, löste im Vorfeld des Landesstreiks allenthalben Irritation aus. Die Stadtbehörden fanden partout keinen Raum, den sie den Bäuerinnen zur Durchführung ihrer Versammlungen zur Verfügung stellen konnten, und die Société d'agriculture du canton de Vaud tat sich schwer mit dem Entscheid, ein Mitglied aufzunehmen, dem 39 Frauen (und ein Mann) angehörten. Die Lokalpresse veröffentlichte unter der Schlagzeile «Le Soviet des productrices a decidé!» sogar einen empörten Leserbrief gegen «ces dames qui produisent», der bezeichnenderweise gar nicht auf die Anliegen der Bäuerinnen einging.[3]

Dass sich am Ende des Weltkriegs auch Bäuerinnen zu organisieren begannen, hängt mit den vielfältigen Initiativen im Ernährungsbereich zusammen, die im Sommer 1918 einsetzten, aber auch mit den Veränderungen, die während der Kriegszeit auf den Höfen stattgefunden hatten. Denn die «Arbeitsgemeinschaft», welche die Menschen (und Arbeitstiere) auf den bäuerlichen Familienbetrieben «wie die Besatzung eines Schiffes aneinander»[4] band, war durch die Mobilisierung brüchig geworden. Da zudem die Betriebsführung durch den forcierten Aus- und Umbau der Anbaustrukturen komplexer und arbeitsintensiver geworden war, veränderten sich auf den Höfen auch die Geschlechter- und Sozialhierarchien. Zwar machten die Bäuerinnen «nicht viel Wesens» über die vor allem von ihnen geschulterte Mehrarbeit.[5] Aber sie nutzten die Umbrüche dazu, sich zu organisieren und in den männerdominierten landwirtschaftlichen Organisationen ihre Stimmen geltend zu machen. Auch wenn Weltkrieg und Landesstreik die Geschlechterordnungen auf dem Land nicht grundlegend veränderten, so ermöglichte insbesondere die Genossenschaftsbewegung doch neue Allianzen zwischen städtischen und ländlichen Frauenbewegungen.[6]

1 Zit. nach Moser, Peter/Gosteli, Marthe: Une paysanne entre ferme, marché et associations. Texte d'Augusta Gillabert-Randin 1918–1940, Baden 2005, 191.
2 Greyerz, Hans von: Der Bundesstaat seit 1848, in: Handbuch der Schweizer Geschichte, Band 2, Zürich 1977, 1019–1246, hier 1176.
3 Vgl. Moser, Une paysanne entre ferme.
4 Scott, Joan/Tilly, Louise: Familienökonomie und Industrialisierung in Europa, in: Honegger, Claudia/Heintz, Bettina (Hg.), Listen der Ohnmacht. Zur Sozialgeschichte weiblicher Widerstandsformen, Frankfurt a. M. 1981, 99–137, hier 107.
5 Schweizerische Landfrauen-Zeitung, 30.3.1935.
6 Joris, Elisabeth: Women, Gender, Social Movements (Switzerland), in: 1914–1918-online. International Encyclopedia of the First World War, Berlin 2017, https://encyclopedia.1914-1918-online.net/article/women_gender_social_movements_switzerland (Version: 1.6.2017).

brachten den Arbeiterinnenvereinen und SP-Frauengruppen neue Mitglieder.[19] Einige Wochen nach diesem Frauentag stand erneut eine Frauenveranstaltung unter dem Motto des Friedens. Vom 26. bis zum 28. März 1915 wurde in der Schweiz die erste internationale Friedenskonferenz während des Kriegs abgehalten.[20] Diese internationale sozialistische Frauenfriedenskonferenz war hauptsächlich von der deutschen Frauenrechtlerin Clara Zetkin, der Sekretärin des Internationalen Frauensekretariats der sozialistischen Arbeiterinternationale, initiiert und organisiert worden. 25 Delegierte aus Deutschland, Grossbritannien, Frankreich, Russland, Polen, den Niederlanden, Italien und der Schweiz nahmen daran teil. In ihrem Manifest forderten sie die Frauen international zum Kampf gegen den Krieg auf.[21] Zurück in den Heimatländern wurde das Manifest trotz verschiedener Verbote verteilt. Allein in Deutschland sollen rund 200 000 Exemplare in Umlauf gebracht worden sein.[22] Noch vor den Konferenzen von Zimmerwald im September 1915 und Kiental im April 1916 waren es die sozialistischen Frauen, die ein erstes Antikriegsmanifest verfassten und damit «Zimmerwald und seine Grundgedanken» antizipierten.[23]

Neben diesem internationalen Engagement der führenden Sozialdemokratinnen stand für die einfachen Arbeiterfrauen und Arbeiterinnen der Kampf gegen die Teuerung und für bezahlbare Lebensmittel im Zentrum ihres Engagements. Es waren die Frauen, die einkauften, kochten und das Einkommen verwalteten und so von der kriegsbedingten Teuerung und der Lebensmittelknappheit besonders betroffen waren.[24] 1916 kam es nicht nur in kriegführenden Ländern, sondern auch in der Schweiz in verschiedenen Städten zu Marktprotesten.[25] Diese Proteste können als «Selbsthilfeaktionen» von Proletarierinnen verstanden werden, mit denen sie versuchten, angemessene Preise für die Lebensmittel zu erzwingen.[26] Proletarische Frauen umringten Marktstände und bedrängten die Verkäuferinnen und Verkäufer, um Preisreduktionen durchzusetzen. Als Druckmittel wurde mit Boykott gedroht, und lenkte die Verkaufsperson nicht ein, versuchten die protestierenden Frauen, die Ware eigenhändig zum verlangten Preis zu verkaufen. Den Erlös überreichten sie danach der eigentlichen Verkaufsperson. Die Marktproteste waren begleitet von Auseinandersetzungen, die von Beschimpfungen bis zu Handgreiflichkeiten reichen konnten. Es wurden Körbe umgestossen, Verkaufende flüchteten mit ihren Waren vor den Protestierenden, und es kam auch zu Konflikten zwischen Proletarierinnen und wohlhabenderen Marktgängerinnen, die bereit waren, mehr für die Waren zu bezahlen.[27] Während die grossen Teuerungsdemonstrationen in den Städten meist von der organisierten Arbeiterschaft veranstaltet wurden,[28] gingen die Marktproteste zunächst von unorganisierten Frauen aus, wurden dann aber von den sozialdemokratischen Frauengruppen aufgegriffen und unterstützt.[29]

Die Versorgungslage blieb auch in den Folgejahren kritisch. An einem verregneten Sommertag im Jahr 1918 wurde in der Stadt Zürich eine grosse, von Rosa Bloch-Bollag, der Präsidentin der Frauenagitationskommission der SP, angeführte Frauendemonstration abgehalten. Während die *Vorkämpferin* an dieser Demonstration vom 10. Juni 1918 rund 1300 Frauen zählte,[30] berichtete die Polizei von «ein paar Hundert Frauen», die «vom Volks-

19 Vgl. Die Vorkämpferin 4/10, 1.4.1915. Sozarch, Ar 30.20.1, Protokollbuch sozialdemokratischer Arbeiterinnenverein Biel, Protokoll vom 13.7.1916.
20 Vgl. Notz, Gisela: Die Internationale Sozialistische Frauenkonferenz gegen den Krieg in Bern 1915, in Studienbibliothek Info. Bulletin der Stiftung Studienbibliothek zur Geschichte der Arbeiterbewegung, Dezember 2015. 5.
21 Vgl. Die Internationale sozialistische Frauenkonferenz in Bern, in: Die Vorkämpferin 5/10, 1.5.1915, 3f.
22 Vgl. Notz, Internationale Sozialistische Frauenkonferenz, 7.
23 Zitat: Balabanoff, Angelica: Erinnerungen und Erlebnisse, Berlin 1927, 98. Zu den Konferenzen in Zimmerwald und Kiental vgl. Degen, Bernard/Richers, Julia (Hg.): Zimmerwald und Kiental. Weltgeschichte auf dem Dorfe, Zürich 2015.
24 Vgl. Tanner, Industrialisierung, Familienökonomie und Hungererfahrung, 251.
25 Vgl. Mesmer, Staatsbürgerinnen, 64. Marktproteste fanden in der Schweiz in Bern, Biel, Grenchen, Thun und Zürich statt. Vgl. dazu: Pfeifer, Regula: Frauen und Protest. Marktdemonstrationen in der deutschen Schweiz im Kriegsjahr 1916, in: Tanner, Albert/Head-König, Lise (Hg.), Frauen in der Stadt, Zürich 1992, 93–109. Zu Marktprotesten in den verschiedenen europäischen Ländern während des Krieges vgl. Zina, Liliana: Soldaten des Hinterlandes. Frauenarbeit während des Krieges und nach dem Kriege, Bern-Belp 1917. Zur Bedeutung der Marktproteste für die innenpolitische Situation in Deutschland vgl. z. B.: Davis, Belinda J.: Heimatfront. Ernährung, Politik und Frauenalltag im Ersten Weltkrieg, in: Hagemann, Karen/Schüler-Springorum, Stefanie (Hg.), Heimat-Front. Militär und Geschlechterverhältnisse im Zeitalter des Weltkriege, Frankfurt a. M. 2002, 128–149. Zu den Marktprotesten in Wien vgl. u. a.: Helfert, Veronika: «Unter Anführung eines 13jährigen Mädchens». Gewalt und Geschlecht in unorganisierten Protestformen in Wien während des Ersten Weltkriegs, in: Jahrbuch für Forschungen zur Geschichte der Arbeiterbewegung 13/II (2014), 66–82.
26 Ziegler, Béatrice: Arbeit – Körper – Öffentlichkeit. Berner und Bieler Frauen zwischen Diskurs und Alltag (1919–1945), Zürich 2007, 323.
27 Pfeifer, Frauen und Protest, 94f.
28 Für das Beispiel von Biel vgl. Ziegler, Arbeit – Körper – Öffentlichkeit, 326.
29 Ziegler, Arbeit – Körper – Öffentlichkeit, 331.
30 Vgl. Die Frauendemonstration vor dem Zürcher Kantonsrat, in: Die Vorkämpferin 7/13, 1.7.1918, 1.

53 Die kriegsbedingte Teuerung und die Lebensmittelknappheit belasteten die Arbeiterinnen und Arbeiterfrauen im Verlauf des Kriegs zunehmend. Proteste wie die Teuerungsdemonstration am 15. Mai 1915 in Bern mobilisierten viele Frauen.

54   Am 30. August 1917 fanden in verschiedenen Schweizer Städten Teuerungsdemonstrationen statt. Sozialdemokratische Frauen marschierten bei diesen von der organisierten Arbeiterschaft veranstalteten Protestaktionen mit – wie hier an der Demonstration in Bern.

Frauen im Landesstreik 223

55  Ein Fünftel der Bevölkerung war am Ende des Ersten Weltkriegs auf Notstandsmassnahmen angewiesen. Proteste gegen Teuerung und Lebensmittelknappheit brachten viele Menschen auf die Strasse, wie der volle Marktplatz an der von der SP organisierten Teuerungsdemonstration in Basel am 30. August 1917 zeigt.

haus in geordneten Zügen demonstrierend zum Rathaus» marschierten.³¹ Sie wollten ihre Anliegen im Kantonsrat vorbringen, denn die Zürcher Kantonsverfassung erlaubte es Urhebern von Volkspetitionen, diese vor dem Rat zu begründen.³² Den Frauen wurde der Zugang zum Rathaus aber polizeilich verwehrt. Die Kantonspolizei vermittelte jedoch die «Zustellung ihres schriftlichen Begehrens an den Kantonsrat». Die Wartezeit, bis der Rat über das «schriftliche Gesuch um Zulassung» entschieden hatte, wurde vor dem Rathaus mit Ansprachen überbrückt. Auf den ablehnenden Entscheid folgte laut Polizeibericht «eine sich steigernde Erregung», die «sich in saftigen Reden, Lärm, Pfuirufen, Verwünschungen und selbst Beschimpfungen von das Rathaus verlassenden Kantonsräten» äusserte.³³ Der Platz wurde aber trotz Behinderung des Strassenbahnverkehrs und des «Wagenverkehrs» nicht von der Stadtpolizei geräumt. Diese begründete ihr Handeln in einem Schreiben an den Stadtrat: Die Kundgebung war nicht verboten, und da das schriftliche Begehren weitergegeben wurde, musste die Polizei «zulassen, dass die Menge draussen auf eine Antwort warten durfte». Zudem «hatte man es mit unter dem Einfluss einer Massensuggestion stehender gereizter Frauen zu tun, die Hülfe gegen Hunger und Not» verlangten. Eine Räumung wäre laut Polizei daher nicht «ohne Gewaltanwendung [...] abgegangen». Man wartete mit der Räumung des Platzes deshalb ab, bis die Ratsversammlung beendet war und die Frauen sich der Polizeianweisung «ohne Widerrede» fügten. Laut der Polizei endete die Demonstration schliesslich «ohne Konflikt und ohne Arrestation und ohne den üblichen Lärm über ‹verständnislose, brutale Polizeimissgriffe›».³⁴

Einige Tage später fanden sich etwa 15 000 Menschen zu einer Solidaritätskundgebung ein, und am 17. Juni konnten die drei Sozialdemokratinnen Rosa Bloch-Bollag, Marie Härri und Agnes Robman, Mitglied des Parteivorstands der SP, ihre Anliegen im Rat vorbringen.³⁵ Sie forderten unter anderem Massnahmen gegen die Teuerung, die Sicherung der Lebensmittelversorgung, die «Festsetzung eines Existenzminimums» und die «Erhöhung der Notunterstützung der Wehrmannsfamilien» auch bei Erwerbstätigkeit der Frau.³⁶ Sowohl die Union für Frauenbestrebungen als auch die Zürcher Frauenzentrale, beide bürgerliche Frauenorganisationen, gaben «Zustimmungserklärungen» für die Anliegen der Sozialdemokratinnen ab.³⁷ Die Frauen konnten gewisse Erfolge verzeichnen: Nach ihrem «Auftritt» im Kantonsrat wurde der Milchpreis um 3 Rappen gesenkt und eine «Deputation von Kantonsrat und Regierung» an die Bundesregierung gesandt, um eine bessere Versorgung der Stadt Zürich mit Lebensmitteln zu erreichen.³⁸ Dennoch kritisierten die organisierten Arbeiterinnen, dass die Massnahmen nicht weit genug gingen, und erinnerten im Mai 1919 mit einer erneuten Frauendemonstration, bei der laut Angaben der *Vorkämpferin* Tausende Personen vor das Kantonale Ernährungsamt zogen, an die Forderungen vom Juni 1918.³⁹

Insgesamt brachten während des Ersten Weltkriegs vor allem Aktionen gegen den Krieg, die Teuerung und die damit einhergehende Lebensmittelknappheit die Frauen in der Schweiz auf die Strasse. Auch unorganisierte Frauen engagierten sich bei Marktprotesten, besuchten Teuerungsdemonstrationen und konnten teilweise für sozialdemokratische Frauengruppen gewonnen werden. Nicht nur in der Schweiz nahmen von Frauen getragene Proteste wie Marktunruhen und Hungerdemonstrationen zu. Insbesondere in kriegführenden Ländern, in denen die Versorgungssituation der Bevölkerung noch prekärer und der Anteil der Fabrikarbeiterinnen grösser war, kamen Frauendemonstrationen und -streiks eine wichtige Bedeutung zu.⁴⁰ So gilt die Demonstration der Vyborger Arbeiterfrauen in Petrograd am internationalen Frauentag 1917 als Auslöser der Februarrevolution in Russland.⁴¹

---

31 Stadtarchiv Zürich, V.E.a.8.27, Protokolle des Polizeiwesens, 464, Frauendemonstration, Schreiben an den Stadtrat betr. Verlauf.
32 Vgl. Joris, Elisabeth: Kampf um Frauenrechte. Allianzen und Bruchlinien, in: Traverse. Zeitschrift für Geschichte 25 (2018) [im Druck].
33 Stadtarchiv Zürich, V.E.a.8.27, 464, Frauendemonstration.
34 Stadtarchiv Zürich, V.E.a.8.27, 464, Frauendemonstration.
35 Frei, Rote Patriarchen, 111f.
36 Staatsarchiv Zürich (StAZH), MM 24.51, KRP 1918/032/0236, Kantonsratsprotokolle, Petition von Arbeiterfrauen und bezügliche Eingaben, 17.6.1918, 718 und 721.
37 Vgl. Die Frauendemonstration vor dem Zürcher Kantonsrat in: Die Vorkämpferin, Nr. 7/13, 1.7.1918, 4.
38 Vgl. Frei: Rote Patriarchen, 112.
39 Vgl. Die Vorkämpferin 14/6 (1.6.1919). Tanner, Industrialisierung, Familienökonomie und Hungererfahrung, 239.
40 Vgl. u. a.: Grayzel, Susan R.: Women's Mobilization for War, in: 1914–1918-online. International Encyclopedia of the First World War, https://encyclopedia.1914-1918-online.net/article/womens_mobilization_for_war (Version: 8.10.2014).
41 Vgl. u. a. Hildermeier, Manfred: Russische Revolution, Frankfurt a. M. 2013, 12; Albert, Gleb: Labour Movements, Trade Unions and Strikes (Russian Empire), in: 1914–1918-online, https://encyclopedia.1914-1918-online.net/article/labour_movements_trade_unions_and_strikes (Version: 19.4.2017).

56 Die Sozialistin Rosa Bloch-Bollag verlässt am 17. Juni 1918 das Zürcher Rathaus, nachdem sie im Kantonsrat gemeinsam mit Agnes Robmann und Marie Härri die Forderungen der sozialdemokratischen Frauen zur Linderung der Not vorgetragen hatte.

57   Ein historischer Tag. Am 17. Juni 1918 sprachen Rosa Bloch-Bollag, Agnes Robmann und Marie Härri als erste Frauen im Zürcher Kantonsrat. Die *Schweizer Illustrierte Zeitung* widmete dem Ereignis eine grosse Bildreportage.

Frauen im Landesstreik   227

### Akteurinnen im Streik – ein Blick auf neue Streikräume und «reproduktive Streikarbeit»

In seiner quantitativen Studie zu den Arbeitskämpfen in der Schweiz untersuchte Hans Hirter auch die Streikbeteiligung von Frauen: In der Zeit von 1880 bis 1914 waren 2,5% der Streiks in der Schweiz reine Frauenstreiks, und bei weiteren 7,5% streikten Frauen und Männer zusammen.[42] Diese Daten müssen aber mit Vorsicht betrachtet werden. Aufgrund der oft mangelhaften Informationen – unter anderem, weil die Berufsbezeichnungen der Streikenden meist im generischen Maskulinum überliefert sind – hielt Yvonne Pesenti fest, dass sich «keine allgemeinen Tendenzen bezüglich der Streikbeteiligung der Frauen herauskristallisieren lassen».[43] Für die Streikwelle ab 1917 gibt es für die Schweiz bisher noch keine quantitativen Studien, während für die zeitgleichen Streikwellen in den kriegführenden Nachbarstaaten bekannt ist, dass Frauen teilweise die Mehrheit der Streikenden ausmachten.[44] Im vorliegenden Beitrag wird keine quantitative Untersuchung der Beteiligung von Frauen im Landesstreik vorgenommen, stattdessen soll am Beispiel der Stadt Zürich aufgezeigt werden, welche Tätigkeiten Frauen während des Streiks ausführten.

Nachdem der Generalstreik proklamiert worden war, wandte sich die Frauenagitationskommission der SP im *Volksrecht* direkt an die «Arbeiterinnen und Arbeiterfrauen» und forderte diese auf, sich «unverzüglich der Arbeiterorganisation zur Verfügung» zu stellen. Hausfrauen sollten sich der Lebensmittelversorgung widmen, und die Kinder sollten von den Strassen ferngehalten werden, damit es zu keinen Zusammenstössen mit dem Militär käme. Diese Massnahme wurde ergriffen, weil die Schulen wegen der Spanischen Grippe geschlossen waren. Zudem wurden die Frauen aufgefordert, sich zu versammeln um zu beraten, welche Aufgaben übernommen werden könnten und sollten.[45] Für Montagabend, den 11. November 1918, wurde von der Vereinigung der sozialdemokratischen Frauengruppen in Zürich eine Frauenversammlung im Volkshaus einberufen.[46] Neben der Versammlung im Volkshaus wurden während der Streiktage weitere öffentliche Frauenversammlungen in verschiedenen Lokalen in Zürich abgehalten. Eine zentrale Aufgabe dieser Versammlungen war die «Aufklärung und Propaganda unter den arbeitenden Frauen und Mädchen»[47] mit dem Ziel, diese zum Beitritt in die Gewerkschaft oder den Arbeiterinnenverein zu bewegen. Im Volkshaus wurde von den Sozialistinnen eigens ein Bureau eingerichtet, um Neumitglieder für Gewerkschaften und Arbeiterinnenvereine aufzunehmen. Zusätzlich richtete man eine Streiknotunterstützungskommission ein, die sich darum kümmerte, dass die Ärmsten mit dem Notwendigsten versorgt wurden.[48]

Die Aufgabe, die Kinder von den Strassen fernzuhalten, stellte sich als schwierig heraus. Aus diesem Grund wurden im *Volksrecht* am 12. November konkrete Vorschläge dazu gemacht: «Am Vormittag sollen sie [die Kinder] möglichst lange ausschlafen», oder sie sollten Bücher aus der sozialistischen Jugendbibliothek lesen. Da dies aber nicht ausreichen würde, die Kinder den ganzen Tag im Haus zu halten, wurde vom Sozialdemokratischen Schulverein, der Sozialdemokratischen Lehrervereinigung und der Vereinigung sozialdemokratischer Frauengruppen beschlossen, nachmittags «bei gutem Wetter die Kinder aus der Stadt heraus unter guter Leitung zu führen und sie zu belehren».[49] Es ging aber nicht nur um Belehrung, sondern man gab den Kindern auch die Möglichkeit zum Spielen. So wurde in der *Vorkämpferin* der erste Ausflug in einen Buchenwald bei Albisrieden wie folgt beschrieben: «Im Nu waren die kleinen Buchen und Tannen mit munteren ‹Aeffchen› bevölkert, die sich kletternd und wiegend in den Aesten belustigten.»[50] Auch für die weiteren Tage wurden derartige Ausflüge angeboten. Im *Volksrecht* wurden die Versammlungsplätze bekannt gemacht und «Lehrer, Schulleiter, Frauen und Jungmädchen» dazu aufgefordert, «sich als Leiter zur Verfügung [zu] stellen».[51] Nach dem Streikabbruch wurden die Ausflüge weiterhin angeboten, da die Schulen wegen

---

[42] Hirter, Hans: Die Arbeitskämpfe in der Schweiz von 1880 bis 1914. Eine qualitative Streikanalyse, Bern 1989, 878.
[43] Pesenti, Beruf Arbeiterin, 201.
[44] Vgl. z. B. Koller, Streikkultur, 197, 296f; Stibbe, Matthew et al.: Women and Socialist Revolution, 1917–1923, in: ders./Sharp, Ingrid (Hg.), Women Activists between War and Peace. Europe 1918–1923, London 2017, 123–172.
[45] Frauenkommission der sozialdemokratischen Partei der Schweiz: An die Arbeiterinnen und Arbeiterfrauen, in: Volksrecht, Nr. 263/21, 11.11.1918, 4.
[46] Vereinigung der soz. Frauengruppen, in: Volksrecht, Nr. 263/21, 11.11.1918, 3.
[47] Frauenversammlungen in: Volksrecht, Nr. 264/21, 12.11.1918, 3.
[48] Vgl. N. n.: Aufgaben der Frauen, in: Die Vorkämpferin 12/13, 1.12.1918, 6.
[49] An die Eltern, in: Volksrecht, Nr. 264/21, 12.11.1918, 3.
[50] E.S.: Unsere Kinder und der Generalstreik, in: Die Vorkämpferin, Nr. 1/14, 1.1.1919, 5.
[51] An unsere Eltern und Kinder, in: Volksrecht, Nr. 266/21, 14.11.1918), 3.

der Grippe noch geschlossen blieben.[52] Die sozialdemokratischen Frauen setzten sich auch in anderen Bereichen für die Kinder der Streikenden ein: Am 13. November wurde an der Frauenversammlung beschlossen, dass Genossen und Genossinnen mit genügend Mitteln (und Lebensmitteln) Kinder von anderen zu sich «an ihren Tisch [...] nehmen» sollten. Über das *Volksrecht* wurden die Bessergestellten dazu aufgefordert, sich für dieses Programm zur «Versorgung der Kinder der Streikenden» zu melden.[53]

Des Weiteren machten es sich die sozialdemokratischen Frauen zur Aufgabe, die Soldaten «über ihre Stellung zur arbeitenden Klasse aufzuklären» und sie dazu zu bringen, nicht gegen ihre «Klassengenossen» vorzugehen, sprich: wenn sie zum Schiessen aufgefordert wurden, nicht oder in die Luft zu schiessen. Zugleich übernahmen Frauen auch das Streikpostenstehen in den Restaurants, um das vom OAK verhängte Alkoholverbot durchzusetzen.[54] Dass letzteres nicht so einfach durchzusetzen war, zeigt der Bericht über die Sozialdemokratin Annelise Rüegg.[55] Sie forderte im «Schwanen», dem Lokal des Grütlivereins, Wirt und Gäste zur Einhaltung des Alkoholverbots auf. Der Wirt rief daraufhin nach dem Militär, um gegen Rüegg vorzugehen, warf sie dann aber, noch bevor das Militär eintraf, selbst aus der Wirtschaft.[56]

Frauen waren zudem bei den Delegiertenversammlungen anwesend, in welchen über Weiterstreiken oder Streikabbruch abgestimmt wurde. Die sozialdemokratische Ärztin Minna Tobler-Christinger beschrieb in ihren Tagebucheinträgen zu ihren Erlebnissen bei den Delegiertenversammlungen und den Sitzungen des Vorstands der Zürcher Arbeiterunion mit Mitgliedern des Aktionskomitees, wie die Entscheide gefällt wurden: «Dürr vom Aktionskomitee wollte autoritär auftreten. Das gab eine Missstimmung. Es wurde ihm aber erklärt, [...] dass nicht nach Vorschriften von oben, sondern nach Vorschriften von unten, von den Massen gehandelt werde.»[57] Diese Episode zeigt, dass sich die Streikenden nicht als Ausführende von OAK-Anweisungen sahen, sondern selbst eine aktive Rolle in Bezug auf die getroffenen Entscheide einnahmen.

Frauen und Jugendliche nahmen ausserdem gemeinsam mit Männern an Demonstrationen und Gleisblockaden teil. So wurde am 13. November an die Armeeleitung gemeldet: «Bei Biel stellten sich Weiber auf die Geleise; der Zugführer musste sich über Nidau–Lyss–Suberg–Münchenbuchsee nach Bern flüchten.»[58] Die Wortwahl «flüchten» zeigt, dass die «Weiber» auf den Geleisen als gefährlich wahrgenommen wurden. Schliesslich waren Frauen auch bei Demonstrationen in Zürich in den vordersten Reihen dabei. Für den Soldaten Fortunat Huber erschien die Präsenz von Frauen und Kindern rückblickend, als wären diese von einer unsichtbaren Leitung absichtlich so arrangiert worden, um die Truppen zu demoralisieren. Huber, der in dieser Situation keinen Schiessbefehl erhalten hatte, betonte aber, dass er trotz der Präsenz von Frauen und Kindern geschossen hätte und ihn die Anwesenheit von Frauen nicht demoralisiert, sondern sogar motiviert hätte.[59]

Es zeigt sich, dass Frauen an unterschiedlichen Orten aktiv am Streik beteiligt waren und dabei verschiedene Arten von «Streikarbeit» leisteten: Sowohl auf den Barrikaden als auch in der Kinderbetreuung engagierten sich die teilnehmenden Frauen für einen reibungslosen Ablauf des Streiks. Man könnte sagen: Frauen leisteten mit dem Demonstrieren, Gleiseblockieren und Streikpostenstehen sowie der Kinderbetreuung und Lebensmittelversorgung sowohl aktivistische als auch reproduktive Streikarbeit. So gesehen trugen die Frauen auch in Bezug auf die Streikarbeit eine Doppelbelastung. Jakob Tanner bezeichnete die logistische und organisatorische Frauenarbeit für Streiks vor 1914 lediglich als «indirekte Partizipation».[60] Meines Erachtens greift diese Einschätzung aber zu kurz. Dass die Kinderbetreuung als integraler Bestandteil des Generalstreiks gedeutet werden muss, zeigt sich unter anderem daran, dass die sozialdemokratische Lehrervereinigung bereits

---

52 Vgl. E. S.: Unsere Kinder und der Generalstreik, in: Die Vorkämpferin, Nr. 1/14, 1.1.1919, 5.
53 Versorgung der Kinder der Streikenden in: Volksrecht, Nr. 266/21, 14.11.1918, 3.
54 Vgl. Aufgaben der Frauen in: Die Vorkämpferin, Nr. 12/13, 1.12.1918, 6.
55 Rüegg wurde mit ihrer autobiographischen Schrift «Erlebnisse einer Serviertochter» in sozialdemokratischen Kreisen bekannt. Das Büchlein erschien zwischen 1914 und 1920 in mehreren Auflagen mit insgesamt 21 000 Exemplaren beim Verlag der Buchhandlung des Schweizerischen Grütlivereins. Rüegg, Annelise: Erlebnisse einer Serviertochter. Bilder aus der Hotelindustrie, Zürich 1914–1920.
56 Zürcher Momentbilder. Ein Grütlianer, in: Volksrecht, Nr. 266/21, 14.11.1918, 2.
57 SGA, Ar 23.10.04, Teilnachlass Minna Tobler, Der Zürcher Generalstreik vom 9. Nov. 1918, Eintrag zum Montag, 11.11.1918.
58 BAR, E27#1000/721#9675-3*, Rotes Bulletin, Nr. 444, 13.11.1918, 1.
59 Fortunat Huber, in: Vitali, Felice: Der Generalstreik, Schweizer Radio und Fernsehen SRF, 11.11.1968, 43:40.
60 Tanner, Industrialisierung, Familienökonomie und Hungererfahrung, 238.

# Wer hat Angst vor Anželica Balabanova? – Über die Ausweisung einer russischen Agitatorin

Katharina Hermann

Im Herbst 1918 ging in bürgerlichen Kreisen in der Schweiz die Angst vor einer bolschewistischen Revolution um. Diese Angst wurde durch die Einreise der Russin Anželica Balabanova[1] im Oktober 1918 zusätzlich befeuert. Gerüchten zufolge soll sie mit zehn Millionen Rubel eingereist sein, um «in der Schweiz ein Hauptquartier zu einer europäischen Revolution zu errichten».[2] Balabanovas Anwesenheit in der Schweiz schlug hohe Wellen. Die bürgerliche Presse kritisierte den Bundesrat dafür, nichts gegen die russische Agitatorin zu unternehmen: «Mme Balabanoff vient chez nous avec des millions pour fomenter la révolution: on la laisse faire!»,[3] schrieb das Journal de Genève bereits am 3. November 1918. Auch diplomatisch gerieten die Schweizer Behörden wegen Balabanovas Aufenthalt unter Druck. Der französische Gesandte beschwerte sich, dass der Bundesrat zu wenig gegen die Bolschewiki unternähme, was sich an der Duldung Balabanovas in der Schweiz zeige. Er drohte mit Konsequenzen «für den Fall, dass der Bolschewismus in der Schweiz sich weiterverbreite».[4] Der Schweizer Gesandte aus Rom meldete, die Vertreter in der Schweiz hätten ihre Regierungen benachrichtigt, «dass Frau Balabanoff in der Schweiz eine Revolution organisiere», und warnte die Behörden, ein Nichteinschreiten in dieser Sache könnte «internationale Schwierigkeiten» heraufbeschwören.[5]

Der Bundesrat handelte und teilte der Sowjetmission mit, Anželica Balabanova habe die Schweiz zu verlassen. Dies wiederum löste heftigen Widerstand in der organisierten Arbeiterschaft aus. Die Geschäftsleitung der SPS richtete sich am 4. November schriftlich an die Landesregierung und sandte am Folgetag eine Delegation zum Bundesrat, um die Ausweisung Balabanovas zu verhindern. Bei einer Ausweisung sähe man sich «gezwungen, die Arbeiterschaft zum Protest […] aufzurufen». Zudem würde «eine Massnahme gegen Frau Balabanow einen allgemeinen Entrüstungssturm der schweizerischen Arbeiterschaft hervorrufen».[6] Der Bundesrat entschied am 5. November, Balabanovas nur noch zwei Wochen gültigen Diplomatenpass nicht mehr zu verlängern.[7] Am 12. November 1918, dem ersten Tag des Landesstreiks, wurde Anželica Balabanova gemeinsam mit der Sowjetmission aus der Schweiz ausgewiesen, wobei es auf dem Weg zum Berner Bahnhof zu gewaltsamen Zwischenfällen kam, bei denen sie verletzt wurde.[8] Die Ausgewiesenen wurden von einer «johlenden und schreienden Menge» bedrängt.[9] Balabanova erinnerte sich später, dass speziell sie im Fokus der Menge stand: «‹Da ist sie, die verfluchte Kurierin der Revolution›, hiess es in allen Tonarten. Die Frauen schrien, die Männer streckten in neugierigem Zorn ihre Köpfe in die Höhe. ‹Ja, das bin ich›, sagte ich und blieb stehen, um die anderen vorgehen zu lassen. In diesem Augenblicke warf sich alles auf mich, Kavallerie eilte herbei, wodurch die Panik nur noch grösser wurde; ich wurde an die Bahnhofsmauer gedrängt, fühlte Pferdehufeisen an meiner Brust und verlor das Bewusstsein. Als ich die Augen wieder öffnete, war die Menge zurückgedrängt. Ich konnte wieder atmen, mein Arm blutete, um mich lagen Schirme und Stöcke.»[10] Schliesslich gelangte Balabanova zum Bahnhof, wo ihr mitgeteilt wurde, «falls die Schmerzen allzu gross würden», solle sie sich für die Versorgung ihrer Verletzung «beim Zugsleiter melden».[11]

Doch wer war die «fast zwerghaft kleine Frau»,[12] dieses «bolschewistische Schreckgespenst»,[13] deren Anwesenheit in der Schweiz derart heftige Reaktionen auslöste? Anželica Balabanova, um 1878 im zaristischen Russland als Kind einer grossbür-

---

1 In den Quellen finden sich diverse Schreibweisen des Namens: Balabanow, Balabanoff, Balabanowa. Im vorliegenden Text wird die deutsche Transliteration aus dem Russischen (Анжелика Балабанова), Anželica Balabanova, verwendet.
2 Schweizerisches Bundesarchiv (BAR), E21#1000/131#10428*, Akten betr. Ausweisung Balabanoff, Telegramm der Schweizerischen Gesandtschaft an das Auswärtige Amt in Bern.
3 «Halte-là!», Journal de Genève, Nr. 305/89, 3.11.1918.
4 Prot. der Sitzung des Bundesrates, 4.11.1918, zit. nach Gautschi, Willi: Der Landesstreik 1918, Zürich 1968, 212.
5 Akten betr. Ausweisung Balabanoff.
6 Geschäftsleitung der SPS an den Bundesrat, Zürich 4.11.1918. Unterzeichnet von Platten, Lang und Bloch-Bollag, zit. nach Gautschi, Landesstreik, 214.
7 Gautschi, Landesstreik, 215.
8 BAR, E21#1000/131#10404*, Bericht Thurnheer betr. Abreise Sowjetmission, 14.11.1918, 2.
9 BAR, E21#1000/131#10405*, Untersuchung betr. Zwischenfälle im Bahnhof Bern anlässlich der Abreise der Sowjetmission. Schreiben des Kommandanten Oblt. Bracher an Kdo. Drag. 3, Bern, 18.11.1918.
10 Balabanoff, Angelica: Erinnerungen und Erlebnisse, Berlin 1927, 197.
11 Bericht Thurnheer betr. Abreise Sowjetmission, 2.
12 Bericht Thurnheer betr. Abreise Sowjetmission, 2.
13 Collmer, Peter: Die Schweiz und das Russische Reich 1848–1919, Zürich 2004, 463.

gerlichen jüdischen Familie geboren, studierte in Brüssel, London, Leipzig, Berlin und Rom Philosophie, Literatur und Nationalökonomie.[14] Während ihrer ersten Aufenthalte in der Schweiz um die Jahrhundertwende setzte sich Balabanova, die in Italien dem Partito Socialista Italiano (PSI) beigetreten war, insbesondere für die Rechte der italienischen Arbeiterinnen und Arbeiter ein.[15] 1906 wurde sie wegen ihrer regen Vortrags- und Propagandatätigkeit aus dem Kanton Waadt ausgewiesen. Balabanova war im Sozialistischen Frauenbund Italiens aktiv und vertrat den PSI im Internationalen Sozialistischen Büro.[16] Zu Beginn des Kriegs weilte die mit Clara Zetkin, Rosa Luxemburg und Robert Grimm befreundete Balabanova in der Schweiz und nahm im März 1915 als Menschewiki-Vertreterin an der internationalen sozialistischen Frauenkonferenz in Bern teil. Sie war direkt an den Vorbereitungen für die Zimmerwalder Konferenz im September 1915 beteiligt, übersetzte Beiträge und führte mit der niederländischen Sozialistin und Generalstreiktheoretikerin Henriette Roland Holst das politische Konferenzsekretariat.[17] Neben Robert Grimm und Charles Naine wurde sie in die an der Konferenz neu gegründete Internationale Sozialistische Kommission (ISK) mit Sitz in Bern gewählt.[18] Balabanova war auch aufgrund ihrer Mehrsprachigkeit – sie sprach mindestens fünf Sprachen – eine der zentralen Persönlichkeiten der Zimmerwalder Bewegung und stand mit ihren Tätigkeiten stets für den «grenzüberschreitenden Internationalismus» ein.[19]

Weshalb aber brachte die Anwesenheit Balabanovas die Schweizer Behörden derart in Aufruhr? Die Angst vor einer kleinen, zierlichen Frau scheint auf den ersten Blick nicht zu den Geschlechterrollen jener Zeit zu passen; bei genauerem Hinsehen eröffnet sich aber ein anderes Bild: Politisch aktive Frauen, die sich nicht in die ihnen zugedachte Rolle als Hausfrau und Mutter fügten, wurden als gefährlich wahrgenommen[20] – insbesondere die «revolutionäre Frau», die «den Mann an Entschlossenheit in der Regel» übertreffe, wie es der Jurist Hans von Hentig 1923 formulierte.[21] In einer Zeit, in der Fremde für Missstände verantwortlich gemacht wurden und die Verschwörungstheorie eines von Russland gesteuerten Umsturzversuches breit rezipiert wurde, verkörperte Anželica Balabanova als Russin, Jüdin, Sozialistin und politisch aktive Frau eine mehrfache Bedrohung für die bestehende Ordnung in der Schweiz.

14   Marmo Mullaney, Marie: Revolutionary women. Gender and the Socialist Revolutionary Role. New York 1983, 156f; Vuillemier, Marc: Balabanoff, Angelica, in: HLS, http://www.hls-dhs-dss.ch/textes/f/F27588.php (Version: 23.12.2002).
15   Richers, Julia: Anželica Balabanova (1869–1965), in: Richers, Julia/Degen, Bernard (Hg.), Zimmerwald und Kiental. Weltgeschichte auf dem Dorfe, Zürich 2015, 71f.
16   Richers, Anželica Balabanova, 72.
17   Richers, Anželica Balabanova, 72.
18   Balabanoff, Erinnerungen und Erlebnisse, 115.
19   Richers, Anželica Balabanova, 71.
20   Brigitte Studer hat dies am Beispiel der Sozialistin Rosa Grimm aufgezeigt. Vgl. Studer, Brigitte: Rosa Grimm (1875–1955). Als Frau in der Politik und Arbeiterbewegung – Die Grenzen des weiblichen Geschlechts, in: Arbeitsgruppe Frauengeschichte Basel (Hg.), Auf den Spuren weiblicher Vergangenheit, Zürich 1988, 163–182.
21   Hentig, Hans von: Die revolutionäre Frau, in: Schweizerische Zeitschrift für Strafrecht 36 (1923), 29–45.

1917 festhielt, dass den Lehrerinnen und Lehrern bei der Teilnahme an einer Massenaktion «die wichtige Aufgabe [zukäme], die Kinder des Proletariates zu betreuen».[61] Die reproduktive Streikarbeit muss daher als direkte Partizipation verstanden werden. Der frauenhistorische Blick auf den Landesstreik zeigt somit, dass Frauen auch in der männlich konnotierten Öffentlichkeit als politische Subjekte auftraten und wahrgenommen wurden und dass die Räume des Streiks über diese männlich konnotierte Öffentlichkeit hinaus gedacht werden müssen.

### Bürgerliche Frauen – Zwischen Militärunterstützung und klassenübergreifenden Kooperationsversuchen

Auch auf der Gegenseite nahmen Frauen wichtige Positionen ein. Sie engagierten sich vor allem in der Unterstützung der Soldaten, insbesondere der Pflege der an der Spanischen Grippe Erkrankten. Der zu Beginn des Kriegs von Else Züblin-Spiller gegründete Verein Soldatenwohl baute Notspitäler auf; gemeinsam mit der Zürcher Frauenzentrale wurden in kürzester Zeit die Infrastruktur, sprich Betten, Laken etc. für 2000 grippekranke Soldaten und deren Pflege organisiert.[62] Aber nicht nur Mitglieder der bürgerlichen Frauenorganisationen, auch Studentinnen engagierten sich in Zürich in der Pflege kranker Soldaten. Die Studierenden organisierten zudem eine «Liebesgabensammlung», bei der die Studentinnen «ihrem Patriotismus tätigen Ausdruck geben» konnten.[63] Wie die sozialdemokratische Frauenagitationskommission richtete sich auch die Zürcher Frauenzentrale, ein Zusammenschluss bürgerlicher Frauenorganisationen, während des Landesstreiks an die Bevölkerung. Sie sprach in der *Bürgerlichen Presse Zürichs* dem Militär «ein Wort warmen Dankes» aus und forderte Frauen dazu auf, «an Fürsorge für sie [gemeint sind die Soltaten] zu leisten, was Frauenarbeit irgend tun kann».[64] Neben dem Lob des Militärs versuchte die Frauenzentrale deutlich zu machen, dass sie – und das Militär – sich nicht «gegen die Reformpolitik einer zielbewussten und massvollen Arbeiterschaft» richtete, und betonte, «dass die grossen Reformen unserer Gesellschaftsordnung», die notwendig seien, nur durch «einigende Zusammenarbeit» zu erreichen seien. Es sei insbesondere die Aufgabe der Frauen, «über Klassengeist und Klassenhass hinweg [...] Besonnenheit, Einsicht und Menschenliebe» zu retten, denn diese Eigenschaften seien «zum Aufbau, zum Fortschritt, zum endlichen Frieden unentbehrlich». Zudem sei es an den Frauen, «den Willen zur friedlichen Entwicklung hochzuhalten».[65] Im Artikel rief die Frauenzentrale schliesslich auch zu einer Transgression der Klassengrenzen auf. Explizit wurde dabei an die der Frau zugeschriebenen «natürlichen Eigenschaften» wie «friedliebend» und «fürsorglich» appelliert. Die Danksagung an das Militär und die Aufforderung an die bürgerlichen Frauen, dieses zu unterstützen, wirkten dem scheinbar klassenübergreifenden Appell aber entgegen und bestärkten die Streikenden in ihrer Sichtweise der bürgerlichen Frauen als verlängerter Arm der Armee.[66]

Auch nach dem Landesstreik bemühte sich die Zürcher Frauenzentrale um einen Dialog mit den Arbeiterinnen. In einem Aufruf an die «Schweizerfrauen» versuchte sie, eine Verständigung zu erreichen. Dabei richtete sie sich sowohl an die eigenen Reihen als auch an die Arbeiterinnen. Von den bürgerlichen Frauen forderte die Frauenzentrale, dass sie sich mit «Rat und Tat, mit treuer Arbeit und finanziellen Opfern, mit dem Stimmzettel und [...] persönliche[m] Einfluss» für «die gerechten Forderungen der Arbeiterschaft» einsetzten. Die Arbeiterfrauen forderte sie auf, mitzuteilen, wo die Probleme lägen, damit die Frauenzentrale helfen könne. Dabei wurde die gemeinsame klassenübergreifende Arbeit für die Anliegen der Arbeiterinnen propagiert: «Wir wollen mit-, nicht gegeneinander arbeiten.» Zugleich zeigt das Flugblatt der Zürcher Frauenzentrale aber auch die Sichtweise der Bürgerlichen, die den Generalstreik als Machwerk einiger

---

61 Sozarch, 201.252.1, Sozialdemokratische Lehrervereinigung Zürich, Protokollbuch 1906–1920, Protokoll der Versammlung vom 13.6.1917.
62 Vgl. Die Zürcher Frauen und der Generalstreik, in: NZZ, Nr. 1532, Zweites Abendblatt, 21.11.1918.
63 Aktion der Studentenschaft von Zürich zur Aufrechterhaltung der öffentlichen Ordnung, Sicherheit und Ruhe während des Generalstreiks im November 1918. Bericht des Aktionskomitees an die Studentenschaft beider Hochschulen, Zürich 1918, S.14f. Es muss hierbei beachtet werden, dass Studentinnen einen sehr kleinen Teil der Studierendenschaft ausmachten. Vgl. Das Frauenstudium an den Schweizer Hochschulen, hg. vom Schweizerischen Verband der Akademikerinnen, Zürich 1928.
64 Die Zürcher Frauen zur gegenwärtigen Lage, in: Bürgerliche Presse Zürichs, Nr. 4, 14.11.1919, 2.
65 Die Zürcher Frauen zur gegenwärtigen Lage, 2.
66 Joris, Elisabeth: Züblin-Spiller, Else, in: 1914–1918-online, https://encyclopedia.1914-1918-online.net/article/zublin-spiller_else (Stand 15.2.2018).

58  Während des Landesstreiks engagierten sich hauptsächlich bürgerliche Frauen in der Unterstützung der Armee – wie hier in der Verpflegung der Soldaten.

Frauen im Landesstreik

ausländischer Agitatoren verstanden. So forderten sie von den Arbeiterinnen: «Machet Front gegen die unschweizerischen Tendenzen, welche die Arbeiterbewegung vergiften, gegen jene Elemente, die nur verleumden, hetzen und schüren, bis der Brand ausgebrochen ist. Wir wollen keine russischen Zustände, keine Gewaltherrschaft einer Minderheit, die Bürger- und Arbeiterschaft unter der Knute hält. Noch ist es Zeit, unser Land vor dem Bürgerkrieg zu bewahren, aber es ist höchste Zeit!»[67]

Den sozialdemokratischen Arbeiterinnen musste dieser Aufruf als Hohn erscheinen, hatten sie doch über Jahre kundgetan, wo die Probleme lagen. Prompt verfasste der «Frauenausschuss» der SP ein Gegenflugblatt, in welchem die Zürcher Frauenzentrale heftig für ihre Unterstützung des Militärs während des Landesstreiks und die Kooperationsversuche kritisiert wurde: «In den vergangenen Kriegsjahren, wie früher schon, stand die Arbeiterschaft allein im Kampfe, sie [die bürgerlichen Frauen] haben uns nicht geholfen, nur die bescheidensten sozialen Forderungen zu verwirklichen. Heute kommen sie und sagen: ‹wir wollen mit und nicht gegeneinander arbeiten!› Etwas spät, meine Damen.» Die Arbeiterinnen wurden aufgefordert, sich als «beste Antwort an den Vorstand der Zürcher Frauenzentrale» der Frauenorganisation der SP anzuschliessen.[68]

Nichtsdestotrotz erhielt die Zürcher Frauenzentrale rund 2000 «zustimmende» Zuschriften, wobei zumeist Arbeiterfrauen den bürgerlichen Frauen ihre Not schilderten und sich «eine Ueberbrückung der Kluft zwischen den verschiedenen Gesellschaftsschichten» sehr herbeiwünschten.[69] Auch innerhalb der Zürcher Frauenzentrale löste das verteilte Flugblatt Diskussionen aus. An der Delegiertenversammlung im Januar 1919 wurde vonseiten des Gemeinnützigen Frauenvereins kritisiert, dass im Flugblatt «alle Schuld [für die sozialen Probleme] dem Bürgerstand» zugeschrieben worden sei. Und Klara Honegger, Präsidentin des Bunds Schweizerischer Frauenvereine und Redaktorin der Monatszeitschrift *Frauenbestrebungen*, stellte nochmals klar, dass es sich beim Flugblatt nicht um ein Solidarisieren mit den Sozialdemokratinnen gehandelt habe, sondern darum, «allen nichtsozialistischen Arbeiterfrauen» entgegenzukommen, damit diese nicht «in das Parteigetriebe» der Sozialistinnen geraten würden.[70] Diese Debatte zeigt, dass die Frauenzentrale nicht nur den Streik als Mittel ablehnte, sondern auch, dass sie kein Interesse an den politischen Anliegen der Sozialdemokratinnen hatte. Deutlich zeigt sich dies am Votum einer Frau Misteli, die wünschte, dass die «schulentlassene Jugend beiderlei Geschlechts» von der Frauenzentrale «in dem Sozialismus entgegengesetztem Sinne zu beeinflussen» sei. Das im Flugblatt bekundete Interesse an den Problemen in der Arbeiterschaft zielte also nur auf die unorganisierten Frauen mit der Hoffnung, diese durch «einen Weg zur Verständigung»[71] vor der Beeinflussung durch den Sozialismus zu bewahren.

### Zwickmühle Frauenstimmrecht

Die Frauenstimmrechtsfrage brachte die bürgerlichen Frauen während des Landesstreiks in eine Zwickmühle, denn an prominenter zweiter Stelle der Streikforderungen stand die Forderung nach dem aktiven und passiven Frauenwahlrecht. Die bürgerlichen Frauen lehnten den Streik, wie gezeigt wurde, vehement ab und unterstützten die Armee, arbeiteten aber gleichzeitig seit Jahren auf die Erfüllung einer der Streikforderungen hin. Die Präsidentin des Schweizerischen Verbands für Frauenstimmrecht, Emilie Gourd, tat ihre Sympathie mit dieser Forderung des OAK öffentlich kund und ging sogar so weit, dies ohne vorherige Absprache im Verband an die höchste Stelle zu tragen. Noch während des Streiks sandte sie dem Bundesrat ein Telegramm mit einem Appell, der Forderung des OAK nach dem Frauenstimmrecht stattzugeben: «L'association suisse pour le suffrage féminin, condamnant énergiquement toute violence et se plaçant exclusivement sur le terrain de la plus scrupuleuse constitutionnalité, conformément à l'appel du Conseil fédéral au peuple suisse du 11 novembre, recommande chaleureusement au Haut Conseil fédéral la réalisation du point 2 du programme du Comité d'action d'Olten, soit: Droit électoral actif et passif pour les femmes.»[72]

---

[67] StAZH, M 1f.2, Aufruf an die Schweizerfrauen, Flugblatt der Zürcher Frauenzentrale, Nov. 1918.

[68] Sozarch, KS 335/79, Sozialismus, Arbeiterunruhen in der Schweiz, I. Unruhen in Zürich 1917–1919, Flugblatt «Arbeiterfrauen! Arbeiterinnen!».

[69] Archiv der Frauenzentrale Zürich, A-2.4.43, Protokolle der Delegiertenversammlungen II. 23.4.1918–26.10.1921, Delegiertenkonferenz vom 22.1.1919.

[70] Frauenzentrale, Delegiertenkonferenz 22.1.1919.

[71] Frauenzentrale, Delegiertenkonferenz 22.1.1919.

[72] Porret, Emma: Assemblée extraordinaire des délégués de l'Association suisse pour le suffrage féminin à Berne, le 24 novembre 1918, in: Le mouvement féministe, Nr. 74/6, 10.12.1918, 98.

59  «Wollt ihr solche Frauen?» Das von Otto Baumberger gestaltete Plakat greift abwertende stereotype Bilder der politisch aktiven Frau als unweibliche und unberechenbare Furie auf. 1920 wurde damit in Basel-Stadt und Zürich gegen das Frauenstimmrecht geworben.

60 «Zum Schutz der Jugend u. der Schwachen». Eine Frau legt ihren rechten Arm schützend um ein Kind, während sie ihren Wahlzettel in eine Urne legt. 1920 wurde mit diesem Bild von Dora Hauth-Trachsler im Kanton Zürich für das Frauenwahlrecht geworben. In der kantonalen Volksabstimmung vom 8. Februar 1920 wurde es aber deutlich abgelehnt.

Diese Aktion führte zu Kritik vonseiten der Streikenden, die Gourds Telegramm, das sich trotz der Unterstützung der Stimmrechtsforderung gegen den Streik richtete, als «Rückenschuss» empfanden, wie es die Historikerin Beatrix Mesmer formulierte.[73] In den eigenen Reihen löste das Telegramm verschiedene Reaktionen aus. Die Meinungsverschiedenheiten rund um Gourds Telegramm führten den Schweizerischen Verband für Frauenstimmrecht gar in eine interne Krise.[74] Während einige Stimmrechtlerinnen die Präsidentin wegen ihres eigenmächtigen Handelns heftig kritisierten und ihr angebliches Sympathisieren mit dem Generalstreik öffentlich rügten,[75] lobten andere Gourds Vorgehen als Zeichen dafür, dass «auch die Schweizer Frauen den psychologischen Moment für gekommen erachten, Anspruch auf ihre Rechte zu erheben».[76] Schliesslich wurde während der Tage des Landesstreiks am 12. November sowohl in Deutschland als auch in Österreich das allgemeine Frauenwahlrecht gesetzlich verankert. Die Zeichen der Zeit schienen also günstig.

Doch was wurde in der Schweiz aus dieser Landesstreikforderung? In der ausserordentlichen Debatte der Bundesversammlung während des Generalstreiks wurde die Forderung zum Frauenstimmrecht kaum thematisiert. Bundespräsident Calonder betonte bereits zu Beginn der Verhandlungen am 12. November: «Auf das aktive und passive Frauenstimmrecht [...] wollen wir heute nicht eintreten.»[77] Das einzige Votum zum Frauenstimmrecht stammte vom Grütlianer Arnold Knellwolf, der mit seiner Aussage «Man soll uns nicht mit dem Weiberrock beglücken. [...] Das ist der Anfang vom Ende! Lasst nur einmal die Weiber regieren, dann ist schon alles futsch!» Heiterkeit im Saal hervorrief.[78] Trotz dieser Nichtbehandlung der Frauenstimmrechtsfrage hatte die Forderung des OAK auch Auswirkungen auf Bundesebene. So wurden im Nachgang des Landesstreiks zwei das Frauenstimmrecht betreffende Motionen eingereicht – und zwar nicht nur von sozialdemokratischer Seite. Neben dem SP-Nationalrat Herman Greulich reichte auch der freisinnige Nationalrat Emil Göttisheim im Dezember 1918 eine Motion für das Frauenstimmrecht ein. Die Motionen wurden in der Sommersession 1919 begründet, und so «stand das Frauenstimmrecht [erstmals] auf der Traktandenliste der eidgenössischen Legislative». Es kam jedoch zu keiner breiten politischen Debatte, «und die Motionen wurden nur in abgeschwächter, nichtimperativer Form überwiesen»[79] und lagen über Jahrzehnte unbehandelt beim Bundesrat.[80] Während also in Deutschland und Österreich und weiteren kriegführenden Ländern das Frauenstimmrecht nach dem Krieg eingeführt wurde, geschah in der Schweiz auf Bundesebene nichts dergleichen. Auf kantonaler Ebene schmetterten die Schweizer Männer das Frauenstimmrecht in sechs Abstimmungen ab, die zwischen 1919 und 1921 in Genf, Neuchâtel, Basel-Stadt, Zürich, Glarus und St. Gallen stattfanden, wobei es die Arbeiter fast noch wuchtiger verwarfen als das Bürgertum.[81] So wurde in Basel das Frauenstimmrecht 1920 im vornehmen St.-Alban-Quartier mit 77,9 Prozent und in den Kleinbasler Arbeiterquartieren mit einer Zweidrittelmehrheit abgelehnt, während aber in den bürgerlichen Mittelstandsquartieren dem Frauenstimmrecht überwiegend zugestimmt wurde.[82]

Es zeigte sich also einerseits, dass die Rechnung der bürgerlichen Frauen, ihr Engagement während des Kriegs würde die Erlangung neuer Rechte begünstigen, nicht aufging, und andererseits, dass die Frauenanliegen auch in der Arbeiterschaft nicht priorisiert wurden.[83] Die Gleichberechtigung von Mann und Frau und die Forderung nach dem Frauenstimmrecht waren in der sozialdemokratischen Partei formal verankert, doch zeigte sich in den Sektionen und im praktischen Umgang mit Frauenanliegen ein anderes Bild. Dass auch sozialdemokratische Männer nicht zwingend hinter dem Frauenstimmrecht standen und nicht erfreut waren über die Mitgliedschaft von Frauen in

73 Mesmer, Staatsbürgerinnen, 83.
74 Hardmeier, Frühe Frauenstimmrechtsbewegung, 194f.
75 Joris, Brot Geld und Frauenstimmrecht, in: Die Wochenzeitung, Dossier Generalstreik, 5.11.1998.
76 Frauenstimmrecht und seine Verwirklichung, in: Frauenzeitung der Züricher Post, Nr. 540, 23.11.1918. 1.
77 Amtliches stenographisches Bulletin der schweizerischen Bundesversammlung (Sten. Bull.), 12.11.1918, 416.
78 Sten. Bull., 13.11.1918. 155.
79 Hardmeier, Frühe Frauenstimmrechtsbewegung, 199.
80 Pesenti, Yvonne: Frauenstimmrecht, in: Historisches Lexikon der Schweiz (HLS), http://www.hls-dhs-dss.ch/textes/d/D10380.php (Version: 15.2.2015).
81 Zu den kant. Abstimmungen vgl. u.a.: Mesmer, Staatsbürgerinnen, 88–98.
82 Vgl. Woodtli, Susanna: Gleichberechtigung; der Kampf um die politischen Rechte der Frau in der Schweiz, Frauenfeld 1975, 150.
83 Zum Verhältnis der SP zu Frauenanliegen vgl. u.a.: Frei, Rote Patriarchen.

61 «Kein Frauenstimmrecht». Das Plakat des Basler Künstlers Niklaus Stoecklin im Stil der Neuen Sachlichkeit sollte deutlich machen, dass Muttersein nicht mit politischer Tätigkeit vereinbar sei.

62  Dora Hauth-Trachslers Plakat für das Frauenstimmrecht aus dem Jahr 1920 zeigt eine mythisch-heroische Frauengestalt auf einem Pferd mit einer Waage in der Hand. Eine Frau und ein Mann reichen sich die Hand – und halten die Waage im Gleichgewicht.

Frauen im Landesstreik

den Sektionen, äusserten sie zum Teil sehr deutlich. So meldete die SP-Frauengruppe Altstetten, dass der Präsident bei der Parteiversammlung im Januar 1919 ausgeführt habe, dass Frauen «nichts von Politik verstünden und in der Parteiversammlung nichts zu suchen hätten und gescheiter [...die] Haushaltung besorgen» sollten. Und es blieb nicht bei den Worten des «roten Patriarchen»; denn bei der in der Versammlung abgehaltenen Abstimmung wurden die Frauenstimmen nicht gezählt. Die Altstetter Frauen wandten sich mit dieser Geschichte an die Leserinnen und Leser der *Vorkämpferin* – um abschliessend festzuhalten: «Ob unsere Genossen, die zu solchen Machenschaften Hand bieten, politisch reifer sind als wir Frauen, das zu beurteilen überlassen wir den Lesern.»[84]

### Neue Streikräume und unscharfe Trennlinien – ein Fazit

Obwohl einige Fragen, wie die nach der Bedeutung von Streikbrecherinnen oder der Zusammenarbeit bürgerlicher und sozialdemokratischer Frauen in Notstandskommissionen offenbleiben, zeigt sich im vorliegenden Beitrag, wie eine frauenhistorische Perspektive auf den Landesstreik wichtige Erkenntnisse zutage fördern kann. Zum einen eröffnet diese Perspektive den Blick auf neue Streikräume: So waren auch die Küchen proletarischer Haushalte und Wälder ausserhalb der Stadt wichtige Räume des Landesstreiks und nicht nur die Strassen, Betriebe, Volkshäuser oder Ratssäle. Es wird deutlich, dass die organisierte Arbeiterschaft während des Landesstreiks sowohl auf die Beteiligung von Frauen bei Demonstrationen als auch auf ihre verschiedenen Aktivitäten im Bereich der Lebensmittelversorgung und der Kinderbetreuung angewiesen war. Die «reproduktive Streikarbeit» der Frauen war ein integraler Bestandteil des Streiks und hatte dementsprechend Einfluss auf seinen Ablauf. Zum anderen bringt die frauenhistorische Perspektive auch die unscharfen Trennlinien in Bezug auf die Klassendifferenzen während des Landesstreiks in den Blick. So werden Kooperationsversuche der bürgerlichen Frauen und eine teilweise Solidarisierung mit der Frauenstimmrechtsforderung sichtbar. Trotz klassenübergreifender Kooperationsversuche grenzte sich die Zürcher Frauenzentrale nach dem Streik aber deutlich von der Sozialdemokratie ab. Dadurch wird das ambivalente Verhältnis der bürgerlichen Frauen zwischen klassenübergreifenden Frauenanliegen, männlich konnotierter Parteienlogik und ihrer eigenen Position in der Klassengesellschaft sichtbar.

---

84 Aus den Frauengruppen, in: Vorkämpferin 2/14, 1.2.1919, 8.

# Eine «sperrige» Klasse

# Die bäuerliche Bevölkerung im Landesstreik

Juri Auderset, Peter Moser

Im Landesstreik kulminierten die sich im 19. Jahrhundert herausbildenden Konflikte zwischen Akteuren, die lediglich über ihre Arbeitskraft verfügten, und denjenigen, die mit dem Einsatz von Kapital und der Beschäftigung von Lohnarbeitenden Konsum- und Investitionsgüter herstellten. Repräsentiert wurden die Unternehmer durch die Wirtschaftsverbände und den Freisinn, die Arbeiter durch Berufsverbände, Gewerkschaften und zunehmend durch die junge Sozialdemokratie. Die sich im Verlauf des Ersten Weltkriegs zuspitzenden Konflikte und die Sprache, in der die Auseinandersetzungen verbalisiert wurden, waren zutiefst geprägt vom nahezu dichotomischen Gegensatz zwischen Arbeit und Kapital in der Industriegesellschaft. Diese verfügte erst ansatzweise über Erfahrung, wie sozioökonomische Konflikte durch Objektivierungsprozesse entschärft respektive verhandelbar gemacht und die in Aushandlungsprozessen erzielten Kompromisse staatlich sanktioniert werden konnten.

Der vorliegende Beitrag fragt danach, wie diese Konflikte, das Reden darüber und die daraus resultierenden politischen Aktionen im Umfeld des Landesstreiks von der bäuerlichen Bevölkerung wahrgenommen, kommentiert und zu beeinflussen versucht wurden. Dazu muss vorgängig geklärt werden, in welchem Verhältnis die Bauern und Bäuerinnen zu den Hauptkontrahenten – dem Bürgertum und der Industriearbeiterschaft – standen, welche Charakteristiken ihre sozioökonomische Lage prägten und welche politischen Ziele ihre Repräsentanten verfolgten. Denn Bauern waren gewissermassen Unternehmer und Arbeiter zugleich. In der auch für die schweizerischen Verhältnisse charakteristischen bäuerlichen Familienwirtschaft waren Arbeit und Kapital signifikant anders strukturiert als im Industriesektor. Der weitaus grösste Teil der Bauernbetriebe wurde ausschliesslich durch Familienmitglieder bewirtschaftet. Familienfremde Arbeitskräfte stellten eine kleine Minderheit dar, die aber am gleichen Tisch ass und im gleichen Haushalt wohnte wie diejenigen, für die sie arbeiteten. Und Bauer und Bäuerin bildeten ein «Arbeitspaar», ohne das ein Betrieb auf die Dauer in der Regel nicht überleben konnte.[1]

Diese sich im Wesentlichen aus der Nutzung lebender Ressourcen ergebenden agrarischen Eigenheiten gilt es zu berücksichtigen, wenn nach dem Verhalten der bäuerlichen Bevölkerung im Landesstreik gefragt wird. Daher wird der Untersuchung eine Kontextualisierung der bäuerlichen Landwirtschaft in der Industriegesellschaft und eine Rekapitulation der bisherigen historiografischen Narrative zum Verhalten der Bauern im Landesstreik vorangestellt. Dies ermöglicht im Hauptteil eine angemessene Interpretation der bäuerlichen Stimmen und Handlungsweisen in der Eskalation des Konflikts zwischen Bürgertum und Arbeiterschaft im November 1918.

### An «awkward class»

In seinem Buch zur Rolle der Bauern in der Industrialisierung hat der Soziologe Teodor Shanin die bäuerliche Bevölkerung als «awkward class» bezeichnet,[2] eine Charakterisierung, die sich auch zur Analyse der vielschichtigen und ambivalenten bäuerlichen Perspektiven auf den Landesstreik als hilfreich erweist. Doch was genau ist mit der Metapher der «awkward class» gemeint? Als «schwierig, sperrig und renitent» nahm Shanin interessanterweise nicht nur die bäuerliche Bevölkerung wahr, sondern auch die begrifflichen Instrumente der Sozialwissenschaften, die ihm zur Analyse des Verhaltens und Denkens der bäuerlichen «Klasse» zur Verfügung standen. Als «awkward class» erschienen die Bauern dem Soziologen zunächst, weil sie offensichtlich eine «Klasse Überlebender» waren, welcher seit der Mitte des 19. Jahrhunderts kaum mehr ein Überleben zugetraut worden war.[3] Angesichts der als alternativlos in die Zukunft extrapolierten Wahrnehmung der zunehmenden Arbeitsteilung, des Ausgreifens von Tauschbeziehungen, der steigenden Kapitalakkumulation und des technologisch-industriellen Fortschritts machte sich in allen Industriegesellschaften die Erwartung breit, dass die vielfältigen bäuerlichen Wirtschafts- und Lebensformen von einem gleichen sozioökonomischen Polarisierungsprozess geformt würden wie das Gewerbe und die Industrie. Am Ende dieser Entwicklung steht schliesslich, so die Vorstellung, auch in der Landwirtschaft eine kleine Zahl kapitalistischer Unternehmer einem Heer proletarisierter Landarbeiterinnen und Landarbeiter gegenüber. Die bäuerliche Bevölkerung als distinkte soziale Gruppierung würde unter den gesellschaftlichen Desintegrationskräften des modernen Industriekapitalismus verschwinden – da waren sich liberale und marxistische Prognostiker auch angesichts der kompensatorisch bemühten «imagologischen Bastelei» an einer Bauernstaatsideologie einig.[4]

---

1 Vgl. Wunder, Heide: «Er ist die Sonn', sie ist der Mond.» Frauen in der Frühen Neuzeit, München 1992.

2 Shanin, Teodor: The Awkward Class. Political Sociology of Peasantry in a Developing Society. Russia 1910–1925, Oxford 1972.

3 Berger, John: SauErde. Geschichten vom Lande, Frankfurt a. M. 1984, 267; Moser, Peter: Unterschiedliche Entfaltungsmöglichkeiten. Stadt und Land in Irland und der Schweiz 1800–1989, in: Kersting, Franz-Werner/Zimmermann, Clemens (Hg.), Stadt-Land Beziehungen im 20. Jahrhundert, Paderborn 2015, 289–322.

4 Vgl. zu dieser Erwartung Le Roy Ladurie, Emmanuel: Peasants, in: Burke, Peter (Hg.), The New Cambridge Modern History, Vol XIII (Companion Volume), Cambridge 1979, 115–163; Marchal, Guy P.: Das «Schweizeralpenland». Eine imagologische Bastelei, in: Marchal, Guy P./Mattioli, Aram (Hg.), Erfundene Schweiz. Konstruktionen nationaler Identität, Zürich 1992, 37–49; Siegenthaler, Hansjörg: Hirtenfolklore in der Industriegesellschaft. Nationale Identität als Gegenstand von Mentalitäts- und Sozialgeschichte, in: Marchal/Mattioli, Erfundene Schweiz, 23–35.

Doch es kam anders – nicht zuletzt als Folge der im letzten Drittel des 19. Jahrhunderts einsetzenden Globalisierung des Handels mit Nahrungs- und Futtermitteln. Denn nicht die Lohnarbeiter beschäftigenden Grossbetriebe waren in den europäischen Industriestaaten in der Lage, der Konkurrenz aus Billiglohnländern zu trotzen, sondern vor allem Familienbetriebe. In der bäuerlichen Familienwirtschaft verrichteten die Eigentümer auch einen wesentlichen Teil der Arbeit, und um organisatorisch selbstständig zu bleiben, akzeptierten die Familien sowohl ein geringeres Kapital- wie auch Arbeitseinkommen. Am Ende des 19. Jahrhunderts, so argumentiert der Agrarsoziologe Niek Koning, «zog sich das Kapital aus der direkten landwirtschaftlichen Unternehmerschaft zurück. Die Landwirtschaft wurde den Arbeitskräften selbst überlassen. Der Proletarisierungsprozess wurde wieder umgekehrt – Landarbeiter wurden wieder Bauern. Der Familienbetrieb wurde nicht nur erhalten: er kam nun viel allgemeiner vor als vorher.»[5]

Die Vitalität und Anpassungsfähigkeit der bäuerlichen Familienökonomie und das partielle Scheitern des Agrarkapitalismus irritierten nicht nur die fortschrittsgläubigen Zeitgenossen, sondern – bis heute – auch die Sozial- und Geschichtswissenschaften, die diese «Überlebenskultur» retrospektiv zu begreifen versuchen.[6] Die Bauern werden deshalb als «awkward class» wahrgenommen, weil sie sich den herkömmlichen analytischen Begriffsrastern entziehen, welche die Sozialwissenschaften in erster Linie an den gesellschaftlichen Strukturen und Konfliktlinien der Industriegesellschaften modellieren.[7] Die Begriffe, die zur Analyse bäuerlichen Denkens und Handelns benützt werden, so Shanin, «have been transferred uncritically from the analysis of a qualitatively different urban capitalist society and, time and time again, they have acted as blinkers rather than sources of illumination».[8] Oder wie es der französische Agrarsoziologe Henri Mendras formulierte: «Dans un pays capitaliste aucune des catégories élémentaires qui permettent de définir la situation de chacun n'est applicable au paysan.»[9] Auch in der Schweiz war die Bauernschaft kein «Stand» im historischen und keine «Klasse» im modernen Sinn. Bauern waren weder kapitalistische Unternehmer noch Arbeiter, die Bäuerinnen weder Geschäfts- noch Hausfrauen und die landwirtschaftlichen Dienstboten nicht «freie» Lohnarbeiter.[10] Die Konflikt- und Herrschaftsbeziehungen, welche die Sozial- und Geisteswissenschaften in der Regel *zwischen* den sozialen Klassen identifizieren, durchschneiden die bäuerliche Familienökonomie selbst.[11]

Dies gilt es zu beachten, wenn nach den Handlungs- und Deutungsmustern der bäuerlichen Bevölkerung während des Landesstreiks gefragt wird. Denn im Kulminationspunkt des Konflikts zwischen Arbeit und Kapital, zwischen Arbeiterbewegung und Bürgertum standen die Bauern quer zu fast allen zentralen Kategorien. Vom eigentlichen Konflikt (in den städtischen Zentren) waren sie nur am Rande unmittelbar betroffen. Der einzige der neun Punkte des Oltener Aktionskomitees (OAK), der direkt an die Bauern gerichtet war, schlug lediglich vor, die «Sicherung der Lebensmittelversorgung» im «Einvernehmen mit den landwirtschaftlichen Produzenten» durchzuführen.[12] Dennoch gerieten sie aufgrund ihrer Funktion als Nahrungsmittelproduzenten für die nichtbäuerliche Bevölkerung ins Zentrum des Konflikts. Sowohl für die von den Streikenden bekämpfte als auch für die von ihnen angestrebte neue Gesellschaft waren sie von mehr als nur aktuellem Interesse. Es ging immer auch um die grundlegende Frage, in welchem Verhältnis die bäuerliche Bevölkerung zum Bürgertum, zur organisierten Arbeiterschaft und zu den Behörden *nach* dem Streik stehen würde.

Der Blick auf den Landesstreik aus der Perspektive der «awkward class» der Bauern fördert die komplexe Realität der bäuerlichen Bevölkerung innerhalb der Strukturen und Konfliktfelder der Industriegesellschaft zutage und macht die viel-

---

5 Koning, Niek: Bauern, Markt und Staat. Evolution der Landwirtschaft im Kapitalismus und der neoliberale Angriff auf die Agrarpolitik der EG, in: Gödde, Hugo/Voegelin, Dieter (Hg.), Für eine bäuerliche Landwirtschaft, Kassel 1988, 72–84, hier 75; vgl. auch ders.: The Failure of Agrarian Capitalism. Agrarian Politics in the UK, Germany, the Netherlands and the USA, 1846–1919, London 1994.
6 Berger, SauErde, 280.
7 Vgl. Giordano, Christian: Die vergessenen Bauern. Agrargesellschaften als Objekt sozialwissenschaftlicher Amnesie, in: ders./Hettlage, Robert (Hg.), Bauerngesellschaften im Industriezeitalter. Zur Rekonstruktion ländlicher Lebensformen, Berlin 1989, 9–27.
8 Shanin, The Awkward Class, 6.
9 Mendras, Henri: Sociologie de la campagne française, Paris 1959, 113.
10 Vgl. Moser, Peter: Der Stand der Bauern, Frauenfeld 1994, 398; ders.: Kein Sonderfall. Entwicklung und Potenzial der Agrargeschichtsschreibung in der Schweiz im 20. Jahrhundert, in: Bruckmüller, Ernst u. a. (Hg.), Agrargeschichte schreiben, Innsbruck 2004, 132–153.
11 Vgl. Crignon, Claude: Le paysan inclassable, in: Actes de la recherche en sciences sociales 1/4 (1975), 82–87.
12 Vgl. Moser, Peter: Kein umstrittenes Thema mehr? Die Ernährungsfrage im Landesstreik 1918, in: Krämer, Daniel u. a. (Hg.), «Woche für Woche neue Preisaufschläge». Nahrungsmittel-, Energie- und Ressourcenkonflikte in der Schweiz des Ersten Weltkrieges, Basel 2016, 83–110.

schichtigen Wahrnehmungs-, Deutungs- und Verhaltensmuster der Bauern und Bäuerinnen sichtbar. Zudem ermöglicht dieser Blick auch eine Differenzierung der dominierenden historiografischen Narrative über die Bauern im Landesstreik – die das Thema des ersten Abschnitts sind. Im zweiten Abschnitt werden die bäuerlichen Wahrnehmungs- und Deutungsmuster skizziert, und es wird nach den politischen Handlungsoptionen gefragt, die der Bauernschaft im November 1918 offenstanden. Nach einer Reflexion über die Folgen des Landesstreiks für die bäuerliche Bevölkerung und die Ernährungswirtschaft nach 1918 fragt der Beitrag abschliessend danach, welche Rolle die im Landesstreik engagierten Akteure in der neuen Agrar- und Ernährungspolitik der Zwischenkriegszeit einnahmen.

## Historiografische Narrative über «die Bauern» im Landesstreik

In der Forschung zur Rolle der bäuerlichen Bevölkerung im Landesstreik dominieren drei Sichtweisen. Zuerst wurden «die Bauern» als Speerspitze zur Abwendung eines revolutionären, angeblich von Sowjetrussland gesteuerten Umsturzversuchs gedeutet. Dieses unmittelbar im Anschluss an den Landesstreik entstandene Narrativ wurde in der Geistigen Landesverteidigung gepflegt und ging mit der Essenzialisierung eines vermeintlich genuin-antisozialistischen Charakters der Bauernschaft einher. Verbunden wurde diese Sichtweise mit der ebenso wirkmächtigen diskursiven Konstruktion einer Symbiose von Bauern- und Soldatentum.[13] Im zweiten, das erste Deutungsmuster mehr überlagernden als ersetzenden Narrativ wurde betont, dass die Bauern für die angeblich revolutionären Absichten der Streikleitung nicht hätten mobilisiert werden können. An die Stelle einer aktiven Unterdrückung des Streiks trat eine passive, mehr auf imaginierte bäuerliche Ideale als die sozioökonomischen Verhältnisse der bäuerlichen Bevölkerung zurückgeführte Verweigerung der Streikunterstützung. So schrieb Edgar Bonjour schon 1938, das OAK habe einsehen müssen, dass «der schweizerische Bauer, entgegen dem russischen, für den sozialen Umschwung» nicht habe gewonnen werden können; und noch Mitte der 1970er-Jahre sprach Peter Dürrenmatt davon, das OAK habe in einer «taktischen Fehleinschätzung» übersehen, «dass es in der Schweiz keine Einheitsfront der ‹Bauern und Arbeiter›» gegeben habe.[14]

Bezeichnenderweise blieben diese beiden Interpretationen in der schweizerischen Geschichtsschreibung auch dann noch wirkmächtig, als man im Anschluss an Willi Gautschis Untersuchungen den revolutionären Charakter des Streiks zu dekonstruieren begann.[15] In diesem dritten Narrativ, in dem sich die historiografischen Verschiebungen von politik- zu sozial- und wirtschaftshistorischen Erkenntnisinteressen spiegeln, wurden «die Bauern» nicht nur von politisch-militärischen in wirtschaftlich-soziale «Kriegsgewinnler» umgedeutet, sondern sogar zu den «eigentlichen Siegern des krisenhaften Umbruchs von 1918» erklärt.[16] Diese Einschätzung ging nahtlos mit der Charakterisierung der Bauern als angeblich treibende Kräfte eines während des Weltkriegs stattfindenden sozioökonomischen Deprivations- und politischen Eskalierungsprozesses einher. Nach dieser Lesart nutzten nicht primär Industrielle, Kapitalisten und Behörden als Arbeitgeber Arbeiter und Beamte aus, sondern Bauern mit «Wucherpreisen», der Hortung von Lebensmitteln und deren Export ins Ausland. Zugleich hätten die Bauern auch von der staatlichen Unterstützung des Mehranbaus profitiert, phänomenale Kriegsgewinne erzielt und sich dem Bürgertum als «une sorte d'assurance contre la révolution sociale» und «rechter Stützpfeiler» des «Bürgerblocks» zur Verfügung gestellt.[17]

---

13 Vgl. Der Landesstreik vor dem Nationalrat, Reden der Abgeordneten Ernst Feigenwinter und Jean-Marie Musy, Luzern 1919, 3; vgl. hierzu auch Mooser, Josef: Die «Geistige Landesverteidigung» in den 1930er-Jahren. Profile und Kontexte eines vielschichtigen Phänomens der schweizerischen politischen Kultur in der Zwischenkriegszeit, in: Schweizerische Zeitschrift für Geschichte 47 (1997), 685–708.

14 Bonjour, Edgar: Geschichte der Schweiz im 19. und 20. Jahrhundert, in: Nabholz, Hans u. a. (Hg.), Geschichte der Schweiz, Zürich 1938, 651; Dürrenmatt, Peter: Schweizer Geschichte, Band 2, Zürich 1976, 798.

15 Vgl. Gautschi, Willi: Der Landesstreik 1918, 3. Auflage, Zürich 1988; Jost, Hans-Ulrich: Der historische Stellenwert des Landesstreiks, in: Gautschi, Landesstreik, I–XV. Ruffieux, Roland: La Suisse de l'entre-deux-guerres, Lausanne 1974, 49–72.

16 Ernst, Andreas/Wigger, Erich: Die neue Schweiz? Eine Gesellschaft zwischen Integration und Polarisierung (1910–1930), Zürich 1996, 16.

17 Walter, François: Histoire de la Suisse. La création de la Suisse moderne (1830–1930), Neuenburg 2010, 132; vgl. hierzu auch Chevalley, Bernard: L'attitude des organisations paysannes. L'Union Suisse des Paysans et La Société d'Agriculture du Canton de Zurich, in: Vuilleumier, Marc u. a., La grève générale de 1918 en Suisse, Genève 1977, 211–254, hier 216; Junker, Beat: Die Bauern auf dem Weg zur Politik. Die Entstehung der bernischen Bauern-, Gewerbe- und Bürgerpartei, Bern 1968, 86; Wigger, Erich: Krieg und Krise in der politischen Kommunikation. Vom Burgfrieden zum Bürgerblock in der Schweiz 1910–1922, Zürich 1997, 164–168; Jost, Hans-Ulrich: Tradition und Modernität in der SVP, in: Traverse. Zeitschrift für Geschichte 14/1

Es ist bemerkenswert, dass alle drei auch ausserhalb der professionellen Geschichtsschreibung populär gewordenen Narrative die in der Landwirtschaft tätige Bevölkerung als ausgesprochen homogene Sozialformation konzeptualisieren, obwohl sich die Bauernschaft in dieser Hinsicht gerade durch eine grosse Diversität auszeichnete. Winzerinnen, Hirten und Ackerbäuerinnen nutzten zwar alle Tiere und Pflanzen, aber sie taten dies unter ganz unterschiedlichen klimatischen, topografischen und kulturellen Bedingungen. Zudem zeigt allein schon ein Blick auf die Statistik der Betriebsgrössen, dass auch die besitz- und eigentumsmässigen Voraussetzungen extrem disparat waren, bewirtschafteten doch rund 40 Prozent aller Betriebsleiter Höfe, die auch in den Augen des Bauernverbands keine ökonomische Zukunft hatten.[18] Die Homogenisierung von Höfen und Menschen korrespondiert bezeichnenderweise mit der gängigen, historisch jedoch obskuren Rede vom «Bauernstand» im Kollektivsingular und geht davon aus, dass sich um die Jahrhundertwende ein einheitlicher Bauern- und Bürgerblock herausgebildet hatte.

Die naturräumlichen Voraussetzungen, materiellen Grundlagen, kulturellen Wahrnehmungsmuster und politischen Handlungsrepertoires der bäuerlichen Akteurinnen und Akteure waren jedoch bedeutend eigenständiger, vielschichtiger, dynamischer und widersprüchlicher. Daher sind in den letzten Jahren neue Erkenntnisinteressen über das Verhältnis von Bauernschaft und industriekapitalistischer Gesellschaft formuliert und alternative Interpretationen entwickelt worden, die auch für die Frage nach dem Verhalten der bäuerlichen Bevölkerung während des Landesstreiks relevant sind.[19] Zusammen mit neu erschlossenen Quellenbeständen aus dem Agrarbereich ermöglicht dies nicht nur, die Vielfalt der Denkmuster und Verhaltensweisen im bäuerlichen Lager sichtbar zu machen, sondern auch alternative Wahrnehmungs- und Deutungsmuster der Agrar- und Ernährungsfrage – sowohl im sozialistischen als auch im bürgerlichen Milieu – ins Blickfeld der Historiografie zu rücken.[20]

Vor, während und nach dem Streik fanden über die gängigen Milieugrenzen hinweg bemerkenswerte Lernprozesse statt, die zuerst zu einer Erschütterung, dann Ausdifferenzierung und schliesslich Neuformulierung der teilweise schon vor dem Krieg infrage gestellten agrar- und ernährungspolitischen Ordnungsvorstellungen führten. Die Ernährungskrise von 1917/18 und der Landesstreik brachten eine Offenheit und Kontingenz hervor, die viel zur Entstehung neuer Denkhorizonte und Zukunftsperspektiven beitrugen. Rekombiniert und transnational justiert führten diese in der Zwischenkriegszeit zu einer substanziell reformierten Agrar- und Ernährungsordnung, in der Landesstreikveteranen wie Ernst Nobs, Robert Grimm oder Fritz Marbach eine nicht unwesentliche Rolle spielten. Diese neue Ordnung veränderte den Alltag der bäuerlichen Bevölkerung grundlegender als die vor allem an industriell-gewerblichen Verhältnissen orientierten sozialpolitischen Reformen, die im Gefolge des Landesstreiks breit diskutiert und teilweise auch umgesetzt wurden.[21]

### Bäuerliche Perspektiven auf den Landesstreik

Die aus einer Industrieperspektive betrachtet «eigentümliche» sozioökonomische Lage der bäuerlichen Bevölkerung brachte diese in ein zwischen Nähe und Distanz, Zustimmung und Widerspruch oszillierendes Verhältnis zu den Hauptakteuren des Landesstreiks, Bürgertum und Arbeiterschaft. Die

---

18 Vgl. Baumann, Werner/Moser, Peter: Bauern im Industriestaat. Agrarpolitische Konzeptionen und bäuerliche Bewegungen in der Schweiz, 1918–1968, Zürich 1999, 478.

19 Vgl. Auderset, Juri/Moser, Peter: Krisenerfahrungen, Lernprozesse und Bewältigungsstrategien. Die Ernährungskrise von 1917/18 als agrarpolitische «Lehrmeisterin», in: David, Thomas u. a. (Hg.), Krisen – Ursachen, Deutungen und Folgen, Zürich 2012, 133–149; Moser, Peter: Mehr als eine Übergangszeit. Die Neuordnung der Ernährungsfrage während des Ersten Weltkriegs, in: Rossfeld, Roman u. a. (Hg.), 14/18. Die Schweiz und der Grosse Krieg, Baden 2014, 172–199; Moser, Kein umstrittenes Thema mehr? (2007). 25–44, hier 28f. Rossfeld, Roman/Straumann Tobias: Zwischen den Fronten oder an allen Fronten? Eine Einführung, in: dies. (Hg.), Der vergessene Wirtschaftskrieg. Schweizer Unternehmen im Ersten Weltkrieg, Zürich 2008, 11–59, hier 43; Labhardt, Robert: Krieg und Krise. Basel 1914–1918, Basel 2014, 209–211; Bürgi, Markus: Weltkrieg, Erster. Soziales, in: Historisches Lexikon der Schweiz (HLS), http://www.hls-dhs-dss.ch/textes/d/D8926.php (Version: 11.1.2015). Für teilweise kritische Perspektiven dazu, vgl. Baumann, Werner: Wie rechts stehen die Bauern? Kontinuität und Diskontinuität in Ernst Laurs Bündnispolitik, in: Ernst; Wigger (Hg.), Die neue Schweiz? 193–214, hier 207f; Jaun, Rudolf/Straumann, Tobias: Durch fortschreitende Verelendung zum Generalstreik? Widersprüche eines populären Narrativs, in: Der Geschichtsfreund. Mitteilungen des Historischen Vereins Zentralschweiz 169 (2016), 19–51.

20 Vgl. hierzu das AfA-Online-Portal Quellen zur Agrargeschichte, http://www.sources-histoirerurale.ch/afa/.

21 Vgl. Moser, Peter: Die Agrarproduktion. Ernährungssicherung als Service public, in: Halbeisen, Patrick u. a. (Hg.), Wirtschaftsgeschichte der Schweiz im 20. Jahrhundert, Basel 2012, 568–628.

Bauern befanden sich nicht nur sozioökonomisch betrachtet quer zur gängigen Struktur der kapitalistischen Industriegesellschaft, sondern auch politisch in einer ambivalenten Situation, die durch die Nahrungsmittelknappheit zudem besonders exponiert wurde. Die politische Sprengkraft, die der Mangel an Nahrungsmitteln im Vorfeld des Landesstreiks entwickelt hatte, katapultierte diejenigen ins Zentrum des Konflikts, die diese Nahrungsmittel produzierten. Angesichts dieser komplexen Lage ist es nicht verwunderlich, dass die Diskussionen, die in der landwirtschaftlichen Presse über den Landesstreik geführt wurden, kaum jener monolithischen Haltung entsprechen, welche die populär gewordenen Metaphern von «Bauern*stand* und Bürger*block*» oder «Bürger- und Bauern*block*» suggerieren. Auch der Topos, wonach sich im Kontext des Landesstreiks mit Ernst Laur, dem international renommierten Agronomen, der in der Schweiz als Direktor des Bauernverbands und Professor an der ETH wirkte, ein «orientierungssicherer» Bauernführer etabliert habe, der «die freisinnige Verzagtheit» ausgenutzt habe, um die «ideologische Agrarisierung der Schweiz»[22] erfolgreich voranzutreiben, überzeugt weder im Licht der zeitgenössischen Quellen noch mit Blick auf die Entwicklung nach dem Landesstreik. Dominiert haben im bäuerlichen Lager vielmehr Ambivalenzen, Deutungskonflikte und ungewisse Zukunftserwartungen.

Lebensweltlich war der Akt des Streikens der bäuerlichen Bevölkerung fremd und vertraut zugleich. Fremd, weil ein wesentlicher Teil der Produktionsmittel den Bauern selbst gehörte, sodass eine Niederlegung der Arbeit für sie gerade keine «Waffe der Arbeit» darstellte.[23] Zudem bestanden die bäuerlichen Produktionsmittel primär aus Tieren und Pflanzen, biotischen Ressourcen also, die aufgrund ihrer Vitalität kaum bestreikt werden konnten, ohne dass sie darunter litten und monetär an Wert verloren. Trotzdem betrachtete auch die bäuerliche Bevölkerung den Streik als legitimes Mittel in den Auseinandersetzungen mit den Käufern ihrer Produkte, wie allein schon ein Blick auf die bäuerliche Protestkultur und die «Milchkriege» im 20. Jahrhundert deutlich macht.[24] Dass die Arbeiterschaft zum Mittel des Streiks griff, um Lohnverhandlungen zu erzwingen, wurde im bäuerlichen Milieu durchaus als legitim angesehen. Die Arbeiter «sölle streike, dass sie meh Lohn überchöme», erklärte 1911 ein Bauer auf die Frage nach den Handlungsmöglichkeiten der Fabrikarbeiter zur Verbesserung ihrer Situation.[25] Und auch im Nachgang zum Landesstreik gaben Landwirte zu bedenken, dass «die Berechtigung der Arbeiter, Streik zu erklären, wenn sie nicht den richtigen, gebührenden Lohn» erhielten, anzuerkennen sei. Wenn der Landesstreik im bäuerlichen Milieu trotzdem abgelehnt wurde, dann deshalb, weil man ihn grossmehrheitlich als «Einleitung zur Revolution» deutete.[26]

### Die Ernährungsfrage als Revolutionsparadigma und Aushandlungsgegenstand

Die im bäuerlichen Lager weitverbreitete Interpretation des Landesstreiks als Revolutionsauftakt durch «Radikalsozialisten» und «Bolschewisten» basierte nicht auf den konkreten ernährungspolitischen Forderungen der Streikleitung, die ihre diesbezüglichen Anliegen in einem bemerkenswert konzilianten Ton vortrug. Ausgangspunkt war vielmehr eine seit der Jahrhundertwende von Exponenten der Streikleitung wie Fritz Platten propagierte sozialistische Zukunftsvorstellung, die vom Verschwinden der «Bauernklasse»[27] und dem Aufgehen der selbstständigen Höfe in grossen Staatsbetrieben ausging. Führende Repräsentanten der Bauern wie Ernst Laur und Hans Moos teilten die Exponenten der SP in agrarpolitischen Fragen seit dem frühen 20. Jahrhundert in doktrinäre Anhänger des Erfurter Programms der SPD und reformorientierte Vertreter wie Herman Greulich ein.[28] Pflegten sie mit letzteren einen Dialog und strebten mit ihnen eine erspriessliche Zusammenarbeit an,

---

22   Ernst/Wigger, Die neue Schweiz, 17.
23   Vgl. Koller, Christian: Nicht-Arbeit als Waffe der Arbeit. Arbeit und Arbeitskampf in helvetischen Streikdiskursen, in: Bernet, Brigitta/Tanner, Jakob (Hg.), Ausser Betrieb. Metamorphosen der Arbeit in der Schweiz, Zürich 2015, 239–257.
24   Vgl. Wolf, Eric R.: Peasant Wars in the Twentieth Century, London 1969. Zu den Milchkriegen vgl. Moser, Peter/Brodbeck, Beat: Milch für alle. Bilder, Dokumente und Analysen zur Milchwirtschaft und Milchpolitik in der Schweiz im 20. Jahrhundert, Baden 2007, 54–91.
25   Aeschlimann, Arthur: Bauer und Arbeiter, in: Neue Wege. Blätter für religiöse Arbeit 5 (1911), 9–25, hier 14.
26   Der ostschweizerische Landwirt, 1.2.1919, 70f.
27   Ammann, Jakob: Der zürcherische Bauernbund (1891–1904). Ein Beitrag zur Bauernbewegung im Kanton Zürich, Zürich 1925, 50.
28   Vgl. bspw. Mitteilungen der Gesellschaft Schweizerischer Landwirte 6 (Dezember 1908), 2–29.

# Ernst Laurs Vorschläge zur Prävention und Repression zukünftiger Generalstreiks

Juri Auderset, Peter Moser

Wie eng Reformbereitschaft und Ablehnung des Landesstreiks im bäuerlichen Milieu zuweilen verknüpft waren, illustriert nicht zuletzt die Haltung Ernst Laurs, der an der ETH eine Professur für landwirtschaftliche Betriebslehre innehatte, als Direktor des Schweizerischen Bauernverbandes (SBV) amtete und dem Schweizerischen Bauernsekretariat, der wissenschaftlichen Abteilung des SBV, vorstand. Laur deutete den Landesstreik einerseits als Versuch eines «revolutionären Umsturzes». Mit Stolz verkündete er unmittelbar nach dem Streik, dass die «Flugblätter der Bolschewiki» an den «Bataillonen des Landvolkes»[1] wirkungslos abgeprallt seien, und machte dem Bundesrat konkrete Vorschläge, wie künftig ein Generalstreik via Gesetzgebung verhindert werden könnte.[2] Andererseits erklärte Laur im April 1919, dass es mit «dem Bändigen der Revolution» nicht getan sei. Nun müssten «alle, die guten Willens» seien, sich als «Wegsucher» «am Aufbau der neuen Zeit» beteiligen.[3] Konkret schlug Laur vor, dass der Staat den «Schutz des Arbeiters in Bezug auf Lohn, Arbeitszeit, Versicherung usw.» übernehmen, die Arbeiter «durch Akkordlöhne» und eine «richtig organisierte Gewinnbeteiligung» am Erfolg der Unternehmen beteiligen und die Unternehmergewinne «durch angemessene Steuern» beschneiden solle. Es sei möglich und entspreche «der Steuergerechtigkeit», dass diese Grossbetriebe einmal einer staatlichen Buchhaltungskontrolle unterworfen werden, und dass durch Öffnen der Bankgeheimnisse die Steuerdefraudation durchgehend verhindert wird», schrieb er. Die «zu grossen Vermögen» sollten durch «Erbschaftssteuern» beschnitten werden; mit dem so gewonnenen Geld könnten Sozialwerke wie «Kranken-, Unfall-, Alters-, Invaliden- und Hinterlassenenversicherungen» ausgebaut und Institutionen «zur Erleichterung der Ausbildung tüchtiger Söhne und Töchter von Minderbemittelten» geschaffen werden. Auf diesem Weg werde es «möglich sein, den sozialen Ausgleich durchzuführen», ohne dass eine «Verminderung der Produktivität der Arbeit» eintreten würde, wie dies «ein Umsturz nach russischem Muster» nach sich gezogen hätte, schrieb Laur. Für ihn war die schweizerische Volkswirtschaft reich genug, «um ein solches Sozialwerk in ausgiebiger Weise zu speisen». Weil er davon ausging, dass die «Radikal-Sozialisten» dem Staat «die Mittel zur Deckung der Kosten» aus politischen Gründen aber verweigern würden, schlug er gleichzeitig vor, «mit dem Grundsatz der Versicherung in der Verfassung auch die Finanzierung» zu ordnen. Konkret regte er an, direkte Steuern «auf den grösseren Vermögen und Einkommen» zu erheben.

Dass Laurs politischer Einfluss nach dem Landesstreik eher ab- als zunahm,[4] zeigt sich auch daran, dass seine Vorschläge nicht einem «galop social»[5] zum Durchbruch verhalfen, sondern vielmehr zu einem Bestandteil der sozialpolitischen «Experimentations- und Formulierungsphase» der Zwischenkriegszeit wurden.[6] Laur konnte nicht verhindern, dass sich sein Verband 1924 für die Erhöhung der wöchentlichen Arbeitszeit in der Industrie aussprach. Obwohl er 1919 geschrieben hatte, «wir können und dürfen uns der Einsicht nicht verschliessen, dass die Arbeiterschaft […] den Achtstundentag will und verlangt»,[7] trug er den Entscheid der SBV-Delegierten loyal mit – auch weil er nun befürchtete, dass der Achtstundentag auf die bäuerliche Lebenswelt ausgedehnt werden sollte, obwohl die Arbeitszeiten hier saisonal stark variierten und viel eher durch Mussezeit überlagert als von Freizeit abgelöst wurden.

---

1  Schweizerisches Bundesarchiv (BAR), Nachlass Ernst Laur, Dossier J1.123#1979/224#354*, Laur, Ernst: Der Generalstreik und die Revolution der Bundesangestellten (Manuskript).
2  Vgl. Baumann, Werner: Bauernstand und Bürgerblock. Ernst Laur und der schweizerische Bauernverband 1897–1918, Zürich 1993, 351; Gautschi, Willi: Dokumente zum Landesstreik 1918, Zürich 1971, 373–377.
3  Laur, Ernst: Zukunftsfragen der schweizerischen Politik, in: Mitteilungen der Gesellschaft schweizerischer Landwirte, 1919, 111–132, hier 118–127.
4  Baumann, Werner/Moser, Peter: Bauern im Industriestaat. Agrarpolitische Konzeptionen und bäuerliche Bewegungen in der Schweiz, 1918–1968, Zürich 1999, 198–203.
5  Ruffieux, Roland: La Suisse de l'entre-deux-Guerres, Lausanne 1974, 85.
6  Studer, Brigitte: Soziale Sicherheit für alle?, in: dies. (Hg.), Etappen des Bundestaates. Staats- und Nationsbildung der Schweiz, 1848–1998, Bern 1998, 159–186, hier 162.
7  Laur, Zukunftsfragen der schweizerischen Politik, 123.

erblickten sie in den orthodoxen Marxisten eher eine fundamentale Bedrohung als einen Partner für punktuelle Zusammenarbeit.[29] Vor diesem Hintergrund deutete man den Landesstreik primär als revolutionäres Ereignis, das den «Radikalsozialisten» zur Realisierung ihrer Ideen dienen sollte, die an der Urne nicht mehrheitsfähig waren. Laur klagte schon im Frühling 1917, dass die «Sozialanarchisten» nun die Frage der «Lebensmittelpreise in den Mittelpunkt ihrer Bewegung» stellen würden, um doch noch «die politische Herrschaft» zu erringen, die ihnen wegen der fehlenden Unterstützung durch die Arbeiterschaft bisher versagt geblieben sei.[30]

Diese bereits seit den Auseinandersetzungen um die Frage des Zolltarifs zu Beginn des Jahrhunderts in beiden Lagern eingeschliffenen Wahrnehmungsmuster erfuhren mit der Eskalierung der ernährungspolitischen Rhetorik im Ersten Weltkrieg teilweise eine neue Aktualität. Und diese hallte auch im Landesstreik noch nach, obwohl gegen Kriegsende bereits Kräfte wirkten, die das Verbindende und nicht das Trennende zwischen Bauern und Arbeitern in den Vordergrund schoben. Robert Grimm und die sozialdemokratischen Presseorgane hatten die anfänglich mehr antizipierten als realen Versorgungsschwierigkeiten sowie die in der Tat rasch sinkende Kaufkraft der Arbeiterschaft schon kurz nach Ausbruch des Weltkriegs zur Skandalisierung der politischen Ausgrenzung der Sozialdemokratie zu instrumentalisieren versucht. Was 1914/15 noch ein geringes Echo auslöste, erwies sich 1917, als der Mangel real wurde, zunehmend als probates Mittel zur Anprangerung des politischen Ausschlusses der Sozialdemokratie aus dem bürgerlichen Staat. Die politische Hebelwirkung, welche die Ernährungsfrage nun beinhaltete, trug viel dazu bei, dass die sozialdemokratische Presse ab dem Herbst 1917 «die Bauern» pauschal als «Preistreiber», «Kriegsgewinnler» und «Ausbeuter» zu diskreditieren begann.[31]

Diese Eskalation benutzten die Repräsentanten der bäuerlichen Bevölkerung ihrerseits, um von den Schwierigkeiten abzulenken, die sich mit der Übertragung quasi-hoheitlicher Versorgungsfunktionen an die Milchverbände im Frühling 1916 zwischen diesen und ihrer Basis ergeben hatten. So stiessen die Bestrebungen des Zentralverbands Schweizerischer Milchproduzenten und der Käseunion, mit dem Gewinn aus dem Käsehandel den Konsummilchpreis schweizweit einheitlich unter dem Weltmarktpreis zu halten, namentlich in denjenigen ländlichen Gebieten auf Unverständnis, wo die Bauern sich auf die Milch- und Viehwirtschaft spezialisiert hatten und ausser den Milchprodukten die meisten Nahrungsmittel ebenso zukaufen mussten wie Arbeiter und Angestellte.[32] Sie warfen ihren Vertretern vor, die Interessen der Milchverarbeiter sowie der nationalen, kantonalen und kommunalen Behörden höher zu gewichten als die Anliegen der Produzenten. Ernst Laur sah sich schon im Februar 1916 genötigt, in bäuerlichen Kreisen zirkulierenden Gerüchten entgegenzutreten, wonach er Verwaltungsratsmitglied der Nestlé & Anglo-Swiss Condensed Milk Company geworden sei und die Bauern daher von ihm in der Milchpreisfrage «nichts mehr zu erwarten hätten».[33] Als die *Tagwacht* im März 1918 ironisch-drohend schrieb, die Bauern sollten es nur sagen, wenn die Arbeiter die bäuerlichen Betriebe selbst übernehmen sollten, um die benötigten Nahrungsmittel zu produzieren,[34] benutzten die bäuerlichen Vertreter diese Drohung dazu, um das teilweise fragil gewordene Verhältnis zur eigenen Basis zu kitten. Auch die agrarischen Fachblätter, die fast ausschliesslich von Agronomen aus Verbänden oder landwirtschaftlichen Schulen redigiert wurden und sich in der Regel als politisch «neutral» verstanden, griffen nun das rhetorische Arsenal antisozialistischer Redefiguren auf und sprachen pauschal von «Sozialanarchisten», die mit ihrem «sinnlosen Treiben» eine «Politik der Erpressung» vorantreiben würden.[35]

War die ideologisch aufgeladene Debatte um die imaginierte Zukunft der Landwirtschaft in einer sozialistischen Gesellschaft zentral für die Verbandsrepräsentanten, so haderte die bäuerliche Bevölkerung vor allem mit der im politischen Diskurs und der städtischen Presse teilweise geradezu zelebrierten Ignoranz gegenüber den Problemen der Produzierenden. Diese hatten sich mit den staatlich-verbandlich verordneten Umstellungen der Produktion von der Ausrichtung auf die Nachfrage auf den Weltmärkten hin zur Befriedigung

---

29 Vgl. dazu Moos, Hans: Der Bauer und die sozialdemokratische Landagitation, in: Mitteilung der GSL 6 (1908), 2–30.
30 Schweizerische Bauernzeitung, Mai 1917.
31 Tagwacht, 5.3.1918.
32 Vgl. dazu Aschwanden, Romed: Notlage oder Interessenkonflikt? Auswirkungen der Schweizerischen Kriegswirtschaft auf die Lebensmittelversorgung des Kantons Uri 1914 bis 1920, unveröffentlichte Masterarbeit Uni Basel, 2015.
33 Archivbestand SBV (AfA Nr. 110), Dossier 161.23-02, Persönliche Mitteilung von Ernst Laur an die Vertrauensmänner des SBV, Brugg 11.2.1916. Vgl. dazu Moser, Kein umstrittenes Thema mehr?, 90.
34 Tagwacht, 5.3.1918.
35 Vgl. bspw. Der Zürcher Bauer, 9.8.1918, 375.

der Bedürfnisse der Konsumenten im Inland deutlich verschärft. Die Gleichgültigkeit gegenüber den kriegs- und wetterbedingt massiv erschwerten Produktionsbedingungen, der Verteuerung der Produktionsmittel, dem zum Teil fehlenden ackerbaulichen Wissen und der sich – auch wegen des Mangels an Zugtieren – massiv zuspitzenden Arbeitsbelastung sorgte im bäuerlichen Milieu nicht nur bei hablichen Gutsbesitzern für Empörung. Die immer wieder geäusserte Vorstellung, wonach die Bauern im Krieg «schlechtweg herrliche Zeiten» genossen, kontrastierte ein Kleinbauer mit der Wahrnehmung, dass der Bauer «aus den Hosen» falle und die Bäuerin «krumm» werde.[36] Praktikern, die wussten, dass Böden nur dann ertragreich waren, wenn sie gepflegt und gedüngt wurden, war zudem schon während des Kriegs bewusst, dass nicht nur Menschen und Tiere Mangel litten, sondern auch die Böden, denen durch die Kriegswirtschaft die Nährstoffe buchstäblich geraubt wurden. Die «Erträgnisse aus der für uns so gefährlichen Raubwirtschaft» würden nur allzu oft mit «Kriegsgewinnen» verwechselt, erklärte ein Bauer im *Ostschweizerischen Landwirt*.[37]

Im Verbund mit der Formierung des OAK und der Verdichtung der Streikdiskussion im Frühjahr 1918 führte die wechselseitige rhetorische Eskalation in bäuerlichen Kreisen zur Auffassung, dass ein Landesstreik deckungsgleich mit einer Revolution sei.[38] Zwar wurde die Drohung mit einem Generalstreik in der bäuerlichen Presse zunächst primär als «Erpressungsversuch» gedeutet.[39] Ab dem Spätsommer 1918 wurde sie aber in einen direkten Zusammenhang mit einem Revolutionsversuch gebracht. «Generalstreik ist der Name, Gewalt und Revolution sind das Ziel», schrieb Laur im August 1918 an Oberstkorpskommandant Sprecher.[40] Diese Revolutions- und Bürgerkriegsthese wurde in den unmittelbaren Reaktionen auf den Landesstreik zuweilen noch mit xenophoben Äusserungen angereichert und als Legitimation für die Bildung von Bürgerwehren herangezogen. So etwa wenn die Streikenden im *Ostschweizerischen Landwirt* als «vaterlandlose Jungburschen und internationale Revolutionäre»[41] verunglimpft oder der Streik im *Zürcher Bauer* und dem *Bündner Bauernblatt* auf die «Wühlereien ausländischer Agenten»[42] oder «fremder Hetzer und Agitatoren»[43] zurückgeführt wurde.

Die Polemiken zwischen den Vertretern der Bauern und der Arbeiterschaft hatten zuweilen die Funktion, vom eigentlichen Gegenstand des Landesstreiks abzulenken: dem Konflikt zwischen dem Bürgertum und einem grossen Teil der Lohnabhängigen. Das zeigt sich auch darin, dass in der Öffentlichkeit kaum über die gleichzeitig stattfindenden Bestrebungen zur Herauslösung der Ernährungsfrage aus der Logik der ökonomischen und politischen Konfrontation gesprochen wurde, die sowohl in bäuerlichen Kreisen als auch bei den organisierten Konsumenten und in der Arbeiterschaft einsetzten. Diese Bestrebungen führten schon während des Kriegs (wieder) zu Formen der Zusammenarbeit, die bereits 1898 unter anderem zur Gründung des Schweizerischen Genossenschaftsbundes geführt hatten,[44] wegen der Zollfrage aber wieder versandet waren, ohne jedoch ganz zu verschwinden. Mit der Zunahme der Versorgungsschwierigkeiten im Winter 1916/17 setzte bezeichnenderweise nicht nur eine politische Radikalisierung ein, sondern auch das Nachdenken über eine Neuordnung des Verhältnisses von Produzenten und Konsumenten von Nahrungsmitteln – überhaupt eine seriöse Beschäftigung mit den Herausforderungen der landwirtschaftlichen Produktion, die zu «fundamentalen Lernprozessen» führte.[45]

Bäuerinnen, Linksradikale, Industrielle, Agronomen und organisierte Konsumentinnen begannen, die Ernährungsfrage neu zu thematisieren und mit Praktiken der landwirtschaftlichen Produktionsumstellung und des Mehranbaus zu verbinden. Alle diese Bestrebungen zielten darauf, die über die Skandalisierung der Ernährungsfrage neu aufgerissenen Gräben zwischen Produzenten und Konsumenten zu überbrücken und teils identische, teils unterschiedliche Anliegen und Vorstellungen sichtbar, verstehbar und somit diskutierbar zu machen.[46] So erprobten Westschweizer Bäuerin-

---

36 Bauernblatt der Nordwestschweiz, 14.12.1918, 798.
37 Der ostschweizerische Landwirt, 1.2.1919, 71.
38 Vgl. Mitteilungen des schweizerischen Bauernsekretariates 58, Brugg 1919, 60.
39 Vgl. Der Zürcher Bauer, 9.8.1918, 375.
40 Zit. nach Gautschi, Willi: Dokumente zum Landesstreik 1918, Zürich 1988, 127; vgl. dazu auch Laur, Ernst: Die soziale Revolution in der Schweiz? Ein Wort zur Verständigung, Brugg 1918.
41 Der ostschweizerische Landwirt, 16.11.1918, 880.
42 Der Zürcher Bauer, 19.11.1918, 541.
43 Bündner Bauernblatt, 1.12.1918, 323.
44 Zum Schweizerischen Genossenschaftsbund vgl. Archiv für Agrargeschichte (AfA), Dokumentation Nr. 1945.
45 Siegenthaler, Hansjörg: Regelvertrauen, Prosperität und Krisen. Die Ungleichmässigkeit wirtschaftlicher und sozialer Entwicklung als Ergebnis individuellen Handelns und Lernens, Tübingen 1993, 16.
46 Vgl. zum Folgenden Auderset/Moser, Krisenerfahrungen, Lernprozesse und Bewältigungsstrategien.

# Das Proporzsystem und die Bildung von Bauernparteien und bauernpolitischen Vereinigungen

Juri Auderset, Peter Moser

Die Einführung des Proporzsystems war ein Anliegen, das die Sozialdemokratie und die Katholisch-Konservativen schon lange vor dem Ersten Weltkrieg teilten. Die Bauernvertreter im Freisinn hingegen waren skeptisch. Gegenüber den Verfechtern einer zu gründenden «Schweizerischen Bauernpartei» gab Ernst Laur 1909 zu bedenken, dass eine solche Gründung nicht vor dem Entscheid über die Proporzinitiative eingeleitet werden sollte.[1] In Zürich lehnten die Bauernvertreter die Einführung des Proporzsystems bei den Kantonsratswahlen 1916 ab, gründeten nach dessen Einführung aber eine Bauernpartei, die bei den Wahlen 1917 knapp 20 Prozent der Sitze errang. Temporär zu einem ihrer lautesten Wortführer wurde Fritz Bopp, ein Befürworter des Proporzwahlrechts. Der Landwirt und Journalist Bopp gehörte 1907 zu den Gründern der Demokratischen Bauernpartei des Bezirks Bülach, wurde 1915 in den Nationalrat gewählt und gehörte diesem bis 1928 an. Die letzten vier Jahre amtierte er als Unabhängiger, da er sich sowohl mit der Zürcher Bauernpartei als auch der Fraktion der Bauern-, Gewerbe- und Bürgerpartei im Parlament in Bern überworfen hatte.[2] In letzterer dominierten die Abgeordneten der Berner BGB, ohne die die politische Bauernbewegung «eine bedeutungslose Splittergruppe geblieben wäre».[3] Rudolf Minger, der schon bei der Gründung der Bauern- und Bürgerpartei 1917/18 in Bern eine wichtige Rolle gespielt hatte, wurde 1929 als Vertreter der BGB-Fraktion in den Bundesrat gewählt.[4]

Nach der Einführung des Proporz-Verfahrens bei den Nationalratswahlen 1919 erfolgten bäuerliche Parteibildungen in den protestantischen Mittellandkantonen Schaffhausen, Basel-Land und Aargau sowie im Tessin. Weil diese im politischen Spektrum zum Teil ganz unterschiedliche Haltungen einnahmen – einige boten Exponenten der Bürgerwehren wie dem Arzt Eugen Bircher eine politische Heimat oder trieben gar die Bildung von Bürgerwehren aktiv voran,[5] andere kooperierten mit der Linken – schlossen sich auch im Parlament in Bern nicht alle, die in den Kantonen auf bäuerlichen Listen gewählt wurden, der BGB-Fraktion an. In Kantonen mit einer scharfen Frontstellung zwischen Liberalen und Konservativen (wie Solothurn, Luzern oder St. Gallen) konnten der Freisinn und die Konservativen mit der Einräumung punktueller Konzessionen die Gründung eigenständiger Bauernparteien verhindern.[6] In St. Gallen schlossen sich die auf den Listen des Freisinns und der Katholisch-Konservativen gewählten bäuerlichen Vertreter zur Bauernpolitischen Vereinigung zusammen, um in agrarpolitischen Fragen geeint auftreten zu können. Im Thurgau wiederum kandidierten die Vertreter der Landwirtschaft bei den eidgenössischen Wahlen meist auf der FDP-Liste; die so gewählten Bauernvertreter traten in Bern dann der BGB-Fraktion bei. Auch in der Romandie kam es nach der Einführung des Proporzverfahrens zur Gründung von Bauernparteien. In Fribourg und der Waadt standen sie aber – nicht zuletzt aufgrund des hier bei kantonalen Wahlen geltenden Majorzwahlrechts – lange im Schatten der dominierenden Katholisch-Konservativen respektive der Radikalen.[7]

Von einem signifikanten Einfluss der BGB oder gar einer «Verbäuerlichung» der schweizerischen Politiklandschaft im Anschluss an den Landesstreik zu sprechen, ist auch dann irreführend, wenn berücksichtigt wird, dass Bauern sich immer auch in den anderen Parteien engagierten. Die kantonalen

---

1 Vgl. Mitteilungen der Gesellschaft Schweizerischer Landwirte, Nr. 5, 1909, 13.
2 Zu Bopp vgl. Mörgeli, Christoph: Bauern, Bürger, Bundesräte, Zürich 2017, 80f.
3 Vgl. Gruner, Erich: Die Parteien in der Schweiz, Bern 1977, 157.
4 Vgl. Stamm, Konrad: Minger. Bauer, Bundesrat. Die aussergewöhnliche Karriere des Rudolf Minger aus Mülchi im Limpachtal, Zürich 2017; Graf, Christof: Rudolf Minger, in: Altermatt, Urs (Hg.), Die Schweizer Bundesräte. Ein biographisches Lexikon, Zürich 1992, 372–377.
5 Vgl. Heller, Daniel: Eugen Bircher. Arzt, Militär und Politiker. Ein Beitrag zur Zeitgeschichte, Zürich 1988; Stamm, Minger, 71.
6 Vgl. Odermatt, Christine: Zwischen «Idealpolitik» und «Magenfrage». Die Entstehung der Bauernpolitischen Vereinigung des Kantons St. Gallen (1914–1919), unveröffentlichte Masterarbeit, Universität Zürich, 2012; Moser, Peter: Landwirtschaft. Im Sog des Konsums, in: Der Kanton Luzern im 20. Jahrhundert, Band 1, Luzern 2013, 363f.; ders.: Landwirtschaft, in: Solothurner Kantonsgeschichte, Band 1, Solothurn 2018, 96–131.
7 Vgl. Junker, Beat: Bauernparteien in der Schweiz, in: Gollwitzer, Heinz (Hg.), Europäische Bauernparteien im 20. Jahrhundert, Stuttgart 1977, 507–523; Skenderovic, Damir: Schweizerische Volkspartei (SVP), in: Historisches Lexikon der Schweiz (HLS), http://www.hls-dhs-dss.ch/textes/d/D17389.php (20.3.2017).

Eigenheiten und die inhaltlichen Differenzen führten dazu, dass es auf schweizerischer Ebene erst 1936/37 zur Gründung einer Bauern-, Gewerbe- und Bürgerpartei kam. Aber auch dieser gelang es nicht, die regionale und soziale Vielfalt der bäuerlichen Gruppierungen politisch zu homogenisieren. So unterstützten die Jungbauern, die Schaffhauser Bauernpartei und die Bündner Demokraten nicht nur 1935 die Kriseninitiative, sondern bildeten ab 1937 auch wichtige Kräfte in der Richtlinien-Bewegung, welche die Bildung einer Mitte-links-Mehrheit für den «wirtschaftlichen Wiederaufbau und die Sicherung der Demokratie» anstrebte.[8] Und in der Waadt schloss die Parti agraire bei den Regierungswahlen 1934 und 1938 ein Bündnis mit der SP und stellte eine «liste démocratique ouvrière et paysanne» auf.[9]

Die Ursachen, die zu den disparaten bauernpolitischen Parteibildungen führten, sind vielfältig, aber eng miteinander verwoben. Wichtig waren die Erfahrungen im Krieg, in dem die Behörden in praktisch allen Produktionsbereichen organisierte Ansprechpartner verlangten.[10] Das trug ab 1916 viel zum Ausbau des Organisationswesens bei und stärkte die Rolle des Schweizerischen Bauernverbands (SBV) als Dachverband der bäuerlichen Gruppierungen, schuf aber gleichzeitig bei der bäuerlichen Basis auch das Bedürfnis, künftig die Agrar- und Ernährungspolitik nicht mehr nur umzusetzen, sondern schon bei deren Gestaltung im Gesetzgebungsprozess als eigenständige politische Kraft mitzuwirken. Die Generationenkonflikte und das Proporzsystem verliehen jenen, die eine direktere Einflussnahme der Bauern auf die Politik anstrebten, Aufwind. Die im Landesstreik kulminierende Polarisierung zwischen Bürgertum und Arbeiterschaft und die gleichzeitig stärker ins gesellschaftliche Bewusstsein rückende Bedeutung der Nahrungsmittelproduktion führten bei jüngeren, in den Kriegsgremien politisierten Bauern zur Überzeugung, dass es notwendig sei, als eigenständige parteipolitische Kraft aufzutreten. Sie knüpften damit an ein Diktum von Heinrich Schenkel, einem Landwirt aus dem Thurgau, an, der schon 1909 die Gründung einer «politischen Bauernpartei» angeregt hatte, um wirkungsvoller «nicht allein gegen einen extremen Sozialismus, sondern auch gegen einen ungesunden Kapitalismus» vorgehen zu können.[11]

Markus Feldmann, der bei der Gründung der schweizerischen BGB eine zentrale Rolle spielte und die Partei von 1952 bis 1958 im Bundesrat vertreten sollte, interpretierte die bauernpolitischen Organisationen 1928 primär als Reaktion auf die schon im 19. Jahrhundert einsetzende «Industriepolitik»[12] des Bundesstaats. Weil die Entwicklung der Schweiz zu einem «ausgesprochenen Industriestaat» sich auf Kosten der Landwirtschaft vollzogen habe, bleibe der bäuerlichen Politik zudem gar keine andere Wahl, als sich abwechslungsweise mit der Arbeiterschaft oder dem Bürgertum zu verbünden – oder deren Bestrebungen zu bekämpfen, wenn diese die Landwirtschaft (noch) weiter an den Rand der Entwicklung drängten. Feldmann charakterisierte die Politik der BGB «als die Politik einer im Interesse des bürgerlichen Staates an der bisherigen bürgerlichen Politik Kritik übenden bürgerlichen Opposition»;[13] wie die Sozialdemokratie nehme auch die bäuerliche Politik «die Mängel der kapitalistischen Wirtschaft» zum «Ausgangspunkt ihrer Politik». Allerdings versuche das Bauerntum, «mit dem Ausbau der liberalen zur sozialen Demokratie» den «bürgerlichen Staat zu erhalten», während die Sozialdemokratie einen «klassenlosen, sozialen» Staat anstrebe.[14] In Anlehnung an den Ökonomen Julius Landmann und in Abgrenzung zum Historiker Emil Dürr[15] siedelte Feldmann die Bauernparteien der Zwischenkriegszeit ähnlich wie Paul Schmid-Ammann denn auch nicht am rechten Rand des parteipolitischen Spektrums an, sondern erblickte in ihnen vielmehr Akteure, die zwischen allen grossen politischen Gruppierungen der Industriegesellschaft oszillierten.

8 Vgl. Baumann, Bauern im Industriestaat, 218–233; Schmid-Ammann, Paul: Richtlinienbewegung. Ihr Ziel und ihre Arbeit, Bern 1937.
9 Vgl. Graber, Pierre: Arbeiter und Bauern im Kanton Waadt, in: Rote Revue 17 (1938), 345–348.
10 Vgl. dazu Aschwanden, Romed: Notlage oder Interessenkonflikt? Auswirkungen der Schweizerischen Kriegswirtschaft auf die Lebensmittelversorgung des Kantons Uri 1914 bis 1920, unveröffentlichte Masterarbeit, Universität Basel, 2015.
11 Schenkel, Heinrich: Die soziale Frage vom Standpunkt eines Bauern betrachtet, in: Mitteilungen der Gesellschaft Schweizerischer Landwirte 5 (1909), 2–9, hier 8.
12 Feldmann, Markus: Bauer und Staat. Ein Beitrag zum Thema Wirtschaft und Politik, in: Schweizerische Monatshefte für Politik und Kultur 8 (1928), 121–135, hier 127.
13 Feldmann, Bauer und Staat, 132.
14 Feldmann, Bauer und Staat, 131.
15 Zu Dürr und Landmann vgl. Moser, Peter: Kein Sonderfall. Entwicklung und Potenzial der Agrargeschichtsschreibung in der Schweiz im 20. Jahrhundert, in: Bruckmüller, Ernst u. a. (Hg.), Agrargeschichte schreiben, Innsbruck 2004, 133.

nen im Umfeld der von Augusta Gillabert-Randin im Sommer 1918 gegründeten Association des productrices de Moudon neue Konzepte zur Verflechtung von Produktion, Distribution und Konsum von Nahrungsmitteln. Dabei nahmen sie explizit Bezug auf den von Dora Staudinger und dem Autorenkollektiv des *Sozialistischen Programms* propagierten «Genossenschaftssozialismus».[47] Fast zeitgleich aktualisierte im zürcherischen Herrliberg der im linksradikalen Milieu aktive Agronom Max Kleiber gemeinsam mit Margarethe Hardegger, der ersten Sekretärin des Gewerkschaftsbundes, die sozialistisch-anarchistische Tradition der agrarisch-handwerklichen Produktionsgenossenschaften. Kleiber kam zum Schluss, dass die im Sommer 1918 vom Agronomen Hans Bernhard initiierte Schweizerische Vereinigung für industrielle Landwirtschaft und Innenkolonisation (SVIL), die Industrieunternehmen bei der Produktion von Nahrungsmitteln unterstützte und die Melioration und Urbarmachung von Ödland vorantrieb, eine «vernünftigere Agrarpolitik» betreiben würde als die «Sozialdemokratie».[48] Die Tätigkeiten der SVIL stiessen sogar bei Robert Grimm auf Zustimmung, erklärte er doch im September 1918 im OAK, man könne sich gegenüber den Meliorationsprojekten «nicht passiv verhalten».[49]

Zudem trat der Basler Arbeitersekretär, SP-Grossrat und spätere Nationalrat Friedrich Schneider im Oktober 1918 als Vertreter des OAK in den Verwaltungsrat der ebenfalls neu gegründeten Schweizerischen Genossenschaft für Gemüsebau (SGG) ein, wo sich auch Vertreter der Bauernschaft wie Gustave Martinet oder Hans Keller engagierten.[50] Damit sanktionierte das OAK schon im Vorfeld des Landesstreiks die vom Verband Schweizerischer Konsumvereine (VSK) orchestrierten Bestrebungen zur Ausdehnung der Nahrungsmittelproduktion, die seit Kriegsbeginn in Kooperation mit Vertretern der Landwirtschaft erfolgt waren. Ernst Laur hatte den VSK schon im Herbst 1914 in die neue Ernährungsordnung integriert und damit unter anderem bewirkt, dass SP-Nationalrat Bernhard Jaeggi, der Präsident des VSK, eine dezidiert andere agrar- und ernährungspolitische Haltung als Grimm und die SP-Führung entwickelte. Deren Skandalisierung der Versorgungslage führte dazu, dass Jaeggi 1916 als SP-Nationalrat zurücktrat und mit dem Erwerb von Bauernhöfen auch die Grundlagen für die Erlangung des zur Produktion von Nahrungsmitteln notwendigen Wissens durch den VSK schuf.[51]

Die vielfältigen neuen Formen der Nahrungsmittelproduktion wirkten sich auch auf die reale Versorgungslage aus – diese stabilisierte sich auf tiefem Niveau im Sommer 1918, allerdings primär wegen der günstigeren Witterung und der wieder zunehmenden Importe aus den USA.[52] Konzeptionell relevanter war indes ihr Einfluss auf den agrar- und ernährungspolitischen Diskurs. Dieser versachlichte sich schon vor dem Landesstreik, was im Getöse der eskalierenden Streikrhetorik aber weitgehend unterging. Vertreter des OAK, der Bauernschaft und der organisierten Konsumenten pflegten bereits seit dem Sommer 1918 einen intensiven Wissensaustausch und sassen gemeinsam in Gremien von Betrieben, die sich mit der Ausdehnung und Intensivierung der Nahrungsmittelproduktion befassten.

Es waren diese vielfältigen Bewältigungsstrategien, die dem bemerkenswerten ernährungspolitischen Perspektivwechsel zugrunde lagen, der sich am dramatischsten im Wandel der ernährungspolitischen Forderungen des OAK spiegelt: Nicht weniger als 8 der 15 Forderungen, welche das OAK im März 1918 in ultimativer Form an den Bundesrat richtete, betrafen die Versorgungslage mit Nahrungsmitteln; von einer Zusammenarbeit mit der bäuerlichen Bevölkerung war damals noch überhaupt keine Rede. Acht Monate später verlangte die Streikleitung von der «neuen Regierung» lediglich, dass die «Sicherung der Lebensmittelversorgung» im «Einvernehmen mit den landwirtschaftlichen Produzenten» durchzuführen sei. Offensichtlich hatte sich das Streik- und Protestpotenzial der Ernährungsfrage in der Zwischenzeit weitgehend

47 Vgl. Gerber, Max et al., Ein sozialistisches Programm, Olten 1920; vgl. auch Auderset, Juri/Moser, Peter: Agrarische Alternativen. Landwirtschaftsprogramme, Genossenschaftskonzepte und Siedlungsprojekte in der Arbeiterbewegung im Kontext des Generalstreiks, in: Traverse 3 (2018) (in Vorbereitung).

48 Studienbibliothek zur Geschichte der schweizerischen Arbeiterinnen- und Arbeiterbewegung, Nachlass Jakob Herzog, Ar.02 20, Max Kleiber an Jakob Herzog, 18.6.1919.

49 Zit. nach Auderset/Moser, Krisenerfahrungen, Lernprozesse und Bewältigungsstrategien, 141.

50 Vgl. AfA, Dokumentation Nr. 224, Protokoll der 1. Sitzung des Verwaltungsrates der SGG.

51 Vgl. Moser, Peter: Ein Dienstleister als Produzent. Der Verband Schweizerischer Konsumvereine und die Schweizerische Genossenschaft für Gemüsebau als Teil des Ernährungsprojekts im 20. Jahrhundert, in: Gilomen, Hans-Jörg u. a. (Hg.), Dienstleistungen. Expansion und Transformation des «dritten Sektors» (15.–20. Jahrhundert), Zürich 2007, 63–79.

52 Vgl. Weber, Florian: Die amerikanische Verheissung. Schweizer Aussenpolitik im Wirtschaftskrieg 1917/18, Zürich 2016; Krämer, «Woche für Woche neue Preisaufschläge».

erschöpft. An seine Stelle war eine Verhandlungskultur getreten, in welcher die Agrar- und Ernährungsfrage zu einem zwar weiterhin umstrittenen, aber auch versachlichten Aushandlungs- und Kooperationsgegenstand gemacht wurde – und dies bemerkenswerterweise über den Landesstreik hinaus blieb.[53]

### Der Landesstreik als Zeitenwende

Unmittelbar nach dem Landesstreik notierte Oskar Howald, damals Mitarbeiter im Bauernsekretariat in Brugg und später Nachfolger Ernst Laurs an der Spitze des Bauernverbands und auf dem Lehrstuhl für Landwirtschaftliche Betriebslehre an der ETH Zürich, in sein Tagebuch: «Der Kampf wurde abgeschlagen. Das weisse Kreuz blieb in der roten Fahne, und das Schweizerhaus steht noch unberührt da. Aber noch ist die soziale Frage nicht gelöst. Fast scheint es, die Reichen könnten keine Lehre daraus ziehen und spielen nur die Sieger. Wie bitter müssten wir es bereuen, den dunklen Kampf einer sich erniedrigt und gedemütigt fühlenden Klasse nicht verstanden zu haben.»[54] Diese ambivalente Mischung aus Erleichterung über die Zerschlagung des Streiks einerseits und Ungewissheit über seine Folgen andererseits bringt die Befindlichkeit im bäuerlichen Lager über die Eskalation der Konfrontation zwischen Bürgertum und Arbeiterschaft gut auf den Punkt.

Das Ereignis verstärkte im bäuerlichen Milieu das sich bereits im Lauf des Kriegs herausbildende Bewusstsein einer Zeitenwende. Freilich gingen nicht alle so weit wie jener Bauer, der im Dezember 1918 schrieb, der Streik sei ein Symptom dafür, dass «das Alte» überall einstürze, «unter furchtbaren Wehen eine neue Staats- und Gesellschaftsordnung» entstehe und «das heutige Ringen der unselbständig erwerbenden Klassen nach sozialer Erlösung [...] nur mit dem Siege des arbeitenden Volkes endigen» könne.[55] Aber auch die von Laur kontrollierte *Schweizerische Bauernzeitung* druckte Beiträge ab, in denen man etwa zu bedenken gab, «dass es z. T. edle Motive» seien, «die einen revolutionären Geist geweckt» hätten und der «Groll und Zorn im Proletariat» sehr wohl nachvollziehbar sei. Die «Gerechtigkeit» und Bekämpfung dieser «schreienden Missstände» seien aber nicht durch «brutale, sondern durch geistige Waffen» zu erreichen, fügte der Verfasser hinzu. Gefragt sei jetzt «ein gegenseitiges Sichverstehenwollen, ein Sichhineindenken in die Lage der Gegenpartei».[56]

Diese Stimmen, die insbesondere die vor dem Streik entstehende Kultur der Wissensbildung und des koordinierten Suchens nach neuen Formen der Ernährungssicherung prägten, verstärkten sich in der Zeit nach dem Landesstreik noch. Davon zeugt auch die im bäuerlichen Milieu verbreitete Haltung, wonach die von den Streikenden geforderten sozialpolitischen Anliegen im demokratisch-parlamentarischen Verfahren sorgfältig geprüft und zumindest teilweise umgesetzt werden sollten. Dieser Ansicht waren bezeichnenderweise nicht nur Ernst Laur und Oskar Howald, sondern auch der *Genossenschafter*, in dem es Ende November 1918 hiess, die Forderungen des OAK seien durchaus begründet und legitim, weshalb deren «Durchführung so rasch als es angeht» folgen sollte. Für das Organ der landwirtschaftlichen Genossenschaften in der Ostschweiz waren das «alles Fragen, die einer ernsten Beratung» bedürften und «vom ganzen Schweizervolk mit dem Stimmzettel entschieden werden» müssten und «nicht von ein paar sozialistischen Sowjetherren ertrotzt werden» könnten.[57] Ähnlich argumentierte im Februar 1919 ein Bauer im *Ostschweizerischen Landwirt*: «Wir haben eine Republik und Demokratie, und wir haben die Initiative und das Referendum. Mit dem Stimmzettel können wir alles erreichen. Auf diesem Wege unterstützt der Landwirt und Bürger gerne die gerechten und zeitgemässen Forderungen der Arbeiterschaft. Wir Landwirte sind auch Arbeiter; wir haben ähnliche Ziele und gleiche Gegner; aber mit den heutigen Auswüchsen des sozialistischen Grundgedankens können und wollen wir nicht einig gehen.»[58]

### Fazit und Ausblick

Vom grundsätzlichen Konflikt des Landesstreiks war die bäuerliche Bevölkerung nicht direkt betroffen. Als im Verlauf des Ersten Weltkriegs die Ernährungsfrage für die Arbeiterschaft, das Bürgertum, den Staat und die Verwaltung eine sowohl fundamentale als auch strategische Bedeutung er-

---

53   Vgl. Moser, Kein umstrittenes Thema mehr?
54   AfA, Archivbestand Oskar Howald, Nr. 719, Dossier 919.1-01, Howald, Oskar: Für die Landwirtschaft geboren.
55   Der ostschweizerische Landwirt, 14.12.1918, 961.
56   Schweizerische Bauernzeitung, Februar 1919, 7.
57   Der Genossenschafter, 23.11.1918, 234.
58   Der ostschweizerische Landwirt, 1.2.1919, 71.

langte, wurde die «awkward class» trotzdem ins Zentrum der sich zuspitzenden Auseinandersetzungen zwischen Arbeit und Kapital gerückt. Weil Bäuerinnen und Bauern in den allermeisten Fällen weder Arbeitgeber noch Arbeitnehmer respektive beides zugleich waren, standen sie quer und ausserhalb aller Kategorien, die für die vom Streik direkt Betroffenen gängig und relevant waren. Entsprechend ambivalent und komplex fielen die Deutungen des Landesstreiks in bäuerlichen Milieus aus. Eine scharfe Verurteilung als «bolschewistischer» Revolutionsversuch findet sich in den bäuerlichen Perspektiven auf dieses Ereignis ebenso wie die Klage darüber, dass der «Faktor Kapital zu mächtig geworden» sei. Deshalb forderten die Bauern zusammen mit der Arbeiterschaft «den Schutz der Arbeit und die Beschränkung des Kapitalismus»[59] und zusammen mit den Bürgerlichen den Schutz des Eigentums. Diese für alle Akteure nur schwer fassbaren Konstellationen wurden noch komplizierter, als die im Ernährungsbereich auf Kooperation setzenden Lösungen im Vorfeld des Streiks die bisherigen Konfrontationsstrategien zu überlagern begannen. Dass die Akteure in der streikbedingten Aufregung und Hektik selten in logischer Folge aufeinander Bezug nahmen, zeigt sich nicht zuletzt daran, dass die Vertreter der Bauernschaft während des Streiks primär die Zukunftsvorstellungen einer Streikleitung brandmarkten, welche die «landwirtschaftlichen Produzenten» gar nicht mehr als «Preistreiber», «Kriegsgewinnler» und «Ausbeuter» bekämpfte, sondern als Partner zur Lösung der Ernährungsfrage in einem neuen Regime adressierte.

Paradoxerweise trugen die in der Ernährungsfrage bei vielen Beteiligten einsetzenden Lernprozesse während des Landesstreiks viel zur Verstärkung der Kontingenz und Konfusion bei. Gleichzeitig verwandelte das neue, vielfältige Interesse an der Nahrungsmittelproduktion die Agrar- und Ernährungspolitik im Winter 1918/19 in ein Experimentierfeld, auf dem nun konzeptionelle Vorstellungen einer kooperativ zu gestaltenden Politik und Praxis entwickelt wurden. Partikuläre Versatzstücke wie die Einladung der Streikleitung an die landwirtschaftlichen Produzenten zur einvernehmlichen Lösung der Versorgungsprobleme wurden schon während des Streiks propagiert. Nach dem Streik wurden sie präzisiert und vertieft und trugen viel dazu bei, dass die im Vorfeld des Landesstreiks zentralen Hoffnungen und Befürchtungen wie die Überwindung der «Bauernklasse» weitestgehend verschwanden.[60] Dass der Landesstreik gerade nicht zu der im Vorfeld prophezeiten oder befürchteten Verstaatlichung der Bauernhöfe, sondern zu einer Vergesellschaftung der Landwirtschaft führte,[61] in der die bäuerliche Familienwirtschaft nun eine von allen politischen Lagern anerkannte Rolle spielen sollte, ist eine unmittelbar mit dem Streik zusammenhängende Auswirkung, die niemand vorausgesehen oder gar explizit gefordert hatte. Eine zweite, nicht minder überraschende indirekte Folge des Landesstreiks war, dass gerade über die Agrar- und Ernährungspolitik eine graduelle Integration der Arbeiterschaft in das politische System des bürgerlichen Staats erfolgte. Die Alltagserfahrung, dass im Zentrum der agrarpolitischen Anliegen nicht mehr die Kaufkraft auf den Weltmärkten, sondern die Befriedigung ihrer Bedürfnisse nach einer sicheren Ernährung stand, war für die Arbeiterschaft eine ebenso zentrale Folge wie für die bäuerliche Bevölkerung die Gewissheit, dass für die Industriegesellschaft von nun an nicht nur billiges, sondern auch sicheres Brot zentral waren.[62]

Die aus der ernährungspolitischen Kontingenz im Umfeld des Landesstreiks entstehende Agrar- und Ernährungspolitik der Zwischenkriegszeit wurde zwar nicht – wie von sozialutopischen Reformern gefordert – zu einer «Sache des ganzen Volkes».[63] Sie wurde aber zu einer Angelegenheit der agrarisch-industriellen Wissensgesellschaft,[64] in der Landesstreikveteranen wie Ernst Nobs, Robert Grimm oder Fritz Marbach an der Seite von Hans Bernhard, Oskar Howald oder Friedrich T. Wahlen, den Schülern von Ernst Laur, eine nicht zu unterschätzende Rolle spielten.

59 St. Galler Bauer, 16.11.1918, 778.
60 Zit. nach Ammann, Der zürcherische Bauernbund, 50.
61 Vgl. Moser, Peter: Eine «Sache des ganzen Volkes»? Überlegungen zum Prozess der Vergesellschaftung der bäuerlichen Landwirtschaft in der Industriegesellschaft, in: Traverse 1 (2000), 64–78.
62 Robert Grimm etwa setzte sich nach dem Krieg für eine Förderung der inländischen Getreideproduktion ein, weil nun «1. für eine genügende, 2. für eine billige und 3. für eine dauernd gleichmässige Versorgung mit Brotgetreide gesorgt werden» müsse. Vgl. Landwirtschaftliches Jahrbuch der Schweiz, 1921, 260.
63 Bernhard, Hans: Die Innenkolonisation der Schweiz, Zürich 1918, 16.
64 Vgl. Auderset, Juri/Moser, Peter: Die Agrarfrage in der Industriegesellschaft. Wissenskulturen, Machtverhältnisse und natürliche Ressourcen in der agrarisch-industriellen Wissensgesellschaft im 19. und 20. Jahrhundert, Köln etc. 2018.

Die Thematisierung der Mitwirkung der organisierten Arbeiterschaft an der Ausgestaltung der vor, während und nach dem Landesstreik entstehenden neuen Ernährungs- und Agrarpolitik öffnet neue Perspektiven und führt zum Aufbrechen eingeschliffener historiografischer Deutungsmuster, die sich bisher weitgehend im Stereotyp der Bauern als politischer Sieger und wirtschaftlicher Kriegsgewinnler erschöpften. Diese Narrative sind schon deshalb fragwürdig, weil bereits vielen historischen Akteuren bewusst war, dass die kriegsbedingten monetären Mehreinnahmen der Bauernbetriebe durch die sich abzeichnende Nachkriegskrise und die Erschöpfung der während des Kriegs ausgelaugten biotischen Ressourcengrundlagen gleich wieder wegbrechen würden, was die Agrarkrise der Zwischenkriegszeit dann auch bestätigte.[65]

Für die Historiografie relevanter ist jedoch, dass die vielschichtigen und ambivalenten Wahrnehmungs- und Handlungsmuster der bäuerlichen Bevölkerung im Landesstreik die in diesem Kontext neu entstehenden kooperativen, ernährungs- und agrarpolitischen Konzeptualisierungen ins Blickfeld rücken. Mit den in den Sozial- und Politikwissenschaften gängigen Kategorien sind die «unklassifizierbaren Bauern»[66] kaum adäquat zu erfassen – was sie für diese Disziplinen zu einem Problem werden lässt. Für eine Geschichtsschreibung hingegen, die von der Kontingenz historischer Prozesse ausgeht und die Bauern als «sperrige Klasse» konzeptualisiert, werden sie zu einem ausgesprochen interessanten und fruchtbaren Untersuchungsgegenstand.

65 Vgl. bspw. Der ostschweizerische Landwirt, 1.2.1919, 71. Vgl. hierzu auch von Graevenitz, Fritz Georg: Argument Europa. Internationalismus in der globalen Agrarkrise der Zwischenkriegszeit (1927–1937), Frankfurt a.M., New York 2017.

66 Crignon, Le paysan inclassable.

# Streikräume. Regionale Differenzierungen

Der schweizerische Landesstreik vom 12. bis 14. November 1918 war zwar ein gesamtschweizerisches Ereignis, die regionalen Unterschiede in der Bedeutung und Durchführung des Streiks waren aber gross. Der 24-stündige Proteststreik vom 9. November 1918 – als Ausgangspunkt für den anschliessenden Landesstreik – war zunächst auf 19 Industriezentren im schweizerischen Mittelland beschränkt worden. 14 dieser Orte lagen in der Deutschschweiz, 5 in der Westschweiz (mit einem Schwerpunkt auf der jurassischen Uhrenindustrie), während im Tessin noch gar nicht gestreikt wurde.[1] Auch der an den Proteststreik anschliessende Landesstreik war zur Hauptsache ein Deutschschweizer Ereignis, das in der Romandie und im Tessin – den Landesteilen, die im Ersten Weltkrieg mehrheitlich mit der Entente sympathisiert und im November 1918 das Kriegsende gefeiert hatten – weniger Beachtung fand. Insgesamt war die Streikbeteiligung in peripher-ländlichen, nicht deutschsprachigen oder katholischen Regionen (mit stärkeren christlich-sozialen Gewerkschaften) gering, während der Streik in den städtischen Industriezentren mit starken Arbeiterbewegungen und einer an Einfluss gewinnenden Sozialdemokratie auf grosse Resonanz stiess.

Den regionalen Unterschieden entsprechend, setzte nach den wegweisenden Arbeiten von Willi Gautschi in den 1950er- und 1960er-Jahren im folgenden Jahrzehnt eine eigentliche Regionalisierung der Forschung ein. Zu erwähnen ist hier insbesondere der Band von Marc Vuilleumier und weiteren Autoren (zur Situation in der Westschweiz) von 1977, dem Arbeiten zu verschiedenen Regionen in der Deutsch- und Westschweiz folgten.[2] Bis heute ist die Geschichte des schweizerischen Landesstreiks aber eine Geschichte der städtischen Zentren geblieben, in denen im Wesentlichen auch der Einsatz von Ordnungstruppen untersucht worden ist. Nach wie vor fehlt eine detaillierte Übersicht über die Verteilung der Streikaktivitäten auf unterschiedliche Landesteile, verschiedene Industrieregionen oder einzelne Branchen (wie der Uhren-, Maschinen- oder Textilindustrie), deren Einfluss auf den Verlauf des Streiks bis heute kaum untersucht worden ist. Wurden in der Westschweizer Uhrenindustrie in den Kriegsjahren zum Teil hohe, vielfach auf Kriegsmaterialgeschäften basierende Gewinne erzielt, durchlebte die St. Galler Stickereiindustrie im selben Zeitraum eine schwere Krise, von der sich die Region in den folgenden Jahrzehnten nur langsam erholte.[3] Regionalstudien zu kleineren Städten, ländlichen Regionen oder verschiedenen Branchen ermöglichen einen differenzierteren Blick auf die Versorgungslage der Arbeiterschaft, das Verhältnis zwischen Arbeitnehmern und Arbeitgebern oder die Haltung derjenigen Arbeiterinnen und Arbeiter, die sich nicht am Streik beteiligten. In den Fokus der Forschung gelangen dadurch auch regionale Unterschiede in der Organisation und Durchführung des Streiks, die Beziehungen zwischen Zentrum und Peripherie – beziehungsweise dem Oltener Aktionskomitee (OAK) und den lokalen Streikführern und Arbeiterunionen – oder die Rolle des Militärs ausserhalb der inzwischen gut untersuchten Streikzentren. Die folgenden Beiträge zur Eisenbahnerstadt Olten, zum Maschinenindustrie-Zentrum Winterthur, dem bürgerlich geprägten Kanton St. Gallen und dem italienischsprachigen Tessin schliessen an diese Überlegungen an und entwerfen ein differenziertes Bild zu Verlauf und Bedeutung des Landesstreiks in verschiedenen, sehr unterschiedlich geprägten Regionen.

---

1 Vgl. dazu Gautschi, Willi: Der Landesstreik 1918, Zürich 1968, 248.
2 Vgl. dazu exemplarisch Vuilleumier, Marc et al.: La grève générale de 1918 en Suisse, Genève 1977. Darin enthalten sind Beiträge von François Kohler zum Jura, Eliane Ballif zum Kanton Waadt und Mauro Cerutti zu Genf. Rohr, Thomas: Schaffhausen und der Landesstreik von 1918, Schaffhausen 1972; Rey, Jacques: La grève générale de 1918 à La Chaux-de-Fonds, Lausanne 1981; Schelbert, Joe: Der Landesstreik vom November 1918 in der Region Luzern. Seine Vorgeschichte, sein Verlauf und seine Wirkung, Luzern 1985; Bürgisser, Thomas: «Sturmesbrausen» in «sonst so stillen Gassen». Landesstreik 1918 in Stadt und Bezirk Lenzburg, in: Lenzburger Neujahrsblätter 80, 2008, 5–26 sowie Hiltbrunner, Edith: Generalstreik 1918 in der Region Grenchen-Solothurn, Fribourg 2012.
3 Zu den Kriegsmaterialgeschäften und dem unterschiedlichen Geschäftsgang von Schweizer Unternehmen im Ersten Weltkrieg vgl. Rossfeld, Roman: «Abgedrehte Kupferwaren». Kriegsmaterialexporte der schweizerischen Uhren-, Metall- und Maschinenindustrie im Ersten Weltkrieg, in: Jahrbuch für Wirtschaftsgeschichte 56 (2015), 515–551, sowie Rossfeld, Roman; Straumann, Tobias (Hg.): Der vergessene Wirtschaftskrieg. Schweizer Unternehmen im Ersten Weltkrieg, Zürich 2008.

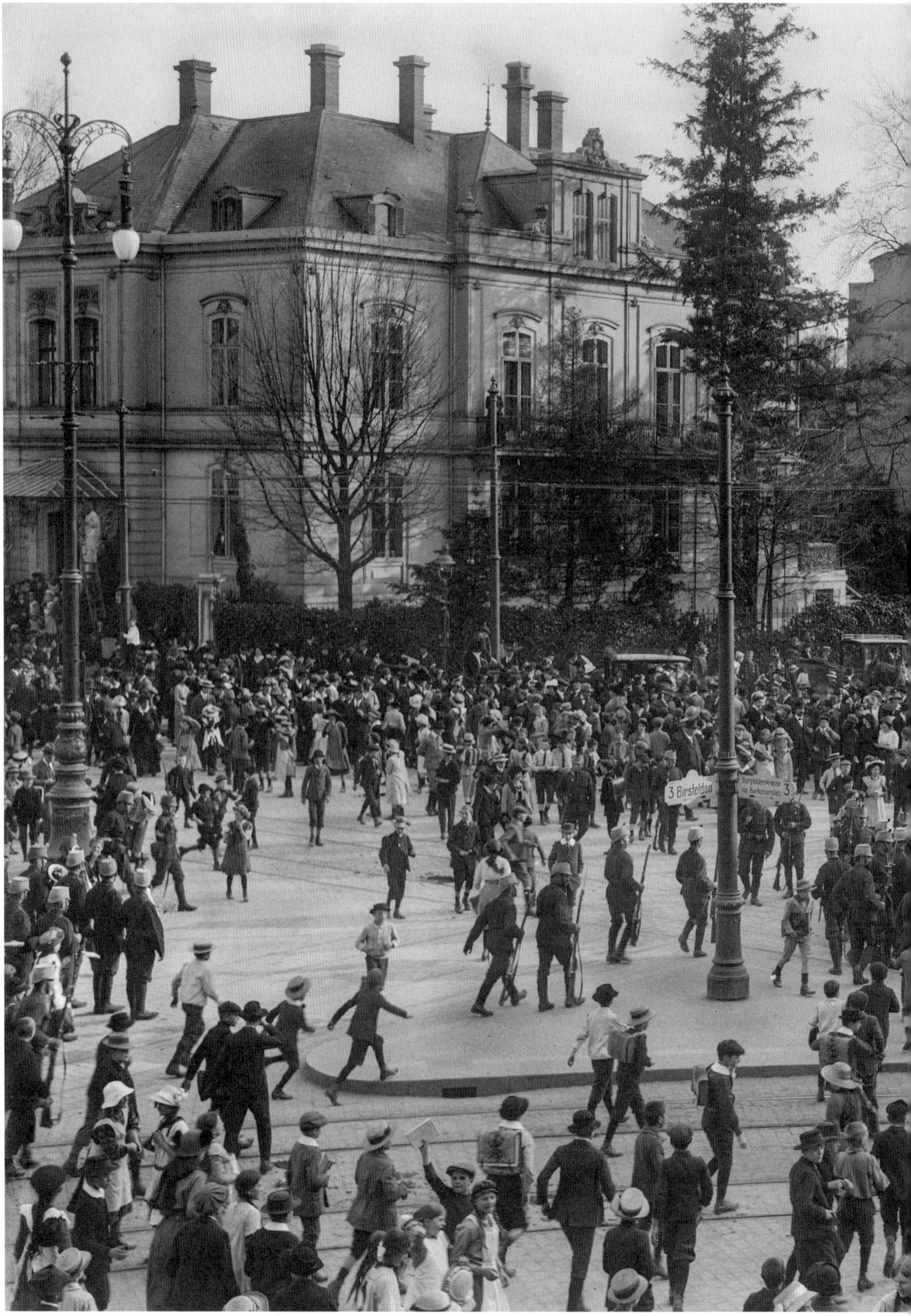
3 Birsfelden
3

63 Streikende und Ordnungstruppen während des Landesstreiks auf dem Aeschenplatz in Basel.

# «Hoch die Solidarität!»

# Die Eisenbahnstadt Olten und der Generalstreik 1918

Peter Heim

Als der Chef des Oltner Fürsorgeamts, das sich wegen der prekären Versorgungslage und sozialen Not in den Jahren des Ersten Weltkriegs zu einem bedeutenden Verwaltungszweig entwickelt hatte, am 12. November 1918 mit den Bauern im Luzerner Hinterland über die Modalitäten der Milchlieferungen verhandeln wollte, wurde er mit geballten Fäusten empfangen: «Was, dieser Verbrecherbande in Olten, die das ganze Land in Aufruhr und ins Unglück stürzen will, noch Milch liefern?», schallte es ihm entgegen.[1] Der Industrieverein, der Gewerbeverein und die Oltner Ladenbesitzer protestierten in der Folge in einer Resolution gegen den «Missbrauch des Stadtnamens durch das Oltener Aktionskomitee» (OAK). Tatsächlich hatte der Name des OAK, das den landesweiten Generalstreik leitete, die Stadt Olten vor allem in ländlichen Gegenden dermassen in Verruf gebracht, dass man einen Moment lang daran gedacht haben soll, sie in «Aarestadt» umzubenennen.[2]

In der Oltner Bevölkerung blieben die Ereignisse vom 9. bis 14. November 1918 noch lange in zwiespältiger Erinnerung. Während sie in der organisierten Arbeiterschaft als heroische Begebenheiten glorifiziert wurden, wiesen bürgerliche Zeitungsschreiber noch ein halbes Jahrhundert später darauf hin, dass das «Oltener Komitee» mit der Stadt selbst nichts zu tun gehabt und ihm kein einziger Oltner angehört habe.[3] Andererseits umrankten bald skurrile Geschichtsmythen die umstrittenen Vorgänge am Ende des Ersten Weltkriegs. Ein Zeitgenosse erinnerte sich, den russischen Revolutionsführer Lenin im «Aarhof» zu Olten gesehen zu haben,[4] und ein langjähriger Direktor der Motorwagenfabrik Berna behauptete in seinen persönlichen Aufzeichnungen, dass die deutschpolnische Revolutionärin Rosa Luxemburg mit einer Hundertschaft von Streikenden vor den Toren des Oltner Werks gestanden habe.[5] Letzteres war nachweislich falsch, zeigt aber, wie stark die Ereignisse vom November 1918 die Bevölkerung auch Jahre später noch beschäftigten.

Was sich während der Novembertage des Jahres 1918 in den industriellen Zentren des Kantons Solothurn abspielte, ist weitgehend bekannt. Wir wissen, unter welchen Umständen es damals in Solothurn und besonders in Grenchen zu Ausschreitungen und zu militärischer Gewaltanwendung kam, die in Grenchen drei Todesopfer forderten.[6] Bekannt ist auch, dass die Streiktage in der Eisenbahnstadt Olten vergleichsweise diszipliniert, praktisch ohne physische Gewaltanwendung und – aus der Sicht der Streikenden – äusserst erfolgreich verliefen.[7]

Wenn im Folgenden die Entwicklung auf dem Platz Olten noch einmal aufgerollt wird, geschieht dies in erster Linie deshalb, weil heute diverse Quellen zugänglich sind, die bisherigen Autoren nicht zur Verfügung standen und ein differenzierteres Licht auf die lokalen Vorgänge und Befindlichkeiten am Ende des Kriegs werfen. Im gesamtschweizerischen Kontext ist die Entwicklung in Olten wegen dessen zentraler Stellung als Drehscheibe des Schienenverkehrs von besonderer Bedeutung. Zum Verständnis der Vorgänge in Olten im November 1918 ist es deshalb unerlässlich, zunächst die strukturellen Gegebenheiten und die Entwicklung der Stadt während des Ersten Weltkriegs knapp zu skizzieren.

### Kleinstadt am Vorabend des Landesstreiks: Wirtschaftliche, soziale und politische Strukturen

In der zweiten Hälfte des 19. Jahrhunderts hatte sich Olten vom 1600-Seelen-Landstädtchen zu einem bedeutenden Industrie- und Dienstleistungszentrum entwickelt. 1913 zählte es 9693 Einwohner; damit hatte sich die Bevölkerungszahl seit 1850 mehr als versechsfacht. Dieser Umstand war in erster Linie der Zuwanderung von Arbeitsuchenden zu verdanken. Am stärksten wuchsen die Zahlen der Angestellten im öffentlichen Dienst (Bahn und Post) sowie der Arbeiterschaft. Mangels genügenden Wohnraums liessen sich die zugezogenen Arbeitskräfte allerdings nur zum Teil in der Stadt selbst nieder. Viele von ihnen wohnten in den umliegenden Dörfern und pendelten, teils zu Fuss oder mit dem Fahrrad, teils mithilfe der Eisenbahn, zwischen dem Wohn- und Arbeitsort.[8]

Im Rhythmus von zwei Wachstumsschüben von 1860 bis 1876 und 1895 bis 1913 hatten sich verschiedene Industrie- und Dienstleistungsunternehmen die Standortgunst Oltens zunutze gemacht. Die grössten industriellen Arbeitgeber waren die Metall- und Maschinenindustrie sowie die Leder- und Schuhindustrie. Im Dienstleistungssektor ragten neben der Eisenbahn das Elektrizitätswerk Olten-Aarburg (später Atel, heute Alpiq) und die Union Schweizerische Einkaufsgesellschaft (Usego) hervor. Daneben zählte die Stadt noch immer zahlreiche kleinere handwerkliche und gewerbliche Betriebe. Während knapp 48 Prozent der Erwerbstätigen ihr Brot in Industrie und Handwerk verdienten, wies Olten mit nahezu 43 Prozent einen überdurchschnittlich hohen Anteil von Beschäftigten in Handel, Gastgewerbe und Verkehr auf. 1911 wurden ausserdem noch 27 Bauernbetriebe ge-

1 Oltner Tagblatt, 18.11.1918.
2 Neue Freie Zeitung, 5.12.1918.
3 Merz, Adolf: Die Gründung des «Oltner Aktionskomitees» und der Verlauf des Landesstreiks, in: Oltner Tagblatt, 9.11.1968.
4 Meyer, Karl: Lenin war vor 70 Jahren in Olten, in: Oltner Neujahrsblätter 44 (1986), 24–29; Heim, Peter: Lenin in Olten – wurde die Weltrevolution im «Aarhof» ausgeheckt?, in: Oltner Tagblatt, 2.9.2010, 20.
5 Marti, Ernst: Die Entwicklung der Motorwagenfabrik Berna. Typoskript, unpubliziert, 1965; Heim, Peter: Rosa Luxemburg vor den Toren der «Berna»?, in: Oltner Tagblatt, 10.9.2010, 22.
6 Hiltbrunner, Edith: Generalstreik 1918 in der Region Grenchen-Solothurn, Fribourg 2012.
7 Meyer, Erich: Der Generalstreik in Olten, in: Oltner Neujahrblätter 1969, 44–51. In der Oltner Stadtgeschichte kommt Meyer nochmals ausführlicher auf das Thema zurück; vgl. dazu Meyer, Erich: Erster Weltkrieg und Generalstreik, in: Einwohnergemeinde Olten (Hg.), Olten. 1798–1991. Vom Untertanenstädtchen zum Wirtschaftspol, Olten 1991, 215–236.
8 Isler, Eveline: Die Zuwanderung nach Olten 1870–1910. Stadtwachstum in der Hochindustrialisierung, unveröffentlichte Lizentiatsarbeit, Universität Zürich, 1998, 58.

zählt.⁹ Das starke Wirtschafts- und Siedlungswachstum, das mit dem Eisenbahnzeitalter einsetzte, begünstigte auch das einheimische Baugewerbe, das eine grosse Zahl vorwiegend italienischer Maurer beschäftigte. Sie machten neben der starken deutschen Kolonie den grössten Teil der über zehn Prozent Ausländer aus, die 1910 registriert wurden.¹⁰

Durch diese vielfältige ökonomische Struktur und vor allem das besondere Gewicht des öffentlichen Sektors unterschied sich der Raum Olten markant von anderen Industrieregionen. Die für die Uhrenindustrie des Leberbergs und die Schönenwerder Schuhindustrie charakteristische Entwicklung zur Grossindustrie mit ihrer forcierten Durchsetzung amerikanischer Arbeitsmethoden, verbunden mit vergleichsweise tiefen Löhnen, wirkten sich auf die Eisenbahnstadt Olten und deren Umgebung – abgesehen von der Schuhindustrie – weniger stark aus. Ein Blick in die Steuerregister zeigt, dass die sozialen Unterschiede hier weniger ausgeprägt waren als in anderen vergleichbaren Industrieregionen. Dies dürfte mit der starken Präsenz des öffentlichen Personals zusammenhängen, das deutlich besser gestellt war als die in der Privatindustrie Beschäftigten.

In politischer Hinsicht war Olten eine freisinnige Hochburg. Im 30-köpfigen Gemeinderat besetzte die FDP in der Legislaturperiode 1912–1917 20 Sitze, dazu stellte sie – seit 1902 in der Person des Rechtsanwalts Hugo Dietschi – den Stadtammann sowie sämtliche Gemeindebeamten.¹¹ In ihrer sozialpolitischen Ausrichtung verfolgten die Freisinnigen einen unternehmerfreundlichen Kurs. Nach Verlusten bei den Kantonsratswahlen von 1908 begründete der Oltner Gerichtspräsident Adrian von Arx, der von den Ideen des deutschen Sozialreformers Friedrich Naumann geprägt war, einen freisinnigen Arbeiterflügel, der besonders bei den oberen Eisenbahnerkategorien auf grosses Interesse stiess. In den kantonalen Wahlen von 1912 verdankte die Partei dem freisinnigen Arbeiterflügel wenigstens zum Teil ihren Sieg. Die katholisch-konservative Opposition, deren Wählerschaft in zahlreichen religiösen Vereinen organisiert war, brachte es im Gemeinderat gerade einmal auf vier Sitze. Durch ihren Arbeiterflügel, die christlichsoziale Bewegung, übte sie aber einen respektablen Einfluss auf die katholische Arbeiterschaft aus.¹²

Seit der Jahrhundertwende hatte die politische und gewerkschaftliche Organisation der Arbeiterschaft unter dem Banner der Sozialdemokratie deutliche Fortschritte gemacht. Eine führende Rolle spielte dabei die aus der lokalen Grütlisektion hervorgegangene sozialdemokratische Partei, die ihre Mitglieder hauptsächlich aus den unteren Kategorien der Eisenbahnangestellten und der Arbeiterschaft der SBB-Hauptwerkstätte rekrutierte.¹³ Als «Avantgarde der hiesigen Arbeiterschaft» hatte die Oltner SP bis 1914 aber auch einen Teil der in privatwirtschaftlichen Unternehmen beschäftigten Arbeiterschaft organisiert.

In der Person des aus dem Zürichbiet stammenden Buchdruckers Jacques Schmid verfügten die Oltner Sozialdemokraten seit 1911 über eine markante Führungsgestalt.¹⁴ Als Redaktor des seit 1905 bestehenden Parteiorgans *Neue Freie Zeitung* übte er einen wichtigen Einfluss auf die öffentliche Meinung in der Stadt, der Region und im Kanton aus. Seine «Hausmacht» bildete die 1909 gegründete und seit 1913 von ihm präsidierte Arbeiterunion Olten und Umgebung, in der nach und nach der grösste Teil der auf dem Boden der Sozialdemokratie stehenden politischen, kulturellen und gewerkschaftlichen Organisationen in Olten und der unmittelbaren Umgebung zusammengefasst waren: die SP und der Grütliverein samt ihren kulturellen Zweigorganisationen, der Arbeiterfrauenverein, die Jugendorganisation, die Gewerkschaften von Bahn, Post und Privatindustrie sowie die städtischen Personalverbände. Zu Beginn des Jahres 1914 umfasste die Arbeiterunion zwölf Organisationen mit insgesamt 1642 Mitgliedern.¹⁵

Durch die Verschärfung der sozialen Lage während des Ersten Weltkriegs kam Bewegung in das Machtgefüge des Städtchens. Die Arbeiterunion konnte ihre Mitgliederzahl mehr als verdoppeln.¹⁶ In den Gemeinderatswahlen von 1917, die

---

9 Meyer, Erster Weltkrieg und Generalstreik, 215.
10 Einen knappen Überblick über die Stadtentwicklung gibt Hauser, Andreas: Olten. Architektur und Städtebau 1850–1920, Solothurn 2000, 21–55.
11 Meyer, Erster Weltkrieg und Generalstreik, 215–236.
12 Heim, Peter: Gelb, rot oder schwarz? Die Oltner Arbeiterbewegung im Spannungsfeld politischer und weltanschaulicher Kontroversen, in: Oltner Neujahrsblätter 66 (2008), 26–30; 68 (2010), 25–29; 69 (2011), 35–38.
13 Stadtarchiv Olten (StA Olten), Archiv SPO, Mitgliederverzeichnis 1916.
14 Schmid, Jacques: 1882–1960. Ein Leben im Dienste des Volkes, hg. von der SP des Kantons Solothurn, Olten 1960; Einwohnergemeinde Olten: Olten 1798–1991, 285.
15 Schweizerisches Sozialarchiv (Sozarch), SMUV, 07B-0224, Prot. Arbeiterunion Olten 1914, März 14.
16 Den Angaben des kantonalen Gewerkschaftskartells für das Jahr 1919 zufolge umfassten die sozialdemokratisch orientierten Gewerkschaften auf dem Platz Olten 3552 Mitglieder; 812 davon entfielen auf den Lederarbeiterverband Olten-Schönenwerd. Damit lag der untere Kantonsteil gegenüber der Region Solothurn-Lebern-Wasseramt mit deren 8660 Mitgliedern allerdings weit zurück.

64   Das Volkshaus an der Mühlegasse, wo im Februar 1918 das Oltener Aktionskomitee (OAK) gegründet wurde, bildete das Zentrum der sozialdemokratischen Arbeiterbewegung. Das Gebäude wurde Ende der 1930er-Jahre verkauft, abgebrochen und durch einen Neubau ersetzt.

Olten und der Generalstreik

wegen des Kriegs um ein Jahr verschoben worden waren, verlor die freisinnige Partei ein Fünftel ihrer Sitze an die Sozialdemokraten, die nun zusammen mit den vier Sitzen der Katholischen Volkspartei über eine kräftige Sperrminorität verfügten.[17] Gleichzeitig mussten die Freisinnigen den Sozialdemokraten das Oltner Statthalteramt überlassen.[18] Mit Hermann Hambrecht, einem aus dem badischen Offenburg stammenden Buchhändler und seit 1895 Geschäftsführer des Schweizerischen Vereinssortiments, zog der erste Sozialdemokrat als Beamter in das Oltner Stadthaus ein.

### Klassengesellschaft im Krieg

Bei Kriegsausbruch im August 1914 hatten zunächst alle Parteien vermehrten Willen zur Zusammenarbeit signalisiert. Schon bald zeigte sich aber, wie brüchig der sogenannte «Burgfrieden» war. Erste Klagen über Lohndrückerei und Arbeitszeiterhöhungen wurden bereits in den ersten Wochen nach Kriegsausbruch laut. An der Generalversammlung der Arbeiterunion vom 17. August 1914 beklagte sich Jacques Schmid über gewisse Unternehmer und Landwirte, die versuchten, aus der Situation Profit zu schlagen, die Preise in die Höhe zu treiben und die Löhne zu reduzieren. In einer Resolution forderte die SP die Stadtbehörden auf, hier für Abhilfe zu sorgen.[19] Ähnliche Meldungen kamen auch aus der Metall- und Maschinenindustrie. Die *Schweizerische Metallarbeiterzeitung* klagte, in der Giesserei Von Roll würde die Belegschaft zur Akkordarbeit gezwungen, um die in Aussicht stehenden Kriegsgewinne zu realisieren.[20] Auch auf das Verkehrspersonal wirkte sich der Kriegsbetrieb belastend aus: Klagen über Sparmassnahmen der SBB, erhöhte und unregelmässige Arbeitszeit sowie die schlechte Behandlung durch Vorgesetzte häuften sich.[21]

Eine der wichtigsten Triebfedern für die wachsende soziale Unrast war aber die Teuerung. Im April 1917 rechnete die *Neue Freie Zeitung* vor, dass viele lebenswichtige Güter für die Arbeiterschaft kaum mehr erschwinglich seien, während ein grosser Teil der Industrie in den Kriegsjahren grosse Gewinne realisiert und in Form von Dividendenerhöhungen an die Aktionäre weitergegeben habe. Die Zeitung bilanzierte: «Man kann heute schon von einer folgenschweren Unterernährung der gesamten arbeitenden Klasse sprechen [...] Als deren Folgen werden vermehrte Krankheiten in den Hütten der Arbeiter Einkehr halten.»[22]

Die wachsende soziale Not mobilisierte die Lohnabhängigen. Im Jahresbericht des solothurnischen Gewerkschaftskartells für 1917 wird festgestellt, dass die bisherige Stagnation infolge der «kleinbäuerlichen Verhältnisse» des Wirtschaftsgebiets überwunden sei. «Im dunklen Tal, im Königreich Bally und selbst bei den gestrengen Eisenherren in Gerlafingen» habe die gewerkschaftliche Organisation Fortschritte gemacht. Die Mitgliederzahl des Kartells habe sich im Verlauf des Jahres mehr als verdoppelt.[23] Auch in Olten erhielten die Gewerkschaften während des Kriegs enormen Zulauf. Sogar in bisher kaum organisierten Branchen entstanden Sektionen, die sich nach und nach der Arbeiterunion anschlossen. In der Giesserei Von Roll, wo man bisher die meisten Konflikte auf dem Verhandlungsweg zu lösen versucht hatte, drohten die Arbeiter nun mit kurzfristigen Massnahmen, wenn die Teuerungszulagen nicht verdoppelt würden.[24] Die Gewerkschaft der Schuhfabrik Strub, Glutz & Cie. AG gab ihre neutrale Haltung auf und trat der Arbeiterunion bei; und im Oktober 1917 vereinigten sich die Festbesoldeten auf dem Platz Olten zu einer 750-köpfigen Gewerkschaft, der sich im November auch die städtischen Angestellten und Arbeiter anschlossen.[25]

Im Frühjahr 1918 umfasste die Arbeiterunion Olten und Umgebung 23 Organisationen mit insgesamt 4000 Mitgliedern.[26] In der Redaktion der *Neuen Freien Zeitung* stellte man mit Genugtuung fest, dass sich die Abonnentenzahl seit Kriegsbeginn verdoppelt habe.[27] Das starke Wachstum der Mitgliederzahlen erlaubte den Sozialdemokraten ein forscheres Auftreten. Ein Arbeitskampf in der «Landquarter Maschinenfabrik», die sich erst im

---

17 Einwohnergemeinde Olten: Verwaltungsbericht und Auszug aus den Rechnungen der Einwohnergemeinde Olten für das Jahr 1917, 3.
18 Neue Freie Zeitung, 13.8.1917. Der Statthalter war der Stellvertreter des Stadtammanns.
19 Neue Freie Zeitung, 19.8.1914; 3.9.1914.
20 Neue Freie Zeitung, 9.12.1914.
21 Neue Freie Zeitung, 14.11.1914; 21.11.1914; 1.2.1919.
22 Neue Freie Zeitung, 21.4.1917.
23 Neue Freie Zeitung, 8.2.1918. Der Frauenanteil an den gewerkschaftlich Organisierten, etwa in der Schuhindustrie, lässt sich zahlenmässig nicht ermitteln, dürfte aber nicht unbedeutend gewesen sein.
24 Archiv von Roll, Auseinandersetzungen mit den Gewerkschaften, Eingabe der Arbeiterschaft an die Generaldirektion vom 26. Juni 1916.
25 Zur Entwicklung der Gewerkschaft bei der Schuhfabrik Strub, Glutz vgl. Oltner Neujahrsblätter 67 (2009), 38; Neue Freie Zeitung, 8.10.1917; 17.11.1917. Zu den Festbesoldeten zählten die kantonalen und kommunalen Angestellten und Beamten.
26 Neue Freie Zeitung, 10.4.1918.
27 Neue Freie Zeitung, 27.12.1917.

Jahr zuvor in Olten niedergelassen hatte, endete im Juli 1917 mit einem Kompromiss.[28] Gleichzeitig verbuchte die «Oltner Holzarbeitergewerkschaft» zahlreiche Neueintritte.[29]

Einen massgeblichen Beitrag zur Verschärfung des sozialen und politischen Klimas in den Kriegsjahren lieferte das Gebaren der Unternehmensführung in der Automobilfabrik Berna. Das durch den Berner Fabrikanten Josef Wyss 1904 gegründete Unternehmen hatte wegen Absatzproblemen und eines ruinösen Konflikts mit der Metallarbeitergewerkschaft 1907 liquidiert werden müssen.[30] Im Jahr darauf erfolgte die Neugründung durch eine englische Investorengruppe unter dem Namen Berna Commercial Motors Ltd., die 1912 durch ein schweizerisches Konsortium übernommen wurde. Unter der Direktion des Maschinentechnikers Ernst Marti verzeichnete man in den folgenden Jahren eine gedeihliche Entwicklung des Inlandverkaufs; dazu kamen Lizenzverträge und Vertretungen in Holland, Belgien, Spanien, Italien, Rumänien und Südamerika. Seit Kriegsausbruch lieferte die Firma auch Lastwagen an die Schweizer Armee und die Entente – durch die Verbindungen zum ehemaligen Mutterhaus in London vor allem nach Grossbritannien.[31] Die Zahl ausgelieferter Lastwagen stieg von 121 (1913) auf 309 (1917). Das Aktienkapital von anfänglich 350 000 Franken konnte etappenweise bis auf 1,5 Millionen Franken erhöht werden; und im Februar 1915 beschloss die Generalversammlung der Motorwagenfabrik Berna AG die Auszahlung einer Dividende von zehn Prozent.[32]

Mit der Belegschaft, die in wenigen Jahren auf über 300 Beschäftigte anwuchs, stand das Unternehmen immer wieder im Streit. Als die Arbeiterschaft im September 1913 mit dem Wunsch nach einem Gesamtarbeitsvertrag mit festen Regeln über Anstellungs- und Lohnverhältnisse an die Direktion herantrat, blieb Direktor Marti nach Rücksprache mit dem Sekretariat des Arbeitgeberverbandes Schweizerischer Maschinenindustrieller (ASM) hart.[33] Durch den Versuch, gewerkschaftlich organisierte Arbeiter generell von der Fabrik fernzuhalten, und die Weigerung, das Koalitionsrecht der Arbeiterschaft anzuerkennen, geriet die Firma immer mehr ins Visier des kämpferischen Metallarbeiterverbands (MAV).

Im Frühjahr 1915 behauptete ein langjähriger Aktionär und früherer Geschäftspartner, der sich mit der Direktion überworfen hatte, die Berna habe dem Fiskus durch buchhalterische Tricks erhebliche Summen an Steuergeldern vorenthalten. Dieser gravierende Vorwurf wurde von der politischen Opposition dankbar aufgegriffen und für den gemeinsamen Kampf gegen die freisinnige Mehrheit politisch instrumentalisiert. Die konservative Volkspartei war insofern in die Sache verwickelt, als einer ihrer Wortführer, der Oltner Rechtsanwalt Paul Portmann, die Gegnerschaft der Berna vor Gericht vertrat.[34] «Es ist eine Freude um eine blühende Industrie», monierten die konservativen *Oltner Nachrichten,* «vorausgesetzt, dass die Arbeiter recht bezahlt und gut behandelt und in ihrer politischen Freiheit nicht eingeengt werden. Aber dann soll man vor den Steuerbehörden nicht das Veilchen spielen, das im Verborgenen blüht, besonders wenn man ein patriotischer Musterbetrieb [...] mit dem freisinnigen Parteipräsidenten von Olten als Verwaltungsrat und Kronjuristen sein will!»[35] In der *Neuen Freien Zeitung* rechnete Jacques Schmid seiner Leserschaft vor, dass die Berna dank ihrer Rüstungsaufträge nahezu das Zehnfache dessen erwirtschaftet haben müsse, was sie den Steuerbehörden gegenüber deklariert habe. Mit der Summe, die das Unternehmen wahrscheinlich hinterzogen habe, behauptete Schmid, könnten rund 2000 Arbeiter steuerfrei gehalten werden.[36]

Da im Verwaltungsrat der Berna mit dem freisinnigen Parteipräsidenten, Fürsprecher Emil Schenker, dem Kaufmann Rudolf Heer und Direktor Ernst Marti auch einige prominente Oltner Freisinnige sassen[37] und das Unternehmen zu den wichtigsten Steuerzahlern der Stadt gehörte, schlug die Affäre hohe Wellen. Das Büro des Gemeinderats stellte sich sogleich schützend vor die beschuldigte Firma. Berna-Direktor Ernst Marti wies die Anschuldigungen weit von sich und drohte mit einer gerichtlichen Klage wegen Kreditschädigung

28 Neue Freie Zeitung, 5.7.1917; 12.7.1917; 29.7.1917.
29 Neue Freie Zeitung, 5.7.1917.
30 Brunner, Hans: Aus der Pionierzeit des Autos. Josef Wyss als Konstrukteur und Gründer der Bernawerke, in: Jahrbuch für solothurnische Geschichte 61 (1988), 47–73; Einwohnergemeinde Olten: Olten 1798–1991, 169–172.
31 Nach Österreich-Ungarn wurden 1917 14 Lastwagen exportiert – Bestandteile wurden auch nach Deutschland geliefert; vgl. dazu StA Olten, Archiv Berna, Ber 1.140.
32 Heim, Peter: Die Motorwagenfabrik Berna und der grosse Krieg, in: Oltner Neujahrsblätter 76 (2018), 44–47. Im Vergleich mit der Basler Pharmaindustrie nahm sich die «Berna» allerdings eher bescheiden aus.
33 Archiv von Roll, Akten ASM, 16.–29.9.1913.
34 StA Olten, Archiv Berna 0.112, Streitsache mit Peter Zai, Berna Italien 1913–1916.
35 Oltner Nachrichten, 23.4.1915.
36 Neue Freie Zeitung, 22./23.4.1915.
37 Neue Freie Zeitung, 19.11.1915.

# «Herr Jenachdem»: Der Solothurner Streikführer Jacques Schmid zwischen Recht und Gewalt

Peter Heim

Dass die Novembertage 1918 in Olten allgemein betrachtet diszipliniert und ohne physische Gewaltanwendung über die Bühne gingen, ist nicht zuletzt dem Solothurner Streikführer und SP-Nationalrat Jacques Schmid (1882–1960) zu verdanken. Der gelernte Buchdrucker war kurze Zeit Sekretär der Zürcher Arbeiterunion und Redaktor beim *Volksrecht* gewesen, als man ihn 1911 nach Olten berief, um das Parteiblatt *Neue Freie Zeitung* über die Runden zu bringen.[1] Die Solothurner Genossen waren auf Unterstützung von aussen dringend angewiesen. Im Vergleich zu Zürich steckte die gewerkschaftliche und politische Organisation der Arbeiterschaft hier noch in den Kinderschuhen. Von den durch die eidgenössische Fabrikstatistik erfassten 25 000 Arbeitnehmenden waren vor dem Ersten Weltkrieg bloss etwa 3000 gewerkschaftlich organisiert, und die Kantonalpartei zählte kaum 1000 Mitglieder. Das Unternehmertum stand noch fest auf dem «Herr im Hause»-Standpunkt, die freisinnige Partei verfügte über die absolute Mehrheit im Kantonsrat und in den meisten Gemeinderäten. Und die katholisch-konservative Volkspartei mit ihren christlich-sozialen Gewerkschaften kam als Bündnispartner höchstens in einzelnen Fällen infrage.

In den theoretischen Diskussionen nahm Schmid, der seit 1912 auch als kantonal-solothurnischer Parteipräsident wirkte und sich selbst als Marxisten bezeichnete, zunächst eine unklare Haltung ein. Das Ziel, die bürgerlich-kapitalistische Wirtschafts- und Gesellschaftsordnung zu überwinden, stand für ihn ausser Frage. Die russische Revolution im Februar 1917 begrüsste er begeistert und liess seiner Erbitterung über die «Erdrosselung der sozialen Revolution in Russland durch den deutschen Militarismus» in einer Artikelserie in der *Neuen Freien Zeitung* freien Lauf.[2] Im Unterschied zur Parteilinken, welche die Anwendung gewaltsamer Mittel nicht ausschloss, stellte sich Schmid aber stets auf den Boden der Demokratie und grenzte sich später auch deutlicher gegen die Parteilinke ab.[3] Als sich der Parteitag der SP im Frühjahr 1919 der moskautreuen Dritten Internationalen unterwerfen wollte, gehörte Schmid zu jenen, die diesen Entscheid durch die Befragung der Parteibasis umstossen konnten.[4]

In den Novembertagen 1918 organisierte Schmid zusammen mit den Spitzen der Oltner Arbeiterunion die Protestkundgebung vom 9. November auf dem Hübeliplatz. Als der Bundesrat den Forderungen der organisierten Arbeiterschaft nicht entgegenkam, unterstützte er die Ausrufung des unbefristeten Generalstreiks, sorgte aber dafür, dass gewaltsame Ausschreitungen in Olten unterblieben.[5]

In der bürgerlichen Presse wurde Schmid als «roter Mephisto» und «Bolschewist» dämonisiert, der die Arbeiterschaft aufgehetzt habe und einen wesentlichen Teil der Verantwortung für die Ausschreitungen der Streikenden in Solothurn und Grenchen trage, welche das Militär zur Gewaltanwendung gezwungen habe. Als ihn Ständerat Casimir von Arx in der Kantonsratsdebatte zum Landesstreik vom 16. Januar 1919 aufforderte, klar zu sagen, ob er für eine «Evolution» oder «Revolution» eintrete, rief Schmid in den Saal: «Je nachdem! [...] Je nach Ihrem Verhalten!» Die bürgerliche Ratsmehrheit reagierte darauf mit spöttischer Heiterkeit und Händeklatschen, da sich Schmid in ihren Augen als charakterloser Opportunist entlarvt hatte.[6] In seinem Votum spielte Schmid mit der Ambivalenz von Recht und Gewalt, vielleicht, um den Druck auf die bürgerliche Ratsmehrheit rhetorisch aufrechtzuerhalten: «Wir sind Demokraten und stehen auf dem Boden, dass sich in der Demokratie die Minderheit der Mehrheit fügt. Aber wir stehen auch auf dem Boden des Naturrechtes, dass wenn die Mehrheit die Minderheit verkommen lassen will, die Minderheit in der Notwehr zu allen Mitteln greifen darf, die ihr nur helfen können.»[7] Diesem Votum zum Trotz blieb der Übername «Herr Jenachdem» noch lange an Schmid haften.

1 Oltner Tagblatt, 29.4.1911.
2 Neue Freie Zeitung, Nr. 49–52, 28.2.–4.3.1918.
3 Stadtarchiv Olten, Protokoll der SP Olten, 22.1.1919.
4 Schmid, Jacques: Unterwegs 1900–1950. Erfahrungen und Erkenntnisse, Olten 1953, 112.
5 Schmid, Unterwegs, 94–109.
6 Verhandlungen des Kantonsrats von Solothurn 1919, 237.
7 Verhandlungen Solothurn, 237.

65   Jacques Schmid (vordere Reihe, fünfter von links, mit Uhrenkette und schwarzem Hut) im Kreis der kantonalen Partei- und Gewerkschaftsführung, ca. 1920.

sowie dem Wegzug von Olten, falls die Angriffe nicht aufhören sollten. Im *Oltner Tagblatt* verteidigte der Berna-Verwaltungsrat Emil Schenker seine Firma: Das Ganze sei ein Racheakt eines verkrachten früheren Geschäftspartners und eine Stimmungsmacherei ultramontan-sozialistischer Grössen gegen die freisinnigen Leiter der Berna.38 Die *Neue Freie Zeitung* schoss mit ebenso scharfer Munition zurück und hielt im Juli 1915 fest: «Sorge das Tagblatt lieber dafür, dass es nicht selber in den Verdacht der Korruption kommt, indem es dem Gejammer und den Lügen reicher Defraudanten Tür und Tor öffnet gerade in dem Momente, wo alle uns umgebenden Staaten gewisse vom Krieg sich mästende Industrien, wie billig, höher zu besteuern trachten.»39 Alle guten Vorsätze bezüglich Einhaltung des «Burgfriedens» waren inzwischen vergessen. Bereits zwei Wochen zuvor hatte die *Neue Freie Zeitung* vermerkt: «Der Burgfriede ist nur da, dass die Herren Kapitalisten ungestört ihre Säcke immer mehr füllen können, während die Arbeiterschaft immer mehr verarmt durch die verteuerten Lebensmittelpreise, denn die Löhne erhöhen sich nicht wie die Dividenden [...] Fort mit Gleichgültigkeit und Trägheit. Agitieren wir mit frischem Mute für unsere gewerkschaftlichen Organisationen, wie auch für die sozialdemokratische Partei. Denn ihre Vertreter allein stehen immer und unerschrocken für die Interessen der Arbeiter ein.»40

Trotz aller Bemühungen der Berna-Verantwortlichen und der Oltner Behörden liess sich die Verurteilung wegen Steuerdefraudation nicht abwenden.41 Um die Berna vor der Bezahlung einer Nachsteuer von 40 000 Franken an die Stadtkasse zu bewahren, schürte der Oltner Gewerbeverband unter der Führung des Architekten Walter Belart die Furcht vor einem Wegzug der lukrativen Motorwagenfabrik.42 Stadtammann Hugo Dietschi und die freisinnige Mehrheit des Gemeinderats gerieten dadurch in eine verzwickte Lage, da sich die Stadt den Wegzug der Berna aus steuerlichen Gründen keinesfalls leisten konnte. Der Verwaltungsrat war sich dessen bewusst und setzte den Stadtammann unter Druck. Als sich die Direktion im Frühjahr 1917 nach der Entlassung einer Anzahl von Aktivisten auch noch in einen eigentlichen Machtkampf mit der Metallarbeitergewerkschaft verstrickte, wurden aber auch im Verwaltungsrat kritische Stimmen gegen Martis Führungsstil laut.43

An einer freisinnigen Parteiversammlung im April 1917 bemühte sich der frühere Stadtammann, amtierende Ständerat und Bankratspräsident der solothurnischen Kantonalbank, Casimir von Arx, den entstandenen Schaden zu begrenzen: Was die Firma getan habe, sei kein Betrugsdelikt, sondern lediglich eine «Appreciation der Abschreibungen», welche die Regierung aus fiskalischen Gründen nicht anerkannt habe.44 Von Arx plädierte deshalb dafür, dem Unternehmen die vom Gericht verhängte Steuerbusse zu erlassen und sich mit dem Bezug der geschuldeten Nachsteuer zu begnügen. Demgegenüber verwahrte sich der linksliberale Fürsprecher Adrian von Arx – 1917 Gründer der linksliberalen solothurnischen Jungfreisinnigen – gegen eine derartige «Rechtsbeugung», die eine verhängnisvolle Lockerung der Steuermoral zur Folge haben könnte. In Anspielung auf die endlosen Querelen mit der Gewerkschaft übte er scharfe Kritik an der Geschäftsleitung der Berna, die es nicht verstanden habe, sich durch eine vernünftige und gerechte Behandlung ihrer Arbeiterschaft die Sympathien der Bevölkerung zu erwerben, und dadurch auch den Interessen der freisinnigen Partei schade.45 Anfang Mai 1917 beschloss die Mehrheit des Gemeinderats gegen den Widerstand der Sozialdemokraten und Konservativen dennoch, der Berna die Nachsteuer zu erlassen. Nur mit knapper Not gelang es der Ratslinken, eine allgemeine Herabsetzung der Steuerprogression für Unternehmen zu verhindern.46 Unter dem Druck einer von der SP organisierten Kundgebung auf dem Munzingerplatz, die auch von konservativer Seite unterstützt wurde, musste der Gemeinderatsbeschluss aber rückgängig gemacht werden; und auch im Konflikt mit der Gewerkschaft musste die Berna schliesslich nachgeben. In einem bereits seit Januar 1917 schwelenden Arbeitskonflikt um Lohnerhöhungen und den Teuerungsausgleich einigte man sich im August 1917 auf eine – angesichts der Teuerung immer noch bescheidene – zehnprozentige Lohnaufbesserung, je zur Hälfte in Form von Teuerungszulagen und einer effektiven Lohnerhöhung.47 Im März 1918 flammte der Streit aber er-

38 Oltner Tagblatt, 29.4.1915.
39 Neue Freie Zeitung, 27.7.1915.
40 Neue Freie Zeitung, 14.7.1915.
41 StA Olten, Archiv Berna 1.171.
42 Neue Freie Zeitung, 13.4.1915; 17.4.1915.
43 StA Olten, Archiv Berna, Prot. der 49. Sitzung des VR, 8.6.1917.
44 Die Frage, inwieweit Abschreibungen steuerpflichtig seien, wurde tatsächlich kontrovers beurteilt.
45 Oltner Tagblatt, 11.4.1917.
46 Neue Freie Zeitung, 5.5.1917.

neut und umso heftiger auf, als sich die hinter den beiden Konfliktparteien stehenden Verbände, der MAV auf der einen und der ASM auf der anderen Seite, einschalteten. Bald stellte sich heraus, dass die Streikenden durch eine Aktionärsgruppe unterstützt wurden, welche die durch den Konflikt bedingten Kursverluste der Berna-Aktien dazu benutzen wollte, sich die Stimmenmehrheit an der Generalversammlung zu sichern und den streitbaren Direktor loszuwerden.[48] Erst im Sommer 1918 konnte der Konflikt, in dem es auch zu gewaltsamen Auseinandersetzungen zwischen Streikenden und Arbeitswilligen kam, durch die Vermittlung der Solothurner Regierung beigelegt werden.

### Mobilisierung der Eisenbahner

Angesichts der unnachgiebigen Haltung der SBB-Generaldirektion gegenüber den Forderungen der Personalverbände zur Verbesserung ihrer Arbeitsverhältnisse kamen im Verlauf des Kriegs auch die in Olten besonders präsenten Organisationen des Bundespersonals zunehmend in Bewegung. Die Gründe dafür waren auch – aber nicht in erster Linie – materieller Natur, gehörte das Bahnpersonal doch zu den privilegierten Teilen der Arbeitnehmerschaft. Inwiefern die Liste von Beschwerden, die der Vorstand des SP-nahen Schweizerischen Lokomotivpersonalverbands (SLPV) im Vorfeld der militärgerichtlichen Untersuchungen nach dem Landesstreik vorlegte, auch für andere Eisenbahnerkategorien galt, bleibe dahingestellt. Dennoch vermittelt sie eine gewisse Vorstellung von den Nöten und Schikanen, denen sich das Bahnpersonal unter dem Druck des Kriegsbetriebs ausgesetzt sah:

«Alle unsere Eingaben und berechtigten Begehren sind seit Kriegsausbruch von den Verwaltungsbehörden glatt abgewiesen worden, ohne uns manchmal nur einer Antwort zu würdigen. Im weiteren sind uns bei Kriegsausbruch die fälligen und gesetzlich garantierten Gehaltsaufbesserungen einfach sistiert worden, wogegen auf der anderen Seite die Lebensmittel, Bekleidungsgegenstände, Mietzinse etc. ins Ungeheure stiegen und wir manchmal auf Kosten unserer und der Familie Gesundheit die grössten Einschränkungen machen mussten, da die nachträglich erhaltenen Teuerungszulagen bei weitem nicht ausreichten, die enorme Teuerung auch nur einigermassen auszugleichen. Auch die Beförderungen, hauptsächlich beim unteren Personal, wurden von unseren Behörden rundweg abgewiesen, wogegen sie auf der anderen Seite bemüht waren, hohe und höchste Stellen zu schaffen (Bahnhof-Inspektoren, Betriebsgruppen-Direktoren etc.), um den Herrschaften möglichst grosse Gehälter zu verabfolgen. Ebenso wurde uns ein Teil der reglementarischen Freibillete einfach weggenommen, und das Tragen des Dienstmantels um ein Jahr verlängert. Auch hatten wir sonst noch alle möglichen Schikanen seitens der Verwaltung durchzukosten. Hauptsächlich die jüngeren Kollegen wurden zu allen möglichen Arbeiten, nur nicht ihrer Anstellung gemäss, verwendet, was bei einigermassen gutem Willen der Verwaltung kaum möglich gewesen wäre.»[49]

Gewerkschaftlich waren die Eisenbahner nach verschiedenen Berufskategorien organisiert und bloss lose im Kartell der vereinigten Eisenbahnpersonalverbände zusammengeschlossen. Als Erste hatten sich 1876 die Lokomotivführer organisiert, 1889 folgten die Lokomotivheizer; das Zugpersonal (Bremser, Kondukteure und Zugführer) schloss sich 1885 zusammen, die Eisenbahnarbeiter und die untersten Angestelltenkategorien folgten diesem Beispiel in den 1890er-Jahren. 1894 konstituierte sich mit dem Verband des Personals Schweizerischer Transportangestellter (VPST) die erste kategorienübergreifende Gesamtorganisation; und ein Jahr später schlossen sich die Arbeitergewerkschaften – vorerst noch unter dem Dach des VPST – zur sozialdemokratisch geprägten Arbeiterunion Schweizerischer Transportanstalten (AUST) zusammen.[50]

Trotz der zunehmenden Organisation bildete das Bahnpersonal aber weder bezüglich seiner sozialen Stellung noch seiner politischen Ausrichtung eine Einheit. In politischer Hinsicht waren die Bähnler traditionellerweise in zwei Lager gespalten: Die oberen Kategorien der Angestellten fühlten sich dem bürgerlichen Lager verpflichtet, die Arbeiter, die unteren Angestelltenkategorien und das Zugpersonal neigten eher der Sozialdemokra-

---

| | | |
|---|---|---|
| 47 | Neue Freie Zeitung, 3.8.1917. | Erich/Hirter, Hans (Hg.), Arbeiterschaft und Wirtschaft in der Schweiz 1880–1914. Soziale Lage, Organisation und Kämpfe von Arbeitern und Unternehmern, politische Organisation und Sozialpolitik, Band II/1, Zürich 1988, 597–618. |
| 48 | Verhandlungen des Kantonsrats von Solothurn (KRV) 1918, 392–394. | |
| 49 | StA Olten, Archiv SLPV, Anweisung des Vorstandes an die Mitglieder, was sie vor Gericht auszusagen hätten, November 1918, ohne Tagesangabe. | |
| 50 | Vgl. dazu Gruner, Erich: Die Eisenbahnerverbände, in: Balthasar, Andreas/Gruner, | |

tie zu. Unentschieden war vor dem Krieg noch die Haltung des Lokomotivpersonals gewesen. Der elitäre Verein Schweizerischer Lokomotivführer (VSLF) war mehrheitlich bürgerlich ausgerichtet. Gegen die Bestrebungen, die beiden Verbände der Führer und Heizer miteinander zu verschmelzen und dem Schweizerischen Gewerkschaftsbund (SGB) zuzuführen, regte sich in Olten vor allem unter dem FDP-nahen Lokpersonal energischer Widerstand, der mit der von Adrian von Arx vorbereiteten freisinnigen Arbeiterbewegung im Zusammenhang stand. Im Dezember 1910 gründeten die mehrheitlich sozialdemokratisch orientierten Heizer mithilfe von Überläufern aus dem Lager der Lokführer deshalb eine linke Gewerkschaft unter dem Namen Schweizerischer Lokomotivpersonalverband. Eine Minderheit freisinnig orientierter Heizer konstituierte sich darauf als Verband Schweizerischer Lokomotivheizer (VSLH).[51]

Am Pfingstsonntag 1917 gelang der Arbeiterunion Olten ein bemerkenswerter agitatorischer Erfolg. 1300 Eisenbahner aller Kategorien, Pöstler und Telegraphisten zogen in einem Demonstrationszug durch die Stadt. Während der Rede des Generalsekretärs des Verbandes Schweizerischer Eisenbahn- und Dampfschiffangestellter, SP-Nationalrat Emil Düby,[52] zeugten Zwischenrufe nach einem Streik von der «furchtbaren Erbitterung des Personals».[53] Auch die konservative Opposition konnte ins Boot geholt werden: Der Regierungsrat und Nationalrat der Volkspartei, Dr. Siegfried Hartmann, nahm zwar persönlich nicht an der Demonstration teil, versprach aber Unterstützung der «gerechten Forderungen des Personals». Der Standpunkt der Generaldirektion wurde von keinem Redner vertreten. Tags darauf prangerte der Präsident des Eisenbahnarbeitervereins Olten, August Kamber, die «Hungerlöhne» auf dem Platz Olten an. Da die Bahnverwaltung und der «bürgerliche Block» in der Bundesversammlung die Forderungen nach mehr Lohn und Teuerungsausgleich abgelehnt hätten, sei das Bundespersonal «zum Aeussersten entschlossen».[54] Einem späteren Versuch der von Adrian von Arx angeführten Jungfreisinnigen, die Lohnforderungen der aktivistischen Eisenbahner durch direkte Verhandlungen mit dem SBB-Verwaltungsratspräsidenten, Casimir von Arx, aufzufangen, widersetzten sich die Sozialdemokraten vehement.[55] Offensichtlich wollte man sich die Früchte des agitatorischen Erfolgs nicht von «jungliberalen Strebern» nehmen lassen.

Dass das Wort «Streik» auch in Eisenbahnerkreisen vermehrt zu hören war, verdient besondere Aufmerksamkeit. Das Verkehrspersonal, das wegen seiner beruflichen Zersplitterung schwer zu mobilisieren war, hatte bisher von der Streikwaffe nur äusserst zurückhaltend Gebrauch gemacht.[56] Seit der Verstaatlichung der vier Hauptbahnen, die seit 1902 die SBB bildeten, sahen sich die Bundesbeamten zudem in ein besonderes Treue- und Gehorsamsverhältnis gegenüber ihrem Arbeitgeber eingebunden, was ihnen die Beteiligung an einem Streik eigentlich verunmöglichte. In diesem Zusammenhang verdient ein Leitartikel in der *Neuen Freien Zeitung* vom 14. März 1918 besonderes Interesse. Der Verfasser nahm darin Stellung zur Meinung, ein landesweiter Streik könne niemals auf die Verkehrsbetriebe ausgedehnt werden, weil sonst die Nahrungsmittelversorgung der Bevölkerung zusammenbrechen würde. Ohne auf diesen Einwand einzugehen, führte er aus: «In dem Augenblicke, wo die Niederlegung der Waffen erfolgt, [...] wäre dann auch der Moment für die Eisenbahner gekommen, in Reih und Glied mit der gesamten Arbeiterschaft zu marschieren. [...] Der Eisenbahnbetrieb ist für die Arbeiterschaft eine von den besten Waffen und diese soll daher unter keinen Umständen unberührt bleiben.»

Für die weitere Entwicklung auf dem Platz Olten war die Mobilisierung der Eisenbahner von ausschlaggebender Bedeutung. Das einzige Bild, das uns aus den Tagen des Generalstreiks in Olten erhalten geblieben ist, zeigt die 17 Eisenbahner, die sich nach dem Streik vor Militärgericht verantworten mussten und als die eigentlichen «Helden der Bewegung» vor dem Fotografen posierten. Die Tatsache, dass die Oltner sich in derart prominenter Weise am Generalstreik beteiligten, führte ein Kolumnist der *Neuen Freien Zeitung* in einem Beitrag zur wachsenden Teuerung auf die besondere Rolle

---

51  Das Oltner Stadtarchiv besitzt seit Kurzem die Protokollbücher des VSLF, des VSLH, des SLPV und des SZPV aus diesen Jahren.

52  Düby profilierte sich in der Landesstreikdebatte am Basler Arbeiterkongress vom 27./28. Juli 1918 als Wortführer der zurückhaltenden Gewerkschaftspolitiker, vgl. dazu Gautschi, Willi: Der Landesstreik 1918, Zürich 1988, 135.

53  In einer Einsendung an den Bund schrieb ein offensichtlich bürgerlich eingestellter Lokomotivführer: «Zur finanziellen Notlage gesellt sich leider die Tatsache, dass das Personal seit Jahren einer unerhörten Bureakratie ausgeliefert ist, die von vielen einseitigen Vorgesetzten bis zur Schikane betrieben wird. Hier liegt die Wurzel der tiefen Erbitterung, die durch den hintersten Eisenbahner geht.» Vgl. dazu Oltner Tagblatt, 31.12.1918.

54  Neue Freie Zeitung, 30.5.1917.

55  Neue Freie Zeitung, 24.11.1917.

56  Gruner, Arbeiterschaft und Wirtschaft II/2, 1528–1582.

66 «Aus bewegten Tagen!» Die unmittelbar nach dem Landesstreik inhaftierten Eisenbahner posieren als Helden der Bewegung vor dem Fotografen.

des Personals im öffentlichen Dienst zurück. Ausgehend von der durch Karl Marx 1850 vertretenen Auffassung, dass eine Revolution nur im Gefolge einer Krise möglich sei,[57] fragte er, warum die aktuelle Bewegung am Ende einer vierjährigen Hochkonjunktur habe ausbrechen können, und liefert die Antwort gleich selbst:

«Deshalb, weil heute eine zahlreiche und in der Arbeiterbewegung sehr einflussreiche Arbeiterschicht vorhanden ist, die [...] von den Vorteilen der Hochkonjunktur vollständig ausgeschlossen ist, ja sie sozusagen aus ihrem Sack bestreiten muss. Es sind dies die Festbesoldeten, das Staatspersonal, die Eisenbahner, Lehrer usw. Diese Leute werden durch die Hochkonjunktur [...] täglich, stündlich um Bruchteile ihres Arbeitsertrages betrogen. Und unter dem Eindruck der steigenden Unzufriedenheit dieser Arbeiterschicht entstand die Aktionslust.»[58]

### Der Weg in den Landesstreik

Mit dem Herannahen des Winters war das soziale Klima durch die Verknappung der Kohlezufuhr zusätzlich belastet worden. Gas und Petrol wurden knapp, ebenso das Holz, das die Fürsorgekommission verteilen konnte.[59] Die Behörden liessen die vorhandenen Kohlebestände registrieren, und die Haushalte wurden zum Kohlesparen aufgerufen.[60] Dann folgten die Rationierungen. Hinzu kam, dass in Olten, wie auch in anderen Städten, Wohnungsnot herrschte, von der besonders die wirtschaftlich Schwächeren betroffen waren. Nach einer Untersuchung des VPST waren die Wohnungspreise in Olten zwischen 1898 und 1906 um 50–90 Prozent gestiegen. Während die Wohnbevölkerung weiter anwuchs, entwickelte sich die Wohnbautätigkeit wegen der fortschreitenden Bauteuerung seit 1910 rückläufig, was wiederum zu steigenden Mieten führte.[61] Umsonst versuchte die SP-Fraktion seit Jahren, den Gemeinderat von der Notwendigkeit des kommunalen Wohnungsbaus zu überzeugen. Entsprechende Vorstösse stiessen bei beiden bürgerlichen Parteien auf taube Ohren.[62]

Unter diesen Umständen erstaunt es nicht, dass die Zahl und die Heftigkeit der Arbeitskonflikte im Einklang mit der gesamtschweizerischen Entwicklung im letzten Kriegsjahr massiv zunahmen. In den meisten Fällen verbuchte die Arbeitnehmerschaft zumindest Teilerfolge. Dass diese Konflikte – mit Ausnahme desjenigen bei der Berna – ohne Gewaltexzesse über die Bühne gingen, ist einerseits der Geschlossenheit der Arbeiterschaft, andererseits aber auch der Einsicht und Gesprächsbereitschaft der Arbeitgeberseite zuzuschreiben. Besonders zu erwähnen sind hier die Seifenfabrik Sunlight, die allfälligen Lohnkämpfen durch freiwillige Lohnerhöhungen zuvorkam, oder die Schuhfabrik Strub-Glutz, die dem Anschluss der bisher politisch neutralen Hausgewerkschaft an die sozialdemokratisch dominierte Arbeiterunion kaum nennenswerten Widerstand entgegensetzte.[63] Kurz nach der Gründung des Oltener Aktionskomitees Anfang Februar 1918 referierte Robert Grimm im «Olten-Hammer» vor über 600 Teilnehmern an einer von der Arbeiterunion organisierten Kundgebung gegen den Zivildienst. In einer Resolution missbilligte die Versammlung die «versuchte Militarisierung» der Arbeitswelt und bestärkte die Vertreter der Arbeiterschaft in der Aufrechterhaltung ihrer Forderungen gegenüber dem Bundesrat.[64] Interessant ist, dass auch die anwesenden Christlich-Sozialen dieser Resolution zustimmten, obwohl ihr Zentralverband kurz zuvor den Zivildienst befürwortet und sich von der «Anzahl gewissenloser Hetzer» distanziert hatte, die das Land in den «Abgrund eines Generalstreiks und der Revolution» hineintreiben würden.[65]

An einer Protestkundgebung vom 10. März 1918 gegen die Verhaftung Willi Münzenbergs, des Sekretärs der Internationalen Sozialistischen Jugendbewegung, setzte es harsche Kritik an die Adresse der leitenden Organe von Partei und Gewerkschaften ab.[66] So forderte der Oltner Zugführer Josef Theiler mehr Rückgrat gegenüber den Behörden, und der markige Ausspruch des Jungsozialisten Anton Sinniger, man müsse nicht nur russisch lesen und reden, sondern endlich auch einmal russisch handeln, rief in bürgerlichen Kreisen helles Entsetzen hervor.[67]

---

57 Neue Rheinische Zeitung, Nov. 1850, in: Marx-Engels-Werke, Band 7, 9. Auflage, Berlin 1990, 440.
58 Neue Freie Zeitung, 20.11.1918.
59 StA Olten, GA 6.6.01, Protokoll der Fürsorgekommission, 15.10.1917.
60 Neue Freie Zeitung, 14.1.1918.
61 Neue Freie Zeitung, 9.7.1918.
62 StA Olten, Prot. SPO, 25.4.1911; Prot. GRP, 25.9.1912. 1918 wurde das Thema von der SP erneut aufgegriffen. Vgl. dazu Prot. SPO, 31.1.1918; 21.9.1918.
63 Neue Freie Zeitung, 16.1.1918. Zu Sunlight im Ersten Weltkrieg vgl. auch Flaschberger, Sabine: Kriegsseife und Glyzerinexport. Die Savonnerie Sunlight im Ersten Weltkrieg, in: Rossfeld, Roman/Straumann, Tobias (Hg.), Der vergessene Wirtschaftskrieg. Schweizer Unternehmen im Ersten Weltkrieg, Zürich 2008, 261–287.
64 Neue Freie Zeitung, 13.2.1918.
65 StA Olten, Prot. SPO, 11.2.1918.
66 Auch eine Zuschrift der Arbeiterunion Olten tadelte die Zurückhaltung der Parteispitze und drängte auf «Anwendung der schärfsten Kampfmittel»; vgl. Gautschi, Der Landesstreik, 115.

Auch in der SBB-Werkstätte brodelte es. Die Arbeiter fühlten sich gegenüber dem Bahnpersonal benachteiligt, weil sie im Stundenlohn eingestellt waren und im Krankheitsfall nur ein Krankengeld zugesprochen erhielten, für das ihnen die Prämien vom Lohn abgezogen wurden. Ausserdem hatten sie keine Pensionskasse und bestenfalls Anspruch auf eine minimale Invalidenentschädigung.[68] Als der SBB-Verwaltungsrat auf die Forderungen des Schweizerischen Eisenbahn-Werkstätte-Arbeiterverbandes nicht einging, wurde über sämtliche Werkstätten die Sperre verfügt, die in Olten nur wenige Tage vor dem Landesstreik, am 2. November 1918, gegenüber der Betriebsleitung auch durchgesetzt wurde.[69]

Umsonst versuchte das OAK die fortschreitende Radikalisierung, die nicht nur bei den Jungsozialisten, sondern auch in Kreisen der SP-Frauen, besonders im Leberberg, überhandnahm, zu beschwichtigen. Am schweizerischen Arbeitertag in Basel am 27./28. Juli 1918 wandte sich Robert Grimm deutlich gegen «jene Gefühlsrichtung, die, von der russischen Revolution geblendet, an die Möglichkeit glaubt, auf dem Gebiete der Schweiz gleich einer Oase inmitten der kapitalistischen Grossländer den Sozialismus aufbauen zu können.»[70] In dieser gespannten Lage erfolgte am 29. Oktober der Aufruf der schweizerischen Parteileitung zur feierlichen Begehung des ersten Jahrestags der bolschewistischen Machtübernahme in Petrograd am 7. November. Auf Ersuchen des Zürcher Regierungsrats, der den Ausbruch revolutionärer Unruhen befürchtete, entschloss sich der Bundesrat schliesslich zu einer militärischen Intervention.[71]

Als am 6. November die Nachrichten über das Militäraufgebot in Zürich eintrafen, war man in Olten mit diversen lokalen Arbeitskonflikten beschäftigt. Jacques Schmid gab sich überzeugt, dass die offiziellen Organe der Zürcher Arbeiterschaft keine Gewaltakte planten. Für ihn handelte es sich beim Truppenaufgebot von Bundesrat und Armeeführung bloss um «eine mehr oder weniger gut gespielte Komödie zur Einleitung einer Bolschewiki-Hetze, deren Ziel die Ausweisung der russischen Gesandtschaft aus der Schweiz als Teilstück eines grossen Kriegsplanes der Weltbourgeoisie gegen das bolschewistische Russland»[72] sei.

Auch das *Oltner Tagblatt* reagierte moderat: Das Truppenaufgebot habe rein vorbeugenden Charakter, und mit der Einsicht der gemässigten Führer der schweizerischen Sozialdemokratie dürfe wohl gerechnet werden.[73] Doch es gab auch andere Stimmen. Die *Solothurner Zeitung* schrieb: «Die Bolschewiki halten den Augenblick für gekommen, eine Kraftprobe abzulegen. In Zürich soll am nächsten Sonntag ein revolutionärer Putsch den Auftakt geben. Millionen von Rubeln sind aus Russland in die Schweiz geführt worden, um die Agitation zu betreiben.»[74]

Nach dem Aufruf des OAK zum Proteststreik gegen das Truppenaufgebot an den 19 wichtigsten Industriestandorten, zu denen auch Olten gehörte, beschlossen die Vorstände und Delegierten der Arbeiterunion mit 60 gegen 3 Stimmen, sich an dieser Aktion zu beteiligen. Jacques Schmid erwartete, dass ein Proteststreik beim Militär grossen Eindruck erwecken und vorläufig genügen würde, um dem Bundesrat zu beweisen, dass die Arbeiterschaft nicht mehr zufrieden sei.[75] Anschliessend traf eine ad hoc gewählte Kommission die letzten Vorbereitungen. Dabei war von Anfang an klar, dass eine Beteiligung des Eisenbahn- und Postpersonals nicht infrage kam.[76] Dem OAK ging es um ein wirksames Zeichen des Protests; die öffentlichen Dienste waren davon aber ausgenommen, um den Schaden für die Bevölkerung in Grenzen zu halten. In Eisenbahnerkreisen reagierte man enttäuscht darüber, von der Aktion ausgenommen zu sein.

### Die Ereignisse vom 11. bis 14. November in Olten

Kurz nach dem Eintreffen der Meldung über die Proklamation des Landesstreiks sprach eine Delegation der lokalen Streikleitung unter der Führung von Statthalter Hermann Hambrecht beim Oltner Ammannamt vor und gab bekannt, dass der Betrieb von Wasser, Licht, Gas, Fürsorge- und Bestattungswesen unangetastet bleiben sollte und vonseiten

---

67 Neue Freie Zeitung, 21.3.1918.
68 StA Olten, PA H, 08.12.04, Eingabe des Zentralpräsidenten des Schweizerischen Eisenbahn-Werkstätte-Arbeiterverbandes an den Verwaltungsrat SBB vom 26.8.1918.
69 Über diese Aktion existiert ein detaillierter Bericht des WAV-Präsidenten Edmund Eggenschwiler an den Zentralvorstand vom 4.11.1918, vgl. StA Olten, Archiv SPO.
70 Neue Freie Zeitung, 29.7.1918.
71 Gautschi, Der Landesstreik, 235–247.
72 Neue Freie Zeitung, 7.11.1918.
73 Oltner Tagblatt, 7.11.1918.
74 Solothurner Zeitung, 7.11.1918. Jacques Schmid zog den Redaktor der Solothurner Zeitung wegen dieser Behauptung vor Gericht; vgl. dazu Schmid, Jacques: Unterwegs 1900–1950. Erfahrungen und Erkenntnisse, Olten 1953, 102.
75 Schweizerisches Sozialarchiv (Sozarch), SMUV, 07B-0224, Prot. der Arbeiterunion Olten 1918, Nov. 8. Oltner Tagblatt, 9.11.1918.
76 Gautschi, Der Landesstreik, 248–250.

67　Verpflegung in der «Volksküche» im städtischen Konzertsaal, 1918. Hier wurden täglich 500 Mahlzeiten zu 80 Rappen bis 1 Franken und 1100–1200 Liter Suppe zu 20 Rappen abgegeben.

# Die Oltner SP-Frauen und der Landesstreik

Peter Heim

Im Sommer 1911 hatte sich unter der Ägide der Arbeiterunion eine Anzahl von Frauen zum Arbeiterfrauenverein Olten zusammengeschlossen.[1] Die meisten von ihnen waren Ehefrauen oder Töchter von Genossen der Oltner Ortspartei, Gründungspräsidentin war Dina Schmid-von Hayn, die Ehefrau des späteren Oltner Streikführers und SP-Nationalrats Jacques Schmid. Als Wortführerin trat die Autodidaktin Katharina Muff-Arenz, spätere Präsidentin des Proletarischen Frauenbunds des Kantons Solothurn, hervor.[2] Ähnlich wie der ein paar Jahre zuvor gegründete bürgerliche «Verband für Frauenbestrebungen» forderten sie die politische Gleichstellung der Frau; darüber hinaus wollten sie sich aber auch an der Seite ihrer Ehemänner und Väter am «Befreiungskampf der Arbeiterklasse» beteiligen. Nach dem ersten Jahresbericht von 1912 zählte der Verein über 60 Mitglieder. Die alle zwei Wochen stattfindenden Versammlungen dienten neben den Vereinsgeschäften dem gemeinsamen Singen und Lesen, der Handarbeit sowie der Organisation von Vorträgen und der Diskussion.[3]

Im Zuge der Verschärfung des sozialen Klimas erhielt der Verein weiteren Zulauf, und bald entstanden analoge Organisationen auch in Solothurn, Grenchen und in zahlreichen Dörfern des Lebergs und des Wasseramts.[4] Unter dem Einfluss von Parteilinken wie Rosa Bloch, Anny Klawa-Morf, Willi Münzenberg oder Fritz Platten, die an ihren Veranstaltungen auftraten, scheinen sich die Frauenorganisationen – ähnlich wie die Jungburschen – zunehmend radikalisiert zu haben. Die sozialistischen Frauenvereine sollten die Proletarierfrauen zum Denken anregen: «Aus dem leeren Kochtopf erkennt doch die denkende Arbeiterfrau die Hohlheit der politischen Phrasen unserer hohen Herren, und in den Lumpen, in die sie ihre Kinder kleiden muss, erkennt sie die Lumperei der herrschenden Ordnung.»[5] Da die Lebensmittelversorgung in Olten dank der Massnahmen der Fürsorgekommission und der Selbsthilfe der Arbeiterschaft aber besser war als anderswo, blieben Marktdemonstrationen in den Kriegsjahren hier aus.

Im März 1917 nahm Zina Lilina, die Frau von Lenins Weggefährten Grigorij Zinov'ev, am Oltner Frauentag teil und fasste ihr Buch *Die Soldaten des Hinterlandes: Frauenarbeit während des Krieges und nach dem Kriege* in einem Artikel in der *Neuen Freien Zeitung* zusammen.[6] An einer Versammlung am 22. Mai 1917 forderte die Oltner Genossin Julie Leu-Schweizer dann eine vermehrte Zusammenarbeit der Arbeiterfrauen und der Jugendorganisationen.[7] Im Frühjahr 1918 wurden die Oltner SP-Frauen in die Partei aufgenommen, und zwei ihrer Mitglieder nahmen Einsitz im Parteivorstand.[8] Konkret scheinen sich die Vereinsaktivitäten aber auf die Veranstaltung von Vorträgen, Ausflügen und Haushaltungskursen beschränkt zu haben.[9] Nach aussen traten die Oltner Arbeiterfrauen kaum in Erscheinung. Während die Blockade von Geleisen durch Frauen an anderen Orten belegt ist, lässt sich die Behauptung eines Lokalhistorikers aus den 1960er-Jahren, eine Anzahl Frauen habe während des Landesstreiks unter Anführung eines sozialistischen Pfarrers die Geleise des Bahnhofs Olten besetzt, nicht belegen.[10] Die Anekdote, Rosa Luxemburg sei mit einer Hundertschaft von Demonstrierenden vor den Toren der Automobilfabrik Berna aufmarschiert, verdanken wir den Lebenserinnerungen des ehemaligen Berna-Direktors Ernst Marti. Die deutsch-polnische Revolutionärin hatte sich zur fraglichen Zeit allerdings nicht in der Schweiz aufgehalten. Wahrscheinlich hatte Marti sie mit der Schweizer Marxistin und späteren Kommunistin Rosa Bloch-Bollag verwechselt, die mehrmals an Versammlungen der Solothurner SP-Frauen aufgetreten war.[11]

1 Neue Freie Zeitung (NFZ), Nr. 135, 10.8.1911.
2 Historisches Lexikon der Schweiz, Band 8 (Buchversion), Basel 2009, 778f.
3 Die Vorkämpferin, 1.12.1912.
4 Lätt, Jean-Maurice: 120 Jahre Arbeiterbewegung des Kantons Solothurn, Zürich 1990, 122.
5 NFZ, Nr. 247, 25.10.1915.
6 NFZ, Nr. 55, 6.3.1917; Nr. 59, 10.3.1917; Nr. 61, 13.3.1917.
7 NFZ, Nr. 121, 26.5.1917.
8 Stadtarchiv Olten, Prot. SPO, 29.2.1918.
9 Leider sind die Protokolle des Arbeiterfrauenvereins verloren gegangen. Die NFZ berichtete nur summarisch über die Versammlungen.
10 Merz, Adolf: Die Gründung des «Oltner Aktionskomitees» und der Verlauf des Landesstreiks, in: Oltner Tagblatt, 9.11.1968.
11 Heim, Peter: Rosa Luxemburg vor den Toren der «Berna»?, in: Oltner Tagblatt, 10.9.2010, 22.

der Streikleitung keinerlei Ausschreitungen geduldet würden. Dafür bat die Delegation Stadtammann Hugo Dietschi, auf ein vorzeitiges Truppenaufgebot zu verzichten. Dietschi willigte ein; und am Nachmittag trat das Büro des Gemeinderats zusammen. Ein Antrag der Volkspartei, die Streikenden von der Benützung der Volksküche auszuschliessen, wurde abgelehnt. Dem Streikkomitee wurde zugestanden, die Bevölkerung über den Zweck des Streiks aufzuklären, sämtliche Formen der Belästigung oder Provokation sollten jedoch unterbleiben.

Die Leitung der Arbeiterunion hatte sich für den Fall eines Landesstreiks gut vorbereitet. Der gewerkschaftlichen Organisation und wirtschaftlichen Struktur Oltens entsprechend hatte man zwei Streikkomitees bestellt, eines für die Arbeiterunion unter der Leitung des Buchdruckers Jules Hirsig und eines für die Eisenbahner, das vom Zugführer Josef Theiler präsidiert wurde. Für jede Teilorganisation der Arbeiterunion und jeden grösseren Betrieb wurden Verbindungsleute ernannt und mit speziellen Ausweispapieren versehen.[77] Dennoch wurden die Oltner, wie aus der Zeugenaussage Theilers im Landesstreikprozess hervorgeht, von den Ereignissen überrumpelt. Theiler hatte am 11. November «Frühdienst» gehabt und war «um 4 Uhr 45 nach Bern gefahren». Er hatte «keine Kenntnis» davon gehabt, dass sich das Eisenbahnpersonal in Zürich schon im Streik befand. Erst bei seiner Rückkehr nach Olten erfuhr er vom Ausbruch des Streiks in Zürich und Winterthur – und beschrieb die weitere Entwicklung wie folgt: «Da hat es nichts anderes mehr gegeben [...] und jeder hat es als selbstverständlich erachtet, dass man ebenfalls in den Streik tritt. Und da ist in Olten eine Versammlung gewesen im Schweizerhof, und dort ist mit allen gegen ca. 10 Stimmen beschlossen worden, nachts um 12 Uhr ebenfalls in den Streik einzutreten. [...] Es hat nicht einmal eine Diskussion stattgefunden über den Streik, sondern der Versammlungsleitende [Theiler selbst] hat gesagt, diejenigen, die dagegen seien, möchten sich zum Worte melden. Niemand hat sich gemeldet.»[78]

Etwas anders klang es am nächsten Tag an einer ausserordentlichen Versammlung des bürgerlich geprägten Oltner Lokomotivführervereins: «Ohne bestimmte Aufklärung seitens unseres Zentralpräsidenten wurden wir beim Gang zur Arbeit vom Streikkomitee geradezu überrumpelt und in den Strudel mitgerissen.» Man habe den Streik, den man von Anfang an als gewaltsamen politischen Akt der Sozialdemokraten zum Sturz der Landesbehörde aufgefasst habe, überhaupt nicht gewünscht. Dementsprechend habe man die wiederholten Anfragen, eine Delegation ins Streikkomitee zu entsenden, abgewiesen und sich bei der Depotleitung zum Dienst gemeldet. Eingeschüchtert durch Berichte über Prügeleien im Bahnhof Biel habe man sich allerdings vorbehalten, dem Dienst so lange fernzubleiben, bis militärischer Schutz eingetroffen sei.[79] Auch die Oltner Sektion des Vereins Schweizerischer Eisenbahnangestellter beschloss mit 73 gegen eine einzige Stimme, sich nicht am Streik zu beteiligen.[80]

Aufschlussreich sind auch die Vorgänge in der Schuhfabrik Strub, Glutz & Cie, der grössten industriellen Arbeitgeberin auf dem Platz Olten. Laut Bericht eines Augenzeugen wurden hier am Montag, 11. November, die Lohnkommission und eine Anzahl Arbeiterinnen und Arbeiter, darunter auch einige Sozialdemokraten, in den Speisesaal gerufen. Nach einer kurzen Ansprache des Betriebsleiters mussten sich alle zur Frage äussern, ob sie sich am Streik beteiligen wollten. Alle, auch die anwesenden Sozialdemokraten, wollten zur Arbeit antreten, wenn die Züge verkehren würden. Als am Dienstag aber bloss 180 der insgesamt 700 bis 800 Beschäftigten erschienen, wurden sie vom Betriebsleiter nach Hause geschickt.[81]

Am Dienstagvormittag ruhte die Arbeit in den meisten Industriebetrieben und bei der Bahn, während kleinere Gewerbebetriebe vom Streik weniger betroffen waren.[82] Berichte, wonach eine Mehrheit der Beschäftigten bereit gewesen wäre weiterzuarbeiten und nur unter dem Druck der Streikenden ihrem Arbeitsplatz ferngeblieben seien, müssen ebenso wie die Erfolgsmeldungen der beiden Streikkomitees als Teile des Propagandakriegs gewertet werden, der seit dem Streikaus-

---

77 Sozarch, SMUV, 07B-0224, Prot. Arbeiterunion Olten, 11.11.1918.
78 Der Landesstreik vor Kriegsgericht. Der Landesstreik-Prozess gegen die Mitglieder des Oltener Aktionskomitees vor dem Militärgericht 3 vom 12. März bis 9. April 1919. Mit einem Vorwort von Robert Grimm, Bildnisse der Angeklagten, Verteidiger und Richter gezeichnet von Hanni Bay, Band 2, Bern 1919, 648.
79 StA Olten, Prot. SLFV, VA 01.13.07.
80 Sozarch, SMUV, 07B-0224, Prot. der Arbeiterunion Olten, 11.11.1918.
81 Oltner Nachrichten, 30.11.1918.
82 StA Olten, Prot. Gewerbeverein, 13.11.1918.

68  Aufruf zum Proteststreik vom 9. November 1918.
Olten gehörte zu den 19 industriellen Zentren,
die das Oltener Aktionskomitee für die Durchführung
des Proteststreiks ausgewählt hatte.

# Arbeiterschaft
## des Platzes Olten

Das Oltner Aktionskomitee hat die organisierte Arbeiterschaft der Schweiz zu einem **eintägigen**

# Generalstreik

zum Proteste gegen die Truppenaufgebote des Bundesrates zur Niederknebelung der Arbeiterschaft aufgerufen. Die Vertreter der organisierten Arbeiterschaft des Platzes Olten hat gestern Abend in vollzähliger Sitzung mit Einstimmigkeit beschlossen, auch auf dem Platze Olten diese Aktion durchzuführen. Deshalb ist hiemit die ganze Arbeiterschaft des Platzes Olten aufgefordert, heute Samstag, den 9. November, die Arbeit liegen zu lassen und sich sofort auf dem Bahnhofplatz zu versammeln. Alle weitere Aufklärung wird dort gegeben..

Alle Arbeit muß ruhen! Es dürfen keine Ausschreitungen stattfinden. Es haben sich alle der Parole der Vertrauensleute strikte zu fügen.

Oltner Aktionskomitee
Arbeiter-Union Olten
Die Vorstände der Metallarbeitersektion
  „  Holzarbeitersektion
  „  Werkstättearbeiterorganisation
  „  Handels-, Transport- u. Lebensmittelarbeiter
  „  Bauarbeitersektion
  „  Maler- und Gipsersektion
  „  Lederarbeitersektion
  „  Verein städtischer Arbeiterschaft
  „  Typographia
  „  Sozialdemokratische Partei

Buchdruckerei W. Trösch.

bruch tobte. Erst am Nachmittag traf die Landsturm-Kompanie II/26 ein, die vom Fürsprecher und Berna-Verwaltungsrat Oberleutnant Emil Schenker auf dem Munzingerplatz besammelt wurde. In den nächsten beiden Tagen wurde die Militärpräsenz weiter verstärkt, sodass am Donnerstag die Arbeit in einzelnen Betrieben wieder aufgenommen werden konnte. Insgesamt standen im Moment des Streikabbruchs über 2000 Mann Ordnungstruppen in der Stadt.[83] Zusammenstösse zwischen Streikenden und Arbeitswilligen beziehungsweise dem Militär gab es – im Unterschied zu Solothurn und Grenchen – aber nur vereinzelt.

Dass sich die Eisenbahner im November 1918 am Generalstreik beteiligten, war angesichts der strategischen und symbolischen Bedeutung des Schienenverkehrs besonders gravierend. Dem Eisenbahnknotenpunkt Olten mit seiner SBB-Hauptwerkstätte kam in den Generalstreiktagen deshalb eine wichtige Bedeutung zu. Obwohl der Bundesrat das Bundespersonal sogleich nach Streikausbruch den Militärgesetzen unterstellt hatte, blieben in Olten – abgesehen von den Bahnangestellten[84] – die Eisenbahner sämtlicher Kategorien der Arbeit fern, die Lokomotivführer allerdings wider ihren Willen. Dazu kamen die rund 800 Werkstattarbeiter, deren Gewerkschaft WAV die zahlenmässig grösste auf dem Platz war. Das hatte zur Folge, dass der Bahnverkehr gänzlich zum Erliegen kam, wodurch auch die meisten Industriebetriebe ihre Arbeit einstellen mussten.

Von besonderem Interesse war auch die Haltung des Postpersonals. Vor allem die Postablagehalter und Landbriefträger, die «letzten Stiefkinder der Mutter Helvetia», beklagten sich bitter über ihre ständig schlechter werdende Lohnsituation, die sie der Verschuldung und der Unterernährung preisgebe.[85] Dennoch beschloss die Oltner Sektion des Verbands Eidgenössischer Post-, Telegraphen- und Zollangestellter nach Rücksprache mit dem Zentralvorstand und den Kollegen in anderen Städten am 13. November, sich nicht am Streik zu beteiligen.[86] Die Delegierten bekundeten zwar Verständnis für die politischen Forderungen des Oltner Aktionskomitees; was das Postpersonal – ebenso wie die höheren Angestellten und die meisten Lokomotivführer – dazu brachte, sich dem Streikaufruf zu verweigern, war aber die Einschätzung, dass es sich dabei um ein politisches Druckmittel und am Ende vielleicht doch um einen Revolutionsversuch handeln könnte.[87] Die *Neue Freie Zeitung* bemühte sich deshalb, den Generalstreik als einen gewerkschaftlichen Kampf darzustellen, und verzichtete nun auf das revolutionäre Pathos, das ihre Rhetorik noch wenige Wochen zuvor geprägt hatte.

Von den drei Zeitungen erschienen während der Streiktage einzig die konservativen *Oltner Nachrichten* ohne Unterbruch, wenn auch nur in rudimentärer Form. Die meisten Läden und Wirtshäuser blieben offen, auch bei den Banken, bei der Post und im Stadthaus wurde weitergearbeitet, nur die Stadtarbeiter blieben zu Hause. Nach den Angaben von Jacques Schmid sollen insgesamt rund 6000 Personen gestreikt haben,[88] was aus der Perspektive der Streikleitung ein grosser Erfolg war.

### «Ein schamloses Kesseltreiben»

Trotz des Amnestieversprechens für das gesamte Bundespersonal, das der Bundesrat in den Verhandlungen über den Streikabbruch dem OAK gegenüber ausgesprochen hatte, wurden am 18. November 17 Oltner Eisenbahner verhaftet und im Untergeschoss des Stadttheaters festgehalten. Mit einer Ausnahme alles SP-Mitglieder, wurden sie nach der Vernehmung durch den militärischen Verhörrichter, Fürsprecher und Berna-Verwaltungsrat Oberleutnant Emil Schenker, am folgenden Tag wieder auf freien Fuss gesetzt.[89] Sieben von ihnen wurden bis auf Weiteres zur Disposition gestellt, einer wurde sofort entlassen. Abgesehen von den vorübergehend Inhaftierten verhörte Oberleutnant Schenker noch etwa 150 weitere Eisenbahner. Jacques Schmid bedauerte in seiner Aussage vor dem Militärgericht, dass man diese Befragungen einem Einheimischen überlassen habe. Dabei seien nur Leute befragt worden, die weder Sozialdemokraten noch gewerkschaftlich Organisierte waren, sondern Gegenorganisationen wie den «Gelben» und den Christlich-Sozialen angehört hätten. Diese

---

83 Die Bemühungen des Stadtammanns und des Oltner Platzkommandanten um weitere Truppen blieben lange erfolglos, erst persönliche Demarchen von Nationalrat Hermann Obrecht beim General führten zum Erfolg; vgl. dazu Meyer, Generalstreik, 252. Hier finden sich auch genaue Angaben über die «Ordnungstruppen».

84 Die Oltner Sektion des VSEA sprach sich – im Unterschied zum Beschluss des Gesamtverbands – mit 79 gegen 1 Stimme gegen den Streik aus, vgl. Oltner Nachrichten, 14.11.1918.

85 StA Olten, VA 09.02.01, undatierter Leserbrief mit den Titel «Das Elend unserer Landbriefträger» im Archiv der Sektion Olten Post.

86 StA Olten, VA 04.09.01.

87 StA Olten, Protokoll der Sektion Olten Post, 13.11.1918.

88 Meyer, Generalstreik, 48.

89 Neue Freie Zeitung, 19.11.1918.

69  Flugblatt der Streikleitung an das gesamte mobilisierte eidgenössische Personal, 13. November 1918.

# Landesstreik!

## An das gesamte mobilisierte eidgen. Personal!

Um die glänzende Solidarität der Eisenbahner zu zerstören und den aussichtsreichen Kampf der Arbeiterschaft lahm zu legen, sind an euch persönliche Aufgebote zur militärischen Dienstleistung erlassen worden.

Sofern diese Aufgebote zur Dienstleistung als Eisenbahner lauten, ist ihnen **keine Folge** zu geben. Aufgebote zur militärischen Einheit dagegen sind zu befolgen. In jedem Fall ist Streikbrecherarbeit zu verweigern. Keiner werde zum Verräter! Hoch die Solidarität!

Olten, den 13. November 1918.

Die lokale Streikleitung.

hätten alle – als wären sie instruiert worden – ausgesagt, dass sie nicht aus Solidarität gestreikt hätten, sondern weil sie an der Arbeit gehindert worden seien.[90]

Schon kurz nach dem Landesstreik setzte in den Parteiblättern der Kampf um die politische Deutung des Ereignisses ein: «Ein schamloses Kesseltreiben geht durch den bürgerlichen Blätterwald», monierte die *Neue Freie Zeitung*, «ein Kesseltreiben gegen die Arbeiterschaft und ihre Führer, weil diese in einer machtvollen Demonstration alle Räder still stehen liess[en] und dem Kapitalismus einige Tage ihren Dienst verweigerte[n]».[91] Bereits am Tag nach dem Streikabbruch hatten die Jungfreisinnigen mit einem Flugblatt eine Kampagne eröffnet, deren Ziel es war, den Generalstreik als Revolutionsversuch nach bolschewistischem Muster darzustellen und zu diffamieren. Damit sollte nicht nur versucht werden, die Führung der Sozialdemokratie von ihrer Basis zu trennen, sondern auch, die konservative Opposition ins Boot zu holen und von einer erneuten «rot-schwarzen Allianz» abzuhalten: «Der Landesstreik, den der Soviet von Olten verhängte, bezweckte die Vernichtung der schweizerischen Demokratie […] Was werden nun die Folgen sein? Den Herren, welche den Landesstreik entfesselt haben, wird diese Frage keine Sorgen bereiten. Es ist genug russisches Gold in die Schweiz gekommen, um ihnen im schlimmsten Falle ein behagliches Rentierdasein zu gestatten.»[92]

Ähnlich klang es von konservativer Seite, etwa in den *Oltner Nachrichten*, die schon am 15. November 1918 schrieben: «Erwiesenermassen geht die ganze revolutionäre Aktion der Sozialisten in der Schweiz von ausländischen fremden Elementen aus, die in Wort und Schrift und Geldmitteln unsere Republik als Pulverfass für die Weltrevolution benutzen wollten […] Nun muss es heissen, die irregeführten Teile unserer schweizerischen Arbeiterschaft auf das richtige Geleise zurückzuführen. Vor allem sind die Quellen der Verseuchung abzugraben. Fort mit den fremden, gewissenlosen Hetzern aus unserem Schweizerhause.»[93]

Vergeblich verwahrte sich Jacques Schmid in der Gemeinderatsdebatte vom 18. November gegen die Unterstellung revolutionärer Absichten. «Unter dem Schutz und Schirm der bürgerlichen Behörden und Gesetze sammelten die Ausbeuter und Spekulanten Riesenvermögen an. Der Generalstreik war ein spontan aus den betrogenen Volksmassen sich erhebender Protest dagegen.»[94] Zwar hoben freisinnige Redner die Besonnenheit des Stadtammanns und der Streikleitung lobend hervor, doch der Sprecher der Volkspartei, Fürsprecher Paul Portmann, beharrte auf der Behauptung, der Streik sei eine Revolution gewesen, und warf dem Ammannamt vor, den Schutz der Bevölkerung vor den Streikenden vernachlässigt zu haben. Das Stadthaus habe vor dem Volkshaus kapituliert.

Auch in der auf die Gemeinderatsdebatte folgenden, emotional geführten Kantonsratsdebatte über die Vorgänge vom November 1918 war die Deutung der Ereignisse umstritten. Die Ausführungen des Grenchner Ammanns Arthur Stämpfli, der die sozialdemokratische Sicht auf die Ursachen der sozialen Krise in die Debatte einzubringen versuchte, blieben beinahe ungehört. Stämpfli wies darauf hin, dass sich die Solothurner – eigentlich müsste man präzisieren: die Leberberger und Wasserämter – Unternehmer den Forderungen der Arbeiterschaft gegenüber viel unnachgiebiger gezeigt hätten als ihre Kollegen in den Nachbarkantonen Bern oder Neuenburg: «Wenn die Arbeiterschaft wenigstens in geordneten Verhältnissen hätte leben können, so hätte sie kein Rüdt und kein Schmid auf den Damm gebracht.»[95] Ebenso verhallten die mahnenden Worte des Linksfreisinnigen Adrian von Arx, der ganz am Schluss seiner Rede seinen «Mitbürgern von Rechts und im Zentrum» zurief: «Gestehen wir zu, dass längst allzu sehr die Erwerbssucht das Tun und Handeln von uns allen beherrscht hat […], dass […] viele in dieser bösen Zeit aus der Not Kapital geschlagen und Reichtümer gesammelt haben.»[96]

### Fazit

Nach einer kurzen Phase der politischen Entspannung im Zeichen des sogenannten «Burgfriedens» gelang es den beiden oppositionellen Parteien im Verlauf des Ersten Weltkriegs in Olten immer wieder, lokale Arbeitskonflikte und weltanschauliche Auseinandersetzungen vor dem Hintergrund der wachsenden sozialen Not zu skandalisieren und

90 Der Landesstreik vor Kriegsgericht 1, 530–540.
91 Neue Freie Zeitung, 18.11.1918.
92 StA Olten, GA 03.04.08. Ein ähnlicher Aufruf des Handels- und Industrievereins wurde kurz vor Weihnachten in der Giesserei von Roll ausgehängt, vgl. Neue Freie Zeitung, 20.12.1918. Zu den Gerüchten über finanzielle Unterstützung aus Russland vgl. Gautschi, Der Landesstreik, 161f.
93 Oltner Nachrichten, 15.11.1918.
94 Neue Freie Zeitung, 19.11.1918.
95 Max Rüdt, Grenchner Streikführer, KRV 1919, 265.
96 KRV 1919, 243.

daraus politisches Kapital zu schlagen. Besonders deutlich zeigt sich dies in der Steueraffäre um die Motorwagenfabrik Berna in den Jahren 1915 bis 1917. Die Affäre machte nicht nur die zunehmende Spannung zwischen steigenden Kriegsgewinnen und der wachsenden Not der Arbeiterschaft deutlich, sondern führte auch zu öffentlicher Kritik an der Unternehmensführung der Berna, die zugleich einen harten Kurs gegenüber den Gewerkschaften fuhr.

Im Verlauf des letzten Kriegsjahrs nahm die Häufigkeit von Arbeitskonflikten auch auf dem Platz Olten markant zu; die Zuspitzung der Verhältnisse, die im November 1918 zum Landesstreik führte, hatte mit der lokalen Entwicklung aber wenig zu tun. Dies gilt auch für das Oltener Aktionskomitee, das seinen Namen einzig dem Ort seiner Gründung – dem Oltner Volkshaus – zu verdanken hat. Dennoch leistete die Oltner Arbeiterunion den Aufrufen des OAK zum Proteststreik und dann auch zum unbefristeten Landesstreik praktisch einstimmig Folge.

Entscheidend für die Entwicklung in der Eisenbahnstadt Olten war die Tatsache, dass es der Arbeiterunion gelang, das Bundespersonal von Bahn und Post zu mobilisieren und den Bahnverkehr zu unterbinden. Der Landesstreik wurde von den Organen der Arbeiterunion unter der Leitung von Nationalrat Jacques Schmid sorgfältig vorbereitet. Diesem Umstand und der gemässigten Haltung des freisinnigen Stadtammanns Hugo Dietschi war es in erster Linie zu verdanken, dass die Streiktage in Olten diszipliniert, ohne nennenswerte physische Gewaltanwendung und (aus der Perspektive der Streikenden) äusserst erfolgreich verliefen. Dass die Organisation der (bürgerlich gesinnten) Lokomotivführer dabei überrumpelt wurde, sodass der Zugverkehr gänzlich zum Stillstand kam und auch die Belegschaften der Privatindustrie nolens volens zu Hause bleiben mussten, war Teil einer erfolgreichen Taktik.

Nach dem Streik bestand die Strategie der freisinnigen Partei darin, den Landesstreik als gewaltsamen, von der bolschewistischen Führung in Russland finanzierten Umsturzversuch zu diffamieren. Viele reformfreudige Wähler und besonders auch die konservative Opposition, die in ihrem Kampf gegen die freisinnige Hegemonie bisher immer wieder zu taktischen Bündnissen mit den Sozialdemokraten bereit gewesen war, liessen sich nun auf die «vaterländische» Seite ziehen, was zur Bildung eines – allerdings eher kurzlebigen – «Bürgerblocks» führte. Gleichzeitig wurden unter dem Patronat der Vaterländischen Vereinigung in jeder Ortschaft des Kantons bewaffnete Bürgerwehren gegründet, welche eine Wiederholung des Landesstreiks verhindern sollten. Die Sozialdemokraten versuchten die Enttäuschung ihrer Mitglieder über den vorzeitigen Streikabbruch durch eine Heroisierung der Aktion aufzufangen und jedes Entgegenkommen der Arbeitgeberseite als Folge des Landesstreiks und damit als Resultat der eigenen Machtdemonstration darzustellen.

# Der Landesstreik im Industriezentrum Winterthur

## Mobilisierung der «brävsten» Arbeiter

Thomas Buomberger

Winterthur war zur Zeit des Landesstreiks eines der bedeutendsten Industriezentren der Schweiz und wurde von drei Grossbetrieben – der Gebrüder Sulzer AG, der Maschinenfabrik Rieter AG und der Schweizerischen Lokomotiv- und Maschinenfabrik AG (SLM) – geprägt. Die Winterthurer Metallarbeiterschaft galt bis zum Ersten Weltkrieg aber als wenig kämpferisch. Der Organisationsgrad der Arbeiterschaft war noch schwach; weniger als ein Viertel der Metallarbeiter war Anfang 1915 in der Gewerkschaft. Die Zahl der Streikenden betrug zwischen 1880 und 1914 auf 10 000 Einwohner 473, während es in der Ostschweizer Industriestadt Arbon viermal so viele waren, in der Region Solothurn/Lebern sogar fünfmal so viele.[1] Eine starke Identifikation mit dem Arbeitgeber und früh eingeführte soziale Massnahmen waren die Gründe dafür. Allerdings wies der Bezirk Winterthur im Kanton Zürich von 1880 bis 1914 die höchste Streikintensität auf. Am spektakulärsten war der Maurerstreik von 1909, der über ein Jahr dauerte und damit der längste Streik in der Schweizer Arbeitergeschichte war, schliesslich aber mit einer Niederlage endete.[2]

Blickt man auf die politischen Kräfteverhältnisse, wurden den Sozialdemokraten im 1895 eingeführten Gemeindeausschuss (der Vorstufe zum Gemeindeparlament) in Majorzwahlen 15 von 45 Sitzen zugestanden. Der Grütlianer Heinrich Ernst zog in den Stadtrat ein. Bei den Wahlen 1898 erreichte die Sozialdemokratie mit 23 Sitzen für kurze Zeit die Mehrheit. Damals wurde eine Anzahl ihrer

Kandidaten auch von der Demokratischen Partei (DP) unterstützt. Diese Bindungen hatten sich jedoch schon in den 1890er-Jahren gelöst, und ab 1900 emanzipierte sich die Arbeiterschaft politisch von den Demokraten. Zum definitiven Bruch kam es bei den Kantonsratswahlen von 1899. Gleichzeitig erfolgte eine organisatorische Stärkung der Arbeitervertreter, was sich in der Schaffung eines Arbeitersekretariats zeigte. Während des Ersten Weltkriegs war die Winterthurer Politik dann bürgerlich dominiert. 1916 hatten die Sozialdemokraten (12) und Grütlianer (3) zusammen 15 Sitze im 45-köpfigen Parlament. Nach den Wahlen von 1919 kamen sie auf 22 Sitze, mit 20 für die Sozialdemokraten, die zudem im Stadtrat 2 von 7 Sitzen hielten.

Die Demokraten als langjährige Koalitionspartner der Arbeiterschaft spielten in der Winterthurer Politik eine wichtige Rolle, da sie die Politik der Freisinnigen oft dämpften. In den Jahren vor und während des Ersten Weltkriegs hatten die Bürgerlichen zwar eine Mehrheit in Parlament und Regierung; die drei Blöcke der Demokraten, Freisinnigen und Sozialdemokraten waren aber fast gleich stark.[3] Dass es nicht zu einer starken Polarisierung zwischen links und rechts kam, dürfte dem mässigenden Einfluss der Demokraten geschuldet gewesen sein, zu denen auch Stadtpräsident Hans Sträuli gehörte. Zudem hatten Demokraten und Sozialdemokraten im Stadtrat eine Mehrheit. Sträuli förderte während des Ersten Weltkriegs zahlreiche Hilfsmassnahmen, die von der Linken aber als ungenügend kritisiert wurden.[4] 1920 schilderte er im Neujahrsblatt der Hülfsgesellschaft Winterthur in einem nüchternen Bericht, der sich vor allem auf die Geschäftsberichte des Stadtrats stützte, die Leistungen der Stadt Winterthur während des Kriegs.

Die drei Parteien hatten je ihre eigene Zeitung: die Demokraten den 1836 gegründeten *Landboten,* der Freisinn das 1891 von Eduard Sulzer-Ziegler initiierte *Neue Winterthurer Tagblatt,* und die 1903 erstmals erschienene *Winterthurer Arbeiterzeitung* (als Nachfolgerin des 1897 gegründeten *Anzeigers von Töss*) vertrat die Linke. Redaktor der *Arbeiterzeitung* war ab Mitte 1918 Fritz Heeb, der laut Willi Schneider «einen nüchternen, den kommunistischen Revolutionsphrasen und Spaltungsmanövern abholden Kurs» steuerte. 1921 wechselte er zum *Volksrecht.*[5]

Der folgende Beitrag geht der Frage nach, wie die Arbeiterschaft, Arbeiterfunktionäre und die bürgerlich dominierte Politik in einer vor dem Ersten Weltkrieg eher konsensorientierten Stadt während des Landesstreiks agierten und wie sich die von allen Seiten unerwünschte militärische Besetzung der Stadt auswirkte. Die Quellenlage zur Beantwortung dieser Fragen ist aufseiten der Arbeiterorganisationen eher dürftig. In den Protokollen der Arbeiterunion (der Dachorganisation von Sozialdemokraten und Gewerkschaften) oder der einzelnen Gewerkschafts- und Parteisektionen hat der Verlauf des Landesstreiks keine Spuren hinterlassen. Intensiv diskutiert wurde in den verschiedenen Sektionen hingegen der Abbruch des Streiks. Bemerkenswert ist, dass im Protokollbuch des Parteikomitees der Sozialdemokraten die Seiten von Februar 1918 bis Mitte November 1918 fehlen. Weil die bürgerlichen Zeitungen – der *Landbote* und das *Neue Winterthurer Tagblatt* – bestreikt wurden, fand der Streik auch dort keinen Niederschlag, ausser in der Retrospektive. Der folgende Beitrag stützt sich einerseits auf die *Arbeiterzeitung,*

1  Gruner, Erich (Hg.): Arbeiterschaft und Wirtschaft in der Schweiz 1880–1914, Band 2/2, Soziale Lage, Organisation und Kämpfe von Arbeitern und Unternehmern, politische Organisation und Sozialpolitik, Zürich 1988, 861.
2  Koller, Christian: Wildwest in Winterthur. Ein Bauarbeiterstreik und seine Folgen, in: Winterthurer Jahrbuch 54 (2007), 136–141; ders.: Streikkultur. Performanzen und Diskurse des Arbeitskampfes im schweizerisch-österreichischen Vergleich (1860–1950), Münster, Wien 2009, 158–179.
3  Knoepfli, Adrian: Vom Baumwollhandel zur Industrie – und zur Bildungsstadt, in: Eugster, Erwin (Hg.), Winterthurer Stadtgeschichte, Band 2, Von 1850 bis zur Gegenwart, Zürich 2014, 163–266.
4  Sträuli, Hans: Kriegsfürsorge in Winterthur 1914–1920, in: Neujahrs-Blatt der Hülfsgesellschaft von Winterthur, 1920.

# Der Landesstreik in Winterthur

70 Stadtpräsident Hans Sträuli nahm während des Landesstreiks eine vermittelnde Position zwischen der Arbeiterschaft und den Unternehmern ein und versuchte erfolglos, eine militärische Besetzung der Stadt zu verhindern.

andererseits auf die Protokolle des Stadtrats, der die Ereignisse nüchtern und unpolemisch darstellte und in denen sich in Bezug auf den Ablauf des Streiks keine Widersprüche zur *Arbeiterzeitung* zeigen. Den Streik vom Juni 1918 aus Sicht der Arbeitgeber schildert ein Bericht Oskar Denzlers an Hugo Sämann, den Generaldirektor der Von Roll'schen Eisenwerke.

### Streikerfolge der städtischen Arbeiter vor dem Landesstreik

«Die Arbeiterschaft des ganzen Landes ist heute an der Grenze ihrer Langmut angelangt [...]. Die verantwortlichen Organe [müssen sich] nicht wundern, wenn die Flammen bald überall zum Dache herausschlagen, wenn unser ganzes Land von wirtschaftlichen Riesenkämpfen aufs schwerste erschüttert wird.»[6] Diese Warnung verfasste die *Arbeiterzeitung* am 8. Juli 1918, als der bisher grösste Streik, der je in der Schweizer Industrie stattgefunden hatte, mit einem fast vollständigen Erfolg für die 6000 Arbeiter in den drei Grossbetrieben Winterthurs, Sulzer, Rieter und der SLM, zu Ende ging. Wenige Tage später forderte die Arbeiterunion den Stadtrat dazu auf, Volksküchen einzurichten, und schrieb: «Das Lohneinkommen reicht nicht mehr aus, um die zum Unterhalt der Familie unbedingt erforderlichen Lebensmittel einkaufen zu können. Das führt zu Unterernährung und Krankheit in Tausenden von Arbeiterfamilien.»[7]

Der Streik in den Winterthurer Grossunternehmen war allerdings kein Einzelereignis gewesen. Schon in den Wochen und Monaten zuvor war es immer wieder zu Streiks und spontanen Arbeitsniederlegungen gekommen, etwa bei der Textilfirma Nägeli in Veltheim, wo im Juni 1918 «plötzlich» 80 Textilarbeiter streikten, weil die Firma gemäss der *Arbeiterzeitung* «Hungerlöhne» zahlte und einen «Herr im Hause»-Standpunkt vertrat.[8] Die verschiedenen Lohnkämpfe in diesem bewegten Frühling und Sommer 1918 standen immer unter dem gleichen Zeichen: Hunger und Teuerung, die Not der Arbeiterschaft und die Leiden der Arbeiterfrauen, die mit zu wenig Geld auskommen mussten.

Auch bei der städtischen Arbeiterschaft, von der die Mehrzahl Taglöhner mit einem monatlichen Lohn von 160 bis 170 Franken waren, braute sich viel Unmut zusammen. Als ihnen der Stadtrat auf ihre Forderung von 60 Franken mehr Lohn pro Monat lediglich 20 Franken offerierte, stimmten sie am 21. Juni 1918 mit 204 zu 13 Stimmen bei 92 Prozent Stimmbeteiligung für einen Streik. Dieser ging nach einem Tag und einer Lohnerhöhung von 50 Franken zu Ende. Zwar jubelte der sozialdemokratische Parteipräsident und Gemeinderat Otto Pfister über den «herrlichen Sieg», gab aber gleichwohl zu bedenken, dass der Grossteil der Arbeiter noch immer weniger als 300 Franken pro Monat verdiene. Laut bundesrätlicher Verordnung sei eine fünfköpfige Familie, die nicht mehr als 315 Franken zur Verfügung habe, aber zum Bezug verbilligter Lebensmittel berechtigt.[9]

Das schnelle Nachgeben des Stadtrats kritisierte der Vertreter der Industrie, Wirtschaftsanwalt Robert Corti, aufs Schärfste. Im Gemeinderat betonte er: «Heute ist die Frage auf dem Spiele, ob wir in einem geordneten Rechtsstaate leben oder russische Zustände besitzen.» In seiner Entgegnung sprach Adolf Gasser, Professor am Technikum und späterer SP-Nationalrat, von einer «Philosophie der Satten und derjenigen der Hungernden». In Winterthur habe es «mehr Hungernde als Satte und diese hätten den Streik nicht nur gebilligt, sondern auch begrüsst».[10] Der schnelle Sieg der «Städtischen» schien Mut zu machen, wie die *Arbeiterzeitung* meinte: «Die Kampfstimmung ist bei den vielen pendenten Lohnbewegungen der Metall- und Textilarbeiter eine so grosse, dass es vielen eine erlösende Entspannung war, als der erste Funke die erste Explosion hervorrief.»[11] Wie die Geschichte des wenige Tage später ausbrechenden Grossstreiks in der Metallindustrie und der Verlauf des Landesstreiks zeigen, stieg die Kampfbereitschaft in der Winterthurer Arbeiterschaft ab dem Sommer 1918 an. Sie nahm sich offenbar zu Herzen, was die *Arbeiterzeitung* nach dem Erfolg der «Städtischen» geschrieben hatte: Die Winterthurer Arbeiter seien auf der ganzen Welt als «die brävsten und gutmütigsten» gelobt worden und fingen nun endlich an, sich dieses Lobes zu schämen.[12]

---

5   Schneider, Willi: Geschichte der Winterthurer Arbeiterbewegung, Winterthur 1960, 122.
6   Winterthurer Arbeiterzeitung, 8.7.1918.
7   Stadtarchiv Winterthur (StAW), Dep 18/116, Korrespondenz, Brief Arbeiterunion an Stadtrat, 17.7.1918.
8   Winterthurer Arbeiterzeitung, 21.6.1918.
9   Neues Winterthurer Tagblatt, 21.6.1918.
10  Neues Winterthurer Tagblatt, 21.6.1918.
11  Winterthurer Arbeiterzeitung, 25.6.1918.
12  Winterthurer Arbeiterzeitung, 22.6.1918.

## Volksküche und Kaninchenzucht: Soziale Not und Nahrungsmittelversorgung in Winterthur

Adrian Knoepfli

«Mit Montag, den 11. November 1918, tritt die Organisation der Massenspeisungen in Winterthur in eine neue Phase ein», schrieb die *Winterthurer Arbeiterzeitung* wenige Tage vor dem Ausbruch des Landesstreiks. «Mit diesem Tage übernimmt die Fürsorgekommission der Stadt Winterthur den Betrieb der Suppenanstalten und Abgabestellen auf Rechnung der Stadt, so dass die bisher in verdienstvoller Weise lange Jahre betriebenen Einrichtungen der ‹Hülfsgesellschaft Winterthur› und der Quartiervereine Tössfeld-Schönthal und Deutweg eingehen.» Von einer zentralisierten Küche in der «Arch» sollten neben der Suppe auch ganze Mittagessen abgegeben werden, wobei nicht nur Gemüse, Kartoffeln und Reis, sondern zweimal pro Woche «so lange überhaupt möglich» auch Fleisch vorgesehen war.[1] Von der Zentralisierung erhoffte man sich «eine Ersparnis an Brennstoff und in gewissem Masse an Nahrungsmitteln».[2]

Die bereits vor dem Krieg bestehende Suppenanstalt der Hülfsgesellschaft war im November 1913 ins neu erbaute Kirchgemeindehaus an der Liebestrasse verlegt worden. Nach Kriegsausbruch richtete die Stadt im Untergeschoss zudem einen Laden ein, der neben verschiedenen Lebensmitteln auch Brennmaterial verbilligt verkaufte. Wenn es an Samstagnachmittagen Obst gab, bildete sich vor dem Kirchgemeindehaus eine Schlange von bis zu 700 Personen.[3] In der «Arch» installierte man bei Kriegsende neun Kessel mit einem Fassungsvermögen von 2700 Litern; Suppe und Essen wurden sowohl nach Hause abgegeben als auch ins Kirchgemeindehaus und in die Turnhalle Tössfeld geliefert. Weitere Speisehallen betrieben die Schweizerische Lokomotiv- und Maschinenfabrik (SLM) und die grösste Winterthurer Firma, Sulzer.

Zu eigentlichen Massenspeisungen kam es nach dieser Neuorganisation aber nicht, weil der Andrang unter den Erwartungen blieb. Die Familien zogen es vor, «wenn immer möglich im eigenen Herd zu kochen und am eigenen Tische zusammenzusitzen», wie Stadtpräsident Hans Sträuli in seinem Rechenschaftsbericht ausführte. Die höchste Tagesfrequenz waren 2272 Portionen Suppe und 491 Essen[4] bei einer Einwohnerzahl von rund 27 000 Personen. Die Vororte organisierten ihre Hilfstätigkeit selbstständig, wobei einzelne Aufgaben wie zum Beispiel die Arbeitslosenunterstützung von städtischen Stellen übernommen wurden.

Die Liste der Massnahmen, welche die Stadt Winterthur während des Kriegs in den verschiedensten Bereichen ergriff, ist beeindruckend lang. Stadtpräsident Sträuli erwähnt neben der Lebensmittelfürsorge und der Volksküche auch die Förderung der landwirtschaftlichen Produktion sowie die Brennstoffversorgung, Wohnungspolitik und die Arbeitslosenfürsorge. Die Stadt bot nicht nur Koch- und Konservierungskurse an, sondern betrieb auch eine Schweinemastanstalt und Dörranstalten für die Konservierung von Früchten und Gemüse. Eine besondere Erfolgsgeschichte war die Kaninchenzucht, für die extra eine Kaninchenkommission gebildet wurde.[5] 1918 stieg die Zahl der Tiere allein bei den Mitgliedern der Ornithologischen Gesellschaft von 1980 auf 2713 an. Diese schlachteten 1798 Kaninchen mit einem Gewicht von 3984 Kilo und einem Wert von 21 000 Franken. Die Kaninchenhaltung verschaffte den Züchtern einen «nicht unerheblichen Nebenverdienst» und brachte «auch der unbemittelten Familie dann und wann einen Braten auf den Tisch».[6] Betrachtet man die Massnahmen der Behörden während des Ersten Weltkriegs im Überblick, stimmt das oft kolportierte Bild der Untätigkeit nach Kriegsausbruch für Winterthur nicht. Als sich die Lage nach der vorübergehenden Kriegskonjunktur 1917 erneut und dramatisch verschlechterte, kamen die neuen Interventionen aber vielfach zu spät.

---

1 Winterthurer Arbeiterzeitung, 7.11.1918.
2 Sträuli, Hans: Kriegsfürsorge in Winterthur 1914–1920, Winterthur 1920 (Neujahrs-Blatt der Hülfsgesellschaft von Winterthur 56, 1921), 18.
3 Briner, Karin/Geiser, Regula: Milchküche, Missionsbazar und Massenlager. 100 Jahre Kirchgemeindehaus Liebestrasse, Winterthur 2013, 22.
4 Sträuli, Kriegsfürsorge, 18.
5 Stadt Winterthur: Geschäftsbericht des Stadtrats, Winterthur 1917, 15.
6 Stadt Winterthur: Geschäftsbericht des Stadtrats, Winterthur 1918, 31; Sträuli, Kriegsfürsorge, 28; Knoepfli, Adrian: Mit Kaninchenzucht gegen den Hunger. Winterthur im Ersten Weltkrieg, in: Hebeisen, Erika/Niederhäuser, Peter/Schmid, Regula (Hg.), Kriegs- und Krisenzeit. Zürich während des Ersten Weltkriegs, Zürich 2014, 36–47.

### Der grösste Streik in der Schweizer Industriegeschichte

Noch vor dem Streik der «Städtischen» hatten die Arbeiterkommissionen der drei Grossbetriebe Sulzer, Rieter und SLM am 21. Mai 1918 eine Teuerungszulage von 7 Franken und die Erhöhung der Kinderzulagen von 3 Franken auf 4.50 Franken verlangt sowie die Firmen dazu aufgefordert, beim Bundesrat für eine weitere Lebensmittelrationierung einzutreten. Die Unternehmen lehnten ab, weil es ein «ungerechtfertigtes Begehren» sei, stellten aber einige Verbesserungen wie zusätzliche Ferientage und Teuerungszulagen in Aussicht. Die Arbeitgeber argumentierten, dass sich das Einkommen eines Arbeiters mit drei Kindern seit 1914 um 1100 bis 1350 Franken erhöht habe; eine weitere Erhöhung sei angesichts der unsicheren Zukunft nicht möglich. Immerhin boten sie einen Franken mehr Kinderzulage an.[13] Für die Metallarbeitergewerkschaft war dieses Angebot eine «nackte Verhöhnung der Armut der Arbeiterschaft». Sie rief das Einigungsamt an, wo die Firmen erklärten, dass angesichts des «grossen Opfers», das sie schon im April gebracht hätten, eine Anpassung «einfach unmöglich» sei.[14]

Am 26. Juni erneuerte die Arbeiterschaft ihre Forderung mit einem Ultimatum bis zum folgenden Tag und drohte, bei einer Ablehnung zu streiken. Die Unternehmer hatten den Eindruck, die Metallarbeitergewerkschaft arbeite auf eine «Kraftprobe» hin und sei durch den Streik der «Städtischen» dazu ermutigt worden. An Betriebsversammlungen mit rund 5000 Arbeitern wurde die Forderung nach einem sofortigen Streik aufgestellt. Der kurz zuvor gewählte Arbeitersekretär Jakob Steiger, ein feuriger Redner, wurde «jubelnd begrüsst, öffnete den Arbeitern die Herzen und forderte zum sofortigen Handeln auf».[15] Obwohl der Zentralsekretär des Schweizerischen Metall- und Uhrenarbeiterverbands (SMUV) Konrad Ilg – schon damals Gegner eines konfrontativen Kurses – vom Streik abriet, wurde der sofortige Streik mit Akklamation beschlossen. Unmittelbar darauf schlossen die Unternehmer die Fabriken. Über «eine derart beispiellos wuchtig, geschlossene Willensäusserung der Arbeiterschaft» war selbst die *Arbeiterzeitung* erstaunt.[16] Der Streik der Metaller führte in den folgenden Tagen auch in Betrieben der Textilindustrie zu Arbeitsniederlegungen. Ab dem 28. Juni 1918 streikten in Winterthur schliesslich 5600 Arbeiter und 800 Lehrlinge. Zu Ilg nahmen die Arbeitgeber während des Streiks keinen Kontakt mehr auf, weil er «die Führung des Streikes längst nicht mehr in den Händen hatte».[17]

Aus Sicht der Industrie stellte sich, wie Oskar Denzler, Direktor und späterer Verwaltungsrat der SLM, schrieb, die Lage so dar: «Von Seite der Industriellen wurde nicht bestritten, dass die Arbeiterschaft infolge der zunehmenden Teuerung immer stärker in Mitleidenschaft gezogen» worden war.[18] Die Industriellen fokussierten in den folgenden Tagen auf eine Verbesserung der Lebensmittelversorgung, «weil offenbar das Ernährungsproblem die ganze Bewegung ausgelöst» habe. Hans Sulzer, Vorsitzender der Geschäftsleitung der Gebrüder Sulzer AG, konferierte in Bern mit verschiedenen Stellen, unter anderem mit Bundesrat Edmund Schulthess, der bereits ein Extrakontingent von «Monopolwaren» (wie Zucker, Reis, Maisgries, Haferflocken und Teigwaren) zur Verfügung gestellt hatte. Obwohl die Industriellen einräumten, dass die Notlage den Streik ausgelöst hatte, waren sie immer noch der Ansicht, es handle sich vor allem um eine Machtfrage. Ähnlich klassenkämpferisch klang es an einer Sitzung der Arbeiterunion vom 29. Juni, als Genosse Benz äusserte, die Schliessung der Fabriken sei «eine Kraftprobe und von den Unternehmern schon lange vorbereitet worden». Sein Antrag, 25 000 Streikmarken zu 20 Rappen in einer schweizweiten Sammlung zur Unterstützung der Streikenden zu verkaufen, wurde angenommen[19] und zeigt auch, welche Signalwirkung die Arbeiterschaft diesem Streik beimass.

Zwei Tage nach Streikbeginn fanden unter dem Vorsitz des demokratischen Stadtpräsidenten Hans Sträuli Verhandlungen beim Einigungsamt statt, die jedoch ergebnislos verliefen. Die Arbeitgeber erachteten die Situation als «ausserordentlich kritisch» und befürchteten, dass der Streik auf andere Firmen und Plätze übergreifen werde. Tatsächlich streikte ab dem 1. Juli auch die Belegschaft der Mechanischen Seidenstoffweberei in Winterthur, und man war sich im Klaren, «dass jedwedes

---

13  Neues Winterthurer Tagblatt, 28.6.1918.
14  StAW, Dep 42/1257, Briefe, Berichte von «historischem Interesse», Generalstreik, Brief Oskar Denzler an Hugo Sämann, 17.7.1918.
15  Winterthurer Arbeiterzeitung, 28.6.1918.
16  Winterthurer Arbeiterzeitung, 28.6.1918.
17  Brief Denzler an Sämann, 17.7.1918.
18  Brief Denzler an Sämann, 17.7.1918.
19  StAW, Dep 18/23, Protokolle der Arbeiterunion 1916–1921, Protokoll der Sitzung vom 29.6.1918.

# Konrad Ilg (1877–1954): Streikführer und Förderer der Sozialpartnerschaft

Thomas Buomberger

Konrad Ilg war zwar Vizepräsident des Oltener Aktionskomitees (OAK), doch sah der langjährige Zentralpräsident des Schweizerischen Metall- und Uhrenarbeiterverbands (1917–1954) den Streik nur als Ultima Ratio. So sprach er sich im Juni 1918 vor der Winterthurer Arbeiterschaft gegen einen Streik in der Metallindustrie aus und schlug stattdessen das harmlosere Instrument der Kollektivkündigung vor, was jedoch einstimmig abgelehnt wurde. Bereits in den Jahren nach dem Landesstreik schloss er mit Arbeitgebern vertragliche Vereinbarungen ab und verfolgte ab Ende der 1920er-Jahre konsequent das Ziel eines Abkommens zur friedlichen Konfliktregelung in der Metall- und Maschinenindustrie. Allerdings schlossen Gewerkschaften schon vor dem Ersten Weltkrieg in den verschiedensten Branchen Verträge mit den Arbeitgebern ab. Als Vorleistung auf Ilgs strategisches Ziel des späteren «Friedensabkommens» waren die Metallarbeiter ab 1925 äusserst zurückhaltend bei Streiks, was auch eine Folge der konjunkturellen Entwicklung war. Auch bekämpfte Ilg die Kommunisten innerhalb seines Verbands konsequent. Das von ihm initiierte und zusammen mit Arbeitgeberpräsident Ernst Dübi in Geheimverhandlungen vereinbarte und 1937 abgeschlossene «Friedensabkommen» stiess in grossen Teilen der Arbeiterschaft zunächst auf Ablehnung. Sie reagierten skeptisch auf das vierstufige Konfliktregelungsverfahren und die absolute Friedenspflicht während Verhandlungen über Streitigkeiten. Viele Arbeiter störten sich daran, dass der Streik nur als letztes Mittel in einer mehrstufigen Konfliktregelung vorgesehen war. Auch wurden etliche Verhandlungsgegenstände in den innerbetrieblichen Bereich verlagert, was die vom Unternehmen abhängigen Betriebskommissionen stärkte und die unabhängigeren externen Gewerkschaftssekretäre schwächte. Etliche kampferprobte Gewerkschafter sahen sich ihrer individuellen Kampfkraft verlustig gehen, weil sich bei Konflikten die Gewichte von der Arbeiterschaft zu den Gewerkschaftsfunktionären verlagerten. Mit dem Friedensabkommen – das auch im Kontext der Bedrohung durch Nazi-Deutschland zu sehen ist – nahm die Macht der Funktionäre zu, die Arbeiterbasis hingegen verlor an Einfluss. Den beiden Vertragsparteien ging es auch darum, Versuche des Bundesrats zu einer Ausweitung der staatlichen Zwangsschlichtung nach der Frankenabwertung abzuwehren.

Die Arbeiterschaft warf Ilg zudem vor, das Abkommen auf selbstherrliche Art ausgehandelt zu haben, und störte sich daran, dass er vehement gegen einen von der Arbeiterschaft von Sulzer im Juni 1937 beschlossenen Streik eintrat, der in einer zweiten Abstimmung knapp abgesagt wurde. Was damals nicht allgemein bekannt war: Wäre es zu einem Streik bei Sulzer gekommen, hätte es zu diesem Zeitpunkt kein Friedensabkommen gegeben. Von etlichen Arbeitern wurde Ilg danach als «Arbeiterverräter» beschimpft.[1] Für seine Verdienste um den Arbeitsfrieden erhielt Ilg 1942 einen Ehrendoktor der Universität Bern.

---

1 Buomberger, Thomas: Kooperation statt Konfrontation. Die Winterthurer Arbeiterschaft während der Krisenzeit der 1930er-Jahre, Winterthur 1985, 255–265.

Zugeständnis ähnliche Forderungen bei andern Firmen hervorrufen würde».[20] Die Industriellen glaubten noch immer, mit einigen Verbesserungen der Lebensmittelversorgung, einer gerechteren Rationierung und einem verstärkten Einsatz gegen die «Preistreiberei der Zwischenhändler» die Lage beruhigen zu können. Die Winterthurer Grossunternehmen standen aber nicht nur unter dem Druck der Arbeiterschaft, sondern auch der Mehrheit des Vorstands des Schweizerischen Arbeitgeberverbands. Dieser war der Ansicht, dass sich die Machtfrage stelle und deshalb «aus Rücksicht auf den Verband der Kampf aufgenommen und durchgeführt werden sollte».[21]

Die Arbeitgeber waren weiterhin zu keinerlei Konzessionen bereit, befürchteten nach einer Konferenz vom 3. Juli mit Stadtpräsident Sträuli aber, dass der Stadtrat «gewisse Zumutungen bezüglich der gestellten Lohnforderung» an sie richten werde, «um zu einer Lösung des Konfliktes zu gelangen». Inzwischen war man auch in Bern wegen des bald eine Woche dauernden Grossstreiks beunruhigt. Am 4. Juli, während einer Sitzung des Winterthurer Stadtrats mit dem Chef des Ernährungsamts, telefonierte Bundesrat Edmund Schulthess in die Sitzung hinein und teilte mit, dass die Streikleitung ihn um Intervention gebeten habe. Schulthess befürchtete ein Übergreifen auf andere Städte und empfahl den Industriellen, zu einer Lösung Hand zu bieten. Nachdem die Unternehmen sich grundsätzlich bereit erklärten, höhere Löhne zu zahlen, folgte ein Feilschen um das Ausmass.

Am 5. Juli trafen sich die Parteien erneut mit Sträuli, um einen Vorschlag zuhanden des Einigungsamts auszuarbeiten. Dieses hatte signalisiert, dass eine Einigung nur bei einer Erhöhung des Stundenlohns um 5 Rappen möglich sei. Die Arbeiterschaft forderte 6 Rappen, die Arbeitgeber boten als «äusserstes Entgegenkommen» 4 Rappen. Schliesslich einigte man sich auf eine Erhöhung der kriegsbedingten Teuerungszulagen um 1 Franken, eine allgemeine Erhöhung der Stundenlöhne um 5 Rappen und der Akkordsätze um 5 Prozent. Denzler rechtfertigte das Nachgeben der Arbeitgeber damit, dass sie aus Verantwortungsbewusstsein klein beigegeben hätten. «Wenn sie nicht bis zum Zusammenbruch des Gegners durchgehalten haben, so geschah es [...] lediglich aus Rücksicht auf die öffentliche Ordnung und unter dem Eindruck der inzwischen eingetretenen und der noch zu erwartenden Preisaufschläge auf wichtigen Nahrungsmitteln.»[22]

Die Arbeiterzeitung jubelte über den Erfolg, seien doch mindestens «85 Prozent der Lohnforderungen» erfüllt worden. Den Industriellen rieb sie taktisches Versagen unter die Nase: «Nach acht Tagen mussten die Herren sich doch zu dem bequemen, was sie vorher als absolut unmöglich bezeichnet hatten und sie ohne Streik weit billiger gekommen wäre.» Im Sommer 1918 folgten diesem grössten Streik in der Schweizer Industriegeschichte weitere lokale Streiks, die allerdings nicht immer mit einem Erfolg für die Arbeiterinnen und Arbeiter ausgingen.[23] Innerhalb der Sulzer-Spitze kam es nach dem Streik vom Juni/Juli 1918 zu einem Zerwürfnis. Zwei Mitglieder des Leitenden Ausschusses, Carl Sulzer-Schmid und Robert Sulzer, wurden von den «Hardlinern» um Richard Ernst und Jakob Sulzer-Imhoof kritisiert, weil sie nachgegeben und den Arbeitern «schwächliche Führung» signalisiert hätten.[24]

Die Streiks der «Städtischen» und der Metallarbeiter dokumentieren, dass der Landesstreik auch in Winterthur eine Vorgeschichte hatte, die von Not und Hunger geprägt war. Das zeigen auch die Hungerdemonstrationen in verschiedenen Städten von 1916, 1917 und 1918. In Winterthur demonstrierten am 15. April 1917 rund 6000 Arbeiter und forderten eine Monopolisierung des Lebensmittelhandels, eine allgemeine Lohnerhöhung von mindestens 600 Franken und ein Verbot, den Milchpreis zu erhöhen.[25]

## Eine Industriestadt unter Kriegsverhältnissen

Die Winterthurer Grossunternehmen Sulzer, Rieter und SLM beschäftigten am Vorabend des Ersten Weltkriegs rund 8000 Personen bei einer städtischen Einwohnerzahl von rund 47 000. Dominierende Figur nicht nur bei Sulzer, sondern auch in der Schweizer Wirtschaftspolitik war Hans Sulzer (1876–1959), der 1914 Vorsitzender der Geschäfts-

---

20 Bei der Schilderung des Streikablaufs stütze ich mich vor allem auf den «vertraulichen» Bericht vom 17.7.1918 von Oskar Denzler an Hugo Sämann, der in nüchternem Ton gehalten war und die Befürchtungen der Arbeitgeber reflektierte (Brief Denzler an Sämann, 17.7.1918).
21 Brief Denzler an Sämann, 17.7.1918.
22 Brief Denzler an Sämann, 17.7.1918.
23 StAW, Dep 18/13, Protokolle der Arbeiterunion August 1915–März 1920, Vorstandssitzung der AU vom 20.8.1918.
24 Adank, Florian: Eine «Exportfirma par excellence». Die Sulzer Unternehmungen AG in Winterthur, 1914–1925, in: Rossfeld, Roman/Straumann, Tobias (Hg.), Der vergessene Wirtschaftskrieg. Schweizer Unternehmen im Ersten Weltkrieg, Zürich 2008, 109.
25 Schneider, Geschichte, 140.

leitung wurde. 1917 wurde er vom Bundesrat zum ausserordentlichen Gesandten und bevollmächtigten Minister in Washington ernannt, wo er die Lebensmittelzufuhr und Rohstoffimporte in die Schweiz sichern sollte.[26] Schon früh hatten sich die Winterthurer Grossunternehmen bei sozialen Projekten wie etwa der Einführung einer Krankenkasse, einer Pensionskasse oder für mehr und hygienischeren Wohnraum für die Arbeiter und Angestellten engagiert. Sulzer gehörte zu den ersten Unternehmen, die eine Arbeiterkommission hatten. 1890 vom noch in patriarchalischen Kategorien handelnden Eduard Sulzer-Ziegler (1854–1913) eingesetzt, war diese Kommission aber lediglich Bittstellerin und Informationsempfängerin, weshalb sie von den Gewerkschaften zunächst abgelehnt wurde. Sulzer-Ziegler war ein scharfer Gegner der Sozialdemokratie, reduzierte im eigenen Unternehmen aber die Arbeitszeit und führte den freien Samstagnachmittag ein. Die Einbettung der Arbeiterschaft in die Unternehmen und die «Verbürgerlichung» eines Teils der Arbeiter, die in firmeneigenen Wohnungen lebten, dürften der Winterthurer Arbeiterschaft vor dem Ersten Weltkrieg den Ruf eingetragen haben, sie sei zahm. Die Streikzahl war insgesamt tief; das betraf aber weniger die Bauwirtschaft, in der es häufig auch zu spontanen Streiks kam. Mit den Kriegsjahren verschlechterten sich die Beziehungen zwischen Arbeitgebern und Arbeitnehmern aber auch in der Metall- und Maschinenindustrie. Das illustriert ein Flugblatt, das anlässlich eines Streiks im Frühling 1916 zirkulierte, als über 1000 Arbeiter der SLM aus Solidarität mit zwei entlassenen Kollegen, die Mitglied der Arbeiterkommission waren, streikten. Früher, hiess es im Flugblatt, habe ein «christlicher Geist» geherrscht, doch mit der neuen Direktion sei der «brutale amerikanische Geldgeist» eingezogen mit seinen «raffinierten Arbeitsmethoden und seiner hartherzigen Rücksichtslosigkeit».[27] Gemeint waren damit Rationalisierungsmethoden nach dem System Taylor, deren Ziel es war, mittels wissenschaftlicher Betriebsführung die Produktivität zu steigern.

### Unerwünschter militärischer Schutz zu Beginn des Streiks

Bereits im Februar 1918 hatte die gewerkschaftliche und sozialdemokratische Linke unter der Führung Robert Grimms einen Aktionsausschuss, das spätere Oltener Aktionskomitee (OAK), gebildet, das Vorbereitungen für einen Generalstreik in der ganzen Schweiz treffen sollte. Das OAK liess sich am Ersten Allgemeinen Arbeiterkongress vom 27./28. Juli 1918 in Basel für einen Generalstreik legitimieren. Der Winterthurer Arbeitersekretär Jakob Steiger hatte am Kongress teilgenommen und stellte an der Sitzung der Arbeiterunion drei Tage später den Antrag, es sei ein lokales Aktionskomitee zu bestellen. Alfred Messer, Präsident der Arbeiterunion, glaubte als «Optimist» zwar nicht, dass es zu einem Generalstreik kommen werde, war aber gleichwohl für den Antrag. In den Gremien der Arbeiterschaft war der Streik in den folgenden Wochen kein Thema mehr – oder fand zumindest keinen Niederschlag mehr in den Protokollen.

Der 24-stündige Proteststreik, den das OAK am 7. November gegen das Truppenaufgebot und die Besetzung Zürichs ausrief, kam für die Winterthurer Arbeiterfunktionäre überraschend. Die *Arbeiterzeitung* kommentierte den Beschluss im rhetorischen Kampfstil, wie er damals in der Linkspresse weitverbreitet war: «Auf das direkte Verlangen der Zürcher Regierung ist also Zürich neuerdings mit der Kosakenherrschaft beglückt worden, hat man gegen 10 000 Mann schweizerischer Truppen aufgeboten, die dem Befehl des Oberstdivisionärs Sonderegger unterstellt sind.» Die Regierung habe die Stadt «der Militärdiktatur» ausgesetzt und ein «Regiment des Säbels und der Bajonette» etabliert. Die *Arbeiterzeitung* warnte: «Wenn die Herren glauben den Hunger des Volkes anstatt mit Brot mit blauen Bohnen stillen zu können, sind sie gründlich auf dem Holzwege.» Mit dem Rückzug in die Kaserne habe sich die Zürcher Regierung der Lächerlichkeit preisgegeben. «Manch einer wird finden, sie hätte konsequenterweise besser getan, ihr Domizil gleich im Burghölzli [der psychiatrischen Klinik] aufzuschlagen.»[28]

Erstaunlich ist, wie der Winterthurer Stadtrat über den 24-stündigen Proteststreik vom 9. November informiert wurde. Der Stadtschreiber erhielt am Vortag um 14 Uhr durch J. Schrämli, Verwalter des Verbands ostschweizerischer landwirtschaftlicher Genossenschaften (VOLG), in Winterthur, die «vertrauliche Mitteilung», dass ein General-

26 Weber, Florian: Die amerikanische Verheissung. Schweizer Aussenpolitik im Wirtschaftskrieg 1917/18, Zürich 2016, 53–104.
27 StAW, II B 2, Arbeitsfürsorge, Arbeitskonflikte, Streik.
28 Winterthurer Arbeiterzeitung, 7.11.1918.

71 Einen Monat nach dem erfolgreichen Streik der Metallarbeiter demonstrierten am 31. August 1918 auf dem Bahnhofplatz in Winterthur Tausende gegen die wachsende Teuerung. Die Lebensmittelpreise hatten sich während des Kriegs mehr als verdoppelt, die Löhne hinkten der Teuerung hinterher.

Der Landesstreik in Winterthur

72  Robert Grimm, charismatischer Arbeiterführer, hält 1917 in Winterthur eine Rede gegen die steigende Teuerung.

73  Aufruf des lokalen Streikkomitees an die Bevölkerung von Winterthur und den Vororten «zu einer ernsten, aber wuchtigen Demonstration». Wie in 18 anderen Städten streikte auch die Winterthurer Arbeiterschaft am 9. November 1918; und sogar das Stadthaus wurde mit Streikposten belegt.

## An die Bevölkerung von Winterthur und den Vororten!

Das Oltener Aktionskomitee hat im Einvernehmen mit dem Schweiz. Gewerkschaftsbund beschlossen, die Arbeiterschaft der Schweiz zu einem

# 24-stündigen Generalstreik

auf

## Samstag den 9. Nov. 1918

aufzurufen. Von der gesamten Arbeiterschaft von Winterthur und den Vororten erwarten wir, dass sie diesem Rufe restlos Folge leiste. **Die Arbeit muss am Samstag unter allen Umständen in sämtlichen Fabriken und Geschäften ruhen. Ausgenommen von der Teilnahme am Generalstreik** sind einzig die **Lebensmittelgeschäfte** und **Lebensmitteltransportunternehmungen**, das **Krankenpflegepersonal**, das Personal der **Beerdigungsanstalten** und jene Arbeiter, die zur **Aufrechterhaltung des Betriebes des Gas-, Wasser- und Elektrizitätswerkes** absolut notwendig sind.

Die **Wirtschaften sind zu schliessen**, ausgenommen in der Zeit von morgens 8–9 Uhr, mittags 12–2 Uhr und abends 6–8 Uhr, während welcher Zeit den Pensionären nur Gelegenheit gegeben sein soll, die regelmässige Mahlzeit einzunehmen.

**Sämtliche Läden, Magazine und Büros sollen ebenfalls geschlossen werden,** soweit es sich nicht um Lebensmittelgeschäfte handelt.

*Arbeiter! Genossen!* **Sorget strikte dafür, dass der Generalstreik auf der ganzen Linie streng diszipliniert und ohne irgendwelche Ausschreitungen durchgeführt wird. Bewahret Ruhe und Kaltblütigkeit, verliert den Kopf nicht,** lasst Euch von **keiner Seite provozieren.**

*Arbeiter!* **Meidet den Genuss alkoholischer Getränke** während der ganzen Dauer des Generalstreiks. Gestaltet durch eine vollständige Arbeitsruhe diesen **Generalstreik zu einer ernsten, aber wuchtigen Demonstration.**

### Das lokale Streikkomitee.

Buchdruckerei Töss Gehrig & Ryffel

Der Landesstreik in Winterthur

streik bevorstehe. Von der Kantonspolizei kam darauf die telefonische Bestätigung, dass in 19 Städten gestreikt werde. Die Polizeimannschaft hatte Befehl, sich auf die Wachtlokale zu konzentrieren und die Munitionsdepots gemäss früherem Befehl des Platzkommandos zu bewachen. Die Streikleitung beschloss, dass die Versorgung mit Gas und Strom aufrechterhalten werden sollte. Am Morgen des 9. November verlangte die Postverwaltung vom Stadtpräsidenten militärischen Schutz. Das Füsilier Bat 75 (des Thurgauer Infanterieregiments 31) stand laut Kommandant Major Zürcher bereit und hätte am nächsten Tag um 5 Uhr früh von Bassersdorf her auf dem Bahnhofplatz sein können. Stadtpräsident Sträuli hatte allerdings Bedenken dagegen erhoben, «damit der Streik nicht schärfere Formen annehme und gewünscht, dass das Bataillon bis zur weiteren Beschlussfassung des Stadtrates nur bis Brütten marschiere und dort auf weitere Meldungen warte».[29]

Die grossen Fabriken beschlossen sofort nach dem Streikbeschluss, die Tore zu schliessen. Am Morgen des 9. November standen Streikposten vor Läden, Büros und Wirtschaften, um Arbeitswilligen den Zutritt zu verwehren. Auch das Stadthaus war von Streikposten umstellt. Stadtratsmitglied Fritz Studer – ein Sozialdemokrat – verhandelte auf Ersuchen des Stadtrats mit den Streikenden, worauf die Streikposten vor dem Stadthaus abgezogen wurden. Erneut bekräftigte der Stadtrat gegenüber dem Platzkommando, dass die Truppen nicht in die Stadt einmarschieren sollten und falls doch nötig dies nur «auf Verlangen des Stadtrates» geschehen dürfe. Der Kommandant des Füsilier Bat 75 nahm daraufhin zwei Kompagnien wieder nach Bassersdorf zurück, eine blieb aber in Brütten in Sichtdistanz zur Arbeiterhochburg Töss.

Am 9. November traf sich der Stadtrat mit Oberstdivisionär Emil Sonderegger, dem als Haudegen und Vertrauten von Ulrich Wille bekannten Platzkommandanten von Zürich. Erneut bekräftigten die Politiker ihm gegenüber, dass Militär nur auf Wunsch des Stadtrats aufgeboten werden solle. Den Unternehmen wurde empfohlen, die Geschäfte zu schliessen, falls der Streik fortgesetzt würde. Die zur Verfügung stehenden Truppen würden nicht genügen, «um ein Offenhalten der Geschäfte zu erzwingen». Fritz Studer (SP) warnte vor einem Militäraufgebot, weil die Stimmung in der Arbeiterschaft eine «entschlossene und gereizte» sei. Die bürgerlichen Stadträte Vogel und Wachter (beide FDP) sowie Hofmann (DP) und Stadtschreiber Leuthold waren hingegen der Auffassung, dass den Geschäftsleuten «unbedingt militärischer Schutz zur Verfügung gestellt werden müsse, falls die Streikenden in gleicher Weise wie am Samstag das Schliessen der Ladenlokale und der Wirtschaften erzwingen» wollten. Stadtpräsident Sträuli rechnete zwar nicht damit, dass viele Arbeitswillige erscheinen würden, fand aber, dass der Stadtrat die Verpflichtung habe, «für die Arbeitswilligen Schutz zu bieten». Dies werde nur möglich sein durch den Heranzug des Militärs. Der Streikleitung solle mitgeteilt werden, dass der Stadtrat «mit aller Energie Terror verhindern und die Arbeitswilligen schützen» werde und Militär nach Winterthur kommen lasse, wenn der Streik nicht ruhig durchgeführt werde.[30]

Vom Streik ausgenommen waren Krankentransporte, Lebensmitteltransporte, das Krankenpflegepersonal und das Personal der Bestattungsanstalten sowie die Arbeiter, die zur Aufrechterhaltung der Gas-, Wasser- und Elektrizitätsversorgung nötig waren. Aus Sicht der Arbeiterschaft «herrschte vor den drei grossen Betrieben der Metallindustrie: Sulzer, Loki und Rieter in Töss denn auch in der Morgenfrühe des Samstags eine wahre Totenstille, kein Mensch trat zur Arbeit an». Militär sei nicht zu sehen gewesen, aber in der Freitagnacht seien um 11 Uhr zwei Kavallerieschwadronen, die von Kloten herkamen, durch die Stadt geritten, um in Andelfingen Quartier zu nehmen. «Dieses liegt bekanntlich gerade mitten drin zwischen Winterthur und Schaffhausen. Im ‹Bedarfsfall› könnten diese Vaterlandsverteidiger also nach dem einen oder andern dieser am Generalstreik beteiligten Industrieorte geworfen werden.»

Die *Arbeiterzeitung* trat schon vor dem Landesstreik der Behauptung von bürgerlicher Seite entgegen, die Arbeiterschaft habe einen revolutionären Umsturzversuch geplant: «Jedermann weiss, dass der Terror und die Konspiration nicht zu den Kampfmitteln der proletarischen Massenbewegung gehören. Nur Phantasten konnten glauben, sich durch das Mittel der Verschwörungstaktik in den Besitz der politischen Macht zu setzen. Sie sind nicht in den Reihen der sozialdemokratischen Arbeiterbewegung zu suchen. Nein! Das Märchen von dem drohenden Putschversuche […] war nichts anderes als eine Ausrede des zürcherischen Regie-

[29] StAW, B2 167, Protokolle des Stadtrates, 9.11.1918, 346–348.

[30] StAW, B2 167, Protokolle des Stadtrates, 10.11.1918, 356f.

rungsrates und des Bundesrates zur vorläufigen Rechtfertigung des Militäraufgebotes und der Verhängung der Militärdiktatur und des Belagerungszustandes über die Stadt Zürich.»[31]

Am Nachmittag des 10. November traf sich der Stadtrat mit den Vertretern der wichtigsten Industriebetriebe. Robert Corti, Anwalt und freisinniges Mitglied des Gemeindeparlaments, betonte, der Stadtrat habe klug gehandelt, «dass er kein Militär nach Winterthur habe kommen lassen». Allerdings hätten sich während des Streiktags «terroristische Erscheinungen eingestellt», und die Bürgerschaft werde sich das Schliessen der Läden und Wirtschaften nicht mehr gefallen lassen. Es sollte zwar nicht über Nacht Militär nach Winterthur gebracht werden, aber «dafür gesorgt werden, dass es am Morgen in greifbarer Nähe» sei.

Heinrich Wolfer, einflussreicher langjähriger Direktor und späteres Verwaltungsratsmitglied bei Sulzer, schilderte nach einer Sitzung mit der Arbeiterkommission die Stimmung in der Arbeiterschaft. Diese seien zwar keine «Bolschewiki», doch sei es für die Arbeiterschaft eine Provokation gewesen, dass man «Militär aufgeboten habe und dass man sie habe vergewaltigen wollen». Die Firma Sulzer, so Wolfer weiter, sähe es nicht gerne, «wenn im Geschäft Militär erscheinen würde». Unter «militärischer Bedeckung» würden die Arbeitswilligen nicht arbeiten, aber das Militär sollte im Laufe des Vormittags gerufen werden, «um dafür zu sorgen, dass in der Stadt jeder arbeiten» könne, der wolle. Die Arbeitswilligen sollten geschützt, aber nicht weiteres Öl ins Feuer gegossen werden. Alle Arbeitgebervertreter waren sich einig, dass es nicht angehen könne, mithilfe des Militärs «die Arbeit in den Fabriken zu erzwingen».[32]

An diesem Sonntag, 10. November, fand auch eine von mehreren Hundert Vertrauensleuten der Gewerkschaften besuchte Versammlung in Winterthur statt, welche die Losung ausgab: «Kampf auf der ganzen Linie, bis unsere Forderungen erfüllt sind.» Keine Stimme sei für den Abbruch des Streiks zu hören gewesen. Nach Schluss der Versammlung wurde bekannt gegeben, dass das OAK den landesweiten Generalstreik beschlossen hatte. Von der Zürcher Arbeiterunion unter Druck gesetzt, die schon am 9. November einen unbefristeten Streik erklärt hatte, hatte Robert Grimm von Bundespräsident Felix Calonder den Rückzug der Truppen verlangt. Als dieser nicht einlenkte, rief das OAK den unbefristeten Landesstreik aus. Diese Meldung löste gemäss der *Arbeiterzeitung* «nicht zuletzt beim Verkehrspersonal, das bisher abseits hatte stehen müssen, unbeschreibliche Begeisterung aus».[33] An der Versammlung der Gewerkschaften in Winterthur waren auch die sozialdemokratischen Stadträte Fritz Studer und Oskar Huber anwesend, die darauf einwirken sollten, dass der Streik sich auf die Industriebetriebe beschränkte und «die Läden, Bureaux und Wirtschaften ausser Spiel gelassen» wurden. Im Bahnhofbuffet hatte sich inzwischen eine grosse Zahl von Gewerbetreibenden «und anderen Bürgern in grosser Erregung» versammelt. Eine Abordnung des Stadtrats versuchte, auf diese «beruhigend einzuwirken».[34]

### Thurgauer Regierung verbietet Milchlieferungen

Am ersten Tag des Generalstreiks, dem 11. November, stellte Stadtrat Fritz Studer um 5.30 Uhr fest, dass keine Züge fuhren: «Tausende von Personen umlagerten heute Montag den Bahnhofplatz, um das bisher unerhörte Schauspiel einer gänzlichen Lahmlegung des Eisenbahnverkehrs zu geniessen und die enttäuschten oder wütenden Gesichter jener Bourgeois zu bewundern, die auf die geplante Reise verzichten mussten», frohlockte die *Arbeiterzeitung*.[35] Um 10 Uhr hielt Arbeitersekretär Jakob Steiger vor 10 000 Zuhörern eine anfeuernde Rede. Bald schon sorgte aber ein Gerücht für Nervosität. Dem Stadtrat kam um 11 Uhr zu Ohren, es sei ein Anschlag auf das Zeughaus geplant. Die Bewachung wurde mit vier zusätzlichen Polizisten verstärkt; Metallarbeitersekretär Altermatt versicherte gegenüber dem Stadtrat aber, das Gerücht sei haltlos und es sei das Bestreben der Streikleitung, «alle Gewalt zu vermeiden». Stadtpräsident Sträuli, der schon am Morgen dem Kommando des Füsilier Bat 75 mitgeteilt hatte, dass nur mit seiner Einwilligung Truppen in die Stadt einmarschieren dürften (was vom Kommando akzeptiert wurde), gab zu bedenken, dass er für den Schutz des Zeughauses verantwortlich sei. Er wollte von der Streikleitung wissen, wie sie sich dazu stelle, wenn ein Teil des Bat 75 «möglichst unbemerkt ins Zeughaus dirigiert werde». Obwohl die Streikleitung verneinte, dass eine Besetzung geplant sei, akzeptierte sie

---

31 Winterthurer Arbeiterzeitung, 9.11.1918.
32 StAW, B2 167, Protokolle des Stadtrates, 10.11.1918, 357–359.
33 Winterthurer Arbeiterzeitung, 11.11.1918.
34 StAW, B2 167, Protokolle des Stadtrates, 10.11.1918, 359.
35 Winterthurer Arbeiterzeitung, 11.11.1918.

Sträulis Antrag, falls die Einschleusung «möglichst unbemerkt und unauffällig» geschehen werde. Tatsächlich wurden zur Bewachung nun Landsturmkompagnien aus Andelfingen und Elgg aufgeboten. Metallarbeitersekretär Altermatt betonte allerdings, dass das «Heranziehen des Militärs» die Lage verschärfen werde.[36]

Prekär war bereits zu diesem Zeitpunkt die Milchversorgung der Stadt, denn der Regierungsrat des Kantons Thurgau hatte am 11. November beschlossen, «für so lange ein Milchausfuhrverbot nach dem Kanton Zürich durchzuführen», bis wieder «geordnete Zustände» im Kanton Zürich eingetreten seien. Der Stadtrat verlangte darauf vom Zürcher Regierungsrat, er solle den Bundesrat zur Aufhebung dieses Boykotts veranlassen.[37] Am folgenden Tag verschärfte sich die Lage aber weiter. Zwar könne, so Stadtschreiber Leuthold, die Bevölkerung dank Automobiltransporten etwa mit der Hälfte des Normalverbrauchs versorgt werden. Sollte sich die Lage verschlechtern, müsste aber eine zentrale Sammelstelle eingerichtet werden, die nach einem speziellen Schlüssel zuerst die Spitäler, die Kinder und Kranken und dann den Rest der Bevölkerung versorgen würde.[38] Zwei Tage später hatte sich die Lage normalisiert, nicht zuletzt, weil das Eidgenössische Ernährungsamt die Thurgauer Regierung angewiesen hatte, den Milchboykott aufzuheben. Später lehnte es der Zürcher Regierungsrat allerdings ab, der Stadt Winterthur die Kosten für die Milchtransporte zu vergüten.[39]

Am Nachmittag des ersten Streiktags fand im «Casino» eine Versammlung von Angestellten statt. Deren Resolution war eine Solidaritätsbotschaft an die Streikenden mit einigen Vorbehalten. Sie unterstützten zwar «alle gerechtfertigten Bestrebungen der Arbeiterschaft im Kampfe um den sozialdemokratischen Fortschritt» und verlangten «die Umgestaltung der gegenwärtigen Wirtschaftsordnung in der Richtung der sozialen und wirtschaftlichen Demokratie». Dabei stellten sie – mit der Forderung des Achtstundentags und einer AHV – teilweise ähnliche Postulate auf wie die Arbeiterschaft und verurteilten «scharf die Auswüchse des kapitalistischen Wirtschaftssystems». Dennoch sahen sie «den Generalstreik nicht als das geeignete Mittel zur Durchsetzung der gerechten Forderungen der Arbeitnehmer».[40] Am selben Tag hielten 250 Angestellte von Sulzer und der SLM eine Protestversammlung ab, um zu diskutieren, wie gemeinsam mit den bürgerlichen Parteien «gegen die Arbeiterschaft vorzugehen sei».[41] Diese Versammlung zeigt, dass von Einigkeit unter den Angestellten und einer vorbehaltlosen Solidarisierung mit der Arbeiterschaft keine Rede sein konnte.

Im Rückblick auf den ersten Streiktag stellte die *Arbeiterzeitung* befriedigt fest, dass «kein Mann zur Arbeit» angetreten sei, obwohl die Grossbetriebe der Metallindustrie ihre Tore geöffnet hatten. Der Streik sei am Montag ein «vollständiger» gewesen, wie schon am Samstag. Ausser einer Versammlung der Streikenden auf dem Bahnhofplatz, die ruhig verlief, war es aus Sicht der Arbeiterschaft ein ereignisloser Tag gewesen. Die *Arbeiterzeitung* verbreitete Durchhalteparolen und warnte vor Gerüchten: «Noch möchten wir an alle Arbeiter die dringende Warnung richten, den bürgerlichen Panikmeldungen und Lügennachrichten, wie sie in der Stadt, aber namentlich auf dem Lande, ausgestreut werden, um Deroute in den Streik zu bringen, nicht zu glauben [...]. Fallt nicht auf die Kriegslisten des Gegners herein!»[42]

Eine vom Gewerbeverband und anderen bürgerlichen Organisationen veranstaltete Versammlung mobilisierte am Nachmittag rund 2000 Personen. Zwar verurteilte man die wenigen Handgreiflichkeiten, verabschiedete aber eine wohlwollende Resolution: «Die Versammlung ist bereit, auf dem Wege demokratischen Zusammenarbeitens mitzuwirken an der sofortigen Schaffung des sozialen Ausgleichs und Friedens unter Berücksichtigung der Forderungen des Oltener Aktionskomitees vom 10. November 1918.» Die bürgerlichen Redner Corti und Hauser hielten gehaltvolle, versöhnende, «aber mit Bezug auf den Terror und das Bolschewikentum entschlossene Reden, die den grössten Beifall auslösten».[43] Die *Arbeiterzeitung* kommentierte: «Für eine bürgerliche Versammlung ist diese Resolution sehr vernünftig und anständig gehalten. Sie zeigt, dass man auf der Seite unserer Gegner aus der Generalstreikbewegung recht viel gelernt hat.»[44]

---

36 StAW, B 2 167, Protokolle des Stadtrates, 11.11.1918, 362f.
37 StAW, B 2 167, Protokolle des Stadtrates, 11.11.1918, 364.
38 StAW, B 2 167, Protokolle des Stadtrates, 11.11.1918; 12.11.1918, 365f.
39 StAW, B 2 167, Protokolle des Stadtrates, 11.11.1918, 365f.
40 StAW, B 2 167, Protokolle des Stadtrates, 11.11.1918, 364f.
41 Winterthurer Arbeiterzeitung, 11.11.1918.
42 StAW, B 2 167, Protokolle des Stadtrates, 13.11.1918.
43 StAW, B 2 167, Protokolle des Stadtrates, 12.11.1918; II B 2, Arbeitsfürsorge, Arbeitskonflikte, Streik. Neues Winterthurer Tagblatt, 15.11.1918.

Doch die Unternehmerschaft war inzwischen nervös geworden. Robert Corti, Präsident des Arbeitgeberverbands, gab am dritten Streiktag, dem 13. November, bekannt, dass am folgenden Tag die Tore für die Arbeitswilligen geöffnet würden, «sie aber unter allen Umständen davon Umgang nehmen» würden, «arbeitswillige Arbeiter gewaltsam in die Fabrik einzuführen».[45]

Während dreier Tage konnte der Stadtrat verhindern, dass Winterthur militärisch besetzt wurde. Ominös klang aber eine Meldung des Armeekommandos, man habe die Situation in Winterthur «nicht ausser Acht gelassen».[46] Was das bedeutete, erfuhr der Stadtrat am nächsten Tag um 6.40 Uhr. Ein Telegramm des Kommandos der Ordnungstruppen in Zürich vermeldete: «Sie erhalten in den nächsten Tagen Truppen.» Der Stadtrat war alarmiert und setzte sich sofort mit dem Kommando in Verbindung, «damit nicht ohne Wissen des Stadtrates Truppen in Winterthur einmarschieren»[47] würden. Um 13 Uhr orientierte Stadtpräsident Sträuli das Kommando der Ordnungstruppen über den bisherigen ruhigen Verlauf des Streiks und ermahnte Kommandant Oberst Ruckstuhl erneut, dass die Truppen nur eingreifen dürften, wenn der Stadtrat sein Einverständnis gebe. Am gleichen Nachmittag wurde Ruckstuhl zwecks Befehlsausgabe zu Oberstdivisionär Sonderegger nach Zürich beordert. Der Stadtrat ahnte, was kommen würde, und schlug vor, die Truppen nicht nach Winterthur einmarschieren zu lassen, sondern sie in den Vororten Seen, Oberwinterthur und Wiesendangen zu stationieren. Ruckstuhl wäre einverstanden gewesen, aber noch während er mit Sonderegger konferierte, ging beim Stadtrat die Meldung des Divisionskommandos IV ein, dass um 19 Uhr Truppen in Winterthur einmarschieren würden.[48] Um 17.30 Uhr war Ruckstuhl zurück und teilte mit, er habe Befehl, in Winterthur für die «Aufrechterhaltung der Ordnung und öffentlichen Sicherheit zu sorgen» und insbesondere die Arbeitswilligen zu schützen. Die Abhaltung von «Versammlungen» werde indes gestattet. Er ersuchte den Stadtrat, die Streikleitung zu veranlassen, dass Bahnhof, Post und Telegraf für die Arbeitswilligen bis zum 14. November, 12 Uhr, freigegeben würden. Zwei Bataillone wurden in den Schulhäusern Altstadt und St. Georgen einquartiert, weitere Truppen im Technikum und in der neuen Kaserne. Der Bahnhofplatz und das Postgebäude wurden militärisch besetzt.

Für die Arbeiterschaft war das Einrücken des Militärs ein Schock und eine Provokation zugleich. Die *Arbeiterzeitung* kommentierte: «Nun sind auch in die Stadt Winterthur Truppen eingezogen, um für ‹Ruhe und Ordnung› zu sorgen. Zwar liegt nicht der geringste Anlass für diese militärische Invasion vor, liesse sich selbst vom bürgerlichen Standpunkt aus nicht einmal ein Vorwand nennen, um diese Mobilisation gegen den inneren Feind zu begründen, da der Generalstreik hier bisher in mustergültiger Weise verlief.»[49] Nachdem der Stadtrat von Sondereggers Befehl Kenntnis erhalten hatte, teilte Stadtpräsident Sträuli einer Abordnung der Streikleitung mit, dass Truppen in Winterthur einrücken würden. Fritz Heeb, erst seit wenigen Monaten Redaktor der *Arbeiterzeitung* und Mitglied der Delegation, erklärte, dass das militärische Aufgebot durch nichts begründet sei. Mit der militärischen Besetzung ging das bisher gute Einvernehmen zwischen Streikleitung und Stadtpräsident Sträuli in die Brüche. Die Streikleitung warf ihm vor, er habe hinter ihrem Rücken Militär nach Winterthur aufgeboten und damit einen Vertrauensbruch begangen. Das stimmte zwar nicht, doch das Tuch war zerrissen, und die Streikleitung nahm in der Folge nicht mehr an Sitzungen mit dem Stadtrat teil. Der sozialdemokratische Stadtrat Fritz Studer erklärte jedoch, er werde nicht ruhen, «bis er dieses unberechtigte Misstrauen» gegenüber Stadtpräsident Sträuli beseitigt habe.[50]

Um 19 Uhr empfing der Stadtrat Industrievertreter. Robert Corti erklärte, dass es die Industriellen nicht verstanden hätten, «wenn der Stadtrat diesen Schutz nicht angenommen hätte». Die Industriellen erachteten es als ihre Pflicht, «die Fabriken aufzumachen, um den Arbeitswilligen Gelegenheit zur Arbeit zu geben». In dieser Sitzung distanzierten sich die Industrievertreter von der bisher mässigenden Politik des Stadtrats. Heinrich Wolfer sagte: «Nirgends wird der Streik so scharf gehandhabt wie in Winterthur. Wir sind der Ansicht, dass die grossen Geschäfte in einer Weise terrorisiert wurden wie nirgends. Die Politik des Stadtrates war bisher auch die unsere, jetzt müssen wir aber verlangen, dass die Streikpostensteherei

---

44 Winterthurer Arbeiterzeitung, 12.11.1918.
45 StAW, B2 167, Protokolle des Stadtrates, 13.11.1918, 369.
46 StAW, B2 167, Protokolle des Stadtrates, 12.11.1918, 367.
47 StAW, B2 167, Protokolle des Stadtrates, 13.11.1918, 368.
48 Stab Inf Brig 16 mit Inf Reg 32 weniger Bat 85.
49 Winterthurer Arbeiterzeitung, 14.11.1918.
50 StAW, B2 167, Protokolle des Stadtrates, 14.11.1918, 377.

74 Resolution des Kartells der Angestelltenvereine des Platzes Winterthur zum Generalstreik (ohne Datum). Die Angestellten sympathisierten mit den meisten Forderungen des Oltener Aktionskomitees, nicht aber mit der Methode des Streiks, um diese durchzusetzen.

# Resolution

des

## Kartells der Angestelltenvereine des Platzes Winterthur zum Generalstreik.

Die organisierten Angestellten unterstützen als Arbeitnehmer alle gerechtfertigten Bestrebungen der Arbeiterschaft im Kampfe um den sozialpolitischen Fortschritt. Sie verlangen die Umgestaltung der gegenwärtigen Wirtschaftsordnung in der Richtung der sozialen und wirtschaftlichen Demokratie.

Die speziellen Forderungen der schweizerischen Angestellten sind folgende:
1. **Errichtung von Lohnämtern.**
2. **Festsetzung von Mindest-Anfangsgehältern.**
3. **Ausrichtung von Teurungszulagen zum Ausgleich der Geldentwertung.**
4. **Schutz der militärpflichtigen Angestellten.**
5. **Massnahmen gegen die Folgen der Betriebseinschränkungen.**
6. **Hinterbliebenen-, Alters- und Invalidenversicherung.**
7. **Achtstündige Höchstarbeitszeit und freier Samstagnachmittag.**
8. **Vertretung in den Behörden.**

Die schleunige Erfüllung dieser Forderungen erwarten die Angestellten im Vertrauen auf eine geordnete und fortschrittliche Weiterentwicklung unseres demokratischen Staatswesens. **Sie verurteilen daher ebenso scharf die Auswüchse des kapitalistischen Wirtschaftssystems wie den gewaltsamen Umsturz.**

Sie betrachten insbesondere den Generalstreik nicht als das geeignete Mittel zur Durchsetzung der gerechten Forderungen der Arbeitnehmer.

aufhört und dass die Angestellten ins Geschäft hineingehen können [...]. Dabei sind wir nicht etwa der Meinung, dass die Streikposten ohne weiteres durch das Militär verjagt werden sollen, es soll der Stadtrat mit der Streikleitung in dem Sinne unterhandeln, dass sie auf die Streikposten vor den Geschäften verzichten.» Die sozialdemokratischen Stadträte, aber auch der freisinnige Carl Vogel-Hasler mahnten hingegen, dass die Industriellen ihre bisherige Politik weiterführen sollten.[51]

Der Stadtrat und die Industriellen rechneten zwar nicht mehr mit einem langen Streik, wollten die Arbeitswilligen aber ab Freitag militärisch schützen lassen. Dann traf am Donnerstagvormittag, 14. November, die Meldung ein, das OAK habe den Streik abgebrochen. Die Winterthurer Streikleitung konnte das kaum glauben. Sie bat das Kommando der Ordnungstruppen, ihr ein Auto zur Verfügung zu stellen, damit sie sich in Zürich erkundigen könne, ob der Streik wirklich beendet sei. Als sie die Bestätigung erhielt, zog sie die Streikposten vor Post und Bahn ab, worauf das Militär den Ordnungsdienst übernahm. Die *Arbeiterzeitung* verurteilte den Abbruch des Streiks aufs Heftigste und zitierte Ernst Nobs beziehungsweise dessen Leitartikel im *Volksrecht* vom 15. November 1918: «Es ist zum Heulen! Niemals ist schmählicher ein Streik zusammengebrochen.» Wut und Empörung waren bei der Mehrheit der Streikenden gross. Kritisiert wurde das schwache OAK: «Mit Worten ist jetzt für das Aktionskomitee nichts mehr zu retten. Es hat gezeigt, dass es seiner Aufgabe nicht gewachsen war.» Bereits am Tag danach fragte die *Arbeiterzeitung*: «Was bringen wir aus dem Kampfe heim?», und kam zur Einschätzung: «Es ist wenig genug.» Wütend war die Arbeiterschaft vor allem auch, weil sie einen Erfolg in greifbarer Nähe sah: «Die Wut der Arbeitermasse über den Abbruch des Streikes ist ungeheuer [...]. Nicht über die Kleinheit der erzielten Konzessionen empört sich der Arbeiter, nein, über das Missverhältnis zwischen dem Erreichten und dem, was er erreichbar fühlte.»[52]

Am 17. November fand eine von rund 1000 Personen besuchte Versammlung statt, an der Friedrich Schneider, Basler SP-Nationalrat, Mitglied des OAK und wie Robert Grimm ein Gegner des Streikabbruchs, die Situation aus seiner Perspektive schilderte. Schneider bezeichnete den Abbruch gemäss der *Arbeiterzeitung* als «schmählich», es lasse sich kein «stichhaltiger Grund» für diese «Kapitulation» finden. Die Versammlung verurteilte das Verhalten des OAK «ausnahmslos aufs nachdrücklichste» und sprach das «schärfste Missfallen» gegen den bedingungslosen Abbruch aus. Zugleich forderte sie die sofortige Abberufung des OAK und dessen Ersetzung durch einen «Arbeiterrat». Die *Arbeiterzeitung* stellte eine «überaus tiefgreifende und umfassende Radikalisierung der schweizerischen Proletariermassen» durch die Ereignisse der vergangenen Tage fest: «In den letzten Tagen sind aus Zehntausenden bisher zahmen Proletariern steinharte ‹Bolschewiki› geworden.»[53] Auch wenn sich ein beträchtlicher Teil der Arbeiterschaft im Verlauf des Jahres 1918 radikalisiert hatte, scheint dies eher als künftige Aufmunterung gedacht gewesen zu sein und sollte wohl signalisieren, dass die Arbeiterschaft trotz des Einknickens der Streikleitung noch immer kampfesmutig sei.

Schon wenige Tage nach dem Streikabbruch setzte das Narrativ vom Sieg in der Niederlage ein, das während Jahrzehnten zum Fundus einer heroisierenden Arbeitergeschichtsschreibung gehören sollte. Demgegenüber thematisierte das freisinnige *Neue Winterthurer Tagblatt* aus bürgerlicher Sicht den Topos der bolschewistischen Revolution und zitierte als Kronzeugen Jakob Steiger – einen Vertreter des linken Flügels der SP. Dieser habe nach dem Abbruch eine «gepfefferte Ansprache» gehalten, «die endlich das einwandfrei feststellt, was man in bürgerlichen Kreisen schon längst weiss, dass eben auch in Winterthur Elemente am Umsturz nach russischem Muster arbeiten und dass diese Elemente auch bei den Leitern der Winterthurer Arbeitermassen zu finden sind».[54] Sowohl die kämpferische Rhetorik der *Arbeiterzeitung* als auch die Unterstellungen des *Neuen Winterthurer Tagblatts* dürften einer kritischen Überprüfung allerdings kaum standhalten – die politische Realität erwies sich als weit profaner.

Der Stadtrat aus zwei Sozialdemokraten und fünf Bürgerlichen hatte während des Streiks trotz der bürgerlichen Mehrheit grosse Einigkeit gezeigt. Alle Beschlüsse, so das Protokoll, seien einstimmig gefällt worden. Zugleich sprach er der Streikleitung ein Kompliment aus: «Die Streikleitung hat vom Sonntag an alles getan, um den Streik richtig durchzuführen. So wurde erreicht, dass nicht Private von

---

51 StAW, B2 167, Protokolle des Stadtrates, 13.11.1918, 370–373.
52 Winterthurer Arbeiterzeitung, 15.11.1918.
53 Winterthurer Arbeiterzeitung, 18.11.1918.
54 Neues Winterthurer Tagblatt, 15.11.1918.

sich aus das Militär um Schutz angerufen haben. Die Bürgerschaft hat Grosses geleistet, dass sie darauf verzichtete, Selbsthilfe zu üben. Aber auch das Militär hat Verständnis gezeigt und ohne Aufregung seine Aufgabe erfüllt.»[55]

Zehn Tage nach Streikabbruch fand im Grossen Gemeinderat eine Aussprache statt. Jakob Steiger machte sich und seinen Genossen erneut Mut: «Der Kampf wird erst beendigt sein, wenn die Arbeiter die politische Macht haben, wenn die politische und wirtschaftliche Freiheit des Einzelnen gegeben ist.» Er kritisierte den Einsatz der Staatsgewalt, lobte aber den Stadtrat, der kein Militär in der Stadt haben wollte. Die freisinnige Fraktion «nahm zur Kenntnis», dass der Stadtrat bemüht gewesen sei, die Stadt vor blutigen Zusammenstössen zu bewahren. Arbeitgebervertreter Denzler fügte allerdings bei, nachdem «offen zu Tage getreten» sei, dass sich «die ganze Bewegung auf revolutionären Umsturz richtete», stehe «die Fraktion auf dem Standpunkte, dass es objektiv richtiger gewesen wäre, früher das Militär in die Stadt einrücken zu lassen».[56] Wie viele andere bürgerliche Politiker bediente sich auch Denzler dem in den folgenden Jahrzehnten wirkungsmächtigen Narrativ einer bolschewistischen Verschwörung. Demgegenüber konterte der sozialdemokratische Gemeinderat Adolf Gasser: «Die Schweizer Arbeiterschaft steht auf legalem Boden. Die Auffassung, dass es sich hier um eine revolutionäre Bewegung handelte, ist falsch [...]. Es handelte sich hier darum, die wirtschaftliche Bedeutung der Arbeiterschaft und deren grosse Unzufriedenheit zur Demonstration zu bringen.» Gasser gab zu bedenken, dass der Schweiz die «vergangenen Tage erspart» geblieben wären, wenn der Zürcher Regierungsrat den gleichen Standpunkt eingenommen hätte wie der Winterthurer Stadtrat.[57] Der freisinnige Gemeinderat und Rechtsanwalt Ernst Ammann geisselte schliesslich die Tatsache, dass «Luxus und grosse Bereicherung sich breit gemacht hätten». Es sei die Pflicht der Politiker dafür zu sorgen, «dass sich das Schweizervolk in seinem Hause wohl befinde». Die Härten der bestehenden Wirtschaftsordnung müssten beseitigt werden.[58]

Wenige Tage nach der Gemeinderatsdebatte, am 29. November 1918, diskutierte auch der Verwaltungsrat von Sulzer den Landesstreik. Doch erstaunlicherweise finden sich im Protokoll nur wenige Zeilen zu den Ereignissen. Man habe sich – so das Protokoll – von Anfang an auf den Standpunkt gestellt, «dass Militär nicht herbeizuziehen sei».

Rückblickend glaubte Wolfer zwar nicht mehr, dass sich diese Haltung rechtfertigen lasse, doch in der damaligen Lage sei es verständlich gewesen, zumal «für die Arbeitswilligen ein genügender Schutz überhaupt nicht zu beschaffen war».[59]

Zu handgreiflichen Auseinandersetzungen kam es im Raum Winterthur nur in einem nennenswerten Fall. Am 13. November hatte sich ein Winterthurer «Streikposten-Radfahreraufgebot» zur Schuhfabrik Hoffmann & Cie nach Elgg aufgemacht und war nach «einem kurzen Redegefecht» von der Bürgerwehr Elgg überfallen und «mit Knütteln, Gummischläuchen und Stöcken traktiert» worden. Es gab einen Schwerverletzten, neun Leichtverletzte und mehrere beschädigte Velos. Trotz dieses Überfalls erreichten die Streikenden aber ihr Ziel, da die Firma Hoffmann die Arbeit einstellen liess, um weitere Zusammenstösse zwischen Bürgerwehr und Arbeitern zu vermeiden.[60] Im Bericht Emil Sondereggers über die Tätigkeit der Ordnungstruppen in Zürich ist die Rede davon, dass die Streikenden von Bauern «schauderhaft verhauen» worden seien.[61] Dass die Arbeiterpresse dabei eine spontan gebildete Gruppe zu einer «Bürgerwehr» machte, ist denkbar. Zur Beruhigung «der nach ihren Heldentaten vom Vortage ängstlich gewordenen Bauernschaft» verlegte Sonderegger am 14. November dann einen «Zug Guiden» nach Elgg. Im Protokoll der Stadtpolizei findet man trotz dieses Vorfalls keinen einzigen Eintrag zum Landesstreik.

## Starker Zuwachs bei den Gewerkschaften nach 1918

Nach Streikende sprach der Vorstand des Gewerbeverbands Winterthur dem Stadtrat seinen «wärmsten Dank» aus für dessen «Umsicht und Tatkraft, mit der er in den vergangenen schweren Tagen» die Geschicke der Stadt geleitet habe. Der Vorstand streckte auch die Hand zur Versöhnung aus: «Wir zweifeln [...] nicht daran, dass in unseren Kreisen

---

55 StAW, B2 167, Protokolle des Stadtrates, 23.11.1918, 153–159.
56 StAW, B2 167, Protokolle des Stadtrates, 25.11.1918, 163–168.
57 StAW, B2c/30 167, Protokoll des Grossen Gemeinderates, 25.11.1918, 163–168.
58 StAW, B2c/30 167, Protokoll des Grossen Gemeinderates, 25.11.1918, 163–168.
59 Archiv Sulzer AG, Protokoll Verwaltungsrat, 29.11.1918.
60 Winterthurer Arbeiterzeitung, 14.11.1918.
61 Bericht über die Tätigkeit der Ordnungstruppen in Zürich im November 1918, erstattet von Oberstdivisionär Sonderegger, 31.12.1918, zit. nach Gautschi, Willi (Hg.): Dokumente zum Landesstreik 1918. Zürich 1971, 406f.

75/76 Der SP-Kantonsrat und Stadtparteipräsident Otto Pfister spricht am 13. November 1918 vor Tausenden von Streikenden auf dem Bahnhofplatz in Winterthur. Pfister gehörte zum gemässigten Flügel der Sozialdemokratischen Partei und wurde 1928 in den Nationalrat und 1929 in den Zürcher Regierungsrat gewählt.

Der Landesstreik in Winterthur

77 *Bürgerliche Presse Winterthurs* vom Donnerstag, 14. November 1918. Bereits in der ersten Ausgabe nach dem Streik versuchte die bürgerliche Presse, die Deutungshoheit über den Landesstreik zu gewinnen, und kolportierte die These einer bolschewistischen Verschwörung.

der feste Wille besteht, am sozialen Ausgleich mitzuwirken, um ähnlich schädigenden Störungen des gesamten wirtschaftlichen Lebens in Zukunft vorzubeugen.» Lohnforderungen hatten es allerdings auch in den folgenden Jahren sehr schwer, und es wurde deswegen mehrfach gestreikt. Ein Dankesschreiben erhielt der Stadtrat auch von Oberst Ruckstuhl für die freundliche Aufnahme der Truppen bei den Behörden und der Bevölkerung. «Dieses Entgegenkommen hat meinen Truppen den Dienst wesentlich erleichtert.»[62]

Für die Linke begann nun der Prozess der Aufarbeitung. Rund zwei Wochen nach dem Streik führten die Winterthurer Sozialdemokraten eine Aussprache über den Streikverlauf durch. Das Protokoll vermerkt: «Die Zeit für den Generalstreik war verfrüht, man hat die internationale Lage nicht in Berücksichtigung gezogen.» Der Aufmarsch der Arbeiter sei «mächtig und geschlossen» gewesen, doch der Streikabbruch ohne irgendwelche Bedingungen habe auf die Arbeiterschaft «sehr erregend gewirkt». Kritisiert wurde auch hier das OAK, weil es ihm «an der organisatorischen und der geistigen Vorbereitung gemangelt» habe: «Das Aktionskomitee war sehr naiv, es hat sich der Illusion hingegeben, der Bundesrat werde nach kurzer Zeit einsteigen.» Dennoch gab sich die Versammlung der Hoffnung hin, dass einige Forderungen doch noch erfüllt würden: «Bereits sind die bürgerlichen Zeitungen für weitgreifende soziale Reformen. Revolution oder Reform hängt von der Bourgeoisie ab und der internationalen Lage.» Ein Mitglied verteidigte den Streikabbruch: «Der unbefristete Generalstreik hätte uns zum Bürgerkrieg führen müssen [...]. Für die Schweiz gibt es keinen Bolschewismus. Durch die Gedanken wollen wir zur Macht und nicht mit Blut.»[63]

An einer Versammlung der Arbeiterunion Anfang Dezember 1918 lobte man zwar die Arbeiterschaft, weil der Streik in Winterthur «meisterhaft» durchgeführt worden sei. Dennoch habe sich die Zürcher Arbeiterschaft «kaltblütiger» verhalten;[64] und an einer Versammlung der SP Wülflingen meinte Genosse Bruhin, das OAK habe bei Ausrufung des Landesstreiks «vollständig» den Kopf verloren. «Keiner habe gewusst, weshalb er eigentlich streike.» Das Streikprogramm sei zu spät erschienen und «viel zu wenig revolutionär» gewesen. Sogar Bürgerliche hätten sich über diese «zahme» Abfassung gewundert.[65] Insgesamt kommen in den Protokollen der SP-Versammlungen sowohl reformerische als auch revolutionäre Stimmen zum Tragen.

Die führenden Persönlichkeiten der Winterthurer SP verfolgten im Gegensatz zu den tonangebenden Gewerkschaftern, allen voran Jakob Steiger, allerdings einen klar gemässigten Kurs. Nachdem Steiger zum Arbeitersekretär gewählt worden war, gratulierte ihm ein Kollege von der *Berner Tagwacht* und hoffte, unter diesem «Bolschewikigeneral» habe der «Revolutionarismus nunmehr riesige Fortschritte zu verzeichnen».[66] Die Bemerkung mag teilweise ironisch gemeint gewesen sein, war aber keine völlig unzutreffende Charakterisierung von Steigers Überzeugungen.

Bald nach dem Landesstreik verflogen aber die Illusionen über schnelle Reformen. Der traditionelle «Herr im Haus»-Standpunkt und die erneute Verzögerung sozialer und wirtschaftlicher Reformen führten zu einer weiteren Verhärtung der politischen Fronten. 1919 und 1920 kam es erneut zu etlichen Lohnbewegungen und Streiks, doch endeten alle diese Aktionen mit einer Niederlage für die Arbeiterschaft. Die Arbeiterunion schrieb in ihrem Jahresbericht 1919: «Die am Platze Winterthur geführten Bewegungen und Kämpfe verspürten den Pesthauch der Reaktion. Jede Lohnerhöhung, und war sie auch noch so berechtigt, wurde entweder mit Hohn zurückgewiesen oder nur zum kleinsten Teil bewilligt.»[67] 1919 wurde zwar die 48-Stunden-Woche eingeführt; in der Wirtschaftskrise Anfang der 1920er-Jahre führten aber alle grösseren Winterthurer Unternehmen die 52-Stunden-Woche mittels Ausnahmebewilligungen wieder ein.

Eine für die Gewerkschaften erfreuliche Folge der Niederlage war hingegen ein massiver Zustrom an Neumitgliedern. Von 1918 bis 1919 stieg die Zahl der Gewerkschaftsmitglieder in der Arbeiterunion Winterthur von 5221 auf 8296, bei den Metallarbeitern sogar von 1314 auf 4750. Doch der Streik bedeutete auch eine Zerreissprobe für die Gewerkschaften und die SP. Die Arbeiterunion schwenkte 1919 auf einen bolschewistischen Kurs, nachdem

62  StAW, II B 2, Arbeitsfürsorge, Arbeitskonflikte, Streik.
63  StAW, Dep 40/536, Parteikomitee SP Winterthur 1917–1919, Parteiversammlung SP Winterthur, 26.11.1918.
64  StAW, Dep 18/23, Protokolle der Arbeiterunion 1916–1921, 2.12.1918.
65  StAW, Dep 50/5, SP Wülflingen, Protokolle Generalversammlungen, Parteiversammlungen 1917–1934, 28.11.1918.
66  StAW, Dep 18/116, Korrespondenz, Brief 18.8.1918.
67  StAW, Dep 18/55, Jahresberichte des Arbeitersekretariats und der Arbeiterunion des Bezirkes Winterthur, Jahresbericht 1919, 9.

sie vorher unter dem Einfluss sozialdemokratischer Amtsträger eine gemässigte Linie verfolgt hatte. Im Jahresbericht 1919 schrieb sie: «Die bürgerlichen Parteien kämpften unter der Parole: ‹Nieder mit dem Bolschewismus›. Leider nahm unsere Partei den Kampf nicht auf. Sie wich ihm aus und verleugnete die Gemeinschaft mit dem Bolschewismus.»[68] Die Radikalen um Jakob Steiger traten für einen sofortigen Beitritt zur Dritten Internationalen (der Dachorganisation der kommunistischen Partei, «Komintern») ein. Ein Parteitag der SP Winterthur entschied sich mit Zweidrittelmehrheit ebenfalls für den bedingungslosen Beitritt; aber 1919 wendete sich das Blatt in einer Urabstimmung mit 246 zu 204 Stimmen dagegen, wobei die Arbeitersektion Töss klar für den Beitritt votierte. Die Winterthurer Linke folgte damit einem gesamtschweizerischen Trend gegen den Beitritt zur Dritten Internationalen. Zahlreiche Mitglieder der SP und der Gewerkschaften schlossen sich danach der neu gegründeten Kommunistischen Partei an; besonders aktiv waren die Kommunisten im SMUV. Hier traten 180 Mitglieder aus und schlossen sich 1923 der Winterthurer «Metallarbeiteropposition» an.[69] Als sich während der Krisenzeit der 1930er-Jahre eine erneute Annäherung zwischen dem SMUV und den Arbeitgebern abzeichnete, war die Revolutionäre Gewerkschafts-Opposition (RGO) als Teil der 1921 gegründeten Roten Gewerkschafts-Internationalen häufig ein Stachel im Fleisch des reformerischen SMUV.

Die Kommunisten kamen in Winterthur allerdings nie über ein Randdasein hinaus. Im Gemeinderat (60 Sitze) kletterte die SP von 1922 bis 1934 von 24 auf 29 Sitze, während die Kommunisten von ihren vier Mandaten, welche sie 1922 errangen, 1925 zwei, 1928 ein weiteres und 1934 schliesslich das letzte Mandat verloren.[70]

Während die einen versuchten, ihre Ziele bei den Kommunisten zu verwirklichen, und andere den reformorientierten Kurs von SP und Gewerkschaften mittrugen, gab es auch einige, die an der Streikniederlage zerbrachen. Einer davon war der am linken Flügel der SP politisierende Jakob Steiger. Erst Mitte 1918 als Arbeitersekretär gewählt, trat er 1920 zurück. Steiger, schreibt Willi Schneider, «der einst die Winterthurer Arbeiterschaft zu lodernder Kampfesfreude entflammt hatte, starb als Zeitungskolporteur».[71]

Waren Proteste gegen die rasante Teuerung während des Kriegs ein Haupttreiber der sozialen Unrast gewesen, fanden sie in den frühen Zwischenkriegsjahren unter anderen Vorzeichen eine Fortsetzung. Als im Sommer 1921 ein neuer Zolltarif in Kraft trat, befürchteten die Lohnabhängigen eine neue Teuerungswelle. Am 2. Oktober 1921 fanden in mehreren Städten Protestveranstaltungen statt; die grösste in Winterthur mit geschätzten 20 000 Teilnehmern, die mit Extrazügen aus dem ganzen Kanton Zürich nach Winterthur gefahren wurden.[72]

Trotz einiger weiterer Arbeitskonflikte vor allem im Baugewerbe Anfang der 1920er-Jahre und der revolutionären Fantasien linksradikaler Kräfte setzte sich im Verlauf der 1930er-Jahre ein konsensorientierter Kurs durch. Es war ausgerechnet die Arbeiterschaft der Firma Sulzer, die den Boden für das 1937 abgeschlossene Friedensabkommen in der Metall- und Maschinenindustrie bereitete. Ein in diesem Jahr in einer zweiten Betriebsversammlung knapp abgesagter Streik bei Sulzer brachte den Durchbruch zur Unterzeichnung des Abkommens.[73] Auf Seite des SMUV unterschrieb Konrad Ilg, der schon 20 Jahre früher einem Konfrontationskurs kritisch gegenübergestanden hatte. Gegen das Abkommen wehrten sich vor allem ältere Arbeiter, die den Landesstreik noch erlebt hatten, streikerprobt waren und diesem neuen Instrument der Konfliktregelung Skepsis entgegenbrachten.[74]

### Fazit

Nach einer zunehmenden Emanzipierung der Arbeiterbewegung von den Demokraten war es in Winterthur schon vor 1900 zum definitiven Bruch zwischen diesen beiden Gruppierungen gekommen. Gleichzeitig verbesserte die Arbeiterbewegung ihre organisatorische Basis durch die Gründung eines Arbeitersekretariats und den Zusammenschluss der SP mit dem Grütliverein (wobei die SP tonangebend war). In den streikintensiven Jahren vor dem Ersten

---

68  Arbeitersekretariat und Arbeiterunion Winterthur, Jahresbericht 1919, 42.
69  Schneider, Geschichte, 160–167.
70  Knoepfli, Adrian: Von der Herrschaft der Demokraten zu Rot-Grün, in: Eugster, Erwin (Hg.), Winterthurer Stadtgeschichte, Band 2, von 1850 bis zur Gegenwart, Zürich 2014, 83–150.
71  Knoepfli, Von der Herrschaft zu Rot-Grün, 250.
72  Schneider, Geschichte, 175.
73  Knoepfli, Adrian: Ferdinand Aeschbacher und das Friedensabkommen, in: Winterthurer Jahrbuch 2012, Winterthur 2011, 150–155.
74  Buomberger, Thomas: Kooperation statt Konfrontation. Die Winterthurer Arbeiterschaft während der Krisenzeit der 1930er-Jahre, Winterthur 1985, 258.

Weltkrieg radikalisierte sich auch die Winterthurer Arbeiterbewegung, was sich in zahlreichen, wenn auch weniger häufigen Streiks als anderswo niederschlug. Die weitere Radikalisierung während des Ersten Weltkriegs verlief in Winterthur ähnlich wie in den meisten anderen Schweizer Städten, geschah sie doch weitgehend aus dem Elend heraus. Die Radikalisierung war teilweise eine des Worts und eine der Tat: Etliche über den Ausgang des Landesstreiks enttäuschte Sozialdemokraten und Gewerkschafter traten 1921 der Kommunistischen Partei bei. Die oft radikal formulierten Artikel in der *Arbeiterzeitung*, die zum Teil aus dem Zürcher *Volksrecht* entnommen waren, sollten Ansporn, Durchhaltewillen und Solidarität vermitteln. Die Beiträge waren aber schärfer formuliert als gemeint und grenzten sich von Revolutionsfantasien ab. Die besondere politische Konstellation Winterthurs mit einer starken Position der gemässigt bürgerlichen bis linksliberalen Demokraten und ebenfalls gemässigten sozialdemokratischen Amtsträger erlaubte es, den Generalstreik relativ gut zu überstehen.

Die Winterthurer Arbeiterschaft zeigte sich während des Landesstreiks, der in den Grossunternehmen der Metall- und Maschinenindustrie weitgehend befolgt wurde, diszipliniert, gemässigt und zurückhaltend. Dasselbe gilt auch für die bürgerliche Seite, auf der sich sowohl der Stadtpräsident als auch die Industrievertreter gegen eine militärische Besetzung Winterthurs wehrten. Auch vor dem Landesstreik waren in Winterthur nie Truppen gegen Streikende eingesetzt worden. Gegen die Pläne von Truppenkommandant Emil Sonderegger konnte sich die Stadtregierung aber nicht durchsetzen. Hätte der Streik länger gedauert, hätten es auch die Industrievertreter begrüsst, wenn Militär die Arbeitswilligen geschützt hätte. Eine von Gewerbe und Industrie während des Landesstreiks gepflegte versöhnliche Note kippte in den folgenden Jahren in eine harte Siegerhaltung. Lohnforderungen stiessen auf erbitterten Widerstand, und die im Sommer 1919 eingeführte 48-Stunden-Woche wurde bereits in der Krise der 1920er-Jahre wieder infrage gestellt. Der Grossstreik vom Juli 1918 hatte einen Teil der traditionell «braven» Winterthurer Arbeiterschaft radikalisiert, was sich durch den Landesstreik noch akzentuierte. Teile der Arbeiterschaft, insbesondere Metallarbeiter, schlossen sich 1921 der Kommunistischen Partei an. Während sich lokale Gewerkschaftsfunktionäre kämpferisch gaben, wurden die Metaller allerdings von der SMUV-Zentrale gezähmt. Beim Friedensabkommen 1937 spielte die Winterthurer Arbeiterschaft eine zentrale Rolle, akzeptierte es zähneknirschend und fand so wieder auf den «Pfad der Mässigung» zurück, den sie 20 Jahre zuvor verlassen hatte. So gesehen scheint die Phase der Radikalisierung in den Kriegs- und Nachkriegsjahren nur eine Episode gewesen zu sein.

# «Es ist nicht so leicht, einen Streik zu leiten.»

## Arbeiterbewegung und Landesgeneralstreik im Kanton St. Gallen 1916–1920

Max Lemmenmeier

Sonntag, der 13. Mai 1917, war für Wattwil ein besonderer Tag; er sollte nach Ansicht der *Volksstimme*, der Zeitung der organisierten Arbeiterschaft, auch den «Gegnern in Erinnerung bleiben»: Nachmittags um 2 Uhr versammelten sich 150 Männer im Gasthaus zum Sternen. Dort hielt «Genosse Parteisekretär Fähndrich aus Zürich» ein «flottes Referat» zum Thema «Die Not der Armen und der Überfluss der Reichen». 75 Anwesende traten danach der neu gegründeten Ortssektion der Sozialdemokratischen Partei bei.[1] Veranstaltungen wie diese fanden seit Januar 1917 in vielen st. gallischen Gemeinden statt. Sie waren Ausdruck eines verbreiteten sozialen Elends und einer wachsenden Bereitschaft, sich gegen die immer unerträglicheren Zustände zur Wehr zu setzen. «Organisation macht stark» war das Schlagwort der Stunde.

Dieser organisatorische Aufbruch der Gewerkschaften und der Sozialdemokratischen Partei soll im Folgenden für den Kanton St. Gallen näher untersucht werden. Im Zentrum steht die Frage, wie sich die kantonale und kommunale Arbeiterbewegung nach 1914 entwickelte, welche Ziele sie verfolgte und welche Möglichkeiten sich für die Durchführung eines landesweiten Streiks ergaben. Zugleich wird der Frage nachgegangen, wie die Organisationen den Streik erlebten, welche Rückwirkungen dieser hatte und wie ihn führende Exponenten deuteten.[2]

## Wirtschaftliches, soziales und politisches Umfeld

Der Kanton St. Gallen gehörte vor dem Ersten Weltkrieg zu den am stärksten industrialisierten Räumen der Schweiz. Beherrschend war die Stickereiindustrie, die als bedeutendste schweizerische Exportindustrie bis zu 9000 Tonnen Textilien im Wert von über 200 Millionen Franken pro Jahr in aller Herren Länder verkaufte. 1910 arbeiteten fast 60 Prozent der gewerblichen Arbeitskräfte in der Textilindustrie, die einen im interkantonalen Vergleich sehr hohen Anteil an Frauen und Heimarbeitern aufwies. Mit Beginn des Ersten Weltkriegs geriet die Stickerei aber in zunehmende Schwierigkeiten: Die Exporte sanken von 89 182 Zentnern 1913 auf 43 520 Zentner 1918, wobei sich zwischen 1915 und 1916 – der allgemeinen Kriegskonjunktur entsprechend – eine vorübergehende Erholung ergab. Entlassungen und verbreitete Arbeitslosigkeit machten sich besonders in den Jahren 1917 und 1918 bemerkbar.[3]

Mit dem Übergang von der Handmaschinen- zur Schiffli- und Automatenstickerei hatte sich die Produktion nach 1890 zunehmend in die Fabriken verlagert. Es entstanden rund 100 mittlere Betriebe mit 10 bis 50 Maschinen, daneben aber auch Grossbetriebe wie die Feldmühle AG in Rorschach, die 1905 bereits über 1000 Menschen beschäftigte. Insgesamt waren vor dem Ersten Weltkrieg rund 30 000 Personen in Fabriken tätig, beinahe die Hälfte davon Frauen.[4] Die neuen Grossbetriebe konzentrierten sich auf wenige Gemeinden zwischen St. Margrethen und Wil, während die Handmaschinensticker mit ihrer kleinbürgerlichen Unternehmermentalität im oberen Rheintal, dem Toggenburg und dem Werdenberg vorherrschend blieben.

Im Gegensatz zur Stickerei war die Metall- und Maschinenindustrie im Kanton St. Gallen unbedeutend. Nur fünf Prozent der Beschäftigten im Industriesektor – wesentlich weniger als im schweizerischen Durchschnitt – arbeiteten 1910 in den kapitalintensiven Maschinenfabriken mit hoher Bruttowertschöpfung. Zentren bildeten Rorschach und Uzwil/Henau mit den beiden Grossfirmen Bühler und Benninger.[5]

Nach langen Auseinandersetzungen hatten die Stimmberechtigten 1911 das Proporzwahlrecht angenommen. In den Wahlen zum Grossen Rat (heute Kantonsrat) von 1912 verlor der bis dahin herrschende Freisinn die Mehrheit an die Konservative Volkspartei, die zusammen mit einem Vertreter der christlich-sozialen Gruppe nun 87 Abgeordnete stellte. Daneben gehörten 86 Freisinnige, 18 Abgeordnete der sozialreformerischen Demokratischen und Arbeiterpartei und 11 Sozialdemokraten dem Grossen Rat an. Die sozialdemokratische Kantonalpartei war erst 1905/06 unter der Leitung des Rorschacher Anwalts Johannes Huber (1879–1948) gegründet worden. Sie bekannte sich als Glied der schweizerischen Sozialdemokratie zum Klassenkampf und «zur Überführung der Produktionsmittel» aus dem Privateigentum in den Besitz der Gesellschaft.[6] In enger Verbindung mit den Gewerkschaften entstanden bis 1913 über 20 regionale Parteisektionen, denen 2153 Mitglieder angehörten.[7] Sehr viel mehr Mitglieder vereinigten aber die sogenannten «Arbeiterunionen» – regionale oder kommunale Zusammenschlüsse von Fachgewerkschaften, Arbeiter- und Arbeiterinnenvereinen und SP-Sektionen – in St. Gallen, Gossau, Uzwil, Wil, Rapperswil, Rorschach sowie im Rheintal und im Toggenburg. Allein die Arbeiterunion Rorschach zählte um 1900 fast 2000 Mitglieder.[8] Das erste Arbeitsprogramm der sozialdemokrati-

1 Volksstimme, Nr. 115, 19.5.1917, 2.
2 Zum Ablauf des Generalstreiks im Kanton St. Gallen gibt es mehrere Publikationen: Holenstein, Dieter: Extreme gesellschaftliche Polarisierung. Wirtschaftlich-soziale Entwicklung und Landesstreik 1914–1918/1919, in: Die Ostschweiz und der Grosse Krieg (Neujahrsblatt 154, hg. vom Historischen Verein des Kantons St. Gallen, 2014), 156–169; Lemmenmeier, Max: St. Galler Geschichte 7, St. Gallen 2003, 55–65; 80 Jahre Generalstreik 1918–1998, hg. vom Kantonalen Gewerkschaftsbund St. Gallen, St. Gallen 1998; Holenstein, Dieter: Die Christlichsozialen der Schweiz im Ersten Weltkrieg. Entwicklung der christlichsozialen Organisationen und ihre Stellung in der schweizerischen Arbeiterbewegung und der katholischen Sondergesellschaft 1914–1920, Freiburg 1993; Holenstein, Dieter: Die christlichsoziale Bewegung der Schweiz und der Landesstreik 1918. Die landesweite Arbeitsniederlegung am Ende des ersten Weltkrieges aus dem Blickwinkel einer Minderheitsorganisation der schweizerischen Arbeiterschaft, Kirchberg 1983; Mayer, Marcel: Das erste Jahrzehnt von «Gross-St. Gallen». Stadtgeschichte 1918–1929 (Neujahrsblatt 136, 1996); Mayer, Marcel: St. Gallens heisser Winter 1918/19, in: Revolution in der Provinz, Konstanz 1996, 147–155; Tschirky, Josef: Militär besetzte den Bahnhof Sargans. Der Generalstreik von 1918, in: Terra plana 4 (1998), 38–40.
3 St. Galler Geschichte 6, 25; 7, 31; Häusler, Eric/Meili, Caspar: Swiss Embroidery. Erfolg und Krise der Schweizer Stickereiindustrie 1865–1929 (Neujahrsblatt 155, 2015), 18–20; Volksstimme, Nr. 81, 8.4.1918, 2 (Wattwil).
4 Balthasar, Andreas/Gruner, Erich/Hirter, Hans: Arbeiterschaft und Wirtschaft in der Schweiz 1880–1914. Soziale Lage, Organisation und Kämpfe von Arbeitern und Unternehmern, politische Organisation und Sozialpolitik 2/1, Zürich 1988, 161.
5 St. Galler Geschichte 6, 25f.
6 St. Galler Geschichte 6, 72. 50 Jahre Volksstimme. Zur Geschichte der ostschweizerischen Arbeiterbewegung und Arbeiterpresse, St. Gallen 1954, 103.
7 Jahresbericht Sozialdemokratische Partei Kanton St. Gallen, in: Volksstimme, Nr. 124, 30.5.1919, 3.
8 Specker, Louis: Links aufmarschieren. Aus der Frühgeschichte der Ostschweizer Arbeiterbewegung, Zürich 2010, 232.

# Der Landesstreik im Kanton St. Gallen

78 «Die Not der Arbeiter und der Überfluss der Reichen». Referat anlässlich der Gründung einer sozialdemokratischen Partei im Mai 1917 in Wattwil. In den Jahren 1917 und 1918 kam es im Kanton St. Gallen – meist gestützt auf bestehende Gewerkschaftsorganisationen – zur Gründung mehrerer neuer Ortssektionen der Sozialdemokratischen Partei.

## Oeffentliche Versammlung

anlässlich der Gründung einer sozialdemokratischen Partei in Wattwil

Sonntag, den 13. Mai 1917, nachmittags 2 Uhr, im Gasthaus z. „Sternen" in Wattwil

☞ Referat von Parteisekretär Fähndrich aus Zürich ☜

Thema:

„Die Not der Arbeiter und der Ueberfluss der Reichen"

Zu dieser Versammlung ladet Genossen und Genossinnen, sowie Freunde und Gönner freundlich ein

6991

Die Vorstände
der Metall- und Textilarbeiter und der Handsticker, Sektion Wattwil.

schen Kantonalpartei aus dem Jahr 1913 verlangte die Volkswahl der Ständeräte, das aktive und passive Stimm- und Wahlrecht für Frauen und die unentgeltliche ärztliche Behandlung durch öffentliche Krankenhäuser.[9]

In Frontstellung zur Sozialdemokratie bildeten sich im Kanton nach 1900 auch christlichsoziale und liberale Arbeitervereine. Als «Schutzdamm gegen die stürmisch einherbrausende rote Flut» galt es, den Einfluss der Kirche auf die katholischen Arbeiter und Arbeiterinnen zu erhalten. Bis zum Ersten Weltkrieg zählten die christlich-sozialen Arbeitervereine insgesamt 10 000 Organisierte, womit sie eine deutlich höhere Mitgliederzahl als die kantonale SP aufwiesen.[10]

### Gesellschaft und Arbeiterbewegung während des Ersten Weltkriegs

Die Mobilisation im August 1914 konfrontierte die Arbeiterorganisationen mit grossen organisatorischen Problemen, verloren sie als Folge der Rückkehr von Arbeitskräften in die Nachbarstaaten doch erheblich an Mitgliedern. Zugleich wurden Partei und Gewerkschaften von Hilfesuchenden bestürmt, die angesichts der um sich greifenden Arbeitslosigkeit, der Lohnreduktionen und der mangelnden Hilfe für die Soldatenfamilien Unterstützung und Beratung benötigten.[11] Kantonalvorstand und Grossratsfraktion verzichteten im Oktober 1914 «mit Rücksicht auf die Zeitumstände» auf eine Teilnahme am Nationalratswahlkampf und empfahlen den Parteimitgliedern Stimmenthaltung. In gleichem Sinne beschloss der kantonale Parteitag zwei Monate später, dem Vorschlag der bürgerlichen Parteien auf stille Grossratswahlen 1915 zuzustimmen.[12]

Trotz des Einsatzes der Partei in der Sozialpolitik hielt der Mitgliederschwund an. 1916 zählten die Sektionen noch 1600 «Genossen». Hatte man zu Kriegsbeginn unter dem Eindruck der nationalen Einheit deutliche Verschlechterungen der Lebensverhältnisse hingenommen und auf einen sozialen Ausgleich vertraut, zeigte sich nun immer deutlicher, dass sich diese Hoffnung nicht erfüllte. Enttäuscht stellten die Sozialdemokraten der drei Gemeinden Tablat, Straubenzell und St. Gallen 1916 fest: «Viel zu lange haben die Arbeiter, Angestellten und die andern unselbständigen und kleinen selbständigen Existenzen geglaubt, dass es möglich sei, mit Hilfe der bürgerlichen Parteien das Los des arbeitenden Volkes zu verbessern.»

Von diesem Irrtum befreit, gelte es nun, den Kampf gegen die Ausbeuter zu verstärken und die Sozialdemokratische Partei zu wählen.[13] Dieser Aufruf anlässlich der Wahl der Abgeordneten zur Beratung der neuen Gemeindeordnung für «Gross-St. Gallen» im November 1916 brachte Erfolg. Die Sozialdemokraten verbesserten ihr Resultat gegenüber 1912 deutlich.[14]

Was sich Ende 1916 abzeichnete, bestimmte die Entwicklung der folgenden zwei Jahre. Auf der einen Seite verschlechterte sich die Lebenssituation immer weiterer Kreise, auf der anderen Seite organisierten sich zunehmend mehr Bürgerinnen und Bürger in der Sozialdemokratischen Partei oder gaben ihr in den Wahlen ihre Stimme. Gefördert wurde dieser Prozess durch vermehrte Agitation[15] und eine Stärkung der Parteiorganisation auf zwei Ebenen: Einerseits wurden neue Sektionen gegründet, wie zum Beispiel im Januar 1917 in Rheineck, wo Arbeitersekretär Theodor Koch aus St. Gallen ein Referat über die «Aufgaben der Sozialdemokratie» gehalten hatte. Von den rund 50 Personen, welche die Versammlung besuchten, erklärten sich 35 bereit, einer sozialdemokratischen Sektion beizutreten, die in den folgenden zwei Wochen gegründet wurde.[16] Andererseits kam es vor dem Hintergrund der Diskussionen um das Verhältnis der SP zur Landesverteidigung zu einer organisatorischen Klärung gegenüber den Grütlianern: Zwar war die *Volksstimme*, das offizielle Organ der Kantonalpartei, der Ansicht, dass die Militärfrage «speziell im Kanton St. Gallen» keine so hohen Wellen werfe wie in Zürich und Bern.[17] Tatsächlich aber verliessen die Grütlivereine Goldach, Tablat, Niederuzwil und Ebnat unter dem Eindruck der zunehmenden antimilitaristischen Strömungen innerhalb der SP die Partei. An ihrer Stelle entstanden meist neue Sektionen, so zum Beispiel in Flawil, wo Genosse König die Arbeiter zum Beitritt aufforderte, weil «das zusammengefasste Programm der Sozialdemokratischen Partei, auf kan-

---

9 50 Jahre Volksstimme, 104f.
10 St. Galler Geschichte 6, 55f.
11 Lemmenmeier, Max: «Der Krieg ist jetzt also wirklich da». Die Stadt St. Gallen im Sommer 1914. Der Beginn des Ersten Weltkriegs im regionalen Kontext (Neujahrsblatt 154, 2014), 45.
12 50 Jahre Volksstimme, 108f.
13 Volksstimme, Nr. 272, 18.11.1918, 1.
14 Volksstimme, Nr. 273, 20.11.1918, 1.
15 Für die Agitation in der Hauptstadt vgl. Der Bürgerschaft von Gross-St. Gallen zum Nachdenken gewidmet! Kommunales Arbeitsprogramm der Sozialdemokratischen Partei, St. Gallen 1916.
16 Volksstimme, Nr. 4, 5.1.1917, 3; Nr 6, 8.1.1917, 2; Nr. 12, 15.1.1917, 2.
17 Volksstimme, Nr. 35, 10.2.1917, 2; Nr. 40, 16.2.1917.

tonalem wie eidgenössischem Boden», so «schöne Aufgaben» umfasse, dass es «eine Freude» sei, «für dasselbe einzutreten».[18] Ohne langwierige Neuorganisation verlief dieser Prozess in Walenstadt, wo der Grütliverein nach einstimmigem Beschluss der Versammlung aus dem Grütlizentralverband austrat und sich fortan «Sozialdemokratische Mitgliedschaft Walenstadt» nannte und der Kantonalpartei angehörte.[19]

Die innerparteiliche Umorganisation stärkte zwar die klassenkämpferische und antimilitaristische Positionierung, an der patriotischen Ausrichtung der Mehrheit der Sektionen änderte dies aber nichts. Der Kantonalparteitag vom 22. April 1917 sprach sich mit 37 zu 22 Stimmen deutlich für die Landesverteidigung aus.[20] Damit stand die Kantonalpartei im Gegensatz zu den Beschlüssen des schweizerischen Parteitags, der nur wenig später, im Juni 1917, die Landesverteidigung ablehnte und den Kampf gegen «Militarismus, Chauvinismus, Nationalismus und bürgerliche Jugenderziehung» beschloss.

Als Folge der Agitation stieg die Zahl der Mitglieder bis Ende 1917 auf rund 2000 und bis Ende 1918 gegen 3000 in nun 35 Sektionen.[21] Parallel dazu entstanden unter anderem in Flawil, Uzwil, Rheineck, Rapperswil und Rorschach Arbeiterinnenvereine und Jungburschenorganisationen. Auch die Zahl der gewerkschaftlich Organisierten, zu denen vor dem Krieg rund zehn Prozent aller Lohnarbeiter im Kanton gezählt hatten, nahm nun zu.[22] Die neuen Sektionen traten einerseits für die Postulate der Mutterpartei ein, ebenso wichtig war aber von Anfang an das Bestreben, die örtlichen Lebensumstände zu verbessern und in kommunalen Institutionen Einsitz zu nehmen. Die neu gegründete Sektion Rheineck schuf im August 1917 beispielsweise ein eigenes Arbeiterkonsortium zum Anbau von Lebensmitteln, verlangte vom Gemeinderat wenig später mehr Pflanzland und forderte schliesslich eine Arbeitervertretung in der Feldbaukommission.[23] In Steinach organisierte die Ortspartei eine Versammlung, an der sich 200 Personen beteiligten und die vom Gemeinderat die Abgabe von verbilligten Lebensmitteln forderte.[24]

Das organisatorische Wachstum machte die Partei selbstbewusster und aktiver. Seit Anfang 1917 beherrschte der Kampf gegen die Teuerung und die Kritik am «Wucherhandel» die politische Tätigkeit. Besonders der steigende Milch- und Brotpreis und ab Beginn des Jahres 1918 auch der Kartoffelpreis belasteten die Arbeiter- und Angestelltenhaushalte in hohem Mass, auch weil die Kosten für die Ernährung damals noch mehr als die Hälfte des Budgets armer Haushalte ausmachten. In unzähligen Berichten und Einsendungen an die *Volksstimme* wurden der Hunger und die ungenügende Versorgung thematisiert.[25] Zugleich wurden viele Protestversammlungen und öffentliche Demonstrationen «gegen die rücksichtslose Aushungerung des Volkes» abgehalten.[26]

Die Kantonalpartei und die lokalen Arbeiterunionen beteiligten sich in allen grösseren Industrieorten an den von der schweizerischen Sozialdemokratie veranlassten Teuerungsdemonstrationen. Am 30. August 1917 versammelten sich in St. Gallen 2400, in Rorschach 1000 und in Rapperswil 500 Männer und Frauen. Im 2000-Seelen-Städtchen Rheineck zogen 200 Demonstrierende unter Trommelwirbel durch die Strassen, und Arbeitersekretär Koch aus St. Gallen geisselte die «Profitjäger, Wucherer und Hamsterer, Schmuggler und Schieber», die «in schamlosester Weise ihr schmutziges Handwerk, zum Schaden des geplagten, hungernden Volkes» treiben würden.[27] An allen Demonstrationen bis zum Landesstreik wurde ein «energisches Eingreifen» der kantonalen und eidgenössischen Behörden «zugunsten des notleidenden Volkes» gefordert. Zugleich unterstützten die Sektionen die weitverbreiteten Bestrebungen zugunsten von Teuerungszulagen in den privaten Betrieben und öffentlichen Verwaltungen.[28]

Auch die Steuerpolitik der Kantonalpartei war auf sozialen Ausgleich und die Stärkung des Staats ausgerichtet. Mit Erfolg erreichte die Sektion Rorschach mit einer Initiative die Publikation der Steu-

---

18 Volksstimme, Nr. 12, 15.1.1917, 2; Nr. 23, 14.2.1917, 3; Nr. 225, 26.9.1917, 2.
19 Volksstimme, Nr. 41, 17.2.1917, 2.
20 50 Jahre Volksstimme, 113; Volksstimme, Nr. 94, 23.4.1917, 1.
21 Jahresbericht Sozialdemokratische Partei des Kantons St. Gallen 1918, in: Volksstimme, Nr. 124, 30.5.1919, 3.
22 Für die Zahlen vor dem Krieg vgl. Balthasar, Arbeiterschaft 2/1, 161; für das Wachstum der Gewerkschaften vgl. die Meldungen in der Volksstimme: Mels in Nr. 94, 23.4.1917, 3; Dietfurt in Nr. 99, 28.4.1917, 2; Gründung einer Bankangestellten-Vereinigung in St. Gallen in Nr. 243, 17.10.1917, 3.
23 Volksstimme, Nr. 182, 17.8.1917; Nr. 201, 29.8.1917; Nr. 217, 17.9.1917; Nr. 226, 26.9.1917.
24 Volksstimme, Nr. 112, 15.5.1917; Nr. 15, 18.1.1917 mit dem Beispiel Thal.
25 Beispiele: Volksstimme, Nr. 186, 11.8.1917.
26 Volksstimme, Nr. 94, 23.4.1917, 3 (über die Notstandsversammlung Rorschach). Berichte über weitere Veranstaltungen in der Volksstimme, Nr. 99, 28.4.1917, 2.
27 Volksstimme, Nr. 203, 31.8.1917, 2. 50 Jahre Volksstimme, 111.
28 Jahresbericht der Sozialdemokratischen Partei des Kantons St. Gallen für das Jahr 1917, in: Volksstimme, Nr. 51, 1.3.1918, 1.

79  Verkauf verbilligter Kartoffeln durch die Gemeinde in Rorschach 1915. Für Bedürftige gab es seit Kriegsbeginn in St. Gallen, Rapperswil und Rorschach wiederholt Kartoffelabgaben zu günstigen Preisen. Im Jahr 1917 verschärfte sich die Versorgungslage aber derart, dass es im Kanton kaum noch Kartoffeln zu kaufen gab.

80  Am 30. August 1917 fanden in allen grösseren Orten im Kanton St. Gallen aufgrund eines Aufrufs der Sozialdemokratischen Partei Teuerungsdemonstrationen statt, so auch in Rapperswil, wo 500 Personen ihrem Unmut über das «heutige Wucher-, Schieber- und Spekulantentum» Ausdruck gaben.

**Rapperswil.**
☞ **Teuerungs-Demonstration**
Donnerstag, 30. August, abends ½8 Uhr
am Burg-Aufstieg.
8581
(Bei ungünstiger Witterung im Kasino-Saal.)
**Referat von Genosse Fritz Platten, Zürich.**
Arbeiter, Angestellte, erscheint in Massen!

| | |
|---|---|
| Soz.-dem. Partei Rapperswil-Jona | Schw. Lok.-Pers.-Verb. Sekt. Rapperswil |
| „Freie Jugend" Rapperswil-Jona | Schw. Zugspersonalverein Sekt. R'wil |
| Metallarbeitergewerkschaft Rapperswil | Weichenwärter Sekt. Rapperswil |
| Holzarbeitergewerkschaft Rapperswil | Rangierarbeiter Sekt. Rapperswil |
| Steinarbeiterverband Sekt. Rapperswil | Depotarbeiter Sekt. Rapperswil |
| Textilarbeiterverein Sekt. Rapperswil | Fahrdienstarbeiter Sekt. Rapperswil |

erregister. Der «Steuerschelmerei» der «Geldaristokratie» sollte ein Riegel geschoben werden.[29] Eine gerechtere Verteilung der Lasten strebte auch eine im Frühling 1917 lancierte eidgenössische Initiative an, die eine progressive direkte Bundessteuer auf Einkommen und Vermögen vorsah.[30] Mit Eifer wurden in den Sektionen Unterschriften gesammelt, und obwohl die Initiative von Bund und Kanton abgelehnt wurde, erreichten die Sektionen in einer Reihe von Gemeinden zustimmende Mehrheiten. Im Bezirk Werdenberg freuten sich die Sozialdemokraten über «das erhebende Resultat, das das einfache, aber einsichtige Völklein am Alvier abgegeben» hatte, und in Rapperswil frohlockten die Genossen über «die schallende Ohrfeige», die der liberalen Partei verpasst worden war.[31]

Erfolge brachten auch die Wahlen. Nachdem man 1914 und 1915 auf eine Beteiligung verzichtet hatte, betonte man für die Nationalratswahlen im Oktober 1917, dass die Sozialdemokratie eine «Kampfespartei» sei. In vier von fünf kantonalen Wahlkreisen stellte die Partei einen Kandidaten auf, und die Genossen wurden zur Verteilung von Wahlzetteln aufgefordert.[32] «Das Verlangen nach einer Verbesserung unserer Lage und die Begeisterung für eine heilige und gerechte Sache zu kämpfen» sollte alle Parteimitglieder «zum unerbittlichen Kampf» gegen die «Klasse der Militärklique und unersättlichen Grossbauern, Industriebarone und Dividendenjäger» anspornen.[33] Zwar schaffte aufgrund des nach wie vor geltenden Majorzsystems kein Sozialdemokrat den Einzug in den Nationalrat. Wie eine Einsenderin in der *Volksstimme* feststellte, wollten aber 10 000 St. Galler, dass «Sozialdemokraten in den Gremien mitarbeiten».[34] Angespornt durch das gute Ergebnis wollten die «Genossen» in den Bezirken Gaster und See das kommende Halbjahr bis zu den Grossratswahlen «zur Agitation und Aufklärung, zur Gründung neuer Sektionen und Vorposten» nützen.[35] Der Einsatz zahlte sich aus, manifestierte sich der «entschiedene Zug nach links» doch auch in den Wahlen im April 1918: Die Kantonalpartei konnte ihre Mandatszahl im Grossen Rat von 11 auf 25 erhöhen, was 15 Prozent aller Sitze entsprach. Vom Erfolg überwältigt, meinte die *Volksstimme*: «Wir sind die Sieger von gestern, wir sind die Sieger von heute, wir werden die Sieger von morgen sein.»[36]

Dieser Optimismus, auf demokratischem Weg die Teilhabe an der Macht schrittweise ausbauen zu können, hielt auch in den kommenden Monaten an. Im September wurde eine kantonale Steuerrevision mit sozialdemokratischer Unterstützung angenommen, und im Oktober 1918 stand die Einführung der Proporzwahl auf eidgenössischer Ebene zur Abstimmung. Unmissverständlich verlangte ein Einsender aus Goldach in der *Volksstimme*, dass «im Nationalrat die freisinnige Mehrheit gebrochen werden» müsse, «um endlich den notwendigen sozialen Forderungen der Arbeiterklasse durch entsprechende Gesetze zum Ziele zu verhelfen».[37] Das Proporzwahlrecht wurde sowohl eidgenössisch als auch kantonal deutlich angenommen, wobei Orte mit starken sozialdemokratischen Sektionen wie Rorschach, St. Gallen, Uzwil/Henau, Steinach, Rapperswil und Rheineck besonders gute Ergebnisse erzielten.[38]

Getragen vom Erfolg und verstärkt durch die revolutionären Ereignisse in den Nachbarstaaten, verlangte die *Volksstimme* am 4. November 1918 unter dem Titel «Abtreten!», dass der Nationalrat «einem Volksrat, hervorgegangen aus proportionalen Wahlen», Platz machen sollte. «Abtreten» sollte sodann der Bundesrat, der «einer direkt gewählten Volksregierung» weichen sollte. Siegessicher hiess es am Ende des Artikels: «Das Ende Eurer Zeit ist da. Die unsrige beginnt.»[39] Eine demokratisch legitimierte Erneuerung sollte beginnen. Eine Auseinandersetzung mit der Bedeutung beziehungsweise Organisation eines umfassenden Streiks fand in den kantonalen Sektionen im Verlauf des Jahres 1918 aber nicht statt, obwohl das Oltener Aktionskomitee (OAK) bereits am 6. April erstmals einen Landesstreik angedroht hatte.[40] Zwar gab es im Verlauf des Jahres 1918 im ganzen Kanton zahlreiche Streiks in einzelnen Betrieben zur Durchsetzung von Teuerungszulagen oder Lohnerhöhungen, so beispielsweise in Rorschach, Wattwil, Rapperswil oder St. Gallen, über weitergehende Massnahmen zerbrach sich aber niemand den Kopf.

Generell wurde die Parteiarbeit seit dem Sommer 1918 massiv erschwert, weil sich die Spanische Grippe rasch ausbreitete. Schon am 30. August

29 Volksstimme, Nr. 70, 23.3.1917; Nr. 169, 23.7.1917, 3.
30 Schweizerisches Bundesblatt, 3.4.1918, 473.
31 Volksstimme, Nr. 127–130, 4.6.–7.6.1918.
32 50 Jahre Volksstimme, 110. Vgl. Volksstimme, Nr. 228, 29.9.1917, 3; Nr. 242, 16.10.1917, 3.
33 Volksstimme, Nr. 246, 20.10.1917, 2.
34 Volksstimme, Nr. 256, 1.11.1917, 2.
35 Volksstimme, Nr. 255, 31.10.1917, 2.
36 Volksstimme, Nr. 81, 8.4.1918, 1.
37 Volksstimme, Nr. 235, 10.10.1918, 2.
38 Volksstimme, Nr. 238, 14.10.1918.
39 Volksstimme, Nr. 256, 4.11.1917, 1.
40 Volksstimme, Nr. 86, 13.4.1918, 1.

musste die Sektion Sargans ihre Versammlung wegen der «Grippeerkrankung mehrerer Genossen» verschieben, und im Oktober meldete Rapperswil, dass 15 Prozent der Bevölkerung an der Grippe erkrankt seien.[41] In der Woche vor dem Generalstreik wurden im ganzen Kanton 922 neue Grippefälle und 30 Todesfälle gemeldet. Unter den Betroffenen fanden sich auch wichtige Führungspersonen aus den Sektionen der Sozialdemokratie.[42]

Überblickt man die Tätigkeit der Gewerkschaften und der Sozialdemokratischen Partei bis zum Herbst 1918, lassen sich für den Kanton St. Gallen drei Feststellungen machen: Erstens wuchsen Partei und Gewerkschaften seit 1916 kontinuierlich. Es herrschte eine optimistische politische Aufbruchstimmung, die durch Wahl- und Abstimmungserfolge gefördert wurde. Man kämpfte «für den Sozialismus», für «eine Gesellschaftsordnung, in welcher die Solidarität oberstes sittliches Gebot ist».[43] Zweitens war das Ziel der Kantonalpartei und der Sektionen der weitere Ausbau der Organisation, um die Lebenssituation breiter Bevölkerungsschichten zu verbessern und den politischen Einfluss der organisierten Arbeiterschaft in Bund, Kanton und Gemeinden zu erhöhen. Die Arbeiterschaft wollte als sozial und politisch gleichberechtigt anerkannt werden. Drittens galt es, mit demokratischen Mitteln eine angemessene Teilhabe an der politischen Macht zu erreichen, von der man sich ausgesperrt sah. Trotz häufiger Streiks in einzelnen Firmen, die man materiell und ideell unterstützte, gab es in der Kantonalpartei und den Sektionen keine Debatten über die Bedeutung und Organisation eines Generalstreiks. «Die Bolschewiki» existierten nach Ansicht des sozialdemokratischen Berichterstatters aus dem Seebezirk «nur in der Phantasie übergeschnappter bürgerlicher Zeitungsschreiber».[44]

### Der Generalstreik: Organisation, Verlauf und Einschätzung

Am 6. November 1918 erfolgte das von General Ulrich Wille im Hinblick auf die Jahresfeier zur Russischen Revolution vorsorglich durchgesetzte Truppenaufgebot für die Stadt Zürich, und auf Samstag, den 9. November, rief das Oltener Aktionskomitee für 19 grössere Orte einen 24-stündigen Proteststreik aus. Zwar informierten die ostschweizerischen Medien ausführlich über diese Vorgänge, eine besondere Reaktion aufseiten der Sozialdemokraten und Gewerkschaften lässt sich aber nicht feststellen. Vielmehr kümmerte man sich um die üblichen Organisationsgeschäfte. Der Kantonskassier mahnte die Sektionen noch am 7. November zur «beförderlichen Bezahlung unserer Guthaben».[45] In Flums riefen Genossen und Gewerkschafter zum Besuch eines Referats von Dr. iur. Brenn über die Ideen der Russischen Revolution auf und forderten ihre Mitglieder zur Mitnahme von Frauen und Freunden auf. Und in Jona wollten die Sozialdemokraten mit dem Bahnangestellten Jakob Graf einen Sitz im Gemeinderat erobern.[46]

Ein Landesstreik war vom Oltener Aktionskomitee schon mehrere Male angedroht worden; und man war wohl der Meinung, dass es auch diesmal nicht zum Äussersten kommen würde, zumal führende Köpfe in der Kantonalpartei die Ansicht vertraten, die Voraussetzungen für einen Generalstreik seien «noch nicht gegeben».[47] Als beim Arbeitersekretariat der Stadt St. Gallen am Freitagabend des 8. November die Aufforderung des OAK zum 24-stündigen Proteststreik eintraf, stellte man sich auf den Standpunkt, dass «die Zeit zur richtigen Durchführung einer Aktion zu knapp bemessen sei». Obwohl die *Volksstimme* am Samstag einen Aufruf zum Proteststreik publizierte, kam es zu keinen Aktivitäten.[48] Eine eilig einberufene Versammlung hatte am Freitagabend mit 34:32 Stimmen beschlossen, «nicht in den Generalstreik einzutreten», wobei vor allem die Vertreter der grössten Gewerkschaften, der Holz- und Metallarbeiter, den Ausschlag gegeben hatten. Mit Blick auf die Zukunft versicherte das Arbeitersekretariat in einem Brief an das OAK, sofern eine weitere Aktion notwendig werden sollte und man «rechtzeitig orientiert» werde, werde sich auch die st. gallische Arbeiterschaft an einem Streik beteiligen.[49]

Die «weitere Aktion» erfolgte schon am Tag darauf. Das OAK forderte zum «allgemeinen Landesstreik» auf, der am Montag, 11. November, um 12 Uhr nachts beginnen sollte. Die *Volksstimme* pu-

41 Volksstimme, Nr. 246, 23.10.1918.
42 Volksstimme, Nr. 254, 1.11.1918, 2 über den Tod von Genosse Niggli; Nr. 257, 5.11.1918, 3; Nr. 270, 20.11.1918, 3.
43 Volksstimme, Nr. 238, 29.9.1917, 3.
44 Volksstimme, Nr. 79, 5.4.1918, 2.
45 Volksstimme, Nr. 259, 7.11.1918, 2.
46 Volksstimme, Nr. 257, 5.11.1918, 3; Nr. 259, 7.11.1918, 2.
47 Nach dem Kampf, in: Volksstimme, Nr. 266, 15.11.1918, 1.
48 Volksstimme, Nr. 216, 9.11.1918, 1.
49 Archiv des Schweizerischen Gewerkschaftsbundes, G 190_03_106_014, Brief Arbeitersekretariat St. Gallen an das Oltener Actionskomitee vom 9.11.1917.

blizierte die neun Forderungen der Arbeiterschaft, und es wurde in aller Eile eine kantonale Streikleitung bestellt, die im Vereinshaus an der Lämmlisbrunnstrasse in St. Gallen tagen sollte und telefonisch erreichbar war. Zugleich rief man zu Disziplin und Verzicht auf jeden Alkoholgenuss auf. Radfahrer sollten angesichts der fehlenden Verkehrsmittel allenfalls für Verbindungen zu den Sektionen sorgen.[50]

Auf Ansuchen der Sozialdemokraten wurde der am Nachmittag zur Session zusammengetretene Grosse Rat gleich wieder vertagt. Zugleich stellte die Fraktion den Antrag, der Grosse Rat solle gegenüber dem Bund seinen Wunsch ausdrücken, dass der Nationalrat auf der Grundlage eines notrechtlichen Proporzgesetzes neu zu wählen sei und der Bundesrat «unter Berücksichtigung aller Klassen und Parteien» anschliessend «neu bestellt» werde.[51] Dieser letzte Versuch, eine angemessene Vertretung im bürgerlichen Staat zu erreichen, ohne es zu einer Kraftprobe kommen zu lassen, blieb ohne Wirkung.

Der Landesstreik war Tatsache geworden; die sozialdemokratischen und gewerkschaftlichen Organisationen waren aber nur wenig oder gar nicht darauf vorbereitet gewesen. Wie SP-Grossrat Adolf Sennhauser (1878–1952) im Rückblick feststellte, war es wohl leicht, «einen Streik anzufangen», aber schwer, «ihn durchzuführen».[52] In der Stadt St. Gallen zeigte sich das unter anderem daran, dass nicht klar war, wer eigentlich zur Streikleitung gehörte. Offiziell lag die Verantwortung beim Lehrer und Gemeinde- und Grossrat Emil Hardegger (1881–1977) und bei Gewerkschaftssekretär Kipper. Behörden und militärische Organe wandten sich für Verhandlungen aber regelmässig an den Juristen und SP-Grossrat Adolf Sennhauser, den sie aufgrund seiner sozialen Stellung als gleichrangig anerkannten. Andere Personen in der Streikleitung nahm man kaum zur Kenntnis: So blieb dem Kommandanten des Bataillons 160, dem konservativen Grossrat Paul Müller (1865–1942), vom Mann neben Sennhauser nur in Erinnerung, «dass er keinen Kragen und keine Krawatte» getragen habe, womit er aus bürgerlicher Sicht eine untergeordnete Stellung einnahm.[53]

Dass es «nicht so leicht» war, «einen Streik zu leiten», zeigte sich schon am Morgen des ersten Streiktags: Um die Lage zu erkunden, begab sich die Streikleitung auf Patrouille in die Stadt. Am Bahnhof traf man auf die Milchfuhrleute, welche die Milchlieferung von Gossau erwarteten. Da die Bahn nicht fuhr, war die Milchversorgung der Stadt gefährdet. Adolf Sennhauser verhandelte darauf mit dem Eisenbahnpersonal, das sich bereit erklärte, «Milchzüge zu organisieren». Tatsächlich erfolgte die Milchlieferung dann durch Automobile. Wenig später verlangte ein «Ingenieur», der sich als Bolschewik ausgab, von der Telegrafendirektion die Einstellung des Betriebs. Von dieser Drohung eines psychisch verwirrten Einzelgängers distanzierte sich die Streikleitung aber umgehend.[54]

Trotz der schwierigen Situation des personell unterbesetzten lokalen Aktionskomitees erreichte der Streik zu Beginn eine breite Resonanz. Der Eisenbahn- und Tramverkehr wurde vollständig lahmgelegt, ebenso der Betrieb der Drahtseilbahn Mühlegg. Am 12. November fuhren im Hauptbahnhof keine Züge, und am folgenden Tag erreichten nur ein militärisch gedeckter Güterzug sowie zwei Truppenzüge die Hauptstadt. Neben den Eisenbahnen folgten die Druckereiarbeiter fast geschlossen dem Streik, erschienen mit Ausnahme der sozialdemokratischen *Volksstimme* doch keine Zeitungen.[55] Gleichzeitig kam es am Dienstag und Mittwoch vor vielen Betrieben zu spontanen Personenansammlungen. Die Polizei zählte aus allen drei Stadtkreisen 39 grössere Privatfirmen mit Arbeitswilligen auf, vor denen «Demonstrationen in der Stärke von 20, 50, bis zu mehreren Tausenden von Streikenden» stattfanden. Dabei suchte man die Arbeitswilligen «durch Überreden, Auspfeifen, Aushöhnen, Beschimpfen, Versperren des Weges usw.» von der Arbeit abzuhalten. Schauten Arbeitswillige aus den Fenstern der Geschäftshäuser, steigerte sich «das Rufen und Pfeifen zum Höllenspektakel».[56]

Trotz der Aufrufe von Behörden, bürgerlichen Parteien und christlich-sozialen Gewerkschaften, den Streik in keiner Weise zu unterstützen, war das Ausmass der Arbeitsniederlegung zu diesem Zeitpunkt viel grösser als erwartet.[57] Die Polizei hielt fest, «ein grosser Prozentsatz der Demonstranten

---

50 Volksstimme, Nr. 262, 11.11.1918, 2f.
51 Volksstimme, Nr. 262, 11.11.1918, 3.
52 Verhandlungen des St. Gallischen Grossen Rates an der Novembersession 1918 über die Interpellation Dr. Guntli betreffend den Landesgeneralstreik, hg. von der Staatskanzlei des Kantons St. Gallen nach der stenographischen Aufnahme von Hans Bossard und Jakob Burger, St. Gallen 1919, 21.
53 Verhandlungen, 24.
54 Verhandlungen, 20.
55 100 Jahre Typographia St. Gallen 1832–1932. Gedenkschrift zum hundertjährigen Bestande der Typographia St. Gallen, St. Gallen 1932, 29f.
56 Stadtarchiv St. Gallen, 6/4/140, Nr. 38, Bericht des Polizeiinspektorats über die polizeilichen Massnahmen und Ereignisse während des Landesstreiks.

81 Flugblatt vom 11. November 1918 mit dem Aufruf zum «allgemeinen Landesstreik». Der Text nennt die Forderungen des Oltener Aktionskomitees und weist auf den «Wunsch» der sozialdemokratischen Fraktion im Grossen Rat hin, eine sofortige Neuwahl des Nationalrats nach dem Proporz und eine Neubestellung des Bundesrats «unter angemessener Berücksichtigung aller Klassen und Parteien» vorzunehmen.

# Arbeiter! Mitbürger!

*11. Nov 1918.*

Die Stunde der Tat hat geschlagen. Die Arbeiterschaft nimmt den ihr aufgezwungenen Kampf auf, ernst und entschlossen.

## Heute Nacht 12 Uhr beginnt der allgemeine Landesstreik

für folgende

## Forderungen

1. Sofortige Neuwahl des Nationalrates auf der Grundlage des Proporzes.
2. Aktives und passives Frauenwahlrecht.
3. Einführung der allgemeinen Arbeitspflicht.
4. Einführung der 48-Stundenwoche in allen öffentlichen und privaten Unternehmungen.
5. Reorganisation der Armee im Sinne eines Volksheeres.
6. Sicherung der Lebensmittelversorgung im Einvernehmen mit den landwirtschaftlichen Produzenten.
7. Alters- und Invalidenversicherung.
8. Staatsmonopol für den Import und Export.
9. Tilgung aller Staatsschulden durch die Besitzenden.

Im Grossen Rat hat unsere sozialdemokratische Fraktion folgende Anträge eingereicht:

„Der Grosse Rat des Kantons St. Gallen
in Erwägung

1. dass die sich rasch vollziehende Umgestaltung aller sozialen und politischen Verhältnisse eine beschleunigte Anpassung unserer staatlichen Einrichtungen zur gebieterischen Notwendigkeit macht,
2. dass diese Anpassung ohne schwere Erschütterungen und mit Erfolg nur vorgenommen werden kann durch Behörden, welche nach ihrer Zusammensetzung eine wirkliche Vertretung aller Volkskreise und Klassen darstellen und demgemäss auch getragen sind vom Vertrauen aller Klassen,
3. dass der Nationalrat gewählt wurde nach einem Verfahren, das seiner Natur nach eine gerechte Zusammensetzung des Nationalrates ausschliesst und im Widerspruch steht zur gegenwärtigen Verfassung und zum Willen der Volksmehrheit,
4. dass der Bundesrat keinen einzigen Vertreter der Arbeiterklasse in sich schliesst und deshalb auch nicht das Vertrauen dieser Klasse geniesst,

drückt den Wunsch aus

1. der Nationalrat möge seinen Rücktritt erklären und auf Grund eines auf dem Wege einer Notverordnung zu erlassenden Proporzgesetzes unverzüglich neu bestellt werden.
2. es möge sodann der Bundesrat seinen Rücktritt erklären und unter angemessener Berücksichtigung aller Klassen und Parteien neu bestellt werden."

Ferner hat die Fraktion folgende Interpellation gestellt:

„Welche Schritte hat der Regierungsrat getan und gedenkt er zu tun, um für das Gebiet des Kantons St. Gallen auf dem Wege der Gesetzgebung den Achtstundentag einzuführen und diese Einführung auf dem Boden des Bundes zu beschleunigen?"

II. Interpellation.

„Ist der Regierungsrat bereit, um der wachsenden Unzufriedenheit in Arbeiter- und Angestelltenkreisen zu begegnen, sofort die nötigen Massnahmen zu treffen, dass die Arbeitgeber gezwungen werden, alle die nach Kriegsausbruch erfolgten Lohn- und Gehaltsreduktionen mit Zins zurückzuzahlen?

Ist er ferner bereit, raschestens Schritte einzuleiten, dass jedem Arbeiter ein solcher Lohn gesichert wird, dass er und seine Familie dabei existieren kann, ohne auf öffentliche oder private Wohltätigkeit angewiesen zu sein?"

Arbeitsbrüder folgt geschlossen der ausgegebenen Parole, ohne Furcht und ohne Wanken, aber auch ohne Ueberstürzung und Ausschreitung.

**Der Streik muss würdig und zielklar durchgeführt werden.** Die Völker der alten Militärstaaten zerbrechen die Waffen. Sie wollen nicht länger sich gegenseitig zerfleischen für Kapitalismus und Imperialismus. Sie wollen nicht entbehren und hungern für niederträchtiges Ausbeuter- und Spekulantengesindel.

**Sollen in der ältesten Demokratie Reaktion und Säbelherrschaft triumphieren?** Nie und nimmermehr!

Arbeiter und Arbeiterinnen! Folgt der ausgegebenen Parole. Bewahrt eure Ruhe. Hütet euch vor Ausschreitungen und Gewalttätigkeiten. Meidet den Alkohol. Das Wohl des Volkes ist in eure Hand gegeben.

**Das Aktionskomitee.**

BUCHDRUCKEREI DER VOLKSSTIMME, ST. GALLEN.

und Lärmer» seien nicht etwa «organisierte Arbeiter» gewesen, «sondern junge grüne Bürschchen und viel lichtscheues Gesindel», ebenso «Italiener Herren und Damen» und Refraktäre. Was die Polizei als ein Krakeelen von Gesindel abgetan hatte, war Ausdruck einer dumpfen Unzufriedenheit, die sich unter der Devise «So kann es nicht weitergehen» Luft verschaffte. Auch das St. Galler Tagblatt stellte in seinem Tagesbericht vom 14. November fest, dass es am Mittwochnachmittag zu vielen Ansammlungen gekommen sei, darunter auch solchen mit einer grossen Zahl von Kindern.[58] Indirekt am Streik beteiligt waren auch Arbeiter der christlich-sozialen Vereine, die in Gross-St. Gallen rund 1000 Mitglieder zählten. Ohne sich gegen die Streikenden zu wenden, trafen sie sich während der Streiktage in ihrem Vereinslokal, darunter vor allem Packer und Kartonagearbeiter aus der Textil- und Stickereibranche.[59]

Von einer gezielten Leitung der Demonstrationen war in St. Gallen wenig zu spüren, im Gegenteil: Am Abend des ersten Streiktags verbreitete das städtische Aktionskomitee ein Flugblatt, in dem es sich gegenüber den Ladenbesitzern in die Position des Bittstellers begab. Die Streikleitung stellte fest, dass man «sogar von Demonstrations-Umzügen und anderen Veranstaltungen» abgesehen habe, um «eine möglichst ruhige und friktionslose Durchführung des Streikes» zu ermöglichen. Die Streikleitung habe «die erregte Arbeiterschaft» nur beruhigen können, indem sie versprochen habe, «dafür Sorge zu tragen, dass morgen Mittwoch, sofern der Streik noch andauern sollte, die Läden geschlossen» blieben. Die Ladenbesitzer bat man – als «ein Minimum» des Entgegenkommens – um die Schliessung ihrer Läden, die Lebensmittelgeschäfte sollten jedoch offen bleiben.[60]

Nach Ansicht der Polizei steigerte sich «die Erregung der Bürgerschaft und die Gereiztheit der Streikenden» am Dienstagvormittag «zu einer unheimlichen Höhe». Die Polizeitelefone waren ununterbrochen besetzt. Obwohl keinerlei Gewaltaktionen vorkamen, machte sich Angst vor Angriffen auf privates Eigentum breit. Die Polizei, die mit dem gesamten Corps von 100 Mann im Einsatz stand, kam zur Ansicht, «dass die Streikleitung die Führung der Massen aus den Händen» verloren habe. Der städtische Polizeivorstand zitierte die Streikleitung deshalb auf Dienstagmittag, 13.30 Uhr, in sein Büro. «Mit unmissverständlicher Deutlichkeit» gab er der Dreierdelegation zu verstehen, dass man die «öffentliche Ruhe und Ordnung» mit allen Mitteln aufrechterhalten werde. Über den Waffengebrauch war das Corps bereits am Montagabend instruiert worden.[61]

Das Aktionskomitee, das bisher nichts anderes verkündet hatte, als den Streik in «Anstand und Würde» durchführen zu wollen, versprach, sein Möglichstes zu tun.[62] Es hatte während des gesamten Streiks Flugblätter und Versammlungen durch die Polizei genehmigen lassen. Als Instrument zum Informationsaustausch dienten die im Volkshaus stattfindenden täglichen Versammlungen, die nach Ansicht der Fahnder ruhig verliefen. Die Streikenden wurden mehrmals abgemahnt, sich nicht «zu Tätlichkeiten gegen Polizei und Militär hinreissen zu lassen»; jede Gewalt vonseiten der Streikenden blieb aus. Die bei den Behörden und weiten Bevölkerungskreisen bestehende Angst vor einem Umsturz führte aber dazu, dass die Polizei mit Anfragen und Hilfsgesuchen überschwemmt wurde. Aus Furcht vor Unruhen war es schon am Montagabend zu Hamsterkäufen gekommen, einzelne Personen verliessen St. Gallen oder verbarrikadierten sich in ihren Häusern. Auf Ersuchen des kantonalen Militär- und Polizeidepartements hatte das städtische Polizeikorps bereits am 8. November, zwei Tage vor der Anordnung des unbefristeten Generalstreiks durch das OAK, die Bewachung der Zeughäuser auf der Kreuzbleiche übernommen. Seit Sonntagabend, den 10. November, stand die Polizei in ständigem Kontakt mit dem Territorialkommando VII. Am Montagmorgen lösten 80 Mann des Landsturmbataillons 74 unter Leitung des Platzkommandos die Polizei in der Bewachung der Zeughäuser ab. Zugleich sorgten sie für den Schutz des Regierungsgebäudes und des Elektrizitätswerks. Am Abend des 12. November rückten dann – aufgeboten vom Territorialkommando und mit Einverständnis von Kantons- und Stadtregierung – die ersten Patrouillen der Schützenkompanien I und II/8 von Herisau in die Stadt ein.[63]

57 Stadtarchiv St. Gallen 6/3/140, Flugblätter während des Generalstreiks, Volksstimme, Erstes Blatt des Generalstreiks 1918, 12.11. Der Regierungsrat an «sein Volk». Vgl. auch Volksstimme, Nr. 270, 15.11.1918, 1. «Nach dem Kampf».
58 Stadtarchiv St. Gallen, Tagesberichte des St. Galler Tagblatts, Donnerstag, 14.11. mittags.
59 Holenstein, Die Christlichsozialen, 317.
60 Stadtarchiv St. Gallen, 6/3/140 IV, Flugblatt an die Ladenbesitzer.
61 Stadtarchiv St. Gallen, 6/3/140 IV, Polizeibericht.
62 Aufruf vom Montag an die St. Galler Arbeiterschaft, in: Volksstimme, Nr. 262, 11.11.1918, 3.
63 Aus den Verhandlungen des Stadtrats, in: Volksstimme, Nr. 269, 19.11.1918, 3.

82 Aufruf des Arbeiterinnen- und des Textilarbeitervereins der Stadt St. Gallen zu einer Versammlung im Vereinshaus vom 12. November 1918.

# Angestellte! — Arbeiterinnen!

Ihr seid über das Wesen und die Ursache des Generalstreiks nicht richtig orientiert. Nur darum schließt Ihr Euch nicht geschlossener diesem Kampfe an.

Man darf nicht über eine Sache ein Urteil fällen, die man gar nicht kennt oder nur einseitig orientiert wurde.

**Es geht um Recht und Brot.**

**Laßt Euch deshalb auch von uns aufklären und kommt recht zahlreich an die aufklärende**

## Zusammenkunft

**heute abend ½8 Uhr im Vereinshaus.**

Der Arbeiterinnenverein.
Der Textilarbeiterverein.

83 Flugblatt vom 12. November 1918, herausgegeben vom Christlichsozialen Aktionskomitee der Stadt St. Gallen. Das «christlichsoziale Volk» protestiert darin gegen den Generalstreik, zugleich werden aber die Forderungen des Oltener Aktionskomitees weitgehend unterstützt.

# Mitbürger!
## Das christlichsoziale Volk protestiert
mit der ruhig denkenden Bürgerschaft
## gegen den Generalstreik
weil er — eine rechtsbrecherische Gewalt — Umsturz, Aufruhr und Elend über Land und Volk heraufbeschwört.
### Auch wir verlangen
— aber auf legalem Wege — ebenso entschieden als entschlossen, dass
### sofort die Durchführung
der notwendigen sozialen und politischen Reformen erfolge. Deshalb haben wir von **Bundesrat** und **Bundesversammlung** telegraphisch die Erfüllung
### unserer Forderungen
verlangt, welche lauten:

1. **Totalrevision der schweizer. Bundesverfassung.**
2. **Neuwahl des Nationalrates nach Proporz.**
3. **Wahl des Bundesrates durch das Volk.**
4. **Durchgreifende Reform der gesamten Bundesverwaltung.**
5. Umgestaltung der schweizerischen Armee zu einem **Volksheer.**
6. **Alters- und Invalidenversicherung des Schweizervolkes.**
7. Existenzsicherung des arbeitenden Volkes, ausreichende Lohnerhöhung — Mindestlöhne — Schaffung von Lohnämtern.
8. Einführung des Achtstundentages, unter Rücksichtnahme auf die Tragfähigkeit der schweizer. Volkswirtschaft.
9. Staatliche Unterstützung des Genossenschaftswesens.
10. Deckung der Kriegsschulden durch das Grossvermögen und Grosseinkommen.

## Freunde der Ordnung u. Demokratie!
demonstriert mit der Arbeit und mit Euern Bürgerrechten für die Erfüllung dieser Volksforderungen.

### Das christlichsoziale Aktionskomitee.

12. XI. 18.

# «Tatarenmeldungen»: Gerüchte im sozialen Konflikt

Max Lemmenmeier

Aufgrund der allgemeinen Unsicherheit, der beeinträchtigten Verkehrsverbindungen und der aufgeladenen politischen Stimmung war der Austausch von Informationen während des Landesstreiks erheblich erschwert. Es kursierten die wildesten Gerüchte und Falschmeldungen. Sie ergaben sich einerseits aus diffusen Ängsten, andererseits dienten sie zur Verunglimpfung der Streikenden, wobei das weitverbreitete Klischee der umstürzlerischen Bolschewiki hier eine wichtige Rolle spielte. Häufige Zielscheibe von Falschmeldungen waren die Führungspersonen der Arbeiterbewegung. In Anlehnung an überall in der Schweiz geäusserte Unterstellungen verbreitete sich in St. Gallen das Gerücht über den Juristen Adolf Sennhauser, er habe «eine Million bolschewistisches Geld erhalten». Vom Redaktor der *Volksstimme,* Valentin Keel (1874–1945), wurde erzählt, dass er «mit 5000 bolschewistischen Rubeln die Soldaten habe bestechen wollen».[1] Als Keel während des Generalstreiks in einem Kantonnement in Schönenwegen einen Freund besuchen wollte, wurde er prompt von zwei Offizieren verhaftet und bis zum folgenden Morgen festgehalten. Den Grund dafür sah die katholisch-konservative Tageszeitung *Ostschweiz* in einem angeblichen Versuch Keels, Soldatenräte nach bolschewistischem Vorbild gründen zu wollen.[2]

Die Behörden und die militärischen Organe sahen sich mit einer Vielzahl bedrohlicher Meldungen aus der Bevölkerung konfrontiert. In ihrem nachträglichen Bericht über die Vorgänge in der Stadt St. Gallen beklagte sich die Polizei über «die Mut- und Kopflosigkeit eines Teils der Bevölkerung, die sich hauptsächlich im Weitergeben von Tatarenmeldungen» (Falschmeldungen) hervorgetan habe.[3] Aber auch die Polizei und mit ihr der St. Galler Stadtrat liessen sich in ihrem Handeln von vagen Ankündigungen und übertriebenen Aussagen leiten.

Am 12. November beschloss der Stadtrat nach Rücksprache mit der Polizei und der Direktion der Verkehrsbetriebe, den Trambetrieb von sich aus einzustellen. Der Stadtrat hatte zuvor von der Polizei abklären lassen, ob die Ausfahrt aus den Tramdepots gewährleistet werden könnte. Dies wurde von der Polizei verneint, weil in der Umgebung des Tramdepots «viele tausend Kubikmeter» Brennholz lagerten. «Aus zuverlässiger Quelle» wollte die Polizei erfahren haben, dass «die Streikenden die feste Absicht» hätten, «den Tramverkehr mit allen Mitteln zu verhindern». Hinter dieser unbestimmten Andeutung vermutete die Polizei einen gewalttätigen Plan. Obwohl es dafür keinerlei Hinweise gab, befürchtete man, die Streikenden würden das Holz auf die Schienen legen und anzünden. Dies hätte zur Konfrontation führen können, und «die Polizei hätte von ihren Waffen Gebrauch machen müssen. […] Eine fürchterliche Katastrophe mit schrecklichen Folgen wäre unausbleiblich gewesen.»[4]

Für die Erzwingung des Trambetriebs wären nach den Berechnungen des Polizeiinspektorats 500 Soldaten nötig gewesen. Diese standen aber erst am Morgen des 14. November zur Verfügung. Trotz massiven Drucks vonseiten der bürgerlichen Parteien setzte der Stadtrat die Wiederaufnahme des Tramverkehrs deshalb auf den letzten Streiktag um 11 Uhr fest. Die militärischen Massnahmen mussten dann nicht mehr umgesetzt werden, weil sich die Versammlung des Trampersonals bereit erklärte, den Trambetrieb am Donnerstagnachmittag wieder aufzunehmen.[5] Bei all diesen Massnahmen hatten Polizeiinspektorat und Stadtrat die «Arbeitswilligkeit des Personals ganz ausser Acht gelassen»; nachträglich legte Stadtrat Hermann Scherrer (1853–1948) als Vertreter der Demokraten und der Arbeiterpartei aber vor dem Gemeinderat dar, dass das Trampersonal durchaus arbeitswillig gewesen wäre.[6]

1 Verhandlungen des St. Gallischen Grossen Rates an der Novembersession 1918 über die Interpellation Dr. Guntli betreffend den Landesgeneralstreik, hg. von der Staatskanzlei des Kantons St. Gallen nach der stenographischen Aufnahme von Hans Bossard und Jakob Burger, St. Gallen 1919, 41.
2 Volksstimme, Nr. 266, 15.11.1918, 2.
3 Stadtarchiv St. Gallen, 6/3/140 IV, Nr. 38, Bericht Polizeiinspektorat.
4 Bericht Polizeiinspektorat.
5 Aus den Verhandlungen des Stadtrats, in: Volksstimme, Nr. 269, 19.11.1918, 3.
6 Mayer, Marcel: Das erste Jahrzehnt von «Gross-St. Gallen». Stadtgeschichte 1918–1929 (Neujahrsblatt 136, hg. vom Historischen Verein des Kantons St. Gallen, 1996), 10.

Am Mittwochmorgen folgte das Landwehrbataillon 160 unter dem Kommando von Major Paul Müller, der als Vertreter der konservativen Volkspartei auch dem Grossen Rat angehörte. Er hatte vom Platzkommando den Befehl erhalten, den Bahnverkehr «mit allen Mitteln zu erzwingen».[64] Nach einer Warnung an das Streikkomitee, dass man bei Widerstand eventuell mit Waffengewalt einschreite, liess Müller den Hauptbahnhof und den Bahnhof St. Fiden mit je einer Kompanie besetzen. Als die Streikenden am Hauptbahnhof äusserten, man hoffe, der aus Zürich kommende Militärzug könne hier «nicht einfahren», weil «hoffentlich die Schienen aufgerissen» würden, stand für den Major ein gewaltsamer Aufstand unmittelbar bevor.[65] Gemäss Anordnung liess er jene Eisenbahner verhaften, die sich weigerten, dem militärischen Befehl zur Dienstaufnahme nachzukommen. Zugleich wurden die «bezüglichen Gebäude» abgesperrt, da das Gerücht umging, die Streikenden wollten die verhafteten Eisenbahner befreien. Es blieb bei den Gerüchten, konkrete Aktionen gab es keine. Für Polizei und Militär verhinderte das massive Vorgehen gefährliche Ausschreitungen.

Am zweiten Streiktag kurz vor Mitternacht kamen die Schützenkompanien II und IV/8 sowie das Glarner Bataillon 85 per Bahn in St. Gallen an «und zogen mit klingendem Spiel nach ihren Kantonnementen». Nun befanden sich zwischen 2000 und 2500 Soldaten in der Stadt, sodass auf je 40 Einwohnerinnen und Einwohner ein Soldat kam. Angesichts dieser militärischen Übermacht, die permanent durch die Stadt patrouillierte, kamen die Ansammlungen von Streikenden am Donnerstag fast ganz zum Erliegen. Zwischen 8 und 10 Uhr morgens sickerte dann die Meldung vom Streikabbruch durch.[66]

Neben der Kantonshauptstadt waren vor allem die beiden Industrie- und Eisenbahnstädte Rorschach und Rapperswil wichtige Schauplätze des Landesstreiks. An beiden Orten operierten die Gewerkschaften und die sozialdemokratische Partei weitgehend autonom.

Eine direkte Verbindung zum kantonalen Streikkomitee bestand nicht, und auch die Verbindung zur Zentrale in Bern war «naturgemäss erschwert».[67] In Rorschach nahmen weit mehr Personen an den Protesten teil, als man erwartet hatte, und die Streikleitung sah sich auch mit «sog. Aucharbeitern» und jungen Burschen konfrontiert, die aus «purer Freude am Grampol» mitmachten.[68] Am 12. November formierte sich im Anschluss an eine Protestversammlung ein Zug von rund 700 Personen, der von Betrieb zu Betrieb zog und die Schliessung einer Reihe grosser Firmen (der Stickerei Feldmühle, der Stickerei Zürn und der Handschuhfabrik Wydler) erreichte. Geschlossen hinter die Streikenden stellten sich auch die Typografen, sodass die Rorschacher Presse nicht erscheinen konnte. Ein Versuch von Verleger J. M. Cavelti-Hubatka (1870–1931), die Zeitungen auf die Post zu bringen, scheiterte am entschlossenen Widerstand der Streikenden.[69]

Zweimal täglich fand auf dem Postplatz eine Versammlung statt, an der die Streikenden informiert wurden. Am zweiten Streiktag erfolgte ein erneuter Demonstrationszug, diesmal bis nach Goldach. Im Holzgeschäft der Gebrüder Stürm und im Stickereibetrieb Union wurde der Betrieb eingestellt. Mit Ausnahme des von den Demonstrationen ausgehenden Drucks und einiger Handgemenge kam es auch in Rorschach zu keinen Gewalttätigkeiten. Nur am letzten Streiktag ergab sich am Bahnhof eine gefährliche Konfrontation: Auszug, Landsturm und vier auf die Demonstranten gerichtete Maschinengewehre sicherten die Bedienung eines Zuges durch wenige Arbeitswillige. Bis zu diesem Zeitpunkt hatte der Eisenbahnbetrieb zwei Tage vollkommen geruht. Nach der Meldung vom Abbruch des Streiks kam es zu einer letzten Protestversammlung und einem anschliessenden Marsch durch die Stadt zusammen mit den Streikenden aus Arbon.[70]

Ähnlich wie in Rorschach verlief der Generalstreik in Rapperswil. Die örtliche Streikleitung tagte permanent im Ratskeller, und zweimal täglich wurden die Streikenden zu einer Versammlung einberufen. Delegationen der Streikenden verlangten die Einstellung der Arbeit in einer ganzen Reihe von Betrieben. Am Dienstagnachmittag nahmen etwa 2000 Metallarbeiter aus Rüti zusammen mit der Rapperswiler Arbeiterschaft an einer Versamm-

---

64 Verhandlungen, 23.
65 Verhandlungen, 24f.
66 Stadtarchiv St. Gallen, 6/3/140 IV, Polizeibericht.
67 Volksstimme, Nr. 281, 3.12.1918, 3; In eigener Sache, in: Rorschacher Zeitung, 266, 16.11.1918, 4.
68 Wehret den Anfängen, in: Volksstimme, Nr. 266, 15.11.1918, 2.
69 Holenstein, Polarisierung, 166f; In eigener Sache, in: Rorschacher Zeitung, Nr. 266, 16.11.1918, 4.
70 Volksstimme, Nr. 281, 3.12.1918, 3.

# «Da wird nicht gearbeitet, da lot mer niemand inna»: Zum Streikverlauf in der Rorschacher Feldmühle AG

Max Lemmenmeier

Die Feldmühle AG in Rorschach gehörte während des Ersten Weltkriegs mit über 1000 Beschäftigten zu den grössten Stickereibetrieben der Ostschweiz. Unter dem Druck steigender Lebensmittelpreise war es schon im Januar 1918 zu einer spontanen Arbeitsniederlegung gekommen. Rund 500 meist jugendliche Arbeiterinnen und Arbeiter forderten die Ausrichtung von Teuerungszulagen. Nach einer Unterredung mit den christlich-sozialen Gewerkschaftssekretären erhöhte die Firmenleitung die Teuerungszulagen; die Lohnsituation blieb aber unbefriedigend.[1]

Am 12. November 1918, dem ersten Streiktag, wurde in der Feldmühle noch regulär gearbeitet, nicht zuletzt, weil viele Arbeiterinnen und Arbeiter Lohnverluste befürchteten.[2] Um die Arbeitseinstellung allgemein durchzusetzen, formierte sich ausgehend vom Hafenplatz in Rorschach ein Demonstrationszug von rund 700 Personen.[3] Angeführt vom sozialdemokratischen Grossrat und Bezirksrichter Xaver Von Euw, dem Schlosser Theophil Surbeck sowie dem Präsidenten der Arbeiterunion und Werkstättearbeiter Johann Högger, erreichten die Demonstranten im Stickereigeschäft Zürn & Cie. die Niederlegung der Arbeit. Danach ging es weiter zur Feldmühle, wo die Abordnung mit Direktor Loeb und Prokurist Reinacher verhandelte. Die beiden Leitungspersonen verwiesen darauf, beide Fabrikkommissionen hätten «dringend gewünscht», dass «weiter gearbeitet werde». Auf die Aufforderung der Delegation hin, es «sei Landesstreik» und «man könne für nichts garantieren», war die Direktion aber bereit, den Betrieb «unter Protest» zu schliessen.[4]

Das Eingangstor zum Fabrikkomplex wurde an den folgenden Tagen von Streikposten besetzt. Als der Heizer Gottlieb Goldinger am 13. November um 7 Uhr die Arbeit im Kesselhaus aufnehmen wollte, wurde er von hinten an der Schulter gepackt, und ein Streikposten teilte ihm mit: «Da wird nicht gearbeitet, da lot mehr niemand inna.» Mit der Bemerkung: «Wenn das so ist, dann gang i halt wieder», kehrte Goldinger darauf um. Die sieben anwesenden Streikposten traten mit der Aussage «Heute wird nicht gearbeitet!» auch dem Portier Mutter, dem Speditionschef Gahlinger, dem Prokuristen Reinacher und der Büroangestellten Neddersen entgegen, liessen sie aber passieren, als sie auf den Zugang zum Betrieb bestanden.[5] Bis zum Ende des Generalstreiks blieb die Fabrik stillgelegt.

Die überraschend grosse Demonstration am ersten Streiktag ermöglichte den Vertretern der Arbeiterunion und der SP, die Arbeitsniederlegung auch in Betrieben mit geringer gewerkschaftlicher Organisation wie in der Textilindustrie durchzusetzen. Die Arbeiterinnen und Arbeiter in den grossen Textilbetrieben folgten der Streikparole zwar nicht von sich aus, gaben dem Druck der Demonstranten aber ohne Widerstand nach. Da kaum Polizeikräfte zur Verfügung standen und nur der Bahnhof, der sich ausserhalb des Orts befand, militärisch besetzt war, konnte die Streikführung ungehindert agieren. Die bürgerlichen Parteien und die christlich-sozialen Gewerkschaften beschränkten sich darauf, die «gesamte rechtdenkende Arbeiterschaft [...] in gewohnter Weise» zur Arbeit aufzufordern.[6]

Da der Generalstreik eine unerwartet breite Wirkung erzielte, bemühten sich die bürgerlichen Parteien nach dem Abbruch, den Streikenden und ihren Anführern ein gewaltsames Vorgehen nachzuweisen. Nur so konnte der Streik als Rechtsbruch einer revolutionären Minderheit diskreditiert werden. Minutiös untersuchten das Bezirksamt Rorschach und die st. gallische Staatsanwaltschaft deshalb die Vorgänge in der Feldmühle. Das Gericht verurteilte schliesslich den 20-jährigen Handlanger Antonio Bersi aus der Provinz Brescia wegen Nötigung zu 30 Franken Busse, weil er den Heizer Goldinger «angepackt» und damit «rechtswidrig gezwungen» hatte, «statt zur Arbeit in die Feldmühle einzutreten, wieder umzukehren».[7]

---

1 Volksstimme, Nr. 31, 6.2.1918, 2.
2 80 Jahre Generalstreik 1918–1998, hg. vom Kantonalen Gewerkschaftsbund St. Gallen, St. Gallen 1998, 23.
3 Volksstimme, Nr. 281, 3.12.1918, 3.
4 Archiv Bezirksgericht Rorschach, Bericht: Das Bezirksamt Rorschach an die titl. Staatsanwaltschaft St. Gallen, Januar 1919, 3–10; Verhandlungen des St. Gallischen Grossen Rates an der Novembersession 1918 über die Interpellation Dr. Guntli betreffend den Landesgeneralstreik, hg. von der Staatskanzlei des Kantons St. Gallen nach der stenographischen Aufnahme von Hans Bossard und Jakob Burger, St. Gallen 1919, 30, Votum Löpfe Benz.
5 Bericht Bezirksamt Rorschach, 11–14.
6 Rorschacher Zeitung, Nr. 262, 12.11.1918, 4.
7 Staatsarchiv St. Gallen, Spruchbuch, Bezirksgericht Rorschach 1919, 185.

lung mit rund 4000 Streikenden teil, an der sie von Grossrat Wilhelm Bürgler über die Ziele des Generalstreiks orientiert wurden. Eine von den bürgerlichen Parteien und den christlich-sozialen Vereinen durchgeführte Gegendemonstration am Tag zuvor ging weitgehend unter, sodass sich die Demonstrationen «der streikdurstigen Brüder» – wie der freisinnige Grossrat Gmür berichtete – ohne irgendein Hindernis frei entfalten konnte.[71]

Beinahe geschlossen beteiligten sich die Eisenbahner der Schweizerischen Bundesbahnen und der Südostbahn auch am dritten Streiktag an dem Ausstand. «Mit unglaublicher Wut und Bestürzung auf allen Gesichtern» nahmen sie am 14. November den Abbruch des Streiks zur Kenntnis. Wie die sozialdemokratische *Volksstimme* ausführte, war ihr «Kampfeswille» am Donnerstagabend «wuchtiger und mächtiger als je», und es «brauchte der eindringlichen Überredung von Seiten der Vertrauensleute, um die Massen von der Aussichtslosigkeit eines allein weitergeführten Streiks zu überzeugen».[72]

Weitere Schauplätze von Streikaktionen waren Sargans, Buchs, Rheineck, Wattwil, Uzwil, Flawil und Wil, alles Orte, an denen sozialdemokratische Organisationen bestanden. Wichtige Träger an beinahe allen Streikorten waren die Eisenbahner, die sich gegen ihre berufliche Schlechterstellung im Verlauf des Kriegs zur Wehr setzten. Eindrücklich zählte der Rorschacher Gemeinderat und Eisenbahner Gottlieb Hilzinger in der Grossratsdebatte vom 22. November 1918 die Verschlechterungen der Arbeitsverhältnisse auf. Für ihn hatte die systematische Beeinträchtigung «wohlerworbener Rechte» die «nüchtern denkenden» Eisenbahner reif für den Generalstreik gemacht.[73] In Sargans wurde der Bahnhof im Verlauf des Mittwochs mit rund 1500 Mann militärisch besetzt und die 60 streikenden Eisenbahnarbeiter wurden abgeführt und verhört. Jene Arbeiter, die den Dienst weiterhin verweigerten, liess die militärische Führung in die Arrestzellen von Mels und Sargans sperren. Aufgrund der Behauptung des verantwortlichen Offiziers gegenüber dem sozialdemokratischen Grossrat Illi, der Streik sei gescheitert, nahm das Personal die Arbeit wieder auf, musste dann aber in Rorschach feststellen, dass immer noch gestreikt wurde.[74]

In Rheineck legten am dritten Streiktag die Typografen die Arbeit nieder, in Buchs, Wattwil und Wil streikten die Eisenbahner. Ausserdem gelang es an beiden Orten, Textil- und Bauarbeiter zum Ausstand zu bewegen.[75] Der Druck auf die Streikenden und die sozialdemokratischen Organisationen war in den ländlichen Industriegemeinden ausserordentlich hoch. In Sargans erhielten die Familien der Streikenden während des Landesstreiks keine Milch, in Flawil wurden Kinder von sozialdemokratischen Familien von den Lehrern mit «einigen spitzigen Kraftausdrücken» bedacht, und in Buchs wurden streikende Eisenbahner als «Glünggi und Schlunggi» beschimpft.[76] Am heftigsten waren aber die Angriffe in Wil, wo der Freisinnige Redaktor der *Wiler Zeitung* offenbar vorschlug, man solle «doch einmal einige hundert solch vaterlandsloses Gesindel über den Haufen» schiessen oder «hinter Schloss und Riegel» bringen. «Das wäre ein Radikalmittel zur Ausrottung der gefährlichen Subjekte.»[77]

Zusammenfassend lässt sich zum Verlauf des Generalstreiks im liberal-konservativ beherrschten Kanton St. Gallen Folgendes feststellen: Die Anordnung des Generalstreiks kam für die organisierte Arbeiterschaft überraschend. Die von konservativen und liberalen Politikern vorgebrachte Behauptung, der Streik sei «von langer Hand» vorbereitet gewesen, war eine politisch motivierte Unterstellung. Tatsächlich konzentrierte sich die Tätigkeit der Kantonalpartei und ihrer Sektionen in den Jahren 1917 und 1918 auf eine Stärkung der Organisation, eine Verbesserung der äusserst prekären Lebensverhältnisse und eine Erweiterung der Mitbestimmung im bürgerlichen Staat. Im politischen Alltag und im Verhältnis zur Landesverteidigung waren die St. Galler Parteimitglieder wesentlich gemässigter als die gesamtschweizerische Sozialdemokratie. Genosse Aeberli aus Uzwil meinte am Parteitag von 1919, wenn man die Schreibweise des Zürcher *Volksrechts* im Kanton St. Gallen anwenden würde, «wären wir bald am Boden mit unserer Abonnentenzahl».[78] Und an anderer Stelle war Redaktor Keel der Ansicht, «die St. Galler Sozialdemokratie habe mit dem Zürcher Maulradikalismus nie etwas gemein gehabt».[79]

Widerhall fand die Streikparole ausschliesslich in grösseren Industriegemeinden, wobei die Eisenbahner meist das Rückgrat des Streiks bilde-

71 Verhandlungen, 17.
72 Volksstimme, Nr. 266, 15.11.2018, 2.
73 Verhandlungen, 45–48.
74 80 Jahre Generalstreik, 29f.
75 Volksstimme, Nr. 275, 26.11.1918, 3; vgl. auch Nr. 281, 3.12.1918, 3.
76 Volksstimme, Nr. 268, 18.11.1918, 3.
77 Volksstimme, Nr. 275, 26.11.1918, 3; vgl. auch Nr. 279, 30.11.1918, 5 über Sargans.
78 Vgl. Berichterstattung zum Parteitag in: Volksstimme, Nr. 127, 3.6.1919.

ten. Nur im Eisenbahn- und Zollort St. Margrethen beteiligten sich die Eisenbahner nicht am Streik.[80] Spontan schlossen sich an mehreren Orten über die Organisierten hinaus weitere Bevölkerungskreise, die ihrer Unzufriedenheit über die katastrophalen Lebensverhältnisse Ausdruck geben wollten, dem Streik an. Das überraschend grosse Ausmass des Streiks führte im Besitz- und Bildungsbürgertum zu erheblicher Verunsicherung, und Angst vor einem Umsturz breitete sich aus.[81]

Diese Furcht war von den Entwicklungen im Ausland beherrscht, gab es real doch keinerlei Vorbereitungen für gewaltsame Aktionen in der Schweiz. Im Gegenteil: Die örtlichen Streikleitungen waren zum Teil von ihrer Aufgabe überfordert und taten alles, um gewaltsame Auseinandersetzungen zu vermeiden. Zugleich riefen auch die staatlichen Organe dazu auf, «alles zu vermeiden, was zu Konflikten führen könnte», und Polizei und Militär drohten regelmässig mit dem Gebrauch der Waffe. Widerstand gegen militärische Aufgebote wurde umgehend mit Verhaftung geahndet. Am erfolgreichsten war der Generalstreik an den ersten beiden Tagen, also in jener Phase, in der das Militäraufgebot noch nicht in voller Stärke vorhanden war. Am dritten Tag begann die Streikfront dann auch bei den Eisenbahnern zu bröckeln. In Wil, Rorschach, Sargans und Rapperswil trat ein Teil des Personals unter militärischem Befehl wieder zur Arbeit an. Die bewaffnete Macht setzte sich durch.

### Folgen und Bedeutung des Generalstreiks in der Region St. Gallen

Am Donnerstag, dem 14. November 1918, verbreitete sich nach 10 Uhr die Meldung vom Abbruch des Streiks. In St. Gallen, Rorschach und Rapperswil machte sich innerhalb der Arbeiterbewegung neben Erleichterung auch Ärger Luft. Man zeigte sich enttäuscht über das Nachgeben des OAK, zugleich beurteilten die Organe der Partei und der Gewerkschaften die Ereignisse aber positiv.

In einem Brief an Nationalrat Grimm vom 18. November hielt das stadt-st. gallische Aktionskomitee fest, dass man in der Hauptstadt mit der «Ausdehnung des Ausstandes» unter den «gegebenen Umständen» zufrieden sein könne: 3500 bis 4000 Beschäftigte – also ein beachtlicher Teil der Industriearbeiterschaft – seien am Mittwochmorgen nicht zur Arbeit angetreten.[82] Nach Ansicht von Grossrat Emil Hardegger war der «Aufmarsch der Arbeitermassen ein imponierender und die Durchführung des Streiks, speziell im Kanton St. Gallen, eine musterhafte».[83] Tatsächlich war es zu keinen gewalttätigen Auseinandersetzungen gekommen. Um die Umsturzgefahr trotzdem zu belegen, verwies die Polizei der Stadt St. Gallen in ihrem nachträglichen Bericht auf ein von einem Fahnder belauschtes Gespräch von «zwei vielfach vorbestraften Taugenichtsen», die darüber diskutiert hätten, «wo sie dann, wenn die Geschichte losgehe, hingehen wollten, um zu plündern; vorerst würden sie die Schinken bei Schläpfer-Siegfried an der Goliathgasse holen und nachher würde man den Hamstern auf dem Rosenberg einen Besuch abstatten».[84]

Die bürgerlichen Parteien sahen im Generalstreik einen Bruch der verfassungsmässigen Rechtsordnung. Sie unterstellten der Kantonalpartei revolutionäre Absichten nach bolschewistischem Vorbild und bezeichneten den Streik als Terror einer kleinen Minderheit gegenüber der demokratischen Mehrheit. Bei ihrer Argumentation stützten sie sich meist auf ausländische Beispiele oder Artikel im *Volksrecht*.[85] Da die gesetzliche Ordnung verletzt worden sei, verlangte die Konservative Volkspartei in einer Interpellation die strafrechtliche Verfolgung der Verantwortlichen. Aufgrund der «Guntlischen Henkersinterpellation», wie die *Volksstimme* sie nannte, nahmen die Bezirksämter entsprechende Untersuchungen auf. Sie endeten nach dem Landesstreikprozess im Frühjahr 1919 vor den Bezirksgerichten See und Rorschach mit der Verurteilung von sechs Angeklagten zu 30 Franken Busse, was in etwa einem Wochenlohn entsprach, und zur Übernahme eines Achtels der Kosten.[86] Fünf Beschuldigte sprachen die Gerichte frei. Die Verurteilung erfolgte wegen Nötigung und betraf in Rorschach vier Arbeiter, die bei der Durchsetzung des Streiks handgreiflich geworden waren. Angeklagte Führungspersonen, wie Grossrat Geser aus Goldach oder Arbeiterunionspräsident Högger aus Rorschach, wurden hingegen freigesprochen, weil über ihre als Drohung klassi-

---

79 Vortrag Dr. Enderli im Schützengarten, in: Volksstimme, Nr. 32, 7.2.1919, 3.
80 Bericht über die Lage im Kanton St. Gallen, in: Volksstimme, Nr. 270, 20.11.1918, 3.
81 Verhandlungen, 17, Votum Dr. Gmür, freisinnig-demokratische Partei.
82 Archiv des Schweizerischen Gewerkschaftsbundes, G 190_03_139_100, Brief Arbeitersekretariat St. Gallen.
83 Verhandlungen, 18.
84 Stadtarchiv St. Gallen, 6/3/140 IV, Nr. 38, Polizeibericht.
85 Vgl. z. B. Verhandlungen, 68–74.
86 Protest gegen das Klassenurteil im Generalstreikprozess, in: Volksstimme, Nr. 88, 14.4.1919.

84 Statuten der Bürgerwehr der Stadt St. Gallen. Am 27. Dezember 1918 publizierte die *Volksstimme* die Namen der führenden Personen in der Bürgerwehr der Stadt St. Gallen. Ironisch meinte sie: «Ob die st. gallische Bürgerwehr mit drei Obersten an der Spitze Boten des Friedens und des Himmels sind, wollen wir hoffen.»

# Statuten
## der
## Bürgerwehr der Stadt St. Gallen.
### (B. W. St. G.)

**I. Name, Sitz und Zweck des Vereins.**

§ 1.

Es wird in St. Gallen aus vaterländisch gesinnten Bürgern eine Bürgerwehr gegründet. Sie bildet einen V e r e i n mit Persönlichkeitsrechten (Art. 60 ff. ZGB.).

§ 2.

Die Bürgerwehr b e z w e c k t allgemein, unter Ablehnung des Klassenkampfes, für die Aufrechterhaltung der verfassungs- und gesetzmäßigen Sicherheit, für Ruhe und Ordnung, insbesondere auch für den Schutz des Arbeitsrechtes und der individuellen Freiheit v e r t e i d i g u n g s w e i s e einzutreten. Sie stellt sich in den Fällen, wo dies nötig wird, nach den Weisungen ihres Zentralvorstandes den zuständigen eidgenössischen, kantonalen oder Gemeindebehörden, zivilen oder militärischen Charakters, zur Verfügung. Sie ergreift, sofern

# Ein «Judaslohn» für «die Getreuen»: Der Landesstreik in den Maschinenfabriken von Uzwil/Henau

Max Lemmenmeier

Die Industriegemeinde Uzwil/Henau gehörte nach 1900 zu den bedeutendsten Zentren der Metall- und Maschinenindustrie der Ostschweiz. Vor dem Ersten Weltkrieg beschäftigte allein das auf Hartguss-Walzenstühle spezialisierte Grossunternehmen Bühler über 1000 Arbeiter.[1] 1887 war in Uzwil die erste Metall- und Holzarbeitergewerkschaft entstanden, die dem schweizerischen Metallarbeiterverband angehörte und in den folgenden Jahrzehnten kontinuierlich wuchs.[2] 1905 schlossen sich die «freien» Gewerkschafter Uzwils in einer Arbeiterunion zusammen; die örtlichen Grütlianer weigerten sich aber mitzumachen. Auch die katholischen Arbeiterinnen und Arbeiter fehlten, da sie sich in den christlich-sozialen Gewerkschaften organisierten, die 1904 erstmals in St. Gallen eine Delegiertenversammlung abgehalten hatten.[3] Zwischen den unterschiedlichen politischen Lagern kam es immer wieder zu Rivalitäten, die sich während des Kriegs verschärften. Die stärkste Organisation, die sozialistische Metallarbeitersektion Uzwil, die Anfang 1918 über 900 Mitglieder zählte und seit 1915 mit Alfred Aeberli über einen festangestellten Sekretär verfügte, lehnte jede Zusammenarbeit mit der christlich-sozialen Gewerkschaft ab.

Als Folge der Teuerung nahm die soziale Unrast im Verlauf des Jahres 1917 auch in Uzwil zu. Im Mai verlangte eine Arbeiterversammlung bei Bühler die Herabsetzung des Milchpreises, am 26. August kam es wegen der Entlassung eines Schlossers zu einem spontanen dreitägigen Streik, und am 30. August 1917 demonstrierte die Uzwiler Arbeiterunion gegen «das heutige Wucher-, Schieber- und Spekulantentum».[4] Bühler reagierte auf diese Entwicklung mit der Einrichtung einer Werkkantine und schloss im Oktober 1917 mit Else Spiller, der Leiterin des Verbands Soldatenwohl, eine Vereinbarung ab: Bühler stellte kostenlos die Einrichtungen zur Verfügung, während der Verband die Mahlzeiten zum Selbstkostenpreis abgab. Im Januar 1918 nahm die erste Betriebskantine der Schweiz ihre Tätigkeit im neu errichteten «Wohlfahrtshaus» auf. Gleichzeitig richteten Benninger und Bühler in ihren Betrieben Arbeiterkommissionen ein.[5]

Wie weit diese Massnahmen die sozialen Spannungen gemildert haben, lässt sich nicht mehr mit Sicherheit sagen. Feststellen lässt sich hingegen, dass die SP-Sektionen Niederuzwil, Oberuzwil und Henau, die ebenfalls der Arbeiterunion angehörten, tendenziell sozialreformerisch geprägt waren. So hatten sich die Sektionen in Nieder- und Oberuzwil erst im Verlauf des Jahres 1917 aus dem national-patriotischen Grütliverein gelöst, und die Sektion Uzwil/Henau, im Frühjahr 1918 auf 58 Genossen angewachsen, klagte wiederholt über den schlechten Versammlungsbesuch – besonders wenn Gartenarbeit anstand – und die mangelnde Aktivität der Mitglieder.[6] Im Zusammenhang mit der Bundessteuerinitiative hielt der Vorstand im April 1918 fest, dass es Genossen gebe, «die sich um keine einzige Unterschrift bemühen» würden.[7]

Vor diesem sozialen und organisatorischen Hintergrund sind die Ereignisse im November 1918 zu betrachten: Als der Aufruf zum Landesstreik Uzwil erreichte, lehnte eine von der Arbeiterunion am Montag, 11. November, organisierte Versammlung eine Arbeitsniederlegung in geheimer Abstimmung ab. Erst eine erneute Versammlung am Dienstag, die von 600 Arbeitern besucht wurde, unterstützte schliesslich die Streikparole.[8] Diese

1 Lemmenmeier, Max: St. Galler Geschichte 6, St. Gallen 2003, 26.
2 Dossenbach, Xaver: Der Uzwiler Streik von 1901. Erfolg oder Misserfolg?, unveröffentlichte Masterarbeit, Universität Zürich, 2017, 8.
3 Specker, Louis: Links aufmarschieren. Aus der Frühgeschichte der Ostschweizer Arbeiterbewegung, Zürich 2010, 406–410; Baumgartner, Walther: Die Christlich-soziale Partei des Kantons St. Gallen 1911–1939. St. Galler Arbeiterschaft und Angestellte zwischen Katholizismus und Sozialismus, St. Gallen 1998, 61–64.
4 Eberle, Armin/Heuscher, Stephan/Kern, Peter: Uzwil. Unser Weg. Vom Bauerndorf zur Industrie- und Wohngemeinde, Uzwil 2004, 242f; Volksstimme, Nr. 201, 29.8.1917; Nr. 206, 4.9.1917.
5 Eberle, Uzwil, 229; Tanner, Jakob: Fabrikmahlzeit. Ernährungswissenschaft, Industriearbeit und Volksernährung in der Schweiz 1890–1950, Zürich 1999, 273–275; 100 Jahre Gebrüder Bühler Uzwil/Schweiz, Uzwil 1961, 8.
6 Holenstein, Dieter: Extreme gesellschaftliche Polarisierung. Wirtschaftlich-soziale Entwicklung und Landesstreik 1914–1918/1919, in: Die Ostschweiz und der Grosse Krieg (Neujahrsblatt 154, hg. vom Historischen Verein des Kantons St. Gallen, 2014), 169, Volksstimme, Nr. 30, 5.2.1917; Nr. 41, 17.2.1917; Nr. 209, 7.9.1917, 2; Nr. 239, 12.10.1917; Nr. 142, 21.6.1918; Nr. 206, 6.9.1918, 2; Nr. 117, 22.5.1919, 2.
7 Volksstimme, Nr. 90, 18.4.1917.
8 Die Gewerkschaftsverbände der Schweiz im Jahre 1917, Beilage zu: Gewerkschaftliche Rundschau 12 (1918), 25; und 12 (1919), 27.

widersprüchlichen Beschlüsse waren Ausdruck von zwei unterschiedlichen Lagern innerhalb der Arbeiterunion: Zunächst hatten sich die patriotisch-demokratisch orientierten Gewerkschafter durchgesetzt, auch wenn sie formell einer sozialistischen Gewerkschaft angehörten. Dazu beigetragen haben dürfte das am Sonntagabend erfolgte Sturmläuten in der Gemeinde, das eine allgemeine Mobilisation verkündete und den Einwohnern einen Angriff an der Westgrenze vorgaukelte. Erst als sich die Situation am Dienstag klärte, konnten die sozialistisch gesinnten Kräfte einen Streikbeschluss durchsetzen.[9] Aber auch jetzt beteiligten sich bei Benninger und Bühler gemäss *Volksstimme* nur «die Kerntruppen der Arbeiterschaft» am Ausstand, zu denen sich am Mittwochmorgen noch die Oberuzwiler Textilarbeiter gesellten. Insgesamt wurde der Betrieb «mit einigen christlichen Mammonswächtern, Lehrlingen und leider auch einigen Organisierten» aufrechterhalten.[10]

Über die Zahl der Streikenden gingen die Angaben weit auseinander: Gemäss *Fürstenländer* waren in Uzwil nur rund 200 Metallarbeiter in den Streik getreten, und auch die Firmenleitungen stellten im Nachhinein fest, der grösste Teil der Belegschaft habe der Streikparole nicht Folge geleistet.[11] Demgegenüber war das Unionslokal gemäss der *Volksstimme* von frühmorgens bis spätabends «vollbesetzt» gewesen. «Mitten in der grössten Kampfesstimmung» sei dann die Parole vom Abbruch des Streiks eingetroffen, die man nicht habe glauben können und der man «nur schweren Herzens» gefolgt sei.[12] Am Mittwoch liess der Gemeinderat von Uzwil eine Flugschrift verteilen, um die Streikenden zur Wiederaufnahme der Arbeit zu bewegen. Gleichzeitig gab die Firmenleitung bei Bühler durch einen Anschlag bekannt, sie werde jedem Arbeitswilligen «eine Extrazulage von 2 Franken. pro Streiktag» vergüten. Am Samstag nach Streikabbruch erhielten die Arbeitswilligen dann 8 Franken «nebst einem Päckli Stumpen» – ein «Judaslohn» für die «Verräter» an der Arbeiterschaft, wie die *Volksstimme* meinte.[13]

Die Ereignisse in Uzwil zeigten eine deutliche Spaltung in den sozialistischen Gewerkschaften: «Der politische Klassenkampf» hatte in vielen Köpfen «noch keinen festen Grund gefasst», und mancher «scheinbar gute Gewerkschafter», so die *Volksstimme,* hatte im Kampf versagt.[14] Um die Einheit wiederherzustellen, hielt die Arbeiterunion Anfang Dezember 1918 eine Versammlung ab, an der Karl Dürr (1875–1928), Sekretär des Schweizerischen Gewerkschaftsbunds, über den Generalstreik referierte. Im Anschluss an das Referat stellte sich die Versammlung «einmütig auf Seite des Oltener Aktionskomitees», das weiterhin die «proletarischen Interessen mit aller Kraft» verteidigen solle. Die in der Versammlung laut werdende Kritik «von radikal sein wollender Seite» wies der Vorstand mit dem Hinweis auf den «mustergültig» durchgeführten Streik entschieden zurück.[15] Der innerhalb der Arbeiterunion aufgebrochene Konflikt wurde an der Hauptversammlung im März 1919 weitgehend beigelegt.[16] Gestärkt machte sich der neue Vorstand an die Arbeit, und an der Maifeier bewegte sich ein imposanter Demonstrationszug von 600 bis 700 Personen durch Uzwil.[17] Voller Optimismus forderte Sektionspräsident Buchschacher die Teilnehmenden auf, sich «um das Banner des Sozialismus» zu scharen: «Eine neue Welt wird geschaffen werden, eine Welt, die keine Standesunterschiede mehr dulden wird.»[18]

---

9  Volksstimme, 13.11.1918, Zweites Blatt des Generalstreiks.
10  Nach dem Kampf, in: Volksstimme, Nr. 281, 3.12.1918, 1; Holenstein, Polarisierung, 169.
11  Holenstein, Dieter: Die Christlichsozialen der Schweiz im Ersten Weltkrieg. Entwicklung der christlichsozialen Organisationen und ihre Stellung in der schweizerischen Arbeiterbewegung und der katholischen Sondergesellschaft 1914–1920, Freiburg 1993, 313. 100 Jahre Bühler, 6.
12  Nach dem Kampf, in: Volksstimme, Nr. 281, 3.12.1918, 3.
13  Volksstimme, Nr. 281, 3.12.1918, 1.
14  Volksstimme, Nr. 281, 3.12.1918, 1.
15  Volksstimme, Nr. 289, 3.12.1918, 3.
16  Volksstimme, Nr. 56, 7.3.1919, 2.
17  Inserat der Arbeiterunion Uzwil, in: Volksstimme, Nr. 100, 1.5.1919, 4.
18  Volksstimme, Nr. 104, 6.5.1919, 3.

85  Maifeier der Arbeiterunion Rheintal 1919 in Rheineck. Wie die *Volksstimme* berichtete, nahmen 450 Personen am Demonstrationszug teil, der «schön formiert» nach Thal und wieder zurück nach Rheineck erfolgte, «hier alle Geschäfte und Läden theils aus Sympathie theils aus Furcht geschlossen findend».

86  In seiner Schrift *Bolschewismus oder Sozialismus* vom Dezember 1918 stellte sich Johannes Huber hinter den Generalstreik, lehnte aber jede Form eines gewaltsamen Umsturzes ab. Das kleine Büchlein erfuhr eine rasche Verbreitung; bereits nach zwei Wochen musste eine zweite Auflage gedruckt werden.

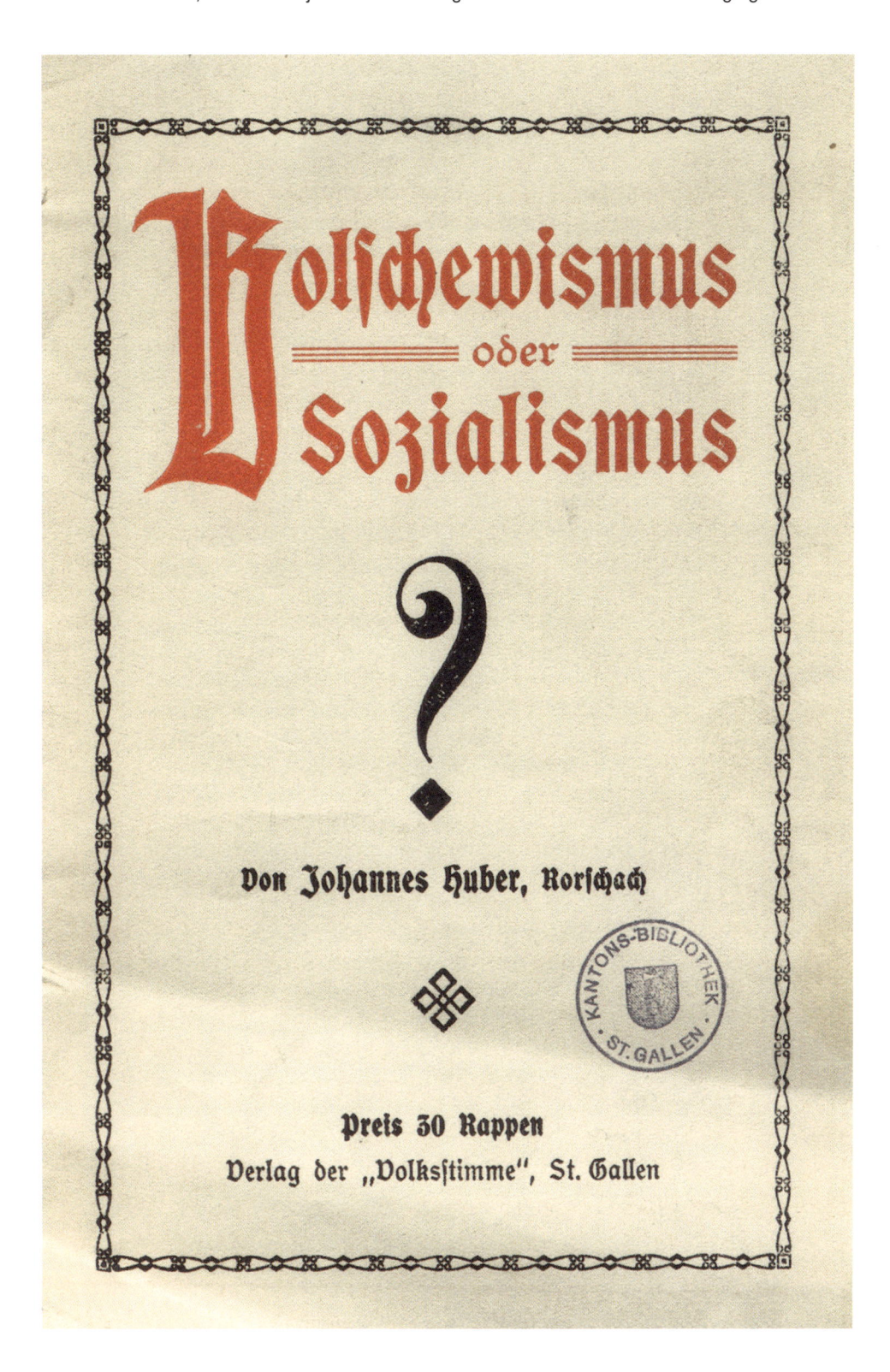

fizierten Äusserungen widersprüchliche Aussagen vorlagen.[87] Spöttisch bemerkte die *Volksstimme*, die «von Dr. Guntli so gross angelegte Staatsaktion» habe den Staat «ungefähr 3500 Franken gekostet». Andererseits habe man «120 Fränkli als Busse» eingenommen – und das nenne man «staatserhaltende Tätigkeit».[88]

Die Bitterkeit bei den Arbeiterorganisationen über die strafrechtliche Verfolgung wuchs noch angesichts Initiativen aus dem bürgerlichen Lager wie der Ausrichtung eines Ehrensoldes an die Truppen, einer versuchten Boykottaktion gegen die *Volksstimme* und des Aufbaus von Bürgerwehren. In Wil, Rapperswil, Flawil und St. Gallen entstanden unter der Leitung führender Persönlichkeiten paramilitärische Verbände zum Schutz der bürgerlichen Ordnung. In St. Gallen übertrug der Stadtrat die Oberaufsicht über die Bürgerwehr, der rund 900 Personen angehörten, am 25. April 1919 dem Stadtammann.[89] Für die Sozialdemokraten war die «Prügelwehr» oder «Würgerwehr» weniger Anlass zur Beunruhigung als vielmehr Zielscheibe fortgesetzten Spotts.[90]

Trotz aller Angriffe sahen die Kantonalpartei und die Sektionen den Landesstreik als wichtigen Erfolg. Zum einen stand die erste Proporzwahl auf eidgenössischem Gebiet kurz bevor, und die angestrebte stärkere Beteiligung an der Macht wurde Wirklichkeit. Zum anderen hatte man ein 30 Jahre altes Kampfziel, den Achtstundentag, endlich erreicht. Ein Artikel in der *Volksstimme* unter dem Titel «Gedanken einer Frau zum Generalstreik» brachte die Befriedigung über die erzielten Fortschritte deutlich zum Ausdruck: «Allein die Hoffnung, dass in unseren höchsten Behörden die Arbeiterschaft eine gerechtere Vertretung bekommen werde, […], allein das hat die ganze Arbeiterschaft, Männer wie Frauen, für den Streik begeistert. Und dann noch der Achtstundentag! [….] Wie bescheiden diese Hauptforderungen sind. Und doch schienen sie wie ein Weg zur Erlösung für die Arbeiterschaft und wie ein unerhört freches Verlangen für die Bürgerlichen.»[91]

Zügig führten viele öffentliche und private Betriebe im Kanton St. Gallen 1919 den Achtstundentag ein, noch bevor er durch die rechtliche Regelung im Fabrikgesetz auf den 1. Januar 1920 allgemeine Gültigkeit erlangte, womit sie auch einer gesamtschweizerischen Entwicklung folgten.[92] Im März 1919 sah das neue Arbeits- und Besoldungsreglement für Beamte und Arbeiter der Stadt St. Gallen «den Achtstundentag vor».[93] Ende April orientierte die Metallarbeitersektion St. Gallen über das Abkommen mit dem Verband der Maschinenindustriellen zur Reduktion der Arbeitszeit auf 48 Stunden.[94] Und ein Korrespondent der *Volksstimme* berichtete aus Flums, dass die Arbeiterinnen und Arbeiter der Textilfabrik Spörri «in Bälde den von der organisierten Arbeiterschaft der Schweiz erkämpften Achtstundentag» erhalten würden: «Was für Opfer diese Fortschritte überall bis zum einzelnen Manne kosteten, ist ersichtlich, wenn man sich an die Ereignisse seit dem November 1918 erinnert.»[95] Auch die Regierung des Kantons St. Gallen, die bisher eine Reduktion der Arbeitszeit mit Verweis auf die internationale Entwicklung abgelehnt hatte, war in der Beantwortung einer Interpellation der sozialdemokratischen Grossratsfraktion im Mai 1918 bereit, die Einführung des Achtstundentags voranzutreiben. Der freisinnige Regierungsrat Albert Mächler (1868–1937) begründete den Gesinnungswandel mit der Feststellung, «die Befürchtung eines vermehrten Wirtshausbesuches durch die Arbeiterschaft» (…) habe sich «glücklicherweise nicht bewahrheitet». Im Gegenteil: Grossindustrielle hätten ihm gegenüber die vorteilhafte Wirkung «der verkürzten Arbeitszeit auf die Leistungsfähigkeit und Arbeitsfreude ausgedrückt».[96]

Soziale Verbesserungen und die Beteiligung an der politischen Macht hatten schon vor dem Generalstreik im Zentrum der kantonalen Parteiarbeit gestanden, nun zeichneten sich weitere, wenn auch bescheidenere Erfolge ab. Im Bezirk Wil traten die bürgerlichen Parteien im Mai 1919 eine Ersatzrichterstelle an die Sozialdemokraten ab, und im Bezirk Untertoggenburg wurde im Juni 1919 mit dem Postangestellten Ernst Biel aus Degersheim der erste Sozialdemokrat ins Bezirksgericht gewählt.[97]

Gekoppelt waren diese Mandatsgewinne mit steigenden Mitgliederzahlen und einer stärkeren Verbreitung der «Arbeiterpresse». Gestützt auf den

---

87  Staatsarchiv St. Gallen, Spruchbuch Bezirksgericht Rorschach, 180–191.
88  Volksstimme, Nr. 108, 10.5.1917.
89  80 Jahre Generalstreik, 19.
90  Z. B. Volksstimme, Nr. 297, 21.12.1918; Nr. 300, 27.12.1918; Nr. 117, 22.5.1919.
91  Volksstimme, Nr. 302, 30.12.1918.
92  Degen, Bernard: Wie Bundesrat und Parlament einer elfstündigen Arbeitszeitverkürzung zustimmten. Die Fabrikgesetz-Revision von 1919, in: Gewerkschaftliche Rundschau 75/12 (1983), http://doi.org/10.5169/seals-355164 (Stand: 15.2.2018).
93  Volksstimme, Nr. 69, 22.3.1919, 3, St. Gallen und Umgebung.
94  Volksstimme, Nr. 86, 11.4.1919, 3.
95  Volksstimme, Nr. 105, 7.5.1919, 2, Flums.
96  Verhandlungen des Grossen Rates, in: Volksstimme, Nr. 113, 16.5.1919, 1.
97  Volksstimme, Nr. 101, 2.5.1919, 2; Nr. 128, 4.6.1919, 3.

anhaltenden Zuwachs entschied sich der Parteitag vom Juni 1919 mit grossem Mehr für die Anhebung der Beiträge und die Schaffung eines kantonalen Parteisekretariats. Im Herbst des gleichen Jahres zogen mit Johannes Huber und Valentin Keel die ersten St. Galler Sozialdemokraten in den Nationalrat ein.[98]

Im Wesentlichen verstärkte der Generalstreik in der kantonalen Partei- und Gewerkschaftsarbeit jene Bestrebungen, die schon in den Kriegsjahren im Vordergrund gestanden hatten: die Anerkennung der Sozialdemokraten im Staat durch gerechte Vertretungen in den Behörden, die soziale Besserstellung der Arbeiterschaft und eine Steuerpolitik, welche die Lasten gerechter verteilte und die besitzenden Klassen stärker zur Finanzierung der Staatsaufgaben heranzog. Die Veränderung der Eigentumsordnung stand zwar im nationalen Parteiprogramm, für das realpolitische Handeln der Kantonalpartei spielte dieses Anliegen aber keine Rolle. Zwar gab es am kantonalen Parteitag von 1919 Kritik am zu «rechten» Kurs der *Volksstimme*, die grosse Mehrheit der Delegierten stellte sich aber hinter die Parteileitung.[99] Als führender Kopf der Kantonalpartei hatte Johannes Huber in seiner Broschüre *Bolschewismus oder Sozialismus* der Sozialdemokratie kurz nach dem Generalstreik den Weg gewiesen: «Dem Sozialismus gehört die Zukunft, er wird siegen, aber niemals durch die blutigen Mittel der Sozialdespotie, sondern durch die Überzeugung und Gewinnung des Volkes für den Kampf im Zeichen der Sozialdemokratie.»[100] Folgerichtig lehnte die Kantonalpartei im August 1919 den Beitritt zur Dritten Internationalen deutlich ab.[101] Die Basis für die schon seit Jahren angestrebte Integration in den bürgerlichen Staat war damit gelegt.

98  50 Jahre Volksstimme, 114f.
99  Berichterstattung vom Parteitag in: Volksstimme, Nr. 127, 3.6.1919.
100 Huber, Johannes: Bolschewismus oder Sozialismus?, St. Gallen 1918, 20.
101 50 Jahre Volksstimme, 117. Die im Artikel berichtete Urabstimmung ergab 406 Ja- zu 1502 Nein-Stimmen.

Der Landesstreik im Kanton St. Gallen

# Das Tessin zwischen Siegesfeiern und Generalstreik im November 1918

Andreas Thürer

Zur Zeit des Ersten Weltkriegs war der italienischsprachige, agrarisch geprägte Migrations- und Grenzkanton Tessin vielfältigen Spannungsfeldern ausgesetzt. Diese wiesen eine kantonale, nationale und internationale Komponente auf. Im November 1918 wurden weltweit und auch im komplexen Mikrokosmos Tessin neue Akzente gesetzt. Sprachlich-kulturell war das Tessin eng mit dem jungen Nationalstaat Italien verbunden. Politisch nahm die Republik Tessin regen Anteil am Geschehen im Königreich Italien, ohne aber die Zugehörigkeit zur Schweiz infrage zu stellen. Während des Ersten Weltkriegs sympathisierte die Mehrheit der Tessiner Bevölkerung – und mit ihr auch die meisten Sozialisten – mit Italien und der Entente, deren Sieg im November 1918 intensiv gefeiert wurde. Gross war im Tessin auch die Anteilnahme am Schicksal Belgiens, das 1914 vom deutschen Kaiserreich überrannt worden war, fühlten sich viele Tessiner doch selbst als Opfer einer Germanisierung.

Die Tessiner Arbeiterbewegung war aufgrund der geringen Industrialisierung des Kantons und ihrer inneren Zerrissenheit schwach. Die Frage, wie sie zum Krieg standen, spaltete die einheimische und die zahlreich aus Italien eingewanderte Arbeiterschaft und isolierte die Tessiner Sozialisten von ihren schweizerischen und italienischen Parteigenossen. Angesichts der sozialen Misere erzielten die Gewerkschaften gegen Ende des Kriegs zwar beachtliche Erfolge, die im regionalen Luganeser Generalstreik vom Juli 1918 kulminierten; ihre Struktur war im November 1918 aber noch wenig gefestigt. Der Landesstreik wurde im Einklang mit den lateinischen Siegerstaaten nicht nur von bürgerlicher Seite als revolutionäre Unruhe und Resultat bolschewistisch-deutscher Machenschaften betrachtet. Dies äusserte sich in der Mobilisierung starker Abwehrkräfte und einer geringen Streikbereitschaft. Die streikenden Eisenbahner und Metallarbeiter im Sopraceneri begründeten ihren Ausstand mit der Solidarität mit ihren Arbeitskollegen jenseits des Gotthards. Nach dem Landesstreik gliederte sich die Tessiner Arbeiterbewegung wieder in die gesamtschweizerische Organisation ein und fasste zusehends Fuss. Waren viele Deutschschweizer «confederati» dem Tessin zuvor mit Misstrauen begegnet und hatten dessen Anliegen vernachlässigt, machten sich die lokalpatriotischen Kräfte – mit Rückendeckung der Siegermacht Italien – nun mit kulturellen und wirtschaftlichen Forderungen gegenüber Bundes-Bern bemerkbar.

### Zur Vorgeschichte: Alte Spannungsfelder

Die Eröffnung der Gotthardbahnlinie 1882 stellt eine Zäsur in der Tessiner wie der Schweizer Geschichte dar. Die quer durch den Kanton Tessin verlaufende Nord-Süd-Achse verband das Land mit Genua, dem nächstgelegenen Meerhafen, und war für die gesamte Schweiz lebenswichtig. Für die Tessiner bedeutete die Gotthardbahn eine Erweiterung ihres Wirtschaftsraums in den Norden, zur «Svizzera interna» und nach Zentraleuropa.[1] Die Gotthardlinie ermöglichte die Entstehung einer «Fremdenindustrie» und den Transport des im wirtschaftlich aufstrebenden Mittelland begehrten Bausteins Granit. Der erhoffte Durchbruch zur Industrialisierung blieb im Tessin allerdings aus: Der Kanton wurde lediglich «durchrollt». Die einzige Konzentration moderner Industrie entstand in Bodio in der unteren Leventina, wo auch die Wasserkraft ein wichtiges Kriterium für die Standortwahl der grossen Unternehmen war. Einen bedeutenden Grossbetrieb schuf zudem die 1909 von den SBB übernommene Gotthardbahn mit ihrer Wartungs- und Reparaturwerkstätte in Bellinzona. Die Eisenbahner und Arbeiter in diesen an der Bahn gelegenen Grossbetrieben sowie der Gotthard als verkehrs- und nachrichtentechnisches Nadelöhr sollten im Landesstreik eine zentrale Rolle spielen. Im Übrigen blieb die Tessiner Wirtschaft agrarisch und die gewerblich-industrielle Produktion durch kleine und mittelgrosse Betriebe geprägt, was die Ausbildung einer starken Arbeiterbewegung zusätzlich erschwerte. 1911 gab es im Tessin lediglich 230 Betriebe, die dem eidgenössischen Fabrikgesetz unterstellt waren.[2]

Im Zusammenhang mit der Eisenbahnerschliessung steht auch die demografische Entwicklung. Die Auswanderung aus den strukturschwachen, entlegenen «valli» hielt an; die Emigrationsziele verlagerten sich allerdings von Übersee in die Industriezentren der «Svizzera interna». Zugleich wanderten viele Norditaliener ein. Fast zwei Drittel der Einwanderer arbeiteten im Sottoceneri, insbesondere im Raum Lugano, ein gutes Drittel im Sopraceneri, wo sie vor allem in den Steinbrüchen und den Industriebetrieben von Bodio Arbeit fanden. 1910 betrug der Anteil der ausländischen Bevölkerung im Tessin 28,1 Prozent, davon waren 95,1 Prozent Italiener.[3]

Zahlenmässig weniger ins Gewicht fielen die deutschsprachigen Einwanderer, die «confederati» und «germanici».[4] Ihr Einfluss löste aber Ängste vor einer ökonomischen und kulturellen «Überfremdung» aus. Der Anteil der «confederati» an der Tessiner Bevölkerung verfünffachte sich zwischen 1880 und 1910, blieb aber unter 3,5 Prozent.[5] Animositäten in der Tessiner Bevölkerung erzeugte vor allem die starke Vertretung von Deutschschweizern in den Führungspositionen von SBB, PTT und Hotellerie.[6] Ausserdem befanden sich die Fabriken in Bodio weitgehend in den Händen deutscher Kapitalgeber und Unternehmer.[7] Mit der *Tessiner Zeitung* verfügte diese einflussreiche Minderheit über ein eigenes Sprachrohr – und galt aus Sicht der einheimischen Bevölkerung als integrationsunwillig.[8] Intellektuelle im Umkreis von Francesco Chiesa und Politiker verschiedener Couleur sahen die «anima latina», die «identità etnica» der Tessiner bedroht und sprachen von einer «invasione del teutonismo». Zu den politischen Warnern vor einer Germanisierung des Tessins gehörten auch der impulsive liberal-radikale Journalist und Politiker Emilio Bossi und der einflussreiche sozialistische Arbeiterführer Guglielmo Canevascini. Letzterer sprach pauschalisierend von der Hegemonie der «razza tedesca». Die Abneigung gegenüber tonangebenden Deutschschweizer Herren verschmolz mit der historisch-traditionellen Abwehrhaltung gegen die Landvögte im Ancien Régime.[9] «Landfogti» ist bis heute eine abwertende, populistische Bezeichnung für als unangenehm mächtig empfundene Deutschschweizer.[10] Antigermanisch Denkende beidseits der Landesgrenze neigten dazu, mit dem italienischen Irredentismus zu sympathisieren, welcher die italienischsprachigen Minderheiten im Trentino und in Triest von der österreichischen Fremdherrschaft «erlösen» und damit die italienische Einigungsbewegung, das Risorgimento,

---

1. Martinetti, Orazio: Fare il Ticino. Economia e società tra Otto e Novecento, Locarno 2013, 83–88.
2. Martinetti, Fare il Ticino, 128–140.
3. Martinetti, Fare il Ticino, 136, 139.
4. Martinetti, Fare il Ticino, 144.
5. Vgl. Annuario statistico del Cantone Ticino 1946, Bellinzona 1947, 38.
6. Rossi, Gabriele: Point de Grève générale au Tessin? Les raisons d'un échec partiel, in: Traverse. Revue d'histoire 25 (2018) [im Druck].
7. Martinetti, Fare il Ticino, 139.
8. Gilardoni, Silvano: Rivendicazioni ticinesi, in: Historisches Lexikon der Schweiz (HLS), http://www.hls-dhs-dss.ch/textes/d/D26986.php (Version: 2.12.2011).
9. Martinetti, Fare il Ticino, 139, 144.
10. Der Begriff «landfogti» mit der Bedeutung «i confederati con appetiti sul Ticino» figuriert auch im Vokabular der 1991 gegründeten Lega dei Ticinesi und ihrer Zeitung Il Mattino della domenica, welche die Alltagssprache vieler Tessiner mitprägt; vgl. dazu De Lauretis, Michele/Giussani, Bruno: La Lega dei ticinesi, Locarno 1992, 139f.

abschliessen wollte. Vor allem deutschfreundliche Schweizer neigten dazu, Tessiner Sympathisanten des italienischen Irredentismus als unzuverlässige Schweizer zu verdächtigen, die einen Anschluss an Italien anstrebten.

Mit dem Ausbruch des Ersten Weltkriegs verschärfte sich der Antigermanismus in der italienisch- und französischsprachigen Schweiz weiter. Das Hinnehmen des völkerrechtswidrigen, deutschen Überfalls auf das neutrale, mehrsprachige Belgien vom 4. August 1914 durch den Bundesrat und das Unbehagen gegen die Wahl des preussisch geprägten Ulrich Wille zum General am 3. August 1914 förderten die Solidarität unter den Ententefreundlichen «lateinisch»-sprachigen Schweizern. Die militärische Besetzung der Stadt Lugano und der Bahnhöfe von Bellinzona und Lugano im Zusammenhang mit dem Kriegseintritt Italiens am 23. Mai 1915 löste im ganzen Kanton Entrüstung aus. Der massive militärische Eingriff, zu dem kleinere Zwischenfälle zwischen Sympathisanten beider Kriegsparteien Anlass gegeben hatten, erfolgte ohne Konsultation der kantonalen oder lokalen Zivilbehörden. Unwillen erzeugte ferner die dauernde Einschränkung der Pressefreiheit durch die (militärischen) Zensurbehörden, was als augenfälliges Misstrauen der Bundesbehörden gegenüber der Tessiner Bevölkerung und deren Behörden empfunden wurde. So wirft der Tessiner Historiker Maurizio Binaghi zu Recht die Frage auf, ob das Tessin ein «cantone a sovranità limitata» gewesen sei.[11]

Zentral für das Verständnis der Ereignisse im November 1918 ist das Jahr 1917. Im Juni 1917 gab die Affäre Hoffmann-Grimm Anlass zu Protesten in der Entente und der lateinischen Schweiz. Der deutschfreundliche, freisinnige Bundesrat Arthur Hoffmann und der sozialistische Kriegsgegner Robert Grimm hatten die Möglichkeit eines deutschrussischen Separatfriedens sondiert. Die Affäre führte zu Grossdemonstrationen in Genf und Bellinzona mit demagogischen Auswüchsen. Im Tessin löste der italienfreundliche Journalist Emilio Bossi eine heftige Pressekampagne und eine Reihe von Kundgebungen im ganzen Kanton aus. Um die Bewegung zu kanalisieren, riefen die Gemeinde Bellinzona und der Staatsrat zu einer straff organisierten Kundgebung am 24. Juni 1917 auf. Radikale und Konservative schoben ihre Streitigkeiten beiseite und schossen sich vor allem auf Robert Grimm ein, der als deutscher Agent abgestempelt wurde. Die Sozialisten stimmten ebenfalls in die Anti-Grimm-Kampagne ein, während besonnene und engagierte Kommentatoren wie der französische Literat Romain Rolland im Tessin weitgehend gefehlt zu haben scheinen oder nicht zu Wort kommen konnten.[12]

Der für die Rezeption des Landesstreiks wichtige Antigermanismus in der lateinischen Schweiz wurde durch den Kriegsverlauf an der Ost- und Südfront weiter verstärkt. Am 24. Oktober 1917 gelang es den österreichisch-ungarischen Truppen mit deutscher Unterstützung, bei Caporetto die Isonzofront zu durchbrechen. Caporetto wurde für viele Italiener und Tessiner zum Inbegriff einer schändlichen Niederlage und liess viele Gegner einer italienischen Kriegsbeteiligung vorerst verstummen. Zwei Wochen später putschten sich in Russland die Bolschewiki an die Macht und machten den für die Entente gefährlichen Separatfrieden mit den Mittelmächten vom 3. März 1918 möglich. Das vorübergehende taktische Zusammengehen des deutschen Kaiserreichs mit den russischen Bolschewiki liess eine Doppelphobie aus Antigermanismus und Antibolschewismus entstehen, die das Verhalten der grossen Mehrheit der Romands und Tessiner während des Landesstreiks entscheidend mitprägte.

Dazu kam die komplexe Struktur der Tessiner Linken, die nicht nur unter sich zerstritten war, sondern bis 1917 auch mit der SP und dem Schweizerischen Gewerkschaftsbund (SGB) im Streit lag. 1900 und 1902 waren zwei wichtige Organisationen der Tessiner Arbeiterbewegung, der Partito Socialista Ticinese (PST) und die Camera di Lavoro, gegründet worden.[13] 1913 entstand unter der Führung von Guglielmo Canevascini, der die PST-«Gründerväter» als zu träge kritisierte, eine neue, von der SP nicht anerkannte sozialistische Partei mit einer eigenen Wochenzeitung, der *Libera Stampa*. Ein zentraler Streitpunkt, der nicht nur die beiden rivalisierenden Parteien, sondern auch die Gewerkschaftsbewegung im Tessin spaltete, war die Einstellung zum Krieg – insbesondere zum Kriegseintritt Italiens. Im Nachbarland Italien wurde die Auseinandersetzung um einen Kriegs-

---

11 Binaghi, Maurizio: Il Ticino negli anni della Grande Guerra, in: Il Cantonetto. Rassegna letteraria bisemestrale 62 (2015), 106–115.
12 Cerutti, Mauro: Le mouvement ouvrier genevois durant la première guerre mondiale et la grève générale, in: Vuilleumier, Marc et al., La Grève générale de 1918 en Suisse, Genève 1977, 103–210, hier 125, 142f., 193.
13 Rossi, Point de Grève générale [im Druck].

eintritt äussert heftig geführt und auch auf der Strasse ausgetragen. Der Partito Socialista Italiano (PSI) wehrte sich gegen den Krieg und war zusammen mit den Schweizer Sozialdemokraten um Robert Grimm massgebend an der Sammlung der sozialistischen Kriegsgegner in der Zimmerwalder Bewegung beteiligt. Zum Lager der «interventisti», der Befürworter eines italienischen Kriegseintritts, gehörte auch der abtrünnige Sozialist Benito Mussolini. Guglielmo Canevascini teilte die «interventistische» Überzeugung Mussolinis, den er persönlich gut kannte.[14] Nelly Valsangiacomo Comolli, die Biografin Canevascinis, ordnet dessen Befürwortung der italienischen Kriegsbeteiligung dem «interventismo democratico» zu, der in den autoritären Zentralmächten und im preussischen Militarismus eine Bedrohung der Demokratie sah, die es auch militärisch zu bekämpfen galt.[15] Diese Vorstellung habe Canevascini und seinen Anhängern bei Kriegsende eine Abwendung von der kriegsbefürwortenden Haltung hin zur Bekämpfung des helvetischen «militarismo» und «autoritarismo» erleichtert.[16] Zur Kriegszeit belastete der «interventismo» nicht nur das Verhältnis zwischen Kriegsbefürwortern und -gegnern innerhalb der Tessiner Arbeiterbewegung, sondern auch die Beziehungen der mehrheitlich «interventistisch» eingestellten Tessiner Sozialisten zu den beiden nationalen, kriegsgegnerischen Parteien SP und PSI.

1917 war das entscheidende Jahr für das Wiederaufleben der sozialdemokratischen Partei und der Gewerkschaftsbewegung.[17] Anstoss zur Wiedervereinigung der gespaltenen Partei gaben die Tessiner Grossratswahlen vom 4. März 1917. Architekt und erster Präsident der wiedervereinigten Partei war der Anwalt Francesco Borella. In einem vermutlich aus seiner Feder stammenden Communiqué der Parteileitung wurde Robert Grimm anlässlich der Affäre Hoffmann-Grimm als «Verräter der schweizerischen Freiheit und Demokratie» bezeichnet. In einem polemischen Artikel in der *Libera Stampa* vom 22. Juni 1917 schrieb der sonst eher vorsichtig-diplomatische Borella, dass die Tessiner Sozialisten die «famose riunioni di Zimmerwald e di Kienthal» nie gutgeheissen und noch nicht die Ehre und das Glück hätten, der SP anzugehören. Nachdem sich die Gemüter wieder etwas beruhigt hatten, beschloss die PST-Leitung am 4. September dann, die Aufnahme in die SP zu beantragen.[18] Erfolgreiche Beitrittsverhandlungen erfolgten aber erst nach dem Landesstreik, im Umfeld des Berner SP-Parteitags vom 21. Dezember 1918.[19]

Den Kern der Gewerkschaftsbewegung im Tessin stellte die Arbeitskammer (Camera del Lavoro) dar, welche im Tessin den SGB vertrat. Ihr Sekretär war von 1907 bis 1922 Guglielmo Canevascini. Im Bereich des Verkehrswesens gehörte der Arbeitskammer nur die Arbeiter-Union Schweizerischer Transportanstalten (AUST) an, welche die Angestellten der Lokalbahnen, Trams und Schifffahrtsunternehmungen vertrat. AUST-Sekretär der Romandie und des Tessins war Luigi Patocchi, der auch die Kontakte der Tessiner Arbeiterbewegung zum Oltener Aktionskomitee (OAK) pflegte. Der Arbeitskammer nicht angeschlossen waren das SBB-Personal und die Metallarbeiter von Bodio, die am 7. September 1917 eine Gewerkschaftssektion bildeten, welche sich direkt dem Schweizerischen Metall- und Uhrenarbeiterverband (SMUV) anschloss. Hauptgrund für die Sonderstellung der einzigen Tessiner SMUV-Sektion war die «interventionistische» Haltung Canevascinis. Diese wurde von den mehrheitlich italienischen Metallarbeitern, die ab 1915 dem Marschbefehl Italiens zu einem beträchtlichen Teil nicht gefolgt waren, und dem seit April 1918 amtierenden revolutionär gesinnten Sektionssekretär Domenico Visani nicht geteilt. Erst 1918 gelang es Francesco Borella, einen Beitritt der SMUV-Sektion von Bodio in die Tessiner Arbeitskammer zu erwirken.[20]

Der Aufstieg der Tessiner Gewerkschaftsbewegung steht im Zusammenhang mit der schlechten Lebensmittelversorgung und dem dramatischen Anstieg der Lebenshaltungskosten vor allem in den letzten beiden Kriegsjahren. 1917 kam es zu 23 Unruhen und acht Streiks, wovon sieben erfolgreich verliefen; und 1918 verschärfte sich die Lage weiter. Am 18. März 1918 entlud sich der Volkszorn in der Erstürmung der Milchzentrale von Bellinzona.[21] Mit einem Streik in der Papierfabrik Tenero

14 Macaluso, Pompeo: Il canton Ticino nel primo Dopoguerra, in: Il Cantonetto. Rassegna letteraria bisemestrale 62 (2015), 150–155, hier 154f; Canevascini, Guglielmo: Autobiografia. A cura del Gruppo di lavoro della Fondazione Pellegrini-Canevascini, Lugano 1986, 41.
15 Valsangiacomo, Nelly: Storia di un leader. Vita di Guglielmo Canevascini, 1886–1965, Lugano 2001, 106.
16 Mariani Arcobello, Francesca: Socialista di frontiera. L'avvocato Francesco Nino Borella (1883–1963), Bellinzona 2005, 55.
17 Mariani Arcobello, Socialista di frontiera, 44.
18 Mariani Arcobello, Socialista di frontiera, 50f.
19 Mariani Arcobello, Socialista di frontiera, 55.
20 Rossi, Point de Grève générale [im Druck]; Mariani Arcobello, Socialista di frontiera, 53.
21 Freundliche Information von Gabriele Rossi. Vgl. auch Rossi, Point de Grève générale [im Druck].

## Der Landesstreik im Tessin

(einem der grössten Betriebe des Kantons) von Ende März bis Anfang April 1918 konnte ein wichtiges gewerkschaftliches Postulat errungen werden: die vertragliche Regelung der obligatorischen Gewerkschaftsmitgliedschaft der Papierarbeiterinnen und -arbeiter. Einen Erfolg konnten auch die Metallarbeiter in Bodio nach einem harten Arbeitskampf vom 13. bis 25. April 1918 verzeichnen, bei dem auch Truppen aufgeboten wurden, die aber nicht zum Einsatz kamen. Die «padroni» mussten ihren hartnäckigen Widerstand gegen die Anerkennung der Betriebskommissionen aufgeben und weitere gewerkschaftliche Forderungen wie ein Beschwerderecht der Belegschaft oder den Verzicht auf schwarze Listen erfüllen.[22]

Höhepunkt der Streikbewegungen im Tessin während der letzten beiden Kriegsjahre war aber nicht der Landesstreik, sondern der Generalstreik in Lugano vom 8./9. Juli 1918. Auslöser war die Entlassung von drei Angestellten der Luganeser Trambetriebe, die kurz zuvor von der Stadt übernommen worden waren. Am Dienstagvormittag, dem 2. Juli, formierte sich spontan ein eindrücklicher Protestumzug. Das letzte mitgetragene Schild im «corteo», der von einem Trommler angeführt wurde, trug die Aufschrift «Il resto seguirà». Die rasch anschwellende Protestbewegung wurde von weiten Kreisen der Bevölkerung mitgetragen und durch ein Aktionskomitee von der Arbeitskammer aus organisiert. Obwohl die Forderungen der Tramangestellten und Metallarbeiter bereits erfüllt waren, wurde «auf Druck der Bevölkerung» ab Montag, dem 8. Juli, ein unbefristeter Generalstreik ausgerufen. Gemäss Canevascini, der dem Aktionskomitee vorstand, nahmen rund 3000 Arbeiter am Generalstreik teil. Trotz des sehr disziplinierten Streikverlaufs forderte die Stadt Lugano von der Kantonsregierung Truppen an, welche sich auf der Piazza della Riforma in Stellung brachten. In einem Telegramm an den Staatsrat kritisierte das Aktionskomitee das provokative Verhalten der Truppe und warnte vor einem Blutvergiessen. In einem Memorial an den Staatsrat vom 8. Juli kamen die eigentlichen, tiefer liegenden Motive der Volkswut zum Ausdruck: «Hunger», «Unterernährung» und «schreiende Ungerechtigkeiten» bei der Lebensmittelverteilung durch die Bevorzugung der Reichen und der Hotelgäste. Das Memorial begann mit dem eindrücklichen Satz: «Der Hunger klopft an die Türe jeder Familie, die ausschliesslich von ihrem Einkommen leben muss.»[23] Zwei imposante Umzüge am Montag und Dienstag mit Beteiligung von Frauen und Kindern verdeutlichten die Brisanz der Ernährungssituation, die im Tessin besonders gravierend war. Dies unterstrichen auch Vertreter des SGB gegenüber dem Bundesrat, der Entgegenkommen zusicherte. Auch der Staatsrat signalisierte Verständnis, indem er die Grundanliegen der Streikenden akzeptierte. So wurde der Generalstreik am Dienstagabend, dem 9. Juli, abgebrochen, und die Resultate konnten sich sehen lassen: Das Aktionskomitee erreichte nicht nur erste Verbesserungen der Ernährungssituation, sondern auch Lohnerhöhungen, eine Reduktion der Arbeitszeit und eine Entlastung der Arbeiter im Krankheitsfall. Dazu kamen eine obligatorische Gewerkschaftsmitgliedschaft der Arbeitnehmer und 25 neue Gewerkschaftssektionen mit insgesamt 1433 Mitgliedern. In Bevölkerung und Presse fand der Streik mit vorwiegend wirtschaftlichen und sozialen Forderungen im Gegensatz zum wenige Monate später stattfindenden Landesstreik breite Akzeptanz.[24]

### Siegeseuphorie und Mobilisation gegen den «Bolschewismus»

Fast zeitgleich zum Generalstreik in Lugano zeichnete sich im Sommer 1918 eine Wende im Kriegsverlauf zugunsten der Entente ab, deren Sieg in der lateinischen Schweiz begeistert gefeiert wurde. Im Tessin begannen die Siegesfeiern zum Ende des Ersten Weltkriegs bereits am 3. November 1918. An diesem Sonntag wurde an der Südfront in Padua der italienisch-österreichische Waffenstillstand unterzeichnet. Die Kriegshandlungen sollten am 4. November, um 15 Uhr, eingestellt werden.[25] Bereits am Sonntag verteilte der *Corriere del Ticino* ein Extrablatt mit der Nachricht, dass italienische Truppen in Triest gelandet seien. Um 21 Uhr traf die telefonische Meldung ein, Trento und Udine seien befreit worden. Die Nachricht verbreitete sich wie ein Lauffeuer im ganzen Kanton und löste bei der mehrheitlich italienfreundlichen Bevölke-

---

22 Martinetti, Fare il Ticino, 148f.
23 Rossi, Point de Grève générale [im Druck].
24 Mariani Arcobello, Socialista di frontiera, 52; Canevascini, Autobiografia, 49f. Macaluso, Il canton Ticino, 153; Martinetti, Fare il Ticino, 150–153; Rossi; Point de Grève générale [im Druck]; Valsangiacomo, Storia di un Leader, 121–124; Pedroli, Guido: Il socialismo nella Svizzera italiana (1880–1922), Milano 1963, 142–145.
25 Isnenghi, Mario/Rochat, Giorgio: La Grande Guerra, 1914–1918, Bologna 2008, 475.

# Der «Ewige Vater» des Tessiner Sozialismus: Guglielmo Canevascini (1886–1965)

Gabriele Rossi

Guglielmo Canevascini, von seinen Gesinnungsgenossen liebevoll «Padreterno» genannt, kam 1886 in einer recht wohlhabenden Tessiner Bauernfamilie zur Welt. 1904 trat er dem Partito Socialista Ticinese (PST) bei und drückte während seiner langjährigen Tätigkeit der sozialistischen Arbeiterbewegung im Tessin seinen Stempel auf. Canevascini gehörte lange Jahre dem Tessiner Grossen Rat (1913–1922, 1959–1963) und dem Staatsrat (1922–1959) an; auf Bundesebene sass er drei Jahre im Nationalrat (1919–1922), und war 1940 sogar Bundesratskandidat. 1907 war Canevascini mit der Leitung der Arbeitskammer (Camera del Lavoro) betraut worden, die den Schweizerischen Gewerkschaftsbund im Tessin vertrat. Abgesehen von einem kürzeren Unterbruch stand er der Arbeitskammer bis 1922 vor. Die politische Bildung eignete sich der Autodidakt vor allem in der praktischen Arbeit an, insbesondere bei der Beratung der Arbeiter in der Papierfabrik in Tenero, einem der grössten Betriebe im Kanton. Die Fabrik war ihm seit Langem vertraut, befand sie sich doch auf dem benachbarten Grundstück des elterlichen Bauernhofs.

1913 wurde Canevascini wegen Meinungsverschiedenheiten mit den «Gründungsvätern» aus dem PST ausgeschlossen. Der junge Rebell hatte der älteren Garde vorgeworfen, zu wenig Engagement zu besitzen. Canevascini lancierte eine eigene Wochenzeitung, die *Libera Stampa,* und gründete eine eigene Sozialistische Partei, die von der SP aber nicht anerkannt wurde. 1913, im Jahr der Parteispaltung, wurde Canevascini in den Grossen Rat gewählt, dem er bis 1922 angehörte.

Der Erste Weltkrieg stürzte die Tessiner Arbeiterbewegung in eine schwere Krise, die erst 1917 durch die Wiedervereinigung der sozialistischen Kräfte bei den Parlamentswahlen überwunden wurde. Die Aufnahme der wiedervereinigten Tessiner Partei in die SP nahm aber noch das ganze Jahr 1918 in Anspruch. Die Kontakte der Tessiner Arbeiterbewegung zum Oltener Aktionskomitee (OAK) wurden vor allem durch Luigi Patocchi, den Sekretär der Arbeiterunion Schweizerischer Transportanstalten (AUST) für die Romandie und das Tessin, gepflegt. Canevascini, der kein Deutsch sprach, hatte hingegen nicht unwesentlich dazu beigetragen, dass Robert Grimm im Tessin unbeliebt war. Bei der Affäre Hoffmann-Grimm war Robert Grimm von der *Libera Stampa* und dem PST attackiert und beschuldigt worden, ein Agent im Dienste Deutschlands zu sein. Canevascini schwamm also auf der Welle des Antigermanismus mit.

Die grosse soziale Unzufriedenheit angesichts der steigenden Lebenskosten und der schlechten Lebensmittelversorgung führte am 8. und 9. Juli 1918 zum Generalstreik von Lugano und Umgebung. Arbeiter aller Berufsgruppen schlossen sich dem Streik an und traten den Sektionen der Arbeitskammer bei. Dank des Verhandlungsgeschicks Canevascinis und Henri Virets, des Sekretärs des Verbands der Handels-, Transport- und Lebensmittelarbeiter (VHTL), konnten beträchtliche Lohnerhöhungen und Arbeitszeitverkürzungen erreicht werden. Am Vorabend des Landesstreiks befand sich die Arbeitskammer aber in einer schwierigen Situation: Sie hatte einen grossen Zustrom von Arbeitern organisatorisch zu bewältigen, verfügte aber nur über wenige leitende Fachleute, und die hilfsbereiten italienischen Genossen leisteten immer noch Militärdienst. Zudem vertraten die Sektionen Berufe mit niedrigem Einkommen und wenig Erfahrung in gewerkschaftlicher Organisation und im Arbeitskampf.

Im Herbst 1918 setzte ausserdem eine neue Grippewelle ein, was die Organisation von Versammlungen und Kundgebungen zusätzlich erschwerte – und Anfang November erkrankte auch Guglielmo Canevascini. Die Kommunikationsschwierigkeiten mit der «Svizzera interna» hatten zur Folge, dass es nur den am besten organisierten Tessiner Gewerkschaften gelang, ihre Mitglieder zur Streikbeteiligung zu mobilisieren: den Eisenbahnern von Airolo bis Bellinzona unter der Leitung der Brüder Giovanni und Florino Tamò sowie den Metallarbeitern in Bodio mit ihrem Sekretär Domenico Visani. Die AUST unter der Leitung von Luigi Patocchi nahm hingegen nicht am Arbeitskampf teil; und auch die Vertreter der Sektionen der Arbeitskammer in Lugano und Locarno stimmten an ihren Versammlungen vom 12. beziehungsweise 13. November gegen eine Streikbeteiligung. Wichtige Gründe für diese Entscheidung waren die streikfeindliche Grundhaltung und die rasch getroffenen Gegenmassnahmen von Behörden

und Bürgertum in diesen beiden Städten. Ein weiterer Grund war die grippebedingte Abwesenheit Canevascinis.
Die Tessiner Geschichtsschreibung hat bisher die Auffassung vertreten, dass die Verantwortlichen der Arbeitskammer – und mit ihnen auch ihr Sekretär Canevascini – nur Streiks mit rein sozioökomischen Forderungen akzeptiert hätten. Streiks mit politischen Zielen seien sie kühl ablehnend gegenübergestanden. In der Tessiner Bevölkerung sei die Auffassung weitverbreitet gewesen, dass der Landesstreik ein von «deutschen» Anführern wie Grimm, Nobs und Platten gelenktes Manöver zugunsten der Mittelmächte sei. Ein kürzlich entdeckter Brief wirft nun aber ein neues Licht auf die Streikbereitschaft des Sekretärs der Tessiner Arbeitskammer. Am 12. November 1918 richtete sich der grippekranke Canevascini an Pietro Barana, der im Luganeser Sitz der Arbeitskammer die administrativen Geschäfte besorgte, und schrieb ihm: «Es tut mir sehr leid, dass ich nicht dort [in Lugano] sein kann, um den Streik zu organisieren. Die Genesung erfolgt nur langsam. Haltet mich über alles auf dem Laufenden. Heute Abend versammeln sich in Locarno die Delegierten der Sektionen. Wir warten nur auf die ‹parola d'ordine›. Alles ist bereit. Es ist sehr schade, dass uns das Oltener Aktionskomitee nicht auf dem Laufenden hält. Ich weiss nicht, ob die Telegramme heute ihren Bestimmungsort erreichen werden. Haltet immer zusammen. Setzt euch mit Devincenti in Verbindung.»[1]
Canevascini drückte damit vom Krankenbett seine Streikbereitschaft aus, legte die Geschicke der Arbeitskammer in die Hände der Sektionsdelegierten und empfahl Barana die Kontaktaufnahme mit dem revolutionär gesinnten Gewerkschafter Giovanni Devincenti. Der Brief kann in eine rege Korrespondenz eingeordnet werden, mit der Canevascini versuchte, den Kampfgeist wachzuhalten. Die mit einer streikfeindlichen Basis konfrontierten Delegierten unterstützten den Sekretär der Arbeitskammer aber nicht. Die zahlreichen italienischen Arbeiter hatten Angst vor Repressionsmassnahmen, und diese Bedenken waren nicht unbegründet.
Nach dem nur wenig befolgten Landesstreik wollte Canevascini den Kampf auf der politischen Bühne weiterführen und mahnte zu raschem Handeln. Bereits auf den 24. November berief der PST einen Parteikongress nach Lugano ein. Das Einladungszirkular der Sektion Lugano vom 15. November 1918 hatte folgenden Wortlaut: «Luganeser Sozialisten, der Wind der bürgerlichen Reaktion drängt allen echten, aufrichtigen und bewussten Sozialisten eine sofortige und energische Aktion auf. Unsere Sektion muss sich für ihre Neuorganisation mit einem klaren Kampfprogramm versehen. [...] Die Parteileitung hat auf Sonntag, den 24. November, einen Parteikongress mit einer sehr wichtigen Tagesordnung zusammengerufen. Diese muss dringend im voraus von allen Sektionen diskutiert werden. Die Unterzeichnenden erlauben sich, euch auf Montag, den 18. November, zu einer Versammlung zusammenzurufen.»[2]
Die Partei sollte Stärke zeigen und die Strasse nicht dem Gegner überlassen – nicht ohne Risiko, wie sich zeigen sollte. Nach Beendigung der Versammlung schnappten einige Delegierte noch etwas frische Luft und begaben sich Richtung Piazza della Riforma – ein hartes bürgerliches Pflaster. Es kam zu einer Schlägerei, bei der es auch Guglielmo Canevascini erwischte. Die Arbeiterbewegung fasste aber wieder Fuss: 1919 nahm die Mitgliederzahl der Gewerkschaften zu, in Bellinzona und Chiasso wurden Volkshäuser eingerichtet, und bei den Nationalratswahlen von 1919 wurde der erste Tessiner Sozialist gewählt. Luigi Patocchi überflügelte Guglielmo Canevascini knapp, überliess ihm aber den Sitz in Bern. Mittelfristig ging die Tessiner Arbeiterbewegung gestärkt aus dem Landesstreik hervor. Die Verbindungen zum SGB und zur SP wurden enger, und man war bereit, der faschistischen Gefahr zu trotzen, sei es mit demokratischer Überzeugungsarbeit, sei es in der Konfrontation auf der Strasse oder sogar mit geheimen bewaffneten antifaschistischen Gruppen.

1   Archivio di Stato Bellinzona, Fondazione Pellegrini Canevascini, fondo 05, Guglielmo Canevascini, sc. 8/2/4/10.
2   Archivio di Stato Bellinzona, Fondazione Pelegrini Canevascini, fondo 21, Francesco Borella, sc. 13/1/1 PST CD 8.1.1917 / 1.3.1918, circolare della sezione di Lugano.

rung Euphorie aus.[26] Francesco Chiesa äusserte im *Corriere del Ticino* in seinem berühmten Artikel «La Vittoria dell'Italia e noi Ticinesi» seine Genugtuung über den Untergang Österreich-Ungarns. Zugleich rechnete er mit den Confederati «nella Svizzera transalpina» ab, welche die Furcht vor einer italienischen Eroberung des Tessins geschürt hätten.[27]

Die Festlichkeiten im Tessin dauerten eine ganze Woche. Vor allem im Sottoceneri kam es zu spontanen Freudenkundgebungen über die noch geschlossene Landesgrenze hinweg.[28] In Chiasso trafen sich fröhlich-feiernde Italiener und Tessiner am 10. November beim Zoll, riefen einander Glückwünsche zu, musizierten und brannten Feuerwerke ab.[29]

Am gleichen Sonntag beschloss das nach Bern einberufene OAK die Proklamation eines unbefristeten, landesweiten Generalstreiks.[30] Am Montag, dem 11. November, wurde in einem Bahnwagen bei Compiègne das Waffenstillstandsabkommen an der Westfront unterzeichnet. «Pace!» betitelte der *Corriere del Ticino* seinen Leitartikel. Die Zeitung misstraute aber dem neuen deutschen sozialdemokratischen Kanzler Ebert, der die imperialistische Eroberungspolitik des Kaisers unterstützt habe. Der wilhelminische «Internationalismus» werde durch einen neuen ersetzt, der den sozialen Kampf in die ganze Welt hinaustragen werde.[31] Die Deutschen, so der Berner Korrespondent Emilio Colombi im *Dovere*, gäben zu, dass sie den Krieg verloren hätten, klammerten sich aber an eine neue Hoffnung: Als diszipliniertes Volk könnten sie in einem durch den Bolschewismus tief erschütterten Europa wieder eine hegemoniale Position erlangen. Deutschfreundliche Kreise seien daran interessiert, die ruhige Schweiz zu unterminieren und von hier aus die bolschewistische Agitation in die Nachbarstaaten hinauszutragen. Einer der Hauptgründe für den schweizerischen Landesstreik sei in dieser Politik Deutschlands zu suchen.[32] Die beiden grossen bürgerlich-liberalen Luganeser Blätter bezeichneten die Zürcher Ereignisse als «Komplott» und nannten in diesem Zusammenhang regelmässige Treffen von Fritz Platten, dem «berlinese di Zurigo», mit der russischen Revolutionärin Anželica Balabanova.[33] Zu den Anführern der «rivoluzione sociale» zählte der liberale *Dovere* neben Platten, dem intellektuellen Kopf der «banda», auch Robert Grimm und Konrad Ilg, den Präsidenten des OAK und dessen Stellvertreter.[34] Die Genossen der Deutschschweiz und «intimen Freunde» Deutschlands würden sich die Hände reiben, wenn die Entente-Mächte um ihren Sieg gebracht würden.[35] Im Einklang mit dieser Einschätzung der politischen Lage übten bei Kriegsende auch Frankreich und Italien Druck auf die Schweizer Behörden aus. Der italienische Aussenminister Baron Sidney Sonnino gab dem Schweizer Gesandten in Rom, Georges Wangière, am 7. November 1918, kurz nach dem Waffenstillstand von Padua, deutlich zu verstehen, «dass die Mächte fest entschlossen» seien, «nicht zu erlauben», dass man in der Schweiz «einen revolutionären Herd» gründe.[36]

Am 11. November 1918 herrschte vor allem in Locarno[37] und Lugano Feststimmung. Den «Festtag» bezeichnete der *Corriere del Ticino* als ein «Plebiszit des Jubels […] über ein gerechtes, redliches Kriegsende». Am Abend strömten mehrere Tausend Menschen ins Stadtzentrum, und um 20 Uhr formierte sich auf der Piazza della Riforma ein von den Vereinen der Colonia italiana und der Associazione Ticinese «Amici della Francia» organisierter Umzug. Der «immenso corteggio» wurde von der Stadtmusik angeführt. Schweizer- und Tessiner Fahnen sowie unzählige Flaggen aller Entente-Länder wurden geschwenkt und Lampions getragen. Vor dem beflaggten und hell erleuchteten italienischen Konsulat sang die Menge Hymnen des Risorgimento, den «Inno Mameli» (die heutige Nationalhymne) und den «Inno Garibaldi», und die Stadtmusik spielte die königliche Fanfare «Marcia Reale» (die damalige Nationalhymne). Auf dem Balkon begrüssten Generalkonsul Conte Marazzi und seine Frau die Festgemeinde. Weitere Besuche wurden dem englischen, französischen und belgischen Konsulat, den Redaktionen des *Corriere del Ticino* und der *Gazzetta Ticinese* sowie dem Sitz der Amici della Francia abgestattet. Vor

26 Agliati, Mario: La Storia del «Corriere del Ticino», vol. 1, Muzzano 2003, 702f.
27 Corriere del Ticino, Nr. 253, 4.11.1918.
28 Gazzetta Ticinese, Nr. 259, 11.11.1918.
29 Gazzetta Ticinese, Nr. 260, 12.11.1918; La Luce, Nr. 45, 9.11.1918.
30 Gautschi, Willi: Der Landesstreik 1918, Zürich 1988, 280–293.
31 Lo sfacelo del Pangermanismo, in: Corriere del Ticino, Nr. 262, 13.11.1918.
32 Bericht von Emilio Colombi vom 14.11.1918 im Dovere vom 16.11.1918, in: Gazzetta Ticinese, Nr. 266, 19.11.1918.
33 Gazetta Ticinese, Nr. 260. Corriere del Ticino, Nr. 261, 12.11.1918.
34 Vgl. dazu Martinetti, Fare il Ticino, 155; Il Dovere, 16.11.1918.
35 Corriere del Ticino, Nr. 262, 13.11.1918.
36 Documents diplomatiques suisses, Volume 6 (1914–1918), Bern 1981, Doc. 459, 464.
37 Gazzetta Ticinese, Nr. 260, 12.11.1918.

den einzelnen Konsulaten erklangen die entsprechenden Nationalhymnen. Der englische Konsul und seine Frau streuten Blumen auf die Menge. Besonders bewegte Dankesworte an die Tessiner richtete der konsularische Vertreter Belgiens, Kommandant Heer. Grosser Beifall wurde schliesslich den Reden von Professor A. R. Ottino und Angelo Conti, dem «unermüdlichen ‹duce› der ‹Amici della Francia›», gespendet.[38] Auf der Piazza della Riforma wurde bis zu später Stunde weitergefeiert.[39]

Der «strahlende» und «heitere» Tag des Friedens sei aber, so der *Corriere del Ticino*, durch die «bolschewistische Bewegung» und die Proklamation des Generalstreiks durch den «Soviet di Olten» überschattet worden.[40] So wurde die Atmosphäre des Tages auch durch Aufrufe und Massnahmen zur Aufrechterhaltung von Ruhe und Ordnung geprägt. Die Luganeser Exekutive beschloss am Sonntag, dem 10. November, an einer ausserordentlichen Sitzung, dem Bundesrat in einem Telegramm das Vertrauen auszusprechen und der Landesregierung den Protest der Stadt Lugano gegen die «agitazioni internazionaliste» kundzutun. Ferner entschied sich die Stadtbehörde zu einem Aufruf an die Bevölkerung in Form von Plakaten und Flugblättern. Auch wenn man ein Übergreifen von Unruhen in anderen Städten auf Lugano für unwahrscheinlich hielt, war man fest zur «absoluten Aufrechterhaltung der Ruhe» entschlossen. Ferner empfing die Stadtbehörde eine Delegation von «städtischen Vereinen», die ihr in einem Brief mitteilte, dass sie im Einklang mit der grossen Mehrheit der Luganeser Bevölkerung darauf vertraue, dass die Stadtregierung die erforderlichen Massnahmen ergreife.[41] Zu den getroffenen Vorkehrungen gehörte die Anordnung der Bildung einer «squadra di volontari» (einer Bürgerwehr) auf der Grundlage der «vecchia Guardia Civica luganese», die den Stadtbehörden unterstellt war.[42] Einige Mitglieder der Stadtbehörde hätten sich, so die *Gazzetta Ticinese*, schon seit einiger Zeit und besonders nach dem Generalstreik vom Juli 1918 mit dem Gedanken auseinandergesetzt, die alte Bürgerwehr wiederherzustellen. Diese habe der Stadt von 1840 bis 1870 gute Dienste geleistet. Angesichts der Bedrohung durch den Landesstreik habe die Stadtbehörde die Neugründung der Guardia Civica angeordnet. Von nun an werde die öffentliche Ordnung von den Luganesi selbst aufrechterhalten. Die Guardia Civica sollte «unerwünschte», aus irgendwelchen Nationen stammende Zuzüger an ein respektvolles Verhalten gegenüber den Bürgern der Stadt erinnern, die sie beherbergte. Hinter dem Slogan «Lugano ai luganesi»[43] dürfte einerseits die Erinnerung an die oft als problematisch empfundenen militärischen Ordnungsdiensteinsätze stehen, die von Bund oder Kanton angeordnet worden waren. Andererseits dürfte er sich gegen kämpferische, ausländische, vornehmlich sozialistisch gesinnte Gewerkschafter und italienische Journalisten gerichtet haben. Im Visier hatten die Luganeser Ordnungspolitiker besonders die italienischen Mitarbeiter der sozialistischen *Libera Stampa*, deren Ausweisung die Stadtbehörde forderte.[44]

Der zum Kommandanten ernannte Pietro Luvini begann unverzüglich mit der Organisation der Guardia Civica.[45] In einem Brief vom 11. November 1918 lud das Initiativkomitee interessierte Mitbürger zur ersten Bürgerwehrversammlung in den Singsaal der Scuole Comunali ein.[46] Capitano Luvini verlas die Schwurformel mit einem Treuebekenntnis zur «Verfassung und ihren freien Institutionen». Die Freiwilligen schworen anschliessend mit dem Ruf «Evviva la Svizzera» und bestätigten ihren Eid mit ihrer Unterschrift. Damit war die zum Teil bewaffnete Luganeser Bürgerwehr konstituiert.[47] Die vom 11. November 1918 datierte Liste der Freiwilligen umfasste 330 Unterschriften.[48] Lugano stand am Tag vor Beginn des Landesstreiks Gewehr bei Fuss. In Artikel 4 des Dienstreglements vom 14. November 1918 wurden alle Mitglieder verpflichtet, jeden Versuch von Rebellion zu vereiteln und dem Kommandanten zu melden, was der Aufrechterhaltung der öffentlichen Ordnung, den Institutionen des Landes oder der Bürgerwehr schaden

---

38 Corriere del Ticino, Nr. 261, 12.11.1918; Gazzetta Ticinese, Nr. 260, 12.11.1918.
39 Corriere del Ticino, Nr. 261, 12.11.1918.
40 Corriere del Ticino, Nr. 261, 12.11.1918.
41 Archivio storico della Città di Lugano (ASL), Registro delle Risoluzioni della Municipalità di Lugnao, 10.11.1918.
42 Corriere del Ticino, Nr. 260, 11.11.1918. Der Beschluss der Municipalità ist im genannten «Registro delle Risoluzioni» nicht erwähnt. Pietro Luvini ist wohl identisch mit dem Vize-Präsidenten des Consiglio Comunale.
43 Gazzetta Ticinese, Nr. 260, 12.11.1918.
44 Pedroli, Guido: Il Socialismo della Svizzera italiana 1880–1922, Milano 1963, 148.
45 Gazzetta Ticinese, Nr. 260, 12.11.1918.
46 ASL, Gedrucktes Schreiben des «Comitato Promotore» an den «Egregio Concittadino», 11.11.1918. Nach dem Corriere del Ticino, Nr. 261, 12.11.1918, fand die von zahlreichen Luganesi besuchte konstituierende Versammlung der G. C. in der Palestra Comunale statt.
47 Gazzetta Ticinese, Nr. 260, 12.11.1918.
48 ASL, Organizzazione della Guardia Civica, Lugano, 11.11.1918, Liste der Eingeschriebenen mit einer Angabe, ob sie über eine Waffe verfügten. Die Unterschrift Nr. 210 stammt von Silvio Luvini, der sich bei den Ereignissen vom 24. November 1918 hervortat.

87   Das seltene Foto zeigt die «celebrazione della vittoria» am 10. November 1918 beim Zoll in Chiasso. Italienische und Tessiner Kundgebungsteilnehmer gehen aufeinander zu und feiern den Entente-Sieg über die noch geschlossene Landesgrenze hinweg.

Der Landesstreik im Tessin

könnte.⁴⁹ Das Stadtparlament bedankte sich am 14. November für die präventiven Massnahmen zum Schutz der Stadt gegen Unruhen.⁵⁰

In einem Brief vom 11. November 1918 teilte die Gruppe Tessin der Neuen Helvetischen Gesellschaft (NHG) Kommandant Luvini mit, dass man sich bereits seit Samstag mit der Frage der Bildung einer Bürgerwehr beschäftigt habe. Die Tessiner NHG-Gruppe zeigte sich erfreut über den Entschluss der Stadtbehörde und drückte die Hoffnung aus, das Luganeser Vorbild werde in anderen Zentren des Kantons Schule machen.⁵¹ Diese Hoffnung ging aber nur teilweise in Erfüllung. Ein Vierteljahr nach dem Landesstreik erliess das Eidgenössische Militärdepartement (EMD) eine Umfrage zum Entwicklungsstand der Bürgerwehren in den Kantonen. Am 5. März 1919 teilte der Tessiner Staatsrat dem EMD mit, dass die Städte Lugano und Chiasso Bürgerwehren organisiert hatten; in Locarno und Bellinzona hingegen bestünde noch keine definitive Organisation. Die Initiative zur Bildung der Bürgerwehr in Lugano – und vermutlich auch in anderen Städten – sei von den städtischen Behörden ausgegangen; und zumindest die Bürgerwehr Lugano sei mit Waffen aus dem kantonalen Zeughaus ausgerüstet. An der Gründungsversammlung des Schweizerischen Vaterländischen Verbands (SVV), des landesweiten Dachverbandes der Bürgerwehren, war das Tessin im April 1919 mit J. Buser aus Bellinzona, einem Vertreter der Sektion Leventina des Schweizer Alpenclubs (SAC), vertreten. Ende August 1919 teilte Buser dem SVV-Sekretär Giovanoli mit, die Bürgerwehrorganisation im Tessin lasse «zu wünschen übrig». Vom kantonalen Polizeikommandanten Rezzonico habe er erfahren, dass in Bellinzona in Sachen Bürgerwehr gar nichts gehe, und über Locarno wisse er nicht Bescheid. Eine Tessiner SVV-Sektion unter der Leitung des Präsidenten der Tessiner Offiziersgesellschaft, Oberstleutnant Giuseppe Galli aus Chiasso, entstand erst 1930.⁵²

Parallel zur Gründung städtischer Bürgerwehren bot der Bundesrat am 11. November 1918 das Tessiner Reggimento 30 auf.⁵³ In Chiasso, wo die grenzüberschreitende Feststimmung vom Sonntag anhielt und am Montag einige Firmen ihrem Personal zum Feiern frei gaben, verbreitete sich die Nachricht vom unwillkommenen Aufgebot zunächst nur gerüchteweise. Dann läuteten die Sturmglocken, und vor dem Rathaus verlas Platzkommandant Arnoldo Bernasconi die präzisen Marschbefehle. In Lugano erfolgte die Mobilmachung am Nachmittag mit «tamburi». Die Friedensglocken waren verstummt, und der Glöckner von San Lorenzo läutete Sturm. Einige Luganesi fluchten gegen die «Bolschewisten», die sie als Urheber der unerwarteten Mobilisation betrachteten.⁵⁴ Nach 20 Uhr, so erinnerte sich der damalige Leutnant Marco Antonioni zehn Jahre später, wurde auf dem «campo militare» in Bellinzona ohne disziplinarische Zwischenfälle Appell gemacht.⁵⁵ Am ersten Streiktag fuhr aber nur «ein Personen- und Militärzug» Richtung Norden.⁵⁶ Durch den inzwischen wirksam gewordenen Streik auf der Strecke Bellinzona-Gotthard wurden etliche Offiziere, die in der «Svizzera interna» wohnten, blockiert; und in den oberen Bergtälern wohnhafte Soldaten wurden am Dienstagmorgen mit Camions eingesammelt.⁵⁷ Der Transport des Gros der Tessiner Truppen in die Deutschschweiz erfolgte erst am Donnerstag, 14. November, wobei die Abfahrt der Züge teilweise mit Waffengewalt erzwungen wurde.⁵⁸ Als sich der Zug mit dem Bataillon 94 um 14 Uhr in Richtung Baar-Horgen in Bewegung setzte, schrien gemäss den Erinnerungen Marco Antoninis «tausend Kehlen ‹nieder mit den Bolschewisten›, ‹nieder mit Balabanova›. Balabanova war stets in aller Munde; unsere Soldaten sahen in ihr das Wahrzeichen und die Karikatur der Revolution.»⁵⁹ Das Bataillon 95 war bereits am Morgen an seinen Bestimmungsort in Cham und Baar im Kanton Zug gefahren, während das Bataillon 96 längs der Gotthardlinie in der unruhigen Leventina stationiert blieb.⁶⁰

49 ASL, Corpo Volontari, Guardia Civica di Lugano, Regolamento concernente i doveri dei partecipanti al corpo, 14.11.1918.
50 Protocollo del Consiglio Comunale, seduta del 14.11.1918; Gazzetta Ticinese, Nr. 263, 15.11.1918.
51 ASL, Dossier «Guardia Civica», Handschriftlicher Brief des «Gruppo Ticino della N.S.E.» an Bürgerwehr-Kommandant Pietro Luvini vom 11. November 1918, unterzeichnet von Mansueto Pometta (presidente) und Carlo Battaglini (segretario).
52 Thürer, Andreas: Der Schweizerische Vaterländische Verband, 1919–1930/31, Basel 2010, Band 1, 230–233; Band 3, 169, 251.
53 Corriere del Ticino, Nr. 260, 11.11.1918.
54 Corriere del Ticino, Nr. 261, 12.11.1918.
55 Antonini, Marco: Reminiscenze, in: Circolo degli Ufficiali di Lugano, Nr. 6, 1.11.1928, 119–123.
56 Er war einer der wenigen Züge, die offenbar aufgrund eines «Missverständnisses» am 12. November noch auf der Gotthardstrecke verkehrten; vgl. dazu Schweizerisches Sozialarchiv, SMUV, D/124.3, Journal des Sekretariats der Metall-Arbeiter-Gewerkschaft in Altdorf.
57 Corriere del Ticino, Nr. 262, 13.11.1918.
58 Antonini, Reminiscenze, 119; Gautschi, Willi (Hg.): Dokumente zum Landesstreik 1918, Zürich 1971, 407.
59 Antonini, Reminiscenze, 119.
60 Antonini, Reminiscenze, 120. Bolzani, Antonio: I Ticinesi son bravi soldà, Memorie della Mobilitazione 1914–1918, Lugano 1924, 119. Das Bataillon 94 wurde zunächst nach Baar verlegt und bekam dort gegen 23 Uhr den Befehl, sich nach Horgen zu begeben. Die Kompanie IV/95 wurde nach Andermatt und Göschenen beordert.

# «Evviva la Svizzera! Evviva il Ticino!»: Bürgerliches Lob für die Tessiner Ordnungstruppen in der Deutschschweiz

Andreas Thürer

Die in den vorwiegend städtischen Streikzentren eingesetzten Ordnungstruppen wurden im November 1918 vor allem in ländlichen, dem Streik abgewandten Landesgegenden rekrutiert. Als besonders zuverlässig und energisch galten dabei die Truppen aus der lateinischen Schweiz, was angesichts der Spannungen zwischen den Sprachregionen während des Kriegs und der damit verbundenen ordnungspolitischen Probleme nicht selbstverständlich war. Nach Streikabbruch veröffentlichte die bürgerlich-liberale Tessiner Presse unter dem Titel «Loyalität» beziehungsweise «Standhaftigkeit» folgende Meldung des *Journal de Genève* über Ereignisse im Urner Eisenbahnerdorf Erstfeld, dem nördlichen Ausgangspunkt der Gotthardbahn-Bergstrecke, wo sich die «ferrovieri» strikt an die Streikparole hielten: «Am Dienstag versuchten Streikende, [...] einen aus dem Tessin kommenden Zug mit Tessiner Truppen anzuhalten. Ungefähr 200 Soldaten sind aus dem Zug ausgestiegen, haben sich vor den Zug gestellt und im Angesicht der Streikenden die Nationalhymne gesungen. Nach diesem kurzen Auftritt liessen die Streikenden den Zug weiterfahren. Vor der Weiterfahrt versahen die Soldaten die Wagen mit der Aufschrift ‹Es lebe die Schweiz!›, ‹Es lebe das Tessin!›, ‹Raus mit den ausländischen Eindringlingen!›.» Gemäss der Berichterstattung wurde den Tessiner Truppen während des Landesstreiks «in verschiedenen Städten der Zentralschweiz Beifall gespendet.»[1] Anerkennung fanden die «militi ticinesi» auch in der Zürcher Gemeinde Horgen. Der dortige Gemeindepräsident hatte gemäss dem Zürcher Truppenkommandant, Emil Sonderegger, Unruhen befürchtet und Truppen angefordert.[2] Im Industriedorf Horgen war die politische Stimmung seit Monaten sehr gereizt; und während des Landesstreiks standen sämtliche Fabriken still. An einer Versammlung am ersten Streiktag beschloss die Arbeiterschaft vier Forderungen zu Handen des Gemeinderats, die alle «elementare Aspekte der Lebenshaltung» beträfen. Obwohl es in Horgen zu keinen heftigen Auseinandersetzungen kam, war die Atmosphäre im Dorf angespannt.[3] Als das Tessiner Bataillon 94 gegen Ende des Streiks in «stockdunkler» Nacht «in tadelloser Ordnung und klingendem Spiel» in Horgen einrückte, fühlten sich die Gegner des Ausstandes durch die «unerwartete Ankunft der Truppen von den langen, bang durchlebten Stunden erlöst».[4] Mit «lang anhaltendem stürmischem Beifall», so der *Anzeiger des Bezirkes Horgen*, wurden die «strammen, wackeren Söhne des Südens» begrüsst.[5] Die Horgener hätten es sich nicht nehmen lassen, so die NZZ, den Soldaten aus der italienischen Schweiz «den Dienst sehr angenehm zu gestalten». Die Tessiner seien mit Zigarren, Früchten, Extrawurst und selbst Wein beschenkt worden. Nicht weniger als 8000 Franken seien dafür zusammengelegt worden. Musikfreunde hätten zu Ehren der «wackeren Tessiner» sogar ein Konzert veranstaltet. Als am darauffolgenden Mittwoch, dem 20. November, der lange Zug davondampfte,

---

1 Corriere del Ticino, Nr. 265, 16.11.1918; Gazzetta Ticinese, Nr. 265, 18.11.1918. Der Versuch, am Dienstag, 12. November, in Erstfeld einen Militärzug mit Angehörigen des Tessiner Bataillons 94 aufzuhalten, ist auch in militärgeschichtlichen Akten vermerkt; vgl. dazu Archivio di Stato, Bellinzona, FPC 21, fondo Borella, sc. 15/1/16, freundliche Information von Gabriele Rossi. Eine indirekte Information stellt ferner ein Vermerk im Journal des Sekretariats der Metall-Arbeiter-Gewerkschaft in Altdorf dar, dass auf der Gotthardstrecke am 12. November noch «ein Personen- und Militärzug» Richtung Norden gefahren sei. Der Transport des Gros der Tessiner Ordnungstruppen in die «Svizzera interna» erfolgte hingegen erst am letzten Streiktag, dem 14. November; vgl. dazu Schweizerisches Sozialarchiv, SMUV D/124.3; Kälin, Urs: In der Spur. 100 Jahre Sozialdemokratische Partei des Kantons Uri, Altdorf 2007, 59–61. Die Ereignisse in Erstfeld wurden in verschiedenen Zeitungen allerdings leicht unterschiedlich dargestellt. Laut der radikal-liberalen Bellinzoneser Zeitung Il Dovere, Nr. 268, 20.11.1918, handelte es sich bei den Tessiner Soldaten, die am 12. November in Erstfeld das Anhalten eines Zuges durch Streikende verhinderten, um Wehrmänner, die aufgrund ihres Aufgebotes (der Mobilisierung des Reggimento 30) von der Alpennordseite in das Tessin reisten. Gemäss Il Dovere unterstanden die einrückenden Soldaten keinem Kommando, handelten also spontan.
2 Gautschi, Willi: Dokumente zum Landesstreik 1918, Zürich 1971, 407.
3 Klee, Doris: Der Erste Weltkrieg, in: Horgner Jahrheft 2016, 41f. Die Forderungen der Arbeiterschaft betrafen die Wohnungsnot, die Einrichtung einer seit Längerem in Aussicht gestellten Kinderkrippe, die Reduktion des Kartoffelpreises und eine bessere Vertretung in den Kommissionen des Ernährungs- und Rationierungswesens.
4 Der Anzeiger des Bezirkes Horgen setzt die Ankunft der Tessiner Truppen auf die Nacht vom 13./14. November an, die Neue Zürcher Zeitung vermutlich korrekt auf jene vom 14./15. November. Das Bataillon 94 verliess Bellinzona erst am 14. November um 14.00 Uhr; vgl. dazu Antonini, Marco: Reminiscenze, in: Circolo degli Ufficiali di Lugano, Nr. 6, 1.11.1928, 119–123.
5 Anzeiger des Bezirkes Horgen, Nr. 133, 18.11.1918.

sei «aus tausend Kehlen ein herrliches ‹Lebt wohl›» erschollen. Leider hätten die Tessiner Soldaten aber 170 Grippekranke in einem Notspital zurücklassen müssen.[6]

Zum Feiern des Kriegsendes war den mehrheitlich deutschfreundlich gesinnten Horgenern allerdings nicht zumute. 1914 hatten sie kein Verständnis für das überfallene Belgien gezeigt[7], und 1918 betrachteten sie die Waffenstillstandsbedingungen der Entente als «für Deutschland direkt erwürgend».[8] Umso erstaunlicher ist das volksfest-ähnliche Willkommenheissen der «feurigen Patrioten» aus dem Tessin, wo die aussenpolitische Lage von der Mehrheit der Bevölkerung ganz anders eingeschätzt und die «vittoria dell'intesa» bejubelt wurde. In der angespannten Stimmung des Landesstreiks bemerkte der vaterländische *Anzeiger des Bezirkes Horgen* nachdenklich: «Leider hat es viel zu lange gedauert, bis die Tessiner in der deutschen Schweiz richtig erkannt und gewürdigt wurden.»[9] Horgen steht vermutlich beispielhaft für das innenpolitische Zusammenrücken der auf Ordnung bedachten bürgerlich gesinnten Kreise über die in der Kriegszeit zum Teil tief gewordenen Gräben zwischen den Sprachregionen hinweg.

Am Samstag, 16. November, marschierte das Bataillon 94 schliesslich von Horgen nach Zürich, um an der Parade von Divisionär Sonderegger teilzunehmen. Auf dem Fussmarsch nach Zürich wurden die Tessiner Truppen von der Bevölkerung enthusiastisch begrüsst und noch einmal reich beschenkt. Dem «stets strengen» General Wille sei beim Vorbeimarsch der Tessiner Truppen ein «anerkennendes Lächeln» entwichen, erinnerte sich der damalige Leutnant Marco Antonini an das «imposante, feierliche» Defilee. Ulrich Wille verdrängte in der Triumphstimmung vermutlich, dass er dasselbe Tessiner Bataillon 94 1892 noch als Musterbeispiel «skandalöser» Disziplinlosigkeit in der Schweizer Armee angeprangert hatte.[10] 1918 jedenfalls, so Antonini weiter, seien die 94-er stolz gewesen, den «confederati» die patriotische Treue der Tessiner zu demonstrieren. Das italienische Dankesschreiben Sondereggers an die Ordnungstruppen von Zürich und Umgebung sei mit einem dreifachen Hurra entgegengenommen worden.[11]

6  Neue Zürcher Zeitung, 25.11.1918, Morgenblatt.
7  Klee, Der Erste Weltkrieg, 38f.
8  Anzeiger des Bezirkes Horgen, Nr. 135, 22.11.1918.
9  Anzeiger des Bezirkes Horgen, Nr. 133, 18.11.1918.
10  Jaun, Rudolf: Preussen vor Augen. Das schweizerische Offizierskorps im militärischen und gesellschaftlichen Wandel des Fin de siècle, Zürich 1999, 136–142.
11  Antonini, Reminiscenze, 120f.

Wie aber lassen sich die Schmähruſe «Abasso la Balabanoff» erklären, die bereits am 7. November 1918 bei einer Demonstration in Lugano zu hören gewesen waren?[61] Die russische Revolutionärin, die Mitte Oktober 1918 aus Sowjetrussland in die Schweiz eingereist war, zog rasch die Aufmerksamkeit der benachbarten Entente-Mächte Frankreich und Italien auf sich. Ab 1912 hatte sie dem Zentralkomitee des PSI angehört, der sich als einzige sozialistische Partei eines grossen kriegführenden Landes gegen den Krieg wandte. Balabanova wirkte auch aktiv in der internationalen Bewegung der sozialistischen Kriegsgegner mit, die sich am 27. September 1914 zu einem ersten wichtigen Treffen im Restaurant Helvetia in Lugano versammelten. In Lugano hatte sie bis zum Sommer 1905 eine Aufenthaltsbewilligung und gab dort das von ihr mitbegründete Wochenblatt *Su Compagne!* (1904–1906) heraus. Im Tessin war sie schon damals zum Symbol der Revolution geworden.[62] 1917, vor ihrer Rückreise nach Russland, gehörte sie der Redaktion der internationalistisch ausgerichteten PSI-Zeitung *Avvenire del Lavoratore* an, die gegen die interventionistische *Libera Stampa* polemisierte, welche die Mehrheit der Tessiner Sozialisten vertrat.[63] Als Kriegsgegnerin hatte die russische Revolutionärin im Tessin selbst im sozialistischen Lager kaum Rückhalt. So erstaunt es nicht, dass die Tessiner Presse in die vom *Journal de Genève* ausgelöste und mit der Entente-Politik im Einklang stehende «antibolschewistische» Kampagne einstimmte und Anželica Balabanova zum wichtigsten Feindbild in der ganzen vorwiegend bürgerlich gesinnten lateinischen Schweiz wurde.[64]

## Lokale Solidaritätsstreiks statt Generalstreik im Sopraceneri

Der gesamtschweizerische Landesstreik nahm im Tessin einen ganz anderen Verlauf als der Generalstreik in der Region Lugano vom Juli 1918. Die Streikbeteiligung im Tessin war bescheiden und beschränkte sich praktisch auf den Sopraceneri.[65] Im oberen Kantonsteil spielten die Eisenbahner eine wichtige Rolle, insbesondere in den beiden Bahnzentren Biasca und Bellinzona. In Airolo wurden sie vermutlich durch einen bahninternen Telefonanruf über den Streik informiert. Giuseppe Simona, Präsident des Vereins Schweizerischer Eisenbahn- und Dampfschiffangestellter (VSEA), gab die Information anschliessend per Velo von Bahnhof zu Bahnhof von Airolo bis Bellinzona weiter.[66] In Biasca und Bellinzona wurden die Eisenbahner zusätzlich durch ein verschlüsseltes Telegramm, das der Militärzensur entgangen war, über die Streikteilnahme ihrer Kollegen in der ganzen Schweiz informiert.[67]

Biasca im Süden und Erstfeld im Norden waren die Ausgangspunkte der Bergstrecke der Gotthardbahn. Zur Bewältigung dieser Strecke musste den schweren Zügen eine zusätzliche Lokomotive vorgespannt werden, was zusätzliches Personal und Depots erforderte. Es erstaunt deshalb nicht, dass die beiden Eisenbahnerdörfer über eine gut organisierte Arbeiterbewegung verfügten, die im Landesstreik für eine hohe Beteiligung am Ausstand sorgten.[68]

In Biasca, so berichtete das lokale Aktionskomitee in der *Libera Stampa*, wurden bereits am Montag, 11. November, auf 21 Uhr die Präsidenten und Vertrauensleute aller Berufsgruppen in den «Circolo Operaio», das Versammlungslokal der Arbeiterschaft, einberufen. Das unverzüglich bestellte Aktionskomitee gab Punkt Mitternacht die Streikorder aus. Der Eisenbahnverkehr ab Biasca wurde in der Folge eingestellt. Streikbrecher gab es keine. Zugleich wurden zwei zuverlässige Kuriere nach Bellinzona geschickt, um den dortigen Genossen die Solidarität auszudrücken. Am Dienstag um 10 Uhr fand im «Circolo Operaio» die erste Vollversammlung der Streikenden statt. Das Aktionskomitee, das in Permanenz tagte, rief die Eisenbahner zu Ruhe und Solidarität auf, erläuterte die ersten Anweisungen und erklärte gleichzeitig, dass infolge der Telegramm- und Telefonzensur keine Verbindung mit den Verbandsleitungen und dem Gewerk-

---

61 Libera Stampa, Nr. 46, 29.11.1918.
62 Entscheidend zu ihrem Ruf als Revolutionärin hatte ihre Kundgebung von 1905 in Stabio beigetragen, gegen die der Priester und die Frauen des Dorfs protestiert hatten. Freundliche Information von Gabriele Rossi.
63 Pedroli, Il socialismo, 137.
64 Canevascini, Autobiografia, 49f; Collmer, Peter: Die Schweiz und das Russische Reich 1848–1919. Geschichte einer europäischen Verflechtung, Zürich 2004, 447, 463–467; Martinetti, Orazio: Sul ciglio del fossato, Locarno 2018, 250ff; Richers, Julia: Anželica Balabanova (1869–1965), in: Degen, Bernard/Richers, Julia (Hg.), Zimmerwald und Kiental. Weltgeschichte auf dem Dorfe, Zürich 2015, 71–73.
65 Valsangiacomo, Storia di un leader, 125, spricht von «minime agitazioni solo ad Airolo, Bellinzona, Biasca, Bodio, Brissago, Chiasso e Giubiasco».
66 Freundliche Information von Gabriele Rossi. Der Bericht über Simonas Kuriertour beruht auf einem mündlichen Zeugnis von Frau Gaggetta, Nichte des Streikführers Giovanni Tamò; vgl. auch Rossi, Point de Grève générale [im Druck].
67 Das Telegramm hatte den Wortlaut: «ordine di frequentare la ‹scuola reclute›»; vgl. dazu Libera Stampa, Nr. 47, 22.11.1918; Rossi, Point de Grève générale [im Druck].
68 Vgl. Kälin, Urs: In der Spur. 100 Jahre Sozialdemokratische Partei des Kantons Uri, Altdorf 2007, 21f., 59f.

schaftsbund jenseits der Alpen mehr möglich sei. Die Kommunikation blieb bis zum Streikende unterbrochen, sodass die lokale Streikleitung auf sich selbst gestellt war. Um 15 Uhr erschien eine Arbeiterdelegation des nahen Industriezentrums Bodio, um ihre Solidarität auszudrücken.[69] Die Metallarbeiter in Bodio entschieden sich am 13. November um 10 Uhr für einen 24-stündigen Ausstand. Ferner beteiligten sich auch die Steinhauer der Riviera und der Leventina am Streik.[70]

In Biasca trat am zweiten Streiktag die zweite Vollversammlung der streikenden Eisenbahner zusammen. Militär besetzte den Bahnhof und forderte die Streikenden energisch zur Wiederaufnahme des Bahnbetriebs auf, aber keiner der Eisenbahner liess sich einschüchtern. Am Abend wurden die beiden Bremser Firmino Gianini und Luigi Togni verhaftet, und am dritten Streiktag gingen Gerüchte von Massenverhaftungen um. Auf Druck des Aktionskomitees wurden die beiden am Vortag Arretierten wieder aus der Haft entlassen. Unterdessen versuchte Hauptmann Kohler mit einer Gruppe von Soldaten, einen Lokomotivführer und einen Heizer mit Gewalt auf eine Lokomotive zu zerren, offenbar aber ohne Erfolg. Dem um 17 Uhr eingetroffenen Telegramm der SBB-Kreisdirektion V, das den Streikabbruch auf Mitternacht ankündigte, misstrauten die Eisenbahner. Erst der gegen 21 Uhr telegrafisch übermittelten «parola d'ordine» der Streikleitung aus Bern, den Ausstand um 24 Uhr zu beenden, um einen Bürgerkrieg zu verhindern, schenkten die erleichterten Eisenbahner Vertrauen.

Mit einem «würdigen» Umzug durch die Ortschaft schlossen die Eisenbahner ihren Arbeitskampf am Abend des letzten Streiktags ab. Die Militarisierung hatte die Eisenbahnerorganisationen schwer belastet; die geschlossene Befolgung des Streiks erfüllte sie aber mit Stolz über ihren «grossen moralischen Sieg». Trotz des korrekten Verhaltens und des Verzichts auf Provokationen, so beklagte sich das Aktionskomitee, zeigte sich ein Grossteil der Dorfbevölkerung von Biasca aufgrund der «Lügen und Diffamierungen in der bürgerlichen Presse» gegenüber der Arbeiterklasse sehr feindselig. Besonders lautstark äusserten die Handels- und Gewerbetreibenden, die Bauern und sogar Familien ehemaliger Eisenbahner ihren Unmut. Angeprangert wurde in der *Libera Stampa* vor allem das flegelhafte Verhalten eines «reaktionären Grünschnabels», der bedauert haben soll, dass er nicht Soldat sei und nicht frei auf die «verhassten Streikenden» schiessen könne. Schliesslich setzten die Eisenbahner von Biasca aufgrund ihrer Streikerfahrungen eine Kommission zum Studium der Fusion ihrer zahlreichen Teilorganisationen zu einem Gesamtverband ein.[71] Auf lokaler Ebene setzten sie damit einen Prozess in Gang, der später auch auf nationaler Ebene erfolgreich umgesetzt wurde.

In Bellinzona setzte der Eisenbahnerstreik später ein und umfasste nicht alle Verbände. Als am Montagabend die Sturmglocken läuteten und das ganze Reggimento 30 mobilisiert wurde, heisst es im Streikbericht der *Libera Stampa*, dass unzählige Gerüchte über die Hintergründe des Truppenaufgebots in der Stadt kursierten. Von einem bevorstehenden Streik sprach niemand. Am Dienstag wurde auf dem Kurierweg die Nachricht überbracht, dass in der ganzen Schweiz der Generalstreik proklamiert worden sei und das Personal der Depots in Airolo und Biasca sich dem Streik bereits angeschlossen habe. Sofort wurden die Vorstände der verschiedenen Organisationen zusammengerufen, aber noch fehlten genaue Weisungen der Zentralverbände. Sollte trotzdem ein Solidaritätsstreik ausgerufen werden? Eine weitere Sitzung wurde auf 14 Uhr einberufen. Inzwischen waren die Weisungen der Zentralverbände mit der Begründung des Streiks eingetroffen: Es sollte in erster Linie gegen das Aufgebot der Truppen protestiert werden, welche nicht zum Grenzschutz, sondern zur Bekämpfung des inneren Feindes eingesetzt werden sollten. Um 14.25 Uhr wurde beschlossen, am Streik teilzunehmen, um die anderen Kollegen der Schweiz in ihrem Kampf nicht allein zu lassen. Der Zug, der 14.33 Uhr Richtung Gotthard fahren sollte, wurde bereits nicht mehr abgefertigt.[72] Dem Streik schlossen sich das SBB-Personal, die Arbeiter der Reparaturwerkstätten (officine) sowie die Weichen- und Streckenwärter an.[73] Der erste Streiktag verlief ruhig. Der Stationsvorstand versuchte, den einen oder anderen zur Wiederaufnahme des Dienstes zu bewegen, indem er auf die Konsequen-

69 Libera Stampa, Nr. 47, 22.11.1918.
70 Martinetti, Fare il Ticino, 154. Pedroli, Il socialismo, 147.
71 Libera Stampa, Nr. 47, 22.11.1918.
72 Libera Stampa, Nr. 47, 22.11.1918.
73 Rossi, Point de Grève générale [im Druck]; Martinetti, Fare il Ticino, 154, 160f. Die «Proclami di ferrovieri di Bellinzona» waren von Vertretern der folgenden Verbände unterschrieben: SZPV (Zugbegleitpersonal), SLPV (Lokomotivpersonal), SRPV (Rangierpersonal), AUST (Arbeiter der Transportanstalten); vgl. dazu Heeb, Friedrich: Der Schweizerische Gewerkschaftsbund 1880–1930. Denkschrift zum fünfzigjährigen Jubiläum, Bern 1930, 371f.

88   Streikende Eisenbahner vor ihrem Versammlungslokal, dem «Circolo Operaio» in Biasca, zwischen dem 12. und 14. November 1918.

Der Landesstreik im Tessin

zen einer Arbeitsverweigerung hinwies. Am Abend sollte das mehrheitlich mobilisierte Reggimento 30 in die «Svizzera interna» fahren. Zunächst mochten die Vorgesetzten auf Streikbrecher gehofft haben, doch im Verlauf des Tages entschieden sich praktisch alle Eisenbahner, den Dienst zu verweigern. Der Befehl des Regimentskommandanten, die Militärzüge im Verlauf der Nacht vom 12. auf den 13. November bereitzustellen, wurde nicht befolgt. Die militärischen Führer erhöhten darauf den Druck und liessen die lokale Streikleitung verhaften, was den Widerstandswillen der Eisenbahner aber weiter verstärkte. Trotz weiterer Verhaftungen standen die Züge weiterhin still. Am dritten Streiktag, so die *Libera Stampa*, habe das Militärkommando schliesslich seine Taktik geändert und das unlautere Mittel der «Täuschung» eingesetzt. In einem Telegramm sei die Kapitulation des OAK und der Streikabbruch auf Mitternacht bekannt gegeben worden. In Bern direkt eingeholte telefonische Informationen hätten den Inhalt des Telegramms freilich dementiert.[74] Die darauf zusammengerufenen Eisenbahnerorganisationen beschlossen einstimmig, den Streik fortzusetzen und die Weisungen des zentralen Komitees abzuwarten. Diese trafen im Verlauf des Abends ein. Die «parola d'ordine» des OAK kündigte den Streikabbruch um Mitternacht an. In einer letzten Vollversammlung im Albergo Svizzero wurde die Wiederaufnahme der Arbeit beschlossen.[75]

Im Streikbericht der Eisenbahner nicht erwähnt wird die am Donnerstag, 14. November, zum Teil mit Waffengewalt erzwungene Abfahrt der Militärzüge.[76] Während die Streikenden versuchten, die Fahrt der Militärzüge nach Norden zu verhindern, gelang es der Armee, die für die Streikenden wichtigen Telefon- und Telegrafenverbindungen nach Süden zu unterbrechen beziehungsweise zu ihren Gunsten zu nutzen. In Bellinzona kam es ausserdem zur Festnahme von insgesamt 15 Eisenbahnern. Vier von ihnen hatten sich im Februar 1919 vor dem Divisionsgericht 5B zu verantworten, das von Oberstleutnant Elvezio Borella präsidiert wurde. Verteidiger der Angeklagten war dessen Cousin, PST-Präsident Francesco Borella. Zugführer Giovanni Tamò wurde des Ungehorsams angeklagt, weil er den Befehl des stellvertretenden Regimentskommandanten,[77] Maggiore Dollfuss, verweigert hatte, einen Zug für den Truppentransport zu organisieren. Tamò wurde zu einem Monat Gefängnis verurteilt – ein hartes Urteil im Vergleich zu den Urteilen gegen Deutschschweizer Kollegen für ähnliche Vergehen. Die anderen drei Angeklagten wurden hingegen freigesprochen. Die Erfahrungen mit der Militärgerichtsbarkeit von 1919 trugen später wesentlich zur kritischen Distanz des einflussreichen Tessiner Sozialisten Francesco Borella gegenüber der Armee bei.[78]

Trotz des Streiks der Eisenbahner blieb die Lage in der vom Landesstreik am meisten betroffenen Stadt des Kantons insgesamt ruhig. Am 12. November erfuhren die Stadtbehörden, dass 25 Eisenbahner des Depots Bellinzona dem Bundesrat telegrafisch ihre Missbilligung der «bolschewistischen Bewegung» mitgeteilt hatten.[79] Am Abend des 13. November sprachen sich auch die Typografen der Hauptstadt gegen den Generalstreik aus.[80] In einer kurzen Rückschau auf die Streiktage berichtete die Stadtverwaltung dem Schweizerischen Städteverband am 15. November, dass die städtischen Angestellten während des Landesstreiks ihrer Arbeit nachgegangen waren, die Bahn Bellinzona–Mesocco verkehrte, in den Banken, Geschäften und in den industriellen Werken ungestört gearbeitet werden konnte und die Zeitungen frei erschienen waren. In Bellinzona seien wegen des Eisenbahnerstreiks ohne Anforderung der städtischen Behörden zwei Landsturmkompanien einquartiert worden. Vor den Hauptgebäuden seien einige militärische Wachen aufgezogen worden; es habe aber keine Anzeichen von Unruhen gegeben. Der Streik habe sich auf die Eisenbahner beschränkt, und diese hätten sich immer korrekt verhalten. Im Protokollbuch der städtischen Behörden wurde schliesslich vermerkt, die Präsenz der Landsturmtruppen habe die von verschiedenen Bürgern geforderte Bürgerwehr überflüssig gemacht.[81]

---

74   Am Donnerstagvormittag, 14. November, teilte Bundespräsident Calonder der Bundesversammlung mit, dass die Streikenden in der vergangenen Nacht um 2 Uhr den bedingungslosen Widerruf des Generalstreiks mitgeteilt hätten. Die Proklamation des Streikabbruchs durch das OAK wurde aber erst gegen 18 Uhr gedruckt und wurde in den peripheren Regionen erst allmählich bekannt; vgl. dazu Gautschi, Der Landesstreik 1918, 320–331.
75   Libera Stampa, Nr. 47, 22.11.1918.
76   Antonini, Reminiscenze, 119; Gautschi, Dokumente, 407.
77   Antonini, Reminiscenze, 119.
78   Mariani Arcobello, Socialista di frontiera, 63ff; Martinetti, Fare il Ticino, 156f.
79   Rossi, Point de Grève générale [im Druck].
80   Martinetti, Fare il Ticino, 154. Rossi, Point de Grève générale [im Druck].
81   Rossi, Point de Grève générale [im Druck]. Vor Weihnachten gelang es einem «Comitato Guardia Civica» dennoch, im Kantonshauptort eine freiwillige Bürgerwehr zu organisieren und Maggiore Isidoro Luzzani als «Comandante ad interim» zu gewinnen; vgl. dazu Il Dovere, Nr. 295, 21.12.18; Nr. 297, 23.12.1918. Die Bellinzoneser Gardia civica scheint jedoch nicht richtig Fuss gefasst zu haben.

### Keine Streikstimmung in Locarno und im Sottoceneri

Ausserhalb der erwähnten Zentren im Sopraceneri kam im Tessin keine Streikstimmung auf. In Locarno und in der Arbeitskammer von Lugano waren auf den 12. November Versammlungen von Gewerkschaftsdelegierten angesagt. Guglielmo Canevascini, Sekretär der Camera del Lavoro, war an einer schweren Grippe erkrankt. Er schrieb seinem Luganeser Mitarbeiter Pietro Barana aber, dass alles bereit sei und er auf die Weisungen des OAK warte.[82] Die «parola d'ordine» blieb jedoch aus; die Telegraf- und Telefonverbindungen waren unterbrochen,[83] und das Telegramm, das den Streik angekündigt hatte, war durch die Militärpolizei abgefangen worden.[84] Am Abend entschieden sich die Delegiertenversammlungen in beiden Städten gegen eine Teilnahme am Generalstreik. Die in Lugano separat im Ristorante Barchi tagenden Eisenbahner entschieden sich gleich und missbilligten gleichzeitig die Unterstützung des Streiks durch die nationale Leitung des VSEA.[85] Die Arbeitskammer verzichtete am selben Abend in einer zweiten Sitzung auf das zuvor angekündigte «comizio pubblico».[86]

Es gab verschiedene Gründe, warum der Landesstreik ausserhalb der Streikzentren im Sopraceneri nicht befolgt wurde. Die Entscheidungsstruktur in einer peripheren Region und bei äusserst schwierigen Kommunikationsbedingungen war kompliziert. Die einzelnen Gewerkschaftsverbände konnten einen Streik erst auslösen, wenn sie entsprechende Weisungen ihrer eigenen zentralen Leitung erhalten hatten.[87] Ferner war die Tessiner Arbeiterbewegung seit dem Julistreik zwar rasch gewachsen, aber immer noch zersplittert, und das Verständnis für Streiks, die sich nicht nur auf wirtschaftliche Forderungen beschränkten, sondern auch politische Ziele anstrebten, war gering. Schliesslich wurde der Landesstreik von der bürgerlichen Tessiner Presse als deutschfreundliche, bolschewistische Machenschaft gebrandmarkt, was die Bedenken vieler Arbeiter erhöhte, im Fall einer Streikbeteiligung dem Volkszorn ausgeliefert zu sein.[88]

In Lugano und Locarno blieb es weitgehend ruhig. Nur der Eisenbahnverkehr stockte vorübergehend,[89] während von bürgerlicher Seite eine beachtliche Drohkulisse aufgebaut wurde. In Locarno fand am 13. November auf der Piazza Grande eine «antibolschewistische» Kundgebung statt, an der die Machenschaften der «ausländischen Agenten» angeprangert wurden.[90] Demonstriert wurde auch vor dem Haus des «Bolschewisten» Canevascini.[91] Die Fahnen zur Feier des Waffenstillstandes, dem «Triumph von Recht und Gerechtigkeit», waren noch nicht eingeholt worden.[92] In der Nacht des 13. November wurde der Landsturm zum Schutz zentraler Einrichtungen wie der Post oder den Banken aufgeboten.[93] Der Eingang des Hauses von Canevascini wurde militärisch bewacht; ausser dem Arzt und Parteifreund Varesi durfte niemand das Haus betreten.[94] Auch in Lugano wurde der Landsturm einberufen und am 13. November in der Palestra Femminile einquartiert. Seine Aufgabe war die Bewachung der Bahnlinie; die Landwehr wurde auf Pikett gestellt.[95]

Am 13. November 1918 wandten sich zwei Organisationen an die Öffentlichkeit, die sich um ein gutes Einvernehmen der Tessiner Bevölkerung mit Frankreich beziehungsweise mit den im Kanton wohnhaften Italienern bemühten – und sich ebenfalls gegen den Landesstreik richteten. Die Associazione Ticinese «Amici della Francia», die sich im letzten Kriegsjahr für eine wohlorganisierte Solidarität mit der Entente engagierte, rief in einem Appell an die «Mitbürger» zur Verteidigung der «demokratischen und uns so teuren Institutionen» der «ältesten der bestehenden Republiken» auf. Diese sei ausgerechnet in der «feierlichen Stunde» des Siegs von «Recht und Gerechtigkeit» über die «arrogante Barbarei» bedroht. Die Streikbewegung verfolge ausschliesslich politische Ziele. Das Manöver sei in «finsteren nordischen Werkstätten» organisiert worden. Man wolle sich mit der allge-

---

82 Rossi, Point de Grève générale [im Druck].
83 Valsangiacomo, Storia di un Leader, 125.
84 Rossi, Point de Grève générale [im Druck].
85 Corriere del Ticino, Nr. 263, 14.11.1918. Rossi, Point de Grève générale [im Druck].
86 Corriere del Ticino, Nr. 262, 13.11.1918; Nr. 263, 14.11.1918.
87 Pedroli, Il socialismo, 147; Rossi, Point de Grève générale [im Druck].
88 Martinetti, Fare il Ticino, 157; Pedroli, Il socialismo, 147ff; Rossi, Point de Grève générale [im Druck]; Valsangiacomo, Storia di un Leader, 125.
89 Am 12. November kam der um 13.30 Uhr in Lugano abgehende Zug nur bis Bellinzona, und die Verbindung Lugano–Chiasso wurde mit Lokalzügen aufrechterhalten. Der Postverkehr funktionierte nicht mehr; vgl. dazu Corriere del Ticino, Nr. 262, 13.11.1918. In Locarno lockte die Ankunft des ersten Zuges aus Bellinzona nach 24-stündigem Verkehrsunterbruch am Abend des 13. November viele Neugierige an; vgl. dazu Corriere del Ticino, Nr. 264, 15.11.1918.
90 Gazzetta Ticinese, Nr. 262, 14.11.1918.
91 Pedroli, Il socialismo, 148; Canevascini, Autobiografia, 51.
92 Corriere del Ticino, Nr. 264, 15.11.1918.
93 Gazzetta Ticinese, Nr. 262, 14.11.1918; Corriere del Ticino, Nr. 264, 15.11.1918.
94 Canevascini, Autobiografia, 51; Rossi, Point de Grève générale [im Druck].
95 Corriere del Ticino, Nr. 263, 14.11.1918; Gattezza Ticinese, Nr. 261, 13.11.1918.

89 Appell an die «concittadini» (Mitbürger) der frankophilen und Entente-freundlichen Tessiner Associazione Ticinese «Amici della Francia» zur Verteidigung der «demokratischen Institutionen», Lugano, 13. November 1918.

# Concittadini,

In quest'ora solenne, quando gli animi nostri si aprono alla gioia più pura per la vittoria conseguita dal Diritto e dalla Giustizia sulla prepotente barbarie, ed i cieli finalmente si rasserenano sull'umanità straziata dagli scempi di Marte, ancora una nube s'affaccia all'orizzonte. E la nostra gioia offusca.

Un'inconsulta agitazione, tramata da chi sfrutta indegnamente l'ospitalità della Repubblica elvetica, si viene creando e diffondendo con l'arti losche dell'inganno, che furono la rovina di altri paesi.

# Concittadini,

Si tratta evidentemente di una manovra, intesa ad abbattere le istituzioni democratiche a noi sì care, a spargere l'anarchia nel popolo, ancora sano e, con questo mezzo, sulla generale dissoluzione di ogni civile ordinamento, a rifarsi dell'irreparabile sconfitta che il mondo dei liberi inflisse al militarismo ed all'autocrazia prussiana.

Il movimento organizzato nelle tenebrose officine nordiche e che si vorrebbe diffondere, sotto uno specioso pretesto economico, nel paese nostro, è, malgrado ogni insidiosa insinuazione contraria, esclusivamente POLITICO, se pure la politica potesse calunniarsi coll'anarchia.

Nessuno s'inganni.

Orbene, mentre il popolo anela ad uscire dalle ansie più tremende che abbiano mai premuto l'anima delle genti, è criminosa follia gettare il Paese nella guerra civile.

# Amici, Concittadini,

Protestiamo tutti contro questi conati liberticidi, stringiamoci attorno alle nostre Autorità che sono emanazione della volontà popolare in questa più antica delle Repubbliche viventi e formiamo con esse il Fascio sacro che tuteli ed assicuri la pace cittadina. Questa pace soltanto e la civica concordia consentono la discussione ed il conseguimento delle eque rivendicazioni economico-sociali che non hanno lasciato nè lasceranno scettici mai gli uomini di senno, di cuore e di virtù.

La cosidetta Grande Germania, istituita sulla forza brutale e sulla violenza alla umana libertà, è caduta nello sfacelo, perchè vive, attraverso i secoli e li supera, la verità dell'aforisma romano: NIL VIOLENTUM DURABILE!

E la via del progresso è fatta di ragionato e non violento lavoro e di concordia.

Tutti per la Patria, per l'Ordine, per la Libertà.
Viva il Ticino. Viva la Svizzera. Viva la Democrazia.

**Associazione Ticinese "Amici della Francia„**

Lugano, 13 Novembre 1918.

IL COMITATO

Stabilimento Tipografico GRASSI & C. - Lugano-Bellinzona

meinen Zersetzung der bürgerlichen Ordnung für die unwiderrufliche Niederlage rächen, welche die freien Staaten dem «militarismo» und der «autocrazia prussiana» beigebracht hätten. Die unbesonnene Agitation sei von Leuten angezettelt worden, die auf unwürdige Weise die Gastfreundschaft der Schweiz ausnützten.[96] Auch die Associazioni italiane nel Canton Ticino sprachen sich gegen den Streik aus. Sie riefen ihre Landsleute zu Disziplin und respektvoller Einhaltung der Gesetze des Gastlandes auf und ermahnten sie, sich der politischen Agitation zu enthalten, welche die inneren Verhältnisse der Schweiz anbelangten.[97] Die italienischen Vereine zogen damit am gleichen Strick wie die *Gazzetta Ticinese*, die in ihrer Rubrik «Lugano ai luganesi» auf die grosszügige Gastfreundschaft gegenüber der fast 50 Prozent ausmachenden ausländischen Stadtbevölkerung hinwies, von den Gästen aber auch den gebührenden Respekt gegenüber dem «padrone di casa» erwartete.[98]

In der Grenz- und Eisenbahnerstadt Chiasso standen Mitte November 1918 der militärische Sieg der italienischen Nachbarn und die Bekämpfung der Grippe im Vordergrund. Die Sitzung des Stadtrats vom 15. November befasste sich auch mit dem Landesstreik. Die Stadtbehörde beschloss, dem Bundesrat in einem Telegramm seine patriotische Solidarität zu versichern, und war zur Repression von «Unruhen» und «heimtückischen antipatriotischen Machenschaften» bereit.[99] Zur Vermeidung von Unruhen ermahnte die Stadtverwaltung die Konsummolkerei und die Molkerei Galliker und Söhne in Luzern ausserdem zur pünktlichen Milchlieferung.[100] Ruhestörungen hatten die Stadtbehörden kaum zu befürchten, nachdem sich mehr als 200 Eisenbahner aus Chiasso am 13. November in einer ausserordentlichen Generalversammlung im Grotto del Carlino einmütig gegen eine Streikbeteiligung ausgesprochen hatten. Die telegrafische Aufforderung einer Station des Sottoceneri zur Niederlegung der Arbeit soll mit einem nüchternen «Siamo svizzeri» quittiert worden sein.[101] Die sozioökonomischen Forderungen des Oltner Aktionskomitees wurden zwar unterstützt, doch sollten sie auf verfassungskonformem Weg vorgebracht werden. Wie ihre Luganeser Kollegen kritisierten auch die Eisenbahner aus Chiasso die zentrale Verbandsleitung und schickten Präsident Brönimann sogar ein Protesttelegramm.[102] Trotz der ruhigen Lage hiess die Stadtregierung Ende Jahr nach dem Vorbild anderer wichtiger Zentren des Kantons[103] die Bildung eines «disziplinierten Freiwilligen-Korps» mit der Bezeichnung «Guardia Civica» gut. Mit der Aufsicht und Beratung der Bürgerwehr wurde Platzkommandant[104] Maggiore Arnoldo Bernasconi betraut. Gegen die Bildung einer Bürgerwehr reichte B. Locati zusammen mit zwölf anderen Gemeinderäten am Freitag, dem 31. Januar 1919, eine Interpellation im Stadtparlament ein.[105] Locati hielt die Bildung einer «bewaffneten Truppe» für verfassungswidrig und befürchtete, die Bürgerwehr wirke im Fall von Unruhen provozierend. Eine Abstimmung über die Interpellation erfolgte aber nicht, nachdem nach längerer und kontroverser Diskussion das Quorum für eine Beschlussfassung nicht erreicht wurde, da die Mehrheit der Ratsmitglieder den Sitzungssaal bereits verlassen hatte.[106] Wenig später, am 16. Februar 1919, protestierte auch eine von rund 250 Eisenbahnern besuchte Versammlung gegen die neu entstandene Guardia Civica. Zugleich erklärten sich die seit dem Landesstreik energischer auftretenden Eisenbahner von Chiasso solidarisch mit ihren vor Militärgericht gestellten Kollegen aus dem Sopraceneri.[107]

## Vielfältige Spannungsfelder nach dem Landesstreik

Die politische Stimmung im Tessin war nach dem Novemberstreik sehr angespannt. Das Lob des Bürgertums und in der «Svizzera interna» für die vernünftige Zurückhaltung der Tessiner Arbeiterklasse während des Landesstreiks wurde von der Tessiner Linken nicht geteilt; sie ging vielmehr in die Offensive. Die *Libera Stampa* lobte die «bewundernswerte Haltung» der Streikenden jenseits des Gotthards und stellte sich gegen die Diffamierung

96 Schweizerische Nationalbibliothek, VTI 18817, Flugblatt der Associazione Ticinese «Amici della Francia», Lugano, 13.11.1918.
97 Corriere del Ticino, Nr. 263, 14.11.1918; Gazzetta Ticinese, Nr. 262, 14.11.1918.
98 Gazzetta Ticinese, Nr. 263, 15.11.1918.
99 Archivio comunale di Chiasso, Seduata municipale del 15.11.1918, Kopie des Telegramms von «Vice Sindaco» Max Bernasconi und «Segretario» Achille Bernasconi an den Bundesrat, o. D. Copie de Lettres, Nr. 136, 16.9.1918–20.3.1919; La Luce, Nr. 46, 16.11.1918.
100 Copie de Lettres, Nr. 166.
101 Corriere del Ticino, Nr. 265, 16.11.1918.
102 La Luce, Nr. 46, 16.11.1918; Martinetti, Fare il Ticino, 154f.
103 La Luce, Nr. 3, 18.1.1919.
104 Corriere del Ticino, Nr. 261, 12.11.1918.
105 La Luce, Nr. 5, 1.2.1919.
106 Archivio comunale di Chiasso, Seduta del Consiglio comunale del 31.12.1919.
107 La Luce, Nr. 8, 22.2.1919.

Fritz Plattens als «berlinese» und die Falschmeldung, dass Anželica Balabanova mit zehn Millionen Rubel in die Schweiz gekommen sei, um die Revolution zu finanzieren[108]. Die Zeitung habe vernommen, dass in Lugano die Ausweisung von Barana und Ballerini, zwei «carissimi amici» mit interventionistischer Gesinnung, verlangt worden sei. Beide Italiener seien von den Ordnungshütern grundlos beleidigt und bedroht worden. Sollte der Staatsrat diesem Ausweisungsbegehren entsprechen, würde sich die Arbeiterklasse des ganzen Kantons erheben. Die «Feiglinge» der Reaktion seien «mutig» geworden, und es würde ihnen die entsprechende Antwort erteilt.[109]

Die Ausgabe vom 22. November trug die provokative Überschrift «Ruffian, baratti e simili lordure», ein Zitat aus Dantes Inferno: «Heuchler, Betrüger und ähnliches Gesindel».[110] Das Organ des PST stellte die bürgerliche Ordnungspolitik an den Pranger. Die Mobilisierung des Auszugs habe nicht genügt; trotz ruhiger Lage im Kanton habe man zusätzlich den Landsturm aufgeboten und die Landwehr auf Pikett gestellt. Als Krönung der Ordnungspolitik wurde die «famose» Bürgerwehr bezeichnet. Sauer aufgestossen war den sozialistischen Journalisten vor allem, dass sich auch Proletarier den «Prätorianern der Mehr-Besseren» angeschlossen hätten, um den «dicken Bauch der Reichen» zu verteidigen. Angeprangert wurden auch die Aufrufe der Amici della Francia und der Oberschicht der «colonia italiana». Letztere wurden als «Speichellecker» der Schweizer Behörden bezeichnet, die verkündeten, dass Ausländer in der Schweiz zwar schuften könnten, aber auf jegliche Rechte verzichten müssten.[111]

Umgekehrt stand der 22. November im Zeichen eines doppelten Triumphs: des Einzugs von König Albert in Brüssel und des Defilees des Reggimento 30 in Bellinzona. Der triumphale Einzug des belgischen Monarchen in die befreite Hauptstadt Brüssel wurde von der ganzen Entente-freundlichen Bevölkerung in der Schweiz gefeiert. König Albert I. symbolisierte «den unerschütterlichen David im Kampf gegen den teutonischen Goliath».[112] Besonders innig gefeiert wurde die Heimkehr des katholischen «Re Alberto» über die Parteigrenzen hinweg im Tessin. Ein Flugblatt der Amici della Francia erinnerte an die Rechtfertigung des deutschen Einmarschs in Belgien durch Kanzler Bethmann-Hollweg am 4. August 1914: «Not kennt kein Gebot!», und betonte, am 22. November habe «der Friede die Gerechtigkeit geküsst».

Drei Tage später, an der zweiten Sitzung der Herbstsession des Tessiner Grossen Rats, widmete Präsident Alberto Vigizzi der Befreiung Belgiens eine lange, lebhaft beklatschte Rede. Der liberal-radikale Ratsvorsitzende würdigte den König, der die Ehre und die Leiden seines wiederauferstandenen Landes verkörpere. Belgien sei bewusst mit wilder Wut niedergewalzt worden. Das Land habe lediglich seine Neutralität verteidigen wollen und schliesslich das Martyrium der Feigheit vorgezogen. «Unsere kleine Republik», so schloss der Tessiner Parlamentspräsident, «verneigt sich, spendet der Heldenhaftigkeit Beifall und begrüsst bewegt die Wiederherstellung des geschundenen Rechts und den endgültigen Triumph der Gerechtigkeit.» Schliesslich liess der Grosse Rat der belgischen Regierung in einem Glückwunschtelegramm zur Befreiung gratulieren. In der gleichen Rede dankte Grossratspräsident Vigizzi den Behörden, der Armee und dem Volk, dass sie die Schweiz vor der inneren Zersetzung und dem Ruin sowie der Gefahr einer fremden Invasion gerettet hätten. «Zuerst und vor allem wollen wir Schweizer sein!»[113] Die Spannungen zwischen der lateinischen und der deutschen Schweiz schienen nach dem Landesstreik wie weggewischt.

Nur wenige Tage zuvor, am 22. November, waren die Tessiner Ordnungstruppen mit einem eigentlichen Staatsakt triumphal verabschiedet worden. In Bellinzona fand der Vorbeimarsch des Reggimento 30 vor der Tessiner Kantonsregierung und dem Regimentskommandanten Oberstleutnant Schibler statt. Der Staatsrat nahm die Parade beim Treppenaufgang zur Pfarrkirche der Tessiner Hauptstadt ab, was dem Akt zusätzlich eine sakrale Note verlieh. «Die durch die Grippe dezimierten Bataillone defilierten martialisch» – so Marco Antonini – «über die mit Blumen bestreute Piazza della collegiata durch die Spalier stehende, applaudierende und gerührte Menge». Am Tag vor der «sfilata» hatten Angehörige des Reggimento 30 unter Applaus der Zuschauer eine Anželica

---

108 Vgl. dazu Gazzetta Ticinese, Nr. 254, 5.11.1918.
109 Libera Stampa, Nr. 46, 15.11.1918.
110 Alighieri, Dante: La Divina Commedia, a Cura di Natalino Sapegno, vol. 1, 126, Inferno, Canto XI, riga 60.
111 Libera Stampa, Nr. 47, 22.11.1918.
112 Ypersele, Laurence van: Albert I. (1875–1934), in: Hirschfeld, Gerhard et al. (Hg.), Enzyklopädie Erster Weltkrieg, Zürich 2003, 327f.
113 Processi verbali del Gran Consiglio della Rebubblica e Cantone del Ticino, seduta del 25.11.1918, 195ff.

90  Flugblatt der Associazione Ticinese «Amici della Francia» zum Einzug des belgischen Königs Albert in die befreite Hauptstadt Brüssel am 22. November 1918. Das Flugblatt in belgischen Nationalfarben ist Ausdruck der Solidarität der Tessiner Bevölkerung mit dem neutralen, mehrsprachigen Belgien, das als Opfer «teutonischer» Aggression betrachtet wurde.

## Re Alberto a Bruxelles!

**Cittadini!**

« A quest'ora i nostri poderosi eserciti stanno attraversando il Lussemburgo e forse sono già entrati nel Belgio. Riconosciamo di aver offeso il diritto delle genti, ma la necessità non ha leggi. *Not kennt kein Gebot.* »

Così nella infausta data del 4 agosto 1914, annunciava alla Camera l'infamia il cancelliere Bethmann-Hollweg; nome barbaro fra barbarica gente.

E la Camera ed il paese, come epilettici deliranti, manifestarono tutto il tripudio da lungo tempo represso.

Fra le brume nordiche, agli occhi grifagni del lanzichenecco dall'ispido pelo, riapparve il miraggio delle campagne opime, le messi dorate, le donne e l'oro e il vino.

Parve ai professori che fosse giunto finalmente il tempo in cui il mondo da lunga pezza inginocchiato, sarebbe caduto disteso sotto il tallone d'Arminio.

Parve ai generali minotauri, metà uomini e metà bestie, che fosse giunto il giorno in cui il *furor teutonicus* sguinzagliato alla buon'ora, avrebbe potuto scorrere per tutto il mondo, come una muta di veltri su di una mandra di cervi.

Alboino avrebbe dunque trovato il cranio di qualche nuovo Cunimondo da levare qual tazza alla vittoria; Barbarossa avrebbe riavuto il sale da seminare sui solchi di Parigi, quale sigillo a perpetua rovina.... E su tutta questa orda selvaggia, su tutta questa gazzarra d'inferno, su tutta questa geldra di arpie, il Flagello di Dio avrebbe troneggiato a dirigere la danza macabra.

Guai ai vinti!

Riandate, o concittadini, con l'animo ancora sanguinante, l'ansia e lo spavento di quei giorni.

Era corsa per l'aere come una ventata nera di sciagura.

Tra di noi, non solo gli uomini di poca fede, ma anche gli spiriti più forti avevano tremato e dolorato come si fosse trattato di una disgrazia personale.

Ne era morto di spavento un Pontefice mite e misericorde; ed era sembrato fosse morto con lui anche il vecchio Dio, poichè una bocca blasfema lo poteva impunemente insultare.

Sette giorni e sette notti le masse dei Cimbri erano passate attraverso Bruxelles. Avanti lo scompiglio, a tergo la morte, indietro la distruzione e la fumigante rovina.

Il più giovane, il più leale, il più innocente, senza casa e senza patria, era risospinto di terra in terra, come se fosse il più pervicace dei malfattori.

Ma la virtù non era dunque che un nome vano? E la forza del bruto doveva dunque ammazzare il diritto dell'uomo?

*Oh, insensata cura dei mortali,*
*Quanto son difettosi sillogismi*
*Quei che ti fanno in basso batter l'ali!*

Non il buon vecchio Dio era morto; di cui le nostre madri cantarono le nenie alla nostra cuna. Era morto il dio Thor, il dio selvaggio, che i Druidi moderni avevano coltivato in cuore agli Alemanni; ed in cui il massimo e più canoro esponente, l'imperatore, cieco lo spirito, arido il cuore, supinamente credeva.

E quello che sembrava miracolo si compì.

Oggi il più giovane, il più leale, il più innocente dei sovrani ritorna nella sua città liberata dagli Unni.

Ebbene! Sia dato alle nostre anime che anelarono alla giustizia come ha desiderato il cervo la fonte delle acque; sia dato ai nostri spiriti che piansero lagrime di sangue sulla bara della ragione strozzata; sia dato a voi tutti, concittadini, in cui alto palpitò, pur nel mezzo della bufera, il grande alito latino; sia dato finalmente di sciogliere l'inno al trionfo del diritto.

Scopritevi, cittadini, rispettosamente, con la mente inchina.

Passa Re Alberto! Passa il fascino della bellezza, passa il sentimento dell'onore, passa il culto della lealtà.

In alto i cuori!

*Justitia et pax osculatæ sunt.*

Oggi la pace ha dato il bacio alla giustizia!....

Lugano, 22 Novembre 1918

**Associazione Ticinese**
**"AMICI DELLA FRANCIA"**

Der Landesstreik im Tessin 357

Balabanova darstellende Puppe aus Lumpen verbrannt. Nach dem Defilee überbrachte Staatsrat Garbani-Nerini der Truppe auf dem «campo militare» Gruss und Dank der Tessiner Bevölkerung, und der Regimentsadjutant verlas ein «nobile telegramma» von Bundesrat Giuseppe Motta.[114] In einem Interview mit dem *Corriere del Ticino* erklärte dieser, dass das «Reggimento trenta» im Begriff sei, ein eidgenössisches «corpo degli Arditi» zu werden[115] – vermutlich ohne sich bewusst zu sein, wie unzimperlich die «Arditi», die italienischen Sturmtruppen, an der Front vorgegangen waren.

Die Triumphstimmung vom 22. November fand ihre Fortsetzung in je einer wohlinszenierten Feier des Entente-Siegs an den folgenden zwei Wochenenden. Bei der Organisation der beiden Feste wirkte die Associazione Ticinese «Amici della Franci» tatkräftig mit. Die von den Amici della Francia mitgeprägten Freudenkundgebungen anlässlich des Einzugs des belgischen Königs in Brüssel dürften – neben einer echten, elementaren Begeisterung über die Befreiung eines völkerrechtswidrig überfallenen Landes – auch den Absichten Frankreichs entsprochen haben, eine «antiteutonische» Grundstimmung in die Zeit der Neuordnung Europas zu übertragen. Das Fest im Grenzort Chiasso am Nachmittag des 24. November mit einem Empfang der Ehrengäste im «geräumigen Salon des renommierten Hotels Colonne» und einem Umzug durch die Stadt war volksnah.[116] Die Feierlichkeiten vom 1. Dezember in Lugano mit prominenten Gästen aus Kultur, Wirtschaft und Politik und einem Abschlussbankett im Kursaal standen vor allem im Zeichen der Förderung der kulturellen und wirtschaftlichen Zusammenarbeit zwischen Italien und dem Tessin.[117]

Die Stimmung zwischen dem von einer Siegesfeier zur anderen taumelnden Bürgertum und den Sozialisten, die nach dem «verfehlten Generalstreik»[118] bewusst Flagge zeigen wollten, war äusserst angespannt und entlud sich am 24. November 1918 in einer Schlägerei in Lugano. Auf diesen Sonntag hatte der PST seine Delegierten zu einem Parteikongress – wohl nicht ganz zufällig – in die bürgerliche Hochburg Lugano zusammengerufen. Die Rauferei habe, so die *Gazzetta Ticinese*, zwischen einer Schar junger, grösstenteils am Tag zuvor aus dem Militärdienst zurückgekehrter Luganeser und etwa 15 Sozialisten stattgefunden, die das Ristorante Morenzoni verliessen, wo sie am Parteikongress teilgenommen hatten. In der Gruppe der Sozialisten seien einige abschätzige Worte über den Einsatz des Reggimento 30 gefallen, die gegenseitige Beschimpfungen ausgelöst hätten. Eine Volksmenge habe sich um die Streitenden herum gebildet; Canevascini, Barana, Ballerini und andere seien übel zugerichtet worden und hätten sich ins Versammlungslokal zurückgezogen. Die Menge habe die Verhaftung der italienischen Sozialisten Ballerini, Barana und Farelli gefordert, worauf die drei namentlich Genannten auf Befehl von Polizeikommissar Mambretti ins Gefängnis überführt worden seien. Für die Übergriffe machte die *Gazzetta Ticinese* vor allem die sozialistische Zeitung *Libera Stampa* verantwortlich, welche die Gegner der «revolutionären Unruhen in Zürich» und die Anhänger der Bürgerwehr in einer unflätigen Sprache provoziert habe. Das Tessiner Volk empfinde eine tiefe Abscheu vor den Theorien von Platten und Co., welche die Tessiner Sozialisten zwar nicht propagiert, aber auch nicht missbilligt hätten.[119]

Der sozialistische Grossrat Francesco Borella protestierte am nächsten Tag in einer Interpellation gegen die provokativen Ausschreitungen, die Verhaftung der drei italienischen Sozialisten, den Versuch von 300 Personen, die Türe zur Arbeitskammer aufzubrechen, und das Gewährenlassen der Provokateure. Niemand habe den Mut gehabt, gegen die vom Ordnungsdienst zurückkehrenden Soldaten vorzugehen, welche die ganze Nacht schwer betrunken durch die Stadt gezogen seien und friedliche Bürger beleidigt hätten. Borella wies die «von den Zeitungen publizierten Falschmeldungen» zurück, dass die Schweizer Sozialisten Bolschewisten seien, die «von Russland und Deutschland bezahlt worden» seien.[120] Er gehörte zu den wenigen Stimmen in der lateinischen Schweiz, die sich ausdrücklich gegen die weitverbreitete Doppelphobie des «Antibolschewismus» und «Antigermanismus» wandten.

---

114  Antonini, Reminiscenze, 122f. Il licenziamento del Regg, in: Gazzetta Ticinese, Nr. 270, 23.11.1918, 30.
115  Corriere del Ticino, Nr. 266, 18.11.1918.
116  La Luce, Nr. 48, 30.11.1918.
117  Gazzetta Ticinese, Nr. 277, 2.12.1918.
118  Martinetti, Fare il Ticino, 125.
119  Gazzetta Ticinese, Nr. 271, 25.11.1918; vgl. dazu auch La Luce, Nr. 48, 30.11.1918.
120  Processi verbali del Cran Consiglio della Repubblica e Cantone Ticino, Sessione ordinaria autunnale 1918, seduta del 25.1.1918, 206ff. In der Beantwortung von Borellas Interpellation wird die Auffassung vertreten, dass die Provokation von der Gruppe um Canevascini ausgegangen sei. In der Antwort wird ferner die Bildung der Luganeser Bürgerwehr gerechtfertigt, indem auf die Erfahrungen im Luganeser Generalstreik vom Juli 1918 hingewiesen wird; vgl. dazu Ganevascini, Autobiografia, 52.

91   Die Kantonsregierung nimmt am 22. November 1918
auf der Treppe der Pfarrkirche des Kantonshauptorts
Bellinzona das Defilee des zum Ordnungsdienst aufgebotenen Tessiner Reggimento 30 ab.

Der Landesstreik im Tessin

In der gleichen Grossratssitzung setzte Antonio Galli mit einer Interpellation einen lokalpatriotischen Akzent. Galli war Redaktor der *Gazzetta Ticinese*, die bereits seit einiger Zeit auf die Tessiner Eigenständigkeit pochte, nicht zuletzt in der seit 1915 bestehenden Rubrik «Il Ticino ai ticinesi».[121] Die Tessiner seien, so Grossrat Galli, in der Stunde der Gefahr treu zur «Confederazione» gestanden; ihre Verdienste hätten aber keine Anerkennung gefunden. Die Tessiner würden sich noch enger mit der «patria» verbunden fühlen, wenn die Schweiz dem «valore etnico e politico» der Tessiner künftig volle Anerkennung entgegenbringen würde. Galli wollte vom Staatsrat erfahren, welche Schritte er bei den Bundesbehörden zu unternehmen gedenke, um in der Nachkriegszeit die Durchsetzung der politischen, wirtschaftlichen, verkehrstechnischen und kulturellen Interessen des Kantons besser zu gewährleisten.[122] Das Terrain für den parlamentarischen Vorstoss war bereits durch Emilio Bossis Anmahnung in der Presse vorbereitet worden, dass nun die Zeit für Forderungen gekommen sei.[123] Längerfristig betrachtet haben Galli und Bossi bei Kriegsende die Grundlage für die 1924 beginnende politische Auseinandersetzung zwischen dem Kanton Tessin und dem Bund gelegt. In den *Rivendicazioni Ticinesi* forderte der Tessiner Staatsrat Massnahmen zur Unterstützung der kantonalen Wirtschaft und zum Schutz der italienischen Sprache und Kultur.[124]

Nach Kriegsende und Landesstreik meldeten sich jene Stimmen selbstbewusst zu Wort, welche sich – nicht ohne Grund – bereits vor dem Krieg in wirtschaftlicher und kultureller Hinsicht vernachlässigt und während des Konflikts politisch besonders durch die deutschsprachigen «confederati» bevormundet gefühlt hatten. Die kulturelle Elite um den «Spiritus Rector» Francesco Chiesa setzte auf eine enge Zusammenarbeit mit dem siegreichen Italien; Chiesa brachte sogar den Begriff «Italia svizzera» anstelle der traditionellen Bezeichnung «Svizzera italiana» ins Spiel.[125] Eine politische Eingliederung der italienischsprachigen Schweiz in das neue Grossitalien stand aber beidseits der Landesgrenze nicht zur Diskussion.[126] Umgekehrt scheint es im föderativen, eine sprachliche Minorität vertretenden Kanton Tessin kaum Fürsprecher für die Anliegen der neuen Minderheitenkulturen im zentralistischen Nachbarstaat gegeben zu haben. Sowohl im Tessin als auch in der Romandie lehnte sich die bürgerlich gesinnte Bevölkerungsmehrheit an die Vorstellungen der «lateinisch»-sprachigen Siegermächte an: «Antiteutonentum» und «Antibolschewismus» waren seit 1917 geltende Prinzipien, die im Landesstreik und in der frühen Nachkriegszeit weiterlebten. Was die Entwicklung der Tessiner Linken anbelangt, so fasste die vor dem Landesstreik unter sich und mit der gesamtschweizerischen Parteileitung zerstrittene sozialistische Arbeiterbewegung wieder Fuss. Der Streit um die Einstellung zur Kriegsbeteiligung Italiens rückte nach der Waffenruhe in den Hintergrund. Der Landesstreik beschleunigte den langwierigen, am 1. Januar 1919 formal beendeten Prozess der Eingliederung des wiedervereinigten PST in die SP.[127] Ausdruck des neu errungenen Selbstbewusstseins der Arbeiterbewegung im Tessin ist auch der Erwerb des renommierten Hotels Colonne als Volkshaus von Chiasso. Der Entscheid fiel am 25. Mai 1919 an einer «imposanten Generalversammlung» der Gewerkschaftsverbände im gleichen «salone» des Hotels, in dem ein halbes Jahr zuvor noch die Ehrengäste zur Siegesfeier empfangen worden waren.[128]

---

121  Vgl. Binaghi, Maurizio/Roberto, Sala: La frontiera contesa. I piani svizzeri di attacco all'Italia nel rapporto segreto del colonnello Arnold Keller (1870–1918), Bellinzona 2008, 185–187.
122  Processi verbali del Gran Consiglio della Rebubblica e Cantone del Ticino, 229–234; Gazzetta Ticinese, Nr. 272, 26.11.1918; Neue Zürcher Zeitung, Nr. 1563, 27.11.1918.
123  L'ora delle rivendicazioni, in: Gazzetta Ticinese, Nr. 242, 21.10.1918.
124  Binaghi, La frontiera contesa, 208; Cerutti, Mauro: Fra Roma e Berna. La Svizzera italiana nel ventennio fascista, Milano 1986, 110–134; Gilardoni, Rivendicazioni ticinesi, in: HLS, http://www.hls-dhs-dss.ch/textes/d/D26986.php (Version: 2.12.2011).
125  Binaghi, La frontiera contesa, 208.
126  Vgl. dazu die «nobile lettera» von Professor G.A. Borgese, die an den Luganeser Siegesfeierlichkeiten verlesen wurde und den offiziellen Standpunkt Italiens wiedergab; vgl. Gazzetta Ticinese, Nr. 277, 2.12.1918.
127  Mariani Arcobello, Socialista di frontiera, 55.
128  La Luce, Nr. 22, 31.5.1919.

# Narrative, Geschichtspolitik und Erinnerungskultur

Nur wenige Tage nach der Beendigung des Landesstreiks hielt der spätere SP-Bundesrat Ernst Nobs in einer Broschüre zum Landesstreik unter dem Titel «Im Lügen-Wirrwarr» fest: «Es ist merkwürdig. Der Landesstreik liegt nun ein paar Tage hinter uns. Wir alle haben ihn miterlebt, mit eigenen Augen gesehen, und dennoch begegnen wir heute schon den widersprechendsten Darstellungen und Meinungen.» Für Nobs entstand innerhalb weniger Tage aus «ganz einfachen Tatsachen ein ungeheurer Wirrwarr», in dem «Tatbestand und Lügen, Wahrheit und Dichtung kaum mehr zu unterscheiden» waren. Als Redaktor der sozialdemokratischen Zürcher Tageszeitung *Volksrecht* selbst in den Landesstreik verstrickt – und von seinem Ausgang schwer enttäuscht –, wollte Nobs nun «haarklein erzählen, wie es zu- und hergegangen» sei und dabei «nur die Wahrheit sagen».[1] 50 Jahre später hielt der Aargauer Historiker Willi Gautschi in seinem einflussreichen Buch zur Geschichte des schweizerischen Landesstreiks fest: «Es gibt kaum ein anderes Ereignis der Schweizergeschichte, dessen Bild durch willkürliche Vermischung von Dichtung und Wahrheit derart verzeichnet wurde, wie dasjenige der innenpolitischen Ausmarchung vom 9.–14. November 1918.»[2] Bis heute hat sich an dieser Einschätzung – trotz einer breiteren Quellenlage und zahlreicher neuer Studien – nur wenig geändert; der Landesstreik ist nach wie vor ein Gegenstand nicht nur geschichtswissenschaftlicher, sondern auch geschichtspolitischer Debatten. Mit dem Ende des Streiks am 14. November 1918 begann eine bis heute andauernde, zum Teil sehr emotionale Auseinandersetzung um die Deutung dieses Ereignisses und die Einschätzung seiner Folgen für die politische Kultur des Landes sowie das Verhältnis von Arbeitgebern und Arbeitnehmern.[3]

Die unterschiedlichen Narrative zur Deutung der Ereignisse differierten von Anfang an stark und prägten die Debatte in den folgenden Jahrzehnten sichtlich. Arbeiten zur Etablierung und geschichtspolitischen Nutzung unterschiedlicher Narrative fehlen in der historischen Forschung bis heute aber weitgehend. Als besonders wirkungsmächtig erwies sich die bürgerliche Deutung des Landesstreiks als Auftakt zu einem Revolutionsversuch nach bolschewistischem Muster. Bereits am 8. November 1918, parallel zum Truppenaufgebot durch den Bundesrat, hatte die NZZ einen «Appell der christlichen Arbeiterschaft an das Schweizervolk» mit folgendem Wortlaut publiziert: «Drohend steigen am Horizont die düstern Wolken des Welt-Bolschewismus empor. Im Dunkeln schleichende Mächte arbeiten unter dem täuschenden Deckmantel der Arbeiter- und Volksfreundlichkeit auf einen revolutionären

Umsturz der bestehenden Verhältnisse hin und möchten so dem blutigen Krieg auf den Schlachtfeldern einen noch blutigeren im Innern der Völker folgen lassen. [... Wir] erklären aufs neue, dass wir uns mit allen uns zu Gebote stehenden Mitteln gegen jede Art von generalstreiklerischen oder sonstwie revolutionären Bestrebungen zur Wehr setzen werden.»[4] Schon wenige Tage nach dem Landesstreik lobte der katholisch-konservative Freiburger Nationalrat und spätere Bundesrat Jean-Marie Musy nicht nur den Einsatz der Ordnungstruppen für die verfassungsmässige Wiederherstellung von Ruhe und Ordnung, sondern betonte auch den – aus seiner Sicht – klaren Zusammenhang zur russischen Revolution und zur damit verbundenen bolschewistischen Agitation.[5] Der Vorwurf revolutionärer Umtriebe hat allerdings nie belegt werden können, ein Mangel in der Beweisführung, auf den bereits Gautschi mehrfach hingewiesen hat.[6] Insgesamt war die Schweiz im November 1918 eher ein Zufluchtsort für die Flucht vor dem Bolschewismus als ein Ort bolschewistischer Agitation und Revolution. Im Folgenden geht es aber nicht um «die Wahrheit über den Generalstreik von 1918»,[7] wie Paul Schmid-Ammann sein Buch zum 50. Jahrestag 1968 betitelte, sondern um die Frage nach unterschiedlichen Deutungen und der geschichtspolitischen Instrumentalisierung des Streiks (nach dem Streik). Die folgenden Beiträge analysieren nicht nur die in der Schweiz – parallel zur «Red Scare» in den USA und anderen Ländern – geschürte Fremdenangst während der Landesstreikzeit. Sie untersuchen auch die Inszenierung von Grippetoten als Kriegstote im Kampf gegen den Bolschewismus und widmen sich dem über Jahrzehnte wirkungsmächtigen Narrativ des Landesstreiks als gescheitertem Revolutionsversuch.

1 Nobs, Ernst: Der Landesstreik. Ein Wort zur Aufklärung an alle Schweizer, Zürich 1918, 1.
2 Gautschi, Willi: Der Landesstreik 1918, Zürich 1968, 9.
3 Vgl. dazu Koller, Christian: 99 Jahre Erinnerung an den Landesstreik, in: Geschichte der Gegenwart, 1.11.2017. URL: http://geschichte dergegenwart.ch/99-jahre-erinnerung-an-den-landesstreik.
4 NZZ, Nr. 1497, 8. November 1918.
5 Musy, Jean-Marie: La grève générale et le bolchévisme en Suisse. Discours prononcé par M. Musy au Conseil nationale le 10 décembre 1918, o. O. 1919.
6 Vgl. dazu Gautschi, Der Landesstreik, 168–171 und 229–234.
7 Schmid-Ammann, Paul: Die Wahrheit über den Generalstreik von 1918. Seine Ursachen, sein Verlauf, seine Folgen, Zürich 1968.

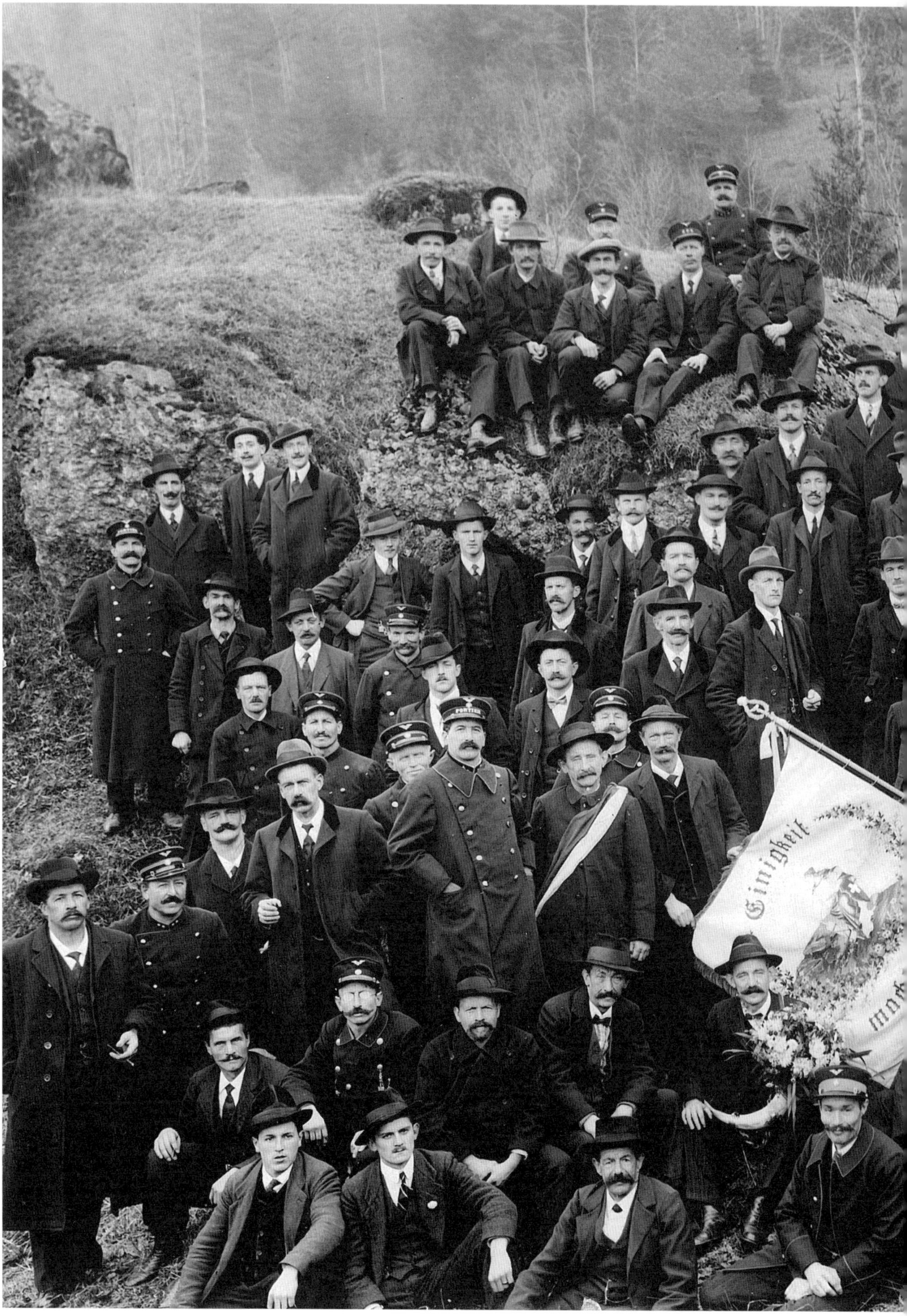
Einigkeit

92 «Einigkeit macht stark!» Der Eisenbahnerverband Arth-Goldau posiert zur
Erinnerung an den Landesstreik im November 1918.

# Aufruhr ist unschweizerisch

# Fremdenangst und ihre Instrumentalisierung während der Landesstreikzeit

Christian Koller

«Das Gift, welches uns zu verschlingen beginnt, das Uebel, das schon so drohend geworden, an dem insbesondere unsere Städte leiden, wurde unserem Volke eingeimpft durch die Aufrührer und Anarchisten, die aus dem Auslande hereingekommen sind.»[1] Diese Aussage aus einer aufsehenerregenden Rede des Freiburger Nationalrats Jean-Marie Musy vom 10. Dezember 1918, der kurz darauf in den Bundesrat gewählt werden sollte, war für die Stimmungslage der bürgerlichen Schweiz in der Landesstreikzeit typisch: Die Ursachen des Landesstreiks wurden nicht in wirtschaftlichen, gesellschaftlichen und politischen Problemen der Schweiz gesucht, sondern im Wirken «Fremder». Diese Diskurse griffen auf Interpretamente des Internationalismus der Arbeiterbewegung und der Rolle von «Fremden» zurück, die sich bereits Jahrzehnte zuvor herausgebildet, deren Inhalte sich in der Krisenzeit ab 1917 aber massiv radikalisiert hatten. Der vorliegende Beitrag analysiert die auf das «Fremde» rekurrierenden Landesstreikdiskurse, die als Deutungsmuster rasch dominant wurden, und bettet sie in eine längerfristige Entwicklungslinie ein. Er untersucht in vier Zeitabschnitten – der Vorkriegszeit, den Kriegsjahren, dem Landesstreik und der Zeit danach – Narrative, Emotionen und Praktiken in Bezug auf «Fremde» und deren (angebliche) Rolle bei sozialen Protesten.

## Streiks, Xenophobie und Verschwörungsängste in der Vorkriegszeit

Bereits ab der Mitte des 19. Jahrhunderts wurden die sich herausbildende Arbeiterbewegung und ihre Aktionsformen in der bürgerlichen Presse als «unschweizerisch» deklariert. Diese Vorstellung rekurrierte auf drei Faktoren: Erstens galt der Internationalismus der Arbeiterbewegung als Beleg dafür, dass der Sozialismus den Schweizer Arbeitern von «aussen» aufgezwungen wurde. Beim Aufkommen lokaler Gewerkschaftsorganisationen hatte die Erste Internationale, die zu ihrer Blütezeit um 1870 120 Schweizer Sektionen mit etwa 10 000 Mitgliedern zählte, eine gewisse Rolle gespielt.[2] Schon 1868 hatte die NZZ moniert, die Internationale sei ein Versuch der englischen Arbeiter, «ihre Mitbrüder auf dem europäischen Kontinent von einer ihnen unbrüderlich erscheinenden Konkurrenz zurückzuhalten», und es werde «Geld zur Anzettelung von Arbeitseinstellungen auf dem Kontinent» eingesetzt.[3] Dass sich der 1838 als Handwerker-Diskussionszirkel gegründete patriotische Grütliverein parallel dazu zu einer Arbeiterorganisation wandelte und bis in die 1890er-Jahre die grösste Struktur der Schweizer Arbeiterbewegung mit rund 16 000 Mitgliedern war, fiel aus dieser Perspektive hingegen nicht ins Gewicht.[4]

Zweitens stammte manche führende Persönlichkeit der Arbeiterbewegung ursprünglich aus dem Ausland. Dies traf zwar auch auf eine Reihe von Intellektuellen und Politikern der liberal-radikalen «Grossfamilie» sowie viele Wirtschaftspioniere und führende Unternehmer zu. Als Beispiele seien hier nur Heinrich Zschokke, Pellegrino Rossi, Henri Nestlé, Charles Brown oder Emil Bührle genannt. Der Vorwurf des «Ausländischen» bezog sich aber ziemlich einseitig auf die Arbeiterbewegung. So titulierte der rechtspopulistische Zürcher *Stadtbote* den Redaktor der *Arbeiterstimme*, Robert Seidel, der seit 26 Jahren in der Schweiz lebte und seit 16 Jahren das Schweizer Bürgerrecht besass, 1896 als «grossen Schwäbikoner», und die freisinnige Zürcher Zeitung *Limmat* hielt fest: «Herr Seidel mag sich hundert Mal mit seinem Schweizer Heimatschein drapieren, tausend Mal wird man ihm anmerken, dass ihm das innerste Fühlen und Denken unseres Volkes fremd ist [...].»[5] Der anonyme Verfasser eines Inserats mit dem Titel «Fremdes Unkraut» meinte, es müsse «sich jeder Schweizer schämen», Seidel «seinen Mitbürger nennen zu müssen», und fuhr fort: «Gottlob ist es fremdes und nicht urchiges Schweizerblut, auch ein Esel kann durch Verkleidung einen Löwen vorstellen, doch die Eigenschaften des Langohres wird er immer beibehalten.»[6] Als 1906 der seit zwölf Jahren in der Schweiz lebende und seit neun Jahren eingebürgerte Anwalt David Farbstein, der 1919 am Landesstreikprozess erneut als Verteidiger tätig war, Streikbeteiligte vor Militärgericht verteidigte, monierte die NZZ, in den Dingen, welche die Nation so «intim» berührten wie die Armee, sei «eine gewisse Zurückhaltung schweizerischer Neophyten am Platze».[7] Während des Zürcher Generalstreiks 1912 polemisierte die *Zürichseezeitung* gegen «die Rabulistik des ehemaligen polnischen Juden Dr. Farbstein».[8] 1915 scheiterte Farbstein bei einer Ersatzwahl ins Zürcher Obergericht[9] ebenso wie 15 Jahre darauf bei der Wahl ins Bundesgericht, wobei in beiden Fällen seine «Herkunft» kritisiert wurde. 1920 erntete Farbstein in einer Kantonsratsdebatte aus den bürgerlichen Reihen den empörten Zuruf: «Jude»,[10] und noch 1930 hielt der *Walliser Bote* fest, er sei ein «militanter Vertreter des internationalen Judentums, ein aus Osteuropa Eingekaufter».[11]

Drittens nahm in den vier Jahrzehnten vor dem Ersten Weltkrieg die Zahl der Arbeitsimmigranten in der Schweiz stark zu.[12] Von 1850 bis 1910 stieg der Ausländeranteil von 3 auf 14,7 Prozent. Die Eingewanderten konzentrierten sich vor allem

---

1  Der Landesstreik vor dem Nationalrat. Reden der Abgeordneten Dr. Ernst Feigenwinter, Rechtsanwalt Basel, und Dr. Jean Musy, Staatsrat Freiburg, Luzern 1919, 26.
2  Babel, Antony: La Première Internationale, ses débuts et son activité à Genève de 1864 à 1870, in: Mélanges d'études économiques et sociales offerts à William E. Rappard, Genf 1944, 225–364; Gruner, Erich: Die Erste Internationale und die Schweiz, in: Archiv für Sozialgeschichte 6/7 (1966/67), 199–239; Haeberli, Wilfried: Der erste Klassenkampf in Basel (Winter 1868/69) und die Tätigkeit der Internationalen Arbeiter-Association (1866–1876), in: Basler Zeitschrift für Geschichte und Altertumskunde 64 (1964), 93–216.
3  Neue Zürcher Zeitung, 9.4.1868.
4  Müller, Felix: Lieber national als international. Der Grütliverein zwischen nationaler und sozialer Identifikation, in: Altermatt, Urs et al. (Hg.), Die Konstruktion einer Nation. Nation und Nationalisierung in der Schweiz, 18.–20. Jahrhundert, Zürich 1998, 253–270.
5  Stadtbote, 21.6.1896; Limmat, 22.6.1896.
6  Tages-Anzeiger, 22.6.1896; Volksblatt, 23.6.1896.
7  Neue Zürcher Zeitung, 22.9.1906; vgl. auch Zweig-Strauss, Hanna: David Farbstein (1868–1953). Jüdischer Sozialist – sozialistischer Jude, Zürich 2002, 84–87, 107–110.
8  Zit. nach Kamis-Müller, Aaron: Antisemitismus in der Schweiz 1900–1930, Zürich 1990, 268; vgl. auch Zweig-Strauss, Farbstein, 88f.
9  La Sentinelle, 20.12.1915; Grütlianer, 28.12.1915.
10  Grütlianer, 4.2.1920.
11  Walliser Bote, 22.10.1930.
12  Vuilleumier, Marc: Ausländer, in: Historisches Lexikon der Schweiz (HLS), http://www.hls-dhs-dss.ch/textes/d/D10384.php (7.2.2018).

Fremdenangst

auf Grenzregionen und industrielle Ballungsräume mit Ausländeranteilen zwischen 30 und 50 Prozent. Im Jahrzehnt vor dem Ersten Weltkrieg besassen bis zu 40 Prozent der Metallarbeiter und bis zu 90 Prozent der Bauarbeiter in einigen Industriezentren keinen Schweizer Pass. In den 1890er-Jahren kam es mit dem Berner «Käfigturmkrawall» (1893) und dem Zürcher «Italienerkrawall» (1896) zu zwei aufsehenerregenden Gewaltaktionen gegen italienische Arbeitsmigranten, die sich in ähnliche Vorkommnisse in verschiedenen Teilen Europas einreihten. Kleinere Ausschreitungen gegen Italiener gab es ausserdem 1893 in Lausanne und 1902 in Arbon.[13]

Die Intensivierung der Arbeitsmigration fiel mit einer – ebenfalls im europäischen Trend liegenden – Zunahme der Streiktätigkeit zusammen: In den 1870er-Jahren hatte man in der Schweiz 71 Streiks gezählt, im folgenden Jahrzehnt waren es 137, in den 1890er-Jahren 449 und im ersten Jahrzehnt des 20. Jahrhunderts 1418.[14] Einige aufsehenerregende Arbeitskämpfe wurden vor allem von Immigranten getragen, insbesondere im Tunnelbau, der sich stark auf italienische Arbeitskräfte stützte.[15] Der in der bürgerlichen Presse immer wieder erhobene Vorwurf, es handle sich bei den Streikenden überwiegend um Ausländer, war aber falsch: Wohl lag der Ausländeranteil bei den während der Zürcher Streikunruhen 1906 Verhafteten bei 39,9 Prozent. Damit lag er aber kaum über dem Ausländeranteil der Wohnbevölkerung der Stadt Zürich (32,1 Prozent) und entsprach etwa demjenigen in der Arbeiterschaft. Das Streiken war also ein Instrument, das von Arbeiterinnen und Arbeitern ungeachtet ihrer Nationalität benutzt wurde. Hinzu kam, dass von den Arbeitgebern ab der Jahrhundertwende gerade die Streikbrecher oft mittels Inseraten und durch international tätige Agenturen auch im Ausland angeworben wurden.[16]

Nichtsdestotrotz wurde das seit dem spätmittelalterlichen Zunfthandwerk auf dem Territorium der heutigen Schweiz nachweisbare Mittel des Streiks immer wieder als ausländische Kampfform gebrandmarkt. Schon 1868 hatte das Organ der Schweizerischen Gemeinnützigen Gesellschaft betont, das Streiken sei «auf fremdem Boden gewachsen, ein Erzeugnis Englands und von den dortigen Arbeitervereinen erfunden». Von England aus sei es in anderen Ländern aufgenommen und dort «nicht selten von schlauen Führern zu politischen und demagogischen Umtrieben» benutzt worden.[17] Zwei Jahrzehnte später sprach die NZZ in ihrer Berichterstattung zu einem Schlosserstreik von «fremden berufsmässigen Agitatoren» und «unlautern Elementen», welche gekommen seien, «im Trüben zu fischen».[18] Eine Reihe von Zuschriften pflichtete diesem Standpunkt bei und klagte etwa, «in keinem andern Staate der Welt» lasse man es sich gefallen, «dass eine Rotte Ausländer die einheimische Arbeiterschaft vergifte», unzufrieden mache, «zu allerlei Gesetzwidrigkeiten» verleite und «in Strafe fallen» lasse.[19] Nach der Jahrhundertwende setzten sich solche Diskurse fort.

Nicht selten steigerte sich die xenophobe Antistreikrhetorik in eigentliche Verschwörungstheorien.[20] Bei Beginn des Genfer Bauarbeiterstreiks von 1868 hatte ein «ami de l'ordre» anonym an Bundespräsident Jakob Dubs geschrieben, die Erste Internationale plane einen «coup d'état» gegen die

---

13 Vgl. Stauffer, Peter: 60 Mann und ein Befehl … Der «Käfigturmkrawall» vom 19. Juni 1893, in: Berner Zeitschrift für Geschichte und Heimatkunde 55 (1993), 203–232; Looser, Heinz: Der Italienerkrawall von 1896. Widerstände gegen die Einführung bürgerlicher Verhältnisse in der Grossstadt, unveröffentlichte Lizentiatsarbeit, Universität Zürich 1983; Skinner, Barnaby: Die «Italienerfrage» in der Schweiz. Ursachen und Folgen der Ausschreitungen gegen italienische Arbeitsmigranten vor dem Ersten Weltkrieg, unveröffentlichte Lizentiatsarbeit, Universität Basel 2000; Schlaepfer, Rudolph: Die Ausländerfrage in der Schweiz vor dem Ersten Weltkrieg, Zürich 1969, 141f.

14 Hirter, Hans: Die Streiks in der Schweiz in den Jahren 1880–1914. Quantitative Streikanalyse, in: ders. et al. (Hg.), Arbeiterschaft und Wirtschaft in der Schweiz 1880–1914, Band II/2, Zürich 1988, 837–1008.

15 Kästli, Tobias: Der Streik der Tunnelarbeiter am Gotthard 1875. Quellen und Kommentar, Basel 1975; Binnenkade, Alexandra: Sprengstoff. Der Streik der italienischen Gotthardtunnelarbeiter – Alltag und Konflikte im Eisenbahnerdorf Göschenen 1875, unveröffentlichte Lizentiatsarbeit, Universität Basel 1996; Habicht, Hans-Martin: Rickentunnel-Streik und Rorschacher Krawall. St. Gallische Fremdarbeiterprobleme vor dem Ersten Weltkrieg, St. Gallen 1975.

16 Koller, Christian: Local Strikes as Transnational Events. Migration, Donations, and Organizational Cooperation in the Context of Strikes in Switzerland (1860–1914), in: Labour History Review 74/3 (2009), 305–318; ders.: «Nur ein paar Lumpen die Ihren Judaslohn in Alkohol umsetzen». Streikbrecher vom Balkan in der Schweiz im frühen 20. Jahrhundert und ihre Wahrnehmung, in: Ethnologia Balkanica 13 (2009), 91–105.

17 Diesjährige Arbeitseinstellung in Genf, in: Schweizerische Zeitschrift für Gemeinnützigkeit 7 (1868), 320–322, hier 321.

18 Neue Zürcher Zeitung, 11.5.1886; 16.5.1886; 6.7.1886.

19 Neue Zürcher Zeitung, 5.7.1886. Ähnlich: 23.7.1886; 28.7.1886.

20 Vgl. Koller, Christian: Coulissenschieber, Spitzhunde und Dunkelmänner. Verschwörungstheorien im schweizerischen Streikdiskurs vor dem Ersten Weltkrieg, in: Traverse 11/3 (2004), 73–84; ders.: La grève comme phénomène «antisuisse». Xénophobie et théories du complot dans les discours anti-grévistes (19e et 20e siècles), in: Cahiers d'histoire du mouvement ouvrier 28 (2012), 25–46.

Genfer Kantonsregierung,[21] und die NZZ sah das Wirken «von Londoner und Pariser Emissären».[22] Der Bankier Louis Ador beschwor kurz darauf in einem Brief das Menetekel einer «dictature de la Société internationale» in Genf und hielt fest: «On a choisi Genève parce qu'il y règne une liberté illimitée et que le pouvoir y est désarmé. Les meneurs anglais et français très habiles et de la pire espèce de la Société internationale des ouvriers sont à Genève, ils y ont organisé une grève monstre qui fait trembler les moins timides. Car la vie et la fortune des citoyens paisibles va être à la merci de hordes d'ouvriers étrangers recrutés dans le bas-fonds de la société.»[23]

Während eines Spenglerstreiks 1878 in Zürich machte die NZZ Anleihen bei der kulturkämpferischen Semantik der Zeit und formulierte die Schreckensvision, «dass sich das stolze Zürich unter das Joch einer fremden und vaterlandslosen Liga» beuge, die «gleich den Jesuiten von den Freiheiten der Republik nur so lange den ungenirtesten Gebrauch» mache, bis sie die Macht habe, «dieselben zu vernichten und ihre Despotie an ihre Stelle zu setzen».[24] Acht Jahre darauf behauptete dasselbe Blatt, die streikenden Zürcher Schlosser würden von der in Genf sesshaften «internationalen anarchistischen Propaganda» finanziell unterstützt.[25] Der vom Zürcher Stadtpatriziat finanzierte rechtspopulistische Agitator Eduard Attenhofer[26] sah 1886 sogar eine weltweite Streikverschwörung am Werk: «Streik, toujours Streik! In Chicago, Milwaukee, Basel, Berlin, St. Gallen und Zürich, alles auf einen ‹Tätsch›, dem internationalen Kommando gehorchend. In Chicago werfen die ‹Herren› Sozialisten Dynamitbomben, in St. Gallen und Basel schnörrenwagneren die rothen Wanderratten aus dem ‹grossen Kanton› und in Zürich rüsten sich die Schlosser und Schneider auf die bevorstehenden blauen Montage!»[27] Urheber der Arbeitskämpfe seien «eine Hand voll fremder Fötzel», welche die «Sozialrevolution» anordneten. Der «ganze Streikschwindel» sei «eine durch internationale Abmachung geflissentlich heraufbeschworene Versuchskomödie». Einige Wochen später fuhr Attenhofer in der für ihn üblichen Tonalität fort: «Die Arbeiter sind nur die Verführten, ihre schwieligen Hände ruhen wider Willen, auf terroristisches Kommando der Verführer, welche meistens Glacéhandschuhe und goldene Brille tragen, erstere um die der Arbeit ungewohnte Hand zu schonen, letztere um das falsche, vaterlandsverrätherische Auge zu verbergen.»[28]

Nach dem Genfer Generalstreik von 1902, der sich an Entlassungsplänen des amerikanischen Direktors der in britischem Besitz befindlichen Genfer Strassenbahngesellschaft entzündet hatte,[29] behauptete das *Journal de Genève*, «que ce mouvement prenait caractère d'une mobilisation des éléments ouvriers pour servir des visées réellement révolutionnaires et tirer l'influence d'une excitation occulte, anarchiste et internationale [...]. On voulait donc tenter à bon marché, dans un petit pays libre, sans armée permanente, une vraie expérience révolutionnaire.»[30] Ähnlich interpretierte Ulrich Wille diese Ereignisse; er behauptete, die Ordnungstruppen seien «nicht gegen den Streik, nicht gegen die organisierte Arbeiterschaft aufgeboten» worden, sondern «zum Schutz von Ordnung und Gesetz gegen jene lichtscheuen Elemente, welche den Streik der Arbeiterschaft und deren Erregung» ausnutzten, «um Anarchismus herbeizuführen».[31]

Neben diesen Vorstellungen von aus dem Ausland gesteuerten Umsturzversuchen gab es auch Verschwörungstheorien, welche die Streiks auf das Wirken ausländischer Kapitalisten zurückführten. So meinte 1886 ein anonymer Einsender in der NZZ, man sei nicht einmal sicher, dass die Leiter solcher Agitation nicht am Ende darauf aus seien, «die Arbeit unseres Landes im Interesse des Auslandes zu ruinieren».[32] Und 1909 bettete der Winterthurer Unternehmer und Nationalrat Eduard Sulzer-Ziegler den angeblichen «Terror der italienischen

---

21 Schweizerisches Bundesarchiv (BAR), E 21, 13988, Un citoyen genevois ami de l'ordre au Bundespräsident Dubs, 23.3.1868.
22 Neue Zürcher Zeitung, 26.3.1868.
23 Zit. nach Vuilleumier, Marc: Quelques documents concernant l'attitude des milieux conservateurs genevois à l'égard de la première Internationale, in: Mélanges d'histoire économique et sociale en hommage au professeur Antony Babel à l'occasion de son soixante-quinzième anniversaire, Band 2, Genf 1963, 231–250, hier 232f.
24 Neue Zürcher Zeitung, 21.2.1878.
25 Neue Zürcher Zeitung, 24.5.1886.
26 Vgl. Bürgi, Markus: Antisozialismus in Zürich im ausgehenden 19. Jahrhundert, in: Caillat, Michel et al. (Hg.), Histoire(s) de l'anticommunisme en Suisse, Zürich 2009, 61–82.
27 Stadtbote, 9.5.1886.
28 Stadtbote, 16.5.1886; 30.5.1886; 20.6.1886.
29 Koller, Christian: Streikkultur. Performanzen und Diskurse des Arbeitskampfes im schweizerisch-österreichischen Vergleich (1860–1950), Münster, Wien 2009, 118–131.
30 Journal de Genève, 14.10.1902.
31 [Wille, Ulrich:] Kriegsgerichtliche Bestrafung, in: Allgemeine Schweizerische Militärzeitschrift 48 (1902), 399f., hier 400.
32 Neue Zürcher Zeitung, 28.7.1886.

# Fremdenfeindlichkeit im Zürcher Streiksommer 1906

Christian Koller

Der Streiksommer 1906 zeigt exemplarisch, dass fremdenfeindliches Reden und Handeln im Zusammenhang mit Ausständen schon viele Jahre vor dem Landesstreik en vogue waren. In der Automobilfabrik Arbenz in der damaligen Zürcher Vorortsgemeinde Albisrieden war es im Gefolge eines Streiks zu spektakulären Unruhen und gewaltsamen Zusammenstössen zwischen Arbeitern und Bauern beziehungsweise Demonstranten, Polizei und Militär gekommen.[1] Die bürgerliche Presse machte dabei unisono «Fremde» für den Aufruhr verantwortlich. Die NZZ sprach im September 1906 von «Ausländerei»: «Sie ist in allem erkennbar, in der Presse, im taktischen Vorgehen: nirgends eine Spur schweizerischer Bodenständigkeit, nichts als Kopie ausländischer Muster.»[2] Andere Blätter empörten sich über die «unsaubern fremden Elemente», das «internationale Gelichter», die «ausländischen Radauelemente», «Schreier, Hetzer und fanatischen Fremdlinge und Faulenzer» oder «dunkle[n] Elemente aller Länder und aller Sorten», die angeblich an der Spitze der Streiks standen.[3] Für das Organ des rechtsgerichteten «Bürgerverbands» waren «die ausländischen Aufwiegler und Coulissenschieber», «alle diese Parasiten und Schmarotzer» schuld an den Streiks.[4] Die konservative *Freitagszeitung* hatte «nachgerade das Gefühl, einer neuen Art von Fremdherrschaft ausgeliefert zu sein, [...] nicht weniger drückend [...], als es diejenige der fremden Vögte für unsere Vorfahren war», und wollte «viel heimliches Sehnen unserer Volksgenossen im Arbeiterstande nach endlicher Befreiung von der internationalen Streiktyrannei» erkennen.[5]

Zwar wurde der ideologische Internationalismus von Sozialdemokratie und Gewerkschaften durchaus nicht von allen Arbeitern geteilt. Selbst in der organisierten Arbeiterschaft war etwa in den Jahren vor dem Ersten Weltkrieg eine gewisse Deutschenfeindlichkeit spürbar, die sich sowohl an der Eloquenz deutscher Kollegen an Gewerkschafts- und Parteiversammlungen als auch am wiederholten Import professioneller Streikbrecher aus dem Deutschen Reich entzündete.[6] Die vielen Streiks der unmittelbaren Vorkriegszeit zeigen indessen keine überdurchschnittliche Beteiligung von Ausländern. Ihr Anteil an den Streikenden entsprach in etwa ihrem Anteil an der Arbeiterschaft in den von Streiks betroffenen Branchen.[7]

Die ausländerfeindlichen Antistreikdiskurse fanden in der Arbeiterschaft denn auch wenig Resonanz, wohl aber im kleinbürgerlich-gewerblichen und bäuerlichen Milieu. Dies illustrieren die Vorgänge in Albisrieden im Jahr 1906: Ende Juni zirkulierte in der Ortschaft das Gerücht von einer unmittelbar bevorstehenden gewaltsamen Aktion gegen die «verfluchten Schwaben».[8] Als sich einen Monat später ein Ausländer abschätzig über die militärischen Ordnungstruppen äusserte, wurde er von einem Bauern kurzerhand in den nächsten Brunnen geworfen und dann «zum Gaudium der Umstehenden» davongejagt.[9] Im August 1906 bedrohte der Albisrieder Gemeinderat und Biskuitfabrikant Alfred Rosenberger-Haller in einem Wirtshaus italienische Arbeiter mit dem Revolver und gab bei einem anschliessenden Handgemenge sechs Schüsse ab.[10] Und noch im November 1906 sah sich der lokale Arbeiterverein mit dem Vorwurf konfrontiert, er bestehe «grösstenteils aus ‹chaibe Schwabe›».[11]

---

1 Koller, Christian: «Die russische Revolution ist ein reines Kinderspiel gegenüber derjenigen in Albisrieden!» Der Arbenzstreik von 1906 in mikro- und kulturhistorischer Perspektive, in: Historische Anthropologie 11 (2003), 370–396.
2 Neue Zürcher Zeitung, 22.9.1906.
3 Wochenblatt des Bezirkes Meilen, 24.7.1906; 28.7.1906; Der Freisinnige, 25.7.1906; Neue Zürcher Nachrichten, 24.7.1906.
4 Zürcher Volksblatt, 21.7.1906.
5 Freitagszeitung, 17.8.1906.
6 Vgl. Huser, Karin: Bildungsort, Männerhort, politischer Kampfverein. Der deutsche Arbeiterverein «Eintracht Zürich» (1840–1916), Zürich 2012, 407; Koller, Christian: Vor 105 Jahren. Der erste Zürcher Generalstreik, in: Sozialarchiv Info 4 (2017), 6–19.
7 Koller, Christian: Streikkultur. Performanzen und Diskurse des Arbeitskampfes im schweizerisch-österreichischen Vergleich (1860–1950), Münster, Wien 2009, 139.
8 Volksrecht, 29.6.1906.
9 Wochenblatt des Bezirkes Meilen, 26.7.1906.
10 Staatsarchiv Zürich, P 193a (II), Nr. 295; NZZ, 6.8.1906; Volksrecht, 6.8.1906.
11 Volksrecht, 8.11.1906.

Arbeiterorganisation» in einen grösseren volkswirtschaftlichen Zusammenhang ein: «Hinter den geschilderten Zuständen steht der Angriff auf unseren Geldbeutel. Sie bedeuten nichts anderes, als dass auf höhern Befehl der italienische Bauarbeiter seine Arbeitskraft möglichst teuer [...] verkaufen muss. [...] Das Interessanteste dabei ist, dass unsere Sozialisten redlich dazu mithelfen, dass wir als Nation tüchtig auf diese Weise gebrandschatzt werden, indem sie die Sache dieser Ausländer zu der ihrigen machen [...].» Die Schweiz werde dadurch «dem Ausland tributpflichtig»: «Der Unternehmer kann ja gar nicht anders, als die zu hohen Löhne seinem Auftraggeber weiter zu belasten, sodass zuletzt eben jeder, der eine Baute erstellen lässt, die Zeche bezahlen muss, was dann aber zur Folge hat, dass auch dieser, um zu bestehen, diese Mehrkosten auf diejenigen abwälzen muss, welche in den Häusern wohnen. Wer bezahlt also diese übertrieben hohen Löhne der Ausländer: das Schweizervolk!»[33] Die *Gelbe Arbeiter-Zeitung* schliesslich behauptete 1906, viele Streiks würden von jüdischen Börsenleuten inszeniert, die angeblich die sozialistischen Blätter kontrollierten, um die Aktienkurse der bestreikten Unternehmungen zu manipulieren.[34] Die Interpretationsmuster, welche die Folie für die späteren Verschwörungstheorien über Ursprünge und Wesen des schweizerischen Landesstreiks bildeten, hatten sich also bereits seit den 1860er-Jahren herausgebildet und waren im antisozialistischen Denken tief verankert.

Dass im Zusammenhang mit Streiks immer wieder ein schärferes behördliches Vorgehen gegen Ausländer gefordert wurde, vermag vor diesem Hintergrund nicht zu erstaunen. Bereits 1870 hatten bestreikte Genfer Baumeister ein Verbot der Genfer Sektion der Ersten Internationale und die Ausweisung der an ihr beteiligten «Fremden» gefordert.[35] 16 Jahre später schrieb Attenhofer während eines Schlosserstreiks in Zürich, man sollte das «Streiken verbieten, fremde Aufwiegler und Müssiggänger zum Land hinausjagen, die hiesigen unter polizeiliche Aufsicht stellen [...]. Eine ganze Reihe von Verhaftungen sollte augenblicklich vorgenommen werden zur Läuterung unseres Landes, von der Hochschule herab bis zum Lohnwäscher und Tapezier.»[36] Ansonsten würde das «Schweizer-Volk kurzen Prozess» mit den Sozialdemokraten machen: «Vater ‹Lynch› ist in der Schweiz ein sehr bekannter Mann.»[37] Und nach dem Basler Färberstreik von 1913, der aus Solidarität mit streikenden Färbern in Krefeld ausgebrochen war, reimte der *Nebelspalter:* «Als Fazit ergibt die ‹Moral› sich daraus; Schmeisst endlich die Hetzer zum Lande hinaus».[38]

Mit der wachsenden Streikzahl zwischen der Jahrhundertwende und dem Ausbruch des Ersten Weltkriegs wurden wiederholt an Streiks beteiligte Ausländer ausgewiesen, so 110 Personen während des Genfer Generalstreiks 1902,[39] 34 während des Zürcher Streiksommers 1906[40] und je 13 Personen beim Winterthurer Bauarbeiterstreik 1909/10 und dem Zürcher Generalstreik 1912.[41] Auch die Bundesanwaltschaft als einzige gesamtschweizerische Institution, die sich mit der Fremdenfrage befasste, hatte einen einseitigen Fokus auf Sozialisten und Anarchisten.[42] 1889 war die Stelle eines ständigen Bundesanwalts geschaffen worden, der eine Doppelfunktion hatte: Er war staatlicher Ankläger und leitete zugleich die von den kantonalen Behörden ausgeführten Massnahmen im Rahmen der politischen Fremdenpolizei. Damit waren schon rein funktional «Aufruhr» und «Fremde» miteinander verknüpft.

### «Burgfrieden» und Fremdenfeindlichkeit

Nach dem Kriegsausbruch kam es mit der Ausreise Zehntausender ausländischer Arbeiter zu einer «Verschweizerung» der Arbeiterbewegung. Zwischen 1910 und 1920 fiel die Zahl der Ausländer um mehr als ein Viertel von 552 011 auf 402 385.[43] Die Zahl der im Schweizerischen Gewerkschaftsbund (SGB) Organisierten ging von 1913 bis 1915 von 86 313 auf 64 972 zurück, bedingt zu einem grossen Teil durch den Wegzug von Migranten.[44] In der zweiten Kriegshälfte stieg die Zahl der SGB-Mitglieder dann aber stark auf 177 143 Personen an.[45]

---

33 Neues Winterthurer Tagblatt, 12.6.1909.
34 Gelbe Arbeiter-Zeitung, 1.3.1906.
35 Koller, Streikkultur, 70.
36 Stadtbote, 25.7.1886; 18.7.1886.
37 Stadtbote, 16.5.1886.
38 Zum Färberstreik in Basel, in: Nebelspalter 39/25 (1913), 2.
39 Neue Zürcher Zeitung, 10.10.1902; 11.10.1902; 12.10.1902; Times, 13.10.1902. La Liberté, 14.10.1902.
40 Rechenschafts-Bericht des Regierungsrates an den Zürcher Kantonsrat 1906, Winterthur 1907, 536.
41 Volksrecht, 19.7.1912; Grütlianer, 20.7.1912; Bau- und Holzarbeiter-Zeitung, 1.5.1947.
42 Dubach, René: «Strizzis, Krakeeler und Panduren». Aktivitäten des Staatsschutzes vom Landesstreik bis zum Roten Zürich, Zürich 1996, 24f; Kühnis, Nino: Anarchisten! Von Vorläufern und Erleuchteten, von Ungeziefer und Läusen – zur kollektiven Identität einer radikalen Gemeinschaft in der Schweiz, 1885–1914, Bielefeld 2015, 181–189.
43 Vuilleumier, Ausländer.
44 Die Schweizerische Gewerkschaftsbewegung im Jahre 1914, in: Gewerkschaftliche Rundschau 7 (1915), 69–71.
45 Koller, Streikkultur, 58.

Ähnlich wie die Zahl der organisierten Arbeiterinnen und Arbeiter entwickelte sich die Streiktätigkeit: 1915 war die Streikrate im Zeichen des «Burgfriedens» mit lediglich zwölf Arbeitskämpfen auf den tiefsten Stand seit drei Jahrzehnten gesunken, um in der zweiten Kriegshälfte wieder massiv zuzunehmen: 1916 gab es 35 Streiks, im folgenden Jahr bereits 140. Im letzten Kriegsjahr erreichte die Streiktätigkeit (ohne den Landesstreik) mit 269 Ausständen und 24 382 Beteiligten das Rekordniveau der Streikwelle von 1905 bis 1907.[46]

Das Interpretament der von «Fremden» gesteuerten Arbeiterbewegung geriet bis 1917 vorübergehend etwas in den Hintergrund. Selbst die zahlreichen ausländischen Exilsozialisten im Land, welche teilweise die Mitgliedschaft in Organisationen der Schweizer Arbeiterbewegung erwarben, sowie die verschiedenen internationalen sozialistischen Konferenzen wie die Frauen- und Jugendkonferenzen in Bern im März und April 1915 oder die Konferenzen in Zimmerwald und Kiental im September 1915 und April 1916 wurden von den Behörden und der bürgerlichen Presse kaum beachtet und erst nach der Russischen Revolution retrospektiv in Verschwörungstheorien eingebaut. Von der Konferenz in Zimmerwald etwa erfuhren die Behörden erst einige Tage nach dem Ereignis aus der Presse.[47] Selbst Lenin blieb breiteren Kreisen bis 1917 unbekannt und wurde von der Presse erst nach der Oktoberrevolution als ehemaliger Exilant in der Schweiz «entdeckt».[48]

Zugleich – und trotz des starken Rückgangs der Ausländerzahl – radikalisierte sich aber das Reden über Fremde, die für alle möglichen sozialen und teilweise politischen Missstände verantwortlich gemacht wurden. Patrick Kury schreibt in diesem Zusammenhang von einer «diskursiven Explosion».[49] Der 1900 vermutlich von Carl Alfred Schmid geprägte Begriff «Überfremdung»[50] war seit etwa 1910 zu einem zentralen Element der Schweizer Politik aufgestiegen und ging 1914 auch in die Amtssprache ein.[51] Selbst am Parteitag der Sozialdemokratischen Partei von 1911 wurde die «Ausländerfrage» heftig diskutiert. Vordergründig ging es dabei nicht um das Thema «Überfremdung», sondern um die im Rahmen einer Statutenrevision zu klärende Frage nach individueller und kollektiver Parteimitgliedschaft von Ausländern oder ganzen Ausländersektionen. Statements mehrerer prominenter Grütlianer verdeutlichten aber grundsätzliche Vorbehalte gegenüber dem Einfluss von Ausländern in der Schweizer Arbeiterbewegung.[52]

Nach Kriegsbeginn beklagten zahlreiche Reden und Publikationen die angebliche wirtschaftliche, kulturelle und auch «rassische» «Überfremdung» der Schweiz.[53] Der Winterthurer Ingenieur Max Koller etwa monierte im Mai 1917 in einem Vortrag vor der Neuen Helvetischen Gesellschaft, die sich in jenen Jahren für eine restriktivere Einbürgerungspolitik starkmachte,[54] «eine immer mehr zunehmende Trübung unseres Auges für die Erkenntnis der Schönheit unserer reinen natürlich gewachsenen Kultur». Zugleich forderte er, dass man «Nichteuropäern», zu denen «auch die Juden» gehörten, die Möglichkeit zur Erlangung des Schweizer Bürgerrechts vorenthalten sollte.[55]

Die Arbeiterbewegung tauchte in diesen Diskursen eher peripher auf. Wilhelm Ehrenzeller zeichnete 1917 in einer Schrift gegen die «geistige Überfremdung der Schweiz» ein ambivalentes Bild von ihr: «Zwar ist die Auffassung, als ob die schweizerische Arbeiterbewegung lediglich durch die bösen Ausländer inszeniert worden sei, eine kindlich-naive, da die Syndizierung der Arbeiter und ihre politische Tätigkeit bei uns aus den gleichen wirtschaftlichen und geistigen Ursachen hervorgegangen ist wie anderswo. [...] Aber die Einwirkung zahlreicher Ausländer in unsern Grossstädten, die allem Asylrecht zum Trotz gegen schweizerische Zustände agitierten, liegt doch klar auf der Hand. [...] In der eigentlichen Partei, besonders in den Jugendorganisationen, haben immer noch zahlreiche Ausländer führenden Einfluss.»[56] Die Arbeiterbewegung an und für sich wurde hier also im Zei-

---

46 Koller, Streikkultur, 49f.
47 Gautschi, Willi: Lenin als Emigrant in der Schweiz, Zürich, Köln 1974, 154.
48 Vgl. Degen, Bernard/Richers, Julia (Hg.): Zimmerwald und Kiental. Weltgeschichte auf dem Dorf, Zürich 2015, 59.
49 Kury, Patrick: Über Fremde reden. Überfremdungsdiskurs und Ausgrenzung in der Schweiz 1900–1945, Zürich o. J. [2003], 94.
50 Schmid, Carl Alfred: Unsere Fremdenfrage. Separatdruck aus der Züricher Post, Zürich 1900.
51 Kury, Fremde, 45–72.
52 Huser, Karin: Bildungsort, Männerhort, politischer Kampfverein. Der deutsche Arbeiterverein «Eintracht Zürich» (1840–1916), Zürich 2012, 412–421.
53 Vgl. z. B. Koller, Max: Die Fremdenfrage in der Schweiz, Zürich 1915; ders.: Die kulturelle Ueberfremdung der Schweiz. Vortrag gehalten in der Gruppe Winterthur der N. H. G. im Mai 1917, Zürich 1918; Ehrenzeller, W.: Die geistige Überfremdung der Schweiz, Zürich 1917; Loosli, C.A.: Ausländische Einflüsse in der Schweiz, Zürich 1917; Steinmann, Arthur: Zur wirtschaftlichen Überfremdung der Schweiz, Zürich² 1919.
54 Gast, Uriel: Von der Kontrolle zur Abwehr. Die eidgenössische Fremdenpolizei im Spannungsfeld von Politik und Wirtschaft 1915–1933, Zürich 1997, 29–31; Argast, Regula: Staatsbürgerschaft und Nation. Ausschliessung und Integration in der Schweiz, Göttingen 2007, 272–285.
55 Koller, Ueberfremdung, 23f.
56 Ehrenzeller, Überfremdung, 55f.

chen des Burgfriedens als etwas Schweizerisches anerkannt, der Einfluss von Ausländern in ihrer Führung indessen als Problem gesehen.

Der Fokus der Xenophobie verschob sich in den Kriegsjahren zunächst tendenziell von der Arbeiterbewegung auf die sozialen Missstände. Der Antisemitismus erstarkte etwa in der Figur des Kriegsgewinners. Dies führte zu antisemitischen Auslassungen in der Presse sowie zu verbalen Attacken auf Jüdinnen und Juden im Alltag.[57] Auch die Umsetzung bundesrätlicher Beschlüsse gegen den Wucher zeigte teilweise eine antisemitische Schlagseite: In Basel beispielsweise wurden überdurchschnittlich oft «Lebensmittelwucherprozesse» gegen jüdische Händler angestrengt.[58] Max Koller wetterte 1917 gegen die «Gesellschaft von reinen Spekulanten und Schiebern», die ihr «internationales unheimliches Wesen» in der Schweiz treiben würden, und fuhr fort: «Es ist die gleiche Art Leute, die die Sanftmut Jesu im Tempel zu Jerusalem zur hellen Empörung brachten. Hat man den guten Willen, dann muss es möglich sein, den Tempel unseres Volkstums wenigstens einigermassen von dieser ganz schlimmen Art der Ueberfremdung rein zu halten.»[59] Der *Nebelspalter* publizierte im März 1918 eine Karikatur, in der ein genagelter Stiefel drei Personen über die Schweizer Grenze beförderte: einen «Krakehler», einen «Hetzer» und einen «Schieber», wobei die Physiognomie des Letzteren unübersehbar antisemitische Stereotype bediente.[60] Und sogar der *Grütlianer* schrieb 1919 im Rückblick auf die Versorgungskrise von 1917/18: «Durch das Treiben gewissenloser Wucherer, beschnittener und unbeschnittener Juden, trat eine bedenkliche Knappheit an Lebensmitteln ein, die dann naturgemäss zu einer allgemeinen Teuerung führte, unter der besonders die Lohnarbeiterschaft, Beamte und Angestellte zu leiden hatten.»[61]

## Revolutionsfurcht und Xenophobie im letzten Kriegsjahr

In den politisch und wirtschaftlich krisenhaften Jahren 1917/18 kamen die beiden xenophoben Sichtweisen der vorgegangenen Zeit zusammen: «Fremde» wurden nun sowohl für soziale Missstände verantwortlich gemacht als auch als Drahtzieher von Sozialprotesten dargestellt. Georg Kreis spricht in diesem Zusammenhang von einer «niederträchtigen Fremdenfeindlichkeit», die ab 1917 «zu einer das allgemeine Fühlen und Denken leitenden Kraft» wurde.[62] Dies übersetzte sich rasch auch in behördliches Handeln: Nur fünf Tage nach der Oktoberrevolution fassten die Bundesbehörden Beschlüsse über die Behandlung von Deserteuren und Refraktären, die nun zu «Arbeiten im öffentlichen Interesse», hauptsächlich Meliorationen, herangezogen werden konnten und denen die Ausweisung drohte, wenn sie sich an «anarchistischen oder antimilitaristischen Umtrieben» beteiligten.[63] Wenige Tage später wurde auf eidgenössischer Ebene eine – zunächst provisorische, im Mai 1919 dann verstetigte – Fremdenpolizei geschaffen. Sie sollte die umfassende Kontrolle sowie polizeiliche und statistische Erfassung ein- und ausreisender Ausländer gewährleisten und hatte von Beginn weg eine klar antibolschewistische Stossrichtung.[64] Damit trat die Ausländerpolitik in eine neue Phase: Erstmals in der Geschichte des schweizerischen Bundesstaats gab es eine institutionalisierte Form der «Überfremdungsbekämpfung».

Seit Anfang 1918 wurden die ersten Arbeitsdetachemente für ausländische Deserteure und Refraktäre unter militärischer Organisation gebildet.[65] Die Arbeits- und Lohnverhältnisse waren zunächst nicht mit den Gewerkschaften abgesprochen, wurden im Februar nach Verhandlungen mit dem Oltener Aktionskomitee dann aber den in der Privatwirtschaft üblichen angenähert. Die Arbeitsbedingungen blieben indessen sehr hart. Während des ganzen Jahres 1918 kam es in den Arbeitsdetachementen immer wieder zu Streiks. Die Behörden boten Ordnungstruppen mit Schiessbefehl auf, schlossen die Streikenden bei Wasser und Brot ein und versetzten die Anführer in Strafdetachemente.[66] Die Arbeiterorganisationen stellten sich jeweils hinter die Streikenden.[67]

Seit Jahresbeginn 1918 diskutierte die durch die Oktoberrevolution erschreckte bürgerliche Presse die Möglichkeit eines Landesgeneralstreiks und

57  Kury, Fremde, 101–104.
58  Kamis-Müller, Antisemitismus, 76–81; Kury, Fremde, 139f.
59  Koller, Ueberfremdung, 26.
60  Boscovits, J.[ohann] F.[riedrich]: Der Bundesschuh, in: Nebelspalter 44/11 (1918), 9.
61  Grütlianer, 25.9.1919.
62  Kreis, Georg: Insel der unsicheren Geborgenheit. Die Schweiz in den Kriegsjahren 1914–1918, Zürich 2014, 243.
63  Gast, Kontrolle, 33f.
64  Gast, Kontrolle, 33–40; Kury, Fremde, 108–110.
65  Grütlianer, 9.1.1918; Bürgisser, Thomas: «Unerwünschte Gäste». Russische Soldaten in der Schweiz 1915–1920, Zürich 2010, 99–102.
66  Bürgisser, Gäste, 103–136.
67  Archiv SGB, G 23/B, Protokolle des Oltener Aktionskomitees, Protokolle der 1. und 6. Sitzung.

nahm dabei bereits die Verschwörungstheorie vom angeblich aus Russland gesteuerten Putschversuch vorweg – etwa durch die Bezeichnung des Oltener Aktionskomitees als «Soviet d'Olten».[68] Am 12. April 1918 warnte General Wille in einem Brief an Oberstkorpskommandant Eduard Wildbolz, «die Bolschewiki in Zimmerwald und Kiental» hätten «gut gewusst, warum sie die Schweiz auswählten, als das Land, in dem sie mit dem Umsturz der staatlichen und gesellschaftlichen Ordnung anfangen» wollten.[69] Die seit Mai 1918 von Jan A. Berzins geleitete Sowjetmission in Bern galt in bürgerlichen Kreisen zunehmend als Revolutionszentrale.[70]

In der unmittelbaren Vorgeschichte des Landesstreiks spielten Revolutionsängste bei den militärischen und politischen Entscheidungsträgern eine wesentliche Rolle. Sie wurden durch teilweise gezielt gestreute Falschinformationen weiter angeheizt: Am 29. Oktober und 10. November veröffentlichte der im Stab des französischen Ministerpräsidenten arbeitende Exilrusse Serge Persky in der *Gazette de Lausanne* Artikel über ein angebliches aus Russland gesteuertes anarchistisch-bolschewistisches Terrorkomplott. Gemäss Persky seien Anschläge in aller Welt geplant gewesen, unter anderem gegen das Bundeshaus, das Bundesgericht in Lausanne, die Nationalbank in Zürich und die Hauptpost von Genf.[71] Das Eidgenössische Justiz- und Polizeidepartement verwies am 11. November den Bundesrat ausdrücklich auf diese Artikel als «Anhaltspunkt» dafür, «dass ein Unternehmen zum gewaltsamen Umsturz der Bundesverfassung oder der gewaltsamen Vertreibung oder Auflösung der Bundesbehörden vorbereitet war».[72] Ebenfalls ab Ende Oktober geisterte durch die Presse, dass bei einer Hausdurchsuchung beim französischen Schriftsteller und Kommunisten Henri Guilbeaux in Genf Revolutions- beziehungsweise Generalstreikanweisungen Lenins an die Schweizer Sozialisten sichergestellt worden seien.[73] Erst Jahre später dementierte der Bundesrat diese Falschmeldung.[74]

Am 31. Oktober 1918 sah die Zürcher Kantonsregierung in einem Schreiben an Bundespräsident Felix Calonder «Anzeichen einer revolutionären Bewegung», welche wohl zum Ziel habe, «diese von der Schweiz aus auch auf andere Länder zu übertragen».[75] Vier Tage später führte Ulrich Wille in einem Memorial an EMD-Vorsteher Camille Decoppet aus, er müsse «an die Möglichkeit eines plötzlichen, unerwarteten Ausbruchs der Revolution glauben» und sei der Überzeugung, «dass auf den Kongressen von Zimmerwald und Kiental beschlossen worden sei, mit dem Umsturz der staatlichen Ordnung in Europa in der Schweiz den Anfang zu machen». Wie jedermann wisse, befänden sich «zahlreiche, mit viel Geld ausgerüstete Sendboten der russischen Bolschewiki in der Schweiz, um die Sache zu beschleunigen.»[76] Am 7. November schrieb Wille an seine Frau: «Ich bin eben lange unterbrochen worden durch Russen, die mir binnen wenigen Tagen alle Fäden der Bolschewiki-Organisationen in unserm Lande liefern wollen. – Herrlich wäre es, wenn ich im Stande wäre, mit positiven Tatsachen den Bundesrat zwingen zu können, einzuschreiten.»[77]

Wille konnte die «positiven Tatsachen» nicht liefern, bereits einen Tag zuvor hatte der Bundesrat aber die Ausweisung der Sowjetmission beschlossen.[78] Das ebenfalls am 6. November beschlossene Truppenaufgebot für Zürich begründete der Bundesrat gegenüber der Bevölkerung am folgenden Tag mit einer angeblich von aussen kommenden Revolutionsgefahr: «Offen oder verschleiert drohen gewisse Gruppen und Blätter, die revolutionären und anarchistischen Experimente, die Russland blutig heimsuchen, nach der Schweiz zu verpflanzen. Zweifelhafte, meist landesfremde Elemente, säen Hass, beuten die Schwierigkeiten unserer Landesversorgung [...] aus und schüren die gefährlichsten Leidenschaften. [...] In dem gastfreien und dem Geiste der Freiheit so offenen Schweizerhaus ist kein Platz für sie.»[79]

---

68 Z. B. Le Nouvelliste, 9.4.1918; Gazette de Lausanne, 13.4.1918; 5.8.1918; Journal de Genève, 14.4.1918; 3.8.1918.
69 Dokumente zum Landesgeneralstreik 1918, in: Schweizer Monatshefte 48 (1968/69), 833–860, hier 835f.
70 Collmer, Peter: Zwischen Selbstdefinition und internationaler Behauptung. Frühe bolschewistische Diplomatie am Beispiel der Sowjetmission in Bern (Mai bis November 1918), in: Ludmilla, Thomas/Knoll, Viktor (Hg.): Zwischen Tradition und Revolution. Determinanten und Strukturen sowjetischer Aussenpolitik 1917–1941, Stuttgart 2000, 225–283.
71 Gazette de Lausanne, 29.10.1918; 10.11.1918.
72 Conseil Fédéral: Procès-verbal de la séance du 12 novembre 1918: 3335. Gerichtliche Untersuchung wegen Verbrechen gegen die innere und äussere Sicherheit der Eidgenossenschaft, http://www.amtsdruckschriften.bar.admin.ch/viewOrigDoc/60003231.pdf?ID=60003231 (Stand: 7.3.2018).
73 Vgl. z. B. La Liberté, 31.10.1918. Der Landesstreik vor dem Nationalrat, 28.
74 Protokolle der Bundesversammlung, NR, 21. Sitzung, 3.4.1925, 310–317.
75 Gautschi, Willi (Hg.): Dokumente zum Landesstreik, Zürich, Köln 1971, 157.
76 Gautschi, Dokumente, 170.
77 Meienberg, Niklaus: Die Welt als Wille und Wahn. Elemente zur Naturgeschichte eines Clans, Zürich 1987, 165.
78 Gautschi, Willi: Der Landesstreik 1918, Zürich 1968, 211–224; Collmer, Selbstdefinition; ders.: Die Schweiz und das Russische Reich 1848–1919. Geschichte einer europäischen Verflechtung, Zürich 2004, 461–470.
79 Gautschi, Dokumente, 196.

# Der behördliche Umgang mit Deserteuren und Refraktären

Linda Leins

Im Frühjahr 1919 befanden sich noch etwa 26 000 Deserteure und Refraktäre in der Schweiz – rund 10 000 aus den Zentralmächten und rund 16 000 aus den Entente-Staaten. Als «Refraktär» oder «Fahnenscheuer» galt, wer einen Stellungsbefehl erhalten, diesem aber nicht Folge geleistet hatte. Im Gegensatz zum «Deserteur» oder «Fahnenflüchtigen» hatte der Refraktär den Fahneneid noch nicht geleistet, als er sich dem Dienst entzog. Die Zahl der neu ankommenden Deserteure war während des Kriegs stetig gestiegen; ein Grossteil der Refraktäre lebte hingegen bereits seit Längerem in der Schweiz, besass eine Niederlassungsbewilligung und arbeitete hier. Die in den Kriegsjahren neu erlassenen Gesetze über die Behandlung ausländischer Dienstverweigerer unterschieden aber meistens nicht zwischen Deserteuren und Refraktären. Während für die Behandlung von Kriegsgefangenen anerkannte völkerrechtliche Regeln bestanden, war dies für Fahnenflüchtige und Fahnenscheue nicht der Fall. Sie unterlagen den nationalen Gesetzen ihres Aufnahmestaats, ein Recht auf Asyl bestand aber nicht. Falls sie abgeschoben wurden, drohten ihnen in ihren Heimatstaaten lange Gefängnisstrafen oder sogar die Todesstrafe. Bezeichnend für den behördlichen Umgang mit den ankommenden Deserteuren und Refraktären waren die vielen Unklarheiten und Änderungen sowie Kompetenzstreitigkeiten zwischen dem Bund und den Kantonen, die schliesslich dazu führten, dass der Bund 1916 schweizweit geltende Weisungen erliess. Zu Beginn des Kriegs hatten erst allgemeine Vorschriften zu den Grenzkontrollen bestanden. «Unverdächtige» Frauen, Kinder und Betagte sollten aufgenommen werden, ebenso entflohene Kriegsgefangene und einzelne Wehrmänner. In der Praxis wurden diese Vorschriften aber oft von Kanton zu Kanton – und manchmal sogar von Fall zu Fall – unterschiedlich ausgelegt. Erst im Juni 1916 wurde per Bundesratsbeschluss explizit verordnet, dass Deserteure und Refraktäre während der Dauer des Kriegs in der Schweiz aufzunehmen waren.[1] Nach ihrer Registrierung wurde ihnen ein Wohnort zugewiesen; und diejenigen, die schon vor Kriegsausbruch in der Schweiz gelebt hatten, konnten im Normalfall weiterhin an ihrem Wohnort bleiben. Für ihren Lebensunterhalt mussten sie jedoch selbst sorgen.

Mit der wachsenden Angst vor einer kommunistischen Revolution rückten in der zweiten Kriegshälfte beim Umgang mit Fremden auch in der Schweiz vermehrt politische Aspekte in den Vordergrund. Bisher hatte die Möglichkeit einer Ausweisung nur aufgrund schwerer Verbrechen bestanden. Ab November 1917 konnten Deserteure und Refraktäre auch ausgewiesen werden, wenn sie sich «anarchistischer oder antimilitaristischer Umtriebe»[2] schuldig gemacht hatten. Fahnenflüchtige und Fahnenscheue waren schon seit Kriegsbeginn als unpatriotisch und feige angesehen worden und galten nicht als politische Flüchtlinge. Mit der zunehmenden antikommunistischen Stimmung gerieten die Deserteure und Refraktäre dann vermehrt in Verdacht, mit «falschen» politischen Motiven in die Schweiz zu kommen. Wie die politische Gesinnung eines Flüchtigen an der Grenze festgestellt werden sollte, wurde von den Behörden aber nicht weiter ausgeführt. Schliesslich gipfelten die verschiedenen Ängste darin, dass die Grenzen im Mai 1918 faktisch geschlossen wurden.[3]

Da die Folgen für die Abgewiesenen schwer waren und die getroffenen Massnahmen nicht der schweizerischen Asyltradition entsprachen, stiess die Schliessung der Grenzen in Teilen der Bevölkerung, linksgerichteten Medien und einigen anderen politischen Kreisen aber auf Ablehnung. Auch im Bundesrat war man sich der Problematik einer Rückweisung an der Grenze bewusst. Eduard Müller, Vorsteher des Justiz- und Polizeidepartements, führte dies in Notizen zur Deserteur- und Refraktärfrage vom August 1918 aus: Einerseits sei an der Grenze kaum feststellbar, «ob es sich um einwandfreie Elemente» handle, was die Entscheidung erschwere, ob einige wenige Deserteure nicht doch aufgenommen werden könnten. Andererseits ging es um die Art der Rückschiebung – die Ausweisung oder die Auslieferung an die Behörden. Bei einer Ausweisung konnte ein Deserteur zwar den Anschein wahren, dass er freiwillig zurückgekehrt

1   Amtliche Sammlung (AS) der Bundesgesetze und Verordnungen der schweizerischen Eidgenossenschaft. Neue Folge, Band XXXII, 219–221, Bundesratsbeschluss (BRB) vom 30.06.1916.
2   AS XXXIII, 947–950, BRB vom 14.11.1917.
3   AS XXXIV, 491–492, BRB vom 01.05.1918.

sei. Dies und die rasche Abwicklung konnten sich für die Betroffenen bei einer Verhaftung positiv auswirken. Dauerhaft wirksam war für Müller aber nur eine Auslieferung an die Behörden. Dennoch kam er zum Schluss, dass Letztere «in vielen Fällen eine zu harte Massregel» sei.[4] So konsequent wie der Entscheid zur Grenzschliessung war die Umsetzung also nicht. Die Proteste und Zweifel an der Verhältnismässigkeit führten Ende Oktober 1918 schliesslich zu einem neuen Beschluss, mit dem die Grenzbestimmungen wieder gelockert wurden.[5]

Bereits einige Monate zuvor waren auch Änderungen für die Deserteure und Refraktäre beschlossen worden, die sich bereits in der Schweiz aufhielten. Ab November 1917 konnten sie zu Arbeiten im Interesse der Öffentlichkeit angehalten werden. Aufgrund der sich verschlechternden Lebensmittelversorgung wurden in der Schweiz verschiedene Projekte zur Bodenverbesserung vorangetrieben. Neben dem grundsätzlichen Mangel an Arbeitskräften wurden die Deserteure und Refraktäre als prädestiniert für diese Arbeiten angesehen, da sie «die Wohltaten des Asylrechts geniessen» und die Lebensmittelvorräte der einheimischen Bevölkerung «in Anspruch nehmen» würden und sich dafür erkenntlich zeigen sollten. Da die Fahnenflüchtigen zahlenmässig aber nicht ausreichten – und um diese zu beaufsichtigen –, sollten neben ihnen auch noch Landsturm- und Hilfsdienstpflichtige aufgeboten werden.[6]

Für die Arbeitsdetachemente unter militärischer Leitung wurden in erster Linie neu in der Schweiz angekommene – und daher noch arbeitslose – und alleinstehende Deserteure und Refraktäre zwangsrekrutiert. Sie erhielten für ihre Arbeit eine Entschädigung; allerdings wurden die Kosten für die bereitgestellte Arbeitskleidung, die Werkzeuge sowie die Unterkunft vom Sold abgezogen. Die teilweise prekären Bedingungen in den Massenunterkünften, eine oft fragwürdige Verpflegung und der nach allen Abzügen tiefe Verdienst verursachten jedoch Probleme in den Detachementen. Hinzu kam die körperlich anstrengende Arbeit, die den von der Flucht erschöpften und teilweise unterernährten Männern hart zusetzte, was schliesslich dazu führte, dass die Deserteure und Refraktäre an verschiedenen Orten streikten. Um die Lage wieder unter Kontrolle zu bringen, wurden Soldaten entsandt und harte Strafen über diejenigen verhängt, die sich weigerten, die Arbeit wiederaufzunehmen. So wurden Streikende in ihren Unterkünften eingeschlossen, die Lebensmittelrationen gekürzt und die «Rädelsführer» in Strafanstalten interniert.[7]

Im Frühjahr 1918 wurden diese Streiks Teil der politischen Debatte. Der Bundesrat berief eine Kommission ein, und auch das Oltener Aktionskomitee (OAK) beteiligte sich an den Diskussionen – sowohl in internen Gesprächen als auch in Konferenzen mit Bundesrat Camille Decoppet, dem Vorsteher des Eidgenössischen Militärdepartements. Konkret ging es um die zeitliche Beschränkung der Arbeitseinsätze, die Einführung eines Lohnsystems (anstelle des Soldes) sowie das Einrichten einer Beschwerdeinstanz. Das OAK setzte sich zwar für eine Verbesserung der Lebens- und Arbeitsbedingungen in den Detachementen ein, betrachtete dies aber nicht als eigenes Kernanliegen.[8]

Insgesamt herrschte während der Kriegsjahre sowohl bei den Behörden als auch in der Öffentlichkeit eine ambivalente Haltung gegenüber den Fahnenflüchtigen und Fahnenscheuen, die in der Schweiz zwar geduldet wurden, im Verlauf des Kriegs aber immer weniger willkommen waren. In den ersten Kriegsjahren waren sie noch weitgehend unbehelligt geblieben, gab es doch erst relativ spät explizite Beschlüsse zu ihrer Aufnahme und dem Umgang mit ihnen. Durch Versorgungsengpässe, die aufkommende Angst vor dem Kommunismus und eine zunehmende generelle Überfremdungsangst gerieten während des Kriegs aber auch die Deserteure und Refraktäre vermehrt unter Generalverdacht, und der Umgang mit ihnen wurde restriktiver.

---

4   Schweizerisches Bundesarchiv (BAR), E27#1000/721#13929*.
5   AS XXXIV, 1080–1084, BRB vom 29.10.1918.
6   BAR, E27#1000/721#13936*, Exposé des VWD an das EMD vom 17.12.1917.
7   Bürgisser, Thomas: «Unerwünschte Gäste». Russische Soldaten in der Schweiz, 1915–1920, Zürich 2010, 116f.
8   Archiv SGB, G 23/B, Protokolle des Oltener Aktionskomitees, Protokolle der Sitzungen, 1–6.

93  Die ausländischen Deserteure und Refraktäre wurden nach der Russischen Revolution zunehmend als potenzielle Unruhe- bzw. «Brandstifter» gesehen und einer stärkeren Kontrolle unterstellt. Karikatur aus dem *Nebelspalter* vom 16. Februar 1918.

94 «Kleinrussland oder: Zürich im fünften Jahr des Weltkrieges». Der *Nebelspalter* stellte die Hungerproteste vom Sommer 1918 als Vorboten einer bolschewistischen Pöbelherrschaft in Zürich dar. Karikatur aus dem *Nebelspalter* vom 21. September 1918.

Am 9. November legte Staatsanwalt Alfred Brunner seinen Bericht an den Zürcher Regierungsrat zu den Novemberunruhen von 1917 vor, in dem er mangels Beweisen einen Verzicht auf Anklageerhebung wegen Hochverrats oder Aufruhrs empfahl. Dennoch betonte Brunner, die Situation habe sich seither verändert, und man müsse davon ausgehen, «dass die Russen den Ausbruch der sozialistischen Revolution in der Schweiz [...] als Ansporn und Unterstützung für die von ihnen vorbereitete deutsche Bolschewiki-Revolution» verlangen würden. «Ein reges Reisen von Abgesandten Lenins nach der Schweiz findet zum Zwecke der Erteilung von Instruktionen statt und die schweizerischen Bolschewiki-Führer reisen nach Russland, um die Befehle des Diktators entgegenzunehmen. Wieder rollt der Rubel.»[80] Zugleich räumte Brunner ob der akuten Versorgungskrise ein, man dürfe «die Augen nicht schliessen vor der leuchtenden Idee, die Gestalt werden» wolle: «Eine neue Wirtschaftsordnung zu schaffen, ohne Darbende und ohne Prasser. Wege zur Verwirklichung dieses Ideals gibt es glücklicherweise noch andere als der von Lenin eingeschlagene Weg der Schreckensherrschaft und der Diktatur.»[81]

Nur wenige Tage später, am 12. November, dem ersten Tag des Landesstreiks, wurde die Ausweisung der Sowjetmission vollzogen. Eine unmittelbar danach begonnene, gross angelegte Untersuchung der Bundesanwaltschaft förderte keinerlei Beweise für eine organisatorische Zusammenarbeit zwischen Landesstreikführung und Sowjetmission zutage.[82] Während des Landesstreikprozesses im Frühjahr 1919 bezeichnete der als Auditor (Militärstaatsanwalt) fungierende Berner Fürsprecher und Major Meyer den Vorwurf, Ernst Nobs sei «ein bezahlter russischer Agent» und beim Landesstreik habe «fremdes Geld» eine Rolle gespielt, ausdrücklich als «Legende».[83]

Dies tat der weiteren Verbreitung des Umsturznarrativs – mit unterschiedlichen Akzenten in der Deutsch- und Westschweiz – aber keinen Abbruch. Während in der Deutschschweiz die russischen Bolschewisten als Drahtzieher vermutet wurden, glaubte man in der Romandie eine zweite Gruppe von ausländischen Urhebern ausmachen zu können. Die *Gazette de Lausanne* sprach Ende November 1918 von einem «coup de force gérmano-bolchéviste».[84] Deutsche Emissäre hätten bei Kriegsende die Schweiz ins Chaos stürzen wollen, um in den Entente-Staaten eine «contagion révolutionnaire»[85] herbeizuführen. Daneben gab es auch simplere Diskurse, die wie der *Einsiedler Anzeiger* am 20. November den Generalstreik einfach auf «[F]remde Fötzel»[86] zurückführten, womit sie bei den ländlichen Ordnungstruppen offenbar auf Resonanz gestossen waren.[87] Am 24. November bezeichnete der Arzt, Offizier, «Bürgerwehrgeneral» und nachmalige Mitgründer der Aargauischen Bauern- und Bürgerpartei, Eugen Bircher, den Landesstreik an der «Volksgemeinde» in Vindonissa als «gewalttätigen Umsturz» und prangerte «fremde dunkle Mächte» an.[88]

### Umsturzfantasien und Antisemitismus im Nachgang des Landesstreiks

Die Vorstellungen eines geplanten Umsturzes in der Schweiz bezogen sich nicht nur rückwirkend auf den Landesstreik, sondern auch prospektiv auf die nähere Zukunft. Genährt wurden sie etwa durch die Gründung der Kommunistischen Internationale im März 1919, an der der Schweizer Fritz Platten wesentlich beteiligt war. Bis 1920 blieb es unklar, ob sich die Sozialdemokratische Partei der Schweiz dieser Organisation anschliessen würde. Die Errichtung kurzlebiger Räterepubliken in Ungarn und Bayern (mit einem Ableger in Lindau am Bodensee) im Frühjahr 1919 steigerte die Revolutionsangst weiter. Im Oktober 1919 geisterte im Vorfeld der Nationalratswahlen die Panikmeldung von einem geplanten «Novemberputsch» durch die bürgerliche Presse: Am 7. November, dem zweiten Jahrestag der Oktoberrevolution, würden die Bolschewisten

---

80 Bericht des Ersten Staatsanwalts A. Brunner vom 9. November 1918 an den Regierungsrat des Kantons Zürich über die Strafuntersuchung wegen Aufruhrs in Zürich im November 1917, Zürich 1919, 30.

81 Bericht Staatsanwalt Brunner vom 9. November 1918, 156.

82 Vgl. Conseil Fédéral: Procès-verbal de la séance du 12 novembre 1918, 12.11.1918, db. dodis.ch/document/43750#; Bundesblatt 73/17 (1921), 381–389; Collmer, Schweiz, 459–461, 470–475.

83 Der Landesstreik-Prozess gegen die Mitglieder des Oltener Aktionskomitees vor dem Militärgericht 3 vom 12. März bis 9. April 1919, Band 2, Bern 1919, 707f.

84 Gazette de Lausanne, 27.11.1918; vgl. auch Landesstreik-Prozess, Band 1, 244.

85 Gazette de Lausanne, 5.4.1921.

86 Zit. nach Horat, Erwin: «Vom Krieg verschont und doch von Sorgen geplagt». Soziale und wirtschaftliche Schwierigkeiten am Beispiel des Kantons Schwyz im Ersten Weltkrieg, in: Der Geschichtsfreund 169 (2016), 53–74, hier 65.

87 Vgl. Keller, Stefan: Die Zeit der Fabriken. Von Arbeitern und einer Roten Stadt, Zürich 2001, 32.

88 Zit. nach Heller, Daniel: Eugen Bircher. Arzt, Militär und Politiker. Ein Beitrag zur Zeitgeschichte, Zürich 1988, 63.

95   Die am 6. November 1918 beschlossene und am ersten Tag des Landesstreiks vollzogene Ausschaffung der sowjetischen Gesandtschaft aus der Schweiz verstärkte in der Bevölkerung die Vorstellung einer organisatorischen Zusammenarbeit mit der Streikleitung, die aber nie nachgewiesen werden konnte.

**Die Ausweisung der russischen Soviet-Gesandtschaft aus Bern.**
Spezialaufnahmen für die „Schweizer Illustrierte Zeitung" von A. Baucher.

Momentaufnahme vom Abtransport der russisch. Soviet-Gesandtschaft aus Bern.

Der Chef der russischen Soviet-Mission, Jean Berzine (×), wird durch Soldaten vor der aufgeregten Volksmenge geschützt.

Angelica Balbanoff (×), die vielgenannte russische Agitatorin, reisebereit in ihrem Wagen.

Die russische Sovietgesandtschaft in Bern, die vom Bundesrate ausgewiesen wurde, verläßt im Auto unter dem Schutze einer Dragonerschwadron Bern.

Schweizer. Militär bewacht einen Gepäcksfourgon der russischen Soviet-Gesandtschaft. Der Wagenpark der Gesandtschaft belief sich auf 15 Automobile.

Der russische Gesandte Balkine, ehemals Sekretär für Auswärtiges und rechte Hand Trotzkis, im Momente da er Bern verläßt.

in der Schweiz auf Anweisung aus dem Ausland eine revolutionäre Aktion mit dem Ziel der Errichtung einer Sowjetdiktatur unternehmen.[89]

Als scheinbare Erklärung für die befürchteten Umsturzpläne verfestigte sich bei Kriegsende das Phantasma des «Judeo-Bolschewismus», die Vorstellung, der Kommunismus und die gesamte Arbeiterbewegung seien das Instrument einer jüdischen Konspiration.[90] Diese international rasch popularisierte Verschwörungstheorie war etwa im diplomatischen Apparat der Eidgenossenschaft schon kurz nach dem Landesstreik verbreitet. Am 20. November 1918 mahnte das Eidgenössische Politische Departement (EPD) die Gesandtschaft in Wien mit Referenz auf die soeben ausgewiesene Sowjetmission zur Vorsicht bei der Visaerteilung für Diplomaten aus den Nachfolgestaaten der Habsburgermonarchie und betonte: «Défiez-vous surtout des Juifs, les expériences russes nous y engagent. De même des femmes.»[91] Fünf Tage später kam aus Wien die Warnung, die von der neuen ungarischen Regierung als Gesandte nach Bern geschickte Rosika Bédy-Schwimmer sei «israelitischer Nationalität, Sozialistin, Pazifistin und Schriftstellerin».[92]

Ende Februar 1919 schrieb der Schweizer Gesandte in Wien, Charles-Daniel Bourcart, dass Bolschewismus augenscheinlich nichts anderes sei als die «Beherrschung der Welt durch den jüdischen Intellekt».[93] Nach der Errichtung der ungarischen Räterepublik meldete er dann, das Land werde nun «von diesem modernen Typus des Halbgebildeten» regiert, «Kaffeehaustheoretiker, alles Juden, die jahrelang in unproduktiven Theorien unbefriedigtem Machttrieb huldigten».[94] In der ungarischen Vertretung in Wien gehe «das ärgste Gesindel, vielfach befreite Verbrecher, aus und ein», deren religiöse Zugehörigkeit ihm wichtig zu sein schien: «[E]s sind meistens Juden; die Gesandten sind auch Juden; mit dem Juden Staatssekretär Bauer haben sie gute Beziehungen.»[95]

Edouard Odier, bis Ende 1917 Schweizer Gesandter in Petrograd, behauptete im April 1919 in einem Bericht an Bundesrat Calonder, fast alle bolschewistischen Führer seien Juden, die ihre Herkunft unter russisch klingenden Namen verbergen würden.[96] Bereits einige Wochen früher hatte der Schweizer Konsul Suter in Warschau geschrieben, es müsse «eine Organisation existieren», die sich zur Aufgabe gestellt habe, «die Weltherrschaft des Judentums auf kommunistischer Grundlage wieder aufzurichten».[97] Und ein aussenpolitischer Bericht des EPD an die Schweizer Gesandtschaften vom 23. März 1921 nahm schliesslich sogar explizit auf die gefälschten «Protokolle der Weisen von Zion» Bezug: «Es ist wichtig festzuhalten, was durch undiskutable Tatsachen bewiesen ist, nämlich, dass ein guter Teil des Programms der ‹Protokolle› im Verlauf der bolschewistischen Revolutionen in Russland und Ungarn ausgeführt worden ist. Es ist übrigens offenkundig, dass die Juden die Weltrevolution leiten [...].»[98]

Auch in der Ausländerpolitik hinterliess das Phantasma des «Judeo-Bolschewismus» rasch Spuren. Wenige Tage nach dem Landesstreik und der Ausweisung der Sowjetmission wurden weitere des Bolschewismus verdächtigte Russen verhaftet. Im Februar 1919 erfolgte die Abschiebung von 15 Männern und vier Frauen im ersten «Russenzug». Im Verlauf des Jahres 1919 kamen drei weitere «Russenzüge» hinzu, wobei ein grosser Teil der Abgeschobenen «Ostjuden» waren.[99] Im Oktober 1919 hiess es in einem als streng geheim klassifizierten Lagebericht der Nachrichtensektion des Generalstabs an die Bundesanwaltschaft: «Es sind gegenwärtig hauptsächlich ausländische Elemente, denen die Ruhe in unserem Lande nicht gefällt [...]. Es ist bedauerlich, dass es bis heute nicht gelungen ist, sich des Chefs des Russischen Roten Kreuzes, Herrn Bagotzky, zu entledigen, der [...] zweifellos zur Gruppe der ‹indésirables› gehört. Er hat einen Anhang von Juden um sich [...], die als notorische Bolschewisten bekannt sind und mit denen mehr oder weniger anständige Russen nichts zu tun haben wollen. [...] Zweifellos ist, dass die Judenfrage für unser

89 Z. B. Gazette de Lausanne, 21.10.1919; Feuille d'avis du Valais, 21.10.1919; La Liberté, 24.10.1919; Walliser Bote, 25.10.1919; 29.10.1919.
90 Kamis-Müller, Antisemitismus, 115–119; Kury, Fremde, 144–147; Collmer, Schweiz, 405f; Altermatt, Urs: Katholizismus und Antisemitismus. Mentalitäten, Kontinuitäten, Ambivalenzen. Zur Kulturgeschichte der Schweiz 1918–1945, Frauenfeld etc. 1999, 150–152.
91 La Division des Affaires étrangères du Département politique à la Légation de Suisse à Vienne, 20.11.1918, dodis.ch/43767.
92 BAR, E 2001 B 1000/1501 BD 31, Telegramm Schweizerische Gesandtschaft Wien an Auswärtiges, Bern, 25.11.1918.
93 Zit. nach Kunz, Hans B.: Weltrevolution und Völkerbund. Die schweizerische Aussenpolitik unter dem Eindruck der bolschewistischen Bedrohung, 1918–1923, Bern 1981, 43.
94 Le Ministre de Suisse à Vienne, Ch. D. Bourcart, au Chef du Département politique, F. Calonder, 18.4.1919, dodis.ch/44087.
95 Zit. nach Kunz, Weltrevolution, 138.
96 Kunz, Weltrevolution, 41.
97 Zit. nach Kunz, Weltrevolution, 44.
98 Zit. nach Kunz, Weltrevolution, 45.
99 Kury, Fremde, 144–149.

Land an Bedeutung immer zunimmt.»[100] Einen Monat später warnte die Eidgenössische Fremdenpolizei nachdrücklich vor «ostjüdischer» Einwanderung.[101] In der Einleitung der bundesrätlichen Stellungnahme zum im selben Monat erlassenen «Bundesratsbeschluss über Einreise, Aufenthalt, Niederlassung und Ausweisung von Ausländern» bezeichnete Hans Frey, Leiter der Fremdenpolizei des Kantons Zürich, in einem mit antiostjüdischen Stereotypen durchsetzten Text insbesondere Kriegsgewinnler und bolschewistische Agitatoren als Problemfaktoren für die Schweiz.[102]

Auch Teile der bürgerlichen Publizistik argumentierten mit dem «Judeo-Bolschewismus»: Bereits zwei Wochen nach der Oktoberrevolution hatte der *Walliser Bote* behauptet, in Russland stehe nun «der Jude Lenin an der Spitze».[103] Im Frühjahr 1919 zitierten verschiedene Blätter zustimmend aus Artikeln rechtsgerichteter ausländischer Zeitungen wie der Wiener *Reichspost* und der *Deutschen Allgemeinen Zeitung,* die einen Zusammenhang zwischen Judentum und Bolschewismus herstellten.[104] Auch sozialdemokratische Politiker Deutschlands wurden in der bürgerlichen Presse nun mit dem offensichtlich pejorativ gemeinten Attribut «Jude»[105] beziehungsweise «galizischer Jude»[106] versehen. Der *Nouvelliste* titulierte die Schweizer Sozialistinnen Rosa Grimm, Rosa Bloch-Bollag und Rosa Hurwitz als «amazones juives qui cavalcadent à la tête de la légion bolchéviste».[107]

Das *Journal de Genève* wies auf das Judentum als angeblich verbindendes Element von Kommunisten und Sozialdemokraten im post-habsburgischen Raum hin: «Le chef du gouvernement hongrois, Bela Kuhn, est un juif, rentré récemment de Russie […]. Frédéric Adler, à Vienne, est Israélite, et il a été longtemps en Russie; à Prague, le chef communiste s'appelle Muna; il est Juif, et vient de rentrer de Russie.»[108] Dieselbe Zeitung hielt anderthalb Jahre später dann allerdings fest, die Vorstellung vom Bolschewismus als jüdische Erfindung sei zwar weitverbreitet, aber eine Legende.[109]

Die *Gazette de Lausanne* formulierte im Oktober 1919 eine umfassende «judeo-bolschewistische» Verschwörungstheorie, die auch die Schweiz einschloss: «Partout où la ‹lutte armée des classes› introduite dans le socialisme par leurs coreligionnaires Marx et Lassalle désole les peuples, les Juifs en sont invariablement les meneurs: Liebknecht, Lewin, Markussohn, Mehring, Rosa Luxembourg, Soukinsohn-Radek, Eisner, pour ne parler que des premiers rôles en Allemagne; Muneles vel Muna, Schlesinger, Lucacs, Singer, Fröhlich en Bohême; Bela Kohn, Szamuelly avec leur bataillon de lieutenants en Hongrie; 600 Juifs russes arrêtés comme fauteurs de troubles à Buenos-Aires; Israélites, les agitateurs de Winnipeg; Juifs, les propagateurs du bolchévisme arrêtés en Angleterre; en Suisse… mais les Suisses le savent bien eux-mêmes. On connaît le rôle que ces Juifs jouent en Russie; sous de faux noms, ils sont les chevilles ouvrières du maximalisme marxiste qui, sous le nom de bolchévisme, a déclassé, ruiné et ensanglanté ce pays.»[110] Auch das *Appenzeller Sonntagsblatt* meinte im Dezember 1919, das «internationale Judentum» habe «in der Person Trotzkis und anderer die Herrschaft in Russland an sich gerissen».[111]

Der katholisch-konservative Redaktor der Wochenzeitung *Schweizerische Republikanische Blätter,* Johann Baptist Rusch, publizierte im August 1920 einen Artikel über die «Protokolle der Weisen von Zion»,[112] der wenige Tage darauf unter dem Titel «Die jüdische Gefahr» auch auf der Frontseite des *Walliser Boten* erschien und die Echtheit der «Protokolle» als erwiesen sah: «Juda regiert die Welt. Juda hat den Löwenanteil an der Beute aus dem entsetzlichen Zusammenbruch der europäischen Völkerfamilie davongetragen. Juda steht an der Spitze des Bolschewismus, des revolutionären Sozialismus. Juda bildet das furchtbare Sprengpulver im sozialen, politischen und religiösen Leben der Völker. Juda manövriert als unsichtbarer Regisseur hinter den blutbespritzten Kulissen des schaurigen Völkerkrieges und der aus ihm entsprungenen

---

100 Zit. nach Bürgisser, Gäste, 77.
101 Kury, Fremde, 140–143.
102 Bundesratsbeschluss über Einreise, Aufenthalt, Niederlassung und Ausweisung von Ausländern. Text der bundesrätlichen Verordnung über die Kontrolle der Ausländer vom 17. November 1919. Mit einer Einführung von Dr. Hans Frey, Zürich o. J. [1919]. Kury, Fremde, 137–139.
103 Walliser Bote, 24.11.1917.
104 Gazette de Lausanne, 6.4.1919; 10.4.1919. Le Nouvelliste, 6.4.1919.
105 Z. B. Bote vom Untersee und Rhein, 29.1.1919 (in Bezug auf Kurt Eisner); Walliser Bote, 20.10.1923 (in Bezug auf Rudolf Hilferding).
106 Z. B. Walliser Bote, 15.1.1919 (in Bezug auf Kurt Eisner).
107 Nouvelliste, 8.11.1919.
108 Journal de Genève, 29.3.1919.
109 Journal de Genève, 28.7.1920.
110 Gazette de Lausanne, 4.10.1919.
111 Zit. nach Metzger, Thomas: Antisemitismus im Deutschschweizer Protestantismus 1870 bis 1950, Berlin 2017, 419.
112 Bundi, Annetta: Die Schweizerischen Republikanischen Blätter des konservativen Publizisten J. B. Rusch. Eine aufmüpfige Stimme im Schweizer Blätterwald (1918–1945), Fribourg 1999, 123–146; Hagemeister, Michael: Die «Protokolle der Weisen von Zion» vor Gericht. Der Berner Prozess 1933–1937 und die «antisemitische Internationale», Zürich 2017, 79f., 565f.

96   «Klauen weg! Die Schweiz den Schweizern». Ein Alteidgenössischer Bauernkrieger wehrt mit dem Zweihänder die aus dem Ausland drohende rote Hydra ab. Das Plakat des deutschen Grafikers Paul Kammüller zu den Nationalratswahlen 1919 in Basel appellierte an die Fremdenangst und Revolutionsfurcht der Landesstreikzeit.

Fremdenangst

Weltrevolution.»[113] Im April 1923 stellte dann die katholische *Liberté* die Behauptung auf, sämtliche Mitglieder des in der Oktoberrevolution eingesetzten Rats der Volkskommissare seien Juden, und Robert Grimm wurde zugleich als «le bolcheviste Grimm, Allemand d'origine, naturalisé suisse» charakterisiert.[114]

Es war kein Zufall, dass das Phantasma des «Judeo-Bolschewismus» gerade in der Umbruchszeit am Ende des Ersten Weltkriegs in der Schweiz und international auf dermassen starke Resonanz stiess. Die interdisziplinäre Forschung zu Verschwörungstheorien hebt unter den psychologischen, sozialen und politischen Ursachen für die Akzeptanz solcher Phantasmagorien den Faktor Verunsicherung besonders hervor. In diesem Kontext vermittelt die Vorstellung von Verschwörungen und einem «unsichtbaren Regisseur» Orientierung und erleichtert das Verständnis komplexer historisch-politischer Entwicklungen. Zudem schafft die Abgrenzung gegen «böse Mächte» ein Gefühl der Zugehörigkeit mit der Seite des «Guten». Verschwörungstheorien können dadurch zu einem Manipulationsinstrument werden und zur Rechtfertigung von Herrschafts-, Unterdrückungs- oder im Extremfall gar Vernichtungsmassnahmen dienen.[115]

Tatsächlich wurde das Phantasma des «Judeo-Bolschewismus» auch in der Schweiz rasch zu einer innenpolitischen Waffe gegen links. So reimte der *Nebelspalter* im August 1919 nach den Generalstreiks in Basel und Zürich unter dem Titel «Wider Bolschewik!»: «Was denn bekümmert uns Vaterlands Not? Wer nicht Genosse, den schlagen wir tot, Weib, Kind und Gut – ein gemeinsamer Sud, Wie es geboten der russische Jud' – Oder – wir streiken!»[116] Der *Walliser Bote* warnte in seinem Aufruf zugunsten der Katholisch-Konservativen vor den Nationalratswahlen 1919: «[...] sollen revolutionäre Umsturzgedanken und Bestrebungen in unserem Lande zur Herrschaft gelangen? Soll unsere alte und bewährte Schweizerdemokratie ein Versuchsobjekt für jüdische Abendteurer [sic!] und sozialistische Träumer nach sattsam bekannten Mustern und Vorbildern werden?»[117] Die freisinnige Zeitung *Der Wehnthaler* publizierte Ende 1920 einen 25-seitigen Separatdruck mit dem Titel *Aus Ungarns Schreckenstagen – Eine Mahnung an das Schweizervolk*, der auf der Titelseite Karikaturen «jüdischer» Gesichter der ungarischen Räterepublik zeigte.[118] Anderthalb Jahre später liess die Leitung der Waffenfabrik bei einem Streik in der Schweizerischen Industrie-Gesellschaft (SIG) in Neuhausen ihre Belegschaft wissen, die Gewerkschaftsfunktionäre bezögen ihre Direktiven direkt von den zumeist jüdischen Kommunisten aus Moskau.[119]

Vor diesem Hintergrund wurde schon im Sommer 1919 die erste eidgenössische «Ausländerinitiative» lanciert.[120] Die rechtsbürgerlichen Aargauer Initianten, unter ihnen Eugen Bircher, kamen aus den Kreisen der im Gefolge des Landesstreiks entstandenen Bürgerwehren. Die «Initiative betreffend die Erlangung des Schweizer Bürgerrechts und betreffend die Ausweisung von Ausländern» wollte das passive Wahlrecht von Eingebürgerten einschränken und dem Bundesrat eine Ausweisungspflicht gegenüber Ausländern auferlegen, die sich an verfassungswidrigen Umtrieben beteiligten oder «die allgemeinen Interessen der schweizerischen Volkswirtschaft» verletzten. Der zweite Teil des Begehrens war klar gegen die politische Linke gerichtet. Unterstützt wurde das Begehren unter anderem von der Aargauischen Vaterländischen Vereinigung und dem «aus Bürgerwehrelementen und Ku-Klux-Klan-Geist gemischten»[121] Schweizerischen Vaterländischen Verband. Der Bundesrat begrüsste das Begehren zwar inhaltlich, empfahl es aus formalen Gründen aber zur Ablehnung. In der Abstimmung vom Juni 1922 wurde es vom Stimmvolk und sämtlichen Ständen deutlich verworfen. Im selben Jahr schickten die Stimmbürger auch die von Bundesrat und Parlament beschlossene «Lex Häberlin» bachab, die verschiedene Straftatbestände im Bereich von «Verbrechen gegen die verfassungsmässige Ordnung und innere Sicherheit»

---

113 Walliser Bote, 1.9.1920.
114 La Liberté, 28.4.1923.
115 Z. B. Pfahl-Traughber, Armin: «Bausteine» zu einer Theorie über «Verschwörungstheorien». Definitionen, Erscheinungsformen, Funktionen und Ursachen, in: Reinalter, Helmut (Hg.), Verschwörungstheorien. Theorie – Geschichte – Wirkung, Innsbruck etc. 2002, 30–44; Pipes, Daniel: Verschwörung. Faszination und Macht des Geheimen, München 1998, 43; Wilson, Robert Anton/Hill, Miriam Joan: Das Lexikon der Verschwörungstheorien. Verschwörungen, Intrigen, Geheimbünde, Frankfurt/M 2000, 15.
116 Wider Bolschewik!, in: Nebelspalter 45/34 (1919), 2.
117 Walliser Bote, 22.10.1919.
118 Kamis-Müller, Antisemitismus, 116f. Zur Rezeption der ungarischen Räterepublik in der Schweiz vgl. Koller, Christian: «Eine der sonderbarsten Revolutionen, die die Geschichte kennt». Die Schweiz und die ungarische Räterepublik, in: ders./Marschik, Matthias (Hg.), Die ungarische Räterepublik 1919. Innenansichten, Aussenperspektiven, Folgewirkungen. Wien 2018, 229–248 [im Druck].
119 Arbeiter-Zeitung Schaffhausen, 5.7.1922; Schweizerische Metallarbeiter-Zeitung, 15.7.1922.
120 Kury, Fremde, 113–115.
121 Greyerz, Hans von: Der Bundesstaat seit 1848, in: Handbuch der Schweizer Geschichte, Band 2, Zürich 1980, 1019–1267, hier 1176.

97 Der «Judeo-Bolschewismus» als Wahlkampfthema. Antisemitisches Flugblatt des bürgerlichen Nationalen Blocks für die Regierungsratswahlen vom Februar 1919, das von der Basler Bürgerwehr verteilt wurde.

verschärfen wollte und von der Linken, gegen die sich die Vorlage hauptsächlich richtete, mit dem Referendum bekämpft worden war.

## Fazit

Spätestens seit den 1860er-Jahren waren xenophobe Wahrnehmungen und Verschwörungstheorien in Bezug auf die Arbeiterbewegung und Streiks weitverbreitet. Diese Narrative passten sich an die jeweilige Grosswetterlage an und bezogen sich bald auf britische und französische Internationalisten, bald auf deutsche Exilsozialdemokraten, bald auf italienische Gewerkschafter, ausländische Anarchisten, Kapitalisten oder jüdische Spekulanten. Der sich seit der Jahrhundertwende etablierende Überfremdungsdiskurs war damit zunächst nur locker verknüpft und fokussierte auch während der ersten Kriegshälfte noch auf andere Aspekte als die Arbeiterbewegung.

Mit der Oktoberrevolution kam es zur Verschmelzung dieser beiden Diskursstränge und deren – rasch auch antisemitisch angereicherter – Fokussierung auf den Bolschewismus. Revolutionsangst und Fremdenabwehr verschmolzen langfristig in ein zentrales Narrativ, das sich auch in behördliches Handeln und die Schaffung bürokratischer Strukturen übersetzte: Die Verschwörungstheorien über den «Judeo-Bolschewismus» hatten in einer chaotischen Zeit, die durch den Kollaps der seit 100 Jahren dominanten internationalen Ordnung, das Verschwinden mächtiger Reiche und revolutionäre Umbrüche geprägt war und mit dem Landesstreik auch in der Schweiz zur heftigsten innenpolitischen Erschütterung seit dem Sonderbundskrieg führte, eine mental entlastende Funktion: Komplexe Vorgänge im In- und Ausland fanden so eine scheinbar einfache Erklärung, aus der sich auch Abwehrmassnahmen ableiten liessen. Der Antibolschewismus und dessen Interpretation des Landesstreiks als von Russland gesteuerter Umsturzversuch wurden so zu Triebkräften einer repressiven Ausländerpolitik und zugleich zur zentralen innenpolitischen Waffe gegen die Arbeiterbewegung.

Die Schweiz war in dieser Hinsicht mitnichten ein Sonderfall. So geisterte das Phantasma des «Judeo-Bolschewismus» und der «Weisen von Zion» auch international durch die rechte Publizistik. Bereits im November 1920 fand in Luzern ein internationaler Kongress der Bürgerwehrorganisationen statt,[122] und 1924 wurde in Genf die Entente internationale contre la III$^e$ Internationale aus der Taufe gehoben.[123] Schliesslich erscheint die helvetische Entwicklung in mancher Hinsicht auch als Miniatur der «Red Scare» von 1917 bis 1920 in der «sister republic» USA. Abgesehen von Massenverhaftungen von Gewerkschaftern, die in der Schweiz nicht vorkamen, verliefen die Brandmarkung des Sozialismus als «ausländisch», die Verbreitung von Revolutionsgerüchten, die Abschiebung von Anarchisten und Bolschewisten nach Russland, die Gründung «vaterländischer» Organisationen wie der American Legion oder Bestrebungen zur Einschränkung der Einwanderung dort zeitlich parallel zur Eidgenossenschaft.[124] Eine Gemeinsamkeit der Entwicklung in der Schweiz und den USA war auch, dass die heftige antisozialistische und antibolschewistische Bewegung – im Unterschied etwa zu Italien – den Rahmen der bürgerlichen Demokratie nicht sprengte.

Der Missbrauch der Umsturzlegende als innenpolitische Waffe blieb indessen für Jahrzehnte in Gebrauch. Vor den Nationalratswahlen 1928 publizierte der Katholisch-Konservative Josef Beck eine Kampfschrift mit dem Titel *Wird der Sozi die Schweiz regieren?*, in der er behauptete, jede Stimme für die Sozialdemokratie helfe mit, «dass die Streikhäuptlinge von 1918 Bundesräte» würden und «die Schweiz ganz unter die geistige Führung der russischen Revolutionäre und Juden» komme.[125] Als 1932 ein militärischer Ordnungseinsatz gegen eine antifaschistische Demonstration in Genf mit 13 Toten endete, fantasierten rechtsradikale Kreise von der Verhinderung eines von Moskau gesteuerten Putschversuchs und zogen Parallelen zum Landesstreik.[126] 1938 stellte der von

122 Kunz, Weltrevolution, 279–290.
123 Caillat, Michel: Les archives de l'Entente internationale anticommuniste (EIA) à la Bibliothèque de Genève, in: ders. et al. (Hg.), Histoire(s) de l'anticommunisme en Suisse, Zürich 2009, 351–359.
124 Murray, Robert K.: Red Scare. A Study in National Hysteria, 1919–1920, Minneapolis 1955; Ackerman, Kenneth D.: Young J. Edgar Hoover, the Red Scare, and the assault on civil liberties, New York, Berkeley 2007; Koller, Christian: «Red Scare» in zwei Schwesterrepubliken. Revolutionsfurcht und Antisozialismus im schweizerisch-amerikanischen Vergleich, 1917–1920, in: Fuhrer, Hans Rudolf (Hg.), Innere Sicherheit – Ordnungsdienst, Teil II, Zürich 2018, 87–119 (im Druck).
125 Wird der Sozi die Schweiz regieren?, Bern o. J. [1928], 33; vgl. auch Altermatt, Katholizismus, 167f.
126 Fayet, Jean-François/Caillat, Michel: La cristallisation du mythe du complot communiste, in: Heimberg, Charles et al. (Hg.), Mourir en manifestant. Répressions en Démocratie – Le 9 Novembre 1932 en Perspective, Lausanne 2008, 61–85.

Rechtskreisen um Altbundesrat Jean-Marie Musy und den späteren SS-Obersturmbannführer Franz Riedweg gedrehte Propagandastreifen *Die Rote Pest* den Landesstreik – zusammen mit sozialen Unruhen und politischen Konflikten in aller Welt – als Teil einer globalen jüdisch-bolschewistisch-intellektualistischen Verschwörung dar.[127] Und noch 1960 repetierte Roger Masson, ehemaliger Chef des Nachrichtendienstes und ETH-Dozent für Militärwissenschaften, in einem Artikel in der von ihm redigierten *Revue militaire suisse* die Umsturzlegende, laut der Grimm direkter Befehlsempfänger Lenins und Karl Radek als Diktator vorgesehen gewesen sei.[128] Gemäss Masson gab es «nombreux conspirateurs qui s'intéressent à la révolution helvétique», und Rosa Bloch war für ihn nach wie vor eine «farouche militante étrangère».[129]

127 Jaeggi, Bruno et al.: Die Rote Pest. Antikommunismus in der Schweiz, in: Film 1 (1975), 49–86; Cosandey, Roland: Cinéma politique suisse 1930–1938. Un coin du puzzle, à droite, in: Studien und Quellen 20 (1994), 143–217, hier 173–213; ders.: Du bon usage du patrimoine cinématographique en Suisse, in: Studien und Quellen 23 (1997). 225–290, hier 256–269; Wider, Werner: Der Schweizer Film 1929–1964. Die Schweiz als Ritual, Band 1, Zürich 1981, 146–165; Wyss, Marco: Un Suisse au Service de la SS. Franz Riedweg (1907–2005), Neuchâtel 2010, 43–46.

128 Masson, R.[oger]: La Suisse face aux deux guerres mondiales ou du général Wille au général Guisan [suite], in: Revue Militaire Suisse 105 (1960), 468–476.

129 Masson, La Suisse, 471, 469.

# Das Virus der Unsicherheit

## Die Jahrhundertgrippe von 1918/19 und der Landesstreik

Patrick Kury

«Die schlimmste Überraschung bildete für uns Ärzte die absolute Ohnmacht unserer Versuche, die schweren Pneumonien durch unsere Behandlung zu beeinflussen, was, je nach Temperament und Anlage, bei den einen die Versuchung zu therapeutischem Nihilismus, bei den andern zu einer ebenso unzweckmässigen Vielgeschäftigkeit nahelegte, bei allen aber das bedrückende Gefühl der Unsicherheit hervorrief, welches auch den Kranken nicht entgehen konnte.»[1] Mit diesen Worten fasste der am Inselspital in Bern tätige Mediziner Adolf von Salis die Erfahrungen und Gefühle der Schweizer Ärzte bei der Behandlung von an Influenza erkrankten Personen 1919 zusammen. Zuvor waren die Ärzte des ausgehenden 19. und beginnenden 20. Jahrhunderts auf einer Erfolgswelle geritten. Mit dem damals bedeutenden Wissenschaftszweig der Bakteriologie hatten sie sich angeschickt, Infektionskrankheiten zu besiegen. Dabei hatten sie auch auf neue Produkte der pharmazeutischen Forschung im Bereich der Immuntherapie zurückgreifen können und hatten für ihre Arbeit viel Lob und grosse gesellschaftliche Anerkennung erlangt. Doch gegen die Wucht der Spanischen Grippe, die zwischen dem Frühjahr 1918 und dem Sommer 1919 die Menschen auf allen Kontinenten heimsuchte, waren sie machtlos. Die Influenza stellte die Ärzte nach und nach vor wachsende Probleme. Unter Zeitdruck reagierten sie, wie von Salis für die Schweiz festhielt, durch eine konzeptlose «Vielgeschäftigkeit». In der Medizin wird von «Polypragmasie» gesprochen. Andere Mediziner reagierten fatalistisch und warfen verschiedene, bis zu diesem Zeitpunkt angewandte Therapien über Bord.² Beides war Ausdruck der wachsenden Ohnmacht, die unter Medizinern – und nicht nur ihnen – herrschte und «bedrückende Gefühl[e] der Unsicherheit hervorrief.»³

Der Seuchenausbruch fiel in die Endphase des Ersten Weltkriegs und traf insbesondere in Europa eine von Krieg, sozialer Not, Hunger und politischen Krisen gezeichnete Bevölkerung. Weltweit erlagen dieser verheerendsten Pandemie der Moderne über 50 Millionen Menschen, andere Statistiken gehen gar von 100 Millionen oder mehr Grippetoten aus.⁴ In Westeuropa fielen dem Krieg zwar weitaus mehr Menschen zum Opfer als der Spanischen Grippe; weltweit forderte diese in etwas mehr als einem Jahr aber weit mehr Menschenleben als der Grosse Krieg zwischen August 1914 und November 1918. Auch die Schweizer Bevölkerung war bei Ausbruch der Spanischen Grippe zutiefst verunsichert. Die lange Kriegsdauer, die Monotonie des Wehrdienstes und die fehlende soziale Absicherung der Wehrmänner und ihrer Familien verursachten grosse Unzufriedenheit in der Bevölkerung und führten zu einer zunehmenden Verarmung breiter Schichten. Das lange Fehlen eines Rationierungssystems und eine ungenügende Preiskontrolle erschütterten das soziale Gleichgewicht des Landes, sodass im Sommer 1918 Hunderttausende auf private und öffentliche Hilfe angewiesen waren. Die fehlende soziale Absicherung und die mangelhafte Kriegswirtschaft schwächten das Vertrauen in die politische und militärische Führung. Zugleich vertieften die jeweiligen Sympathien für die Kriegsgegner Deutschland und Frankreich die kulturellen und politischen Gräben in der Schweiz, was wiederholt zu Spannungen führte. All diese Faktoren unterhöhlten den Glauben, gesellschaftspolitische Herausforderungen gemeinsam lösen zu können.

Dass die Schweiz seit der Mitte des 19. Jahrhunderts von militärischen Konflikten verschont geblieben war, half ihr für einmal nicht. Die Grippe forderte auch im neutralen Kleinstaat Tote. Mit rund 24 500 Grippetoten bildet die Spanische Grippe gar die «grösste demografische Katastrophe der Schweiz» im 20. Jahrhundert.⁵ Alle Kantone waren von der Pandemie betroffen, auch wenn die Unterschiede zwischen den einzelnen Regionen teilweise erheblich waren. Und in allen Kantonen mit Ausnahme des Tessins starben mehr Männer als Frauen. Dabei war die kräftigste und vitalste Bevölkerungsgruppe der 20- bis 40-Jährigen überproportional betroffen.

So fiel im Sommer und Herbst 1918 die grösste soziale und politische Krise seit der Gründung des Bundesstaats mit der grössten gesundheitspolitischen Herausforderung der modernen Schweiz zusammen. Diese einzigartige Konstellation, in welcher der Glaube an die Gestaltungsmöglichkeiten von Politik, Gesellschaft und Medizin zu schwinden drohte, wirft vor allem die Frage auf, wie die verschiedenen Krisen gegenseitig aufeinander einwirkten.⁶ Im folgenden Beitrag wird danach gefragt, wie im Sommer und Herbst 1918 mit gesundheitspolitischen und medizinischen Massnahmen, versucht wurde, der Pandemie Herr zu werden, und welche kurz- und langfristigen Auswirkungen die Jahrhundertgrippe auf Gesellschaft und Politik der Schweiz hatte. Vorangestellt sind einige Bemerkungen zur Historiografie.

### Im Schatten des Ersten Weltkriegs

Trotz der ungeheuren Wucht der Spanischen Grippe, deren Opferzahlen weltweit höher waren als jene beider Weltkriege zusammen oder diese sogar übertrafen, hat die Pandemie in der internationalen Historiografie während langer Zeit nur wenig

---

1 Salis, von A.: Zur Behandlung der epidemischen Grippe, in: Correspondenz-Blatt für Schweizer Aerzte 49 (1919), 953–967, hier 953.
2 Lauterburg, Bernhard: Die medizinische Behandlung der Grippe 1918/19 in der Schweiz und die ihr zugrunde liegenden pathophysiologischen Konzepte, unveröffentlichte Seminararbeit, Universität Bern 2013, 22.
3 Salis, Zur Behandlung, 953.
4 Johnson, Niall P./Mueller, Juergen: Updating the Accounts. Global Mortality of the 1918–1920 «Spanish» Influenza Pandemic, in: Bulletin of the History of Medicine 76 (2002), 115.
5 Vgl. Sonderegger, Christian: Grippe. In: Historisches Lexikon der Schweiz, http://www.hls-dhs-dss.ch/textes/d/D22714.php (Stand: 4.2.2018); ders.: Die Grippeepidemie 1918/19 in der Schweiz, unveröffentlichte Lizentiatsarbeit, Universität Bern 1991, 34f.
6 Zum Krisenbegriff vgl. Siegenthaler, Hansjörg: Regelvertrauen Prosperität und Krisen. Die Ungleichmässigkeit wirtschaftlicher und sozialer Entwicklung als Ergebnis individuellen Handelns und sozialen Lernens, Tübingen 1993.

Widerhall gefunden. Wenn überhaupt fand sie als Nebenschauplatz des Grossen Kriegs Erwähnung; in der Schweiz zudem im Kontext des Landesstreiks, der mit dem Höhepunkt der zweiten Grippewelle im November 1918 zusammenfiel. Bezeichnenderweise spricht Armin Rusterholz, der 2006 eine akribische Regionalstudie zur Grippe im Kanton Glarus verfasste, vom «grosse[n] Schweigen», das den historischen Umgang mit der Pandemie während Jahrzehnten ausgezeichnet habe.[7]

Gründe hierfür gibt es verschiedene, wobei der wichtigste bereits gestreift worden ist.[8] Der Erste Weltkrieg als militärisches Grossereignis hatte epochale Auswirkungen auf die Politik, Ökonomie und Gesellschaft des Landes und zog nahezu alle Aufmerksamkeit auf sich. Ganze Generationen von Wissenschaftlern insbesondere in den kriegführenden Staaten der westlichen Welt beschäftigten sich mit dem Grossen Krieg. Mit seiner Vorgeschichte und seinen Auswirkungen liess er sich ideal in eine durchwegs auch kritisch gedachte Politik-, Militär- und Sozialgeschichte integrieren. Wissenschafts- und medizingeschichtliche Ansätze, die eine unabdingbare Voraussetzung für eine angemessene Beschäftigung mit der Spanischen Grippe gewesen wären, fehlten hingegen weitgehend. Dort, wo die Kenntnisse vorhanden waren, etwa in der klassischen Medizingeschichte und historischen Epidemiologie, fanden vereinzelt produktive Beschäftigungen mit der Pandemie von 1918/19 statt. Insgesamt war aber auch das Interesse der Medizinhistoriker an der Spanischen Grippe verhalten. Sie markierte einen jähen Bruch in der Erfolgsgeschichte der Medizin und wirkte verstörend und demütigend auf die erfolgsverwöhnte Medizinergeneration um 1900. Ein weiterer Grund für das «grosse Schweigen» ist in der Bildgewalt des Grossen Kriegs zu suchen. Die Fülle der Bilder vom millionenfachen Sterben auf den Schlachtfeldern, von verwüsteten Landschaften und Kriegsversehrten setzten sich in der kollektiven Erinnerung und den individuellen Gedächtnissen fest. Im Gegensatz zur Ikonografie des Ersten Weltkriegs war eine Bildsprache der Pandemie nahezu inexistent. Das Virus war unsichtbar, und die meisten Grippeopfer starben zu Hause im Bett. Aufnahmen des privaten Sterbens wurden kaum gemacht, und auch die Bestattungen fanden häufig unter Ausschluss der Öffentlichkeit ab, Kondolenzbesuche wurden vermieden oder gar verboten. Das grosse Sterben fand somit unter Ausschluss der Öffentlichkeit statt und wurde selten fotografisch festgehalten. Die Grippetoten, die im Bett starben und Opfer eines quasi-natürlichen Ereignisses waren, liessen sich zudem schlecht heroisieren, auch wenn genau dies in der Schweiz versucht wurde. Der Macht der Kriegsbilder hatte die Pandemie von 1918/19 nichts auch nur im Ansatz Vergleichbares entgegenzusetzen. Ähnliches trifft auch auf die literarische Verarbeitung von Krieg und Pandemie zu. Die literarische Thematisierung der Grippe blieb verglichen mit derjenigen des Weltkriegs marginal, auch hier mit den entsprechenden Konsequenzen für die Erinnerungskultur.

In den vergangenen rund 30 Jahren hat sich die historiografische Beschäftigung mit der Spanischen Grippe allerdings deutlich gewandelt. Vor dem Hintergrund einer nach und nach Einfluss gewinnenden Wissenschafts- und neueren Medizingeschichte hat das Ineinandergreifen natur- und kulturwissenschaftlicher Methoden grosse Fortschritte gemacht und neue Forschungsfelder für kultur- und sozialgeschichtliche Zugänge zur Pandemie von 1918/19 eröffnet. Zugleich haben die gesellschaftliche Aufmerksamkeit und der mediale Umgang mit Infektionskrankheiten (etwa gegenüber Sars 2003 oder der Schweinegrippe 2009) das Interesse an seuchenpolitischen Fragen im 21. Jahrhundert neu geweckt und – damit verbunden – auch eine historisch ausgerichtete Epidemiologie gestärkt.

Grundlegend für die Beschäftigung mit der Spanischen Grippe in der Schweiz ist nach wie vor die Studie von Christian Sonderegger, die unter anderem aufgrund ihrer quantitativen Analysen Pioniercharakter besitzt.[9] Für die Rezeption der Pandemie im Kontext des Landesstreiks leisten die Arbeiten von Andi Zogg und Erwin Horat unverzichtbare Dienste.[10] Eine neuere medizinhistori-

---

7   Rusterholz, Armin: «Das Sterben will nicht enden!» Die «Spanische Grippe-Epidemie» 1918/19 in der Schweizer Armee mit besonderer Berücksichtigung der Glarner Militäropfer, Glarus 2010, 33f.

8   Zur Historiografiegeschichte der Spanischen Grippe vgl. Tscherrig, Andreas: Krankenbesuche verboten! Die Spanische Grippe 1918/19 und die kantonalen Sanitätsbehörden in Basel-Landschaft und Basel-Stadt, Liestal 2016, 11–17; Lauterburg, Medizinische Behandlung, 6–9.

9   Sonderegger, Grippeepidemie.

10  Zogg, Andi: Das System hat die Grippe. Vom Umgang mit einer Epidemie im Jahr des schweizerischen Landesstreiks von 1918, unveröffentlichte Lizentiatsarbeit, Universität Zürich 2000; Horat, Erwin: «Gedenket heute unserer lieben Verstorbenen! Wählt nicht sozialistisch, wählt konservativ!» Die politische Landschaft der Zentralschweiz nach dem Ersten Weltkrieg zwischen grippetoten Soldaten und «bolschewistischer Gefahr», Der Geschichtsfreund 159 (2006), 167–328.

98 Während der Spanischen Grippe wurden verschiedene öffentliche Gebäude zu Notspitälern und Lazaretten umfunktioniert. Das bekannteste Beispiel ist die Umnutzung der Zürcher Tonhalle während des Landesstreiks.

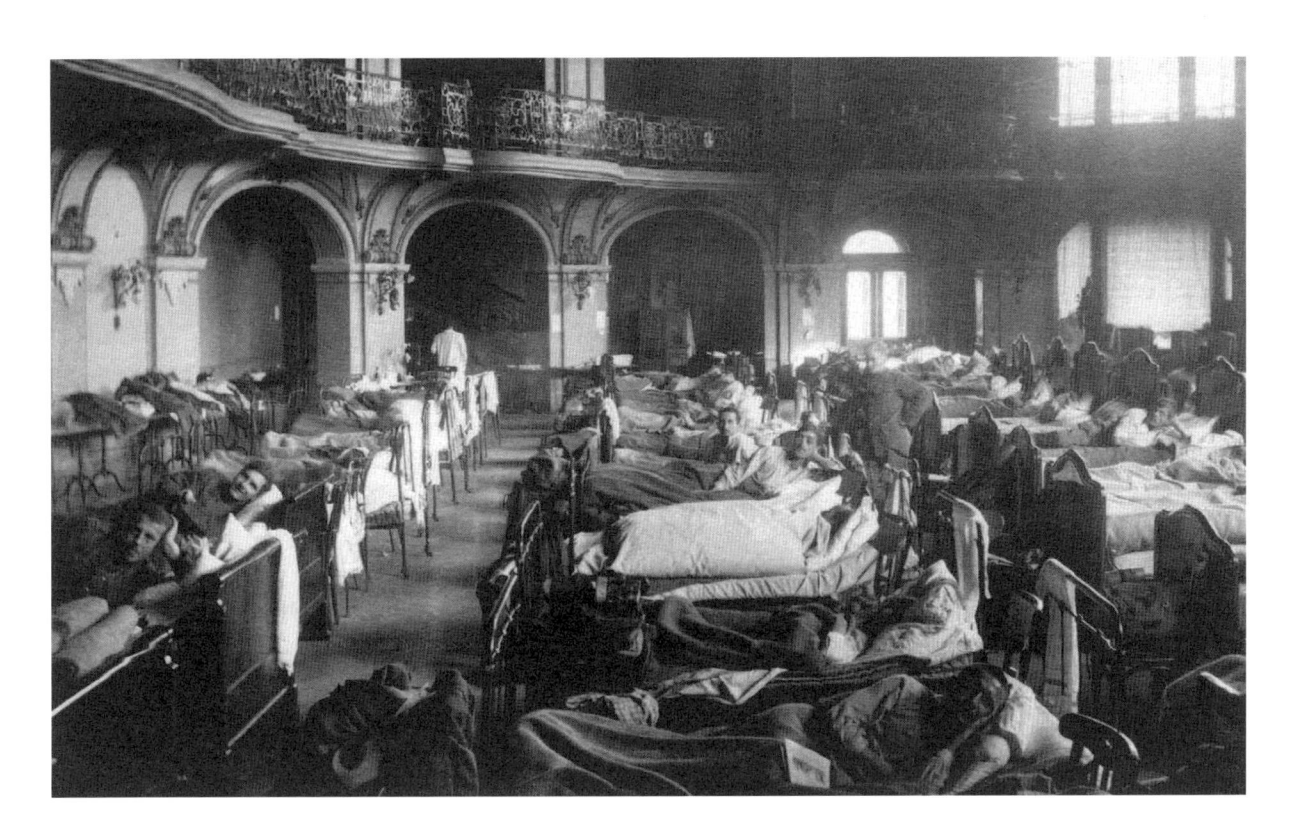

Die Spanische Grippe

sche Perspektive auf die Spanische Grippe und die damit verbundenen medizinischen Konzepte ermöglicht die kurze Arbeit des Mediziners und Historikers Bernhard Lauterburg.[11] In den vergangenen Jahren sind ausserdem verschiedene verdienstvolle regional- und lokalhistorische Studien zu Bern, Zürich, Genf, dem Wallis sowie zu den beiden Basel und Glarus erschienen, die den Blick auf die Pandemie in der Schweiz stark erweitert haben. Von diesen Studien gilt es vor allem die Arbeiten von Armin Rusterholz und Andreas Tscherrig hervorzuheben.[12]

### Verlauf der Pandemie

Die Spanische Grippe erreichte Europa im Frühjahr 1918. Obwohl der Verbreitungsweg und die Herkunft der Seuche nach wie vor umstritten sind, waren es wohl amerikanische Soldaten, die bei ihrer Landung im Süden Frankreichs das Virus nach Europa trugen. Bald waren nicht nur die kriegführenden Staaten USA, Frankreich, Grossbritannien und Deutschland von der Grippe betroffen, sondern auch neutrale Staaten wie Spanien.[13] Dort gab es im Gegensatz zu den Kriegsstaaten keine Nachrichtensperre und eine weniger strikte Zensur. Entsprechend berichtete die spanische Presse als eine der ersten offen über die Ausbreitung der Grippe, mit dem Resultat, dass sich zumindest in den europäischen Ländern rasch die Bezeichnung «Spanische Grippe» durchsetzte.[14] Bereits zu Beginn verwarfen medizinische Fachleute die Theorie einer vermeintlich spanischen Herkunft. Bezugnehmend auf eine Orientierung des Schweizerischen Gesundheitsamtes (SGA) hielt etwa die *Berner Tagwacht* am 16. August 1918 fest, dass die Influenza zu Unrecht als «Spanische Krankheit» bezeichnet werde: «Nach authentischen Berichten, die im Gesundheitsamt eingelaufen sind, wusste man bis Ende Mai in Spanien nichts von der Krankheit, während sie nach den medizinischen Fachblättern schon im März in den Vereinigten Staaten epidemisch aufgetreten und nach anderen Berichten im April und Mai in Frankreich und Deutschland ziemlich verbreitet war.»[15]

Wann die Influenza zum ersten Mal in der Schweiz auftrat, lässt sich nicht mehr mit letzter Sicherheit bestimmen. Wie das Schweizerische Gesundheitsamt im Nachhinein festhielt, ist es aufgrund der unspezifischen Symptome «geradezu unmöglich», die Krankheit als «wahre Influenza» zu erkennen.[16] Erste Grippefälle sind Ende Juni, Anfang Juli 1918 unter Angehörigen der Grenztruppen in der Nähe von Bonfol überliefert, wo die französisch-deutsche Front an die Schweizer Grenze stiess. Zur gleichen Zeit erkrankten auch Grenzsoldaten in Basel, und parallel dazu wurden weitere Ausbrüche an verschiedenen Orten der Westschweiz gemeldet.[17] Allerdings ist sehr wahrscheinlich, dass erste, weniger gravierende Fälle bereits im Mai auftraten.[18] Von dieser ersten Grippewelle waren vor allem die Bevölkerung in der Westschweiz und dienstleistende Armeeangehörige der Grenztruppen im Jura betroffen.[19] Der rasche Anstieg der Todesfälle im Juli zwang die militärische Führung dazu, Kurse abzusagen und die auf Anfang August angesetzte Ablösung der Grenztruppen auf Anfang September zu verschieben. Nachdem die Zahl der Grippeerkrankungen in den Monaten August und September wieder abgeflaut war, wurde die Schweiz im Oktober und November von einer zweiten, heftigeren Grippewelle erfasst. Diese zweite Welle grassierte vorerst in den städtischen Zentren des Mittellandes und dann mit voller Wucht in der Zentralschweiz, wo sie prozentual am stärksten zu spüren war. Tendenziell war die Grippesterblichkeit in den peripheren Räumen höher als in den städtischen Zentren.[20]

Über die Zahl der erkrankten Personen in der Schweiz herrscht bis heute keine Einigkeit. Gemeldet wurden insgesamt 745 000 Personen, die zwischen Sommer 1918 und Sommer 1919 an der Grippe erkrankten, was beinahe 20 Prozent der damaligen Bevölkerung entsprach. In der Forschung wird jedoch davon ausgegangen, dass die Dunkelziffer mindestens noch einmal so hoch war. Einerseits, weil wohl ein grosser Teil der Grippepatienten nie

---

11 Lauterburg, Medizinische Behandlung.
12 Tscherrig, Krankenbesuche; Rusterholz, Sterben.
13 Kury, Patrick: Influenza Pandemic (Switzerland), in: 1914–1918-online. International Encyclopedia of the First World War, https://encyclopedia.1914-1918-online.net/article/influenza_pandemic_switzerland (Version: 19.10.2015), 1f.
14 Witte, Wilfried: Tollkirschen und Quarantäne. Die Geschichte der Spanischen Grippe, Berlin 2008, 9.
15 Bekämpfung von Seuchen, in: Berner Tagwacht, Nr. 190, 16.8.1918, 2.
16 Bulletin Schweizerisches Gesundheitsamt, Nr. 27, 12.7.1919, 279.
17 Sonderegger, Grippe.
18 Nussbaum, Walter: Die Grippe-Epidemie 1918–1919 in der schweizerischen Armee, Bern 1981, 48, 56.
19 Sonderegger, Grippe.
20 Ebd.; Brack, Simon: Krisenbewältigung in Zeiten soziopolitischer Unruhe. Die «Spanische Grippe» 1918 in der Stadt Bern, unveröffentlichte Bachelorarbeit, Universität Bern 2012, 8–10.

einen Arzt aufsuchten; andererseits, weil die Ärzte aufgrund der Überlastungen nicht in der Lage waren, die entsprechenden Statistiken zu führen und an die Gesundheitsbehörden weiterzuleiten. Da die Symptome der Grippe ziemlich unspezifisch sind und mit verschiedenen anderen Atemwegserkrankungen verwechselt werden können, ist auch das Stellen einer Grippediagnose schwierig, was zusätzlich zu statistischen Ungenauigkeiten führt.[21] Unter Berücksichtigung dieser Faktoren ging das Schweizerische Gesundheitsamt in seiner Bilanz davon aus, dass rund die Hälfte der damals in der Schweiz lebenden Bevölkerung oder etwa 2 Millionen Personen 1918/19 an der Influenza erkrankten.[22] Aufgrund der hohen Morbidität und der eingangs erwähnten hohen Mortalität soll im Folgenden zunächst nach den gesundheitspolitischen und medizinischen Massnahmen gegen die Spanische Grippe gefragt werden.

### Überforderte Behörden

In der Schweiz waren Regierung und Gesundheitsbehörden – wie anderswo auch – schlecht auf eine Grippepandemie vorbereitet. Der seit vier Jahren dauernde Krieg richtete die Aufmerksamkeit der politisch Verantwortlichen primär auf wirtschaftliche, soziale und militärische Belange. Gesundheitspolitik gehörte nicht zu den dringlichsten Geschäften. Hinzu kam, dass die Behördenvertreter die Lage zu Beginn optimistisch einschätzten. Die Verantwortlichen im Schweizerischen Gesundheitsamt gingen Anfang Juli von einem mehr oder weniger harmlosen Krankheitsverlauf aus, vergleichbar mit demjenigen der Pandemie von 1889/90.[23] Das erste Kreisschreiben des SGA erreichte die Kantonsregierungen bereits am 6. Juli, der in gesundheits- und seuchenpolitischen Fragen ausgeprägte Föderalismus behinderte aber ein zielgerichtetes Agieren von staatlicher Seite. Die bundesstaatlichen, kantonalen und kommunalen Kompetenzen und Abläufe waren wenig geeignet, um auf ein Ereignis vom Ausmass der Spanischen Grippe angemessen reagieren zu können, die sich seit den ersten Julitagen rasant ausbreitete. Bezeichnend hierfür ist die Antwort des Berner Gemeinde- und Stadtrats Oskar Schneeberger auf die Frage, weshalb der Kanton und die Gemeinde Bern nicht bereits Anfang Juli 1918 auf die grosse Verunsicherung in der Bevölkerung regiert hätten. In seiner Stellungnahme in der Sitzung des Berner Stadtrats hielt Schneeberger fest: «Von städtischen Behörden konnten Massnahmen bis anhin nicht getroffen werden, da nötige Kompetenzen fehlten. Auf Intervention der städtischen Polizeidirektion hat nun der Bundesrat durch Beschluss vom 18. Juli die Kantone und Gemeinden ermächtigt, die notwendigen Massnahmen zur Bekämpfung der Epidemie anzuordnen [...].»[24] Mit dem Bundesratsbeschluss vom 18. Juli erhielten Kantone und Gemeinden also mehr Gestaltungsfreiheit, um kulturelle und religiöse Veranstaltungen zu untersagen und Ansammlungen von Personen aufzulösen.[25] Doch geschah dies zu einem Zeitpunkt, als die Unruhe in der Bevölkerung bereits sehr gross und der Höhepunkt der Sommergrippe in der Armee schon erreicht war. Stark betroffen von der Sommergrippe waren auch die Post-, Telegrafen- und Telefondienste, die nur noch einen eingeschränkten Betrieb garantieren konnten. Auch verschiedene Betriebe hatten teilweise sehr hohe Krankheitsausfälle zu beklagen.[26]

Die ersten Massnahmen, die einzelne Gemeinden trafen, wie Aufklärungen in der Presse, das vorzeitige Schliessen der Schulen oder das Errichten von Notspitälern und -unterkünften, vermochten die Bevölkerung nur bedingt zu beruhigen. So schossen zahlreiche Gerüchte ins Kraut: «Das Gespräch dreht sich in der Hauptsache um die unheimliche Krankheit, von der die grauslichsten Dinge erzählt und, leider, auch ohne jedes kritische Urteil geglaubt werden», wusste das *Berner Tagblatt* zu berichten.[27] Ab dem 18. Juli 1918 gingen die Gemeinden dazu über, Konzerte, Kinoveranstaltungen, Volksversammlungen und Volksfeste zu verbieten und auch das Predigen in Kirchen oder Vereinslokalen zu untersagen. Hingegen durften Restaurants und Wirtschaften ihre Betriebe – je nach Gemeinde – weiter offen halten. Diese strukturellen Inkonsequenzen der behördlichen Massnahmen stiessen in Teilen der Bevölkerung und bei persönlich Betroffenen teilweise auf harsche Kritik.[28] Verstärkt wurde die Verwirrung durch föderale Gepflogenheiten, die auch innerhalb der Behör-

21 Sahli, Hermann: Über die Grippe. Vortrag, gehalten am 15.3.1919 in der bernischen naturforschenden Gesellschaft, Bern 1919, 12.
22 Sonderegger, Grippeepidemie, 40.
23 Kury, Influenza Pandemic, 2f.
24 Protokolle des Berner Stadtrats, Sitzung vom 19.7.1918, 6.
25 Sonderegger, Grippeepidemie, 74, Bundesratsprotokoll vom 17.7.1918.
26 Kury, Influenza Pandemic, 3.
27 Die Grippe, in: Berner Tagblatt, Nr. 321, 16.7.1918, 3.
28 Brack, Krisenbewältigung, 24–29.

99  Bereits im Juli 1918 kritisierte der *Nebelspalter* die Haltung der Armeeführung, die das Ausmass und den Verlauf der Spanischen Grippe völlig falsch eingeschätzt hatte.

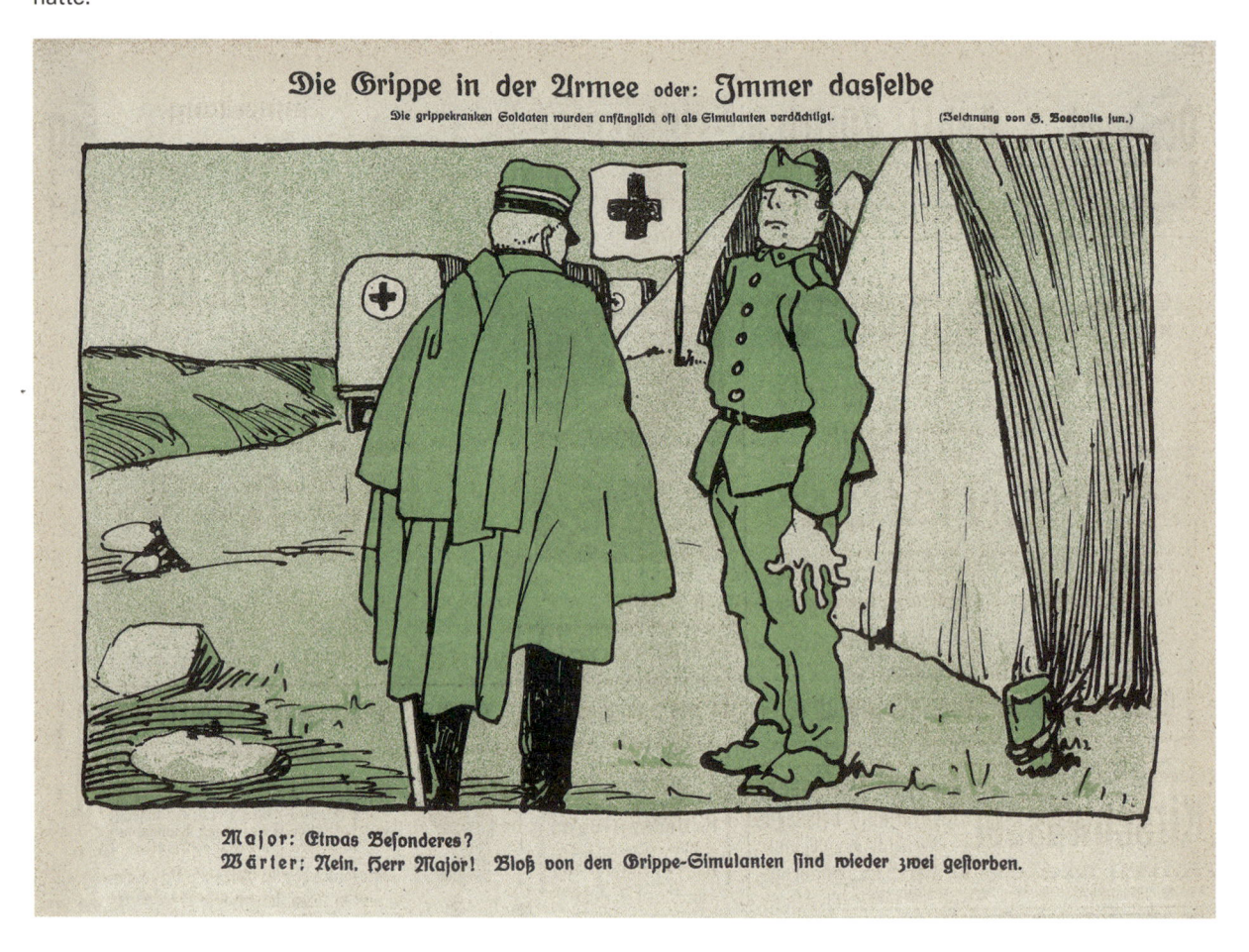

### Die Grippe in der Armee oder: Immer dasselbe

Die grippekranken Soldaten wurden anfänglich oft als Simulanten verdächtigt.

(Zeichnung von S. Boscovits jun.)

Major: Etwas Besonderes?
Wärter: Nein, Herr Major! Bloss von den Grippe-Simulanten sind wieder zwei gestorben.

den selbst zu Kritik an den Massnahmen führten. Während eine Gemeinde ein Versammlungsverbot aussprach, konnte die gleiche Veranstaltung anderenorts abgehalten werden. Als die Grippe im Herbst 1918 wieder beängstigende Ausmasse annahm, kommentierte die *Berner Tagwacht* die kommunalen und kantonalen Massnahmen mit Sarkasmus: «Es hat bei der Ausdehnung der Seuche gar keinen Zweck, wenn Stadt und Kanton Bern die Kirchen, Theater, Kinos usw. schliessen, die Bahnhofsperre verlangen und die Versammlungen verbieten. Während Zürich weiter musiziert, weiter mimt und weiter predigt [...]. Reisende kommen und gehen und tragen die Krankheitskeime von einem Ort zum andern.»[29] Die aus diesen Zeilen herausklingende Kritik am mangelnden und schlecht koordinierten Krisenmanagement des Bundes ist leicht nachvollziehbar – gibt es doch erst seit dem 21. Jahrhundert überhaupt einen gesamtschweizerischen Pandemieplan. Dennoch gilt es anzumerken, dass die kantonalen Regierungen sich über den Nutzen verschiedener Massnahmen gar nicht einig waren. Im Kanton Basel-Stadt etwa war man sich uneins über die Wirkung von Versammlungsverboten, führte nach dem Wiederanstieg der Erkrankungen am 17. Oktober 1918 aber ein Verbot ein, nur um es am 1. November gleich wieder aufzuheben.[30] Die Durchführung und Kontrolle entsprechender Schritte war nicht einfach zu bewerkstelligen und teilweise kaum umsetzbar. Zudem war, wie oben gesehen, der Spielraum der Behörden beschränkt.

### Mediale Empörung

In dieser Atmosphäre der Angst, Verunsicherung und Trauer wuchs im Sommer 1918 das Unbehagen gegen politische und militärische Entscheidungsträger. Dies gipfelte in der medialen Empörung über die sanitarisch-medizinischen Verhältnisse in der Armee, die als «Affäre Hauser» in die Geschichte eingegangen ist. In der Armee hatte die Zahl der Grippeerkrankungen während der ersten beiden Juliwochen in besorgniserregendem Ausmass zugenommen. Bis zum 9. Juli wurden über 6800 Grippefälle und 23 Grippetote gemeldet, und täglich kamen neue dazu. Am 17. Juli, dem Höhepunkt der ersten Welle, waren in der Armee 35 Tote an einem Tag zu beklagen. Die Armeeführung reagierte mit der Verschiebung aller geplanten Rekrutenschulen sowie der Entlassung aller dienstpflichtigen Offiziere, Unteroffiziere und Soldaten, die Weiterbildungskurse absolvierten. Angeführt von der sozialdemokratischen *Berner Tagwacht* berichtete die Presse ab Mitte Juli täglich detailliert über die Missstände bei der Versorgung der erkrankten Soldaten und Offiziere. In der Tat war die Armee – genauso wie das zivile Gesundheitswesen – in keiner Weise auf eine Pandemie im Ausmass der Spanischen Grippe vorbereitet. Die Sanitätstruppen waren personell unterdotiert, die hygienischen Verhältnisse für Kranke schlicht katastrophal und der Nachschub mit Medikamenten ebenso unzureichend wie der Transport schwer Erkrankter in ein militärisches oder ziviles Spital. Engpässe traten auch beim Pflegepersonal und den zur Verfügung stehenden Betten für die Schwerkranken auf, da Zivilbevölkerung und Militär gleichzeitig erkrankten. Im Zentrum der Kritik stand Oberst Carl Hauser, Chef des Sanitätsdienstes, der im Vorfeld regelmässig die fehlenden Mittel seiner Einheit beklagt hatte. In der aufgeheizten Stimmung half ihm dies jedoch wenig. So fragte das *Berner Tagblatt*: «Hat der Armeearzt den psychologischen Moment verpasst [um sich zu Wort zu melden, Anm. P. K]? Die tief bedauerlichen Todesfälle geben Anlass, neuerdings die Person des Armeearztes in die Diskussion zu ziehen. Mit Recht [...] Herr Hauser kann jetzt noch so viel anordnen, noch so manches Bett requirieren und sich in Leistungen überbieten, das verlorene Vertrauen kehrt nicht mehr zurück. Man wird das Gefühl nicht los, dass man in vier Jahren vieles hätte tun können, was jetzt improvisiert wird.»[31] Die Zeilen bringen zum Ausdruck, worum es bei der «Affäre Hauser» eigentlich ging: eine umfassende Vertrauenskrise in die (militärische) Führung der Schweiz. Der preussische Führungsstil der Armeeleitung, der Drill und die Eintönigkeit des Dienstes und vor allem die fehlende soziale Absicherung der Wehrmänner belasteten das Verhältnis zwischen Soldaten und Offizieren, Basis und Elite während der vier Kriegsjahre zutiefst. In der Kritik an Oberst Hauser fand die öffentliche Meinung ein Ventil, dieses Unbehagen zu artikulieren. Hauser wurde unter anderem auch dafür kritisiert, dass er gleichzeitig dem Interniertenwe-

---

29 Kampf der Grippe!, in: Berner Tagwacht, Nr. 251, 26.10.1918, 1.

30 Braunschweig, Sabine: «Opfer treuer Pflichterfüllung». Der Einsatz des Pflegepersonals bei der Grippeepidemie in Basel 1918 und 1919, in: Basler Zeitschrift für Geschichte und Altertumskunde 114 (2014), 143–166, hier 149–151.

31 Berner Tagblatt, Nr. 321, 16.7.1918, 2.

100 Infolge der Ansteckungsgefahr wurden die Grippetoten rasch und in Stille beerdigt. Von Kondolenzbesuchen rieten die Behörden ab oder versuchten, sie zu unterbinden. Die Fotografie bildet ein rares Dokument des grossen Sterbens 1918/19.

101 Die Gesundheitsdirektion des Kantons Zürich erteilte der Bevölkerung Verhaltensregeln zur Minimierung der Ansteckungsgefahr. Unter anderem warnte sie auch vor «Wundermitteln», die von Kurpfuschern angeboten wurden.

# GRIPPE

Mitbürger! Helfet beitragen zur Einschränkung der gegenwärtigen bösartigen Grippe-Epidemie durch Befolgung nachstehender Forderungen:

1. Schränket den Besuch der Wirtschaften auf das Notwendigste ein!
2. Unterlasset den Besuch von Kinos, Variétés, Cabarets, Konzerten und Theatervorstellungen!
3. Gehet zu Fuss Eueren Geschäften nach, meidet Tram und Eisenbahn, soweit es angängig ist!
4. Wer zu Hause Kranke hat, beschränke den Verkehr mit seinen Mitmenschen auf das absolut Notwendigste!
5. Befleissiget Euch der grösstmöglichsten persönlichen Reinlichkeit!
6. Spucket nicht auf die Strasse!
7. Unterlasset den landesüblichen Händedruck beim Grusse!
8. Wechselt häufig Euere Taschentücher!
9. Lüftet fleissig Euere Wohnungen und sondert Euere Kranken zu Hause so gut als möglich ab!
10. Bleibet beim geringsten Unwohlsein sofort zu Hause, um nicht Euere Mitmenschen der Ansteckungsgefahr auszusetzen!
11. Waret Ihr krank, so beobachtet eine genügend lange Reconvalescentenzeit!
12. Hütet Euch vor der Legion ausgeschriebener kurpfuscherischer Grippemittel!

Die Direktion des kantonalen Gesundheitswesens in Zürich.

Buchdruckerei Berichthaus · Zürich (1918)

Die Spanische Grippe

sen vorstand, wobei der Eindruck entstand, die «fremden Soldaten» würden besser versorgt als die Schweizer. Der Bundesrat reagierte auf die Kritik und setzte am 7. August 1918 eine parlamentarische Untersuchungskommission ein, was ganz im Interesse von Hauser selbst war.[32] Nach einigem Hickhack zwischen Bundesrat und General, bei dem Ulrich Wille mehrfach seinen Rücktritt in Aussicht stellte, nahm die Kommission Ende August ihre Arbeit auf, legte den abschliessenden Bericht aber erst nach dem Landesstreik im Januar 1919 vor. Die Einsetzung der Untersuchungskommission liess zumindest die bürgerliche Kritik an der Führung des Sanitätsdienstes verebben, ohne dass sich an den Verhältnissen im Militär viel geändert hätte. Grund dafür war hauptsächlich der vorläufige Rückgang der Grippeerkrankungen bei der zivilen Bevölkerung und im Militär nach Mitte August 1918. Die mediale Empörung, die sich gegen die Verantwortlichen in der Armee richtete, war Ausdruck der aufgeheizten innenpolitischen Lage. Sie weist aber auch darauf hin, dass die Ärzte und das gesamte Gesundheitswesen 1918/19 völlig überfordert waren.

## Machtlose Ärzte, überlastetes Gesundheitswesen

Die sich rasch zuspitzende Lage mit hohen Morbiditätsraten – insbesondere unter jungen Menschen – und in den Kliniken sehr hohen Letalitätsraten zwang die Ärzte trotz fehlenden Basiswissens zum Handeln. Dabei waren sie auf ein Pflegepersonal angewiesen, das sich aufopferungsvoll um die Patienten kümmerte und seinen Einsatz in zahlreichen Fällen mit dem Leben bezahlte.

Angesichts fehlender erfolgversprechender Therapien bedienten sich die klinischen Ärzte aller damals in der internationalen Forschung vorhandenen Ratschläge zur Grippebekämpfung und experimentierten mit allen erdenklichen Mitteln. Bei aller Hyperaktivität der Ärzte gab es aber auch Stimmen, die vor dem allzu experimentellen Charakter der Versuche in den Kliniken warnten. So rief Paul Demiéville, Ordinarius für Innere Medizin in Lausanne, dazu auf: «[A]bstenons-nous de tout médicament antithermique [et] évitons donc d'une façon absolue tous ces aides inutiles.»[33] Doch auch Demiéville selbst kombinierte die ihm zur Verfügung stehenden Produkte wie Koffein und Kampfer, um den Körper zu stimulieren und die Grippeerreger zu bekämpfen.

Bestimmend für die Ätiologie von Infektionskrankheiten im ausgehenden 19. und beginnenden 20. Jahrhundert waren die Lehren des bekannten deutschen Bakteriologen Robert Koch.[34] Dazu gehörte unter anderem die Sichtbarmachung eines Erregers unter dem Mikroskop. Dieses Paradigma der Visibilität von Krankheitsverursachern erhöhte die Objektivität medizinischer Erkenntnis und hat viel zu deren gesellschaftlicher und kultureller Akzeptanz beigetragen.[35] Doch der Erreger der Influenza passte nicht in dieses Schema, und erst 1933 sollte es Wissenschaftlern gelingen, ein Influenzavirus zu isolieren und zu bestimmen. 1918/19 hingegen war die Lehrmeinung vorherrschend, dass die Grippe von Mensch zu Mensch in Form eines lebenden Organismus, einem Bazillus gleich, übertragen wird, der jedoch mit den damaligen mikroskopischen Möglichkeiten nicht zu erkennen sei. Allgemein anerkannt war, dass der von Richard Pfeiffer vermeintlich entdeckte Influenzabazillus nicht der primäre Erreger sein konnte, aber ein herausragendes «sekundäres infektiöses Agens» bildete.[36] Nach Hermann Sahli, Ordinarius für Innere Medizin in Bern und einer der damaligen Koryphäen auf dem Gebiet der Infektionskrankheiten in der Schweiz, war die eigentliche Krankheitsursache der Influenza von 1918/19 noch nahezu unbekannt. Sahli sprach von einem «komplexen Virus», wobei beim Begriff «Virus», wie Bernhard Lauterburg festhält, nicht von einem heutigen virologischen Verständnis ausgegangen werden kann. Gemeint war damit vielmehr ein «Gift, ein toxisches Pathogen, für dessen Toxizität Sekundärinfekte, vor allem Streptokokken, verantwortlich gemacht wurden».[37] Hermann Sahli erblickte im «komplexen Virus» eine Analogie zu Flechten.[38] Nach seiner Vorstellung bildeten die Bakterien eine Symbiose und infiltrierten die menschlichen Zellen zusammen.[39]

32 Sonderegger, Grippeepidemie, 82; Bundesratsbeschluss vom 7.8.1918.
33 Demiéville, Paul: Le traitement de la Grippe, in: Correspondenz-Blatt für Schweizer Aerzte 48 (1918), 1271f.
34 Vgl. Lauterburg, Medizinische Behandlung, 5f.
35 Schlich, Thomas: «Wichtiger als der Gegenstand selbst». Die Bedeutung des fotografischen Bildes in der Begründung der bakteriologischen Krankheitsauffassung durch Robert Koch, in: Dinges, Martin/Schlich, Thomas (Hg.), Neue Wege in der Seuchengeschichte, Stuttgart 1995, 143–174, hier 145.
36 Lauterburg, Medizinische Behandlung, 5.
37 Ebd.
38 Sahli, Hermann: Ueber die Influenza. I. Wesen und Aetiologie der Influenza. Der Begriff des komplexen Virus, in: Correspondenz-Blatt für Schweizer Aerzte 49 (1919), 1–18, hier 11.
39 Lauterburg, Medizinische Behandlung, 6.

102   Mit der Feststellung, dass die Grippe das Vertrauen in die Führung der Armeesanität zerstört habe, brachte der *Nebelspalter* im August 1918 eine weitverbreitete Stimmung zum Ausdruck.

## Nebelspalter

44. Jahrgang. No. 31.  Zürich, den 3. August 1918.  Einzelnummer 30 Cts.

Humoristisch-satirische Wochenschrift

### Von der Grippe dahingerafft

(Zeichnung von Karl Czerpien)

Hier ruht das Vertrauen in unsere Armee-Sanitätsleitung

Die Spanische Grippe

Bemerkenswert ist, dass der wissenschaftliche Austausch mit ausländischen Kollegen, insbesondere mit solchen in Deutschland, Frankreich, Österreich und Grossbritannien, trotz des Kriegs weiter funktionierte. Viele Mediziner hatten vor dem Krieg im Ausland studiert und konnten ihre Kontakte in den Kriegsjahren bewahren. Zentral waren dabei die Verbindungen nach Deutschland und Frankreich, den damals bedeutendsten Standorten der medizinischen Forschung. Auf der Ebene der nationalen Gesundheitsämter funktionierte dieser Austausch aufgrund der im Krieg auferlegten Nachrichtensperren nur noch rudimentär. Dennoch konnte eine französische Ärztedelegation einreisen, um sich ein Bild von der Grippebekämpfung zu machen.[40] Dies dürfte auch deshalb möglich gewesen sein, weil die neutrale Schweiz aufgrund der hier internierten ausländischen Kriegsgefangenen gute medizinische Kontakte zu den kriegführenden Staaten besass.

Zur Behandlung der Influenza von 1918/19 kamen in der Schweiz gemäss dem Mediziner und Historiker Bernhard Lauterburg unterschiedliche Therapierichtungen zur Anwendung. Erstens die Immuntherapie unter Verwendung körpereigener Antitoxine, die etwa Hermann Sahli zur Behandlung der Lungenentzündung anwandte. Hierzu zählen auch weitere Immuntherapien wie die damals noch wenig entwickelte therapeutische Impfung. Zweitens setzten verschiedene Ärzte auf die sogenannte «innere Desinfektion». Dabei wurden die chemotherapeutischen Eigenschaften gewisser Stoffe wie Chinin gegen Pneumokokken genutzt. Drittens die symptomatischen Therapien, in denen fiebersenkende Medikamente genutzt oder Stimulantien wie Coffein, Kampfer, Strychnin und Adrenalin zur Stärkung des Herzkreislaufs verabreicht wurden.[41] Vereinzelt zeigten die angewendeten Therapien bescheidene Resultate, doch die Ärzte blieben gegenüber der Spanischen Grippe chancenlos. Dabei muss auch berücksichtigt werden, dass sie aufgrund des Ausmasses der Pandemie unter ungeheurem psychischem und zeitlichem Druck standen und die Ressourcen für sorgfältige Versuche fehlten, was zu wildem Experimentieren führte.

Nicht weniger unter Druck stand das Pflegepersonal in Kliniken und Notspitälern und bei Heimbesuchen. Weitaus die meisten an der Grippe erkrankten Personen wurden zu Hause betreut. Einige Hundert Pflegerinnen halfen während der Grippepandemie zudem auch bei der Armee aus. Die Diakonisse Lina Weber aus Riehen, die vor allem in der privaten Pflege tätig war, berichtete in ihren Erinnerungen, dass sie von September 1918 bis Anfang Januar 1919 bei acht Familien Tag und Nacht Grippepatienten betreut hatte und sich zwischen den Pflegeetappen jeweils kurz im Diakonissenhaus erholte.[42] Das Pflegepersonal war wie die Ärzte bei der Pflege von Grippekranken einem erheblichen Risiko ausgesetzt. Wie viele Pflegende an der Spanischen Grippe starben, ist nicht bekannt. Allein im Diakonissenhaus in Riehen waren es neun Schwestern. 742 Pflegerinnen und Pfleger, die weitgehend vom Roten Kreuz gesucht und gestellt wurden, halfen bei der Betreuung grippekranker Soldaten und Offiziere. Fast jede zehnte Pflegeperson oder, in Zahlen, 69 starben an der Grippe, was einem mehrfach höheren Anteil als bei den Offizieren und Soldaten selbst entsprach.[43]

### Suche nach Schuldigen und Instrumentalisierung der Opfer

In seiner wegweisenden Studie hat Christian Sonderegger darauf hingewiesen, dass es in der Historiografie zur Spanischen Grippe in der Schweiz eine bemerkenswerte Diskrepanz zwischen einer «qualitativen» und einer «quantitativen» Perspektive auf die Opferzahlen gibt. Während in der Schweiz insgesamt 24 449 Personen durch die Grippe den Tod fanden, starben etwas mehr als die Hälfte der während des Ersten Weltkriegs zu Tode gekommenen 3065 Wehrmänner an der Grippe. In Prozentzahlen ausgedrückt waren 7 bis 8 Prozent der grippetoten Personen Soldaten und Offiziere. Doch wenn überhaupt über die Spanische Grippe berichtet wurde, geschah dies – zumindest bis zum Erscheinen von Sondereggers Studie im Jahr 1991 – primär mit Blick auf die Armee.[44] Dieses eklatante Missverhältnis von Zahlen und historiografischer Darstellung, das sich nach Sonderegger «nicht rechtfertigen» lässt, ist zunächst auf das mediale Interesse an der ersten Grippewelle vom Juli und August 1918 zurückzuführen.[45] Es war insbesondere die sozialdemokratische Presse, welche die öffentliche Meinung zu beeinflussen versuchte, um gegen die Armeeführung Stimmung zu machen. So wurden die unhaltbaren Zustände im Sanitätsdienst

---

40 Lauterburg, Medizinische Behandlung, 18f.
41 Ebd., 10–18.
42 Braunschweig, Opfer treuer Pflichterfüllung, 154f.
43 Ebd., 162–164.
44 Sonderegger, Grippeepidemie, 95f.
45 Ebd., 96.

103 Soldaten des Freiburger Infanterie-Regiments 7 im November 1918 in ihrem Nachtlager im Korridor des Berner Burgerspitals. Die Aufnahme dokumentiert die prekären Verhältnisse für Soldaten während des Ersten Weltkriegs. Im Sommer 1918 mussten auch viele grippekranke Soldaten auf teilweise faulem Stroh liegen.

Die Spanische Grippe

skandalisiert und Carl Hauser persönlich dafür verantwortlich gemacht, obwohl die Spanische Grippe nicht nur die Armee, sondern alle Gesellschaftsschichten traf.

Während und nach dem Landesstreik wiederholten sich die Suche nach Schuldigen und Verantwortlichen ebenso wie die Mechanismen von Skandalisierung und Personalisierung, nun allerdings, wie Andi Zogg festhält, mit «umgekehrten Vorzeichen».[46] Als die zweite Welle der Spanischen Grippe Ende Oktober und Anfang November ihren Höhepunkt erreichte, spitzte sich die innenpolitische Lage dramatisch zu: Spontane und koordinierte Streikaktivitäten nahmen zu, Soldaten wurden aufgeboten, Streikende mobilisiert. Während dieser dramatischen Wochen starben Tausende von Zivilisten und Hunderte von Soldaten, doch der Höhepunkt der Spanischen Grippe wurde von den politischen und sozialen Ereignissen geradezu aufgesogen. Die Pandemie versank in den Wirren des Landesstreiks. Kaum war dieser niedergeschlagen, interessierten nur noch die grippetoten Soldaten, nicht jedoch die Zivilisten, geschweige denn die ebenfalls in hoher Zahl gestorbenen Arbeiterinnen und Arbeiter. Die politische und militärische Führung einerseits sowie die Streikführer andererseits beschuldigten sich gegenseitig, für den Tod der Soldaten verantwortlich zu sein. Die einen, weil sie zum Streik aufgerufen, die anderen, weil sie Truppen aufgeboten hatten.

Bundespräsident Felix Calonder gab die Stossrichtung der Argumentation gegen die Streikführer vor dem Parlament vor: «Die Anstifter [...] müssen sich [...] heute bewusst sein, welch namenloses Leid und Unglück sie über unser Volk gebracht haben, dessen pflichtgetreue Söhne im Militärdienste zur Aufrechterhaltung von Ruhe und Ordnung, so zahlreiche der heimtückischen Grippe zum Opfer gefallen sind.»[47] Robert Grimm antwortete auf den Vorwurf an die Adresse der Streikführer ebenso unmissverständlich: «Will man dieses Landesunglück auch noch in die Debatte hineinziehen, uns soll es recht sein. Sie haben durch die Mobilisation der Truppen die Seuchengefahr vermehrt und Hunderte der ansteckenden Krankheit und der Todesgefahr überantwortet. Wir weisen den Vorwurf energisch zurück und lassen uns da nichts vorwerfen.»[48] Inwiefern das Truppenaufgebot und der Landesstreik zu einem Wiederanstieg der Grippeerkrankungen, wie er etwas nach der Landesstreikwoche für das Baselbiet nachgewiesen ist, tatsächlich beigetragen hat oder ob der Anstieg dem «natürlichen» Pandemieverlauf geschuldet ist, lässt sich nicht abschliessend beantworten.[49] In der aufgeheizten Stimmung nach dem Landesstreik fanden jedenfalls die Worte von Militär und Regierung mehr Gehör. Insbesondere das Militär verstand es, mit Defilees und militärischen Begräbnissen wirkmächtige Zeichen zu setzen. Auch in der Folge fand man Gefallen an der Inszenierung. In Anlehnung an die Gefallenendenkmäler der kriegführenden Staaten bildeten sich an verschiedenen Orten der Schweiz schon 1919 sogenannte «Denkmal-Komitees», unter anderem in Aarau, Basel, Bellinzona, Bulle, Frauenfeld, Genf, Liestal, Olten, Solothurn, St. Gallen sowie Zürich und Umgebung.[50] Mit der Errichtung kleinerer und grösserer Monumente sollte an die im Dienst verstorbenen 3065 Wehrmänner erinnert werden. Dazu zählte etwa die schon 1922 auf der Forch bei Zürich errichtete 18 Meter hohe Bronzeplastik in der Form einer Flamme, die vom Volksmund schon bald – und wenig respektvoll – als «gefrorener Furz» bezeichnet wurde.[51] Die Initiative zu diesem Denkmal war 1920 von der Unteroffiziersgesellschaft des Kantons Zürich ausgegangen. Der Einweihungsfeier am 24. September 1922 wohnten mehr als 30 000 Personen bei, darunter Bundespräsident Robert Haab und General a. D. Ulrich Wille.[52]

Doch anders als die zu Tode gekommenen Soldaten und Offiziere der kriegführenden Staaten, die in aller Regel während militärischer Kampfhandlungen ums Leben kamen, starben nahezu alle Wehrmänner in der Schweiz an Unfällen oder Krankheiten; davon etwas mehr als die Hälfte an der Spanischen Grippe. Dass die Komitees teilweise mit Unterstützung des Militärs versuchten, die grippetoten Soldaten als Opfer des Ersten Weltkriegs zu stilisieren, ist eine der Besonderheiten der kriegsverschonten Schweiz. Dieser Versuch war vor allem dem Wunsch der militärischen und politischen Elite des Landes geschuldet, einer Erinnerungskultur in

46 Zogg, Das System, 95.
47 Neue Zürcher Zeitung, Nr. 1637, 10.12.1918.
48 Stenographisches Bulletin zur ausserordentlichen Sitzung der Bundesversammlung von 12.11 bis 14.11.1918, 451.
49 Tscherrig, Krankenbesuche verboten, 76f.
50 Kuhn, Konrad J.: Politik in Bronze und Stein. Denkmäler für die «Gefallenen» des Ersten Weltkriegs, in: ders./Ziegler, Béatrice (Hg.), Der vergessene Krieg. Spuren und Traditionen zur Schweiz im Ersten Weltkrieg, Baden 2014, 211–232, hier 212f.
51 König, Mario et al.: Klassenkämpfe, Krisen und ein neuer Konsens. Der Kanton Zürich 1918–1945, in: Geschichte des Kantons Zürich 3, Zürich 1994, 250–349, hier: 256.
52 Vgl. Schmid, Regula: En témoignage. Denkmäler zum Ersten Weltkrieg im Kanton Zürich, in: dies. et al. (Hg.), Kriegs- und Krisenzeit. Zürich während des Ersten Weltkriegs, Zürich 2014, 223–236.

# Die Etappensanitätsanstalt Olten während Grippe und Landesstreik

Peter Heim

Entsprechend der Bedeutung Oltens als Etappenort und Hauptquartier der Fortifikation Hauenstein wurde dort nach Kriegsausbruch auch eine «Etappensanitätsanstalt» (ESA) errichtet. Als Lokalität musste die Stadt Olten der Armee ihr neuestes Schulhaus im Bifang zur Verfügung stellen. Im März 1915 wurde die Anstalt mit einer Medizin-, Chirurgie-, Zahn- und Augenabteilung für insgesamt 600 Patienten eröffnet. Zwei Sanitätskompanien stellten das Personal; Schwerkranke und Verletzte wurden per Krankenauto abgeholt. Aus der doppelten Unterstellung unter den Armeearzt Oberst Carl Hauser und das Fortifikationskommando ergaben sich aber bald Kompetenzkonflikte. Hinzu kamen die rasch unzureichenden Platzverhältnisse.

Die *Berner Tagwacht* hatte sich schon im April 1917 ausgesprochen kritisch über die unhygienischen Zustände in einem Kantonnement in der ehemaligen Schuhfabrik Schenker an der Sälistrasse geäussert: «Mangels Abflusses quillt aus einem der Aborte der duftende Inhalt heraus und überdeckt den Sitz und den Boden des Korridors mit einer zentimeterhohen Schicht menschlicher Exkremente.»[1] Ein Jahr später, mit dem Ausbruch der Grippeepidemie und durch die Nachrichten über zahlreiche Opfer unter den Wehrmännern sah sich die Linke in ihrer Kritik an der Armeeführung bestätigt: «Fort mit dem Armeearzt und seinen Trabanten!» titelte die *Neue Freie Zeitung* schon am 18. Juli 1918 und warf Oberfeldarzt Hauser vor, dass er sich mehr um das Wohl der ausländischen Internierten als um jenes der Schweizer Soldaten kümmere. Während im Jura Grippepatienten auf Strohlagern ausharren müssten, stünden in der ESA Olten noch 400 Betten frei. Demgegenüber stellte sich das freisinnige *Oltner Tagblatt* hinter den Armeearzt und plädierte für eine sachliche Diskussion über die unbestrittenen Mängel im Sanitätswesen der Armee.[2]

Neben den Berichten über die unhygienischen Verhältnisse in den Kantonnementen heizen auch die ersten Todesfälle im Oltner Militärspital die Stimmung weiter an.[3] Anfang September wurde ein Detachement Tessiner Soldaten, von denen einige bereits an der Grippe erkrankt waren, mit Autotransporten aus dem alten Theater, das notdürftig als zusätzliches Kantonnement eingerichtet worden war, in die ESA überführt. Obwohl die noch nicht Infizierten unter ihnen mit Grippeschutzmasken ausgerüstet wurden, erkrankte etwa die Hälfte von ihnen ebenfalls.[4] Derweil mahnte das *Oltner Tagblatt* mehr Objektivität und Ruhe an und warf der sozialistischen Presse vor, aus dem Elend der Betroffenen politisches Kapital zu schlagen, indem sie das Ausmass der Epidemie mit der Mangelernährung, der Teuerung und der Wohnungsnot der unteren Schichten in Verbindung bringe.[5] Die Bevölkerung scheint sich der Ansteckungsgefahr hingegen nicht ganz bewusst gewesen zu sein. Die Versammlungsverbote der Behörden wurden von der SP mit Argwohn aufgenommen, und unter den Katholiken erweckten die Verbote von Gottesdiensten Ressentiments aus der Zeit des Kulturkampfs.[6]

Nachdem die Epidemie im August abgeflaut war, kehrte die Grippe nach ein paar Wochen mit unverminderter Heftigkeit zurück und erreichte kurz vor dem Landesstreik ihren Höhepunkt. Ende Oktober 1918 wurden allein in Olten 264 Neuerkrankungen (gegenüber 203 im Vormonat) registriert. Die ESA und das Kantonsspital waren überfüllt, im Hübeli-Schulhaus musste von der Rotkreuz-Kolonne ein Notspital eingerichtet werden, und auch das Froheimschulhaus wurde nun in Anspruch genommen. Im Bifang mussten über 1000 grippekranke Soldaten und Zivilpersonen betreut werden. «Kein Tag vergeht», war in der *Neuen Freien Zeitung* zu lesen, «an dem nicht die Etappenkompagnie irgendeinem Kameraden das letzte Geleite geben muss.»[7] Wenige Tage vor dem Landesstreik prägte eine gedrückte Stimmung das Leben in der Stadt: «Wie sehr auch bei uns die Grippe immer noch wütet, zeigt uns ein Gang durch die Stadt. Verschiedene Ladenlokale sind geschlossen und zeigen mit ihren heruntergelassenen Montern ein unfreundliches Bild, als Zeichen, dass alle Bewohner von der Krankheit ergriffen sind.»[8]

1   Berner Tagwacht, 27.4.1917.
2   Oltner Tagblatt, 18.7.1918.
3   Neue Freie Zeitung, 20.7.1918; 23.7.1918.
4   Neue Freie Zeitung, 11.9.1918.
5   Oltner Tagblatt, 26.7.1918.
6   Oltner Nachrichten, 5.8.1918.
7   Neue Freie Zeitung, 22.10.1918.
8   Oltner Tagblatt, 22.10.1918.

Europa anzugehören, dessen kriegführende Staaten alles unternahmen, um ihre gefallenen Soldaten und Offiziere zu heroisieren, ihrem Tod einen Sinn zu geben. Die Inschriften der Schweizer Monumente unterschieden sich nicht von denjenigen ausländischer Gefallenendenkmäler; die Grippetoten waren «morts au service de la patrie» (Genf, Bulle) beziehungsweise «morts pour le pays» (Lausanne), oder man gedachte den «fürs Vaterland verstorbenen Söhnen» (Frauenfeld). Auf manchen Monumenten waren die Toten namentlich aufgeführt.[53] Während diese Denkmäler in der deutschsprachigen Schweiz den Hintergrund militärischer Beförderungsfeiern und ähnlicher Anlässe bildeten, wurden in der Romandie am ersten Sonntag im November – analog zu den Gedenkfeiern der Siegermächte – alljährliche Totenfeiern veranstaltet.[54] Die Denkmäler für die während des Ersten Weltkriegs verstorbenen Soldaten und Offiziere zementierten die Erinnerung an den Ersten Weltkrieg im Sinne einer polarisierenden politischen Blockbildung, wie sie sich im Landesstreik manifestiert hatte und die zu einem Hauptmerkmal der politischen Kultur der Zwischenkriegszeit werden sollte. In Fribourg schuf das katholisch-konservative Establishment einen Märtyrermythos um seine 40 während des Ordnungsdienstes an der Grippe verstorbenen Soldaten.[55] Die grippetoten Armeeangehörigen wurden auch für Wahlkämpfe und Abstimmungskampagnen instrumentalisiert, wie Erwin Horat vor allem für die Innerschweiz nachgezeichnet hat.[56] Trotz dieser Anstrengungen verblassten die Erinnerungen an die grippetoten Soldaten und Offiziere nach und nach. Um die viel zahlreicheren zivilen Grippetoten hatte sich nie eine offizielle Memorialkultur herausgebildet.

## Metaphern der Infektion und neue medizinische Dispositive

Weitaus wirkmächtiger und nachhaltiger als der Bau von Erinnerungsorten war die Schaffung einer neuen gesundheitspolitischen Institution: des Grenzsanitätsdienstes. Anhand der Genese dieser Organisation lässt sich zeigen, wie sich im Anschluss an die Spanische Grippe Ängste, gesundheitspolitische Sorgen und Bedrohungsszenarien in neuen Dispositiven der Abwehr verfestigten.[57] Nach dem Ende des Ersten Weltkriegs und dem Abflauen der Grippeepidemie im Sommer 1919 war die Angst vor Ansteckung, Infektion und Verunreinigung zu einem wichtigen innenpolitischen Thema geworden. Verschiedene Vereine und Verbände wie der Schweizerische Städteverband und die Liga Schweizerischer Republikaner verlangten vom Bundesrat sogenannte «volkshygienische und sanitarische Kontrollen» an der Grenze.[58] Begründet wurden diese Forderungen mit dem Hinweis, dass die USA und die Niederlande entsprechende Massnahmen eingeleitet hätten. Die politischen Vereine rannten mit ihren Eingaben bei der Exekutive offene Türen ein, denn die Angst vor «unsichtbaren» Feinden war weitverbreitet. Die Vorstellung, dass alles Bedrohliche und Ansteckende von aussen kam, fügte sich nahtlos in die seit dem Weltkrieg vorherrschende Politik des wirtschaftlichen und kulturellen Protektionismus ein. Polizeiliche Szenarien und medizinische Konzepte wurden mit tradierten Vorstellungen der Abwehr zu neuen Dispositiven des Ausschlusses verknüpft: Antisemitische, antisozialistische und antislawische Vorstellungen verschmolzen nach 1918/19 zu einer Imagination, in der vor allem Osteuropa eine Bedrohung für die Schweiz darstellte. Neu war – auch im Kontext der medizinischen Erfolgsgeschichte der Bakteriologie seit dem Ende des 19. Jahrhunderts – vor allem die biologistische Sprache der Bundesbeamten. In den Texten der Fremdenpolizei und des sanitarischen Grenzschutzes ist vor allem auffällig, dass sich die sozialdarwinistische Kategorie der «Auslese» an geografischen und ethnischen Zuschreibungen orientierte. Der Chef der Fremdenpolizei des Kantons Zürich, Hans Frey, sprach allgemein von den «Fremdkörpern [...] in unserem Volksorganismus», die man wieder loswerden müsse.[59] Der Vorsteher der Polizeiabteilung im Eidgenössischen Justiz- und Polizeidepartement, Ernst Delaquis, redete von «gemeingefährliche[n]

---

53 Leu, E. (Hg.): Soldatendenkmäler. 1914–1918, 1939–1945, Belp 1953, 32, 34, 37, 49, 52, 58.

54 Kreis, Georg: Gefallenendenkmäler in kriegsverschontem Land. Zum politischen Totenkult in der Schweiz, in: Koselleck, Reinhart/Jeismann, Michael (Hg.), Der politische Totenkult. Kriegerdenkmäler in der Moderne, München 1994, 129–143, hier 133.

55 Vgl. Andrey, Laurent: La mémoire des «sombres journées de novembre 1918» à Fribourg. Monuments, rituels commémoratifs et perpétuation d'un mythe politico-militaire, unveröffentlichte Lizentiatsarbeit, Universität Fribourg 2002.

56 Horat, «Gedenket heute», 167–328.

57 Vgl. Kury, Patrick: Die Gründung des Grenzsanitätsdienstes im Jahr 1920 und die Pathologisierung des «Ostens», in: Opitz, Claudia/Studer, Brigitte/Tanner, Jakob (Hg.), Kriminalisieren, Entkriminalisieren, Normalisieren, Zürich 2006 (Schweizerische Gesellschaft für Wirtschafts- und Sozialgeschichte 21), 243–260.

58 Schweizerisches Bundesarchiv (BAR), E 21 20800, Schweiz. Städteverband an den h. Bundesrat der Schweiz. Eidgenossenschaft, Lausanne, Zürich, 10.1.1919; E 3300 (A)13, Bd. 20. Betreffend Schaffung eines eidg. Grenzsanitätsdienstes, 12.6.1920.

104/105 Bestattung von Feldweibel Arnold Disteli mit militärischen Ehren auf dem Friedhof Meisenhard in Olten. Disteli war am 26. Oktober 1918 30-jährig an der Spanischen Grippe verstorben.

Die Spanische Grippe

106  Erinnerungen an den Dienst der Ordnungstruppen und die Errichtung eines Lazaretts für Grippekranke in der Tonhalle in Zürich.

# Dienst — —!
## Ein bescheiden Bild aus den Diensttagen der Ordnungstruppen für Zürich.
### Separatabdruck aus dem „Aargauer Tagblatt".

Viel schwarzumränderte Anzeigen künden den Tod braver Soldaten, die in einem der Militärlazarette an den Folgen der Grippe gestorben sind. Man könnte wiederum versucht sein, von Mängeln der Organisation und offenbar ungenügender Pflege zu reden. Mir scheint, daß viel Menschen, die wenig sicheres Wissen ihr Eigen nennen, weiter einhergehen und wie ehedem urteilen mögen über Tun und Lassen von Mitmenschen, die im Soldatenrock ihre harte Pflicht tun. Heute berichten die Zeitungen von der Opferwilligkeit der Bevölkerung, von hohen Summen, die als freiwillige Spenden dem Kriegskommissär zuhanden der Truppe zuflossen, sie erzählen von der Opferwilligkeit freiwilliger Pfleger und Pflegerinnen und vom Eifer junger Pfadfinder, man hat den Soldaten einen Ehrensold ausbezahlt, sie in jenen Tagen der Unruhen mit mächtigem Beifall empfangen, und die Pfuirufe tatendurstiger Jungburschen sind schmählich verhallt.

„Kameraden" nannten uns die feiernden Arbeiter, und Flugblätter sagten, daß wir zum Schutze des Kapitals aufgeboten worden seien, um für die Unterdrückung gegen die Freiheit zu kämpfen. Und wenn wir den Aufruf zerrissen und die drei Sätze der Proklamation von Oberstdivisionär Sonderegger an seine Offiziere, Unteroffiziere und Soldaten lasen und die Hand ballten und nickten, so waren wohl wenige, die zweifeln mochten, was Soldatenpflicht sei. Wenn ich Erinnerungen an jene Tage hervorzerre aus dem dämmerigen Licht, das über ihnen liegt, so tu ich's, weil jene Erlebnisse für mich unendlich wertvoll sind und viel Neues und Großes mich blicken ließen, daß ich andern Leuten auch ein Bild geben möchte und vielleicht auch einem einzelnen Menschen ein klein wenig von dem stillen Heldentum einfacher Soldaten im Dienste zu zeigen vermag. Die Macht der Verhältnisse war so mächtig und hart, — und viele Menschen sind oft nur zu geneigt, über andere zu urteilen, ohne dieser unheimlichen Kraft zu achten.

Am 7. November bin ich telegraphisch nach Zürich zum Dienst beim Divisionsstab 4 aufgeboten worden, am 8. November, an einem Freitag hat mich ein Zug mit vielen andern Soldaten an meinen Bestimmungsort geführt. In einem großen Raum im Kasernengebäude hat mir um 6 Uhr der Divisionsarzt meine Arbeit zugeteilt. Ich habe die Zahlen der Kranken und Evakuierten der einzelnen Einheiten der Ordnungstruppen für Zürich und Umgebung addiert; an Grippe erkrankt: 16 Mann; stund auf dem Telegrammformular als Meldung an den Armeearzt. Es waren damals in Zürich die Inf.-Reg. 31 und 19, das Füs.-Bat. 90, die Kav.-Brig. 3 und 4, 2 Radfahrerkp., 1 Telegraphen-Pionierkp. und 2 Sanitätskompagnien, um 8000 Mann. Wie die Grippe um sich griff, langsam, die Zahl der Erkrankten anstieg, das konnte ich mit staunenden Augen ansehen und darob erschrecken. Am Samstag waren 64 Mann an Grippe erkrankt, am Sonntag 130, am Montag 250, am Dienstag gegen 600, am Donnerstag waren es zirka 1200 — und die Zahl stieg. In Bülach, in Kloten, in Wollishofen, und in verschiedenen Schulhäusern der Stadt wurden Krankendepots eingerichtet, Lastautos schleppten die ganze Zeit Betten, mächtige Leinenballen und Haufen von Wäsche, Tag und Nacht fuhren die Krankenwagen. Auf Wache am Paradeplatz, auf Posten im Automobil, in Altstätten, Brütten, allüberall erkrankten die Leute, Mann um Mann. Wir haben mehrere Tage nacheinander bis halb 3 Uhr morgens Evakuationen besorgt und ermöglicht, — um 6 Uhr begann der Tag. Ich habe um Mitternacht einem Chauffeur befohlen, zu Bette zu gehen, nachdem er 48 Stunden mit seinem Wagen gefahren und keinen Augenblick geruht hatte. Von einer Wache im Unterbahnhof kam zu gleicher Zeit die Meldung, es sei ein Mann mit hohem Fieber vom Postenweg abzuholen, der Chauffeur hat sich totmüde freiwillig zur Fahrt gemeldet; seine Kameraden fuhren weiter durch die Nacht, — ich habe ihn gehen lassen müssen; er tat seine Menschenpflicht.

Auf einer Bank sitzend hat ein Dragoner mit hoher Temperatur 3 Stunden lang auf seine Evakuation gewartet, weil er seine Kameraden im Zimmer nebenan nicht anstecken wollte. Um 1 Uhr nachts habe ich einen schlafenden Kameraden aufwecken und bitten müssen, einen kranken Mitrailleur zu besuchen, der auf der Straße erkrankt und von einem Unbekannten nach Hause getragen und dort gepflegt worden war. In ihrem Krankenzimmer haben Sanitätssoldaten 3—4 Stunden in der Nacht geschlafen und am Morgen ihre Arbeit wieder aufgenommen. In Kloten und Bülach sind in kurzer Zeit 2/3 der Mannschaft der Sanitätskompagnien erkrankt. Es war ein großer Opfermut und ein stilles Heldentum von viel einfachen Soldaten.

Am Mittag begann man das Schanzengrabenschulhaus als Krankendepot einzurichten, am Abend war es mit zirka 200 Betten bezugsbereit, am gleichen Tag vollständig besetzt.

Die Tonhalle sollte Lazarett werden. Ein wenig zahlreiches Personal räumte aus, die Betten wurden zum großen Teil in Hotels requiriert, forttransportiert, in den Sälen, im Pavillon aufgestellt, — um vier Uhr nachmittags konnten die Evakuationen beginnen, um 7 Uhr abends waren mehr als 300 Betten belegt. — Es brauchte viel Mut und Vertrauen, weiterzuarbeiten, da alles nutzlos und armselig Flickwerk zu sein schien. Vom 13. bis zum 23. November lag ich auch in einem der Nebungssäle der Tonhalle; links von meinem Bett stand ein Flügel und rechts lag ein Kamerad und weitere 65 Mann in 4 langen Reihen. Bis zum 23. Nov. waren 10 Krankendepots eingerichtet, zirka 2000 Mann erkrankt, ein Teil wieder in Erholungsurlaub entlassen, 74 Mann waren gestorben. Heute schreibt die Thurgauer Zeitung von 38 Todesfällen im Regiment 31.

Ich habe die Zähne aufeinandergepreßt, viele andere auch, und nimmer froh sein mögen. Und doch, — ich habe viel, viel Schönes in diesen Tagen neben all dem Schrecklichen gesehen — Hingabe des Einen für seinen Kameraden, Selbstaufopferung für den Unbekannten, der zum Bruder ward. „Ich bin sicher, daß jeder als braver Schweizerwehrmann seine Schuldigkeit tun wird," schrieb Oberstdivisionär Sonderegger am 8. November — „Eine große Landesgefahr ist abgewendet, dank Eurer mutigen Entschlossenheit und Eurer Treue", am 15. November, nach Beendigung des Generalstreikes.

Sie haben wohl alle ihre harte Soldatenpflicht treu erfüllt und außerdem ihre freie Menschenpflicht in schweren Stunden ohne Zahl bis zum physischen Unvermögen getan.

Solche Bilder werden mir bleiben, die Erinnerung an großen Schmerz, an viel Edelmut und eine starke, werktätige Liebe. —

*Hans Meuli.*

Kranken», «Schnorrern», «Wucherern», von «wirtschaftlichen Bazillenträger[n]», von «hygienisch Inakzeptablen», die es «auszuscheiden» gelte und denen der Weg in die Schweiz inskünftig «gesperrt» werden müsse.[60] Delaquis war es auch, der eine Prüfung der Ausländer auf «Herz und Nieren» forderte und mit dieser Metapher gleichsam eine politische, soziale und medizinische Auswahl intendierte.

Bereits im Juni 1920 hatte der Bundesrat die Schaffung eines «Grenzsanitätsdienstes» beschlossen. Die neue Amtsstelle wurde dem Schweizerischen Gesundheitsamt, dem heutigen BAG, unterstellt, das damals dem Volkswirtschaftsdepartement angegliedert war. Die schweizerischen Gesundheitsbeamten und -politiker hatten nach dem Ersten Weltkrieg das Ziel, einen eigenen sanitarischen Grenzwall zu errichten. Sie hatten Seuchen wie Ruhr, Cholera, Pocken und Flecktyphus vor Augen sowie die verheerenden Auswirkungen der Spanischen Grippe, die den gesundheitspolitischen Diskurs befeuert hatte, in lebhafter Erinnerung. Als Begründung für die Schaffung eines medizinisch-sanitärischen Grenzschutzes erwähnten die eidgenössischen Gesundheitsbeamten die veränderten sanitarischen Kontrollmassnahmen nach dem Ersten Weltkrieg: «Der Schutz gegen Seuchengefahr, den die benachbarten grossen Reiche in der Vorkriegszeit für die Schweiz gebildet haben, besteht nicht mehr. Durch den Zusammenbruch der sanitarischen Organisation dieser Staaten ist die Schweiz plötzlich auf sich selbst angewiesen, während sie vor dem Krieg sich mit Massnahmen allgemeiner, mehr theoretischer Natur begnügen konnte, in dem sicheren Gefühl, dass der besser organisierte Nachbar die Seuche nicht über seine Grenze gelangen lassen werde.»[61] Aus dieser Passage geht hervor, dass schweizerische Gesundheitsbeamte vor 1914 insbesondere Deutschland mit seinen Desinfektionsanstalten an der Ostgrenze als eine Art «Pufferzone» begriffen hatten. Seit 1907 hatte Deutschland entlang seiner Ostgrenze eine Reihe von Desinfektionsanstalten erstellt, deren hygienische Kontrollmassnahmen sich gegen Immigrierende gerichtet hatten. Während des Kriegs erreichten diskriminierende und entwürdigende Desinfektionsmassnahmen gegen die jüdische Bevölkerung im besetzten Polen und gegen russische, polnische und jüdische Zwangsarbeiter einen Höhepunkt.[62] Mit der Niederlage Deutschlands brach dieses medizinisch-sanitärische Kontrollsystem zusammen, und die Schweiz war bestrebt, ein eigenes Dispositiv zu entwickeln, das sich wie in Deutschland insbesondere gegen Osten richtete. Die Aufgabe der neuen Dienststelle sei es, die «sanitarische Kontrolle der aus verseuchten Gegenden kommenden Reisenden möglichst wirksam zu gestalten». Diesen Ausführungen des Schweizerischen Gesundheitsamts folgte die bemerkenswerte Ergänzung, es sei insbesondere eine «Überwachung der aus den Ostländern kommenden Emigranten» vorzunehmen.[63] Den grössten Teil des Personals hatte vorerst das Militärdepartement zu stellen, das über das notwendige Wissen für die Durchführung der Kontrollen verfügte. Dieses hatte man sich während des Kriegs angeeignet, als erstmals grenzsanitarische Massnahmen durchgeführt worden waren. Mit dem Bau von Quarantänestationen und Entlausungsanstalten hatten Militär, Bund und Kantone gegen Kriegsende und kurz danach nur schwer verrückbare Tatsachen geschaffen.[64] Zugleich präzisierte der Bundesrat den seuchenpolitischen Auftrag, indem er verfügte, dass alle Reisenden aus «flecktyphusverseuchten Gegenden» beim Überschreiten der Schweizer Grenze einer sanitarischen Untersuchung und, falls notwendig, einer «Entlausung» zu unterziehen seien.[65] Für «flecktyphusverseucht» erklärte das Volkswirtschaftsdepartement weite Teile Osteuropas. Inwiefern von Personen, die aus diesen Gebieten stammten, tatsächlich eine medizinische Bedrohung für die Schweiz ausging, war damals jedoch selbst im Schweizerischen Gesundheitsamt heftig umstritten, was internen Papieren zu entnehmen ist.[66] Zugleich fällt auf, dass es sich bei der vom Bundesrat genannten Gegend um ein Gebiet

59 Bundesratsbeschluss über Einreise, Aufenthalt, Niederlassung und Ausweisung von Ausländern. Text der bundesrätlichen Verordnung über die Kontrolle der Ausländer vom 17.11.1919, mit einer Einführung von Dr. Hans Frey, Chef der Fremdenpolizei des Kantons Zürich, Zürich 1919, 5.
60 Delaquis, Ernst: Der neuste Stand der Fremdenfrage. Öffentlicher Vortrag, gehalten in St. Gallen am 22.10.1921, Bern 1921, 18.
61 BAR, E 3300 (A) 13, Bd. 20.
62 Weindling, Paul J.: Epidemics and Genocide in Eastern Europe 1890–1945, Oxford, New York 2000, 58–62, 71; Jansen, Sarah: «Schädlinge». Geschichte eines wissenschaftlichen und politischen Konstrukts 1840–1920, Frankfurt a. M. 2003, 249–255.
63 Staatsarchiv des Kantons Basel-Stadt (StABS), Sanitätsakten, K 20, 1920–1931, Eidgenössisches Gesundheitsamt an das Sanitätsdepartement des Kantons Basel-Stadt, 7.8.1920.
64 Amtliche Sammlung (AS) der Bundesgesetze und Verordnungen der schweizerischen Eidgenossenschaft 34 (1918), Bundesratsbeschluss betreffend Grenzpolizei und Quarantäne-Massnahmen gegenüber entlassenen Soldaten der kriegsführenden Armeen, 10.11.1918, 1163. StABS, Sanitätsakten K 20, Konferenz 2.7.1919.
65 Vgl. AS 36 (1920), Bundesratsbeschluss betr. Grenzpolizei und Quarantäne, 92.

107 Das Sanitätsdepartement des Kantons Basel-Stadt baute auf den «gesunden Verstand» der Bevölkerung und nicht auf Zwangsmassnahmen. Es empfahl, grössere Menschenansammlungen zu meiden.

# Vorsichtsmaßregeln gegen die Grippe.

Das starke Auftreten der Grippe erfordert von unserer Bevölkerung ausserordentliche Vorsichtsmassregeln!

**Die Durchführung derselben soll, solange als immer möglich, nicht auf dem Wege des Zwanges verlangt, sondern dem gesunden Verstand unserer Bevölkerung anheimgestellt werden.**

Um sich und andere vor Ansteckung zu bewahren, empfehlen wir jedermann die Befolgung folgender Grundsätze:

1. **Man unterlasse Krankenbesuche,** da die Ansteckung durch die Berührung mit erkrankten Personen erfolgt.
2. **Alle überflüssigen Ansammlungen von Menschen sind zu vermeiden,** da sie Anlass zur Ansteckung vieler Personen geben.
3. **Wer sich vor Ansteckung schützen will, bleibe zu Hause** und meide den Besuch von Versammlungen, Kinos, Wirtschaften, überfüllten Trams etc.
4. **Kranke und Genesende,** sowie diejenigen, welche mit Kranken verkehren (Pfleger, Angehörige), haben **jede Berührung mit der gesunden Bevölkerung zu vermeiden,** da sie sonst der Verbreitung der Krankheit Vorschub leisten.

**Basel,** den 16. Oktober 1918.

**Sanitätsdepartement.**

handelte, das in groben Zügen mit dem so bezeichneten «Ansiedlungsrayon» übereinstimmte – also mit jenem Gebiet, das bis zum Zweiten Weltkrieg den Hauptsiedlungsraum der europäischen Juden bildete.[67]

So formte sich nach 1918 ein neues Dispositiv der Kontrolle und Abwehr heraus. Zum Schutz des «schweizerischen Volkskörpers» ergab sich folgende Arbeitsteilung: Die Bundespolizei hatte sich gegen das Eindringen «politischer Feinde» und gegen politische Feinde im Inland zu richten. Die Arbeit der erst 1917 geschaffenen Fremdenpolizei versuchte das Eindringen «sozial Unerwünschter» zu verhindern, und mit dem ebenfalls neu geschaffenen Grenzsanitätsdienst galt es «hygienisch nicht akzeptable Eindringlinge» abzuwehren. Gemeinsam war diesen Institutionen, dass sie primär politisch linksstehende und jüdische Personen, insbesondere aus Osteuropa, in den Blick nahmen. Doch die befürchtete Massenmigration aus Osteuropa setzte nicht ein, daher waren es schliesslich hauptsächlich Russlandschweizerinnen und -schweizer, welche die neuen Prozeduren an der Grenze über sich ergehen lassen mussten. Die vor dem Bolschewismus geflohenen Landsleute wurden an der Grenze zwar offiziell herzlich willkommen geheissen, doch verbrachten sie die ersten fünf Tage in Quarantänequartieren und mussten dort eine Entlausung und deren Effekte über sich ergehen lassen.[68] Unter dem Eindruck der veränderten migrationspolitischen Verhältnisse nach dem Ersten Weltkrieg und aufgrund der hohen Kosten, welche die Grenzsanitätsdienste verursachten, war deren Tätigkeit aber nur von kurzer Dauer. Schritt für Schritt wurde die Zahl der ursprünglich acht Grenzsanitätsposten reduziert und 1932 in Brig der letzte Posten geschlossen. Nach Ausbruch des Zweiten Weltkriegs richtete die Armee erneut Grenzsanitätsposten ein, die nun dem Kriegsfürsorgeamt unterstanden. Nach Kriegsende wechselte die Zuständigkeit wieder an das Schweizerische Gesundheitsamt, und mit der Kontrolle der in die Schweiz einreisenden Gastarbeiter und der Codierung ihrer Papiere erlangte der Grenzsanitätsdienst in der Nachkriegszeit eine neue Bestimmung.[69]

## Fazit

Wer die Zwischenkriegszeit und das kurze 20. Jahrhundert in der Schweiz verstehen will, muss den Blick auf die Erschütterungen durch den Ersten Weltkrieg und insbesondere die Mehrfachkrise im Sommer und Herbst 1918 richten. Die fundamentale Verunsicherung weiter Kreise der Bevölkerung kann gar nicht genug hervorgehoben werden. Die Spanische Grippe als grösste demografische Katastrophe der modernen Schweiz trug ihren Teil zu dieser umfassenden Verunsicherung und zur Erschütterung der politischen und medizinischen Institutionen bei. Die Pandemie diente ab Sommer 1918 zuerst der Linken, dann der Rechten zur Stimmungsmache gegen den politischen Gegner. Diese Instrumentalisierung trug zur Verhärtung der Blöcke bei. Dazu gehörte auch der Versuch von Armee und konservativen Kreisen, grippetote Soldaten als Kriegsopfer zu stilisieren, wodurch sie das Erinnern an die weitaus zahlreicheren zivilen Opfer der Spanischen Grippe inklusive der Ärzte und Pflegenden hemmten oder gar verhinderten. Insgesamt führte die Mehrfachkrise von 1918 habituelle Muster zutage, die in Anlehnung an Helmut Lethen als «Verhaltenslehren der Kälte» bezeichnet werden können.[70] Im Landesstreik vom November 1918 fanden die Ängste der Unterschichten und die Wut über eine nicht selbst verschuldete Not ein Ventil. Doch der fehlgeleitete Umgang mit der soziopolitischen Krise behinderte in der Folge einen politischen Dialog zwischen der Linken und der Rechten, sodass die sozialen Reformen auf bundesstaatlicher Ebene weitgehend stockten und die Frauen noch für Jahrzehnte von der politischen Partizipation ausgeschlossen blieben. Die nationale Rückbesinnung und eine fremdenfeindliche Abwehrhaltung führten zu einem neuen restriktiveren Migrationsregime, das auch neue medizinisch-hygienische Dispositive der Abwehr vorsah.

66 BAR, E 3300 (A) 11, Bd. 19. An die Regierungsräte der Kantone, Bern 28.8.1919 (Entwurf); vgl. auch: Derek, Gregory: «Imaginierte Geographien», in: Österreichische Zeitschrift für Geschichtswissenschaften 3 (1995), 366–425.

67 Gilbert, Martin: Jewish History Atlas (The Jewish Pale of Settlement in Russia 1835–1917), London 1992<sup>4</sup>, 72.

68 Vgl. Schweizerisches Sozialarchiv F 5119-Fa-173, Russlandschweizer-Archiv, Quarantäne in Basel 1921.

69 Gemäss Auskunft von Urs Germann vom Schweizerischen Bundesarchiv sowie Ochsner, Gertrud: Krankgestempelt. Auf den Spuren des eidgenössischen Grenzsanitätsdienstes 1910er- bis 1960er-Jahre, unveröffentlichte Seminararbeit, Universität Zürich 2002, 18–25; Calvo Salgado, Luís Manuel: Grenzübergangsriten in der Schweiz der sechziger Jahre. Interview mit einer galicischen Migrantin, in: Galicien Magazin 12 (2001), 41–44.

70 Lethen, Helmut: Verhaltenslehren der Kälte. Lebensversuche zwischen den Kriegen, Frankfurt/M. 1994.

# Der Landesstreik als gescheiterter Revolutionsversuch?

# Zur Geschichte eines verhängnisvollen Narrativs

Daniel Artho

«Der Landesstreik, der von russischen Bolschewisten vermittelst einer leidenschaftlichen Agitation und namhafter Bestechungsgelder verursacht, durch sozialistische Parteiführer der Schweiz vom 11. bis zum 13. November 1918 ins Werk gesetzt wurde, bedeutete für die Schweiz eine Kraftprobe. [...] Gottlob hat sich der Bauernstand, die Armee und die überwiegend starke Mehrheit des ganzen Schweizervolkes einmütig der furchtbaren Gefahr entgegengestellt. Mit Abscheu hat sich unser Volk von der Rotte der Hochverräter abgewendet, deren verbrecherisches Treiben das Vaterland dem Untergange weihen wollte.»[1] So pathetisch fasste die Redaktion der katholisch-konservativen *Zeitschrift für christliche Sozialreform* wenige Monate nach dem Landesstreik die Geschehnisse vom November 1918 zusammen. Nicht nur für sie, sondern für einen Grossteil der bürgerlichen Schweiz handelte es sich beim Landesstreik um den abgewehrten Versuch eines Umsturzes nach russischem Vorbild. In diesem Sinne hatte sich im bürgerlichen Meinungsspektrum binnen kurzer Zeit ein Revolutionsnarrativ[2] herausgebildet, das sich über 50 Jahre lang als dominanter Deutungsansatz halten konnte.[3]

Auch die Streikbefürworter griffen umgehend in die öffentliche Interpretation des Landesstreiks ein und bemühten sich mit Vehemenz um eine Berichtigung des bürgerlichen Narrativs. So veröffentlichte das Kartell der vereinigten schweizerischen Eisenbahnpersonalverbände bereits Ende 1918 eine Broschüre, in welcher die Streikbeteiligung der Eisenbahner angesichts sozialer Missstände und unmenschlicher Arbeitsbedingungen als gerechtfertigte Protestaktion dargestellt wurde. Die Autoren sahen sich dabei genötigt, auf die weitverbreiteten Revolutionsvorwürfe der bürgerlichen Medien zu reagieren: «In den schweizerischen Tagesblättern, die Arbeiterpresse ausgenommen, versucht man nun umsonst nachzuweisen, dass der Landesstreik nur deshalb ausgebrochen sei, weil die russischen Revolutionsideen auch hierher in die Schweiz verpflanzt werden sollten; dass wir alle samt und sonders dem Bolschewismus huldigten und daher ‹Bolschewiki› schlimmster Sorte seien. Mit diesem ‹Bölima› wurde und wird noch heute Stimmung gegen uns gemacht. Das alles ist aber nackte Unwahrheit und entbehrt jeglicher Begründung.»[4] Aus beiden Zitaten geht hervor, mit welcher Emotionalität der öffentliche Aushandlungsprozess um die Deutung des Landesstreiks geführt wurde.

Die in dieser Phase entstandenen Narrative hatten neben sinn- und gemeinschaftsstiftenden Komponenten auch eine dezidiert politische Stossrichtung. Besonders das breit geteilte bürgerliche Revolutionsnarrativ, aus dem konkrete politische Ansprüche und Konsequenzen abgeleitet wurden, entwickelte sich in der Folge zu einer Ressource geschichtspolitischer Instrumentalisierung.[5] So bot der dominante Deutungsansatz besonders während der Zwischenkriegszeit zahlreichen bürgerlichen Akteuren einen gemeinsamen Orientierungsrahmen zur Wiederherstellung der erschütterten politischen Ordnung. Die Deutung des Landesstreiks als gescheiterter Revolutionsversuch und die weitverbreitete Furcht vor einer möglichen Wiederholung des Ereignisses wurden daher zum politischen Argument.[6] Der revolutionäre «Bolschewist» wurde zum «Bölima»,[7] mit dem die politische Linke wirkungsvoll ausgegrenzt und pauschal in Misskredit gebracht werden konnte.[8] Der vorliegende Beitrag fragt nach den Entstehungsbedingungen sowie den argumentativen Grundlagen des Revolutionsnarrativs und zeigt konkrete politische Auswirkungen exemplarisch auf. Darüber hinaus werden die Gründe für die lange Tradierungsgeschichte und die Betrachtungswende nach 1968 in den Fokus genommen.

1   Hättenschwiler, A. (Hg.): Der Landesstreik vor dem Nationalrat. Reden der Abgeordneten Dr. Ernst Feigenwinter und Dr. Jean Musy, Luzern 1919, 3.
2   Die Deutung des Landesstreiks als Revolutionsversuch war innerhalb des bürgerlichen Spektrums unterschiedlich stark ausdifferenziert und nahm durchaus heterogene Formen an. Weitgehende Einigkeit bestand jedoch in der Wahrnehmung, dass es sich um einen Umsturzversuch handelte, der organisatorisch, ideologisch und finanziell von ausländischen Bolschewisten und namentlich von Russland inspiriert war. Im vorliegenden Beitrag wird daher generalisierend vom (bürgerlichen) Revolutionsnarrativ gesprochen. Der Narrativbegriff dient dabei als heuristisches Instrument zur besseren analytischen Fassbarkeit der verschiedenen Deutungsmuster.
3   Vgl. dazu Jost, Hans Ulrich: Nachwort. Der historische Stellenwert des Landesstreiks, in: Gautschi, Willi: Der Landesstreik 1918, Zürich 1988, VI; Fenner, Martin: Der Landesstreik von 1918 im späteren Urteil, in: Gewerkschaftliche Rundschau. Vierteljahresschrift des Schweizerischen Gewerkschaftsbundes 73/6 (1981), 179.
4   Kartell der vereinigten schweizerischen Eisenbahnpersonalverbände (Hg.): An das Schweizer Volk! Tatsächliches zum Landesstreik vom 12. bis 14. November 1918, Bern 1918, 13.
5   Vgl. dazu auch Koschorke, Albrecht: Wahrheit und Erfindung. Grundzüge einer Allgemeinen Erzähltheorie, Frankfurt am Main 2012, 62; Assmann, Aleida: Der lange Schatten der Vergangenheit. Erinnerungskultur und Geschichtspolitik, München 2006, 276.
6   Marchal, Guy: Geschichtskultur und Geschichtspolitik, in: Traverse. Zeitschrift für Geschichte 19 (2012), 44. Gemäss Marchal erfasst der Begriff «Geschichtspolitik» neben allen Formen und Möglichkeiten der Geschichtsinstrumentalisierung auch die Diskurse und Handlungen, «mit denen die Deutung von Geschichte als gegenwärtige öffentliche Repräsentation einer kollektiv relevanten Vergangenheit zu politischen Zwecken betrieben wird». Zur gezielten Erinnerung des Landesstreiks vgl. Zimmermann, Dorothe: Den Landesstreik erinnern. Antikommunistische Aktivitäten des Schweizerischen Vaterländischen Verbandes 1919–1948, in: Schweizerische Zeitschrift für Geschichte 63/3 (2013), 479–504.

## Entstehung und Entstehungskontext des Revolutionsnarrativs

Konflikt- und Krisenzeiten bilden einen idealen Nährboden für die Entstehung sinnstiftender Narrative.[9] Breit geteilte Narrative erklären Ereignisse, stellen Ordnung her und schaffen Orientierung für kollektives Handeln.[10] So ging bereits mit der Proklamierung des landesweiten Generalstreiks ein intensiv geführter öffentlicher Aushandlungsprozess um die Deutung des Ereignisses einher, in dessen Folge sich unterschiedliche, von den verschiedenen politischen und ideologischen Perspektiven geprägte Narrative etablierten. Im linken Meinungsspektrum dominierte die Deutung des Landesstreiks als eine gerechte, machtvolle und solidarische Protestaktion der Arbeiterbewegung angesichts sozialer Missstände und dem als Provokation empfundenen Truppenaufgebot. Im bürgerlichen Spektrum dominierte dagegen die Wahrnehmung des Landesstreiks als revolutionärer, von ausländischen Hintermännern inspirierter Anschlag auf die demokratische Ordnung. Weitere Streitpunkte dieses Aushandlungsprozesses bildeten etwa die Fragen nach den Ursachen, dem gruppenspezifischen Anteil am Ausgang des Streiks, der Verantwortung für die grippetoten Soldaten oder nach dem konkreten Ergebnis der Konfrontation.

Die Deutung des Landesstreiks als Revolutionsversuch kam im Herbst 1918 nicht von ungefähr, sondern erfolgte in einem bereits vorgespurten Klima der Angst und Verunsicherung. Dass Narrative stets auf der Grundlage bereits vorhandener diskursiver Strukturen und in einem spezifischen raumzeitlichen Umfeld entstehen, wird am Beispiel des Revolutionsnarrativs besonders deutlich.[11] So waren Revolutionsängste zur Zeit des Landesstreiks nicht nur im schweizerischen Bürgertum verbreitet. Die russische Oktoberrevolution und die Machtübernahme Lenins und der Bolschewiki im Jahr 1917 führten in weiten Teilen Europas zu – teils rationalen, teils irrationalen – Ängsten vor einer bevorstehenden Weltrevolution. In zahlreichen Ländern kursierten am Ende des Ersten Weltkriegs Gerüchte über konspirative – mit unermesslichen finanziellen Mitteln ausgestattete – bolschewistische Schläferzellen und Tarnorganisationen, die gezielt auf eine Krise warteten, in der sie die Revolution auslösen konnten.[12] Derartige Ängste und Gerüchte sind vor dem Landesstreik auch in der Schweiz – und besonders in Zürich – vielfach nachzuweisen.[13] So wurden etwa in den Zürcher Unruhen vom November 1917 und im Bankangestelltenstreik vom Frühherbst 1918 revolutionäre Vorboten gesehen.[14] Bei einer nächsten Aktion, befürchteten die Zürcher Finanzeliten, käme es zu einem Sturm auf die Banken.[15]

In der unüberschaubaren Nachrichtenlage, die bei Kriegsende von besonderer Instabilität und Vorläufigkeit war, hatten Gerüchte leichtes Spiel. Ob ihr Inhalt wahr oder falsch war, liess sich zum damaligen Zeitpunkt von niemandem beweisen. Symptomatisch für die überlieferte Gerüchtekommunikation im Vorfeld des Landesstreiks war, dass diese nicht auf eigenem Wissen der Kommunikatoren, sondern vielmehr auf blossem Hörensagen unter der Angabe ungenannter, aber als glaubwürdig deklarierter Drittpersonen beruhte. So hatte der Zürcher Rechtsprofessor Fritz Fleiner bereits am 25. Oktober 1918 einen vertraulichen Brief an Bundespräsident Felix Calonder verfasst, in dem er für Zürich die Befürchtung eines unmittelbar bevorstehenden «bolschewistischen Handstreichs» äus-

---

7 Als «Bölima» wird in den schweizerdeutschen Mundarten zumeist ein Schreckgespenst für Kinder bezeichnet. Der «Bölima» wird gezielt in Erinnerung gerufen, um Kinder von unerwünschtem Verhalten abzuhalten, https://digital.idiotikon.ch/idtkn/id_komplett.htm#!page/40271/mode/2up (Stand: 17.11.2017).

8 Als Beispiel sei hier die Mobilisierung des bürgerlichen Lagers im Zuge der Volksinitiative «für die Einmalige Vermögensabgabe» genannt, die 1922 mit einer historischen Ablehnung von 87 % deutlich verworfen wurde; vgl. Sigg, Oswald: Die eidgenössischen Volksinitiativen 1892–1939, Bern 1978, 138–147.

9 Koschorke, Wahrheit und Erfindung, 237.

10 Vgl. dazu Mikfeld, Benjamin/Turowski, Jan: Gesellschaftlicher Wandel und politische Diskurse. Überlegungen für eine strategieorientierte Diskursanalyse, Berlin 2013, 33; Nünning, Ansgar: Wie Erzählungen Kulturen erzeugen. Prämissen, Konzepte und Perspektiven für eine kulturwissenschaftliche Narratologie, in: Strohmaier, Alexandra (Hg.), Kultur, Wissen, Narration. Perspektiven transdisziplinärer Erzählforschung für die Kulturwissenschaften, Bielefeld 2013, 43.

11 Vgl. dazu Biegon, Dominika/Nullmeier, Frank: Narrationen über Narrationen. Stellenwert und Methodologie der Narrationsanalyse, in: Gadinger, Frank/Jarzebski, Sebastian/Yildiz, Taylan (Hg.): Politische Narrative. Konzepte – Analysen – Forschungspraxis, Wiesbaden 2014, 44; Müller-Funk, Wolfgang: Die Kultur und ihre Narrative. Eine Einführung, Wien 2008, 298.

12 Vgl. Gerwarth, Robert/Horne, John: Bolshevism as Fantasy. Fear of Revolution and Counter-Revolutionary Violence 1917–1923, in: dies. (Hg.), War in Peace, Oxford University Press 2012, 48–51.

13 Vgl. dazu Buomberger, Thomas: Kampfrhetorik, Revolutionsangst und Bürgerwehren. Der Landesstreik vom November 1918, in: Rossfeld, Roman/ders./Kury, Patrick (Hg.). 14/18. Die Schweiz und der Grosse Krieg, Baden 2014, 336–365.

14 So bezeichnete der Zürcher Professor Fritz Fleiner in einem NZZ-Artikel vom 20.10.1918 den Zürcher Bankangestelltenstreik als «Generalprobe» zur Revolution, vgl. Gautschi, Willi (Hg.): Dokumente zum Landesstreik 1918, Zürich 1988, 148, 169, 171, 191.

15 Gautschi, Landesstreik, 203. Zur Kommunistenangst der schweizerischen Finanzelite vgl. Perrenoud, Marc: Die Schweizer Bankiers und die Angst vor dem Kommunismus, in: Boillat, Valérie/Degen, Bernard/Joris, Elisabeth u. a. (Hg.), Vom Wert der Arbeit. Schweizer Gewerkschaften – Geschichte und Geschichten, Zürich 2006, 136–145.

serte. Fleiner fügte bei, dass «nach sichern Informationen die Führer der bolschewistischen Aktion in der Schweiz mit auswärtigen Regierungen und deren diplomatischen Vertretern in der Schweiz in Beziehung» stünden.[16] Die Gerüchte verdichteten sich in den ersten Novembertagen weiter. Berichte wie derjenige des Zürcher Staatsanwalts Alfred Brunner, der die Unruhen vom November 1917 aufgearbeitet und ein akutes Bedrohungsszenario gezeichnet hatte, versetzten den Zürcher Regierungsrat in Angst und Schrecken.[17] Brunner zeigte sich überzeugt davon, dass zwischen den revolutionären Gruppen, zu denen er etwa die zahlenmässig unbedeutende linksradikale Splittergruppe «Forderung» zählte, Differenzen nur noch hinsichtlich des Zeitpunkts zum Losschlagen bestünden.[18] Ein Bericht des eidgenössischen Untersuchungsrichters Otto Heusser an das militärische Platzkommando in Zürich erwähnte Bombenfunde in der Vorortgemeinde Seebach und Meldungen «von durchaus glaubwürdiger Seite», denen zufolge anlässlich des anstehenden Jahrestags der Oktoberrevolution ein Aufstand in Zürich geplant sei.[19]

Waffenfunde waren in Zürich bereits 1917 gemacht worden. In einem öffentlichkeitswirksamen Gerichtsprozess, der am 10. Oktober 1918 seinen Abschluss fand, konnte festgestellt werden, dass es sich dabei um Lieferungen im Auftrag des «terroristischen Dienstes» des deutschen Generalstabs gehandelt hatte, die über das deutsche Generalkonsulat in Zürich an italienische Anarchisten gelangten. Mit Waffen und Propagandaliteratur sollte in Italien eine Revolution entfacht und die italienische Front destabilisiert werden. Die deutschen Lieferungen wurden von den italienischen Anarchisten in verschiedenen Depots in Zürich – so etwa in einem eigens dafür angemieteten Stall – zwischengelagert.[20] Eine fachmännische Untersuchung des in Seebach gefundenen Materials, über das Untersuchungsrichter Heusser berichtet hatte, lässt darauf schliessen, dass es sich dabei um Restbestände des deutsch-italienischen Netzwerks handelte.[21]

Die befürchtete Existenz weiterer Waffendepots und mutmassliche Verbindungen zu linken Kreisen in der Schweiz gaben Anlass zu weiteren Spekulationen.[22] Die grassierende Revolutionsangst führte in der Folge dazu, dass im Zusammenhang mit den angekündigten Feierlichkeiten der Sozialdemokratischen Partei (SP) zum Jahrestag der russischen Oktoberrevolution am 7. November 1918 revolutionäre Aktionen in Zürich befürchtet wurden.[23] Die im Kontext der angekündigten Feierlichkeiten erschienenen Artikel in der sozialdemokratischen Presse wurden vom verängstigten Zürcher Bürgertum teilweise als Verabredungen zum Umsturz interpretiert.[24] So wies der freisinnige Zürcher Regierungspräsident Gustav Keller gegenüber dem Bundesrat am 6. November 1918 nachweislich auf einen Artikel in der sozialdemokratischen Zeitung *Volksrecht* hin, in dem er «ein Vorgehen für die allernächsten Tage» angekündigt sah.[25] Einen Eindruck über die in Zürich während der Landesstreiktage herumgebotenen Gerüchte vermittelt ein Aufruf der politischen Kommission des zürcherischen landwirtschaftlichen Kantonalvereins, in dem Folgendes zu lesen war: Der Zürcher Regierungsrat habe «bestimmte Anhaltspunkte» dafür erhalten, dass «eine kleine revolutionäre Gruppe» die Absicht hege, «in den Tagen vom 7.–10. November anlässlich der Jahresfeier der russischen Revolution die Militärstallungen in Brand zu stecken, in der dabei entstehenden Verwirrung das Zeughaus zu stürmen», anschliessend die öffentlichen Gebäude zu besetzen und «die bolschewistische Gewaltherrschaft nach russischem Muster einzuführen».[26] General Ulrich Wille

16 Warnung von Professor Fleiner an den Bundespräsidenten, in: Gautschi, Dokumente, 149.
17 Protokoll der Konferenz des Bundesrats mit der Zürcher Regierung und der Armeeführung vom Dienstag, 5.11.1918, in: Gautschi, Dokumente, 184; Brunner, Alfred: Bericht vom 9.11.1918 des Ersten Staatsanwalts A. Brunner an den Regierungsrat des Kantons Zürich über die Strafuntersuchung wegen des Aufruhrs in Zürich im November 1917, Zürich 1919.
18 Brunner, Bericht Strafuntersuchung, 143.
19 Der Rapport über einen Aufstandsplan in Zürich findet sich in: Gautschi, Dokumente, 182.
20 IV. Bericht des Bundesrates an die Bundesversammlung über Begnadigungsgesuche, in: Bundesblatt, Nr. III/440, 4.6.1919, 440–443.
21 Brunner, Bericht Strafuntersuchung, 95 f.; Rapport über einen Aufstandsplan in Zürich, in: Gautschi, Dokumente, 182; vgl. dazu auch Schmid-Ammann, Paul: Die Wahrheit über den Generalstreik von 1918. Seine Ursachen, sein Verlauf, seine Folgen, Zürich 1968, 203.
22 Brunner, Bericht Strafuntersuchung, 75, 95.
23 Schmid-Ammann, Wahrheit Generalstreik, 217; Gautschi, Landestreik, 227.
24 In diesem Zusammenhang wies auch General Wille in seinem Memorial an den Bundesrat auf einen Artikel in der zürcherischen sozialdemokratischen Zeitung Volksrecht vom 1.11.1918 hin; vgl. Schweizerisches Bundesarchiv (BAR), E21#1000/131#10302*, Wille, Ulrich: Memorial Wille. General Wille an Bundesrat Decoppet, Chef des Schweizerischen Militärdepartements, 4.11.1918, 5.
25 BAR, E1004.1, Protokoll der 131. Sitzung des Bundesrats, 6.11.1918, 8.30 Uhr, Nr. 3269, Truppenaufgebot, 3.
26 Mörgeli, Christoph: Bauern, Bürger, Bundesräte 1917–2017. Hundert Jahre Zürcher SVP, Zürich 2017, 117.

berichtete in einem Memorial an den Bundesrat vom 4. November 1918 bezüglich der Stimmung in Zürich, dass eine allgemeine Furcht vor einer plötzlichen Proklamierung des Generalstreiks als Auftakt zur Revolution herrsche. Der General, der die Gefahrenlage etwas relativierte, forderte angesichts der auch für ihn unübersichtlichen Situation in Zürich dennoch ein präventives Truppenaufgebot, dem der Bundesrat bald darauf entsprach.[27]

Vonseiten der SP und des Oltener Aktionskomitees (OAK), die die überraschend getroffenen militärischen Massnahmen als Provokation des bürgerlichen Klassenstaats gegenüber der Arbeiterschaft werteten, war zu jenem Zeitpunkt keine Rede vom Generalstreik. Noch an der Vormittagssitzung des OAK vom 6. November 1918 war das Thema nicht Gesprächsgegenstand.[28] Das Aufgebot von Ordnungstruppen für Zürich und weitere Schweizer Städte begründete Bundespräsident Calonder in seiner Rede vom 12. November 1918 mit der hochgradigen Aufregung in der Bevölkerung, die von Zürich ausgehend auf die weitere Schweiz übergegriffen habe, wobei er auf «Vertreter des bolschewistischen Terrors» hinwies, die den Umsturz vorbereitet hätten.[29] Dass fast zeitgleich der Erste Weltkrieg mit einer Niederlage der Mittelmächte endete und sowohl Deutschland als auch das auseinanderbrechende Österreich-Ungarn von Revolutionen erschüttert wurden, schien die bürgerlichen Befürchtungen für die Schweiz zu bestätigen.[30] Die Sowjetmission in Bern wurde beschuldigt, mit den angeblichen revolutionären Umtrieben in Zusammenhang zu stehen.[31] Ihre Mitglieder wurden während des Landesstreiks nach abenteuerlicher Fahrt in einem militärischen Autokonvoi des Landes verwiesen.[32] Deutschland hatte seine diplomatischen Beziehungen zur Berliner Sowjetgesandtschaft bereits am 6. November unter ähnlichen Vorzeichen abgebrochen.[33]

Das Revolutionsnarrativ etablierte sich im bürgerlichen Meinungsspektrum bereits während des Landesstreiks in unterschiedlichen Schattierungen als dominanter Deutungsansatz. Auf der Grundlage von Ängsten und Gerüchten entstanden nun harte soziale Tatsachen, die sich im kollektiven Bewusstsein der Bevölkerung rasch ablagerten.[34] Dies zeigte sich bereits in der eiligst zusammengerufenen Sondersession der Bundesversammlung vom 12. bis 14. November 1918, in der entsprechende Voten von Vertretern sämtlicher bürgerlicher Fraktionen – einschliesslich der 1916 aus der SP ausgetretenen Grütlianer – abgegeben wurden.[35] In der Westschweiz und im Tessin erhielt das Revolutionsnarrativ zusätzlich eine dezidiert antideutsche Stossrichtung. In der *Gazette de Lausanne* wurde der Landesstreik zuweilen als deutsch-bolschewistischer Gewaltstreich bezeichnet.[36] Diese Tendenz ist als Auswirkung der französischen Kriegspropaganda auf die Schweiz zu sehen.[37] In Frankreich war die Deutung des deutsch-russischen Separatfriedens von 1918 als «complot germano-bolchévique» weitverbreitet.[38] Bei der Propagierung dieser These in der Westschweiz tat sich der exilrussische Journalist und glühende Antibolschewist Serge Persky besonders hervor, der neben einem Buch auch Artikel in der *Gazette de Lausanne* verfasste.[39] Laut Persky hatten beim Landesstreik auch deutsche Bolschewisten, die mit gefälschten Pässen in die Schweiz eingereist waren, ihre Hände im Spiel gehabt.[40] Auch in Teilen der Westschweizer Arbeiterschaft betrachtete man das OAK und führende Exponenten der schweizerischen Linken als deutschfreundlich,[41] was massgeblich zur schwachen Beteiligung am Landesstreik in der Westschweiz beitrug.[42] Die in den romanischen Landesteilen verbreitete Lesart des Revolutionsnarrativs bettete sich somit in die bereits existierende Theorie des «complot germano-bolchévique» ein. Die Resonanz dieser Lesart zeigte sich am 2. Dezember 1918 in einer Interpel-

27 Wille, Memorial, 2–4.
28 Schmid-Ammann, Wahrheit Generalstreik, 225.
29 Amtliches stenographisches Bulletin der schweizerischen Bundesversammlung (Sten. Bull.), Nationalrat 12.11.1918, 11 Uhr, Nr. 964, Landesstreik, 413.
30 Gautschi, Landesstreik, 227.
31 BAR, E1005#1000/16#5*, Geheimes Protokoll des Bundesrats, 6.11.1918, Nr. 462, Umtriebe der Bolschewiki, in: Diplomatische Dokumente der Schweiz (DDS), Band 6 (1914–1918), Bern 1981, 821f.
32 Besammlung zur Abreise der russischen Sowjetmission in Bern, in: Gautschi, Dokumente, 1988, 342–346.
33 Gautschi, Landesstreik, 217.
34 Vgl. dazu auch Koschorke, Wahrheit und Erfindung, 24.
35 Sten. Bull., Nationalrat 13.11.1918, 8 Uhr, Nr. 964, Landesstreik, 429–465.
36 B., Ch.: Victimes et coupables, in: Gazette de Lausanne, 27.11.1918, 1.
37 Vgl. dazu Elsig, Alexandre: Zwischen Zwietracht und Eintracht. Propaganda als Bewährungsprobe für die nationale Kohäsion, in: Rossfeld/Buomberger/Kury, 14/18. Der Grosse Krieg, 72–101.
38 Vgl. dazu Dalbin, Stéphanie: Visions croisées franco-allemandes de la Première Guerre mondiale. Étude de deux quotidiens – la Metzer Zeitung et L'Est Républicain, Bern 2007, 115; Persky, Serge: De Nicolas II à Lénine (1917–1918), Paris 1919.
39 Vgl. exemplarisch Persky, De Nicolas II à Lénine, 242–248, 330–334; ders.: Les plans secrets des germano-bolchéviks, in: Gazette de Lausanne, 5.8.1919, 1; ders.: Trois espions allemands au service des Soviets, in: Gazette de Lausanne, 2.4.1920, 1.
40 Projekt allgemeiner Instruktionen nach der Revolution in der Schweiz, in: Basler Nachrichten, Mittagsausgabe, 24.4.1919, 1.
41 Buomberger, Kampfrhetorik, 351.
42 Vuilleumier, Marc (Hg.): La grève générale de 1918 en Suisse, Genf 1977, 34.

108/109 Die transnationale Verbreitung bürgerlicher Revolutionsängste äusserte sich auch im grenzüberschreitenden Austausch von Wahlplakaten. Im Januar 1919 wurde das Feindbild des bolschewistischen Brandstifters zunächst von der Bayerischen Volkspartei eingesetzt. Im Oktober 1919 wurde das Plakat von Walter Oberholzer dann auch von der Christlich-sozialen Partei für die Nationalratswahlen im Kanton Luzern verwendet.

Geschichtspolitik und Erinnerungskultur 417

lation des liberalen Genfer Nationalrats Frédéric-Jules de Rabours unter dem Titel «Revolutionäre Propaganda durch deutsche Agenten», die fast ausschliesslich von bürgerlichen Abgeordneten aus der Romandie und dem Tessin mitunterzeichnet wurde.[43]

Die breite Verankerung des Revolutionsnarrativs im bürgerlichen Meinungsspektrum ist auch in der Wirkung einer Rede des katholisch-konservativen Nationalrats und späteren Bundesrats Jean-Marie Musy vom 10. Dezember 1918 erkennbar. Die Wortmeldung Musys fand im Rahmen einer von ihm eingereichten Interpellation zum «Schutz des Landes vor den Anarchisten» statt.[44] In einer von antikommunistischer Rhetorik durchdrungenen Tirade klassifizierte Musy den Landesstreik als revolutionäre Aktion, griff Bund und Behörden wegen ihrer angeblich nachgiebigen Haltung gegenüber der Streikbewegung und der Sowjetmission im Vorfeld des Streiks heftig an und forderte politische Konsequenzen in Form von schärferen Staatsschutzmassnahmen.[45] Musys Worte stiessen einen Monat nach den Ereignissen auf grosse Resonanz und spielten fortan eine zentrale Rolle in der konservativen Landesstreikerinnerung.[46] Die Erklärung, mit der Musy seine Rede schloss und in der er die Streikführung – deren harte Bestrafung er forderte – für den Tod der an der Grippe verstorbenen Soldaten verantwortlich machte, wurde von 129 Abgeordneten aus allen Landesteilen mitunterzeichnet.[47] Bereits in seiner Rede kündigte Musy die Einführung eines Gedenkkults für die grippetoten Soldaten an.[48] Fortan entstand in Musys Heimatkanton Fribourg eine institutionalisierte Gedenktradition, in der während der Zwischenkriegszeit mit Verweis auf die grippetoten Soldaten im angeblich revolutionären Landesstreik die Emotionen der Bevölkerung zyklisch aufs Neue gegen die politische Linke aufgestachelt wurden.[49] Die grippetoten Soldaten wurden dadurch nicht nur symbolisch vereinnahmt und zu konservativ-patriotischen Mahnfiguren stilisiert, sondern auch zum Wahlkampfthema. So erschienen in konservativen Hochburgen wie Fribourg und der Innerschweiz Zeitungsaufrufe der konservativen Wahlkomitees, die darauf abzielten, die Wähler mit dem Verweis auf den Landesstreik und die verstorbenen Soldaten sowie durch die Beschwörung einer anhaltenden Revolutionsgefahr zu mobilisieren.[50] Diese Form der geschichtspolitischen Instrumentalisierung hielt sich in manchen Regionen bis weit in die 1930er-Jahre hinein.[51]

Für die gebetsmühlenartige Wiederholung und regelmässige Aktualisierung des Revolutionsnarrativs sorgten daneben vornehmlich Akteure vom rechten Rand des politischen Meinungsspektrums.[52] Für den im April 1919 gegründeten Schweizerischen Vaterländischen Verband (SVV), der als Dachverband der Bürgerwehren agierte, die sich vielerorts als Reaktion auf den Landesstreik gebildet hatten, war der abgewehrte Revolutionsversuch sowohl Gründungsmythos als auch Handlungsstimulator.[53] Es erstaunt daher kaum, dass der SVV die Erinnerung an das Ereignis, aus dem er seine politische Legitimität ableitete, gezielt wachhielt.[54] Ähnlich verhielt es sich mit der vom Genfer SVV-Sekretär Théodore Aubert 1924 gegründeten Entente Internationale Anticommuniste (EIA).[55] Für diese Kreise bildeten der Landesstreik und die aus ihrer Sicht anhaltende Revolutionsgefahr fortan zentrale Bezugspunkte und spirituelle Quellen ihrer antisozialistischen und antikommunistischen Aktivitäten.[56]

43 BAR, Wintersession 1918/19, Übersicht über die Verhandlungen, vom 2.12. bis 21.12.1918, 2, 18 (Interpellation de Rabours. Revolutionäre Propaganda durch deutsche Agenten).
44 Wintersession 1918/19, Übersicht, 2.12. bis 21.12.1918, 2, 19.
45 Musy, Jean-Marie: Der Landesstreik vom 11.11. bis 13.11.1918 beleuchtet durch Dr. Jean Musy im schweizerischen Nationalrate am 10.12.1918, Luzern 1919, 14.
46 Sebastiani, Daniel: Jean-Marie Musy (1876–1952), un ancien conseiller fédéral entre rénovation nationale et régimes autoritaires, Dissertation, Université Fribourg 2004, 160.
47 Musy, Der Landesstreik, 43.
48 Musy, Der Landesstreik, 37.
49 Vgl. Andrey, Laurent: La commémoration des «sombres journées de novembre 1918» à Fribourg. Un instrument de propagande anticommuniste, in: Caillat, Michel/ Cerutti, Mauro/Fayet, Jean-François u. a. (Hg.), Histoire(s) de l'anticommunisme en Suisse / Geschichte(n) des Antikommunismus in der Schweiz, Zürich 2009, 95–108.
50 Vgl. dazu Électeurs conservateurs, in: La Liberté, 20.10.1919, 1; Horat, Erwin: «Gedenket heute unserer lieben Verstorbenen! Wählt nicht sozialistisch, wählt konservativ!!» Die politische Landschaft der Zentralschweiz nach dem Ersten Weltkrieg zwischen grippetoten Soldaten und «bolschewistischer Gefahr», in: Der Geschichtsfreund: Mitteilungen des Historischen Vereins Zentralschweiz 159 (2006), 174.
51 Horat, «Gedenket heute», 303.
52 Vgl. dazu Zimmermann, Den Landesstreik erinnern; Thürer, Andreas: Der Schweizerische Vaterländische Verband (SVV). Ein «antisozialistischer Schutzwall» 1919–1930/31, in: Caillat/Cerutti/Fayet, Antikommunismus, 133–146; ders.: Der Schweizerische Vaterländische Verband 1919–1930/31, unveröffentlichte Dissertation, Universität Basel 2010; Caillat, Michel: L'Entente internationale anticommuniste (EIA). L'impact sur la formation d'un anticommunisme helvétique de l'action internationale d'un groupe de bourgeois genevois, in: ders./ Cerutti/Fayet, Antikommunismus, 147–163.
53 Vgl. dazu Aargauische Vaterländische Vereinigung. 25 Jahre Aargauische Vaterländische Vereinigung, 1918–1943, eine Gedenkschrift, Aarau 1943.
54 Vgl. zu dieser Praxis auch Assmann, Der lange Schatten, 51–58.
55 Caillat, L'Entente anticommuniste.
56 Vgl. dazu Zimmermann, Den Landesstreik erinnern, 479–504; Caratsch, Annetta/ Caillat, Michel: L'assassinat de Vorovsky et le procès Conradi, in: Caillat/Cerutti/ Fayet, Antikommunismus, 109.

Aus der Zürcher Bürgerwehrszene ging als Reaktion auf den Landesstreik bereits Anfang 1919 eine «Schutzhaftinitiative» hervor, gemäss welcher Schweizerinnen und Schweizer, welche die innere Sicherheit des Landes gefährdeten, unverzüglich in Schutzhaft genommen werden sollten.[57] Die genannten Beispiele verdeutlichen, wie stark das Revolutionsnarrativ von Beginn an sowohl mit den Emotionen seiner Trägerschaft als auch mit handfesten politischen Interessen verknüpft war. Dadurch erlangte es eine gesellschaftlich-kulturelle Signifikanz, die weit über die unmittelbare Zeit des Landesstreiks hinaus wirksam blieb.

## Auf der Suche nach Beweisen – Die argumentative Grundlage des Revolutionsnarrativs

Albrecht Koschorke hat in seinem Werk zur allgemeinen Erzähltheorie, *Wahrheit und Erfindung*, darauf hingewiesen, dass bei der Entstehung von Narrativen ein Verfahren existiert, bei dem unvollständige und lückenhafte Erzählschemata den kulturellen Voreinstellungen der Rezipienten entsprechend ergänzt werden. Es kostet ein Publikum letztlich weniger Aufmerksamkeit und psychische Energie, eine Erwartung, die ein vorhandenes Narrativ schematisch komplettiert, bestätigt zu sehen, als sich mit ungeklärten Leerstellen zu beschäftigen.[58] Diese theoretische Grundannahme bestätigt sich am Beispiel der Verfestigung des Revolutionsnarrativs auf eindrückliche Weise. Trotz fehlender Belege konstruierte die bürgerliche Trägerschaft auf der Grundlage einer Reihe von Halbwahrheiten und Vermutungen ein Beweisgerüst, auf dem das dominante Deutungsschema aufrechterhalten, erweitert und stabilisiert werden konnte.

Bereits am ersten Tag des Landesstreiks schickte sich der Bundesrat an, die Notwendigkeit des präventiv erlassenen Truppenaufgebots rückwirkend zu legitimieren.[59] Die sogenannte «Bolschewikiuntersuchung», eine gerichtliche Untersuchung der bolschewistischen Umtriebe, konnte jedoch lediglich eine rege Propagandatätigkeit der Sowjetmission nachweisen.[60] Die Untersuchung, die bereits Ende 1919 eingestellt wurde, konnte keinen «aktenmässigen Nachweis» für die Vorbereitung eines gewaltsamen Umsturzes durch die Sowjetmission, «ausländische Bolschewisten» und «Schweizerbürger» erbringen.[61] Ebenso wenig konnten die militärgerichtlichen Prozesse gegen die Streikführer im Frühjahr 1919 die Revolutionsvorwürfe bestätigen.[62] Angesichts dieser Sachlage kamen die eidgenössischen Untersuchungsrichter und die Bundesanwaltschaft überein, von jeder weiteren juristischen Verfolgung wegen Hochverrats, Aufruhrs oder der Aufforderung dazu abzusehen.[63]

Nichtsdestotrotz blieb der Landesstreik in den Augen zahlreicher Streikgegner ein revolutionäres Unterfangen. Der fehlende Nachweis wurde bereits im Zuge der «Bolschewikiuntersuchung» durch den Umstand relativiert, dass der Sowjetmission bei ihrer Ausweisung gestattet worden war, sämtliches Aktenmaterial ohne polizeiliche Einsicht auszuführen. Hinzu kam, dass das Eidgenössische Politische Departement (EPD) unter Einhaltung völkerrechtlicher Gepflogenheiten den Untersuchungsbehörden keinen Zugang zu den zurückgelassenen Unterlagen im russischen Gesandtschaftsgebäude gestattete, sodass der fehlende Nachweis für revolutionäre Absichten mit dem einfachen Verweis auf die fehlende Akteneinsicht abgetan werden konnte.[64] Erst nach dem Zerfall der Sowjetunion konnten russische Quellendokumente in dieser Frage konsultiert werden und weitere Klarheit schaffen. Nachforschungen durch Historikerinnen und Historiker, die in den 1990er-Jahren in russischen Archiven durchgeführt wurden, konnten keinerlei Anhaltspunkte für eine organisatorische Zusammenarbeit zwischen dem OAK und der Berner Sowjetmission feststellen.[65] Für die Ge-

---

57 Thürer, Der Schweizerische Vaterländische Verband 1919–1930/31, 758.
58 Vgl. Koschorke, Wahrheit und Erfindung, 32f.
59 Vgl. BAR, Geschäftsberichte des Bundesrats, Band 66, Bericht des Schweizerischen Bundesrats über seine Geschäftsführung im Jahr 1920, 335–343.
60 BAR, E1004.1, Protokoll der 145. Sitzung des Bundesrats, 15.11.1918, 9 Uhr, Nr. 3360, Mitteilung des Bundesrates, 36.
61 Bericht Geschäftsführung des Bundesrats 1920, 335–341.
62 Vgl. Oltener Aktionskomitee (Hg.): Der Landesstreik vor Kriegsgericht. Der Landesstreik-Prozess gegen die Mitglieder des Oltener Aktionskomitees vor dem Militärgericht 3 vom 12.3. bis 9.4.1919, Bern 1919.
63 Bericht Geschäftsführung des Bundesrats 1920, 341.
64 Bericht Geschäftsführung des Bundesrats 1920, 335f.
65 Vgl. Collmer, Peter: Zwischen Selbstdefinition und internationaler Behauptung. Frühe bolschewistische Diplomatie am Beispiel der Sowjetmission in Bern (Mai bis November 1918), in: Thomas, Ludmila/Knoll, Viktor (Hg.), Zwischen Tradition und Revolution. Determinanten und Strukturen sowjetischer Aussenpolitik 1917–1941, Stuttgart 2000, 226–283; Fleury, Antoine/Tosato-Rigo, Danièle: À propos de la représentation diplomatique soviétique à Berne (Mai–Novembre 1918): un nouvel éclairage à la lumière des rapports de Jan Berzine, in: Traverse 2/3 (1995), 29–45.

neration von 1918 kam diese Erkenntnis zu spät. Der Historiker Edgar Bonjour – selbst Zeitzeuge des Landesstreiks – hatte hinsichtlich des fehlenden aktenmässigen Nachweises noch 1965 daran festgehalten, dass das juristische Prinzip «quod non est in actis non est in mundo» für Historiker nicht gelte.[66] Bonjour hielt den Zusammenhang zwischen der Sowjetmission und «den schweizerischen Umstürzlern» für sehr wahrscheinlich.[67] Noch 1980 – nachdem die Revolutionsvorwürfe in der historischen Forschung bereits auf überzeugende Weise entkräftet worden waren[68] – sprach Bonjour von der «Möglichkeit eines Zusammenhanges».[69]

Nach der Einstellung der «Bolschewikiuntersuchung» wurde das Revolutionsnarrativ durch angebliche Revolutionspläne für die Schweiz, die der bereits erwähnte Serge Persky im April 1919 in der *Gazette de Lausanne* veröffentlicht hatte, nachhaltig gefestigt.[70] In mehreren Artikeln, die in der schweizerischen Presselandschaft rege weiterverbreitet wurden, behauptete Persky, Einsicht in Dokumente gehabt zu haben, die Instruktionen aus Moskau für die Revolutionierung der Schweiz zuhanden der Sowjetmission in Bern beinhalteten und von Ende Oktober 1918 datierten.[71] Die Authentizität dieses «15-Punkte-Plans» wurde in der bürgerlichen Presse kaum infrage gestellt. Zu sehr entsprachen die Enthüllungen der bürgerlichen Erwartungshaltung, die durch das Revolutionsnarrativ massgeblich geprägt war. Die *Basler Nachrichten* druckten bereits einen Tag nach der Veröffentlichung eine Übersetzung des Plans ab, wobei Persky für die Enthüllung des Dokuments ausdrücklich gelobt wurde: «Es beweist nicht mehr und nicht weniger, als dass Lenin und Konsorten einen Plan zur Terrorisierung der Schweiz bereit hatten und dass es vielleicht nur dem Scheitern des Generalstreiks zu verdanken ist, dass seine Ausführung nicht versucht wurde.»[72] Die Echtheit des Plans hatte im Rahmen der «Bolschewikiuntersuchung» ebenfalls nicht bestätigt werden können. Die Untersuchungsbehörden hielten die Authentizität der Persky-Dokumente aber dennoch für wahrscheinlich: «Nach den Anweisungen, die Lenin vor seiner Abreise aus der Schweiz seinen schweizerischen Anhängern gegeben hat [...] und nach den bekannt gewordenen Einmischungen der Sovietvertreter in die gesamte Weltpolitik liegen diese Instruktionen durchaus im Bereich der Möglichkeit.» Man bediente sich folglich der Macht des Konjunktivs: Die in den Instruktionen vorgesehenen Angriffe gegen die Verfassung und die Staatsbehörden «hätten zweifellos als Hochverrat und Aufruhr verfolgt werden können». Die Untersuchungsbehörden hielten fest, dass die revolutionäre Propagandatätigkeit der Sowjetmission «den Umsturz als Teilaktion der Weltrevolution» beabsichtigt habe. Dies wurde als Vorbereitungshandlung gewertet, wofür das Bundesstrafrecht allerdings keine griffigen Paragraphen bereithielt. Für ein juristisches Vorgehen hätten zumindest «unmittelbar an das Versuchsgebiet angrenzende Vorbereitungshandlungen» vorliegen müssen. Diese blieben bekanntlich aus, was aber mit dem Argument relativiert wurde, dass man die Sowjetmission frühzeitig ausgewiesen hatte und diese dadurch nicht mehr im Sinne der angeblichen Instruktionen aus Moskau habe handeln können.[73]

Die nie bewiesenen Vorwürfe befeuerten den virulenten schweizerischen Antikommunismus der Zwischenkriegszeit und blockierten die Aufnahme diplomatischer Beziehungen zur Sowjetunion bis zum Ende des Zweiten Weltkriegs nachhaltig.[74] In einer viel zitierten Rede vor dem Völkerbund brachte der Tessiner Bundesrat Giuseppe Motta das Revolutionsnarrativ 1934 gar auf die Bühne der Weltpolitik. Motta, der im Namen der Landesregierung gegen die Aufnahme der Sowjetunion in die Staatengemeinschaft plädierte, verwies dabei unverhohlen auf die angeblichen Verstrickungen der Sowjetmission in den Landesstreik von 1918: «Lors-

---

66 Bonjour, Edgar: Geschichte der schweizerischen Neutralität. Vier Jahrhunderte eidgenössischer Aussenpolitik 2, Basel 1965², 695; vgl. dazu auch Gautschi, Landesstreik, 171; Koller, Christian: La grève comme phénomène «anti-suisse». Xénophobie et théories du complot dans les discours anti-grévistes (19ᵉ et 20ᵉ siècles), in: Cahiers d'histoire du mouvement ouvrier 28, 2012, 41; ders.: 99 Jahre Erinnerung an den Landesstreik, in: Geschichte der Gegenwart, 2017, http://geschichtedergegenwart.ch/99-jahre-erinnerung-an-den-landesstreik/ (Stand: 1.11.2017).
67 Bonjour, Neutralität (1965²), 695.
68 Vgl. Gautschi, Landesstreik.
69 Bonjour, Neutralität (1980⁶), 269.
70 Persky, Serge: Le plan de terrorisme en Suisse (Un nouveau document bolchévik), in: Gazette de Lausanne, 23.4.1919, 1.
71 Gautschi, Willi: Zur Apperzeption des Landes-Generalstreiks von 1918. Vortrag gehalten vor der Historischen und Antiquarischen Gesellschaft zu Basel, 30.11.1981, in: Helvetische Streiflichter. Aufsätze und Vorträge zur Zeitgeschichte, Zürich 1994, 94.
72 Projekt allgemeiner Instruktionen, 1.
73 Bericht Geschäftsführung des Bundesrats 1920, 338–340.
74 Vgl. Caratsch/Caillat, L'assassinat de Vorovsky.

110  Die bürgerliche Wahrnehmung war schon vor dem Landesstreik stark von Revolutionsängsten geprägt, die auch nach dem Streik nicht vom Tisch waren. Eine Folge davon waren politische Initiativen wie die «Schutzhaftinitiative», die in den 1920er-Jahren einen verstärkten Staatsschutz forderten, von der Bevölkerung jedoch klar verworfen wurden. Karikatur aus dem *Nebelspalter* vom 17. August 1918.

Geschichtspolitik und Erinnerungskultur

qu'en 1918, une tentative de grève générale faillit nous précipiter dans les affres de la guerre civile, une mission soviétique que nous avions tolérée à Berne dut être expulsée, manu militari, car elle avait trempé dans cette agitation.»[75]

Eine weitere tragende Säule des Revolutionsnarrativs bildete ab Sommer 1919 das sogenannte «Memorial Grimm». Als Mitglied der Streikkommission des OAK hatte Robert Grimm für eine Konferenz vom 1. bis 3. März 1918 mit dem OAK, der SP-Geschäftsleitung und Nationalratsfraktion sowie mit Gewerkschaftsvertretern in Bern einen Entwurf erstellt, in dem er die Möglichkeiten und Konsequenzen der ausserparlamentarischen Kampfmittel analysierte.[76] Grimm gliederte die Verwendung dieser Kampfmittel in vier mögliche Phasen mit folgendem Inhalt: «1. Allgemeine Agitation in Volks- und Demonstrationsversammlungen durch die Presse, Broschüren, Flugblätter, Aufrufe usw. 2. Steigerung der Agitation durch Demonstrationsversammlungen während der Arbeitszeit. 3. Steigerung der Aktion durch den befristeten allgemeinen Streik und seine eventuelle Wiederholung. 4. Die Anwendung des allgemeinen Streiks als unbefristete Massnahme, die zum offenen revolutionären Kampf und in die Periode des offenen Bürgerkrieges überleitet.»[77] In der erwähnten Konferenz beurteilte Grimm persönlich die vierte Phase aufgrund der unabsehbaren Konsequenzen skeptisch.[78] Bereits in seinem Entwurf hatte Grimm empfohlen, die Arbeiterschaft vorläufig auf die Phasen eins bis drei vorzubereiten.[79] Grimm, der zur Erreichung des Sozialismus für eine Kombination von parlamentarischer Reformpolitik und ausserparlamentarischen Kampfmitteln eintrat, schmähte die reine parlamentarische Reformpolitik als krämerhaften Opportunismus, lehnte aber gleichzeitig die radikalen Klassenkampfmethoden der Parteilinken ab.[80] Der unbefristete Generalstreik wurde an der Berner Konferenz auch von den übrigen Rednern – mit Ausnahme des späteren Kommunisten Fritz Platten – überwiegend mit Skepsis betrachtet. Letztlich figurierten unter den möglichen ausserparlamentarischen Kampfmitteln die Phasen eins bis drei, womit die vierte Phase nicht in Erwägung gezogen wurde.[81]

Grimms Entwurf kam erst nach den Landesstreikprozessen – im Sommer 1919 – an die mediale Öffentlichkeit und entfachte in bürgerlichen Kreisen einen Sturm der Empörung. Ohne jegliche Quellengrundlage wurde in einem Enthüllungsartikel unter besonderer Hervorhebung der vierten Phase fälschlicherweise verlautet, das Dokument sei an der Berner Konferenz «völlig sinngemäss zum Beschluss erhoben» worden und stelle einen «Plan zum Bürgerkrieg» dar.[82] Grimm wurde dadurch nachträglich unterstellt, er habe den Landesstreik als blosse Einleitung zum Bürgerkrieg aufgefasst.[83] Das Dokument wurde fortan als «Bürgerkriegsmemorial»[84] bekannt und auf parlamentarischer Ebene bis weit in die 1930er-Jahre hinein als politisches Argument gegen Robert Grimm und die SP instrumentalisiert.[85] Der spätere NZZ-Chefredaktor und FDP-Nationalrat Willy Bretscher zitierte das «Bürgerkriegsmemorial» bereits 1923 als zentrale Quelle für die versuchte Revolution. Bretscher sah darin den Beweis dafür, dass es sich beim Forderungsprogramm des OAK nicht um den Zweck der Aktion, sondern lediglich um ein Täuschungsmanöver zur Gewinnung einer grösstmöglichen Gefolgschaft gehandelt habe. Das Forderungsprogramm – so Bretscher – sollte «der revolutionären Bewegung eine unverfänglichere Etikette, etwa die einer Aktion zur Beschleunigung der Sozialreform, umhängen».[86]

Die Antwort des freisinnigen Bundesrats Hermann Häberlin auf eine Interpellation des SP-Nationalrats Ernest-Paul Graber gibt einen Eindruck von der breiten Resonanz des Revolutionsnarrativs mit Einbezug der Persky-Dokumente und des «Bürgerkriegsmemorials». Als 1925 in der schweizerischen Presse die vermeintlichen Revolutionspläne erneut herumgeisterten, verlangte Graber vom Bundesrat eine klärende Aussage über die fehlende Beweislage, worauf Häber-

---

75  Motta, Giuseppe: Testimonia Temporum. Series Secunda 1932–1936. Ausgewählte Reden und Schriften, Bellinzona 1936, 212.
76  Gautschi, Landesstreik, 96.
77  Archiv des Schweizerischen Gewerkschaftsbundes (ASGB), G 190/3 184, Grimm, Robert: Entwurf an die Konferenz zur Generalstreikfrage (sog. Bürgerkriegsmemorial), Bern 1918, 5.
78  ASGB, PE 439, Schweizerischer Gewerkschaftsbund: Protokoll der 3. Sitzung des Gewerkschafts-Ausschusses in Verbindung mit der Geschäftsleitung der Sozialdemokratischen Partei der Schweiz und dem Bureau der Nationalratsfraktion. Freitag den 1.3. bis Sonntag den 3.3.1918 im Volkshaus in Bern, 5.
79  Grimm, sog. Bürgerkriegsmemorial, 7.
80  Vgl. Grimm, Robert: Revolution und Massenaktion, Bern 1919, 16–27, 47–49.
81  Vgl. Gewerkschaftsbund, Protokoll 3. Sitzung, 5–11.
82  Ein anderes Memorial, in: Grütlianer, Nr. 162, 19.7.1919, 1.
83  Bericht Geschäftsführung des Bundesrats 1920, 342.
84  Gautschi, Landesstreik, 96.
85  Vgl. dazu exemplarisch Sten. Bull., Nationalrat 5.4.1933, Nr. 2920, Motion Walther-Luzern. Massnahmen zum Schutz der öffentlichen Ordnung, 144–147.
86  Bretscher, Willy: Wandlungen der Schweizer Sozialdemokratie 1914–1920, in: ders./Steinmann, Ernst (Hg.), Die sozialistische Bewegung in der Schweiz 1848–1920, Bern 1923, 134.

# «Fake News» stützen das Revolutionsnarrativ: Serge Perskys umstrittene Enthüllungen

Daniel Artho

Am 23. April 1919 veröffentlichte der exilrussische Journalist, Literat und Arzt Serge Persky (1870–1938) in der *Gazette de Lausanne* einen 15-Punkte-Plan mit angeblichen Instruktionen aus Moskau, denen zufolge durch den Landesstreik eine bolschewistische Terrordiktatur in der Schweiz installiert werden sollte. Laut Persky datierte der Revolutionsplan vom Oktober 1918. Er kam angeblich wenige Tage vor dem Landesstreik über den sowjetischen Gesandten in Berlin an die Sowjetmission in Bern. Nach gelungenem Umsturz hätte diese die schweizerischen Sozialisten instruieren sollen. Unter Diktator Karl Radek, einem Vertrauensmann Lenins,[1] wäre die Schweiz laut Persky als Sowjetrepublik proklamiert worden. Mindestens 2000 Angehörige der bürgerlichen Führungsschicht wären als Geiseln genommen und Gegner der Revolution exekutiert worden. Bereits Ende 1918 will Persky über einen Kontaktmann, der die streng vertrauliche Post auf dem Weg von Moskau nach Berlin fotografiert haben soll, zu einer Kopie des Dokuments gekommen sein.[2] Die Echtheit der Persky-Dokumente, die zeitgenössisch auf eine grosse Resonanz stiessen, muss allerdings stark bezweifelt werden.

Die Methodik Perskys, die Deutung des Landesstreiks mit angeblichen Plänen aus Moskau zu beeinflussen, war zum Erscheinungszeitpunkt seines «plan de terrorisme en Suisse» längst eingeübt. So hatte Persky die Gerüchteküche bereits im Vorfeld des Landesstreiks mit radikal-antibolschewistischen und antideutschen Artikeln sowie Hinweisen auf angeblich bestehende Dokumente angeheizt.[3] Auch während des Berner Landesstreikprozesses vom 12. März bis 9. April 1919 war Persky in der *Gazette de Lausanne* aktiv.[4] Im militärgerichtlichen Prozess gegen die Streikführer konnten die weitverbreiteten Revolutionsvorwürfe nicht bestätigt werden;[5] mit der Veröffentlichung des 15-Punkte-Plans – den Persky eigenen Aussagen zufolge gezielt bis zum Ende des Landesstreikprozesses zurückhielt[6] – erhielten die Revolutionsvorwürfe nachträglich neuen Auftrieb. Die angeblichen Dokumente, aus denen Persky ausschweifend zitierte, wurden dabei nie im Original vorgelegt.[7] Der eidgenössische Untersuchungsrichter Albert Calame, dem Persky eine Fotografie des angeblichen Instruktionsplans und weitere Korrespondenz übergeben hatte,[8] kam im Mai 1919 zum Schluss, dass es sich dabei mit grösster Wahrscheinlichkeit um von russischen Emigranten hergestellte Fälschungen handelte.[9] Laut dem Historiker Willi Gautschi, der von «Pseudo-Perskyschen Fälschungen» sprach, sollten die Dokumente die internationale öffentliche Meinung gegen die Sowjetregierung aufbringen.[10] Die eindeutige Tendenz seiner Artikel sowie das Umfeld des vermeintlichen Enthüllungsjournalisten erhärten den Verdacht einer gezielten antibolschewistischen und profranzösischen Propagandatätigkeit. Persky, der seit seinem Studium in Frankreich lebte, war während des Kriegs zunächst als Militärarzt in Lyon und später im Sekretariat des französischen Ministerpräsidenten Georges Clemenceau tätig, mit dem er befreundet war und für dessen Zeitungen er schrieb. Darüber hinaus pflegte Persky Kontakte zu Mitgliedern der in der Oktoberrevolution abgesetzten provisorischen russischen Regierung.[11]

1 Koller, Christian: 99 Jahre Erinnerung an den Landesstreik, in: Geschichte der Gegenwart, 2017, http://geschichtedergegenwart.ch/99-jahre-erinnerung-an-den-landesstreik/ (Stand: 1.11.2017).
2 Persky, Serge: Le plan de terrorisme en Suisse (Un nouveau document bolchévik), in: Gazette de Lausanne, 23.4.1919, 1.
3 Vgl. exemplarisch Persky, Serge: Pour terroriser le monde, in: Gazette de Lausanne, 29.10.1918, 1; ders.: Pour terroriser le monde II, in: Gazette de Lausanne, 10.11.1918, 1.
4 Vgl. exemplarisch Persky, Serge: Un document bolchéviste, in: Gazette de Lausanne, 19.03.1919, 1; ders.: Basses intrigues, in: Gazette de Lausanne, 26.03.1919, S. 1.
5 Vgl. Oltener Aktionskomitee (Hg.): Der Landesstreik vor Kriegsgericht. Der Landesstreik-Prozess gegen die Mitglieder des Oltener Aktionskomitees vor dem Militärgericht 3 vom 12. März bis 9. April 1919, Bern 1919.
6 Persky, plan de terrorisme, 1.
7 Vgl. Persky, Serge: Un document bolchéviste (Réponse à un ouvrier suisse), in: Gazette de Lausanne, 1.4.1919, 1; Gautschi, Willi: Zur Apperzeption des Landes-Generalstreiks von 1918. Vortrag gehalten vor der Historischen und Antiquarischen Gesellschaft zu Basel, 30.11.1981, in: Helvetische Streiflichter. Aufsätze und Vorträge zur Zeitgeschichte, Zürich 1994, 95.
8 Persky, Serge: Ma réponse, in: Gazette de Lausanne, 22.10.1921, 1.
9 Gautschi, Willi: Der Landesstreik 1918, Zürich 1968, 171.
10 Gautschi, Apperzeption, 94f.
11 Vgl. dazu Persky, Serge, in: Archives de la Bibliothèque de documentation internationale contemporaine, 2007, Online-Katalog, http://www.calames.abes.fr/pub/#details?id=FileId-1998 (Stand: 13.11.2017); Mort de l'écrivain Serge Persky, in: Gazette de Lausanne, 21.3.1938, 1.

Dass Krisenzeiten auch Verschwörungszeiten sind,[12] zeigt sich anhand der erstaunlichen Konjunktur, die Verschwörungstheorien nach Kriegsende und Landesstreik genossen. Bereits am Tag nach dem Streikabbruch wurden Perskys bisherige Artikel in der *Gazette de Lausanne* als «prophetisch» gewürdigt.[13] Auch der Beitrag mit dem angeblichen 15-Punkte-Plan, der das Schema des bürgerlichen Revolutionsnarrativs vervollständigte, erregte sofort grosses Aufsehen und verbreitete sich in der schweizerischen Presselandschaft wie ein Lauffeuer. Ein Kommentar der *Basler Nachrichten,* der einen Tag nach der Veröffentlichung der Persky-Dokumente erschien, zeugt von der Bestürzung, mit der die bürgerliche Presse auf die schauerlichen Enthüllungen reagierte: «Wer in der Schweiz würde nicht schaudern, wenn er diesen diabolischen Plan zur Terrorisierung unseres Landes liest, und wer würde Persky nicht beipflichten, dass die Schweiz allen Anlass hat, gegen weitere bolschewistische Umtriebe auf der Hut zu sein?»[14]

Das Oltener Aktionskomitee (OAK) und die schweizerische Linkspresse dementierten die Anschuldigungen umgehend.[15] SP-Nationalrat Ernest-Paul Graber, der sich schon zuvor mit den «Perskynaden» beschäftigt hatte,[16] bezeichnete den neuesten Artikel als «idiotisch», erahnte aber bereits dessen unheilvolle Wirkung.[17] Kurze Zeit später meldete sich auch Karl Radek über seinen Berliner Anwalt zu Wort und liess in der sozialdemokratischen Zürcher Zeitung *Volksrecht* sein Dementi verlauten.[18] Trotz nie erbrachter Beweise wurden die Persky-Dokumente in der Folge rege tradiert und die Zurückweisungen von links als Zwecklügen abgetan.[19] 1921 meldete sich Persky zum letzten Mal öffentlich in dieser Sache zu Wort. Er beharrte darauf, dass der Revolutionsplan gefunden worden wäre, wenn man kurz vor der Ausweisung der Sowjetmission deren Berner Räumlichkeiten durchsucht hätte.[20] Die angeblichen Instruktionen fanden 1938 auch Eingang in den von Jean-Marie Musy und Franz Riedweg produzierten antikommunistischen Propagandafilm *Die Rote Pest,* und noch 1970 wurden die «Fake News»[21] von 1919 ein letztes Mal im Sinne einer historischen Quelle publiziert.[22]

12 Vgl. dazu Wippermann, Wolfgang: Agenten des Bösen. Verschwörungstheorien von Luther bis heute, Berlin 2007, 160.
13 C., Ed.: La grande tristesse, in: Gazette de Lausanne, 15.11.1918, 1.
14 Projekt allgemeiner Instruktionen nach der Revolution in der Schweiz, in: Basler Nachrichten, Mittagsausgabe, 24.4.1919, 1.
15 Graber, Ernest-Paul: Une vipère, in: La Sentinelle, 26.4.1919, 1.
16 Graber, Ernest-Paul: Perskynades, in: La Sentinelle, 3.4.1919, 1.
17 Graber, Une vipère, 1.
18 Un démenti à Serge Persky, in: La Sentinelle, 10.5.1919, 1.
19 Gautschi, Apperzeption, 94.
20 Persky, Ma réponse, 1.
21 Vgl. dazu auch Schweizerische Nationalbibliothek, SwissInfoDesk: Recherche des Monats November 2017. Projekt allgemeiner Instruktionen nach der Revolution in der Schweiz, 9.11.2017, https://www.nb.admin.ch/snl/de/home/dienstleistungen/fragen-zur-schweiz---swissinfodesk/fragen-und-antworten-zur-schweiz/alle-recherchen/projekt-allgemeiner-instruktionen-nach-der-revolution-in-der-sch.html (Stand: 13.11.2017).
22 Salamin, Michel: 31. Projet pour une République fédérative des Soviets en Suisse (1918), in: Documents d'histoire suisse 1848–1968, Sierre 1970, 80–82.

lin zu Protokoll gab: «Wir können nicht behaupten, dass es unwahrscheinlich sei, nach dem, was man nachher gehört hat von der Einmischung Moskaus in die Politik anderer Länder, wo es nichts zu sagen hatte.» Mit einem unmissverständlichen Seitenhieb gegen den im Saal anwesenden Robert Grimm führte er weiter aus: «Es gab ja ein anderes Programm, welches viel näher lag, das man zur Hand hatte und das man befolgen oder nicht befolgen konnte.»[87]

Weitere Bestätigungen des Revolutionsnarrativs glaubte man im Verhalten sozialistischer Exponenten finden zu können. So habe sich etwa Jan Bersin, der ausgewiesene Leiter der Sowjetmission, bereits Ende November 1918 in Russland offen zu seiner «subversiven Tätigkeit» in der Schweiz bekannt.[88] Gemäss dem Historiker Willi Gautschi handelte es sich bei dieser «subversiven Tätigkeit» aber lediglich um die im Rahmen der «Bolschewikiuntersuchung» bereits nachgewiesene Propagandatätigkeit und nicht um die Vorbereitung des Landesstreiks.[89] Im bundesrätlichen Geschäftsführungsbericht von 1920 wurde zudem erwähnt, dass Fritz Platten im März 1919 den «revolutionären Charakter» des Landesstreiks anlässlich des ersten Kongresses der Kommunistischen Internationale in Moskau «besonders hervorgehoben» habe.[90] Auch diese Bemerkung hält einer genaueren Betrachtung der entsprechenden Protokolle nicht stand. Vielmehr geht aus den Wortmeldungen am besagten Kongress der Unmut Plattens über die mangelnde revolutionäre Stimmung bei den schweizerischen Arbeitervertretungen hervor. Platten, der den revolutionären Flügel der schweizerischen Sozialdemokratie vertrat, bezichtigte Robert Grimm des «Scheinradikalismus» und kritisierte dessen Kooperation mit dem gemässigten, reformorientierten Flügel der SP. Der Streikabbruch des OAK, das angesichts der asymmetrischen Mittel nicht bereit war, eine Gewalteskalation zu riskieren, wurde von Platten als «Verrat gegen die Arbeitersache» gewertet.[91]

Auch der durchaus revolutionäre Sprachduktus in Teilen der schweizerischen Linkspresse, die weithin – so auch vom damaligen NZZ-Redaktor Willy Bretscher – als bolschewistisch unterwandert betrachtet wurde,[92] spielte den Verfechtern des Revolutionsnarrativs in die Hände.[93] So wurden wiederholt inkriminierende Pressezitate angeführt oder verzerrt dargestellt, um den revolutionären und antidemokratischen Charakter der gesamten schweizerischen Linken von 1918 aufzuzeigen.[94]

Für besonders nachhaltige Verunsicherung in den Reihen der Bürgerlichen sorgte eine Passage des Aufrufs zur Jahresfeier der russischen Oktoberrevolution, den Fritz Platten Ende Oktober 1918 im Namen der SP-Geschäftsleitung verfasst hatte: «Schon rötet die nahende Revolution den Himmel über Zentraleuropa; der erlösende Brand wird das ganze morsche, blutdurchtränkte Gebäude der kapitalistischen Welt erfassen. Eine neue Geschichtsära eröffnet sich, die Ära des Kampfes um die Befreiung der Volksmassen von Druck und Ausbeutung, von Hunger und Krieg, die Ära des Sozialismus.»[95] Die pathetischen Worte und die geplanten Feierlichkeiten zum Jahrestag der Oktoberrevolution bildeten jedoch parteiinterne Streitpunkte und können daher nicht als symptomatisch für das durchaus heterogene Meinungsbild der schweizerischen Linken von 1918 gewertet werden. So hatte etwa der reformorientierte SP-Vorkämpfer Herman Greulich die russische Revolution offen kritisiert und sich gänzlich gegen jegliche Feierlichkeiten ausgesprochen. Der Aufruf gelangte in seiner ambivalenten Form zudem erst nach einer Abstimmung der SP-Geschäftsleitung per Stichentscheid des späteren Bundesrats Ernst Nobs an die Öffentlichkeit.[96] Das Echo blieb nicht aus. Noch 1968 begründete der einflussreiche Zürcher FDP-Politiker und Arbeitgeberfunktionär Hermann Häberlin, der den Landesstreik als Zeitzeuge miterlebt hatte, das Misstrauen gegenüber der politischen Linken von 1918 mit Verweis auf das angeführte Zitat.[97]

Neben der Klassenkampfrhetorik in der Presse lieferte auch das von 1920 bis 1935 gültige SP-Parteiprogramm der bürgerlichen Seite reichlich Munition zur Aufrechterhaltung des Revolutions-

---

87 BAR, E1301#1960/51#243, Protokoll der NR-Sitzung vom 3.4.1925, Interpellation Graber, Dokument Guilbeaux, 316.
88 Bonjour, Neutralität (1965²) 695.
89 Gautschi, Landesstreik, 170.
90 Bericht Geschäftführung des Bundesrats 1920, 341
91 Der 1. Kongress der Kommunistischen Internationale. Protokoll der Verhandlungen in Moskau vom 2.3. bis zum 19.3.1919, Hamburg 1921, 19–21.
92 Bretscher, Wandlungen, 95.
93 Vgl. dazu: Buomberger, Kampfrhetorik. Häberlin, Hermann: Der Landesgeneralstreik in bürgerlicher Rückschau, in: Schweizer Monatshefte. Zeitschrift für Politik, Wirtschaft, Kultur 48/8 (1968), 775.
94 Vgl. zu dieser Praxis exemplarisch Häberlin, Landesgeneralstreik Rückschau, 775.
95 Schmid-Ammann, Wahrheit Generalstreik, 155.
96 Schmid-Ammann, Wahrheit Generalstreik, 191f; Gautschi, Landesstreik, 155.
97 Häberlin, Landesgeneralstreik Rückschau, 775f.

narrativs.[98] Die darin enthaltene Postulierung der «Diktatur des Proletariats» und der betonte Antimilitarismus erwiesen sich für zahlreiche bürgerliche Politiker als Kooperationshindernisse.[99] Noch 1933 begründete der freisinnige Solothurner Ständerat Robert Schöpfer die Notwendigkeit eines schärferen Staatsschutzgesetzes mit dem «revolutionären» Landesstreik, dem «Memorial Grimm» und dem sozialdemokratischen Parteiprogramm, das seiner Meinung nach den «Umsturz der Gesellschafts- und Staatsordnung» propagierte.[100]

Als entscheidender stabilisierender Faktor erwies sich letztlich der Umstand, dass das Revolutionsnarrativ von der professionellen Geschichtsschreibung jahrzehntelang unkritisch übernommen und ohne seriöse Quellenbasis tradiert wurde.[101] Bereits in den 1920er-Jahren zementierte der Waadtländer Militärpublizist und Offizier Paul de Vallière den dominanten bürgerlichen Deutungsansatz mit seiner Publikation «Les troubles révolutionnaires en Suisse de 1916 à 1919» besonders in der Westschweiz.[102] Der Berner Historiker Jacob Ruchti leistete kurz darauf Gleiches für die Deutschschweiz.[103] Beide Autoren stützten sich in ihren Werken massgeblich auf die bereits erwähnten Persky-Dokumente im Sinne einer historischen Quelle. Dass sowohl de Vallière als auch Ruchti als seriöse Fachleute galten, trug massgeblich zur wissenschaftlichen Legitimation des Revolutionsnarrativs bei.[104] Beide Werke weisen in ihrem Entstehungskontext eine politische Zweckbindung auf. Ruchti, der 1914 an der Universität Bern mit Auszeichnung promovierte, liess sich während des Ersten Weltkriegs in die deutsche Kriegspropaganda einspannen, für die er als Staatsangehöriger der neutralen Schweiz in einer 1916 erschienenen Publikation die deutsche Verantwortung am Kriegsausbruch relativierte.[105] Seine zweibändige Monografie zur Geschichte der Schweiz im Ersten Weltkrieg, die er zwischen 1917 und 1920 verfasste, aber erst 1928 und 1930 publizierte, war 1917 ebenfalls noch von deutschen Kreisen in Auftrag gegeben worden.[106] Ruchtis Landesstreikdarstellung trägt stellenweise antisemitische Züge und liest sich im Stil eines Agentenkrimis.[107] Die fehlende Quellenlage relativiert er – ebenfalls ohne Quellennachweis – mit der Bemerkung, dass es dem OAK vor dem Streikabbruch gelungen sei, «eine Masse Papiere, vermutlich revolutionären Charakters zu verbrennen».[108] Bis 2014 blieb Ruchtis Werk die einzige Überblicksdarstellung zur bis dahin unzureichend erforschten Geschichte der Schweiz im Ersten Weltkrieg.[109] Die Arbeit wurde jahrzehntelang rege zitiert und übte bis zum Ende des 20. Jahrhunderts massgeblichen Einfluss auf die schweizerische Historiografie aus.[110] Auch de Vallières Buch, das Ruchtis Werk an Pathos und Polemik noch deutlich übertrifft, verfolgte einen dezidiert politischen Zweck. Es erschien im Zusammenhang mit der Anti-Grimm-Kampagne von 1926, in der rechtsbürgerliche Kreise – namentlich der SVV – eine gross angelegte Aktion zur Verhinderung der Wahl Robert Grimms zum Nationalratspräsidenten lancierten, die schliesslich auch erfolgreich war.[111]

### Betrachtungswende und Ende des Revolutionsnarrativs nach 1968

«Es gibt kaum ein anderes Ereignis der Schweizergeschichte, dessen Bild durch willkürliche Vermischung von Dichtung und Wahrheit derart verzeichnet wurde [...].»[112] Mit diesen Worten leitete Willi Gautschi 1968 sein bis heute als ereignisgeschichtliches Standardwerk zum Landesstreik geltendes

---

98 Programm der Sozialdemokratischen Partei der Schweiz (angenommen durch den Parteitag vom 10./12.12.1920 in Bern), SP Schweiz, https://www.sp-ps.ch/de/partei/wir-sind-die-sp/unser-programm (Stand: 19.12.2016).
99 Zimmermann, Den Landesstreik erinnern, 496.
100 Sten. Bull., Ständerat 28.9.1933, Nr. 2956, Bundesgesetz. Schutz der öffentlichen Ordnung, 235f.
101 Gautschi, Apperzeption, 95f; Kuhn, Konrad J./Ziegler, Béatrice: Dominantes Narrativ und drängende Forschungsfragen. Zur Geschichte der Schweiz im Ersten Weltkrieg, in: Traverse 18/3 (2011), 123–141.
102 Vallière, Paul de: Les troubles révolutionnaires en Suisse de 1916 à 1919. Par un témoin, Lausanne 1926; Fenner, Landesstreik im späteren Urteil, 180.
103 Ruchti, Jacob: Geschichte der Schweiz während des Weltkrieges 1914–1919. Politisch, wirtschaftlich und kulturell, Band 1, Politischer Teil, Bern 1928; Band 2, Kriegswirtschaft und Kulturelles, Bern 1930.
104 Gautschi, Apperzeption, 95f.
105 Elsig, Alexandre: Les shrapnels du mensonge. La Suisse face à la propagande allemande de la Grande Guerre, Lausanne 2017, 277–280; Ruchti, Jacob: Zur Geschichte des Kriegsausbruches. Nach den amtlichen Akten der königlich Grossbritannischen Regierung, Bern 1916.
106 Elsig, Shrapnels du mensonge, 270–280; ders.: Das Standardwerk von Jacob Ruchti, in: Rossfeld/Buomberger/Kury, 14/18. Der Grosse Krieg, 94.
107 Vgl. dazu exemplarisch Ruchti, Politischer Teil, 428.
108 Ruchti, Politischer Teil, 447.
109 Vor dem Weltkriegszentenarium hat eine rege Forschungstätigkeit zur Geschichte der Schweiz im Ersten Weltkrieg eingesetzt. Vgl. dazu exemplarisch Rossfeld/Buomberger/Kury, 14/18. Der Grosse Krieg; Kreis, Georg: Insel der unsicheren Geborgenheit. Die Schweiz in den Kriegsjahren 1914–1918, Zürich 2014; Kuhn, Konrad J./Ziegler, Béatrice (Hg.): Der vergessene Krieg. Spuren und Traditionen zur Schweiz im Ersten Weltkrieg, Baden 2014.
110 Kuhn/Ziegler, Dominantes Narrativ; Elsig, Shrapnels du mensonge, 279.
111 Gautschi, Apperzeption, 95f; Thürer, Der Schweizerische Vaterländische Verband 1919–1930/31, 816–832.
112 Gautschi, Landesstreik, 9.

# Das Revolutionsnarrativ im Kino: *Die Rote Pest* von 1938

Daniel Artho

Im Oktober 1938 erschien die bis dahin teuerste Schweizer Filmproduktion und zugleich der radikalste Propagandafilm der schweizerischen Filmgeschichte. Hinter dem Projekt standen vor allem zwei Personen: der katholisch-konservative Altbundesrat Jean-Marie Musy, der seit seiner Brandrede gegen den Landesstreik im Dezember 1918 als glühender Antikommunist bekannt war, und der rechtsextreme Luzerner Arzt und spätere SS-Obersturmbannführer Franz Riedweg. Der Film, der in den Münchner Bavaria-Filmstudios entstand, dämonisierte den Landesstreik als Teil einer jüdisch-bolschewistisch-intellektualistischen Weltverschwörung.[1] Die 1919 von Serge Persky veröffentlichten sogenannten «Persky-Dokumente» dienten dabei als Vorlage. Der Film sollte die kommunistische Gefahr aufzeigen und das Publikum zum Kampf gegen die politische Linke mobilisieren. *Die Rote Pest* brachte eine Extremvariante des Revolutionsnarrativs auf die Kinoleinwand und ist damit ein einzigartiges Zeitdokument für die gezielte Instrumentalisierung der weitverbreiteten Kommunistenangst, die seit dem Landesstreik durch rechtsbürgerliche Kreise kultiviert wurde.

Das Filmprojekt entstand im Rahmen der von Musy und Riedweg 1936 gegründeten «Nationalen Aktion gegen den Kommunismus». Ziel der Aktion war es, auf ein Verbot der Kommunistischen Partei der Schweiz (KPS) hinzuwirken.[2] Thematisch richtete sich *Die Rote Pest* vor allem gegen die Volksfronttaktik, die 1935 von der Kommunistischen Internationale (Komintern) proklamiert worden war und Koalitionen zwischen linken und linksbürgerlichen Parteien propagierte. Die erste regierende Volksfront bildete sich 1936 in Frankreich. Im schweizerischen Rechtsbürgertum wurde diese Entwicklung als neue bolschewistische Unterwanderungstaktik betrachtet, die auch die Schweiz bedrohte. Die titelgebende Krankheitsmetapher widerspiegelt dementsprechend die Dramaturgie des Films: Pseudo-dokumentarisch zeichnet *Die Rote Pest* die Geschichte des Kommunismus als fortwährende und weltweite Subversion nach. Das «bolschewistische Virus» verseucht ein Land nach dem anderen und bedroht auch die Schweiz, die von Moskau als Vorposten zwischen den faschistischen Mächten Deutschland und Italien begehrt wird.[3] Der Landesstreik wird dabei als Höhepunkt der bisherigen bolschewistischen Bedrohung dargestellt. Als Retter der Schweiz vor diesem angeblichen Umsturzversuch werden die Armee sowie die christliche und bäuerlich-patriotische Bevölkerung inszeniert.

*Die Rote Pest* erschien jedoch zu spät, um die intendierte propagandistische Wirkung noch entfalten zu können und wurde zum Misserfolg. In der Zwischenzeit war die KPS in mehreren Kantonen verboten worden, und die antikommunistische Welle war abgeklungen. Die innenpolitische Konstellation veränderte sich nun zuungunsten der schweizerischen Rechten. Die aggressive deutsche Expansionspolitik von 1938 verunsicherte breite Teile der Schweizer Bevölkerung. Der SS-Beitritt Riedwegs im Sommer 1938 sowie Musys Kontakte zu führenden Nationalsozialisten rückten das Filmprojekt in ein schlechtes Licht.[4] Überdies fand nun eine Annäherung zwischen der Sozialdemokratie – die sich vom Kommunismus distanzierte – und den bürgerlichen Mitteparteien statt. Das Friedensabkommen in der Metallindustrie von 1937 markierte einen Durchbruch in den seit dem Landesstreik verhärteten politischen Fronten und öffnete das Tor zur Sozialpartnerschaft und dem weitgehenden Einbezug der Arbeiterschaft in die Geistige Landesverteidigung. Die im Film beschworene Volksfrontgefahr wurde damit gänzlich unrealistisch und lief ins Leere. Die umstrittene Produktion wurde im Juni 1940 von der Militärzensur verboten – ironischerweise noch vor dem nationalen Verbot der KPS, das im November 1940 folgte.[5]

---

1  Koller, Christian: 99 Jahre Erinnerung an den Landesstreik, in: Geschichte der Gegenwart, 2017, http://geschichtedergegenwart.ch/99-jahre-erinnerung-an-den-landesstreik/ (Stand: 1.11.2017).
2  Sebastiani, Daniel: Jean-Marie Musy (1876–1952), un ancien conseiller fédéral entre rénovation nationale et régimes autoritaires, Dissertation, Universität Fribourg 2004, 600–602.
3  Cosandey, Roland: Cinéma politique suisse 1930–1938. Un coin du puzzle, à droite, in: Etudes et Sources 20 (1994), 177–179.
4  Sebastiani, Musy, 601f.
5  Sebastiani, Musy, 628.

Buch ein, das der Tradierung des Revolutionsnarrativs – von wenigen Ausnahmen abgesehen – ein Ende setzte.[113] Manche Zeitzeugen, die das eingangs erwähnte Angstklima von 1918 selbst miterlebt hatten, vermochten sich emotional nie gänzlich vom Revolutionsnarrativ zu lösen.[114] So betonte Willy Bretscher noch 1969, dass «die heutigen Historiker» den Landesstreik nur unzureichend aufarbeiten könnten, weil sie «den heissen Atem» des Ereignisses nicht selbst gespürt hätten.[115] Gautschi kam zum Schluss, dass dem Landesstreik – den er als «Höhepunkt des Emanzipationskampfes der schweizerischen Arbeiterbewegung» betrachtete – hauptsächlich ökonomische Ursachen zugrunde lagen. Diese äusserten sich vor allem in der Verarmung breiter Schichten der schweizerischen Bevölkerung während der Zeit des Ersten Weltkriegs. Daneben betonte er die politische Zurücksetzung der Arbeiterschaft und die mangelhaften Massnahmen der Bundesbehörden zur besseren Versorgung der Bevölkerung. Wenngleich die damalige internationale Stimmungslage nicht ohne Rückwirkung auf die schweizerische Arbeiterschaft blieb, konnten keine Beweise für revolutionäre Absichten oder eine organisatorische Verbindung zwischen ausländischen Akteuren und dem OAK festgestellt werden.[116] Dem Revolutionsnarrativ war auch deshalb eine derart lange Lebensdauer beschieden, weil zahlreiche Aktenbestände, namentlich diejenigen im schweizerischen Bundesarchiv, bis 1968 einer 50-jährigen Sperrfrist unterlagen. Eine fundierte quellenbasierte Landesstreikforschung war zuvor nicht möglich gewesen.[117] Unter dem Deckmantel der Geistigen Landesverteidigung, in der die nationale Einheit forciert propagiert wurde, war das polarisierende Thema ausserdem zunehmend in den Hintergrund gerückt.[118] Noch in den 1950er-Jahren bestanden sowohl im Bürgertum als auch in der Arbeiterschaft hinsichtlich des Landesstreiks grosse Hemmungen.[119] Auch unter Historikern galt das stark affektbesetzte Thema lange als vermintes und wenig karriereförderliches Gelände.[120]

Die breite gesellschaftliche Resonanz der neuen Forschungsergebnisse von Willi Gautschi, Paul Schmid-Ammann oder Constant Frey[121] zum 50. Jahrestag wurde durch die zeitliche Distanz eines halben Jahrhunderts und die dadurch bedingte Glättung der emotionalen Wogen sowie durch einen Generationenwechsel begünstigt. Die vom Landesstreik geprägten Eliten von 1918 waren längst abgetreten, die Erlebnisgeneration am Ende ihrer Lebenserwartung angelangt. Mit dem Ende des Schweizerischen Vaterländischen Verbandes und der Entente Internationale Anticommuniste in den Jahren 1948 und 1950 waren die lautstärksten Träger des Revolutionsnarrativs bereits Jahre zuvor in der Versenkung verschwunden. Die gesellschaftspolitischen Realitäten hatten sich in der Zwischenzeit massgeblich gewandelt. Der Zweite Weltkrieg und die frühe Nachkriegszeit brachten mit Ernst Nobs den ersten sozialdemokratischen Bundesrat und wichtige sozialpolitische Fortschritte, wobei besonders die Einführung der Alters- und Hinterlassenenversicherung (AHV) im Jahr 1948 von zentraler Bedeutung für den Abbau der Klassengegensätze war. Mit dem langfristigen politischen Einbezug der Sozialdemokratie in die antikommunistisch geprägte schweizerische Nachkriegsordnung büsste das Revolutionsnarrativ sein politisches Instrumentalisierungspotenzial sukzessive ein.[122] Spätestens nach der Betrachtungswende von 1968 war mit dem einstigen «Bölima» keine ernstzunehmende Politik mehr zu machen.

### Epilog

Bereits 1988 betonte der Historiker Hans Ulrich Jost, dass die Revolutionsvorwürfe ein halbes Jahrhundert lang dazu gedient hatten, die schweizerische Arbeiterbewegung in ein schiefes Licht zu rücken: «Wie ein Schreckgespenst wurden, wenn von Arbeiterpolitik, Sozialismus und Streik die Rede war, mit einem Verweis auf den Landesstreik Moskau und der Kommunismus heraufbeschworen.»[123] Mit der Etablierung des Revolutionsnarrativs und der damit einhergehenden Stigmatisierung und Ausgrenzung der Arbeiterbewegung schmie-

---

113 Gautschi, Apperzeption, 93. Vgl. exemplarisch für die fortwährende Tradierung des Revolutionsnarrativs: Biland, Stephan: 75 Jahre Aargauische Vaterländische Vereinigung 1918–1993, 1993.
114 Vgl. Bretscher, Willy: Der Generalstreik 1918, in: König, Paul (Hg.), Die Schweiz unterwegs 1798–? Ausgewählte Geschichtsschreibung und Deutung, Zürich 1969, 407–411.
115 Bretscher, Willy: Zum Geleite, in: Marbach, Fritz: Der Generalstreik 1918. Fakten, Impressionen, Illusionen, Bern 1969, 5–8.
116 Gautschi, Landesstreik, 380–382.
117 Fenner, Landesstreik im späteren Urteil, 182.
118 Rossfeld, Roman: Streik! Wege und Desiderate der Forschung zur Geschichte des schweizerischen Landesstreiks vom November 1918, in: Archiv für Sozialgeschichte 57 (2017), 436.
119 Gautschi, Apperzeption, 90.
120 Gautschi, Willi: Ein Zeitungs-Interview, in: Helvetische Streiflichter, 283.
121 Frey, Constant: La grève générale de 1918. Légendes et réalités, Genf 1968.
122 Vgl. dazu Koller, 99 Jahre Erinnerung.
123 Jost, historischer Stellenwert, I.

deten sich die bürgerlichen Parteien eine politische Waffe, mit der sie den Aufstieg der Sozialdemokratie nach dem Ersten Weltkrieg wirkungsvoll abbremsen und deren politische Integration auf Bundesebene verzögern konnten.[124] Die integrative Kraft dieses Deutungsansatzes und die Fokussierung auf den gemeinsamen politischen Gegner haben die Bauern- und Bürgerblockpolitik der Zwischenkriegszeit massgeblich gefestigt.[125] Die verhängnisvolle Wirkungsmacht des Revolutionsnarrativs zeigte sich vor allem darin, dass unter dem Deckmantel der fortwährenden revolutionären Bedrohungslage eine Entkopplung des Landesstreiks von seinen eigentlichen sozialpolitischen und ökonomischen Ursachen stattfand. Die Konfrontation von 1918 wurde oftmals einseitig auf die Agitation und die Klassenkampfrhetorik linker «Scharfmacher» zurückgeführt, welche die kriegsbedingten sozialen Missstände und die Überforderung der Bundesbehörden mit einer gezielten Problempromotion für den Umsturz instrumentalisiert hätten.[126] Die stetig geschürte Angst vor einer möglichen Wiederholung der Ereignisse vom November 1918 führte in der Zwischenkriegszeit dazu, dass Staatsschutzmassnahmen gegenüber umfassenden sozialen Reformen in der politischen Arena temporär Vorrang genossen.[127] Bis das fest verzahnte bürgerliche Revolutionsnarrativ durch die ereignisgeschichtliche Aufarbeitung öffentlichkeitswirksam entkräftet wurde und damit seine Gültigkeit weitestgehend einbüsste, musste ein halbes Jahrhundert vergehen, in dem neben einem Generationenwechsel tief greifende gesellschaftspolitische Entwicklungen vonstattengingen. Willi Gautschi äusserte 1981 in diesem Zusammenhang treffend, dass Legenden und Mystifikationen merkwürdigerweise häufig eine stärkere Lebenskraft hätten als historisch erwiesene Sachverhalte.[128] Am Beispiel des Revolutionsnarrativs wird daher deutlich, dass breit geteilte Narrative, an die sich handfeste politische Interessen oder starke emotionale Besetzungen anbinden, trotz Widersprüchlichkeiten und Gegendarstellungen kaum zu widerlegen sind.[129]

124 Jost, Hans Ulrich: Protestbewegung und politischer Radikalismus. Über die Funktion von sozialer Devianz und Stigma im politischen System, in: Schweizerisches Jahrbuch für politische Wissenschaft 13 (1973), 127.
125 Vgl. Tanner, Jakob: Geschichte der Schweiz im 20. Jahrhundert, München 2015, 160, 228; Jost, Hans Ulrich: Bedrohung und Enge (1914–1945), in: Im Hof, Ulrich/Mesmer, Beatrix (Hg.), Geschichte der Schweiz und der Schweizer, Basel 2006, 750.
126 Vgl. dazu Hadorn, Werner: Der Generalstreik in den Schulbüchern. Ideologiekritische Anmerkungen zum Geschichtsunterricht, in: National-Zeitung am Wochenende, 23.3.1974, 1, 6.
127 Als Beispiele hierfür seien die Schutzhaftinitiative, Lex Häberlin I und II sowie die Militärjustizreform genannt. Vgl. Buomberger, Kampfrhetorik, 362.
128 Gautschi, Apperzeption, 96.
129 Vgl. dazu auch Koschorke, Wahrheit und Erfindung, 42.

# Geschichtspolitik und Erinnerungskultur

# Anhang

# Bibliografie

Adank, Florian: Eine «Exportfirma par excellence». Die Sulzer Unternehmungen AG in Winterthur, 1914–1925. In: Rossfeld, Roman; Straumann, Tobias (Hg.): Der Vergessene Wirtschaftskrieg. Schweizer Unternehmen im Ersten Weltkrieg. Zürich 2008, 89–115.

Aerne, Peter: «Eine Hetze gegen die Religiös-Sozialen»? Der Landesstreik von 1918 in Graubünden und die religiös-sozialen Pfarrer. In: Bündner Monatsblatt: Zeitschrift für Bündner Geschichte, Landeskunde und Baukultur, Heft 1 (2007), 39–57.

Albert, Gleb J.: Das Charisma der Weltrevolution: revolutionärer Internationalismus in der frühen Sowjetgesellschaft 1917–1927. Köln 2017.

Albert, Gleb J.: Activist Subjectivities and the Charisma of World Revolution. Soviet Communists Encounter Revolutionary Germany, 1918/19. In: Weinhauer, Klaus et al. (Hg.): Germany 1916–1923. A Revolution in Context. Bielefeld 2015, 181–203.

Albertin, Ismael: Die Massnahmen des Zürcher Stadtrats zur Verbesserung der Lebensmittelversorgung 1914–1921. In: Krämer, Daniel; Pfister, Christian; Segesser, Daniel Marc (Hg.): «Woche für Woche neue Preisaufschläge»: Nahrungsmittel-, Energie- und Ressourcenkonflikte in der Schweiz des Ersten Weltkrieges. Bern 2016, 211–233.

Alexander, Peter: On the Road to Global Labour History – via Comparison. In: Roth, Karl Heinz (Hg.): On the Road to Global Labour History. A Festschrift for Marcel van der Linden. Leiden 2018, 187–202.

Altermatt, Urs (Hg.): Schweizer Katholizismus zwischen den Weltkriegen, 1920–1940. Fribourg 1994.

Ammann, Ruth: Von der Wohnungs- zur Frauenfrage und zurück. Dora Staudinger und der genossenschaftliche Wohnungsbau im Zürich der 1910er- und 20er-Jahre. In: Conrad, Christoph et al. (Hg.): Wohnen und die Ökonomie des Raumes (Schweizerisches Jahrbuch für Wirtschafts- und Sozialgeschichte, Band 28). Zürich 2014, 221–238.

Andrey, Laurent: La commémoration des «sombres journées de novembre 1918» à Fribourg. Un instrument de propagande anticommuniste. In: Caillat, Michel et al. (Hg.): Histoire(s) de l'anticommunisme en Suisse. Zürich 2009, 95–108.

Angst, Kenneth: Von der alten zur neuen Gewerbepolitik: liberalkorporative Neuorientierung des schweizerischen Gewerbeverbandes (1930–1942) Zürich 1992.

Arbeitsgruppe für Geschichte der Arbeiterbewegung Zürich (Hg.): Schweizerische Arbeiterbewegung: Dokumente zu Lage, Organisation und Kämpfen der Arbeiter von der Frühindustrialisierung bis zur Gegenwart. Zürich 1975.

Argast, Regula: Von Dörräpfeln und Netzwerken: 80 Jahre Frauenzentrale Basel, 1916–1996. Basel 1997.

Arlettaz, Silvia: La Grève générale et l'immigration de guerre. In: Traverse. Revue d'histoire 25 (2018) [im Druck].

Aschmann, Birgit: Vom Nutzen und Nachteil der Emotionen in der Geschichte. Eine Einführung. In: Aschmann, Birgit (Hg.): Gefühl und Kalkül. Der Einfluss von Emotionen auf die Politik des 19. und 20. Jahrhunderts. Stuttgart 2005, 9–32.

Aschwanden, Romed: Notlage oder Interessenkonflikt? Auswirkungen der schweizerischen Kriegswirtschaft auf die Lebensmittelversorgung des Kantons Uri 1914 bis 1920. Unveröffentlichte Masterarbeit der Universität Basel. Basel 2015.

Auderset, Juri; Moser, Peter: Agrarische Alternativen. Landwirtschaftsprogramme, Genossenschaftskonzepte und Siedlungsprojekte in der Arbeiterbewegung im Kontext des Generalstreiks. In: Traverse. Zeitschrift für Geschichte 25 (2018) [im Druck].

Auderset, Juri; Moser, Peter: Krisenerfahrungen, Lernprozesse und Bewältigungsstrategien. Die Ernährungskrise von 1917/18 als agrarpolitische «Lehrmeisterin». In: David, Thomas et al. (Hg.): Krisen: Ursachen, Deutungen und Folgen. Zürich 2012, 133–149.

Aulke, Julian: Räume der Revolution. Kulturelle Verräumlichung in Politisierungsprozessen während der Revolution 1918–1920. Stuttgart 2015.

Baberowski, Jörg: Räume der Gewalt. Frankfurt a. M. 2015.

Baberowski, Jörg: Ermöglichungsräume exzessiver Gewalt. In: Baberowski, Jörg; Metzler, Gabriele (Hg.): Gewalträume. Soziale Ordnungen im Ausnahmezustand. Frankfurt a. M. 2012, 7–27.

Bader-Zaar, Birgitta: Women's Citizenship and the First World War: general remarks and a case-study of women's enfranchisement in Austria and Germany. In: Women's History Review 25 (2016), 274–295.

Bader-Zaar, Birgitta: Die politische Partizipation der bürgerlich-liberalen Frauenbewegung in Österreich 1918–1934. In: Österreichische Zeitschrift für Geschichtswissenschaften 26 (2015), 93–117.

Balder, Uwe: Uniformen statt Ulster. Textileinzelhandel im Ersten Weltkrieg. In: Zeitschrift für Unternehmensgeschichte 62 (2017), 57–85.

Balthasar, Andreas: Soziale Spannungen – wirtschaftlicher Wandel. Dokumente zur Schweiz zwischen 1880 und 1914. Bern 1989.

Bärlocher, Adolf; Hilfiker, Hans (Hg.): Die Putschtage in Baden vom 9. bis 16. November 1918. Baden 1918.

Baumann, Werner; Moser, Peter: Bauern im Industriestaat: agrarpolitische Konzeptionen und bäuerliche Bewegungen in der Schweiz, 1918–1968. Zürich 1999.

Baumann, Werner: Wie rechts stehen die Bauern? Kontinuität und Diskontinuität in Ernst Laurs Bündnispolitik. In: Ernst, Andreas; Wigger, Erich (Hg.): Die neue Schweiz? Eine Gesellschaft zwischen Integration und Polarisierung (1910–1930). Zürich 1996, 193–214.

Baumann, Werner: Ernst Laur oder «Der Bauernstand muss erhalten werden, koste es, was es wolle.». In: Mattioli, Aram (Hg.): Intellektuelle von rechts: Ideologie und Politik in der Schweiz 1918–1939. Zürich 1995, 257–272.

Baumann, Werner: Bauernstand und Bürgerblock. Ernst Laur und der schweizerische Bauernverband 1897–1918. Zürich 1993.

Baumgartner, Walther: Die Christlichsoziale Partei des Kantons St. Gallen 1911–1939. St. Galler Arbeiterschaft und Angestellte zwischen Katholizismus und Sozialismus. St. Gallen 1998.

Belart, Peter: November 1918 – Der Landesstreik in Brugg. In: Brugger Neujahrsblätter 99 (1989), 31–46.

Benz, Sibylle: Frauenfriedensarbeit in der Schweiz zur Zeit des Ersten Weltkrieges. In: Ludi, Regula et al. (Hg.): Frauen zwischen Anpassung und Widerstand. Zürich 1990, 69–84.

Berg, Manfred: US-Präsident Woodrow Wilson und der liberale Internationalismus. In: Jahrbuch zur Liberalismusforschung 28 (2016), 67–90.

Bernardi-Snozzi, Paola: Dalla difesa dell'italianità al filofascismo nel Canton Ticino (1920–1924). In: Archivio Storico Ticinese 24 (1983), 307–472.

Bernasconi, Giacomo: 50 Jahre Beziehungen zwischen den Sozialpartnern. In: Gewerkschaftliche Rundschau. Vierteljahresschrift des Schweizerischen Gewerkschaftsbundes 60 (1968), 318–327.

Bieber, Hans-Joachim: Bürgertum in der Revolution. Bürgerräte und Bürgerstreiks in Deutschland 1918–1920. Hamburg 1992.

Bieber, Hans-Joachim: Gewerkschaften in Krieg und Revolution. Arbeiterbewegung, Industrie, Staat und Militär in Deutschland 1914–1920, 2 Bände. Hamburg 1981.

Billeter, Geneviève: Le pouvoir patronal: Les patrons des grandes entreprises suisses des métaux et des machines (1919–1939). Genève 1985.

Binaghi, Maurizio: Il Ticino negli anni della Grande Guerra. In: Il Cantonetto. Rassegna letteraria bisemestrale 62 (2015), 106–115.

Binaghi, Maurizio: Quelle neutralité pour la Confédération pendant la Grande Guerre? Le Tessin entre plans offensifs suisses et irrédentisme italien (1905–1918). In: Vuilleumier, Christophe (Hg.): La Suisse et la Guerre de 1914–1918. Genève 2015, 591–624.

Binaghi, Maurizio; Sala Roberto: La frontiera contesa. I piani svizzeri di attacco all'Italia nel rapporto segreto del colonnello Arnold Keller (1870–1918). Bellinzona 2008.

Binswanger, Peter: Geschichte der AHV: Schweizerische Alters- und Hinterlassenenversicherung. Zürich 1986.

Bock, Gisela: 100 Jahre Frauenwahlrecht: Deutschland in transnationaler Perspektive. In: Zeitschrift für Geschichtswissenschaft 66 (2018), 395–412.

Bock, Hans Manfred: Syndikalismus und Linkskommunismus von 1918 bis 1923. Ein Beitrag zur Sozial- und Ideengeschichte der frühen Weimarer Republik. Darmstadt 1993.

Boesch, Evelyn: Der Kellnerinnen-Streik im Elite-Hotel 1913. In: Verein Frauenstadtrundgang Zürich (Hg.): Chratz & quer: Sieben Frauenstadtrundgänge in Zürich. Zürich 1995, 244–247.

Bolle, Arnold: Une page d'histoire: La grève générale de 1918 et sa répercussion sur les troubles de La Chaux-de-Fonds. La Chaux-de-Fonds 1968.

Bolliger, Markus: Die Basler Arbeiterbewegung im Zeitalter des Ersten Weltkrieges und der Spaltung der sozialdemokratischen Partei. Basel 1970.

Bolzani, Antonio: I Ticinesi son bravi soldà. Memorie della Mobilisazione 1914–1918. Lugano 1924.

Bosbach, Franz (Hg.): Angst und Politik in der europäischen Geschichte. Dettelbach 2000.

Böschenstein, Hermann: Bundesrat Karl Scheurer. Tagebücher 1914–1929. Bern 1971.

Böschenstein, Hermann: Bundesrat Schulthess: Krieg und Krisen. Bern 1966.

Böschenstein, Hermann: Bundesrat und General im Ersten Weltkrieg. In: Schweizerische Zeitschrift für Geschichte 10 (1960), 515–532.

Bottinelli, Gianpiero: Luigi Bertoni. La coerenza di un anarchico. Lugano 1997.

Brack, Simon: Ein unsichtbarer Feind. Der kommunalpolitische Umgang mit der Grippeepidemie 1918 in den drei Gemeinden Bern, Thun und Langnau i. E. Unveröffentlichte Masterarbeit der Universität Bern. Bern 2015.

Bramke, Werner: Eine ungeliebte Revolution. Die Revolution von 1918/1919 im Widerstreit von Zeitgenossen und Historikern. In: Jahrbuch für Forschungen zur Geschichte der Arbeiterbewegung 7 (2008), 5–37.

Brassel-Moser, Ruedi: Dissonanzen der Moderne. Aspekte der Entwicklung der politischen Kulturen in der Schweiz der 1920er Jahre. Zürich 1994.

Bretscher, Willy: Der Landesstreik 1918 und die Krise der sozialistischen Bewegung. In: NZZ, Nr. 695, 10.11.1968, 19.

Bretscher, Willy: Freisinn und Richtlinien-Bewegung. Zürich 1937.

Brodbeck, Beat: Paradigmenwechsel in der Agrarpolitik. Der Erste Weltkrieg und die Agrarmarktordnungen in der Schweiz am Beispiel des Milchmarktes 1914–1922. In: Langthaler, Ernst; Redl, Josef (Hg.): Reguliertes Land. Agrarpolitik in Deutschland, Österreich und der Schweiz 1930–1960. Innsbruck 2005, 184–191.

Büchi, Eva: Vorkämpferinnen: 101 Jahre SP-Frauengruppe Arbon. Arbon 2009.

Bühler, Franz Josef: Erfahrungen im Zürcher Ordnungsdienst. Vortrag gehalten in der Offiziersgesellschaft Luzern am 4. April 1919. Zürich 1919.

Buomberger, Thomas: Die Schweiz im Kalten Krieg 1945–1990. Baden 2017.

Buomberger, Thomas: Kampfrhetorik, Revolutionsangst und Bürgerwehren. Der Landesstreik vom November 1918. In: Rossfeld, Roman, Thomas Buomberger, Patrick Kury (Hg.): 14/18: Die Schweiz und der Grosse Krieg. Baden 2014, 336–365.

Buomberger, Thomas: Helfen als Verpflichtung. Die Hülfsgesellschaft Winterthur 1812–2012. Zürich 2011.

Buomberger, Thomas: Kooperation statt Konfrontation. Die Winterthurer Arbeiterschaft während der Krisenzeit der 1930er Jahre. Winterthur 1985.

Bürgi, Markus: Antisozialismus in Zürich im ausgehenden 19. Jahrhundert. In: Caillat, Michel et al. (Hg.): Histoire(s) de l'anticommunisme en Suisse / Geschichte(n) des Antikommunismus in der Schweiz. Zürich 2009, 61–82.

Bürgisser, Thomas: Unerwünschte Gäste. Russische Soldaten in der Schweiz 1915–1920. Zürich 2010.

Bürgisser, Thomas: «Sturmesbrausen» in «sonst so stillen Gassen». Landesstreik 1918 in Stadt und Bezirk Lenzburg. In: Lenzburger Neujahrsblätter 80 (2008), 5–26.

Burkhard, Daniel: Die Kontroverse um die Milchpreisteuerung in der Schweiz während des Ersten Weltkriegs. In: Krämer, Daniel; Pfister, Christian; Segesser, Daniel Marc (Hg.): «Woche für Woche neue Preisaufschläge»: Nahrungsmittel-, Energie- und Ressourcenkonflikte in der Schweiz des Ersten Weltkrieges. Bern 2016, 235–255.

Buschak, Willy: Metallarbeiter und Revolution. Revolutionshoffnungen und politische Kontroversen im Deutschen Metallarbeiterverband und unter den Metallarbeitern an Rhein und Ruhr. In: Führer, Karl Christian et al. (Hg.): Revolution und Arbeiterbewegung in Deutschland 1918–1920. Essen 2013, 135–156.

Cahannes, Franz: Graubünden während Krieg (1914–1918) und Landesgeneralstreik. Unveröffentlichte Lizentiatsarbeit der Universität Zürich. Zürich 1983.

Caillat, Michel; Fayet, Jean-François: Le mythe de l'ingérence bolchevique dans la Grève générale de novembre 1918. Histoire d'une construction franco-suisse. In: Traverse. Revue d'histoire 25 (2018) [im Druck].

Caillat, Michel: L'Entente internationale anticommuniste de Théodore Aubert. Organisation interne, réseaux et action d'une internationale antimarxiste 1924–1950. Lausanne 2016.

Caillat, Michel et al. (Hg.): Histoire(s) de l'anticommunisme en Suisse. Zürich 2009.

Caillat, Michel: L'entente internationale anticommuniste (EIA). L'impact sur la formation d'un anticommunisme helvétique de l'action internationale d'un groupe de bourgeois genevois. In: Caillat, Michel et al. (Hg.): Histoire(s) de l'anticommunisme en Suisse. Zürich 2009, 147–163.

Caillat, Michel: L'entente internationale anticommuniste de Théodore Aubert et ses archives. In: Traverse. Revue d'histoire 13 (2006), 12–18.

Canevascini, Guglielmo: Autobiografia. A cura del Gruppo di lavoro della Fondazione Pellegrini-Canevascini. Lugano 1986.

Canning, Kathleen: Gender and the Imaginary of Revolution in Germany. In: Weinhauer, Klaus et al. (Hg.): Germany 1916–1923. A Revolution in Context. Bielefeld 2015, 103–126.

Cassis, Youssef: Wirtschaftselite und Bürgertum. England, Frankreich und Deutschland um 1900. In: Kocka, Jürgen (Hg.): Bürgertum im 19. Jahrhundert, Band 2. München 1988, 9–34.

Cayet, Thomas: The ILO and the IMI: A Strategy of Influence on the Edges of the League of Nations, 1925–1934. In: Van Daele, Jasmien et al. (Hg.): ILO Histories. Essays on the International Labour Organization and its Impact on the World during the Twentieth Century. Bern 2010, 251–269.

Cayet, Thomas: Rationaliser le travail, organiser la production: le Bureau international du travail et la modernisation économique durant l'entre-deux-guerres. Rennes 2010.

Cerutti, Mauro: Le Tessin, la Suisse et l'Italie de Mussolini: fascisme et antifascisme, 1921–1935. Lausanne 1988.

Cerutti, Mauro: Fra Roma e Berna: la Svizzera italiana nel ventennio fascista. Milano 1986.

Cerutti, Mauro: Politique ou commerce? Le Conseil fédéral et les relations avec l'Union soviétique au début des années trente. In: Studien und Quellen / Etudes et Sources 7 (1981), 119–147.

Cerutti, Mauro: Le mouvement ouvrier genevois durant la première guerre mondiale et la grève générale. In: Vuilleumier, Marc et al.: La grève générale de 1918 en Suisse. Genève 1977, 103–210.

Ceschi, Raffaello: Geschichte des Kantons Tessin. Herausgegeben von Max Mittler. Frauenfeld 2003.

Ceschi Raffaello (Hg.): Storia del Cantone Ticino. Il Novecento. Bellinzona 1998.

Ceschi, Raffaello: Un Ticino poco svizzero? L'epoca dei malintesi 1880–1940, in: Allgemeine Geschichtsforschende Gesellschaft der Schweiz (Hg.): Neue Studien zum schweizerischen Nationalbewusstsein (Itinera, Heft 13). Basel 1992, 54–65.

Ceschi, Raffaello: Buoni ticinesi e buoni svizzeri. Aspetti di una duplice identità. In: Badan, Marco; Ratti, Remigio (Hg.): Identità in cammino. Locarno 1986, 15–31.

Chevalley, Bernard: L'attitude des organisations paysannes. L'Union suisse des paysans et la Société d'agriculture du Canton de Zürich. In: Vuilleumier, Marc (Hg.): La grève générale de 1918 en Suisse. Genf 1977, 211–254.

Chevalley, Bernard: Les organisations paysannes suisses et la grève générale en 1918. Genève 1974.

Civelli, Ignaz: Heldenschwert in reinen Händen? Wahrnehmung und Darstellung der Konflikt- und Kriegsparteien in der bürgerlichen Zuger Presse 1912–1918. In: Tugium 30 (2014), 143–184.

Clavien, Alain; Valsangiacomo, Nelly (Hg.): Les intellectuels antifascistes dans la Suisse de l'entre-deux-guerres. Lausanne 2006.

Collmer, Peter: Die Schweiz und das russische Reich 1848–1919: Geschichte einer europäischen Verflechtung. Zürich 2004.

Collmer, Peter (Hg.): Die besten Jahre unseres Lebens. Russlandschweizerinnen und Russlandschweizer in Selbstzeugnissen, 1821–1999. Zürich 2001.

Collmer, Peter: Zwischen Selbstdefinition und internationaler Behauptung: Frühe bolschewistische Diplomatie am Beispiel der Sowjetmission in Bern (Mai bis November 1918). In: Thomas, Ludmila; Knoll, Viktor (Hg.): Zwischen Tradition und Revolution: Determinanten und Strukturen sowjetischer Aussenpolitik 1917–1941. Stuttgart 2000, 225–283.

Cosandey, Roland: Cinéma politique suisse 1930–1938. Un coin du puzzle, à droite. In: Studien und Quellen / Etudes et Sources 20 (1994), 143–217.

Cotter, Cédric: (S')aider pour survivre: Action humanitaire et neutralité suisse pendant la Première Guerre mondiale (La Suisse pendant la Première Guerre mondiale, tome 3). Genève 2017.

Cotter, Cédric: «Il faudrait avoir un cœur de pierre pour ne pas souffrir avec ceux qui souffrent»: émotions et action humanitaire en Suisse pendant la Grande Guerre. In: Revue suisse d'histoire 66 (2016), 1–18.

Cotter, Cédric; Herrmann, Irène: Les dynamiques de la rhétorique humanitaire: Suisse, États-Unis et autres neutres. In: Relations internationales 159 (2014), 49–68.

Cottier, Maurice: Vom Wirtschaftsliberalismus zum Staatsinterventionismus. Der Erste Weltkrieg als Scharnier der schweizerischen Wirtschaftspolitik. In: Krämer, Daniel; Pfister, Christian; Segesser, Daniel Marc (Hg.): «Woche für Woche neue Preisaufschläge»: Nahrungsmittel-, Energie- und Ressourcenkonflikte in der Schweiz des Ersten Weltkrieges. Bern 2016, 173–189.

Cronin, James E.: Labor Insurgency and Class Formation: Comparative Perspectives on the Crisis of 1917–1920 in Europe. In: Social Science History 4 (1980), 125–147.

David, Thomas; Ginalski, Stéphanie; Mach, André; Rebmann, Frédéric: Networks of coordination. Swiss business associations as an intermediary between business, politics and administration during the 20th Century. In: Business and Politics 11 (2009), 1–40.

Degen, Bernard: Vom schwierigen Umgang der schweizerischen Geschichtsschreibung mit dem Landesstreik vom November 1918. In: Traverse. Zeitschrift für Geschichte 25 (2018) [im Druck].

Degen, Bernard; Richers, Julia (Hg.): Zimmerwald und Kiental. Weltgeschichte auf dem Dorfe. Zürich 2015.

Degen, Bernard: Arbeit und Kapital. In: Halbeisen, Patrick; Müller, Margrit; Veyrassat, Béatrice (Hg.): Wirtschaftsgeschichte der Schweiz im 20. Jahrhundert. Basel 2012, 873–922.

Degen, Bernard; Schäppi, Hans; Zimmermann, Adrian (Hg.): Robert Grimm: Marxist, Kämpfer, Politiker. Zürich 2012.

Degen, Bernard et al. (Hg.): Gegen den Krieg – Der Basler Friedenskongress 1912 und seine Aktualität. Basel 2012.

Degen, Bernard: La répression militaire des grèves générales de 1918 et 1919. In: Heimberg, Charles et al. (Hg.): Mourir en manifestant. Répressions en démocratie le 9 novembre 1932 en perspective. Lausanne 2008, 43–58.

Degen, Bernard: Entstehung und Entwicklung des schweizerischen Sozialstaates. In: Geschichte der

Sozialversicherungen (Studien und Quellen, Band 31). Zürich 2006, 17–48.

Degen, Bernard: Erster Weltkrieg, Generalstreik und die Folgen. In: Boillat, Valérie et al. (Hg.): Vom Wert der Arbeit. Schweizer Gewerkschaften – Geschichte und Geschichten. Zürich 2006, 125–129.

Degen, Bernard: Von «Ausbeutern» und «Scharfmachern» zu «Sozialpartnern». Beziehungen zwischen Gewerkschaften und Unternehmern im Wandel. In: Schweizerisches Sozialarchiv (Hg.): Bilder und Leitbilder im sozialen Wandel. Zürich 1991, 231–270.

Degen, Bernard: Abschied vom Klassenkampf. Die partielle Integration der schweizerischen Gewerkschaftsbewegung zwischen Landesstreik und Weltwirtschaftskrise (1918–1929). Basel 1991.

Degen, Bernard: Richtungskämpfe im schweizerischen Gewerkschaftsbund, 1918–1924. Zürich 1980.

Der Landesstreik vor Kriegsgericht. Der Landesstreik-Prozess gegen die Mitglieder des Oltener Aktionskomitees vor dem Militärgericht 3 vom 12. März bis 9. April 1919. Mit einem Vorwort von Robert Grimm; Bildnisse der Angeklagten, Verteidiger und Richter gezeichnet von Hanni Bay, 2 Bände, Bern 1919.

De Vallière, Paul: Les troubles révolutionnaires en Suisse de 1916 à 1919, par un témoin. Lausanne 1926.

Diederich, Reiner; Grübling, Richard; Bartholl, Max: Die rote Gefahr. Antisozialistische Bildagitation 1918–1976. Berlin 1976.

Dietschi, Hugo: Bericht über die Streikereignisse vom 11. bis 14. November 1918, Olten 1918.

Diplomatische Dokumente der Schweiz, Band 7.1 (11. November 1918–28. Juni 1919). Bern 1979.

Doering-Manteuffel, Anselm; Leonhard, Jörn: Liberalismus im 20. Jahrhundert – Aufriss einer historischen Phänomenologie. In: Dies. (Hg.): Liberalismus im 20. Jahrhundert. Stuttgart 2015, 13–32.

Döhring, Helga (Hg.): Abwehrstreik, Proteststreik, Massenstreik? Generalstreik! Streiktheorien und -diskussionen innerhalb der deutschen Sozialdemokratie vor 1914. Lich 2010.

Dubach, René: Strizzis, Krakeeler und Panduren. Aktivitäten des Staatsschutzes vom Landesstreik bis zum roten Zürich. Zürich 1996.

Eichenberger, Pierre: Les organisations patronales et la grève générale de 1918. In: Traverse. Revue d'histoire 25 (2018) [im Druck].

Eichenberger, Pierre: Les organisations patronales et la grève générale de 1918. In: SGB (Hg.): 100 Jahre Landesstreik. Ursachen, Konfliktfelder, Folgen. Reader zur Tagung vom 15.11.2017. Bern 2018, 75–80.

Eichenberger, Pierre; Ginalski, Stéphanie: «Si vis pacem, para bellum» – the construction of business cooperation in the Swiss machinery industry. In: Socio-Economic Review 15 (2017), 615–635.

Eichenberger, Pierre: Mainmise sur l'Etat social. Mobilisation patronale et caisses de compensation en Suisse (1908–1960). Neuchâtel 2016.

Eichenberger, Pierre: Les caisses de compensation en Suisse. Des tentatives corporatistes au centralisme patronal, 1929–1938. In: David, Thomas et al. (Hg.): Neue Beiträge zur Wirtschaftsgeschichte (Schweizerisches Jahrbuch für Wirtschafts- und Sozialgeschichte, Band 30). Zürich 2015, 143–158.

Eichenberger, Pierre: Le rôle des organisations patronales dans les variétés du capitalisme: l'exemple de l'industrie suisse des machines (1905–1913). In: Lamard, Pierre; Stoskopf, Nicolas (Hg.): L'Entreprise rhénane. Mythe ou réalité? Paris 2015, 83–94.

Eichenberger, Pierre: L'Union centrale des associations patronales suisses dans la sphère publique (1908–1914). In: Fraboulet, Danièle; Druelle-Korn, Clotilde; Vernus, Pierre (Hg.): Les organisations patronales et la sphère publique: Europe, XIX$^e$ et XX$^e$ siècles. Rennes 2013, 257–268.

Eichenberger, Pierre: L'Union centrale des associations patronales suisses: genèse d'une association faîtière du patronat (1908–1922). In: Fraboulet, Danièle; Vernus, Pierre (Hg.): Genèse des organisations patronales en Europe (19e-20e siècles). Rennes 2012, 143–152.

Eichenberger, Stefanie: «…wie da der Hunger und die Not an der Schwelle steht». Hunger in der öffentlich--medialen Diskussion der Arbeiterinnen in Zürich während des Ersten Weltkrieges. Unveröffentlichte Lizentiatsarbeit der Universität Zürich. Zürich 2003.

Eilenberger, Wolfram: Zeit der Zauberer. Das grosse Jahrzehnt der Philosophie: 1919–1929. Stuttgart 2018.

Eitel, Florian: Generalstreikgeschichte von unten. Zwei Quellen zum Streik der Eisenbahner in Biel. In: Traverse. Zeitschrift für Geschichte 25 (2018) [im Druck].

Erb, Hans: Zur Vorgeschichte des Landesgeneralstreiks 1918 in der Schweiz. In: Schweizerische Zeitschrift für Geschichte 11 (1961), 321–377.

Erb, Hans: Zur Vorgeschichte des Landesgeneralstreiks 1918 in der Schweiz. II. Teil: Die internationale Zimmerwalder Bewegung. In: Schweizerische Zeitschrift für Geschichte 11 (1961), 433–522.

Ernst, Andreas; Wigger, Erich (Hg.): Die neue Schweiz? Eine Gesellschaft zwischen Integration und Polarisierung (1910–1930). Zürich 1996.

Ernst, Andreas; Wigger, Erich: Innovation und Repression. Die Restabilisierung der bürgerlichen Schweiz nach dem Ersten Weltkrieg. In: Imhof, Kurt; Kleger, Heinz; Gaetano, Romano (Hg.): Zwischen Konflikt und Konkordanz. Analyse von Medienereignissen in der Schweiz der Vor- und Zwischenkriegszeit (Krise und sozialer Wandel, Bd. 1). Zürich 1993, 109–171.

Fahlenbrach, Kathrin; Klimke, Martin; Scharloth, Joachim (Hg.): Protest Cultures. A Companion. New York 2016.

Fayet, Jean-François: Les Révolutionnaires russes et polonais installés en Suisse pendant la Première Guerre mondiale. In: Vuilleumier, Christophe (Hg.): La Suisse et la Guerre de 1914–1918. Genève 2015, 387–404.

Fell, Alison; Sharp, Ingrid (Hg.): The Women's Movement in Wartime: International Perspectives, 1914–1919. Basingstoke 2007.

Fenner, Martin: Der Landesstreik von 1918 im späteren Urteil. In: Gewerkschaftliche Rundschau. Vierteljahresschrift des Schweizerischen Gewerkschaftsbundes 73 (1981), 177–195.

Fenner, Martin: Partei und Parteisprache im politischen Konflikt. Studien zur Struktur und Funktion politischer Gruppensprachen zur Zeit des schweizerischen Landesstreiks 1917–1919. Bern 1981.

Fenske, Uta; Hülk, Walburga; Schuhen, Gregor (Hg.): Die Krise als Erzählung Transdisziplinäre Perspektiven auf ein Narrativ der Moderne. Bielefeld 2013.

Fink, Urban (Hg.): Der Kanton Solothurn vor hundert Jahren. Quellen, Bilder und Erinnerungen zur Zeit des Ersten Weltkriegs. Baden 2014.

Fleury, Antoine; Tosato-Rigo, Danièle: A propos de la représentation diplomatique soviétique à Berne (mai-novembre 1918): un nouvel éclairage à la lumière des rapports de Jan Berzine. In: Traverse. Revue d'histoire 3 (1995), 29–45.

Fleury, Antoine; Tosato-Rigo, Danièle (Hg.): Schweiz-Russland, 1913–1955. Aufbau und Krisen der Beziehungen. Bern 1994.

Floris, Joël; Kuster, Marius; Woitek, Ulrich: Armutsgrenzen in der Stadt Zürich während des Ersten Weltkrieges. In: Traverse. Zeitschrift für Geschichte 24 (2017), 97–112.

Floris, Joël; Müller, Consuela; Woitek, Ulrich: The Biological Standard of Living in Zurich during WWI. Beiträge zur Jahrestagung des Vereins für Socialpolitik 2015, http://hdl.handle.net/10419/112909.

Flury, Max: 25 Jahre Basler Volkswirtschaftsbund, 1918–1943. Basel 1943.

Förster, Stig: Angst und Panik. «Unsachliche» Einflüsse im politisch-militärischen Denken des Kaiserreiches und die Ursachen des Ersten Weltkriegs. In: Aschmann, Birgit (Hg.): Gefühl und Kalkül. Der Einfluss von Emotionen auf die Politik des 19. und 20. Jahrhunderts. München 2005, 74–85.

Frei, Annette: Rote Patriarchen. Arbeiterbewegung und Frauenemanzipation in der Schweiz um 1900. Zürich 1987.

Frevert, Ute: Gefühle im Krieg. In: Slenczka, Notger (Hg.): Faszination und Schrecken des Krieges. Leipzig 2015, 106–119.

Frevert, Ute: Gefühle und Kapitalismus. In: Budde, Gunilla (Hg.): Kapitalismus. Historische Annäherungen. Göttingen 2011, 50–72.

Frevert, Ute: Angst vor Gefühlen? Die Geschichtsmächtigkeit von Emotionen im 20. Jahrhundert. In: Nolte, Paul et al. (Hg.): Perspektiven der Gesellschaftsgeschichte. München 2000, 95–111.

Frey, Constant: La grève générale de 1918: légendes et réalités. Genève 1968.

Frey, Daniel: Der Zürcher Bankangestelltenstreik im Herbst 1918. In: Fuhrer, Hans Rudolf (Hg.): Innere Sicherheit – Ordnungsdienst, Teil 1: bis zum Oktober 1918 (Publikationen der Schweizerischen Gesellschaft für Militärhistorische Studienreisen, Heft 39). Zürich 2017, 99–117.

Frey, Daniel: Vor der Revolution? Ordnungsdienst-Einsatz der Armee während des Landesstreiks in Zürich. Zürich 1998.

Frey, Friedrich E.: Die Influenza-Epidemie 1918 bis 1919 im Kanton Aargau. Aarau 1920.

Frick, Hans Rudolf: Zwischen Klassenkampf und Demokratie. Der erste sozialdemokratische Bundesrat Ernst Nobs als Redaktor am Zürcher «Volksrecht» 1915–1935. Clausthal-Zellerfeld 1975.

Fries, Anita: Der Generalstreik, die SPD und die Internationale: Diskussion eines umstrittenen Themas in der Zeit der sozialistischen Internationale. Bern 2002.

Fritzsche, Bruno: Städtisches Wachstum und soziale Konflikte. In: Schweizerische Zeitschrift für Volkswirtschaft und Statistik 4 (1977), 446–473.

Führer, Karl Christian et al. (Hg.): Revolution und Arbeiterbewegung in Deutschland 1918–1919. Essen 2013.

Führer, Karl Christian; Hagemann, Karen; Kundrus, Birthe (Hg.): Eliten im Wandel. Gesellschaftliche Führungsschichten im 19. und 20. Jahrhundert. Münster 2004.

Fuhrer, Hans Rudolf; Strässle, Paul Meinrad (Hg.): General Ulrich Wille: Vorbild den einen – Feindbild den andern. Zürich 2003.

Fuhrmann, Uwe: Die Entstehung der «Sozialen Marktwirtschaft» 1948/49. Eine historische Dispositivanalyse. Konstanz 2017.

Gadinger, Frank/Jarzebski, Sebastian/Yildiz, Taylan (Hg.): Politische Narrative. Konzepte – Analysen – Forschungspraxis, Wiesbaden 2014.

Gallus, Alexander: Auf dem Weg zur Reaktualisierung durch Historisierung. Die vergessene Revolution von 1918/19 revisited. In: Braune, Andreas; Dreyer, Michael (Hg.): Weimar als Herausforderung. Stuttgart 2016, 17–30.

Gallus, Alexander (Hg.): Die vergessene Revolution von 1918/19. Göttingen 2010.

Gast, Uriel: Von der Kontrolle zur Abwehr: Die eidgenössische Fremdenpolizei im Spannungsfeld von Politik und Wirtschaft 1915–1933. Zürich 1997.

Gautschi, Willi: General Wille und der Landesstreik 1918. In: Fuhrer, Hans Rudolf; Strässle, Paul Meinrad (Hg.): General Ulrich Wille: Vorbild den einen – Feindbild den andern. Zürich 2003, 341–358.

Gautschi, Willi: Hitlers Besuch in Zürich 1923. In: Gautschi, Willi: Helvetische Streiflichter. Aufsätze und Vorträge zur Zeitgeschichte. Zürich 1994, 263–271.

Gautschi, Willi: Der schweizerische Krisenwinter 1918/1919. In: Gautschi, Willi: Helvetische Streiflichter. Aufsätze und Vorträge zur Zeitgeschichte. Zürich 1994, 77–89.

Gautschi, Willi: Die Verantwortlichkeit General Willes im November 1918. In: Gautschi, Willi: Helvetische Streiflichter. Aufsätze und Vorträge zur Zeitgeschichte. Zürich 1994, 256–262.

Gautschi, Willi: Die wehrpolitische Haltung der Arbeiterschaft im Ersten Weltkrieg. In: Gautschi, Willi: Helvetische Streiflichter. Aufsätze und Vorträge zur Zeitgeschichte. Zürich 1994, 49–65.

Gautschi, Willi: Zur Apperzeption des Landes-Generalstreiks von 1918. In: Gautschi, Willi: Helvetische Streiflichter. Aufsätze und Vorträge zur Zeitgeschichte. Zürich 1994, 90–99.

Gautschi, Willi: Ein vertraulicher Bericht der Badener Behörden über die Generalstreiktage von 1918: Ein bisher unveröffentlichtes Dokument. In: Badener Neujahrsblätter 59, 1984, 84–96.

Gautschi, Willi: Geschichte des Kantons Aargau. Bd. 3: 1885–1935. Baden 1978.

Gautschi, Willi: Lenin als Emigrant in der Schweiz. Zürich 1973.

Gautschi, Willi (Hg.): Dokumente zum Landesstreik 1918. Zürich 1971.

Gautschi, Willi: Die Verantwortlichkeit General Willes im November 1918. In: Neue Zürcher Zeitung, Nr. 233, 17. Mai 1970.

Gautschi, Willi: Der Landesstreik 1918. Zürich 1988 (zuerst 1968).

Gautschi, Willi: Das Oltener Aktionskomitee und der Landes-Generalstreik von 1918. Affoltern 1955.

Gerlach, Christian: Extrem gewalttätige Gesellschaften: Massengewalt im 20. Jahrhundert. München 2011.

Gerstenberger, Heide: Markt und Gewalt. Die Funktionsweise des historischen Kapitalismus (Theorie und Geschichte der bürgerlichen Gesellschaft, Band 25). Münster 2017.

Gerwarth, Robert: Die Besiegten: Das blutige Erbe des Ersten Weltkrieges. München 2017.

Gerwarth, Robert: The role of violence in the European counter-revolution, 1917–1939. In: Rinke, Stefan; Wildt, Micheal (Hg.): Revolutions and counter-revolutions: 1917 and its aftermath from a global perspective. Frankfurt a. M. 2017, 141–159.

Gerwarth, Robert: The Continuum of Violence. In: Winter Jay (Hg.): The Cambridge History of the First World War. Volume II: The State. Cambridge 2014, 638–662.

Gerwarth, Robert; Horne, John: Bolschewismus als Fantasie: Revolutionsangst und konterrevolutionäre

Gewalt 1917 bis 1923. In: Gerwarth, Robert; Horne, John (Hg.): Krieg im Frieden. Paramilitärische Gewalt in Europa nach dem Ersten Weltkrieg. Göttingen 2013, 94–107.

Gerwarth, Robert; Horne, John (Hg.): Krieg im Frieden. Paramilitärische Gewalt in Europa nach dem Ersten Weltkrieg. Göttingen 2013.

Gerwarth, Robert: Rechte Gewaltgemeinschaften und die Stadt nach dem Ersten Weltkrieg. Berlin, Wien und Budapest im Schatten von Kriegsniederlage und Revolution. In: Lenger, Friedrich (Hg.): Kollektive Gewalt in der Stadt: Europa 1890–1939. München 2013, 103–122.

Gerwarth, Robert; Kitchen, James: Transnational Approaches to the «Crisis of Empire» after 1918. In: Journal of Modern European History 13 (2013), 173–182.

Gerwarth, Robert: The Central European Counter-Revolution: Paramilitary Violence in Germany, Austria and Hungary after the Great War. In: Past & Present 200 (2008), 175–209.

Geyer, Martin H.: Grenzüberschreitungen: Vom Belagerungszustand zum Ausnahmezustand. In: Werber, Nils; Kaufmann, Stefan; Koch, Lars (Hg.): Erster Weltkrieg. Kulturwissenschaftliches Handbuch. Stuttgart 2014, 341–384.

Geyer, Martin H.: Teuerungsprotest und Teuerungsunruhen während der Inflation 1914–1923. Selbsthilfegesellschaft und Geldentwertung. In: Volkmann, Heinrich; Gailus, Manfred (Hg.): Der Kampf um das tägliche Brot. Nahrungsmangel, Versorgungspolitik und Protest 1770–1990. Opladen 1994, 319–345.

Ghiringhelli, Andrea: Il Ticino della transizione, 1889–1922. Verso l'affermazione del multipartismo e dei prerequisiti della democrazia consociativa. Locarno 1988.

Gilardoni, Silvano: Italianità ed elvetismo nel Canton Ticino negli anni precedenti la prima guerra mondiale (1909–1914). In: Archivio Storico Ticinese 12 (1971), 1–84.

Gosteli, Marthe (Hg.): Vergessene Geschichte. Illustrierte Chronik der Frauenbewegung 1914–1963, Band 1, 1914–1933. Bern 2000.

Graber, Rolf: Demokratie und Revolten. Die Entstehung der direkten Demokratie in der Schweiz. Zürich 2017.

Grafl, Florian: Labour Conflict and Everyday Violence as «Revolution»? Barcelona 1919–1923. In: Weinhauer, Klaus et al. (Hg.): Germany 1916–1923. A Revolution in Context. Bielefeld 2015, 83–102.

Greminger, Thomas: Ordnungstruppen in Zürich. Der Einsatz von Armee, Polizei und Stadtwehr Ende November 1918 bis August 1919. Basel 1990.

Greter, Mirko: Sozialdemokratische Militärpolitik im Spannungsfeld von Vaterlandsliebe, Pazifismus und Klassenkampf. Der lange Weg der SPS hin zur Ablehnung der Landesverteidigung 1917. Berlin 2005.

Grieder, Fritz: Zehn heisse Tage – Aus den Akten des Regierungsrates zum Basler Generalstreik 1919. In: Basler Stadtbuch 1970, 108–141.

Grieder, Fritz: Aus den Protokollen des Basler Regierungsrates zum Landesstreik 1918. In: Basler Stadtbuch 1969, 142–172.

Grimm, Robert: Der politische Massenstreik. Basel 1906.

Grossen, Gaby et al.: Die politische Polizei in den ersten Jahrzehnten des Schweizerischen Bundesstaates. Gesetzlich-organisatorische Grundlagen und politisch-ideologische Feindbilder des schweizerischen Staatsschutzes 1848–1914. In: Schweizerisches Bundesarchiv (Hg.): Studien und Quellen, Nr. 18. Bern 1992, 111–158.

Grunenberg, Antonia (Hg.): Die Massenstreikdebatte. Beiträge von Parvus, Rosa Luxemburg, Karl Kautsky und Anton Pannekoek. Frankfurt a. M. 1970.

Gruner, Erich: Die Arbeitgeberorganisationen – Spiegelbild oder Überbietung der Gewerkschaften? In: Balthasar, Andreas; Gruner, Erich; Hirter, Hans (Hg.): Arbeiterschaft und Wirtschaft in der Schweiz 1880–1914. Soziale Lage, Organisation und Kämpfe von Arbeitern und Unternehmern, politische Organisation und Sozialpolitik, Band II/2. Zürich 1988, 813–836.

Gruner, Erich: Die Eisenbahnerverbände. In: Balthasar, Andreas; Gruner, Erich; Hirter, Hans (Hg.): Arbeiterschaft und Wirtschaft in der Schweiz 1880–1914. Soziale Lage, Organisation und Kämpfe von Arbeitern und Unternehmern, politische Organisation und Sozialpolitik, Band II/1. Zürich 1988, 597–618.

Gruner, Erich: Die Wahlen in den schweizerischen Nationalrat, 1848–1919: Wahlrecht, Wahlsystem, Wahlbeteiligung, Verhalten von Wählern und Parteien, Wahlthemen und Wahlkämpfe, 3 Bände. Bern 1978.

Gruner, Erich: Die Parteien in der Schweiz: Geschichte – neue Forschungsergebnisse – aktuelle Probleme. Bern 1977.

Gruner, Erich: Die Arbeiterbewegung in der Schweiz vor der Frage: Reform oder Revolution. In: Schweizerische Zeitschrift für Geschichte 25 (1975), 269–283.

Gruner, Erich: 100 Jahre Wirtschaftspolitik: Etappen des Interventionismus in der Schweiz. In: Schweizerische Zeitschrift für Statistik und Volkswirtschaft 2 (1964), 35–70.

Guex, Sébastien: L'inflation en Suisse pendant la Première Guerre mondiale. Causes, réactions, discussion historiographique. In: Traverse. Revue d'histoire 24 (2017), 81–96.

Guex, Sébastien; Mazbouri, Malik: L'Association suisse des banquiers, les relations entre patronat et salariat bancaires au début du xxe siècle et leur postérité. In: Fraboulet, Danièle; Humair, Cédric; Vernus, Pierre (Hg.): Coopérer, négocier, s'affronter: les organisations patronales et leurs relations avec les autres organisations collectives. Rennes 2014, 83–100.

Guex, Sébastien; Mazbouri, Malik: Une grande association patronale dans la sphère publique: l'exemple de l'Association suisse des banquiers (de 1912 à nos jours). In: Fraboulet, Danièle; Druelle-Korn, Clotilde; Vernus, Pierre (Hg.): Les organisations patronales et la sphère publique: Europe, XIXe et XXe siècles. Rennes 2013, 205–235.

Guex, Sébastien; Mazbouri, Malik: De l'Association des représentants de la banque en Suisse (1912) à l'Association suisse des banquiers (1919). Genèse et fonctions de l'organisation faîtière du secteur bancaire suisse. In: Fraboulet, Danièle; Vernus, Pierre (Hg.): Genèse des organisations patronales en Europe (19e–20e siècles). Rennes 2012, 205–226.

Guex, Sébastien; Mazbouri, Malik: L'historiographie des banques et de la place financière suisse aux 19e–20e siècles. In: Traverse. Revue d'histoire 17 (2010), 203–228.

Guex, Sébastien: A propos des gardes civiques et de leur financement à l'issue de la Première Guerre mondiale. In: Batou, Jean et al. (Hg.): Pour une histoire des gens sans histoire: ouvriers, exclues et rebelles en Suisse, 19e–20e siècles. Lausanne 1995, 255–264.

Guex, Sébastien: La politique monétaire et financière de la Confédération suisse 1900–1920. Lausanne 1993.

Haapala, Pertti; Tikka, Marko: Revolution, Bürgerkrieg und Terror in Finnland 1918. In: Gerwarth, Robert; Horne, John (Hg.): Krieg im Frieden. Paramilitärische Gewalt in Europa nach dem Ersten Weltkrieg. Göttingen 2013, 134–149.

Haas, Leonhard: Lenin an Platten. Ein Briefwechsel aus dem Jahr 1918. In: Schweizerische Zeitschrift für Geschichte 18 (1968), 69–78.

Haas, Leonhard: Soldatenfürsorge während des Aktivdienstes. In: Schweizer Monatshefte für Politik, Wirtschaft, Kultur 48 (1968), 811–816.

Häberlin, Hermann: Der Landesgeneralstreik in bürgerlicher Rückschau. In: Schweizer Monatshefte für Politik, Wirtschaft, Kultur 48 (1968), 772–786.

Hämmerle, Christa; Überegger, Oswald; Bader Zaar, Birgitta (Hg.): Gender and the First World War. Basingstoke 2014.

Hämmerle, Christa: Heimat / Front: Geschlechtergeschichte(n) des Ersten Weltkriegs in Österreich-Ungarn. Wien 2014.

Häusler, Eric; Meili, Caspar: Swiss Embroidery. Erfolg und Krise der Schweizer Stickerei-Industrie 1865–1929 (Neujahrsblatt, Historischer Verein des Kantons St. Gallen, Band 155). St. Gallen 2015.

Haimson, Leopold; Sapelli, Giulio (Hg.): Strikes, Social Conflict and the First World War: An International Perspective. Milano 1992.

Haimson, Leopold; Tilly, Charles (Hg.): Strikes, Wars, and Revolutions in an International Perspective. Cambridge 1989.

Halbeisen, Patrick; Müller, Margrit; Veyrassat, Béatrice (Hg.): Wirtschaftsgeschichte der Schweiz im 20. Jahrhundert. Basel 2012.

Hardegger, Urs: Es gilt die Tat. Zürich 2017.

Hardmeier, Sibylle: 1918–1921 – Enttäuschte Hoffnungen. In: Der Kampf um gleiche Rechte. Basel 2009, 112–122.

Hardmeier, Sibylle: Frühe Frauenstimmrechtsbewegung in der Schweiz (1890–1930). Argumente, Strategien, Netzwerk und Gegenbewegung. Zürich 1997.

Hauch, Gabriella: Welche Welt? Welche Politik? Zum Geschlecht in Revolte, Rätebewegung, Parteien und Parlament. In: Konrad, Helmut; Maderthaner, Wolfgang (Hg.): ... der Rest ist Österreich. Das Werden der Ersten Republik, Bd. 1. Wien 2008, 317–338.

Hautmann, Hans: Geschichte der Rätebewegung in Österreich 1918–1924. Wien 1987.

Haver, Gianni; Cosandey, Roland: Les tribulations du cinéma soviétique au pays des Helvètes: un catalogue d'objets conflictuels, 1926–1939. In: Studer, Brigitte; Vallotton, François (Hg.): Histoire sociale et mouvement ouvrier, 1848–1998. Lausanne 1997, 229–246.

Heim, Peter: Gelb, rot oder schwarz? Die Oltner Arbeiterbewegung im Spannungsfeld politischer und weltanschaulicher Kontroversen. In: Oltner Neujahrsblätter 66 (2008), 26–30, 68 (2010), 25–29 und 69 (2011), 35–38.

Heim, Peter: Der Aufstieg der Oltner Schuhindustrie. In: Oltner Neujahrsblätter 64 (2006), 30–34 und 67 (2009), 32–39.

Heim, Peter: Unruhe im Reich der Schuhkönige. Der Kampf um die gewerkschaftliche Anerkennung in der Schuhindustrie der Region Aarau/Olten. In: Jahrbuch für solothurnische Geschichte 66 (1993), 273–385.

Heimberg, Charles: La garde civique genevoise et la grève générale de 1918: Un sursaut disciplinaire et conservateur. In: Revue d'histoire moderne et contemporaine 44 (1997), 424–435.

Heimberg, Charles: Grande Guerre et mouvement ouvrier en Suisse. In: Schweizerische Zeitschrift für Geschichte 46 (1996), 474–489.

Helbling, Carl: General Ulrich Wille. Biographie. Zürich 1957.

Heller, Daniel: Eugen Bircher: Arzt, Militär und Politiker. Ein Beitrag zur Zeitgeschichte. Zürich 1988.

Herren, Heinz: Die Freisinnige Partei des Kantons Zürich in den Jahren 1917–1924. Bern 1975.

Hettling, Manfred: Bürgerliche Kultur. Bürgerlichkeit als kulturelles System. In: Lundgreen, Peter (Hg.): Sozial- und Kulturgeschichte des Bürgertums. Göttingen 2000, 319–339.

Hettling, Manfred et al. (Hg.): Der bürgerliche Wertehimmel: Innenansichten des 19. Jahrhunderts. Göttingen 2000.

Hettling, Manfred: Die persönliche Selbständigkeit. Der archimedische Punkt bürgerlicher Lebensführung. In: Hettling, Manfred; Hoffmann, Stefan-Ludwig (Hg.): Der bürgerliche Wertehimmel: Innenansichten des 19. Jahrhunderts. Göttingen 2000, 57–78.

Hettling, Manfred; Hoffmann, Stefan-Ludwig: Der bürgerliche Wertehimmel: zum Problem individueller Lebensführung im 19. Jahrhundert. In: Geschichte und Gesellschaft 23 (1997), 333–359.

Hiltbrunner, Edith: Generalstreik 1918 in der Region Grenchen-Solothurn. Fribourg 2012.

Hirter, Hans: Die Streiks in der Schweiz in den Jahren 1880–1914: Quantitative Streikanalyse. In: Gruner, Erich (Hg.): Arbeiterschaft und Wirtschaft in der Schweiz 1880–1914, Bd. II/2. Zürich 1988, 837–1008.

Historischer Verein Nidwalden (Hg.): Nidwalden im Ersten Weltkrieg (Beiträge zur Geschichte Nidwaldens, Band 48). Stans 2018.

Hitzer, Bettina: Emotionsgeschichte – ein Anfang mit Folgen. In: H-Soz-Kult, 23.11.2011, <www.hsozkult.de/literaturereview/id/forschungsberichte-1221>

Hodel, Markus: Die Schweizerische Konservative Volkspartei 1918–1929. Die goldenen Jahre des politischen Katholizismus. Freiburg 1994.

Hofer, Walther: Der Abbruch der Beziehungen mit dem revolutionären Russland 1917–1927. In: Schweizerische Zeitschrift für Geschichte 43 (1993), 223–240.

Högger, Rudolf: Revolution – auch in der Kleinstadt: Der Generalstreik in Baden. In: Badener Neujahrsblätter 44 (1969), 57–69.

Högger, Rudolf: Charles Naine 1874–1926. Eine politische Biographie. Zürich 1966.

Holenstein, Dieter: Extreme gesellschaftliche Polarisierung. Wirtschaftlich-soziale Entwicklung und Landesstreik. In: Historischer Verein des Kantons St. Gallen (Hg.): 1914–1918/1919. Die Ostschweiz und der Grosse Krieg. St. Gallen 2014, 156–169.

Holenstein, Dieter: Die christlichsoziale Arbeiterbewegung im Landesstreik 1918. In: Altermatt, Urs (Hg.): Schweizer Katholizismus zwischen den Weltkriegen 1920–1940. Freiburg 1994, 237–252.

Holenstein, Dieter: Die Christlichsozialen der Schweiz im Ersten Weltkrieg: Entwicklung der christlichsozialen Organisationen und ihre Stellung in der schweizerischen Arbeiterbewegung und der katholischen Sondergesellschaft 1914–1920. Freiburg 1993.

Holenstein, Dieter: Lagertreue vor Arbeitersolidarität? Die christlichsoziale Bewegung der Schweiz im

Landesstreik 1918. In: Zeitschrift für schweizerische Kirchengeschichte 85 (1991), 91–106.

Holzer, Anton (Hg.): Krieg nach dem Krieg: Revolution und Umbruch 1918/19. Darmstadt 2017.

Horat, Erwin: «Vom Krieg verschont und doch von Sorgen geplagt». Soziale und wirtschaftliche Schwierigkeiten am Beispiel des Kantons Schwyz in der Zeit des Ersten Weltkrieges. In: Der Geschichtsfreund. Mitteilungen des Historischen Vereins Zentralschweiz 169 (2016), 53–74.

Horat, Erwin: «Gedenket heute unserer lieben Verstorbenen! Wählt nicht sozialistisch, wählt konservativ!!». Die politische Landschaft der Zentralschweiz nach dem Ersten Weltkrieg zwischen grippetoten Soldaten und «bolschewistischer Gefahr». In: Der Geschichtsfreund 159 (2006), 167–328.

Horvath, Franz; Kunz, Matthias: Versöhnung ohne Verständigung? Sozialpolitik in der öffentlichen Debatte in der Schweiz 1910–1914. Zürich 1992.

Howald, Oskar; Abegg, Hedwig (Hg.): Ernst Laur 1871–1964: Ein Leben für den Bauernstand. Ein Beitrag zur schweizerischen Wirtschaftsgeschichte von 1890–1960. Aarau 1971.

Huber, Anja: Fremdsein im Krieg. Die Schweiz als Ausgangs- und Zielort von Migration, 1914–1918 (Die Schweiz im Ersten Weltkrieg, Band 2). Zürich 2018.

Huber, Johannes: Bolschewismus oder Sozialismus? St. Gallen 1918.

Hug, Eugen: Der Generalstreik war nicht umsonst. In: Gewerkschaftliche Rundschau. Vierteljahresschrift des Schweizerischen Gewerkschaftsbundes 60 (1968), 298–306.

Humair, Cédric: Une alliance pour le pouvoir: les rapports de l'Union suisse du commerce et de l'industrie avec l'Union suisse des paysans (1897–1929). In: Fraboulet, Danièle; Humair, Cédric; Vernus, Pierre (Hg.): Coopérer, négocier, s'affronter: les organisations patronales et leurs relations avec les autres organisations collectives. Rennes 2014, 183–197.

Humair, Cédric: The Genesis of the Swiss Business Interest Associations (1860–1914). In: Fraboulet, Danièle; Locatelli, Andrea M.; Tedeschi, Paolo (Hg.): Historical and International Comparison of Business Interest Associations (19th–20th Centuries). Brussels 2013, 31–42.

Humair, Cédric: Du libéralisme manchestérien au capitalisme organisé: genèse, structuration et spécificités de l'organisation patronale suisse (1860–1914). In: Fraboulet, Danièle; Vernus, Pierre (Hg.): Genèse des organisations patronales en Europe (19e-20e siècles). Rennes 2012, 113–142.

Humair, Cédric; Guex, Sébastien; Mach, André; Eichenberger, Pierre: Les organisations patronales suisses entre coordination économique et influence politique: bilan historiographique et pistes de recherche. In: Vingtième Siècle. Revue d'histoire 115 (2012), 115–127.

Jahr, Christoph: Armageddon an der Isar. Medien, Macht und Massenmobilisierung während der Revolution in Bayern 1918/19. In: Imhof, Kurt; Schulz, Peter (Hg.): Kommunikation und Revolution. Zürich 1998, 171–184.

Jaun, Rudolf; Straumann, Tobias: Durch fortschreitende Verelendung zum Generalstreik? Widersprüche eine populären Narrativs. In: Der Geschichtsfreund. Mitteilungen des Historischen Vereins Zentralschweiz 169 (2016), 19–51.

Jaun, Rudolf: Militärgewalt und das «revolutionäre» Gravitationszentrum Zürich 1917–1918. In: Hebeisen, Erika et al. (Hg.): Kriegs- und Krisenzeit. Zürich während des Ersten Weltkrieges. Zürich 2014, 185–197.

Jaun, Rudolf: Militär, Krieg und Geschlecht. Europäische Entwicklungslinien und schweizerische Besonderheiten. In: Dejung, Christof; Stämpfli, Regula (Hg.): Armee, Staat und Geschlecht. Die Schweiz im internationalen Vergleich 1918–1945. Zürich 2003, 83–97.

Jaun, Rudolf: Preussen vor Augen. Das schweizerische Offizierskorps im militärischen und gesellschaftlichen Wandel des Fin de siècle. Zürich 1999.

Jaun, Rudolf: Management und Arbeiterschaft. Verwissenschaftlichung, Amerikanisierung und Rationalisierung der Arbeitsverhältnisse in der Schweiz 1873–1959. Zürich 1986.

Jones, Mark: Am Anfang war Gewalt: Die deutsche Revolution 1918/19 und der Beginn der Weimarer Republik. Berlin 2017.

Jones, Mark: The Crowd in the German November Revolution 1918. In: Weinhauer Klaus, McElligott Anthony and Heinsohn Kirsten (Hg.), Germany 1916-1923. A Revolution in Context. Bielefeld 2015, 37–58.

Jones, Mark: Political Violence in Italy and Germany after the First World War. In: Millington, Chris; Passmore, Kevin (Hg.): Political Violence and Democracy in Western Europe, 1918–1940. Basingstoke 2015, 14–30.

Joris, Elisabeth: Kampf um Frauenrechte – Allianzen und Bruchlinien. In: Traverse. Zeitschrift für Geschichte 25 (2018) [im Druck].

Joris, Elisabeth; Schumacher, Beatrice: Helfen macht stark. Dynamik im Wechselspiel von privater Fürsorge und staatlichem Sozialwesen. In: Rossfeld, Roman; Buomberger, Thomas; Kury, Patrick (Hg.): 14/18: Die Schweiz und der Grosse Krieg. Baden 2014, 316–335.

Joris, Elisabeth: Umdeutung und Ausblendung. Entpolitisierung des Engagements von Frauen im Ersten Weltkrieg in Erinnerungsschriften. In: Kuhn, Konrad; Ziegler, Béatrice (Hg.): Der vergessene Krieg: Spuren und Traditionen zur Schweiz im Ersten Weltkrieg. Baden 2014, 133–151.

Joris, Elisabeth: Brot, Geld und Frauenstimmrecht. Die Forderungen der Frauen im Herbst 1918. In: WoZ Spezial: 80 Jahre Generalstreik in der Schweiz, 5. November 1998, 6f.

Jost, Hans Ulrich: Questions ouvertes sur la Grève générale de 1918. In: Traverse. Revue d'histoire 25 (2018) [im Druck].

Jost, Hans Ulrich: Die reaktionäre Avantgarde: die Geburt der neuen Rechten in der Schweiz um 1900. Zürich 1992.

Jost, Hans Ulrich: Der historische Stellenwert des Landesstreiks. In: Willi Gautschi, Der Landesstreik 1918, 3. durchgesehene Auflage. Zürich 1988, I–XV.

Jost, Hans Ulrich: Die Altkommunisten: Linksradikalismus und Sozialismus in der Schweiz 1919 bis 1921. Frauenfeld 1977.

Jost, Hans Ulrich: Linksradikalismus in der deutschen Schweiz 1914–1918. Bern 1973.

Junker, Beat: Die Bauern auf dem Wege zur Politik. Die Entstehung der Bernischen Bauern-, Gewerbe- und Bürgerpartei. Bern 1968.

Kälin, Urs: In der Spur: 100 Jahre Sozialdemokratische Partei des Kantons Uri. Altdorf 2007.

Kästli, Tobias: Ernst Nobs: Vom Bürgerschreck zum Bundesrat: Ein politisches Leben. Zürich 1995.

Kästli, Tobias: Das rote Biel, 1919–1939. Probleme sozialdemokratischer Gemeindepolitik. Bern 1988.

Kaiser, Chantal: Bundesrat Jean-Marie Musy, 1919–1934. Fribourg 1999.

Kartell der vereinigten schweizerischen Eisenbahnpersonalverbände (Hg.): An das Schweizervolk! Tatsächliches zum Landesstreik vom 12. bis 14. November 1918, Bern 1918.

Keller, Stefan: Die Zeit der Fabriken. Von Arbeitern und einer Roten Stadt. Zürich 2001.

Kneubühler, Helen Ursula: Die Schweiz als Mitglied der Internationalen Arbeitsorganisation. Bern 1982.

Knoepfli, Adrian: Heisse Tage in Winterthur. Hans Sulzer und Ferdinand Aeschbacher. Der Unternehmer und der Gewerkschaftssekretär. In: Joris, Elisabeth et al. (Hg.): Historische Begegnungen. Biografische Essays zur Schweizer Geschichte. Baden 2014, 205–230.

Knoepfli, Adrian: Mit Kaninchenzucht gegen den Hunger. Winterthur im Ersten Weltkrieg. In: Hebeisen, Erika et al. (Hg.): Kriegs- und Krisenzeit. Zürich während des Ersten Weltkrieges. Zürich 2014, 36–47.

Knoepfli, Adrian: Vom Baumwollhandel zur Industrie – und zur Bildungsstadt. In: Eugster, Erwin (Hg.): Winterthurer Stadtgeschichte, Band 2, von 1850 bis zur Gegenwart. Zürich 2014, 163–266.

Knoepfli, Adrian: Von der Herrschaft der Demokraten zu Rot-Grün. In: Eugster, Erwin (Hg.): Winterthurer Stadtgeschichte, Band 2, von 1850 bis zur Gegenwart. Zürich 2014, 83–150.

Knoepfli, Adrian: Ferdinand Aeschbacher und das Friedensabkommen. In: Winterthurer Jahrbuch 2012. Winterthur 2011, 150–155.

Koch-Baumgarten, Sigrid: Aufstand der Avantgarde. Die Märzaktion der KPD 1921. Frankfurt a. M. 1986.

Kocka, Jürgen (Hg.): Bürgertum im 19. Jahrhundert. Deutschland im europäischen Vergleich, 3 Bände. München 1988.

Kocka, Jürgen: Klassengesellschaft im Krieg. Deutsche Sozialgeschichte 1914–1918. Frankfurt a. M. 1988.

Kocka, Jürgen (Hg.): Arbeiter und Bürger im 19. Jahrhundert. Varianten ihres Verhältnisses im europäischen Vergleich. München 1986.

Kocka, Jürgen: Legitimationsprobleme und -strategien der Unternehmer und Manager im 19. und frühen 20. Jahrhundert. In: Pohl, Hans (Hg.): Legitimation des Managements im Wandel. Wiesbaden 1983, 7–21.

Koenen, Gerd: Die Farbe Rot. Ursprünge und Geschichte des Kommunismus. München 2017.

Koenker, Diane; Rosenberg, William G.: Strikes and Revolution in Russia, 1917. Princeton 1989.

Koller, Barbara: «Gesundes Wohnen». Ein Konstrukt zur Vermittlung bürgerlicher Werte und Verhaltensnormen und seine praktische Umsetzung in der Deutschschweiz 1880–1940. Zürich 1995.

Koller, Christian: Der Landesstreik im Kontext der Schweizer Streikgeschichte. In: Traverse. Zeitschrift für Geschichte 25 (2018) [im Druck].

Koller, Christian: 99 Jahre Erinnerung an den Landesstreik. In: http://geschichtedergegenwart.ch/99-jahre-erinnerung-an-den-landesstreik/ [1. November 2017]

Koller, Christian: Die Rückkehr der Kosaken: Ordnungsdiensteinsätze bei Streiks vor und im Ersten Weltkrieg und die Schweizer Arbeiterbewegung. In: Olsansky, Michael, Bühlmann, Christian (Hg.): Am Rande des Sturms: Das Schweizer Militär im Ersten Weltkrieg (Serie Ares, Band 4). Baden 2018, 242–258.

Koller, Christian: Vor dem Landesstreik: Der November 1918 in der Kontinuität der helvetischen Streikgeschichte. In: Fuhrer, Hans Rudolf (Hg.): Innere Sicherheit – Ordnungsdienst, Teil 1: bis zum Oktober 1918 (Publikationen der Schweizerischen Gesellschaft für Militärhistorische Studienreisen, Heft 39). Zürich 2017, 75–98.

Koller, Christian: Labour, Labour Movements, Trade Unions and Strikes (Switzerland). In: Daniel, Ute et al. (Hg.): 1914-1918-online. International Encyclopedia of the First World War. Berlin 2015, DOI: http://dx.doi.org/10.15463/ie1418.10754.

Koller, Christian: Soziale Bewegungen: Emotion und Solidarität. In: Mittag, Jürgen; Stadtland, Helke (Hg.): Theoretische Ansätze und Konzepte der Forschung über soziale Bewegungen in der Geschichtswissenschaft. Essen 2014, 357–376.

Koller, Christian: La grève comme phénomène «antisuisse»: xénophobie et théories du complot dans les discours anti-grévistes (19e et 20e siècles). In: Cahiers d'histoire du mouvement ouvrier 28 (2012), 25–46.

Koller, Christian: «Es ist zum Heulen»: Emotionshistorische Zugänge zur Kulturgeschichte des Streikens. In: Geschichte und Gesellschaft 36 (2010), 66–92.

Koller, Christian: Local Strikes as Transnational Events: Migration, Donations, and Organizational Cooperation in the Context of Strikes in Switzerland (1860–1914). In: Labour History Review 74 (2009), 305–318.

Koller, Christian: «Nur ein paar Lumpen, die Ihren Judaslohn in Alkohol umsetzen»: Streikbrecher vom Balkan in der Schweiz im frühen 20. Jahrhundert und ihre Wahrnehmung. In: Ethnologia Balkanica 13 (2009), 91–105.

Koller, Christian: Streikkultur: Performanzen und Diskurse des Arbeitskampfes im schweizerisch-österreichischen Vergleich (1860–1950). Wien 2009.

Koller, Christian: Die schweizerische «Grenzbesetzung 1914/18» als Erinnerungsort der Geistigen Landesverteidigung. In: Kuprian, Hermann; Überegger, Oswald (Hg.): Der Erste Weltkrieg im Alpenraum: Erfahrung – Deutung – Erinnerung. Innsbruck 2006, 441–462.

Koller, Christian: Coulissenschieber, Spitzelhunde und Dunkelmänner – Verschwörungstheorien im schweizerischen Streikdiskurs vor dem Ersten Weltkrieg. In: Traverse. Zeitschrift für Geschichte 11 (2004), 73–84.

Komite der Rußland-Schweizer (Hg.): Unter der Herrschaft des Bolschewismus. Erlebnisse von Rußland-Schweizern zum Besten der aus Rußland heimgekehrten, notleidenden Landsleute und zur Aufklärung des Schweizervolkes. Zürich 1918.

König, Mario: Eine bewusste Provokation? Vor dem Streik: Die Bankiers in Nöten. In: WoZ, 5. November 1998, 5 und 8.

König, Mario: Die Angestellten zwischen Bürgertum und Arbeiterbewegung. Soziale Lage und Organisation der kaufmännischen Angestellten in der Schweiz 1914–1920. Zürich 1984.

Kossok, Manfred; Kross, Editha (Hg.): Proletariat und bürgerliche Revolution (1830–1917). Vaduz 1990.

Krämer, Daniel; Pfister, Christian; Segesser, Daniel Marc (Hg.): «Woche für Woche neue Preisaufschläge»: Nahrungsmittel-, Energie- und Ressourcenkonflikte in der Schweiz des Ersten Weltkrieges. Bern 2016.

Kreis, Georg: Insel der unsicheren Geborgenheit. Die Schweiz in den Kriegsjahren 1914–1918. Zürich 2014.

Kriegssegen und Konjunkturgewinne: Einige Zahlen zur Illustration der Not der besitzenden Klassen in der Schweiz während der Kriegszeit. Zusammengestellt und veröffentlicht vom Sekretariat der sozialdemokratischen Partei der Schweiz. Bern 1919.

Kuhn, Konrad; Ziegler, Béatrice (Hg.): Der vergessene Krieg: Spuren und Traditionen zur Schweiz im Ersten Weltkrieg. Baden 2014.

Kuhn, Konrad; Ziegler, Béatrice: Tradierungen zur Schweiz im Ersten Weltkrieg: Geschichtskulturelle Prägungen der Geschichtswissenschaft und ihre Folge. In: Schweizerische Zeitschrift für Geschichte 63 (2013), 505–526.

Kuhn, Konrad; Ziegler, Béatrice: Heimatfilme und Denkmäler für Grippetote: Geschichtskulturelle Reflexionen zur wirtschaftlichen Nutzbarmachung des Ersten Weltkriegs in der Schweiz. In: Kühberger, Christoph; Pudlat, Andreas (Hg.): Vergangenheitsbewirtschaftung: Public History zwischen Wirtschaft und Wissenschaft. Innsbruck 2012, 199–215.

Kuhn, Konrad; Ziegler, Béatrice: Dominantes Narrativ und drängende Forschungsfragen – Zur Geschichte der Schweiz im Ersten Weltkrieg. In: Traverse. Zeitschrift für Geschichte 18 (2011), 123–141.

Kühnis, Nino: Anarchisten! Von Vorläufern und Erleuchteten, von Ungeziefer und Läusen. Zur kollektiven Identität einer radikalen Gemeinschaft in der Schweiz, 1885–1914. Bielefeld 2015.

Kultur-Historisches Museum Grenchen (Hg.): Generalstreik 1918 in Grenchen. Illustrierte Beschreibung der Ereignisse in Grenchen und Region. Grenchen 2008.

Kunz, Hans-Beat: Weltrevolution und Völkerbund. Die schweizerische Aussenpolitik unter dem Eindruck der bolschewistischen Bedrohung 1918–1923. Bern 1981.

Kury, Patrick: Der Erste Weltkrieg als Wendepunkt in der Ausländerpolitik. Von der Freizügigkeit zur Kontrolle und Abwehr. In: Rossfeld, Roman; Buomberger, Thomas; Kury, Patrick (Hg.): 14/18: Die Schweiz und der Grosse Krieg. Baden 2014, 290–313.

Kury, Patrick: Über Fremde reden. Überfremdungsdiskurs und Ausgrenzung in der Schweiz 1900–1945. Zürich 2003.

Kurz, Daniel: Die Disziplinierung der Stadt. Moderner Städtebau in Zürich, 1900 bis 1940. Zürich 2008.

Kurz, Hans Rudolf: Dokumente der Grenzbesetzung 1914–1918. Frauenfeld 1970.

Kurz, Hans Rudolf: Oberstkorpskommandant Theophil Sprecher von Bernegg. Wattwil 1961.

Labhardt, Robert: Krieg und Krise, Basel 1914–1918. Basel 2014.

Lang, Karl: La grève générale de 1912 à Zurich. In: Cahiers Vilfredo Pareto 42 (1977), 129–141.

Lätt, Jean-Maurice: 120 Jahre Arbeiterbewegung des Kantons Solothurn: für eine demokratische und solidarische Welt. Zürich 1990.

Leimgruber, Matthieu: Etat fédéral, Etat social? L'historiographie de la protection sociale en Suisse. In: Traverse. Revue d'histoire 18 (2011), 217–237.

Leimgruber, Matthieu: Solidarity without the state? Business and the shaping of the Swiss welfare state, 1890–2000. Cambridge 2011.

Leimgruber, Matthieu et al. (Hg.): Umbruch an der «inneren Front»: Krieg und Sozialpolitik in der Schweiz, 1938–1948. Zürich 2009.

Leimgruber, Matthieu: La politique sociale comme marché: les assureurs vie et la structuration de la prévoyance vieillesse en Suisse (1890–1972). In: Geschichte der Sozialversicherungen (Studien und Quellen, Band 31). Zürich 2006, 109–139.

Leimgruber, Matthieu: «Réaliser le progrès social sans solutions étatistes»: les caisses de pension face à l'assurance vieillesse et survivants (1920–1950). In: Gilomen, Hans-Jörg et al. (Hg.): Von der Barmherzigkeit zur Sozialversicherung: Umbrüche und Kontinuitäten vom Spätmittelalter bis zum 20. Jahrhundert. Zürich 2002, 307–319.

Leimgruber, Matthieu: Taylorisme et management en Suisse romande, 1917–1950. Lausanne 2001.

Leins, Linda: Idealisten und Drückeberger: Fremde Deserteure und Refraktäre in der Schweiz im Ersten Weltkrieg. Unveröffentlichte Masterarbeit der Universität Zürich. Zürich 2014.

Lengwiler, Martin et al. (Hg.): Das präventive Selbst. Eine Kulturgeschichte moderner Gesundheitspolitik. Bielefeld 2010.

Lengwiler, Martin: Risikopolitik im Sozialstaat. Die schweizerische Unfallversicherung, 1870–1970. Köln 2006.

Lengwiler, Martin: Zwischen Verwissenschaftlichung, Politisierung und Bürokratisierung. Expertenwissen im schweizerischen Sozialstaat. In: Geschichte der Sozialversicherungen (Studien und Quellen, Band 31). Zürich 2006, 167–190.

Lengwiler, Martin: Soldatische Automatismen und ständisches Offiziersbewusstsein: Militär und Männlichkeit in der Schweiz um 1900. In: Jaun, Rudolf; Studer, Brigitte (Hg.): Weiblich – männlich. Geschlechterverhältnisse in der Schweiz: Rechtsprechung, Diskurs, Praktiken. Zürich 1995, 171–184.

Leonhard, Jörn: 1917–1920 and the Global Revolution of Rising Expectations. In: Rinke, Stefan; Wildt, Michael (Hg.): Revolutions and Counter-Revolutions. 1917 and its Aftermath from a Global Perspective. Frankfurt a. M. 2017, 31–51.

Leonhard, Jörn: Liberale und Liberalismus nach 1918 – Herausforderungen und Forschungsperspektiven. In: Jahrbuch zur Liberalismus-Forschung 28 (2016), 327–336.

Leonhard, Jörn: «So zerbrechen auch uns heute alle rationellen Berechnungen». Erwartung und Erfahrung im Ersten Weltkrieg. In: Ulbricht, Justus H. (Hg.): Das Ende des Alten Europa. Der Erste Weltkrieg in Geschichte und Erinnerung mitteleuropäischer Regionen. Dresden 2016, 27–44.

Leonhard, Jörn: Krieg und Krise – Der Liberalismus 1914–1918 im internationalen Vergleich. In: Anselm Doering-Manteuffel; Leonhard, Jörn (Hg.): Liberalismus im 20. Jahrhundert. Stuttgart 2015, 69–94.

Leonhard, Jörn: Das Dilemma von Erwartungen und Erfahrungen. Liberale im Ersten Weltkrieg. In: Jahrbuch zur Liberalismus-Forschung 26 (2014), 193–215.

Lepsius, Mario Rainer: Zur Soziologie des Bürgertums und der Bürgerlichkeit. In: Kocka, Jürgen (Hg.): Bürger und Bürgerlichkeit im 19. Jahrhundert. Göttingen 1987, 79–100.

Linden, Marcel van der: «Das cha nümme so wyter gah. Jetzt muess öppis lauffe!» Vorläufiges zum Schweizer Landesstreik in vergleichender Perspektive. In: Traverse. Zeitschrift für Geschichte 25 (2018) [im Druck].

Linden, Marcel van der: The Promise and Challenges of Global Labor History. In: International Labor and Working-Class History 82 (2012), 1–21.

Linden, Marcel van der: Ein globalgeschichtlicher Blickwinkel auf Kapitalismus und Arbeiterklasse. In: Budde, Gunilla (Hg.): Kapitalismus. Historische Annäherungen. Göttingen 2011, 164–175.

Linden, Marcel van der: Transnationale Arbeitergeschichte. In: Budde, Gunilla et al. (Hg.): Transnationale Geschichte. Themen, Tendenzen und Theorien. Göttingen 2006, 265–275.

Luban, Ottokar: Die politischen Massenstreiks in den letzten Weltkriegsjahren und die Haltung der freien

Gewerkschaften (1916–1918). In: Führer, Karl Christian et al. (Hg.): Revolution und Arbeiterbewegung in Deutschland 1918–1920. Essen 2013, 121–134.

Luchsinger, Christine: Solidarität, Selbständigkeit, Bedürftigkeit: der schwierige Weg zu einer Gleichberechtigung der Geschlechter in der AHV, 1939–1980. Zürich 1995.

Lüthy, Edwin: Das künstlerische politische Plakat in der Schweiz. Basel 1920.

Macaluso, Pompeo: Il canton Ticino nel primo Dopoguerra. In: Il Cantonetto. Rassegna letteraria bisemestrale 62 (2015), 150–155.

MacDonald, Stephen C.: Crisis, War, and Revolution in Europe, 1917–23. In: Schmitt, Hans A. (Hg.): Neutral Europe between War and Revolution 1917–23. Charlottesville 1988, 235–251.

Mach, André; David, Thomas; Ginalski, Stéphanie; Bühlmann, Felix: Schweizer Wirtschaftseliten, 1910–2010. Baden 2017.

Maier, Charles Steven: Recasting Bourgeois Europe: Stabilization in France, Germany and Italy in the Decade after World War I. Princeton 1975.

Marbach, Fritz: Der Generalstreik 1918. Fakten, Impressionen, Illusionen. Bern 1969.

Marcacci, Marco (Hg.): La Befana Rossa. Memoria, sociabilità e tempo libero nel movimento operaio ticinese, Bellinzona 2005.

Marchal, Guy: Geschichtskultur und Geschichtspolitik. In: Traverse: Zeitschrift für Geschichte 19 (2002), 44–59.

Mariani Arcobello, Francesca: Socialista di frontiera. L'avvocato Francesco Nino Borella (1883–1963). Bellinzona 2005.

Martinetti, Orazio: Sul ciglio del fossato, La Svizzera alla viglia della grande guerra, Locarno 2018.

Martinetti, Orazio: Fare il Ticino. Economia e società tra Otto e Novecento. Locarno 2013.

Martinetti, Orazio: La matrigna e il monello, Confederazione e Ticino tra dialogo e silenzi. Locarno 2001.

Martinoni, Renato: Censure: cronache di quattro casi culturali. Locarno 1996.

Matter, Sonja: Strategien der Existenzsicherung. Die Philanthropie in einer mixed economy of welfare im frühen 20. Jahrhundert. In: Österreichische Zeitschrift für Geschichtswissenschaften 26 (2015), 57–79.

Matter, Sonja; Schnegg, Brigitte: Von der Unterstützung der «würdigen» Armen zum Recht auf Existenzsicherung: Die Ausgestaltung der Schweizer Sozialhilfe im 20. Jahrhundert. In: Kehrli, Christin (Hg.): Sozialalmanach 2010. Schwerpunkt: Armut verhindern. Luzern 2010, 129–142.

Mattioli, Aram: Die Moderne und ihre Kritiker. Zur seismographischen Qualität antimodernistischer Einstellungen im Kanton Fribourg. In: Ernst, Andreas; Wigger, Erich (Hg.): Die neue Schweiz? Eine Gesellschaft zwischen Integration und Polarisierung (1910–1930). Zürich 1996, 107–125.

Mattioli, Aram: Die intellektuelle Rechte und die Krise der demokratischen Schweiz. Überlegungen zu einem zeitgeschichtlichen Niemandsland. In: Mattioli. Aram (Hg.): Intellektuelle von rechts: Ideologie und Politik in der Schweiz 1918–1939, Zürich 1995, 1–28.

Mattioli, Aram (Hg.): Intellektuelle von rechts: Ideologie und Politik in der Schweiz 1918–1939. Zürich 1995.

Mattioli, Aram: Zwischen Demokratie und totalitärer Diktatur: Gonzague de Reynold und die Tradition der autoritären Rechten in der Schweiz. Zürich 1994.

Mattmüller, Markus: Leonhard Ragaz und die Schweiz in den Jahren nach dem Landesstreik. In: Der Aufbau. Schweizerische Zeitschrift für Recht, Freiheit und Frieden, 12. Februar 1977, 26–33.

Mattmüller, Markus: Die Zürcher Arbeiterbewegung während des Ersten Weltkrieges. In: Zürcher Taschenbuch 90 (1970), 65–87.

Mattmüller, Markus: Leonhard Ragaz und der religiöse Sozialismus, Band 2: Die Zeit des Ersten Weltkrieges und der Revolutionen (Basler Beiträge zur Geschichtswissenschaft 110). Basel 1968.

Mazbouri, Malik: Der Aufstieg des Finanzplatzes im Ersten Weltkrieg: Das Beispiel des Schweizerischen Bankvereins. In: Rossfeld, Roman; Straumann, Tobias (Hg.): Der vergessene Wirtschaftskrieg: Schweizer Unternehmen im Ersten Weltkrieg. Zürich 2008, 439–464.

Mazbouri, Malik: L'émergence de la place financière suisse (1890–1913). Itinéraire d'un grand banquier. Lausanne 2005.

Mazbouri, Malik: Place financière suisse et crédits aux belligérants durant la Première Guerre mondiale. In: Guex, Sébastien (Hg.): La Suisse et les Grandes puissances, 1914–1945. Relations économiques avec les Etats-Unis, la Grande-Bretagne, l'Allemagne et la France. Genève 1999, 59–90.

Mazbouri, Malik: Capital financier et politique extérieure à la fin de la Première Guerre mondiale: l'exemple de la Centrale des Charbons (1917) et de la Société Financière Suisse (1918). In: Favez, Jean-Claude et al. (Hg.): Les relations internationales et la Suisse. Lausanne 1998, 45–70.

Meienberg, Niklaus: Die Welt als Wille und Wahn. Elemente zur Naturgeschichte eines Clans. Zürich 1987.

Meier, Heinz K.: The Swiss National General Strike of November 1918. In: Schmitt, Hans A. (Hg.): Neutral Europe between War and Revolution, 1917–1923. Charlottesville 1988, 66–86.

Meier, Maria: «Wo die Not am grössten …». Die Versorgungskrise in der Schweiz während des Ersten Weltkrieges im Spiegel zeitgenössischer Karikaturen. In: Müller, Angela; Rauh, Felix (Hg.): Wahrnehmung und mediale Inszenierung von Hunger im 20. Jahrhundert (Itinera, Band 37). Basel 2014, 53–73.

Mergel, Thomas: Einleitung: Krisen als Wahrnehmungsphänomene. In: Ders. (Hg.): Krisen verstehen. Historische und kulturwissenschaftliche Annäherungen. Frankfurt a. M. 2012, 9–22.

Mergel, Thomas: Die Bürgertumsforschung nach 15 Jahren. In: Archiv für Sozialgeschichte 41 (2001), 515–538.

Merridale, Catherine: Lenins Zug. Die Reise in die Revolution. Aus dem Englischen von Bernd Rullkötter. Frankfurt a. M. 2017.

Mesmer, Beatrix: Staatsbürgerinnen ohne Stimmrecht. Die Politik der schweizerischen Frauenverbände 1914–1971. Zürich 2007.

Mesmer, Beatrix: Pflichten erfüllen heisst Rechte begründen: die frühe Frauenbewegung und der Staat. In: Schweizerische Zeitschrift für Geschichte 46 (1996), 332–355.

Meyer, Carla; Patzel-Mattern, Katja; Schenk, Gerrit Jasper: Krisengeschichte(n). «Krise» als Leitbegriff und Erzählmuster in kulturwissenschaftlicher Perspektive – eine Einführung. In: Dies. (Hg.): Krisengeschichte(n). «Krise» als Leitbegriff und Erzählmuster in kulturwissenschaftlicher Perspektive. Stuttgart 2013, 9–23.

Meyer, Erich: Der Generalstreik 1918 in Olten. In: Oltner Neujahrsblätter 27 (1969), 44–51.

Meyer, Erich: Erster Weltkrieg und Generalstreik. In: Einwohnergemeinde Olten (Hg.): Olten 1798–1991: vom Untertanenstädtchen zum Wirtschaftspol. Olten 1991, 215–236.

Michl, Susanne; Plamper, Jan: Soldatische Angst im Ersten Weltkrieg. Die Karriere eines Gefühls in der Kriegspsychiatrie Deutschlands, Frankreichs und Russlands. In: Geschichte und Gesellschaft 35 (2009), 209–248.

Mikfeld, Benjamin; Turowski, Jan: Gesellschaftlicher Wandel und politische Diskurse. Überlegungen für eine strategieorientierte Diskursanalyse, Berlin 2013.

Möller, Frank: Liberalismus als Bürgertumsgeschichte. In: Grothe, Ewald et al. (Hg.): Liberalismus-Forschung nach 25 Jahren. Bilanz und Perspektiven. Baden-Baden 2016, 71–96.

Mommsen, Hans: Die Auflösung des Bürgertums seit dem späten 19. Jahrhundert. In: Kocka, Jürgen (Hg.): Bürger und Bürgerlichkeit im 19. Jahrhundert. Göttingen 1987, 288–315.

Morandi, Pietro: Krise und Verständigung. Die Richtlinienbewegung und die Entstehung der Konkordanzdemokratie 1933–1939. Zürich 1995.

Mörgeli, Christoph: Bauern, Bürger, Bundesräte: 1917–2017: Hundert Jahre Zürcher SVP. Zürich 2017.

Moser, Peter: Kein umstrittenes Thema mehr? Die Ernährungsfrage im Landesstreik 1918. In: Krämer, Daniel; Pfister, Christian; Segesser, Daniel Marc (Hg.): «Woche für Woche neue Preisaufschläge»: Nahrungsmittel-, Energie- und Ressourcenkonflikte in der Schweiz des Ersten Weltkrieges. Bern 2016, 83–110.

Moser, Peter: Mehr als eine Übergangszeit. Die Neuordnung der Ernährungsfrage während des Ersten Weltkrieges. In: Rossfeld, Roman; Buomberger, Thomas; Kury, Patrick (Hg.): 14/18: Die Schweiz und der Grosse Krieg. Baden 2014, 172–199.

Moser, Peter: Die Agrarproduktion: Ernährungssicherung als Service public. In: Halbeisen, Patrick et al. (Hg.): Wirtschaftsgeschichte der Schweiz im 20. Jahrhundert. Basel 2012, 568–628.

Müller, Reto Patrick: Innere Sicherheit Schweiz. Rechtliche und tatsächliche Entwicklungen im Bund seit 1848. Egg bei Einsiedeln 2009.

Niess, Wolfgang: Die Revolution von 1918/19 in der deutschen Geschichtsschreibung: Deutungen von der Weimarer Republik bis ins 21. Jahrhundert. Berlin 2013.

Nobs, Ernst: Der Landesstreik. Ein Wort zur Aufklärung an alle Schweizer. Zürich 1918.

Nöthinger-Strahm, Christine: Der deutschschweizerische Protestantismus und der Landesstreik von 1918. Die Auseinandersetzung der Kirche mit der sozialen Frage zu Beginn des 20. Jahrhunderts. Bern 1981.

Nünning, Ansgar: Grundzüge einer Narratologie der Krise. Wie aus einer Situation ein Plot und eine Krise (konstruiert) werden. In: Grunwald, Henning; Pfister, Manfred (Hg.): Krisis! Krisenszenarien, Diagnosen und Diskursstrategien. München 2007, 48–71.

Nussbaum, Walter: Die Grippe-Epidemie 1918–1919 in der schweizerischen Armee. In: Gesnerus 39 (1982), 243–259.

Odermatt, Christine: «Nicht mehr der gemeinnützige Michel von ehedem»: Der Wunsch der St. Galler Bauern nach einer eigenen Partei (1914–1919). In: Historischer Verein des Kantons St. Gallen (Hg.): 1914–1918/1919. Die Ostschweiz und der Grosse Krieg. St. Gallen 2014, 94–107.

Pedroli, Guido: Il socialismo nella Svizzera italiana (1880–1922). Milano 1963.

Pellegrini, Luca: L'assurance vieillesse, survivants et invalidité: ses enjeux financiers entre 1918 et 1925. In: Geschichte der Sozialversicherungen (Studien und Quellen, Band 31). Zürich 2006, 79–107.

Perrenoud, Marc: La Grève générale à La Chaux-de-Fonds. In: Traverse. Revue d'histoire 25 (2018) [im Druck].

Petersen, Andreas: Radikale Jugend. Die sozialistische Jugendbewegung der Schweiz 1900-1930. Zürich 2001.

Pfeifer, Regula: Frauen und Protest: Marktdemonstrationen in der deutschen Schweiz im Kriegsjahr 1916. In: Head-König, Anne-Lise; Tanner, Albert (Hg.): Frauen in der Stadt. Zürich 1993, 93–109.

Pfister, Christian: Auf der Kippe. Regen, Kälte und schwindende Importe stürzen die Schweiz 1916–1918 in einen Nahrungsengpass. In: Krämer, Daniel; Pfister, Christian; Segesser, Daniel Marc (Hg.): «Woche für Woche neue Preisaufschläge»: Nahrungsmittel-, Energie- und Ressourcenkonflikte in der Schweiz des Ersten Weltkrieges. Bern 2016, 57–81.

Pfister, Christian: Frieren, kalt essen und zu Fuss gehen. Die Energiekrise 1917–1919 in der Schweiz. In: Krämer, Daniel; Pfister, Christian; Segesser, Daniel Marc (Hg.): «Woche für Woche neue Preisaufschläge»: Nahrungsmittel-, Energie- und Ressourcenkonflikte in der Schweiz des Ersten Weltkrieges. Bern 2016, 113–132.

Plamper, Jan: Vergangene Gefühle. Emotionen als historische Quellen. In: Aus Politik und Zeitgeschichte 63 (2013), 12–19.

Plamper, Jan; Lazier, Benjamin (Hg.): Fear: Across the Disciplines. Pittsburgh 2012.

Plamper, Jan: Geschichte und Gefühl. Grundlagen der Emotionsgeschichte. München 2012.

Platthaus, Andreas: Der Krieg nach dem Krieg. Deutschland zwischen Revolution und Versailles 1918/19. Berlin 2018.

Pohl, Karl-Heinrich: Liberalismus und Bürgertum 1880–1918. In: Gall, Lothar (Hg.): Bürgertum und bürgerlich-liberale Bewegung in Mitteleuropa seit dem 18. Jahrhundert. München 1997, 231–292.

Priemel, Kim Christian: Die deutschen Unternehmen in der Revolution: Zur Kartographie eines Forschungsfeldes. In: Führer, Karl Christian et al. (Hg.): Revolution und Arbeiterbewegung in Deutschland 1918–1920. Essen 2013, 311–335.

Protokoll des Allgemeinen Schweizerischen Arbeiterkongresses, Samstag den 27. und Sonntag den 28. Juli 1918 in der Burgvogtei in Basel. Bern 1918.

Quaderer-Vogt, Rupert: Bewegte Zeiten in Liechtenstein, 1914 bis 1926, 3 Bände, Zürich 2014.

Rauber, André; L'anticommunisme en Suisse, une quasi-doctrine d'Etat, entre phobie et manipulation de la légalité. In: Caillat, Michel et al. (Hg.): Histoire(s) de l'anticommunisme en Suisse / Geschichte(n) des Antikommunismus in de Schweiz. Zürich 2009, 183–193.

Redlin, Jane; Neuland-Kitzerow, Dagmar (Hg.): Der gefühlte Krieg: Emotionen im Ersten Weltkrieg. Husum 2014.

Reimann, Aribert: Der grosse Krieg der Sprachen: Untersuchungen zur historischen Semantik in Deutschland und England zur Zeit des Ersten Weltkriegs. Essen 2001.

Rey, Jacques: La grève générale de 1918 à La Chaux-de-Fonds. Lausanne 1981.

Richers, Julia: Die Schweiz als Zufluchtsort und Wegbereiterin der Revolution. In: Deutsches Historisches Museum / Schweizerisches Nationalmuseum (Hg.): 1917 Revolution. Russland und die Folgen. Dresden 2017, 69–81.

Rodriguez-Lores, Juan: Sozialer Wohnungsbau in Europa. Die Ursprünge bis 1918: Ideen, Programme, Gesetze (Stadt – Planung – Geschichte, Bd. 16). Basel 1994.

Roerkohl, Anne: Hungerblockade und Heimatfront. Die kommunale Lebensmittelversorgung in Westfalen während des Ersten Weltkriegs. Stuttgart 1991.

Rohner, Martha: «Was wir wollen!» Rosa Bloch und die Zürcher Frauendemonstrationen 1916–1919. Unveröffentlichte Masterarbeit der Universität Zürich. Zürich 2007.

Rohr, Thomas: Schaffhausen und der Landesstreik von 1918. Schaffhausen 1972.

Rossfeld, Roman: «Bolschewistischer Terror hat kein Schweizer Heimatrecht»: Ordnungsdienst und Revolutionsrhetorik im schweizerischen Landesstreik vom November 1918. In: Olsansky, Michael (Hg.): Am Rande es Sturms: Das Schweizer Militär im Ersten Weltkrieg. Baden 2018, 274–298.

Rossfeld, Roman: Streik! Wege und Desiderate der Forschung zur Geschichte des Schweizerischen Landesstreiks vom November 1918. In: Archiv für Sozialgeschichte 57 (2017), 413–437.

Rossfeld, Roman: «Abgedrehte Kupferwaren»: Kriegsmaterialexporte der schweizerischen Uhren-, Metall- und Maschinenindustrie im Ersten Weltkrieg. In: Jahrbuch für Wirtschaftsgeschichte 56 (2015), 515–551.

Rossfeld, Roman: «Schweigen ist Gold»: Kriegsmaterialexporte der schweizerischen Uhren-, Metall- und Maschinenindustrie im Ersten Weltkrieg. In: Jaun, Rudolf et al. (Hg.): An der Front und hinter der Front. Der Erste Weltkrieg und seine Gefechtsfelder. Baden 2015, 292–313.

Rossfeld, Roman: «Rechte hat nur, wer Kraft hat»: Anmerkungen zur Schweizer Wirtschaft im Ersten Weltkrieg. In: Rossfeld, Roman; Buomberger, Thomas; Kury, Patrick (Hg.): 14/18: Die Schweiz und der Grosse Krieg. Baden 2014, 144–171.

Rossfeld, Roman; Buomberger, Thomas; Kury, Patrick (Hg.): 14/18: Die Schweiz und der Grosse Krieg. Baden 2014.

Rossfeld, Roman; Straumann, Tobias (Hg.): Der vergessene Wirtschaftskrieg. Schweizer Unternehmen im Ersten Weltkrieg. Zürich 2008.

Rossfeld, Roman; Straumann, Tobias: Zwischen den Fronten oder an allen Fronten? Eine Einführung. In: Rossfeld, Roman; Straumann, Tobias (Hg.): Der vergessene Wirtschaftskrieg. Schweizer Unternehmen im Ersten Weltkrieg. Zürich 2008, 11–59.

Rossi Gabriele, Point de Grève générale au Tessin? Les raisons d'un échec partiel. In: Traverse. Revue d'histoire 25 (2018) [im Druck].

Rossi, Gabriele: Culture ouvrière et mouvement ouvrier au Tessin, quelques jalons. In: Cahiers d'histoire du mouvement ouvrier 19 (2003), 126–136.

Rossi, Gabriele: Sindacalismo senza classe. Storia del movimento sindacale nel Ticino dalle origini al secondo dopoguerra. Bellinzona 2002.

Rossi, Sandra: Il Ticino durante la prima guerra mondiale. Neutralità, questione nazionale e questione economico-sociale. Zürich 1986.

Röthlisberger, Heinz Christian: Der politische Standort von Ulrich Wille. Stäfa 1975.

Ruckstuhl, Brigitte; Ryter, Elisabeth: Die Zürcher Frauenzentrale. Ein Beispiel für die Interessenvertretung der bürgerlichen Frauenbewegung. In: Hürlimann, Gisela et al. (Hg.): Lobbying. Die Vorräume der Macht. Zürich 2016, 205–219.

Rudloff, Wilfried: Soziale Lage der Arbeiterschaft, Ernährungskrise und kommunalpolitische Integration im Ersten Weltkrieg. In: Führer, Karl Christian et al. (Hg.): Revolution und Arbeiterbewegung in Deutschland 1918–1920. Essen 2013, 97–119.

Ruf, W.: Das gemeinnützige Baugenossenschaftswesen in der Schweiz. In: Wohnen 5/9 (1930), 78–82.

Ruoss, Matthias: Fürsprecherin des Alters: Geschichte der Stiftung Pro Senectute im entstehenden Schweizer Sozialstaat (1917–1967). Zürich 2015.

Ruoss, Matthias: Die private Stiftung «Für das Alter» und der entstehende Schweizer Sozialstaat, 1920er bis 1950er Jahre. In: Österreichische Zeitschrift für Geschichtswissenschaften 26 (2015), 127–148.

Rusterholz Armin: «Das Sterben will nicht enden». Die Spanische Grippe-Epidemie 1918/19 in der Schweizer Armee mit besonderer Berücksichtigung der Glarner Militäropfer. Glarus 2010.

Sachar, Howard M.: The Assassination of Europe, 1918–1942: a Political History. Toronto 2014.

Saitzew, Manuel: Die Bekämpfung der Wohnungsnot. Gutachten erstattet dem Schweiz. Verband zur Förderung des gemeinnützigen Wohnungsbaues. Zürich 1920.

Saner, Fabian: Abenteurer in der Kleinstadt. Die Kommunistische Partei Olten 1932–1945. In: Jahrbuch für Solothurnische Geschichte 77 (2004), 223–272.

Schelbert, Joe: Der Landesstreik vom November 1918 in der Region Luzern. Seine Vorgeschichte, sein Verlauf und seine Wirkung. Luzern 1985.

Schild, Georg: Kommunisten-Phobie. Angst und Hysterie in den USA im Kalten Krieg. In: Aschmann, Birgit (Hg.): Gefühl und Kalkül. Der Einfluss von Emotionen auf die Politik des 19. und 20. Jahrhunderts. Stuttgart 2005, 86–100.

Schmid, Hanspeter: Wirtschaft, Staat und Macht: Die Politik der schweizerischen Exportindustrie im Zeichen von Staats- und Wirtschaftskrise (1918–1929). Zürich 1983.

Schmid, Hanspeter: Krieg der Bürger. Das Bürgertum im Kampf gegen den Generalstreik 1919 in Basel. Zürich 1980.

Schmid, Hans-Rudolf: Arbeitgeberpolitik gestern und heute, 1908–1958. Zürich 1958.

Schmid-Ammann, Paul: Die Wahrheit über den Generalstreik von 1918: Seine Ursachen, sein Verlauf, seine Folgen. Zürich 1968.

Schmitt, Hans A. (Hg.): Neutral Europe between War and Revolution, 1917–1923. Charlottesville 1988.

Schneider, Friedrich: Der Landesstreik in der Schweiz (11. bis 14. November 1918). Seine Vorbedingungen, der Verlauf und seine Lehren. Basel 1918.

Schneider, Oliver: Diktatur der Bürokratie? Das Vollmachtenregime des Bundesrats im Ersten Weltkrieg. In: Rossfeld, Roman; Buomberger, Thomas; Kury, Patrick (Hg.): 14/18: Die Schweiz und der Grosse Krieg. Baden 2014, 48–71.

Schneider, Oliver: Von Knüppelgardisten, Revolutionshelden und Radaubrüdern: die Luzerner Bürgerwehren nach dem Landesstreik 1918. In: Jahrbuch der Historischen Gesellschaft Luzern 31 (2013), 63–84.

Schneider, Willi: Die Geschichte der Winterthurer Arbeiterbewegung. Winterthur 1960.

Schoeni, Céline: Travail féminin: Retour à l'ordre. L'offensive contre le travail des femmes durant la crise économique des années 1930. Lausanne 2012.

Schönhoven, Klaus: Wegbereiter der sozialen Demokratie? Zur Bedeutung des Stinnes-Legien-Abkommens vom 15. November 1918. In: Führer, Karl Christian et al. (Hg.): Revolution und Arbeiterbewegung in Deutschland 1918–1920. Essen 2013, 61–79.

Schönpflug, Daniel: Kometenjahre. 1918: Die Welt im Aufbruch. Frankfurt a. M. 2017.

Schwarzenbach, Alexis: Die Seidenfirma Schwarzenbach im Zeitalter der Extreme, 1910–1925. In: Rossfeld, Roman; Straumann, Tobias (Hg.): Der vergessene Wirtschaftskrieg: Schweizer Unternehmen im Ersten Weltkrieg. Zürich 2008, 63–87.

Schwarzenbach, Alexis: «Zur Lage in Deutschland». Hitlers Zürcher Rede vom 30. August 1923. In: Traverse. Zeitschrift für Geschichte 13 (2006), 176–189.

Schweingruber, Edwin: Die Sozialgesetzgebung der Schweiz. Zürich 1977.

Schweri, Alain: La grève de 1917 aux usines d'aluminium de Chippis: Un exemple de traumatisme industriel en pays agricole. Genf 1988.

Sebastiani, Daniel: Jean-Marie Musy (1876–1952). Un ancien conseiller fédéral entre rénovation nationale et régimes autoritaires. Fribourg 2004.

Segesser, Daniel Marc: Wellen der Erinnerung und der Analyse: Gedanken zu Historiographie und Narrativen vom «Grossen Krieg» zwischen 1914 und 2014 in globaler Perspektive. In: Bachinger, Bernhard et al. (Hg.): Gedenken und (k)ein Ende? Das Weltkriegs-Gedenken 1914/2014: Debatten, Zugänge, Ausblicke. Wien 2017, 23–50.

Segesser, Daniel Marc: Der Erste Weltkrieg: Ein totaler Krieg in globaler Perspektive? in: Karner, Stefan; Lesiak, Philipp (Hg.): Erster Weltkrieg: Globaler Konflikt – lokale Folgen: Neue Perspektiven. Innsbruck 2014, 23–41.

Segesser, Daniel Marc: Der Erste Weltkrieg in globaler Perspektive, 4. Auflage. Wiesbaden 2014.

Senn, Alfred Erich: Diplomacy and Revolution. The Soviet mission to Switzerland, 1918. London 1974.

Senn, Alfred Erich: The Russian Revolution in Switzerland 1914–1917. Madison 1971.

SGB (Hg.): 100 Jahre Landesstreik. Ursachen, Konfliktfelder, Folgen. Reader zur Tagung vom 15.11.2017. Bern 2018.

Sharp, Ingrid; Stibbe, Matthew: Introduction. In: Sharp, Ingrid; Stibbe, Matthew (Hg.): Women Activists between War and Peace. Europe 1918–1923. London 2017, 1–28.

Sharp, Ingrid; Stibbe, Matthew (Hg.): Women Activists between War and Peace. Europe 1918–1923. London 2017.

Sharp, Ingrid: Geschlechtergeschichte und die Erforschung des Ersten Weltkrieges in Deutschland: Entwicklungen und Perspektiven. In: Clementi, Siglinde; Überegger, Oswald (Hg.): Krieg und Geschlecht (Geschichte und Region, Nr. 2). Innsbruck 2015, 49–66.

Sharp, Ingrid: «A foolish dream of sisterhood»: antipacifist debates in the German women's movement 1914–1919. In: Hämmerle, Christa et al. (Hg.): Gender and the First World War. Basingstoke 2014, 195–213.

Sharp, Ingrid; Stibbe, Matthew (Hg.): Aftermaths of War: Women's Movements and Female Activists, 1918–1923. Leiden 2011.

Sonderegger, Christian; Tscherrig, Andreas: Die Grippepandemie 1918-1919 in der Schweiz. In: Krämer, Daniel; Pfister, Christian; Segesser, Daniel Marc (Hg.): «Woche für Woche neue Preisaufschläge»: Nahrungsmittel-, Energie- und Ressourcenkonflikte in der Schweiz des Ersten Weltkrieges. Bern 2016, 259–283.

Sonderegger, Christian: Die Grippeepidemie 1918/19 in der Schweiz. Unveröffentlichte Lizentiatsarbeit der Universität Bern. Bern 1991.

Specker, Louis: «Links aufmarschieren»: Aus der Frühgeschichte der Ostschweizer Arbeiterbewegung. Zürich 2010.

Specker, Louis: Weberpfarrer Howard Eugster-Züst 1861–1932: Leben und Werk des Vaters der Schweizerischen Textilarbeiterorganisation. St. Gallen 1975.

Spieler, Willy: Zur Marginalisierung der politischen Linken in der katholischen Kirche. In: Altermatt, Urs (Hg.): Schweizer Katholizismus zwischen den Weltkriegen, 1920–1940. Fribourg 1994, 253–278.

Spinney, Laura: 1918 – Die Welt im Fieber. Wie die Spanische Grippe die Gesellschaft veränderte. München 2018.

Sprecher, Daniel: Generalstabschef Theophil Sprecher von Bernegg. Eine kritische Biographie. Zürich 2000.

Sprecher von Bernegg, Theophil: Bericht des Chefs des Generalstabes der Armee an den General über die Mobilmachung und über den Verlauf des Aktivdienstes. In: Wille, Ulrich: Bericht an die Bundesversammlung über den Aktivdienst 1914/18. Zürich 1919, 97–527.

Stalmann, Volker: Die Wiederentdeckung der Revolution von 1918/19. Forschungsstand und Forschungsperspektiven. In: Zeitschrift für Geschichtswissenschaft 64 (2016), 521–541.

Stämpfli, Regula: Mit der Schürze in die Landesverteidigung. Frauenemanzipation und Schweizer Militär, 1914–1945. Zürich 2002.

Stämpfli, Regula: Von der Grenzbesetzung zum Aktivdienst. Geschlechterpolitische Lösungsmuster in der schweizerischen Sozialpolitik (1914–1945). In: Gilomen, Hansjörg et al. (Hg.): Von der Barmherzigkeit zur Sozialversicherung. Umbrüche und Kontinuitäten vom Spätmittelalter bis zum 20. Jahrhundert. Zürich 2002, 373–386.

Stämpfli, Regula: Die Nationalisierung der Schweizer Frauen. Frauenbewegung und Geistige Landesverteidigung 1933–1939. In: Schweizerische Zeitschrift für Geschichte 50 (2000), 155–180.

Stamm, Konrad: Minger: Bauer, Bundesrat. Die aussergewöhnliche Karriere des Rudolf Minger aus Mülchi im Limpachtal. Zürich 2017.

Steiner, Sebastian: Unter Kriegsrecht. Die schweizerische Militärjustiz 1914–1920 (Die Schweiz im Ersten Weltkrieg, Band 4). Zürich 2018.

Steinmann, Arthur: Zwanzig Jahre Verband der Arbeitgeber der Textilindustrie 1906–1926. Zürich 1926.

Steinmann, Arthur: Zur wirtschaftlichen Überfremdung der Schweiz. Zürich 1919.

Stettler, Peter: Die Kommunistische Partei der Schweiz 1921–1931: Ein Beitrag zur schweizerischen Parteiforschung und zur Geschichte der schweizerischen Arbeiterbewegung im Rahmen der Kommunistischen Internationale. Bern 1980.

Stichweh, Rudolf: Inklusion und Exklusion. Studien zur Gesellschaftstheorie, 2., erweiterte Auflage. Bielefeld 2016.

Stöckli, Jonas: Von staatslegitimierenden Deutungsmustern zur integralen Rechtsgeschichte. Die SPS-Initiative zur Aufhebung der Militärjustiz (1915–1921). In: Schweizerische Zeitschrift für Geschichte 67 (2017), 40–58.

Sträuli, Hans: Kriegsfürsorge in Winterthur 1914–1920 (Neujahrs-Blatt der Hülfsgesellschaft von Winterthur herausgegeben zum Besten der hiesigen Waisenanstalt 1921). Winterthur 1920.

Streiff, Kaspar: Aus Niederlagen lernen: Dokumente zum schweizerischen Landesgeneralstreik 1918. Verlag Soldatenkomitee. Zürich 1974.

Studer, Brigitte: Das Frauenstimm- und Wahlrecht in der Schweiz 1848–1971. In: Österreichische Zeitschrift für Geschichtswissenschaften 26 (2015), 14–40.

Studer, Brigitte: The transnational World of the Cominternians. Basingstoke 2015.

Studer, Brigitte: Ökonomien der sozialen Sicherheit. In: Halbeisen, Patrick; Müller, Margrit; Veyrassat, Béatrice (Hg.): Wirtschaftsgeschichte der Schweiz im 20. Jahrhundert. Basel 2012, 923–976.

Studer, Brigitte: Antikommunismus, Historisches Lexikon der Schweiz, Bd. 1. Basel 2002, 366–367. Online: http://www.hls-dhs-dss.ch/textes/d/D27836.php

Studer, Brigitte: Neue Grenzziehungen zwischen Frauenarbeit und Männerarbeit in den dreissiger Jahren und während des Zweiten Weltkriegs. Die Kampagne gegen das «Doppelverdienertum». In: Wecker, Regina, Brigitte Studer, Gaby Sutter: Die «schutzbedürftige Frau». Zur Konstruktion von Geschlecht durch Mutterschaftsversicherung, Nachtarbeitsverbot und Sonderschutzgesetzgebung. Zürich 2001, 83–106.

Studer, Brigitte: Soziale Sicherheit für alle? Das Projekt Sozialstaat. In: Brigitte Studer (Hg.): Etappen des Bundesstaates. Staats- und Nationsbildung in der Schweiz, 1848–1998. Zürich 1998, 159–186.

Studer, Brigitte: Der Sozialstaat aus der Geschlechterperspektive. Theorien, Fragestellungen und historische Entwicklung in der Schweiz. In: Studer, Brigitte; Wecker, Regina; Ziegler, Béatrice (Hg.): Frauen und Staat. Berichte des Schweizerischen Historikertages in Bern. Basel 1998, 184–208.

Studer, Brigitte: Familienzulagen statt Mutterschaftsversicherung? Die Zuschreibung der Geschlechterkompetenzen im sich formierenden Schweizer Sozialstaat, 1920–1945. In: Schweizerische Zeitschrift für Geschichte 47 (1997), 151–170.

Studer, Brigitte et al. (Hg.): Kommunismus – Verdammung und Verklärung. Zürich 1995.

Studer, Brigitte: Le parti communiste Suisse. In: Cahiers d'Histoire du Mouvement Ouvrier 9, 1993, 5–38.

Studer, Brigitte: Rosa Grimm (1875–1955): Als Frau in der Politik und Arbeiterbewegung. In: Arbeitsgruppe Frauengeschichte Basel (Hg.): Auf den Spuren weiblicher Vergangenheit. Beiträge der 4. Schweizerischen Historikerinnentagung. Zürich 1988, 163–182.

Studer, Ruedi: Brot und Liebe. Die Geschichte des Hilfsvereins Olten, 1891–2005. Olten 2008.

Szapor, Judith: Hungarian Women's Activism in the Wake of the First World War. From Rights to Revanche. London 2017.

Tanner, Albert: Direkte Demokratie und soziopolitische Integration des Mittelstandes: Arbeiterschaft und Bauern in der Schweiz 1830–1914. In: Schremmer, Eckart (Hg.): Wirtschaftliche und soziale Integration in historischer Sicht. Stuttgart 1996, 184–212.

Tanner, Albert: Arbeitsame Patrioten – wohlanständige Damen. Bürgertum und Bürgerlichkeit in der Schweiz 1830–1914. Zürich 1995.

Tanner, Albert: Freizeitgestaltung und demonstrativer Müssiggang im Bürgertum. In: Gyr, Ueli (Hg.): Soll und Haben. Alltag und Lebensformen bürgerlicher Kultur. Zürich 1995, 113–129.

Tanner, Albert: Aristokratie und Bürgertum in der Schweiz im 19. Jahrhundert. Verbürgerlichung der «Herren» und aristokratische Tendenzen im Bürgertum. In: Brändli, Sebastian (Hg.): Schweiz im Wandel: Studien zur neueren Gesellschaftsgeschichte. Basel 1990, 209–228.

Tanner, Albert: Bürgertum und Bürgerlichkeit in der Schweiz. Die «Mittelklassen» an der Macht. In: Kocka, Jürgen (Hg.): Bürgertum im 19. Jahrhundert. Deutschland im europäischen Vergleich, Band 1. München 1988, 193–223.

Tanner, Albert: Das Schiffchen fliegt – die Maschine rauscht: Weber, Sticker und Unternehmer in der Ostschweiz. Zürich 1985.

Tanner, Albert: Spulen, Weben, Sticken: Die Industrialisierung in Appenzell Ausserrhoden. Zürich 1982.

Tanner, Jakob: Geschichte der Schweiz im 20. Jahrhundert. München 2015.

Tanner, Jakob: Erfahrung, Diskurs und kollektives Handeln. Neue Forschungsparadigmen in der Geschichte der Arbeiterinnen und Arbeiter. In: Traverse. Zeitschrift für Geschichte 7 (2000), 47–68.

Tanner, Jakob: Fabrikmahlzeit. Ernährungswissenschaft, Industriearbeit und Volksernährung in der Schweiz 1890–1950. Zürich 1999.

Tanner, Jakob: Industrialisierung, Familienökonomie und Hungererfahrung. Sozialkonflikte, Arbeitskämpfe und Konsumboykott in der Schweiz 1880–1914. In: Gailus, Manfred; Volkmann, Heinrich (Hg.): Der Kampf um das tägliche Brot. Nahrungsmangel, Versorgungspolitik und Protest 1770–1990. Opladen 1994, 233–257.

Thalmann, Hans: Die Grippeepidemie 1918/19 in Zürich. Zürich 1968.

Thürer, Andreas: Die Anti-Grimm-Kampagne von 1926. In: Degen, Bernard; Schäppi, Hans; Zimmermann, Adrian (Hg.): Robert Grimm: Marxist, Kämpfer, Politiker. Zürich 2012, 121–136.

Thürer, Andreas: Der Schweizerische Vaterländische Verband 1919–1930/31, unveröffentlichtes Typoskript der Dissertation, 3 Bde. Basel 2010.

Thürer, Andreas: Der Schweizerische Vaterländische Verband (SVV): ein «antisozialistischer Schutzwall» (1919–1930/31). In: Caillat, Michel et al. (Hg.): Histoire(s) de l'anticommunisme en Suisse. Zürich 2009, 133–146.

Thurnherr, Bruno: Der Ordnungsdiensteinsatz der Armee anlässlich der Zürcher Unruhen im November 1917. Bern 1978.

Thut, Rolf; Bislin, Claudia: Aufrüstung gegen das Volk. Staat und Staatsschutz in der Schweiz. Zur Entwicklung der inneren Sicherheit. Zürich 1977.

Tooze, Adam: Sintflut. Die Neuordnung der Welt 1916–1931. München 2015.

Tornau, Joachim F.: Gegenrevolution von unten. Bürgerliche Sammlungsbewegungen in Braunschweig, Hannover und Göttingen 1918–1920. Bielefeld 2001.

Tscherrig, Andreas: Krankenbesuche verboten! Die spanische Grippe 1918/19 und die kantonalen Sanitätsbehörden in Basel-Landschaft und Basel-Stadt. Liestal 2016.

Ueltschi, Kathrin: «Die Heissglut der Südländerinnen»: Frauenstreik in Arbon 1907. In: bodenständig und grenzenlos: 200 Jahre Thurgauer Frauengeschichte(n). Frauenfeld 1998, 54–56.

Ullrich, Volker: Die Revolution von 1918/19. München 2009.

Valsangiacomo, Nelly: Storia di un leader: vita di Guglielmo Canevascini, 1886–1965. Lugano 2001.

Vanay, Joanna: Les gardes civiques de Sierre (1918–1919). In: Annales valaisannes 79 (2004), 93–129.

Ventura, Andrea: Mobilmachung, Knappheit, Teuerung, Mietnot, Grippe, Streik: Herausforderungen für die Stadt Baden zur Zeit des Ersten Weltkrieges. In: Argovia 130 (2018), 112–155.

Vetterli, Rudolf: Industriearbeit, Arbeiterbewusstsein und gewerkschaftliche Organisation: dargestellt am Beispiel der Georg Fischer AG (1890–1930). Göttingen 1978.

Voigt, Christian: Robert Grimm. Kämpfer, Arbeiterführer, Parlamentarier. Bern 1980.

Vuilleumier, Marc: Traditions et identité nationales, intégration et internationalisme dans le mouvement ouvrier socialiste en Suisse avant 1914. In: Mouvement social 147 (1989), 51–68.

Vuilleumier, Marc: La grève générale de 1918 à Lausanne: Une épisode légendaire, l'arrestation et le procès d'Ernest Gloor. In: Cahiers d'Histoire du Mouvement Ouvrier 2 (1985), 5–19.

Vuilleumier, Marc: La grève générale de 1918 en Suisse. In: Vuilleumier, Marc et al.: La grève générale de 1918 en Suisse. Genève 1977, 7–59.

Vuilleumier, Marc et al.: La grève générale de 1918 en Suisse. Genève 1977.

Walter, Emil: Demokratisierung des schweizerischen Wehrwesens. Ein Beitrag zur Volkspetition an die Bundesversammlung. Zürich 1918.

Weber, Florian: Die amerikanische Verheissung. Schweizer Aussenpolitik im Wirtschaftskrieg 1917/18 (Die Schweiz im Ersten Weltkrieg, Band 1). Zürich 2016.

Weber, Florian: Wirtschaftsdiplomatie im Totalen Krieg: Die Swiss Mission in den USA 1917. In: Jahrbuch für Wirtschaftsgeschichte 56 (2015), 553–585.

Weber, Sarah: Die Spanische Grippe 1918. Die Gesundheitspolitik Deutschlands und der Schweiz im Vergleich. Unveröffentlichte Lizentiatsarbeit der Universität Zürich. Zürich 2008.

Weber, Stefan: Ein kommunistischer Putsch? Märzaktion 1921 in Mitteldeutschland. Berlin 1991.

Weidermann, Volker: Träumer. Als die Dichter die Macht übernahmen. Köln 2017.

Weinhauer, Klaus; McElligott, Anthony; Heinsohn, Kirsten (Hg.): Germany 1916–1923. A Revolution in Context. Bielefeld 2015.

Weinhauer, Klaus; McElligott, Anthony; Heinsohn, Kirsten: In Search of the German Revolution. In: Dies. (Hg.): Germany 1916–1923. A Revolution in Context. Bielefeld 2015, 7–35.

Weipert, Axel (Hg.): Demokratisierung von Wirtschaft und Staat – Studien zum Verhältnis von Ökonomie, Staat und Demokratie vom 19. Jahrhundert bis heute. Berlin 2014.

Welskopp, Thomas: Die deutsche Sozialdemokratie programmiert die «neue Zeit»: Die Zukunft der Sozialdemokratie von den Anfängen bis zum Ersten Weltkrieg. In: Hölscher, Lucian (Hg.): Die Zukunft des 20. Jahrhunderts. Dimensionen einer historischen Zukunftsforschung. Frankfurt a. M. 2017, 39–56.

Welskopp, Thomas: Kapitalismus und Konzepte von Arbeit. Wie systemisch zentral ist «freie Lohnarbeit» für den Kapitalismus? In: Geschichte und Gesellschaft 43 (2017), 197–216.

Welskopp, Thomas: Missglückte Bildungsromane, Naturgeschichten, inverse Heldenepen und Reiseberichte aus dem Land der «guten Wilden»: Zur «Poetik» der älteren Arbeitergeschichte. In: Hesse, Jan-Otmar et al. (Hg.): Kulturalismus, Neue Institutionenökonomik oder Theorievielfalt. Eine Zwischenbilanz der Unternehmensgeschichte. Essen 2002, 87–116.

Welskopp, Thomas: Arbeitergeschichte im Jahr 2000. Bilanz und Perspektiven. In: Traverse. Zeitschrift für Geschichte 7 (2000), 15–30.

Welskopp, Thomas: Im Bann des 19. Jahrhunderts. Die deutsche Arbeiterbewegung und ihre Zukunftsvorstellungen zu Gesellschaftspolitik und «sozialer Frage». In: Frevert, Ute (Hg.): Das Neue Jahrhundert. Europäische Zeitdiagnosen und Zukunftsentwürfe um 1900. Göttingen 2000, 15–46.

Welskopp, Thomas: Klasse als Befindlichkeit? Vergleichende Arbeitergeschichte vor der kulturhistorischen Herausforderung. In: Archiv für Sozialgeschichte 38 (1998), 301–336.

Welskopp, Thomas: Betriebliche Sozialpolitik im 19. und frühen 20. Jahrhundert. Eine Diskussion neuerer Forschungen und Konzepte und eine Branchenanalyse der deutschen und amerikanischen Eisen- und Stahlindustrie von den 1870er bis zu den 1930er Jahren. In: Archiv für Sozialgeschichte 34 (1994), 333–374.

Wenger, Rudolf: Wohnungsnot und kommunaler Wohnungsbau in der deutschen Schweiz unter besonderer Berücksichtigung der Kriegs- und Nachkriegszeit. Lachen 1931.

Wenninger, Florian: Von «Monarchenfressern» und «Habsburg-Agenten». Der 12. November als politischer Erinnerungsort der Zweiten Republik. In: Zeitgeschichte 41 (2014), 400-414.

Werner, Christian: Für Wirtschaft und Vaterland: Erneuerungsbewegungen und bürgerliche Interessengruppen in der Deutschschweiz 1928–1947. Zürich 2000.

Wicki, Otto; Kaufmann, Anton; Dahinden, Erwin: Oh wär ich doch ein Schweizer: Das Soldatenleben im Ersten Weltkrieg. Schüpfheim 2009.

Widmer, Paul: Bundesrat Arthur Hoffmann. Aufstieg und Fall. Zürich 2017.

Wigger, Erich: Krieg und Krise in der politischen Kommunikation: vom Burgfrieden zum Bürgerblock in der Schweiz, 1910–1922. Zürich 1997.

Wigger, Erich: Geschichtsbilder und Zukunftserwartungen. Zur Konstruktion von freisinniger Orientierung im Krisenkontext nach dem Ersten Weltkrieg in der Schweiz. In: Ernst, Andreas; Wigger, Erich (Hg.): Die neue Schweiz? Eine Gesellschaft zwischen Integration und Polarisierung (1910–1930). Zürich 1996, 167–191.

Wigger, Erich: «Wir und die anderen»: Die Zürcher Bauern in der gesellschaftlichen Krise zur Zeit des Ersten Weltkrieges in der Schweiz. In: Ernst, Andreas et al. (Hg.): Kontinuität und Krise. Sozialer Wandel als Lernprozess. Zürich 1994, 277–301.

Wild, Roman: Volksschuhe und Volkstücher zu Volkspreisen. Zur Bewirtschaftung lederner und textiler Bedarfsartikel im Ersten Weltkrieg in der Schweiz. In: Schweizerische Zeitschrift für Geschichte 63 (2013), 428–452.

Wild, Ueli: Zürich 1918: Ordnungsdiensteinsätze der Schweizer Armee im Frühjahr und Sommer 1918 in Zürich. Frauenfeld 1987.

Wille, Ulrich: Bericht an die Bundesversammlung über den Aktivdienst 1914/18. Zürich 1919.

Windlinger, Andreas, Wirtschaft geschlossen. Die ganze Geschichte der SPK. In: Blum, Roger/Hemmer, Katrin/Perrin, Daniel (Hg.), Die AktualiTäter. Nachrichtenagenturen in der Schweiz. Bern 1995, 47–63.

Winkler, Heinrich August: Vom Kaiserreich zur Republik. Der historische Ort der Revolution von 1918/19. In: Winkler, Heinrich August: Streitfragen der deutschen Geschichte. München 2009, 52–70.

Winkler, Heinrich August: Revolution als Konkursverwaltung. 9. November 1918: Der vorbelastete Neubeginn. In: Willms, Johannes (Hg.): Der 9. November. Fünf Essays zur deutschen Geschichte. München 1994, 11–32.

Winkler, Heinrich August: Von der Revolution zur Stabilisierung. Arbeiter und Arbeiterbewegung in der Weimarer Republik 1918 bis 1924. Berlin 1984.

Wipf, Christian: Die Massnahmen des Bundes zur Vermehrung der inländischen Kartoffel- und Getreideproduktion während des Ersten Weltkrieges. In: Krämer, Daniel; Pfister, Christian; Segesser, Daniel Marc (Hg.): «Woche für Woche neue Preisaufschläge»: Nahrungsmittel-, Energie- und Ressourcenkonflikte in der Schweiz des Ersten Weltkrieges. Bern 2016, 191–209.

Wittwer, Marlène: Die Grippe von 1918 im kantonalen Vergleich. Unveröffentlichte Masterarbeit der Universität Zürich. Zürich 2013.

Witzig, Heidi: Kriegsalltag und Frauenräume. Aus der Sicht engagierter bürgerlicher und sozialistischer Frauenvereine im Kanton St. Gallen. In: Historischer Verein des Kantons St. Gallen (Hg.): 1914–1918 /1919: Die Ostschweiz und der Grosse Krieg. St. Gallen 2014, 146–155.

Wohler, Anton: Die Landesstreiktage vom 11. bis 15. November 1918 in Wohlen. Gemeindeammann Traugott M. Bruggissers Vorschlag einer Wohlfahrtspartei und Theodor Fischbachs Polemik dagegen. In: Unsere Heimat. Jahresschrift der historischen Gesellschaft Freiamt 70 (2002), 5–58.

Würtz, Fabian: Die Konstruktion der Entbehrlichen. Die verschärfte Niederlassungspolitik der Stadt Zürich gegen «ungewollte Elemente» im Zuge der Wohnungsnot von 1918 bis 1923. Unveröffentlichte Masterarbeit der Universität Zürich. Zürich 2013.

Yersin, Séveric: Willi Gautschi (1920–2004) et la Grève générale: une œuvre historiographique dans son contexte. In: Traverse. Revue d'histoire 25 (2018) [im Druck].

Zahner, Paul: Die Leder- und Schuhversorgung der Schweiz von 1914–1920. Darstellung und Kritik. Zürich 1922.

Zamoyski, Adam: Phantome des Terrors. Die Angst vor der Revolution und die Unterdrückung der Freiheit 1789–1848. München 2016.

Zehnder, Patrick: «... es wurde nirgends gestreikt ...». Weshalb der Landesstreik vor hundert Jahren in Bremgarten nur kleine Wellen warf. In: Bremgarter Neujahrsblätter 2018, 105–112.

Zehnder, Patrick: Hundert Jahre Ringen um die «richtige Deutung». Der Landesstreik von 1918 in der Region Baden. In: Badener Neujahrsblätter 93 (2018), 122–133.

Zehnder, Patrick: Flugblätter gegen blanke Säbel: Physische und symbolische Raumaneignung im Aargau während des Landesstreiks 1918. In: Argovia 129 (2017), 49–72.

Zehnder, Patrick: Konzentration und Segregation. Strukturwandel im Bezirk Baden nach dem Zuzug der Metallindustrie (1870–1920). In: Argovia 114 (2002), 176–186.

Zeller, René: Emil Sonderegger: Vom Generalstabschef zum Frontenführer. Zürich 1999.

Zeller, René: Ruhe und Ordnung in der Schweiz: Die Organisation des militärischen Ordnungsdienstes von 1848 bis 1939. Bern 1990.

Ziegler, Béatrice: Die Frauengruppe der SP Biel 1910–1930. In: Ernst, Andreas; Wigger, Erich (Hg.): Die neue Schweiz? Eine Gesellschaft zwischen Integration und Polarisierung (1910–1930). Zürich 1996, 245–271.

Ziegler, Béatrice: «Kampf dem Doppelverdienertum»: Die Bewegung gegen die Qualifizierung weiblicher Erwerbsarbeit in der Zwischenkriegszeit in der Schweiz. In: Pfister, Ulrich; Studer, Brigitte; Tanner, Jakob (Hg.): Arbeit im Wandel. Zürich 1996, 85–104.

Ziegler, Dieter: Kontinuität und Diskontinuität der deutschen Wirtschaftselite 1900 bis 1938. In: Ziegler, Dieter (Hg.): Großbürger und Unternehmer. Die deutsche Wirtschaftselite im 20. Jahrhundert. Göttingen 2000, 31–53.

Ziegler, Dieter: Das wirtschaftliche Großbürgertum. In: Lundgreen, Peter (Hg.): Sozial- und Kulturgeschichte des Bürgertums. Göttingen 2000, 113–137.

Ziegler, Dieter: Die wirtschaftsbürgerliche Elite im 20. Jahrhundert: eine Bilanz. In: Ziegler, Dieter (Hg.): Großbürger und Unternehmer. Die deutsche Wirtschaftselite im 20. Jahrhundert. Göttingen 2000, 7–29.

Zimmermann, Adrian: Der Landesstreik und die wirtschaftlichen Streiks der Jahre von 1916–1920 – Streiflichter aus den Kantonen Bern und Aargau. In: Traverse. Zeitschrift für Geschichte 25 (2018) [im Druck].

Zimmermann, Adrian: Die Niederlande und die Schweiz im November 1918. In: Schweizerische Zeitschrift für Geschichte 63 (2013), 453–478.

Zimmermann, Clemens: Von der Wohnungsfrage zur Wohnungspolitik. Die Reformbewegung in Deutschland 1845–1914 (Kritische Studien zur Geschichtswissenschaft, Band 90). Göttingen 1991.

Zimmermann, Dorothe: Antikommunisten und Staatsschützer. Der Schweizerische Vaterländische Verband, 1930–1948. Zürich 2018.

Zimmermann, Dorothe: Den Landesstreik erinnern: Antikommunistische Aktivitäten des Schweizerischen Vaterländischen Verbandes 1919–1948. In: Schweizerische Zeitschrift für Geschichte 63 (2013), 479–504.

Zitelmann, Reto: Die Basler Wohnbaupolitik in den Jahren 1889 bis 1930. Unveröffentlichte Masterarbeit der Universität Basel. Basel 2013.

Zogg, Andi: Das «System» hat die Grippe: Vom Umgang mit einer Epidemie im Jahr des schweizerischen Landesstreiks von 1918. Unveröffentlichte Lizentiatsarbeit der Universität Zürich. Zürich 2000.

Zollinger, Konrad: Frischer Wind oder faschistische Reaktion? Die Haltung der Schweizer Presse zum Frontismus 1933. Zürich 1991.

# Bildnachweis

Umschlag:
Ausschnitt aus einem Plakat von Carl Scherer für die Sozialdemokratische Partei für die Nationalratswahlen vom Oktober 1919, Zürcher Hochschule der Künste (ZHdK), Plakatsammlung, 20-0905.

Teil 1:
1 Bibliothèque de la Ville de La Chaux-de-Fonds, Cabinet des arts graphiques, Fonds cartes postales, CFV ICO CP-4267

Maria Meier
2 Zentralbibliothek Zürich, Der Nebelspalter, 29.7.1916
3 Staatsarchiv Basel-Stadt, NEG 23152, Fotonegativ, Bernhard Wolf-Grumbach
4 Zentralbibliothek Zürich, Der Nebelspalter, 25.8.1917
5/6 Staatsarchiv Basel-Stadt, Bild 13, 605 und 606
7 Zentralbibliothek Zürich, Der Nebelspalter, 11.5.1918
8 Staatsarchiv Basel-Stadt, PA 743 A 10 18 und PA 743 A 10 25, Nachlass Emil R. Seiler-La Roche, Album Basel im Weltkrieg 1914–1918
9 Zentralbibliothek Zürich, Der Nebelspalter, 13.4.1918

Reto Zitelmann
10 Stadtarchiv Schaffhausen C II 25.09
11 Zentralbibliothek Zürich, Der Nebelspalter, 1.12.1917
12 ZHdK, Plakatsammlung, 13-0713

Matthias Ruoss
13 Stadtarchiv Zürich, V. L. 1001
14 Schweizerisches Sozialarchiv, F 5112-Gb-065
15/16 Schweizerische Nationalbibliothek Bern, Plakatsammlung, POL 74 (Plakat von Emil Cardinaux) und ZHdK, 13-0234 (Plakat von Carl Scherer)
17 ZHdK, Plakatsammlung, 01-0520

Teil 2:
18 Stadtarchiv Zürich, V.L.82.2, Fotografie von W. Gallas

Dorothe Zimmermann
19 Staatsarchiv des Kantons Zürich, M1 f 3.1
20 Staatsarchiv Basel-Stadt, PA 468 4.1
21 Archiv für Zeitgeschichte, BA BASJ-Archiv/5
22 Stadtarchiv Schaffhausen, C II 24.03.09 01
23 Stadtarchiv Schaffhausen, C II 24.03.09 01
24 Stadtarchiv Schaffhausen, C II 24.03.09 01
25 Stadtarchiv Schaffhausen, C II 20.06.05 68
26 Lüthy, Edwin: Das künstlerische politische Plakat in der Schweiz. Basel 1920, 8
27 Staatsarchiv Basel-Stadt, AL 45, 3-83-2

Sebastian Steiner
28 Staatsarchiv Luzern, PA 212/31
29 Staatsarchiv des Kantons Bern, AII 3389-47
30 Staatsarchiv des Kantons Bern, AII 3389-49
31 SBB Historic, GD BA SBB08 010 02 61
32 Zentralbibliothek Zürich, Schweizer Illustrierte Zeitung, Nr. 46 (1918), 570
33 Staatsarchiv Luzern, PA 212/31
34 Schweizerisches Sozialarchiv, F Fd-0002-03
35 Staatsarchiv Basel-Stadt, Politisches JJ.9-30
36 Schweizerische Nationalbibliothek Bern, Plakatsammlung, Pol 30

Teil 3:
37 Gretlers Panoptikum zur Sozialgeschichte

Roman Rossfeld
38 Schweizerisches Bundesarchiv, BAR#J1.178#1000-1304#21#33
39 ZHdK, Plakatsammlung, 21-0938
40 ZHdK, Plakatsammlung, 36-0407
41 ZHdK, Plakatsammlung, 05-0228
42 Musée d'histoire du Locle, 09.02.002
43 Schweizerisches Sozialarchiv, F Pd-0130
44 Staatsarchiv Luzern, PA 212/31
45 Schweizerische Nationalbibliothek Bern, Plakatsammlung, Pol 39
46 Staatsarchiv Basel-Stadt, PA 370b E 3-3
47/48 Stadtarchiv Zürich, V. L. 82.1 sowie Staatsarchiv Luzern, PA 495/75
49 Staatsarchiv Luzern, PA 495/75
50 Staatsarchiv Basel-Stadt, PA 370b E 3-3
51 Schweizerische Nationalbibliothek Bern, Plakatsammlung, Pol 18
52 ZHdK, Plakatsammlung, 01-0525

Katharina Hermann
53 Staatsarchiv des Kantons Bern, T.137 03
54 Gretlers Panoptikum zur Sozialgeschichte
55 Staatsarchiv Basel-Stadt, AL 45, 3-76-1
56 Schweizerisches Sozialarchiv, F 5008-Fb-001
57 Zentralbibliothek Zürich, Schweizer Illustrierte Zeitung, Nr. 26, 29.6.1918, 322
58 Schweizerisches Bundesarchiv, BAR#E27#1000/721#14095#5486*
59 ZHdK, Plakatsammlung, 50-0079
60 Schweizerisches Sozialarchiv, F Ka-0001-038
61 ZHdK, Plakatsammlung, 36-0090
62 ZHdK, Plakatsammlung, 10-0998

Teil 4:
63 Staatsarchiv Basel-Stadt, BSL 1045c 2-394

Peter Heim
64 Stadtarchiv Olten, Fotosammlung, Bd. 26
65 Foto im Besitz von Armin Heiniger, Derendingen
66 Stadtarchiv Olten, Archiv SPO, VA 05.03.15
67 Stadtarchiv Olten, PA C 09.26
68 Stadtarchiv Olten, Sammlung Plakate und Flugblätter
69 Stadtarchiv Olten, Sammlung Plakate und Flugblätter

Thomas Buomberger
70 Winterthurer Bibliotheken, 172568
71 Schweizerisches Sozialarchiv, F Fb-0016-41
72 Gretlers Panoptikum zur Sozialgeschichte
73 Stadtarchiv Winterthur, II B2 c1
74 Stadtarchiv Winterthur, II B2 c1
75/76 Schweizerisches Sozialarchiv, F Fb-0016-42 und Winterthurer Bibliotheken, 170548
77 Stadtarchiv Winterthur, II B2 c1

Max Lemmenmeier
78 Volksstimme, Nr. 110, 12.5. 1917, 4
79 Kantonsbibliothek Vadiana St. Gallen, 22 Rors 949
80 Volksstimme, Nr. 201, 29.8.1917, 4
81 Staatsarchiv St. Gallen, W 240/1.3-11.4
82 Stadtarchiv St. Gallen, 3/6/140 IV
83 Stadtarchiv St. Gallen, 6/3/140 IV
84 Stadtarchiv St. Gallen, 5/7/225
85 Staatsarchiv St. Gallen, W 076 4.7
86 Kantonsbibliothek Vadiana St. Gallen, B I 3653(3)

Andreas Thürer
87 Macconi Gino (Hg.): Saluti da Chiasso (collana mosaico 4). Chiasso 1971, o. S.
88 Archiv Schweizerischer Gewerkschaftsbund, G23 (044)
89 Schweizerische Nationalbibliothek Bern, V TI 18817
90 Schweizerische Nationalbibliothek Bern, V TI 18817
91 Antonino Marco, Reminiscenze. In: Circolo degli Ufficiali di Lugano, Nr. 6, 1. November 1928, 119–123, hier 122

Teil 5:
92 Schweizerisches Sozialarchiv, F Fc-0012-46

Christian Koller
93 Zentralbibliothek Zürich, Der Nebelspalter, 16.2.1918
94 Zentralbibliothek Zürich, Der Nebelspalter, 21.9.1918
95 Zentralbibliothek Zürich, Schweizer Illustrierte Zeitung, Nr. 46/47 (1918), 574
96 ZHdK, Plakatsammlung, 13-714
97 Staatsarchiv Basel-Stadt, Politisches JJ.9-6

Patrick Kury
98 Gosteli Stiftung, Worblaufen, F 1025
99 Zentralbibliothek Zürich, Der Nebelspalter, 27.7.1918
100 Archiv für Zeitgeschichte, BA Fotosammlung 07 001
101 Staatsarchiv des Kantons Zürich, S 112
102 Zentralbibliothek Zürich, Der Nebelspalter, Nr. 31, 3.8.1918
103 Burgerbibliothek Bern, VA BSB 1904, 402
104/105 Stadtarchiv Olten, Fotosammlung, Militär in Olten I
106 Staatsarchiv Basel-Stadt, PA 468 4.1
107 Staatsarchiv Basel-Stadt, Sanität Q 3.3

Daniel Artho
108/109 Zentral- und Hochschulbibliothek Luzern, Sondersammlung, KAa.politische sowie Bayerisches Hauptstaatsarchiv München, Plakatsammlung 8766
110 Zentralbibliothek Zürich, Der Nebelspalter, 17.8.1918

Die Herausgeberschaft hat sich bemüht, sämtliche Rechteinhaber von Abbildungen zu ermitteln. Bei Unstimmigkeiten bitten wir, den Verlag zu kontaktieren.

Bildnachweis

# Autorinnen und Autoren

Daniel Artho, M.A., SNF-Doktorand an der Abteilung für Schweizer Geschichte des Historischen Instituts der Universität Bern, Forschungsstipendiat im Rahmen des vom SNF geförderten Forschungsprojektes «Krieg und Krise. Kultur-, geschlechter- und emotionshistorische Perspektiven auf den schweizerischen Landesstreik vom November 1918».

Juri Auderset, Dr. phil., Wissenschaftlicher Mitarbeiter im Archiv für Agrargeschichte (AfA) in Bern und Lektor am Studienbereich Zeitgeschichte der Universität Freiburg. Neueste Publikationen: Auderset, Juri; Moser, Peter: Die Agrarfrage in der Industriegesellschaft. Wissenskulturen, Machtverhältnisse und natürliche Ressourcen in der agrarisch-industriellen Wissensgesellschaft (1850–1950). Wien 2018; Auderset, Juri: Transatlantischer Föderalismus. Zur politischen Sprache des Föderalismus im Zeitalter der Revolutionen, 1787–1848. Berlin 2016.

Thomas Buomberger, Dr. phil., Historiker und Journalist. Neuere Publikationen: Buomberger, Thomas: Die Schweiz im Kalten Krieg 1945–1990. Baden 2017; Rossfeld, Roman; Buomberger, Thomas; Kury, Patrick (Hg.): 14/18. Die Schweiz und der Grosse Krieg. Baden 2014.

Peter Heim, Dr. phil., Historiker und Co-Leiter des Projekts Firmenarchive des Historischen Vereins des Kantons Solothurn. Neuere Publikationen: Heim, Peter: «Mit dem schwarzen Faden die sozialen Schäden flicken». Karl Albert Sulzberger (1876–1963) – ein vergessener Pionier der katholischen Sozialbewegung in der Region Olten. In: Jahrbuch für Solothurnische Geschichte 86 (2013), 201–233; Heim, Peter: Unruhe im Reich der Schuhkönige. Der Kampf um die gewerkschaftliche Anerkennung in der Schuhindustrie der Region Aarau/Olten. In: Jahrbuch für Solothurnische Geschichte 66 (1993), 273–385.

Katharina Hermann, M.A., SNF-Forschungsstipendiatin, Doktorandin im Rahmen des vom SNF geförderten Projektes «Krieg und Krise. Kultur-, geschlechter- und emotionshistorische Perspektiven auf den schweizerischen Landesstreik vom November 1918». In ihrer Dissertation untersucht sie den Landesstreik aus einer frauen- und geschlechtergeschichtlichen Perspektive.

Edith Hiltbrunner, M.A., Historikerin, Berufsschullehrerin am Berufsbildungszentrum Olten sowie Rechercheverantwortliche und historische Expertin in dem von Pro Helvetia und SoKultur unterstützten Kulturprojekt «Verschiebungen 18/18. Eine szenographische Annäherung an den Landesstreik». Wichtigste Publikation: Hiltbrunner, Edith: Generalstreik 1918 in der Region Grenchen-Solothurn. Fribourg 2012.

Adrian Knoepfli, lic. phil., Wirtschaftshistoriker. Neueste Publikationen: Knoepfli, Adrian: Gesucht sind keine Leseratten. Das Personal der Bibliothek. In: Zentralbibliothek Zürich (Hg.): Wissen im Zentrum – 100 Jahre Zentralbibliothek Zürich. Zürich 2017, 123–169; Knoepfli, Adrian: 200 Jahre wohltätig und erfolgreich. Ersparniskasse Schaffhausen und Hülfsgesellschaft Schaffhausen. Schleitheim 2017.

Christian Koller, Prof. Dr. phil., Direktor des Schweizerischen Sozialarchivs und Titularprofessor für Geschichte der Neuzeit an der Universität Zürich. Neuere Publikationen: Koller, Christian: Die Fremdenlegion. Kolonialismus, Söldnertum, Gewalt, 1831–1962. Paderborn 2013; Koller, Christian: Streikkultur. Performanzen und Diskurse des Arbeitskampfes im schweizerisch-österreichischen Vergleich (1860–1950). Münster/Wien 2009.

Patrick Kury, Prof. Dr. phil., Titularprofessor am Historischen Seminar der Universität Luzern und Co-Projektleiter von stadt.geschichte.basel. Neuere Publikationen: Holenstein, André; Kury, Patrick; Schulz, Kristina: Schweizer Migrationsgeschichte. Von den Anfängen bis zur Gegenwart. Baden 2018; Kury, Patrick; Baur, Esther (Hg.): Im Takt der Zeit. Von der Schweizer Mustermesse zur MCH Group. Basel 2016; Rossfeld, Roman; Buomberger, Thomas; Kury, Patrick (Hg.): 14/18. Die Schweiz und der Grosse Krieg. Baden 2014.

Linda Leins, lic. phil., Historikerin und Verfasserin einer Lizentiatsarbeit zum Thema: Idealisten oder Drückberger. Fremde Deserteure und Refraktäre in der Schweiz im Ersten Weltkrieg. Zürich 2014.

Max Lemmenmeier, Dr. phil., SP-Kantonsrat in St. Gallen sowie Lehrbeauftragter für öffentliche Vorlesungen für Geschichte an der Universität St. Gallen. Neuere Publikationen: Ortsbürgergemeinde St. Gallen (Hg.): Die Ortsbürgergemeinde St. Gallen. St. Gallen 2017, 86–155; Lemmenmeier, Max: «Der Krieg ist also jetzt wirklich da». Die Stadt St. Gallen im Sommer 1914. In: 1914–1918/1919. Die Ostschweiz und der Grosse Krieg (154. Neujahrsblatt/Historischer Verein des Kantons St. Gallen). St. Gallen 2014, 28–57.

Maria Meier, Dr. des., Historikerin. Neuere Publikationen: Meier, Maria: «Wo die Not am grössten …». Die Versorgungskrise in der Schweiz im Ersten Weltkrieg im Spiegel zeitgenössischer Karikaturen. In: Müller, Angela; Rauh, Felix (Hg.): Wahrnehmung und mediale Inszenierung von Hunger im 20. Jahrhundert (Itinera, Band 37). Basel 2014, 53–73.

Peter Moser, Dr. phil., Leiter des Archivs für Agrargeschichte (AfA) in Bern. Neueste Publikationen: Auderset, Juri; Moser, Peter: Die Agrarfrage in der Industriegesellschaft. Wissenskulturen, Machtverhältnisse und natürliche Ressourcen in der agrarisch-industriellen Wissensgesellschaft (1850–1950). Wien 2018; Auderset, Juri; Moser, Peter: Permanenz des Unbehagens. Epistemischer Wandel und agrarpolitische Re-Regulierung im Zeitalter des Neoliberalismus. In: Ludi, Regula; Ruoss, Matthias; Schmitter, Leena (Hg.): Zwang zur Freiheit. Krise und Neoliberalismus in der Schweiz. Zürich 2018, 37–61.

Roman Rossfeld, Dr. phil., Projektkoordinator des vom Schweizerischen Nationalfonds geförderten Forschungsprojektes «Krieg und Krise. Kultur-, geschlechter- und emotionshistorische Perspektiven auf den schweizerischen Landesstreik vom November 1918» an der Universität Bern. Neuere Publikationen: Rossfeld, Roman: Streik! Wege und Desiderate der Forschung zur Geschichte des Schweizerischen Landesstreiks vom November 1918. In: Archiv für Sozialgeschichte 57 (2017), 413–437; Rossfeld, Roman: «Abgedrehte Kupferwaren». Kriegsmaterialexporte der schweizerischen Uhren-, Metall- und Maschinenindustrie im Ersten Weltkrieg. In: Jahrbuch für Wirtschaftsgeschichte 56 (2015), 515–551.

Gabriele Rossi, lic. phil., Historiker, pensionierter Geschichtslehrer und Verantwortlicher für die

Archive der Fondazione Pellegrini Canevascini. Zurzeit Arbeit am zweiten Band seiner Geschichte über die Tessiner Arbeiterbewegung vom Ersten Weltkrieg bis zur Krise der 1930er-Jahre sowie Mitarbeit an einem Buch über den Streik in den SBB-Werkstätten Bellinzona von 2008. Neuere Publikationen: Rossi, Gabriele: Point de Grève générale au Tessin? Les raisons d'un échec partiel. In: Traverse. Revue d'histoire 25 (2018) [im Druck]; Rossi, Gabriele: Sindacalismo senza classe. Storia del movimento sindacale nel Ticino dalle origini al secondo dopoguerra. Vol. 1: Dall' Ottocento alla prima guerra mondiale. Bellinzona 2002.

Matthias Ruoss, Dr. phil., Historiker und Oberassistent an der Abteilung für Schweizer Geschichte am Historischen Institut der Universität Bern. 2014 Promotion an der Universität Bern mit der Arbeit «Fürsprecherin des Alters. Geschichte der Stiftung Pro Senectute im entstehenden Schweizer Sozialstaat (1917–1967)». Forschungstätigkeit zur Geschichte der Sozialpolitik und des Sozialstaates, der Konsumgeschichte im 19. Jahrhundert und der Geschichte des Neoliberalismus in der Schweiz. Neuere Publikationen: Ludi, Regula; Ruoss, Matthias; Schmitter, Leena (Hg.): Zwang zur Freiheit. Krisen und Neoliberalismus in der Schweiz. Zürich 2018.

Oliver Schneider, Dr. des., Historiker und Journalist. Neuere Publikationen: Schneider, Oliver: Diktatur der Bürokratie? Das Vollmachtenregime des Bundesrats im Ersten Weltkrieg, in: Rossfeld, Roman; Buomberger, Thomas; Kury, Patrick (Hg.): 14/18. Die Schweiz und der Grosse Krieg. Baden 2014, 48–71; Schneider, Oliver: Von Knüppelgardisten, Revolutionshelden und Radaubrüdern. Die Luzerner Bürgerwehren nach dem Landesstreik 1918. In: Jahrbuch der Historischen Gesellschaft Luzern 31 (2013), 63–84.

Sebastian Steiner, Dr. phil., Historiker und Leiter Stab Leitbibliothek Bundesverwaltung. Neuere Publikationen: Steiner, Sebastian: Unter Kriegsrecht. Die schweizerische Militärjustiz 1914–1920 (Die Schweiz im Ersten Weltkrieg, Band 4). Zürich 2018.

Brigitte Studer, Prof. Dr. phil., Ordentliche Professorin für Schweizer und Neueste Allgemeine Geschichte am Historischen Institut der Universität Bern. Neuere Publikationen: Studer, Brigitte: The Transnational World of the Cominternians. Basingstoke 2015; Studer, Brigitte: Das Frauenstimm- und Wahlrecht in der Schweiz 1848–1971. In: Österreichische Zeitschrift für Geschichtswissenschaften 26 (2015), 14–40; Studer, Brigitte: Ökonomien der sozialen Sicherheit. In: Halbeisen, Patrick; Müller, Margrit; Veyrassat, Béatrice (Hg.): Wirtschaftsgeschichte der Schweiz im 20. Jahrhundert. Basel 2012, 923–976.

Andreas Thürer, Dr. phil., Historiker und pensionierter Hauptlehrer für Geschichte und Italienisch an der Pädagogischen Maturitätsschule Kreuzlingen. Verschiedene Publikationen zu den im Landesstreik entstandenen Bürgerwehren und dem Schweizerischen Vaterländischen Verband: Thürer, Andreas: Die Anti-Grimm-Kampagne von 1926. In: Degen, Bernard; Schäppi, Hans; Zimmermann, Adrian (Hg.): Robert Grimm: Marxist, Kämpfer, Politiker. Zürich 2012, 121–136; Thürer, Andreas: Der Schweizerische Vaterländische Verband (SVV): ein «antisozialistischer Schutzwall» (1919–1930/31). In: Caillat, Michel et al. (Hg.): Histoire(s) de l'anticommunisme en Suisse. Zürich 2009, 133–146.

Patrick Zehnder, lic. phil., Co-Projektleiter «Kantonsgeschichte Aargau 1945–2020» und Gymnasiallehrer. Neuere Publikationen: Zehnder, Patrick: Hundert Jahre Ringen um die «richtige Deutung». Der Landesstreik von 1918 in der Region Baden. In: Badener Neujahrsblätter 93 (2018), 122–133; Zehnder, Patrick: Flugblätter gegen blanke Säbel. Physische und symbolische Raumaneignung im Aargau während des Landesstreiks 1918. In: Argovia 129 (2017), 49–72.

Dorothe Zimmermann, Dr. des., Sammlungsleiterin am Institut für Medizingeschichte der Universität Bern. Publikationen: Zimmermann, Dorothe: Antikommunisten und Staatsschützer. Der Schweizerische Vaterländische Verband, 1930–1948. Zürich 2018; Zimmermann, Dorothe: Den Landesstreik erinnern. Antikommunistische Aktivitäten des Schweizerischen Vaterländischen Verbandes 1919–1948. In: Schweizerische Zeitschrift für Geschichte 63 (2013), 479–504.

Reto Zitelmann, M.A., Historiker und Lehrperson für Geografie am Gymnasium Oberwil im Kanton Basel-Landschaft. 2013 Masterarbeit an der Universität Basel zur Basler Wohnbaupolitik in den Jahren 1889 bis 1930.

# Dank

Dieses Buch wäre ohne die grosse Hilfsbereitschaft und tatkräftige Unterstützung zahlreicher Personen und Institutionen nicht möglich gewesen. Unser erster Dank gilt den Autorinnen und Autoren der verschiedenen Beiträge sowie den Verfasserinnen und Verfassern externer Gutachten und Kommentare, die sich mit grossem Arbeitsaufwand für dieses Buch engagiert und wesentlich zu dessen Qualität beigetragen haben. Zugleich geht unser Dank an die zahlreichen Mitarbeiterinnen und Mitarbeiter in verschiedenen Stadt- und Staatsarchiven, dem Schweizerischen Sozialarchiv oder dem Schweizerischen Bundesarchiv in Bern, um hier nur einige wenige Archive namentlich zu erwähnen. Sie alle haben uns mit ihrem grossen Fachwissen weitergeholfen und uns bei der Suche nach Archivalien und Bildmaterial tatkräftig unterstützt. Bei Severin Rüegg bedanken wir uns für die hilfreiche Bildrecherche; und Madlaina Bundi, Simone Farner, Bruno Meier, Stephanie Mohler, Benjamin Roffler und Urs Vögeli vom Verlag Hier und Jetzt danken wir für das umsichtige Lektorat, die gute Zusammenarbeit und schöne Gestaltung des Buches. Für die grosszügige finanzielle Unterstützung der Publikation bedanken wir uns schliesslich beim Ellen Rifkin Hill Fonds des Schweizerischen Sozialarchivs, der Claire Sturzenegger-Jeanfavre Stiftung, der Gewerkschaft Unia, der Studienbibliothek zur Geschichte der Arbeiterbewegung, der Paul Schiller Stiftung sowie der Schweizerischen Nationalspende. Alle genannten Personen und Institutionen haben zum Gelingen dieses Buches beigetragen. Sie ermöglichen damit neue Perspektiven auf die schwerste soziale und innenpolitische Krise des Landes seit der Gründung des Bundesstaats von 1848, welche die Geschichte der Schweiz im 20. Jahrhundert mitgeprägt hat.

Zürich im August 2018
Roman Rossfeld, Christian Koller und Brigitte Studer

Der Verlag Hier und Jetzt wird vom Bundesamt für Kultur mit einem Strukturbeitrag für die Jahre 2016–2020 unterstützt.

Mit Beiträgen haben das Buchprojekt unterstützt:
Fonds Forschung Ellen Rifkin Hill des Schweizerischen Sozialarchivs
Claire Sturzenegger-Jeanfavre Stiftung
Paul Schiller Stiftung
Stiftung Studienbibliothek zur Geschichte der Arbeiterbewegung, Zürich
Gewerkschaft Unia
Schweizerische Nationalspende

Dieses Buch ist nach den aktuellen Rechtschreibregeln verfasst. Quellenzitate werden jedoch in originaler Schreibweise wiedergegeben. Hinzufügungen sind in [eckigen Klammern] eingeschlossen, Auslassungen mit […] gekennzeichnet.

Lektorat: Urs Voegeli, Hier und Jetzt
Gestaltungskonzept: Simone Farner, Hier und Jetzt
Satz: Benjamin Roffler, Hier und Jetzt
Bildbearbeitung: Humm dtp, Matzingen
Druck und Bindung: Koesel GmbH & Co., Altusried-Krugzell

© 2018 Hier und Jetzt, Verlag für Kultur und Geschichte GmbH, Baden, Schweiz
www.hierundjetzt.ch
ISBN Druckausgabe 978-3-03919-443-8

2014 bei Hier und Jetzt erschienen:

14/18
Die Schweiz und der Grosse Krieg

Roman Rossfeld,
Thomas Buomberger,
Patrick Kury (Hg.)

408 S., 286 Abb., gebunden
ISBN 978-3-03919-325-7

«Ein grosser Wurf» (NZZ)

«Eine der besten historischen Publikationen der letzten Dekade» (Tages-Anzeiger)